Dorn·Bader
Physik

Gymnasium Sek II

12/13

Schroedel

DORN·BADER
PHYSIK 12/13
GYMNASIUM SEK II

Herausgegeben von
Professor Dr. Franz Bader

Mitbegründet von
Professor Friedrich Dorn †

Bearbeitet von
Professor Dr. Franz Bader   Heinz-Werner Oberholz
Dr. Peter Drehmann   Dr. Thomas Peters
Dr. Erwin-Klaus Haberkant   Dr. Wolfgang Philipp
Bernd Kretschmer   Werner Wegner

Unter Mitwirkung der Verlagsredaktion

Illustrationen, visuelle Gestaltung
Creativ Design   Jürgen Kochinke
Franz Josef Domke   Ulf Matthes
Joachim Knappe   Werner Wildermuth

Titelbild
Ein Wassertropfen fällt auf eine Wasseroberfläche,
Ultrakurzzeitaufnahme, IFA-Bilderteam, München
Hintergrund: Lava, Bavaria, Gauting

ISBN 3-507-**10722**-8

© 2000 Schroedel Verlag im Bildungshaus Schroedel Diesterweg
Bildungsmedien GmbH & Co KG, Hannover

Alle Rechte vorbehalten. Dieses Werk sowie einzelne Teile desselben sind urheberrechtlich geschützt. Jede Verwertung in anderen als den gesetzlich zugelassenen Fällen ist ohne vorherige schriftliche Zustimmung des Verlages nicht zulässig.

Druck A[6] / Jahr 2006

Alle Drucke der Serie A sind im Unterricht parallel verwendbar, da bis auf die Behebung von Druckfehlern untereinander unverändert. Die letzte Zahl bezeichnet das Jahr dieses Druckes.
Gedruckt auf Papier, das nicht mit Chlor gebleicht wurde. Bei der Produktion entstehen keine chlorkohlenwasserstoffhaltigen Abwässer.

Druck: westermann druck GmbH, Braunschweig

Bildquellenverzeichnis
7.A: Deutsches Museum, München; 7 (Hintergrund): U. Köcher, Hannover; 24.1: Deutsches Museum, München; 31.7: Medizinische Hochschule, Hannover; 33 (Hintergrund): Astrofoto, Leichlingen; 41.2: c't Magazin für Computertechnik, Verlag Hans Heise, Hannover; 44.1: NEVA KG, Geislingen; 46.2: Astrofoto, Leichlingen; 47.5: Leybold-Heraeus GmbH, Köln; 47.6: Biology Media/Science Source/OKAPIA; 52.2: DESY, Hamburg; 55.A, 55.B: Neckarwerke, Stuttgart; 55 (Hintergrund): creativ collection, Freiburg; 60.1: NEVA KG, Geislingen; 64 unten links: dpa, Frankfurt; 68.2, 78.1, 78.3, 79.5: W. Staiger, Stuttgart; 93.1: Versuchs- und Planungsgesellschaft für Magnetbahnsysteme mbH, München; 97.B: E.-K. Haberkant, Heidelberg; 97 (Hintergrund): Freie und Hansestadt Hamburg, Baubehörde; 115.2: E.-K. Haberkant, Heidelberg; 121.3: Dr. F. Bader, Ludwigsburg; 125.B: Ohlenbostel/action press, Hamburg; 126.1: creativ collection, Freiburg; 126.2, 132.1, 138.1: H.-W. Oberholz, Everswinkel; 145.2: Carleton University, Ottawa (Internet); 146.1, 149.3: H.-W. Oberholz, Everswinkel; 154.1: Metzler Physik, 2. Aufl., Schroedel Verlag, Hannover; 154.1: H.-W. Oberholz, Everswinkel; 157 links, 157.2: Siemens AG, Erlangen; 161.3, 161.4, 167.V2, 169.1, 172.V1, 173.V3, 174.V2, 176.V1, 176.1: E.-K. Haberkant, Heidelberg; 177.2: Max-Planck-Institut für Radioastronomie, Bonn; 179.A: Universität Hannover, Institut für Atom- und Molekülphysik, Hannover; 179 (Hintergrund): W. Wegner, Lehrte; 184.1: Leybold-Heraeus GmbH, Köln; 184 unten, 185.4: PSSC, Deutsche Ausgabe, Friedr. Vieweg & Sohn, Braunschweig; 204.2: Spektrum der Wissenschaft Verlagsgesellschaft, Heidelberg (Heft 12/1981); 206 oben links: Dr. J. Bolz, Lohmar; 206.1: Metzler Physik, 2. Aufl., Schroedel Verlag, Hannover; 207.3: VLA Neu-Mexiko, USA (Internet); 210.1: M. Fabian, Edemissen; 210.V1: U. Staiger, Stuttgart; 211.V3: J. Schreiner, „Physik II", Diesterweg-Salle-Sauerländer, Frankfurt, 1978; 211.3: Tierbildarchiv Angermayer, Holzkirchen; 214.1, 214.4, 215.6, 221.2: Leybold Heraeus GmbH, Köln; 222.A: Norddeich Radio; 222.B: Max-Planck-Institut für Radioastronomie, Bonn; 222.D: Dr. Jaenicke, Rodenberg; 225.A.: Ullstein Bilderdienst, Berlin; 225 (Hintergrund): D. M. Eigler, IBM, San Jose, USA; 238.1: Ullstein Bilderdienst, Berlin; 241.4: Medizinische Hochschule, Hannover; 242.1: Astrofoto, Leichlingen; 243.2: Gentner, Mayer-Leibnitz, Bothe, „Atlas typischer Nebelkammerbilder", Springer-Verlag, Berlin-Heidelberg-New York; 244 Mitte: NASA (Internet); 248.V1 unten: Dr. F. Bader, Ludwigsburg; 255.2: CEOS GmbH, Heidelberg; 255.3: Finkelnburg, „Einführung in die Atomphysik", Springer-Verlag, Berlin-Heidelberg-New York; 255.4a: Dr. F. Bader, Ludwigsburg; 255.4b: Tipler, „Foundations of Modern Physics", Worth publishers Inc., New York; 256.1: Deutsches Museum, München; 259.4: Dr. F. Bader, Ludwigsburg; 268.1: D. M. Eigler, IBM, San Jose, USA; 271.4: M. Fabian, Edemissen; 290.1: Leybold-Heraeus GmbH, Köln; 291.2: Spektrum der Wissenschaft Verlagsgesellschaft, Heidelberg (Heft 9/1980); 291.3: creativ collection, Freiburg; 302.1: Infineon Technologies AG, München; 303.5: H.-W. Oberholz, Everswinkel; 305.A: Universität Bremen (Internet); 305.B: Institut de Physique Nucleaire, Paris (Internet); 305 (Hintergrund): creativ collection, Freiburg; 306.3, 311.3: Gentner, Mayer-Leibnitz, Bothe, „Atlas typischer Nebelkammerbilder", Springer-Verlag, Berlin-Heidelberg-New York; 318.1: Wolfgang Neeb, © Stern 29/92; 336.1: Gentner, Mayer-Leibnitz, Bothe, „Atlas typischer Nebelkammerbilder", Springer-Verlag, Berlin-Heidelberg-New York; 336 Mitte: Finkelnburg, „Einführung in die Atomphysik", Springer-Verlag, Berlin-Heidelberg-New York; 346.1: Siemens AG, Erlangen; 346.4: Medizinische Hochschule, Hannover; 347.7: Siemens AG, Erlangen; 347.9: Universitäts-Klinik, Nuklearmedizin, Essen; 348.3a, 348.3b: Siemens AG, Erlangen; 356.1: Astrofoto, Leichlingen; 356.3: Tipler, „Foundations of Modern Physics", Worth publishers Inc., New York.

Übrige Fotos: Hans Tegen, Hambühren

Es war nicht in allen Fällen möglich, die Inhaber der Bildrechte ausfindig zu machen und um Abdruckgenehmigung zu bitten. Berechtigte Ansprüche werden selbstverständlich im Rahmen der üblichen Konditionen abgegolten.

Vektoren und Skalare

1. Die von uns benutzten **physikalischen Größen** sind entweder *Skalare* oder *Vektoren*.

a) Skalare (Masse m, Ladung Q, Volumen V, Zeit t, Celsius-Temperatur ϑ) besitzen keine räumliche Richtung. Sie werden durch ihre **Werte** gekennzeichnet (DIN 1313 von 1998):
$m = 3$ kg, $Q = -2$ C, $V = 5$ cm^3, $t = 7$ s, $\vartheta = -5$ °C.
Der **Wert** einer Größe ist das Produkt aus einer reellen (vorzeichenbehafteten) Zahl und der *Einheit*.

b) Vektoren (Kraft $\vec{F}$, Geschwindigkeit $\vec{v}$) zeichnet man als **Pfeile**. Deren Länge gibt den **Betrag** an: $|\vec{F}| = 3$ N, $|\vec{v}| = 5$ m/s. Der Vektorbetrag (z. B. 3 N am Kraftmesser) ist nie negativ, im Gegensatz zum vorzeichenbehafteten Wert (➥ *Ziff. 2a, 2c, 2d*).

2. a) Ein Unterschied zeigt sich beim *Addieren:*
- Bei *Skalaren* addiert man die Werte. Z. B. ergeben die Ladungen 3 C und −1 C zusammen 2 C:
$$Q = Q_1 + Q_2 = \sum_i Q_i = 3\text{ C} + (-1\text{ C}) = 2\text{ C}.$$
- Bei *Vektoren* hängt man die im gleichen Maßstab gezeichneten Vektorpfeile aneinander. Man schreibt
$$\vec{F}_{\text{Res}} = \vec{F}_1 + \vec{F}_2 + \vec{F}_3 + \ldots = \sum_i \vec{F}_i.$$
Dabei gilt: $|\vec{F}_{\text{Res}}| \leq |\vec{F}_1| + |\vec{F}_2| + |\vec{F}_3| + \ldots$.
- Die **Vektorgleichung** $\vec{F}_1 = \vec{F}_2$ bedeutet: $\vec{F}_1$ und $\vec{F}_2$ sind in Richtung, Orientierung und Betrag gleich. Sie sagt also mehr aus als die Betragsgleichung $|\vec{F}_1| = |\vec{F}_2|$.
- $\vec{F}_{\text{Res}} = \vec{F}_1 + \vec{F}_2 = \vec{0}$ kann umgeformt werden zu $\vec{F}_1 = \vec{0} - \vec{F}_2 = -\vec{F}_2$; $\vec{F}_1$ und $\vec{F}_2$ haben zwar gleiche Beträge, aber entgegengesetzte Orientierungen.
- Liegen Vektoren auf einer Geraden mit positiver Orientierung (→ +), so genügt es, die vorzeichenbehafteten Werte zu addieren (➥ *Ziff. 2c, 2d*):
$$F_{\text{Res}} = +4\text{ N} + (-9\text{ N}) = 4\text{ N} - 9\text{ N} = -5\text{ N}.$$

b) In der Vektorgleichung $\vec{F} = m\vec{a}$ wird der Beschleunigungsvektor $\vec{a}$ mit dem Skalar m multipliziert.
- Die Vektoren $\vec{F}$ und $\vec{a}$ liegen auf derselben Geraden. Da $m > 0$ ist, haben sie gleiche Orientierung.
- Der Wert F von $\vec{F}$ ist gleich dem Produkt aus Masse m und Wert a von $\vec{a}$: $F = m\,a$.
- Hat in der Vektorgleichung $\vec{F} = q\vec{E}$ der Skalar Ladung q den negativen Wert $q = -2$ C, dann sind die Vektoren $\vec{F}$ und $\vec{E}$ entgegengesetzt orientiert. Zeigt $\vec{E}$ in die positiv deklarierte x-Richtung (nach rechts) und hat $\vec{E}$ den x-Wert $E_x = +10$ N/C, so hat die nach links weisende Kraft $\vec{F}$ den negativen x-Wert $F_x = q\,E_x = -2$ C $\cdot$ 10 N/C $= -20$ N.

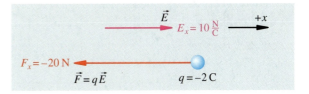

c) Auf einer schiefen Ebene liegen die Vektoren Hangabtriebskraft $\vec{F}_H$, Reibungskraft $\vec{F}_R$ und Beschleunigung $\vec{a}_H$ auf einer Geraden. Zeigt auf ihr die positive Orientierung schräg *nach unten*, so addiert man die *Werte* $F_H = +G \sin\varphi$ und z. B. $F_R = -G\mu\cos\varphi$ und erhält
$$a_H = (F_H + F_R)/m = G(\sin\varphi - \mu\cos\varphi)/m.$$

Da die Hangabtriebskraft $\vec{F}_H$ eine andere Richtung als die Gewichtskraft $\vec{G}$ hat, darf man die Gleichung $F_H = G\sin\varphi$ nur für die Werte F_H und G schreiben. Vektorpfeile über den Symbolen wären hier falsch.

d) Bei *2-dimensionalen Problemen* (schiefer Wurf, Keplerbewegung) werden die Vektoren durch ihre x- und y-Komponenten ersetzt, die auch Vektoren sind. Bei Rechnungen verwendet man nicht deren Beträge, sondern deren vorzeichenbehaftete Werte F_x, F_y, v_x, v_y, a_x und a_y.

Vorzeichen elektrischer Spannungen

Führen elektrische Feldkräfte $\vec{F} = +Q\vec{E}$ der von einem Punkt 1 nach 2 bewegten Ladung Q die Energie W_{12} zu, so heißt $U_{12} = W_{12}/Q$ **Spannung** von 1 nach 2.
- *Stromquellen* trennen entgegengesetzte Ladungen und bauen unter Aufwand von Energie E-Felder auf. Über ihre Feldkräfte $\vec{F} = +Q\vec{E}$ wird beim Fließen der Ladung $Q > 0$ von Plus (1) nach Minus (2) die Energie W_{12} abgegeben. Die Quelle hat die Spannung $U_0 = U_{12} = W_{12}/Q > 0$, z. B. eine Akkuzelle $U_0 = +2$ V > 0.
- Im *Stromkreis* erfolgt diese Energieabgabe bei Reihenschaltung von ohmschen Widerständen (R), Kapazitäten (C) und Induktivitäten (L) stufenweise. Sie ist vom Weg unabhängig. Dabei treten die *Teilspannungen* $U_R = +IR$, $U_L = +L\dot{I}$ bzw. $U_C = +Q/C$ auf. Gemäß der Maxwell-Theorie gilt (DIN 5489):
$$+U_0 = +IR + L\dot{I} + Q/C. \qquad (1)$$

Gl. (1) enthält kein Minuszeichen. Sie gilt auch bei Wechselspannungen.
Die an einer Spule ($R = 0$) messbare Teilspannung $+L\dot{I}$ hält der dort induzierten Spannung $U_{\text{ind}} = -L\dot{I}$ das Gleichgewicht. Kondensatoren trennen keine Ladung, sind also keine Quellen im obigen Sinn; $+Q/C$ bleibt in *Gl. (1)* rechts bei $+IR$ und $+L\dot{I}$.

Inhalt

Das elektrische Feld 7

Ladung und Strom 8
Faradays Feldidee 10
Die elektrische Feldstärke 12
Spannung und Energie 14
Spannung zwischen zwei Punkten; Potential 16
Das Feld und seine Ursache 18
Kondensatoren, Kapazität 22
Energie elektrischer Felder 26
Der Millikan-Versuch 28
Zusammenfassung 32

Das Magnetfeld und Teilchen in Feldern . 33

Magnete und Magnetfelder 34
Ein Maß für das Magnetfeld 36
Magnetfelder messen – leicht gemacht 38
Magnetfeld und Materie 40
Das Magnetfeld der Erde 42
Elektronen im Magnetfeld 44
Die braunsche Röhre 48
E- und B-Feld im Verbund 50
Zusammenfassung 53

Induktion und Wechselstrom 55

Induktion durch Leiterbewegung 56
Induktion durch Flussdichteänderung 60
Energieerhaltung und lenzsches Gesetz ... 62
Selbstinduktion 66
Energie des Magnetfeldes 70
Wechselspannung 72
Physik des Gleichstrommotors 74
Effektivwerte bei Wechselstrom 76
Kondensator und Spule im Wechselstromkreis 78
Reihen- und Parallelschaltung von R, L, C 82
Elektrische Leistung bei Wechselspannung 86
Der Transformator 88
Versorgung mit elektrischer Energie 90
Zusammenfassung 94

Schwingungen 97

Beschreibung von Schwingungen 98
Das Federpendel – ein harmonischer Schwinger 100
Fadenpendel und Horizontalschwinger 104
Zusammenfassung 106
Elektromagnetische Schwingungen 108
Differentialgleichung harmonischer Schwingungen 110
Dämpfung und ihre Aufhebung 112
Deterministisches Chaos 120
Zusammenfassung 124

Wellen 125

Fortschreitende Wellen 126
Zeitliche und räumliche Darstellung einer Welle 128
Längswellen 130
Wellen in Gleichungen 132
Zwei Schwingungen am selben Ort 134
Überlagerung gleichlaufender Wellen 136
Stehende Wellen 138
Reflexion mechanischer Wellen 140
Eigenschwingungen, Resonanz 144
Schall in verschiedenen Medien 148
Musikinstrumente 150
Der Dopplereffekt 154
Exkurs: Schallwellen in der Medizin ... 156
Zusammenfassung 158
Vom Schwingkreis zum strahlenden Dipol .. 160
Elektromagnetische Wellen erobern den Raum 164
Drehung der Polarisationsebene 170
Elektromagnetische Wellen übertragen Daten 172
Sender beanspruchen ganze Frequenzbereiche 176
Zusammenfassung 178

Interferenzphänomene ... 179

Interferenz im Raum ... 180
Interferenz beim Doppelspalt ... 182
Doppelspalt mit Licht ... 184
Interferenz beim optischen Gitter ... 186
Beugung am Einzelspalt ... 190
Das HUYGENS-Prinzip und die Strahlenoptik ... 194
Die Urform des HUYGENS-Prinzips ... 202
Zusammenfassung ... 203
Beugung und optische Abbildung ... 204
Exkurs: Grenzen für das Auflösungsvermögen ... 206
Interferenz – pur ... 208
Interferenz an dünnen Schichten ... 210
Polarisation des Lichts ... 212
Doppelbrechung und Spannungsoptik ... 214
Streuung von Licht – Himmelsblau und Abendrot ... 216
Röntgenstrahlung ... 218
Zusammenfassung ... 222

Physik des 20. Jahrhunderts ... 225

Raum und Zeit sind nicht mehr absolut ... 226
Masse und Energie in der Relativitätstheorie ... 234
Zusammenfassung ... 235
Photoeffekt und Lichtquanten ... 236
Photonen als unteilbare Lichtquanten ... 238
Umkehrungen des Photoeffekts ... 240
Masse und Impuls der Photonen ... 242
Der Comptoneffekt ... 246
Das Photon als Quantenobjekt ... 248
Zusammenfassung ... 253
Das Elektron als Quantenobjekt ... 254
Unbestimmtheitsrelation (UBR); Wellenpakete ... 258
Die PLANCK-Konstante h regiert die Welt ... 262

Exkurs: Die Erforschung der Atome ... 264
Scharfe Energieniveaus im Atom ... 266
Der lineare Potentialtopf ... 268
Zusammenfassung ... 273
Die Schrödingergleichung ... 274
Das Wasserstoffatom ... 276
Der Tunneleffekt ... 282
Quantisierung harmonischer Schwingungen ... 284
Exkurs: Quantenzahlen und Orbitale ... 286
Laser, Gasentladungen, Selbstorganisation ... 288
Zusammenfassung ... 291
Exkurs: Etwas Quantenphilosophie ... 292
Einblicke in die Festkörperphysik ... 296

Kerne und Teilchen ... 305

Exkurs: Grundlagen und Zählstatistik ... 306
α-Strahlung ... 308
β-Strahlung ... 310
γ-Strahlung ... 312
Halbwertszeit ... 316
Wirkung ionisierender Strahlung – Strahlenschutz ... 320
Der Atomkern ... 326
Radioaktiver Zerfall; Zerfallsreihen ... 332
Kernreaktionen; Neutronen ... 336
Kernenergie ... 338
Wissenschaft und Verantwortung ... 343
Zusammenfassung ... 344
Exkurs: Physik und Medizin ... 346
Teilchenphysik ... 350
Exkurs: Das Universum und der Urknall ... 356

Anhang ... 360

Zu diesem Buch

Dieses Lehrbuch will Schülerinnen und Schülern die Physik im Rahmen eines zeitgemäßen Weltbilds als *Kulturleistung* nahe bringen. Dazu helfen die äußere Darstellung (das Layout) sowie neu konzipierte Inhalte.

Neues Layout

In der breiten **Basisspalte** werden die Grundkenntnisse vermittelt und in *Merksätzen* zusammengefasst. ▻ Pfeile verweisen auf die **Außenspalte** mit ihren Versuchsbeschreibungen, Abbildungen, Tabellen und Aufgaben.

Motivierende, anwendungsbezogene, auch fächerübergreifende Inhalte sowie Anregungen zu Projektarbeit, Referaten, Still- und Teamarbeit sind als *Interessantes* oder *Vertiefung* bzw. als *Beispiel* hervorgehoben.

Die Aufgaben in *… noch mehr Aufgaben* sind im Schwierigkeitsgrad gestaffelt.

All dies erlaubt einen flexiblen Einsatz des Buches im Unterricht und macht es zu einem attraktiven Arbeitsmittel in Grund- und Leistungskursen. Durch die klare Strukturierung und sorgfältige Entwicklung der physikalischen Inhalte ist das Buch auch hervorragend für die Vorbereitung auf das Abitur geeignet.

Neue Inhalte

Die **klassischen Gebiete** sind unter modernen physikdidaktischen Gesichtspunkten aufbereitet und durch Themen wie Reizleitung in Nerven, Festplatten, Fourierspektren von Musikinstrumenten, Handys, Induktions- und Mikrowellenherde, Funktechnik, moderne Mikroskope, Flüssigkristalle, Holographie bereichert worden.

Neue fachliche Strukturen zeigen sich bei
- Chaos und Synergetik,
- der Relativitätstheorie,
- in der Festkörper- und Teilchenphysik,
- beim Abschnitt Physik und Medizin
- sowie bei der Kosmogonie.

Die **Physik des 20. Jahrhunderts** wird vorbereitet durch frühes und konsequentes Einführen des **Zeigerkalküls** bei den Schwingungen und Wellen und durch Vertiefen des HUYGENS-*Prinzips*. *Cornu-Spiralen* bilden die Brücke zur *Strahlenoptik* der Mittelstufe und können von Schülerinnen und Schülern am Computer nachvollzogen werden.

Das Umdeuten des HUYGENS-Prinzips von Wellen auf Quanten führt unmittelbar zum fundamentalen **Superpositionsprinzip für Quantenmöglichkeiten.** Es ist heute durch Interferenz von Riesenmolekülen (C_{70}-Fullerenen) zweifelsfrei bestätigt. Seine schülernahe Entwicklung am „Knallertest" erlaubt schon am *Doppelspalt* einen Blick in die faszinierende Welt der Quanten. Der von R. FEYNMAN empfohlene und bei Wellen bewährte Zeigerkalkül liefert ein Quantenbild, das
- so klassisch wie noch möglich ist
- ohne physikalisch falsch zu werden und von dem später nichts mehr zurückgenommen werden muss.

Dies führt zeitsparend und ohne Neulernen eines schwierigen Formalismus sowohl
- zu den philosophisch geprägten **Deutungsfragen** (Schrödinger-Katze, EPR-Paradoxon; Messprozess; Realitätsproblem) wie auch
- zur korrekten Entwicklung der **Atomphysik** und
- zur Überwindung des Nebeneinander von Teilchen- und Wellenmodell.

Zum **Photon** gelangen wir in drei Stufen:
- quantisierte Energieportion hf der Welle,
- „Interferenz mit sich selbst" (DIRAC),
- Photon als quantisierte Energiestufe des Lichtfeldes.

In der **Relativitätstheorie** verdeutlichen Computersimulationen und Rechnungen, warum „mich" auch „der Andere" kontrahiert misst und meine Uhren langsamer ticken sieht, obwohl ich doch Eigenzeit und Eigenlänge beibehalte. So wird der Widerspruch der Paradoxien entschleiert.

Eine Betrachtung der Beziehungen zwischen *Wissenschaft und Verantwortung* schließt die **Kernphysik** ab.

Auch in den als abstrakt geltenden Bereichen wird die **Eigentätigkeit** der Schülerinnen und Schüler angeregt. So erarbeiten sie anhand weniger, im Buch angegebener Programmzeilen mit *Tabellenkalkulation* oder *Modellbildungssystemen* auch schwierige Schwingungsvorgänge. Selbst die *Schrödingergleichung* und viele bisher verschlossene Bereiche (Tunneleffekt, Bändermodell usw.) werden so zugänglich.

Die im Buch benannten und viele weitere Simulationsprogramme u. a. zu den Quanten und zur Relativität stehen auf CD-ROM bzw. der Homepage des Verlages (www.schroedel.de) zur Verfügung und werden ständig erweitert.

AUTOREN UND REDAKTION

Das elektrische Feld

„Leidener Flasche" 1753

Schon im 4. Jahrhundert vor Christus berichtete Plato über die anziehende Wirkung von geriebenem Bernstein auf Staub und andere leichte Gegenstände. Otto von Guericke, Bürgermeister von Magdeburg, verfasste 1663 eine Schrift, in der er den Bau einer elektrisierenden Schwefelkugel beschreibt. Darin schilderte er auch wichtige Phänomene der Elektrizität: Abstoßung, Influenz, Leitung und Leuchtwirkung.

Im Barock wurde die Elektrizität salonfähig. Mit Elektrisiermaschinen und so genannten Leidener Flaschen erzeugte man Funken, mit denen man z. B. Alkohol anzünden konnte. Der Abbé Nollet, Physiklehrer der königlichen Prinzen und Prinzessinnen, ließ 700 nichts ahnende Mönche eines Kartäuserklosters den Entladungskreis für eine Leidener Flasche bilden. Zur Freude des Hofstaates von Ludwig dem XV. sprangen alle gleichzeitig hoch, als sich die Kette schloss. Blitze wurden nicht mehr von Göttern geschleudert, sondern vom Menschen im Labor erzeugt. Der amerikanische Physiker und Politiker Benjamin Franklin schlug als erste technische Anwendung den Bau eines Blitzableiters vor.

Die Entwicklung von Batterien durch Luigi Galvani und Alessandro Volta führte zu neuen Untersuchungsmethoden und Anwendungen. An den Sitzungen der Akademie, in denen Volta seine neuen Experimente vorstellte, nahm oft der Erste Konsul Bonaparte teil. Napoleons naturwissenschaftliche Bildung und seine Anerkennung für die Arbeiten von Volta führten dazu, dass Paris damals zum Zentrum der Naturwissenschaft wurde.

Heute schalten wir den Computer ein und schicken an einen Freund oder eine Freundin in Amerika ein E-Mail oder unterhalten uns übers Internet. Welch weiter Weg in einer gar nicht so langen Zeit!

Ladung und Strom

1. Die kleinsten Ladungen

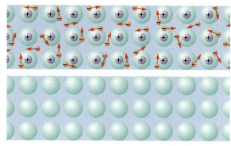

B 1: Atomistisches Bild eines Leiters (oben) und eines Isolators (unten).

Wie wir wissen, gibt es **negative** und **positive** Ladungen. Gleichnamige Ladungen stoßen sich ab, ungleichnamige ziehen sich an. Die Kräfte zwischen Ladungen nehmen mit sinkendem Abstand zu. Die Träger der negativen Ladung sind die **Elektronen** in der Atomhülle; die der positiven, die so genannten **Protonen**, sitzen im Atomkern. Die Ladungen von Elektron und Proton sind dem Betrage nach genau gleich. Alle in der Natur vorkommenden Ladungen sind ganzzahlige Vielfache einer kleinsten Ladung, der Elementarladung:

$$e = 1{,}6021773 \cdot 10^{-19}\ \text{C}; \qquad q_{\text{Elektron}} = -e.$$

Kleinere Ladungen hat man bei freien Teilchen in der Natur bis heute nicht gefunden. Bringt man entgegengesetzte Ladungen in gleichen Mengen zusammen, so üben sie nach außen hin keine Wirkungen aus. Sie neutralisieren sich, bleiben aber weiter bestehen. Wegen dieser perfekten Bilanz merken wir im Allgemeinen nicht, dass alle Körper Ladungen enthalten. Für die Ladungssumme gilt ein Erhaltungssatz wie für Masse, Energie und Impuls. Die Ladungssumme im Weltall ist konstant, wahrscheinlich null.

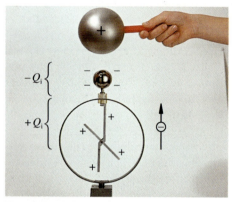

V 1: Influenzversuch: Die Plusladung der oberen Kugel zieht im Elektroskop-Stab Elektronen nach oben. Das Elektroskop schlägt aus.

Elektrische Quellen (Batterien, Bandgenerator, Dynamo, …) erzeugen Ladungen nicht neu. Sie trennen nur bereits vorhandene positive und negative Ladungen gegen die anziehenden Kräfte voneinander. Dazu brauchen die Quellen Energie. Sind sie erschöpft, so aus Energie-, nicht aus Ladungsmangel. **Elektrische „Verbraucher"** (Lampen, Motoren) verbrauchen keine Ladung; sie wandeln elektrische Energie in andere Energieformen um.

In **Metallen** sind auch im stromlosen Zustand Elektronen frei beweglich; sie bilden ein „Elektronengas" (→ *Bild 1*). Das Elektronengas wird von den positiv geladenen Atomrümpfen zusammengehalten und neutralisiert. Nähert man nun dem senkrechten Stab eines **Elektroskops** (→ *Versuch 1*) von oben eine positive Ladung, dann zieht diese einen winzigen Teil der Elektronen nach oben. Diese bilden am oberen Stabende durch Elektronenüberschuss eine negative **Influenzladung**. Unten am Stab herrscht Elektronenmangel; dort überwiegen Plusladungen. Sie stoßen sich gegenseitig ab: Das Elektroskop schlägt aus. In **Isolatoren** dagegen sind alle Elektronen fest an ihre Atome gebunden (→ *Bild 1*).

B 2: Verkehrszählung auf der Autobahn: „Stromstärke" = Zahl der Fahrzeuge pro Zeiteinheit.

2. Strom ist fließende Ladung *pro Zeiteinheit*

Was man unter der Stromstärke I versteht, machen wir in → *Bild 2* und → *Bild 3* deutlich. Der Quotient aus der durch einen Leiterquerschnitt fließenden Ladung Q und der dazu benötigten Zeit t ist die Stromstärke I: Man definiert $I = Q/t$.

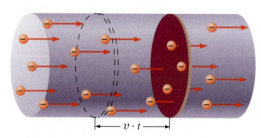

B 3: Elektronen, die sich in dem Zylinder mit der Länge $v \cdot t$ befinden, werden in der Zeit t die rote Fläche durchsetzen. Man definiert $I = Q/t$.

Zum Messen braucht man Einheiten. Alle mechanischen Einheiten leitet man aus den drei Basiseinheiten m, kg und s ab. Man verwendet beim Aufbau der elektrischen Einheiten die Einheit 1 Ampere (A) der Stromstärke I als zusätzliche Basiseinheit. Die gesetzliche

Definition des Ampere geht von den magnetischen Wirkungen des Stroms aus. Für die Ladung gilt $Q = I \cdot t$. Die Ladungseinheit **1 Coulomb** (1 C) fließt bei der Stromstärke 1 A in 1 s durch den Leiterquerschnitt: **1 C = 1 As**. Man kann also auch sagen: Ein Strom hat die Stromstärke 1 A, wenn in einer Sekunde $1/1{,}6021773 \cdot 10^{-19} = 6{,}2415065 \cdot 10^{18}$ Elektronen durch den Leiterquerschnitt fließen. Das Zählen wäre aber sehr mühselig! Wir verwenden daher lieber Geräte wie das Drehspulinstrument.

3. Ladungsmessung durch Stromstärkemessung

Wie verhält sich das Drehspulinstrument bei Ladungen, die pulsierend fließen? Mit einem geeigneten Netzgerät erzeugen wir einen Strom, dessen t-I-Diagramm aus periodisch sich wiederholenden Rechtecken besteht (⟹ *Bild 4*). Die Ladung, die innerhalb einer Periode durch den Leiterquerschnitt tritt, entspricht dem Flächeninhalt eines Rechtecks im t-I-Diagramm. In 0,3 s fließt demnach die Ladung $Q = 0{,}1\,\text{s} \cdot 3\,\text{C/s} = 0{,}3\,\text{C}$. Unser Drehspulinstrument ist zu träge, um den einzelnen schnellen Stromstößen zu folgen. Es zeigt die mittlere Stromstärke $\bar{I} = 0{,}3\,\text{C}/0{,}3\,\text{s} = 1\,\text{A}$ an.

In ⟹ *Versuch 2* sind zwei parallele Platten, zwischen denen sich Luft befindet, (ein so genannter *Plattenkondensator*) mit einem Netzgerät verbunden. Zwischen ihnen hängt an einem isolierenden Faden ein Kügelchen mit leitender Oberfläche. Wenn es an einer Platte aufgeladen wurde, pendelt es zwischen den Platten ständig hin und her. Was geht dabei vor?

Das Kügelchen trägt Elektronen mit der Ladung $-q$ von der rechten Platte (−) zur linken (+). Wir hören, dass es ebenso schnell wie nach links nach rechts zurückpendelt. Dabei trägt es die gleich große positive Ladung $+q$ als Elektronenmangel. Die linke Platte entzieht ihm somit Elektronen der Ladung $-2q$; die rechte gibt ihm wieder $-2q$ zurück und ändert so seine Ladung von $+q$ in $-q$. Die Stromstärke kann man mit Drehspulinstrumenten nicht bestimmen; sie ist zu klein. Wir benutzen hierzu einen elektrischen Messverstärker. Damit können wir Ströme bis zu $1\,\text{pA} = 10^{-12}\,\text{A}$ (1 Millionstel eines Millionstel Ampere) und nach einem anderen Messprinzip Ladungen bis zu $10^{-9}\,\text{C} = 1\,\text{nC}$ messen. Der Verstärker zeigt einen konstanten Ausschlag, während das Kügelchen pendelt. Aus dem Mittelwert der Stromstärke und der Zahl der Hin- und Herläufe können wir die Ladung q des Kügelchens berechnen. Durch eine *direkte Ladungsmessung* am Kügelchen mit dem Messverstärker prüfen wir dann dessen Anzeige nach und bestätigen den berechneten Wert (⟹ *Versuch 2b*).

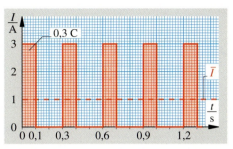

B 4: Bestimmung von Ladung und mittlerer Stromstärke $\bar{I}$ aus der Fläche unter der $I(t)$-Kurve

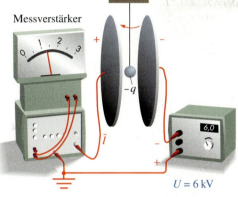

V 2: a) Netzgerät $U = 6\,\text{kV}$, Plattenabstand 10 cm. Das Kügelchen mit 2 cm Durchmesser hängt an einem 1 m langen Isolierfaden. Die mittlere Stromstärke ist $\bar{I} = 12\,\text{nA}$; in 1 s fließen also 12 nC. Schlägt das Kügelchen in 1 s z. B. dreimal rechts an, so nimmt es dort in 1 s die Ladung $3 \cdot 2q = 6q$ auf; links gibt es $6q$ ab. Daher ist $3 \cdot 2q = 12\,\text{nC}$, also $q = 2\,\text{nC}$.

b) Wir legen den Kondensator aus a) direkt an die Quelle und laden das Kügelchen an der Innenseite der rechten Platte auf. Dann entladen wir es am Messverstärker, den wir aus dem Stromkreis genommen und auf Ladungsmessung umgeschaltet haben. Er zeigt $q = -2\,\text{nC} = -2 \cdot 10^{-9}\,\text{C}$ an. Haben wir an der linken, positiven Platte geladen, so zeigt er $q = +2\,\text{nC}$.

... noch mehr Aufgaben

A 1: Ein Netzgerät liefert einen rechteckförmigen periodischen Strom mit der Frequenz 50 Hz. Während 0,005 s beträgt die Stromstärke 100 mA, während der restlichen Periodendauer ist $I = 0$. Welche Stromstärke zeigt ein Drehspulinstrument?

A 2: Ein Plastiktrinkhalm wird auf einer Nadel drehbar gelagert. Reiben Sie einen zweiten Halm mit einem Wolltuch und nähern ihn dem drehbar gelagerten Halm. Was beobachten Sie? Was geschieht, wenn beide Halme gerieben werden? Erklärung!

A 3: Wie viele Elektronen fließen bei 1 pA in 1 s durch den Leiterquerschnitt?

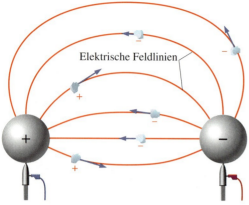

V 1: Eine Influenzmaschine oder ein Bandgenerator lädt zwei Kugeln entgegengesetzt auf. Im Umfeld ihrer Ladungen ±Q fliegen Watteflocken – wie von unsichtbarer Hand gezogen – auf gekrümmten Bahnen hin und her. Bei +Q erhalten die Flocken kleine positive, bei −Q negative Ladungen q. Diese erfahren Feldkräfte.

V 2: Grießkörner schwimmen in Rizinusöl. Darauf setzen wir zwei Elektroden und laden sie mit einem Bandgenerator auf. Durch Influenz werden in den Körnern Ladungen getrennt. Die entgegengesetzten Ladungen benachbarter Körner ziehen diese zu Ketten längs Feldlinien zusammen (➟ *Bild 1*) und zeigen die Struktur des Feldes. Bei verschiedenen Elektrodenanordnungen ergeben sich unterschiedliche Feldformen (➟ *Bild 2a–d*).

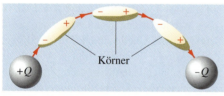

B 1: In den Grießkörnern werden Ladungen durch Influenz getrennt; sie ziehen die Körner zu Ketten zusammen.

Faradays Feldidee

1. Der Raum bekommt Struktur

Einen geangelten Hecht zieht man mit Haken und Schnur an Land. Wie aber zieht eine Ladung eine andere zu sich her oder stößt sie ab? Früher glaubte man, die Kraft wirke durch den leeren Raum. Ohne Vermittlung von Stoff und Raum sollte sie unmittelbar zwischen Ladungen wirken. Solche Vorstellungen verwenden wir auch noch, wenn wir z. B. sagen, „Gleichnamige Ladungen stoßen sich ab". Michael FARADAY führte eine neue Sichtweise ein. Er sah das Umfeld von Ladungen als Mittler für elektrische Kräfte an und nannte es **elektrisches Feld**. Dies war ein Wagnis, denn er konnte noch keine Beweise vorbringen, bestenfalls einige Hinweise. Auch wir suchen nach solchen, zumal sich im Umfeld von Ladungen einiges tut.

Zur Untersuchung bringen wir so genannte Probeladungen q (wir nehmen Watteflocken) zwischen positiv und negativ geladene Kugeln (➟ *Versuch 1*). Die Probeladungen erfahren **Feldkräfte** tangential zu gekrümmten Linien, **elektrische Feldlinien** genannt. Diese zeigen eine Ordnungsstruktur im Raum, die uns hilft, Vorhersagen zu machen. Liegen die Startpunkte der Watteflocken genügend dicht beisammen, so laufen die Flocken entlang benachbarter Linien. Die Feldlinien liegen an den geladenen Kugeln dichter beisammen als weitab von ihnen. Da die Wattestücke in Kugelnähe auch stärkere Kräfte erfahren, können wir sagen: *Das Feld ist an Stellen größerer Feldliniendichte stärker*. Eine andere Veranschaulichung der Feldstruktur gelingt mit Grieß und Rizinusöl (➟ *Versuch 2*). Zeichnet man Feldlinienbilder, so geben Pfeile die Richtung der Feldkraft auf eine positive Probeladung an. Beim **radialen Feld** (➟ *Bild 2c*) gehen die Feldlinien von einer positiv geladenen Scheibe sternförmig zu einem Ring mit negativen Ladungen. Zwischen zwei parallelen **Kondensatorplatten** verlaufen die Feldlinien senkrecht zu den Platten und zueinander parallel (➟ *Bild 2d*). Probeladungen erfahren in diesem **homogenen Feld** Kräfte gleicher Richtung. Am Rand biegen sich die Feldlinien nach außen.

Merksatz

Ladungen sind von elektrischen Feldern umgeben. In ihnen erfahren ruhende wie bewegte Probeladungen Feldkräfte tangential zu den elektrischen Feldlinien. Positive Probeladungen erfahren Kräfte in Richtung der Feldlinien, negative ihnen entgegen.

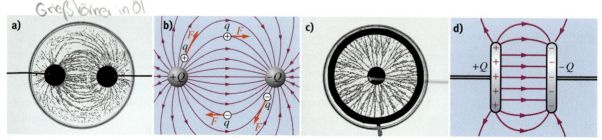

B 2: a) b) Feld zwischen zwei entgegengesetzt geladenen Kugeln **c)** radiales Feld **d)** homogenes Feld

2. Elektrische Felder – nicht nur in Luft

In all unseren Bildern enden Feldlinien auf Metalloberflächen senkrecht. *Muss* das immer so sein? In ▶ *Bild 4* stehe die Feldlinie (1) schräg zur Leiteroberfläche. Die dort sitzende bewegliche Ladung $-Q_1$ erfährt die schräg liegende Kraft F_1. Ihre Komponente F_p parallel zur Oberfläche verschiebt die Ladung. Die Verschiebung hört erst dann auf, wenn der Wert $F_p = 0$ ist. Dann steht die Feldlinie (2) senkrecht zur Oberfläche; dies ist auch bei (3) der Fall.

Bringt man einen Leiter in ein elektrisches Feld, so ist sein Inneres feldfrei; im Inneren des Metallrings in ▶ *Bild 5* liegen die Grießkörner ohne Struktur. Feldkräfte haben negative Influenzladungen $-Q$ auf die linke Ringseite gezogen. An ihnen enden die von links kommenden Feldlinien senkrecht. Rechts auf dem Ring sitzen die zugehörigen positiven Influenzladungen $+Q$. Von ihnen laufen andere Feldlinien nach rechts. So schützen auch Auto- und Flugzeughüllen aus Metall durch ihre feldfreien Räume die Insassen vor Blitzen.

Auch im materiefreien Raum einer braunschen Röhre können wir ein elektrisches Feld nachweisen (▶ *Bild 6*). Die geladenen Ablenkplatten erzeugen ein homogenes Feld. In ihm erfahren Elektronen, sozusagen als Probeladungen, Kräfte und werden abgelenkt.

In ▶ *Bild 3* sind A und K mit den Polen einer Quelle verbunden. Dadurch entsteht zwischen A und K ein elektrisches Feld. In der Rinne befindet sich Wasser und etwas Kaliumpermanganat. Es enthält negative, lila färbende Permanganat-Ionen. Trotz des Widerstandes, den die Ionen im Wasser erfahren, wandern sie nach links (▶ *Bild 3*). Sie zeigen uns als Probeladungen, dass sie auch im Innern der leitenden Flüssigkeit Feldkräfte erfahren, dass dort ein Feld besteht. Es sind also *Feldkräfte,* die den Strom aufrechterhalten. Ohne Feld gibt es keine Feldkraft und damit keinen Strom.

Merksatz

An Feldlinienenden sitzen Ladungen. Wenn Feldlinien auf der Leiteroberfläche senkrecht enden, dann ruhen die Ladungen. Bis dieser Zustand eingetreten ist, werden Ladungen verschoben.
In Leitern können Feldkräfte Ladungen trennen und so auf den Oberflächen Influenzladungen bilden.
In Stromkreisen treiben elektrische Felder Ladungen im Leiterinneren voran.

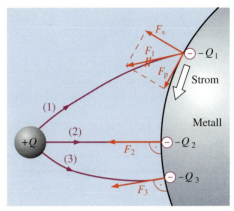

B 4: Enden Feldlinien senkrecht auf Leiteroberflächen, so besteht elektrostatisches Gleichgewicht

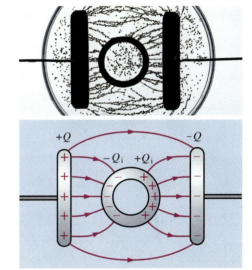

B 5: Das Innere des Metallrings ist feldfrei

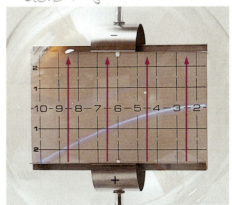

B 6: Feld zwischen geladenen Ablenkplatten. Elektronen werden entgegen der Richtung der Feldlinien zur positiv geladenen Platte beschleunigt.

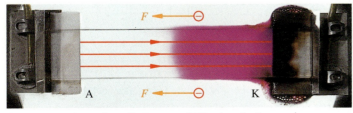

B 3: Feldkräfte treiben die Ionen auf Wanderschaft

kurz vor Durchschlag in Glimmer	$70 \cdot 10^6$
in Beschleunigungsstrecken für Elementarteilchen (HERA in Hamburg)	$6 \cdot 10^6$
kurz vor Blitzschlag in Luft	$3{,}2 \cdot 10^6$
zwischen Hochspannungsleitungen	$1 \cdot 10^5$
elektrisches Erdfeld bei schönem Wetter	$1{,}3 \cdot 10^2$
für Radioempfang: Stereo	$50 \cdot 10^{-6}$
Mono	$1 \cdot 10^{-6}$

T 1: Werte einiger Feldstärken in N/C

... noch mehr Aufgaben

A 1: Eine positiv geladene Kugel wird vor eine Metallplatte gehalten. Zeichnen Sie das Feld und die Influenzladungen. Treten Kräfte zwischen Kugel und Wand auf?

A 2: a) Welche Kraft erfährt die Ladung 10 nC bzw. −10 nC in einem Feld der Stärke 10 kN/C? **b)** Wie groß ist die Ladung, die dort eine Kraft von 10 μN erfährt?

A 3: Die Ladung $q_1 = 1{,}0$ nC erfährt im Feld (1) die Kraft $F_1 = 0{,}10$ mN, die Ladung $q_2 = 3{,}0$ nC im Feld (2) die Kraft $F_2 = 0{,}20$ mN. **a)** Welches Feld ist stärker? **b)** In welchem Verhältnis müssten zwei Ladungen stehen, damit sie in Feld (1) und (2) gleich große Kräfte erfahren?

A 4: Ein Kügelchen ($m = 0{,}40$ g) trägt die Ladung $q = 5{,}0$ nC und hängt an einem Faden ($l = 1{,}0$ m). **a)** Welchen Ausschlag s erfährt es im horizontal verlaufenden Feld der Stärke 70 kN/C? **b)** Bei welcher Ladung q schlägt ein Pendel doppelter Länge gleich weit aus?

A 5: (Zur ▶ Vertiefung) In Aufgabe 4 wurde die Masse auf ±0,02 g, die Länge des Fadens auf ±3 mm und die Ladung q auf ±5% genau gemessen. Die elektrische Feldstärke ist auf ±8% genau bekannt. In welchem Bereich liegt der Wert, den man für die Auslenkung s erwartet?

A 6: Das elektrische Gewitterfeld nach ▶ Tabelle 1 verlaufe vertikal nach unten. Ein Regentröpfchen von 1 mm Radius sei negativ geladen. Wie viele Elektronen muss es an Überschuss tragen, damit an ihm die elektrische Feldkraft der Gewichtskraft das Gleichgewicht hält? Muss dann das Tröpfchen in Ruhe sein oder ist eine Fallbewegung möglich (Elektronenladung $q = -1{,}6 \cdot 10^{-19}$ C)?

Die elektrische Feldstärke

1. Ortsfaktoren – auch im elektrischen Feld?

Sie kennen die Gravitationsfelder von Erde und Mond. Mit dem Ortsfaktor g beschreiben wir ihre Stärke und berechnen die Gewichtskraft $G = mg$, die dort Körper der Masse m erfahren. Nun versuchen wir, die Feldkraft F, die eine Probeladung q in einem Punkt eines elektrischen Feldes erfährt, mithilfe eines elektrischen Ortsfaktors zu berechnen. Mit den Versuchen 1 und 2 (▶ Vertiefung, rechts) messen wir die (kleine) Kraft auf ein geladenes Metallplättchen oder ein Kügelchen im elektrischen Feld eines Kondensators. Das Kügelchen hängt an einem Faden der Länge l. Bei kleinen Ausschlägen s ($s \ll l$) ist die Kraft F, die es durch das Feld erfährt, der Auslenkung proportional: $F \approx G \cdot s/l$.

Im Feld des Plattenkondensators wird die Auslenkung durch die elektrische Feldkraft hervorgerufen. Es zeigt sich, dass diese Kraft im Feld des Kondensators proportional zur Ladung q des Kügelchens ist. Dies leuchtet ein: Die Hälfte einer negativen Probeladung besteht nur aus der Hälfte der Elektronen. Jedes Elektron erfährt die gleiche Kraft. Die Gesamtkraft auf alle Elektronen, also auch auf das ganze Plättchen, ist halbiert. Folglich bleibt der Quotient

$$E = \frac{F}{q} = \frac{F/2}{q/2} = \text{konstant.}$$

Stets ist der Quotient $E = F/q$ von der Probeladung q unabhängig, analog zum Ortsfaktor $g = G/m$ im Schwerefeld. Der Quotient ist also geeignet, die Veränderung des Raumes durch die Ladungen der Kondensatorplatten zu beschreiben. Er wird **Feldstärke E** genannt. Jedem Punkt eines Feldes schreiben wir eine Feldstärke auch dann zu, wenn sich in ihnen keine Probeladung befindet. Im *homogenen Feld* des Kondensators hängt dieser Quotient nicht von der Stelle ab, an der sich das Plättchen befindet.

Man gibt der elektrischen Feldstärke noch eine Richtung und zwar die Richtung der Kraft auf eine positive Probeladung. Bei positiven Ladungen stimmen die Richtung der Feldstärke und die Kraftrichtung überein, andernfalls sind sie entgegengesetzt.

Merksatz

Erfahrung: Die *Kraft* $\vec{F}$, die eine Ladung q in einem Punkt eines elektrischen Feldes erfährt, ist proportional zu q.
Definition: Die *Feldstärke* $\vec{E}$ in einem Feldpunkt ist der von der Probeladung q unabhängige Quotient

$$\vec{E} = \frac{\vec{F}}{q}; \quad [E] = 1\,\frac{\text{Newton}}{\text{Coulomb}} = 1\,\frac{\text{N}}{\text{C}}.$$

Die *Richtung* von $\vec{E}$ ist die Richtung der Kraft $\vec{F}$ auf eine *positive* Probeladung. $\vec{E}$ zeigt in Richtung der Tangente an die Feldlinie.
Die Feldkraft $\vec{F}$ auf eine Ladung q ist $\vec{F} = q\vec{E}$.
In einem *homogenen Feld* ist die Feldstärke nach Betrag und Richtung überall gleich.

Vertiefung

Versuche zur elektrischen Feldstärke

V 1: a) Wir hängen ein Metallplättchen bifilar, also an zwei nach oben stark auseinander laufenden isolierenden Perlonfäden auf (➔ *Bild 1*). Wenn wir es laden, erfährt es in seinem eigenen Feld keine Kraft.

b) Nun entladen wir das Plättchen und bringen es in das homogene Feld eines Plattenkondensators, also in ein fremdes Feld. Ungeladen erfährt es dort auch keine Kraft.

c) Wir geben dem Plättchen durch Berühren mit der linken Kondensatorplatte eine positive Probeladung q (mit Q bezeichnen wir die großen felderzeugenden Ladungen auf den Platten). Die Auslenkung s des Plättchens wird durch Projektion mit einer Punktlichtlampe auf einem entfernten Maßstab sichtbar.

d) Wir verschieben den Kondensator quer und auch parallel zur Richtung seiner Feldlinien. Solange die Probeladung im homogenen Feld bleibt, ändert sich die Auslenkung nicht.

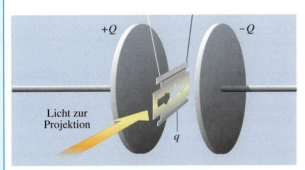

B 1: Das Kondensatorfeld wird mit der Probeladung q des Plättchens ausgemessen

Etwas Rechnung zur Bestimmung der Feldkraft aus dem Ausschlag eines Pendelkörpers:

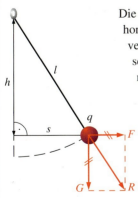

Die Probeladung q erfährt eine horizontale Feldkraft und eine vertikale Gewichtskraft. Beide setzen sich vektoriell zu einer resultierenden Zugkraft am Aufhängefaden zusammen. Dieser stellt sich in Richtung der Resultierenden ein. Aus der Ähnlichkeit des „Kraftdreiecks" und des „Auslenkungsdreiecks" ergibt sich

$$\frac{F}{G} = \frac{s}{h} \quad \text{oder} \quad F = G \cdot \frac{s}{h}.$$

Der Ausschlag s ist klein gegen die Fadenlänge l; die Höhe h ist fast gleich der Pendellänge l ($h \approx l$). Also gilt

$$F \approx G \cdot \frac{s}{l}. \tag{1}$$

V 2: Wir hängen jetzt ein Kügelchen an den Faden, laden es an einer Kondensatorplatte auf und messen seinen Ausschlag s. Dann nehmen wir das Feld weg und das Kügelchen aus dem Kondensator. Wir berühren es mit einem zweiten, genau gleichen, das vorher ungeladen war. Dabei verteilt sich die Probeladung q gleichmäßig auf beide. Bringen wir das Kügelchen in den Kondensator zurück und erzeugen noch einmal das gleiche Feld, so erfährt die halbe Ladung ($q/2$) nur die halbe Kraft ($F/2$), nach nochmaligem Halbieren nur noch $F/4$. Also ist die Kraft F zur Probeladung q proportional.

Feldstärke E – konkret gemessen

V 3: Wir wollen jetzt die elektrische Feldstärke zwischen zwei Kondensatorplatten messen. Die Kondensatorplatten haben den Abstand $d = 6$ cm und sind durch die Spannung $U = 6{,}0$ kV aufgeladen. Das Plättchen mit der Gewichtskraft $G = 0{,}22$ cN hängt an Fäden der Länge $l = 150$ cm. Seine Auslenkung beträgt $s = 3{,}3$ cm. Nach *Gleichung (1)* erfährt es die Feldkraft $F = G\,s/l = 4{,}8 \cdot 10^{-5}$ N. Mit dem Messverstärker ermitteln wir im feldfreien Raum die Plättchenladung zu $q = 5{,}2 \cdot 10^{-10}$ C. Die Feldstärke ist also

$$E = \frac{F}{q} = \frac{4{,}8 \cdot 10^{-5}\,\text{N}}{5{,}2 \cdot 10^{-10}\,\text{C}} = 92 \cdot 10^{3}\,\text{N/C}.$$

Im Randfeld der Platten messen wir eine geringere Feldkraft und damit eine kleinere Feldstärke.

Etwas Fehlerrechnung

Bei dem Versuch zur Bestimmung von E werden G, s und q je mit 3% relativem Fehler gemessen, die Pendellänge mit 1%. Welchen **relativen Fehler** kann dann die Feldstärke E aufgrund der Messfehler haben?

Man kann zeigen: Ist eine Größe A das *Potenzprodukt* mehrerer Messgrößen x, y, z nach $A = c \cdot x^r \cdot y^s \cdot z^t$ und haben diese die *absoluten* Fehler Δx, Δy, Δz, so ist der *relative Größtfehler* von A eine *Summe*, nämlich

$$\Delta A/A = |r| \cdot |\Delta x/x| + |s| \cdot |\Delta y/y| + |t| \cdot |\Delta z/z|.$$

Es gilt $E = F/q = G\,s/(l\,q)$. Der relative Größtfehler von E ist also: $\Delta E/E = \Delta G/G + \Delta s/s + \Delta l/l + \Delta q/q$
oder $\Delta E/E = 3\% + 3\% + 1\% + 3\% = 10\%$.
Also $E = 92$ kN/C $\pm 9{,}2$ kN/C.
Man erwartet 83 kN/C $\leq E \leq 101$ kN/C.

14 DAS ELEKTRISCHE FELD

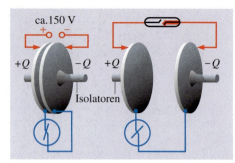

V 1: a) Zwei Kondensatorplatten stehen sich in sehr kleinem Abstand gegenüber. Wir laden sie mit einem Netzgerät auf und entladen sie über eine Glimmlampe. Diese leuchtet nur schwach auf. Die Quelle hatte nur wenig Energie in die Anordnung gepumpt, als sie die Ladungen trennte.
b) Wir laden die Platten nochmals auf, trennen sie von der Quelle ab und ziehen sie dann auseinander. So setzen wir die von der Quelle begonnene Trennung der Ladungen $+Q$ und $-Q$ fort, ohne Q zu vergrößern. Dabei führen wir gegen ihre Anziehungskraft die Energie W zu. Jetzt leuchtet die Glimmlampe beim Entladen weithin sichtbar auf. Der Ausschlag eines mit den Platten verbundenen Elektroskops steigt beim Auseinanderziehen der Platten.

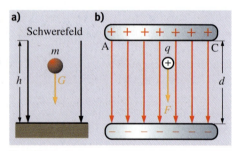

B 1: Energieumsetzungen
 a) im Schwerefeld **b)** im elektrischen Feld

Transport von A nach C:
— von F übertragene Kräfte: null
Beispiel
— entstandene Spannung = 0

Bei einem Plattenkondensator beträgt die angelegte Spannung $U = 6$ kV, der Plattenabstand ist $d = 0{,}06$ m. Daraus ergibt sich die Feldstärke $E = U/d = \mathbf{10^5}$ **V/m**. Aus dem Ausschlag eines Plättchens mit der Probeladung $q = 5{,}2 \cdot 10^{-10}$ C finden wir mit $F = G\,s/l$ für die Kraft $F = 4{,}8 \cdot 10^{-5}$ N und $E = F/q = \mathbf{0{,}92 \cdot 10^5}$ **N/C**. Die Übereinstimmung der beiden E-Werte ist angesichts der ungenauen Kraftmessung befriedigend.

Spannung und Energie

1. Spannung

Wofür schickt das E-Werk seine Rechnung? Sicher nicht für die angelieferten Elektronen; diese werden nicht „verbraucht"; sie bleiben im „Netz". Vielmehr bezahlen wir für die entnommene elektrische Energie. Wie wird die Energie ins System hineingesteckt und nutzbar gemacht? Ziehen wir die Platten eines geladenen Kondensators entgegen den anziehenden Feldkräften auseinander, so führen wir Energie zu (⟹ *Versuch 1*). Diese steht anschließend auf Abruf bereit. Wir weisen dies mit einer Glimmlampe nach, die bei der Entladung des Kondensators nach dem Auseinanderziehen viel heller aufleuchtet als vorher. Also steht viel mehr Energie zur Verfügung. Man sagt, es habe sich die *Spannung* zwischen den Platten vergrößert. Bei der größeren Spannung hat das System mehr Energie und zwingt mehr gleichnamige Ladungen auf den Elektroskop-Stab. Das Elektroskop misst also auch Spannung.

Merksatz

> **Spannung** bedeutet, dass elektrische Energie auf Abruf bereit steht. Spannung tritt auf, wenn man entgegengesetzte Ladungen unter Energiezufuhr trennt.

Erinnern wir uns: Im Schwerefeld der Erde treibt die Gewichtskraft $G = m\,g$ einen Körper nach unten (⟹ *Bild 1a*). Dort erhält der fallende Körper die Energie $W = m\,g\,h$. Nach ⟹ *Bild 1b* transportiert in einem Kondensator die konstante Feldkraft $F = q\,E$ die Ladung q von der oberen Platte zur unteren. Der Transportweg ist der Plattenabstand d. Mittels der Feldkraft $F = q\,E$ wird den Ladungsträgern q die Energie $W = F\,d = q\,E\,d$ zugeführt. Der Quotient

$$U = \frac{W}{q} = \frac{q\,E\,d}{q} = E\,d$$

hängt von der Ladung q nicht mehr ab. Er wird **Spannung** U genannt. Die Einheit der Spannung ist 1 Volt (1 V = 1 J/C).

Merksatz

> **Feldkräfte** führen der Ladung q beim Transport von einer Platte eines geladenen Kondensators zur anderen die Energie W zu. Die elektrische **Spannung** U zwischen den Platten ist der Quotient
>
> $$U = \frac{W}{q}; \quad [U] = 1\,\frac{\text{J}}{\text{C}} = 1\,\text{V (Volt)}.$$

Feldkraft F (auf best. Punkt)   Feldstärke E

2. Spannung und Feldstärke im homogenen Feld

Wie wir gesehen haben, erhält man im homogenen Kondensatorfeld die Spannung U als Produkt von Feldstärke E und Plattenabstand d. Spannungsmessungen sind einfach, die Bestimmung der Feldstärke nach $E = F/q$ mühsam. Also berechnen wir künftig die Feldstärke E in homogenen Feldern nach $E = U/d$ (⟹ *Beispiel*). Man gibt deshalb die Feldstärke E meist in V/m an.

Umrechnung: $[E] = \frac{1\,\text{V}}{1\,\text{m}}$, denn $1\,\frac{\text{V}}{\text{m}} = 1\,\frac{\text{J}}{\text{C}\,\text{m}} = 1\,\frac{\text{N}\,\text{m}}{\text{C}\,\text{m}} = 1\,\frac{\text{N}}{\text{C}}$.

Merksatz

Die elektrische Feldstärke E im homogenen Feld eines Kondensators mit dem Plattenabstand d ist bei der Spannung U zwischen parallelen Platten

$$E = \frac{U}{d}; \quad [E] = 1\,\frac{\text{V}}{\text{m}} = 1\,\frac{\text{N}}{\text{C}}.$$

Solange Ladungen ruhen, stehen Feldlinien senkrecht zu Leiteroberflächen. Wird eine Probeladung entlang den Leiteroberflächen transportiert, so ist die von den Feldkräften übertragene Energie null. Es findet keine Verschiebung in Kraftrichtung statt. Also ist die Spannung zwischen zwei Punkten des *stromlosen* Leiters, etwa zwischen A und C (➡ Bild 1) null. Auch auf einer horizontalen Tischplatte können wir einen Körper reibungsfrei verschieben, ohne seine Energie zu ändern. Wie im homogenen Schwerefeld spielt es für die mithilfe von Feldkräften übertragene Energie keine Rolle, auf welchem Weg die Probeladung von der einen zur anderen Platte gebracht wird; sei es senkrecht zur Leiteroberfläche, schräg dazu oder auf einer beliebig gekrümmten Bahn.

3. Die Elektronenkanone im Fernseher

Ein Körper mit Masse m und Ladung q wird durch die elektrischen Feldkräfte beschleunigt. Beim Durchlaufen der Spannung U zwischen Katode und Anode bekommt er die Energie $q \cdot U$, auch in einem nicht homogenen Feld. Der Körper erhält

Bewegungsenergie $W = \tfrac{1}{2}\,m\,v^2 = q\,U$,
Geschwindigkeit $v = \sqrt{2\,q\,U/m}$.

Dies geschieht z. B., wenn aus der Glühkathode einer braunschen Röhre Elektronen freigesetzt werden. Bis zur Anode werden die Elektronen von den Feldkräften auf die Geschwindigkeit v beschleunigt. Durch ein Loch in der Anode verlassen die schnellen Elektronen diese Elektronenkanone.

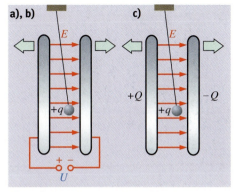

V 2: a) Wir hängen die Probeladung $+q$ in ein homogenes Feld. Die am Ausschlag s abgelesene Feldstärke E steigt proportional zur Spannung U zwischen den Platten. Dies bestätigt die Gleichung $E = U/d$.
b) Wir verdoppeln den Plattenabstand d bei konstanter angelegter Spannung U. Der Ausschlag geht auf die Hälfte zurück, wie es nach $E = U/d$ sein muss.
c) Nun laden wir die Platten auf und trennen sie von der Quelle. Wenn wir sie dann mit ihren konstanten Ladungen auseinander ziehen, bleibt der Ausschlag konstant (solange das Feld hinreichend homogen ist). Nach $U = E\,d$ steigt die Spannung des Kondensators.

Neuronenzellen im Körper	70 mV
Batterie- und Akkuzellen	1,2 … 2 V
lebensgefährlich	über 42 V
Drehstromnetz	400 V
Hochspannungsleitungen	220 … 800 kV
Gewitter	bis 100 MV

T 1: Spannungen in Natur und Technik

... noch mehr Aufgaben

A 1: Zwischen zwei Kondensatorplatten mit $d = 2{,}0$ cm Abstand liegt die Spannung 1,0 kV. Wie groß ist die Feldstärke E, wie groß die Kraft F auf eine Probeladung $q = 10$ nC? Welche Energie wird von den Feldkräften beim Transport von der einen zur anderen Platte aufgewandt? Prüfen Sie die Spannungsangabe mit $U = W/q$ nach!

A 2: Ein Wattestück hat die Masse $m = 0{,}01$ g und die Ladung $q = 0{,}10$ nC. Welche Geschwindigkeit würde es erreichen, wenn es im Vakuum die Spannung $U = 100$ kV durchliefe? Wie groß müsste die Spannung zwischen waagerecht liegenden Kondensatorplatten vom Abstand 20 cm sein, damit das Wattestück darin schwebt?

A 3: In der Mitte zwischen zwei Kondensatorplatten hängt an einem Perlonfaden der Länge $l = 1{,}80$ m ein Kügelchen der Masse $m = 0{,}47$ g. Der Plattenabstand beträgt $d = 4{,}00$ cm. Der Kondensator wird an eine Hochspannungsquelle mit der Spannung $U = 1{,}0$ kV angeschlossen. Dabei entfernt sich das Kügelchen um $s = 1{,}0$ cm aus der Gleichgewichtslage. Für die Rückstellkraft gilt $F = G\,s/l$. **a)** Wie groß ist die Ladung des Kügelchens? **b)** Die Spannungsquelle wird jetzt vom Kondensator abgetrennt. Danach verdoppelt man den Abstand der isolierten Platten. Wie groß ist dann die Auslenkung des Kügelchens?

Das elektrische Feld

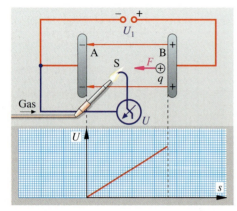

V 1: Das Gehäuse eines statischen Spannungsmessers liegt an der linken Platte (A) eines auf $U = 1$ kV geladenen Kondensators. Der Zeiger ist mit einem Draht verbunden, der von einer kleinen Gasflamme umspült wird. Die Flamme sorgt dafür, dass Influenzladungen, die sich auf dem Draht bilden, mit den Flammengasen abgeführt werden. Verschiebt man die Sonde S von A nach B, so steigt die Spannung U linear an. In der Mitte zwischen den Platten finden wir $U = \tfrac{1}{2}$ kV. Bewegen wir die Flammensonde parallel zu den Platten, ändert sich die Spannung nicht.

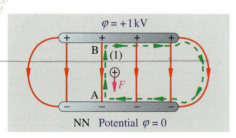

B 1: Die zum Transport einer Ladung nötige Energie ist vom Weg unabhängig

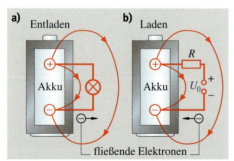

B 2: a) Beim Entladen gibt der Akku mithilfe seiner Feldkräfte Energie ab.
b) Beim Laden wird gegen seine Feldkräfte Energie zugeführt.

Spannung zwischen zwei Punkten; Potential

1. Spannung – auch im leeren Raum?

Bisher haben wir immer Spannungen zwischen zwei Kondensatorplatten oder Leitern gemessen. Der Schuss in der Elektronenkanone mit homogenem Feld führt uns aber weiter: Längs einer Feldlinie gewinnt die Geschossladung Energie $W = Fs = Eqs$ proportional zum Weg s. Also sollte die Spannung $U = W/q = Eqs/q = Es$ proportional zum zurückgelegten Weg ansteigen. ⟹ *Versuch 1* zeigt uns, dass längs der Feldlinien ein linearer Anstieg der Spannung auftritt. Wir müssen nur dafür sorgen, dass Influenzladungen die Messung nicht verfälschen. Zeichnen wir einen Punkt im Raum als *Bezugsniveau* aus, so können wir für jeden Punkt die Spannung gegen diesen Bezugspunkt, hier die linke Platte, angeben. Diese Spannung nennen wir das **Potential** φ. Dabei spielt es keine Rolle, auf welchem Weg wir die Spannungssonde zu diesem Punkt gebracht haben. Bewegen wir die Sonde senkrecht zu den Feldlinien, so bleibt die Spannung konstant. Diese Punkte befinden sich auf einer *Äquipotentialfläche*.

2. Elektrisches Potential und Energie

Das Wort *Potential* erinnert an die *potentielle Energie* im Schwerefeld. Heben wir einen Stein vom Boden aus nach oben, so steigt die potentielle Energie des Systems Stein-Erde. Entsprechend legen wir bei unseren Platten fest, dass die untere, negative Platte das Bezugsniveau (NN) mit $\varphi = 0$ V ist (⟹ *Bild 1*). Dann hat ihm gegenüber die positiv geladene Platte das Potential $\varphi = +1$ kV. Es steigt auf dem Weg von A nach B *gegen* eine Feldlinie zur Plusladung hin an (⟹ *Versuch 1*). Um nämlich die positive Ladung $q = 1 \cdot 10^{-10}$ C auf dem Weg 1 gegen die Feldlinien, also gegen die Feldkräfte, „anzuheben", muss die Energie $W = Uq = 1 \cdot 10^{-7}$ J zugeführt werden; sie erhöht die Energie des Systems. Der Kondensator wird aufgeladen. Umgekehrt sinkt diese Energie, wenn die Feldkräfte eine positive Ladung vom höheren zum niedrigeren Potential ziehen (Entladen des Kondensators). Und bei negativer Probeladung q? Feldkräfte ziehen sie im ⟹ *Bild 1* nach oben; die Energie des Systems sinkt. Beim Aufladen wird q in der entgegengesetzten Richtung bewegt. Verschieben wir q längs einer stromlosen Platte, so ändert sich das Potential nicht; wir sind auf einer Äquipotentialfläche.

Beim Entladen eines Akkus (⟹ *Bild 2*) pumpen die Feldkräfte des Akkus ständig Ladung durch die Glühlampe. Die abgegebene Energie stammt aus chemischen Prozessen. Beim Laden muss man Ladung gegen die Feldkräfte des Akkus treiben. Der geladene Akku hat mehr Energie, nicht mehr Ladung als der „leere".

Merksatz

Die Energie eines Systems (Akku) sinkt, wenn dessen Feldkräfte Ladung verschieben. Sie steigt, wenn von äußeren Kräften Ladung gegen die Feldkräfte bewegt wird.

3. Potentialangaben machen Schaltpläne überschaubar

In Schaltplänen elektronischer Geräte finden Sie Angaben wie +6 V, −2 V usw. (➡ *Bild 3*). Der für Spannungsmessungen stets nötige zweite Punkt ist hier das geerdete Gehäuse, oft Masse genannt. Die Spannung eines Punktes A gegen solch einen willkürlich gewählten Bezugspunkt heißt das *elektrische Potential* φ von A. Abweichungen von den im Plan angegebenen Werten zeigen fehlerhafte Bauelemente an und erleichtern so die Fehlersuche. Die *Potentialdifferenz* zwischen zwei Punkten ist gerade die Spannung zwischen diesen.

Merksatz

> Das **Potential** φ eines Punktes A ist die Spannung von A gegen ein Bezugsniveau B. Die **Spannung** zwischen zwei beliebigen Punkten A und C, ist die Potentialdifferenz $\varphi_A - \varphi_C$.
> Alle Punkte auf **Äquipotentialflächen** haben das gleiche Potential φ. Man braucht keine Energie, um Ladungen auf ihnen zu verschieben.

Ein Widerstandsdraht liegt zwischen dem Potential $\varphi = +4$ V und dem Potential null (➡ *Bild 4*). Von Plus nach Minus laufen im Draht Feldlinien; Feldkräfte erhalten den Strom aufrecht. Ein Spannungsmesser ist zwischen dem Minuspol der Quelle und einem Schieber S, der den Draht abtastet, geschaltet. Wenn wir den Schieber von B aus nach links schieben, fällt die Spannung U_{SA} und damit das Potential $\varphi = \varphi_S - 0$ kontinuierlich von +4 V auf null ab. Man nennt diese Schaltung Potentiometerschaltung, das zugehörige Gerät ein *Potentiometer*. Damit kann man eine Spannung beliebig unterteilen. Die Spannung nimmt entlang des Leiters mit der Länge AS = x des Abgriffs zu: $U_x = E\,x$. Die Feldstärke des homogenen Feldes im Draht der Länge l beträgt $E = U/l$. Es folgt also: $U_x = U\,x/l$.
Für Drähte mit Länge l, Querschnittsfläche A und spezifischem Widerstand ϱ berechnet man den Widerstand nach $R = \varrho\,l/A$. Nach $I = U/R = U\,A/(\varrho\,l) = E\,A/\varrho$ ist der Strom der Querschnittsfläche A proportional. Die Ladung fließt also gleichmäßig über den Querschnitt verteilt. Wird an einer Stelle der Draht dünner, also A kleiner, ist die Feldstärke E dort größer, da die Stromstärke überall im Leiter gleich ist. Im stärkeren elektrischen Feld erfahren die Elektronen größere Kräfte und bewegen sich schneller durch die Verengung.

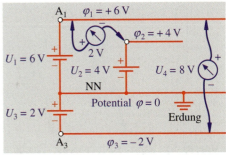

B 3: Potentiale einer elektrischen Schaltung. Dem Minuspol der Quelle 1 mit der Spannung $U_1 = 6$ V schreiben wir das Potential $\varphi = 0$ V (⏚) zu. Ihr Pluspol A_1 hat das Potential $\varphi_1 = 6$ V. Die Quelle 2 bringt ihren Pluspol A_2 nur auf das Potential $\varphi_2 = 4$ V. *Ein Spannungsmesser schlägt richtig aus, wenn seine Plus-Buchse mit dem Punkt des höheren Potentials verbunden wird, die andere mit niedrigerem Potential.* So messen wir zwischen A_1 und A_2 die Potentialdifferenz $\varphi_1 - \varphi_2 = +2$ V. Bei Quelle 3 mit $U_3 = 2$ V ist dagegen der Pluspol mit ⏚ verbunden. Sie muss eine Plusladung von ihrem Minuspol A_3 nach ⏚ hochpumpen. Man schreibt A_3 das negative Potential $\varphi_3 = -2$ V zu. U_4 ist 6 V − (−2 V) = 8 V.

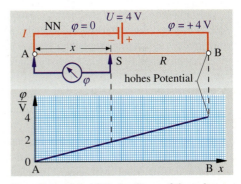

B 4: Potentialgefälle im Strom führenden Leiter. Hier wird $U_{SA} = \varphi_S - \varphi_A$ gemessen.

... noch mehr Aufgaben

A 1: a) In einem Schaltplan steht bei A +10 V, bei B −5 V. Was bedeutet dies? **b)** Welche Energie gibt die Schaltung ab (bzw. nimmt sie auf), wenn die positive Ladung 2 C von A nach B transportiert wird? **c)** Wie schließt man einen Spannungsmesser an, damit sein Zeiger nach rechts ausschlägt?

A 2: Warum kommt einem einzelnen Punkt zwar ein Potential, aber keine Spannung zu? **a)** Warum ist es bequemer, in Schaltplänen statt der Spannung zwischen allen möglichen Punkten nur ihre Potentiale anzugeben? **b)** Warum steigt das Potential beim Annähern an einen positiv geladenen Körper? Hängt es vom Vorzeichen der transportierten Ladung ab?

A 3: Ein Ring im elektrischen Feld eines Plattenkondensators erhält z. B. auf der linken Seite negative, rechts positive Influenzladungen. Oben und unten ist der Ring ladungsfrei. Was kann man über das Potential der Ringteile sagen?

Das elektrische Feld

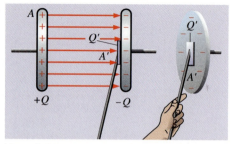

V 1: a) Mit einer Testplatte der Fläche A' nehmen wir auf der negativ geladenen Innenseite des Kondensators Ladungen ab. Die Ladung $-Q'$ messen wir mit einem Messverstärker. Überall wo das Feld homogen ist, entnehmen wir an beiden Kondensatorplatten gleich große Ladungen $+Q'$ bzw. $-Q'$.
b) Benutzen wir zwei Testplatten nebeneinander, so heben wir auf der doppelten Fläche $2A'$ auch die doppelte Ladung $2Q'$ ab. Der Quotient $Q'/A' = 2Q'/(2A')$ ist also konstant.

V 2: a) Wir halbieren nun die Spannung U bei konstantem Abstand d. Mit der Feldstärke $E = U/d$ sinkt auch die gemessene Flächendichte σ auf die Hälfte.
b) Wenn wir bei halber Spannung auch den Plattenabstand d halbieren, steigen $E = U/d$ und die gemessene Flächendichte σ wieder auf den ursprünglichen Wert. σ ist zur elektrischen Feldstärke proportional.

V 3: *Bestimmung der elektrischen Feldkonstanten ε_0:* Im Versuch beträgt der Abstand der Kondensatorplatten $d = 6{,}0$ cm und die Spannung an den Kondensatorplatten $U = 6{,}0$ kV. Die Feldstärke ist $E = U/d = 1{,}0 \cdot 10^5$ V/m. Mit einer Testplatte ($A' = 48$ cm^2) heben wir die Ladung $Q' = 4{,}2 \cdot 10^{-9}$ C ab. Die Flächendichte $\sigma = Q'/A' = 8{,}8 \cdot 10^{-7}$ C/m^2 liefert die Feldkonstante $\varepsilon_0 = \sigma/E = 8{,}8 \cdot 10^{-12}$ C/(Vm).

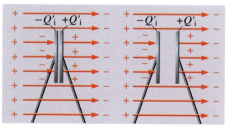

B 1: Ladungstrennung im elektrischen Feld

Das Feld und seine Ursache

1. Dichtere Ladung – stärkeres Feld?

Wie hängt die Stärke eines Kondensatorfeldes von seiner Ursache, den felderzeugenden Ladungen $\pm Q$ ab? Diese werden von Feldkräften auf die Innenseite der Platten gezogen und bilden dort zwei dünne Ladungsfilme. Mit einem Testplättchen der Fläche A' nehmen wir die Ladung Q' von den Kondensatorplatten ab. In ⟹ *Versuch 1* zeigen wir, dass in einem homogenen elektrischen Feld die felderzeugende Ladung auf den Innenseiten der Kondensatorplatten überall gleich dicht sitzt. Der Quotient Q'/A' ist konstant. Er gibt die *Flächendichte σ der Ladung* an.

Merksatz

> Die **Flächendichte σ** einer über die Fläche mit dem Inhalt A gleichmäßig verteilten Ladung Q ist der Quotient
> $$\sigma = \frac{Q}{A}; \quad [\sigma] = 1\,\frac{C}{m^2}.$$

2. Stärkeres Feld – dichtere Influenzladung?

Erhöhen wir die Spannung am Kondensator oder verkleinern den Plattenabstand, so vergrößern wir die elektrische Feldstärke E. Damit steigt auch die Flächendichte σ der Plattenladung. Die Flächendichte σ der felderzeugenden Ladung und die Feldstärke E sind sogar zueinander proportional (⟹ *Versuch 2a, b*): $\sigma = \varepsilon_0 E$.
Der Proportionalitätsfaktor ε_0 heißt *elektrische Feldkonstante*.

Merksatz

> Die Flächendichte σ der felderzeugenden Ladung eines homogenen Feldes ist seiner Feldstärke E proportional. In Luft gilt $\sigma = \varepsilon_0 E$ mit der elektrischen Feldkonstanten $\varepsilon_0 = 8{,}85 \cdot 10^{-12}$ C/(Vm).

Berühren sich zwei senkrecht zu den Feldlinien stehende Testplatten im Feld, so werden zwischen ihnen Ladungen verschoben (⟹ *Bild 1*). Auf ihrer linken Oberfläche bildet sich die Influenzladung $-Q'_i$, auf der rechten die gleich große $+Q'_i$ (die Ladungssumme bleibt null). Nach dem Trennen der Platten zeigt sich, dass die Influenzladung $+Q'_i$ bzw. $-Q'_i$ die gleiche Flächendichte σ wie die Kondensatorplatten aufweist.

Beispiel

> Bei schönem Wetter ist der Erdboden negativ geladen. Die Erde ist von einem elektrischen Feld umgeben. Flammensonden zeigen, dass die Spannung um 1 300 V zunimmt, wenn man jeweils 10 m steigt. Die elektrische Feldstärke ist also $E = U/d = 130$ V/m und die Flächendichte am Erdboden $\sigma = \varepsilon_0 E = 1{,}15 \cdot 10^{-9}$ C/m^2. Wäre dies auf der ganzen Erdoberfläche so, dann würde sie die Ladung $Q = 4\pi R_E^2 \sigma = 5{,}9 \cdot 10^5$ C tragen.

3. Das radiale COULOMB-Feld

Wir wenden uns nun den radialen Feldern um Zentralladungen zu, also den Feldern um geladene Kugeln oder um Atomkerne. Mit einem geladenen Pendelkügelchen bestimmen wir die Kraft F auf seine Ladung q im radialen Feld von Q (➡ Bild 2). Die Kraft steigt mit sinkendem Abstand der Mittelpunkte.

Möglicherweise ändert sich diese Kraft, wenn Q auf eine größere Kugeloberfläche verteilt wird; schließlich nähern sich manche Teile von Q der Probeladung q, andere entfernen sich. Zur Prüfung stülpen wir zwei an langen Isolierstangen gehaltene Halbkugeln über die große Kugel (➡ Bild 3). Die so entstandene größere Kugel erhält durch Berühren von innen die Zentralladung Q. Dabei verändert sich der Pendelausschlag nicht. Die Feldstärke E wie auch die Dichte der Feldlinien bleiben außerhalb der Kugel unverändert. Man könnte die Zentralladung Q sogar auf ihren Mittelpunkt M schrumpfen lassen.

Können wir die Stärke radialer Felder mit den Gesetzen für homogene Felder berechnen? Das Schwerefeld der Erde gibt einen Fingerzeig: Obwohl es im ganzen radial ist, können wir es etwa in einem Zimmer als homogen ansehen. Wir denken uns die geladene Kugel bis unmittelbar vor den Punkt P aufgeblasen und die Ladung auf der Kugel verteilt. Dies ändert die Feldstärke nicht (➡ Bild 4). In einem hinreichend kleinen Bereich um P ist das Feld homogen, die Gleichung $\sigma = \varepsilon_0 E$ also anwendbar. Die Zentralladung Q hat sich beim Vergrößern der Oberfläche auf $A = 4\pi r^2$ verteilt. Ihre Flächendichte ist auf $\sigma = Q/A = Q/(4\pi r^2)$ gesunken. Damit beträgt die Feldstärke im Abstand r:

$$E = Q/(A\varepsilon_0) = Q/(4\pi\varepsilon_0 r^2) \quad \text{mit} \quad 1/(4\pi\varepsilon_0) = 9 \cdot 10^9 \text{ N} \cdot \text{m}^2 \cdot \text{C}^{-2}.$$

Die Ladung q erfährt im Abstand r vom Mittelpunkt der Zentralladung Q die Kraft $F = Eq = Qq/(4\pi\varepsilon_0 r^2)$. Dieses Gesetz für radiale Felder fand der französische Physiker Ch. COULOMB (1736–1806) vor FARADAYS Feldideen durch aufwendige Experimente. Wir haben es jetzt mit FARADAYS Feldvorstellung entwickelt.

Merksatz

COULOMB-Gesetz: Die Kraft zwischen zwei punktförmigen oder kugelförmigen Ladungen Q und q ist

$$F = \frac{1}{4\pi\varepsilon_0} \frac{Qq}{r^2}.$$

r: Abstand der Kugelmitten, $1/(4\pi\varepsilon_0) = 9 \cdot 10^9 \text{ N} \cdot \text{m}^2 \cdot \text{C}^{-2}$ (in Luft)

Beispiel

Vergleich der Gravitationskraft zwischen zwei Elektronen und ihrer elektrischen Abstoßungskraft im Abstand r:

$Q = q = -1{,}6 \cdot 10^{-19}$ C, $m_e = 9{,}1 \cdot 10^{-31}$ kg, $1/(4\pi\varepsilon_0) = 9 \cdot 10^9 \text{ N} \cdot \text{m}^2 \cdot \text{C}^{-2}$; $\gamma = 6{,}67 \cdot 10^{-11} \text{ m}^3 \cdot \text{kg}^{-1} \cdot \text{s}^{-2}$; mit diesen Werten ergibt sich

$$F_{el}/G = Qq/(4\pi\varepsilon_0 \gamma m_e^2) = \mathbf{4 \cdot 10^{42}}.$$

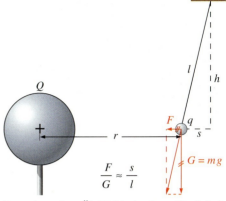

B 2: Aus der Ähnlichkeit des „Kraftdreiecks" und des „Auslenkungsdreiecks" ergibt sich $F/G = s/h$ oder $F = Gs/h$.
Bei kleinen Ausschlägen ($s \ll l$) ist $h \approx l$. Die Rückstellkraft $F \approx Gs/l$ ist der Auslenkung s proportional.
Verdoppelt man den Abstand r der Mittelpunkte, so sinkt F auf $F/4$.

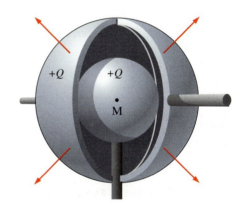

B 3: Die Feldstärke E ist vom Radius R der Zentralladung Q unabhängig

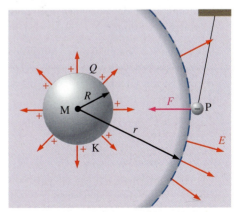

B 4: Berechnung der Feldstärke E im radialen Feld aus den Gesetzen des homogenen Feldes

Das elektrische Feld

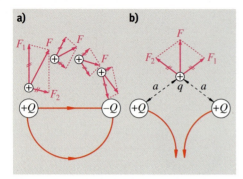

B 1: Vektorielle Addition von Feldkräften
a) bei ungleichnamigen b) bei gleichnamigen Ladungen

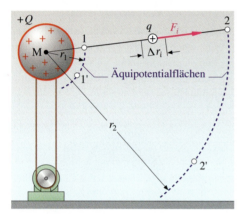

B 2: Energieumsetzungen im COULOMB-Feld einer Kugel

Vertiefung

Energieumsetzungen im Radialfeld

Wir zerlegen den Weg von 1 nach 2 (⟹ *Bild 2*) in so kleine Intervalle Δr, dass auf ihnen die Kraft F_i nahezu konstant ist und summieren die einzelnen Energiebeträge auf. Die Summe $\sum_i F(r_i)\Delta r$ wird die tatsächlich von den Feldkräften umgesetzte Energie umso besser wiedergeben, je kleiner Δr ist. Im Grenzfall $\Delta r \to 0$ wird aus der Summe ein Integral:

$$W = \int_{r_1}^{r_2} F(r)\,dr = \frac{Qq}{4\pi\varepsilon_0}\int_{r_1}^{r_2}\frac{1}{r^2}\,dr$$

$$W = \frac{Qq}{4\pi\varepsilon_0}\left(\frac{1}{r_1}-\frac{1}{r_2}\right).$$

Bei der Berechnung der Energieumsetzungen im Gravitationsfeld haben wir eine Methode kennen gelernt, die durch geschickte Mittelwertbildung *ohne* Integralrechnung zum *gleichen* Ergebnis führt.

4. COULOMB-Felder regieren die Elektrostatik

Wir betrachten an einem Ort die Feldkräfte F_1 und F_2 zweier gleich großer, entgegengesetzter Einzelladungen $+Q$ und $-Q$. Diese Kräfte kann man vektoriell addieren. ⟹ *Bild 1a* zeigt dies für verschiedene Punkte bei entgegengesetzten Ladungen, ⟹ *Bild 1b* für gleichnamige Ladungen. Die Feldkräfte zweier gleicher Ladungen $+Q$ sind auf der Mittelebene wegen des gleichen Abstands gleich groß. Eine Probeladung $+q$ erfährt dort die resultierende Kraft F in der Mittelebene nach außen.

Mithilfe eines Computers errechnet man so die Feldkräfte von Ladungen, die auf einer Kugelschale gleichmäßig verteilt sind, für einen beliebigen Punkt außerhalb der Kugelschale. Man erhält die gleiche Feldkraft, als ob die gesamte Ladung im Kugelmittelpunkt M vereinigt wäre.

Ladung von Materie besteht in der Regel aus Protonen (+) und Elektronen (−). In den Atomen ziehen sich Protonen und Elektronen mit COULOMB-Kräften an. Die Gravitationskraft ist dabei völlig zu vernachlässigen. Man kann deshalb beliebige elektrostatische Felder mit dem COULOMB-Gesetz verstehen und berechnen. Die Atomkerne versammeln gerade so viele Elektronen um sich, dass die Körper meist elektrisch neutral sind.

Merksatz

Superpositionsgesetz: Da man Feldkräfte vektoriell addieren kann, lässt sich aus der resultierenden Kraft eine resultierende Feldstärke ermitteln. In der Elektrostatik kann man so alle Kräfte aus COULOMB-Kräften zusammensetzen.

5. Spannungen im Feld der Bandgeneratorkugel

Eine Bandgeneratorkugel trägt die positive Ladung Q. Sie stößt eine mit q gleichnamig geladene Watteflocke ab und erteilt ihr dabei auf dem Weg von Punkt 1 nach Punkt 2 Energie (⟹ *Bild 2*). Da die Feldkraft $F = Qq/(4\pi\varepsilon_0 r^2)$ nicht konstant ist, können wir diese Energieumsetzung nicht einfach nach $W = Fs$ berechnen. Mithilfe der Integralrechnung (⟹ *Vertiefung*) kann man zeigen, dass ähnlich wie beim Gravitationsfeld die durch die Feldkräfte übertragene Energie gegeben ist durch

$$W = \frac{Qq}{4\pi\varepsilon_0}\left(\frac{1}{r_1}-\frac{1}{r_2}\right).$$

Die Spannung $U = W/q$ zwischen den Punkten 1 und 2 im radialen Feld von Q ist daher:

$$U = \frac{Q}{4\pi\varepsilon_0}\left(\frac{1}{r_1}-\frac{1}{r_2}\right).$$

Die Formel für U gilt auch, wenn man die Punkte 1 und 2 auf gedachten Kugelschalen verschiebt, z. B. in ⟹ *Bild 2* zwischen 1 und 2' oder 1' und 2; die Schalen sind ja Äquipotentialflächen. U hängt nur von r_1, r_2 und Q ab. Kehrt also q in diesem COULOMB-Feld wieder zum Ausgangspunkt zurück, so ist $r_1 = r_2$, die insgesamt umgesetzte Energie null. Dies gilt bei allen elektrostatischen Feldern und dem Gravitationsfeld. Man nennt sie *Potentialfelder*.

6. Das Coulomb-Potential

Um das elektrische Potential $\varphi = W/q$ eines Punktes (1) im radialen E-Feld festzulegen, brauchen wir ein Nullniveau. Legen wir den Punkt (2) als Nullniveau ins Unendliche ($1/r_2 \to 0$), so wird der Ausdruck für das Potential besonders einfach. Das Potential φ aller Punkte der Zentralkugel mit der Ladung Q und dem Radius r_1 ist dann ihre Spannung $U = Q/(4\pi\varepsilon_0 r_1)$ gegen das Unendliche. Dieses wird im Zimmer näherungsweise von Wänden und Boden gebildet.

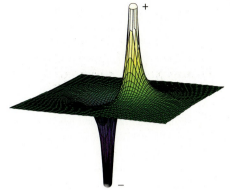

Merksatz

Das **Potential** eines Punktes mit Abstand r vom Mittelpunkt einer Kugel mit der Ladung Q ist seine Spannung gegen unendlich:

$$\varphi = \frac{1}{4\pi\varepsilon_0}\frac{Q}{r}.$$

B 3: Potentialberg von $+Q$ (rechts) und Potentialtrichter von $-Q$ (links) vom Computer berechnet

Im doppelten Abstand r vom Kugelmittelpunkt ist das Potential ($\varphi \sim 1/r$) auf die Hälfte, die Feldstärke ($E \sim 1/r^2$) dagegen auf ein Viertel gesunken. Im Potential steckt ja neben E auch noch der Weg s.

Das Potential um eine positive Zentralladung $+Q$ ist also positiv, um eine negative $-Q$ negativ (➡ Bild 3). Die Energieumsetzung bei Bewegung der Probeladung q hängt von deren Vorzeichen ab! Feldkräfte setzen dann Energie frei, wenn Ladungen den Feldkräften folgen (➡ Bild 4). Verschiebt man Ladungen gegen die Feldkräfte, so führt man Energie zu. Sind beide Ladungen gleichnamig, so stößt die Zentralladung Q die Ladung q vom Punkt (1) ins Unendliche. Sind die Ladungen ungleichnamig (wie ein Elektron im Feld des Atomkerns), so setzen die Feldkräfte Energie frei, wenn die Zentralladung Q die Probeladung aus großer Entfernung heranzieht (➡ Bild 4, $Qq < 0$).

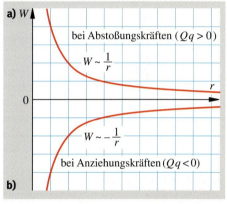

B 4: Energie W bei **a)** Abstoßungskräften gleichnamiger Ladungen **b)** Anziehungskräften ungleichnamiger Ladungen

... noch mehr Aufgaben

A 1: Zwischen zwei Kondensatorplatten (Abstand $d = 5{,}0$ cm) mit je 450 cm² Fläche liegt die Spannung $U = 10$ kV. **a)** Wie groß sind Feldstärke E und Flächendichte σ der felderzeugenden Ladung? Welche Ladung trägt jede Platte? **b)** Wie ändern sich diese Werte, wenn man die Platten bei konstanter Plattenladung auseinander zieht? **c)** Wie ändern sich die Werte, wenn dabei die Quelle angeschlossen bleibt?

A 2: Die Kugel eines Bandgenerators trägt die Ladung $Q = 0{,}1$ µC. Wie groß ist die Feldstärke im Abstand $r = 80$ cm vom Kugelmittelpunkt? Welche Ladungen werden dort auf zwei Testplatten (Fläche $A = 4$ cm²) influenziert, die senkrecht zum Feld stehen?

A 3: a) Zwei gleiche Kügelchen (0,50 g) sind jeweils an einem 1,0 m langen, oben am selben Punkt befestigten Faden aufgehängt und tragen gleiche Ladung. Ihre Mitten haben wegen der Abstoßung 20 cm Abstand. Wie groß sind ihre Ladungen? **b)** Das rechte Kügelchen trage doppelt so viel Ladung wie das linke. Erfahren sie dann auch beide die gleiche Auslenkung? Welche Ladung trägt jetzt jedes Kügelchen bei 20 cm Mittenabstand?

A 4: Der Mittelpunkt einer kleinen Kugel mit der Ladung $q = 10$ nC befindet sich im Abstand $r = 10$ cm vor einer geerdeten großen Metallplatte. Mit welcher Kraft wird die Kugel von der Metallplatte angezogen? (Das Feldlinienbild erhält man, indem man sich eine „Spiegelladung" $-q$ hinter der Metallplatte im Abstand 10 cm vorstellt.)

A 5: Eine Kugel ($r_1 = 3{,}0$ cm) trägt die Ladung 1,0 µC. Wie groß ist ihre Spannung gegen unendlich, wie groß gegen $r_2 = 3{,}0$ m? Welchen Fehler in Prozent begeht man, wenn man die 3 m entfernte Wand als „unendlich" ansieht?

V 1: a) Zwei Kondensatorplatten der Fläche $A = 450 \text{ cm}^2$ haben den Abstand $d = 2{,}0$ mm. Wir legen die Spannung U an. Mit dem Messverstärker bestimmen wir die Ladung Q. Nach ▶ *Tabelle 1* ist $Q \sim U$, der Quotient $C = Q/U$ ist konstant.
b) Wir stellen eine Kugel vor eine Metallplatte und legen zwischen beide die Spannung U. Sie nehmen die Ladungen $\pm Q$ auf, die zu U proportional sind. Wir haben auch bei inhomogenem Feld einen Kondensator mit der konstanten Kapazität $C = Q/U$ vor uns.

U in V	50	100	150	200
Q in nC	10	20	30	40
$C = Q/U$ in nF	0,20	0,20	0,20	0,20

T 1: Ladung ist proportional zur Spannung

V 2: Wir bringen in den ganzen vom homogenen Feld erfüllten Raum des Kondensators aus Versuch 1 eine Glasplatte. Bei der Spannung 100 V ist die Ladung dann fünfmal so groß wie ohne die Platte. Glas erhöht so die Kapazität um den Faktor $\varepsilon_r = 5$.

Luft bei 1 bar = 10^5 Pa	1,00058
Paraffin	2
Öl	2 bis 2,5
Glas	5 bis 16
Ethanol (Alkohol)	26
Wasser	81
Keramik mit Ba, Sr	10^4

T 2: Dielektrizitätszahlen ε_r

Interessantes

Fahrradbeleuchtung im Stand
Die Beleuchtung eines Fahrrads wird während der Fahrt durch den Dynamo betrieben. Steht das Rad, z.B. an einer Ampel, so leuchtet das Rücklicht nicht. Das Fahrrad ist so bei Dunkelheit von anderen Verkehrsteilnehmern schlecht zu sehen. Zusätzlich zum Rückstrahler enthalten manche Rücklichter daher einen Kondensator, der während der Fahrt aufgeladen wird. Im Stand wird von dem geladenen Kondensator eine Leuchtdiode gespeist, die etwas Licht aussendet. Leuchtdioden kommen mit viel schwächeren Strömen aus (1 mA) als Glühlämpchen (200 mA).

Kondensatoren; Kapazität

1. Wie viel Ladung fasst ein Kondensator?

Bisher haben wir Plattenkondensatoren ihres Feldes wegen untersucht. Nun sind in Radios und Computern Kondensatoren so wichtig wie Widerstände – aber nicht um Felder zu erzeugen, sondern um Ladung zu speichern. Die Flächendichte $\sigma = Q/A$ der Ladung auf ihrer Plattenfläche A beträgt $\sigma = \varepsilon_0 E = \varepsilon_0 U/d$. Die Ladung $Q = \sigma A = \varepsilon_0 A U/d$ ist also der Spannung U proportional. Deshalb wird der Quotient $C = Q/U = \varepsilon_0 A/d$ von U unabhängig (▶ *Versuch 1a, b*). Dieser Quotient C heißt *Kapazität*.

Merksatz

Die Ladungen $+Q$ und $-Q$ auf den beiden Teilen eines Kondensators sind der Spannung U zwischen ihnen proportional.
Definition: Unter der **Kapazität** C eines Kondensators versteht man den Quotienten aus Ladung Q und Spannung U:

$$C = \frac{Q}{U}; \quad [C] = 1 \,\frac{C}{V} = 1 \text{ F (Farad)}.$$

2. Mehr Kapazität durch Isolatoren

Bringt man einen Isolator in einen Kondensator, so steigt seine Kapazität (▶ *Versuch 2*). Diese Entdeckung machte M. FARADAY. Er schloss daraus, dass auch Isolatoren elektrische Eigenschaften haben, und nannte sie *Dielektrika*. Den Faktor ε_r, der die Kapazität vergrößert, nennt man *Dielektrizitätszahl*. Luft erhöht die Kapazität gegenüber dem Vakuum nur geringfügig. Man bezieht ε_r bei genauen Versuchen auf das Vakuum und gibt ihm dort den Wert 1.

Merksatz

Die **Dielektrizitätszahl** ε_r gibt die Erhöhung der Kapazität durch ein Dielektrikum an. Im Vakuum ist $\varepsilon_r = 1$.
Die **Kapazität** eines Plattenkondensators mit der Fläche A und dem Plattenabstand d ist bei homogenem Feld

$$C = \varepsilon_0 \varepsilon_r \frac{A}{d}.$$

Dielektrika erhöhen die Kapazität und bei konstanter Spannung die Ladung. Mit $Q = C U = (\varepsilon_0 \varepsilon_r A/d)\, U$ und $E = U/d$ ergibt sich für die Flächendichte σ auf der Innenseite der Kondensatorplatten ebenfalls ein größerer Wert:

$$\sigma = Q/A = \varepsilon_0 \varepsilon_r E.$$

3. Kugeln als Kondensatoren

Aus dem COULOMB-Gesetz haben wir die Spannung $U = Q/(4\pi\varepsilon_0 r)$ einer freistehenden Kugel gegen das Unendliche berechnet. Der Quotient Q/U liefert – um die Dielektrizitätszahl ε_r ergänzt – die Kapazität von Kugeln mit Radius r: $C = 4\pi\varepsilon_0 \varepsilon_r r$.

4. Zeigerinstrumente messen auch Ladungen

Elektrometer sind in Volt geeichte Elektroskope, also *Spannungsmesser*. Bei jeder Messung tragen sie Ladungen. Also stellen sie Kondensatoren dar. Kennt man ihre Kapazität C, so kann man die Ladung nach $Q = CU$ berechnen. Die Spannung U wird von ihnen selbst angezeigt. **Messverstärker** sind an sich Spannungsmesser. Parallel zu ihrem Eingang liegt ein hochisolierender Kondensator der Kapazität C. Bringt man auf diesen Kondensator die zu messende Ladung Q, so nimmt er die Spannung $U = Q/C$ an. U wird gemessen, $Q = CU$ berechnet und angezeigt.

5. Schaltung von Kondensatoren

a) Nach ➡ *Bild 1* liegen drei Kondensatoren mit den Kapazitäten C_1, C_2, C_3 *parallel*, also an der gleichen Spannung U. Beim Aufladen fließt in der Sammelleitung die Summe Q der Einzelladungen $Q_1 = C_1 U$, $Q_2 = C_2 U$ und $Q_3 = C_3 U$; insgesamt also $Q = Q_1 + Q_2 + Q_3 = (C_1 + C_2 + C_3)\,U$.

Diese Parallelschaltung lässt sich durch *einen* Kondensator ersetzen. Er hat als *Ersatzkapazität* die Summe der Einzelkapazitäten:

$$C = Q/U = C_1 + C_2 + C_3.$$

b) Nach ➡ *Bild 2* sind drei beliebige Kondensatoren *in Reihe* geschaltet. Die Quelle mit der Spannung U pumpt Elektronen von der linken Platte des ersten auf die rechte Platte des dritten Kondensators. Diese äußeren Platten tragen dann die Ladungen $+Q$ bzw. $-Q$. Durch Influenz werden die dazwischen liegenden Platten ebenfalls mit $+Q$ bzw. $-Q$ geladen. Die drei Teilspannungen $U_1 = Q/C_1$, $U_2 = Q/C_2$, und $U_3 = Q/C_3$ addieren sich zur Gesamtspannung $U = U_1 + U_2 + U_3$. Für die Ersatzkapazität $C = Q/U$ gilt bei der Reihenschaltung:

$$\frac{1}{C} = \frac{U}{Q} = \frac{1}{Q}\left(\frac{Q}{C_1} + \frac{Q}{C_2} + \frac{Q}{C_3}\right) = \frac{1}{C_1} + \frac{1}{C_2} + \frac{1}{C_3}.$$

Merksatz

Die Ersatzkapazität von **parallel** geschalteten Kondensatoren ist die Summe der Einzelkapazitäten. Bei der **Reihenschaltung** addieren sich die Kehrwerte der Einzelkapazitäten zum Kehrwert $1/C$ der Ersatzkapazität C. Diese ist kleiner als jede Einzelkapazität.

Beispiel

Ein Elektrometer zeigt die Spannung $U_1 = 3{,}0$ kV. Um die Kapazität C_E dieses Elektrometers zu bestimmen, schaltet man einen Plattenkondensator ($A = 100$ cm^2, $d = 1{,}00$ mm) parallel (➡ *Bild 3*). Die Spannung sinkt dabei auf $U_2 = 1{,}0$ kV.

Lösung: Die Kapazität des Kondensators ist $C_K = \varepsilon_0 A/d = 88{,}5$ pF. Die Gesamtladung beträgt $Q = C_E U_1$. Sie verteilt sich auf Elektrometer *und* Kondensator mit der Ersatzkapazität $C = C_E + C_K$. Also ist $C_E U_1 = (C_E + C_K) U_2$ und $C_E = C_K U_2/(U_1 - U_2) =$ **44,3 pF**.

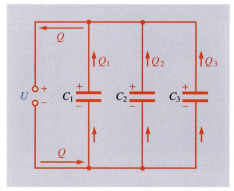

B 1: Parallelschaltung: U gleich; Q_i verschieden. Die Pfeile beziehen sich auf den Aufladevorgang. Sie geben die Richtung der Elektronenbewegung an. Die Teilladungen addieren sich zur Gesamtladung $Q = Q_1 + Q_2 + Q_3$.

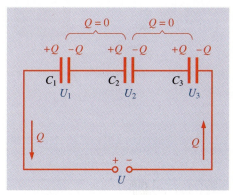

B 2: Reihenschaltung: Q gleich, U_i verschieden. Pfeile wie in ➡ *Bild 1*. Die Teilspannungen addieren sich zur Gesamtspannung $U = U_1 + U_2 + U_3$.

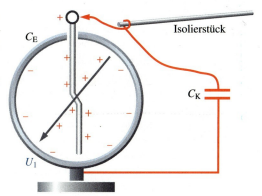

B 3: Bestimmung der Kapazität eines Elektroskops durch Parallelschalten eines Plattenkondensators bekannter Kapazität. Das Isolierstück verhindert einen Ladungsverlust.

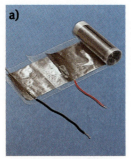

B 1: a) Blockkondensator
b) Leidener Flasche

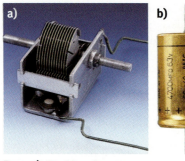

B 2: a) Drehkondensator
b) Elektrolytkondensator

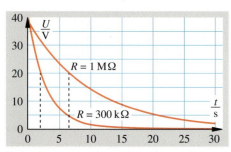

V 1: Wir legen einen auf 40 V geladenen Kondensator ($C = 10\,\mu F$) an einen Spannungsmesser mit dem Innenwiderstand $R = 1\,M\Omega$. Der Entladevorgang lässt sich jetzt mit einer Stoppuhr in Ruhe verfolgen. Statt des Spannungsmessers kann man auch einen t-y-Schreiber mit dem gleichen Eingangswiderstand verwenden und den kriechenden Entladevorgang aufnehmen. Für $R = 1\,M\Omega$ ist die Spannung (und damit die Ladung $Q = CU$) nach ca. 7 s auf die Hälfte (20 V) gesunken. Nach weiteren 7 s finden wir nicht etwa völlige Entladung ($U = 0$ V), sondern 10 V, also die Hälfte des letzten Wertes (20 V). Bei diesem Widerstand ist die **Halbwertszeit** 7 s. Für $R = 300\,k\Omega$ ist die Halbwertszeit kleiner, etwa 2 s.

6. Kondensatoren in Labor und Technik

a) In **Blockkondensatoren** bestehen die „Platten" aus zwei langen zusammengewickelten Aluminiumfolien. Das mit Paraffin getränkte Dielektrikum Papier trennt sie (⇒ *Bild 1a*). Da im Innern von beiden Seiten eines Streifens Feldlinien zum anderen Streifen gehen, ist die wirksame Fläche doppelt so groß wie die Fläche eines Streifens.

b) Bei hohen Spannungen benutzt man **Leidener Flaschen** aus Glas (⇒ *Bild 1b*). Innen- wie Außenseite sind mit Metallfolien beklebt. Man findet sie z. B. an der Influenzmaschine.

c) In der Radiotechnik benutzt man **Drehkondensatoren** (⇒ *Bild 2a*). Sie bestehen aus zwei isolierten Plattensätzen, die sich ineinander drehen lassen. Dies ändert die Größe der sich gegenüberstehenden geladenen Flächenteile und deshalb die Kapazität stetig.

d) Elektrolytkondensatoren (⇒ *Bild 2b*) haben eine Aluminium- oder Tantalfolie als Plusplatte und eine saugfähige, mit einem Elektrolyten getränkte Papierschicht als Minusplatte. Beim Herstellen erzeugt man mit Gleichstrom elektrolytisch zwischen beiden eine extrem dünne Oxidschicht. So wird eine hohe Kapazität (bis 1 F) auf einem kleinen Raum konzentriert. Doch muss man die zulässige *Höchstspannung* und *Polung* genau beachten. Sonst kann der Kondensator explodieren.

e) Bei **Keramikkondensatoren** sind auf kleine keramische Scheiben oder Röhren Metallbeläge aufgedampft. Die Kapazität beträgt einige wenige pF.

Bei pulsierenden Gleichspannungen dienen Kondensatoren zur **Glättung** der Spannung. In **Zeitschaltgliedern** verwendet man die Auf- oder Entladung von Kondensatoren, um nach einer bestimmten Zeit einen Schalter zu betätigen. Dies untersuchen wir nun genauer.

7. Kondensator-Entladung

In ⇒ *Versuch 1* entladen wir einen geladenen Kondensator langsam über einen Widerstand und registrieren den Spannungsverlauf $U(t)$. Zu Beginn ist die Spannung noch groß, also auch der Entladestrom. Doch nehmen die Spannung und nach $Q = CU$ auch die Ladung schnell ab. Hat der Kondensator nur noch wenig Ladung, so sind auch Spannung und Stromstärke klein. U und Q nähern sich (asymptotisch) dem Wert null. Folglich können wir keine Entladezeit angeben, wohl aber eine **Halbwertszeit** T_H. Es ist die Zeit, zu der Spannung und Ladung von einem beliebigen Wert U_0 bzw. Q_0 auf die Hälfte, also $U_0/2$ bzw. $Q_0/2$, gesunken sind. In ⇒ *Versuch 1* ist $T_H = 7$ s. Die Entladung setzt sich danach mit dem gleichen Wert von T_H fort: In den zweiten 7 s verläuft derselbe Vorgang mit jeweils der halben Ladung und Spannung. Nach zwei Halbwertszeiten, zur Zeit $t = 2T_H$, ist $Q = (Q_0/2)/2 = Q_0/4$. Nach n Halbwertszeiten, nämlich bei beliebigen Zeiten $t = n \cdot T_H$ gilt:

$$Q_n = (\tfrac{1}{2})^n \cdot Q_0 = Q_0 \cdot 2^{-n} = Q_0 \cdot 2^{-\frac{t}{T_H}}.$$

$Q = Q_0 \cdot 2^{-\frac{t}{T_H}}$ gibt die Messkurve zu beliebigen Zeiten richtig wieder. Wir können sie aber auch am Computer modellieren. Dabei müssen wir bedenken, dass in einer kurzen Zeitspanne Δt die Ladung sich um $\Delta Q < 0$ ändert; es ist $I = \Delta Q/\Delta t$ mit $I < 0$. Die an der nun abgeschalteten Quelle ($U_0 = 0$) *hintereinander* liegenden Spannungen RI und Q/C von R und C addieren sich. Es gilt:

$$U_0 = 0 = RI + Q/C = R\,\Delta Q/\Delta t + Q/C.$$

Die Ladungsänderung im Kondensator ist also $\Delta Q = -Q\,\Delta t/(RC)$. Der Computer geht vom Startwert $Q = Q_0$ mit $Q_0 > 0$ aus gemäß:

Wiederhole: $\Delta Q = -Q\,\Delta t/(RC)$ (Ladungsänderung $\Delta Q < 0$ in Δt)
$Q = Q + \Delta Q$ (neue, kleinere Ladung nach Δt)
$t = t + \Delta t$ (nächstes Zeitintervall)

Der Computer liefert keine Formel für die Halbwertszeit T_H. Diese hängt nach ▸ *Versuch 1* von R und C ab. Die Halbwertszeit T_H kommt in $Q = Q_0 \cdot 2^{-\frac{t}{T_H}}$ vor. In der ▸ *Vertiefung* zeigen wir, dass $T_H = 0{,}69 \cdot RC$ ist. Für ▸ *Versuch 1* ergibt sich mit $R = 1\,\text{M}\Omega$, $C = 10\,\mu\text{F}$ die Halbwertszeit

$$T_H = 0{,}69 \cdot 1\cdot10^6\,\Omega \cdot 10^{-5}\,\text{F} = 6{,}9\,\text{s}$$

in guter Übereinstimmung mit dem Messergebnis.

Merksatz

Ein Kondensator der Kapazität C entlädt sich über den Widerstand R mit sinkender Stromstärke I. Jeweils nach Ablauf einer Halbwertszeit $T_H = 0{,}69\,RC$ sind Ladung Q, Spannung U und Stromstärke I auf die Hälfte gesunken. Zu einem beliebigen Zeitpunkt t gilt

$$Q(t) = Q_0 \cdot 2^{-\frac{t}{T_H}}, \quad U(t) = U_0 \cdot 2^{-\frac{t}{T_H}} \quad \text{und} \quad I(t) = I_0 \cdot 2^{-\frac{t}{T_H}}.$$

Vertiefung

Mathematischer Exkurs

Es ist $Q(t) = Q_0 \cdot 2^{-\frac{t}{T_H}} = Q_0 \cdot 2^{-k \cdot t}$ mit $k = 1/T_H$. Wir bilden

$$\frac{\Delta Q}{\Delta t} = Q_0 \cdot \frac{2^{-k\cdot(t+\Delta t)} - 2^{-k\cdot t}}{\Delta t}$$

$$= Q_0 \cdot 2^{-k\cdot t}\,\frac{2^{-k\cdot \Delta t} - 1}{\Delta t}.$$

Damit wir im Exponenten und im Nenner den gleichen Ausdruck haben, erweitern wir den Bruch mit $-k$ und erhalten

$$\frac{\Delta Q}{\Delta t} = -k \cdot (Q_0 \cdot 2^{-k\cdot t})\,\frac{2^{-k\cdot \Delta t} - 1}{-k\cdot \Delta t}$$

$$= -k \cdot Q\,\frac{2^h - 1}{h}$$

mit $h = -k \cdot \Delta t$.

Für sehr kleines Δt und damit auch für sehr kleine Beträge von h (z. B. $h = 0{,}01$) ergibt sich $(2^h - 1)/h \approx 0{,}69$.

Da $I = \Delta Q/\Delta t$ ist, erhalten wir

$$I = -k \cdot Q \cdot 0{,}69 \quad (I < 0,\;\text{Entladestrom})$$

oder wegen $k = 1/T_H$

$$I = -\frac{Q}{R \cdot C} = -Q \cdot \frac{0{,}69}{T_H}.$$

Daraus folgt $\boldsymbol{T_H = 0{,}69 \cdot R \cdot C}$.

... noch mehr Aufgaben

A 1: a) Ein Streifen eines Blockkondensators hat auf jeder Seite 20 m² Fläche und 0,05 mm Abstand zum anderen ($\varepsilon_r = 2$). Wie groß sind Kapazität und Ladung bei 100 V? Bei welcher Spannung ist $Q = 100\,\mu\text{C}$? **b)** Wie lang müssten die 5,0 cm breiten Streifen sein, damit $C = 10\,\mu\text{F}$ wird?

A 2: a) Welche Kapazität muss man zu 10 μF parallel bzw. in Reihe schalten, damit 15 μF bzw. 5 μF entstehen? **b)** Welche Ladung nimmt dabei jeder Kondensator auf, wenn man 10 V anlegt?

A 3: Drei Kondensatoren mit 5 μF, 10 μF und 20 μF liegen hintereinander an 100 V. Welche Ladung trägt jeder, welche Spannung hat er?

A 4: Auf eine Kondensatorplatte ($A = 400\,\text{cm}^2$) wird eine 5,0 mm dicke Paraffinscheibe ($\varepsilon_{r,1} = 2$) und darauf eine ebenfalls 5,0 mm dicke Glasscheibe ($\varepsilon_{r,2} = 5$) gelegt. Die zweite gleich große Kondensatorplatte wird aufgepresst. Berechnen Sie die Kapazität. (Man kann dies als Hintereinanderschaltung von zwei Kondensatoren mit ($\varepsilon_{r,1}$, d_1) und ($\varepsilon_{r,2}$, d_2) auffassen.)

A 5: Die Kapazität eines Drehkondensators kann zwischen 100 pF und 1 nF geändert werden. Ein angelegtes Elektrometer von 100 pF Kapazität zeigt bei ineinander gedrehten Plattensätzen 100 V an. Welche Ladung ist auf der gesamten isolierten Anordnung? Welche Spannung entsteht, wenn man die Platten auseinanderdreht?

A 6: Welche Ladung nimmt eine freistehende Kugel ($r = 4$ cm) auf, wenn sie mit 50 kV gegen die fernen Wände (Erde) geladen wird?

A 7: Ein Pendelschalter lädt 20-mal pro Sekunde einen Kondensator auf und entlädt ihn wieder vollständig über einen Strommesser. Die mittlere Stromstärke beträgt $\bar{I} = 2{,}0\,\text{mA}$, wenn die angelegte Spannung $U = 40\,\text{V}$ ist. Wie groß ist die Ladung Q des Kondensators bei $U = 40\,\text{V}$, wie groß ist seine Kapazität C?

A 8: Ein Kondensator der Kapazität $C = 100\,\mu\text{F}$ wird über ein Strommessgerät mit dem Innenwiderstand $R = 300\,\text{k}\Omega$ entladen. **a)** Berechnen Sie die Halbwertszeit T_H. **b)** Wie groß ist die Spannung nach 5 s, 10 s, 50 s, wenn die Anfangsspannung $U_0 = 10$ V beträgt?

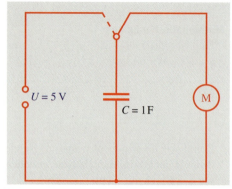

V 1: Ein Kondensator der Kapazität 1 F wird mit der Spannung 5 V aufgeladen. Beim Entladen treibt er einen kleinen Motor.

Warnung: Das Experimentieren mit *Hochspannungskondensatoren* ist gefährlich. Schulnetzgeräte haben einen hohen Widerstand eingebaut, der während des Aufladens die Stromstärke auf wenige mA begrenzt. Bei der Entladung des Kondensators ist das nicht der Fall!

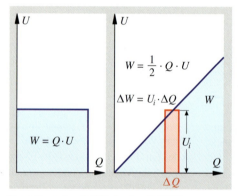

B 1: Energie als Fläche im Q-U-Diagramm

Beispiel

Ein Kondensator der Kapazität 100 µF speichert im Elektronenblitz bei der Spannung $U = 1$ kV die Energie

$$W = \tfrac{1}{2} \cdot 10^{-4}\,\text{F} \cdot 10^{6}\,\text{V}^{2} = 50\,\text{C·V} = 50\,\text{J}.$$

Dies ist gegenüber der Energie von $46 \cdot 10^{6}$ J eines Liters Benzin sehr wenig. Im Elektronenblitz wird die elektrisch gespeicherte Energie in $t = 1$ ms frei; so lange blendet die Leistung $P = W/t = 50$ kW! Ein Auto, das nach so kurzer Zeit zum Tanken muss, wäre nicht brauchbar.

Energie elektrischer Felder

1. Kondensatoren statt Benzin im Tank?

Geladene Kondensatoren werden mit lautem Knall entladen und liefern die Energie zum Elektronenblitz des Fotografen. In ➡ *Versuch 1* verwenden wir einen 1 Farad-Kondensator, um einen kleinen Motor laufen zu lassen. Ließen sich auch Elektroautos mit Kondensatoren antreiben? Wie viel Energie können diese speichern?

Wäre die Spannung $U(t)$ beim Aufladen eines Kondensators konstant, so könnten wir die zum Transport der Ladung Q nötige Energie mit $W = Q \cdot U$ berechnen. Ihr entspräche der Flächeninhalt des Rechtecks im ➡ *Bild 1*. Doch steigt beim Aufladen die Spannung am Kondensator proportional zur aufgenommenen Ladung von 0 bis $U = Q/C$ an. In dem schmalen, rot gefärbten Streifen sei ΔQ so klein, dass U_i praktisch konstant bleibt. Aus solchen schmalen Streifen kann die Dreiecksfläche näherungsweise zusammengesetzt werden. Je kleiner ΔQ ist, umso besser nähert sich die Summe der Rechtecksflächen der Dreiecksfläche an. Der Inhalt der Dreiecksfläche liefert die Energie $W = \tfrac{1}{2} Q U = \tfrac{1}{2} C U^2$, die man braucht, um dem Kondensator der Kapazität C die Ladung $Q = CU$ zuzuführen. Beim Entladen wird diese Energie frei. Sie war im Kondensator gespeichert.

Merksatz

> Die **Energie** eines geladenen Kondensators ist $W = \tfrac{1}{2} Q U = \tfrac{1}{2} C U^2$.

2. Wo und wie dicht sitzt elektrische Energie?

Kann man sagen, wo die Energie gespeichert wird? Ziehen wir die Platten eines Kondensators auseinander, der nicht mit einer Quelle verbunden ist, so steigt seine Energie, wie wir an der Entladung über eine Glimmlampe gesehen haben. Die Ladung hat sich beim Auseinanderziehen nicht geändert. Doch vergrößern wir dabei den Raum, der mit dem Feld erfüllt ist. Ist vielleicht dieses Feld Träger der Energie? Um dies zu prüfen, setzen wir $E = U/d$ und $C = \varepsilon_0 \varepsilon_r A/d$ in $W = \tfrac{1}{2} C U^2$ ein:

$$W = \tfrac{1}{2} C U^2 = \tfrac{1}{2} \varepsilon_0 \varepsilon_r \frac{A}{d} E^2 d^2 = \tfrac{1}{2} \varepsilon_0 \varepsilon_r E^2 V.$$

Die Energie ist also dem felderfüllten Volumen $V = A \cdot d$ und dem Quadrat der Feldstärke proportional; sie hängt nur von Feldgrößen ab. Die Ladung tritt nicht auf. Dies werten wir als starkes Indiz dafür, dass die Energie nach FARADAYS Feldvorstellung im Feld sitzt. Wir berechnen die räumliche Dichte ϱ_{el} der Energie:

$$\varrho_{\text{el}} = W/V = \tfrac{1}{2} \varepsilon_0 \varepsilon_r E^2.$$

Merksatz

> Das elektrische Feld ist Sitz von Energie. Die räumliche **Energiedichte** beträgt
> $$\varrho_{\text{el}} = \tfrac{1}{2} \varepsilon_0 \varepsilon_r E^2.$$

Feldenergie gibt es auch im *Vakuum*. Alle Energie, die wir zum Leben brauchen, auch die in Kohle- und Erdöllagern gespeicherte Energie, kam von der Sonne durch weite materiefreie Räume zu uns.

3. Feldkraft – aus Feldenergie berechnet

Die elektrische Feldstärke in einem Plattenkondensator hängt nicht vom Plattenabstand d ab, wenn die Quelle abgetrennt ist. Ziehen wir Platten mit der Fläche A auseinander, so vergrößern wir das vom Feld erfüllte Volumen um $\Delta V = A \cdot \Delta s$ und seine Energie um $\Delta W = \frac{1}{2}\varepsilon_0 \varepsilon_r E^2 A \Delta s$. Zum Ziehen längs der Feldlinien braucht man die Kraft F, also die Energie $\Delta W = F \Delta s$. Durch Gleichsetzen berechnen wir die Anziehungskraft F der Platten zu

$$F = \frac{\Delta W}{\Delta s} = \frac{1}{2}\varepsilon_0 \varepsilon_r E^2 A = \frac{1}{2}\varepsilon_0 \varepsilon_r \frac{U^2}{d^2} A.$$

Da ε_0 festliegt, kann man die elektrische Spannungseinheit 1 V allein mit einem Maßstab und einem Kraftmesser bestimmen. In ⟶ *Versuch 2* untersuchen wir mit einer *Spannungswaage* die Abhängigkeit der Kraft F von U und d (⟶ *Bild 2*).

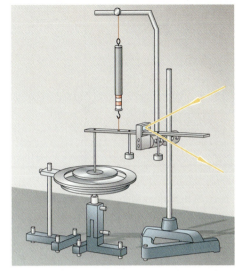

V 2: Spannungswaage: Die untere Kondensatorplatte steht isoliert auf einem höhenverstellbaren Ständer, die obere hängt an einem austarierten Waagebalken mit Lichtzeiger. Ein Schutzring sorgt für die Abschirmung von Randfeldern. Die Kraftmessung erfolgt mit einem Federkraftmesser.

Beispiel

> Ein Kondensator mit der Kapazität $C_1 = 5\ \mu F$ wird auf $U_0 = 30$ V aufgeladen und dann zu einem ungeladenen Kondensator mit $C_2 = 10\ \mu F$ parallel geschaltet, ohne dass Ladung verloren geht.
> **a)** Welche Spannung stellt sich zwischen den Platten ein? **b)** Vergleichen Sie die Energie, die vor und nach dem Parallelschalten in der Anordnung gespeichert ist.
>
> *Lösung:*
> **a)** Da die Ladung erhalten bleibt, gilt:
>
> $Q = C_1 U_0 = (C_1 + C_2) U_1$ oder $U_1 = C_1 U_0/(C_1 + C_2) = \mathbf{10\ V}$.
>
> **b)** Vor dem Parallelschalten berechnet man die gespeicherte Energie zu $W = \frac{1}{2} C_1 U_0^2 = \mathbf{2{,}25\ mJ}$.
> Nachher ist $W = \frac{1}{2}(C_1 + C_2) U_1^2 = \frac{1}{2} \cdot 15 \cdot 10^{-6}$ F $\cdot (10\ V)^2 = \mathbf{0{,}75\ mJ}$.
> Dies ist kein Widerspruch zum Energiesatz. Vom geladenen Kondensator fließen Ladungen zum ungeladenen. Im Widerstand des Stromkreises geht Energie in Form von Wärme, im Funken als Strahlungsenergie weg.

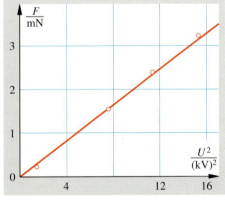

B 2: Die Kraft in Abhängigkeit von U^2 aufgetragen ergibt eine Gerade

... noch mehr Aufgaben

A 1: In Luft tritt oberhalb einer Feldstärke von $2{,}5 \cdot 10^6$ V/m Funkenüberschlag auf. **a)** Welche Energiedichte ϱ_{el} ist in Luft noch möglich? **b)** Wievielmal so groß ist die aus Kohle nutzbare Energiedichte (Verbrennungswärme: $3 \cdot 10^7$ J/kg; Dichte: 1,2 g/cm³)?

A 2: Zwei kreisförmige Platten von 24 cm Durchmesser haben den Abstand 4,0 mm. **a)** Berechnen Sie Energieinhalt und Energiedichte bei $U = 3{,}0$ kV bzw. $U = 6{,}0$ kV. **b)** Mit welcher Kraft ziehen sich die Platten an? **c)** Wie groß ist die Spannung, wenn die Spannungswaage die anziehende Kraft 1,0 N anzeigt?

A 3: Ein Kondensator von 10 μF wird auf 200 V aufgeladen und einem auf 100 V geladenen gleicher Kapazität parallel geschaltet, ohne dass Ladung verloren geht. Welche Spannung nehmen die Kondensatoren an? Wie viel elektrische Energie geht verloren?

A 4: Bestimmen Sie die Gesamtenergie eines Kugelfeldes (Kugelradius R, Ladung Q) im Abstand $r \geq R$ vom Mittelpunkt (Integration von ϱ_{el} von R bis ∞; $dV = 4\pi r^2 dr$).

Das elektrische Feld

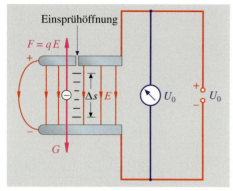

B 1: Schema des MILLIKAN-Versuchs

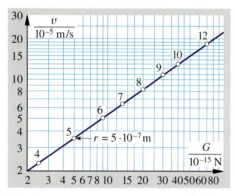

B 2: Sinkgeschwindigkeit v von Öltröpfchen in Abhängigkeit von der Gewichtskraft G. Der Maßstab auf den Achsen ist nicht linear, sondern logarithmisch. Der Vorteil dieser Darstellung ist, dass Messwerte für einen großen Bereich in einem Diagramm gezeigt werden können. Hängt eine Messgröße von der anderen als Potenz ab, z. B. $v = k \cdot G^{2/3}$, so ergibt sich außerdem in doppelt-logarithmischer Darstellung eine Gerade

$$\lg v = \frac{2}{3} \cdot \lg G + \lg k.$$

Man sieht so einfacher Abweichungen von der Potenzfunktion.

Beispiel

Ein Tröpfchen durchfällt die Strecke $\Delta s = 2{,}50$ mm in $\Delta t = 35{,}0$ s. Also ist $v = \Delta s / \Delta t = 7{,}14 \cdot 10^{-5}$ m/s.
Bild 2 entnimmt man $G = 15{,}8 \cdot 10^{-15}$ N. Aus der Schwebespannung $U_0 = 250$ V und dem Plattenabstand $d = 5{,}0$ mm folgt

$$q = G/E = G\,d/U_0 = \mathbf{3{,}2 \cdot 10^{-19}\ C}.$$

Dies sind zwei Elementarladungen.

Der MILLIKAN-Versuch

1. Die kleinste Ladung

Im Chemieunterricht lernt man, dass 1 mol (also $6{,}02 \cdot 10^{23}$) Elementarladungen 96 500 C sind (2. FARADAY-Gesetz). Daraus kann man die Elementarladung e ermitteln: $e = 96\,500$ C$/(6{,}02 \cdot 10^{23}) = 1{,}6 \cdot 10^{-19}$ C. Die so bestimmte Ladung könnte allerdings ein Mittelwert sein, um den die einzelnen Ionenladungen streuen. Langwierige Experimente des Amerikaners Robert A. MILLIKAN (Nobelpreis 1923) zeigten 1909 unabhängig von der Elektrolyse, dass positive wie negative Ladungsträger nur als ganzzahlige Vielfache einer kleinsten Ladung auftreten.

In *Bild 1* ist das Schema des Versuchs von MILLIKAN gezeichnet. Mit einem Mikroskop betrachtet man den Raum zwischen zwei horizontalen Kondensatorplatten. Er ist durch ein Gehäuse vor Luftzug geschützt. Im Mikroskop sind Strichmarken für vertikale Strecken Δs zwischen den Platten angebracht. Durch eine Öffnung werden aus einem Zerstäuber kleine Öltröpfchen zwischen die Platten geblasen. Bei seitlicher Beleuchtung erscheinen die Tröpfchen als helle Lichtpunkte, die nach unten sinken (da das Mikroskop umkehrt, scheinen sie nach oben zu wandern). Nun legt man eine Spannung zwischen die Platten (die untere sei negativ geladen). Dann sinken die ungeladenen Tröpfchen unbeeinflusst weiter. Einige Tröpfchen steigen jedoch zur oberen Platte auf, sind also negativ geladen. Positiv geladene sinken schneller als ohne Feld. Die Ladung rührt daher, dass beim Zerstäuben des Öls das eine Tröpfchen einige Elektronen zu viel, das andere einige zu wenig erhält.

Man beobachtet nun *ein* negativ geladenes Tröpfchen über längere Zeit genau und ändert dabei die Spannung U_0, bis das Tröpfchen *schwebt* (die anderen verschwinden allmählich). Dann besteht am ruhenden Tröpfchen Gleichgewicht: Nach oben zieht die elektrische Feldkraft $F = q E$, die seine Ladung q im Feld der Stärke $E = U_0/d$ (d: Plattenabstand) erfährt. Nach unten zieht die gleich große Gewichtskraft G. Es gilt also $q E = q U_0/d = G$.

Leider sind die Tröpfchen so klein, dass ihr Radius r und damit die Gewichtskraft G nicht unmittelbar bestimmt werden kann. Man misst daher die Geschwindigkeit v, mit der das Tröpfchen nach Wegnahme der Schwebespannung in Luft sinkt. Diese Sinkgeschwindigkeit ist bekanntlich bei schweren Regentropfen groß, bei Nebeltröpfchen klein. Am sinkenden Tröpfchen kommt nämlich Gleichgewicht zwischen der Gewichtskraft und der von v abhängigen Kraft des Luftwiderstands ($F = 6\pi r \eta v$, $\eta =$ Zähigkeit der Luft) zustande. Der Zusammenhang zwischen v und der Gewichtskraft G ist in *Bild 2* aufgetragen. Man misst nun ohne Feld die Fallzeit Δt für die Strecke Δs, berechnet v und entnimmt dem Schaubild die Gewichtskraft. Auch bei Wiederholung an vielen Tröpfchen ergeben sich für die Tröpfchenladung $q = G/E = G\,d/U_0$ immer nur ganzzahlige Vielfache der **Elementarladung e**, nämlich e selbst oder $2e$, $3e$ usw. (*Bild 3*).

Zwischenwerte wie 0,7 e oder 3,4 e werden nicht beobachtet. Nun polt man die Spannung an den Platten um und misst die Ladung eines positiv geladenen Tröpfchens. Der Wert für e ist der gleiche.

Merksatz

Positive wie negative Ladungen treten nur als ganzzahlige Vielfache der **Elementarladung** $e = 1{,}6 \cdot 10^{-19}$ C auf. Die Ladung des Elektrons ist $q = -e = -1{,}6 \cdot 10^{-19}$ C.

2. Ein eigenes Energiemaß für die Mikrowelt

Wenn ein Elektron die Spannung U in einer Elektronenkanone durchlaufen hat, so wurde ihm von Feldkräften die Energie $W = e \cdot U$ zugeführt. Um nicht immer mit e multiplizieren zu müssen, führt man die auf die Elementarladung zugeschnittene **Energieeinheit Elektronvolt (eV)** ein. Durchfliegt ein Elektron die Spannung 1 V, so steigt seine kinetische Energie um $1\,\text{eV} = 1{,}6 \cdot 10^{-19}\,\text{C} \cdot 1\,\text{V} = 1{,}6 \cdot 10^{-19}\,\text{J}$. Durchläuft ein Cu^{++}-Ion oder ein Heliumkern, die beide zwei Elementarladungen tragen, die Spannung 1 V, so ändert sich ihre Energie um 2 eV.

Merksatz

Wenn ein Teilchen beliebiger Masse mit der Ladung 1 e im Vakuum die Spannung 1 V durchläuft, dann ändert sich seine kinetische Energie um 1 Elektronvolt:
$$1\,\text{eV} = 1\,\text{e} \cdot 1\,\text{V} = 1{,}6 \cdot 10^{-19}\,\text{J};$$
$$1\,\text{MeV (Mega-Elektronvolt)} = 10^6\,\text{eV};$$
$$1\,\text{GeV (Giga-Elektronvolt)} = 10^9\,\text{eV}.$$

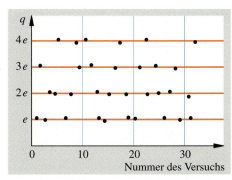

B 3: Streuung zahlreicher Messwerte der Tröpfchenladung q um e, $2e$, $3e$, $4e$ oder andere ganzzahlige Vielfache von e

Beispiel

Ein Elektron ($m_e = 9{,}1 \cdot 10^{-31}$ kg) mit der Anfangsgeschwindigkeit $v_0 = 10^7$ m/s durchläuft die Spannung 100 V. Wie groß ist dann seine Energie in eV?

Lösung:
Es ist $1\,\text{J} = 1/(1{,}6 \cdot 10^{-19})\,\text{eV} = 6{,}25 \cdot 10^{18}\,\text{eV}$. Energie des Elektrons nach Durchfliegen der Spannung U:

$$W = eU + \tfrac{1}{2} m v^2 = 100\,\text{eV} + 4{,}55 \cdot 10^{-17}\,\text{J}$$
$$= 100\,\text{eV} + 284\,\text{eV} = \mathbf{384\,\text{eV}}.$$

... noch mehr Aufgaben

A 1: a) Ein Öltröpfchen der Masse $m = 2{,}4 \cdot 10^{-12}$ g schwebt bei $U_0 = 250$ V in einem Kondensator (Plattenabstand $d = 0{,}50$ cm, obere Platte negativ). Welche Ladung und wie viele Elementarladungen trägt es? Welches Vorzeichen hat seine Ladung? Mit welcher Geschwindigkeit sinkt es in Luft ohne elektrisches Feld (▶ Bild 2)? **b)** Wie viele Überschusselektronen sitzen je cm^2 auf der negativ geladenen Platte? **c)** Auf wie viele Atome der Oberfläche kommt ein Überschusselektron? (Ein Atom braucht die Fläche 10^{-15} cm^2.)

A 2: a) Ein Tröpfchen ($m = 2{,}4 \cdot 10^{-12}$ g, $q = 3e$) sinkt langsam in dem Plattenkondensator aus A 1a) um 1 mm. Wie viel Höhenenergie verliert das Tröpfchen? Welche Spannung durchläuft es? Um wie viel ändert sich die elektrische Energie im Feld? Nimmt sie zu oder ab? Vergleichen Sie die beiden Energieänderungen. **b)** Ein gleich geladenes Tröpfchen mit halber Masse steigt hoch. Vergleichen Sie jetzt die beiden Energieänderungen.

A 3: Näherungsweise gilt für Öltröpfchen das Reibungsgesetz von Stokes $F = 6\pi r \eta v$ ($\eta = 18 \cdot 10^{-6}$ Ns/m^2: die Zähigkeit der Luft). Die Dichte des verwendeten Öls ist $\varrho = 983$ kg/m^3. Berechnen Sie die Sinkgeschwindigkeit des Tröpfchens ($r = 1 \cdot 10^{-6}$ m), die sich nach kurzer Zeit ohne Feld einstellt.

A 4: Ein Elektron fliegt von einer Spitze ($r = 100$ nm) im Mittelpunkt einer evakuierten Kugel zum 7,0 cm entfernten Leuchtschirm. Zwischen Spitze und Leuchtschirm liegt die Spannung 7 kV. Wie viel Energie in J und eV gewinnt es auf der ganzen, wie viel auf der halben Strecke?

A 5: a) Wie groß sind die positive und die negative Ladung in 12 mg Kohlenstoff (1 C-Atom hat sechs Elektronen und sechs Protonen)? **b)** Welche Kraft würden beide Ladungen aufeinander ausüben, wenn sie in 1 m Abstand voneinander punktförmig konzentriert wären? **c)** Mit diesen Ladungen werden zwei Kondensatorplatten der Fläche $A = 1000$ cm^2 im Abstand 1 cm belegt. Mit welcher Kraft würden sich die Platten anziehen? Wie groß wären die Energie und die Energiedichte im Feld?

Interessantes

Isolatoren im *E*-Feld

Wie wir gesehen haben, steigt die Kapazität eines Kondensators, wenn man zwischen die Platten einen Isolator (z. B. eine Plexiglasscheibe) einführt.

Was geht im Nichtleiter Plexiglas vor? Seine Atome halten zwar die Elektronen fest; doch ist die atomare Elektronenwolke ein lockeres Gebilde. Sie wird in einem äußeren Feld ein wenig zur Plusplatte hin verschoben. ▶ *Bild 1* zeigt ein *anschauliches Modell* für das Verhalten der Ladungen: Auf einer durchsichtigen Folie befindet sich ein quadratisches Netzgitter aus roten Pluszeichen (Atomkerne). Darunter liegt ein Gitter aus blauen Kreisen mit Minuszeichen (Elektronenhülle). Das ▶ *Bild 1a* zeigt das Dielektrikum, in dem sich alle Ladungen neutralisieren. In ▶ *Bild 1b* ist die Minusfolie ein wenig zur Plusplatte hin verschoben. Das Dielektrikum bleibt im Innern neutral. Doch bildet sich vor der Plusplatte ein hauchdünner Film von Überschusselektronen. Diese bilden eine **Polarisationsladung** $-Q_P$. An ihr endet ein Teil der Feldlinien. An der rechten Oberfläche entsteht ein Film positiver Polarisationsladungen $+Q_P$. Von ihr gehen Feldlinien zur Minusplatte. Das von den Kondensatorplatten ausgehende Feld ist daher im Dielektrikum schwächer. Feldstärke E und Spannung $U = E\,d$ sind dort kleiner. Die Ladung Q der isolierten Platten hat sich aber nicht geändert. Also steigt die Kapazität $C = Q/U$.

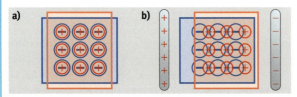

B 1: Verschiebbare Folien veranschaulichen die Polarisation

Wasser und Alkohol haben hohe Dielektrizitätszahlen ε_r. Bei diesen Stoffen sind auch ohne äußeres Feld die Schwerpunkte von Plus- und Minusladungen getrennt. Sie bilden **elektrische Dipole.** In einem elektrischen Feld richten sich die ungeordneten Dipole aus, man spricht von *Orientierungspolarisation* im Unterschied zur *Verschiebungspolarisation*, die wir oben betrachtet haben. Erwärmt man manche Dielektrika (z. B. Teflon) und lässt sie unter dem Einfluss von starken elektrischen Feldern abkühlen, so bleibt an ihrer Oberfläche eine dünne Schicht von positiven bzw. negativen Ladungen bestehen. Es hat sich ein so genannter **Elektret** gebildet, der ständig polarisiert ist und eine permanente Ladungsschicht trägt.

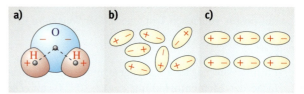

B 2: a) Wassermolekül **b)** Dipole ungeordnet und **c)** geordnet

Kondensator- und Elektretmikrofon

Ein *Kondensatormikrofon* besteht im Prinzip aus einer schwingungsfähigen Membran und einer Gegenplatte, die einen Kondensator bilden. Über einen hochohmigen Widerstand ist eine Spannungsquelle angeschlossen. Durch die Druckschwankungen des Schalls ändern sich der Plattenabstand d, also die Kapazität C und die Ladung des Kondensators (▶ *Bild 3a*). Wechselnde Ladeströme durch den Widerstand führen zu Spannungsschwankungen. Diese werden einem Verstärker zugeführt. Die zusätzliche Spannungsquelle kann man sich sparen, wenn eine Platte des Kondensators von einem Elektret gebildet wird (▶ *Bild 3b*). Man erhält so die heute häufig gebrauchten *Elektretmikrofone*.

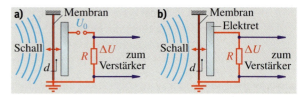

B 3: a) Kondensatormikrofon **b)** Elektretmikrofon

Nach der Funktionsweise des Kondensatormikrofons arbeiten auch *Siliciummikrofone* (▶ *Bild 4*), die nur noch die Größe eines Stecknadelkopfes haben. Die geringe Größe ermöglicht zahlreiche neue Anwendungen, z. B. bei dem Bau von noch kleineren Hörgeräten oder in der Kommunikationstechnik. Mit den Methoden der Mikroelektronik und Mikromechanik wird solch ein miniaturisiertes Mikrofon auf einem Chip hergestellt. So kann die Produktion in großer Stückzahl, d. h. preiswert erfolgen.

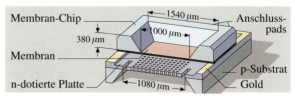

B 4: Siliciummikrofon; eine Elektrode ist mit Löchern versehen, damit die Luft nahezu ungestört zwischen Membran und Platte strömen kann

Interessantes

Von Menschen und Feldern

Ionenkanäle in Nervenmembranen

Wie kommt es überhaupt, dass, wie schon Luigi Galvani nachgewiesen hat, die Erregung von Muskeln ein elektrischer Prozess ist? Bei der Beschreibung dieser Vorgänge wirken Physik, Chemie und Biologie zusammen. Wir wollen daher hier auch nicht alles erklären, sondern nur zeigen, wie die elektrischen und chemischen Prozesse messbar verfolgt werden können.

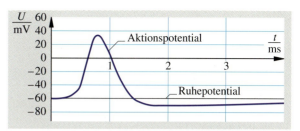

B 6: Zeitlicher Verlauf des Aktionspotentials

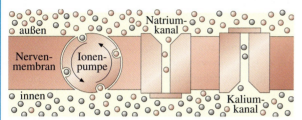

B 5: Schematischer Aufbau der Zellmembran

Eine Nervenfaser (Axon) bildet einen Hohlzylinder. Die Nervenmembran, die Hülle dieses Zylinders, können wir uns als Isolierschicht eines elektrischen Kabels vorstellen. Im Innen- und Außenraum befinden sich elektrisch leitende Flüssigkeiten, so genannte Elektrolyte. Die Faser stellt einen Zylinderkondensator dar, bei dem die Membran das Dielektrikum ist. Durch die Oberfläche der Zelle und den „Plattenabstand" (Dicke der Membran: einige nm) ist die Kapazität des Kondensators bestimmt. Die Membran enthält Kanäle, die im geöffneten Zustand für Kalium- und Natrium-Ionen durchlässig sind. Im Innern einer Nervenzelle befinden sich unter anderem positive Kalium- und negative organische Ionen, außerhalb der Zelle positive Natrium- (Na^+) und negative Chlor-Ionen.

Eine Stoffwechselreaktion, die so genannte Ionenpumpe (➡ Bild 5), sorgt unter Energieaufwand dafür, dass im Ruhezustand die Konzentration von K^+-Ionen im Inneren größer als außen und von Na^+-Ionen außerhalb der Nervenfaser größer als innen ist. Dadurch allein kommt aber noch keine Potentialdifferenz zwischen außen und innen zustande. Im Ruhezustand der Zelle ist die Zellmembran praktisch nur für K^+-Ionen durchlässig. Sie diffundieren nach außen, und innen herrscht ein Mangel an positiven Ladungen. Das Innere der Zelle weist daher gegenüber dem Außenraum eine Spannung, das so genannte Ruhepotential, von -60 mV bis -70 mV auf. Diese Spannung kann man mit einer Mikroelektrode, die in die Faser eingeführt wird, gegenüber der Flüssigkeit außerhalb der Nervenmembran messen. Ein Nervensignal, das einen bestimmten Schwellenwert überschreitet, verursacht eine schlagartige Änderung dieses Potentials, die sich längs einer Nervenfaser ausbreitet. Man nennt diese Impulse daher auch *Aktionspotential* (➡ Bild 6). Dabei öffnen sich kurzzeitig Kanäle, die nur für Na^+-Ionen durchlässig sind und so einen positiven Spannungsimpuls von $+30$ mV erzeugen. Durch den positiven Impuls werden benachbarte Kanäle geöffnet. Wie eine Kettenreaktion wandert so die Umpolung über die Nervenfaser. Millisekunden später schließen sich die Na^+-Kanäle, und K^+-Kanäle öffnen sich, sodass sich wieder das Ruhepotential einstellt. Die Stärke des Reizes beeinflusst nicht die Höhe des Signals, wohl aber die Zahl und den zeitlichen Abstand der ausgelösten Impulse.

EKG und EEG

Ähnlich wie bei Nervenzellen entstehen auch in Herzmuskelzellen elektrische Impulse. Die Form des Aktionspotentials unterscheidet sich von dem bei Nervenzellen und ist je nach dem Entstehungsort im Herzen verschieden. Mit Elektroden, die an den Armen und einem Fuß befestigt werden, kann man mit einem guten Verstärker und einem Aufzeichnungsgerät den zeitlichen Verlauf der elektrischen Aktivität des Herzens aufnehmen. In der medizinischen Diagnostik werden beim *Elektrokardiogramm* (*EKG*) an 6 oder 12 verschiedenen Stellen Potentialdifferenzen gemessen und aufgezeichnet. Das *Elektroenzephalogramm* (*EEG*) misst die Potentialschwankungen im Gehirn und ist eine wichtige Untersuchungsmethode der Gehirntätigkeit.

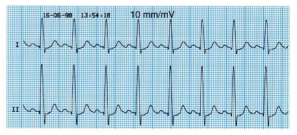

B 7: Aufnahme eines EKG (Ausschnitt)

Zusammenfassung – Das elektrische Feld

Das ist wichtig

Die **Feldstärke** $\vec{E}$ ist der Quotient
$$\vec{E} = \frac{\vec{F}}{q}; \quad [E] = 1\,\frac{\text{N}}{\text{C}} = 1\,\frac{\text{V}}{\text{m}}.$$
Die **Feldkraft** auf eine Ladung ist $\vec{F} = q\vec{E}$.

Die elektrische **Spannung** U zwischen zwei Punkten ist der Quotient $U = \frac{W}{q}$; $[U] = 1\,\frac{\text{J}}{\text{C}} = 1\,\text{V}$ (Volt).
W ist dabei die Energie, welche die Feldkräfte der Ladung q beim Transport zwischen den Punkten zuführen.
Im **homogenen Feld** ist die elektrische Feldstärke E konstant. Im homogenen Feld eines *Plattenkondensators* gilt speziell $E = U/d$.

Durchläuft ein Körper der Masse m und der Ladung q im Vakuum aus der Ruhe heraus die Spannung U, so erhält er die Bewegungsenergie
$$\tfrac{1}{2}mv^2 = qU.$$

Für die **Flächendichte** σ der elektrischen Ladung gilt
$$\sigma = Q/A = \varepsilon_0\varepsilon_r E.$$
$\varepsilon_0 = 8{,}85\cdot10^{-12}\,\text{C}\cdot\text{V}^{-1}\cdot\text{m}^{-1}$; ε_r: Dielektrizitätszahl

Die **Coulomb-Kraft** zwischen zwei punktförmigen Ladungen ist im Vakuum
$$F = \frac{1}{4\pi\varepsilon_0}\frac{Qq}{r^2}.$$
Die **Spannung** zwischen zwei Punkten im **radialen Feld** einer Ladung Q ist
$$U = \frac{Q}{4\pi\varepsilon_0}\left(\frac{1}{r_1} - \frac{1}{r_2}\right).$$

Ladung Q und Spannung U eines **Kondensators** sind proportional $Q = CU$.

Für die **Kapazität** C gilt beim Plattenkondensator mit Fläche A und Abstand d
$$C = \varepsilon_r\varepsilon_0\frac{A}{d}.$$

Die *Ersatzkapazität* von parallel geschalteten Kondensatoren ist die Summe der Einzelkapazitäten.
Bei der Reihenschaltung addieren sich die Kehrwerte $1/C_i$ und geben den Kehrwert $1/C$ der Ersatzkapazität.
Die **Energie** eines geladenen Kondensators ist
$$W = \tfrac{1}{2}QU = \tfrac{1}{2}CU^2.$$

Das elektrische Feld ist Sitz von Energie. Die räumliche *Energiedichte* beträgt
$$\varrho_{el} = \tfrac{1}{2}\varepsilon_0\varepsilon_r E^2.$$

Aufgaben

A 1: Ein Kügelchen ($m = 0{,}5$ g) hängt an einem 2,0 m langen Faden und ist mit $q = 2{,}0$ nC geladen. An seine Stelle schiebt man eine mit 1 µC gleichnamig geladene Kugel. **a)** Wie weit lenkt sie das Kügelchen aus? **b)** Auf welchen Teil geht die Auslenkung zurück, wenn man beide Ladungen halbiert?

A 2: Senkrecht zum Feld der Stärke $E = 40$ kV/m befinden sich zwei Influenzplatten der Fläche 100 cm². **a)** Man zieht sie auf 1 cm Abstand auseinander. Welche Ladungen tragen sie? Welche Feldstärke und Spannung besteht zwischen ihnen? **b)** Nun nimmt man das äußere Feld weg. Wie groß sind jetzt Feldstärke, Spannung und Anziehungskraft zwischen beiden Platten?

A 3: Um vom warmen Zimmer aus ständig den Ölstand h in einem Öltank messen zu können, senken Sie zwei vertikale Metallplatten von 2,0 m Breite, 2,0 m Höhe und 10 cm Abstand in den Öltank. Dann legen Sie je Sekunde 100-mal die Spannung 1,5 kV an und entladen sofort über einen Strommesser. **a)** Zeichnen Sie eine Schaltskizze! Was zeigt der Strommesser an, wenn der Tank ganz leer, ganz mit Öl ($\varepsilon_r = 2{,}5$) bzw. halb gefüllt ist? **b)** Stellen Sie die Stromstärke $I(h)$ als Funktion der Füllhöhe h dar. **c)** Welche Energie wird während einer Messung von 20 s Dauer bei vollem Tank im Entladestromkreis frei?

A 4: Ein leitend gemachter Luftballon mit 5 cm Radius wird gegen die Erde auf 500 V aufgeladen und dann von der Spannungsquelle getrennt. **a)** Welche Ladung trägt er? Welche Energie steckt in seinem Feld? **b)** Wie ändern sich die Spannung, die Feldstärke an der Oberfläche und die Feldenergie, wenn man ihn auf doppelten Radius aufbläst? **c)** Zwischen Ballon und Erde liegt jetzt ein Elektroskop der Kapazität 5 pF. Wie ändert sich dann die Spannung beim Aufblasen?

A 5: Ein Kugelkondensator besteht aus zwei konzentrischen Kugeln, die innere (–) mit 5 cm, die äußere (+ und geerdet) mit 20 cm Radius. Dazwischen liegt die Spannung 1 000 V. **a)** Welche Ladung tragen beide Kugeln, welche Kapazität hat der Kondensator? **b)** Welchen Radius hat eine Äquipotentialfläche für – 500 V? **c)** Welche Energie muss man einer Ladung $q = +1{,}0$ pC zuführen, um sie von $r_1 = 5$ cm auf $r_2 = 10$ cm zu transportieren?

A 6: Ein Kondensator der Kapazität C wird über einen Widerstand R von der Quelle mit konstanter Spannung U_0 geladen. **a)** Welche Ladung fließt? **b)** Welche Energie gibt die Quelle ab, welche nimmt der Kondensator auf? Welche wird im Widerstand in Wärme umgesetzt? **c)** Zeichnen Sie das $P(t)$-Diagramm für die Leistung der Quelle und tragen Sie die Wärmeleistung $P_W = I^2R$ ein. Wo liest man die Energien aus b) ab?

Das Magnetfeld und Teilchen in Feldern

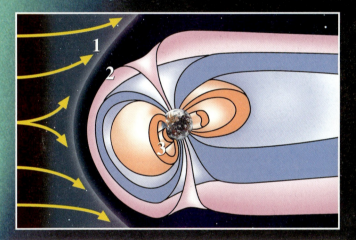

Das Magnetfeld der Erde spielt für das Leben auf unserem Planeten eine wichtige Rolle. Geladene Teilchen des Sonnenwindes und der kosmischen Strahlung werden von den zerbrechlichen Großmolekülen, aus denen Menschen, Tiere und Pflanzen bestehen, ferngehalten.

Der Sonnenwind kommt mit dem Magnetfeld an der Schockfront (1) in Kontakt. Hinter ihr liegt die Magnetopause (2), die Grenzzone des Magnetfeldes. Orange sind die Strahlungsgürtel (3) gekennzeichnet. Das sind Gebiete, in denen die kosmischen Partikel wie in magnetischen Flaschen gefangen werden. Sich hier aufzuhalten, ist für Astronauten wegen der intensiven Strahlung sehr gefährlich.

Geladene Teilchen im Erdmagnetfeld erzeugen das Polarlicht. Heute werden in jedem Haushalt Elektronenstrahlen erzeugt und abgelenkt. Man denke nur an das Fernsehen und Computermonitore.

In der wissenschaftlichen Forschung werden auch andere Teilchen elektrischen und magnetischen Feldern ausgesetzt. Ohne die Verwendung von Oszilloskopen, Elektronenmikroskopen und Teilchenbeschleunigern wäre die heutige Physik nicht denkbar.

34 Das Magnetfeld und Teilchen in Feldern

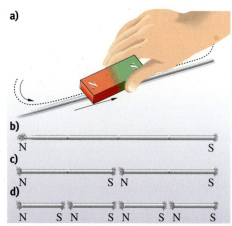

V 1: a) Ein dünner Eisenstab (mit Kerben) wird durch Bestreichen mit einem Magneten magnetisiert. **b)** Wir prüfen dies mit Eisenfeilspänen nach. **c)** und **d)** Wir zerteilen den magnetisierten Eisenstab mehrfach in der Mitte. Jedes Bruchstück des Stabes ist ein vollständiger Magnet mit zwei Polen.

B 1: Der Nordpol der magnetisierten Stricknadel bewegt sich entlang einer Feldlinie

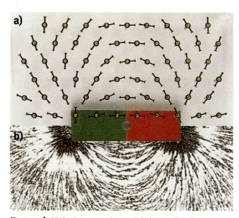

B 2: a) Wir legen einen kleinen Stabmagneten auf ein Plastikbrett mit vielen kleinen Kompassnadeln. **b)** Wir legen eine Glasplatte auf den Magneten und streuen Eisenfeilspäne darüber. Wir erhalten beide Male ein Feldlinienbild.

Magnete und Magnetfelder

1. Magnetpole sind keine elektrischen Ladungen

Wir können drei wesentliche Unterschiede zwischen elektrischen Ladungen und Magneten feststellen:

a) Ein geriebener Hartgummistab ist elektrisch geladen. Er übt auf leichte Körper in seiner Umgebung merkliche Kräfte aus. Von **Magneten** hingegen werden nur Gegenstände **angezogen**, die Eisen, Kobalt oder Nickel enthalten.

b) Durch Bestreichen mit einem Magneten wird ein dünner Eisenstab **magnetisiert, er wird selbst ein Magnet** (➜ *Versuch 1a, b*). Doch wird dabei keine Substanz übertragen. Der streichende Magnet verliert seinen Magnetismus nicht. Lediglich die schon im Eisenstab vorhandenen *Elementarmagnete* werden geordnet. Eine magnetische „Aufladung" findet nicht statt.

c) Die Stellen eines Magneten, an denen ein Eisenstück am stärksten angezogen wird, heißen **Pole**. Wenn wir Magnete zerteilen, erhalten wir immer nur **Dipole**. Man kann einzelne Magnetpole nicht abtrennen (➜ *Versuch 1c, d*). Magnetische „Monopole" gibt es nicht. Im Gegensatz dazu ist es durchaus möglich, positive und negative elektrische Ladungen voneinander zu trennen.

Elektrizität und Magnetismus haben aber auch vieles gemein. So können sich zwei Magnetpole anziehen oder abstoßen. Im ersten Fall sprechen wir von **ungleichnamigen**, im zweiten von **gleichnamigen** Polen. Welche Namen haben die Pole? Wir hängen einen Magneten so auf, dass er um eine vertikale Achse drehbar ist. Der Magnet stellt sich ungefähr in Nord-Süd-Richtung ein. Man nennt den Pol, der nach Norden weist, **Nordpol,** den anderen **Südpol.**

2. Magnete haben Felder

Magnete üben über Entfernungen hinweg Wirkungen auf andere Magnete und magnetische Stoffe aus. Analog zum elektrischen Feld nennen wir das Umfeld eines Magneten ein **magnetisches Feld**. Dort erfahren andere Magnete Kräfte. In ➜ *Bild 1* bewegt sich der Nordpol der magnetisierten Stricknadel auf einer gekrümmten Bahn vom Nordpol des Stabmagneten zum Südpol. Diese gekrümmte Bahn bezeichnen wir als **Feldlinie.** Wir schreiben ihr die Richtung vom Nord- zum Südpol zu, weil sich der Testpol – der Nordpol der Stricknadel – so bewegt. ➜ *Bild 2a* macht die Struktur des Feldes deutlich. Die Kompassnadeln stellen sich in Richtung der Feldlinien ein. Die vielen Nadeln zeigen ein **Feldlinienbild**. Mit Eisenfeilspänen wird es noch deutlicher (➜ *Bild 2b*).

An solchen Bildern können wir die von Magnetfeldern ausgeübten Kräfte ablesen. Es sieht so aus, als ob die Feldlinien die Tendenz hätten, sich in ihrer Längsrichtung zu verkürzen und sich quer zueinander abzustoßen. Dies deutet daraufhin, dass die Kräfte nicht unvermittelt durch den leeren Raum wirken. Das Feld überträgt sie. Diese Modellvorstellung erkennen wir nochmals in ➜ *Bild 3*.

Zwischen den entgegengesetzten Magnetpolen N und S verlaufen die Feldlinien fast geradlinig und parallel. Ein solches Feld nennen wir **homogen**. Die anziehende Kraft zwischen den Polen entspricht der Neigung der Feldlinien, sich zu verkürzen. Bei zwei gleichnamigen Magnetpolen wird die Tendenz der Feldlinien, einander zu verdrängen, besonders deutlich. Die abstoßende Kraft zwischen den Magnetpolen steht mit dieser Vorstellung in Einklang.

3. Magnetfelder ohne Magnete

In der Nähe eines Drahtes, der einen starken Strom führt, werden kleine Kompassnadeln abgelenkt (➡ *Bild 4*). Der Strom erzeugt also auch ein Magnetfeld. Diese magnetische Wirkung eines elektrischen Stromes wurde von OERSTED, einem dänischen Physiker, um 1820 entdeckt. Die Richtung der Feldlinien bestimmt man mit der **Linke-Hand-Regel:** Man umfasst mit der linken Hand den Draht, sodass der Daumen in die Richtung des Elektronenstromes (also entgegen der technischen Stromrichtung) zeigt. Dann weisen die Finger in Richtung der Feldlinien (➡ *Bild 4*).

Wo sind aber Nord- und Südpol geblieben? Sie existieren hier nicht. Die Feldlinien verlaufen kreisförmig um den Draht herum. Man bezeichnet ein solches Feld als **Wirbelfeld.**

OERSTEDS Entdeckung regte den französischen Gelehrten AMPÈRE zu weiteren Forschungen an. Er wickelte einen Draht zu einer Spule auf, schickte Strom hindurch und untersuchte das Magnetfeld. Im Innern der Spule überlagern sich die Felder der einzelnen Windungen zu einem starken Feld mit parallelen Feldlinien. Außen sieht es dem Feld eines Stabmagneten zum Verwechseln ähnlich (➡ *Bild 5*).

AMPÈRE schloss daraus, dass auch das Feld des Stabmagneten durch Ströme verursacht wird. Nach seiner Auffassung sollte es sich dabei um widerstandsfreie Ströme in den Atomen handeln. Im Allgemeinen heben sich deren Magnetfelder auf, da sie regellos orientiert sind: In jede Richtung des Raumes zeigen gleich viele Nord- und Südpole der Minimagnete. In Eisen und einigen anderen Stoffen jedoch haben diese winzigen Magnete die Tendenz, sich gegenseitig zu ordnen. Deshalb können sie nach außen geordnet in Erscheinung treten.

AMPÈRES Forschungen zeigen uns, dass der **Magnetismus** kein eigenständiges Gebiet der Physik ist. Wir müssen ihn **als Teilgebiet der Elektrizitätslehre** ansehen.

Merksatz

Magnete sind von Feldern umgeben. In ihnen erfahren andere Magnetpole (von magnetisierbaren Körpern aus Eisen, Kobalt oder Nickel) Feldkräfte in Richtung der magnetischen Feldlinien.

Strom führende Leiter erzeugen magnetische Wirbelfelder mit geschlossenen Feldlinien. Strom führende Spulen haben Magnetfelder ähnlich denen von Stabmagneten.

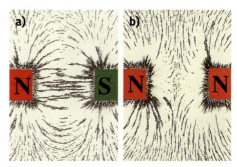

B 3: Feldlinienbilder zweier Magnete
a) Feldlinien zeigen die Tendenz zum Verkürzen (Anziehung).
b) Die Neigung zum Verdrängen wird deutlich (Abstoßung).

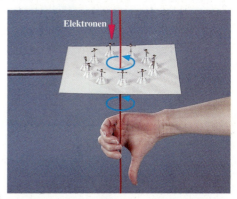

B 4: Ein Strom erzeugt ein Magnetfeld. Die Richtung der Feldlinien liefert die Linke-Hand-Regel.

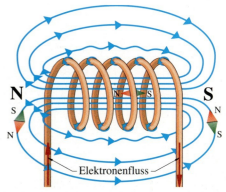

B 5: Geschlossene Feldlinien einer Strom führenden Spule; *innen* ist das Feld homogen. Die Austrittsstelle der Feldlinien verhält sich wie ein Nordpol, der Ort des Eintritts wie ein Südpol. Die Magnetfelder der einzelnen Windungen verstärken einander innerhalb der Spule und im Außenbereich. Zwischen den Windungen schwächen sie sich ab.

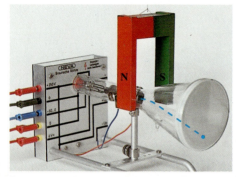

B 1: In einem Magnetfeld werden Elektronen quer zu den Feldlinien abgelenkt.

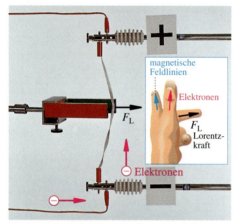

B 2: Ein Leiter, durch den Elektronen strömen, erfährt in einem Magnetfeld eine Kraft. Ihre Richtung kann man mit der Drei-Finger-Regel der linken Hand bestimmen.

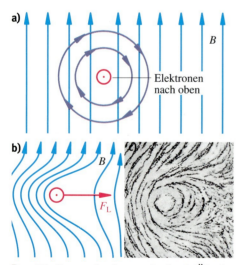

B 3: Die Lorentzkraft entsteht durch Überlagerung zweier Magnetfelder. **a)** Einzelfelder **b)** Überlagerung beider Felder **c)** Veranschaulichung durch Eisenfeilspäne

Ein Maß für das Magnetfeld

1. Magnetische Kraft auf bewegte Ladungen

Wie verhält sich ein Strom in einem Magnetfeld? Wir untersuchen zunächst einen Elektronenstrahl, der senkrecht zur Richtung der Feldlinien in ein Magnetfeld geschossen wird (▶ *Bild 1*). Die Elektronen werden quer zu den Feldlinien abgelenkt; sie erfahren also eine Kraft. Es kommt dabei entscheidend auf die *Bewegung der Elektronen* im Magnetfeld an. Auf ruhende Ladungsträger wirkt diese Kraft nicht. Könnte man das Magnetfeld exakt in die ursprüngliche Richtung des Elektronenstrahls drehen, so würde der Strahl nicht abgelenkt. Die magnetische Kraft auf bewegte Ladungen heißt **Lorentzkraft** nach dem niederländischen Physiker Hendrik Antoon Lorentz (Nobelpreis 1902).

Wenn wir von einem Strom führenden Leiter sprechen, meinen wir, dass sich Elektronen durch ihn bewegen. Jedes einzelne erfährt in einem Magnetfeld die Lorentzkraft. Die Summe der Kräfte auf die Elektronen ergibt die Kraft auf den Leiter (▶ *Bild 2*).

Die Richtung der Lorentzkraft bestimmt man nach der **Drei-Finger-Regel der linken Hand:** Man hält den Daumen der *linken Hand* in die Bewegungsrichtung der Elektronen. Der Zeigefinger weist in Richtung des Magnetfeldes. Hält man dann den Mittelfinger senkrecht zu Daumen und Zeigefinger, so zeigt er in die Richtung der Lorentzkraft (▶ *Bild 2*). Diese Drei-Finger-Regel gilt nur für negativ geladene Teilchen. Wenn man *positiv geladene Teilchen* hat, nimmt man die Finger der *rechten Hand*.

> **Merksatz**
>
> Auf geladene Teilchen, die sich in einem Magnetfeld nicht parallel zu den Feldlinien bewegen, wirkt eine **Lorentzkraft.** Ihre Richtung bestimmt man nach der *Drei-Finger-Regel*.
> Steht ein Strom führender Leiter nicht parallel zu den Feldlinien eines fremden Magnetfeldes, so erfährt er eine Kraft nach der *Drei-Finger-Regel* der linken Hand.

2. Wie kommt die Lorentzkraft zustande?

Wir wollen die ungewohnte Richtung der Lorentzkraft aus Feldlinienbildern ablesen wie die Kräfte zwischen Magnetpolen. In ▶ *Bild 3a* strömen Elektronen aus der Zeichenebene heraus. Die Feldlinien verlaufen im Uhrzeigersinn. Sie überlagern sich mit denen des äußeren Magnetfeldes (blau). Rechts laufen die Feldlinien einander entgegen – die Felder schwächen sich, links verstärken sie sich. ▶ *Bild 3b* zeigt das resultierende Feld. Die gekrümmten Feldlinien versuchen sich zu verdrängen und zu verkürzen. So werden die Elektronen entsprechend der Lorentzkraft nach rechts abgelenkt. Wenn sich dagegen Elektronen parallel zu den Feldlinien bewegen, ist keine Richtung ausgezeichnet. Das entsprechende Feldlinienbild ist symmetrisch. Dann gibt es keine Lorentzkraft.

Das Magnetfeld überträgt aber in keinem Fall Energie auf die Elektronen, denn die Lorentzkraft wirkt senkrecht zu deren Bewegungsrichtung. Ihre Geschwindigkeit bleibt also dem Betrage nach konstant.

3. Die magnetische Flussdichte

Um ein Maß für die Stärke des Magnetfeldes zu *definieren*, verwenden wir einen „Probestrom", ähnlich wie wir mithilfe von Probeladungen die elektrische Feldstärke eingeführt haben. In ▶ *Versuch 1* benutzen wir dazu ein Drahträhmchen. Nach der Drei-Finger-Regel der linken Hand erfahren die beiden seitlichen Drähte entgegengesetzt gleiche Kräfte, die einander aufheben. Die Kraft auf das Leiterstück der Länge s, das senkrecht zur Richtung der magnetischen Feldlinien horizontal verläuft, zieht das Drahträhmchen nach unten. s wird **wirksame Leiterlänge** genannt.

Wenn wir in ▶ *Versuch 1* das Rähmchen im Feld zwischen den Polen verschieben, ändert sich die gemessene Kraft nicht wesentlich, solange die Stromstärke und die wirksame Leiterlänge konstant bleiben. Dort ist das Magnetfeld hinreichend homogen.

Die Messungen von ▶ *Versuch 1* zeigen, dass die Kraft zur Stromstärke I im Leiter und zur wirksamen Leiterlänge s proportional ist:

$$F \sim I \quad \text{und} \quad F \sim s.$$

Die erste Proportionalität gilt für konstantes s, die zweite für konstantes I. Fassen wir die Proportionalitäten zusammen, erhalten wir

$$F \sim I\,s.$$

Mit der Proportionalitätskonstanten B wird daraus $F = B\,I\,s$.

Vermessen wir nun mit derselben wirksamen Leiterlänge und derselben Probestromstärke verschiedene Magnetfelder, so werden wir das Feld als das stärkere ansehen, das auf das Rähmchen die größere Kraft ausübt. Nach $B = F/(I\,s)$ ist dann auch der Faktor B größer. Dabei wirkt die Kraft stets senkrecht zur wirksamen Leiterlänge und zur Richtung der magnetischen Feldlinien. Es liegt also nahe, B als Betrag des Vektors $\vec{B}$ einer „magnetischen Feldstärke" einzuführen. Aus historischen Gründen heißt $\vec{B}$ aber **magnetische Flussdichte**. Ihre Einheit ist $1\,\text{N}/(\text{Am})$, 1 Tesla genannt.

Merksatz

> Der Vektor $\vec{B}$, dessen Betrag durch
>
> $$B = \frac{F}{I\,s} \quad \text{mit der Einheit} \quad [B] = 1\,\frac{\text{N}}{\text{A m}} = \mathbf{1\,T\,(Tesla)}$$
>
> gegeben ist, heißt **magnetische Flussdichte**.
> Dabei ist I die Stromstärke, s die wirksame Leiterlänge (im Feld und senkrecht zur Richtung der magnetischen Feldlinien) und F die auf die wirksame Leiterlänge wirkende magnetische Feldkraft.

In ▶ *Versuch 1* ist $B \approx 0{,}2\,\text{T}$. B-Felder mit $B \geq 1\,\text{T}$ sind sehr stark. Häufig gibt man die Stärken von B-Feldern in mT ($10^{-3}\,\text{T}$) an.

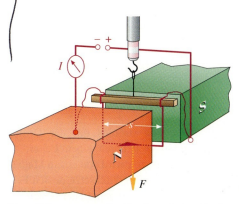

V 1: Wir messen die Kraft auf das Drahträhmchen in Abhängigkeit von der Stromstärke I und der wirksamen Leiterlänge s.

$s = 4$ cm (konstant)			$I = 5$ A (konstant)		
I in A	F in cN	F/I in cN/A	s in cm	F in cN	F/s in cN/cm
1	0,8	0,80	4	4,0	1,00
3	2,5	0,83	2	1,9	0,95
5	3,9	0,78	1	1,1	1,10

T 1: Messwerte zu ▶ *Versuch 1*

... noch mehr Aufgaben

A 1: Ein Leiter von 4 cm Länge führt einen Strom von 10 A. Er erfährt die Kraft 20 cN, wenn er senkrecht zu den Feldlinien eines B-Feldes steht. Wie stark ist das B-Feld?

A 2: In Brasilia verläuft das Erdmagnetfeld in Süd-Nord-Richtung. Es gilt $B = 14{,}2\,\mu\text{T}$. In der Oberleitung einer Bahnstrecke fließen die Elektronen in Ost-West-Richtung. Die Stromstärke beträgt $I = 4\,400\,\text{A}$. Wie groß ist die Kraft, die auf die Leitung zwischen zwei Masten im Abstand 65 m wirkt? Welche Richtung hat sie?

A 3: In der Anordnung von ▶ *Versuch 1* hat das B-Feld die Stärke 0,4 T, die wirksame Leiterlänge ist $s = 5$ cm, die Stromstärke im Rähmchen $I = 5$ A. **a)** Berechnen Sie die Kraft, mit der das Rähmchen nach unten gezogen wird. **b)** Die Anzeige des Kraftmessers soll konstant bleiben. Wie muss man I bzw. s ändern, wenn man an das Rähmchen ein Gewichtsstück mit $G = 1$ cN (5 cN) hängt?

A 4: Warum definieren wir nicht einfach die Richtung der magnetischen Kraft auf einen Strom führenden Leiter als Richtung von $\vec{B}$?

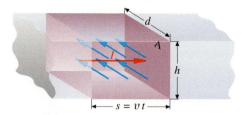

B 1: Elektronen strömen mit der Driftgeschwindigkeit v durch einen Leiter; das Stück der Länge s wird von einem Magnetfeld (blaue Pfeile) durchsetzt, dessen Feldlinien senkrecht auf dem Leiter stehen.

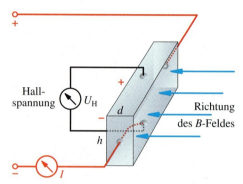

V 1: Zwischen zwei Punkten, die oben und unten einander genau gegenüberliegen, können wir eine kleine Spannung U_H messen, wenn das Leiterplättchen quer zur Richtung des B-Feldes einen Strom der Stärke I führt. Ohne B-Feld tritt keine Spannung auf.

Vertiefung

Woraus baut man eine Hallsonde?

In der Regel sind Hallsonden nicht aus Metall, sondern aus n-Halbleitermaterial gefertigt. Warum ist das so?
Setzen wir in die Gleichung $I = Nev/s$ aus Ziff. 1 die *Elektronendichte* $n = N/V$ ein und berücksichtigen $V = A s$ (⟹ *Bild 1*), so gilt $I = neAv$. Daraus folgt $v = I/(neA)$; dies in $U_H = B v_s h$ für v_s eingesetzt, ergibt

$$U_H = BhI/(neA).$$

Wegen $A = dh$ erhalten wir so

$$U_H = \frac{1}{ne}\frac{BI}{d}.$$

Bei n-Halbleitern ist die im Nenner stehende Elektronendichte n klein, also U_H groß. Mit n-Halbleitern erhält man also bei gleicher Stromstärke eine deutlich größere Hallspannung in der Hallsonde als mit Metallen, wo n sehr groß ist.

Magnetfelder messen – leicht gemacht

Die Bestimmung der Stärke des B-Feldes mit dem bisherigen Verfahren ist sehr aufwendig. Sie funktioniert nur bei Feldern, die homogen und ausgedehnt sind, und versagt schon, wenn wir B an den Polen eines Stabmagneten ermitteln wollen. Also suchen wir nach einem einfacheren Verfahren zur Messung von B. Dazu werden wir die Lorentzkraft auf *ein* Elektron in einem Leiter benutzen.

1. Eine Gleichung für die Lorentzkraft

Sind Elektronen in einem Strom führenden Leiter schnell oder langsam? Legt man an einen Leiter Spannung und erzeugt so in ihm ein E-Feld, sollten eigentlich die dortigen Elektronen immer schneller werden. Aber das trifft nicht zu! Bei ihrer Bewegung durch den Leiter geben sie ständig Energie an die Atomrümpfe des Leiters ab. Deshalb bewegen sich die Elektronen *im Durchschnitt* mit konstanter Geschwindigkeit und kommen nur langsam voran. Ihre Durchschnittsgeschwindigkeit gegen die Richtung des E-Feldes nennt man **Driftgeschwindigkeit v**.

Wie hängt sie mit der Stromstärke I zusammen? In einem Leiterstück der Länge s mögen sich N Elektronen befinden (⟹ *Bild 1*). Sie alle strömen mit der Driftgeschwindigkeit v in der Zeit $t = s/v$ durch den Querschnitt A und tragen durch ihn die Ladung $Q = Ne$. Daher ist die Stromstärke $I = Q/t = Nev/s$, also proportional zu v. Das Strom führende Leiterstück erfährt im B-Feld, dessen Feldlinien auf $\vec{s}$ und auf $\vec{v}$ senkrecht stehen, die Kraft $F = IsB$. Einsetzen des Terms für I ergibt $F = NevB$. Dies gilt für N freie Elektronen. Für *eines* erhalten wir die Gleichung der Lorentzkraft: $F_L = evB$.

Merksatz

Ein Elektron, das sich mit der Geschwindigkeit v_s senkrecht zu einem B-Feld bewegt, erfährt dort die **Lorentzkraft $F_L = e v_s B$**.

2. Die Hallsonde

Der ⟹ *Versuch 1* zeigt das Prinzip zur Messung von B. Wenn die Elektronen im Leiter von vorn nach hinten strömen, werden sie durch die Lorentzkraft nach unten abgelenkt. Dieser Vorgang dauert nur sehr kurze Zeit. Unten im Plättchen sammeln sich Elektronen, oben entsteht ein Überschuss an positiver Ladung. So wird ein von oben (+) nach unten (–) gerichtetes E-Feld erzeugt. Es baut sich so lange auf, bis die nach oben gerichtete elektrische Kraft $\vec{F}_{el}$ genauso groß wie die Lorentzkraft $\vec{F}_L$ ist. Es besteht Kräftegleichgewicht. Die Elektronen durchlaufen dann die Anordnung geradeaus, und man kann eine Spannung zwischen zwei gegenüberliegenden Punkten des oberen und unteren Plättchenrandes messen. Sie heißt **Hallspannung U_H** (nach E. Hall, am. Physiker 1879). Im homogenen E-Feld gilt $F_{el} = eE$ und im homogenen B-Feld $F_L = e v_s B$. Wegen $F_{el} = F_L$ erhalten wir $E = v_s B$. Mit $U_H = Eh$ ergibt sich

$$U_H = B v_s h. \qquad (1)$$

Das Auftreten der Hallspannung nennt man **Halleffekt**. Geräte zur Messung von B-Feldern, die ihn ausnutzen, heißen **Hallsonden**. Sie können kompakt gebaut werden und sind leicht zu handhaben. Anstelle von Metallen werden in Hallsonden n-Halbleiter benutzt, weil in diesen die Hallspannung größer ist (➭ *Vertiefung*).

Da die Driftgeschwindigkeit v im Allgemeinen unbekannt ist, kann man aus *Gl. (1)* nur folgern $B \sim U_H$. Man muss also die Hallsonde in einem Magnetfeld eichen, das mittels eines Strom führenden Rähmchens nach $B = F/(I\,s)$ vermessen wurde. Die Stromstärke in der Sonde muss immer gleich bleiben, denn v hängt davon ab.

Wenn wir eine Hallsonde in einem B-Feld drehen, so ändert sich die Anzeige am Messgerät. Sie ist am größten, wenn das Plättchen der Sonde senkrecht zu den Feldlinien steht und wird null, wenn die Feldlinien parallel zur Ebene des Plättchens verlaufen. Deshalb zerlegen wir den Vektor $\vec{B}$ in die Komponenten $\vec{B}_s$ senkrecht und $\vec{B}_p$ parallel zum Plättchen (➭ *Bild 2*). $\vec{B}_p$ ist wirkungslos. Die Hallsonde wird nur von $\vec{B}_s$ beeinflusst.

3. Eine schlanke Spule

Zur Erzeugung von B-Feldern benutzt man häufig Strom führende Spulen. In ➭ *Versuch 2* vermessen wir mittels einer Hallsonde das B-Feld verschiedener Spulen. Es ist im Innern einer langgestreckten geraden, kurz einer *schlanken* Spule homogen. Das trifft für die dicke Spule in ➭ *Versuch 2* nicht zu. Versuche mit schlanken Spulen zeigen, dass B bei konstantem I nur von der Windungszahl n und der Länge l abhängt, nicht aber von der Querschnittsfläche.

Jetzt verwenden wir unsere Hallsonde, um den Betrag des B-Feldes dort zu bestimmen, wo das Feld besonders stark ist, nämlich im Innern der Spule (➭ *Versuch 3*). Man findet:
a) B ist proportional zu I und zu $1/l$, $B \sim I$ und $B \sim 1/l$.
b) Gibt man einer Spule der Länge l die doppelte Windungszahl n, verdoppelt man also die *Windungsdichte* n/l, so wird auch B verdoppelt; bei konstantem I gilt $B \sim n/l$.
Zusammengefasst ergibt sich $B \sim n I/l$. Aus der Proportionalität erhält man durch Einführung der *magnetischen Feldkonstante* μ_0 eine Gleichung. Der Wert von μ_0 lässt sich durch Einsetzen von Werten aus ➭ *Versuch 3* ermitteln: $\mu_0 = 1{,}257 \cdot 10^{-6}$ Vs/(Am).

> **Merksatz**
>
> Der Betrag der **magnetischen Flussdichte** $\vec{B}$ des homogenen Magnetfeldes in einer schlanken Spule ist
> $$B = \mu_0 \frac{n}{l} I.$$
> Dabei ist n die Anzahl der Windungen der Spule, l ihre Länge und I die Stärke des Stromes in einem Spulendraht. Für die **magnetische Feldkonstante μ_0** gilt
> $$\mu_0 = 1{,}257 \cdot 10^{-6}\,\frac{\text{V s}}{\text{A m}}.$$

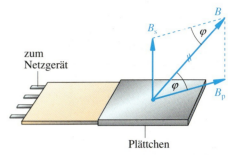

B 2: Die Hallsonde misst nur die Komponente $\vec{B}_s$ des B-Feldes senkrecht zum Plättchen.

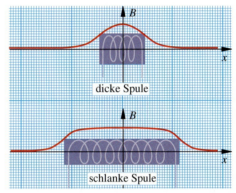

V 2: Mithilfe einer Hallsonde mit sehr kleinem Plättchen kann man den Verlauf der Stärke des B-Feldes entlang den Achsen von Spulen messen. Nur im Innern der schlanken Spule ist das B-Feld in guter Näherung homogen. Dies kann man am horizontal verlaufenden Graphen (rot) von B gegen x erkennen.

V 3: Wir messen B in Abhängigkeit von der Stromstärke I und der Spulenlänge l. Dazu wird eine Spule benutzt, die man wie eine Ziehharmonika auseinanderziehen kann. In diese kann leicht eine Hallsonde eingeführt werden. Wir erhalten folgende Messwerte:

$n = 30$, $l = 35$ cm (konstant)		
I in A	B in mT	B/I in 10^{-4} T/A
3	0,32	1,07
2	0,22	1,10
1	0,11	1,10

$n = 30$, $I = 5$ A (konstant)		
l in cm	B in mT	$B\,l$ in 10^{-5} Tm
35	0,54	18,9
25	0,75	18,8
15	1,25	18,8

Magnetfeld und Materie

1. Gefüllte Spulen

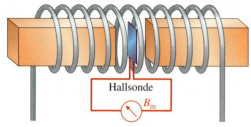

V 1: Bei konstanter Stromstärke in einer Spule wird mit einer Hallsonde die Flussdichte B_m in der Spule gemessen. Diese ist mit verschiedenen Stoffen gefüllt, z. B. Luft, Kupfer, Kunststoff, Papier oder Eisen.

Spulen, die der Erzeugung von B-Feldern dienen, sind meist nicht leer. Man füllt sie mit Material, das den Magnetismus verstärken soll. In ▸ *Versuch 1* wird untersucht, welche Stoffe den gewünschten Effekt haben. Bei den meisten weicht B_m (mit Materie) kaum von B_0, der magnetischen Flussdichte der leeren Spule, ab. Nur bei Eisen ist B_m erheblich größer als B_0. Das Verhältnis der Flussdichten mit und ohne Materie bezeichnet man als **Permeabilitätszahl μ_r** des Materials, $\mu_r = B_m/B_0$. Für reines Eisen ist μ_r nicht konstant. Bei starken B_0-Feldern reicht μ_r von 600 bis 2000.

Merksatz

Die magnetische Flussdichte B_m einer **materiegefüllten Spule** ist

$$B_m = \mu_r B_0.$$

Dabei ist B_0 die magnetische Flussdichte der leeren Spule und μ_r die **Permeabilitätszahl** des Materials in der Spule.

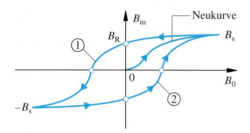

B 1: Hysteresiskurve – Man trägt B_m gegen B_0 in einem Koordinatensystem auf. Die im Nullpunkt beginnende Kurve heißt *Neukurve*. Wenn die Stromstärke wieder vermindert wird, nimmt B_m nicht so stark ab, wie die Neukurve angestiegen ist (①). Kehrt man noch einmal die Stromrichtung durch die Spule um und trägt die Messergebnisse ein, wird die Schleife geschlossen (②).

Schaltet man den Strom ein und setzt das Eisen dem B-Feld der Spule aus, wird es selbst auch magnetisiert. Wenn es nach Ausschalten des Spulenstromes seinen Magnetismus schnell wieder verliert, wird es als **magnetisch weich** bezeichnet, andernfalls als **magnetisch hart.** Aus magnetisch harten Werkstoffen fertigt man *Permanentmagnete*, die vielfältig angewendet werden, z. B. in Türschlössern, Magnettafeln, Spielzeug usw. Magnetisch weiches Eisen wird für *Elektromagnete* verwendet, wie sie etwa auf dem Schrottplatz zum Anheben von Autowracks eingesetzt werden.

Vertiefung

Ferromagnetische Stoffe und Hysteresis

Stoffe, die den Magnetismus einer Spule erheblich verstärken, heißen **ferromagnetisch.** Für sie gilt $\mu_r \gg 1$. Außer Eisen gehören nur wenige Reinstoffe dazu wie Kobalt und Nickel; aber auch Legierungen und Verbindungen (CrO_2, $MnAs$) sowie bestimmte Keramikarten sind ferromagnetisch.

Um das Verhalten der magnetischen Flussdichte B_m in Abhängigkeit von B_0 in einem ferromagnetischen Stoff zu untersuchen, wird eine Spule mit einem Kern aus noch nicht magnetisiertem Eisen gefüllt. B_m wird in Abhängigkeit von $B_0 = \mu_0 (n/l) I$ gemessen, wobei I von 0 an gesteigert wird. Dabei erhalten wir eine **Hysteresiskurve** (hysteresis gr.: Zuspätkommen) (▸ *Bild 1*). Zur Deutung dieser Kurve ziehen wir ein Modell heran, nach dem es in Magneten einzelne Elementarmagnete gibt, denen wir Nord- und Südpole zuweisen. Sie sind im unmagnetisierten Eisen bereits vorhanden, jedoch ungeordnet.

In einem Ferromagnetikum gibt es eine Tendenz zur Vorordnung der Elementarmagnete, die man durch ein fremdes Magnetfeld verstärken kann. Magnetisieren heißt Ordnen der Elementarmagnete.

Jetzt können wir die Hysteresiskurve erklären. Das Ordnen der Elementarmagnete bewirkt den zunächst steilen Anstieg der Neukurve (▸ *Bild 1*). Wenn schon fast alle geordnet sind, steigt die Kurve schwächer an, und es kommt zur *Sättigungsmagnetisierung* B_s. Wird das äußere Feld schwächer, so bleiben die meisten Elementarmagnete dennoch in Feldrichtung orientiert. Daher stammt der Restmagnetismus B_R auf Kurve ①. Das Eisenstück ist zu einem Permanentmagneten geworden. Steigert man I in entgegengesetzter Richtung, so nimmt B_m zunächst auf 0 ab, weil die Elementarmagnete teilweise neu geordnet werden, und steigt dann zur entgegengesetzt gerichteten Sättigung $-B_s$ an. Verändert man I über 0 hinaus in ursprünglicher Polung, so ergibt sich Kurve ②.

Interessantes

Festplatten

In Computern spielen Festplatten als Datenspeicher eine bedeutende Rolle. Durch sie werden große Datenmengen in kürzester Zeit für den Anwender verfügbar gemacht. Schon die kleinsten Speicherkapazitäten heutiger Festplatten betragen mehrere Gigabyte.
Die Zahlenangaben auf dieser Seite gelten für Festplatten, die ab 1996 in viele typische PCs für den Hausgebrauch eingebaut wurden, keineswegs für Spitzenprodukte.

Wie eine Festplatte Daten speichert

Eine Festplatte (▶ Bild 2) besteht meist aus mehreren auf einer Achse übereinander angebrachten Aluminiumscheiben, die mit magnetisierbarem Material beschichtet sind. Zu jeder Platte gehört ein Schreib-Lese-Kopf. Durch die Größe des Kopfes und die Eigenschaften der magnetisierbaren Schicht ist die Schreibdichte (in Bits pro cm^2) auf der Festplatte vorgegeben.

Beim Formatieren werden die Scheiben in Spuren in Form von konzentrischen Kreisen um die Plattenachse und in Sektoren eingeteilt. Der Abstand zweier Spuren beträgt nur 8 μm. Auf den äußeren Spuren befinden sich mehr Sektoren als auf den inneren, sodass jeder Sektor gleich viele Daten aufnehmen kann. Die Anzahl der Spuren und Sektoren ist somit maßgebend für die Speicherkapazität der Festplatte.

Die Schreib-Lese-Köpfe (▶ Bild 2, oben) sind Elektromagnete. Beim *Schreiben* wird ihre Stromstärke vom Computer gesteuert. Durch ihre *B*-Felder wird die Oberfläche der genau unter ihnen rotierenden Scheibe magnetisiert. Nullen und Einsen werden durch unterschiedliche Anzahlen von Wechseln der Magnetisierungsrichtung pro Zeiteinheit dargestellt, z. B. entspricht die Folge NNNNSSSSNNNNSSSS der Null und die Folge NNSSNNSSNNSSNNSS der Eins. Diese zeitlich nacheinander erfolgenden Änderungen liegen auf der schnell vorbeiziehenden Magnetschicht nebeneinander (▶ Bild 2, oben).
Heute werden allerdings kompliziertere Verfahren zur Darstellung von Bits verwendet. Sie benötigen weniger Ummagnetisierungen pro Bit.

Beim *Lesen* erzeugt die am Schreib-Lese-Kopf schnell vorbeiziehende Folge der magnetisierten Bereiche auf der Plattenoberfläche durch *Induktion* entsprechende Stromstöße. Diese werden in Informationen für den Arbeitsspeicher des Computers umgesetzt.

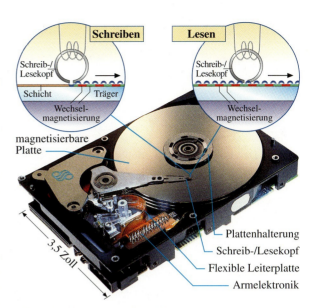

B 2: Das Innere einer Festplatte

Warum können kleine Platten so viel speichern?

Ganz einfach: Die Daten werden sehr dicht gepackt. Die Schreibdichte beträgt bis zu 150 Millionen Bits pro cm^2. Die Schreib-Lese-Köpfe werden deshalb sehr klein gebaut (0,2 cm lang und 0,05 cm breit). Die Daten müssen dennoch fehlerfrei geschrieben und gelesen werden. Das ist nur möglich, wenn der Abstand von Kopf und Platte äußerst klein ist, nämlich 50 nm, viel weniger als die Dicke eines menschlichen Haares. Die magnetisierten Bereiche sind folglich ebenfalls sehr klein. Eisenoxid kommt als Plattenmaterial nicht in Betracht. Es wird zu leicht magnetisiert. Die Stromstöße der Schreib-Lese-Köpfe würden zu große Bereiche der Platte magnetisieren. Bei modernen Festplatten benutzt man Kobalt, das sich wesentlich schwerer magnetisieren lässt und seinen Magnetismus nicht so schnell verliert.

Es gibt zwei Verfahren zur Beschichtung der Platten. Entweder wird die Aluminiumscheibe durch einen elektrochemischen Prozess mit einer 0,1–0,2 μm dicken Kobaltschicht überzogen. Oder Kobalt wird im Vakuum durch Ionenbeschuss zu Atomen zerstäubt. Die Kobaltatome wandern zu der zu überziehenden Scheibe und lagern sich dort als gleichmäßige, harte Schicht ab. Sie hat Dicken von 0,05–0,2 μm.

Die heutigen Festplatten sind nicht nur kleiner und unempfindlicher als die alten, sondern rotieren auch schneller, nämlich mit 5 000–10 000 U/min. Dadurch konnte die Zugriffszeit auf Daten deutlich vermindert werden. Die Übertragungsrate einer modernen Festplatte beträgt 20 MByte pro Sekunde. Das Schreiben eines Bits auf die Platte benötigt rund 6 ns.

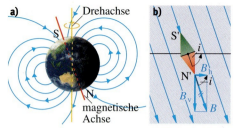

B 1: a) Das B-Feld der Erde erinnert an das eines Stabmagneten **b)** Vertikalschnitt des Erdmagnetfeldes bei uns – seine Richtung ist an der Erdoberfläche gegen die Horizontale um den Winkel i geneigt.

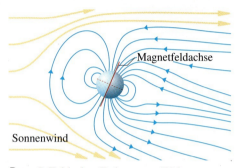

B 2: B-Feld der Erde, vom Weltraum aus betrachtet – auf der Tagseite sind die Feldlinien zusammengedrängt, während sie auf der Nachtseite einen langen Schweif bilden, der weit in den Weltraum hinausreicht.

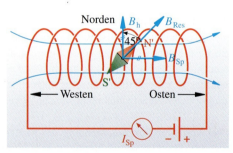

B 3: Man blickt von oben auf den Versuchsaufbau: Wenn die Kompassnadel um 45° aus der Nordrichtung abgelenkt ist, haben die Horizontalkomponente des B-Feldes der Erde $\vec{B}_h$ und das B-Feld der Spule $\vec{B}_{Sp}$ den gleichen Betrag.

V 1: Die Spule in ▶ *Bild 3* hat 40 Windungen und ist 30 cm lang. Wir stellen die Stromstärke so ein, dass die Kompassnadel um 45° aus ihrer Ursprungslage gedreht wird und in Richtung Nordost zeigt. Dies ist bei $I = 0{,}12$ A der Fall. Damit ist $B_h = 20$ µT; mit $i = 66°$ ergibt sich $B = 49$ µT.

Das Magnetfeld der Erde

1. Enthält die Erde Magnete?

Eine Kompassnadel richtet sich in Nord-Süd-Richtung aus, sofern kein weiterer Magnet in der Nähe ist. Diesem bekannten Phänomen entnehmen wir, dass die Erde ein B-Feld hat. Der Nordpol der Nadel weist nach Norden. Folglich liegt der magnetische Südpol in der Nähe des geographischen Nordpols, auf einer Inselgruppe im Norden Kanadas. Der magnetische Nordpol befindet sich auf Antarktika, südlich von Australien. Die genaue Lage ändert sich ständig, denn die Magnetpole wandern im Laufe der Jahre.

Da die Magnetpole nicht mit den geographischen Polen übereinstimmen (▶ *Bild 1a*), zeigt eine Kompassnadel nicht genau nach Norden. Die Abweichung von der Nordrichtung heißt **Missweisung** oder **Deklination**. Sie beträgt in Deutschland nur wenige Grad.

Das B-Feld der Erde sieht vereinfacht aus wie das eines Stabmagneten, dessen Pole im Erdinnern liegen. Mittels einer Kompassnadel, die um eine horizontale Achse drehbar ist, erkennen wir, dass die Feldlinien die Erdoberfläche unter dem **Inklinationswinkel i** schneiden (▶ *Bild 1b*). Dieser ist in Äquatornähe 0°, an den Magnetpolen 90°, in Deutschland nimmt er von Süden nach Norden zu, und zwar von 63° bis 70°.

Früher nahm man an, das B-Feld der Erde rühre von ferromagnetischen Stoffen her. Jedoch ist im Innern der Erde die Temperatur so hoch, dass Eisen, Kobalt und Nickel ihren Magnetismus verlieren. Vielmehr wird das B-Feld durch Ströme im Erdinnern verursacht. Der Vorgang ähnelt dem im selbsterregten Dynamo, doch sind noch nicht alle Fragen geklärt.

Mit Satelliten lässt sich das B-Feld der Erde auch außerhalb der Atmosphäre nachweisen (▶ *Bild 2*). Die Ursache für die Verformung des Erdmagnetfeldes ist der *Sonnenwind*, ein Strom von geladenen Teilchen, der von der Sonne ausgeht.

2. Wie stark ist das Magnetfeld der Erde?

Nach ▶ *Bild 1b* kann man den $\vec{B}$-Vektor des Erdmagnetfeldes in eine *Vertikal-* ($\vec{B}_v$) und eine *Horizontalkomponente* $\vec{B}_h$ zerlegen. Eine gewöhnliche Kompassnadel reagiert nur auf $\vec{B}_h$, da sie sich nur in der Horizontalebene drehen kann. Für den Betrag B_h gilt $B_h = B \cos i$. Um $\vec{B}_h$ zu bestimmen, erzeugen wir mit einer Spule ein Feld $\vec{B}_{Sp}$, das senkrecht zur Horizontalkomponente $\vec{B}_h$ des Erdfeldes steht. Beide Felder überlagern sich (▶ *Bild 3*). Eine Kompassnadel, die wir in das Spuleninnere bringen, stellt sich in Richtung $\vec{B}_{Res}$ ein. Wir messen, um wie viel Grad sich die Nadel von ihrer ursprünglichen Lage weggedreht hat. Dann können wir den Betrag B_h und damit auch die Stärke des Magnetfeldes der Erde $B = B_h / \cos i$ berechnen. Am einfachsten ist es, wenn die Kompassnadel in Richtung Nordost oder Nordwest zeigt. Dann gilt die Betragsgleichung $B_h = B_{Sp}$ (▶ *Versuch 1*).

Das Magnetfeld der Erde

Interessantes

Orientierung mit Magnetfeldern

Wer kann Magnetfelder fühlen?

Deklination und Inklination des B-Feldes der Erde sind von Ort zu Ort verschieden. Viele Zugvögel haben ein *magnetisches Organ*. Für Wildgänse stellen diese Änderungen des Erdmagnetfeldes eine Art magnetischer Landkarte dar, mit deren Hilfe sie bei schlechtem Wetter den Weg ihrer Wanderung finden können.

Auch Tauben orientieren sich an Hand der Richtung des B-Feldes der Erde. Wenn man ihnen eine kleine Spule um den Kopf legt, deren Magnetfeld sich dem der Erde überlagert, finden sie nicht mehr zu ihrem Schlag zurück (➡ Bild 4). Diesen Versuch hat man tatsächlich gemacht. Das Tier wurde dabei zwar nicht verletzt, doch sind solche Versuche unter Tierschutzgesichtspunkten zumindest fragwürdig.

Im Gehirn von Delphinen hat man kleine eisenhaltige Kristalle gefunden. Diese drücken auf Nerven, wenn die Tiere ihre Schwimmrichtung ändern. Anhand der Nervenreize können sie sich im Meer orientieren.

Ein Kompass für den Menschen

Um 120 n. Chr. wurde in China entdeckt, dass sich eine frei gelagerte eiserne Nadel ungefähr in die Nordrichtung dreht. Damit war im Prinzip der Kompass erfunden. Er wurde zunächst für Landfahrzeuge in den Weiten Innerasiens verwendet.

In der Schifffahrt war der Kompass als Navigationshilfe am weitesten verbreitet. Durch ihn wurden die großen Entdeckungsreisen durch KOLUMBUS, VASCO DA GAMA und MAGELLAN erst möglich. In heutiger Zeit ist er jedoch durch genauere Instrumente abgelöst worden und hat nur noch Bedeutung für die Sportschifffahrt. Er dient nur der Richtungsbestimmung, nicht der Ermittlung der exakten Position, wie sie z. B. mit der Satellitennavigation möglich ist.

B 4: Taube mit einer Spule am Kopf, die das magnetische Organ des Vogels beeinflusst

... noch mehr Aufgaben

A 1: Die Länge einer Spule kann man wie bei einer Ziehharmonika ändern. Sie hat 40 Windungen und ist 30 cm lang. **a)** Welche Stromstärke erzeugt $B = 0{,}02$ mT? **b)** Man drückt die Spule auf $l = 20$ cm zusammen. Wie groß wird jetzt B? Welche Stromstärke benötigt man, um das ursprüngliche B wieder herzustellen?

A 2: Eine gerade Spule ist 30 cm lang und hat 1200 Windungen. **a)** Wie groß muss I sein, damit $B = 0{,}1$ T wird? **b)** Wie groß wird B, wenn die Spule unter sonst gleichen Bedingungen mit Eisen ($\mu_r = 800$) gefüllt wird? **c)** Wie groß muss I in der eisengefüllten Spule sein, damit wieder $B = 0{,}1$ T wird?

A 3: Eine Spule mit $n = 100$ und $l = 0{,}5$ m ist in Ost-West-Richtung ausgerichtet. Durch $I = 130$ mA wird eine Kompassnadel in ihrem Innern um 60° aus der Nordrichtung gedreht. Der Inklinationswinkel i ist 70°. Berechnen Sie B_h und die Stärke des B-Feldes der Erde.

A 4: Eine in Ost-West-Richtung stehende Spule mit $l = 30$ cm und $n = 500$ führt einen Strom der Stärke $I = 1{,}5$ A. Die Horizontalkomponente des Erdmagnetfeldes beträgt 20 µT. **a)** Um wie viel Grad wird eine Kompassnadel aus der Nordrichtung gedreht, wenn man sie in das Innere der Spule stellt? **b)** Wie groß muss I in der Spule sein, damit die Kompassnadel um 45° aus der Nordrichtung abgelenkt wird?

A 5: Ein Zug fährt in einer Gegend, in der $i = 70°$ und die Stärke des Erdmagnetfeldes $B = 49$ µT ist, mit 140 km/h von Westen nach Osten. Die Spurweite ist 1435 mm. **a)** Wie groß ist die Lorentzkraft auf die Elektronen in den Achsen? **b)** Wie wird jede Schiene geladen? **c)** Wie groß ist die Spannung zwischen den Schienen?

A 6: An einer Silberfolie ($h = 1$ cm, $d = 0{,}1$ mm) misst man die Hallspannung $U_H = 0{,}51$ µV. Die Folie führt Strom der Stärke $I = 1{,}9$ A und wird von einem Magnetfeld mit $B = 0{,}3$ T senkrecht durchsetzt. **a)** Wie groß ist die Dichte n der freien Elektronen? **b)** Wie groß ist deren Driftgeschwindigkeit?

A 7: Auch wenn ein Leiter Strom führt, ist er insgesamt elektrisch neutral. Erklären Sie, wie dennoch ein B-Feld Kraft auf ihn ausüben kann.

A 8: Warum ist an den Enden einer schlanken Spule die Stärke des B-Feldes genau halb so groß wie in ihrer Mitte?

A 9: An einem Leiterplättchen, das in der Papierebene liegt, sei links der Minus- rechts der Pluspol einer Quelle. Ein in die Ebene weisendes B-Feld durchsetze es. Wo liegen die Pole der Hallspannung, wenn die Ladungsträger **a)** negativ, **b)** positiv sind?

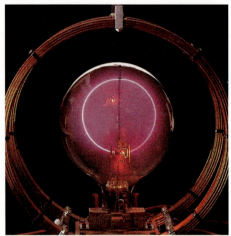

V 1: In der fast luftleeren Röhre befindet sich eine Elektronenkanone, ähnlich wie in einem Fernseher. Sie wird mit einer Beschleunigungsspannung von 200 V betrieben. **a)** Ist kein Magnetfeld vorhanden, erkennen wir einen geradlinig verlaufenden, rötlich leuchtenden Strahl. Das Leuchten wird mit einem Trick hervorgerufen: In der Röhre befindet sich Wasserstoffgas unter geringem Druck, dessen Moleküle von den Elektronen ähnlich wie in einer Glimmlampe zum Leuchten angeregt werden. **b)** Wenn die großen, beiderseits der Röhre angebrachten *Helmholtz-Spulen* Strom führen, erzeugen sie im Innern der Röhre ein homogenes Magnetfeld, das senkrecht zum Elektronenstrahl verläuft. Folglich erfahren die Elektronen eine Lorentzkraft und werden durch sie auf eine Kreisbahn gezwungen. **c)** Der Durchmesser des Kreises verringert sich, wenn die Beschleunigungsspannung der Elektronenkanone vermindert oder das B-Feld verstärkt wird.

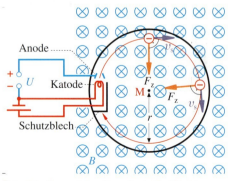

B 1: Die Lorentzkraft zwingt die Elektronen auf eine Kreisbahn mit Mittelpunkt M und dem Radius r

Elektronen im Magnetfeld

1. Kreisende Elektronen

Wir untersuchen geladene Teilchen zunächst in solchen B-Feldern, in denen B überall gleich groß und gleich gerichtet ist, kurz in *homogenen* Feldern. In ▶ *Versuch 1* wird ein Elektronenstrahl in einer Röhre erzeugt. Sein Verlauf ist sichtbar, da die schnellen Elektronen ein verdünntes Gas durch Stoß zum Leuchten anregen. Durch ein homogenes B-Feld, das senkrecht zum Strahl, also zur Elektronengeschwindigkeit $\vec{v}_s$, gerichtet ist, werden die Elektronen auf eine Kreisbahn gelenkt. Wie kommt es dazu?

In ▶ *Bild 1* weist das B-Feld in die Papierebene hinein. Die Elektronen erfahren dort die Lorentzkraft mit dem Betrag $F_L = e\, v_s B$, die nach der Drei-Finger-Regel senkrecht zur Bahn wirkt, und zwar in *jedem* Bahnpunkt. Daher werden die Elektronen nicht schneller und nicht langsamer. Die Lorentzkraft wirkt also als Zentripetalkraft mit dem Betrag $F_z = m v_s^2 / r$. Aus $F_L = F_z$ folgt $e\, v_s B = m v_s^2 / r$. Also ist $r = m v_s / (e B)$ konstant; wir erhalten eine Kreisbahn.

> **Merksatz**
>
> Elektronen und andere geladene Teilchen, die mit der Geschwindigkeit $\vec{v}_s$ in ein homogenes B-Feld senkrecht zu dessen Feldlinien geschossen werden, durchlaufen eine **Kreisbahn** mit dem Radius
>
> $$r = \frac{v_s}{B\, e/m}. \qquad (1)$$

2. Die Masse des Elektrons

Mithilfe von ▶ *Versuch 1* können wir die Masse eines Elektrons bestimmen. Dazu messen wir die Beschleunigungsspannung U und den Radius r der Kreisbahn und ermitteln mit einer Hallsonde die Stärke des B-Feldes. Aus *Gl. (1)* folgt zunächst

$$\frac{e}{m} = \frac{v_s}{B\, r}. \qquad (2)$$

v_s kennen wir noch nicht. Nun wird in der *Elektronenkanone* elektrische Feldenergie eU in Bewegungsenergie der Elektronen $\tfrac{1}{2} m v_s^2$ umgesetzt, sodass gilt $v_s^2 = 2\,(e/m)\, U$. Quadrieren wir nun *Gl. (2)* und ersetzen v_s^2 durch $2\,(e/m)\, U$, so erhalten wir

$$\frac{e}{m} = \frac{2U}{B^2\, r^2}. \qquad (3)$$

Diese Gleichung enthält auf der rechten Seite nur die von uns gemessenen Größen. e/m heißt **spezifische Ladung des Elektrons**. Messungen ergeben

$$e/m = 1{,}76 \cdot 10^{11}\ \text{C/kg}.$$

Da die Elementarladung $e = 1{,}602 \cdot 10^{-19}$ C aus dem MILLIKAN-Versuch bekannt ist, können wir die **Masse des Elektrons** berechnen zu:

$$m_e = 9{,}1 \cdot 10^{-31}\ \text{kg}.$$

3. Erstaunliches Tempo der Elektronen

Da Elektronen Teilchen mit sehr geringer Masse sind, erhalten wir in ⇒ *Versuch 1* erstaunliche Beträge für ihre Geschwindigkeit und Beschleunigung. Setzen wir den Wert für die spezifische Ladung in $v_s^2 = 2(e/m)U$ ein, ergibt sich bei der Beschleunigungsspannung $U = 200\,V$ $v_s = 8\,400\,km/s$, immerhin 3% der Lichtgeschwindigkeit. Dieses Ergebnis ist mit uns geläufigen Geschwindigkeiten nicht mehr vergleichbar. Wenn der Radius der Kreisbahn 5 cm beträgt, erhalten wir die Zentripetalbeschleunigung $a_z = v_s^2/r = 1{,}4 \cdot 10^{15}$ m/s². Beim Karussell wird uns schon bei $a_z = g = 10$ m/s² schwindelig.

Man könnte versuchen, Elektronen erheblich höhere Spannungen durchlaufen zu lassen und damit schneller zu machen als das Licht. Nach $v_s = \sqrt{2U(e/m)}$ wäre das schon bei $U = 260$ kV der Fall. Doch zeigen Experimente, dass die Masse der Elektronen mit der Geschwindigkeit zunimmt. Man muss dann mehr Kraft aufwenden, um die Elektronen zu beschleunigen. Die *Relativitätstheorie* besagt, dass kein materieller Körper die Lichtgeschwindigkeit erreichen kann. Der Massenzuwachs wird aber erst nahe dieser Grenzgeschwindigkeit spürbar. Bei Beschleunigungsspannungen bis 10 kV beträgt er weniger als 2%.

4. Elektronen schrauben sich weiter

In ⇒ *Bild 2* werden Elektronen schräg in ein B-Feld geschossen. Wir beobachten eine Schraubenbahn. Um dies zu verstehen, zerlegen wir den Vektor $\vec{v}$ der Einschussgeschwindigkeit der Elektronen in zwei Komponenten: $\vec{v}_s$ senkrecht und $\vec{v}_p$ parallel zum B-Feld.

Die Elektronen erfahren somit die Lorentzkraft mit dem Betrag $F_L = e\,v_s\,B$. $\vec{v}_s$ für sich allein würde eine Kreisbahn hervorrufen. $\vec{v}_p$ zieht den Kreis zu einer Schraubenbahn auseinander; der Kreismittelpunkt läuft sozusagen mit $\vec{v}_p$ nach rechts. Wer sich mit $\vec{v}_p$ bewegt, sieht eine Kreisbahn der Elektronen; wir sehen eine Schraubenbahn.

Beispiel

> Eine Elektronenkanone wird mit einer Spannung von $U = 640$ V betrieben. Der Elektronenstrahl tritt unter dem Winkel $\varphi = 5°$ in ein Magnetfeld mit $B = 6$ mT. Gesucht sind der Radius r und die Ganghöhe h der Schraubenbahn sowie die Umlaufzeit T.
>
> *Lösung:* Die Geschwindigkeit der Elektronen hat den Betrag $v = \sqrt{2U(e/m)} = 15 \cdot 10^6$ m/s.
> Für den Radius der Schraubenbahn ist v_s maßgeblich:
> $v_s = v\cos\varphi = 14{,}95 \cdot 10^6$ m/s.
> Nach *Gl. (1)* gilt: $r = m\,v_s/(e\,B) = \mathbf{1{,}4\ cm}$.
> Damit wird auch die Umlaufzeit T berechenbar:
> $T = 2\pi\,r/v_s = \mathbf{6{,}0\ ns}$. In dieser Zeit haben sich die Elektronen mit v_p entlang den Magnetfeldlinien bewegt. Es gilt:
> $v_p = v\sin\varphi = 1{,}31 \cdot 10^6$ m/s. Dies führt zur Ganghöhe der Schraubenbahn von $h = v_p\,T = \mathbf{0{,}78\ cm}$.

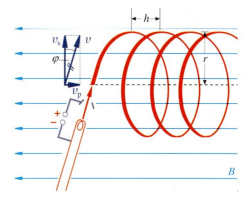

B 2: Elektronen auf einer Schraubenbahn im Magnetfeld

... noch mehr Aufgaben

A 1: a) Durch welche Spannung erhält ein Elektron im Vakuum die Geschwindigkeit eines ICE, etwa 250 km/h? **b)** Welche Geschwindigkeit bekommt es durch die Spannung einer Batterie (4,5 V)? **c)** Berechnen Sie in beiden Fällen die kinetische Energie des Elektrons in eV und J.

A 2: Elektronen, die durch 150 V beschleunigt worden sind, beschreiben im Magnetfeld mit $B = 0{,}85$ mT einen Kreis mit $r = 4{,}8$ cm. **a)** Berechnen Sie e/m. **b)** Mit welcher Geschwindigkeit verlassen die Elektronen die Anode? **c)** Wie lange brauchen sie für einen Umlauf?

A 3: In Myonien (dort gibt es keine Elektronen sondern Myonen, die aber auch die Ladung $-e$ haben) wird der Versuch zur Bestimmung der spezifischen Ladung durchgeführt. Man erhält die Messwerte $U = 212$ V, $B = 1{,}24$ mT und $r = 57$ cm. Berechnen Sie die spezifische Ladung e/m für Myonen sowie die Myonenmasse, und geben Sie diese als Vielfaches der Elektronenmasse m_e an.

A 4: Ein Proton ($m = 1{,}67 \cdot 10^{-27}$ kg) beschreibt in einem homogenen Magnetfeld mit $B = 0{,}035$ T eine Schraubenbahn mit $r = 6{,}8$ m. Die Richtungen der Geschwindigkeit und der Magnetfeldlinien schließen den Winkel 67° ein. **a)** Welche Geschwindigkeit hat das Proton? **b)** Welche Zeit benötigt das Proton für einen Umlauf? **c)** Wie groß sind die Beträge v_s und v_p der Komponenten senkrecht bzw. parallel zu den Feldlinien? **d)** Wie groß ist die Ganghöhe der Schraubenbahn?

Vertiefung

Die magnetische Flasche

Wie bewegen sich Elektronen in einem *inhomogenen* Magnetfeld? In einer mit verdünntem Gas gefüllten Röhre ist der Verlauf eines Elektronenstrahls gut sichtbar. Wir halten dem Elektronenstrahl den Pol eines Stabmagneten entgegen. In seiner Umgebung ist das Magnetfeld inhomogen. Der Elektronenstrahl windet sich um die Feldlinien. Er scheint auf einen Kegel gewickelt zu sein, dessen Spitze zum Pol zeigt. Überraschend kehren die Elektronen von jedem Pol zurück, gleichgültig, ob es sich um den Nord- oder Südpol handelt. Die Glaswand wird nicht mehr erreicht.

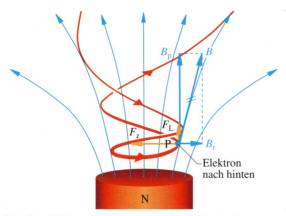

B 1: Das Elektron kehrt vor dem Nordpol wieder um.

Genügt allein die Lorentzkraft zur Erklärung dieses Versuchsergebnisses? Die Feldlinien laufen vom Pol weg auseinander. Wir zerlegen daher den Vektor $\vec{B}$ im Bahnpunkt P, der dem Magnetpol am nächsten liegt, in $\vec{B}_p$ und $\vec{B}_r$ (⟹ Bild 1). $\vec{B}_p$ nach oben erzeugt eine Zentripetalkraft $\vec{F}_z$ und ergäbe allein eine Kreisbahn in konstantem Abstand vom Pol. Beim Annähern an den Pol wird $\vec{B}_p$ jedoch größer und wegen $r = v_s/(B_p\, e/m)$ der Bahnradius kleiner. Die am Nordpol nach außen gerichtete Komponente $\vec{B}_r$ verursacht an jeder Stelle dieser Kreisbahn nach der Drei-Finger-Regel eine Lorentzkraft $\vec{F}_L$ vom Pol weg. Daher machen die Elektronen kehrt, bevor sie zum Pol gelangen. Dies gilt analog für einen Südpol.

Stellt man zwei entgegengesetzte Magnetpole einander gegenüber und schießt ein elektrisch geladenes Teilchen schräg ein, so nähert es sich aufgrund der Lorentzkraft auf einer Schraubenbahn einem der beiden Pole. Dort wird es zur Umkehr veranlasst, und es windet sich zum anderen Pol, wo ihm das Gleiche widerfährt. Das Teilchen ist im Magnetfeld gefangen. Man nennt eine solche Anordnung von inhomogenen Feldern **magnetische Flasche.**

Polarlicht und Strahlungsgürtel

Von der Sonne strömen ständig Protonen und Elektronen mit einer Geschwindigkeit von etwa 400 km/s ins All. Dieser sog. *Sonnenwind* erreicht nach wenigen Tagen das Erdmagnetfeld. Er deformiert es, aber kann dort kaum eindringen, da seine Teilchen die *B*-Feldlinien umkreisen. In der hohen Atmosphäre treibt seine Energie eine Art Dynamo an, der dort vorhandene freie Elektronen durch *E*-Felder beschleunigt. Diese Elektronen können nun bei den Magnetpolen der Erde auf etwa 100 km Höhe in die oberen Luftschichten hinabsteigen. Dort regen sie, wie Elektronen in Glimmlampen, die Atome zum Leuchten an und erzeugen das **Polarlicht** (⟹ Bild 2). Es ist nach Sonnenfleckentätigkeit wegen verstärkter Energiezufuhr aus dem Sonnenwind besonders intensiv.

Für Astronauten können die von van Allen entdeckten **Strahlungsgürtel** in 700 km bis 60 000 km Höhe sehr gefährlich werden (⟹ Bild 3). Ihre Protonen und Elektronen wirken wie *ionisierende Strahlung*. Sie umkreisen die *B*-Feldlinien und pendeln in einigen Minuten zwischen Nord- und Südpol der Erde hin und her, haben aber mit dem Polarlicht nichts zu tun.

B 2: Polarlicht: Geladene Teilchen treffen auf Luftmoleküle und regen diese zum Leuchten an.

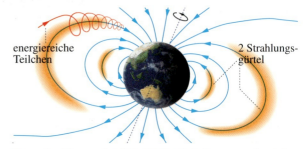

B 3: Strahlungsgürtel der Erde: Geladene energiereiche Teilchen werden im *B*-Feld der Erde gefangen.

Elektronen im Magnetfeld

Vertiefung

Die magnetische Linse

In der *Schattenkreuzröhre* (⇒ Bild 5) werden die Elektronen mit 4 kV beschleunigt. Dann fliegen sie auf ein Aluminiumkreuz. Am Schatten auf dem Leuchtschirm erkennen wir, dass sich Elektronen wie Licht geradlinig ausbreiten. Licht kann man durch Linsen bündeln. Gibt es auch Linsen für Elektronen?

Wir stellen zwei Helmholtz-Spulen so über die Schattenkreuzröhre, dass ihr Magnetfeld etwa in Ausbreitungsrichtung der Elektronen weist. Wir beobachten, dass das Kreuz auf dem Schirm scharf abgebildet wird, aber verdreht und auch verkleinert. Ein solches Magnetfeld ist also in der Lage, eine Abbildung von einem Gegenstand zu erstellen. Dieser wird von Elektronen „beleuchtet" statt von Licht. Es handelt sich um einen Modellversuch zu einer **magnetischen Linse** (⇒ Bild 4). In der Technik benutzt man als Linsen die *B*-Felder kleiner, von Eisen ummantelter Spulen. Damit erzielt man erhebliche Vergrößerungen. Denken Sie an die kleinen Linsen optischer Mikroskope.

Das Elektronenmikroskop

Ein Elektronenmikroskop (⇒ Bild 6a) zum Durchstrahlen sehr dünner Objekte ist aus drei magnetischen Linsen aufgebaut. Die Glühkatode liefert Elektronen, die mit Spannungen bis zu 1,5 MV beschleunigt werden. Die *Kondensorspule* dient dazu, das Objekt mit Elektronen „auszuleuchten", analog zur Kondensorlinse des Lichtmikroskops. Unmittelbar darunter befindet sich die *Objektivspule*, die ein vergrößertes Zwischenbild erzeugt. Einen kleinen Teil davon vergrößert die *Projektionsspule* nochmals stark auf einen Leuchtschirm oder eine Fotoplatte. So können millionenfache Vergrößerungen erzielt werden, das Tausendfache von Lichtmikroskopen. Mit einem Elektronenmikroskop kann man Punkte im Abstand von Atomen (≈ 0,2 nm) gerade noch getrennt sehen. Man verwendet es, um Oberflächen von Metallen und Halbleitern zu untersuchen. Zudem gestattet es, die Natur von Krankheitserregern wie Viren und die Struktur von organischen Riesenmolekülen wie die Doppelwendel der DNA, dem Speicher für Erbinformationen, zu enträtseln.

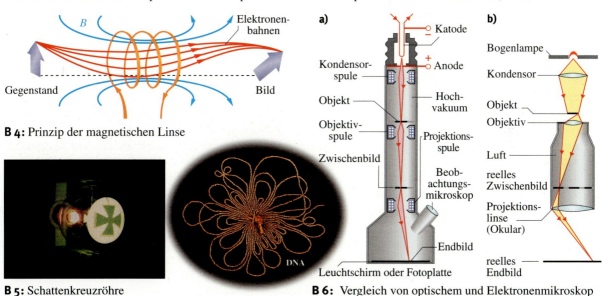

B 4: Prinzip der magnetischen Linse

B 5: Schattenkreuzröhre

B 6: Vergleich von optischem und Elektronenmikroskop

... noch mehr Aufgaben

A 1: An einer Stelle der Strahlungsgürtel ist $B = 10^{-5}$ T. Mit welchen Frequenzen umlaufen dort Elektronen ($m_e = 9{,}1 \cdot 10^{-31}$ kg) und Protonen ($m = 1{,}67 \cdot 10^{-27}$ kg) die Feldlinien?

A 2: Ein mit $U = 100$ V beschleunigtes Elektron durchläuft in einem *B*-Feld eine Kreisbahn mit $r = 30$ cm. Welchen Radius hat bei gleichen *B* und *U* die von einem He-Kern beschriebene Bahn? ($m_{He} = 6{,}65 \cdot 10^{-27}$ kg, $q = 2\,e$)

A 3: a) Durch welche Spannung erhält ein Kohlenstoffkern ($q = 6\,e$, $m = 1{,}992 \cdot 10^{-26}$ kg) die Energie 1200 eV? Welche Geschwindigkeit hat er dann? **b)** Wie stark müsste ein *B*-Feld sein, damit er auf eine Kreisbahn mit $r = 50$ cm gezwungen wird?

A 4: Wie schnell werden Elektronen, wenn sie aus der Ruhe die Spannung $U = 2$ kV durchlaufen?

B 1: Der zeitliche Verlauf von Spannungen wird sichtbar gemacht.

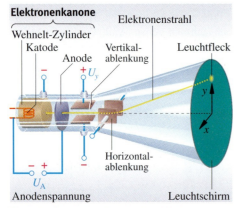

B 2: Aufbau einer braunschen Röhre

V 1: a) Bei konstanter Anodenspannung U_A messen wir die Ablenkung y des Elektronenstrahls in Abhängigkeit von der Spannung U_y, die an der Vertikalablenkung liegt.
b) Wir messen die Ablenkung y in Abhängigkeit von U_A bei konstanter Spannung U_y.

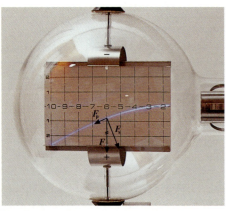

B 3: In der Elektronenstrahlablenkröhre wird die Bahn der Elektronen sichtbar.

Die braunsche Röhre

1. Elektronen im elektrischen Querfeld

Schnell veränderliche Vorgänge wie Schallschwingungen in der Luft oder Druckänderungen im Motor werden heute durch Sensoren in elektrische Spannungsabläufe $U(t)$ umgewandelt. Damit sie unser Auge verfolgen kann, benutzt man Oszilloskope (▶ *Bild 1*).

Das Herzstück eines Oszilloskops ist die **braunsche Röhre** (▶ *Bild 2*). In einer luftleeren Röhre befindet sich eine Elektronenkanone. Die Elektronen werden von der Glühkatode zur Anode durch die Anodenspannung U_A beschleunigt. Der negativ geladene Wehnelt-Zylinder bündelt den Strahl, der geradlinig zum Leuchtschirm fliegt.
Wir legen jetzt wie in ▶ *Bild 2* eine Spannung U_y an die Kondensatorplatten der Vertikalablenkung. Dadurch entsteht ein elektrisches Feld zwischen der oberen und der unteren Platte. In ihm wird der Elektronenstrahl nach oben abgelenkt. ▶ *Versuch 1a* zeigt uns, dass die Ablenkung y proportional zu U_y ist. In ▶ *Versuch 1b* stellen wir eine Antiproportionalität zwischen y und U_A fest.

Merksatz

Die **Ablenkung** y in einer **braunschen Röhre** ist proportional zur Ablenkspannung U_y und antiproportional zur Anodenspannung U_A.

2. Die Bahn des Elektronenstrahls im Kondensator

Der interessante Teil des Weges der Elektronen verläuft im Innern des Kondensators. Sie treten in den Kondensator mit der konstanten Geschwindigkeit v_x ein, mit der sie die Elektronenkanone verlassen haben. In Richtung des elektrischen Feldes werden sie mit $a_y = F_y/m = (e/m)\,E_y$ beschleunigt, wobei $E_y = U_y/d$ die von U_y im Kondensator mit Plattenabstand d erzeugte elektrische Feldstärke ist. Diese Situation ist dem *waagerechten Wurf* vergleichbar. Wenn wir die Zeit t aus den Zeit-Weg-Funktionen

$$y = \tfrac{1}{2} a_y t^2 \quad \text{und} \quad x = v_x t$$

eliminieren, erhalten wir als Bahngleichung eine **Parabelgleichung:**

$$y = \tfrac{1}{2} a_y \frac{x^2}{v_x^2}.$$

Ändert sich nur die Richtung der Elektronengeschwindigkeit im Kondensator? Wir zerlegen die elektrische Kraft $\vec{F}$ auf ein Elektron in Komponenten $\vec{F}_s$ senkrecht und $\vec{F}_p$ parallel zur Parabelbahn der Elektronen (▶ *Bild 3*). Da die Kraftkomponente $\vec{F}_p$ in Bewegungsrichtung nicht null ist, erhöht sich durch ihre beschleunigende Wirkung auch der Betrag der Geschwindigkeit; im sich anschließenden inhomogenen E-Feld nimmt er wieder ab.

Im *homogenen Magnetfeld* dagegen werden die Elektronen nicht schneller. Da die *Lorentzkraft* an ihnen stets senkrecht zur Bahn angreift, erfahren sie in Flugrichtung keine beschleunigende Kraft.

DIE BRAUNSCHE RÖHRE

3. Wie erhält man ein stehendes Bild?

a) Wir legen nun eine sich zeitlich ändernde Spannung U_y an die y-Ablenkung eines Oszilloskops. Damit erhalten wir einen Leuchtfleck, der auf dem Schirm in einer Periode ($\frac{1}{50}$ s) die Punkte 1–2–3–4–1 durchläuft (➡ *Bild 4a*). Wegen des Nachleuchtens des Schirms rufen die schnellen Bewegungen des Flecks den Eindruck eines senkrechten Strichs hervor. Den zeitlichen Verlauf der Spannung können wir so nicht erkennen.

b) Anstelle von U_y legen wir nun eine *Sägezahnspannung* an die Horizontalablenkung (➡ *Bild 4b*). Während einer Periode von U_y durchläuft der Leuchtfleck das Intervall von a nach b, während der nächsten das von b nach c. Dann springt er sehr schnell über d zu a zurück. Wir sehen einen von links nach rechts über den Bildschirm wandernden Fleck, der in seine Anfangsposition springt, wenn er am rechten Bildschirmrand angekommen ist.

c) Nun kombinieren wir diese Sägezahnspannung an der x-Ablenkung mit U_y an der y-Ablenkung. Durch eine besondere Schaltung wird U_x zu Beginn einer jeden zweiten Periode von U_y auf null gesetzt. Man sagt, sie wird durch U_y getriggert. Was U_y zeitlich nacheinander ausführt, wird dadurch auf dem Schirm zu einem *räumlichen Nebeneinander*. Zwei Perioden von U_y werden auf dem Bildschirm sichtbar (➡ *Bild 4c*).

Wenn allgemein die Frequenz von U_y exakt n-mal so groß wie die der Sägezahnspannung ist, werden n gleiche Bilder des Spannungsverlaufs nebeneinander gezeichnet. Wir erhalten den Eindruck eines stehenden Bildes mit n Perioden von U_y.

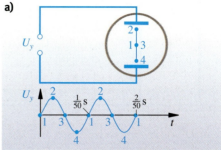

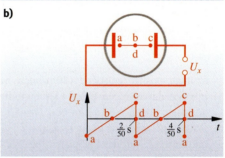

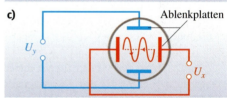

B 4: Periodischer Spannungsverlauf:
a) U_y lenkt nur vertikal **b)** die Sägezahnspannung U_x nur horizontal ab
c) beide wirken zusammen

Vertiefung

Eine Gleichung für die elektrische Ablenkung

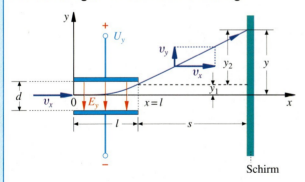

Im Kondensator erfahren die Elektronen eine Kraft in y-Richtung aufgrund der elektrischen Feldkraft $F_y = e E_y$. Dies führt zu einer gleichmäßigen Beschleunigung

$$a_y = \frac{F_y}{m} = \frac{e}{m} E_y = \frac{e}{m} \frac{U_y}{d}.$$

Quer zur Feldrichtung ist $F_x = 0$, v_x bleibt konstant. Die Elektronen durchfliegen das Feld also in der Zeit $t = l/v_x$.

Dabei gewinnen sie in y-Richtung die Geschwindigkeit

$$v_y = a_y t = \frac{e U_y l}{m d v_x}$$

und erfahren dadurch im Kondensator die Ablenkung

$$y_1 = \frac{1}{2} a_y t^2 = \frac{1}{2} \frac{e U_y}{m d} \frac{l^2}{v_x^2} = \frac{U_y l^2}{4 d U_A}.$$

Dabei haben wir v_x^2 durch $2(e/m) U_A$ ersetzt. Außerhalb des Kondensators brauchen sie die Zeit $t' = s/v_x$, um zum Leuchtschirm zu fliegen. Sie legen die Strecke

$$y_2 = v_y t' = \frac{v_y}{v_x} s = \frac{e U_y l}{m d v_x^2} s = \frac{U_y l s}{2 d U_A}$$

in Richtung des Kondensatorfeldes zurück. Insgesamt erfahren sie die Ablenkung

$$y = y_1 + y_2 = \frac{1}{2} \frac{l}{d} \left(\frac{l}{2} + s \right) \frac{U_y}{U_A}.$$

Damit sind die experimentell gefundenen Proportionalitäten $y \sim U_y$ und $y \sim 1/U_A$ bestätigt.

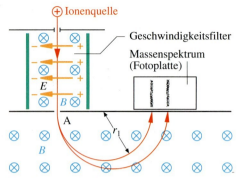

B 1: Prinzip des Massenspektrometers

Beispiel

Einfach positiv geladene Chlorionen mit $q = +e$ durchfliegen einen Geschwindigkeitsfilter mit $E = 30$ kV/m und $B = 0{,}3$ T. Danach gelangen sie in ein weiteres B-Feld mit $B = 0{,}3$ T. Auf der Fotoplatte (⟹ *Bild 1*) registriert man Chlorionen bei $r_1 = 12{,}08$ cm und $r_2 = 12{,}77$ cm. Welche Massen haben die Ionen?

Lösung: Durch den v-Filter fliegen nur Ionen mit $v = E/B = 10^5$ m/s. Die Masse der Chlorionen ergibt sich für $r_1 = 12{,}08$ cm zu $m_1 = qBr/v = \mathbf{5{,}806 \cdot 10^{-26}}$ **kg** und für $r_2 = 12{,}77$ cm zu $m_2 = \mathbf{6{,}137 \cdot 10^{-26}}$ **kg**. Chloratome haben also keine einheitliche Masse.

Vertiefung

Isotope

Die bedeutendste Entdeckung mit Massenspektrometern war, dass fast jedes chemische Element aus verschiedenen Kernarten besteht. So haben z. B. alle Chloratome gleich viele Elektronen, welche die positive Kernladung ausgleichen. Doch sind die Massen der Kerne unterschiedlich. Das ist ein Indiz dafür, dass sie aus unterschiedlichen Bausteinen zusammengesetzt sind, den Protonen mit der Ladung $+e$ und den neutralen Neutronen von etwa gleicher Masse.

Atome unterschiedlicher Kernmassen eines Elements nennt man **Isotope**. Sie unterscheiden sich nur in der Neutronenzahl, nicht in ihren chemischen Eigenschaften; man kann sie aber mit physikalischen Geräten wie Massenspektrometern trennen. Alle Elemente haben mehrere Isotope.

E- und *B*-Feld im Verbund

1. Massenspektrometer mit Geschwindigkeitsfilter

Ein wichtiges Hilfsmittel der Kernphysik und Chemie ist das Massenspektrometer (F. W. Aston 1919). Mit ihm kann man spezifische Ladungen q/m und damit atomare Massen sehr genau bestimmen. Ihre Kenntnis erlaubt vielfältige Folgerungen (⟹ *Vertiefung*). Wir wollen untersuchen, wie die Massenbestimmung im atomaren Maßstab funktioniert.

Mit Massenspektrometern kann man die Massen geladener Teilchen bestimmen. Diese entstehen in heißen Gasen. Dort stoßen Atome sehr heftig gegeneinander. Dabei verlieren sie einige ihrer Elektronen. Es ist auch möglich, dass sich zusätzlich freie Elektronen an Atome anlagern. Solche elektrisch geladenen Atome bezeichnet man als **positive** bzw. **negative Ionen.** Z. B. sind die in der Kernphysik häufig als atomare Geschosse verwendeten Deuteronen positive Ionen des schweren Wasserstoffs (Deuterium); α-Teilchen sind Heliumionen mit der Ladung $+2e$.

In **Ionenquellen** von Massenspektrometern schießt man schnelle Elektronen auf neutrale Atome. Dadurch werden Elektronen aus ihren Atomhüllen herausgeschlagen, und man erhält positive Ionen. Deren Geschwindigkeiten haben ganz unterschiedliche Beträge und Richtungen.

Um Ionen einheitlicher Geschwindigkeit zu erhalten, schickt man sie zunächst durch einen **Geschwindigkeitsfilter.** Im oberen Teil von ⟹ *Bild 1* zeigt die elektrische Kraft auf *positive* Ionen nach links, die Lorentzkraft nach rechts, da das B-Feld in die Zeichenebene hineinweist. (Man muss hier die Drei-Finger-Regel der *rechten* Hand anwenden.) Sind die Teilchen „langsam", so überwiegt die elektrische Kraft, und sie fliegen zur linken Kondensatorplatte. Sind sie „zu schnell", so überwiegt die Lorentzkraft; die Ionen fliegen zur rechten Platte. Nur falls die Beträge beider Kräfte gleich sind, fliegen sie geradlinig und können bei A die Anordnung verlassen. Dann gilt $F_L = F_e$ und somit $qvB = qE$. Also gelangen alle Ionen, für die $v = E/B$ erfüllt ist, durch die beiden gekreuzten Felder, und zwar unabhängig von ihrer Ladung q (⟹ *Beispiel*).

Anschließend werden die positiven Ionen einheitlicher Geschwindigkeit in einem B-Feld auf eine Kreisbahn gelenkt (⟹ *Bild 1*, unten). Dabei wirkt die Lorentzkraft als Zentripetalkraft: $F_L = F_z$ oder $qvB = mv^2/r$. Es folgt

$$m = \frac{qBr}{v}.$$

B und r kann man messen. Die Ionenladung q muss man anderweitig ermitteln. Bei konstanter Ionengeschwindigkeit v besteht eine Proportionalität zwischen der Masse m der Teilchen und dem Radius r der Ionenbahn. Auf der Fotoplatte erscheint ein Spektrum der Ionenmassen.

2. Wozu dienen Beschleuniger?

Die Suche nach der Feinstruktur der Materie ist ein Forschungsschwerpunkt der heutigen Physik. Mit dem Aufbau der Atomkerne und der Stärke der Kräfte zwischen ihren Bestandteilen befasst sich die *Kernphysik*. Die *Teilchenphysik* erforscht z. B. das „Innenleben" von Protonen und fragt, welche elementaren, unteilbaren Partikel unsere Welt aufbauen.
Da all diese Forschungsgegenstände viel zu klein sind, als dass sie selbst mit den leistungsfähigsten Mikroskopen zu sehen wären, macht man Streuexperimente. Man schießt bekannte Teilchen wie Elektronen oder Protonen mit hoher Energie auf ein Zielobjekt und registriert die bei Reaktionen auftretenden Bruchstücke. Die Auswertung solcher Reaktionen mit Computern extrem hoher Rechenleistung liefert Ergebnisse, mit denen man Theorien überprüfen kann.

In Beschleunigern werden für derartige Forschungen Teilchen mit genügend hoher Energie zur Verfügung gestellt. Auf direktem Wege kann man geladene Teilchen kaum höhere Spannungen als 10 MV durchlaufen lassen. Die Isolationsprobleme werden zu groß. Statt dessen sorgt man dafür, dass die Teilchen Beschleunigungsstrecken mehrfach durchlaufen und so immer mehr Energie gewinnen.

3. Zyklotron

In der Mitte des **Zyklotrons** (⟹ Bild 2) befindet sich eine Quelle für positive Ionen, meist Protonen. Durch ein elektrisches Feld werden sie in eine der D-förmigen Dosen gezogen. Es sind hohle Metallhalbzylinder, die senkrecht von einem starken Magnetfeld durchsetzt werden. Dort angelangt, befinden sie sich in einem FARADAY-Käfig und gewinnen keine Energie. Sie werden durch die Lorentzkraft auf eine Halbkreisbahn gelenkt. Wenn sie wieder austreten, ist das elektrische Feld durch Umpolen der Spannung zwischen den Dosen so gerichtet, dass die Ionen dort erneut beschleunigt werden. In der nächsten Dose bewegen sie sich wieder auf einem Halbkreis mit größerem Radius usw.
Mit welcher Frequenz f muss man das E-Feld umpolen? Innerhalb einer Dose wirkt die Lorentzkraft als Zentripetalkraft, also gilt

$$\frac{m v_s^2}{r} = q v_s B.$$

In der Umlaufzeit T legen die Ionen die Strecke $2\pi r$ zurück; also erhalten wir $v_s/r = qB/m$ und mit $v_s = 2\pi r/T$ folgt

$$\frac{2\pi}{T} = \frac{qB}{m}.$$

Daraus ergibt sich die Frequenz:

$$f = \frac{1}{T} = \frac{1}{2\pi} \frac{q}{m} B$$

unabhängig vom Bahnradius, der Geschwindigkeit und der Energie. Man kann also eine *Wechselspannung* konstant hoher Frequenz zwischen die Dosen legen. Schließlich führt eine Ablenkeinrichtung die Ionen auf das Ziel (Target).

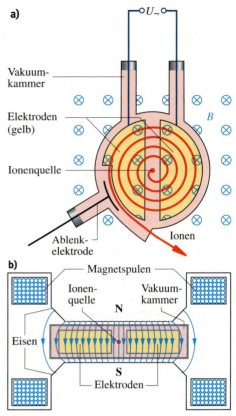

B 2: a) schematischer Aufbau eines Zyklotrons **b)** Zyklotron von der Seite gesehen

... noch mehr Aufgaben

A 1: Positive Ionen mit $q = +e$ durchlaufen ein gekreuztes E- und B-Feld nach ⟹ Bild 1 unabgelenkt, wobei $E = 46{,}6$ kV/m ist und beide B-Felder die Stärke $B = 0{,}311$ T haben. **a)** Wie schnell sind die Ionen? **b)** Auf der Fotoplatte kommen die einen mit 12 cm Abstand, die anderen mit 20 cm Abstand an. Wie groß sind ihre Massen?

A 2: Das E-Feld eines Geschwindigkeitsfilters wie in ⟹ Bild 1 hat die Stärke $E = 10^5$ V/m. Die beiden B-Felder haben die Stärke $B = 0{,}5$ T. Wie groß sind die Radien der Kreisbahnen, die Sauerstoffionen mit den Massen $m_1 = 2{,}66 \cdot 10^{-26}$ kg und $m_2 = 2{,}999 \cdot 10^{-26}$ kg und der Ladung $q = +e$ durchlaufen?

A 3: Ein Zyklotron hat die Frequenz 12 MHz und den Dosenradius $r = 0{,}53$ m. **a)** Wie stark muss das B-Feld sein, damit Protonen der Masse $m = 1{,}67 \cdot 10^{-27}$ kg im Spalt jeweils Energie zugeführt wird? **b)** Welche Protonenenergie (in MeV) erhält man?

52 Das Magnetfeld und Teilchen in Feldern

Interessantes

Ringbeschleuniger

B 1: Prinzip eines Ringbeschleunigers

Zyklotrons können nicht beliebig groß gebaut werden. Sie benötigen ein starkes *B*-Feld, das die ganze Fläche der D-förmigen Dosen durchsetzt. Solche Felder erfordern einen enormen Aufwand an Energie und Material. Mit **Ringbeschleunigern** kann man bedeutend höhere Energien erzielen. Das Prinzip zeigt ➡ *Bild 1*. Nachdem die Teilchen durch Vorbeschleuniger bereits fast auf Lichtgeschwindigkeit gebracht wurden, werden sie *bündelweise* in Vakuumrohre geschossen. Sie erhalten auf mehreren „Beschleunigungsstrecken" jeweils einen Zuwachs an Energie, kaum noch an Geschwindigkeit. Durch Magnete ($B \approx 4{,}5$ T) werden sie auf ringförmige Bahnen gelenkt, sodass sie die Beschleunigungsstrecken durchlaufen können. Da die Teilchenbündel aus gleichartig geladenen Partikeln bestehen, neigen sie dazu, sich aufzuweiten. Daher baut man in Ringbeschleuniger Fokussier-Magnete zur Bündelung der Strahlen ein (➡ *Bild 2*).

In den Experimentierzonen schießt man die schnellen Teilchen auf ruhende und untersucht dabei freigesetzte Teilchen mit Detektoren. Schießt man zwei Teilchenstrahlen gegeneinander, so wird die aufgewandte Energie besser ausgenutzt. Sie ist dann so groß, dass z. B. Elektronen in Protonen eindringen können. So erhält man Aufschluss über den Aufbau eines Protons.

Linearbeschleuniger

Auch Ringbeschleuniger werfen Probleme auf. Elektrische Ladungen, die sich auf einer gekrümmten Bahn bewegen, geben Energie als Strahlung ab. Diese Abstrahlung wurde zuerst in Ringbeschleunigern, auch *Synchrotrons* genannt, nachgewiesen. Daher nennt man sie *Synchrotronstrahlung*. Sie wird in speziellen Anlagen für Forschungen auf verschiedenen Gebieten genutzt. Die Beschleunigungsstrecken für Elektronen bei der HERA-Anlage in Hamburg dienen weitgehend dazu, den Energieverlust durch die Synchrotronstrahlung zu ersetzen. Daher werden „nur" 30 GeV ($3 \cdot 10^{10}$ eV) erreicht.

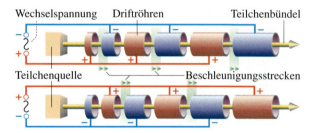

B 3: Prinzip eines Linearbeschleunigers

Einen Ausweg bietet der **Linearbeschleuniger** (➡ *Bild 3*). Zwischen den abwechselnd positiv und negativ gepolten Driftröhren entstehen Beschleunigungsfelder. Während sich die Teilchen in einer Röhre (FARADAY-Käfig) aufhalten, wird das Feld umgepolt. Die austretenden Partikel erhalten immer wieder einen erneuten „Kick" und so mehr Energie. Entsprechend länger werden die Driftröhren. Dazwischen befinden sich Führungsmagnete zur Fokussierung der Teilchenbündel. Linearbeschleuniger werden derzeit meist in kleineren Ausführungen als Vorbeschleuniger für größere benutzt. Nördlich von Hamburg jedoch wird ein riesenhafter *Linear Collider* gebaut, ein Beschleuniger, in dem Elektronen und Positronen gegeneinander geschossen werden. Bei einer Kollision kommt es dann zu hohen Energiekonzentrationen auf kleinstem Raum (10^{12} eV). In der Physik bezeichnet man so etwas als „Mini-Urknall", denn an ihm kann man wertvolle Erkenntnisse über den großen Urknall gewinnen, mit dem unser Universum wohl begonnen hat.

B 2: Blick in den Tunnel des HERA-Ringbeschleunigers in Hamburg. Im oberen Rohrstrang laufen Protonen um, im unteren Elektronen. Das Elektronenrohr ist von langen Magneten umschlossen. Dazwischen (neben dem Techniker) befinden sich Fokussier-Magnete.

Zusammenfassung – Das Magnetfeld und Teilchen in Feldern

Das ist wichtig

Magnete und Magnetfelder

Die magnetische Flussdichte

1. Die **magnetische Flussdichte** beschreibt die Stärke eines Magnetfeldes. Ihr Betrag B ist definiert als Kraft F auf einen Leiter dividiert durch die Stromstärke I in ihm und seine wirksame Länge s im Magnetfeld:

$$B = \frac{F}{I s}.$$ Die Einheit ist 1 T (Tesla).

   Dabei muss das Leiterstück senkrecht zu den Feldlinien des homogenen Magnetfeldes verlaufen.
2. Die magnetische Flussdichte $\vec{B}$ ist ein *Vektor* in Richtung der Feldlinien. Man kann $\vec{B}$ in Komponenten zerlegen.
3. Eine *schlanke Spule* habe n Windungen und die Länge l. Ein Strom der Stärke I erzeugt in ihrem Innern in Luft (praktisch Vakuum) ein homogenes Magnetfeld mit der Flussdichte

$$B = \mu_0 \, n \, I / l.$$

   $\mu_0 = 1{,}257 \cdot 10^{-6}$ Vs/(Am) heißt *magnetische Feldkonstante*.
4. Ist eine Spule mit einem *ferromagnetischen Stoff* wie Eisen gefüllt, so erhöht sich B auf das μ_r-fache:

$$B_m = \mu_r \, B_0.$$

μ_r heißt *Permeabilitätszahl*.

Lorentzkraft

Geladene Teilchen mit der Ladung q, die sich in einem homogenen Magnetfeld nicht parallel zu den Feldlinien bewegen, erfahren eine **Lorentzkraft** F_L, für deren Betrag gilt:

$$F_L = q \, v_s \, B.$$

Dabei ist v_s der Betrag der Geschwindigkeitskomponente senkrecht zu $\vec{B}$. Die Richtung wird nach der *Drei-Finger-Regel* der linken Hand ermittelt. Für positive Ladungen nimmt man die rechte Hand.

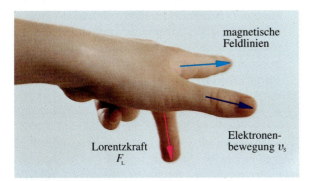

Halleffekt

Wenn ein Leiter senkrecht zur Richtung des Stromes von einem Magnetfeld durchsetzt wird, entsteht zwischen zwei einander gegenüberliegenden Punkten A und C des Leiters die *Hallspannung* U_H. Es gilt

$$U_H = B \, v_s \, h,$$

wobei h der Abstand von A und C und v_s der Betrag der *Driftgeschwindigkeit* der Elektronen im Leiter ist.

Geladene Teilchen in Feldern

1. Durch die Lorentzkraft werden geladene Teilchen, die in einem *homogenen Magnetfeld*
   a) *senkrecht* zu den Feldlinien einfallen, auf eine *Kreisbahn* gelenkt,
   b) *schräg* zu den Feldlinien eingeschossen werden, auf eine *Schraubenbahn* gezwungen.
   c) In einem *inhomogenen Magnetfeld* werden geladene Teilchen in der Nähe der Pole *zur Umkehr* veranlasst.

   In a), b) und c) ist der *Betrag der Geschwindigkeit konstant*.

Spezifische Ladung des Elektrons

Der Quotient aus Ladung und Masse eines Teilchens heißt *spezifische Ladung* q/m. Für *Elektronen* ist $q = e$:

$$e/m_e = 1{,}76 \cdot 10^{11} \text{ C/kg}.$$

Die braunsche Röhre

1. Im Ablenkkondensator einer braunschen Röhre beschreiben die Elektronen eine Parabelbahn.
2. Die Ablenkung des Elektronenstrahls ist proportional zur Ablenkspannung U_y und antiproportional zur Anodenspannung U_A.
3. Braunsche Röhren werden für die Messung schnell veränderlicher Spannungen verwendet.

Massenspektrometer, Zyklotron

1. Eine Anordnung von gekreuztem E- und B-Feld, in das geladene Teilchen senkrecht zu E und B hineingeschossen werden, heißt *Geschwindigkeitsfilter*. Nur Teilchen mit $v = E/B$ durchfliegen ihn geradlinig.
2. Durch gleichzeitige Anwendung von E- und B-Feldern in *Massenspektrometern* kann man die spezifische Ladung q/m von Teilchen mit großer Genauigkeit ermitteln. Daraus kann man auch ihre Masse berechnen.
3. Mit *Zyklotrons* kann man geladene Teilchen auf hohe Energien beschleunigen. Die Frequenz f ist unabhängig vom Radius der Bahn, der Geschwindigkeit und der Energie:

$$f = \frac{1}{T} = \frac{1}{2\pi} \frac{q \, B}{m}.$$

Beispiel

Musteraufgabe

Elektronen werden durch $U_0 = 100$ V beschleunigt. Dann fliegen sie (ständig im Vakuum) durch eine Öffnung in einen Plattenkondensator, dessen Feldlinien entlang der Flugrichtung nach rechts zeigen (➡ *Bild 1a*). Der Plattenabstand ist $d = 0{,}1$ m.

a) Die Kondensatorspannung beträgt $U_1 = 70$ V. Wie groß ist die Bremsverzögerung der Elektronen? In welcher Zeit durchfliegen sie den Kondensator? **b)** Am Kondensator liegen jetzt $U_2 = 400$ V. Wo kehren die mit $U_0 = 100$ V beschleunigten Elektronen um?

Lösung:

a) Im Kondensator erfahren die Elektronen eine bremsende Kraft F und damit die Bremsverzögerung $a = F/m_e = eE/m_e = (e/m_e)\,U_1/d = \mathbf{1{,}23 \cdot 10^{14}\ m/s^2}$. Für die Bewegung längs d gilt $v_1 = v_0 - at$. Dabei ist v_0 die Geschwindigkeit der in den Kondensator eintretenden und v_1 die der herausfliegenden Elektronen. Man berechnet also v_0 nach $v_0 = \sqrt{2(e/m_e)U_0}$ zu $v_0 = 5{,}93 \cdot 10^6$ m/s, und v_1 nach $v_1 = \sqrt{2(e/m_e)(U_0 - U_1)}$ zu $v_1 = 3{,}25 \cdot 10^6$ m/s und erhält für die Zeit $t = \mathbf{2{,}2 \cdot 10^{-8}}$ **s.**

b) Die Elektronen können nur gegen die Spannung $U_0 = 100$ V anlaufen. Weil E konstant ist, legen sie nur $\frac{1}{4}$ von d, das sind **2,5 cm,** zurück. Dann kehren sie um und haben beim Austritt aus dem Kondensator wieder die Energie 100 eV, fliegen aber in umgekehrter Richtung.

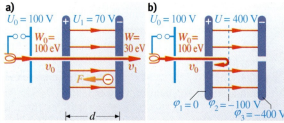

B 1: Elektronen werden durch das Feld des Plattenkondensators gebremst und kehren sogar um, wenn die Kondensatorspannung $U > U_0$ ist.

Aufgaben

Teilchen in *E*-Feldern

A 1: Eine braunsche Röhre wird mit $U_A = 250$ V betrieben. Bei $U_y = 45$ V beträgt die Ablenkung $y = 1{,}5$ cm. **a)** Wie groß muss U_y für $y = 5$ cm sein? **b)** U_A wird auf 200 V reduziert. Wie groß ist jetzt y bei $U_y = 45$ V? Welches U_y braucht man für $y = 5$ cm?

A 2: Der Elektronenstrahl einer braunschen Röhre, die mit $U_A = 1000$ V betrieben wird, durchläuft einen Kondensator mit $U_y = 100$ V. Der Plattenabstand beträgt 1 cm, die Länge 4 cm. **a)** Berechnen Sie die Kraft auf ein Elektron und seine Beschleunigung. **b)** Mit welcher Geschwindigkeit v_x tritt das Elektron in den Kondensator ein? **c)** Wie lange braucht das Elektron zum Durchlaufen des Kondensators? **d)** Um wie viele Zentimeter wird es im Kondensator abgelenkt? **e)** Wie groß ist die Gesamtablenkung auf dem 20 cm entfernten Leuchtschirm? Wie groß ist der Austrittswinkel gegenüber der Waagerechten?

A 3: Wie viel Energie gewinnt das Elektron in Aufgabe 2 jeweils **a)** beim Durchlaufen der Anodenspannung der Elektronenkanone, **b)** im homogenen Feld des Ablenkkondensators?

A 4: Elektronen werden mit der Energie 600 eV in Richtung der Feldlinien eines E-Feldes der Stärke $E = 200$ V/cm geschossen. **a)** Wie weit können sie im E-Feld fliegen, bis sie umkehren? **b)** Wo und wann haben sie den halben Geschwindigkeitsbetrag? (2 Lösungen)

Massenspektrometer

A 5: In einem Geschwindigkeitsfilter ist $E = 1{,}9 \cdot 10^5$ V/m, $B = 0{,}01$ T. **a)** Welche Geschwindigkeit haben Elektronen (bzw. Protonen), die ihn unabgelenkt durchqueren? **b)** Mit welcher Spannung müssen die Elektronen (Protonen mit $m_p = 1{,}67 \cdot 10^{-27}$ kg) beschleunigt worden sein?

A 6: Das E-Feld zwischen den Platten eines Geschwindigkeitsfilters eines Massenspektrometers hat die Stärke $E = 10^5$ V/m. Die Stärke des B-Feldes beträgt innerhalb und außerhalb des Filters $B = 0{,}6$ T. **a)** Ein Strahl von Kaliumionen mit der Ladung $+e$ bewegt sich auf einer Halbkreisbahn mit $r = 11{,}2$ cm. Wie groß ist die Masse eines Ions? **b)** Welchen Halbkreisradius beschreibt ein Kaliumion mit $m = 6{,}8 \cdot 10^{-26}$ kg?

Beschleuniger

A 7: Ein einfach geladenes Jodion macht in der Zeit $t = 1{,}29$ ms 7 Umläufe in einem Magnetfeld mit $B = 45$ mT. Wie groß ist seine Masse?

A 8: Ein Zyklotron beschleunigt α-Teilchen ($q = 2e$) mit 15,625 MeV. Es ist $B = 2$ T. **a)** Berechnen Sie den maximalen Krümmungsradius. **b)** Welche Wechselspannungsfrequenz braucht man? **c)** Welche Frequenz ist nötig, um Protonen in diesem Zyklotron zu beschleunigen, und welche Energie in MeV erhalten sie dann? **d)** Welchen Wert müsste B haben, wenn Protonen auf 15,625 MeV gebracht werden sollten, und welche Zyklotronfrequenz wäre erforderlich? (Die Masse eines α-Teilchens beträgt $m_\alpha = 6{,}65 \cdot 10^{-27}$ kg.)

A 9: a) In einem Linearbeschleuniger ist die Frequenz der Wechselspannung 200 MHz, ihr Scheitelwert 1 MV. Protonen werden mit der Energie 1 MeV eingeschossen. Wie groß ist ihre Energie in der 5. Röhre? **b)** Wie lang muss diese sein?

INDUKTION UND WECHSELSTROM

Der Lebensstandard unserer Industriegesellschaft ist untrennbar mit der ständigen Verfügbarkeit elektrischer Energie verknüpft. Generatoren „erzeugen" in Kraftwerken elektrischen Strom. Um Verluste in den Leitungen gering zu halten, wird die Spannung für den Transport über große Entfernungen hoch transformiert. Ein weitverzweigtes Leitungsnetz gewährleistet die Bereitstellung elektrischer Energie.

Die flächendeckende elektrische Stromversorgung bietet den Menschen vielfältige Nutzungsmöglichkeiten: Die Beleuchtung mit elektrischen Glühlampen (EDISON 1879) lässt die Nacht zum Tage werden. Im Haushalt entlasten elektrische Geräte die alltägliche Arbeit. Unterhaltungselektronik bietet Kunstgenuss und Information. In der Medizin werden Diagnose- und Therapiemöglichkeiten verbessert. Computer und Steuerungsgeräte durchdringen und beeinflussen unser Leben in zunehmendem Maße.

Die Gesetzmäßigkeiten der elektromagnetischen Induktion (FARADAY 1831) liefern uns die theoretischen Grundlagen der Spannungserzeugung. Die Kenntnis von Wechselspannung und Wechselstrom erschließt uns das weite Feld vieler Anwendungen.

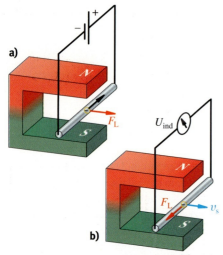

V 1: Ein gerader Leiter hängt in dem homogenen Magnetfeld eines Hufeisenmagneten. **a)** Schließen wir eine Spannungsquelle an den Leiter an, so erfährt er eine Kraft und wird ausgelenkt (*Minimotor*). **b)** Wir schließen jetzt einen empfindlichen Spannungsmesser (Messverstärker) an den Leiter an. Bewegen wir den Leiter von Hand senkrecht zu den magnetischen Feldlinien, so zeigt der Spannungsmesser eine Induktionsspannung (*Minigenerator*). Wird der Leiter nach oben oder unten bewegt, so ist die Spannung null.

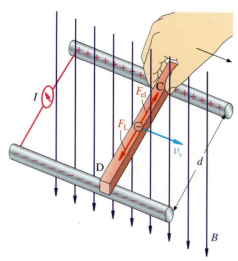

V 2: Für die Herleitung von U_{ind} ist es übersichtlicher, wenn der Leiter aus ▶ Versuch 1b durch einen Metallstab CD ersetzt wird, der auf zwei Schienen gleiten kann. Der Stab wird im homogenen Magnetfeld z. B. von Hand mit der konstanten Geschwindigkeit v_s nach rechts bewegt. Dabei zeigt der Strommesser die Stromstärke an.

Induktion durch Leiterbewegung

Ohne die Nutzung elektrischer Energie ist unsere technische Zivilisation kaum vorstellbar. Die physikalischen Grundlagen der Spannungserzeugung werden im Folgenden dargelegt.

1. Ein Leiter wird im homogenen Magnetfeld bewegt

Ein gerader Leiter hängt in einem homogenen Magnetfeld senkrecht zu den *B*-Feldlinien (▶ *Versuch 1a*). Eine Spannungsquelle treibt die Elektronen an. Die nach hinten fließenden Elektronen erfahren nach der Drei-Finger-Regel die Lorentzkraft $F_L = B e v_s$ nach rechts und übertragen sie auf den Leiter. Er wird ausgelenkt. Jetzt schließen wir den Leiter ohne Spannungsquelle an einen empfindlichen Spannungsmesser (▶ *Versuch 1b*). Sobald wir den Leiter mit der Geschwindigkeit v_s senkrecht zu den *B*-Feldlinien bewegen, erhalten wir eine **Induktionsspannung** U_{ind}. Sie steigt mit der Leitergeschwindigkeit v_s an. Statt den Leiter im Magnetfeld durch eine Spannung in Bewegung zu versetzen (*Motorprinzip*), wird durch Bewegung des Leiters eine Spannung erzeugt (*Generatorprinzip*). ▶ *Versuch 1b* stellt eine Umkehrung von ▶ *Versuch 1a* dar.

Um zu verstehen, woher U_{ind} rührt, schließen wir den Stromkreis durch einen Strommesser (▶ *Versuch 2*). Die im bewegten Leiter von der Lorentzkraft $F_L = e v_s B$ nach vorn getriebenen Elektronen fließen über das Instrument zurück. Der von U_{ind} erzeugte Elektronenstrom steigt mit v_s und mit *B*. Für die Richtung des Elektronenstroms im geschlossenen Stromkreis gilt die Drei-Finger-Regel der linken Hand.

> **Merksatz**
>
> **Drei-Finger-Regel** der linken Hand: Zeigt der **Daumen** in Richtung der Leitergeschwindigkeit $\vec{v}_s$ und der **Zeigefinger** in Richtung von $\vec{B}$, so gibt der **Mittelfinger** die Richtung des Elektronenstroms an.

2. Können wir die Induktionsspannung berechnen?

Wie groß ist die Induktionsspannung U_{ind}? Die Elektronen, die vom Stab nach rechts mitgenommen werden (▶ *Versuch 2*), erfahren im homogenen Magnetfeld eine Lorentzkraft $F_L = B e v_s$ in Richtung D (Drei-Finger-Regel der linken Hand). Die vordere Schiene wird dadurch negativ, die hintere positiv aufgeladen. Im Stab der Länge *d* entsteht ein elektrisches Feld. Die hierdurch hervorgerufene elektrische Kraft $F_{el} = e E$ zeigt in Richtung C. Die Elektronen sind in kürzester Zeit so weit verschoben, dass die elektrische Kraft betragsgleich der Lorentzkraft ist. Hat sich das Gleichgewicht eingestellt, ist die Ladungsverschiebung beendet. Es gilt: $F_L = F_{el}$, d. h. $B e v_s = e E$. Weil an jeder Stelle im Stab Gleichgewicht herrscht und *B* homogen ist, muss auch *E* homogen sein. Deshalb gilt $U_{ind} = E d$.

Mit $B v_s = E$ folgt für die Induktionsspannung, die man zwischen den Schienen misst:

$$U_{ind} = B d v_s.$$

Bewegen wir den Leiter senkrecht nach oben oder unten *längs* der
B-Feldlinien, so messen wir keine Spannung (⟹ *Versuch 1b*). Auf
die bewegten Elektronen wirkt in diesem Fall keine Lorentzkraft.
Bewegen wir die Leiterschaukel *schräg* zu den B-Feldlinien, so
erhalten wir wieder eine Induktionsspannung. Zur Erklärung denken
wir uns die Geschwindigkeit $\vec{v}$ in die Komponenten $\vec{v}_s$ und $\vec{v}_p$
senkrecht und parallel zu den B-Feldlinien zerlegt (⟹ *Bild 1*). Nur
$v_s = v \cos \varphi$ trägt zur Lorentzkraft $F_L = B e v_s = B e v \cos \varphi$ bei.

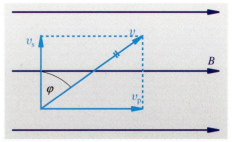

B 1: Ein Leiter wird mit der Geschwindigkeit $\vec{v}$ schräg zu den B-Feldlinien bewegt. Nur die Geschwindigkeitskomponente $\vec{v}_s$ senkrecht zu den B-Feldlinien zählt für die Induktionsspannung.

Merksatz

Ein gerades Leiterstück der Länge d werde in einem homogenen
Magnetfeld der Flussdichte B bewegt. Senkrecht zu den B-Feldlinien
habe seine Geschwindigkeit den Wert v_s. Zwischen seinen Enden kann
man die durch die Lorentzkraft induzierte Spannung U_{ind} abgreifen:

$$U_{ind} = B \, d \, v_s.$$

B und v_s werden vom gleichen Bezugssystem aus gemessen.

3. Die Flächenänderung führt uns weiter

Zwischen den Polschuhen eines Elektromagneten besteht ein
Magnetfeld. Wir lassen senkrecht zu den Feldlinien von oben eine
rechteckige Leiterschleife ABCD (⟹ *Versuch 3*) in das B-Feld eintauchen.
Ein mit der Leiterschleife verbundener spannungsempfindlicher
Messverstärker zeigt die induzierte Spannung an.

a) Solange die Schleife noch nicht ganz in das Magnetfeld eingetaucht
ist, wird eine Spannung angezeigt. Sie wird im Leiterstück
AB der Länge d induziert, das sich mit v_s in Δt um Δs nach unten
bewegt. Die darüber liegende, von den B-Feldlinien durchsetzte
Fläche A der Schleife nimmt dabei um $\Delta A = d \Delta s = d v_s \Delta t$ zu. Mit
$d v_s = \Delta A / \Delta t$ gilt: $U_{ind} = B \, d \, v_s = B \, \Delta A / \Delta t.$
Danach wird Spannung induziert, wenn sich die von den B-Feldlinien
durchsetzte Fläche A der Schleife ändert. Dabei ist U_{ind} proportional
zur „Geschwindigkeit" $\Delta A / \Delta t$, mit der sich die von den
B-Feldlinien durchsetzte Fläche A der Schleife verändert.

b) Die Schleife ist ganz in das homogene B-Feld eingetaucht. Wird
sie parallel zu sich verschoben, so ist die Spannung null, *obwohl*
die Schleife bewegt wird. Die von den B-Feldlinien durchsetzte
Fläche A der Schleife ändert sich jetzt nicht ($\Delta A / \Delta t = 0$). Damit ist
$U_{ind} = B \, \Delta A / \Delta t = 0.$ Die in den Leiterstücken AB und CD induzierten
Spannungen sind entgegensetzt gepolt und gleich groß. Sie heben
sich gegenseitig auf, sodass $U_{ind} = 0$ gilt.

c) Verlässt die Leiterschleife das Magnetfeld, so wird eine zu a)
entgegengepolte Spannung angezeigt, die im Leiterstück CD induziert
wird. Jetzt nimmt die von den B-Feldlinien durchsetzte Fläche
A der Schleife ab ($\Delta A / \Delta t < 0$), sodass gilt $U_{ind} = B \, \Delta A / \Delta t < 0.$

d) Verändern wir den Flächeninhalt einer Leiterschleife im Feld z. B.
durch Zusammendrücken, so wird eine Spannung angezeigt. Es ändert
sich wieder die von den Feldlinien durchsetzte Fläche A: $\Delta A / \Delta t \neq 0.$

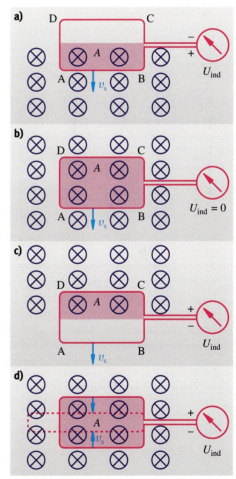

V 3: Induktionsspannung beim Ändern der von B-Feldlinien durchsetzten Fläche A der Leiterschleife.

a) A nimmt zu: $U_{ind} > 0$
b) A ist konstant: $U_{ind} = 0$
c) A nimmt ab: $U_{ind} < 0$
d) Leiterschleife wird zusammengedrückt, A nimmt ab: $U_{ind} < 0$.

4. Flächenänderung auf andere Art

Wir sahen, dass die Induktionsspannung von der „Geschwindigkeit" $\Delta A/\Delta t$ abhängt, mit der sich die vom Magnetfeld der Flussdichte B durchsetzte Fläche A der Schleife ändert: $U_{ind} = B\,\Delta A/\Delta t$. Wird also Spannung induziert, wenn die Leiterschleife in *irgendwelchen* B-Feldern bewegt wird?

Wir verschieben die Leiterschleife *parallel* zu den Feldlinien eines homogenen B-Feldes. Unabhängig davon, ob sie teilweise oder ganz in das B-Feld eingetaucht ist, ergibt sich keine Induktionsspannung. *Drehen* wir die ganz ins Magnetfeld eingetauchte Leiterschleife, so erhalten wir eine Induktionsspannung (▶ *Bild 1*). Offensichtlich spielt für die Induktionsspannung die Änderung ΔA_s des *senkrecht zu den Feldlinien* stehenden Flächenanteils der Schleife eine Rolle.

In ▶ *Bild 2* steht die aus den Schienen gebildete Fläche nicht senkrecht zu den B-Feldlinien. Jetzt ist die Projektion der Flächenänderung senkrecht zu den B-Feldlinien $\Delta A_s = \Delta A \cos\varphi$ für die Induktionsspannung maßgebend. Als Induktionsspannung folgt:

$$U_{ind} = B\,\Delta A/\Delta t \cos\varphi = B\,\Delta A_s/\Delta t.$$

Steht die Fläche *senkrecht* zu den B-Feldlinien ($\varphi = 0°$, damit $\cos 0° = 1$), so ist $\Delta A_s = \Delta A$ und damit $U_{ind} = B\,\Delta A/\Delta t$.
Steht die Fläche *parallel* zu den B-Feldlinien ($\varphi = 90°$, damit $\cos 90° = 0$), so wird $\Delta A_s = 0$ und damit $U_{ind} = 0$.

$U_{ind} = B\,\Delta A_s/\Delta t$ liefert den Mittelwert der Induktionsspannung im Zeitintervall Δt. Für die Induktionsspannung bei n Windungen der Leiterschleife ergibt sich der n-fache Wert $U_{ind} = n\,B\,\Delta A_s/\Delta t$.

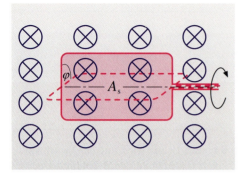

B 1: Dreht sich die ganz im Magnetfeld befindende Leiterschleife, so ändert sich die vom B-Feld durchsetzte Fläche A_s der Schleife. In der Schleife wird eine Spannung induziert.

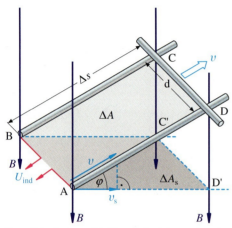

B 2: Die Leiterschleife wird nicht senkrecht sondern schräg zu den magnetischen Feldlinien bewegt. Die Flächenänderung ΔA wird in eine zu den B-Feldlinien senkrechte Ebene projiziert. Ausschlaggebend für die induzierte Spannung ist $\Delta A_s = \Delta A \cos\varphi$.

Merksatz

Eine Leiterschleife mit n Windungen wird in einem Magnetfeld mit zeitlich konstanter Flussdichte B bewegt. Die **induzierte Spannung** U_{ind} hängt von der „Geschwindigkeit" $\Delta A_s/\Delta t$ der Änderung der von den B-Feldlinien senkrecht durchsetzten Schleifenfläche A_s ab (in A_s sei B hinreichend homogen):

$$U_{ind} = n\,B\,\frac{\Delta A_s}{\Delta t}.$$

Vertiefung

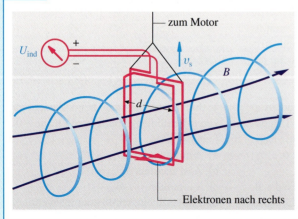

Bestätigungsversuch zu $U_{ind} = B\,d\,v_s$

In einer Spule (blau) wird ein homogenes Magnetfeld mit $B = 4{,}0$ mT erzeugt. Die Spule hat in der Mitte einen Schlitz, in dem sich ein Drahträhmchen mit $n = 500$ Windungen befindet. Ein Motor zieht den roten Drahtrahmen (Breite $d = 5{,}0$ cm) mit konstanter Geschwindigkeit $v_s = 2{,}0 \cdot 10^{-3}$ m/s senkrecht zu den Magnetfeldlinien nach oben. Der Spannungsmesser zeigt $U_{ind} = 2{,}0 \cdot 10^{-4}$ V an.
Die in den 500 Leiterstücken induzierten Spannungen werden addiert (Reihenschaltung). Die Rechnung ergibt übereinstimmend mit der Messung:
$U_{ind} = n\,B\,d\,v_s =$
$500 \cdot 4{,}0 \cdot 10^{-3}$ T $\cdot$ $0{,}050$ m $\cdot$ $2{,}0 \cdot 10^{-3}$ m/s $= 2{,}0 \cdot 10^{-4}$ V.

Interessantes

Das Bändchenmikrofon

In den meisten Mikrofonen wird eine Membran infolge des wechselnden Schalldrucks bewegt. Da der Druckzustand keine Vorzugsrichtung hat, werden auch seitliche Nebengeräusche registriert. Beim Bändchenmikrofon dagegen wird ein kleines Aluminiumbändchen A zwischen den Polen eines Dauermagneten bevorzugt von den in Pfeilrichtung schwingenden Luftteilchen vor- und zurückbewegt (➡ *Bild 3a*). Auf Schall von der Seite spricht es kaum an; es hat eine Richtcharakteristik (➡ *Bild 3b*). Im Bändchen wird eine kleine Spannung $U(t) = B\,d\,v_s(t)$ induziert, die verstärkt werden muss. ($v_s(t)$ ist die vom Schall hervorgerufene Bändchengeschwindigkeit.)

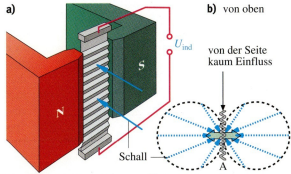

B 3: a) Bändchenmikrofon **b)** Richtcharakteristik: Die Pfeillänge gibt die Empfindlichkeit für Schall (Schnelle) an.

... noch mehr Aufgaben

A 1: a) Ein Eisenbahnzug fährt mit 40 m/s über eine waagerechte Strecke. Zwischen den isolierten Schienen (Spurweite 1 435 mm) liegt ein Spannungsmesser. Was zeigt er an, wenn die Vertikalkomponente des Erdmagnetfeldes $B_v = 0{,}43 \cdot 10^{-4}$ T beträgt? Spielt die Zahl der Achsen des Zuges eine Rolle? **b)** Was zeigt ein mitfahrender Spannungsmesser an? Könnte man mit diesem Effekt die Wagen beleuchten?

A 2: Ein quadratisches Rähmchen mit der Seitenlänge 6,0 cm hat 500 Windungen. Das homogene Magnetfeld hat die Flussdichte $B = 2{,}1$ mT. Seine B-Feldlinien sind in die Zeichenebene hinein gerichtet. Das Rähmchen befindet sich teilweise im B-Feld. Es wird mit der konstanten Geschwindigkeit von 1,0 mm/s nach oben gezogen. Berechnen Sie die Spannung U_{AB} zwischen A und B, bevor das Rähmchen das B-Feld verlässt. Geben Sie die Polung der Spannung zwischen A und B an.

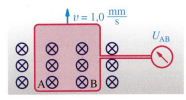

A 3: Die Unterkante des Rähmchens aus A 2 befindet sich jetzt am oberen Rand des B-Feldes. Aus der Ruhe beginnt es zum Zeitpunkt $t = 0$ frei in das B-Feld zu fallen. **a)** Berechnen Sie den Zeitpunkt, zu dem das Rähmchen ganz in das B-Feld eintaucht. **b)** Berechnen Sie den Zeitpunkt, zu dem das Rähmchen das B-Feld verlässt (das B-Feld hat eine vertikale Ausdehnung von 10 cm). **c)** Zeichnen Sie das t-U_{AB}-Schaubild für die Zeit $0 \leq t \leq 130$ ms. (t-Achse: 1 cm ≙ 20 ms; U-Achse: 1 cm ≙ 20 mV.)

A 4: a) Eine Leiterschleife der Fläche 50 cm² steht senkrecht zu einem Feld mit $B = 0{,}20$ T. Sie wird in 0,10 s auf 5,0 cm² zusammengedrückt. Wie groß ist die mittlere induzierte Spannung? **b)** Um welchen Winkel hätte man sie in dieser Zeit drehen müssen, um das gleiche Ergebnis zu erzielen?

A 5: a) Ein quadratischer Kupferrahmen von 50 cm Seitenlänge wird binnen 0,50 s ganz in ein homogenes Magnetfeld von 2,0 T geschoben. Dabei durchsetzen die B-Feldlinien seine Fläche in jedem Moment senkrecht. Berechnen Sie U_{ind} auf zwei Arten. **b)** Der Draht des Kupferrahmens hat 50 mm² Querschnittsfläche ($\varrho = 0{,}017$ $\Omega\,\text{mm}^2\,\text{m}^{-1}$). Wie groß ist beim Einschieben die Stromstärke und die durch den Querschnitt fließende Ladung? Welche Kraft erfährt der Rahmen, welche mechanische Energie ist aufzuwenden? Welche elektrische Energie wird frei? Wie groß ist die aufzuwendende Leistung? **c)** Wie ändern sich diese Werte, wenn man den Rahmen in der halben Zeit einschiebt? **d)** Was geschieht, wenn man den Rahmen im homogenen B-Feld parallel verschiebt?

A 6: a) Die B-Feldlinien in A 5 laufen horizontal. Der Rahmen fällt vertikal in dieses Feld. Welche Bremskraft erfährt er bei $v = 0{,}50$ cm/s? **b)** Bei welcher Geschwindigkeit ist die Bremskraft so groß wie seine Gewichtskraft (Dichte: 8,9 g/cm³)? Welche Bewegung führt dann der Rahmen aus? Zeigen Sie, dass die Bremskraft der Geschwindigkeit proportional ist. **c)** Wie groß ist die Beschleunigung, wenn sich der Rahmen ganz im homogenen Feld befindet? **d)** Was geschieht, wenn er das Feld mit $v = 1{,}0$ m/s nach unten verlässt?

Induktion durch Flussdichteänderung

1. Induktion auch ohne Lorentzkraft?

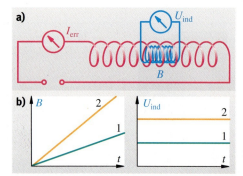

V 1: Induktion bei veränderlicher Flussdichte:
a) felderzeugende Spule (rot) mit linearem Stromstärkeanstieg, Induktionsspule (blau),
b) Verlauf von $B(t)$ und $U_{ind}(t)$.
Versuchsablauf:
1. In der lang gestreckten Spule wird die Erregerstromstärke I_{err} proportional zur Zeit t erhöht. In der Induktionsspule wird eine konstante Spannung U_{ind} induziert, die proportional zu $\Delta I/\Delta t$ und damit zu $\Delta B/\Delta t$ ist.
2. Nimmt I_{err} linear mit der Zeit ab, so ist U_{ind} entgegengesetzt gepolt zu 1.
3. Hat man die Windungszahl n der Induktionsspule geändert, so findet man $U_{ind} \sim n$. Die induzierten Spannungen der einzelnen Windungen addieren sich.
4. Nach Ändern der Querschnittsfläche A_s der Induktionsspule findet man $U_{ind} \sim A_s$.
Messwertebeispiel:
Felderzeugende Spule mit $n_1 = 16\,000$, $l = 0{,}48$ m, $\Delta I/\Delta t = 1{,}72 \cdot 10^{-3}$ A/s.
Induktionsspule mit $n = 2\,000$, $A_s = 28$ cm², $U_{ind} = 0{,}40$ mV.
Damit folgt $k = U_{ind}/(n\,A_s\,\Delta B/\Delta t) \approx 0{,}99$.

In einem vorhergehenden Versuch haben wir das Drahträhmchen aus dem homogenen Magnetfeld herausgezogen. Dabei wurde durch die Lorentzkraft eine Spannung induziert.
Ruht jetzt das Rähmchen im Magnetfeld, so erhalten wir kurzzeitig eine Spannung, wenn wir den Erregerstrom der felderzeugenden Spule schnell ausschalten und damit die Flussdichte B auf null regeln. Dieses Phänomen können wir nicht durch die Lorentzkraft erklären, weil der Leiter und damit auch seine Elektronen nicht im Magnetfeld bewegt wurden. Die Induktionsspannung U_{ind} hängt offensichtlich von der Änderung ΔB der magnetischen Flussdichte B ab. Den genauen Zusammenhang liefert ➡ *Versuch 1:*

$$U_{ind} \sim n\,A_s\,\Delta B/\Delta t \quad \text{bzw.} \quad U_{ind} = k\,n\,A_s\,\Delta B/\Delta t.$$

Der Proportionalitätsfaktor k ist dimensionslos. Er ergibt sich experimentell zu $k = 1$. Bei einer sich zeitlich ändernden magnetischen Flussdichte erhalten wir als Induktionsspannung $U_{ind} = n\,A_s\,\Delta B/\Delta t$.

Merksatz

Eine Spule mit n Windungen ruhe in einem Magnetfeld mit der Flussdichte B. A_s ist also konstant.
Ändert sich die magnetische Flussdichte B zeitlich, so wird in der Spule die Spannung U_{ind} induziert:

$$U_{ind}(t) = n\,A_s\,\frac{\Delta B}{\Delta t}.$$

2. Induktion durch elektrische Wirbelfelder

Um besser verstehen zu können, wieso es in einer ruhenden Spule, die einer zeitlich veränderlichen Flussdichte $\dot B \neq 0$ ausgesetzt ist, zu einem Strom kommen kann, betrachten wir den Induktionsvorgang einmal in einem Gas (➡ *Bild 1a*). Es leuchtet nach dem Einschalten der Hochfrequenzspannung auf einem geschlossenen Kreisring auf. Dieser liegt in einer Ebene senkrecht zu den Magnetfeldlinien der Spule, in der A_s und die induzierte Spannung am größten sind. Im Gas fließen Ladungsträger, obwohl von außen keine Spannung, z. B. über Elektroden, angelegt wird. Solch ein Strom tritt in Gasen erst bei hohen elektrischen Feldstärken längs den Feldlinien auf. Es liegt die Vermutung nahe, dass sich ein elektrisches Feld mit in sich geschlossenen Feldlinien gebildet hat. Diese umgeben und durchsetzen ringförmig das sich zeitlich rasch ändernde Magnetfeld ($\dot B$ groß) (➡ *Bild 1b*). Wir haben ein **elektrisches Wirbelfeld** entdeckt.

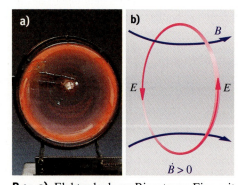

B 1: a) Elektrodenloser Ringstrom: Eine mit Helium-Neon-Gas von geringem Druck gefüllte Glaskugel ist von einer Spule mit wenigen Windungen umgeben. Sie wird an eine Wechselspannung sehr hoher Frequenz gelegt. **b)** Elektrisches Wirbelfeld

Merksatz

Induktion durch **elektrische Wirbelfelder:** Ein sich zeitlich änderndes magnetisches Feld ($\dot B \neq 0$) wird von Feldlinien eines elektrischen Wirbelfeldes durchsetzt und umgeben. Dessen Feldlinien sind in sich geschlossen und haben weder Anfang noch Ende.

3. Ein glücklicher mathematischer Umstand

Wir haben zwei verschiedene Induktionsursachen kennen gelernt: Ändert sich die vom Feld durchsetzte Fläche A_s einer Leiterschleife bei konstanter Flussdichte B, so gilt für die Induktionsspannung $U_{ind,1} = n B \Delta A_s/\Delta t$. Für $\Delta t \to 0$ erhalten wir als Grenzwert $U_{ind,1}(t) = n B \dot{A}_s(t)$ (⇒ Vertiefung).
Ändert sich die magnetische Flussdichte B bei konstanter Fläche A_s einer Leiterschleife, so gilt für die Induktionsspannung $U_{ind,2} = n A_s \Delta B/\Delta t$. Für $\Delta t \to 0$ erhalten wir als Grenzwert $U_{ind,2}(t) = n A_s \dot{B}(t)$.

Treten diese beiden unterschiedlichen Induktionsursachen im selben Kreis zusammen auf, so erhalten wir als Induktionsspannung:

$$U_{ind}(t) = U_{ind,1}(t) + U_{ind,2}(t) = n B \dot{A}_s(t) + n A_s \dot{B}(t)$$
$$= n((B(t) \dot{A}_s(t) + A_s(t) \dot{B}(t)).$$

Nach der Produktregel der Differentialrechnung ergibt sich für U_{ind} dann eine einfachere Gleichung:

$$U_{ind}(t) = n (B(t) A_s(t))\dot{}.$$

Das in dieser Gleichung enthaltene Produkt $B(t) A_s(t)$ hat eine physikalische Bedeutung. FARADAY sah die magnetische Flussdichte B als Maß dafür an, wie dicht die Feldlinien liegen, d.h. wie viele durch eine Flächeneinheit „fließen", die senkrecht zu den Feldlinien steht. So erklärt sich historisch der Begriff „magnetische Flussdichte". Der gesamte **magnetische Fluss** Φ (nach FARADAY die Zahl aller Feldlinien durch eine Leiterschleife) ergibt sich aus dem Produkt von Flussdichte B und Flächeninhalt A_s, den die Leiterschleife senkrecht zu den Feldlinien des Magnetfelds darbietet.
Mit FARADAY formuliert, wird dann eine Spannung induziert, wenn sich die Zahl der Feldlinien ändert, die durch die Leiterschleife „fließen". FARADAY sah dabei fälschlicherweise die Feldlinien als „reale Fäden" an, die man im Prinzip abzählen könne.

Merksatz

Der **magnetische Fluss** Φ wird *definiert* als Produkt aus der magnetischen Flussdichte B und der Querschnittsfläche A_s senkrecht zu den Feldlinien:

$$\Phi = B A_s$$

mit $[\Phi] = T\,m^2 = N\,(A\,m)^{-1}\,m^2 = N\,m\,A^{-1} = J\,s\,C^{-1} = V\,s.$

Ändert sich der magnetische Fluss $\Phi(t) = B(t) A_s(t)$ in einer Spule mit n Windungen, so wird eine Spannung induziert:

$$U_{ind}(t) = n \frac{\Delta \Phi}{\Delta t}.$$

Für $\Delta t \to 0$ ergibt sich als **Momentanspannung** $U_{ind}(t) = n\dot{\Phi}(t).$

Die Gleichung $U_{ind}(t) = n\dot{\Phi}(t)$ umfasst den Fall, dass zugleich die Fläche A_s und die Flussdichte B zeitlich geändert werden. Zwei physikalisch unterschiedliche Ursachen für die Induktion lassen sich somit überraschenderweise durch *eine* Gleichung beschreiben.

Vertiefung

Mathematik hilft weiter

Für die Ableitung einer Funktion f nach der Zeit t schreibt man in der Physik $\dot{f}(t)$ statt wie in der Mathematik $f'(t)$.
Z. B. schreibt man für die momentane Induktionsspannung bei Flächenänderung

$$U_{ind}(t) = n B \lim_{\Delta t \to 0} \frac{\Delta A_s}{\Delta t} = n B \dot{A}_s(t),$$

analog zur Momentangeschwindigkeit

$$v(t) = \dot{s}(t) = \lim_{\Delta t \to 0} \frac{\Delta s}{\Delta t}.$$

Beispiel

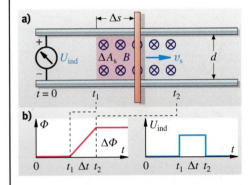

Induktion durch Flussänderung

Nach obigem Bild wird ein Leiter auf Metallschienen bewegt, die sich teilweise in einem homogenen Magnetfeld befinden.
a) Bewegung des Leiters mit **konstanter** Geschwindigkeit: Der Schienenabstand beträgt $d = 0{,}050$ m. Der Leiter bewegt sich mit $v_s = 0{,}20$ m/s während der Zeitspanne $\Delta t = 2{,}0$ s im Magnetfeld der Flussdichte $B = 0{,}20$ T. Dabei überstreicht er die Fläche $\Delta A_s = d v_s \Delta t = 0{,}020$ m². Der Fluss nimmt dabei um $\Delta \Phi = B \Delta A_s = 0{,}0040$ Vs zu. Also wird die Spannung $U_{ind} = \Delta \Phi / \Delta t = 0{,}0020$ V induziert.
b) Beschleunigte Bewegung des Leiters:
Die Spannung muss ansteigen, weil U_{ind} von v_s abhängt. Der Leiter werde ab $t = 0$ mit der Beschleunigung $a =$ konst. nach rechts bewegt. Somit gilt $s(t) = \frac{1}{2} a t^2$ und $\Phi(t) = B A_s = B d s(t) = \frac{1}{2} B d a t^2$. Durch Ableiten von $\Phi(t)$ nach der Zeit t erhält man $U_{ind}(t) = n \dot{\Phi}(t) = B d a t.$ Dieses Ergebnis erhält man auch aus $U_{ind} = B d v_s$ mit $v_s = a t.$

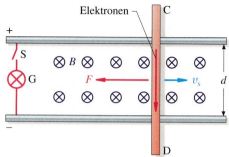

B 1: Minigenerator: Der reibungsfreie Stab wird nach rechts angestoßen. **a)** Ist der Schalter S geschlossen, so wird der Stab langsamer. **b)** Ist der Schalter S offen, bewegt sich der Stab umgebremst weiter.

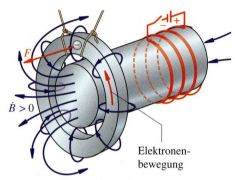

V 1: In einen bifilar aufgehängten Aluminiumring ragt ein Eisenkern, der in einer Spule steckt. **a)** Schließen wir den Spulenstromkreis, so wird der Ring kurzzeitig abgestoßen. **b)** Öffnen wir den Spulenstromkreis, so wird der Ring kurzzeitig angezogen.

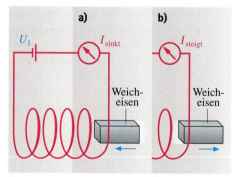

V 2: Der Stromkreis besteht aus einer Spule, einer Batterie mit der konstanten Spannung U_1 und einem Strommessgerät. **a)** Schieben wir einen Eisenkern in die Strom führende Spule, so sinkt die Stromstärke I kurzzeitig ab. **b)** Ziehen wir den Eisenkern aus der Spule heraus, steigt die Stromstärke kurzzeitig an.

Energieerhaltung und lenzsches Gesetz

1. Gilt bei der Induktion der Energieerhaltungssatz?

Wie sorgt die Natur für die Energieerhaltung bei der Induktion? Hierzu ein Gedankenexperiment (➡ *Bild 1*): Ein elektrisch leitender Stab sei reibungsfrei auf zwei Metallschienen gelagert. Er werde in einem homogenen Magnetfeld durch einen Stoß in Bewegung gesetzt. Was passiert anschließend? Wird der Stab schneller, langsamer oder behält er seine Geschwindigkeit bei?

a) Der Schalter S ist *geschlossen*, d. h. das Gerät G angeschlossen. Die mit dem Stab nach rechts bewegten Elektronen erfahren im homogenen Magnetfeld Lorentzkräfte in Richtung von C nach D. Nach der Drei-Finger-Regel erfährt der Strom führende Leiter CD eine Kraft $F = I B d$ nach links. Sie wirkt der Bewegung nach rechts, wodurch die Induktionsspannung $U_{ind} = B d v_s$ hervorgerufen wird, entgegen. Der Stab wird also *langsamer*.

Eine *Energiebilanz* gibt weiteren Aufschluss. Der Stab soll um den Weg Δs nach rechts gegen die nach links gerichtete Bremskraft F verschoben werden. Ihm muss *mechanisch* Energie zugeführt werden:

$$W_{mech} = F \Delta s = F v \Delta t = I d B v \Delta t.$$

Über das Gerät G kann dann *elektrische* Energie abgegeben werden:

$$W_{el} = U_{ind} I \Delta t = B d v I \Delta t.$$

Diejenige mechanische Energie, die dem Stab beim Verschieben gegen die nach links gerichtete Kraft zugeführt werden muss, wird als elektrische Energie über das Gerät G abgegeben: $W_{mech} = W_{el}$. Würde der Stab nach dem Anstoßen schneller werden, so wäre das Prinzip der Energieerhaltung verletzt.

b) Der Schalter S ist *offen*. Durch den Stab fließen nur kurzzeitig Elektronen, bis die Aufladung beendet ist und Kräftegleichgewicht zwischen der Lorentzkraft und der Kraft des elektrischen Feldes herrscht. Danach ist die Stromstärke I null und damit $W_{mech} = W_{el} = 0$. Der Stab gleitet ungebremst (reibungsfrei) weiter. Energie wird weder zu- noch abgeführt.

Bei Induktionsvorgängen ist der Energieerhaltungssatz erfüllt.

2. Energieerhaltung bestimmt die Polung

Wäre der Elektronenstrom im Leiter von D nach C (➡ *Bild 1*) gerichtet, so würde er eine beschleunigende Kraft nach rechts erfahren. Durch die dann steigende Geschwindigkeit würde der Induktionsstrom vergrößert, was eine noch stärkere Kraft zur Folge hätte usw. Ein kleiner Anstoß des Stabes würde ausreichen, um dem System beliebig viel elektrische Energie entnehmen zu können. Man hätte ein **Perpetuum mobile**. Diesen Sachverhalt erkannte 1834 H. Lenz.

Merksatz

Lenzsches Gesetz: Die Induktionsspannung ist so gepolt, dass sie durch ihren Strom ihrer Ursache entgegenwirken kann.

Der Vertiefung des lenzschen Gesetzes dient ⇒ Versuch 1. Beim *Schließen* des Schalters wird der Ring kurzzeitig abgestoßen. Wie kann man das verstehen? In der Spule wird ein Magnetfeld aufgebaut, das im Ring einen ansteigenden magnetischen Fluss ($\dot{\Phi} > 0$) bewirkt. Die Feldlinien des Magnetfelds sind von ringförmigen elektrischen Feldlinien umgeben, welche die Elektronen im Ring in Bewegung setzen. Dieser Induktionsstrom ist nach dem lenzschen Gesetz so gepolt, dass das durch ihn hervorgerufene Magnetfeld im Ringinneren entgegengerichtet zu dem sich aufbauenden Spulenfeld ist. Es wirkt dem Anwachsen des magnetischen Flusses Φ entgegen. Nach der Drei-Finger-Regel erfahren die im Ring gegen den Uhrzeigersinn bewegten Elektronen im inhomogenen Spulenfeld Lorentzkräfte nach links. Im Ring bewegen sich Elektronen, obwohl es keine Spannungsquelle mit Plus- und Minuspol gibt. Wie bei der elektrodenlosen Ringentladung kommt der Elektronenstrom durch ein elektrisches Wirbelfeld zu Stande.

Beim *Öffnen* des Schalters wird der Ring kurzzeitig angezogen. Das B-Feld der Spule bricht zusammen. Im Ring nimmt der Fluss $\Phi(t)$ ab ($\dot{\Phi} < 0$). Der hierdurch im Ring hervorgerufene Induktionsstrom ist nun entgegengesetzt zum Einschaltvorgang gepolt, da sein Magnetfeld nach dem lenzschen Gesetz der Flussabschwächung entgegenwirkt. Die im Uhrzeigersinn fließenden Elektronen und damit auch der Ring erfahren eine nach rechts gerichtete, anziehende Kraft.

3. Die Induktionsspannung erhält ein Vorzeichen

Häufig wird in einem Stromkreis eine Spannung U_{ind} induziert, in dem bereits eine andere Spannung U_1 anliegt. Wie wirken die beiden Spannungen zusammen? Hierüber gibt ⇒ Versuch 2 Auskunft.

a) *Schieben wir einen Eisenkern in die Spule*, so sinkt die Stromstärke I kurzzeitig ab. Der Eisenkern erhöht durch seine hohe Permeabilitätszahl μ_r die Flussdichte B und damit den magnetischen Fluss $\Phi(t)$ in der Spule ($\dot{\Phi}(t) > 0$). In ihr wird eine Spannung U_{ind} induziert. $U_{ind}(t)$ und die Batteriespannung U_1 sind *in Reihe* geschaltet und addieren sich zur Gesamtspannung $U_1 + U_{ind}(t)$. Solange wir den Eisenkern in die Spule schieben, ist $I(t)$ in jedem Augenblick *kleiner als* U_1/R. Also muss die zusätzliche Spannung $U_{ind}(t)$ der Batteriespannung U_1 entgegenwirken. Dies drücken wir durch ein *Minuszeichen* in der Gleichung $U_{ind}(t) = -n\,\dot{\Phi}(t)$ aus. Da der Fluss zunimmt ($\dot{\Phi}(t) > 0$), ist die Induktionsspannung negativ ($U_{ind}(t) < 0$). Für die Stromstärke gilt damit $I(t) = (U_1 + U_{ind}(t))/R = (U_1 - n\,\dot{\Phi}(t))/R$.

b) *Ziehen wir den Eisenkern aus der Spule heraus*, so steigt die Stromstärke $I(t)$ kurzzeitig an, um dem Absinken des magnetischen Flusses ($\dot{\Phi}(t) < 0$) entgegenzuwirken. $U_{ind}(t) = -n\,\dot{\Phi}(t)$ ist jetzt positiv, sodass die Gesamtspannung $U_1 + U_{ind}(t)$ vorübergehend größer als die Batteriespannung U_1 ist.

Merksatz

Das Minuszeichen im Induktionsgesetz berücksichtigt das lenzsche Gesetz bezüglich der im Stromkreis schon wirkenden Spannung U_1:

$$U_{ind}(t) = -n\,\dot{\Phi}(t).$$

... noch mehr Aufgaben

A 1: In einer 53,5 cm langen, luftgefüllten Spule mit 5 000 Windungen steigt in 10 s die Stromstärke gleichmäßig von 1,0 A auf 6,0 A. **a)** Berechnen Sie $\Delta B/\Delta t$. **b)** In der Feldspule liegt eine Induktionsspule mit 100 Windungen und 20 cm² Fläche. Welche Spannung wird induziert, wenn die Achsen beider Spulen parallel sind [den Winkel 45°, 90°] bilden? **c)** Welche Spannung wird in einer genau gleichen Spule induziert, die auf der Feldspule liegt, wenn beide 34 cm² Fläche haben?

A 2: Eine Leiterschleife der Fläche 50 cm² steht senkrecht zu einem Feld mit $B = 0{,}20$ T. Sie wird in 0,10 s auf 5,0 cm² zusammengedrückt. Gleichzeitig sinkt B in 0,10 s auf 0,10 T. Berechnen Sie die mittlere induzierte Spannung.

A 3: Ein starker Nordpol wird einem aufgehängten Aluminiumring genähert. **a)** In welche Richtung bewegen sich Elektronen im Ring? Warum muss das B-Feld für die Induktion inhomogen sein? **b)** Zeichnen Sie das elektrische Wirbelfeld im Ring ein (vgl. ⇒ Versuch 1). **c)** Wird der Ring abgestoßen oder angezogen? **d)** Woher kommt die Energie für den Induktionsstrom?

A 4: Beim Modell eines Tachometers rotiert der Magnet unter dem Speichenrad. Beide sind durch eine Glasplatte getrennt.

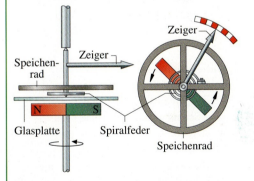

a) Warum versucht das Speichenrad sich mit dem Magneten zu drehen? (Wählen Sie als Bezugsystem den ruhend gedachten Magneten.) **b)** Würde auch ein massives Rad ein Drehmoment erfahren? **c)** Die Spiralfeder erzeugt ein Gegendrehmoment. Warum nimmt der Ausschlag des Zeigers mit der Drehfrequenz des Magneten zu? **d)** Die Spiralfeder entfalle, desgleichen jegliche Reibung. Wie würde sich das Rad verhalten?

Interessantes

Wirbelströme in Metallen

Durch das starke, zeitlich konstante und räumlich begrenzte Magnetfeld eines Elektromagneten lassen wir eine dicke Aluminiumplatte fallen, die weit über den Feldbereich hinausragt. Solange sich nur ein Teil von ihr im Magnetfeld befindet, wird sie stark wie in Honig abgebremst. Im Magnetfeldbereich (dunkelblau) erfahren die mit der Platte mitbewegten Elektronen eine Lorentzkraft nach links (Drei-Finger-Regel der linken Hand). Weil die Elektronen über den feldfreien Raum zurückfließen, erhält man in sich geschlossene Ströme, **Wirbelströme** genannt (rot). Im Bereich des B-Feldes erfahren die nach links fließenden Elektronen zugleich eine Lorentzkraft nach oben. Die Platte erfährt somit eine bremsende Kraft *entgegen* ihrer Bewegungsrichtung. Die in der Platte induzierten Ströme verlaufen wiederum so, dass sie gemäß der *lenzschen Regel* ihrer Entstehungsursache entgegenwirken. Nach diesem Prinzip wirkende, verschleißfreie Wirbelstrombremsen werden z. B. in Omnibussen und U-Bahnen eingebaut.

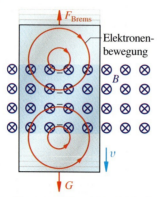

Enthält die Aluminiumplatte Schlitze, so fällt sie fast ungebremst, weil sich in ihr keine Wirbelströme ausbilden können.

Wirbelstrombremse auch beim freien Fall

Beim „Free Fall Tower" fällt ein Schlitten aus einer Höhe von ca. 62 m im freien Fall. Auf der Freifallstrecke von ca. 36 m wird eine Maximalgeschwindigkeit von ca. 96 km/h erreicht. Der Schlitten wird auf einer Bremsstrecke von ca. 26 m mit einer Verzögerung von bis zu 4 g verlangsamt, bis er auf Stoßdämpfer trifft. Im Bereich der Bremsstrecke sind so genannte „Bremsschwerter" aus ferromagnetischem Material angebracht. Extrem starke Dauermagnete an den Schlitten rufen in diesen ferromagnetischen Bremsschwertern Wirbelströme hervor. Die von ihnen erzeugten Magnetfelder üben auf die Dauermagnete des Schlittens eine Bremskraft entgegen der Bewegungsrichtung aus. Dieses Bremssystem ist sicher, weil es unabhängig von Witterung oder Stromzufuhr funktioniert.

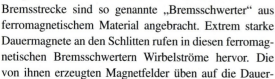

Wir können die Bremswirkung beim „Free Fall Tower" einfach demonstrieren, indem wir einen zylindrischen Stabmagneten innerhalb eines Kupferrohres fallen lassen. Er fällt darin erheblich langsamer als ein gleichzeitig gestarteter Magnet in einem längs geschlitzten Kupferrohr.

Temperaturerhöhung durch Wirbelströme

Zwei Spulen führen den gleichen Wechselstrom (5 A; 50 Hz). In der einen Spule befindet sich ein massiver Eisenstab, in der anderen ein geblätterter Eisenkern (zusammengesetzt aus dünnen, mit einer isolierenden Lackschicht überzogenen Eisenblechen). Während die Temperatur im massiven Eisenstab deutlich steigt, bleibt sie im geblätterten Eisenkern niedrig. Im massiven Eisenstab bilden sich kräftige Wirbelströme aus, die zur Temperaturerhöhung führen.

Im *Elektromotor* rotiert der Anker aus Eisen ständig im Magnetfeld. In ihm werden deshalb Wirbelströme induziert, die nach dem lenzschen Gesetz seine Bewegung hemmen und zur Temperaturerhöhung führen. Deshalb wird mit einem Ventilator gekühlt. Um die Wirbelströme zu verringern, setzt man den Anker aus dünnen, isolierten Eisenblechen mit Siliciumzusatz zusammen. Das Silicium erhöht den elektrischen Widerstand des Eisens und schwächt so die Wirbelströme erheblich. Entsprechend werden in Transformatoren geblätterte Eisenkerne mit Siliciumzusatz verwendet, um die Stärke der Wirbelströme zu verringern.

Kochen mittels Induktion

Selbst beim Kochen kann die elektromagnetische Induktion energiesparend genutzt werden. Bei Induktionskochfeldern befindet sich unter der Kochzone eine flache Kupferdrahtspule ohne Eisenkern, die mit Hochfrequenzstrom gespeist wird.

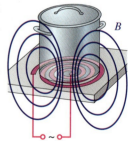

Durch das hochfrequente magnetische Wechselfeld ($f > 20$ kHz) werden im ferromagnetischen Topfboden (dieser verstärkt das Magnetfeld) Wirbelströme erzeugt, die zur Temperaturerhöhung führen. Die Glaskeramik des Kochfeldes wird nur durch die Energieabgabe des Topfbodens erwärmt, was zum Energieeinsparen beiträgt und die Verbrennungsgefahr verringert.

Vertiefung

Korrekte Anwendung der Flussregel

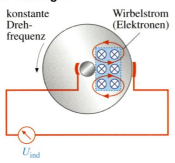

Eine Metallscheibe rotiert mit konstanter Drehfrequenz senkrecht zu den Magnetfeldlinien eines Hufeisenmagneten. Zwischen den Schleifkontakten ist ein Spannungsmesser angeschlossen, der eine konstante Induktionsspannung anzeigt, obwohl sich weder die vom Magnetfeld durchsetzte Fläche A noch das Magnetfeld B zeitlich ändern. Doch bewegen sich Elektronen mit der Metallscheibe senkrecht zu den Magnetfeldlinien. Dadurch erfahren sie Lorentzkräfte und werden bei dieser Polung zum Scheibenrand abgelenkt. Zwischen Drehachse und Rand entsteht eine Spannung, wobei die Drehachse der positive Pol ist. Die Flussregel für die Induktionsspannung gilt nur, wenn die Berandung der Fläche A, die vom Magnetfeld B durchsetzt wird, mit einer eventuell bewegten Materie mitläuft.

Kombination von $\dot{A} \neq 0$ und $\dot{B} \neq 0$

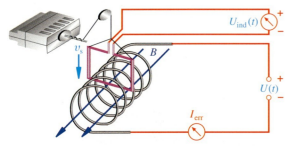

Während das Rähmchen mit konstanter Geschwindigkeit v_s in das Magnetfeld eintaucht, wird gleichzeitig durch Erhöhen der Erregerstromstärke die Flussdichte B in der lang gestreckten Spule vergrößert. Die felddurchsetzte Fläche A_s ($\dot{A}_s > 0$) *und* die magnetische Flussdichte B ($\dot{B} > 0$) ändern sich. Im Rähmchen mit n Windungen wird die Spannung U_{ind} induziert

$$U_{ind}(t) = n\,\dot{\Phi}(t) = n\,(\dot{B}(t)\,A_s(t) + B(t)\,\dot{A}_s(t)). \quad (1)$$

Wir berechnen für den Fall eines linearen zeitlichen Anstiegs der Flussdichte $B(t)$ und der felddurchsetzten Fläche $A_s(t)$ die Induktionsspannung.

Für $0 \leq t \leq t_0$ steigt die Flussdichte $B(t)$ linear von 0 auf B_{max} an:

$$B(t) = (B_{max}/t_0)\,t, \quad \text{also ist} \quad (2)$$

$$\dot{B}(t) = B_{max}/t_0 = \text{konstant}. \quad (3)$$

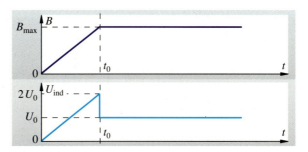

Zur Zeit $t = 0$ beginnt das Rähmchen der Breite b in das B-Feld einzutauchen mit v_s = konstant. Die vom B-Feld durchsetzte Fläche $A_s(t)$ beträgt dann

$$A_s(t) = b\,s(t) = b\,v_s\,t, \quad \text{also ist} \quad (4)$$

$$\dot{A}_s = b\,v_s = \text{konstant}. \quad (5)$$

Gl. (5), (4), (3), und (2) in Gl. (1) eingesetzt, ergibt für die im Rähmchen induzierte Spannung für $0 \leq t \leq t_0$:

$$U_{ind}(t) = n\,[(B_{max}/t_0)\,b\,v_s\,t + (B_{max}/t_0)\,t\,b\,v_s]$$
$$= 2n\,(B_{max}/t_0)\,b\,v_s\,t.$$

Für $t = t_0$ folgt

$$U_{ind}(t_0) = 2n\,B_{max}\,b\,v_s = 2\,U_0\,(\text{Festlegung von } U_0).$$

Für $t > t_0$ ist $B(t) = B_{max}$ = konstant. Also ist $\dot{B}(t) = 0$. Das Rähmchen bewegt sich weiterhin in das Magnetfeld hinein. Mit $A_s(t) = b\,v_s\,t$ ergibt sich für $U_{ind}(t)$:

$$U_{ind}(t) = n\,B_{max}\,b\,v_s = U_0.$$

Ein Beispiel

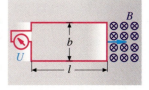

Eine horizontale Leiterschleife mit 10 Windungen hat die Breite $b = 5{,}0$ cm und die Länge $l = 10$ cm. Sie grenzt unmittelbar an den Bereich eines Magnetfeldes an. Zum Zeitpunkt $t = 0$ wird die Schleife aus der Ruhe heraus konstant mit $a = 0{,}20$ m/s² nach rechts beschleunigt. Ab diesem Zeitpunkt wird innerhalb von 1 s die Flussdichte B gleichmäßig von 0,80 T auf 0 T abgesenkt. Welche Spannung wird induziert?

Für $0 < t \leq 1$ s ergibt sich:

Vom Feld durchsetzte Fläche: $A_s(t) = b\,s(t) = b\,\frac{1}{2}a\,t^2 = 0{,}05$ m $\cdot\, 0{,}5 \cdot 0{,}2$ m s^{-2} $t^2 = 0{,}005$ m² s^{-2} t^2.
Damit wird $\dot{A}_s(t) = b\,a\,t = 0{,}01$ m² s^{-2} t.
Flussdichte $B(t) = B_{max} - (B_{max}/1\text{ s})\,t = 0{,}8$ T $- (0{,}8$ T/s$)\,t$.
Damit wird $\dot{B}(t) = -B_{max}/1$ s $= -0{,}8$ T/s.
In der Leiterschleife wird somit die Spannung induziert:
$U_{ind}(t) = n\,(\dot{B}(t)\,A_s(t) + B(t)\,\dot{A}_s(t))$,
$U_{ind}(t) = 10\,(-0{,}8$ T/s$)\,0{,}005$ m² s^{-2} t^2
$\qquad\qquad + 10\,[0{,}8$ T $- (0{,}8$ T/s$)\,t]\,0{,}01$ m² s^{-2} t,
$U_{ind}(t) = 0{,}08$ V t/s $- 0{,}12$ V t^2/s².

Selbstinduktion

1. Verspäteter Anstieg der Stromstärke in einer Spule

In ⇒ *Versuch 1* leuchtet beim Einschalten das Lämpchen L_1 im Spulenzweig überraschenderweise erst mit Verzögerung gegenüber L_2 auf. Ohne Eisenkern in der Spule ist die Verzögerung viel geringer. Woher kommt diese Verzögerung beim Aufleuchten?

In einem Stromkreis ist die Stromstärke I durch die Spannung U und den Widerstand R bestimmt. Nun sind die Widerstände von Spule und Lämpchen konstant. Also muss das verzögerte Aufleuchten und damit der verzögerte Anstieg der Stromstärke durch eine Induktionsspannung hervorgerufen werden. Sie wirkt zusätzlich zur konstanten Batteriespannung. Der Vorgang heißt **Selbstinduktion**. Beim Einschalten baut der Strom in der Spule ein Magnetfeld mit ansteigender Flussdichte auf ($\dot{B} > 0$). Der sich zeitlich ändernde magnetische Fluss ($\dot{\Phi} > 0$) durchsetzt alle Windungen der Spule und induziert in der Spule selbst eine Spannung, die **Selbstinduktionsspannung** U_{ind}. Sie ist nach dem lenzschen Gesetz so gepolt, dass sie ihrer Ursache, d. h. dem Anstieg der Stromstärke, entgegenwirkt. Diese Selbstinduktionsspannung verzögert den Anstieg der Stromstärke in der Spule.

2. Induktivität einer Spule

Für die Berechnung der Selbstinduktionsspannung betrachten wir zunächst eine *lang gestreckte* Spule mit der magnetischen Flussdichte $B = \mu_0 \mu_r n I/l$ und dem magnetischen Fluss $\Phi = BA = \mu_0 \mu_r n A I/l$. Beim Einschalten ändert sich nur die Stromstärke I, vorausgesetzt die Permeabilitätszahl μ_r bleibt konstant. Damit beträgt die Selbstinduktionsspannung

$$U_{\text{ind}}(t) = -n\dot{\Phi}(t) = -(\mu_0 \mu_r n^2 A/l)\dot{I}(t).$$

Fasst man die konstanten Spulendaten (Windungszahl n, Länge l, Querschnittsfläche A, Permeabilitätszahl μ_r) in der **Induktivität** $L = \mu_0 \mu_r n^2 A/l$ zusammen, so folgt für die Selbstinduktionsspannung:

$$U_{\text{ind}}(t) = -L\dot{I}(t).$$

Diese Gleichung gilt auch für andere Leiterformen, z. B. kurze und dicke Spulen. Dort kann die Induktivität L nicht mehr einfach berechnet werden, sondern wird experimentell bestimmt (⇒ *Versuch 2*).

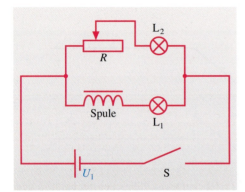

V 1: Zwei Lämpchen L_1 und L_2 mit gleichen Betriebsdaten (4 V; 0,1 A) werden mit dem Schalter S an die Gleichspannung U_1 angeschlossen. Vor L_1 liegt eine Spule mit geschlossenem Eisenkern, vor L_2 ein Widerstand R, der so gewählt wird, dass beide Lämpchen gleich hell leuchten.

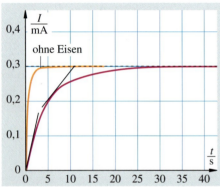

V 2: Anstieg der Stromstärke in einer Spule mit und ohne Eisenkern (⇒ *Versuch 1*). Wir können die Induktivität L aus dem t-I-Schaubild berechnen. Aus dem asymptotischen Wert $I_1 = 0{,}30$ mA und $U_1 = 2{,}5$ V folgt der Widerstand des Kreises zu $R = U_1/I_1 = 8{,}3$ kΩ. Bei der Stromstärke $I = 0{,}20$ mA fällt an ihm nur die Teilspannung $U = IR = 0{,}2$ mA · 8,3 kΩ = 1,7 V ab. An der Spule misst man den Rest $U_L = (2{,}5 - 1{,}7)$ V = 0,8 V. Ihr Feld kompensiert das der induzierten Gegenspannung $U_{\text{ind}}(t) = -L\dot{I}(t)$. $U_L(t)$ ist die an der Spule gemessene Teilspannung. Deshalb gilt stets $U_L(t) = -U_{\text{ind}}(t) = +L\dot{I}(t)$. Die Tangentensteigung für $I = 0{,}20$ mA ergibt sich aus einem Steigungsdreieck zu $\dot{I} = 0{,}016$ mA/s. Damit erhalten wir als Induktivität $L = U_L/\dot{I} \approx 5 \cdot 10^4$ H.
Gl. (2) liefert für $t = 0$ unmittelbar $L = (U_1 - R\,I(0))/\dot{I}(0) \approx 5 \cdot 10^4$ H.

Merksatz

Ändert sich in einer Spule die Stromstärke, so wird dort eine **Selbstinduktionsspannung** U_{ind} induziert. Sie wirkt ihrer Ursache, der Stromstärkeänderung, entgegen. U_{ind} ist zur Änderungsgeschwindigkeit der Stromstärke proportional. Für konstantes μ_r gilt:

$$U_{\text{ind}}(t) = -L\dot{I}(t) = -U_L(t).$$

Die Proportionalitätskonstante L heißt **Induktivität**.
$[L] = 1$ V s A^{-1} = 1 H (Henry).
Die Induktivität einer **lang gestreckten Spule** ist $L = \mu_0 \mu_r n^2 A/l$.

Die Einheit Henry wurde nach dem amerikanischen Physiker J. HENRY (1797–1878) benannt. Die Induktivität L kennzeichnet – so wie der ohmsche Widerstand R – eine für eine Spule charakteristische elektrische Größe.

3. Messung der Selbstinduktionsspannung

Die Selbstinduktionsspannung wird in den Spulenwindungen erzeugt. Man kann sie im Stromkreis aber nicht unmittelbar messen, weil dort auch noch die angelegte Spannung U_1 wirkt.
In ▶ *Versuch 3* isolieren wir U_{ind} von U_1. Wir setzen auf den Eisenkern der Selbstinduktionsspule eine zweite, genau gleiche Messspule. Beide werden vom selben Fluss Φ durchsetzt, dessen Änderungsgeschwindigkeit $\dot{\Phi}(t)$ in ihnen auch die gleiche Spannung induziert. Wir können U_{ind} dann in der Messspule ungestört von U_1 messen. Ein Beispiel für die Messung von U_{ind} und die damit mögliche Bestimmung der Induktivität L zeigt ▶ *Versuch 4*.

4. Ein Strom, der sein Ziel nie erreicht

Warum steigt die Stromstärke $I(t)$ beim *Einschalten* zunächst steil an und nähert sich dann immer langsamer ihrem Endwert $I_1 = U_1/R$ (▶ *Bild 1a*)? (R ist der Widerstand des ganzen Kreises.)
Solange sich die Stromstärke $I(t)$ ändert, sind zwei Spannungen im Stromkreis wirksam. Die von außen angelegte, konstante Spannung U_1 und die dazu in Reihe liegende Selbstinduktionsspannung $U_{ind}(t) = -L\dot{I}(t)$.
Damit gilt für die Momentanstromstärke $I(t)$:

$$I(t) = \frac{U(t)}{R} = \frac{U_1 + U_{ind}(t)}{R} = \frac{U_1 - L\dot{I}(t)}{R}. \quad (1)$$

Mithilfe dieser Beziehung können wir jetzt den Verlauf des t-I-Schaubildes (▶ *Bild 1a*) erläutern. Wir multiplizieren *Gl. (1)* mit R und lösen sie dann nach der Änderungsgeschwindigkeit $\dot{I}(t)$ auf:

$$\dot{I}(t) = \frac{U_1 - RI(t)}{L} \quad (2)$$

Zum *Einschaltzeitpunkt* $t = 0$ ist die Stromstärke $I(0) = 0$. Die Tangentensteigung $\dot{I}(0) = U_1/L$ hat ihren größten Wert und ist positiv. Der Betrag der negativen Selbstinduktionsspannung ist am größten: $U_{ind}(0) = -L\dot{I}(0) = -(LU_1)/L = -U_1$ (▶ *Bild 1b*).

Im Moment des Einschaltens kompensiert $U_{ind}(0)$ die angelegte Spannung U_1 ganz. Daher ist auch $I(0) = 0$.
Weil die Steigung $\dot{I}(0)$ sehr groß ist, steigt $I(t)$ direkt nach dem Einschalten stark an. Doch sinkt nach *Gl. (2)* mit steigendem $I(t)$ die Änderungsgeschwindigkeit der Stromstärke $\dot{I}(t)$. Deshalb wird die Steigung der Stromstärkekurve immer kleiner.

Für *große Zeiten* t nach dem Einschalten geht $\dot{I}(t)$ gegen 0. Das t-I-Schaubild nähert sich asymptotisch der Geraden $I_1 = U_1/R$.
Die den Stromanstieg hemmende Selbstinduktionsspannung $U_{ind}(t) = -L\dot{I}(t)$ nähert sich dem Wert null (▶ *Bild 1b*).

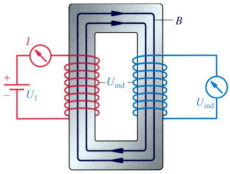

V 3: Zur Messung der Selbstinduktionsspannung setzen wir auf den Eisenkern der Selbstinduktionsspule (rot) eine zweite, genau gleiche Messspule (blau). In ihr können wir U_{ind} getrennt von U_1 messen.

V 4: Wir ermitteln die Induktivität L einer Spule experimentell mithilfe von $|U_{ind}|$. Dazu verursachen wir mit einem Netzgerät in der lang gestreckten Spule eine konstante Änderungsgeschwindigkeit der Stromstärke von z. B. $\dot{I} = 50$ mA/15 s. Die darüber gewickelte Messspule mit gleicher Windungszahl ist von dem gleichen sich zeitlich ändernden Fluss $\Phi(t)$ durchsetzt. Die induzierte Spannung wird gemessen zu $|U_{ind}| = 2{,}5$ mV.
Mit $|U_{ind}(t)| = L\dot{I}(t)$ erhalten wir für die Induktivität
$L = |U_{ind}|/\dot{I} = 2{,}5$ mV$/(50$ mA/15 s$) = 0{,}75$ H.
Andererseits können wir die Induktivität L dieser lang gestreckten, luftgefüllten Spule aus ihren Gerätedaten berechnen:
Mit $n = 8\,000$ Windungen, einer Länge von $l = 0{,}48$ m und einer Querschnittsfläche von $A = 48$ cm² ergibt sich
$L = \mu_0 n^2 A/l = 0{,}80$ H.

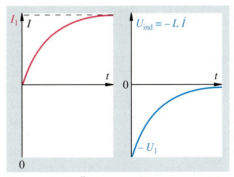

B 1: Zeitliche Änderung **a)** der Stromstärke $I(t)$ und **b)** der Selbstinduktionsspannung $U_{ind}(t)$ nach dem Einschalten.

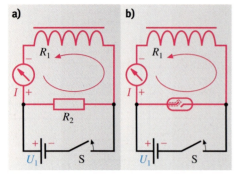

V 1: Selbstinduktion nach dem Öffnen des Schalters S. **a)** Geschlossener Stromkreis mit Spule ($n = 1000$, Widerstand R_1), Strommesser und Überbrückungswiderstand R_2. **b)** Offener Stromkreis mit Spule und Glimmlampe. Ihr Aufleuchten verrät eine hohe Induktionsspannung.

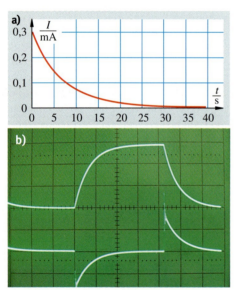

V 2: a) Wir ersetzen in ▶ Versuch 1a das Strommessgerät durch den Widerstand $R_3 = 10\,\Omega$. An ihm tritt eine zu $I(t)$ proportionale Teilspannung $U(t) = R_3\, I(t)$ auf, die wir mit einem t-y-Schreiber oder einem Computer aufzeichnen. **b)** Wir verwenden jetzt einen Rechteckgenerator als Spannungsquelle. Den Spannungsabfall am Widerstand R_3, der zur Stromstärke $I(t)$ proportional ist, zeichnen wir mit einem Oszilloskop auf. Eine zweite Spule, die vom Fluss der ersten durchsetzt wird, zeigt am zweiten Kanal des Oszilloskops eine zu $U_{\text{ind}}(t)$ proportionale Spannung. Wir sehen den Verlauf von $I(t)$ (oben) und $U_{\text{ind}}(t)$ (unten) beim Ein- und beim Ausschalten.

5. Ein Strom, der nicht aufhören will

Beim *Einschalten* verzögert die Selbstinduktionsspannung den Stromanstieg. Gibt es einen vergleichbaren Effekt, wenn man einem Stromkreis mit einer Induktivität (Spule) die von außen angelegte Spannung U_1 wegnimmt?

a) In ▶ Versuch 1a trennen wir mit dem Schalter die Spannung U_1 von der Spule ab. Der Weg für die Elektronen ist dann noch über den Überbrückungswiderstand R_2 geschlossen. Der Strommesser zeigt eine Stromstärke, die zunächst schnell und dann immer langsamer absinkt. Um der Abnahme des magnetischen Flusses entgegenzuwirken, entsteht nach dem lenzschen Gesetz beim *Ausschalten* eine Selbstinduktionsspannung, welche die Stromstärke aufrecht erhalten will. Weil die Stromstärke abnimmt ($\dot{I}(t) < 0$), ist $U_{\text{ind}}(t) = -L\dot{I}(t) > 0$. U_{ind} ist der ursprünglichen Spannung U_1 gleichgerichtet. Die Elektronen fließen in der von U_1 vorgegebenen Richtung weiter. Zum Zeitpunkt des Ausschaltens t_a ist die Stromstärke $I(t_a) = -L\dot{I}(t_a)/R_{\text{ges}}$ groß ($U_1 = 0$). Die Stromstärkeänderung $\dot{I}(t_a) = -I(t_a)\, R_{\text{ges}}/L$ hat einen großen negativen Wert, d. h. die Stromstärke $I(t)$ sinkt rasch ab. Wenn $I(t)$ auf einen kleineren Wert abgesunken ist, so gilt das auch für $|\dot{I}(t)|$. Beide nähern sich asymptotisch dem Wert null. Theoretisch gesehen hört der Strom nie ganz auf.

Den genauen Verlauf der Stromstärke $I(t)$ beim Ausschalten liefert ▶ Versuch 2a. Das Oszilloskopbild in ▶ Versuch 2b zeigt den Verlauf der Stromstärke $I(t)$ und der Selbstinduktionsspannung $U_{\text{ind}}(t)$ beim Ein- und Ausschaltvorgang:

Beim Einschalten ist $U_{\text{ind}}(t) < 0$ und wirkt der angelegten Spannung U_1 entgegen. Beim Ausschalten ist $U_{\text{ind}}(t) > 0$ und hält den Elektronenfluss in der ursprünglichen Richtung aufrecht.

Merksatz

> Die Selbstinduktionsspannung $U_{\text{ind}}(t) = -L\dot{I}(t)$ verzögert nach LENZ sowohl den Anstieg des Stroms als auch seine Abnahme, und zwar umso stärker, je größer die Induktivität L ist.
> Nach dem Abschalten der äußeren Spannung U_1 fließen die Elektronen in der Spule in der ursprünglichen Richtung weiter.

b) Jetzt verbaut man den Elektronen beim Öffnen des Schalters den Weg durch eine zunächst nicht leitende Glimmlampe (▶ Versuch 1b). Da der Stromkreis unterbrochen ist, muss $I(t)$ in sehr kurzer Zeit vom Wert $I_1 = U_1/R_{\text{ges}}$ auf null absinken, d. h. $\dot{I}(t)$ muss stark negativ sein. Damit wird die Selbstinduktionsspannung $U_{\text{ind}}(t) = -L\dot{I}(t)$ stark positiv. Diese hohe Spannung U_{ind} geht mit einer hohen elektrischen Feldstärke an der Unterbrechungsstelle zwischen den Elektroden einher, sodass es zu einer Gasentladung kommt. Das Gas in der Glimmlampe wird leitend. Der Strom schafft sich für kurze Zeit durch einen Funken eine Bahn wie bei einem Blitz. Die Glimmlampe leuchtet kurz auf, obwohl ihre Zündspannung von ca. 80 V erheblich höher ist als die ursprünglich von außen angelegte Spannung $U_1 = 4$ V.

SELBSTINDUKTION

Interessantes

Zündanlage eines Autos

Die Zündanlage eines Benzinmotors nutzt die große Induktionsspannung beim Öffnen eines Stromkreises. Beim Vierzylindermotor werden die vier Zündkerzen nacheinander im richtigen Takt über den Zündverteiler an die Zündspule angeschlossen. Diese besteht aus zwei übereinander gewickelten Spulen. Die Batterie ist über Zündverteiler an die Spule mit kleiner Windungszahl, die Zündkerze an die Spule mit großer Windungszahl angeschlossen (➔ Bild 1, Modell einer Zündanlage). Wird über den Unterbrecher die Batteriespannung von der linken Spule abgetrennt, so wird in der rechten Spule eine große Spannung induziert. Diese bewirkt, dass die Luft zwischen den Elektroden der Zündkerze leitend wird. Es gibt einen Zündfunken.

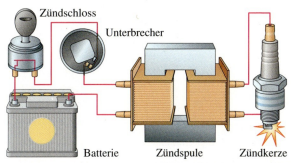

B 1: *Modell* einer Autozündanlage. Die Spule mit 500 Windungen liegt über einen Unterbrecher an der Batteriespannung 12 V. Die Spule mit 23 000 Windungen ist an die Zündkerze angeschlossen. Wird der Unterbrecher geöffnet, so sieht man den Zündfunken der Zündkerze.

Interessantes

Stromstärkeverlauf mit Tabellenkalkulation

Wir können den zeitlichen Verlauf der Stromstärke beim Ein- und Ausschaltvorgang mit einem Tabellenkalkulationsprogramm am Computer modellieren.
Für die Stromstärke beim Einschalten gilt
$I(t) = (U_1 - L\dot{I}(t))/R$.
Für die Änderungsgeschwindigkeit der Stromstärke folgt
$\dot{I}(t) = (U_1 - RI(t))/L$.
Die Stromstärkeänderung in der kurzen Zeitspanne Δt ist $\Delta I = [(U_1 - RI(t))/L]\, \Delta t$.
Es werden die konstanten Werte U1 $\triangleq U_1$, L $\triangleq L$, R $\triangleq R$, Dt $\triangleq \Delta t$ und die Startwerte $t = 0$, $I = 0$ eingegeben.
Die Tabelle enthält folgende Anfangszeilen

	A	B	C
10	Zeit t	Stromstärke I	Stromstärkeänderung ΔI
11	0	0	–
12	A11 + Dt	B11 + C12	(U1 – R*B11)/L*Dt

In Zeile 11 stehen die Anfangswerte: $t = 0$, $I = 0$.
In Zeile 12 stecken die physikalischen Gleichungen, teilweise mit Zellenzahlen kodiert.
Nun markiert man die Spalte für I und wählt Diagrammart „Punkt (X Y)". Für die Startwerte $\Delta t = 0{,}1$ s, $R = 100\,\Omega$, $L = 100$ H, $U_1 = 5$ V erhält man nachfolgendes t-I-Schaubild.

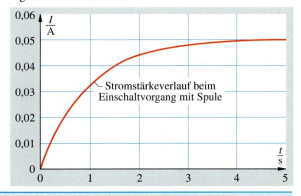

... noch mehr Aufgaben

A 1: a) Wann wird U_{ind} beim Ausschalten viel größer als die angelegte Spannung U_1? **b)** Was ist der größte Wert von U_{ind} beim Einschalten? **c)** Warum erhält man bei einer Klingel einen elektrischen Schlag, obwohl sie nur mit 8 V betrieben wird?

A 2: a) In ➔ Versuch 1a wird der Schalter geöffnet. Wie groß ist I_{max}? Zeigen Sie, dass im ersten Augenblick die Spannung $U_{ind} = (R_1 + R_2)\, I_{max}$ induziert wird. Warum ist sie in ➔ Versuch 1b besonders groß? **b)** Es sei $R_1 = 10\,\Omega$; $U_1 = 5$ V; bei welchem Wert von R_2 wird der Maximalwert von U_{ind} gleich 100 V? Vergleichen Sie mit dem Wert im Moment des Schalter-Schließens ($I = 0$).

A 3: Wie ändert sich die Induktivität L einer Spule, wenn man ihre Windungszahl *und* ihre Querschnittsfläche verdoppelt hat? Hängt L vom ohmschen Widerstand der Spule ab?

A 4: Ermitteln Sie aus dem Schaubild zu ➔ Versuch 2a die Induktionsspannung zur Zeit $t = 0$. Die Summe $R_1 + R_2 + R_3$ sei $10^4\,\Omega$.

A 5: Erstellen Sie mithilfe eines Tabellenkalkulationsprogramms das t-I-Schaubild für das Ausschalten des Spulenstroms.

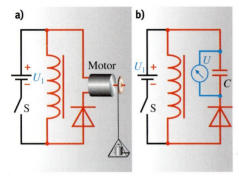

V 1: a) Eine Spule liegt an einer Spannungsquelle. Eine in Sperrrichtung gepolte Diode verhindert, dass der Spielzeugmotor M von der Spannung U_1 angetrieben wird. Trennen wir durch Öffnen des Schalters S die Spannungsquelle von der Spule, läuft der Motor kurzzeitig und zieht ein Wägestück hoch. (Die Diode ist jetzt in Durchlassrichtung gepolt.) **b)** Wir ersetzen den Motor durch einen Kondensator der Kapazität $C = 0{,}50\ \mu F$ mit einem dazu parallel geschalteten hochohmigen Spannungsmesser (Messverstärker). Vor dem Öffnen des Schalters führt die Spule mit der Induktivität $L = 8{,}0$ mH einen Strom der Stärke $I = 0{,}20$ A. Nach dem Öffnen des Schalters wird der Kondensator auf die Spannung $U = 25$ V aufgeladen.

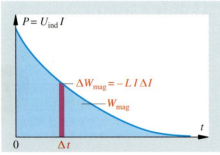

B 1: Die gesamte Fläche unter der $P(t)$-Kurve liefert die Energie $W_{mag} = \Sigma(P\,\Delta t)$.

I/A	0	0,1	0,2	0,3	0,4	0,5
P_1/W	0	0,2	0,4	0,6	0,8	1,0
P_w/W	0	0,04	0,16	0,36	0,64	1,0
$(P_1 - P_w)$/W	0	0,16	0,24	0,24	0,16	0

T 1: An eine Spule mit $R = 4\ \Omega$ wird die Spannung $U_1 = 2$ V gelegt. Batterieleistung $P_1(t) = U_1 I(t)$, Wärmeleistung $P_w(t) = R I^2(t)$, Feldleistung $P_1(t) - P_w(t)$ während des Anstiegs der Stromstärke $I(t)$.

Energie des Magnetfeldes

1. Woher nehmen Öffnungsfunken ihre Energie?

Nach Wegnahme der Spannungsquelle können Elektronen in einer Spule weiterfließen und die innere Energie in Widerständen erhöhen oder Öffnungsfunken erzeugen. Woher nehmen sie ihre Energie? In ▶ Versuch 1a wird das Wägestück allein aufgrund von Induktion angehoben. Vergrößern wir vor dem Öffnen des Schalters die Stromstärke oder erhöhen wir die Induktivität der Spule durch Einfügen eines Eisenkerns, so wird das Wägestück höher angehoben. Das Magnetfeld einer Strom führenden Spule enthält Energie. Sie hängt von der Stromstärke und der Induktivität ab. Diese Energie steht nach der Wegnahme der Spannungsquelle zur Verfügung.

2. Berechnung der Energie des Magnetfeldes einer Spule

Wir leiten jetzt eine Gleichung für die Energie her, die beim Zusammenbrechen eines Magnetfeldes frei wird. Nach Abtrennen der äußeren Spannung U_1 rührt der Strom ausschließlich von der Induktionsspannung $U_{ind}(t) = -L\dot{I}(t)$ her. Sie liefert die Leistung

$$P(t) = U_{ind}(t)\,I(t) = -L\dot{I}(t)\,I(t) \approx -L(\Delta I/\Delta t)\,I. \quad (1)$$

Nach dem Abschalten ist $\dot{I}(t) < 0$. Damit ist die Leistung $P(t) > 0$. Zum Zeitpunkt $t = 0$ des Abschaltens ist die Leistung $P(t)$ maximal. Für $t \to \infty$ geht $P(t)$ gegen null (▶ Bild 1).
Nach Gl. (1) ist die in den Zeitabschnitten Δt jeweils abgegebene Energie $\Delta W_{mag} \approx P\,\Delta t = -L\,I\,\Delta I$ (▶ Bild 1). Die Gesamtenergie erhalten wir durch Aufsummieren aller Flächenanteile durch das Integral

$$W_{mag} = \int_0^\infty P(t)\,dt = -L\int_0^\infty \dot{I}(t)\,I(t)\,dt = -L\int_0^\infty I(t)\frac{dI}{dt}\,dt = -L\int_{I(0)}^0 I\,dI$$

$$W_{mag} = -L\left[\frac{1}{2}I^2\right]_{I(0)}^0 = \frac{1}{2}L I^2(0).$$

Bei der Integration transformieren sich durch Substitution der Variablen t auch die Integrationsgrenzen. Zum Zeitpunkt $t = 0$ des Ausschaltens ist die Stromstärke $I = I(0)$. Für $t \to \infty$ dagegen geht die Stromstärke I gegen 0. Die Rechnung zeigt in Übereinstimmung mit unserer Vorüberlegung, dass die Energie des Magnetfelds von der Stromstärke I und der Induktivität L abhängt.

Merksatz

Führt eine Spule mit der Induktivität L einen Strom der Stärke I, dann besitzt ihr **Magnetfeld die Energie**

$$W_{mag} = \frac{1}{2}L I^2.$$

In ▶ Versuch 1b wird die Energie des Magnetfeldes der Spule nach dem Öffnen des Schalters in die Energie des elektrischen Feldes des Kondensators umgewandelt (Energieverluste vernachlässigt).
Energie B-Feld $W_{mag} = \frac{1}{2}L I^2 = \frac{1}{2} \cdot 8$ mH $\cdot (0{,}20$ A$)^2 = 0{,}16$ mJ,
Energie E-Feld $W_{el} = \frac{1}{2}C U^2 = \frac{1}{2} \cdot 0{,}5\ \mu F \cdot (25$ V$)^2 \approx 0{,}16$ mJ.

3. Ist das Magnetfeld Träger der Energie?

Diese Frage können wir – wie beim elektrischen Feld – bejahen, wenn die Energie W_{mag} proportional zum felderfüllten Volumen V ist. Die Energie des Magnetfelds einer lang gestreckten Spule mit der Induktivität $L = \mu_0 \mu_r n^2 A/l$ und dem Volumen $V = A\,l$ beträgt

$$W_{mag} = \frac{1}{2} L I^2 = \frac{1}{2} \mu_0 \mu_r n^2 \frac{A}{l} I^2 = \frac{1}{2\mu_0 \mu_r} \left(\mu_0 \mu_r \frac{n}{l} I\right)^2 A l = \frac{B^2}{2\mu_0 \mu_r} V.$$

Die Energie W_{mag} ist damit bei konstanter Flussdichte B proportional zum felderfüllten Volumen V. Dass die Energie nur von Feldgrößen abhängt, ist ein weiteres Indiz für die Feldhypothese FARADAYS. Für die räumliche Dichte der Energie eines Magnetfeldes erhalten wir

$$\varrho_{mag} = \frac{W_{mag}}{V} = \frac{B^2}{2\mu_0 \mu_r}. \quad \text{Also gilt } \varrho_{mag} \sim B^2.$$

Merksatz

> Das magnetische Feld ist Träger von Energie.
> Die räumliche **Energiedichte** des Magnetfelds beträgt
> $$\varrho_{mag} = \frac{B^2}{2\mu_0 \mu_r}.$$

4. Woher bekommt das Magnetfeld seine Energie?

Woher bekommt das Magnetfeld beim Einschalten des Spulenstroms Energie? Die von der Batteriespannung U_1 gelieferte Leistung $P_1(t) = U_1 I(t)$ ist nach ▶ *Tabelle 1* während des Aufbaus des Magnetfeldes größer als die thermische Leistung $P_w(t) = R I^2(t)$, die zur Erhöhung der inneren Energie führt. Ob die Differenzleistung $P_1(t) - P_w(t)$ (▶ *Bild 2*) etwas mit dem Aufbau der Energie des Magnetfelds zu tun hat, überprüfen wir mit nachfolgender Rechnung.

Wir multiplizieren die Gleichung $I(t) = (U_1 - L\dot{I}(t))/R$ mit R, lösen nach U_1 auf und erhalten so die Spannungsterme:

$$U_1 = R I(t) + L \dot{I}(t).$$

Multiplikation mit $I(t)$ liefert die *Leistungsbilanz*:

$$U_1 I(t) = R I^2(t) + L \dot{I}(t) I(t).$$

In dieser Gleichung ist $P_1(t) = U_1 I(t)$ die von der Batterie gelieferte Leistung. Davon wird der Anteil $P_w(t) = R I^2(t)$ in innere Energie umgesetzt. Die übrig bleibende Leistung (blaugetönt in ▶ *Bild 2*) kennen wir aus *Gl. (1)* als Leistung, die beim Abbau eines Magnetfeldes frei wird und deshalb dort ein negatives Vorzeichen hat. $L\dot{I}(t)I(t)$ hat ein positives Vorzeichen ($\dot{I}(t) > 0$) und gibt damit die zum Aufbau des Magnetfeldes nötige Leistung. Durch Aufsummieren nach der Zeit (Integration) erhalten wir die Energie des Magnetfeldes. Sie wurde in ▶ *Bild 2* mit einem Computer aus den schmalen Rechtecken in ▶ *Bild 1* berechnet, und zwar beim Aufbau wie auch beim Abbau des Magnetfeldes. Dieser Energiewert stimmt mit dem aus $W = \frac{1}{2} L I^2$ berechneten Energiewert überein.

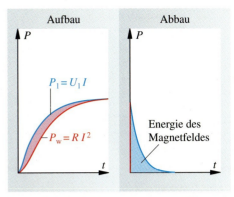

B 2: t-P-Schaubild zum Auf- und Abbau eines Magnetfeldes mit Energieberechnung nach ▶ *Bild 1*. Die getönten Energieflächen haben den gleichen Wert.

... noch mehr Aufgaben

A 1: Welche magnetische Energie hat das Magnetfeld einer Spule mit der Induktivität $L = 4{,}0$ H bei $I = 3{,}0$ A? Wie viel Energie wird frei, wenn die Stromstärke **a)** auf die Hälfte, **b)** auf null absinkt? Wie hoch kann mit ihr ein 50 g-Stück maximal gehoben werden? **c)** Wie oft müsste man das Feld abbauen, um mit dieser Energie die Temperatur von 1,0 kg Wasser um 1,0 K zu erhöhen ($c_W = 4{,}2$ J g^{-1} K^{-1})?

A 2: a) Wie groß ist die Induktivität L einer 1,0 m langen, eisenfreien Spule mit 1000 Windungen und 50 cm² Querschnitt? Welche magnetische Energie ist in ihr bei 10 A gespeichert? **b)** Mit dieser Energie lädt man einen Kondensator der Kapazität 0,1 μF auf. Welche Spannung bekommt er? **c)** Wie groß ist im homogenen Spulenfeld die Energiedichte?

A 3: Jemand sagt, die Energie einer Strom führenden Spule sei nichts weiter als kinetische Energie der Elektronen, die sich alle in die gleiche Richtung bewegen sollen. Mit welchem Versuch könnte man ihn widerlegen?

A 4: Erstellen sie einen Algorithmus für die Leistung $P(t) = -L I \Delta I/\Delta t$, um mithilfe eines Tabellenkalkulationsprogramms den Verlauf des t-P-Schaubilds für das Ein- und Ausschalten der Spannungsquelle U_1 zu berechnen (vgl. ▶ *Bild 2*). Lösen Sie hierzu die Gleichung $I(t) = (U_1 - L\dot{I}(t))/R$ nach $\dot{I}(t)$ auf. Setzen Sie dann für $\dot{I}(t)$ näherungsweise $\Delta I/\Delta t$.

Wechselspannung

1. Erzeugung sinusförmiger Wechselspannung

Wie wird in einem Elektrizitätswerk sinusförmige Wechselspannung erzeugt? Wir drehen in ⟹ *Versuch 1* die Leiterschleife in einem homogenen Magnetfeld. Das Oszilloskop zeigt eine sinusförmige Wechselspannung an. Für sie kann mithilfe von ⟹ *Bild 1* eine Gleichung hergeleitet werden. In den Drahtstücken der Länge d parallel zur Drehachse M werden die Spannungen $U = B d v_s$ induziert. Hierzu trägt nur die senkrecht zu den Feldlinien stehende Geschwindigkeitskomponente mit dem Wert $v_s = v \sin \alpha$ bei:

$$U = B d v \sin \alpha. \quad (1)$$

Die Geschwindigkeitskomponente $\vec{v}_p$ parallel zu den Feldlinien liefert keine Spannung (Linke-Hand-Regel für Lorentzkräfte).

Aus der vertikalen Stellung heraus ($\alpha = 0$ für $t = 0$) überstreicht die Leiterschleife in der Zeit t den Winkel α (⟹ *Bild 1*). Wegen der konstanten Winkelgeschwindigkeit ω gilt $\alpha = \omega t$. In einer Periodendauer T dreht sich die Spule einmal um den Winkel 2π. Für ω ergibt sich damit $\omega = \alpha/t = 2\pi/T$. Für den so genannten *Phasenwinkel* folgt:

$$\alpha = \omega t = (2\pi/T) t = 2\pi f t. \quad (2)$$

Um die Drehfrequenz $f = 1/T$ mit der Einheit 1 Hz = 1 s^{-1} von der Winkelgeschwindigkeit $\omega = 2\pi f = 2\pi/T$ zu unterscheiden, verwendet man für ω die Einheit 1 s^{-1} (bzw. Rad/s) nicht aber 1 Hz.

Nimmt man eine Spule mit n Windungen, so wird die induzierte Spannung größer, weil jede Windung zwei Drahtstücke der Länge d hat. Die in den Drahtstücken induzierten Spannungen sind in Reihe geschaltet und addieren sich deshalb. Die Gesamtspannung einer rotierenden Spule mit n Windungen beträgt mit Gl. (1) und (2)

$$U(t) = 2 n B d v \sin \alpha(t) = 2 n B d v \sin (\omega t).$$

Der größte Wert, den die induzierte Wechselspannung $U(t)$ annehmen kann, ist die **Scheitelspannung $\hat{U} = 2 n B d v$**.

2. Und bei beliebiger Spulenform?

Die Spule und ihre Windungen seien jetzt nicht mehr rechteckig. Für eine beliebige Form berechnen wir die induzierte Spannung nach $U(t) = -n\dot{\Phi}(t)$. Nach ⟹ *Bild 2* beträgt der magnetische Fluss

$$\Phi(t) = B A_s(t) = B A \cos \alpha(t) = B A \cos(\omega t).$$

$U(t)$ ergibt sich hieraus durch Differenzieren nach der Zeit t zu

$$U(t) = -n \dot{\Phi}(t) = -n B A \omega \sin(\omega t)$$

mit der Scheitelspannung $\hat{U} = n B A \omega$.

Die Spannung U_{ind} ist jeweils *maximal*, wenn die Änderungsgeschwindigkeit $\dot{\Phi}$ des Flusses maximal ist. Die Spule steht dann parallel zu den B-Feldlinien (⟹ *Bild 4*), der Fluss Φ ist aber null!

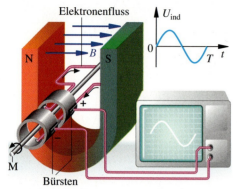

V 1: Eine rechteckige Leiterschleife rotiert gleichförmig um eine ihrer Flächenachsen M, die senkrecht zu den Feldlinien eines Hufeisenmagneten steht. Die dabei induzierte Spannung U_{ind} wird zwei mitrotierenden Schleifringen zugeführt. Zwei Graphitstäbe („Kohlen" genannt) nehmen die Spannung ab und leiten sie zu einem Oszilloskop weiter. Man nennt diese Stäbe auch Bürsten, weil früher Drahtborsten verwendet wurden.

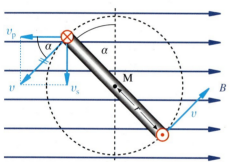

B 1: Die Drehachse M der Leiterschleife steht senkrecht zur Zeichenebene. Zwei kleine Kreise deuten die für die Induktion wichtigen Drahtstücke parallel zur Drehachse an. Sie bewegen sich mit konstanter Winkelgeschwindigkeit auf dem gedachten Zylinder mit Radius r gegen den Uhrzeigersinn.

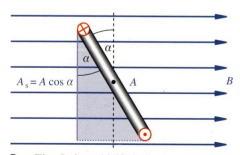

B 2: Eine Leiterschleife beliebiger Form mit Fläche A umfasst ein Feldlinienbündel der Querschnittsfläche $A_s = A \cos \alpha$.

Die Spannung U_{ind} ist *null*, wenn die Änderungsgeschwindigkeit $\dot{\Phi}$ des Flusses null ist. Die Spule steht dann senkrecht zu den B-Feldlinien, der Fluss Φ ist maximal.

3. Das Zeigerdiagramm, ein wirkungsvolles Hilfsmittel

Die Wechselspannung einer rotierenden Leiterschleife ergibt eine Sinuskurve mit der Amplitude (Scheitelwert) $\hat{U}$ (➥ *Bild 4*). Sinuswerte mit Maximalwert 1 kann man als Hochwerte am „Einheitskreis" ablesen (➥ *Bild 3*). Dies erlaubt auf einfache Weise, eine Sinuskurve zu konstruieren. Zu diesem Zweck zeichnen wir für den Fall einer sinusförmigen Spannung $U(t)$ mit Scheitelwert $\hat{U}$ einen Kreis. Sein Radius entspricht der Maßzahl der Scheitelspannung $\hat{U}$. Im Kreis soll ein **Zeiger** der Länge $\hat{U}$ gegen den Uhrzeigersinn (im mathematisch positiven Sinn) mit der konstanten Winkelgeschwindigkeit $\omega = 2\pi f$ rotieren. Der Zeiger wird dann auf die vertikale Achse des t-U-Schaubildes projiziert. Für den Phasenwinkel $\alpha(t)$ zwischen dem Zeiger und der Horizontalen gibt die Zeigerprojektion die jeweilige Spannung $U(t)$ zum Zeitpunkt $t = \alpha/\omega$ an. Auf diese Weise kann die Sinuslinie punktweise konstruiert werden. *Alle Informationen über die Sinuslinie sind schon im rotierenden Zeiger enthalten!*

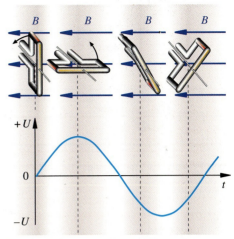

B 4: Oben: Lage der Spule in Bezug zu den B-Feldlinien. Unten: Entsprechend der Lage der Spule induzierte Spannung.

Merksatz

Rotiert eine Spule mit n Windungen und der Querschnittsfläche A in einem homogenen Magnetfeld der Flussdichte B, so entsteht eine **sinusförmige Wechselspannung.** Für $t = 0$, $\alpha = 0$ ergibt sich

$$U(t) = \hat{U} \sin(\omega t)$$

mit der Kreisfrequenz $\omega = 2\pi/T = 2\pi f$
und der Scheitelspannung $\hat{U} = n B A \omega$.

Ein Beispiel für diese Art der Spannungserzeugung ist die Fahrradlichtmaschine (fälschlich „Dynamo"). Sie ist eine so genannte Innenpolmaschine. Ein zylindrischer, mehrpoliger Dauermagnet rotiert innerhalb einer Induktionsspule, die an der Innenwand des Gehäuses angebracht ist. Die ständige Flussänderung in dieser Spule induziert dort eine Wechselspannung.

... noch mehr Aufgaben

A 1: Wie ändert sich in ➥ *Versuch 1* die Sinuslinie auf dem Oszilloskopschirm, wenn man **a)** die Flussdichte B, **b)** die Drehfrequenz f verdoppelt? **c)** Zeigen Sie, dass der Scheitelwert $\hat{U} = 2nBdv$ für Rechteckschleifen ein Sonderfall von $\hat{U} = nBA\omega$ ist. **d)** Warum tragen die Leiterteile, die in ➥ *Bild 1* parallel zur Zeichenebene liegen, nichts zur Spannung bei?

A 2: Zur Zeit $t = 0$ geht die Spannung $U(t)$ mit dem Scheitelwert $\hat{U} = 10$ V von negativen zu positiven Werten durch null. **a)** Wie groß ist bei einer Frequenz von $f = 50$ Hz die Spannung nach 1/600 s, nach 1/200 s, 1/4 s, nach 2 s? **b)** Geben Sie die ersten beiden Zeitpunkte an, in denen $U = +8$ V bzw. $U = -8$ V ist.

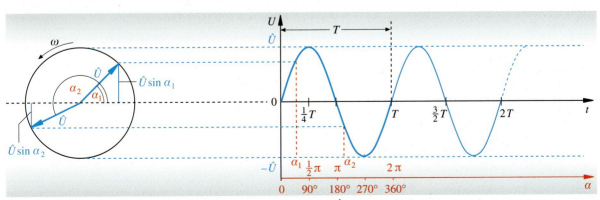

B 3: Zeigerdiagramm: Bei der Rotation des *Zeigers* der Länge $\hat{U}$ erhält man die Sinuslinie durch Projektion dieses Zeigers auf die vertikale Achse.

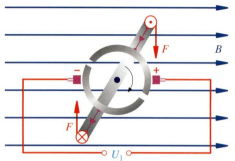

B 1: Prinzip des Ankers eines Gleichstrommotors.

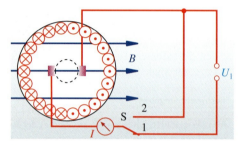

V 1: Der Motor liegt an der Spannung U_1 (Schalter S in Position 1). Wir messen die Ankerstromstärke I in Abhängigkeit von der mechanischen Belastung des Ankers. Im Leerlauf ist I klein, bei Belastung steigt I an.

V 2: Der Anker wird von der Spannung U_1 getrennt und über den Strommesser kurzgeschlossen (Schalter S in Position 2). Jetzt wird der Strom nur von U_{ind} verursacht.

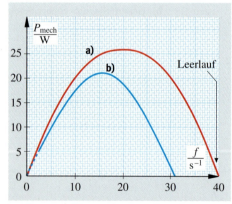

B 2: Die vom Anker abgegebene mechanische Leistung P_{mech} in Abhängigkeit von der Drehfrequenz f des Ankers, die proportional zur Geschwindigkeit $v_s = 2\pi r f$ ist.
a) Bei idealisiertem Motor nach *Gl. (2)*,
b) mit Messdaten eines Kleinmotors.

Physik des Gleichstrommotors

1. Der Motor als Umkehrung eines Generators

Schließen wir einen Spielzeugmotor (mit Dauermagnet) an eine Gleichspannungsquelle, so dreht er sich. Wir entfernen die Spannungsquelle und schließen stattdessen an den Anker ein Lämpchen (➡ *Bild 1*). Wenn wir den Anker von Hand schnell drehen, leuchtet es. Der Motor wirkt als Generator. In Pumpspeicherwerken benutzt man die gleiche Maschine als Pumpenmotor *und* als Generator.

2. Verhalten eines Elektromotors bei Belastung

Die Ankerstromstärke I eines Gleichstrommotors ist ohne Belastung, d. h. im Leerlauf, klein (➡ *Versuch 1*). Belasten wir ihn und entziehen ihm dabei Energie, so dreht der Motor langsamer und die Ankerstromstärke I wird größer. Dadurch steigt die Kraft $F = B I d$ auf die Strom führenden Ankerdrähte. Wenn in ➡ *Bild 1* die Elektronen in den rechts befindlichen Ankerdrähten auf den Betrachter zufließen, so erfahren sie Lorentzkräfte, die den Anker im Uhrzeigersinn drehen. Bei Belastung fordert der Motor mehr Leistung $P_{el} = U_1 I$ aus dem Netz. Wie funktioniert das?

Der im Magnetfeld rotierende Anker ist aufgrund der Selbstinduktion zugleich auch ein Generator. Die Induktionsspannung wirkt nach LENZ ihrer Ursache, der von außen angelegten Spannung U_1, entgegen. Die im Ankerwiderstand R induzierte Spannung $|U_{ind}| = B d v_s$ lässt die Ankerstromstärke I sinken:

$$I = (U_1 - |U_{ind}|)/R = (U_1 - B d v_s)/R. \qquad (1)$$

Im Leerlauf läuft der Motor so schnell, dass $U_{ind} = B d v_s$ fast so groß ist wie die angelegte Spannung U_1. Wäre die Drehfrequenz und damit die Geschwindigkeit v_s etwas größer, so würden sich beide Spannungen kompensieren und die Ankerstromstärke I wäre null. Der Anker könnte dann keine Leistung dem Netz entnehmen und hätte damit noch nicht einmal die Energie, um die Reibung in den Achslagern zu überwinden.

Wenn *bei Belastung* die Geschwindigkeit v_s abnimmt, sinkt die induzierte Gegenspannung $U_{ind} = B d v_s$. Damit steigen die Ankerstromstärke I (*Gl. (1)*) und die aus dem Netz entnommene Leistung $P = U_1 I$. Frisst sich z. B. eine Bohrmaschine fest ($v_s = 0$), so kann ohne Sicherungseinrichtung die Ankerstromstärke $I = U_1/R$ so groß werden, dass die Ankerwicklung durchbrennt.

Ein Elektromotor passt sich in seiner elektrischen Leistungsaufnahme von selbst der mechanischen Belastung an.

Ein Benzinmotor ist nicht so elastisch. Wenn er am Berg langsamer wird, führt er weniger Arbeitstakte je Sekunde aus. Selbst wenn man „Vollgas" gibt, nimmt er weniger Benzin auf und geht aus. Man muss ihn mit einem Getriebe „überlisten" und in einem niedrigen Gang auf Touren halten. Elektromotoren brauchen kein Getriebe. Man setzt ihre Anker ohne Kupplung direkt auf die Antriebsachse von Fahrzeugen. Beim Anfahren erzeugen Elektromotoren von sich aus eine große Kraft (hohes Drehmoment); v_s ist ja klein und damit I groß.

Interessantes

Verhalten eines Motors beim Abschalten

Wie verhält sich ein in Drehbewegung befindlicher Elektromotor, wenn die Spannung abrupt abgeschaltet wird? Wir trennen in ➤ *Versuch 2* mit dem Schalter S den Anker von der Spannung U_1 und schließen ihn an einen Strommesser. Der Strommesser schlägt kräftig nach der entgegengesetzten Seite aus; er zeigt die Stromstärke I an, die in den Ankerwicklungen allein von U_{ind} hervorgerufen wird. Da nun $U_1 = 0$ ist, ergibt sich nach *Gl. (1)* eine negative Ankerstromstärke

$$I = (0 - |U_{ind}|)/R = -|U_{ind}|/R < 0.$$

Der Motor läuft jetzt als Generator; die große, negative Stromstärke führt zum schnellen Abbremsen. Verschleißfreie *Widerstandsbremsen* verwendet man z. B. bei der Straßenbahn. Dabei wird der Ankerstrom durch einen Bremswiderstand geleitet. Wärmetauscher im Ankerkreis erlauben ein Heizen der Straßenbahnwagen durch den bei einer Talfahrt induzierten Strom.

Anlaufen oder Leerlaufen – Was ist gefährlicher?

Große Motoren mit dicken Ankerdrähten haben kleine Ankerwiderstände R. Beim Einschalten wird die Ankerstromstärke $I = U_1/R$ gefährlich groß, weil $U_{ind} = 0$ ist. Durch Vorschalten eines Anlasswiderstandes wird die Anlassstromstärke auf maximal das 1,5fache der Nennstromstärke begrenzt.

Ein Motor wird am schnellsten im Leerlauf. Hier ist im idealisierten Fall (ohne Reibung) die induzierte Gegenspannung U_{ind} entgegengesetzt gleich groß wie die angelegte Spannung U_1, d. h. $B\,d\,v_{s,max} = U_1$. Damit kann der Motor die Maximalgeschwindigkeit $v_{s,max} = U_1/(B\,d)$ nicht überschreiten. Mit $\omega = v_s/r$ ergibt sich als maximale Winkelgeschwindigkeit $\omega_{max} = v_{s,max}/r = U_1/(B\,d\,r)$.

Leistungsbilanz beim Elektromotor

Ein Motor entnimmt einem Gleichspannungsnetz die elektrische Leistung P_{el}. Er gibt sie als mechanische Leistung P_{mech} und als unerwünschte thermische Leistung P_{therm} ab: $\boldsymbol{P_{el} = P_{mech} + P_{therm}}$.

Zur Leistungsbilanzierung betrachten wir die im Anker auftretenden Spannungen. Die angelegte Spannung U_1 teilt sich auf in die Teilspannung $R\,I$ am Ankerwiderstand R und in die induzierte Gegenspannung U_{ind}:

$$U_1 = R\,I + |U_{ind}| = R\,I + B\,d\,v_s \quad \text{(Spannungsgleichung).}$$

Die Gleichung für die Leistungsbilanz erhalten wir aus der Spannungsgleichung durch Multiplikation mit I

$$U_1\,I = R\,I^2 + B\,d\,v_s\,I \quad \text{(Leistungsbilanz).}$$

In der Leistungsbilanz beschreibt der Term $U_1\,I$ die vom Motor von der Gleichspannungsquelle *aufgenommene elektrische Leistung* $P_{el} = U_1\,I$.

Der Term $R\,I^2$ stellt die im Anker abgegebene *thermische Leistung* $P_{therm} = R\,I^2$ dar. Um diese Verlustleistung zu senken, verkleinert man den Ankerwiderstand R. Man nimmt dickere Drähte für die Ankerwicklung und macht den Motor größer.

Die Kraft, die der Ankerstrom I im Magnetfeld B erfährt, ist $F = I\,B\,d$. Damit stellt der Term $|U_{ind}|\,I = B\,d\,v_s\,I = F\,v_s$ die vom Anker gelieferte *mechanische Leistung* dar, derentwegen man den Motor baut. Für die mechanische Leistung gilt ja $P_{mech} = F\,v_s = W/t$. Die zur Verfügung stehende mechanische Leistung ist dann klein (➤ *Bild 2*), wenn der Motor wenig belastet ist und sich schnell dreht (I klein) oder stark belastet ist und sich dann nur langsam dreht (v_s und U_{ind} klein).

Welche *maximale mechanische Leistung* P_{max} kann ein Motor abgeben? Hierzu setzen wir $I = (U_1 - B\,d\,v_s)/R$ in $P_{mech} = B\,d\,v_s\,I$ ein und erhalten

$$P_{mech} = U_1\,B\,d\,v_s/R - B^2\,d^2\,v_s^2/R. \quad (2)$$

Wir suchen nun die Geschwindigkeit $v_{s,opt}$, bei der die Leistung P_{mech} ein Maximum hat. Hierzu leiten wir P_{mech} nach v_s ab und setzen die Ableitung gleich null. Damit erhalten wir $v_{s,opt} = U_1/(2\,B\,d)$.
Interessanterweise gibt der Motor seine maximale Leistung P_{max} bei der halben Höchstgeschwindigkeit $v_{s,opt} = v_{s,max}/2$ ab (➤ *Bild 2*).
Setzen wir $v_{s,opt}$ in *Gl. (2)* ein, so erhalten wir für die maximale Leistung $P_{max} = (U_1/2)^2/R$. Für diesen Fall ist $U_{ind} = B\,d\,v_{s,opt} = B\,d\,U_1/(2\,B\,d) = U_1/2$. Die Ankerstromstärke ist dabei halb so groß wie bei stillstehendem Anker.

> Die vom Anker abgegebene mechanische Leistung ist $P_{mech} = |U_{ind}|\,I < U_1\,I$. Sie erreicht ihr Maximum $P_{max} = (U_1/2)^2/R$ bei der halben maximal möglichen Drehfrequenz.

Unter dem **Wirkungsgrad** eines Elektromotors versteht man den Quotienten aus abgegebener mechanischer Leistung und aufgenommener elektrischer Leistung $\eta = P_{mech}/P_{el}$.
Der Elektromotor nimmt die Leistung $P_{el} = U_1\,I$ auf und gibt $P_{mech} = U_{ind}\,I$ ab. Also ist $\eta = (U_{ind}\,I)/(U_1\,I) = U_{ind}/U_1$. Wegen der Motorreibung ist $U_{ind} < U_1$, also $\eta < 1$. Bei maximaler Leistungsabgabe ist $U_{ind} = U_1/2$, also $\eta = 0{,}5$. Bei fehlender Reibung geht η mit wachsender Drehzahl gegen eins ($U_{ind} \to U_1$), die abgegebene Leistung aber gegen null.

Effektivwerte bei Wechselstrom

1. Ohmscher Widerstand bei Wechselspannung

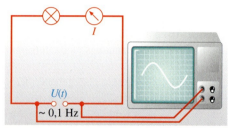

V 1: Ein Lämpchen (3,8 V/0,07 A) und ein Strommesser geringer Trägheit liegen an einer Sinusspannung der Frequenz $f \approx 0{,}1$ Hz und dem Scheitelwert $\hat{U} = 4$ V.

Bei Gleichspannung bewegen sich die Elektronen im Stromkreis vom Minuspol zum Pluspol. Wie verhalten sich die Elektronen bei Wechselspannung, wenn die Polarität der Spannungsquelle ständig wechselt? Bei Spulen hinkt der Stromstärkeanstieg der Spannung hinterher. Wie ist es bei einem rein ohmschen Widerstand?

Zur Untersuchung dieser Fragen schließen wir an eine Sinusspannung niedriger Frequenz in Reihe ein Lämpchen und einen Strommesser (▸ *Versuch 1*). Das Oszilloskop zeigt den zeitlichen Verlauf der Spannung $U(t)$, der Strommesser die momentane Stromstärke $I(t)$. Elektrische Spannung und Stromstärke erreichen gleichzeitig null und auch gleichzeitig ihre Maximalwerte $\hat{U}$ und $\hat{I}$. Man sagt, Spannung und Stromstärke sind „in Phase". Die Bewegung der Elektronen passt sich auch bei hoher Frequenz ohne merkliche Verzögerung der jeweiligen Spannung und damit dem elektrischen Feld im Leiter an. Die Trägheit der Elektronen spielt keine Rolle. Nehmen z. B. Spannung und Feldstärke auf null ab, so behalten sie ihre kinetische Energie nicht bei, sondern geben sie fast momentan (in 10^{-12} s) durch Stöße an die Atome ab (Ausnahme Supraleiter).

Ein Zeigerdiagramm (▸ *Bild 1*) liefert den zeitlichen Verlauf von Spannung und Stromstärke. Da U und I in Phase sind, liegt der $\hat{I}$-Zeiger auf dem $\hat{U}$-Zeiger und rotiert mit diesem mit der gleichen Winkelgeschwindigkeit ω gegen den Uhrzeigersinn. Das $U(t)$- und das $I(t)$-Schaubild erhalten wir durch die Projektion des jeweiligen Zeigers auf die vertikale Achse des Schaubilds.

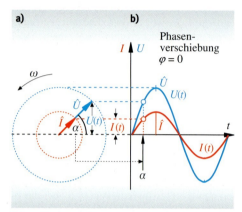

B 1: a) Zeigerdiagramm für Spannung und Stromstärke bei einem ohmschen Widerstand. **b)** Konstruktion des $U(t)$- und $I(t)$-Schaubilds mithilfe des Zeigerdiagramms durch Projektion der Zeiger auf die vertikale Achse des Schaubilds.

2. Umgesetzte Leistung bei Wechselstrom

In einem Stromkreis interessiert, welche Energie bzw. Leistung die Quelle an die „Verbraucher" abgibt. Im Gleichstromkreis beträgt die konstante Leistung $P = U I$. Bei Wechselspannung zeigt das rhythmische Aufleuchten des Lämpchens (▸ *Versuch 1*), dass die abgegebene Energie zeitlich nicht konstant ist. Erhöhen wir die Frequenz f bei konstantem Scheitelwert $\hat{U}$, so sehen wir das Flackern des Lämpchens wegen der Trägheit des Auges nicht mehr. Jetzt stellen wir neben das Wechselstrom führende Lämpchen ein zweites Lämpchen gleicher Bauart, das mit einer solchen Gleichspannung betrieben wird, dass beide Lämpchen gleich hell leuchten. Die Gleichspannungsquelle mit U_{eff} und die Wechselspannungsquelle mit Scheitelwert $\hat{U}$ geben im Lämpchen mit dem ohmschen Widerstand R im Zeitmittel gleich viel Energie thermisch und in Form von Licht ab. Man nennt U_{eff} den **Effektivwert** der Wechselspannung.

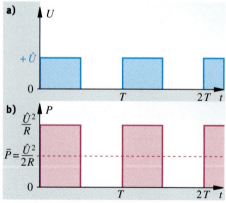

B 2: a) pulsierende Gleichspannung $U(t)$; **b)** zugehörige Momentanleistung $P(t) = U^2(t)/R$ bei einem ohmschen Widerstand, mittlere Leistung $\bar{P}$.
Für eine Periodendauer T ist der Flächeninhalt unter der t-P-Kurve genauso groß wie unter der t-$\bar{P}$-Kurve.

Merksatz

Der **Effektivwert** U_{eff} einer periodischen Wechselspannung $U(t)$ gibt denjenigen Gleichspannungswert an, der im selben ohmschen Widerstand die gleiche Leistung abgibt wie die Wechselspannung während einer Periode im Zeitmittel.

3. Wie effektiv ist Wechselspannung?

Lämpchen sprechen auf die thermische Leistung $P = UI$ an. Diese ändert sich bei Wechselstrom zeitlich ständig. Wir betrachten deshalb die Momentanleistung $P(t) = U(t)\,I(t)$. Mit $I(t) = U(t)/R$ ergibt sich $P(t) = U^2(t)/R$. Dieser Term wird wegen $U^2(t)$ nie negativ.
Um den Effektivwert U_{eff} einer *pulsierenden Gleichspannung* (➞ Bild 2) zu ermitteln, bestimmen wir zunächst die während einer Periode an den Widerstand abgegebene Energie W:

$$W = \int_0^T P(t)\, dt = \tfrac{1}{2}\hat{P}T.$$

Die mittlere Leistung $\overline{P} = W/T = \hat{P}/2 = \hat{U}^2/(2R)$ setzen wir gleich der konstanten Leistung $P = U_{\text{eff}}^2/R$ der gesuchten Gleichspannung U_{eff}. Aus $U_{\text{eff}}^2/R = \hat{U}^2/(2R)$ erhalten wir als Effektivwert der *pulsierenden Gleichspannung* $U_{\text{eff}} = \hat{U}/\sqrt{2}$.

4. Effektivwerte bei sinusförmiger Wechselspannung

Bei Haushaltsgeräten werden auf dem Typenschild Netzspannung und Leistung angegeben. Ob sie mit sinusförmigem Wechselstrom oder mit Gleichstrom betrieben werden, verrät die Spannungsangabe nicht. Welche Bedeutung hat eigentlich die Angabe 230 V auf Elektrogeräten: Ist es der Scheitel- oder Effektivwert?
Um den Effektivwert der *sinusförmigen Wechselspannung* $U(t) = \hat{U}\sin(\omega t)$ zu ermitteln, betrachten wir die zugehörige Momentanleistung $P(t) = U^2(t)/R = (\hat{U}^2/R)\sin^2(\omega t)$ (➞ Bild 3b). Analog wie im Fall der pulsierenden Gleichspannung ermitteln wir zunächst die mittlere Leistung $\overline{P}$. Mit der trigonometrischen Beziehung $\sin^2\alpha = (1 - \cos 2\alpha)/2$ und $\alpha = \omega t$ folgt

$$P(t) = \frac{\hat{U}^2}{2R}(1 - \cos(2\omega t)) = \frac{\hat{U}^2}{2R} - \frac{\hat{U}^2}{2R}\cos(2\omega t).$$

Dabei gibt der Term $\hat{U}^2/(2R)$ die mittlere, zeitunabhängige Leistung $\overline{P}$ an (strichpunktiert in ➞ Bild 3b). Der zeitabhängige Term $\hat{U}^2\cos(2\omega t)/(2R)$ ist ein mit der doppelten Kreisfrequenz 2ω pulsierender Anteil. Die von ihm eingeschlossene Fläche ergibt während einer Periodendauer null, weil sie symmetrisch zur Zeitachse ist.
Der *Effektivwert* U_{eff} der Wechselspannung lässt sich jetzt berechnen, wenn man berücksichtigt, dass eine Gleichspannung mit Wert U_{eff} im Widerstand R die konstante Leistung $P = U_{\text{eff}}^2/R$ erbringt. Soll die mittlere Leistung $\overline{P} = \hat{U}^2/(2R)$ der Wechselspannung gleich groß sein wie die Leistung P der Gleichspannungsquelle, so muss gelten:

$$U_{\text{eff}}^2/R = \hat{U}^2/(2R) \quad \text{oder} \quad U_{\text{eff}} = \hat{U}/\sqrt{2} \approx 0{,}707\,\hat{U}.$$

Die Angabe 230 V auf einem Elektrogerät bedeutet also $U_{\text{eff}} = 230$ V. Der Scheitelwert beträgt bei sinusförmiger Wechselspannung $\hat{U} = \sqrt{2}\,U_{\text{eff}} \approx 325$ V.

Merksatz

Der **Effektivwert U_{eff} einer sinusförmigen Wechselspannung** mit dem Scheitelwert $\hat{U}$ beträgt $U_{\text{eff}} = \hat{U}/\sqrt{2} \approx 0{,}707\,\hat{U}$.

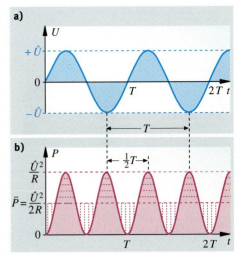

B 3: a) Sinusförmige Wechselspannung $U(t)$; **b)** ihre Momentanleistung $P(t)$ bei ohmschem Widerstand und mit doppelter Frequenz; mittlere Leistung $\overline{P} = \hat{U}^2/(2R)$.

... noch mehr Aufgaben

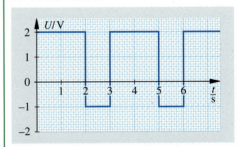

A 1: a) Berechnen Sie den Effektivwert obiger Spannung $U(t)$. **b)** Welche thermische Energie wird in 10 s in einem Widerstand von 100 Ω abgegeben? **c)** Geben Sie den $I(t)$-Verlauf in diesem Widerstand an. Wie groß ist I_{eff}?

A 2: a) Warum ist der Umrechnungsfaktor zwischen U_{eff} und $\hat{U}$ bei einer bestimmten Kurvenform der Spannung unabhängig vom Scheitelwert $\hat{U}$ und vom Widerstand R, in dem Energie abgegeben wird? **b)** Hängt der Umrechnungsfaktor von der Frequenz der Wechselspannung ab?

A 3: Eine sinusförmige Spannung $U(t) = \hat{U}\sin(\omega t)$ wird an einen ohmschen Widerstand R gelegt. Erstellen Sie mithilfe eines Tabellenkalkulationsprogramms das Schaubild der Momentanleistung $P(t) = U(t)\,I(t)$. Variieren Sie dabei auch die von Ihnen gewählten Werte für $\hat{U}$, ω und R.

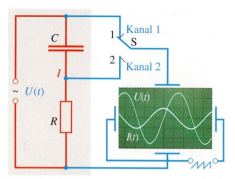

V1: Ein Kondensator ($C = 4\,\mu F$) und ein Widerstand ($R = 10\,\Omega$) werden in Reihe an eine Wechselspannung mit $U_{eff} = 4\,V$ und $f \approx 400\,Hz$ gelegt. Kanal 1 eines Oszilloskops zeigt den Spannungsverlauf $U(t)$. Den Stromstärkeverlauf $I(t)$ erhalten wir, indem wir den Spannungsabfall am ohmschen Widerstand R an Kanal 2 des Oszilloskops legen. Das Bild zeigt, dass das Maximum der Stromstärke $I(t)$ dem Maximum der Spannung $U(t)$ um $\pi/2$ vorauseilt.

V 2: Ein Kondensator wird an einen Sinusgenerator angeschlossen. Sowohl die am Kondensator anliegende Spannung U_{eff} als auch die Stromstärke I_{eff} werden gemessen. Variiert werden U_{eff}, die Frequenz f und die Kapazität C. Die Messung ergibt:

U_{eff}	f	C	I_{eff}	U_{eff}/I_{eff}
2,0 V	50 Hz	4 µF	2,50 mA	**800 Ω**
4,0 V	50 Hz	4 µF	4,90 mA	**816 Ω**
2,0 V	**50 Hz**	4 µF	2,50 mA	800 Ω
2,0 V	**100 Hz**	4 µF	5,00 mA	400 Ω
2,0 V	50 Hz	**4 µF**	2,50 mA	800 Ω
2,0 V	50 Hz	**2 µF**	1,25 mA	1600 Ω

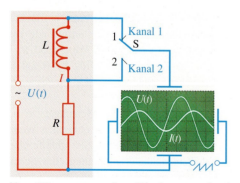

V 3: Wir ersetzen den Kondensator durch eine Spule. Die Stromstärke hinkt nun der Spannung um nahezu $\pi/2$ hinterher.

Kondensator und Spule im Wechselstromkreis

1. Blockiert ein Kondensator Wechselströme?

Sobald ein Kondensator aufgeladen ist, wirkt er in einem Gleichstromkreis als unendlich großer Widerstand, d. h. er blockiert den Strom. Wir beobachten zu unserer Überraschung, dass ein Lämpchen, das in Reihe mit einem Kondensator geschaltet ist, bei Wechselspannung leuchtet. Wie können wir das verstehen? Durch die Wechselspannung werden die Platten des Kondensators ständig umgeladen. Daraus ergibt sich ein dauernder Ladungsstrom durch den Stromkreis, das Lämpchen leuchtet.

Das Oszilloskopbild zeigt, dass die Umladestromstärke $I(t)$ bei einem Kondensator sinusförmig ist, wenn eine sinusförmige Spannung $U(t)$ angelegt wird (➞ Versuch 1). Das Maximum $\hat{I}$ der Stromstärke eilt $\hat{U}$ um $\pi/2$ voraus. Dies erscheint verwunderlich. Weil der Kondensator aber kein ohmscher Widerstand ist, erreichen Stromstärke und Spannung nicht zeitgleich ihr Maximum.

Zu jedem Zeitpunkt t ist die Kondensatorladung $Q(t) = C\,U(t)$. Steigt $U(t)$ von 0 bis zum Maximum $\hat{U}$ an ($\Delta U/\Delta t > 0$), so steigt auch $Q(t)$ von 0 bis zum Maximum $\hat{Q} = C\,\hat{U}$ an. Während dieses Zeitraums ist $I(t) = \dot{Q}(t) > 0$. Dabei versteht man unter $\dot{Q}(t)$ die Ableitung von Q zum Zeitpunkt t, so wie man unter $f'(x)$ die Ableitung von f an der Stelle x versteht. Hat $Q(t)$ das Maximum $\hat{Q}$ erreicht, so fließt in der Leitung keine Ladung, die Stromstärke $I(t) = \dot{Q}(t)$ ist null. Wenn die Spannung wieder abnimmt ($\Delta U/\Delta t < 0$), wird der Kondensator entladen und die Stromstärke ist negativ ($I(t) = \dot{Q}(t) < 0$). Wenn der Kondensator ganz entladen ist ($Q = 0$), so ist $U = 0$. Die Stromstärke ist jetzt maximal negativ. Stromstärke und Spannung erreichen Maxima und Nulldurchgänge um $\pi/2$ phasenverschoben.

➞ Versuch 2 zeigt, dass beim Kondensator $U_{eff} \sim I_{eff}$ gilt. Dies legt nahe, den Quotienten U_{eff}/I_{eff} als **kapazitiven Widerstand** X_C eines Kondensators zu bezeichnen. Der Versuch zeigt weiterhin, dass bei U_{eff} = konst. $U_{eff}/I_{eff} \sim 1/f$ gilt. Bei höherer Frequenz wird der Kondensator häufiger umgeladen. Die Umladestromstärke steigt, der kapazitive Widerstand $X_C = U_{eff}/I_{eff}$ sinkt. Weiterhin zeigt sich, dass bei konstanter Frequenz U_{eff}/I_{eff} proportional zu $1/C$ ist. Bei größerer Kapazität C passt bei gleicher Spannung mehr Ladung auf den Kondensator. Die Umladestromstärke steigt deshalb an. Der kapazitive Widerstand X_C sinkt. Die mathematische Herleitung ergibt für den **kapazitiven Widerstand** eines Kondensators

$$X_C = 1/(2\pi f C) = 1/(\omega C).$$

2. Induktiver Spulenwiderstand durch Selbstinduktion

Schließen wir eine Spule großer Induktivität an eine Gleichspannungsquelle, so steigt die Stromstärke wegen der Selbstinduktionsspannung nicht schlagartig an. Kann solch eine Spule überhaupt Wechselstrom führen? Wir untersuchen mit einem Zweikanaloszilloskop den Verlauf von Stromstärke und Spannung (➞ Versuch 3).

Kondensator und Spule im Wechselstromkreis

Bei sinusförmiger Spannung $U(t)$ ist auch die Stromstärke $I(t)$ sinusförmig. Sie hinkt der Spannung $U(t)$ um fast $\pi/2$ hinterher.
▸ *Versuch 4* zeigt, dass auch bei einer Spule $U_{eff} \sim I_{eff}$ gilt. Dies legt nahe, den Quotienten U_{eff}/I_{eff} als **induktiven Widerstand X_L** einer Spule zu bezeichnen. Die Messergebnisse zeigen weiterhin, dass $U_{eff}/I_{eff} \sim f$ ist bei U_{eff} = konst. Der induktive Widerstand $X_L = U_{eff}/I_{eff}$ steigt mit höherer Frequenz f, weil in kürzeren Zeitabständen umgepolt wird. Die Selbstinduktionsspannung wirkt dadurch der Änderung der Stromstärke stärker entgegen. Zusätzlich zeigt sich, dass $U_{eff}/I_{eff} \sim L$ ist bei konstanter Frequenz f. Eine größere Induktivität L der Spule erhöht die Selbstinduktionsspannung. Diese wirkt dadurch der Änderung von I stärker entgegen. Die Effektivstromstärke I_{eff} sinkt, der induktive Widerstand $X_L = U_{eff}/I_{eff}$ der Spule steigt. Die mathematische Herleitung ergibt für den **induktiven Widerstand** einer Spule (unabhängig vom ohmschen Widerstand R).

$$X_L = 2\pi f L = \omega L.$$

Merksatz

Legt man eine sinusförmige Wechselspannung $U(t)$ an einen Kondensator oder an eine Spule, so ist die Stromstärke $I(t)$ ebenfalls sinusförmig. Beim Kondensator eilt die Stromstärke der Spannung um $\pi/2$ in der Phase voraus, bei der Spule hinkt sie um $\pi/2$ hinterher. Man nennt den Quotienten $X_C = U_{eff}/I_{eff}$ den **kapazitiven Widerstand eines Kondensators.** Es gilt

$$X_C = \frac{1}{\omega C} \quad \text{und damit} \quad I_{eff} = U_{eff}\,\omega C.$$

X_C steigt mit abnehmender Frequenz.
Man nennt den Quotienten $X_L = U_{eff}/I_{eff}$ den **induktiven Widerstand einer Spule**. Es gilt

$$X_L = \omega L \quad \text{und damit} \quad I_{eff} = \frac{U_{eff}}{\omega L}.$$

X_L steigt mit zunehmender Frequenz.

3. Kondensator und Spule ändern die Klangfarbe

In ▸ *Versuch 5* legen wir die Überlagerung zweier Wechselspannungen unterschiedlicher Frequenz f_1 und f_2 ($f_1 < f_2$) entweder an einen ohmschen Widerstand, an einen Kondensator oder an eine Spule mit Eisenkern. Wie die Oszilloskopbilder zeigen, sind die Stromstärken beim ohmschen Widerstand R für die Frequenzen f_1 und f_2 gleich groß (▸ *Versuch 5a*). Dagegen ist der kapazitive Widerstand X_C des Kondensators für die größere Frequenz f_2 kleiner, d. h. die Stromstärke der Frequenz f_2 größer (▸ *Versuch 5b*). Der induktive Widerstand X_L einer Spule ist für die kleinere Frequenz f_1 kleiner, d. h. die Stromstärke der Frequenz f_1 größer (▸ *Versuch 5c*). Ein Kondensator lässt also Ströme hoher Frequenz, eine Spule Ströme tiefer Frequenz besser „passieren". Man nennt deshalb eine Schaltung mit Kondensator **Hochpass,** eine mit Spule **Tiefpass.** Prinzipiell werden so bei Lautsprecherboxen Frequenzweichen gebaut, um auf Hochtonlautsprecher hohe Frequenzen (Hochpass), auf Tieftonlautsprecher tiefe Frequenzen zu geben (Tiefpass).

V 4: Wir ersetzen in ▸ *Versuch 2* den Kondensator durch eine Spule mit 500 Windungen. Sowohl die Spannung U_{eff} an der Spule als auch die Stromstärke I_{eff} werden gemessen. Die Messergebnisse zeigt die Tabelle:

U_{eff}	f	L	I_{eff}	U_{eff}/I_{eff}
2,0 V	500 Hz	9 mH	76 mA	26,3 Ω
4,0 V	500 Hz	9 mH	145 mA	27,6 Ω
2,0 V	**500 Hz**	9 mH	76 mA	26,3 Ω
2,0 V	**1000 Hz**	9 mH	38 mA	52,6 Ω
2,0 V	1000 Hz	**9 mH**	38 mA	52,6 Ω
2,0 V	1000 Hz	**18 mH**	19 mA	105,0 Ω

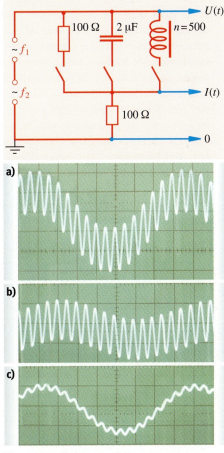

V 5: Wir schalten zwei Frequenzgeneratoren gegeneinander (Erdung beachten!). Dabei wählen wir ungefähr das Verhältnis 16:1 der beiden Frequenzen f_2 und f_1 ($f_1 < f_2$). Mit Schaltern können wir den Verlauf der Stromstärken für R, C oder L jeweils mit dem Oszilloskop (erdfrei!) zeigen:
a) Stromstärke bei ohmschem Widerstand R, **b)** Stromstärke bei Kondensator C,
c) Stromstärke bei Spule L.

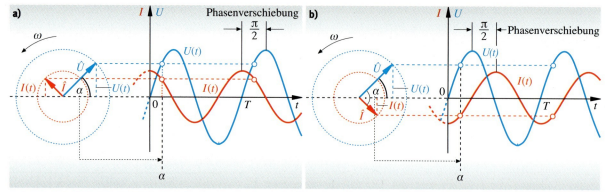

B 1: Zeigerdiagramm für **a)** einen Kondensator, **b)** eine ideale Spule

V 1: a) Eine Spule mit dem ohmschen Widerstand $R = 10\,\Omega$ wird an eine Gleichspannungsquelle mit $U = 4\,\text{V}$ angeschlossen. Man misst die Stromstärke $I = 0{,}40\,\text{A}$ unabhängig davon, ob sich in der Spule ein Eisenkern befindet oder nicht. **b)** Legen wir eine Wechselspannung mit $U_\text{eff} = 4\,\text{V}$ an, so beträgt die Stromstärke ohne Eisenkern $I_\text{eff} \approx 0{,}35\,\text{A}$ – nur etwas weniger als bei Gleichspannung. Mit geschlossenem Eisenkern sinkt die Stromstärke auf ca. $\frac{1}{50}$. Die Spule hat mit Eisenkern einen induktiven Widerstand, der 50-mal so groß ist wie ihr ohmscher Widerstand.

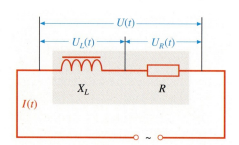

B 2: Ersatzschaltbild einer realen Spule: Reihenschaltung von R und X_L.

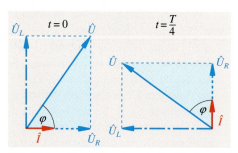

B 3: Zeigerdiagramm einer realen Spule. Wir beginnen mit dem Stromstärkezeiger $\hat{I}$.

4. Mathematische Behandlung mit Zeigern

Wir können für einen Kondensator oder für eine Spule den zeitlichen Verlauf von Spannung und Stromstärke samt der Phasenverschiebung mithilfe von Zeigerdiagrammen einfach konstruieren.

a) Kapazitiver Widerstand: Legen wir an einen Kondensator die Wechselspannung $U(t) = \hat{U}\sin(\omega t)$, so gilt für seine Ladung $Q(t) = CU(t) = C\hat{U}\sin(\omega t)$. Die Stromstärke $I(t)$ erhält man durch Ableiten von Q nach t: $I(t) = \dot{Q}(t) = \omega C\hat{U}\cos(\omega t) = \hat{I}\cos(\omega t)$.
Im Zeigerdiagramm für einen Kondensator ➡ *Bild 1a* eilt der Zeiger der Länge $\hat{I}$ dem Zeiger der Länge $\hat{U}$ um die Phase $\pi/2$ im Drehsinn voraus. Ist bei $t = 0$ auch $U(0) = 0$, so liegt für $t = 0$ der $\hat{U}$-Zeiger horizontal. $\hat{I} = \omega C \hat{U}$ ist der Scheitelwert der Stromstärke. Für konstante Kapazität C und Kreisfrequenz ω sind die Scheitelwerte $\hat{I}$ und $\hat{U}$ proportional, folglich auch die Effektivwerte $I_\text{eff} = \hat{I}/\sqrt{2}$ und $U_\text{eff} = \hat{U}/\sqrt{2}$. Der Quotient $U_\text{eff}/I_\text{eff} = \hat{U}/\hat{I} = 1/(\omega C)$ ist von U_eff unabhängig. Er ist der **kapazitive Widerstand X_C** eines Kondensators.

b) Induktiver Widerstand: Auf die Elektronen einer Spule wirkt nicht nur die von außen angelegte Spannung $U(t)$, sondern auch die in der Spule erzeugte Selbstinduktionsspannung $U_\text{ind}(t) = -L\dot{I}(t)$. Die Stromstärke ist zu jedem Zeitpunkt $I(t) = (U(t) - L\dot{I}(t))/R$. Multiplizieren dieser Gleichung mit R ergibt

$$I(t)R = U(t) - L\dot{I}(t). \tag{1}$$

Für vernachlässigbar kleinen ohmschen Widerstand R (also $R \to 0$ für eine *ideale Spule*) ergibt sich als Näherung $0 = U(t) - L\dot{I}(t)$ oder $\dot{I}(t) = U(t)/L$. Die angelegte Spannung $U(t)$ hält in jedem Augenblick der induzierten Spannung $-L\dot{I}(t)$ das Gleichgewicht.
Für die sinusförmige Spannung $U(t) = \hat{U}\sin(\omega t)$ folgt die Gleichung $\dot{I}(t) = (\hat{U}/L)\sin(\omega t)$. Wir erhalten als eine Stammfunktion $I(t) = (\hat{U}/\omega L)(-\cos(\omega t))$, wie wir durch Differenzieren nach t prüfen können. Die Stromstärke $I(t)$ und ihr Zeiger werden durch eine negative Kosinusfunktion mit Scheitelwert $\hat{I} = \hat{U}/(\omega L)$ beschrieben. $I(t)$ hinkt $U(t)$ um $\pi/2$ nach. Für eine ideale Spule eilt der Zeiger $\hat{U}$ dem Zeiger $\hat{I}$ um $\pi/2$ voraus (➡ *Bild 1b*). $U_\text{eff}/I_\text{eff} = \hat{U}/\hat{I} = \omega L$ ist der **induktive Widerstand X_L** einer idealen Spule.

c) Reale Spule mit induktivem und ohmschem Widerstand: Bei einer realen Spule ist der ohmsche Spulenwiderstand R nicht vernachlässigbar klein. Wir können deshalb in *Gl. (1)* das Produkt $I(t)R$ nicht mehr vernachlässigen.

In der Gleichung $U(t) = I(t)R + L\dot{I}(t)$ betrachten wir $U_R(t) = I(t)R$ als Teilspannung am ohmschen Widerstand und $U_L(t) = +L\dot{I}(t)$ als Teilspannung am induktiven Widerstand. Diese Teilspannungen werden zu jedem Zeitpunkt t addiert wie bei der Reihenschaltung von Geräten: $\boldsymbol{U(t) = U_R(t) + U_L(t)}$.

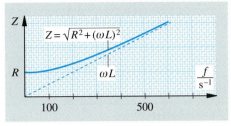

B 4: Abhängigkeit des Scheinwiderstands Z einer realen Spule von der Frequenz f

Wir können daher eine reale Spule in einem *Ersatzschaltbild* durch die Reihenschaltung ihres ohmschen Widerstands R und ihres induktiven Widerstands X_L darstellen (▶ *Bild 2*).

Mit dem Zeigerdiagramm (▶ *Bild 3*) ermitteln wir den Wechselstromwiderstand einer realen Spule und die Phasenlage von Spannung $U(t)$ und Stromstärke $I(t)$. Die Stromstärke $I(t)$ ist in den in Reihe geschalteten Widerständen gleich groß. Deshalb beginnen wir das Zeigerdiagramm mit dem Stromstärkezeiger $\hat{I}$. Die Teilspannung $U_R(t) = I(t)R$ an R ist mit der Stromstärke $I(t)$ in Phase. Ihr Zeiger $\hat{U}_R = \hat{I}R$ zeigt in Richtung von Zeiger $\hat{I}$. Die Teilspannung $U_L(t) = L\dot{I}(t)$ an L dagegen eilt der Stromstärke $I(t)$ wegen der Selbstinduktion um $\varphi = \pi/2$ voraus. Entsprechend eilt ihr Zeiger $\hat{U}_L = \hat{I}\omega L$ dem Zeiger $\hat{I}$ um $\varphi = \pi/2$ voraus.

Lassen wir die Zeiger $\hat{I}$, $\hat{U}_R$ und $\hat{U}_L$ im *Gegen*uhrzeigersinn rotieren, so erhalten wir durch die Projektion des jeweiligen Zeigers auf die vertikale Achse die zugehörige Sinuslinie.

Wir addieren die Zeiger $\hat{U}_R$ und $\hat{U}_L$ zum Zeiger $\hat{U}$. Seine Projektion ergibt die zur angelegten Spannung $U(t)$ gehörige Sinuslinie. In jeder Stellung des blau getönten Zeigerdreiecks, also zu jedem Zeitpunkt t, erzeugen die horizontalen Linien von den drei Zeigern drei Projektionen auf die U-Achse, welche die Addition $U(t) = U_R(t) + U_L(t)$ befolgen. Wir ersparen uns damit das mühevolle punktweise Addieren der Sinuslinien von $U_R(t)$ und $U_L(t)$ zur Sinuslinie $U(t)$.

Die Hypotenuse in dem rechtwinkligen, blau getönten Zeigerdreieck ergibt den Scheitelwert $\hat{U}$ der angelegten Spannung

$$\hat{U} = \sqrt{(\hat{I}R)^2 + (\hat{I}\omega L)^2} = \hat{I}\sqrt{R^2 + X_L^2}.$$

Wegen der Phasenverschiebung $\pi/2$ addieren sich R und X_L nicht wie reelle Zahlen sondern wie Vektoren. Der Quotient $\hat{U}/\hat{I} = U_{\text{eff}}/I_{\text{eff}} = \sqrt{R^2 + (\omega L)^2}$ ist von U_{eff} unabhängig und kennzeichnet den Wechselstromwiderstand Z einer realen Spule. Er steigt mit wachsender Kreisfrequenz $\omega = 2\pi f$ (▶ *Bild 4*).

Merksatz

Man nennt den Quotienten $Z = U_{\text{eff}}/I_{\text{eff}}$ den **Scheinwiderstand** (Wechselstromwiderstand) **einer Spule.**
Der **Scheinwiderstand** Z einer **realen Spule** mit ohmschem Widerstand R und Induktivität L ist

$$Z = \sqrt{R^2 + (\omega L)^2}.$$

... noch mehr Aufgaben

A 1: Zeigen Sie, dass $X_C = 1/(\omega C)$ und $X_L = \omega L$ die Einheit Ω haben.

A 2: Warum kann man den kapazitiven Widerstand X_C nicht als Quotient $U(t)/I(t)$ der Momentanwerte definieren?

A 3: a) Welche Stromstärke zeigt ein Messgerät in der Leitung zu einem Kondensator von 20 µF an, wenn man $U_{\text{eff}} = 230$ V bei $f = 50$ Hz anlegt? Berechnen Sie die Scheitelwerte der sinusförmigen Stromstärke und Spannung. **b)** Zeichnen Sie ein Zeigerdiagramm (100 V ≙ 1 cm; 1 A ≙ 1 cm). Trägt man Effektiv- oder Scheitelwerte ein? **c)** Zwischen welchen Werten schwankt die Energie im Kondensator?

A 4: a) Berechnen Sie die Kapazität eines Kondensators, wenn bei $U_{\text{eff}} = 20$ V und $f = 50$ Hz die Stromstärke $I_{\text{eff}} = 100$ mA beträgt. **b)** Die Zuleitung zu einem Kondensator mit 1,0 µF führt einen Strom der Stärke $I_{\text{eff}} = 50$ mA. Welche Frequenz hat die angelegte Wechselspannung bei $U_{\text{eff}} = 10$ V?

A 5: a) Um die Induktivität L einer Spule zu ermitteln, legen wir zuerst die Gleichspannung 4,0 V an und erhalten die Stromstärke 0,10 A. Berechnen Sie den ohmschen Widerstand R der Spule. **b)** Beim Anlegen der Wechselspannung mit $U_{\text{eff}} = 12$ V (50 Hz) sinkt die Stromstärke auf $I_{\text{eff}} = 0,030$ A. Berechnen Sie den induktiven Widerstand X_L der Spule bei 50 Hz. Berechnen Sie die Induktivität L der Spule. **c)** Zeichnen Sie das zugehörige Zeigerdiagramm. Konstruieren Sie damit den zeitlichen Verlauf von $U(t)$ und $I(t)$.

A 6: a) Eine Spule hat $R = 20\ \Omega$ und $L = 0,10$ H. Bestätigen Sie für $\omega = 0\ \text{s}^{-1}$, $100\ \text{s}^{-1}$ und $500\ \text{s}^{-1}$ das Schaubild ▶ *Bild 4*. **b)** Begründen Sie das asymptotische Verhalten des Schaubilds in ▶ *Bild 4*.

Reihen- und Parallelschaltung von R, L, C

1. Drei Bauelemente in Konkurrenz

Bei Wechselstrom verhalten sich die Bauelemente ohmscher Widerstand, Kondensator und Spule unterschiedlich. Während bei steigender Frequenz der kapazitive Widerstand $X_C = 1/(\omega C)$ eines Kondensators sinkt, steigt der induktive Widerstand $X_L = \omega L$ einer Spule. Welches dieser Bauelemente dominiert, wenn man sie zusammenschaltet?

2. Reihenschaltung von R, L, C (Siebkette)

Schalten wir ein Lämpchen mit einem Kondensator und einer Spule in Reihe (→ Versuch 1a), so leuchtet es für eine bestimmte Frequenz f_0 am hellsten. Bei sehr viel kleineren Frequenzen sperrt der Kondensator, bei größeren die Spule. Diese Anordnung siebt eine Frequenz aus und heißt deshalb **Siebkette**. Wie im Fall einer realen Spule berechnen wir den Scheinwiderstand Z und den Phasenwinkel φ für die Reihenschaltung mit dem Zeigerdiagramm für die Teilspannungen U_R, U_C und U_L.

a) Addieren wir zum *ohmschen* Widerstand R_1 (→ Versuch 1b) den ohmschen Widerstand von Spule und Leitungen, so erhalten wir den **Wirkwiderstand** R. Die an ihm liegende Teilspannung $R\,I(t)$ ist mit der Stromstärke $I(t)$ in Phase. Ihr Zeiger $\hat{U}_R = \hat{I}R$ liegt also in Richtung des Zeigers $\hat{I}$, der bei der Reihenschaltung als Ausgangspunkt für das Zeigerdiagramm dient (→ Bild 1).

b) Am *induktiven* Widerstand X_L liegt die Teilspannung $U_L(t)$ und kompensiert die induzierte Spannung $U_{ind} = -L\dot{I}$. Ihr Zeiger $\hat{U}_L = \hat{I}\,\omega L$ eilt dem Zeiger $\hat{I}$ um $\pi/2$ voraus.

c) Am *kapazitiven* Widerstand X_C liegt die Teilspannung $U_C(t)$, die der Stromstärke $I(t)$ um $\pi/2$ nachhinkt. Ihr Zeiger $\hat{U}_C = \hat{I}/(\omega C)$ hinkt dem Zeiger $\hat{I}$ um $\pi/2$ nach.

Die Addition der drei Spannungszeiger geht am einfachsten, wenn wir zunächst die Differenz $\hat{U}_L - \hat{U}_C$ der Gegenzeiger $\hat{U}_L$ und $\hat{U}_C$ bilden. Addieren wir hierzu den Zeiger $\hat{U}_R$, so ergibt sich als Hypotenuse im rechtwinkligen Dreieck der Zeiger $\hat{U}$ der Gesamtspannung $U(t)$. Für ihren Scheitelwert $\hat{U}$ folgt nach PYTHAGORAS

$$\hat{U} = \sqrt{\hat{U}_R^2 + (\hat{U}_L - \hat{U}_C)^2} = \hat{I}\sqrt{R^2 + \left(\omega L - \frac{1}{\omega C}\right)^2}.$$

Wiederum sind die Scheitelwerte $\hat{I}$ und $\hat{U}$ proportional zueinander. Für den Scheinwiderstand $Z = \hat{U}/\hat{I} = U_{eff}/I_{eff}$ erhalten wir

$$Z = \sqrt{R^2 + \left(\omega L - \frac{1}{\omega C}\right)^2}.$$

Die Stromstärke $I(t)$ ist sinusförmig und ist zur angelegten Spannung $U(t)$ um φ phasenverschoben (→ Versuch 1b).
Für den Phasenwinkel φ erhalten wir aus dem Zeigerdiagramm (→ Bild 1) $\tan\varphi = (\hat{U}_L - \hat{U}_C)/\hat{U}_R = (\omega L - 1/(\omega C))/R$.

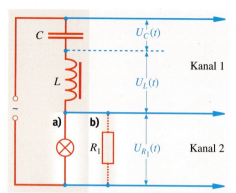

V 1: a) Wir schalten ein Lämpchen (18 V/0,1 A), einen Kondensator und eine Spule in Reihe an einen Sinusgenerator. Bei einer bestimmten Frequenz leuchtet das Lämpchen am hellsten. **b)** Wir ersetzen das Lämpchen durch einen ohmschen Widerstand R_1. Die Teilspannung $U_{R_1}(t) = R_1 I(t)$ ist proportional zur Stromstärke $I(t)$. Ein Oszilloskop zeigt, dass $I(t)$ sinusförmig und gegenüber der von außen angelegten Spannung $U(t)$ phasenverschoben ist.

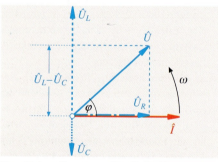

B 1: Zeigerdiagramm für die Reihenschaltung von R, L, C

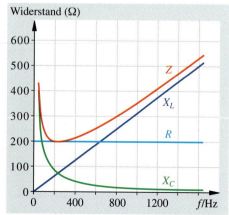

B 2: Reihenschaltung von R, L, C: Widerstände R, X_C, X_L und *Scheinwiderstand* Z in Abhängigkeit von der Frequenz f

Merksatz

An der Reihenschaltung aus ohmschem Widerstand R, kapazitivem Widerstand $X_C = 1/(\omega C)$ und induktivem Widerstand $X_L = \omega L$ liege die sinusförmige Wechselspannung $U(t) = \hat{U} \sin(\omega t)$. Für den **Scheinwiderstand** $Z = U_{eff}/I_{eff}$ gilt

$$Z = \sqrt{R^2 + \left(\omega L - \frac{1}{\omega C}\right)^2} = \sqrt{R^2 + (X_L - X_C)^2}.$$

Als effektive Stromstärke ergibt sich

$$I_{eff} = \frac{U_{eff}}{Z}.$$

Der resultierende **Blindwiderstand** ist

$$X = \omega L - \frac{1}{\omega C}.$$

Die sinusförmige Stromstärke $I(t) = \hat{I} \sin(\omega t - \varphi)$ ist gegenüber der angelegten Spannung $U(t) = \hat{U} \sin(\omega t)$ um den Winkel φ **phasenverschoben**. Für ihn gilt

$$\tan \varphi = \frac{X_L - X_C}{R} = \frac{\omega L - \frac{1}{\omega C}}{R}.$$

Für $\varphi > 0$ hinkt die Stromstärke $I(t)$ der Spannung $U(t)$ nach (Spule); für $\varphi < 0$ eilt sie voraus (Kondensator).

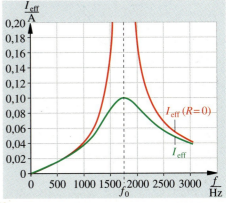

B 3: Reihenschaltung von R, C, L: Stromstärke I_{eff} in Abhängigkeit von der Frequenz f. Für $f = f_0$ ist die Stromstärke I_{eff} maximal.

Wir ändern bei der Reihenschaltung von R, L und C die Frequenz f. Bei der Resonanzfrequenz f_0 ist der Scheinwiderstand Z minimal (⟹ *Bild 2*), während die Stromstärke I_{eff} maximal ist (⟹ *Bild 3*). Es ist $Z = R$. Die Phasenverschiebung φ und der resultierende Blindwiderstand X sind jetzt null.

In ⟹ *Versuch 2* messen wir bei der Reihenschaltung von R, L und C die Teilspannungen U_C am Kondensator und U_L an einer Spule in Abhängigkeit von der Frequenz f. Die zu I_{eff} proportionalen Teilspannungen $U_{L,eff}$ und $U_{C,eff}$ haben bei f_0 jeweils besonders große Werte (**Spannungsresonanz**) und kompensieren sich (⟹ *Bild 4*). Diese Reihenschaltung lässt die *Resonanzfrequenz* f_0 bevorzugt durch und heißt deshalb *Siebkette* (der Scheinwiderstand $Z(f_0)$ ist minimal). Andere Frequenzen f werden ausgesiebt, d. h. der Scheinwiderstand $Z(f)$ ist größer als $Z(f_0)$. Im Resonanzfall können die Teilspannungen $U_{C,eff}$ am Kondensator und $U_{L,eff}$ an der Spule erheblich höher sein als die angelegte Spannung U_{an}.

Bei einem Radiogerät kann man auf diese Weise einen Sender mit der Frequenz f_0 aus einem ankommenden Frequenzgemisch verschiedener Sender auswählen.

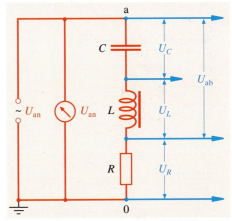

V 2: Wir messen die Spannungen U_C, U_L und U_{ab} in Abhängigkeit von der Frequenz f. Für $f = f_0$ ist $U_C \approx U_L$. U_{ab} hat ein Minimum.

Beispiel

Die Elemente $R = 20\ \Omega$, $C = 20\ \mu F$ und $L = 20\ mH$ liegen in Reihe an einer Quelle mit $U_{eff} = 20\ V$ und der Resonanzfrequenz $f_0 \approx 252\ Hz$. Die Stromstärke beträgt $I_{eff} = U_{eff}/Z = U_{eff}/R = 20\ V/20\ \Omega = 1\ A$. Die Teilspannungen sind

an C: $U_{C,eff} = I_{eff}/(\omega C) = 1\ A/(2\pi \cdot 252\ Hz \cdot 20\ \mu F) \approx 32\ V$,
an L: $U_{L,eff} = I_{eff}\ \omega L = 1\ A \cdot 2\pi \cdot 252\ Hz \cdot 0{,}02\ H \approx 32\ V$,
an R: $U_{R,eff} = I_{eff}\ R = 1\ A \cdot 20\ \Omega = 20\ V$.

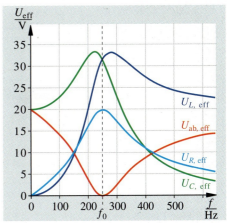

B 4: Teilspannungen bei Reihenschaltung von R, L, C in Abhängigkeit von Frequenz f (Spannungsresonanz). Bei $f = f_0$ ist $U_{C,eff} = U_{L,eff}$ und $U_{R,eff} = U_{eff}$.

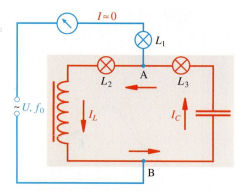

V 1: Eine Spule (1 000 Windungen) mit U-Eisenkern (Joch fast geöffnet) und ein Kondensator (30 µF) liegen parallel an einer Wechselspannung (roter Stromkreis). Drei Lämpchen (4 V/0,6 A) dienen zum Stromstärkenachweis. Bei $U_{eff} = 40$ V, 50 Hz leuchten die Lämpchen L_2 und L_3 hell, während L_1 dunkel bleibt.

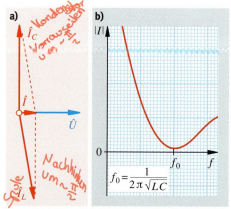

B 1: a) Zeigerdiagramm für Parallelschaltung von L und C (Sperrkreis). Ausgangspunkt ist der Zeiger $\hat{U}$. **b)** Stromstärke als Funktion der Frequenz mit Minimum bei Frequenz f_0.

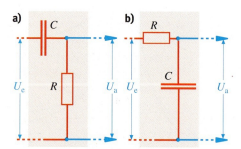

B 2: Eine Eingangsspannung U_e wird an eine Reihenschaltung von R und C gelegt. Die Ausgangsspannung U_a kann man abgreifen: **a)** beim Hochpass am ohmschen Widerstand R, **b)** beim Tiefpass am Kondensator C.

3. Parallelschaltung von L und C (Sperrkreis)

Der kapazitive Widerstand $X_C = 1/(\omega C)$ eines Kondensators und der induktive Widerstand $X_L = \omega L$ einer Spule sind bei der Resonanzfrequenz f_0 der Reihenschaltung von Spule und Kondensator gleich groß. Schalten wir bei dieser Frequenz f_0 nur den Kondensator oder nur die Spule an einen Sinusgenerator, so erhalten wir ungefähr gleich große Stromstärken $I_{C,\,eff}$ und $I_{L,\,eff}$. Schalten wir jetzt aber Kondensator und Spule *parallel* an den Sinusgenerator, so ist die Stromstärke I in der Zuleitung fast null (⇒ *Versuch 1*). Während Lämpchen L_1 dunkel ist, leuchten L_2 und L_3 gleich hell. Die Stromstärken I_C und I_L sind viel größer als I. Zur Erklärung nutzen wir das Zeigerdiagramm.

Weil bei der *Parallelschaltung* von Kondensator und Spule an beiden Bauteilen dieselbe Spannung $U(t)$ liegt, beginnen wir mit dem Zeiger $\hat{U}$ (⇒ *Bild 1a*). Der Zeiger $\hat{I}_C$ der Kondensatorstromstärke eilt dem Spannungszeiger $\hat{U}$ um $\pi/2$ voraus, während der Zeiger $\hat{I}_L$ der Spulenstromstärke um fast $\pi/2$ nachhinkt. Die Phasenverschiebung von $\hat{I}_C$ und $\hat{I}_L$ ist also nahezu π. Ohne ohmschen Widerstand R der Spule wäre sie exakt π. Bei $R > 0$ dagegen ergibt die Addition von $\hat{I}_C$ und $\hat{I}_L$ den sehr kurzen Zeiger $\hat{I}$ für die Stromstärke in der Zuleitung. $\hat{I}$ und $\hat{U}$ sind in Phase. Weil diese Parallelschaltung von L und C für die Frequenz f_0 die kleinste Stromstärke I_{eff} zur Folge hat (⇒ *Bild 1b*), d. h. den größten Widerstand für die äußere Spannungsquelle, nennt man diesen Stromkreis auch **Sperrkreis**.

4. Vergleich von Siebkette und Sperrkreis

Siebkette und Sperrkreis wirken als Filter für von außen aufgeprägte Frequenzen (Bandfilter). Während die Siebkette eine bestimmte Frequenz $f_0 = 1/(2\pi\sqrt{LC})$ bevorzugt ($Z(f_0) = R$ ist minimal), unterdrückt der Sperrkreis gerade diese Frequenz f_0 ($Z(f_0) = R$ ist maximal).

5. Hochpass und Tiefpass aus R und C

Mit Klangreglern einer Hi-Fi-Anlage können Sie hohe Töne bevorzugen oder unterdrücken. Hierzu genügen im Prinzip die einfachen Bauelemente Kondensator und Widerstand (⇒ *Bild 2*). Die Eingangsspannung U_e enthält das zu regelnde Frequenzgemisch.

a) Am **Hochpass** (⇒ *Bild 2a*) liegt die *Eingangsspannung* U_e und erzeugt den Strom der Stärke I in der roten Leitung durch Kondensator C und Widerstand R. Enthält U_e mehrere Frequenzen f, so wird wegen $X_C = 1/(2\pi f C)$ die mit großem f bevorzugt. Ihr starker Strom erzeugt am Widerstand R eine große Teilspannung $U_a = R\,I$. Sie dient als *Ausgangsspannung* U_a, etwa für Lautsprecher.

b) Beim **Tiefpass** (⇒ *Bild 2b*) wird die Teilspannung am Kondensator C als Ausgangsspannung U_a genutzt. Enthält die Eingangsspannung U_e mehrere Frequenzen f, so ist für genügend kleines f die Teilspannung $I/(2\pi f C)$ am kapazitiven Widerstand X_C groß gegenüber der Teilspannung $R\,I$ am Widerstand R. Für großes f dagegen ist die Teilspannung an X_C klein. Somit ergibt eine kleine Frequenz f eine größere Ausgangsspannung U_a als eine große Frequenz.

... noch mehr Aufgaben

A 1: a) An eine Spule mit $R = 1000\,\Omega$ und $L = 0{,}50\,\text{H}$ legen wir die Spannung $U_{\text{eff}} = 10\,\text{V}$ mit $f_1 = 1{,}0\,\text{Hz}$ bzw. $f_2 = 10\,\text{kHz}$. Wie verhalten sich die Stromstärken? **b)** Wie verhielten sie sich bei $R = 0$?

A 2: a) Warum ist der Scheinwiderstand Z einer Spule kleiner als die Summe $R + X_L$? Warum hat die Summe $R + X_L$ keine physikalische Bedeutung, etwa zur Berechnung der angelegten Spannung? **b)** Berechnen Sie X_L einer Spule mit $R = 10\,\Omega$ und $Z = 570\,\Omega$ bei $f = 50\,\text{Hz}$. Um wie viel Prozent nimmt Z ab, wenn man R vernachlässigt? Wie groß wäre die Abnahme bei $R = X_L$?

A 3: Welche zeitliche Verschiebung zwischen den Nulldurchgängen von $U(t)$ und $I(t)$ ergibt sich bei den Phasenverschiebungen $\pi/2$ und $\pi/3$ bei 50 Hz, welche bei 100 Hz?

A 4: Um einen „Phasenschieber" zu bauen, schaltet man einen ohmschen Widerstand $R = 50\,\Omega$ mit einer 20 cm langen Spule mit 1000 Windungen, 50 Ω Wirkwiderstand und 25 cm² Querschnittsfläche in Reihe. **a)** Welche Phasenverschiebung zwischen $I(t)$ und $U(t)$ zeigt das Oszilloskop bei 200 Hz? **b)** Durch Eisen wird die Induktivität 10-mal so groß. Wie ändern sich φ und I_{eff}, sowie die Teilspannung U_R am Widerstand R? **c)** Wievielmal so groß müsste man die Wechselstromfrequenz wählen, um die gleiche Wirkung auch ohne Eisen zu erzielen? Wie würden sich I_{eff} und U_R ändern?

A 5: a) Die Windungszahl der in Aufgabe 4 beschriebenen Spule wird verdoppelt. Wie ändern sich L und φ in a)? **b)** Man schaltet in den Kreis von Aufgabe 4a eine zweite gleiche Spule in Reihe, ohne dass sich ihre Magnetfelder beeinflussen. Wie ändern sich dabei L, die gesamte Spannung U_L und φ? Zeichnen Sie ein Zeigerdiagramm.

A 6: Zwei Spulen mit $L_1 = 0{,}3\,\text{H}$ und $L_2 = 0{,}6\,\text{H}$ werden in Reihe geschaltet und an eine Wechselspannung mit $U_{\text{eff}} = 10\,\text{V}$, 50 Hz gelegt. Jede Spule habe den Wirkwiderstand $R = 10\,\Omega$. Die Magnetfelder der beiden Spulen sollen sich nicht beeinflussen. Wie groß sind I_{eff}, die Teilspannung U_L an L_1, und die Phasenverschiebung φ zwischen Stromstärke und Spannung?

A 7: An eine Spule mit $L = 1{,}0\,\text{H}$ und $R = 50\,\Omega$ legt man in Reihe geschaltet die Wechselspannung 17 V eines Eisenbahntrafos und die Gleichspannung 4,5 V einer Taschenlampenbatterie. Zeichnen Sie das t-I-Schaubild der zu erwartenden Stromstärke.

A 8: a) Ein Kondensator mit 20 µF, eine ideale Spule mit 2,0 H und eine Lampe mit 100 Ω liegen in Reihe an 20 V, 50 Hz. Berechnen Sie die Stromstärke, die Phasenverschiebung und die Teilspannungen an R, C und L. **b)** Bei welcher Frequenz wird die Stromstärke maximal? Wie groß ist das Maximum? Wie groß sind bei dieser Frequenz die Teilspannungen? **c)** Zeichnen Sie für a) und b) das Zeigerdiagramm maßstäblich und prüfen Sie an ihm den Winkel der Phasenverschiebung.

A 9: In Aufgabe 8 steige bei $t = \frac{1}{50}\,\text{s}$ die von außen angelegte Spannung U gerade von null zu positiven Werten an. Wie groß sind in diesem Augenblick die Stromstärke und die Teilspannungen an den Widerständen R, X_L und X_C?

A 10: a) Wie groß sind die Resonanzfrequenzen f_0 von Siebkette und Sperrkreis, die aus einem Kondensator (1,0 µF) und einer Spule (1,0 H) aufgebaut wurden? ($R = 0$) **b)** Wie muss man C verändern, damit f_0 halbiert wird? **c)** Wie ändert sich f_0, wenn man die Windungszahl der Spule verdoppelt, die Länge aber belässt?

A 11: a) Beim Hochpass (Bild 2a) ist $C = 0{,}10\,\mu\text{F}$, $R = 1{,}0\,\text{k}\Omega$. Welche Ausgangsspannungen U_a werden von der Eingangsspannung $U_e = 0{,}10\,\text{V}$ bei den Frequenzen 50 Hz und 5,0 kHz erzeugt? **b)** Wie groß ist U_a beim Tiefpass (Bild 2b) für $U_e = 0{,}10\,\text{V}$ und 50 Hz bzw. 5,0 kHz? **c)** Wie groß sind jeweils die Phasenverschiebungen zwischen U_a und U_e?

A 12: a) Man ersetze in Bild 2 den Kondensator durch eine Spule mit 0,10 H. Welches ist der Hoch-, welches der Tiefpass? Lösen Sie nun Aufgabe 11. **b)** Warum handelt es sich bei diesen Schaltungen stets um Spannungsteiler?

A 13: Um die Dicke einer Kunststofffolie ($\varepsilon_r = 5$) laufend zu messen, zieht man sie zwischen zwei Kondensatorplatten der Fläche 100 cm² hindurch. Zwischen den Platten liegt eine Wechselspannung mit 40 V und $f = 1000\,\text{Hz}$. (Foliendicke gleich Plattenabstand)
a) Welche Induktivität L muss eine mit diesem Kondensator in Reihe gelegte Spule mit $R = 100\,\Omega$ haben, damit bei der Solldicke von $d = 5 \cdot 10^{-6}\,\text{m}$ der Strom sein Maximum erreicht? **b)** Wie groß ist I_{eff} bei $d = 4 \cdot 10^{-6}\,\text{m}$ und $6 \cdot 10^{-6}\,\text{m}$?

A 14: a) An eine Siebkette mit Kapazität $C = 2{,}0\,\mu\text{F}$ wird die Wechselspannung $U_{\text{eff}} = 1{,}00\,\text{V}$, 600 Hz gelegt und beim Maximum der Stromstärke $I_{\text{eff}} = 10\,\text{mA}$ gemessen. Wie groß sind R und L sowie die Teilspannungen an R, L und C? Warum ist ihre algebraische Summe nicht gleich der angelegten Spannung? **b)** Wie groß ist die Phasenverschiebung? Skizzieren Sie deren Verlauf, wenn die Frequenz von 0 auf 2 kHz steigt. **c)** Wie groß sind in a) die maximale magnetische und die maximale elektrische Feldenergie? Treten diese gleichzeitig auf? Wie groß ist ihr zeitlicher Unterschied?

86 INDUKTION UND WECHSELSTROM

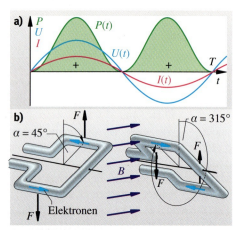

B 1: a) *Momentanleistung P(t) bei einem ohmschen Widerstand R.* **b)** Die Kraft F auf die Leiterschleife im Generator wirkt stets gegen die Drehrichtung.

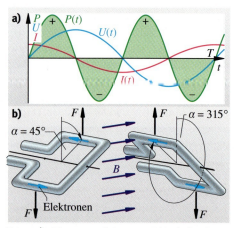

B 2: a) *Momentanleistung P(t) bei einem rein kapazitiven Widerstand X_C.* **b)** Die Kraft F auf die Leiterschleife im Generator kann auch in Drehrichtung wirken.

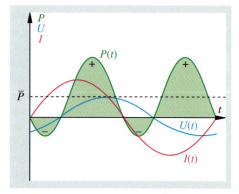

B 3: Leistung bei Reihenschaltung von Kondensator und Lampe. Beispielhaft ist $\pi/3$ als Phasenverschiebung gewählt.

Elektrische Leistung bei Wechselspannung

1. Energietransport vom E-Werk zum Verbraucher

Wie können wir bei Wechselstrom die pro Zeiteinheit gelieferte Energie berechnen? Bei Gleichspannung gilt für die Leistung $P = UI$. Die Wechselspannung $U(t)$ bestimmt mit der Stromstärke $I(t)$ die *momentane Leistung* $P(t)$, welche die Quelle dem Stromkreis zuführt. Dabei muss aber die bei Wechselspannung mögliche Phasenverschiebung zwischen $U(t)$ und $I(t)$ berücksichtigt werden.

2. Energie leihweise vom Generator?

Wir legen die Wechselspannung $U_{eff} = 230$ V an einen 300 W-Tauchsieder, der sich in einer bekannten Wassermenge befindet. Die Stromstärke beträgt $I_{eff} = 1{,}30$ A. Messen wir die Temperaturerhöhung des Wassers in einer bestimmten Zeitspanne, so erhalten wir als Leistung 300 J/s. Weil bei Wechselspannung die Stromstärke nicht konstant ist, muss es sich um eine *mittlere* Leistung $\overline{P}$ handeln. Das Produkt $U_{eff} I_{eff}$ ergibt den richtigen Wert, nämlich 230 V $\cdot$ $1{,}30$ A = 300 W. Elektrische Leistungsmesser zeigen beim Betrieb des Tauchsieders gerade diese 300 W an.

Wir interessieren uns aber für die *Momentanleistung* $P(t) = U(t) I(t)$. Bei rein ohmschen Widerständen gilt $P(t) = R I^2(t)$. Der Verlauf der Momentanleistung ist in ⟶ *Bild 1* grün getönt. Bei einem Tauchsieder schwankt sie mit der doppelten Wechselstromfrequenz zwischen null und dem Höchstwert $\hat{U} \hat{I}$. Die abgegebene Energie hängt ja nicht von der Stromrichtung ab und ist beim Maximum $\hat{I}$ der Stromstärke genauso groß wie beim Minimum $-\hat{I}$.

Ersetzen wir den Tauchsieder durch einen *Kondensator* mit der Kapazität 10 µF, so messen wir die Stromstärke $I_{eff} = 0{,}7$ A, obwohl der Leistungsmesser null anzeigt. Der Leistungsmesser ist für diesen „wattlosen" Strom „blind". Man nennt ihn deshalb **Blindstrom**. Für ihn müssen wir nichts bezahlen. Nach ⟶ *Bild 2a* eilt in diesem Fall die Stromstärke $I(t)$ der Spannung $U(t)$ um $\pi/2$ in der Phase voraus. Die *Momentanleistung* $P(t) = U(t) I(t)$ ist während einer Periodendauer T zweimal positiv und zweimal negativ. Dabei sind die positiven und negativen Flächenanteile gleich groß. Der Mittelwert der Leistung ist also null.

Was passiert in den einzelnen Zeitabschnitten? Haben $U(t)$ und $I(t)$ gleiches Vorzeichen, so ist $P(t) > 0$. Der Betrag der Spannung $|U(t)|$ steigt in dieser Zeit von null auf den Maximalwert und damit auch die Energie $W = \frac{1}{2} C U^2$ des elektrischen Feldes des Kondensators. Das E-Werk liefert Energie zum Aufbau des elektrischen Feldes.

Haben $U(t)$ und $I(t)$ verschiedene Vorzeichen, so ist $P(t) < 0$. Der Betrag $|U(t)|$ sinkt und damit auch die Feldenergie $W = \frac{1}{2} C U^2$. Wohin geht die Energie des abnehmenden E-Feldes? Betrachten wir für diesen Fall die Leiterschleife des Generators (⟶ *Bild 2b*). Die sich im Uhrzeigersinn drehende Schleife erfährt deshalb nach der Drei-Finger-Regel eine Kraft F in der Drehrichtung: Wären nur Kondensatoren an den Generator angeschlossen, so würde dieser kurzzeitig als Motor von der zurückflutenden Energie der zusammenbrechenden E-Felder angetrieben!

Ist dagegen $P(t) > 0$, so ist die Kraft F der Bewegung entgegen gerichtet (➠ Bild 2 b). Die Turbine muss dann die Leiterschleife antreiben und die zum Aufbau des E-Felds nötige Energie liefern. Wenn allein ein Kondensator angeschlossen ist, läuft der Generator ruckweise. Die Energie pendelt in den Leitungen hin und her und erhöht wegen des ohmschen Widerstands die Temperatur der Leitungen. Dies gilt auch für eine Belastung durch Spulen (Motoren, Trafos). Der Elektrizitätsversorger liest den *Blindstrom* an Sonderzählern ab und belegt ihn mit Sondertarifen.

3. Eine Gleichung für die Wirkleistung

Wir schalten eine 100 W-Lampe in Reihe zum 10 µF-Kondensator. Im Vergleich zur Schaltung ohne Lampe sinkt die Stromstärke von 0,7 A auf $I_\text{eff} = 0{,}40$ A bei 230 V. Der Leistungsmesser zeigt jetzt einen Wert ungleich null. Wegen des ohmschen Widerstands der Lampe ist die Phasenverschiebung φ kleiner als $\pi/2$. Bei einer beliebigen Phasenverschiebung φ ($\frac{-\pi}{2} < \varphi < \frac{\pi}{2}$) gehört zur Spannung $U(t) = \hat{U}\sin(\omega t)$ die Stromstärke $I(t) = \hat{I}\sin(\omega t - \varphi)$. Für die *Momentanleistung* gilt

$$P(t) = U(t)\,I(t) = \hat{U}\,\hat{I}\sin(\omega t)\sin(\omega t - \varphi).$$

Mit $\sin\alpha\sin\beta = \frac{1}{2}\cos(\alpha-\beta) - \frac{1}{2}\cos(\alpha+\beta)$ und $\hat{U}\hat{I} = 2\,U_\text{eff}\,I_\text{eff}$ folgt

$$P(t) = U_\text{eff}\,I_\text{eff}\cos\varphi - U_\text{eff}\,I_\text{eff}\cos(2\omega t - \varphi).$$

Der zweite, zeitabhängige Term beschreibt eine periodische Funktion (➠ Bild 3). Diese schwankt mit der doppelten Kreisfrequenz 2ω symmetrisch um die zeitunabhängige mittlere Leistung $U_\text{eff}\,I_\text{eff}\cos\varphi$. Das Zeitmittel der Funktion ist null wie bei jeder Kosinusfunktion. Sie beschreibt das Pendeln der Energie zwischen Generator und Feld. $U_\text{eff}\,I_\text{eff}\cos\varphi$ kennzeichnet die zeitunabhängige Wirkleistung $\overline{P}$. Die Herleitung und das Ergebnis gelten auch für Spulen, weil $\cos(-\varphi) = \cos\varphi$ gilt. Bei Spule und Kondensator liegt φ zwischen $\frac{-\pi}{2}$ und $\frac{+\pi}{2}$; $\cos\varphi$ und $\overline{P} = U_\text{eff}\,I_\text{eff}\cos\varphi$ werden nie negativ. In ➠ Bild 3 überwiegen die positiven Anteile von $P(t)$ die negativen. Der Generator gibt mehr Energie ab, als er zurücknehmen muss. Die Differenz führt dem „Verbraucher" thermische oder mechanische Energie zu. Hierfür wird der „Strompreis" bezahlt.

Merksatz

Bei einem **ohmschen Wirkwiderstand R** ist die *Momentanleistung* nie negativ. Vom Verbraucher wird keine Energie an das Netz zurückgegeben. Es liegt ein reiner **Wirkstrom** vor ($P(t) > 0$).
Bei rein **kapazitiven** und rein **induktiven Blindwiderständen** sind der positive und negative Anteil der *Momentanleistung* gleich groß, die mittlere Leistung ist null. Es liegt ein **Blindstrom** vor.
Die **Wirkleistung $\overline{P}$** eines beliebigen Wechselstroms hängt von der Phasenverschiebung φ zwischen Stromstärke und Spannung ab:

$$\overline{P} = U_\text{eff}\,I_\text{eff}\cos\varphi.$$

Der **Leistungsfaktor $\cos\varphi$** ist bei Wirkstrom 1, bei Blindstrom 0.

... noch mehr Aufgaben

A 1: Ein Kondensator von 20 µF, eine Spule von 2,0 H und eine Lampe mit 100 Ω liegen in Reihe an einer Wechselspannung $U_\text{eff} = 20$ V, 50 Hz. Berechnen Sie den Leistungsfaktor und die Wirkleistung. Prüfen Sie das Ergebnis mithilfe der Teilspannung am ohmschen Widerstand und der Gleichung $\overline{P} = I_\text{eff}^2 R$ nach.

A 2: Ein Kondensator (10 µF) und ein ohmscher Widerstand (100 Ω) liegen in Reihe an $U_\text{eff} = 230$ V, 50 Hz. Wie groß sind Stromstärke und Phasenverschiebung? Welche Leistung zeigt ein Leistungsmesser an? Wie lange dauert es, bis ein Zähler 1,0 kWh anzeigt?

A 3: Eine Spule mit Eisenkern liegt an $U_\text{eff} = 230$ V, 50 Hz. Die Effektivstromstärke beträgt 1,0 A. Ein Leistungsmesser zeigt $\overline{P} = 50$ W an. Berechnen Sie die Phasenverschiebung, den induktiven und den ohmschen Widerstand.

A 4: Zeigen Sie, dass die Wirkleistung $\overline{P}$ auch mit $\overline{P} = I_\text{eff}^2 R$ berechnet werden kann. Benutzen Sie $\overline{P} = U_\text{eff}\,I_\text{eff}\cos\varphi$ und drücken Sie $\cos\varphi$ durch $\tan\varphi$ aus. Deuten Sie $\overline{P} = I_\text{eff}^2 R$ unabhängig von der Rechnung durch physikalische Überlegungen.

A 5: Jemand sagt, $\cos\varphi$ gebe den energetischen Wirkungsgrad des Motors an. Was antworten Sie ihm?

A 6: Wie wird die Leiterschleife im Elektrizitätswerk bei reinem Wirkstrom belastet (➠ Bild 1)?

A 7: a) Zeichnen Sie den Verlauf von $P(t)$ bei einem rein induktiven Blindwiderstand analog zu ➠ Bild 2a. Wann ist $P(t) < 0$? Wie wirkt sich die negative Leistung auf die Leiterschleife im Elektrizitätswerk aus?
b) Vergleichen Sie die Lage der positiven und negativen Teile der $P(t)$-Kurve mit denen beim Kondensator (bezogen auf die $U(t)$-Kurve). Geben Sie damit eine Deutung für die Energiependelung im Sperrkreis.

A 8: Der Leistungsfaktor $\cos\varphi$ ist auf dem Typenschild eines Motors vermerkt. Berechnen Sie die Wirkleistungen für Motoren mit den folgenden Daten: 230 V, 16 A, $\cos\varphi = 0{,}60$ und 230 V, 12 A, $\cos\varphi = 0{,}80$. Welcher der beiden Motoren ist aus Sicht der Netzbelastung günstiger?

Induktion und Wechselstrom

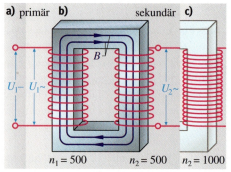

V 1: a) Wir legen an die Primärspule ($n_1 = 500$) eines Trafos eine Gleichspannung $U_1 = 6$ V. Die Primärstromstärke I_1 ist wegen des geringen ohmschen Widerstands R der Spule groß ($I_1 \approx 5$ A). An der Sekundärspule ($n_2 = 500$) messen wir keine Spannung U_2. **b)** Legen wir eine Wechselspannung $U_{1,\text{eff}} = 6$ V an die Primärspule, so sinkt die Stromstärke $I_{1,\text{eff}}$ auf ca. 50 mA, während $U_{2,\text{eff}}$ auf ca. 6 V ansteigt. **c)** Wir wählen $U_{1,\text{eff}} = 6$ V, $n_1 = 500$ und verändern die Windungszahl n_2 der Sekundärspule. Wir erhalten als Messwerte:

n_2	250	500	1000
$U_{2,\text{eff}}$ in V	3	6	12

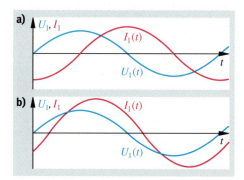

V 2: Wir untersuchen mit einem Oszilloskop die Phasenlage von Primärspannung $U_1(t)$ und Primärstromstärke $I_1(t)$ in Abhängigkeit der Belastung des Trafos. **a)** Ist der Trafo unbelastet, d. h. $I_2(t) = 0$, so hinkt $I_1(t)$ der Primärspannung $U_1(t)$ um $\frac{\pi}{2}$ hinterher. $I_1(t)$ ist ein reiner induktiver Blindstrom. Die Wirkleistung P_1 ist null. **b)** Erhöhen wir die Sekundärstromstärke $I_2(t)$ durch Verkleinern von R_S, so steigt auch die Primärstromstärke $I_1(t)$ an. Die Phasenverschiebung zwischen $U_1(t)$ und $I_1(t)$ nimmt ab. Die Primärstromstärke erhält einen Wirkanteil.

Der Transformator

1. Der unbelastete Transformator (Trafo)

Transformatoren bestehen aus zwei getrennten Spulen, die sich beide auf einem geschlossenen Eisenkern befinden. Mit ihrer Hilfe kann man die Höhe von Wechselspannungen verändern. Sie spielen bei der Übertragung elektrischer Energie vom Kraftwerk zum Haushalt und in vielen elektronischen Geräten eine wichtige Rolle. Auf welchen physikalischen Gesetzmäßigkeiten beruhen Transformatoren? Zur Klärung dieser Frage untersuchen wir, von welchen Größen die Spannung U_2 an der Sekundärspule abhängt.

Liegt an der Primärspule eine konstante *Gleichspannung* U_1, so wird in der Sekundärspule keine Spannung U_2 induziert, weil eine zeitliche Änderung des magnetischen Flusses nicht vorliegt (➡ *Versuch 1a*). Legen wir dagegen primärseitig eine *Wechselspannung* $U_1(t)$ an (➡ *Versuch 1b*), so wird in der Primärspule aufgrund des sich zeitlich ändernden Magnetflusses $\Phi(t)$ eine Spannung $U_{1,\text{ind}}(t) = -n_1 \dot{\Phi}(t)$ induziert. Da sie die angelegte Spannung $U_1(t)$ kompensiert ($U_1(t) + U_{1,\text{ind}}(t) \approx 0$), sinkt die Primärstromstärke fast auf null (gegenüber Gleichspannung). Es gilt $U_1(t) = +n_1 \dot{\Phi}(t)$. Man nennt dies die *Grundgleichung des Trafos*.

Als Idealisierung nehmen wir an, dass der sich zeitlich ändernde Fluss $\Phi(t)$ der Primärspule ganz den Eisenkern und die Sekundärspule durchsetzt. In ihr wird deshalb die Spannung $U_2(t) = -n_2 \dot{\Phi}(t)$ induziert. Mit der Grundgleichung ergibt sich für die sekundarseitig induzierte Spannung $U_2(t) = -n_2/n_1 U_1(t)$, wobei n_2/n_1 das Verhältnis der Windungszahlen ist (➡ *Versuch 1c*). Das Verhältnis n_2/n_1 bestimmt also das Übersetzungsverhältnis $U_{2,\text{eff}}/U_{1,\text{eff}}$ eines Trafos.

Merksatz

Beim idealen Transformator verhalten sich die Spannungen wie die Windungszahlen

$$\frac{U_{2,\text{eff}}}{U_{1,\text{eff}}} = \frac{n_2}{n_1}.$$

2. Der Transformator wird belastet

Legen wir an die Sekundärspule eines Trafos einen ohmschen Widerstand R_S, so wird der Trafo belastet, d. h. es wird ihm Energie entnommen. In der Sekundärspule entsteht phasengleich ein Wirkstrom der Stärke $I_2(t) = U_2(t)/R_S$. Damit gibt der Trafo Energie ab. Woher bezieht er sie?

Wenn wir die Sekundärstromstärke $I_2(t)$ von null aus erhöhen, so steigt auch die Primärstromstärke $I_1(t)$ an (➡ *Versuch 2*). Die Phasenverschiebung zwischen Primärspannung U_1 und Primärstromstärke I_1 nimmt ab. In der Primärspule kommt zur Blindstromstärke eine immer größere Wirkstromstärke $I_1(t)$ hinzu. Damit wird dem Netz primärseitig die Wirkleistung $P_1 = U_{1,\text{eff}} I_{1,\text{eff}}$ entnommen. Sekundärseitig wird die Wirkleistung $P_2 = U_{2,\text{eff}} I_{2,\text{eff}}$ abgegeben.

Den Zusammenhang zwischen den Stromstärken I_2 und I_1 können wir mit dem Induktionsgesetz herleiten. Nach der Grundgleichung des Trafos ist die zeitliche Änderung des Flusses $\Phi(t) = U_1(t)/n_1$ eindeutig durch U_1 bestimmt. Bei Belastung kann der Fluss $\Phi(t)$ deshalb durch eine Sekundärstromstärke I_2 nicht verändert werden. Deren Zusatzfluss $\Phi_2(t) = \mu_0 \mu_r A_2 n_2 I_2(t)/l_2$ in den n_2 Windungen muss deshalb durch einen Fluss $\Phi_1(t)$ zu null ausgeglichen werden: $\Phi_1(t) + \Phi_2(t) = 0$.

Damit folgt $\mu_0 \mu_r A_1 n_1 I_1(t)/l_1 + \mu_0 \mu_r A_2 n_2 I_2(t)/l_2 = 0$.

Der gemeinsame Eisenkern enthält all diese Flüsse; seine Querschnittsfläche A und Länge l sind in obigen Gleichungen wirksam; man setzt $A_1 = A_2$ und $l_1 = l_2$. Unabhängig von der Kurvenform der Stromstärken, der Belastung und den Phasen ergibt sich somit

$$n_1 I_1(t) + n_2 I_2(t) = 0 \quad \text{oder} \quad I_2/I_1 = -n_1/n_2.$$

Nach dieser Gleichung sind die Stromstärken I_2 und I_1 entgegen gerichtet. Dieser Sachverhalt wird durch die Abstoßung von Ring und Spule in ⇒ *Versuch 3* bestätigt.

Merksatz

> Die beim **Belasten eines Trafos** zusätzlich auftretenden Stromstärken I_2 und I_1 verhalten sich umgekehrt wie die Windungszahlen:
>
> $$\frac{I_{2,\text{eff}}}{I_{1,\text{eff}}} = \frac{U_{1,\text{eff}}}{U_{2,\text{eff}}} = \frac{n_1}{n_2}.$$
>
> Die primärseitig aufgenommene Wirkleistung $\overline{P}_1$ ist beim idealen, verlustlosen Trafo gleich der sekundärseitig abgegebenen Leistung $\overline{P}_2$.
>
> *Allgemein* gilt: Ist n_2/n_1 vorgegeben, so richtet sich die Sekundärspannung U_2 nur nach der Primärspannung U_1; die Primärstromstärke I_1 dagegen nur nach der Sekundärstromstärke I_2.

In ⇒ *Versuch 4* wird die Netzspannung von 230 V um den Faktor $23\,000/500 = 46$ auf über 10 000 V hochtransformiert. Die elektrische Feldstärke zwischen den Elektroden wird so hoch, dass die Luft leitend wird. Ein Strom führender Lichtbogen steigt auf.

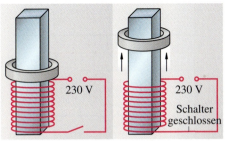

V 3: In einer Spule mit 500 Windungen steckt in vertikaler Richtung ein langer, über sie hinausragender Eisenkern. Über ihn stülpen wir einen Aluminiumring. Dieser fliegt hoch, wenn wir an die Spule 230 V Wechselspannung legen. Der Ring ist eine Sekundärspule mit nur einer Windung. In ihm wird nur eine kleine Spannung induziert. Doch führt er wegen seines kleinen Widerstands eine große Sekundärstromstärke I_2. Sie ist entgegengesetzt zur Stromstärke I_1 gerichtet. Die entgegengesetzten Ströme stoßen sich ab. Die Stromstärke I_2 bewirkt, dass der Ring schnell heiß wird, wenn man ihn festhält.

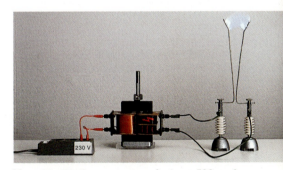

V 4: Ein Hochspannungstrafo ($n_1 = 500$ und $n_2 = 23\,000$ Windungen) ist primärseitig an 230 V Netzspannung angeschlossen.

... noch mehr Aufgaben

A 1: Ein Hochspannungstrafo mit $n_1 = 500$ und $n_2 = 23\,000$ liegt ohne Belastung primärseitig an 230 V. Berechnen Sie die Ausgangsspannung U_2.

A 2: Es werden 12 V-Halogenlampen verwendet. Dazu wird die Netzspannung 230 V mit einem Transformator geeignet herabgesetzt. **a)** Berechnen Sie die Windungszahl der Sekundärspule, wenn die Primärspule 1000 Windungen hat. **b)** Berechnen Sie die Stromstärke primärseitig, wenn eine 50 W-Lampe angeschlossen ist. **c)** Baut man den Ein- und Ausschalter in den Primär- oder den Sekundärkreis ein? Welche Einbauart ist sicherheitstechnisch, welche energetisch günstiger?

A 3: Ein Trafo hat primärseitig 1000 Windungen und wird an $U_{\text{eff}} = 230$ V gelegt. Als Sekundärspule dient ein Kupferring von 50 mm² Kupferquerschnitt und 10 cm Durchmesser. Die Primärseite führt einen Wirkstrom der Stärke 3,0 A. **a)** Berechnen Sie den Widerstand R des Rings und die Stromstärke in ihm. **b)** Nach 5 min Betrieb wird der Ring in 500 g Wasser von 20 °C geworfen und erhöht die Temperatur auf 80 °C. Wie groß ist der Wirkungsgrad bei diesem Versuch ($c_w = 4{,}2$ J g^{-1} K^{-1})?

A 4: Man legt an die Primärspule eines idealen Trafos eine Rechteckspannung. Welchen zeitlichen Verlauf hat dann $U_2(t)$?

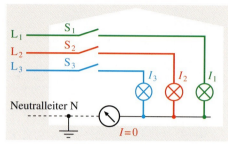

V 1: Drei Stromstärken können sich zu null addieren. Wir schließen zwischen die drei Außenleiter L_1, L_2 und L_3 einer Drehstromsteckdose und dem geerdeten Neutralleiter N jeweils eine Lampe 230 V/40 W. Nacheinander werden die drei Lampen hinzu geschaltet. Die Effektivstromstärke I im Neutralleiter ist beim Einschalten von einer bzw. zwei Lampen gleich groß. Schaltet man alle drei Lampen ein, so wird diese Stromstärke null, obwohl die Lampen normal leuchten.

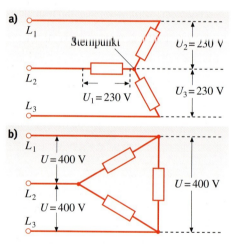

B 1: Geräte können in **a)** Sternschaltung und **b)** Dreieckschaltung an die Außenleiter einer Drehstromquelle angeschlossen werden. Bei Sternschaltung beträgt die „Strangspannung" 230 V, bei Dreieckschaltung die „Leiterspannung" 400 V.

Versorgung mit elektrischer Energie

1. Drehstrom

Eine Hochspannungsleitung hat neben dem Blitzschutzseil noch drei weitere Leitungsseile. Diese führen – über Trafos – an Drehstromsteckdosen zu den so genannten drei *Außenleitern* L_1, L_2 und L_3 (auch R, S, T genannt). Untersuchen wir sie.

a) Zwischen dem jeweiligen Außenleiter und dem mit der Erde verbundenen *Neutralleiter* messen wir eine Spannung U_{eff} = 230 V. Worin unterscheiden sich die Außenleiter?

b) Schalten wir in ▶ *Versuch 1* zwei gleiche Lampen nacheinander ein, so ist die Stromstärke I in der gemeinsamen Zuleitung zu dem mit der Erde verbundenen Neutralleiter bei einer oder zwei Lampen gleich groß. Sie wird sogar null, wenn man eine dritte Lampe hinzuschaltet. Wie schon aus der Wechselstromlehre bekannt, müssen wir die Phasenlage beachten. Wir müssen Zeiger addieren; wir dürfen also auf keinen Fall Effektivwerte addieren!

c) Wie ▶ *Bild 2a, b* zeigt, sind die drei Wechselspannungen U_1, U_2 und U_3 jeweils um $\frac{2\pi}{3}$ (120°) gegeneinander phasenverschoben. Die zugehörigen Stromstärken I_1, I_2 und I_3 weisen damit ebenfalls die Phasenverschiebung $\frac{2\pi}{3}$ auf. Bei gleichen angeschlossenen Geräten sind die Scheitelwerte der Stromstärken gleich groß. Wenn wir die zugehörigen Zeiger $\hat{I}_1$, $\hat{I}_2$ und $\hat{I}_3$ wie Vektoren addieren (▶ *Bild 2c*), erhalten wir zu jedem Zeitpunkt als Summe null.

Oben haben wir die drei Lampen in einer so genannten *Sternschaltung* an die drei Außenleiter L_1, L_2 und L_3 angeschlossen (▶ *Bild 1a*). So können auch andere Geräte an Drehstrom betrieben werden. Dabei liegt zwischen den Außenleitern und dem geerdeten Neutralleiter die Spannung 230 V. Auch im Haushalt werden normale 230 V-Wechselspannungsgeräte zwischen einen Außenleiter und den Neutralleiter gelegt.

Bei der *Dreieckschaltung* dagegen liegt zwischen je zwei Außenleitern die Spannung 400 V (▶ *Bild 1b* und ▶ *Aufgabe 1*).

Wenn man die Außenleiter bei einer Sternschaltung einigermaßen gleichmäßig belastet, so ist die Stromstärke im Neutralleiter klein. Man kann dann den Neutralleiter relativ dünn wählen und spart dadurch Material. Dies sieht man bei Hochspannungsleitungen, bei denen der Neutralleiter dünner ist als die Außenleiter. Er dient zugleich als Blitzschutzseil.

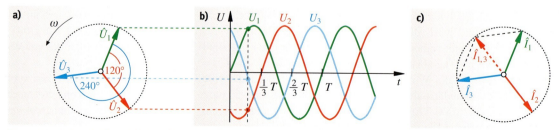

B 2: $U(t)$-Schaubild und Zeigerdiagramme bei Drehstrom für gleich stark belastete Außenleiter

2. Drehfelder

Woher stammt der Name Drehstrom?
In einem Kraftwerk haben die Generatoren drei Ständerwicklungen, in denen drei phasenverschobene Wechselspannungen induziert werden. In ▸ *Bild 3* sehen wir links, wie einfach man diesen *Dreiphasenwechselstrom* erzeugt. Man verwendet dafür Innenpolgeneratoren, weil man so starke Ströme nicht über Schleifkontakte ableiten kann. In einem Innenpolgenerator rotiert mit der Umlaufdauer T ein starker Elektromagnet mit seinem Magnetfeld B_1. Die Induktionsspulen für die drei „Phasen" sind gegeneinander um gleiche Winkel von 120° versetzt. Also folgen die Maxima der induzierten Spannungen U_1, U_2 und U_3 mit dem Zeitunterschied $T/3$ aufeinander.

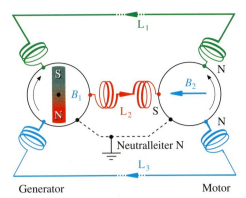

B 3: Modell für Drehstromgenerator (links) und Drehstrommotor (rechts).

Ein *Drehstrommotor* ist genauso einfach aufgebaut. Seine drei Spulen sind wie im Generator angeordnet. In ▸ *Bild 3* ist der Moment herausgegriffen, in dem L_1 und L_3 zwei gleich große Ströme führen (Pfeile in den Leitungen). Ihre Spulen erzeugen beim Motor zur Mitte hin zwei benachbarte Nordpole. Sie addieren sich zu einem kräftigen Nordpol N. Die L_2-Leitung führt in diesem Moment nach dem Zeigerdiagramm ▸ *Bild 2b* den doppelt so starken Rückstrom. Ihre Spule liefert einen kräftigen Südpol S. So entsteht eine resultierende, nach links gerichtete Flussdichte B_2.

Da die drei „Phasen" kontinuierlich ihre Rolle wechseln, rotiert dieses Magnetfeld B_2 im Kreis mit der gleichen Frequenz wie der Magnet mit seinem B_1-Feld im Drehstromgenerator. Man spricht deshalb von **Drehfeldern** und von **Drehstrom**.

Wird durch Drehstrom etwas gedreht?
a) Wir stellen drei Spulen nach ▸ *Bild 3* auf und schließen sie an einen Drehstromtrafo. Zwischen den Spulen dreht sich nach dem Anstoßen eine kleine Magnetnadel mit der Wechselstromfrequenz, also 50-mal je Sekunde. Wir erkennen dies beim Beleuchten mit einem Stroboskop. Die Anordnung stellt einen *Synchronmotor* dar (synchron, griech.: im Gleichtakt). Bei geringer mechanischer Belastung gerät die Nadel „außer Tritt" und bleibt stehen.

b) Wir bringen jetzt in das Drehfeld einen käfigartig aufgebauten Anker aus in sich geschlossenen Kupferstäben oder einen Induktionsring nach ▸ *Bild 4*. Er wird vom Drehfeld B_2 durchsetzt. Der sich dabei ständig ändernde magnetische Fluss Φ induziert in diesem *Kurzschlussanker* einen Strom. Dieser erfährt im Feld B_2 eine Kraft und setzt den Anker in Rotation. Würde er gleich schnell wie B_2 rotieren, so wäre in ihm die Änderungsgeschwindigkeit $\dot{\Phi}$ des Flusses null, es würde nichts mehr induziert; Ströme und Kräfte zum Überwinden der Reibung würden fehlen. Deshalb bleibt schon im Leerlauf die Drehzahl des Kurzschlussankers hinter der des Drehfeldes B_2 mit einem *Schlupf* zurück, der umso größer wird, je mehr man den Motor belastet. Dieser *Asynchronmotor* läuft also nie mit dem Netz synchron. Drehstrommotoren mit einem Kurzschlussanker benötigen weder Bürsten noch Schleifringe. Sie sind deshalb sehr robust und leistungsfähig.

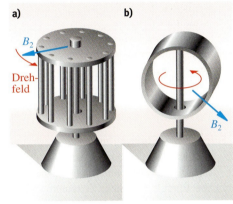

B 4: Ein Kurzschlussanker folgt dem Drehfeld

... noch mehr Aufgaben

A 1: An einer Drehstromsteckdose hat jeder Außenleiter gegen den Neutralleiter die Spannung U_{eff} = 230 V. **a)** Berechnen Sie die Maximalspannung zwischen zwei Außenleitern. **b)** Zeichnen Sie das zugehörige Zeigerbild.

A 2: Ein Fön mit der Leistung P = 1 200 W wird an den L_1-Leiter, ein Tauchsieder mit 1 000 W an den L_2-Leiter angeschlossen. Die Spannung gegen den Neutralleiter beträgt jeweils 230 V. **a)** Ermitteln Sie die Effektivwerte der Stromstärken in den Geräten und im Neutralleiter. **b)** Jetzt wird zusätzlich eine Lampe mit 200 W an den L_3-Leiter angeschlossen. Berechnen Sie die Stromstärke in der Lampe. Zeichnen Sie ein Zeigerdiagramm für die Zeiger $\hat{I}_1$, $\hat{I}_2$ und $\hat{I}_3$. Ermitteln Sie die effektive Stromstärke im Neutralleiter.

Interessantes

Fernleitung elektrischer Energie

Warum wird für den Transport elektrischer Energie durch Fernleitungen Hochspannung verwendet?
Wenn man die Spannung von 230 V auf 220 000 V hochtransformiert, so sinkt bei gleicher übertragener Leistung $P = U_{\text{eff}} I_{\text{eff}}$ die Stromstärke I auf ca. 1/1000. Die Leistungsverluste P_{w} in den Fernleitungen mit Widerstand R sind $P_{\text{w}} = I^2 R$. Sie sinken wegen I^2 auf ca. 1/1 000 000. Damit wird die Übertragung elektrischer Energie wirtschaftlich. Die unnötige Erhöhung der inneren Energie in den Fernleitungen wird so reduziert. Bei 230 V wäre die elektrische Energieversorgung über größere Entfernungen mit zu großen Verlusten in den Leitungen verbunden. Da man Gleichspannung nicht hochtransformieren kann, verwendet man für die Energieübertragung Wechselspannung, die zudem auch einfacher zu erzeugen ist.
Zahlreiche Transformatoren in Stadt und Land transformieren die vom Elektrizitätswerk gelieferte Hochspannung (220 kV bis 380 kV) stufenweise herab bis auf 400 V bzw. 230 V (▶ Bild 1).

Europäischer Stromverbund

Die Elektrizitätsversorgungsunternehmen haben die gesetzliche Aufgabe, dem Kunden die benötigte elektrische Energie zu jedem Zeitpunkt in der gewünschten Menge zu liefern. Elektrische Energie lässt sich nicht direkt speichern und damit auch nicht auf Vorrat erzeugen. Die benötigte elektrische Energie schwankt aber sowohl innerhalb eines Tages (Tageslastkurve ▶ Bild 2 a) als auch jahreszeitabhängig. Sie muss deshalb nach Anforderung der Kunden augenblicklich zur Verfügung gestellt werden können. Man unterscheidet dabei verschiedene *Lastbereiche*.

Zur Versorgung ist eine zeitunabhängige *Grundlast* nötig, gedeckt von ständig laufenden Kernenergie-, Braunkohle- und Laufwasserkraftwerken. Die *Mittellast* wird von den unterschiedlichen Energieanforderungen der Kunden im Tagesverlauf bestimmt. Sie wird vor allem über Steinkohlekraftwerke gedeckt. Im Tagesverlauf gibt es Bedarfsspitzen z. B. während des Kochens um die Mittagszeit. Zur Deckung dieser kurzzeitig auftretenden *Spitzenlast* werden Pumpspeicher- und Gasturbinenkraftwerke verwendet. Sie können innerhalb sehr kurzer Zeit ans Netz gehen.
Um zusätzlich auf überraschenden Lastbedarf, plötzlichen Ausfall oder Revision von Kraftwerken besser reagieren zu können, gibt es ein europäisches *Verbundnetz* von Kraftwerken (▶ Bild 2 b). Die dadurch zur Verfügung stehende größere elektrische Leistung kann den aktuellen Bedarf besser decken. Die Netzfrequenz hängt von der Differenz zwischen der von den Kraftwerken zur Verfügung gestellten elektrischen Leistung und der angeforderten Leistung ab (Frequenz-Leistungs-Regelung). In einer internationalen Zentrale wird für die Einhaltung des Sollwerts 50 Hz der Netzfrequenz über den Tag hinweg gesorgt und die Energieflüsse zwischen den Ländern abgerechnet.
Die Versorgung mit elektrischer Energie hat durch die Neufassung des Energiewirtschaftsgesetzes von 1998 eine einschneidende Veränderung erfahren. Durch die „Liberalisierung" des Strommarktes können Kunden jetzt „Strom" bei irgendeinem preisgünstigen Anbieter kaufen. Dieser muss für die Durchleitung des Stroms durch das Netz bis zum Kunden ein Entgelt an den Netzbetreiber entrichten. Seine Höhe hängt u. a. von der angeforderten elektrischen Leistung, dem Zeitpunkt und der Spannungsebene ab.

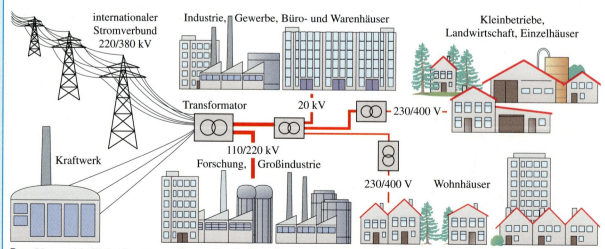

B 1: Unterschiedliche Spannungsebenen für die Verteilung elektrischer Energie

Interessantes

Drehstrom für Bahnfahrzeuge

Von großer Bedeutung sind Drehstrommotoren für elektrisch betriebene Bahnen. Sie sind einfach und robust im Aufbau. Schon im Jahr 1903 erreichte ein mit Drehstrom betriebener Versuchstriebwagen auf einer Teststrecke 210 km/h. Er brauchte aber drei Oberleitungen und konnte sich damals nicht durchsetzen. Normalerweise wird in Deutschland Einphasenwechselstrom benutzt.

Erst Ende der Achtzigerjahre entschloss man sich, schnell fahrende Triebfahrzeuge mit *Drehstrom-Asynchronmotoren* auszustatten. Stromrichter und Thyristoren (Geräte der Leistungselektronik) verwandeln den vom Stromabnehmer aufgenommenen Einphasenwechselstrom zunächst in Gleichstrom, dann in Drehstrom variabler Frequenz. Durch die Stromrichter ist es möglich, beim Bremsen frei werdende Energie als elektrische Energie mit der richtigen Frequenz und Phase ins Netz zurückzuspeisen, wenn die Fahrmotoren als Generatoren geschaltet werden. Wenn z. B. ein ICE beschleunigt, kann er 12 MW aufnehmen, beim Bremsen gibt er bis zu 3 MW an das Netz zurück.

Die *Magnetschwebebahn* wird von einem *Linearmotor* angetrieben; das ist ein „linearisierter" Drehstrommotor. Dessen Magnetfeldwicklung liegt abgewickelt als *Langstator* fest auf dem Fahrweg. Sie erzeugt in Fahrtrichtung (statt des *Drehfeldes*) ein magnetisches *Wanderfeld*. Dessen Frequenz wird beim Anfahren von $f = 0$ Hz bis zur Höchstgeschwindigkeit gesteigert. Das Fahrzeug braucht nur eine Art Dauermagnet, der vom Wanderfeld „mitgenommen" wird (➡ *Versuch 1*). Ohne einen eigentlichen Motor kann das Fahrzeug leicht gebaut und damit stark beschleunigt werden.

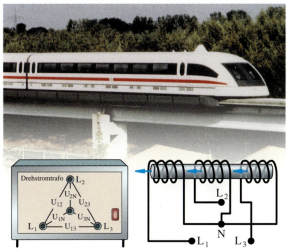

V 1: Drei dicht beieinander liegende Spulen mit 500 Windungen werden in Sternschaltung an ein Drehstromnetzgerät angeschlossen (jeweils 22 V). In die Spulen wird ein Stativstab aus Eisen geschoben. Nach dem Einschalten des Netzgeräts setzt sich der Stab in Bewegung. Das dafür verantwortliche magnetische Wanderfeld kann mit zwei Induktionsspulen nachgewiesen werden, die an ein Oszilloskop angeschlossen werden und deren Abstand man langsam vergrößert.

A 1: Ein Generator liefert bei einer Spannung von 20 kV die Leistung 300 MW; die Fernleitung hat den Widerstand 10 Ω. **a)** Bei welcher Stromstärke betragen die Verluste in der Fernleitung 6%? **b)** Welches Übersetzungsverhältnis muss dann der Transformator zwischen Generator und Leitung haben? **c)** Um wie viel Prozent fällt dann in der Fernleitung die Spannung bis zum Verbraucher ab?

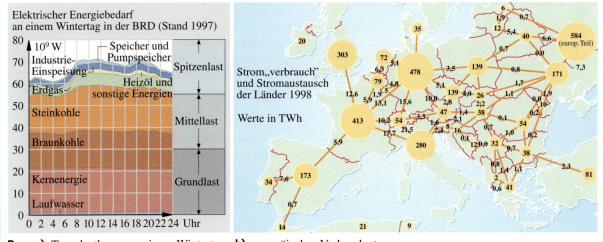

B 2: a) Tageslastkurve an einem Wintertag, **b)** europäisches Verbundnetz

Zusammenfassung – Induktion und Wechselstrom

Das ist wichtig

Elektromagnetische Induktion

1. **Drei-Finger-Regel der linken Hand:** Zeigt der Daumen in Richtung der Leitergeschwindigkeit $\vec{v}_s$ und der Zeigefinger in Richtung von $\vec{B}$, so gibt der Mittelfinger die Kraft $\vec{F}_L$ auf die Elektronen an.

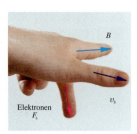

2. Ein gerader **Leiter** der Länge d verläuft senkrecht zu einem homogenen B-Feld. Er wird senkrecht zu seiner Längsachse **bewegt**. Senkrecht zu den Feldlinien habe seine Geschwindigkeit die Komponente $\vec{v}_s$. Die durch die Lorentzkraft zwischen seinen Enden induzierte Spannung beträgt: $U_{ind} = B\,d\,v_s$.

3. Eine **Spule** mit n Windungen wird in einem fremden Magnetfeld mit zeitlich konstanter Flussdichte B **bewegt**. Die induzierte Spannung U_{ind} hängt von der „Änderungsgeschwindigkeit" $\Delta A_s / \Delta t$ der von den B-Feldlinien senkrecht durchsetzten Fläche A_s ab (im A_s-Bereich sei B hinreichend homogen):
$$U_{ind}(t) = n\,B\,\frac{\Delta A_s}{\Delta t}.$$

4. Eine Spule mit n Windungen und konstanter Fläche A_s ruhe in einem fremden Magnetfeld mit der Flussdichte B. **Ändert** sich die **magnetische Flussdichte** B, so wird in der Spule die Spannung U_{ind} induziert:
$$U_{ind}(t) = n\,A_s\,\frac{\Delta B}{\Delta t}.$$

5. Der **magnetische Fluss** Φ ist definiert als Produkt aus der magnetischen Flussdichte B und der Querschnittsfläche A_s senkrecht zu den Feldlinien: $\Phi = B\,A_s$.

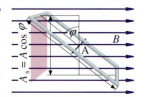

6. **Induktionsgesetz:** Ändert sich der magnetische Fluss $\Phi(t) = B(t)\,A_s(t)$ in einer Spule mit n Windungen, so wird in der Spule die Spannung U_{ind} induziert:
$$U_{ind}(t) = -n\,\dot{\Phi}(t).$$

7. **Lenzsches Gesetz:** Die Induktionsspannung ist so gepolt, dass sie durch ihren Strom ihrer Ursache entgegenwirken kann. Das Minuszeichen im Induktionsgesetz berücksichtigt das lenzsche Gesetz bezüglich einer im Stromkreis schon wirkenden Spannung U_1.

8. Induktion durch **elektrische Wirbelfelder:** Ein sich zeitlich änderndes magnetisches Feld ($\dot{B} \neq 0$) wird von Feldlinien eines elektrischen Wirbelfeldes durchsetzt und umgeben. Dessen in sich geschlossene Feldlinien haben weder Anfang noch Ende.

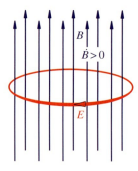

9. Ändert sich in einer Spule die Stromstärke, so wird dort eine **Selbstinduktionsspannung** induziert. Sie wirkt ihrer Ursache, der Stromstärkeänderung, entgegen. Die Selbstinduktionsspannung ist zur Änderungsgeschwindigkeit $\dot{I} \approx \Delta I / \Delta t$ der Stromstärke proportional:
$$U_{ind}(t) = -L\,\dot{I}(t).$$

Der Proportionalitätsfaktor L heißt **Induktivität**.
$[L] = 1\text{ V s A}^{-1} = 1\text{ H (Henry)}$.
Die Selbstinduktionsspannung $U_{ind}(t) = -L\,\dot{I}(t)$ verzögert nach LENZ sowohl den Anstieg des Stroms als auch seine Abnahme, und zwar umso stärker, je größer die Induktivität L ist.

Die Induktivität einer **lang gestreckten Spule** ist
$$L = \mu_0\,\mu_r\,n^2\,\frac{A}{l}.$$

10. Führt eine Spule mit der Induktivität L einen Strom der Stärke I, dann besitzt ihr **Magnetfeld** die **Energie**
$$W_{mag} = \tfrac{1}{2}L\,I^2.$$

Die **räumliche Energiedichte des Magnetfeldes** beträgt
$$\varrho_{mag} = \frac{B^2}{2\mu_0\mu_r}.$$

Wechselstrom

1. Rotiert eine Spule mit n Windungen und der Querschnittsfläche A in einem homogenen Magnetfeld der Flussdichte B, so entsteht eine **sinusförmige Wechselspannung**. Ist bei $t=0$ auch $U(t)=0$, so ergibt sich
$$U(t) = \hat{U}\sin(\omega t)$$
mit der **Kreisfrequenz** $\omega = 2\pi/T = 2\pi f$ und der **Scheitelspannung** $\hat{U} = n\,B\,A\,\omega$.

2. Der **Effektivwert** U_{eff} einer periodischen Wechselspannung $U(t)$ gibt denjenigen Gleichspannungswert an, der in demselben ohmschen Widerstand während einer Periode die gleiche mittlere Leistung wie die Wechselspannung abgibt.

ZUSAMMENFASSUNG – INDUKTION UND WECHSELSTROM

3. Der **Effektivwert** U_{eff} **einer sinusförmigen Wechselspannung** mit dem Scheitelwert $\hat{U}$ beträgt

$$U_{eff} = \frac{\hat{U}}{\sqrt{2}} \approx 0{,}707\,\hat{U}.$$

4. Im **Zeigerdiagramm** werden Wechselströme und Wechselspannungen durch Zeiger $\hat{I}$ und $\hat{U}$ dargestellt, die mit der Winkelgeschwindigkeit ω im Gegenuhrzeigersinn rotieren.

Bei einem rein **ohmschen Widerstand** R sind Stromstärke I und Spannung U in Phase.

Beim **Kondensator** eilt die Stromstärke der Spannung um $\frac{\pi}{2}$ in der Phase voraus. Für den **kapazitiven Widerstand** $X_C = U_{eff}/I_{eff}$ eines Kondensators gilt

$$X_C = \frac{1}{\omega C}. \quad X_C \text{ steigt mit abnehmender Frequenz.}$$

Bei **Spulen** mit $R \approx 0$ hinkt die Stromstärke der Spannung in der Phase um $\frac{\pi}{2}$ nach. Der **induktive Widerstand** einer Spule ist $X_L = U_{eff}/I_{eff}$ mit

$$X_L = \omega L. \quad X_L \text{ steigt mit zunehmender Frequenz.}$$

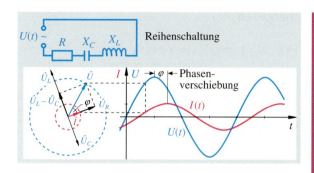

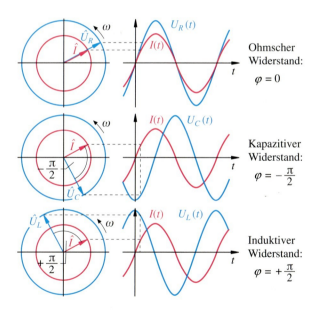

Ohmscher Widerstand: $\varphi = 0$

Kapazitiver Widerstand: $\varphi = -\frac{\pi}{2}$

Induktiver Widerstand: $\varphi = +\frac{\pi}{2}$

5. Der **Scheinwiderstand** einer **realen Spule** mit ohmschem Widerstand R und Induktivität L ist

$$Z = U_{eff}/I_{eff} = \sqrt{R^2 + (\omega L)^2}.$$

6. Reihenschaltung aus
ohmschem Widerstand R,
kapazitivem Widerstand $X_C = 1/(\omega C)$ und
induktivem Widerstand $X_L = \omega L$.

Die sinusförmige Stromstärke $I(t) = \hat{I}\sin(\omega t - \varphi)$ hat gegenüber der angelegten Spannung $U(t) = \hat{U}\sin(\omega t)$ die **Phasenverschiebung** φ. Für sie gilt

$$\tan\varphi = \frac{X_L - X_C}{R} = \frac{\omega L - \dfrac{1}{\omega C}}{R}.$$

Für $\varphi > 0$ hinkt die Stromstärke $I(t)$ der Spannung $U(t)$ in der Phase nach; für $\varphi < 0$ eilt sie voraus.
Für den **Scheinwiderstand** $Z = U_{eff}/I_{eff}$ gilt

$$Z = \sqrt{R^2 + \left(\omega L - \frac{1}{\omega C}\right)^2} = \sqrt{R^2 + (X_L - X_C)^2}.$$

7. Die **Wirkleistung** $\overline{P}$ eines Wechselstroms hängt von der Phasenverschiebung φ zwischen Stromstärke und Spannung ab:

$$\overline{P} = U_{eff}\,I_{eff}\,\cos\varphi.$$

Der Faktor $\cos\varphi$ heißt **Leistungsfaktor.**

Bei einem **ohmschen Wirkwiderstand** R ist die *Momentanleistung* nie negativ. Es liegt ein reiner Wirkstrom vor ($P(t) \geqq 0$).
Bei rein **kapazitiven** und rein **induktiven Blindwiderständen** sind der positive und negative Anteil der Momentanleistung gleich groß, die Wirkleistung ist null. Es liegen **Blindströme** vor.

8. Beim idealen **Transformator** verhalten sich die Spannungen wie die Windungszahlen

$$\frac{U_{2,eff}}{U_{1,eff}} = \frac{n_2}{n_1}.$$

Die beim *Belasten* eines Trafos zusätzlich auftretenden Stromstärken I_2 und I_1 verhalten sich umgekehrt wie die Windungszahlen

$$\frac{I_{2,eff}}{I_{1,eff}} = \frac{U_{1,eff}}{U_{2,eff}} = \frac{n_1}{n_2}.$$

Die primärseitig aufgenommene Wirkleistung $\overline{P}_1$ ist beim idealen, verlustlosen Trafo gleich der sekundärseitig abgegebenen Leistung $\overline{P}_2$.

Aufgaben

A 1: a) In einer 50 cm langen Spule mit $n = 10^4$ Windungen und $I_{eff} = 2$ A rotiert ein quadratischer Drahtrahmen mit 10^3 Windungen und 10 cm Seitenlänge 20-mal in 1 s um eine Flächenachse. Stellen Sie die Gleichung $U(t)$ der induzierten Spannung auf. **b)** Der Rahmen ruht senkrecht zu den B-Feldlinien; I_{eff} steigt nach $I_{eff} = (0{,}1 \text{ A s}^{-1}) \, t$ an. Wie lautet jetzt $U(t)$? **c)** Wie lautet $U(t)$, wenn Rotation a) und B-Felderhöhung b) zugleich stattfinden und bei $t = 0$ der Rahmen senkrecht zum Feld steht? **d)** Der Drahtrahmen setze sich mit der Frequenz $f = 0{,}10 \text{ s}^{-2} \, t$ aus der Ruhe in Bewegung und dreht immer schneller. Wie groß ist $U(t)$, wenn $I_{eff} = 2{,}0$ A konstant bleibt?

A 2: Warum kann man in Aufgabe 1 b die induzierte Spannung nicht mit der Lorentzkraft erklären? Welche Kraft setzt die Elektronen im Drahtrahmen in Bewegung?

A 3: Zwei gleiche Spulen haben je die Induktivität 1,0 H. Sie liegen in Reihe geschaltet an der Spannung $U_{eff} = 10$ V, 50 Hz. Wie groß ist die Stromstärke, wenn **a)** die Spulen weit voneinander entfernt sind, **b)** sie so übereinander liegen, dass sich jede vollständig im Fluss der anderen befindet? **c)** Warum gibt es bei b) zwei Lösungen?

A 4: a) Jemand zeichnet den Stromanstieg $I(t)$ beim Anlegen einer Gleichspannung U an eine Spule nicht nur asymptotisch zu $I = U/R$, sondern auch mit senkrechter Tangente bei $t = 0$. Ist das richtig? **b)** Zeigen Sie, dass die Anstiegsgeschwindigkeit $\dot{I}(t)$ bei der Hälfte des Maximalwertes von $I(t)$ (bei $I = U/(2R)$) halb so groß ist wie bei $I = 0$.

A 5: Alte Telefonhörer enthalten eine Eisenmembran vor einer Spule, die in einem Dauermagneten sitzt. Führt die Spule einen Sprechstrom der Frequenz 400 Hz, so schwingt die Membran auch mit 400 Hz. **a)** Warum schwingt sie mit 800 Hz, wenn der Dauermagnet seine Kraft verloren hat? **b)** Warum wirkt die Anordnung mit Dauermagnet als Mikrofon? Welche Frequenz hat der Mikrofonstrom, wenn die Membran mit 400 Hz schwingt?

A 6: Eine Messinghülse wird in schnelle Rotation versetzt und ein Stabmagnet eingeschoben. Man misst an der Hülse zwischen A und B eine Spannung (➡ Bild 1). **a)** Wie ist sie gepolt? Wie groß ist sie? (mittlere Flussdichte 0,5 T, $\overline{AB} = 4$ cm, Umlaufgeschwindigkeit der Hülse 0,5 m/s) **b)** Spielt es eine Rolle, ob der Magnet sich mitdreht oder nicht? **c)** Man lässt den runden Magneten ohne Hülse rotieren und legt den Spannungsmesser zwischen seine Mitte und den Nordpol. Darf man Spannung erwarten?

A 7: In welchen Fällen wird in der Messinghülse aus Aufgabe 6 Spannung induziert: **a)** Die Hülse rotiert, der Magnet nicht; **b)** der Magnet rotiert, die Hülse nicht;

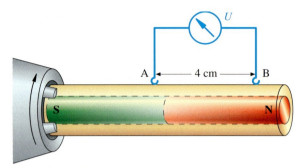

B 1: zu Aufgabe 6

c) Magnet und Hülse rotieren im gleichen Sinn mit gleicher Drehfrequenz; **d)** Magnet und Hülse rotieren im gleichen Sinn mit verschiedenen Drehfrequenzen?

A 8: a) Durch welche Gleichung ist die Induktivität L definiert? Was ist also Voraussetzung für Selbstinduktion? **b)** Ist es ein Selbstinduktionsvorgang, wenn man eine Spule über einen Magneten stülpt oder einen Weicheisenstab in eine Strom führende Spule schiebt?

A 9: Jemand behauptet, der Effektivwert einer sinusförmigen Spannung sei der Mittelwert der Sinuswerte einer positiven Halbschwingung (die Höhe eines flächengleichen Rechtecks). Was sagen Sie dazu?

A 10: Ein Motor läuft bei 220 V, 50 Hz mit 3,0 A und dem Leistungsfaktor $\cos \varphi = 0{,}80$. Welche Kapazität müsste ein parallel gelegter Kondensator haben, damit die Phasenverschiebung kompensiert wird?

A 11: Wir haben die folgenden Mikrofontypen kennen gelernt: Kohlekörner-, Kondensator-, Bändchen- und Piezo-Mikrofon sowie das dynamische (Tauchspulen-) Mikrofon und das Gerät nach Aufgabe 5 b. Vergleichen Sie die physikalischen Prinzipien, nach denen sie arbeiten. Welche dieser Mikrofone sind aktiv, brauchen also keine zusätzliche Spannungsquelle? Welche kann man umkehren, also als Hörer benutzen?

A 12: Ein ohmscher Widerstand $R = 50 \, \Omega$, ein Kondensator der Kapazität $C = 20 \, \mu\text{F}$ und eine Spule mit der Induktivität L werden in Reihe an einen Sinusgenerator mit variabler Frequenz f und $U_{eff} = 10$ V angeschlossen. Bei der Frequenz $f_0 = 200$ Hz erreicht der Scheitelwert der Teilspannung $\hat{U}_R$ am ohmschen Widerstand seinen Maximalwert. **a)** Erklären Sie das Auftreten dieses Spannungsmaximums. **b)** Berechnen Sie die Induktivität L der Spule. **c)** Zum Zeitpunkt $t = 0$ sei die angelegte Spannung $U(0 \text{ s}) = 0$. Geben sie für die Frequenz f_0 die folgenden Spannungen in Abhängigkeit von der Zeit t an: $U_C(t)$ am Kondensator, $U_R(t)$ am ohmschen Widerstand und die angelegte Spannung $U(t)$. **d)** Die Spannung $U_R(t)$ wird an den x-Eingang, die Generatorspannung $U(t)$ an den y-Eingang eines Oszilloskops gelegt. Zeichnen Sie das Bild, das auf dem Schirm des Oszilloskops beobachtet werden kann.

SCHWINGUNGEN

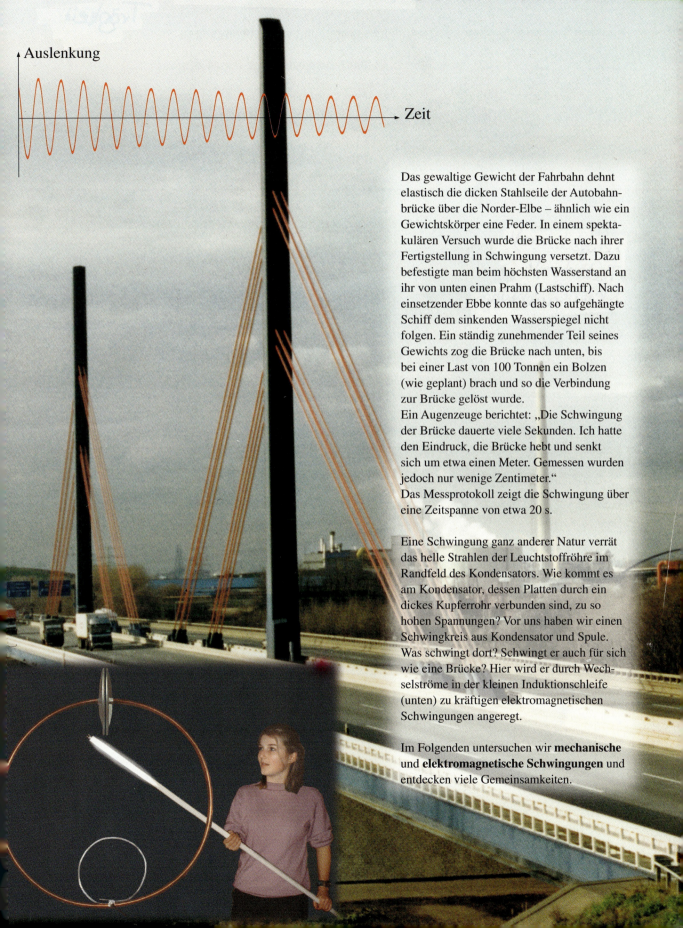

Das gewaltige Gewicht der Fahrbahn dehnt elastisch die dicken Stahlseile der Autobahnbrücke über die Norder-Elbe – ähnlich wie ein Gewichtskörper eine Feder. In einem spektakulären Versuch wurde die Brücke nach ihrer Fertigstellung in Schwingung versetzt. Dazu befestigte man beim höchsten Wasserstand an ihr von unten einen Prahm (Lastschiff). Nach einsetzender Ebbe konnte das so aufgehängte Schiff dem sinkenden Wasserspiegel nicht folgen. Ein ständig zunehmender Teil seines Gewichts zog die Brücke nach unten, bis bei einer Last von 100 Tonnen ein Bolzen (wie geplant) brach und so die Verbindung zur Brücke gelöst wurde.
Ein Augenzeuge berichtet: „Die Schwingung der Brücke dauerte viele Sekunden. Ich hatte den Eindruck, die Brücke hebt und senkt sich um etwa einen Meter. Gemessen wurden jedoch nur wenige Zentimeter."
Das Messprotokoll zeigt die Schwingung über eine Zeitspanne von etwa 20 s.

Eine Schwingung ganz anderer Natur verrät das helle Strahlen der Leuchtstoffröhre im Randfeld des Kondensators. Wie kommt es am Kondensator, dessen Platten durch ein dickes Kupferrohr verbunden sind, zu so hohen Spannungen? Vor uns haben wir einen Schwingkreis aus Kondensator und Spule. Was schwingt dort? Schwingt er auch für sich wie eine Brücke? Hier wird er durch Wechselströme in der kleinen Induktionsschleife (unten) zu kräftigen elektromagnetischen Schwingungen angeregt.

Im Folgenden untersuchen wir **mechanische** und **elektromagnetische Schwingungen** und entdecken viele Gemeinsamkeiten.

Beschreibung von Schwingungen

1. Das Federpendel zeigt, worauf es ankommt

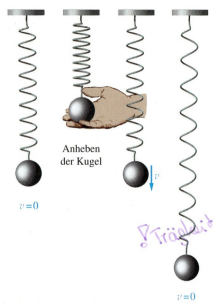

B 1: Der Pendelkörper wird aus der Gleichgewichtslage angehoben und sich selbst überlassen

Eine Kugel hängt an einer Schraubenfeder (➡ *Bild 1*). Es herrscht Kräftegleichgewicht zwischen Feder- und Gewichtskraft. Bewegen wir sie aus dieser Gleichgewichtslage nach oben, so spüren wir eine Kraft nach unten, bei einer **Auslenkung** s nach unten eine Kraft nach oben. Im ersten Fall überwiegt die Gewichtskraft, im zweiten die Federkraft. Also würde sich die Kugel in beiden Fällen nach dem Loslassen auf die Gleichgewichtslage zu bewegen. Doch warum bewegt sie sich sogar über diese hinaus und sorgt ohne unser Zutun für eine entsprechende Auslenkung in entgegengesetzte Richtung?

Heben wir die Kugel etwas an und geben sie frei. Sie wird nun durch die nach unten gerichtete Kraft bis zum Erreichen der Gleichgewichtslage ständig beschleunigt. Dort kommt sie aber nicht etwa zur Ruhe. Wegen ihrer Trägheit bewegt sie sich weiter. Die von nun an nach oben wirkende Kraft bremst sie ab, bis sie im unteren Umkehrpunkt für einen Moment ruht. Dann wiederholt sich das Spiel in umgekehrter Richtung.

Am Federpendel können wir typische Merkmale einer Schwingung ablesen:
Ein Körper befindet sich in einer stabilen Gleichgewichtslage. Entfernt er sich bei der Schwingung aus ihr, so tritt eine **Rückstellkraft** auf, die ihn abbremst, zur Umkehr zwingt und ihn wieder zur Gleichgewichtslage hin beschleunigt. Wegen seiner Trägheit bewegt er sich aber über diese Gleichgewichtslage hinaus, und alles beginnt von neuem. Ein solches Spiel zwischen **Rückstellkraft** und **Trägheit** ist charakteristisch für Körper, die nach einer Auslenkung – auch **Elongation** genannt – von selbst schwingen. Solchen Schwingbewegungen begegneten wir bereits in der Akustik. Diesen wesentlich schnelleren Schwingungen konnten unsere Augen nicht mehr folgen. Den Ohren verrieten sie sich aber als Ton.

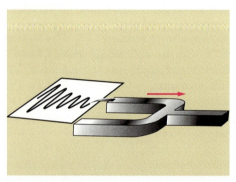

B 2: Freie Schwingung einer Stimmgabel

2. Harmonische Schwingungen

Eine Stimmgabel erzeugt einen Ton. Ihre Zinken zeigen dabei eine besonders gleichmäßige Hin- und Herbewegung. Die in ➡ *Bild 2* aufgezeichnete Schwingbewegung ist aus der Mathematik als Sinuskurve bekannt. Eine Schwingung, deren Zeit-Elongation-Diagramm eine Sinuskurve ergibt, heißt **harmonische Schwingung** oder **Sinusschwingung**.

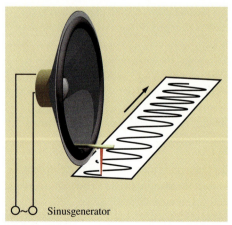

B 3: Erzwungene Schwingungen einer Lautsprechermembran. Während der Aufzeichnung wurde die Frequenz des Sinusgenerators verändert.

„Sinustöne" können wir auch mit einem Lautsprecher erzeugen, den wir an einen Sinusgenerator anschließen (➡ *Bild 3*). Während die Stimmgabel ihren Rhythmus selbst bestimmt, zwingt der Generator die Lautsprechermembran zu harmonischen Schwingungen mit der jeweils eingestellten Frequenz. Man nennt die Schwingung der Stimmgabel deshalb eine **freie Schwingung**, die der Lautsprechermembran eine **erzwungene Schwingung**.

Die Schwingbewegung der Stimmgabel klingt allmählich ab. Die anfangs in sie hineingesteckte Energie wird durch Reibung und Abgabe von Schall aus dem System herausgeführt. Die Schwingung ist „gedämpft". Je schneller sie abklingt, desto stärker ist die Dämpfung. Ohne Energieverluste würde die Schwingung endlos dauern. Diesen (nie ganz zu verwirklichenden) Idealfall nennt man eine **freie ungedämpfte mechanische Schwingung**.

Der Pendelkörper in ➥ *Bild 4* schwingt frei und nahezu ungedämpft. Im ➥ *Versuch 1* zeichnen wir sein Zeit-Elongation-Diagramm auf. Wir sehen eine Sinuskurve. Die Bewegung eines Körpers hängt davon ab, welche Kraft in der jeweils eingenommenen Position auf ihn wirkt. Wie groß ist also bei einer Auslenkung s des Federpendels die zugehörige Rückstellkraft F?

3. Welches Kraftgesetz sorgt für harmonische Schwingungen?

Betrachten Sie die Momentbilder der Schwingung in ➥ *Bild 5*. Da die Kräfte und Auslenkungen auf einer Linie liegen, können wir sie durch Werte mit Vorzeichen beschreiben. Wir wählen sie nach oben positiv, nach unten negativ.

a) In der Gleichgewichtslage hebt die nach oben gerichtete (positive) Zugkraft F_0 der Feder die nach unten gerichtete (negative) Gewichtskraft G gerade auf. Es gilt $G = -F_0$. Also ist die Gesamtkraft

$$F = G + F_0 = 0. \qquad (\text{➥ } Bild\ 5a)$$

b) Nun wird der Körper um die Strecke $s > 0$ nach oben ausgelenkt. Dann verkleinert sich die nach oben wirkende Zugkraft der Feder auf $F_1 = F_0 - Ds$. Die Gewichtskraft überwiegt. Es ergibt sich nach unten die resultierende Kraft:

$$F = G + F_1 = G + F_0 - Ds = 0 - Ds$$
$$F = -Ds < 0 \qquad (\text{➥ } Bild\ 5b)$$

c) Lenkt man den Körper um die Strecke $s < 0$ nach unten aus, so vergrößert sich die nach oben wirkende Zugkraft der Feder auf $F_1 = F_0 - Ds$. Beachten Sie, dass hier s negativ, also $-Ds$ positiv ist. Jetzt überwiegt die Federkraft. Die resultierende Kraft nach oben ist:

$$F = G + F_1 = G + F_0 - Ds = 0 - Ds$$
$$F = -Ds > 0 \qquad (\text{➥ } Bild\ 5c)$$

Die Rückstellkraft F ist also proportional zur Auslenkung s. Es gilt das **Elongation-Kraft-Gesetz $F = -Ds$** mit der *Federhärte D*, die stets positiv ist. Das Minus-Zeichen besagt, dass F immer in die entgegengesetzte Richtung von s – also zur Gleichgewichtslage hin – zeigt.

Ist das lineare Kraftgesetz stets Voraussetzung für harmonische Schwingungen? Im Folgenden untersuchen wir dies. Dazu müssen wir die Pendelbewegung zunächst mathematisch fassen.

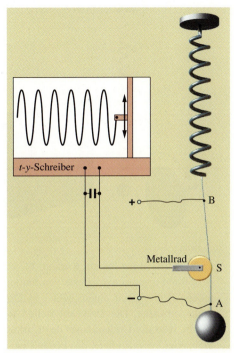

B 4: Aufzeichnung der Federschwingung

V 1: Wir befestigen zwischen Feder und Pendelkugel ein Stück Widerstandsdraht und schließen bei A und B über dünne, flexible Zuleitungen eine Gleichspannungsquelle an. Mit einem kleinen Metallrad können wir während der Schwingung zwischen A und S eine Teilspannung abgreifen, die wir einem t-y-Schreiber zuführen. Die Bewegung des Federpendels zeigt einen sinusförmigen Spannungsverlauf.

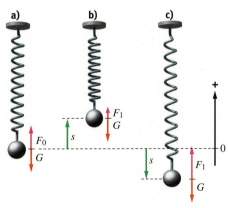

B 5: Das Federpendel nach der Auslenkung s:
a) in der Gleichgewichtslage
b) die Gewichtskraft überwiegt
c) die Federkraft überwiegt

V 1: Wir befestigen einen Korken K′ auf dem Rand eines vertikal gestellten Plattentellers, den wir mit einem Motor in Drehung versetzen. Die Drehzahl stellen wir so ein, dass die Umlaufdauer des Korkens gleich der Periodendauer des Pendels ist.

Im seitlich einfallenden Licht entsteht als Schatten der Kreisscheibe ein vertikaler Strich. An ihm scheint der Korkenschatten auf und ab zu „gleiten".

Die Kugel K des Federpendels befindet sich in ihrer Gleichgewichtslage in Höhe der Drehachse. Wir lenken sie nach unten um den Radius der Kreisscheibe aus und geben sie frei, wenn der Korken den tiefsten Punkt erreicht. Die Bewegungen beider Schatten stimmen eine Zeit lang überein.

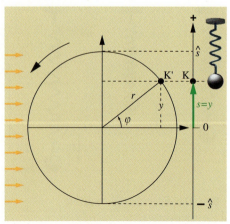

B 1: Aus der Kreisbewegung des Körpers K′ wird eine harmonische Schwingung herausgeschält

Das Federpendel – ein harmonischer Schwinger

1. Das *t-s*-Gesetz der Schwingung

Bekanntlich kann man eine Sinuskurve aus einer Kreisbewegung gewinnen. Wenn die Bewegung des Federpendels im Zeit-Elongation-Diagramm durch eine Sinuskurve beschrieben wird, dann muss sie mit der Kreisbewegung verwandt sein. In ⮞ *Versuch 1* untersuchen wir diese Verwandtschaft: Am Schattenwurf erkennt man, dass sich der auf dem vertikalen Kreis umlaufende Korken stets in gleicher Höhe mit der auf und ab pendelnden Kugel befindet.

Das ⮞ *Bild 1* liefert uns nun das Zeit-Elongation-Gesetz:

Während der Korken K′ auf einem Kreis mit dem Radius r umläuft, pendelt die Kugel K auf der s-Achse um ihre **Gleichgewichtslage** bei $s = 0$. Diese liegt in der Mitte zwischen den beiden Umkehrpunkten $s = \hat{s} = r$ und $s = -\hat{s} = -r$. Der positive Wert $\hat{s}$ (gesprochen „s Dach") heißt **Amplitude** der Schwingung. Sie ist die maximale Auslenkung aus der Gleichgewichtslage. Der ⮞ *Versuch 1* zeigt, dass die y-Koordinate von K′ in jedem Moment mit der s-Koordinate von K übereinstimmt. Also ist

$$s = y = r \cdot \sin \varphi \quad \text{mit der Amplitude } \hat{s} = r.$$

Wie groß ist nun der Winkel φ zu einem Zeitpunkt t?

Starten wir eine Uhr in dem Augenblick, in dem sich die Kugel K gerade durch die Gleichgewichtslage nach oben bewegt, also zum Zeitpunkt $t = 0$. In diesem Moment ist $\varphi = 0$. Von nun an nimmt der überstrichene Winkel φ proportional mit der Zeit t zu, denn K′ durchläuft den Kreis gleichförmig. Also ist $\varphi \sim t$ oder $\varphi/t = $ konstant. Der Quotient

$$\omega = \frac{\varphi}{t} \quad \text{heißt } \textbf{Winkelgeschwindigkeit, ihre Einheit ist s}^{-1}$$

(φ wird üblicherweise im Bogenmaß angegeben).

In der Zeit t wird folglich der Winkel $\varphi = \omega \cdot t$ überstrichen. Die Bewegung der Pendelkugel folgt damit dem ***t-s*-Gesetz**

$$s = \hat{s} \cdot \sin \omega\, t.$$

Das zugehörige *t-s*-Diagramm zeigt eine Sinuskurve (⮞ *Bild 4a*). Sie beschreibt die harmonische Schwingung der Pendelkugel.

Wie bestimmt man die Winkelgeschwindigkeit?

Während der **Periodendauer T** führt K genau eine Hin- und Herbewegung und K′ genau einen Umlauf auf dem Kreis aus. In dieser Zeit wird der Winkel $\varphi = 2\pi$ (Bogenmaß) überstrichen. Man misst also die Zeit T für einen Umlauf oder die **Frequenz $f = 1/T$** der Schwingung. Daraus erhält man die **Winkelgeschwindigkeit ω**:

$$\omega = \frac{\varphi}{t} = \frac{2\pi}{T} = 2\pi f.$$

2. Das *t-v*-Gesetz

Wie hängt die Momentangeschwindigkeit v der Pendelkugel K vom Winkel $\varphi = \omega\, t$ ab? Betrachten wir dazu ⇒ *Bild 2*:

Der Korken K′ läuft auf dem Kreis mit dem konstanten Betrag der Geschwindigkeit $v_k = 2\pi r/T$ um. Im Schattenbild ist nur seine Auf- und Abwärtsbewegung sichtbar. Deshalb beschreiben wir seinen Geschwindigkeitsvektor v_k durch seine beiden Werte v_x und v_y. Der Wert v_y gibt dann die Geschwindigkeit v der Pendelkugel nach Betrag und Richtung an. Zu jedem Zeitpunkt gilt:

$$v = v_y = v_k \cdot \cos\varphi = v_k \cdot \cos\omega\, t$$

Mit $v_k = 2\pi r/T = \omega\, r$ und $r = \hat{s}$ folgt daraus das *t-v*-Gesetz:

$$v = \omega\, \hat{s} \cdot \cos\omega\, t. \qquad (\Rightarrow Bild\ 4b)$$

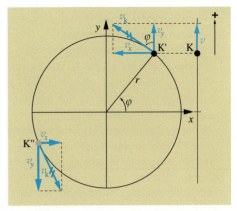

B 2: Die Geschwindigkeit v bei der harmonischen Bewegung zu zwei verschiedenen Zeitpunkten

3. Das *t-a*-Gesetz

Der auf dem Kreis umlaufende Korken K′ wird ständig zum Kreismittelpunkt hin beschleunigt. Der Betrag der Zentripetalbeschleunigung a_z ist v_k^2/r. Von den beiden Werten a_x und a_y des Vektors a_z in ⇒ *Bild 3* betrachten wir wieder nur a_y. Der Schatten des Korkens bewegt sich also in vertikaler Richtung mit dem Beschleunigungswert:

$$a = a_y = -\frac{v_k^2}{r}\sin\omega\, t.$$

Das Minuszeichen berücksichtigt, dass die Beschleunigung oberhalb der Gleichgewichtslage negativ und unterhalb positiv ist. Bedenken Sie, dass $\sin\omega\, t$ im ersten Fall positiv, im zweiten negativ ist (⇒ *Bild 4c*). Wir ersetzen wieder $v_k = 2\pi r/T = \omega\, r$ und $r = \hat{s}$ und erhalten:

$$a = -\omega^2\, \hat{s} \cdot \sin\omega\, t. \qquad (\Rightarrow Bild\ 4c)$$

Diese Beschleunigung erfährt auch die Pendelkugel, da sie dem Schatten des Korkens folgt.

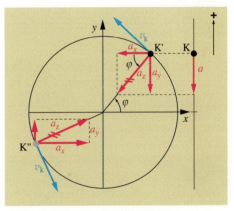

B 3: Die Beschleunigung a bei der harmonischen Schwingung

> **Merksatz**
>
> Eine harmonische Schwingung lässt sich beschreiben durch:
>
> Das *Zeit-Elongation-Gesetz*: $\quad s = \hat{s} \cdot \sin\omega\, t,$
>
> das *Zeit-Geschwindigkeit-Gesetz*: $\quad v = \omega\, \hat{s} \cdot \cos\omega\, t,$
>
> das *Zeit-Beschleunigung-Gesetz*: $\quad a = -\omega^2\, \hat{s} \cdot \sin\omega\, t$
>
> mit der *Winkelgeschwindigkeit*: $\quad \omega = \dfrac{\varphi}{t} = \dfrac{2\pi}{T} = 2\pi f$
>
> (f ist die Frequenz, T die Periodendauer, $\hat{s}$ die Amplitude)
>
> Dabei bewegt sich der Körper zum Zeitnullpunkt ($t = 0$) durch die Gleichgewichtslage ($s = 0$) in die positive Richtung.

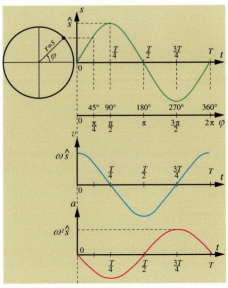

B 4: Diagramme der Bewegungsgesetze:
a) *t-s*-Gesetz **b)** *t-v*-Gesetz **c)** *t-a*-Gesetz

Mechanische Schwingungen

Beispiel

Berechnungen am Federpendel

An einer Schraubenfeder hängt ein Körper der Masse $m = 200$ g. Sie ist dadurch um 40 cm gedehnt. Aus dieser Gleichgewichtslage wird der Körper nun um 10 cm angehoben und losgelassen.
Wie lange dauert eine Periode der Schwingung? Wie groß sind Amplitude, Frequenz und Winkelgeschwindigkeit? Mit welcher Geschwindigkeit bewegt sich der Körper durch die Gleichgewichtslage? Wo befindet er sich 0,5 s danach? Welche Geschwindigkeit hat er zu diesem Zeitpunkt?

Lösung:
Die Richtgröße D ist beim Federpendel gleich der Federhärte:
$D = 2{,}0$ N$/0{,}4$ m $= 5$ N·m^{-1}.
Die Periodendauer beträgt also:
$T = 2\pi\sqrt{m/D} = 2\pi\sqrt{0{,}2 \text{ kg}/5 \text{ N·m}^{-1}}$ **= 1,26 s**.
Amplitude = max. Elongation: **$\hat{s} = 0{,}1$ m**
Frequenz: $f = 1/T = 0{,}8$ s^{-1} **= 0,8 Hz**
Winkelgeschwindigkeit: $\omega = \sqrt{D/m} = 5$ s^{-1}
Maximale Geschwindigkeit:
$v_{max} = \omega\hat{s} \cdot \cos\omega t = \omega \cdot \hat{s} =$ **0,5 m·s^{-1}**
Entfernung aus der Gleichgewichtslage:
Zunächst wird der Zeitnullpunkt festgelegt: $s = 0$; $t = 0$; Aufwärtsbewegung. Dann gilt: $s = 0{,}1$ m $\cdot \sin(5$ s$^{-1} \cdot 0{,}5$ s$) =$ **+0,06 m**.
Zum Zeitpunkt 0,5 s befindet sich der Körper 6 cm über der Gleichgewichtslage.
Zu diesem Zeitpunkt hat er die Geschwindigkeit $v = 0{,}5$ m·s$^{-1} \cdot \cos(5$ s$^{-1} \cdot 0{,}5$ s$) =$ **−0,4 m·s^{-1}**. Der negative Wert besagt, dass der Körper sich abwärts auf die Gleichgewichtslage zu bewegt.

A 1: Die Masse eines Federpendels wird verdoppelt und mit gleicher (dann mit halber) Amplitude in Schwingung versetzt. Wie ändern sich Periodendauer, Frequenz, Winkelgeschwindigkeit und maximale Geschwindigkeit?

A 2: Ein Pendelkörper schwingt mit der Frequenz 0,5 Hz und der Amplitude 20 cm.
a) Mit welcher Geschwindigkeit geht er durch die Gleichgewichtslage? **b)** Seine Masse beträgt 300 g. Wie groß ist die Richtgröße des Schwingers? **c)** Hängt T von der Fallbeschleunigung g ab?

4. Lineares Kraftgesetz und harmonische Schwingung

Für unser Federpendel gilt das Elongation-Kraft-Gesetz $F = -Ds$. Ist dieses Gesetz eine notwendige Bedingung für jede freie harmonische Schwingung?

Betrachten wir dazu die bei der Schwingung auftretenden Beschleunigungen der Pendelkugel. Diese liefert uns das t-a-Gesetz

$$a = -\omega^2 \hat{s} \cdot \sin\omega t.$$

Ein Körper, dessen Beschleunigung a ist, erfährt nach dem newtonschen Grundgesetz $F = ma$ die Gesamtkraft

$$F = ma = -m\omega^2 \hat{s} \cdot \sin\omega t.$$

Mit $s = \hat{s} \cdot \sin\omega t$ erhalten wir so einen einfachen Zusammenhang zwischen der beschleunigenden Kraft F und der Auslenkung s:

$$\boldsymbol{F = -m\omega^2 s.}$$

Die Rückstellkraft F ist also proportional zur Auslenkung s aus der Gleichgewichtslage. Den positiven Faktor $m\omega^2$ nennt man Richtgröße und bezeichnet ihn mit D. Sie stimmt beim Federpendel mit dessen Federhärte überein. Das Minuszeichen besagt, dass F der Auslenkung stets entgegen gerichtet ist, also immer zur Gleichgewichtslage hin zeigt. Damit lautet das **Elongation-Kraft-Gesetz**:

$$\boldsymbol{F = -Ds} \text{ mit der } \textbf{Richtgröße } \boldsymbol{D = m\omega^2}.$$

Wir haben ein wichtiges Merkmal für eine harmonische Schwingung gefunden: *Wenn die Bewegung des freien Schwingers harmonisch ist, muss die Rückstellkraft dem linearen Kraftgesetz gehorchen.*

Zudem können wir jetzt sogar die Periodendauer vorhersagen, wenn die Richtgröße D bekannt ist. Wir setzen $\omega = 2\pi/T$ in $D = m\omega^2$ ein und lösen nach T auf:

$$T = 2\pi\sqrt{\frac{m}{D}}.$$

Die Periodendauer T hängt also allein von der schwingenden Masse m und der Richtgröße D des Systems ab; T ist unabhängig von der Amplitude.

Mit etwas mehr Mathematik kann man auch umgekehrt zeigen, dass $F = -Ds$ zu einer harmonischen Schwingung führt. Wir merken uns:

Merksatz

Eine freie mechanische Schwingung ist genau dann **harmonisch**, wenn sie dem **linearen Kraftgesetz** $F = -Ds$ genügt. s gibt die Elongation aus der Gleichgewichtslage an. Die **Periodendauer** T eines Schwingers der Masse m und der Richtgröße D beträgt:

$$T = 2\pi\sqrt{\frac{m}{D}}.$$

5. Wie viel Energie steckt in der Schwingung?

Der Pendelkörper hängt zunächst bewegungslos in der Gleichgewichtslage. Die Schwingungsenergie des Federpendels ist null. Die Feder ist zwar durch die Gewichtskraft des Pendelkörpers bereits um s_0 verlängert, aber die Spannenergie $\frac{1}{2}D s_0^2$ rechnen wir *nicht* dazu. Aus dieser Gleichgewichtslage heben oder senken wir nun den Pendelkörper. Bei einer Auslenkung um die Strecke s beträgt unsere Kraft $F' = D s$, denn für die entgegengesetzt gerichtete Rückstellkraft gilt ja $F = -D s$. Die dem Schwinger zugeführte Energie ist dann $W_{\text{Elong}} = \frac{1}{2} D s^2$; sie heißt **Elongationsenergie**.

Was geschieht mit der Elongationsenergie, wenn wir den Pendelkörper loslassen? Sie steckt von nun an im schwingenden System. Bei fehlender Reibung hätten wir den Idealfall einer ungedämpften harmonischen Schwingung, die unendlich lang andauert. Die Energie kann dann nicht mehr entweichen. Betrachten wir einmal verschiedene Phasen der Schwingung:

a) Im oberen und unteren Umkehrpunkt besitzt der Körper für einen Moment jeweils die Geschwindigkeit null; seine kinetische Energie ist also null, während die Elongationsenergie im selben Augenblick ihr Maximum erreicht hat.

b) Aus der momentanen Ruhe heraus wird der Körper nun beschleunigt, gewinnt also kinetische Energie auf Kosten der Elongationsenergie.

c) Beim Durchgang durch die Gleichgewichtslage hat dann die kinetische Energie ihr Maximum erreicht, die Elongationsenergie ihr Minimum: Sie ist null geworden.

d) Die Elongationsenergie nimmt nun auf Kosten der kinetischen Energie wieder zu, bis sie im Umkehrpunkt abermals ein Maximum erreicht hat; usw. …

Die beiden Energieformen wandeln sich also periodisch ineinander um. Dabei bleibt nach dem Energiesatz die Summe aus Elongations- und Bewegungsenergie, also die Gesamtenergie W der Schwingung, erhalten. Sie ist gleich der Elongationsenergie, die bei der ersten Auslenkung in das System hineingesteckt wurde, also der maximalen Elongationsenergie $\frac{1}{2}D\hat{s}^2$.

Merksatz

Bei einer ungedämpften harmonischen Schwingung ist die Summe aus Elongationsenergie und Bewegungsenergie konstant. Sie ist gleich der **Gesamtenergie W** der Schwingung:

$$W = W_{\text{Elong}} + W_B = \tfrac{1}{2} D s^2 + \tfrac{1}{2} m v^2 = \text{konstant}.$$

In den Umkehrpunkten ($v = 0$, $s = \hat{s}$) besteht W aus der maximalen Elongationsenergie $W = \tfrac{1}{2} D \hat{s}^2$, in der Gleichgewichtslage ($v = \hat{v}$, $s = 0$) aus der maximalen Bewegungsenergie $W = \tfrac{1}{2} m \hat{v}^2$.

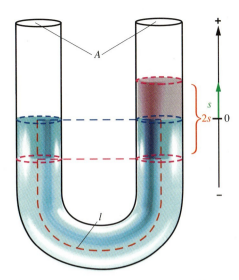

B 1: Eine harmonisch schwingende Flüssigkeit (➡ *Versuch 1*)

V 1: Ein U-Rohr, das an jeder Stelle denselben Querschnitt A besitzt, ist zum Teil mit einer Flüssigkeit vom Volumen V und der Dichte ϱ gefüllt. Wenn man in einen der beiden Schenkel des U-Rohrs vorsichtig hineinbläst, kommt die Flüssigkeit aus dem Gleichgewicht. Gibt man sie anschließend frei, so schwingt sie hin und her. Können wir die Periodendauer vorausberechnen?

Dazu führen wir eine s-Achse ein (➡ *Bild 1*). Ist nun die Flüssigkeit um die Strecke s aus ihrer Gleichgewichtslage ausgelenkt, so entsteht ein einseitiges Übergewicht, das von der überstehenden Flüssigkeitssäule herrührt. Diese hat die Höhe $2s$ und das Volumen $\Delta V = 2 s \cdot A$, also die Gewichtskraft $G = \Delta V \cdot \varrho \cdot g = 2 s A \varrho g$. Die Gewichtskraft G wirkt als Rückstellkraft F. Sie ist zur Elongation s proportional, denn es gilt $F = -D s$ mit $D = 2 A \varrho g$ = konstant.

Es liegt also ein lineares Kraftgesetz vor. Deshalb dürfen wir die Periodendauer mit $T = 2\pi \sqrt{m/D}$ berechnen. Darin ist $m = V \varrho$ die Masse der gesamten eingefüllten Flüssigkeit. Wir erhalten:

$$T = 2\pi \sqrt{\frac{V \varrho}{2 \varrho A g}} = 2\pi \sqrt{\frac{l}{2g}},$$

wobei $l = V/A$ die Länge der Flüssigkeitssäule ist. Die Periodendauer ist demnach von der Dichte der Flüssigkeit unabhängig.

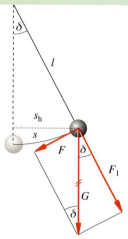

B 1: Die Rückstellkraft $\vec{F}$ bei einem Fadenpendel. $\vec{F}$ ist stets zur Gleichgewichtslage hin gerichtet.

V 1: a) Wir lenken zwei Fadenpendel gleicher Länge ($l = 2$ m) aber mit verschieden schweren Pendelkörpern nur wenig aus und geben sie gleichzeitig frei. Sie schwingen synchron mit gleicher Periodendauer. **b)** Wir verkürzen die Länge eines Pendels auf $\frac{1}{4}l = 50$ cm und wählen gleich schwere Pendelkörper. Auf eine Periode des 2 m-Pendels kommen nun zwei des 0,5 m-Pendels. **c)** Wir lassen nun das 2 m-Pendel mit kleiner Amplitude schwingen und ermitteln die Zeit für 100 Perioden zu 280 s. Die Schwingungsdauer ist $T = 2{,}80$ s. **d)** Wir wiederholen c) mit großer Amplitude, z. B. $\hat{s} = s = 0{,}5\,l$. Wir finden jetzt eine etwas größere Periodendauer.

A 1: Zum Nachweis der Erdrotation verwendete L. Foucault (1851) ein 67 m langes Pendel. Berechnen Sie die Periodendauer.

A 2: Wie lang muss ein Fadenpendel sein, das an der Erdoberfläche ($g = 9{,}81$ m/s²) bei kleiner Amplitude mit der Periodendauer $T = 1{,}00$ s schwingt?

A 3: Ein Fadenpendel schwingt mit der Periodendauer $T_1 = 2{,}15$ s. Wenn man den Faden um 80 cm verlängert, erhöht sich die Periodendauer auf $T_2 = 2{,}80$ s. Berechnen Sie aus diesen genau messbaren Angaben die Fallbeschleunigung für den Ort, an dem das Pendel schwingt.

Fadenpendel und Horizontalschwinger

1. Das Fadenpendel

Schwingt der an einem Faden aufgehängte Pendelkörper in ⟹ *Bild 1* harmonisch? Dazu prüfen wir, ob das lineare Kraftgesetz gilt:

Die Auslenkung s aus der Gleichgewichtslage erfolgt längs des Kreisbogens mit dem Radius l und der Länge $s = l\,\delta$ (δ im Bogenmaß). Die Rückstellkraft $\vec{F}$ finden wir, wenn wir die auf den Pendelkörper der Masse m wirkende Gewichtskraft $\vec{G} = m\vec{g}$ durch die beiden Komponenten $\vec{F}$ und $\vec{F}_1$ ersetzen. Da $\vec{F}_1$ (in Richtung des Fadens) immer senkrecht zur Bewegungsrichtung wirkt, ist $\vec{F}$ die hier allein interessierende Kraft. $\vec{F}$ zeigt als Rückstellkraft stets tangential zum Kreisbogen zur Gleichgewichtslage hin. Da die Rückstellkraft ihre Richtung entlang des Bogens ändert, betrachten wir im Folgenden nur ihren Betrag $F = |\vec{F}|$.

Die Schwingung ist nur dann harmonisch, wenn F proportional zur Auslenkung s ist. – Nun liefert das Kräfteparallelogramm:

$$F = m\,g \sin\delta = m\,g \sin(s/l).$$

Wenn $s \ll l$ gilt, so ist s näherungsweise gleich der horizontalen Auslenkung s_h und es gilt $\sin\delta = s_h/l \approx s/l$. Das lineare Kraftgesetz für kleine Elongationen s lautet dann als Betragsgleichung:

$$F = (m\,g/l)\,s.$$

Wir können demnach das Fadenpendel mit jeder gewünschten Genauigkeit als harmonischen Schwinger der Richtgröße $D = m\,g/l$ betrachten, wenn wir nur die Amplitude hinreichend klein wählen. Mit $T = 2\pi\sqrt{m/D}$ folgt dann für die Periodendauer

$$T = 2\pi\sqrt{m/D} = 2\pi\sqrt{m\,l/m\,g} = 2\pi\sqrt{l/g}.$$

⟹ *Versuch 1* bestätigt: T hängt nur von der Pendellänge l und der Fallbeschleunigung g ab.
Bei kleiner Amplitude ist die Schwingungsdauer eines 2 m langen Pendels $T = 2\pi\sqrt{2\,\text{m}/9{,}81\,\text{ms}^{-2}} = 2{,}84$ s.

Merksatz

Ein **Fadenpendel** schwingt bei hinreichend kleiner Amplitude harmonisch. Seine **Periodendauer** ist dann

$$T = 2\pi\sqrt{\frac{l}{g}}. \qquad (1)$$

Durch genaue Messung von Periodendauer T und Pendellänge l kann man mit *Gl. (1)* die Fallbeschleunigung g am Ort des Versuchs bestimmen. Im Mittel nimmt die Fallbeschleunigung an der Erdoberfläche vom Äquator zu den Polen wegen der Form und Drehung der Erde kontinuierlich zu. Der unterschiedliche Aufbau der Erdkruste verändert die Fallbeschleunigung zusätzlich. Über Erzlagerstätten ist die Fallbeschleunigung vergrößert, über Salzlagern und Erdölvorkommen verkleinert. Die Einflüsse von Sonne und Mond verändern g um maximal $\pm 1{,}5 \cdot 10^{-6}$ m/s² am Tag.

2. Der horizontale Federschwinger

In ▶ Bild 2 ist ein Experimentierwagen zwischen zwei Federn mit den Richtgrößen D_1 und D_2 gespannt. Diese erzeugen nach ▶ Versuch 2 eine zur Auslenkung s proportionale Rückstellkraft F. Es gilt also $F = -Ds$, wobei D die Richtgröße des aus beiden Federn bestehenden Systems ist. Bei fehlender Reibung schwingt der Wagen also harmonisch mit der Periodendauer $T = 2\pi\sqrt{m/D}$ hin und her.

Wir leiten $F = -Ds$ für beliebige Federhärten D_1 und D_2 her: Die Vektoren für die Federkräfte und Elongationen liegen auf einer Geraden. Wir beschreiben sie deshalb durch Werte mit Vorzeichen (nach rechts positiv, nach links negativ). Befindet sich der Wagen im Nullpunkt $s = 0$, so zieht an ihm die rechte Feder mit der Kraft $F_1 > 0$ nach rechts, die linke Feder mit $F_2 < 0$ nach links. Da in diesem Punkt Kräftegleichgewicht herrscht, gilt $F_1 = -F_2$ und daher $F_1 + F_2 = 0$ (▶ Bild 2a). Zieht die rechte Feder z. B. mit $F_1 = +3$ N nach rechts, dann muss die linke Feder mit $F_2 = -3$ N nach links ziehen.

Bei der Elongation $s > 0$ zieht die rechte Feder 1 um $D_1 s$ weniger stark nach rechts als im Gleichgewicht (bei $s = 0$). Ihre positive Kraft hat von F_1 auf $F_1^* = F_1 - D_1 s$ abgenommen. Dagegen zieht die linke Feder 2 nun stärker nach links. Ihre negative Kraft auf den Wagen ändert sich von F_2 auf $F_2^* = F_2 - D_2 s$ (▶ Bild 2b und c). Die resultierende Rückstellkraft beträgt dann
$F = F_1^* + F_2^* = F_1 + F_2 - D_1 s - D_2 s$.
Da $F_1 + F_2 = 0$ ist, folgt $F = -(D_1 + D_2)s$.

Für eine Elongation $s < 0$ liefert eine entsprechende Überlegung dasselbe Ergebnis. Die Summe $D_1 + D_2 = D > 0$ ist die Richtgröße der aus beiden Federn bestehenden Spannvorrichtung.

Merksatz

> Für einen zwischen zwei elastischen Federn gespannten Wagen gilt das Weg-Kraft-Gesetz
>
> $$F = -Ds \quad \text{mit} \quad D = D_1 + D_2.$$
>
> Die Richtgröße D des Federsystems ist gleich der Summe der Federhärten der auf beiden Seiten ziehenden Federn.
> Bei fehlender Reibung schwingt der Wagen harmonisch mit der Schwingungsdauer
>
> $$T = 2\pi\sqrt{m/D}.$$

3. Harmonische Schwingungen im Mikrokosmos

Ein Molekül ist aus Atomen zusammengesetzt. Diese können in ihm näherungsweise harmonisch schwingen. Bei einem zweiatomigen Molekül (z. B. CO) gibt es nur *eine* Streckschwingung (▶ Bild 3a). Dreiatomige Moleküle wie das CO_2 zeigen auch Streckschwingungen wie in ▶ Bild 3b. Ihre Schwingungsenergie geben die Moleküle als Infrarotstrahlung ab. Umgekehrt werden sie durch Absorption solcher IR-Strahlung zu Schwingungen angeregt. Die Absorption der IR-Strahlung durch CO_2-Gas trägt zum *Treibhauseffekt* bei.

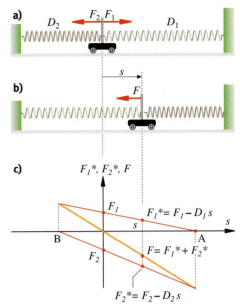

B 2: a) Wagen in der Gleichgewichtslage: $F_2 = -F_1$ **b)** Nach Auslenkung um $s > 0$ wirkt die Rückstellkraft $F = -Ds < 0$. **c)** Federkräfte F_1^*, F_2^* und deren Gesamtkraft F auf den Wagen bei der Auslenkung s. Im Kräftegleichgewicht bei $s = 0$ gilt: $F_1 + F_2 = 0$. Bei Auslenkung um s ändern sich die Federkräfte linear um $D_1 s$ bzw. $D_2 s$, also entsprechend den Geraden $F_1^* = F_1 - D_1 s$ bzw. $F_2^* = F_2 - D_2 s$. Bei A ist Feder 1, bei B Feder 2 entspannt. Die Addition $F_1^* + F_2^*$ liefert die Gesamtkraft $F = -(D_1 + D_2)s$.

V 2: Nach ▶ Bild 2 lenken wir mit einem Kraftmesser den Wagen um s nach rechts aus. Wir messen die Rückstellkraft F. Bei doppelter Auslenkung um $2s$ messen wir die Kraft $2F$ usw. F ist also proportional zu s.

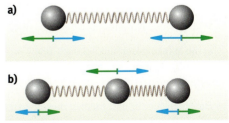

B 3: Federmodell für Molekülschwingungen: **a)** Molekül aus zwei Atomen, **b)** Molekül aus drei Atomen. Zu dieser Streckschwingung wird das CO_2-Molekül bei IR-Absorption angeregt.

Zusammenfassung – Mechanische Schwingungen

Das ist wichtig

A. Begriffe für beliebige Schwingungen

1. *Rückstellkraft* und *Trägheit* sind Voraussetzungen für jede beliebige Schwingung: Die Rückstellkraft sorgt dafür, dass der Körper nach der *Auslenkung (Elongation)* aus seiner *Gleichgewichtslage* wieder zu ihr zurückkehrt. Wegen seiner Trägheit bewegt er sich jedoch über sie hinaus, entfernt sich also erneut aus ihr. Er schwingt auf diese Weise hin und her.

2. Ein mechanisches System führt eine **freie Schwingung** aus, wenn es seinen Rhythmus selbst bestimmt. Wird ihm ein fremder Schwingungstakt von außen aufgeprägt, so führt es eine **erzwungene Schwingung** aus.

3. Eine **freie ungedämpfte Schwingung** ist der Idealfall einer Schwingung bei fehlender mechanischer Reibung. Eine reale Schwingung, die abklingt, heißt **gedämpfte Schwingung**.

B. Gesetze der harmonischen Schwingung

1. Eine freie Schwingung ist genau dann harmonisch, wenn die Rückstellkraft F proportional zur Auslenkung s ist, wenn also das **lineare Kraftgesetz $F = -D\,s$** gilt. Die *Richtgröße D* ist stets positiv. Das Minuszeichen drückt aus, dass die Rückstellkraft der Auslenkung immer entgegen gerichtet ist. Es ist also entweder $s > 0$ und $F < 0$ oder $s < 0$ und $F > 0$.

2. Die **Periodendauer T** eines Schwingers der Masse m und der Richtgröße D ist: $T = 2\pi\sqrt{m/D}$
 (m in kg, D in N m^{-1}, T in s).
 Die Periodendauer ist unabhängig von der Amplitude.

3. Die **Bewegungsgesetze** für eine Schwingung, die zum Zeitnullpunkt ($t = 0$) durch die Gleichgewichtslage ($s = 0$) in positive Richtung beginnt, lauten:

 Zeit-Elongation-Gesetz: $\quad s = \hat{s}\sin(\omega t)$
 Zeit-Geschwindigkeit-Gesetz: $\quad v = \omega\hat{s}\cos(\omega t)$
 Zeit-Beschleunigung-Gesetz: $\quad a = -\omega^2\hat{s}\sin(\omega t)$

 Dabei ist
 $\hat{s}$ die positive Amplitude: $\quad \hat{s} =$ max. Auslenkung
 ω die Winkelgeschwindigkeit: $\quad \omega = \dfrac{\varphi}{t} = \dfrac{2\pi}{T} = 2\pi f$
 f die Frequenz: $\quad f = \dfrac{1}{T}$.

 Beachten Sie: ω und f haben dieselbe Einheit s^{-1}. Man nennt ω auch Kreisfrequenz. Zur besseren Unterscheidung gibt man die Frequenz f häufig in Hz an.

4. Die **Energie eines harmonischen Schwingers** ist die Summe aus Elongations- und Bewegungsenergie:

$$W = W_{\text{Elong}} + W_B = \tfrac{1}{2}D\,s^2 + \tfrac{1}{2}m\,v^2 = \text{konstant}.$$

Da Reibung ausgeschlossen wird, ist W konstant. In den Umkehrpunkten besteht W allein aus der Elongationsenergie $W = \tfrac{1}{2}D\hat{s}^2$, in der Gleichgewichtslage allein aus der Bewegungsenergie $W = \tfrac{1}{2}m\hat{v}^2$ mit $\hat{v} = \omega\hat{s}$.

C. Periodendauer einiger Schwinger

1. **Das Federpendel:** Ein Körper der Masse m hängt an einer Feder. Ihre Federkonstante ist zugleich die Richtgröße D (bei vertikaler Auslenkung). Die Periodendauer ist $T = 2\pi\sqrt{m/D}$.

2. **Das Fadenpendel:** An einem Faden der Länge l hängt ein Körper der Masse m. Je kleiner die Auslenkung ($s \ll l$) ist, desto besser nähert sich die Pendelbewegung einer harmonischen Schwingung an. Mit der Fallbeschleunigung g ist die Richtgröße $D = m\,g/l$, die Periodendauer ist $T = 2\pi\sqrt{l/g}$.

3. **Der Federschwinger:** Ein Wagen der Masse m ist zwischen zwei Federn mit den Federkonstanten D_1 und D_2 gespannt. Die Richtgröße ist $D = D_1 + D_2$, die Periodendauer ist $T = 2\pi\sqrt{m/(D_1 + D_2)}$.

D. Musteraufgabe

Ein Wagen ($m = 300$ g) ist zwischen zwei Federn ($D_1 = 10$ N/m und $D_2 = 20$ N/m) gespannt. Er wird um 20 cm nach links ausgelenkt und losgelassen. **a)** Nach welcher Zeit t erreicht er die Gleichgewichtslage? Wie groß ist dort seine Geschwindigkeit v? **b)** Welche Beschleunigung erfährt der Wagen beim Durchlaufen der Gleichgewichtslage, welche im rechten Umkehrpunkt? **c)** Wo befindet sich der Wagen 0,6 s nach dem Durchlaufen der Gleichgewichtslage? Wie groß ist die Beschleunigung dort? **d)** Welche Zeit benötigt der Wagen nach dem Loslassen für den halben Weg zur Gleichgewichtslage?

Lösung:

a) Er erreicht die Gleichgewichtslage nach $t = \tfrac{1}{4}T = \tfrac{1}{4}\cdot 2\pi\sqrt{0{,}3\text{ kg}/(10+20)\text{ N m}^{-1}} =$ **0,157 s.**
Die Elongationsenergie $\tfrac{1}{2}D\hat{s}^2$ ist dabei völlig in Bewegungsenergie $\tfrac{1}{2}m\hat{v}^2$ übergegangen.
Aus $\tfrac{1}{2}m\hat{v}^2 = \tfrac{1}{2}D\hat{s}^2$ folgt
$\hat{v} = \sqrt{D/m}\,\hat{s} = \omega\hat{s} = 10\text{ s}^{-1}\cdot 0{,}2\text{ m} =$ **2,0 m/s.**

b) In der Gleichgewichtslage ($F = 0$) ist $a = 0$, im rechten Umkehrpunkt gilt mit $F = -D\,s$
$a = -D\,s/m = -30\text{ N m}^{-1}\cdot 0{,}2\text{ m}/0{,}3\text{ kg} = $ **−20 m/s^2.**

c) Wir wählen als Zeitnullpunkt $s = 0$ und $v > 0$. Dann ist $s = 20$ cm $\cdot \sin(10\text{ s}^{-1}\cdot 0{,}6\text{ s}) = $ **−5,6 cm** und $a = -\omega^2 s = -(10\text{ s}^{-1})^2\cdot(-0{,}056\text{ m}) = $ **5,6 m/s^2.**

d) Es sei $t = 0$ bei $s = -20$ cm. Dann ist $s = -\hat{s}\cos(\omega t)$. Mit $s = -\tfrac{1}{2}\hat{s}$ folgt $\cos(\omega t) = \tfrac{1}{2}$ und $\omega t = \pi/3$, also $t = \pi/(3\,\omega) = \pi/(3\cdot 10\text{ s}^{-1}) = $ **0,105 s.**

Aufgaben

A 1: Sind bei einem vertikal auf- und abspringenden Ball die Bedingungen einer harmonischen Schwingung erfüllt? (Reibung wird vernachlässigt.) Begründen Sie.

A 2: Hängt man einen Körper der Masse 400 g an eine Schraubenfeder, so wird sie um 10 cm verlängert. Aus dieser Gleichgewichtslage wird der Körper 5 cm angehoben und losgelassen. **a)** Mit welcher Frequenz schwingt dieses Federpendel? **b)** Wie viel Schwingungsenergie enthält es? **c)** Zeichnen Sie in ein gemeinsames s-F-Schaubild ($s = 0$ in der Gleichgewichtslage) die Kraft, mit der die Feder am Körper zieht, die Gewichtskraft und die Rückstellkraft des Schwingers. Beachten Sie die Vorzeichen für s und F. Welcher geometrische Zusammenhang besteht zwischen den drei Geraden? Kennzeichnen Sie die Fläche, die die Elongationsenergie für $s = 5$ cm angibt.

A 3: Ein Körper schwingt harmonisch mit der Frequenz $f = 0{,}8$ Hz und der Amplitude $\hat{s} = 10$ cm. Welche Geschwindigkeit hat er in der Gleichgewichtslage? Bei welcher Elongation s ist die Geschwindigkeit $v = 0{,}25$ m/s?

A 4: An eine Schraubenfeder ($D = 100$ N/m) wird ein Körper der Masse 800 g gehängt, dann 4 cm aus seiner Gleichgewichtslage nach unten gezogen und losgelassen. **a)** Mit welcher Frequenz schwingt der Körper? **b)** Wie groß ist die Geschwindigkeit und die Beschleunigung des Körpers 3 cm oberhalb der Gleichgewichtslage? Welche Zeit brauchte er vom unteren Umkehrpunkt bis zu dieser Stelle?

A 5: Die Autobahnbrücke über die Norder-Elbe wurde nach ihrer Fertigstellung in einem spektakulären Versuch in Schwingung versetzt. Die Ingenieure wollten die Berechnungen der neuartigen Brückenkonstruktion in einem Experiment überprüfen. Dazu wurde bei Flut ein Lastschiff von unten an der Brücke befestigt. Dieses belastete bei sinkendem Wasserspiegel mit einem ständig zunehmenden Teil seines Gewichts die Brückenmitte, bis bei einer Last von 100 t ein Bolzen (wie geplant) brach und die Verbindung zur Brücke löste. In diesem Moment betrug ihre Auslenkung dort 5 cm. Anschließend führte die Brücke nahezu harmonische Schwingungen mit der Frequenz $f = 0{,}62$ Hz aus.
a) Mit welcher Amplitude und welcher maximalen Geschwindigkeit bewegt sich ein mitten auf ihr stehender Beobachter? **b)** Bei welcher Elongation erfährt der Beobachter maximale Beschleunigung? Wie groß ist diese Beschleunigung? Um wie viel Prozent scheint sein Gewicht zu schwanken? **c)** Welche Zeit vergeht vom Moment des Abreißens bis zum Erreichen der maximalen Geschwindigkeit? Nach welcher Zeit beträgt sie erstmals 0,1 m/s? **d)** Um welche Strecke wurde der Beobachter 0,6 s nach dem Abreißen nach oben bewegt?
e) Bestimmen Sie die Energie, die in der Brückenschwingung steckt.

A 6: Das 1 m lange Fadenpendel stößt in seiner Mitte beim Nulldurchgang der Schwingung an einen Stab.
a) Ist die Schwingung harmonisch? **b)** Wie groß ist die Periodendauer der Schwingung? **c)** Vergleichen Sie die Rückstellkräfte im linken und rechten Umkehrpunkt.

A 7: Ein mit Schrotkugeln beschwertes Reagenzglas der Masse $m = 15$ g taucht etwa zur Hälfte in Wasser. Seine Querschnittsfläche beträgt $A = 2{,}0$ cm^2. Drückt man das Reagenzglas tiefer ins Wasser, so erfährt es eine größere Auftriebskraft (sie ist nach ARCHIMEDES gleich der Gewichtskraft der verdrängten Flüssigkeit). **a)** Zeigen Sie, dass es – unter Vernachlässigung der Reibung – nach dem Loslassen harmonisch schwingt. **b)** Berechnen Sie die Periodendauer der Schwingung. **c)** Mit welcher Geschwindigkeit bewegt sich das Reagenzglas durch die Gleichgewichtslage, wenn es zu Beginn 3 cm tiefer ins Wasser gedrückt wurde (Dichte des Wassers $\varrho = 1000$ kg/m^3; $g = 9{,}81$ m/s^2)?

A 8: Ein Wagen der Masse $m = 0{,}6$ kg ist zunächst horizontal zwischen zwei Federn gespannt. Die Richtgröße der einen Feder ist $D_1 = 9{,}50$ N/m.
a) Wie groß muss man die Richtgröße der anderen Feder wählen, damit das System mit $T = 1{,}00$ s schwingt? **b)** Wie ändert sich T, wenn man m verdoppelt? **c)** Die Anordnung wird schräg gestellt. Ändert sich die Periodendauer? Begründen Sie Ihre Antwort.

A 9: Zwei Wagen gleicher Masse ($m_1 = m_2 = 200$ g) sind in Fahrtrichtung durch eine Feder verbunden, die bei Zug und Druck die Richtgröße $D = 100$ N/m hat. Die Wagen werden um 10 cm auseinandergezogen und gleichzeitig freigegeben. **a)** Mit welcher Amplitude schwingt jeder Wagen? **b)** Mit welcher Frequenz schwingt das System? **c)** Wie groß ist dessen Schwingungsenergie? **d)** Bestimmen Sie die maximale Geschwindigkeit der Wagen.

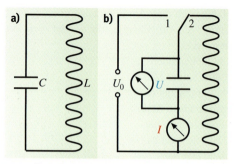

B 1: a) Schwingkreis aus Kondensator und Spule **b)** Schaltung zur Auslösung einer freien gedämpften Schwingung
(▶ Versuch 1)

V 1: In ▶ *Bild 1b* wird der Kondensator in Schalterstellung 1 von der Spule getrennt und auf die Spannung U_0 aufgeladen. Dann legen wir den Schalter in die Stellung 2 um. Nun ist der geladene Kondensator ($C = 300\,\mu F$) mit einer Spule hoher Induktivität ($L = 600\,H$) verbunden. Was dabei passiert, können wir an einem Spannungsmesser (U) und Strommesser (I) verfolgen: Die Zeiger beider Instrumente schwingen – in der Phase ungefähr $\pi/2$ gegeneinander versetzt – mit einer Periodendauer von ungefähr 3 s hin und her.

Den zeitlichen Verlauf der Stromstärke I entnehmen wir dem dazu proportionalen Spannungsabfall $U_R = R I$ am Strommessgerät. Zum Aufzeichnen der Spannung U_R muss der Schreiber erneut mit dem Umlegen des Schalters gestartet werden. Mit einem Messwerterfassungssystem kann man auch beide Kurven gleichzeitig aufnehmen (▶ *Bild 2*).

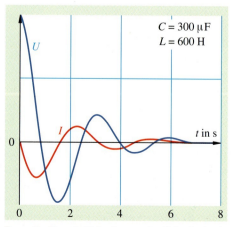

B 2: Gedämpfte Schwingung im Schwingkreis

Elektromagnetische Schwingungen

1. Der Schwingkreis

Bei freien mechanischen Schwingungen wandeln sich Elongations- und Bewegungsenergie periodisch und stetig ineinander um. Auch zwischen Spule und Kondensator kann Energie hin und her pendeln, wenn wir sie nach ▶ *Bild 1a* zusammenfügen. Da sich hier elektrische und magnetische Feldenergie einander abwechseln, nennt man dieses Gebilde einen elektromagnetischen **Schwingkreis.**

In ▶ *Versuch 1* bringen wir den Schwingkreis nach Schaltung ▶ *Bild 1b* zum Schwingen. Dabei verfolgen wir die Spannung U am Kondensator sowie die Stromstärke I in der Spule. Wir beobachten einen Wechselstrom und eine in der Phase verschobene Wechselspannung (▶ *Bild 2*). Die Strom- und Spannungsamplituden nehmen allerdings rasch ab. Es ist eine **freie gedämpfte elektromagnetische Schwingung.** Wie entsteht sie?

Zunächst wird der Kondensator aufgeladen. Entlädt man ihn anschließend über die Spule, so wird sein elektrisches Feld schwächer. Die in ihm gespeicherte Energie nimmt ab. Dafür entsteht aber ein Strom, der ein Magnetfeld mit magnetischer Feldenergie aufbaut. Schließlich ist der Kondensator vollständig entladen. Die elektrische Feldenergie ist in magnetische übergegangen. Diese kann ohne Strom nicht existieren, sich aber auch nicht einfach verflüchtigen. Tatsächlich erzeugt die Abnahme der Stromstärke nach LENZ eine Induktionsspannung, die die Ladungen weiterfließen lässt. Der Kondensator wird folglich entgegengesetzt aufgeladen, bis schließlich das Magnetfeld verschwunden ist. Nun wiederholt sich das Spiel in umgekehrter Richtung. Der ohmsche Widerstand des Spulendrahts lässt Energie nach und nach als Wärme abfließen. Die Schwingung ist deshalb gedämpft.

Die Phasenverschiebung zwischen Stromstärke und Spannung ist nun leicht einzusehen: Wenn die gesamte Energie im elektrischen Feld steckt, dann ist die Spannung am Kondensator maximal und die Stromstärke null. Befindet sich dagegen die ganze Energie im Magnetfeld, so ist die Stromstärke maximal und die Spannung am Kondensator null.

Die elektromagnetische Schwingung ist wesentlich unanschaulicher als die mechanische, bei der ein Körper sichtbar hin und her pendelt. Beide haben jedoch viel Ähnlichkeit miteinander. Auf der folgenden Seite vergleichen wir die verschiedenen Schwingungsphasen eines Federpendels mit denen eines Schwingkreises. Dabei betrachten wir den Idealfall einer ungedämpften Schwingung.

Merksatz

Spule und Kondensator bilden zusammen einen Schwingkreis. Zwischen ihnen kann Energie periodisch hin und her pendeln. Stromstärke und Spannung sind dabei um $\pi/2$ phasenverschoben.

2. Vergleich mechanischer und elektromagnetischer Schwingungen

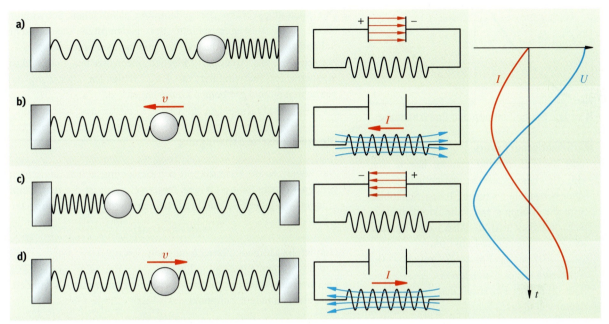

B 3: a)–d) Phasen der mechanischen Schwingung (links), Phasen der elektromagnetischen Schwingung (rechts)

a) Der Körper ist ausgelenkt. Die Elongationsenergie ist in den Federn gespeichert. Nach dem Loslassen wird der Körper zur Gleichgewichtslage hin beschleunigt. Er erreicht sie wegen seiner Trägheit jedoch nicht sofort. Die Geschwindigkeitsänderung $\Delta v/\Delta t$ erfordert nach dem newtonschen Grundgesetz die Kraft $F = m\,\Delta v/\Delta t$. Diese wird in jedem Moment von der Rückstellkraft $F = -D\,s$ geliefert. Von a) nach b) nimmt die Bewegungsenergie zu, die Elongationsenergie entsprechend ab.

b) Schließlich ist die Auslenkung null. Da keine Energie verloren geht, ist in diesem Augenblick die Elongationsenergie völlig in Bewegungsenergie übergegangen. Der Geschwindigkeitsbetrag des Körpers hat jetzt ein Maximum erreicht. Könnten wir in diesem Augenblick die Federn wegnehmen, so würde der Körper wegen fehlender Reibung mit konstanter Geschwindigkeit weiterfliegen. Die Federn bleiben aber am Körper. Er fliegt weiter und spannt die Federn entgegengesetzt zu a).
Die zunehmende Rückstellkraft kann die Bewegungsrichtung des Körpers aber nicht sofort umkehren. Der Körper ist nämlich träge und bewegt sich deshalb, wenn auch mit abnehmender Geschwindigkeit, in gleicher Richtung weiter. Wieder gilt

$$m\frac{\Delta v}{\Delta t} = -D\,s.$$

c)–d) Die Bewegungsenergie ist wieder ganz in Elongationsenergie übergegangen. Der Vorgang a)–b) wiederholt sich nun in umgekehrter Richtung.

a) Der Kondensator ist aufgeladen. Die Energie steckt im elektrischen Feld. Nach dem Verbinden des Kondensators mit der Spule setzt der Strom ein. Er entlädt den Kondensator wegen der Induktivität der Spule jedoch nicht schlagartig. Die Stromstärkeänderung $\Delta I/\Delta t$ erzeugt nämlich an den Spulenenden die Induktionsspannung $U = -L\,\Delta I/\Delta t$. Sie liegt in jedem Moment am Kondensator als Spannung $U = Q/C$. Von a) nach b) erhöht sich die magnetische Feldenergie; die elektrische nimmt ab.

b) Schließlich ist der Kondensator entladen. Da keine Energie verloren geht, muss in diesem Augenblick die zuvor im elektrischen Feld gespeicherte Energie ganz im Magnetfeld stecken. Der Betrag der Stromstärke hat jetzt ein Maximum erreicht. Könnten wir in diesem Augenblick den Kondensator überbrücken, so würden die Ladungen mit konstanter Stärke weiterfließen (falls $R = 0$). Der Kondensator bleibt aber an der Spule und wird nun entgegengesetzt zu a) aufgeladen.
Die entstehende Kondensatorspannung (nun negativ) kann den Ladungsstrom aber nicht sofort umkehren. Die Änderung der Stromstärke induziert nämlich in der Spule ein elektrisches Feld, das die Ladungen in gleicher Richtung weitertreibt. Wieder gilt

$$L\frac{\Delta I}{\Delta t} = -\frac{1}{C}Q.$$

c)–d) Die magnetische Energie ist wieder ganz in elektrische des Kondensators übergegangen.
a)–b) läuft nun in umgekehrter Richtung ab.

Vertiefung

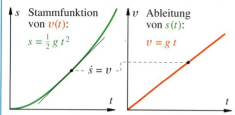

B 1: Die Stammfunktion und ihre Ableitung

Mathematischer Exkurs

Mit der Differentialrechnung lassen sich die Bewegungsgesetze wesentlich einfacher behandeln als bisher. Im t-s-Schaubild gibt die Steigung bei t die Momentangeschwindigkeit $v(t)$ an. Also ist $v(t)$ gleich der Ableitung der t-s-Funktion:

$$v(t) = \dot{s}(t) = \lim \Delta s/\Delta t \quad \text{mit } \Delta t \to 0.$$

Probieren wir es gleich aus:
Die Zeit-Weg-Funktion des freien Falls lautet $s(t) = \frac{1}{2} g t^2$.
Abgeleitet nach der Zeit erhalten wir

$$v(t) = \dot{s}(t) = 2 \cdot \frac{1}{2} g t = g t.$$

Das ist die t-v-Funktion, die wir in der Mechanik noch ohne die Differentialrechnung herausfanden. Nochmal abgeleitet erhalten wir die Momentanbeschleunigung

$$a(t) = \dot{v}(t) = \lim \Delta v/\Delta t \quad \text{mit } \Delta t \to 0;$$

hier ist also $a = g$ die Fallbeschleunigung.

Man kann auch umgekehrt aus dem t-a-Gesetz das t-s-Gesetz erschließen:
Wegen $a(t) = \dot{v}(t)$ ist $v(t)$ die Stammfunktion von $a(t)$. Aus $v(t) = \dot{s}(t)$ gewinnt man das t-s-Gesetz für $s(t)$ wiederum als Stammfunktion, diesmal aber von $v(t)$.
Für a = konstant sieht das so aus: Aus

$$a(t) = \dot{v}(t) = \text{konstant} = a \quad \text{folgt}$$
$$v(t) = \dot{s}(t) = a t + v_0 \quad \text{und}$$
$$s(t) = \frac{1}{2} a t^2 + v_0 t + s_0.$$

Darin bedeuten v_0 die Geschwindigkeit und s_0 der Ort zur Zeit $t = 0$. Im Beispiel ist $s_0 = 0$ und $v_0 = 0$ (▶ Bild 1).

Das Zeit-Weg-Gesetz der harmonischen Schwingung ist eine Sinusfunktion

$$s(t) = \hat{s} \sin (\omega t).$$

Hier müssen wir die innere Ableitung $\dot{\varphi}(t) = (\omega t)^{\cdot} = \omega$ mit der äußeren Ableitung $\sin' \varphi = \cos \varphi$ multiplizieren. Wir erhalten $v(t) = \hat{s} \omega \cos (\omega t)$. Nochmaliges Ableiten liefert $a(t) = -\hat{s} \omega^2 \sin (\omega t)$.

Differentialgleichung harmonischer Schwingungen

Der Spannungsverlauf der gedämpften elektrischen Schwingung ähnelt dem Bewegungsablauf der gedämpften mechanischen Schwingung. Wie sieht die t-U-Kurve ohne Dämpfung aus?
Nutzen wir die Analogie zwischen mechanischer und elektromagnetischer Schwingung im Falle fehlender Dämpfung und betrachten einmal die beiden Gleichungen
$m \dot{v} = -D s$ und $L \dot{I} = -Q/C$.

1. Die mechanische Schwingung

Das lineare Kraftgesetz diktiert den Bewegungsablauf des schwingenden Körpers. Mit NEWTONS Gesetz $F = m a$ ist die Beschleunigung $a(t)$ zu jedem Zeitpunkt t festgelegt durch die Gleichung

$$m \, a(t) = -D \, s(t). \qquad (1)$$

Nun ist die Momentanbeschleunigung $a = \lim \Delta v/\Delta t = \dot{v}$ und die Momentangeschwindigkeit $v = \lim \Delta s/\Delta t = \dot{s}$ ($\Delta t \to 0$). Das sind die Ableitungen der t-v- und t-s-Funktion nach der Zeit t. Sie gelten zu jedem Zeitpunkt t. Also ist

$$a(t) = \dot{v}(t) = \ddot{s}(t).$$

Damit lautet Gl. (1)

$$m \ddot{s}(t) = -D s(t). \qquad (2)$$

Das ist eine so genannte **Differentialgleichung.** Bisher sind Ihnen nur Gleichungen mit Zahlenmengen als Lösungen begegnet. In Differentialgleichungen werden dagegen als Lösungsmenge Funktionen gesucht; hier eine Funktion $s(t)$, die proportional zu ihrer zweiten Ableitung ist. Die Funktion $s(t) = \hat{s} \sin (\omega t)$ erfüllt Gl. (2). Wir haben $s(t)$ aus der Kreisbewegung gewonnen. Bei ihr wählten wir als Zeitnullpunkt den Beginn der positiven Elongation. Wäre aber zur Zeit $t = 0$ die Phase φ_0 (Nullphase genannt) ungleich null, so würde gelten:

$$s(t) = \hat{s} \sin (\omega t + \varphi_0).$$

Setzt man z. B. $\varphi_0 = \pi/2$, dann hat der Schwinger bei $t = 0$ gerade maximale positive Elongation.

Um zu prüfen, ob $s(t)$ tatsächlich Lösung der Differentialgleichung (2) ist, müssen wir $s(t)$ und $\ddot{s}(t)$ in diese einsetzen. Wichtig ist, dass sie zu jedem Zeitpunkt t erfüllt wird. Dazu leiten wir $s(t)$ zweimal ab:

$$\dot{s}(t) = \hat{s} \omega \cos (\omega t + \varphi_0)$$
$$\ddot{s}(t) = -\hat{s} \omega^2 \sin (\omega t + \varphi_0) = -\omega^2 s(t).$$

Wir setzen $s(t)$ und $\ddot{s}(t)$ in (2) ein und erhalten

$$-m \omega^2 s(t) = -D s(t).$$

Beide Seiten der Gleichung stimmen nur dann zu jedem Zeitpunkt überein, wenn $\omega = \sqrt{D/m}$ gilt. Mit $\omega = 2\pi f = 2\pi/T$ folgt daraus die Schwingungsdauer $T = 2\pi \sqrt{m/D}.$

2. Die elektromagnetische Schwingung

Weil die Spule am Kondensator liegt, ist zu jedem Zeitpunkt $U_{ind} = U_C$, also $-L\dot{I}(t) = Q(t)/C$. Mit $I(t) = \dot{Q}(t)$ erhalten wir die Differentialgleichung der ungedämpften elektromagnetischen Schwingung

$$L\ddot{Q}(t) = -\frac{1}{C}Q(t).$$

Der Vergleich mit $m\ddot{s}(t) = -Ds(t)$ zeigt folgende Entsprechungen: $s \cong Q$, $m \cong L$ und $D \cong 1/C$.
Diese müssen auch für die Lösungsfunktion $Q(t)$ gelten. Wir erhalten $Q(t)$, wenn wir in $s(t) = \hat{s}\sin(\omega t + \varphi_0)$ und $\omega = \sqrt{D/m}$ die mechanischen Größen durch die entsprechenden elektrischen ersetzen; also $s(t)$ durch $Q(t)$, m durch L, D durch $1/C$ und $\hat{s}$ durch $\hat{Q}$ ersetzen. Damit lautet die **allgemeine Lösung für die ungedämpfte, freie elektromagnetische Schwingung**

$$Q(t) = \hat{Q}\sin(\omega t + \varphi_0) \quad \text{mit} \quad \omega = \sqrt{\frac{1}{LC}}.$$

Die Periodendauer folgt mit $T = 2\pi/\omega$ zu

$$T = 2\pi\sqrt{LC}.$$

Man nennt diese Beziehung **thomsonsche Schwingungsgleichung**.

Wir legen nun den Zeitnullpunkt so fest, dass in ▶ Bild 2 die obere Platte des Kondensators maximale positive Ladung trägt, also $Q(0\,s) = \hat{Q}$ ist. Aus $\hat{Q} = \hat{Q}\sin(0 + \varphi_0)$ folgt $\sin\varphi_0 = 1$ und $\varphi_0 = \pi/2$. Mit der *Anfangsbedingung* $\varphi_0 = \pi/2$ wird

$$Q(t) = \hat{Q}\sin(\omega t + \pi/2) = \hat{Q}\cos(\omega t).$$

Der Kondensator hat dann zum Beginn der Schwingung die maximale Spannung $U = \hat{Q}/C$. Sie ist also positiv, wenn die obere Platte eine positive Ladung trägt. Die Spannung $U(t)$ am Kondensator ist

$$U(t) = \frac{Q(t)}{C} = \frac{\hat{Q}}{C}\cos(\omega t) \quad \text{oder} \quad U(t) = \hat{U}\cos(\omega t); \; \hat{U} = \frac{\hat{Q}}{C}.$$

Die Stromstärke ist $I(t) = \dot{Q}(t)$, also $I(t) = -\hat{Q}\omega\sin(\omega t)$ oder

$$I(t) = -\hat{I}\sin(\omega t).$$

Dabei ist die maximale Stromstärke

$$\hat{I} = \hat{Q}\omega = \hat{U}C\frac{1}{\sqrt{LC}} \quad \text{oder} \quad \hat{I} = \hat{U}\sqrt{\frac{C}{L}}.$$

Merksatz

In einem Schwingkreis wandeln sich elektrische und magnetische Energie periodisch ineinander um. Geschieht dies ohne Energieverlust, so ist die Schwingung ungedämpft. Strom- und Spannungsverlauf sind sinusförmig. Beginnt die Schwingung zum Zeitnullpunkt $t = 0$ mit der Entladung des Kondensators, dann gilt:

$$U = \hat{U}\cos(\omega t) \quad \text{und} \quad I = -\hat{I}\sin(\omega t) \quad \text{mit}$$
$$\omega = 1/\sqrt{LC} \quad \text{und} \quad \hat{I} = \hat{U}C/\sqrt{LC}.$$

Die Periodendauer der Schwingung ist $T = 2\pi\sqrt{LC}$.

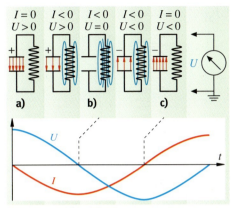

B 2: Verlauf von Spannung $U(t)$ und Stromstärke $I(t)$ beim Schwingkreis

Beispiel

Zur Theorie ein Beispiel

a) In ▶ Bild 2 ist zu Beginn der Schwingung ($t = 0$) die obere Kondensatorplatte positiv geladen. Es ist $Q > 0$ und wegen $U = Q/C$ auch $U > 0$. Nun nimmt Q ab, d. h. $\dot{Q}$ ist negativ. Also ist auch $I = \dot{Q} < 0$.
b) Zum Zeitpunkt $t = T/4$ ist Q und damit U null. In diesem Moment strömt die Ladung mit voller Stärke, der Betrag von I $|I|$ ist maximal. Die obere Platte verliert weiter positive Ladung ($\dot{Q} = I < 0$) und wird negativ geladen ($Q < 0$). Mit Q wird auch U negativ ($U = Q/C < 0$). $|I|$ nimmt von nun an jedoch ab.
c) Zum Zeitpunkt $t = T/2$ ist I null. Die obere Platte trägt jetzt maximale negative Ladung. Damit ist auch $U = Q/C < 0$ und $|U|$ maximal. Der Vorgang wiederholt sich nun in umgekehrter Richtung.

... noch mehr Aufgaben

A 1: Der Kondensator eines Schwingkreises ($C = 0{,}5\,\mu F$; $L = 20\,mH$) ist zum Zeitpunkt $t = 0$ maximal aufgeladen ($U = 100\,V$).
a) Berechnen Sie die Periodendauer und die Frequenz der Schwingung. **b)** Wie groß sind U_{eff} und I_{eff}? **c)** Welche Ladung trägt jede Kondensatorplatte zum Zeitpunkt $t = 0$ bzw. $t = T/8$? Welche Energie enthält dann jeweils der Kondensator?

A 2: Mit einer Spule ($L = 200\,H$) soll ein Schwingkreis ($f = 10\,Hz$) gebildet werden. Welche Kapazität muss der Kondensator haben?

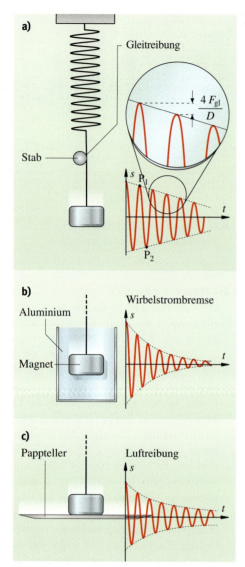

B 1: Federpendel mit Dämpfung durch
a) Gleitreibung, b) Wirbelstrombremse,
c) Luftreibung. Die Diagramme zeigen jeweils die gedämpfte Schwingung.

V 1: Die Schwingung eines Federpendels wird durch unterschiedliche Kräfte gedämpft: **a)** Ein Stab drückt an den Draht und erzeugt so eine konstante Gleitreibungskraft. **b)** Der schwingende Körper – ein Magnet – taucht in einen Aluminiumbecher. Diese Wirbelstrombremse erzeugt eine zur Geschwindigkeit proportionale Kraft. **c)** Eine Pappscheibe sorgt für einen von der Geschwindigkeit abhängigen Luftwiderstand. Mit einem Messwerterfassungssystem zeichnen wir zu a) bis c) die Schwingungskurven auf.

Dämpfung und ihre Aufhebung

1. Gedämpfte Schwingungen

Die Ergebnisse des vorigen Kapitels gelten nur für ungedämpfte Schwingungen, gehen also von dem Idealfall aus: Keine mechanische Reibung ($F_{gl} = 0$) bzw. kein ohmscher Widerstand ($R = 0$). In beiden Fällen wird keine Energie als Wärme abgeführt. Eine Schwingung kann aber auch noch auf eine andere Weise Energie verlieren. Eine schwingende Stimmgabel erzeugt einen Ton. Dabei wird ein Teil der in ihr steckenden Schwingungsenergie durch eine Schallwelle abgestrahlt. Ähnliches werden wir später bei den elektromagnetischen Wellen entdecken. Sie erahnen, dass es sich dabei z. B. um Radio- und Fernsehwellen handelt.

Im Allgemeinen führen meist mehrere Einflüsse gleichzeitig zur Dämpfung einer Schwingung. Wir untersuchen jedoch nur Schwingungen, bei denen eine einzige Dämpfungsursache überwiegt, während die übrigen Einflüsse vernachlässigt werden.

2. Dämpfung durch eine konstante Kraft

Im ⏵ *Versuch 1a* erfährt das Federpendel durch den leicht gegen den Draht drückenden Stab im Wesentlichen eine *konstante* Gleitreibungskraft F_{gl} (⏵ *Bild 1a*). In einem beliebigen Umkehrpunkt P_1 mit der Amplitude $\hat{s}_1$ besitzt der Schwinger die Energie $W_1 = \frac{1}{2} D \hat{s}_1^2$. Im unmittelbar darauf folgenden unteren Umkehrpunkt P_2 mit der Amplitude $\hat{s}_2$ beträgt seine Energie $W_2 = \frac{1}{2} D \hat{s}_2^2$. Sie ist kleiner geworden, da auf der Strecke $P_1 P_2 = \hat{s}_1 + \hat{s}_2$ die mechanische Energie $F_{gl} (\hat{s}_1 + \hat{s}_2)$ durch Reibung verloren ging.
Die Energiebilanz ergibt:

$$\frac{1}{2} D \hat{s}_1^2 - \frac{1}{2} D \hat{s}_2^2 = F_{gl} (\hat{s}_1 + \hat{s}_2)$$

oder $\quad D(\hat{s}_1^2 - \hat{s}_2^2) = 2 F_{gl} (\hat{s}_1 + \hat{s}_2).$

Daraus folgt $\quad D(\hat{s}_1 - \hat{s}_2)(\hat{s}_1 + \hat{s}_2) = 2 F_{gl} (\hat{s}_1 + \hat{s}_2).$

Wir dividieren beide Seiten der Gleichung durch $D(\hat{s}_1 + \hat{s}_2)$

und erhalten $\quad \hat{s}_1 - \hat{s}_2 = 2 \dfrac{F_{gl}}{D} =$ konstant.

Ein interessantes Ergebnis! Die Amplituden verringern sich von Umkehrpunkt zu Umkehrpunkt stets um denselben Betrag $2 F_{gl}/D$, nehmen also nach einer arithmetischen Folge ab (Amplituden auf derselben Seite um $4 F_{gl}/D$; ⏵ *Bild 1a*). Diese Abnahme – also die Dämpfung – ist proportional zur Reibungskraft und umgekehrt proportional zur Federhärte. Beides ist einleuchtend:

Bei einer größeren Reibungskraft geht die Energie schneller aus dem System hinaus. In einer härteren Feder steckt bei gleicher Auslenkung von Anfang an mehr Energie, die dann für mehr Perioden „vorhält". Energie wird nun auf einem längeren Weg abgegeben. Bei 4fachem D ist die Amplitudenabnahme nur noch $\frac{1}{4}$ so groß. Also vervierfacht sich die Anzahl der Perioden bis zum Abklingen der Schwingung, während T nur etwa auf die Hälfte abnimmt.

Dämpfung und ihre Aufhebung

3. Dämpfung durch eine zur Geschwindigkeit proportionale Kraft

Wir lassen den Schwingkörper – einen Magneten – in einen Aluminiumbecher tauchen (➡ *Versuch 1b*). Die Energie des Schwingers entweicht nun durch Induktionsströme in den Aluminiumbecher und erwärmt ihn. So entsteht eine Wirbelstrombremse, wie sie in Fahrzeugen (z. B. Bussen) Anwendung findet.

Die Bremskraft hängt aber von der Geschwindigkeit ab – im Gegensatz zur Festkörperreibung. Wird der Schwinger langsamer, so werden auch weniger starke Ströme induziert. Die Bremskraft nimmt ab, die Dämpfung wird geringer. Deshalb bleibt die Differenz aufeinander folgender Amplituden nicht konstant, sondern wird immer kleiner (➡ *Bild 1b*).

Wie hängt hier die Bremskraft von der Geschwindigkeit ab? Die Stärke des Induktionsstroms ist proportional zur Geschwindigkeit zwischen Leiter und Magnet. Dieser Strom erzeugt seinerseits ein Magnetfeld, dessen Flussdichte proportional zur Stromstärke ist. In ihm erfährt der Magnet wiederum eine zur Flussdichte proportionale Kraft. Somit ist schließlich die Bremskraft proportional zur Geschwindigkeit. Sie können das leicht mit ➡ *Versuch 2* überprüfen.

Wie nehmen die Amplituden der Schwingung bei dieser Dämpfung ab? Messen Sie nach ➡ *Versuch 1b* zwei beliebige Amplituden $\hat{s}_1$ und $\hat{s}_2$, die unmittelbar aufeinander folgen. Ihre Differenz wird zwar mit der Zeit kleiner, doch ihr Quotient $q = \hat{s}_2/\hat{s}_1$ bleibt konstant. Sie bilden also eine geometrische Folge $\hat{s}_n = \hat{s}_1 q^{n-1}$. Da die Zeit von einer Amplitude zur folgenden $T/2$ beträgt, nehmen die Amplituden exponentiell mit der Zeit t ($t \sim n$) ab.

4. Dämpfung durch den Luftwiderstand

In ➡ *Versuch 1c* befestigen wir am Schwingkörper eine Pappscheibe (ca. 20 cm Durchmesser). Auch diese Schwingung ist gedämpft. Nun überwiegt als bremsende Kraft die Luftwiderstandskraft. Die Amplituden nehmen weder linear noch exponentiell ab. Nur bei geringen Geschwindigkeiten v ist die Reibungskraft ungefähr proportional zu v; bei größeren Geschwindigkeiten kann sie sogar proportional zu v^2 werden. Sie ändert sich also sogar während einer Periode.

In *Ziff. 7* erfahren Sie, wie Sie gedämpfte Schwingungen mit dem Computer berechnen können. Dabei können Sie feststellen, dass bei einer gedämpften Schwingung die Periodendauer nicht mehr exakt $T = 2\pi\sqrt{m/D}$ beträgt, sondern geringfügig größer als ohne Dämpfung ist. Das vernachlässigen wir im Folgenden.

Merksatz

Wird eine **harmonische Schwingung** durch eine konstante Reibungskraft **gedämpft,** so nehmen die Amplituden linear ab, bei einer zur Geschwindigkeit proportionalen Kraft exponentiell.

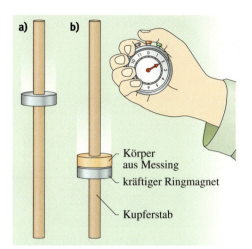

V 2: Ein kräftiger Ringmagnet „gleitet" mit konstanter Geschwindigkeit einen Kupferstab hinab. Dabei legt er in 6 Sekunden 1 Meter zurück. Nach dem Auflegen eines gleich schweren Messingkörpers benötigt er dafür nur noch 3 Sekunden. Da die Geschwindigkeit jeweils konstant ist, herrscht Kräftegleichgewicht. Die der Gewichtskraft entgegengerichtete Kraft wird vom Magnetfeld der induzierten Wirbelströme ausgeübt (LENZ). Sie ist bei doppelter Geschwindigkeit auch doppelt so groß.

... noch mehr Aufgaben

A 1: Ein Federpendel mit $D = 5$ N/m und $m = 100$ g wird 10 cm ausgelenkt und freigegeben. Die Schwingung wird durch die Gleitreibungskraft $F_{gl} = 20$ mN gedämpft. **a)** Wie groß ist die Periodendauer T und die Anfangsenergie der Schwingung? **b)** Welche Auslenkung hat der Pendelkörper nach der Zeit T? Wie viel Energie hat die Schwingung bis dahin verloren, wie viel in der Zeit $2T$? **c)** Zeichnen Sie die Schwingungskurve von $t = 0$ bis $t = 3T$. **d)** Wann ist die vom Schwinger abgegebene Momentanleistung am größten? Wie groß ist sie?

A 2: Das Federpendel mit $D = 5$ N/m und $m = 100$ g beginnt seine Schwingung bei der Auslenkung 10 cm. Nach der Schwingungsdauer T beträgt die Auslenkung 9,0 cm, nach $2T$ noch 8,1 cm. **a)** Wie groß ist die Auslenkung nach der Zeit $3T$? Um welche Art der Dämpfung handelt es sich? **b)** Wie groß ist der Energieverlust nach T, wie groß nach $2T$? **c)** Zeichnen Sie die Schwingungskurve bis zur Zeit $10T$.

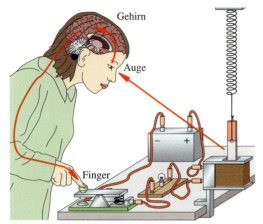

V 1: An einer Schraubenfeder hängt als Pendelkörper ein Stabmagnet über einer Spule mit etwa 500 Windungen. Schließt man den Schalter, so wird der Magnet bei passender Polung in die Spule gezogen. Wenn Sie den Schalter im richtigen Rhythmus betätigen, wird das Pendel zu ungedämpften Schwingungen erregt. Sie finden leicht heraus, dass der Schalter nur geschlossen werden darf, wenn sich der Magnet auf die Spule zubewegt.

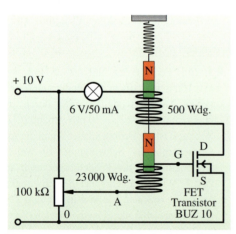

V 2: Wir ersetzen den Schalter in ▶ *Versuch 1* durch einen Transistor (z. B. FET-Transistor oder 2N3055). Ein weiterer Magnet hängt über einer Zusatzspule hoher Windungszahl (z. B. 23 000). Er ist von ihr ebenso weit entfernt, wie der obere Magnet von der Spule mit 500 Windungen. Beim Schwingen erzeugt der untere Magnet in der Zusatzspule eine Induktionsspannung U_{AG}. Die Spule ist so gepolt, dass sich beim Eintauchen des Magneten U_{AG} zur eingestellten Vorspannung U_{0A} addiert. U_{0A} ist nur wenig kleiner als die Schaltspannung des FET.

5. Selbsterregte Schwingungen durch Rückkopplung

Eine Schaukel kann man trotz Reibung in Schwung halten. Auch in einem Schwingkreis lassen sich trotz des ohmschen Widerstands ungedämpfte elektromagnetische Schwingungen erzeugen. Man muss dazu nur, wie bei der Schaukel, die entwichene Energie immer wieder im richtigen Moment ersetzen.

Der ▶ *Versuch 1* zeigt, dass die Eigenschwingung des Federpendels den Rhythmus vorschreibt, mit dem Sie durch Schließen des Schalters für Energienachschub sorgen. Immer wenn sich der Magnet auf die Spule zubewegt, betätigen Sie kurz den Schalter. Dabei erhält die Hand ihre Information vom Gehirn, das seinerseits Signale von den Augen erhält. Nur durch diese **Rückkopplung** kann das Pendel im richtigen Moment angestoßen werden. Nun, das ist etwas umständlich. Könnte man nicht den Schwinger veranlassen, von sich aus den Schalter selbsttätig zu schließen und zu öffnen?

In ▶ *Versuch 2* gelingt das mit einem Feldeffekt-Transistor (FET), als elektronischem Schalter, der von einer Induktionsspule sein Spannungssignal zum Schließen und Öffnen erhält (FETs haben den Vorteil, dass ihre Steuerelektrode G (für „Gate": Tor) eine Spannung, jedoch keinen Strom benötigt).

Mit dieser **Rückkopplungsschaltung** wird der Energienachschub vom Schwinger selbst gesteuert. Man muss nur darauf achten, dass die Zusatzspule richtig gepolt zwischen Potentiometerabgriff und Gate des Transistors geschaltet wird. Wenn dieser leitet, führt die obere Spule Strom und zieht den Magneten in sich hinein. Also darf der Transistor nur leiten, *während* sich der Magnet auf die Spule zubewegt. Die Kraft auf den Magneten wirkt dann in Bewegungsrichtung, Energie wird zugeführt. Aus diesem Grund haben wir die Zusatzspule so gepolt, dass sich deren Induktionsspannung U_{AG} beim Annähern des Magneten zur Vorspannung U_{0A} addiert und beim Entfernen des Magneten subtrahiert. Am Leuchten der Glühlampe erkennen Sie, dass der Transistor nur leitet, wenn sich der Magnet auf die Spule zubewegt.

So gerät das Federpendel praktisch ohne unser Zutun ins Schwingen. Je kleiner die vom oberen Spulenstrom auf den Magneten wirkenden Kräfte sind, desto besser stimmt die Frequenz dieser Schwingung mit der Eigenfrequenz des Federpendels überein. In ▶ *Versuch 2* reicht bei geeigneter Vorspannung U_{0A} ein kleiner Luftzug, damit sich die Schwingung von selbst aufschaukelt.

Für den Schwingkreis verwenden wir in ▶ *Versuch 3* eine Rückkopplungsschaltung, wie sie von A. MEISSNER im Jahr 1913 entwickelt wurde (▶ *Bild 1*). Auch hier wird der Transistor über eine Induktionsspule, man nennt sie auch *Rückkopplungsspule,* gesteuert. Er wird nur in dem Zeitabschnitt leitend, in dem die am Schwingkreis liegende Spannung U gleichgepolt zur parallel liegenden Batteriespannung U_0 ist. Während dieser Zeit ist die elektrische Leistung $P = U I > 0$, also positiv. Dem Schwingkreis wird dann Energie zugeführt (▶ *Vertiefung*).

Die periodische Energiezufuhr kann man mit einem Zweikanal-Oszilloskop gut verfolgen. Wir ersetzen dazu den Lautsprecher durch einen Widerstand ($R = 100\,\Omega$) und beobachten den Spannungsverlauf am Schwingkreis und am Widerstand gleichzeitig. Nur wenn die obere Platte positiv ist, zeigt das Oszilloskop auch am Widerstand einen Spannungsabfall. Der Transistor leitet. Hat die obere Platte negative Polarität, sperrt der Transistor. Energie kann dann weder zu- noch abgeführt werden.

Die anfangs nur zaghafte elektromagnetische Schwingung schaukelt sich immer weiter auf, bis die während einer Periode entstehenden Dämpfungsverluste durch Energiezufuhr von der Batterie in derselben Zeit gerade ausgeglichen sind.

Das Oszillogramm in ▸ *Bild 2* zeigt die Phasenverschiebung $\varphi = \pi/2$ zwischen Stromstärke und Spannung im Schwingkreis. Zur Messung des Stromverlaufs haben wir in den Schwingkreis einen Widerstand eingefügt. Der Spannungsabfall am Widerstand wird mit dem zweiten Kanal des Oszilloskops angezeigt. Die Frequenz beträgt etwa 1 000 Hz. Diesen Wert sagt uns auch die *thomsonsche Schwingungsgleichung* voraus. Wir können die Frequenz erniedrigen, indem wir einen Eisenstab in die Schwingkreisspule schieben und so ihre Induktivität L erhöhen.

Merksatz

> In der **Rückkopplungsschaltung** steuert sich der Schwingkreis selbst (etwa über eine Induktionsspule). Dabei wird der Transistor stets im richtigen Zeitabschnitt leitend und dem Schwingkreis wird Energie zugeführt. Die Schwingung schaukelt sich auf, bis die Dämpfungsverluste durch diese **periodische Energiezufuhr** gerade ausgeglichen sind.

Vertiefung

Energiezufuhr genau zum richtigen Zeitpunkt

Bei der Meißner-Schaltung wird dem Schwingkreis im richtigen Moment Energie zugeführt. Wie ist das möglich?
Wegen der Phasenverschiebung zwischen Strom und Spannung im Schwingkreis ist bei maximaler Kondensatorspannung U_C die Stromstärke I null, deren Änderung $|\dot{I}|$ aber maximal. Dann hat auch die Spannung U_{ind} in der Rückkopplungsspule ihren größten Betrag. $|U_C|$ und $|U_{ind}|$ werden also zur selben Zeit maximal. Nun haben wir diese Spule so gepolt, dass sich deren Induktionsspannung U_{ind} zur Potentiometerspannung addiert, während der Schwingkreis oben positiv und unten negativ ist. Innerhalb dieser halben Periode wird der Transistor von S (source: Quelle) nach D (drain: Senke) leitend und schließt den Stromkreis zur Batteriespannung U_0. Der Schwingkreis hat dann unten aber negative Polarität. Gegen deren Abstoßung treibt U_0 Elektronen unter Energieaufwand in den Kreis. So wird ihm zur richtigen Zeit Energie zugeführt. Hätte der Schwingkreis unten positive Polarität, so würde ihm Energie entzogen und seine Schwingung schnell abgebaut.

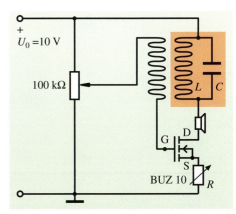

B 1: Rückkopplungsschaltung nach MEISSNER

V 3: Der Schwingkreis besteht aus einer Spule ohne Eisenkern ($L = 10$ mH) und einem Kondensator für Wechselspannung ($C = 2\,\mu$F). Die Rückkopplungsspule von doppelter Windungszahl stellen wir dicht daneben. Zwischen Transistor und Schwingkreis schalten wir einen Lautsprecher. Er erzeugt einen Ton der Schwingkreisfrequenz. Das Potentiometer stellen wir so ein, dass eine ungedämpfte Schwingung entsteht. Ist dabei die Induktionsspannung der Rückkopplungsspule zu groß, so zeigen Strom und Spannung starke Abweichungen von der Sinusform. Abhilfe schafft der Widerstand R. Er begrenzt die Stromstärke und verringert so eine Übersteuerung. Seine Einstellung ist kritisch. Ist er zu klein, so erhält man Verzerrungen. Ist er zu groß, bricht die Schwingung ab. Wir wählen $R \approx 20\,\Omega$.

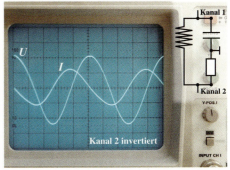

B 2: Spannung und Stromstärke in einem Schwingkreis nach ▸ *Versuch 3*

A 1: Warum leuchtet in ▸ *Versuch 2* das Lämpchen auch dann, wenn sich die Magnete von unten den Spulen nähern. Warum erhält das Pendel auch jetzt Energie?

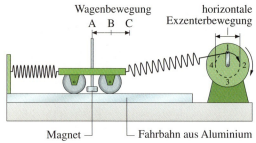

B 1: Wagen mit Wirbelstrombremse und Exzenteranregung (Stellung bei Resonanz)

V 1: Der in ▸ *Bild 1* zwischen die Federn gespannte Wagen wird durch einen Motor mit Exzenter in Schwingung versetzt. Leider können wir eine sinusförmige Kraft nicht so einfach unmittelbar am Wagen angreifen lassen. Es geht aber über die rechte Feder. Sie spüren die periodische Kraft, wenn Sie den Wagen z. B. in seiner Gleichgewichtslage (Exzenter vertikal) festhalten. Diese von außen einwirkende Kraft $F_1(t)$ folgt der Exzenterbewegung. Sie hat einen (fast) sinusförmigen Verlauf $F_1(t) = \hat{F} \sin(\omega t)$. Zur Dämpfung der Schwingung ist unter dem Wagen dicht über der Aluminiumfahrbahn ein Magnet befestigt. Durch ihn werden in der Fahrbahn Wirbelströme induziert. Die so erzeugte Bremskraft ist proportional zur Geschwindigkeit des Wagens. Es dauert ein wenig, bis der Wagen mit konstanter Amplitude, also ungedämpft schwingt. Diesen Einschwingvorgang warten wir jedesmal ab und messen dann die Schwingungsamplitude bei verschiedenen Frequenzen. Dabei beobachten wir auch die Phasenverschiebungen zwischen den Horizontalstellungen des Exzenters und der Wagenbewegung. Unterschiedliche Dämpfung erreichen wir durch Verändern des Abstands Magnet – Fahrbahn.

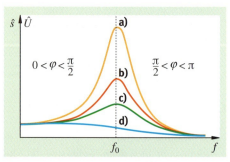

B 2: Resonanzkurven zu ▸ *Versuch 1* und *2* bei verschiedener Dämpfung

6. Erzwungene Schwingungen und Resonanz

Im vorigen Abschnitt besorgte der Schwinger selbst den Takt des Energienachschubs, mit dem die Dämpfung aufgehoben wurde. Wie wird er sich wohl verhalten, wenn ihm von außen ein Rhythmus beliebiger Frequenz aufgezwungen wird? Macht er mit – oder ist er ein „Eigenbrötler", der nur mit seiner Eigenfrequenz schwingen kann?

In ▸ *Versuch 1* betrachten wir solche **erzwungenen** Schwingungen an dem zwischen zwei Federn gespannten Wagen:
Wenn wir den Wagen auslenken und loslassen, sehen wir eine gedämpfte Schwingung. Energie entweicht dem schwingenden System vorwiegend durch die Wirbelstrombremse. Wir schalten den Motor ein. Auf den Wagen wirkt jetzt zusätzlich die periodische Kraft des Motors mit der **Zwangsfrequenz** f:

$f \to 0$: Bei niedriger Frequenz f folgt der Wagen der Bewegung des Exzenters, also auch der auslenkenden Kraft, phasengleich ($\varphi = 0$). Der Exzenter durchläuft also die Stellungen 1–2–3, der Wagen gleichzeitig B–C–B. Die Amplitude der Wagenschwingung ist klein (▸ *Bild 2a*).

$f = f_0$: Beim Erhöhen von f nimmt die Amplitude zu und erreicht ein Maximum. Die Exzenterfrequenz stimmt jetzt praktisch mit der Eigenfrequenz f_0 des ungedämpft schwingenden Wagens überein. Dieser Zustand wird mit **Resonanz** bezeichnet. Bei $f = f_0$ beträgt die Phase $\varphi = \pi/2$.

$f \to \infty$: Erhöht man f weiter, so nimmt die Amplitude ab und geht schließlich gegen null. Dann schwingt der Wagen gegenphasig zur horizontalen Exzenterbewegung ($\varphi = \pi$).

Als Ergebnis unseres Versuchs tragen wir die Amplituden in einem Schaubild über den Erregerfrequenzen f auf. Dabei erhalten wir eine **Resonanzkurve** (▸ *Bild 2a*). Dämpfen wir die Schwingung stärker, so ist die Resonanzkurve immer weniger scharf ausgeprägt (▸ *Bild 2b* bis *c*). Bei sehr starker Dämpfung verschwindet das Maximum der Kurve schließlich ganz (▸ *Bild 2d*).

Bei Resonanz wird dem Schwinger besonders viel Energie zugeführt. Dazu eilt bei dieser Frequenz die erregende Kraft $F_1(t)$ der Elongation $s(t)$ um $\varphi = \pi/2$, also eine Viertelperiode, voraus.

Betrachten wir zunächst die auf den ruhenden Wagen wirkenden Federkräfte: Der Exzenter stehe in Position 1. Bei einer Auslenkung s erfährt der Wagen die von der freien Schwingung bekannte Rückstellkraft $-Ds$. In dieser Stellung halten wir den Wagen fest. Dreht sich nun der Exzenter, so erzeugt die Längenänderung Δl der rechten Feder (mit der Federhärte D_1) die periodische Erregerkraft $F_1(t) = D_1 \Delta l = D_1 r \sin(\omega t)$ ($\omega = 2\pi f$: Winkelgeschwindigkeit des Exzenters; r: Radius der Exzenterscheibe; $t = 0$ in Stellung 1). Sie spüren diese zusätzliche Kraft $F_1(t)$, wenn sich der Exzenter langsam dreht. Bei der *Resonanzschwingung* wirkt $F_1(t)$ immer in Richtung der Geschwindigkeit $v(t)$. Das bedeutet, dass die Momentanleistung $P(t) = F_1(t) \, v(t)$ stets positiv ist. Schauen wir nach:

In ▶ *Bild 1* befindet sich der Wagen im linken Umkehrpunkt A der Schwingung; F_1 ist null (Exzenter bei 1). Während der Wagenbewegung A–B–C beobachten wir gleichzeitig die Exzenterdrehung 1–2–3. Die Kraft eilt der Elongation eine Viertelperiode voraus und wirkt dabei ständig in Bewegungsrichtung. Das gilt auch für die folgende Halbperiode. Bei Resonanz sind also erregende Kraft $F_1(t)$ und Geschwindigkeit $v(t)$ in Phase. Dann wird aber ständig Energie zugeführt. Sind nämlich Kraft und Geschwindigkeit nicht in Phase, so treten während einer Schwingungsperiode in dem Produkt $F_1(t)\,v(t)$ auch negative Werte auf; d. h. der Schwinger erhält insgesamt weniger Energie als im Resonanzfall. Die Amplituden sind dann kleiner.

Nun regen wir in ▶ *Versuch 2* einen *Schwingkreis* zu erzwungenen Schwingungen an und finden völlige Übereinstimmung mit den erzwungenen mechanischen Schwingungen. Wundert uns das? Ein Vergleich zeigt die enge Verwandtschaft:

Betrachten wir die auf den Wagen insgesamt ausgeübte Kraft. Bei der Auslenkung s erfährt er zusätzlich zur Rückstellkraft $-D\,s$ die Erregerkraft $F_1(t) = \hat{F}_1 \sin(\omega t)$. Beim Schwingen kommt noch die von der Geschwindigkeit $v(t)$ abhängige Bremskraft $-k\,v$ hinzu. Die Gesamtkraft zur Beschleunigung a ist also
$F = m\,a = -D\,s - k\,v + F_1$ oder mit $a = \ddot{s}$

$$m\ddot{s} = -D\,s - k\,\dot{s} + \hat{F}_1 \sin(\omega t).$$

Bei der Meißner-Schaltung war der Energielieferant U_0 parallel zur Schwingkreisspannung gelegt. Man kann die Spannungsquelle (U_1 in ▶ *Bild 3a*) aber auch in den Kreis legen. Dann ist sie – wie früher im Serienkreis – gleich der Summe der dortigen Teilspannungen. Diese Summe ist zu jedem Zeitpunkt t gleich

$$U_1 = L\dot{I} + R\,I + Q/C.$$

Mit $U_1 = \hat{U}_1 \sin(\omega t)$, $I = \dot{Q}$ und $\dot{I} = \ddot{Q}$ erhalten wir die zur mechanischen Schwingung *analoge Gleichung*:

$$L\ddot{Q} = -\frac{1}{C} Q - R\dot{Q} + \hat{U}_1 \sin(\omega t).$$

Die **Differentialgleichungen** stimmen überein, wenn wir $s \cong Q$, $D \cong 1/C$, $k \cong R$ und $F_1 \cong U_1$ setzen. Sie haben also dieselben Lösungsfunktionen $s(t)$ und $Q(t)$. Auf der folgenden Seite bestimmen wir $s(t)$ und $Q(t)$ numerisch und sehen, dass es nach dem Einschwingvorgang Sinusfunktionen sind.

Merksatz

Schwingkreis- und **Federschwingungen** sind nach dem Einschwingen **sinusförmig**.
Sie zeigen dieselben **Resonanzkurven** und **Phasenverschiebungen**. Die Amplitude wird maximal, wenn die Zwangsfrequenz f gleich der Eigenfrequenz f_0 ist (bei nicht zu starker Dämpfung). Bei dieser Resonanzfrequenz eilt die Erregerschwingung um $\pi/2$ voraus.

Mit dem Widerstand (der Reibung) wächst die Dämpfung; die Resonanzkurven werden flacher.

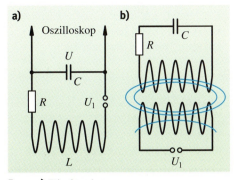

B 3: a) Direkte Anregung,
b) Anregung durch Induktion

V 2: Ein Schwingkreis aus einem Kondensator ($C = 2\,\mu F$) und einer Spule ($L = 5$ mH) wird zu erzwungenen Schwingungen angeregt. In ▶ *Bild 3a* ist der Sinusgenerator ($U_1 \sim$) direkt in den Kreis gelegt. Man kann aber auch U_1 durch Induktion – wie durch einen Trafo – mit einer Spule gleicher Windungszahl in der Schwingkreisspule erzeugen (▶ *Bild 3b*). Mit einem Zweikanal-Oszilloskop beobachten wir die Erregerspannung $U_1(t)$ und die Kondensatorspannung $U(t)$ gleichzeitig. Ein Frequenzmesser zeigt f an. Wir messen die Amplituden der erzwungenen Schwingung in Abhängigkeit von f. Dabei achten wir darauf, dass die Erregeramplitude $\hat{U}_1$ konstant bleibt. Wir erhalten eine Resonanzkurve nach ▶ *Bild 2a* mit einem Maximum etwa bei der Resonanzfrequenz $f_0 = 1/(2\pi \sqrt{LC}) = 1{,}6$ kHz.
Wenn wir den Widerstand R vergrößern, wird die Resonanzkurve immer flacher (▶ *Bild 2a–c*), bis sie schließlich kein Maximum mehr zeigt (▶ *Bild 2d*).
Bei einer Wiederholung des Versuchs beobachten wir die Phasenverschiebung zwischen Erregerschwingung $U_1(t)$ und der erzwungenen Schwingung $U(t)$. Auch hier finden wir völlige Übereinstimmung mit den erzwungenen mechanischen Schwingungen:
Für $f \ll f_0$ wird $\varphi = 0$;
für $f = f_0$ wird $\varphi = \frac{\pi}{2}$;
für $f \gg f_0$ wird $\varphi = \pi$.

A 1: Wo befindet sich in ▶ *Versuch 1* bei Resonanz der Wagen ($m = 80$ g) in den Exzenterstellungen 1 bis 4? Wie groß ist dann jeweils die Geschwindigkeit v, die Reibungskraft $-k\,v$ und die Beschleunigung a ($\hat{F}_1 = 0{,}1$ N, $\hat{s} = 0{,}2$ m und $D = 2$ N/m)?

```
L = 5 E-3; C = 2E-6;           Konstanten
OM = 1E4 (ω); dt = 1E-5 (Δt)
U1DA (Û₁) und R (s. Text zum Bild)

t = 0; I = 0; Q (s.Text)        Startwerte

START
U1 = U1DA*sin(OM*t)             Generator
UC = Q/C                        Kondensator
dI = (U1/L – Q/(L*C) – R*I/L)*dt
                                Änderung ΔI
I = I + dI                      neue Stromstärke
Q = Q + I*dt                    neue Ladung
t = t + dt                      neue Zeit
WIEDERHOLE BIS t = …
```

B 1: Schrittweise Berechnung von I und U_C für folgende Schwingungen:
a) erzwungen ($\hat{U}_1 = 1$; $Q = 0$; $R = 5$)
b) gedämpft ($\hat{U}_1 = 0$; $Q = 2\cdot 10^{-5}$; $R = 5$)
c) ungedämpft ($\hat{U}_1 = 0$; $Q = 2\cdot 10^{-5}$; $R = 0$).

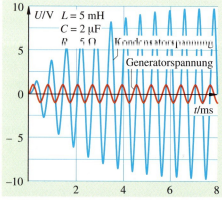

B 2: Einschwingvorgang des Schwingkreises, vom Computer mithilfe des Programms in ▶ *Bild 1* berechnet mit $\hat{U}_1 = 1$ V, $Q = 0$ und der Zwangsfrequenz $\omega = 2\pi f = 10^4$ s⁻¹. Von $U_C = 0$ und $U_1 = 0$ beginnend entfacht die Generatorspannung $U_1(t) = \hat{U}_1 \sin(\omega t)$ eine Schwingung der Amplitude 10 Volt.

A 1: a) Bestätigen Sie mit dem Computer die Kurven in ▶ *Bild 2* ($\Delta t = 10^{-5}$ s). **b)** Programmieren Sie die Kurven für $R = 1\,\Omega$ und $R = 2\,\Omega$. Wie groß sind die Amplituden jeweils nach dem Einschwingen? Vergleichen Sie mit den Werten in der Resonanzkurve ▶ *Bild 5*. **c)** Berechnen Sie den Einschwingvorgang für $\omega = 9\,000$ s⁻¹ und $R = 5\,\Omega$. Nach wie viel Perioden ist er etwa beendet?

7. Schwingungen – vom Computer berechnet

Im vorangegangenen Abschnitt haben wir erfahren, dass die Differentialgleichungen für erzwungene mechanische und elektromagnetische Schwingungen übereinstimmen. Wir können uns deshalb bei der Bestimmung der Lösungsfunktionen auf einen der beiden Schwinger beschränken. Wir wählen den Schwingkreis, weil wir dessen Spannungen und Stromstärken viel leichter messen und so unsere Computerberechnungen überprüfen können.

Betrachten wir also die Differentialgleichung für den elektromagnetischen Schwingkreis

$$L\ddot{Q} = -\frac{1}{C}Q - R\dot{Q} + U_1. \qquad (1)$$

Sie erhalten daraus die Gleichung für den mechanischen Schwinger, wenn Sie die elektrischen Größen durch die entsprechenden mechanischen ersetzen: $s \cong Q$, $D \cong 1/C$, $k \cong R$ und $F_1 \cong U_1$. Ist $\hat{U}_1 = 0$ und $Q > 0$, so beschreibt die Gleichung eine gedämpfte Schwingung; ist zusätzlich $R = 0$, erhalten wir die Gleichung für die ungedämpfte harmonische Schwingung, wie wir sie bereits kennen.

Leider ist es nun aber nicht so einfach, die Lösungsfunktionen für gedämpfte oder gar erzwungene Schwingungen zu finden. Deshalb überlassen wir die Aufgabe dem Computer. Dazu müssen wir den zeitlichen Verlauf der Ladung Q und der Stromstärke I in möglichst kleine Zeitschritte Δt zerlegen. Aus der Differentialgleichung (1) folgt mit $\ddot{Q} = \dot{I} = \Delta I/\Delta t$ die Differenzengleichung als Näherung

$$\Delta I = \left(\frac{U_1(t)}{L} - \frac{Q(t)}{LC} - \frac{RI(t)}{L}\right)\Delta t.$$

Weiter gilt

$$I(t + \Delta t) = I(t) + \Delta I$$

und

$$Q(t + \Delta t) \approx Q(t) + I(t + \Delta t)\,\Delta t.$$

Sind nun zu einem beliebigen Zeitpunkt t die Generatorspannung $U_1(t)$, die Stromstärke $I(t)$ und die Kondensatorladung $Q(t)$ bekannt, so lassen sich aus diesen drei Gleichungen die neue Stromstärke $I(t + \Delta t)$ und die neue Ladung $Q(t + \Delta t)$ zum etwas späteren Zeitpunkt $t + \Delta t$ ermitteln. Auf diese Weise rechnet der Computer – ausgehend z. B. von $I(0) = 0$, $Q(0) = 0$ und $U_1 = 0$ – Schritt für Schritt beliebig viele neue Werte für I und Q aus. Aus Q erhalten wir nach Division durch C die Kondensatorspannung U_C.

Das Rechenmodell in ▶ *Bild 1* gibt Ihnen die Anleitung zur Computerberechnung, wenn man *statt* $I(t + \Delta t) = I(t) + \Delta I$ computergemäß schreibt: $I := I + \Delta I$, geschrieben I + dI. Das Ergebnis für eine erzwungene Schwingung zeigt ▶ *Bild 2*:
Nach dem Einschalten der sinusförmigen Generatorspannung nimmt die Schwingung im Kreis mehr und mehr zu, bis sie nach etwa 10 Perioden schließlich eine konstante Amplitude $\hat{U}_C$ erreicht.

Eine gedämpfte Schwingung erhalten wir, wenn wir $\hat{U}_1 = 0$ setzen. Der Kondensator soll dann beim Start die Spannung $U_C = 10$ V haben. Mit $Q = 10$ V $\cdot$ 2 µF $= 2\cdot10^{-5}$ C und $R = 2$ Ω erhalten wir die gedämpfte Schwingung in ➡ Bild 3.

Bei einer durch Gleitreibung gedämpften mechanischen Schwingung, hat die Reibungskraft F_{gl} einen konstanten Betrag, ist aber zur Geschwindigkeit v entgegengesetzt gerichtet. Deshalb lautet die Kraftfunktion in der Differentialgleichung dieser mechanischen Schwingung $F_{gl} = -k \, \text{sgn}(v)$ mit $|F_{gl}| = k =$ konstant. Ein Computerprogramm liefert ➡ Bild 4.

8. Gesetze der Reihenschaltung gelten nach dem Einschwingen

Für den eingeschwungenen Zustand können wir die Amplitude zu ➡ Bild 2 auch berechnen. Denn für ihn gelten die aus der Wechselstromlehre her bekannten Gesetze der Reihenschaltung:

$\hat{U}_C = X_C \hat{I} = \hat{I}/\omega C$ mit $\hat{I} = \hat{U}_1/Z$ und $Z = \sqrt{R^2 + (\omega L - 1/\omega C)^2}$.

Der Computer kann viel mehr, nämlich mit der Differentialgleichung auch das Einschwingen und das Ausklingen erfassen.

Wenn Sie nach dem Einschwingen die Amplitude $\hat{U}_C$ für verschiedene Generatorfrequenzen berechnen und in Abhängigkeit von $f = \omega/2\pi$ auftragen, erhalten Sie die Resonanzkurven in ➡ Bild 5. Die schrittweise Berechnung mit unserem Computerprogramm liefert die Schwingungsamplitude $\hat{U}_C = 10$ V (➡ Bild 2). Diesen Wert zeigt auch die Resonanzkurve für $R = 5$ Ω bei der Frequenz $f = 1590$ Hz (➡ Bild 5a). Das ist fast die Resonanzfrequenz $f_0 = \omega_0/2\pi$, für die $Z = R$ gilt, da $\omega L - 1/\omega C = 0$ ist. Also ist $\hat{I} = 1$ V/5 Ω $= 0{,}2$ A und $\hat{U}_C = \hat{I}/\omega C = 0{,}2$ A/(10^4 s^{-1} $\cdot$ 2 µF) $= 10$ V.

Im eingeschwungenen Zustand, in dem die Gesetze der Reihenschaltung gelten, eilt bei Resonanz die Wechselspannung des Generators U_1 der des Kondensators U_C um $T/4$ voraus (➡ Bild 2). Warum?

Bei Reihenschaltung gilt für die Phasenverschiebung φ zwischen I und der Generatorspannung U_1: $\tan \varphi = (\omega L - 1/\omega C)/R$.
Im Resonanzfall $\omega = \omega_0$ ist $\tan \varphi = 0$ und somit $\varphi = 0$; I und U_1 sind phasengleich. Nun eilt I der Kondensatorspannung U_C stets um $\pi/2$ voraus, also auch die zu I phasengleiche Generatorspannung U_1.
Für $\omega \to 0$ wird $\varphi = -\pi/2$. I eilt nun U_1 (sowie U_C) um $\pi/2$ voraus. U_1 und U_C werden gleichphasig.
Für $\omega \to \infty$ wird $\varphi = +\pi/2$. I hinkt hinter U_1 um $\pi/2$ her, eilt aber U_C stets um $\pi/2$ voraus. U_1 und U_C werden folglich gegenphasig (➡ Bild 5b).

Merksatz
Der elektromagnetische Schwingkreis und der Federschwinger gehorchen formal derselben Differentialgleichung. Ihre Lösungsfunktionen stimmen überein. Für die erzwungenen Schwingungen gelten nach dem Einschwingen die Gesetze der Reihenschaltung.

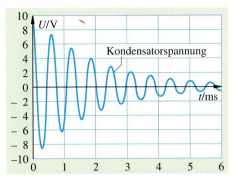

B 3: Gedämpfte Schwingung: $L = 5$ mH, $C = 2$ µF, $R = 5$ Ω, $U_C(0) = 10$ V

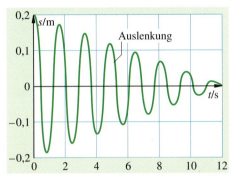

B 4: Gedämpfte mechanische Schwingung bei konstanter Gleitreibungskraft ($m = 0{,}1$ kg, $F_{gl} = 0{,}01$ N, $D = 1{,}5$ N/m, $s(0) = 0{,}2$ m)

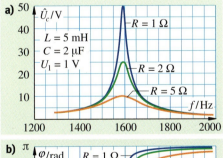

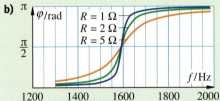

B 5: a) Resonanzkurven bei Anregung mit $U_1(t) = 1$ V $\cdot \sin(\omega t)$ **b)** Phasenverschiebung zwischen Generatorspannung U_1 ($\cong F_1$) und Kondensatorspannung $U_C = Q/C$ ($Q \cong s$).

A 2: a) Überprüfen Sie für 1 500 Hz die Amplituden in ➡ Bild 5. **b)** Bestätigen Sie mit dem Computer die ➡ Bilder 3 und 4.

Deterministisches Chaos

1. Chaos bei mechanischen Vorgängen

Wir sind überzeugt, dass für alle mechanischen Vorgänge Gesetze gelten, die genauso streng erfüllt sind wie die „ehernen" Gesetze der Planetenbahnen. Naturgesetze haben *strenge Gültigkeit*. Dürfen wir deshalb auch beliebig genaue Voraussagen erwarten? Man denke z. B. an Wetterprognosen.

a) Mit dieser Fragehaltung lenken wir in ▸ *Versuch 1a* die lange, um A drehbar gelagerte Stange ① mehrmals exakt gleich stark aus. Wenn wir sie aus der Ruhe loslassen, führt sie jedesmal die gleiche Schwingung aus. Ihr Verhalten ist durch die Gesetze der Mechanik *vorausbestimmt*, es ist **determiniert**.

b) Nun hängen wir an das Ende B der langen Stange die kurze Stange ②, um B drehbar. Beide lassen wir wiederum aus der gleichen Startposition los, so *genau es eben geht*. Unerwartetes trifft ein: Mal schafft Stange ② den Überschlag oben, mal kehrt sie kurz zuvor um (▸ *Versuch 1b*). An solchen „Weggabelungen", **Bifurkationen** genannt (furca, lat.: Gabel), verändern bereits *winzige Änderungen beim Start* den weiteren Verlauf der Schwingung entscheidend. Diese bekommt einen *chaotischen* Charakter. Zwar sind nach wie vor *strenge Rechnungen in jedem Punkt möglich; sie werden aber bald sinnlos*. Man spricht von einem **deterministischen Chaos**. Dabei zweifelt man nicht an der strengen Gültigkeit der Naturgesetze. Hier garantieren sie *determinierte* Abläufe, aber nur kurzfristig. – Bifurkationen kennen Sie von Weggabelungen im Wald. Dort beeinflussen oft nichtige Umstände die bisweilen folgenschwere Entscheidung „rechts oder links".

c) Die Computersimulation nach ▸ *Bild 1* demonstriert, wann deterministisches Chaos zu erwarten ist: Eine Kugel wird vom Startpunkt aus angestoßen, ihr Weg exakt verfolgt. Dann wird der Startwinkel φ um $\Delta\varphi = 0{,}05°$ verändert und der Stoß nach dieser winzigen Änderung wiederholt. An den „linearen" Wänden wächst $\Delta\varphi$ nicht weiter. Am „nichtlinearen" Kreis gilt zwar auch das Stoßgesetz „Einfalls- gleich Reflexionswinkel". Trotzdem vergrößert sich $\Delta\varphi$ von Stoß zu Stoß rapide. Das hat Folgen:
Der russische Mathematiker Y. SINAI berechnete Idealstöße am Billardtisch: Die zusätzliche, winzige Gravitationskraft von nur einem Zuschauer kann den 9. Stoß völlig verändern. Strenge Rechnungen mit den Stoßgesetzen sind zwar möglich, werden aber bei Vorgängen, die **nichtlinearen** Gesetzen gehorchen, oft sinnlos. Dies sind z. B. Abweichungen vom hookeschen Gesetz $F \sim s$ (bei großen Auslenkungen) oder vom ohmschen Gesetz $I \sim U$. Nichtlinearität heißt Abweichen von der Proportionalität.
Da man mit linearen Gesetzen einfach rechnen kann, beschränkte man sich lange Zeit darauf in Physik und Technik; man nahm das Chaos nicht wahr. Heute interessieren Abweichungen von der Linearität besonders, da sie häufig völlig Neues zeigen. Das bestätigt der folgende Versuch:

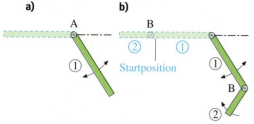

V 1: a) Die 1 m lange Stange ① ist bei A gelenkig gelagert und schwingt für sich periodisch (A soll nicht mitschwingen). **b)** Am Ende von ① wird bei B eine 30 cm lange Stange ② ebenfalls gelenkig befestigt. Beide lässt man mehrmals aus der exakt gleichen horizontalen Position starten (durch Anschläge präzisiert). Beim Schwingen zählt man die oberen Überschläge von ②, nach Uhr- und Gegenuhrzeigersinn getrennt. Sie schwanken von Mal zu Mal unvorhersagbar, chaotisch; mal überwiegen die einen, mal die andern.

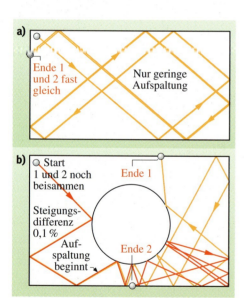

B 1: a) Eine Kugel startet links oben und wird an den Wänden 10-mal reflektiert, mit 16-stelliger Computergenauigkeit. Dann wird der Startwinkel um nur $\Delta\varphi = 0{,}05°$ geändert. Beide Bahnen laufen gleichmäßig (*linear*) auseinander; doch liegen die Endpositionen 1 und 2 nahe beisammen. Die „*linearen*" Wände ändern an $\Delta\varphi$ unterwegs nichts. **b)** Sitzt aber im Kasten ein Kreis, ein „*nichtlineares*" Gebilde, so divergieren die Linien zunehmend; bei jeder Reflexion steigt $\Delta\varphi$ rapide an; die Enden 1 und 2 liegen weit auseinander.

2. Chaos am elektrischen Schwingkreis

In ➠ *Versuch 1b* haben die Schwingungen der langen Stange die kurze ins Chaos getrieben. Übertragen wir das ins Elektrische und ersetzen die kurze Stange durch einen Schwingkreis (C = 22 nF; Spule mit 500 Windungen; Widerstand R = 100 Ω). Ihn treibt die stets sinusförmige Spannung $U_G(t) = \hat{U}_G \sin 2\pi f t$ eines Generators mit $f \approx 32$ kHz an (➠ *Bild 2*). Den $I(t)$-Verlauf in diesem Kreis entnehmen wir am ohmschen Widerstand R der Teilspannung $U_R(t) = I(t) R \sim I(t)$. Dazu legen wir $U_R(t) \sim I(t)$ an die y-Ablenkung eines Oszilloskops.

Zur x-Ablenkung des Strahls benutzen wir nicht – wie üblich – dessen Kippspannung, sondern die Generatorspannung $U_G(t) = \hat{U}_G \sin 2\pi f t = \hat{U}_G \sin \varphi$ selbst. Dann erkennen wir besser, nämlich über lange Zeit, ob der Vorgang vom Regelmäßig-Periodischen abweicht.

Wegen der Phasenverschiebung $\Delta\varphi \approx \pi/2$ (90°) zwischen $I(t)$ und $U_G(t)$ entsteht ein Kreis (bei geeigneter Amplituden-Einstellung am Oszilloskop). Ist nämlich $U_G(t) = 0$, so durchläuft das in der Phase vorauseilende $I(t)$ sein Maximum; der Lichtfleck wird nur nach oben abgelenkt, die Phase von $U_G(t)$ ist $\varphi = 0$. Bei $\varphi = \pi/2$ dagegen ist $U_G(t)$ im Maximum und $I = 0$; der Fleck liegt rechts. Er durchläuft den Kreis während jeder Periode $T_G = 1/f$ von $U_G(t)$ mit den Phasen $\varphi = 0$ bis $\varphi = 2\pi$ genau einmal. Man nennt diese Darstellung von Schwingungen ein **Phasendiagramm.** Erhöht man $\hat{U}_G$, so wächst nur der Kreisradius; Kreisform und Umlaufdauer T_G bleiben erhalten.

Nun befolgt beim Kondensator C der Effektivwert des Stroms $I_{C,\text{eff}} = U_\text{eff}/R_C \sim U_\text{eff}$ das ohmsche Gesetz; man sagt, C sei ein „lineares Bauteil". Wir ersetzen es in ➠ *Bild 2* durch eine *Halbleiterdiode.* Sie hat in der Sperrschicht eine Kapazität C. Vor allem ist die Kennlinie $I(U)$ keine Gerade, der Zusammenhang $I(U)$ ist *nichtlinear.* Dies verzerrt bei kleinen Spannungen $\hat{U}_G$ das Phasendiagramm. Doch hofft man, dass es geschlossen bleibt, eben mit der vom Generator aufgezwungenen Periodendauer $T_G = 1/f$ (➠ *Bild 3a*). Wenn wir aber $\hat{U}_G$ vergrößern, geschieht Seltsames:

Plötzlich wiederholt sich die Periode T_{Ph} des Phasendiagramms erst nach zwei Umläufen, die sich deutlich voneinander unterscheiden, dann nach 4, dann erst nach 8 Umläufen (➠ *Bild 3b* und c). Die Nichtlinearität erzeugt **Bifurkationen.**

Dieser in Chaostheorien vielfältig benutzte Begriff bedeutet hier: Die Periode T_{Ph} des Phasendiagramms wird beim Vergrößern von $\hat{U}_G$ *abrupt* von T_G auf zunächst $2 T_G$ verdoppelt. *In immer kürzer werdenden Abständen folgen* $T_{Ph} = 4 T_G$, $8 T_G$, $16 T_G$, ..., ∞, also *wirres Chaos.* Die Periode ∞ bedeutet: *Keine Periodenfolge wiederholt sich;* die Kurve schließt sich nicht mehr – sie sucht ständig neue Wege. Trotzdem läuft der Vorgang in jedem Augenblick determiniert ab – nach den Gesetzen der Elektrizitätslehre.
Zudem ist der Chaosbereich von regulären Fenstern mit $T_{Ph} = 3 T_G$ oder $T_{Ph} = 5 T_G$ unterbrochen.

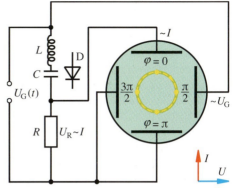

B 2: Phasendiagramm eines harmonischen Schwingkreises am Oszilloskop

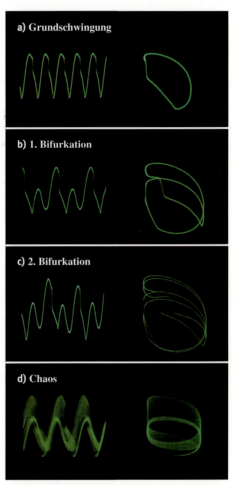

a) Grundschwingung

b) 1. Bifurkation

c) 2. Bifurkation

d) Chaos

B 3: Die nichtlineare Diode (für 1 A, etwa 1N5407) in Bild 2 erzeugt im Schwingkreis zunächst Bifurkationen; dann macht sie ihn chaotisch.

A 1: Unterscheiden Sie Phasendiagramme von $U(t)$- bzw. $I(t)$-Diagrammen (am Oszilloskop mit dem Kippgerät erzeugt).

n	0	1	3	5	9	11	15
x_n	0,01	0,01	0,075	0,2	0,499	**0,5**	**0,5**

T 1: Die Iteration $x_{n+1} = r x_n (1 - x_n)$ begann mit dem Startwert $x_0 = 0{,}01$. Wenn wie hier $r = 2$ ist, werden die x-Werte schnell zum stabilen Attraktor $x_A = 0{,}5$ „gezogen" und bleiben dort (➡ *Bild 1a*).

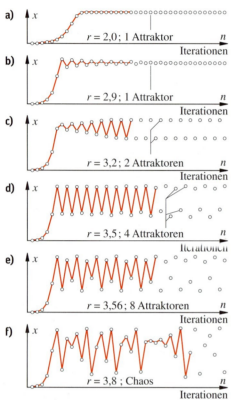

B 1: Einschwingvorgänge in der Iteration $x_{n+1} = r x_n (1 - x_n)$ für verschiedene Werte von r. Relevant sind nur die Punkte „von Jahr zu Jahr", nicht deren Verbindungslinien. Bild d) zeigt 4 Attraktoren.

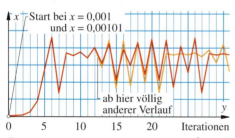

B 2: Eine Startstörung von $\Delta x = 10^{-5}$ steigt im Chaos zunächst exponentiell an; erst macht sie sich kaum bemerkbar, doch dann ändert sie den Verlauf schon nach 15 Iterationen völlig.

3. Deterministisches Chaos vom Taschenrechner

Findet man Chaos auch beim *Berechnen* periodischer Vorgänge, frei von experimentellen Ungenauigkeiten? Idealisieren wir die Jahreszyklen einer Hasen-Population, die zunächst keine Futtersorgen habe. Zum Start weiden x_0 Hasen. Ihre jährliche Vermehrungsrate sei $a > 1$. Das bedeutet:
Am Ende vom 1. Jahr gibt es $x_1 = a x_0$ Hasen, am Ende vom 2. Jahr also $x_2 = a x_1$ und vom 3. Jahr $x_3 = a x_2 = a^2 x_1 = a^3 x_0$. Um fortzufahren, d. h. um die Hasenzahl x_{n+1} nach $(n + 1)$ Jahren zu erhalten, setzt man das Ergebnis x_n des n-ten Jahres rechts in die **Iterationsvorschrift** $x_{n+1} = a x_n$ ein. Wie bekannt, steigt x bei $a > 1$ beliebig weit an; es gilt $x_n = x_0 a^n$.

Futtermangel führt zu einer Begrenzung von x. Wir beziehen deshalb x auf den Normwert 1 (100%) und beginnen mit Startwerten von z. B. $x_0 = 0{,}01$. Je mehr sich die Hasenzahl x dem Wert 1 nähert, umso mehr schrumpft die Vermehrungsrate a auf 0. Es liegt nahe, $a = r(1 - x)$ zu setzen; dann wird $a = 0$ für $x = 1$.
Mit der neuen Konstanten r lautet die **Iterationsvorschrift**

$$x_{n+1} = r x_n (1 - x_n). \qquad (1)$$

Ihr quadratischer Term $-r x_n^2$ macht sie *nichtlinear, chaosverdächtig*. Bei $r = 2$ ist es noch gleichgültig, ob man im 1. Jahr mit $x_0 = 0{,}01$ oder $x_0 = 0{,}99$ startet: Schon nach ca. 10 Iterationen von *Gl.* (*1*) wird x zum konstanten Wert $x_A = 0{,}5$ „hingezogen" und bleibt dort. $x_A = 0{,}5$ ist ein stabiler **Attraktor** (➡ *Tabelle 1*; ➡ *Bild 1a*). Dort, für $n \to \infty$, ist $x_{n+1} \approx x_n$, also $1 = r(1 - x_n)$. Für $r = 2$ wird daraus $x_n = 1 - 1/r = 0{,}5$ – von Chaos noch keine Spur!

Ab 1970 wagte man mit schnellen Rechnern, das r in *Gl.* (*1*) zu erhöhen. Bei $3 < r < 3{,}4495 = 1 + \sqrt{6}$ bifurkiert der eine Attraktorpunkt $x_n = 1 - 1/r$ in zwei zunächst stabile Punkte, die sich „jährlich" abwechseln (➡ *Bild 1c*): Hasenüberschuss im 1. Jahr erzeugt Futtermangel und reduziert im 2. die Hasenzahl. Die nun größeren Rationen bescheren dem 3. Jahr wieder Hasenüberschuss usw. Wenn man jetzt r nur wenig vergrößert, steigen die Wiederholperioden *in immer kürzerer Folge* von 2 auf 4, auf 8, 16, 32, ... Jahre. Obwohl sich *Gl.* (*1*) nicht ändert, ist schon für $r > 3{,}5699456$ die *Wiederholperiode unendlich*. Das heißt: Man müsste auf die Wiederholung eines x-Werts unendlich lange warten – es gibt ihn nie wieder – unendlich viele Dezimalstellen vorausgesetzt! Die x_n streuen chaotisch mit großen Sprüngen (➡ *Bild 3*). Im Chaos liefern Rechner mit anderen Rundungsregeln andere Ergebnisse – bei gleichem Start.

Ändert man im Chaosbereich (z. B. bei $r = 3{,}8$) den Startwert x_0 um nur $1 \cdot 10^{-5}$, so wächst diese Störung nach etwa 15 Iterationen so, dass sich ein völlig anderer Verlauf bildet (➡ *Bild 2*). Im regulären Bereich $r < 3{,}57$ dagegen wären wesentlich größere Störungen längst abgeklungen, vergessen.
Gl. (*1*) liefert ähnliche Ergebnisse wie der chaotische Schwingkreis, obwohl dort völlig andere Gesetze gelten. Beiden gemeinsam sind *Nichtlinearitäten*.

Die Erforschung des *deterministischen Chaos* wurde seit 30 Jahren ein legitimer Zweig von Physik und Technik mit wachsender Bedeutung: Man hofft, damit z. B. die Luftwirbel im Wettergeschehen und vieles andere, auch in der Medizin (etwa beim Herzkammerflimmern), oder sei es auch nur das Flattern einer Fahne, zu erfassen. Das deterministische Chaos löste zahlreiche, ins *Philosophische* gehende Diskussionen über *Gesetz, Berechenbarkeit* und *Zufall* aus. Dabei lernte man, das deterministische Chaos von anderen regellosen Vorgängen zu unterscheiden, die wir nun kurz aufzählen:

4. Andere Chaosarten

a) In einem *Gas* stoßen sich ständig ca. 10^{23} Teilchen. Es wäre illusorisch, den Bahnverlauf einzelner davon berechnen zu wollen. Hier herrscht das sog. **mikroskopische Chaos.** Trotzdem kann man der *Gesamtheit* der Gasteilchen Temperatur T und Druck p zusprechen, als Maß für *mittlere* Energie bzw. *mittlere* Stoßkraft *sehr vieler Teilchen*. Damit lässt sich deterministisch rechnen, etwa beim Gasgesetz $pV = RT$. Die Größen p, V und T sind genau messbar; R gilt exakt.

b) Das *Würfelspiel* ist ein vom **Zufall** geprägter **stochastischer Vorgang.** Während beim deterministischen Chaos jedes x_{n+1} streng aus x_n folgt, *hängt kein Wurf vom vorangehenden ab*. Dies gilt auch für den Zerfall radioaktiver Atome. Ihre Halbwertszeiten befolgen *Wahrscheinlichkeitsgesetze*. Sie gelten nur für die *Mittelwerte vieler Messungen*. Man findet dies auch bei Messungen im atomaren Bereich.

Merksatz

Selbst einfache Systeme verschiedenster Art, die zwar *nichtlinear*, aber streng **determiniert** sind, können **deterministisches Chaos** zeigen. Dabei wachsen kleine Störungen beim Start schnell an und ändern den Verlauf wesentlich. Vorausberechnungen sind im deterministischen Chaos nur kurzfristig möglich; langfristig werden sie illusorisch. Es gibt im Chaosbereich keine Wiederholung der Ergebnisse.

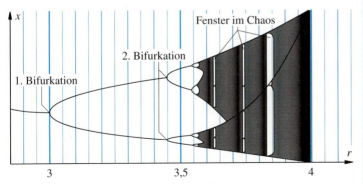

B 3: Iterationen an $x_{n+1} = r x_n (1 - x_n)$. Im Computer wurde r stückweise vergrößert und x_{n+1} für $n > 100$, nach 100 Einschwingperioden, aufgetragen. Man erkennt Bifurkationen bei $r = 3$, 3,45 und 3,54. Chaos tritt ab 3,57 auf. Es ist unterbrochen durch ein „Fenster" bei 3,85. Ähnliches tritt beim Schwingkreis in *Ziff. 2* auf.

Interessantes

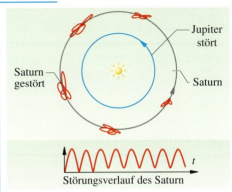

B 4: Jupiter löst beim Saturn periodische Änderungen aus (Simulation, stark vergrößert).

Chaos am Himmel?

Astronomen messen Orte und Geschwindigkeiten der Himmelskörper präzise. Mithilfe der NEWTON-Gesetze berechnen sie daraus deren Positionen für Jahrtausende im Voraus. Sind diese Naturvorgänge im Prinzip beliebig genau vorherbestimmbar, sind sie **determiniert**? Liegen Vergangenheit und Zukunft offen vor uns? Man fand schon zu NEWTONS Zeit, dass der Planet *Jupiter* jeweils nach etwa 5 Umläufen dem *Saturn* nahe kommt und dessen Bahn durch erhöhte Gravitation zunehmend stört. Man fürchtete, ein Aufschaukeln dieser Störung bringe Chaos in das Sonnensystem.

NAPOLEON fragte, ob Gott nicht von Zeit zu Zeit eingreifen müsse, um sein Werk davor zu retten. Sein Landsmann LAPLACE sagte: „Sire, ich brauche diese Hypothese nicht." Er fand, dass sich nach 500 Jahren die Störung wieder zurückgespult habe (➡ *Bild 4* und *Laplace-Dämon*). – OSKAR II. von Schweden lobte 1885 einen Preis für den aus, der die Stabilität der Welt beweisen könne (gekrönten Häuptern ist sie viel wert). Der Franzose POINCARE gewann ihn als erster Chaosforscher, sagte aber: „Die Dinge sind so bizarr, dass ich mich weigere, weiter darüber nachzudenken." Dabei blieb man bis etwa 1970. Heute vermutet man chaotische Bewegung im *Asteroidengürtel* zwischen Mars und Jupiter. Sie könnten Kollisionstrümmer erzeugen, die uns als *Meteoriten* erreichen. Auch an der *Plutobahn* zeigt sich Chaotisches.

Das ist wichtig

1. **Spule und Kondensator** bilden zusammen einen **Schwingkreis**. In ihm wandeln sich periodisch elektrische und magnetische Feldenergie ineinander um. Wenn man Energieverluste vernachlässigt, ist $W_{el,\,max} = W_{mag,\,max}$, so wie beim Federschwinger $W_{Elong,\,max} = W_{kin,\,max}$. Stromstärke und Spannung haben einen sinusförmigen Verlauf und sind um $\pi/2$ phasenverschoben.
Die **Periodendauer** beträgt

$$T = 2\pi \sqrt{LC} \quad \text{(beim Schwingkreis)}$$
$$T = 2\pi \sqrt{m/D} \quad \text{(beim Federschwinger)}$$

Beginnt die ungedämpfte Schwingung zum Zeitpunkt $t = 0$ mit der Entladung des Kondensators, so gilt:

$$U(t) = \hat{U}\cos(\omega t) \quad \text{und} \quad I(t) = -\hat{I}\sin(\omega t)$$
mit $\omega = 1/\sqrt{LC}$ und $\hat{I} = \hat{U}\sqrt{C/L}$.

Schwingkreis und Federschwinger gehorchen formal derselben Differentialgleichung:

$$m\ddot{s} = -Ds \quad \text{bzw.} \quad L\ddot{Q} = -\frac{1}{C}Q.$$

Dabei entspricht $D \triangleq 1/C$, $m \triangleq L$, $s \triangleq Q = CU$.

2. Entweicht Energie, so ist die Schwingung gedämpft. Ein ohmscher Widerstand R im Schwingkreis verursacht eine **Dämpfung** mit exponentiell abnehmenden Schwingungsamplituden. Der Federschwinger muss dazu eine zur Geschwindigkeit proportionale Bremskraft erfahren.

3. Durch periodische Energiezufuhr kann die Dämpfung aufgehoben werden. Steuert der Schwinger im Takt seiner Eigenfrequenz selbst die Energiezufuhr, so spricht man von einer **selbsterregten Schwingung**. Hierzu verwendet man eine Rückkopplungs-Schaltung.

4. Bei **erzwungenen Schwingungen** hebt eine Erregerschwingung durch Energiezufuhr die Dämpfungsverluste auf. Der Schwinger nimmt die Erregerfrequenz f an. Stimmt f mit der Eigenfrequenz $f_0 = \omega_0/2\pi$ überein, so wird die Amplitude der Schwingung besonders groß. Diese Erscheinung bezeichnet man als **Resonanz**, f_0 daher auch als **Resonanzfrequenz**.
Beim Schwingkreis ist $\omega_0 = 1/\sqrt{LC}$;
beim Federschwinger $\omega_0 = \sqrt{D/m}$.
Trägt man die Amplitude der erzwungenen Schwingung über der Frequenz auf, so erhält man eine **Resonanzkurve**.
Wie bei der Reihenschaltung teilt sich die von außen angelegte Erregerspannung $\hat{U}_1 \sin(\omega t)$ in die Teilspannungen $RI = R\dot{Q}$, $L\dot{I} = L\ddot{Q}$, und Q/C auf:

$$\hat{U}_1 \sin(\omega t) = L\ddot{Q} + R\dot{Q} + \frac{1}{C}Q.$$

Da $L \triangleq m$, $1/C \triangleq D$, $Q \triangleq s$, $I = \dot{Q} \triangleq \dot{s} = v$, $R \triangleq k$,

entspricht dies beim Federschwinger

$$\hat{F}_1 \sin(\omega t) = m\ddot{s} + k\dot{s} + Ds \quad \text{oder}$$
$$m\ddot{s} = -Ds - k\dot{s} + \hat{F}_1 \sin(\omega t).$$

Aufgaben

A 1: a) Ein Schwingkreis ($R \approx 0$) beginne die Schwingung zum Zeitpunkt $t = 0$ mit der Entladung des Kondensators. Wie lautet bei entsprechendem Schwingungsbeginn die t-s-, wie die t-v-Gleichung des Federschwingers? **b)** Ersetzen Sie in diesen Gleichungen die mechanischen Größen durch die entsprechenden elektrischen und leiten Sie die t-U- und t-I-Gleichung her. Übertragen Sie $T = 2\pi\sqrt{m/D}$ auf den Schwingkreis.

A 2: a) Ein Schwingkreis mit vernachlässigbarem Widerstand schwinge harmonisch. Zeigen Sie, dass zu jedem Zeitpunkt gilt: $\frac{1}{2}CU^2(t) + \frac{1}{2}LI^2(t) = \frac{1}{2}C\hat{U}^2$. **b)** Der Kondensator ($C = 80\,\mu F$) ist zu Beginn der Schwingung ($t = 0$) auf 100 V aufgeladen. Wie groß ist die Stromstärke in der Spule ($L = 0{,}2$ H) in dem Augenblick, in dem die Kondensatorspannung 50 V beträgt?

A 3: a) Berechnen Sie mit einem Computerprogramm (z. B. Tabellenkalkulation) die gedämpfte Schwingung $U(t)$ für einen Schwingkreis mit $C = 300\,\mu F$, $L = 600$ H, $R = 300\,\Omega$. Der Kondensator werde zu Beginn $t_1 = 0$ auf die Spannung $\hat{U} = 10$ V aufgeladen; $\Delta t = 0{,}01$ s. **b)** Nach einer halben Periode hat die Amplitude von $\hat{U} = 10$ V auf $U(T/2) = a\,\hat{U}$ abgenommen. Entnehmen Sie Ihrer Tabelle $U(T/2)$ und bestimmen Sie a. Überprüfen Sie, ob $U(T) = a\,U(T/2)$ ist. Geben Sie eine Formel für $U(t_n)$ mit $t_n = n\,T/2$ ($n = 0, 1, 2, \ldots$) an. **c)** Wie viel Prozent der Anfangsenergie steckt zum Zeitpunkt $t = T$ noch im Schwingkreis. Wie viel Prozent sind es in a) mit $L = 1800$ H und $C = 100\,\mu F$ ($\hat{U} = 10$ V; $R = 300\,\Omega$)? Begründen Sie anschaulich den Unterschied. **d)** Wählt man $R > 2\sqrt{L/C}$, so schwingt der Kreis wegen zu großer Dämpfung nicht mehr. Prüfen Sie dies mit dem Computer für $L = 600$ H und $C = 300\,\mu F$ nach.

A 4: a) Die gedämpfte Schwingung eines Schwingkreises ($C = 300\,\mu F$, $L = 600$ H, $R = 100\,\Omega$) ist zwischen $I = \hat{I}$ und $I = 0$ angenähert sinusförmig. Wie viel Prozent der im Magnetfeld gespeicherten Energie gehen demnach als Wärme verloren? **b)** Was ergibt sich für $C = 100\,\mu F$, $L = 1800$ H, $R = 100\,\Omega$? Was folgt daraus?

A 5: Ein Schwingkreis mit $L = 5$ mH, $C = 2\,\mu F$ und $R_1 = 10\,\Omega$ ($R_2 = 20\,\Omega$) wird durch $U_1(t) = 1$ V $\cdot \sin(\omega t)$ zu erzwungenen Schwingungen angeregt. Berechnen Sie mit einem Programm $\hat{U}_C(f)$ für 1200 Hz $< f <$ 2000 Hz ($\Delta f = 1$ Hz) und stellen Sie $\hat{U}_C(f)$ grafisch dar. Zeigen Sie anhand der Daten, dass für $R = 10\,\Omega$ [$20\,\Omega$] das Maximum der Amplitude $\hat{U}_C$ nur 1% [4%] unterhalb der Resonanzfrequenz $f_0 = 1/(2\pi\sqrt{LC})$ liegt.

WELLEN

Am Meer liegen Urlauber entspannt auf dem Wasser und machen – einer nach dem anderen – die gleiche schwingende Bewegung des Wassers mit. Ein Kind hält das Ende eines gespannten Springseils und erzeugt mit einer Auf- und Abbewegung seiner Hand einen Wellenberg, der bis zum anderen Ende läuft.
Der Schall einer Flöte gelangt zum Mikrofon, von der Luft mit einer Schallwelle weitergereicht. Selbst den besonderen Klang einer Flöte können wir durch Wellen beschreiben. Mit solchen **mechanischen Wellen** beschäftigen wir uns im ersten Teil des Kapitels.

Wir können das Flötenspiel auch zu Hause aus dem Radio hören. **Elektromagnetische Wellen** tragen die Musik dorthin – mit Lichtgeschwindigkeit über weite Strecken, sogar durch den leeren Raum. Diese Wellen brauchen keinen materiellen Träger. Sie entstehen aus dem Wechselspiel elektrischer und magnetischer Felder. Ohne sie gäbe es nicht die rasante Entwicklung der modernen Kommunikationstechnik. Diese Wellen behandeln wir im zweiten Teil.

B 1: Gewaltige natürliche Wellen

B 2: La Ola – Ausdruck der Freude

Vertiefung

Die Wellenmaschine

Auf einen waagerecht gespannten Draht sind nebeneinander mehrere Stäbe aufgefädelt. Diese sind in der Mitte leicht drehbar gelagert. An ihren Enden tragen sie kleine Metallkörper. Vor und hinter dem Draht sind noch zwei Bänder aus Silikon oder Gummi gespannt. Diese verbinden jeden Stab *elastisch* mit seinen Nachbarn. Die Kopplung ist so stark, dass die Stäbe nicht wie Pendel frei schwingen können.

Wir lenken das erste Metallkörperchen nach oben aus und halten es dann fest. Dadurch werden die elastischen Bänder gedehnt und verdrillt. Sie üben so auf den nachfolgenden Stab ein Drehmoment aus. Das an seinem Ende angebrachte Körperchen erfährt dadurch eine Kraft *quer* zur Bandrichtung. Wegen seiner *Trägheit* wird es nun nicht etwa augenblicklich in seine neue Lage gerissen; vielmehr vergeht eine gewisse Zeit, bis das zweite Körperchen gleich weit ausgelenkt ist wie das erste – seine Bewegung hinkt der des vorhergehenden Körperchens zeitlich nach. Das dritte Körperchen folgt der Bewegung des zweiten wiederum verzögert usw.

Fortschreitende Wellen

1. Wellen – ein Naturereignis

Wenn von Wellen die Rede ist, denken Sie wahrscheinlich zuerst an Wasserwellen – an das großartige Naturschauspiel heranrollender Meereswogen (▶ *Bild 1*), an die Bugwelle eines Bootes oder an die Kreiswellen, die ein Stein hervorruft, den Sie ins Wasser geworfen haben. Sicher haben Sie aber auch schon von Erdbebenwellen gehört, von Schallwellen, Radiowellen und Lichtwellen.

2. La Ola – typisch Welle

Die *Erscheinungsformen* von Wellen sind recht verschieden – und doch haben sie viel Gemeinsames! Viele kennen die „La Ola"-Welle von Sportveranstaltungen oder anderen Gelegenheiten (▶ *Bild 2*). Irgendwo im Rund eines Stadions reißen Zuschauer die Arme hoch und stehen dabei auf. Ihre Nachbarn lassen sich von der Begeisterung anstecken und führen daraufhin die gleiche Bewegung aus, deren Nachbarn wiederum usw. Wir können beobachten, wie diese Welle in wenigen Sekunden einmal um das ganze Stadion läuft. *Jeder* Zuschauer hat schließlich an *seinem* Platz die „Begeisterungsschwingung" mitgemacht. Natürlich ist dabei keiner selbst um das Stadion gerannt. Ähnliches finden wir bei allen Wellen.

Betrachten Sie eine Wasserwelle, so finden Sie, dass ein darauf schwimmendes Brett zwar auf und ab schwingt, im Wesentlichen aber samt dem umgebenden Wasser am selben Ort bleibt. Die *Welle* dagegen „läuft" weiter. Wo sie hinkommt, kann sie wieder ein Brett zum Schaukeln bringen. Sie sehen: Mit der Wasserwelle wird zwar keine Materie fortbewegt, aber *Energie* transportiert! Das ist auch für andere Wellen typisch. So führen z. B. Erdbebenwellen ungeheure Energiemengen mit sich, die noch in großen Entfernungen vom Bebenherd verheerend wirken können.

Zum Entstehen der Stadionwelle genügen Blick- und Hörkontakt zum Nachbarn. Bei einer mechanischen Welle sorgt eine elastische Verbindung zum Nachbarteilchen dafür, dass alle Teilchen nacheinander dieselbe, ihnen aufgezwungene Bewegung ausführen.

Außer Energie können Wellen aber auch *Information* (ohne Materie) transportieren. So wird z. B. die Information dieses Textes durch *Lichtwellen* auf Ihr Auge übertragen; gesprochene Informationen erreichen Ihr Ohr über *Schallwellen*. Handy, Rundfunk und Fernsehen leiten Informationen über große Strecken mithilfe *elektromagnetischer Wellen* weiter. Auch Atome senden elektromagnetische Wellen aus. Sie liefern wichtige Aufschlüsse über die Struktur der Materie.

Es lohnt sich also, wenn wir uns mit Wellen beschäftigen. Vorerst wollen wir uns dabei auf **mechanische Wellen** beschränken; das sind Wellen, die zu ihrer Ausbreitung auf *Materie* angewiesen sind. Sie benötigen einen festen, flüssigen oder gasförmigen *Wellenträger*.

3. Die Welle – eine wandernde Störung

Wesentliche Eigenschaften einer mechanischen Welle schauen wir uns an einer *Wellenmaschine* (➡ *Vertiefung*) an. An ihr reißen wir das erste Körperchen nach oben und stören so seine Gleichgewichtslage. Diese Querstörung wandert nun mit konstanter Geschwindigkeit nach rechts. Wenn wir das erste Teilchen nach oben und wieder in seine Gleichgewichtslage zurückbewegen, sehen wir einen *Wellenberg* nach rechts laufen (➡ *Versuch 1*). Durch Hin- und Herbewegen des ersten Teilchens erzeugen wir eine Schwingung mit von uns vorgegebener Frequenz. Jede Phase dieser erzwungenen Schwingung wird nach und nach von den anderen Körperchen mit der vorgegebenen Frequenz übernommen (➡ *Bild 4*).

Wovon hängt nun die Geschwindigkeit c ab, mit der die Querstörung wandert? Je *weicher* die elastischen Bänder sind, desto schwächer wird die Kraft auf das jeweilige Körperchen; desto *kleiner* ist dann auch dessen Beschleunigung. Dies folgt aus der Grundgleichung der Mechanik $a = F/m$. Aus ihr folgt auch, dass die Beschleunigung der Körperchen mit zunehmender Masse *abnimmt*. Eine Querstörung breitet sich demnach umso langsamer aus, je kleiner die Kopplungskräfte zwischen benachbarten Körperchen sind und je größer deren Masse ist.

Unser Versuch lässt sich auch so deuten: Mit der Auslenkung des ersten Körperchens haben wir eine *Energieportion* in die Wellenmaschine gesteckt. Sie tritt zu Beginn in Form von *Spannenergie* des Bandstückes zwischen den beiden ersten Stäben auf. Anschließend verwandelt sie sich zum einen Teil in *Bewegungsenergie* des zweiten Körperchens, zum anderen in *Spannenergie* des nachfolgenden Bandstückes usw. Die in die Wellenmaschine gesteckte Energieportion läuft also als Spann- und Bewegungsenergie durch den Wellenträger weiter, bis zum letzten Körperchen.

Das Foto zu ➡ *Versuch 1* zeigt zwei *Momentaufnahmen*. Von einem Augenblick zum nächsten hat sich der gesamte Wellenberg verschoben; er wandert mit der Geschwindigkeit c nach *rechts*. Dabei kommen die Körperchen aber nicht von der Stelle; sie schwingen lediglich senkrecht zur Fortschreitungsrichtung des Wellenberges einmal nach oben und dann wieder zurück. Ihre Momentangeschwindigkeit, die sich bei der Hin- und Herbewegung dauernd ändert, bezeichnen wir als **Schnelle v**. Dieser besondere Name soll den Unterschied zur konstanten **Ausbreitungsgeschwindigkeit c** der Störung hervorheben. Beachten Sie, dass die Vektoren $\vec{v}$ und $\vec{c}$ bei einer *Querwelle* aufeinander senkrecht stehen. Aus ➡ *Versuch 1* geht hervor, dass die Schnellepfeile an der *Vorderseite* des Wellenbergs stets nach *oben*, an seiner *Rückseite* dagegen nach *unten* gerichtet sind.

> **Merksatz**
>
> Bei einer mechanischen Welle führt ein Körperchen nach dem anderen die Bewegung aus, die ihm vom Erreger vorgeschrieben wird. Je weiter ein Körperchen vom Erreger entfernt ist, desto später wird es von dieser Bewegung erfasst.

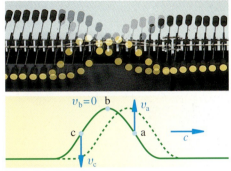

V 1: Wir lenken das erste Körperchen der Wellenmaschine nach oben aus und führen es anschließend gleich wieder in seine ursprüngliche Lage zurück. Diese Hin- und Herbewegung des Erregers wandert als Wellenberg über den Träger hinweg. Wir haben oben eine Momentaufnahme festgehalten: Das Körperchen a ist soeben erst von der Störung nach oben erfasst worden. Körperchen b, das die Bewegung nach oben ja schon früher begonnen hatte, besitzt im selben Moment bereits seinen Höchstausschlag und steht für einen Augenblick still. Das Körperchen c hat den Höchstausschlag schon hinter sich und bewegt sich gerade mit Schnelle v_c zurück.

Lenken wir das erste Körperchen der Wellenmaschine zuerst nach unten aus und führen es dann wieder zurück, so wandert eine Störung über den Träger, der nach unten ausgebuchtet ist. Dieses *Wellental* ist das Spiegelbild eines Wellenberges bezüglich des Spannbandes. Deshalb zeigen beim Wellental die vorderen *Schnellevektoren* nach unten, die hinteren nach oben.

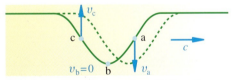

B 3: Momentaufnahme eines Wellentales, das nach rechts wandert

B 4: Momentaufnahme einer wandernden Welle

Zeitliche und räumliche Darstellung einer Welle

1. Ein rotierender Zeiger beschreibt eine Schwingung

Die Schwingung eines Federpendels verglichen wir früher mit der Projektion eines umlaufenden Kreispunktes auf die vertikale s-Achse. So konnten wir bestätigen, dass die Schwingung sinusförmig (harmonisch) war. In ⇒ *Bild 1* finden wir die Projektion s als $s(t) = \hat{s} \sin \varphi$. Dabei ist $\hat{s}$ die Amplitude, $s(t)$ die momentane Elongation und $\varphi(t)$ die momentane Phase der Schwingung. Der Phase 2π entspricht die Periodendauer T, π entspricht $T/2$ usw. φ ist proportional zur Zeit t – also $\varphi(t) = \omega t$. Es ist $\omega = \varphi/t = 2\pi/T = 2\pi f$ die Winkelgeschwindigkeit des rotierenden Zeigers.
Mit diesen Überlegungen lautet die Gleichung für die Teilchenschwingung (mit $s(0) = 0$):

$$s(t) = \hat{s} \sin \varphi(t) = \hat{s} \sin(\omega t) = \hat{s} \sin\left(2\pi \frac{t}{T}\right).$$

Amplitude und Phase legen die Elongation fest. Diese beiden Größen reichen zur Beschreibung eines Schwingungszustandes also aus. Beide Größen kann man am rotierenden Zeiger ablesen (bei gegebener s-Achse). Dies zeigt die Darstellungsfolge in ⇒ *Bild 1*. Schon der freischwebende Zeiger (⇒ *Bild 2*) genügt; seine Projektion auf die s-Achse entspricht der Realität. Der Zeiger selbst existiert nur in unserer Vorstellung.

2. Viele rotierende Zeiger beschreiben eine Welle

Betrachten wir eine fortschreitende Querwelle anhand eines Beispiels: Der (z. B. motorgetriebene) Wellenerreger schwinge *harmonisch* mit der Periode T und einer Amplitude von $\hat{s} = 0{,}2$ m. Die Körperchen der Wellenmaschine werden von der Schwingung nacheinander erfasst. Das Körperchen am Ort $x = 0$ bewege sich nach oben und überquere zur Zeit $t = 0$ gerade die Gleichgewichtslage. Die Welle breite sich mit der Geschwindigkeit c nach rechts aus. In zeitlichen Abständen von je $T/8$ folgen die in ⇒ *Bild 3* dargestellten 10 Momentaufnahmen der Welle aufeinander. Stellen Sie sich vor, sie seien mit einer Filmkamera gemacht worden.

Um Übersicht in das Geschehen zu bringen, betrachten wir zunächst das zeitliche Nacheinander an *einem* Körperchen.

a) Zeitlicher Durchblick an einem Ort (von oben nach unten): Denken Sie sich bei $x = 0$ eine Spaltblende vor die Wellenmaschine gestellt: So konzentrieren Sie Ihren Blick auf das markierte Körperchen. Sein gegen den Uhrzeigersinn rotierender Schwingungszeiger ist in der ersten Spalte der Zeichnung zu sehen. Sie beobachten im zeitlichen Nacheinander die harmonische Schwingung dieses Körperchens.
Die Beobachtung beginnt zur Zeit $t = 0$ mit dem Phasenwinkel $\varphi = 0$ (Zeiger weist nach rechts); es folgen $\varphi = \pi/4$ zur Zeit $T/8$, $\varphi = 2\pi/4$ (bei $t = 2T/8$), $\varphi = 3\pi/4$ usw. Dazu gehören die Elongationen $s = 0$ m; 0,14 m; 0,2 m (ist Maximum); 0,14 m. Das Körperchen schwingt sinusförmig.

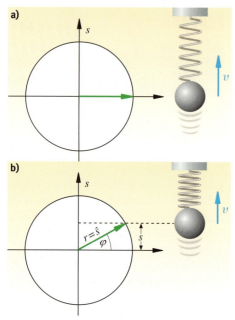

B 1: Ein rotierender Zeiger beschreibt Amplitude $\hat{s}$ (Zeigerlänge r) und Phase φ und mit ihnen die Auslenkung (Elongation s) des schwingenden Körpers. Die Elongation s ist die Projektion des Zeigers auf die s-Achse. Hier beschreiben die Zeiger die Schwingung eines Federpendels. Die Zeigerdarstellung kann aber auf *jede* harmonische Schwingung angewendet werden.

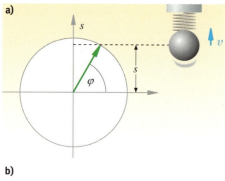

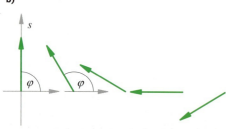

B 2: Weitere Phasen der Schwingung. Mit etwas Gewöhnung denken wir uns auch ohne zeichnerische Darstellung Phase und Elongation zu jedem Zeiger hinzu.

Wenn Sie an der Stelle $x = 1$ m von oben nach unten blicken, erkennen Sie den zeitlichen Ablauf der Schwingung des *dort* liegenden Körperchens. Wir haben den dort festgehefteten Zeiger in der zweiten Bildspalte dargestellt. Zur Zeit $t = 2T/8$ wird das Körperchen eben erst von der Störung erfasst; eine Achtelperiode später (4. Zeile) hat seine Schwingung den Phasenwinkel $\varphi = \pi/4$ erreicht, usw. Das Körperchen bei $x = 1$ m hinkt also gegenüber dem ersten um $\Delta\varphi = \pi/2$ nach. Noch weiter rechts liegende Körperchen werden noch später von der Störung erfasst; ihre Schwingungsphasen sind gegenüber denen des ersten Körperchens umso stärker verspätet, je weiter sie von diesem entfernt sind.

b) Räumlicher Durchblick zu einem Zeitpunkt (von links nach rechts): Betrachten Sie zu einer bestimmten Zeit (z. B. für $t = T$) die verschieden weit ausgelenkten Körperchen des Trägers. Beim Blick längs eines *Momentanbildes* finden Sie, dass sich alle möglichen Phasenzustände *nebeneinander* gelegt haben. Je weiter wir nach rechts schauen, desto mehr schauen wir in die Vorgeschichte der Schwingung am Ort $x = 0$. Was dort zeitlich *nacheinander* geschah, liegt jetzt räumlich *nebeneinander*. Schwingt also der Wellenerreger *harmonisch*, d. h. nach einer *zeitlichen* Sinusfunktion, so liegen die von der Querwelle erfassten Körperchen in jedem Augenblick *räumlich* auf einer Sinuskurve.

c) Diagonaler Durchblick (von links oben nach rechts unten): Er zeigt, wie eine bestimmte Schwingungsphase (z. B. $\varphi = 0$, also Zeiger: →) zeitlich *und* räumlich weiterläuft. Sie wandert mit derselben Geschwindigkeit c wie die Störung über den Träger hinweg. Statt von der *Ausbreitungsgeschwindigkeit* c der Welle spricht man deshalb auch von ihrer *Phasengeschwindigkeit* c.

Nachdem eine Periodendauer T vergangen ist, hat sich die Welle so weit auf dem Träger vorgeschoben, dass sämtliche Schwingungsphasen von $\varphi = 2\pi$ bis $\varphi = 0$ fein säuberlich nebeneinander liegen. Von nun an wiederholt sich die Phase; die Welle besitzt also eine *räumliche Periode*. Diese ist gleich dem Abstand zweier aufeinanderfolgender Wellenberge.
Allgemein: Die räumliche Periode ist gleich dem Abstand zweier benachbarter Stellen mit derselben Schwingungsphase, z. B. ↗. Die Länge einer solchen räumlichen Wellenperiode wird *Wellenlänge λ* genannt. In unserem Beispiel ist $\lambda = 4$ m.

Merksatz

Längs einer Kette elastisch gekoppelter Masseteilchen kann sich eine Welle ausbreiten. Die Teilchen übernehmen die Bewegungen eines Erregers, der mit der Frequenz f senkrecht zum Träger schwingt. Dabei hinken sie in ihrer Schwingungsphase gegenüber dem Erreger umso mehr nach, je weiter sie von ihm entfernt sind.

Dadurch werden die Elongationen, die der Erreger zeitlich nacheinander ausführt, räumlich nebeneinander gelegt: Es entsteht eine Wellenlinie mit Bergen und Tälern.
Der Abstand benachbarter Orte gleicher Phase heißt **Wellenlänge λ**.

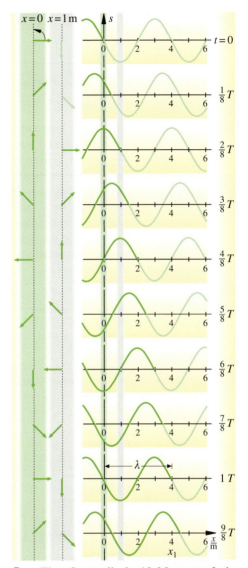

B 3: Eine Querwelle in 10 Momentaufnahmen: **a)** Betrachten Sie das Körperchen bei $x = 0$ durch den hellen Spalt nacheinander, d. h. von oben nach unten. Sie beobachten eine harmonische Schwingung in Phasensprüngen von $\pi/4$. Der gegen den Uhrzeigersinn rotierende Schwingungszeiger zeigt es an. **b)** Bewegen Sie für z. B. $t = 4T/8$ die Augen nach rechts, so sehen sie Körperchen, die in der Phase noch zurückliegen – je weiter rechts, desto mehr. Nach und nach werden sie alle die Bewegung des Körperchens bei $x = 0$ nachvollziehen. Bei $x = 1$ m liegt die Phase gegen $x = 0$ um $\pi/2$ zurück. **c)** In der Entfernung λ (Wellenlänge) von $x = 0$ schwingt ein Teilchen phasengleich zu $x = 0$, aber um die Periodendauer T verspätet.

Mechanische Wellen

V 1: Einige kleine Wagen sind hintereinander aufgestellt und durch elastische Stahlfedern miteinander verbunden. Lenken wir jetzt den ersten Wagen nach rechts oder links aus, so werden die übrigen *nacheinander* um ein Stückchen nach rechts bzw. links verschoben. Je größer die Masse der Wagen ist und je weicher die Stahlfedern sind, desto langsamer wandert diese **Längsstörung** durch die Wagenkette.

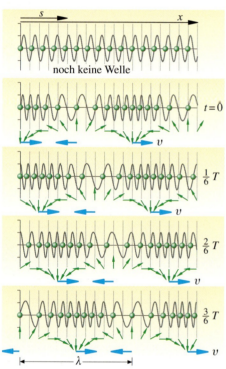

B 1: Bei einer Längswelle schwingen die Teilchen längs der Ausbreitungsrichtung. Deshalb wandern abwechselnd Verdichtung und Verdünnung nach rechts durch den Träger. Die Elongationen sind jetzt die Projektionen der jeweiligen Zeiger auf die in x-Richtung liegende s-Achse. Die blauen Zeiger markieren die Stellen größter Schnelle in positiver und negativer Richtung. Die Schnelle ist der Elongation immer um eine viertel Wellenlänge voraus (entspricht dem Phasenvorsprung $\Delta\varphi = \pi/2$).

Längswellen

1. Wellen mit Schwingungen *längs* der Ausbreitungsrichtung

Auf einem Rangierbahnhof wird ein Güterzug zusammengestellt. Wenn ein neu hinzukommender Wagen auf die Reihe der schon bereitstehenden Wagen stößt, geht ein Ruck von vorne bis hinten durch den ganzen Zug.
Wir ahmen dies in ▸ *Versuch 1* nach und lenken den linken Wagen der „Eisenbahn" nach rechts aus. Dabei drückt er die nachfolgende Feder etwas zusammen, der zweite Wagen erfährt so eine Kraft nach rechts. Wegen seiner Trägheit wechselt dieser jedoch nicht augenblicklich in seine neue Lage; vielmehr vergeht eine gewisse Zeit, bis er ebenso weit nach rechts ausgelenkt ist wie der erste Wagen. Nach und nach rücken alle weiteren Wagen nach rechts.

Geben wir einer auf den Tisch gelegten Feder einen Schubs nach rechts, so wandert auch bei dieser Feder eine solche „Verdichtungs"-Störung von links nach rechts. Ziehen wir dagegen ruckartig an der ersten Windung, so wandert eine „Verdünnung" nach rechts. Bewegen wir die erste Windung harmonisch hin und her, so erzeugen wir eine harmonische **Längswelle** (Longitudinalwelle; ▸ *Bild 1*).

Bei der harmonischen Querwelle haben wir sehr ähnliche Beobachtungen gemacht. Bei ihr war die Elongation $s(t)$ der einzelnen Körperchen aber immer *senkrecht* zur Ausbreitungsrichtung. Jetzt, bei der Längswelle, liegt die Elongation in *gleicher Linie wie die Ausbreitungsrichtung*, s- und x-Achse sind gleichgerichtet (▸ *Bild 1*). Am Ort $x = 0$ zeigt der Zeiger (grün) bei $t = 0$ nach unten, seine Projektion auf die s-Achse und damit die Elongation ist null. Jeder folgende Zeiger auf der x-Achse liegt in der Phase um $\Delta\varphi = \pi/12$ zurück. In der nächsten Momentaufnahme ($t = T/6$) haben sich alle Zeiger um $2\pi/6 = \pi/3$ weitergedreht.
Wir sehen: Formal wird die Längswelle genauso beschrieben wie die Querwelle.

An Stellen, wo die Teilchen besonders dicht liegen (▸ *Bild 1*), ist der Druck groß. Die Elongation startet gerade wieder von null (Zeiger ↓). Hier huscht der „Schatten" der jeweiligen Zeigerspitze besonders schnell über die s-Achse. Die *Schnelle* ist der *Elongation* also immer um eine viertel Wellenlänge voraus.
Längswellen können in allen Körpern auftreten, in denen bei Volumenänderungen Kräfte entstehen, also neben den festen Körpern auch in Flüssigkeiten und Gasen. *Schallwellen* in Luft und Wasser sind solche Longitudinalwellen. Querwellen können es nicht sein, da sich Gas- und Flüssigkeitsteilchen leicht gegeneinander verschieben lassen.

Merksatz

Bei einer fortschreitenden **Längswelle** schwingen die Teilchen des Trägers mit der Frequenz f längs der Ausbreitungsrichtung hin und zurück.

Interessantes

Längs- und Querwellen im Raum

Mechanische Wellen brauchen zur Ausbreitung einen *Träger*. Er besteht aus einzelnen Teilchen, die durch elastische Kräfte miteinander verbunden sind. Bei *festen Körpern* wirken die auftretenden Kräfte so, als seien die einzelnen Teilchen durch elastische Federn nach allen drei Raumrichtungen verbunden.

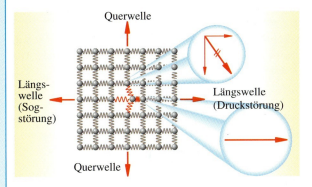

Wird nun ein Teilchen aus seiner Gleichgewichtslage etwas nach rechts ausgelenkt, so entsteht eine große Kraft auf das rechts neben ihm liegende Teilchen. Dieses wird stark beschleunigt. So entsteht eine Längsstörung mit großer Ausbreitungsgeschwindigkeit nach rechts (nach links entsprechend). Wegen der allseitigen Kopplung der Teilchen kommt aber auch eine *Querstörung* zustande. Das Teilchen über dem ausgelenkten erfährt eine Kraft nach rechts unten. Diese liefert eine kleine Komponente nach rechts und führt so zu einer nach oben schreitenden Querstörung (nach unten entsprechend) mit kleinerer Ausbreitungsgeschwindigkeit.

Im Inneren von *Flüssigkeiten* und *Gasen* können *nur* Längswellen entstehen. Die Oberfläche einer Flüssigkeit ist dagegen bestrebt, sich nach einer Störung wieder horizontal einzustellen. Diese Eigenschaft ermöglicht an einer Wasseroberfläche Wellen mit sowohl einer Quer- als auch einer Längskomponente.

Erdbebenwellen

Der Herd eines Erdbebens kann bis zu einigen hundert Kilometern unter der Erdoberfläche liegen. Von dort breiten sich mechanische Längs- und Querwellen nach allen Richtungen durch das Erdinnere aus. Sie werden in mehr als 500 Erdbebenstationen, die über die ganze Erde verteilt sind, durch so genannte *Seismografen* aufgezeichnet. Ein solches Gerät besteht aus einem Körper mit sehr großer Masse, der – wie ein Pendel – möglichst leicht beweglich aufgehängt ist. Wegen seiner *Trägheit* bleibt er auch bei schnellen Bodenerschütterungen fast ganz in Ruhe. Die so entstehende Relativbewegung Erde – Körper wird mechanisch, optisch oder elektronisch verstärkt und zusammen mit Zeitmarken auf langen Papierstreifen oder im Computer registriert.

Solche *Seismogramme* enthalten wichtige Informationen: Da sich Längswellen (**P**rimärwellen) in einem festen Körper schneller ausbreiten als Querwellen (**S**ekundärwellen), treffen die beiden mit einer gewissen Zeitdifferenz bei der Erdbebenwarte ein. Je größer diese Zeitdifferenz ist, desto größer ist die Entfernung zum Zentrum des Bebens. Noch später treffen die an der Oberfläche entlanglaufenden Querwellen ein (**L**ove-Wellen nach dem Entdecker LOVE). Sie bewirken die größten Zerstörungen in bebauten Gebieten.

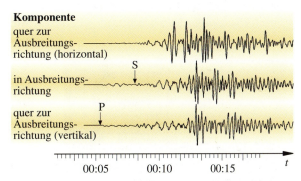

B 2: Seismogramm des Erdbebens in Izmit, Türkei, am 17.08.1999 mit der Stärke 7,4 auf der Richterskala. Die zuvor in Spannungen der Erdkruste gespeicherte riesige Energie ließ jetzt Häuser zusammenstürzen; viele tausend Menschen kamen ums Leben.

Die Geschwindigkeit der Längs- und Querwellen hängt von den elastischen Eigenschaften des Erdmaterials ab. Deshalb liefern Seismogramme Informationen über Festigkeit und Dichte vom Erdinnern.

Durchlaufen Erdbebenwellen auf dem Weg vom Erdbebenherd zum Seismografen Schichten, die tiefer als 2 900 km in der Erde liegen, so kommen nur noch Längswellen an. Noch nie ist eine Querwelle beobachtet worden, die größere Tiefen durchsetzt hätte. Daraus schließt man auf einen *Erdkern*, der in dieser Tiefe beginnt und sich wie eine Flüssigkeit verhält.

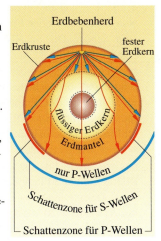

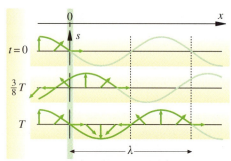

B 1: Drei Momentaufnahmen einer fortschreitenden Welle. Jeweils ist in Abständen von $\lambda/8$ ein Schwingungszeiger eingezeichnet. Je größer die Entfernung zum Erreger (links außerhalb des Bildes), desto weiter liegt der Zeiger in der Phase zurück. (Die Zeiger drehen sich gegen den Uhrzeigersinn.)

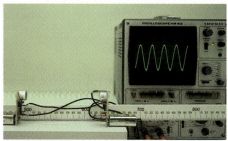

V 1: Ein Ultraschallsender („Lautsprecher") und ein Ultraschallempfänger (Mikrofon) stehen sich gegenüber. Der *Sender* ist mit dem Triggereingang eines Oszilloskops verbunden. Dieser sorgt dafür, dass der Elektronenstrahl immer wieder beim Nulldurchgang der Senderphase am linken Bildschirmrand startet. Der *Empfänger* ist mit dem y-Eingang des Oszilloskops verbunden. Der Bildschirm zeigt das *t-s*-Diagramm der Schwingung am Ort des Empfängers.
Nun entfernen wir den Empfänger langsam vom Sender. Die Schallwelle muss jetzt eine größere Strecke bis zum Empfänger zurücklegen. Eine vorher am linken Bildschirmrand beobachtete Phase (z. B. ↗) wird am Ort des Empfängers nun also *später* erreicht. Im *t-s*-Diagramm am Bildschirm rutscht deshalb der Kurvenzug nach *rechts*. Wir vergrößern die Entfernung nun so weit, bis die Schwingung am Bildschirm um 20 Periodendauern zurückliegt. Dazu müssen wir den Empfänger um $\Delta x = 20\,\lambda = 20 \cdot 0{,}85$ cm $= 17$ cm vom Sender fortziehen. Die Frequenz des Senders messen wir zu $f = 40{,}1$ kHz.

Wellen in Gleichungen

1. Die Phase wandert mit der Geschwindigkeit c

Eine fortschreitende Welle kann durch Zeiger beschrieben werden. Jeder Zeiger rotiert mit der Frequenz f am Ort des schwingenden Teilchens und gibt dann Amplitude, Phase und Elongation zu jedem Zeitpunkt wieder. ▸ *Bild 1* zeigt dies in drei Momentaufnahmen. Zwischen der ersten und der dritten Aufnahme haben alle Zeiger eine vollständige Umdrehung ausgeführt. Es ist also eine ganze Periodendauer vergangen.

Während dieser Periodendauer T ist jede Phase der Welle um die Wellenlänge λ weitergewandert, und zwar mit der *konstanten* Wellengeschwindigkeit c. Für diese Geschwindigkeit gilt:

$$c = \frac{\Delta s}{\Delta t} = \frac{\lambda}{T}.$$

Wegen $f = 1/T$ folgt der für alle Wellen wichtige Zusammenhang zwischen Wellengeschwindigkeit c, Wellenlänge λ und Frequenz f:

$$c = \lambda f.$$

Die Frequenz f wird ausschließlich vom Erreger bestimmt; die Wellengeschwindigkeit c hängt dagegen von der Beschaffenheit des Trägers ab, die Wellenlänge λ von beiden.

2. Die Wellengeschwindigkeit kann man messen

Um die Wellengeschwindigkeit zu messen, sucht man zu einem Körperchen das nächste gleicher Phase. Bei einer Wellenmaschine *sieht* man solche im Gleichtakt schwingenden Teilchen. Man misst deren Abstand und hat so die Wellenlänge. Zusammen mit ihrer Frequenz lässt sich daraus die Wellengeschwindigkeit c berechnen.

Bei der unsichtbaren Schallwelle finden wir Orte gleicher Schwingungsphase anders. In ▸ *Versuch 1* benutzen wir dazu ein Mikrofon. Es registriert an jeder Stelle vor dem Sender eine Schwingung und zeichnet sie als *t-s*-Diagramm auf den Schirm eines Oszilloskops. Den Phasenrückstand gegenüber der Erregerschwingung lesen wir am linken Bildschirmrand ab. Je weiter wir das Mikrofon vom Sender wegziehen, desto größer wird er. In Schritten von λ finden wir wieder phasengleiche Schwingungen ($\Delta \varphi = n \cdot 2\pi$). In unserem Versuch ist die Schrittweite, also die Wellenlänge λ, 8,5 mm bei einer Frequenz von 40,1 kHz. Die Schallgeschwindigkeit ist also:

$$c = \lambda f = 8{,}5 \cdot 10^{-3} \text{ m} \cdot 40{,}1 \cdot 10^{3} \text{ s}^{-1} = 341 \text{ m s}^{-1}.$$

Merksatz

Die starre Form der Welle und damit die Phase schreitet mit der Geschwindigkeit c längs des Trägers fort. Innerhalb einer Periodendauer legt sie dabei eine Wellenlänge zurück.

Es gilt für die Geschwindigkeit der Welle: $c = \lambda f.$

Vertiefung

Mathematischer Durchblick

Der Ort, an dem sich ein Körperchen zu einem bestimmten Zeitpunkt t gerade befindet, wird durch die Koordinaten x (Gleichgewichtslage) und s (Auslenkung aus der Gleichgewichtslage = Elongation) gekennzeichnet. Der Wellenerreger zwinge dem ersten Körperchen bei $x = 0$ eine harmonische Schwingung auf. In diesem Fall gilt das uns bekannte t-s-Gesetz für die harmonische Schwingung:

$$s(t; x = 0) = \hat{s} \sin \varphi(t) = \hat{s} \sin(\omega t).$$

Ein Körperchen an einer Stelle x hat zur Zeit t die gleiche Phase und Elongation $s(t; x)$ wie das Körperchen am Ort $x = 0$ zu einem früheren Zeitpunkt $t - t_x$, also:

$$s(t; x) = \hat{s} \sin(\omega(t - t_x)).$$

Die $s(t; x)$-Kurve ist im t-s-Diagramm gegenüber $s(t; x = 0)$ um t_x nach rechts verschoben (⟹ *Versuch 1*). Die „Verspätung" t_x ist umso größer, je weiter x vom Ort $x = 0$ entfernt liegt. Sie ergibt sich für jeden Ort aus der Phasengeschwindigkeit:

$$c = \frac{x}{t_x} = \frac{\lambda}{T}, \quad \text{also} \quad t_x = \frac{x}{\lambda} T.$$

Beachten wir noch $\omega = 2\pi/T$, so erhalten wir:

$$s(t; x) = \hat{s} \sin\left[\omega\left(t - \frac{x}{\lambda} T\right)\right] = \hat{s} \sin\left[\frac{2\pi}{T}\left(t - \frac{x}{\lambda} T\right)\right]$$

und damit

$$s(t; x) = \hat{s} \sin\left[2\pi\left(\frac{t}{T} - \frac{x}{\lambda}\right)\right].$$

Dies ist die **Wellengleichung** einer fortschreitenden Sinuswelle.

Wir können diese Gleichung mit der zeitlichen und räumlichen Darstellung einer Welle (3 Variationen) verknüpfen:

- Wählt man einen bestimmten Wert für den Ort x, so erhält man den Sinusverlauf der Schwingung des dortigen Teilchens – „zeitlicher Durchblick an einem Ort".
- Wählt man einen bestimmten Zeitpunkt t und variiert x, so erhält man den Sinusverlauf des Wellenträgers, die räumliche Gestalt der Welle in diesem Moment – „räumlicher Durchblick zu diesem Zeitpunkt".
- Hält man die Phase $\varphi = 2\pi(t/T - x/\lambda)$ fest, so erfährt man, wie dieser Phasenzustand über den Wellenträger weiterläuft – „diagonaler Durchblick". Das Beispiel $\varphi = 0$ zeigt es: $t/T = x/\lambda$, also $x/t = \lambda f = c$.

Diese drei Überlegungen gelten auch für die Darstellung

$$s(t; x) = \hat{s} \sin\left[2\pi\left(\frac{x}{\lambda} - \frac{t}{T}\right)\right],$$

wegen $\sin(-\varphi) = -\sin\varphi$.

... noch mehr Aufgaben

A 1: a) In der Zeichnung finden Sie sechs Phasen einer Sinusschwingung. Geben Sie die Phasenwinkel im Bogenmaß an. Welchen Zeitpunkten, bezogen auf die Periodendauer T, sind sie jeweils zuzuordnen? ($s(0) = 0$)

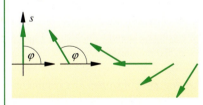

b) Welche Information liefert das Zeigerbild über die Schnelle?

A 2: Sie beobachten eine Welle. Jedes Körperchen führt 15 Schwingungsperioden in 3 Sekunden aus. In der gleichen Zeit wandert jeder Phasenzustand 12 m weit. Berechnen Sie Frequenz, Wellenlänge und Geschwindigkeit der Welle.

A 3: In ⟹ *Bild 1* beginnt die Schwingung am Ort $x = 0$ mit einer Elongation nach oben. Was ändert sich an der fortschreitenden Querwelle, wenn die Schwingung dort mit einer Elongation nach unten anfängt? Zeichnen Sie die Welle samt Zeigern zu den Zeiten $t = 0$, $t = T/4$ und $t = T/2$.

A 4: Eine lineare Querwelle schreite mit der Geschwindigkeit $c = 2{,}5$ m/s längs der x-Achse eines Koordinatensystems fort. Der Erreger ($x = 0$) starte zur Zeit $t = 0$ seine Sinusschwingung mit der Frequenz $f = 50$ Hz und der Amplitude $\hat{s} = 2$ cm längs der s-Achse. **a)** Zeichnen Sie die Welle zu den Zeiten $t_1 = 0{,}050$ s und $t_2 = 0{,}055$ s. **b)** Zeichnen Sie das Diagramm der Teilchenschwingung am Ort $x = 3{,}75$ cm. **c)** Welcher grundlegende Unterschied besteht zwischen den Kurven in a) und b)?

A 5: In ⟹ *Versuch 1* stehe das Mikrofon im Abstand 5λ vom Sender entfernt. Ein zweites Mikrofon sei um $\lambda/4$ weiter vom Sender entfernt als das erste. Skizzieren Sie die beiden Oszilloskopbilder.

A 6: ⟹ *Vertiefung* **a)** Zeigen Sie mithilfe der Wellengleichung: Für t und $t + T$ bzw. für x und $x + \lambda$ ergeben sich gleiche Schwingungszustände (Periodizität einer Welle in Raum und Zeit). **b)** Zeigen Sie, dass auch die Gleichung $s(t; x) = \hat{s} \sin[\omega(t - (x/c))]$ eine Form der Wellengleichung ist. Leiten Sie dann hieraus $c = \lambda f$ her.

Zwei Schwingungen am selben Ort

1. Konzert für zwei eintönige Instrumente

Töne werden durch Schwingungen erzeugt. Jedes einzelne Instrument eines Sinfonieorchesters versetzt über eine Schallwelle das Trommelfell Ihres Ohres in Schwingungen. Das gesamte Orchester erzeugt auf diese Weise in dem *einen* Trommelfell ein gewaltiges Durcheinander von vielerlei Schwingungen. Im Gehirn wird dadurch die Empfindung eines Gesamtklangs geweckt. Die physikalisch komplizierten Vorgänge wollen wir auf folgende Grundfrage zurückführen: Was registriert eine Membran (z. B. in einem Mikrofon oder das Trommelfell unseres Ohres), wenn sie gleichzeitig *zwei Sinusschwingungen derselben Frequenz* ausgesetzt wird?

Sinusschwingungen kann man mit Generatoren und Lautsprechern erzeugen. Veranstalten wir ein überschaubares „Konzert für zwei Lautsprecher"! Ein Mikrofon nimmt es auf und zeichnet es auf den Bildschirm eines Oszilloskops.

▸ *Versuch 1 a–c* liefert als Ergebnis: Die Überlagerung zweier Sinusschwingungen gleicher Frequenz ergibt wieder eine Sinusschwingung mit dieser Frequenz. Ihre Amplitude hängt ab von der Phasendifferenz zwischen den einzelnen Schwingungen. Sie kann größer aber auch kleiner sein als die einzelnen Amplituden.

2. Zwei Zeiger zeigen alles

Die Schwingungen, denen die Membran ausgesetzt ist, beschreiben wir durch zwei in derselben Ebene rotierende Zeiger. Ihre Spitzen P_1 und P_2 drehen sich zusammen mit den Zeigern gegen den Uhrzeigersinn (▸ *Bild 2*). Dabei beachten wir:
- Länge des Zeigers ≙ *Amplitude* der jeweiligen Schwingung,
- s-Wert des umlaufenden Punktes ≙ *Elongation* der zugehörigen Sinusschwingung.
- Gleiche *Frequenz* der Schwingung bedeutet gleiche Winkelgeschwindigkeit $\omega = 2\pi f$ gegen den Uhrzeigersinn.
- Sind die Schwingungen in Phase, so decken sich die Zeiger. Dies ist jedoch ein Sonderfall. Im Allgemeinen läuft ein Zeiger dem anderen um einen bestimmten (hier konstanten) Winkel voraus. Zwischen den beiden Schwingungen besteht dann eine Phasenverschiebung φ_0 (gemessen im Bogenmaß).

Diese Zeiger addieren wir jetzt wie zwei *Vektoren*. Der resultierende Zeiger rotiert zusammen mit den beiden Ausgangszeigern, hat also dieselbe Winkelgeschwindigkeit wie diese. Die Spitze P des resultierenden Zeigers hat die Ordinate $s = s_1 + s_2$, denn die Dreiecke OP'_1P und $P_2P'_2P$ sind kongruent (▸ *Bild 3*). Im gezeichneten Moment sind alle s-Werte positiv. Während der Rotation der Zeiger wird jeder Wert zwischendurch auch negativ; $s = s_1 + s_2$ gilt aber auch dann.

Diese Überlegung sagt voraus, was bei der Überlagerung zweier harmonischer Schwingungen längs einer Linie zu erwarten ist:

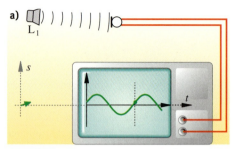

V 1: a) Ein Tongenerator (oder Ultraschallgenerator) speist einen kleinen Lautsprecher L_1. Beim Nulldurchgang seiner Schwingung beginnt das Oszilloskop zu schreiben (Triggerung). Die sichtbare Sinuskurve stammt von einem Mikrofon vor L_1. Der Zeiger kennzeichnet Phase und Elongation der Schwingung am Mikrofon zur Zeit t.

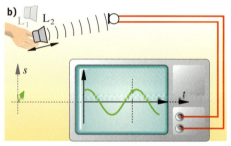

V 1: b) L_1 wird abgeschaltet, ein zweiter Lautsprecher L_2 angestellt. Er ist am selben Tongenerator angeschlossen. Wieder registriert das Mikrofon eine Sinusschwingung. Durch Verschieben von L_2 variieren wir Phase und Elongation am Mikrofon.

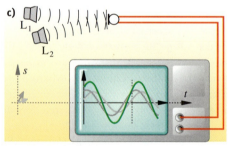

V 1: c) Jetzt benutzen wir L_1 *und* L_2. Am Bildschirm entstehen nun nicht etwa zwei Kurven. Vielmehr sehen wir nach wie vor eine einzige Sinuskurve; diese besitzt jedoch jetzt eine andere Amplitude. Beim Verschieben von L_2 ändert sie sich, manchmal ist sie größer und manchmal kleiner als vorher. Die Phase der resultierenden Schwingung liegt immer zwischen denen der einzelnen.

- Die resultierende Schwingung ist wieder eine Sinusschwingung.
- In der Phase liegt sie zwischen den beiden Ausgangszeigern.
- Ihre Elongation ist die Summe der Einzelelongationen.
- Sie hat dieselbe Frequenz wie die einzelnen Schwingungen.

Genau dies bestätigt der Versuch.

Das Zeit-Elongation-Gesetz der ersten harmonischen Schwingung lautet $s_1(t) = \hat{s}_1 \sin(\omega t)$. Wir hatten ja dem Zeitpunkt $t = 0$ den Phasenwinkel $\varphi_1(0) = 0$ zugeordnet. Die zweite Schwingung eilt der ersten um den Phasenwinkel φ_0 voraus (▶ *Bild 2*), hat also zur Zeit $t = 0$ den *Nullphasenwinkel* φ_0. Für jeden anderen Zeitpunkt t ist ihr Phasenwinkel $\varphi_2(t) = \omega t + \varphi_0$. Für die zweite Schwingung heißt das Zeit-Elongation-Gesetz also: $s_2(t) = \hat{s}_2 \sin(\omega t + \varphi_0)$.
Die resultierende Schwingung hat die Elongation:

$$s(t) = s_1(t) + s_2(t) = \hat{s}_1 \sin(\omega t) + \hat{s}_2 \sin(\omega t + \varphi_0).$$

Mit diesem Term und einem Tabellenkalkulationsprogramm können Sie alle beschriebenen Überlagerungen selbst darstellen.

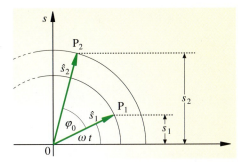

B 2: Die s-Werte rotierender Zeiger sind die Elongationen s_1 und s_2 von Sinusschwingungen.

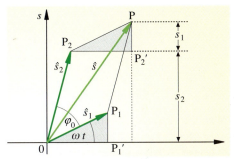

B 3: Addition der Elongationen s_1 und s_2 im Zeigerdiagramm.

Merksatz

> Für die **Überlagerung zweier harmonischer Schwingungen** längs einer Linie gilt bei gleicher Frequenz:
> - Es entsteht wieder eine harmonische Schwingung mit derselben Frequenz – unabhängig von der Phase der beiden Schwingungen.
> - Sind die beiden Schwingungen gleichphasig ($\varphi_0 = 0$, ↑↑), so addieren sich die Amplituden.
> - Bei Gegenphasigkeit ($\varphi_0 = \pi$, ↑↓) subtrahieren sich die Amplituden. Sind sie gleich groß, löschen sich beide Schwingungen aus.

3. So stimmt man Gitarrensaiten – Schwebung

Man stimmt eine Gitarre, indem man auf zwei Saiten denselben Ton anzupft. Ist eine Saite nicht richtig gespannt, hört man ein „Wimmern", der Ton schwillt an und wieder ab – es ist eine *Schwebung*. Aus der Überlagerung zweier Sinusschwingungen nicht genau gleicher Frequenz resultiert nun keine harmonische Schwingung mehr, sondern eine mit wechselnder Amplitude (▶ *Bild 1*). Mithilfe unserer Zeiger können wir dies erklären: Bei der Schwingung mit der größeren Frequenz rotiert der Zeiger schneller, die Phasendifferenz nimmt dauernd zu. Bei Tönen mit $f_1 = 440$ Hz und $f_2 = 445$ Hz „überholt" der schnellere Zeiger den langsameren 5-mal in jeder Sekunde. Immer dann ist aber die Amplitude maximal. Das Anschwellen der Lautstärke erfolgt also 5-mal je Sekunde, die *Schwebungsfrequenz* ist $f_S = 5$ Hz oder allgemein $f_S = f_2 - f_1$.

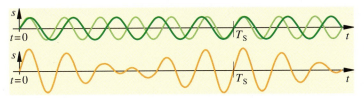

B 1: Überlagerung zweier Schwingungen mit verschiedener Frequenz

... noch mehr Aufgaben

A 1: Zwei harmonische Schwingungen mit derselben Frequenz $f = 50$ Hz und den Amplituden $\hat{s}_1 = 2$ cm bzw. $\hat{s}_2 = 5$ cm werden mit dem Phasenunterschied $\varphi_0 = \pi/3$ überlagert. **a)** Ermitteln Sie aus dem Zeigerdiagramm die Amplitude und die Phasenlage der resultierenden Schwingung. **b)** Zeichnen Sie ihr Diagramm durch Ordinatenaddition.

A 2: a) Im Sonderfall gleicher Amplituden und gleicher Frequenzen lautet die Funktion der resultierenden Schwingung:

$$s(t) = 2\,\hat{s}\, \cos\frac{\varphi_0}{2} \sin\left(\omega t + \frac{\varphi_0}{2}\right).$$

Weisen Sie dies nach. (*Hinweis:* Benutzen Sie ein Additionstheorem.) **b)** Deuten Sie den hergeleiteten Term für die Phasendifferenzen $\varphi_0 = 0$, π und $\pi/2$.

A 3: a) Um wie viel Hertz ist ein Tonerzeuger gegen die a^1-Stimmgabel (440,0 Hz) verstimmt, wenn der Ton innerhalb von 5,0 s 10-mal anschwillt? Welche Frequenzen kann der Tonerzeuger haben? **b)** Stellen Sie den Versuch mit einer Tabellenkalkulation nach.

Überlagerung gleichlaufender Wellen

1. Wellen tun einander nichts

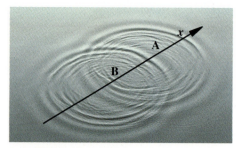

B 1: Wasserwellen durchdringen sich ungestört.

Bei Regen erzeugt jeder Regentropfen auf der Wasseroberfläche eine Kreiswelle. Kommt nun eine andere Welle, hervorgerufen z. B. von einem Schiff, angerollt, so lassen sich die Kreiswellen dadurch nicht beirren. *Sie reiten auf dem Rücken dieser anderen Welle* und breiten sich dabei weiter aus: Die beiden Wellen *überlagern* sich ungestört. In ▶ *Bild 1* sehen Sie zwei Kreiswellen, die durch Regentropfen oder zwei ins Wasser geworfene Steine entstanden sein können. Obwohl sie sich teilweise gegenseitig durchdrungen haben, blieb ihre Gestalt unversehrt erhalten.

Nun ist die Wasseroberfläche ein *zweidimensionaler* Wellenträger. Was auf einer Linie (etwa der x-Achse in ▶ *Bild 1*) passiert, können wir einfacher im Labor herausfinden. An den Enden einer langgestreckten Schraubenfeder erzeugen wir einzelne Querstörungen und lassen sie aufeinander zulaufen. ▶ *Versuch 1* und *2* liefern, wie bei Wasserwellen, ein überraschendes Ergebnis: Wellen überlagern sich, nehmen dabei eine andere Form an und gehen anschließend unversehrt aus der Begegnung hervor. Wie können wir dies verstehen?

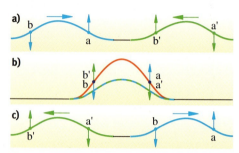

V 1: Wir erzeugen an beiden Enden einer langgestreckten Schraubenfeder (oder eines langen Seils) gleichgerichtete kurze Querstörungen mit derselben Amplitude. **a)** Sie laufen einander auf demselben Träger als Wellenberge entgegen. **b)** Im Augenblick der Begegnung überlagern sie sich zu einem einzigen Wellenberg mit doppelter Amplitude. **c)** Anschließend laufen die beiden ursprünglichen Wellenberge unversehrt weiter.

2. Transportierte Energie geht nicht verloren

Betrachten wir die aufeinander zulaufenden Wellenberge (▶ *Versuch 1a*). Wenn im Augenblick der Begegnung die erste Welle auf der zweiten reitet, so addieren sich die gleichgerichteten Elongationen. Sie werden zum Zeitpunkt, in dem sich die beiden Wellenberge gerade überdecken, *verdoppelt*. Auch die in den einander entsprechenden Punkten a und a' bzw. b und b' eingezeichneten Schnellevektoren addieren sich in diesem Moment und heben sich dabei auf. Das gilt in diesem Zeitpunkt auch für alle anderen Schnellevektoren. Der verdoppelte Wellenberg steht also einen Augenblick still (▶ *Versuch 1b*). Jetzt steckt in dem Überlagerungsgebilde *nur Elongationsenergie*. Dieser Zustand kann aber nicht anhalten; die in ihm steckende Energie wird nach beiden Richtungen des Trägers abgegeben: Die zwei ursprünglichen Wellenberge lösen sich wieder voneinander und wandern in alter Frische nach links und rechts weiter (▶ *Versuch 1c*).

Auch das „Auffressen" in ▶ *Versuch 2* bleibt so „wohlbekömmlich". Zwar heben sich hier die Elongationen für einen Augenblick gegenseitig auf (▶ *Versuch 2b*), Elongationsenergie ist nicht vorhanden. Dafür *verdoppeln* sich aber die Schnellen. Der Träger hat maximale *Bewegungsenergie*. Die im Träger steckende Bewegung (bei a und a' nach oben, bei b und b' nach unten) sorgt dafür, dass aus der Begegnung anschließend wieder ein nach rechts fortschreitender Wellenberg und ein nach links fortschreitendes Wellental hervorgehen.

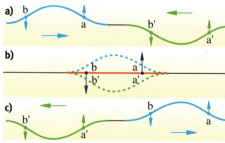

V 2: Diesmal erzeugen wir an den Enden des Trägers zwei kurze Querstörungen mit gleicher Amplitude, aber jetzt mit entgegengesetzten Auslenkungen. **a)** Die beiden Störungen laufen als *Wellenberg* und als *Wellental* aufeinander zu. **b)** Im Augenblick der Begegnung „fressen" sich jetzt die Auslenkungen gegenseitig auf. Jedoch bleibt auch hier sowohl der Wellenberg als auch das Wellental von der Überlagerung unbeeindruckt: **c)** Beide tauchen anschließend wieder auf und laufen unversehrt weiter.

Merksatz

Treffen Störungen an einer Stelle eines eindimensionalen Trägers zusammen, so addieren sich dort ihre Elongationen und Schnellen. Nach der Durchdringung laufen die Störungen unverändert weiter.

3. Interferenz gleichlaufender Wellen

Was für einzelne Störungen gilt, lässt sich auch auf ununterbrochen fortlaufende Störungen – also *Wellen* – übertragen. Die ungestörte Überlagerung gleichartiger Wellen bezeichnen wir als **Interferenz.**

In ▶ *Bild 1* überlagern sich im Bereich A in gleicher Richtung laufende Wellen. Im Bereich B laufen die Wellen aufeinander zu. Die Interferenz liefert ganz unterschiedliche Ergebnisse. Betrachten wir zunächst einmal nur *gleichlaufende* Wellen mit gleicher Wellenlänge λ, also auch gleicher Frequenz.

Nun wissen Sie schon, dass zur Überlagerung zweier gleichfrequenter *Schwingungen* die Schwingungszeiger addiert werden.
Bei der Überlagerung zweier *Wellen* addieren wir jeweils die zwei grünen Schwingungszeiger an jedem Ort (▶ *Bild 2c*).
Diese Addition ist *nur einmal* vorzunehmen, im weiteren Verlauf rotieren Einzelzeiger und resultierende Zeiger *gemeinsam an ihrem Platz*. Das Ergebnis der Addition hängt vom Phasenunterschied der Schwingungen ab und somit davon, wie weit die Wellenberge gegeneinander verschoben sind. Diesen im Wellenbild auffälligen *Wegunterschied* geben wir häufig in Vielfachen oder Bruchteilen der Wellenlänge λ an. Wir nennen ihn den **Gangunterschied** δ. Zwischen Phasendifferenz $\Delta\varphi$ und Gangunterschied δ gilt die Verhältnisgleichung

$$\frac{\Delta\varphi}{2\pi} = \frac{\delta}{\lambda}.$$

Betrachten wir einige wichtige *Sonderfälle* der Interferenz:
Konstruktive Interferenz: Die Phasendifferenz $\Delta\varphi$ ist an jeder Stelle des Trägers nahezu null (▶ *Bild 2a, 3a*), die beiden gleichlaufenden Wellen sind *in Phase*. Der Gangunterschied δ ist null. Das Gleiche gilt für $\Delta\varphi = k\,2\pi$ ($\delta = k\,\lambda$; $k = 0, 1, 2, …$).

Destruktive Interferenz: Die Phasendifferenz $\Delta\varphi$ ist überall praktisch π, 3π, 5π usw. (▶ *Bild 2b, 3b*), die beiden gleichlaufenden Wellen sind an jeder Stelle des Trägers *gegenphasig*. Ihr Gangunterschied δ beträgt $\lambda/2$, $3\lambda/2$ oder $5\lambda/2$ oder allgemein: $(2k-1)\,\lambda/2$; $k = 1, 2, 3, …$. Ist insbesondere $\hat{s}_1 = \hat{s}_2$, so entsteht eine Auslöschung längs der gesamten Ausbreitungsrichtung (▶ *Bild 3c*).

Merksatz

Durch Interferenz zweier in derselben Richtung laufender Wellen entsteht eine mit gleicher Richtung und Geschwindigkeit fortschreitende Welle derselben Wellenlänge.

Bei einer Phasendifferenz $\Delta\varphi = 0$ oder $\Delta\varphi = k\,2\pi$ (Gangunterschied $\delta = 0$ oder $\delta = k\,\lambda$ mit $k = 1, 2, …$) wird die **resultierende Amplitude maximal** (konstruktive Interferenz).

Bei $\Delta\varphi = \pi$, 3π usw. ($\delta = (2k-1)\,\lambda/2$ mit $k = 1, 2, …$) wird die **resultierende Amplitude minimal** (destruktive Interferenz).

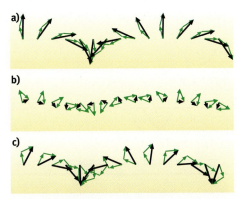

B 2: a) konstruktive Interferenz ($\Delta\varphi \approx 0$)
b) destruktive Interferenz ($\Delta\varphi \approx \pi$)
c) beliebige Interferenz

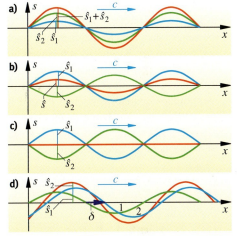

B 3: Momentbilder von Wellen unterschiedlicher Phasenlagen: **a)** Gleichlaufende Wellen mit gleicher Phase: Der Gangunterschied ist null, Wellenberg fällt auf Wellenberg und Wellental auf Wellental. Durch Addition der Elongationen und Schnellen finden Sie, dass sich bei der Überlagerung eine Welle mit derselben Wellenlänge λ ergibt; die Amplituden addieren sich zur neuen Amplitude. Die resultierende Welle ist mit den beiden ursprünglichen Wellen in Phase und schreitet wie diese mit der gleichen Geschwindigkeit c in derselben Richtung fort. **b)** Gegenphasig laufende Wellen: Die Elongationen haben entgegengesetzte Vorzeichen, die Interferenz ist destruktiv. **c)** Gegenphasig mit gleicher Amplitude: Die Wellen löschen sich gegenseitig aus. **d)** Interferenz bei beliebiger Phase und unterschiedlicher Amplitude: Die starre Form der Welle ist sinusförmig, die Amplitude hängt von der Phasenverschiebung ab.

Stehende Wellen

1. Interferenz entgegenlaufender Wellen

Auf einer zurückliegenden Seite haben wir kreisförmige Wasserwellen betrachtet, die sich überlagern. Im Bereich zwischen den beiden Erregern laufen zwei Wellen auf demselben Träger einander entgegen. Wir wollen nun klären, wie sich solche einander entgegenlaufenden Wellen überlagern.

In ▶ *Versuch 1* lassen wir an einem langen Seil oder an einer Wellenmaschine zwei Wellen mit gleicher Frequenz und gleicher Amplitude aufeinander zulaufen (im oberen Teil des Bildes wird dies symbolisch angedeutet). Nach kurzer Zeit ergibt sich ein überraschendes Bild: Die zwei einzelnen Wellen sind verschwunden. Stattdessen erscheint eine einzige resultierende Welle; sie scheint stehengeblieben zu sein – eine **stehende Welle**. Eigentlich ist es gar keine richtige Welle mehr, denn wir können weder nach rechts noch nach links einen bestimmten Phasenzustand wandern sehen. ▶ *Versuch 1* offenbart vielmehr neue Merkmale:

Es gibt Stellen auf dem Wellenträger, an denen die Körperchen dauerhaft nicht mehr schwingen. Wir nennen sie **Schwingungsknoten.** Der Abstand benachbarter Knoten beträgt eine halbe Wellenlänge. Zwischen diesen festliegenden Knoten bauchen sich in stetem Wechsel Berge und Täler auf, ebnen sich wieder ein, bauchen sich nach der entgegengesetzten Seite wieder auf usw. Der Träger schaukelt an Ort und Stelle zwischen den Knoten auf und ab. Dabei *schwingen alle Punkte zwischen zwei benachbarten Knoten in gleicher Phase*, d.h. sie erreichen gleichzeitig ihr Maximum und gehen gleichzeitig durch die Nulllage; jedoch sind ihre Amplituden verschieden groß. Die Punkte in der Mitte zwischen zwei Knoten schwingen am weitesten aus. Man nennt diese Stellen **Schwingungsbäuche.** Die Körperchen benachbarter Schwingungsbäuche schwingen gegenphasig.

2. Zeiger liefern die Erklärung

Wir können die nach rechts laufende Welle mit den uns vertrauten Zeigern als Momentaufnahme darstellen (▶ *Bild 1*, gelbe Zeiger). Stellen wir uns am linken Rand den Wellenerreger vor. Nach rechts gehend finden wir Körperchen, deren Schwingungsphasen immer weiter zurückliegen. Jeder nachfolgende Zeiger ist noch nicht so weit gegen den Uhrzeigersinn gedreht wie der vorhergehende. Dies kennen wir. Die graue Welle läuft von rechts nach links (▶ *Bild 1*, graue Zeiger). Alle Zeiger der gelben Welle kommen bei ihr auch vor, aber genau in umgekehrter Reihenfolge – eben von rechts nach links.

Bei *gleichlaufenden* Wellen haben die Zeiger der ersten Welle und ihre jeweiligen Partner der zweiten Welle überall dieselbe Phasendifferenz, die Amplitude der resultierenden Welle ist überall gleich groß. Hier dagegen sind die Phasendifferenzen entsprechender Zeigerpaare verschieden.

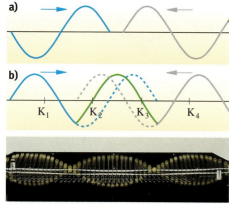

V 1: Auf der Wellenmaschine laufen zwei Wellen aufeinander zu (oberes Bild). Sie überlagern sich. Nach kurzer Zeit wird eine „stehende Welle" entstehen (mittleres Bild): An vier Stellen („Knoten" K_1 bis K_4) bewegen sich die Körperchen gar nicht mehr. Zwischen K_1 und K_2 schwingen alle Körperchen phasengleich, aber mit unterschiedlicher Amplitude. In der Mitte ist die Amplitude maximal. Zwischen K_2 und K_3 bzw. K_3 und K_4 beobachten wir das Gleiche; links und rechts eines Knotens schwingen die Teilchen gegenphasig.

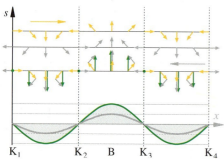

B 1: Zwei einander entgegenlaufende Wellen (→ und ←) überlagern sich ($t = 0$).

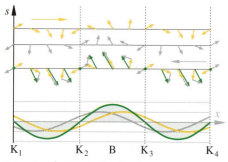

B 2: ($t = \frac{1}{12} T$) Die Punkte K_1, K_2, ... bleiben dauernd in Ruhe, die Phasendifferenz ist π. Der Abstand zweier Knoten ist gleich $\lambda/2$.

Die *jeweilige* Phasendifferenz (und damit die resultierende Amplitude) bleibt aber für den *jeweiligen* Ort dauerhaft erhalten. Denn eins ist sicher: Am festen Ort drehen sich die Schwingungszeiger *beider* Wellen stets mit gleicher Winkelgeschwindigkeit und (natürlich) gleicher Länge *gegen* den Uhrzeigersinn; an jedem Ort ist ja bei beiden Wellen eine normale Sinusschwingung vorhanden.

Dies erklärt, warum z. B. an K_2 ein Schwingungsknoten vorliegt. In ▬▶ *Bild 1* zeigt dort der gelbe Zeiger gerade nach links (←, $\varphi = \pi$), der graue nach rechts (→, $\varphi = 0$). An dieser Stelle löschen sich die Elongationen also aus. Kurze Zeit später ($t = T/12$, ▬▶ *Bild 2*) haben sich beide Zeiger um $\pi/6$ weitergedreht, ihre Phasendifferenz ist geblieben – wieder Auslöschung, denn die Phasendifferenz an diesem Ort ist π *und bleibt dauerhaft* π.

An der Stelle B genau in der Mitte zwischen K_2 und K_3 (▬▶ *Bild 1, 2*) entsteht wegen der bleibenden Phasendifferenz ein Schwingungsbauch. Zu Beginn zeigen beide Zeiger nach oben (↑↑), die Phasendifferenz null bleibt dort erhalten. Der resultierende grüne Zeiger maximaler Länge dreht sich weiter, deshalb findet in B eine Schwingung mit maximaler Amplitude statt. Gleiches sehen wir rechts und links im Abstand $\lambda/2$, wenn auch mit entgegengesetzter Phase.

Rechts und links in der Nähe von B zeigt die Momentaufnahme etwas schräg stehende Zeiger; der eine nach rechts (↗), der andere Partner nach links (↖). Wieder zeigt deshalb der resultierende, jetzt kürzere Zeiger zu Beginn nach oben. So ist es an allen Stellen zwischen K_2 und K_3. Zwischen zwei benachbarten Knoten schwingen also alle Teilchen in Phase zum Schwingungsbauch, allerdings mit kleinerer Amplitude.

3. Die Schnelle bei der stehenden Welle

Für eine einzelne Schwingung gilt: Bei maximaler Elongation ist die Schnelle null, bei der Elongation null ist die Schnelle maximal. Für die nebeneinander liegenden Schwingungen der stehenden Welle gilt dies ebenso. Im Moment maximaler Elongation ($t = 0$ in ▬▶ *Bild 1* und *3*) ist der Träger kurzzeitig in Ruhe und besitzt keine Bewegungsenergie, dagegen maximale Elongationsenergie. Eine viertel Periode später verschwinden sämtliche Elongationen gleichzeitig. Jetzt herrscht an allen Orten die jeweils dort maximal erreichbare Schnelle (▬▶ *Bild 3*). Der Träger besitzt keine Elongationsenergie mehr, dafür aber maximale Bewegungsenergie.

Merksatz

Die Interferenz zweier einander auf demselben Träger entgegenlaufender gleichartiger Wellen mit gleicher Amplitude und der Wellenlänge λ ergibt eine stehende Welle. Sie schaukelt zwischen den Schwingungsknoten auf und ab. Der Abstand zweier benachbarter Schwingungsknoten ist $\lambda/2$.
Alle Teilchen zwischen benachbarten Schwingungsknoten schwingen phasengleich.

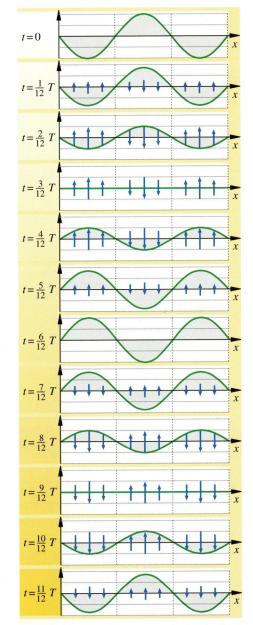

B 3: Zwei einander entgegenlaufende fortschreitende Wellen haben sich zu einer stehenden Welle überlagert. Bei einer stehenden Welle wechseln sich maximale Schnelle (blaue Pfeile) und maximale Elongation ab.

A 1: a) Erklären Sie, wie eine stehende Welle zustande kommt. **b)** Warum gibt es Stellen, deren Elongation dauerhaft null ist? Welchen Abstand haben diese „Knoten" voneinander? **c)** Diskutieren Sie die Phasenlage der schwingenden Teilchen im Bereich einer Wellenlänge.

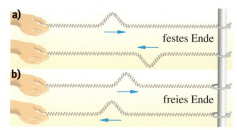

V 1: a) Eine lange dünne Feder ist am rechten Ende befestigt. Eine kurze Auslenkung nach oben wandert als Wellenberg nach rechts und kommt als Wellental zurück.
b) Lässt man das rechte Ende frei, wird ein Wellenberg als Wellenberg reflektiert.

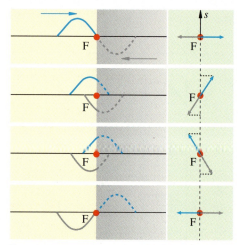

B 1: Reflexion am festen Ende F. Wir denken den ankommenden Wellenberg (blau) ungehindert weiterlaufend. Ihm begegnet ein Wellental (grau). In F zeigen die Schwingungen einen Phasensprung von π. Die resultierende Elongation in F ist so immer null.

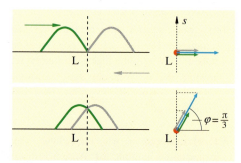

B 2: Zwei Momentaufnahmen (Phasenzeiger 0 und $\pi/3$) der Reflexion am freien Ende L. Hier überlagern sich an- und entgegenkommende Welle phasengleich. So entsteht in L eine doppelt so große Auslenkung.

Reflexion mechanischer Wellen

1. Ein Rand liefert ein Echo

Bei unseren bisherigen Versuchen haben wir immer einen Ausschnitt aus einer langen fortlaufenden Welle betrachtet. Wenn der Wellenträger nicht lang genug war, haben wir durch Dämpfung am Ende der Welle die Energie entzogen. So „verschwand" die Welle, ohne dass wir uns weiter Gedanken über sie machen mussten.

Was aber, wenn die Welle nicht endlos weiterlaufen kann, wenn sie an einen Rand stößt? Zwei Möglichkeiten für das Ende des Wellenträgers sehen wir uns genauer an:
- Es ist unverrückbar fest (**festes Ende**) oder
- es kann frei ausschwingen (**freies Ende**).

Versuch 1 zeigt: Gleichgültig, wie das Ende beschaffen ist, eine ankommende Störung wird als Störung zurückgeworfen – aber es gibt dabei Überraschungen.

2. Reflexion eines Wellenberges am *festen* Ende

Ein auf das feste Ende zulaufender Wellenberg kommt überraschend als Wellental zurück (*Versuch 1a*). Wie können wir das Verhalten erklären? Das nach oben ausgeschwungene vorletzte Teilchen des Wellenträgers kann das letzte Teilchen nicht hochreißen, dieses sitzt fest in der Wand. Sie übt jetzt auf das vorletzte eine *reactio* aus. Es wird nach unten gezogen und schwingt wegen seiner Trägheit über die Gleichgewichtslage hinaus. Die Wand wirkt so ständig wie ein „stiller" Erreger (mit gleicher Frequenz). Er erzeugt eine zurücklaufende „Echowelle". Jeder ankommende Berg wird mit einem Tal beantwortet und umgekehrt: Beide heben sich am festen Ende F ständig auf. F ist ein Knoten.
Es ist so, als käme von rechts wie aus einer Punktspiegelwelt ein Wellen*tal* auf das feste Ende zu (*Bild 1*). Gleichzeitig mit dem Wellen*berg* von links träfe es am festen Ende F ein. Beide würden sich dort auslöschen. Am festen Ende ist diese gedachte Schwingung *immer gegenphasig* zur ankommenden Störung ($\Delta\varphi = \pi$).

3. Reflexion eines Wellenberges am *freien* Ende

An einem freien Ende wird eine Störung ebenfalls reflektiert (*Versuch 1b*). Das freie Ende des Trägers muss kein weiteres Teilchen mitreißen. Träge schwingt es über die Elongation einer ankommenden Störung um deren Betrag hinaus. So wird es zum Ausgangspunkt eines nach links laufenden Wellenbergs.
Bei der Zeichnung hilft wieder unser Gedankenmodell. Lassen wir in *Bild 2* erneut eine zweite Störung von rechts auf das Ende zulaufen. Kommt von links ein Wellenberg, so schicken wir von rechts ebenfalls eine nach oben gerichtete Störung. Beide überlagern sich am freien Ende. Die Elongation ist dort jetzt besonders groß. Danach läuft die von rechts kommende Störung weiter nach links, so als wäre nichts gewesen. Am freien Ende entsteht ein Bauch.

REFLEXION MECHANISCHER WELLEN 141

4. Auch Längsstörungen werden reflektiert

Störungen quer zur Ausdehnung des Trägers breiten sich wellenartig aus und ebenso Störungen längs der Ausdehnung. So sollten wir erwarten, dass Längswellen am Ende eines Trägers ebenfalls reflektiert werden. Diese Vermutung wird in ▶ *Versuch 2* bestätigt. Wandert eine Rechtsauslenkung auf der Kette nach rechts zum festen Ende, so kommt sie durch die reactio der Wand als Linksauslenkung zurück – am *festen Ende* entsteht also wieder ein Phasensprung. Ist das letzte Körperchen frei, so kommt eine Rechtsauslenkung als Rechtsauslenkung zurück – Reflexion am *freien Ende* ohne Phasensprung.

5. Elongation und „Schnelle" kommen zurück

Jedes von einer Störung erfasste Teilchen einer *Querwelle* wird nicht nur ausgelenkt, es besitzt dabei auch zu jedem Zeitpunkt eine bestimmte Geschwindigkeit. Diese *Schnelle* darf nicht mit der Wellengeschwindigkeit, mit der sich die Störung ausbreitet, verwechselt werden. Die Körperchen an der Vorderseite des ankommenden Wellenberges bewegen sich nach oben, ihre Schnelle ist ebenfalls nach oben gerichtet.
Am *festen Ende* geschieht Folgendes: Die Körperchen der entgegenkommenden Welle bewegen sich nach unten, ihr Schnellewert ist negativ. Auch die Schnelle erfährt einen Phasensprung.
Beim *freien Ende* ist es anders: Hier sind beide Schnellen nach oben gerichtet, wie die Elongation der Störung wird auch die Schnelle ohne Phasensprung reflektiert.

Bei *Längsstörungen* zeigen Schnelle und Elongation in oder gegen die Ausbreitungsrichtung der Welle. Die Gesetzmäßigkeit bei der Reflexion ist so wie bei Querstörungen: Am festen Ende werden Elongation und Schnelle umgekehrt (Phasensprung π), am freien Ende behalten sie ihre Richtung bei (ohne Phasensprung).

6. Schnelle und Dichte – Ausprägungen der Längswelle

Die nach rechts gerichtete Schnelle der ersten Kugel in ▶ *Bild 3* erzeugt vor ihr einen Überdruck, eine *Verdichtung* wandert nach rechts. Die Störung wird am festen Ende reflektiert und kommt mit nach links gerichteter Schnelle (Phasensprung) zurück. Da sich aber Schnelle *und* Ausbreitungsrichtung umkehren, also wiederum die gleiche Richtung haben, bleibt der vorhandene Überdruck bestehen. Auch eine *Verdünnung* (Auslenkung nach links) kommt als Verdünnung zurück. Schnelle und Ausbreitungsrichtung sind jetzt jeweils entgegengesetzt. Ein festes Ende bedeutet für Schnelle und Elongation also Reflexion mit Phasensprung π. Verdichtung oder Verdünnung werden am festen Ende ohne Phasensprung reflektiert.

Merksatz

Eine Störung wird am Ende eines Wellenträgers reflektiert.
Am **festen Ende** erfahren Elongation und Schnelle dabei einen **Phasensprung** von π.
Am **freien Ende** werden sie **ohne Phasensprung** reflektiert.

V 2: a) Einige Wagen werden elastisch gekoppelt. Der rechte Wagen wird festgehalten, damit geben wir der Wagenkette ein **festes Ende.** Lenken wir den linken Wagen kurz nach rechts aus, so wandert diese Störung bis hin zum vorletzten Wagen. Dieser spannt den letzten Stahldraht und wird dann wie ein Ball zurückgeworfen: Es entsteht eine nach links gerichtete Elongation (Phasensprung), die wieder zurückläuft.
b) Nun lassen wir den letzten Wagen los, erzeugen also ein **freies Ende.** Ist eine Rechtsauslenkung am Ende der Kette angekommen, so schießt jetzt der letzte Wagen wegen seiner Trägheit über seine neue Gleichgewichtslage hinaus, reißt dabei den vorletzten Wagen mit, dieser den vorvorletzten usw. Die nach rechts gerichtete Elongation wandert als eine nach rechts gerichtete Elongation wieder zurück (kein Phasensprung).

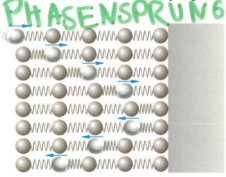

B 3: Eine Störung läuft nach rechts. Die nach rechts gerichtete *Schnelle* kommt vom festen Ende mit umgekehrter Richtung zurück. Die mit ihr laufende *Verdichtung* kommt wieder als *Verdichtung* zurück. Für diese Ausprägung der Störung gibt es keinen Phasensprung.

... noch mehr Aufgaben

A 1: Ist eine senkrechte Ufermauer für anlaufende Wasserwellen ein festes oder ein freies Ende? Wie läuft also ein gegen die Mauer brandender Wellenberg wieder zurück?

A 2: Übertragen Sie ▶ *Bild 2* in Ihr Heft. Zeichnen Sie weitere Phasen ($\frac{2}{3}\pi$, π, ähnlich ▶ *Bild 1*).

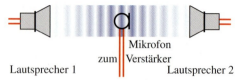

Lautsprecher 1 — Mikrofon zum Verstärker — Lautsprecher 2

V 1: Zwei Schallquellen exakt gleicher Frequenz (z. B. Ultraschall mit 40 kHz) stehen sich gegenüber. In der Mitte zwischen den beiden Sendern sind die Amplituden der von links und der von rechts kommenden Welle gleich groß. Hier verschieben wir ein Mikrofon längs der Welle. Ein Oszilloskop zeigt abwechselnd Schwingungsbauch und Schwingungsknoten. Wird das Oszilloskop von der Schallquelle getriggert, sieht man auch den Phasensprung zwischen benachbarten Bäuchen.

Lautsprecher — Mikrofon zum Verstärker — Wand

V 2: Die Schallwelle wird an der Wand reflektiert. Eine erneute Reflexion am Lautsprecher findet praktisch nicht statt. Im Bereich vor der Wand bildet sich eine stehende Welle aus – genauso, als würden sich zwei unendlich lange Wellen dort überlagern. An der Wand entsteht ein Schwingungsknoten für Elongation und Schnelle, ein Bauch für die Druckschwankungen.

7. *Ein* Rand: *Immer* stehende Welle durch Reflexion

In ▶ *Versuch 1* laufen zwei Schallwellen (Längswellen) gleicher Frequenz aufeinander zu. Sie bleiben nicht sehr stark gebündelt beisammen, sondern verbreiten sich immer weiter im Raum, ähnlich wie Wasserwellen sich in die Ebene ausbreiten. Dabei wird die Amplitude immer kleiner. Auf diese Weise wird am rechten Lautsprecher kaum noch etwas vom Schall des linken Lautsprechers reflektiert. Für die umgekehrte Richtung gilt dies auch. Im mittleren Bereich überlagern sich deshalb nur zwei gegenläufige Wellen. Wir wissen schon, dass sich dabei eine stehende Welle bildet.

Eine reflektierende Wand macht den zweiten Lautsprecher entbehrlich. Wellenberg und Wellental werden ja am festen Ende reflektiert, dann muss auch eine kontinuierlich auf die Wand zulaufende Welle reflektiert werden. Bei einem festen Ende geht dies mit einem Phasensprung der Elongation (und Schnelle) einher. Wir können uns von dem Ergebnis ein Bild machen, wenn wir wieder aus der Wand eine Welle gleicher Frequenz und Amplitude laufen lassen – punktgespiegelt zur anlaufenden Welle. Diese überlagert sich vor der Wand mit der ankommenden Welle zu einer stehenden Welle; ▶ *Versuch 2* bestätigt es. Für Elongation und Schnelle ist an der Wand ein Schwingungsknoten. Das Mikrofon zeigt überraschend direkt an der Wand einen Schwingungsbauch. Dies liegt daran, dass das verwendete Mikrofon auf *Druck*schwankungen reagiert. Diese werden ohne Phasensprung reflektiert.

Merksatz

Eine Welle wird am Rand eines endlichen Trägers reflektiert. Im Bereich vor dem Ende bildet sich dadurch eine stehende Welle. An einer harten Wand erfahren Elongation und Schnelle von Schallwellen (Längswellen) einen Phasensprung (Knoten), nicht aber der Druck.

Interessantes

Fortschreitende Welle

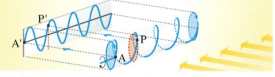

Modell: Schattenbild einer rotierenden Schraubenlinie
1. Das starre Kurvenbild bleibt erhalten, erfährt aber eine stetige Verschiebung mit der Geschwindigkeit c.
2. Alle Punkte haben die gleiche Bewegungsamplitude. Sie erreichen sie nacheinander, und zwar umso später, je weiter sie vom Erreger entfernt sind.
3. In keinem Moment ist überall Stillstand.
4. In keinem Moment ist *überall* die Elongation null.
5. Jeder Punkt auf der Strecke einer Wellenlänge hat eine *andere* Phase. *Kein* Punkt ist ständig in Ruhe.
6. Energie schreitet fort.

Stehende Welle

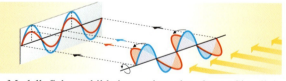

Modell: Schattenbild einer rotierenden ebenen Sinuslinie
1. Das räumliche Kurvenbild bleibt am Ort.
2. Alle Punkte haben verschiedene Bewegungsamplituden; sie erreichen diese im gleichen Augenblick. In den Schnellebäuchen ist sie am größten, in den Knoten null.
3. Im Moment größter Elongation ist überall Stillstand.
4. Im gleichen Moment (alle $T/2$) ist *überall* die Elongation null.
5. Alle Punkte zwischen zwei benachbarten Knoten haben *gleiche* Phase. Die Schnelleknoten ruhen ständig.
6. Energie bleibt am Ort; kein Energietransport.

Beispiel

Eine Aufgabe, in der alles drin ist

Die wesentlichen Probleme, mit denen wir uns bis jetzt beschäftigt haben, sind in der folgenden Aufgabe zusammengefasst:

Auf einem 8,5 cm langen linearen Träger breitet sich eine Querwelle mit der Geschwindigkeit $c = 20$ cm/s aus. Der am Anfang des Trägers (links) befindliche Erreger schwingt mit der Frequenz $f = 5$ Hz und der Amplitude $\hat{s} = 1,0$ cm. Die erste Auslenkung erfolgt zur Zeit $t = 0$ nach oben. Das Ende des Trägers ist fest.
a) Zeichnen Sie ein Bild der Welle zur Zeit $t = 0,25$ s.
b) Wie sieht das Momentanbild der Welle zur Zeit $t = 0,70$ s aus? Bedenken Sie, dass inzwischen am festen Ende eine Reflexion stattgefunden hat.

Lösung:
Aus $c = \lambda f$ folgt für die Wellenlänge $\lambda = c/f = 4$ cm.
a) Erfolgt die erste Auslenkung nach *oben*, so besteht der vorderste Teil der Welle aus einem Wellenberg. In $t = 0,25$ s (also $t = 5T/4$) hat sich die Welle um $x = ct = 5$ cm vorgeschoben. Demnach hat sich die Querwelle in 0,25 s so weit ausgebildet, wie dies in ▸ *Bild 1* aufgezeichnet ist.
b) In $t = 0,70$ s ($t = 7T/2$) hätte sich die Welle genau um $x = ct = 14$ cm vorgeschoben, wenn der Träger genügend lang wäre.
Vorerst ignorieren wir das feste Ende und tun einfach so, als liefe die Welle ungehindert weiter (▸ *Bild 2*, rechts). Die nach links reflektierte Welle gewinnen wir nun durch Punktspiegelung des überstehenden Teils am Punkt P. Dann erhalten wir die Momentaufnahme der vom festen Ende zurücklaufenden Welle (dunkelgrau).

Zum Schluss addieren wir die Elongationen der nach rechts fortschreitenden (grün) und der nach links reflektierten (dunkelgrau) Welle zur resultierenden (rot gezeichneten) **stehenden Welle**. Sie ist schon so weit ausgebildet, dass sich drei Knoten gebildet haben, davon einer am festen Ende.

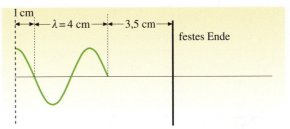

B 1: Die Welle zur Zeit $t = 0,25$ s

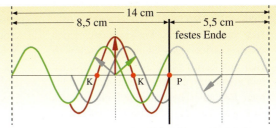

B 2: Konstruktion der stehenden Welle für $t = 0,70$ s

... noch mehr Aufgaben

A 1: a) Diskutieren Sie: Bei einer Schallwelle ist eine harte, reflektierende Wand ein festes Ende für die Schnelle und gleichzeitig Ort eines Druckbauches. **b)** Welche Verhältnisse sind für die Schallwelle am offenen Ende eines Rohres zu erwarten?

A 2: Eine Welle beliebiger Frequenz läuft auf eine Wand zu. Erklären Sie, warum sich vor der Wand immer eine stehende Welle ausbildet.

A 3: Auf einem geradlinigen Träger der Länge 15 cm breitet sich eine Querwelle mit der Geschwindigkeit 4 cm/s von links nach rechts aus. Das erste Teilchen beginnt zur Zeit $t = 0$ s mit einer harmonischen Schwingung nach unten. Ihre Frequenz beträgt 1,0 Hz, die Amplitude ist 1,5 cm. **a)** Zeichnen Sie zwei Momentbilder der Welle zu den Zeiten $t = 3,0$ s bzw. $t = 3,25$ s. **b)** Das rechte Ende des Trägers ist frei. Zeichnen Sie ein Momentbild der Welle, die zur Zeit $t = 5,0$ s durch die Überlagerung der ursprünglichen und der reflektierten Welle entstanden ist. **c)** Nun sei das rechte Ende des Trägers fest. Wie sieht dann die Welle zur Zeit $t = 5,0$ s aus?

A 4: In den 15 cm voneinander entfernten Punkten E_1 und E_2 einer Wasseroberfläche werden kreisförmige Querwellen der Amplitude 1,5 cm erzeugt; ihre Ausbreitungsgeschwindigkeit ist 25 cm/s. Die Erreger schwingen harmonisch mit $f = 5,0$ Hz (Beginn zur Zeit $t = 0$ s nach oben). Zeichnen Sie den eindimensionalen Ausschnitt aus der Welle, die sich zu den Zeiten 0,65 s, 0,70 s, 0,75 s längs $E_1 E_2$ gebildet hat.

A 5: a) Sie sehen auf einem Foto einen Ausschnitt eines gerade verlaufenden Seils. Kann es die Aufnahme einer *stehenden* Seilwelle sein? **b)** Sie antworten bei a) begründet mit „ja": Kein Teilchen ist aus seiner Ruhelage ausgelenkt. Hat die Welle im Moment keine Energie?

Mechanische Wellen

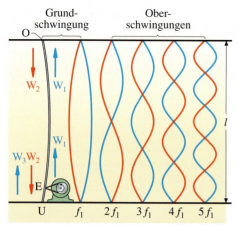

V 1: Ein Gummiband ist mit einem Ende an der Decke, mit dem anderen am Experimentiertisch befestigt. Er wird in einem geeigneten Punkt E nahe der Befestigung durch einen Motor und einen Exzenter zu langsamen harmonischen Querschwingungen angeregt. Dabei entsteht eine fortschreitende Querwelle, die über das Gummiband nach oben wandert und am festen Ende reflektiert wird. Wir erwarten, dass sich eine stehende Welle bildet. Doch nichts passiert. Das Gummiband schüttelt sich nur etwas unschlüssig. Nun erhöhen wir vorsichtig die Drehfrequenz des Motors. Bei einer bestimmten Frequenz des Erregers tritt der erwartete Effekt doch noch ein. Es bildet sich eine stehende Welle mit einem kräftigen Schnellebauch in der Mitte und je einem Knoten an den beiden Enden.

Erhöhen wir die Frequenz, verschwindet die stehende Welle zunächst. Wenn jedoch eine ganz bestimmte Frequenz erreicht ist, erhalten wir eine neue stehende Welle – diesmal mit drei Knoten, einem zusätzlichen in der Mitte. So geht das nun weiter: Bei bestimmten Frequenzen bilden sich immer wieder neue stehende Wellen mit noch mehr Knoten aus. Die gleichen Beobachtungen machen wir auch bei Längswellen (⟹ *Bild 1*).

B 1: Eigenfrequenzen auch bei Längswellen

Eigenschwingungen, Resonanz

1. *Zwei* Randbedingungen legen Frequenzen fest

Ein Erreger prägt einem Wellenträger *jede* von ihm vorgegebene Frequenz auf. Hat der Wellenträger ein festes Ende, so wird die mit dieser beliebigen Frequenz fortlaufende Welle dort reflektiert. Elongation und Schnelle erfahren dabei einen Phasensprung. So entsteht in der Überlagerung von hin- und zurücklaufender Welle am festen Ende der Knoten einer stehende Welle. Eine halbe Wellenlänge entfernt entsteht der nächste Knoten und so weiter alle $\lambda/2$.

Was passiert, wenn wir den Wellenträger an der Stelle eines Knotens festhalten? Nichts, denn das Teilchen an diesem Ort hat sich ja auch schon vorher nicht bewegt. Berühren wir allerdings den Wellenträger an der Stelle eines Schwingungsbauches, so bricht die stehende Welle zusammen. Statt nun den Knoten mit der Hand zu greifen, könnten wir die Hand durch eine zweite Wand ersetzen. Zwischen diesen jetzt zwei festen Enden müsste der Bauch der stehenden Welle bei gleicher Frequenz bestehen bleiben.

⟹ *Versuch 1* bestätigt diese Überlegung: Bei der Anregung *mit einer ganz bestimmten Frequenz* f_1 bildet sich auf dem beidseitig eingespannten Wellenträger eine stehende Welle mit kräftigem Schwingungsbauch aus. Der Abstand zwischen U und O entspricht der halben Wellenlänge $\lambda_1/2$. Erhöht man jetzt die Frequenz des Erregers, so bricht die stehende Welle zusammen. Dies ist auch zu erwarten. Ohne das zweite feste Ende gäbe es auch jetzt eine stehende Welle, allerdings mit kürzerer Wellenlänge. In ⟹ *Versuch 1* läge z. B. am Punkt U schon der zweite Bauch. Das Teilchen in U müsste jetzt schwingen können. Dies wird nun aber durch die Befestigung unterbunden – die stehende Welle wird zerstört.

Erst wenn wir die Frequenz weiter erhöhen, entsteht eine neue stehende Welle. Diese hat jetzt außer in U und O einen zusätzlichen Knoten in der Mitte. Zwei Hälften der neuen Wellenlänge λ_2 entsprechen nun der Länge des Wellenträgers. Bei weiterer Erhöhung der Frequenz wiederholt sich das Spiel:

Bei einem Wellenträger der Länge l mit zwei festen Enden treten diese ausgewählten stehenden Wellen – man nennt sie auch **Eigenschwingungen** – nur auf, wenn l ein Vielfaches der halben Wellenlänge ist:

$$l = k \frac{\lambda_k}{2} \quad (k = 1, 2, 3, \ldots).$$

2. Eigenschwingungen haben Eigenfrequenzen

Nun hängt die Wellenlänge der längs des Trägers fortschreitenden Querwellen mit ihrer Ausbreitungsgeschwindigkeit (und der Erregerfrequenz) zusammen; es gilt $\lambda = c/f$. Damit ergibt sich für das Zustandekommen von Eigenschwingungen auf einem beidseitig eingespannten Träger die Bedingung:

$l = k\dfrac{c}{2f_k}$ oder $f_k = k\dfrac{c}{2l}$.

Für $k = 1$ erhalten wir die **Eigenfrequenz** der **Grundschwingung** $f_1 = 1\dfrac{c}{2l}$; man nennt sie die 1. **Harmonische**. Für $k = 2, 3, \ldots$ ergeben sich die Eigenfrequenzen der 2., 3., ... Harmonischen (auch **Oberschwingungen** genannt). Allgemein gilt also für die k-te Harmonische

$f_k = k\dfrac{c}{2l} = k f_1$.

B 2: Ungünstige Windverhältnisse führten bei der Tacoma Narrows Brücke zur Resonanzkatastrophe.

Die Brücke geriet in heftige Eigenschwingungen, die sich zu immer größeren Amplituden aufschaukelten.

Die Eigenschwingungen eines eindimensionalen Trägers sind *stehende Wellen*. In der zugehörigen Gleichung kommt dennoch die Ausbreitungsgeschwindigkeit c einer *fortschreitenden* Welle vor. Dies erinnert uns daran, dass hinter einer stehenden Welle zwei mit den Geschwindigkeiten c und $-c$ *fortschreitende* Wellen stecken.

Merksatz

> Ein Wellenträger übernimmt jede ihm aufgeprägte Frequenz.
> Ein an *beiden Enden fest* eingespannter eindimensionaler Wellenträger der Länge l dagegen kann zu stehenden Wellen mit nur ganz bestimmten Frequenzen angeregt werden; man nennt sie **Eigenfrequenzen**. Sie betragen
>
> $$f_k = k\dfrac{c}{2l} = k f_1; \quad (k = 1, 2, 3, \ldots)$$
>
> Dabei bedeutet c die Geschwindigkeit, mit der sich eine fortschreitende Welle auf dem Träger ausbreitet.

3. Anregung mit Eigenfrequenz gibt Resonanz

Ein beidseitig eingespannter Wellenträger bildet eine stehende Welle aus, wenn er mit einer seiner Eigenfrequenzen von außen angeregt wird. Ohne weitere Erregung klingen diese Eigenschwingungen mit der Zeit ab. Bleibt die Erregerschwingung aber bestehen, so wird dem Wellenträger ständig Energie zugeführt. Die Amplitude in den Schwingungsbäuchen kann dabei viel größer werden als die Amplitude des Erregers. Diesen Effekt nennt man **Resonanz**. Das Gummiband in ⇒ *Versuch 1* würde schließlich zerreißen (**Resonanzkatastrophe**, siehe auch ⇒ *Bild 2*), wenn nicht die durch Reibung bedingten Energieverluste mit wachsender Amplitude immer größer würden. So wird schließlich die während einer Periode hineingepumpte Energie ebenso groß wie die nach außen abgegebene. Die Amplitude kann nicht weiter zunehmen.

Merksatz

> Wird ein zu Eigenschwingungen fähiger Wellenträger mit einer seiner Eigenfrequenzen angeregt, so tritt **Resonanz** ein.

... noch mehr Aufgaben

A 1: Ein 2 m langes Band ist an beiden Enden eingespannt. Eine Querstörung braucht vom einen zum anderen Ende des Bands 1,0 s. Bei welcher Eigenfrequenz bildet sich jeweils die 1., 2., 3. Harmonische aus?

A 2: Wenn man einen 1,2 m langen, beidseitig eingespannten Gummischlauch mit $f = 8{,}0$ Hz anregt, bildet sich eine Querwelle mit 2 Bäuchen aus. **a)** Mit welcher Geschwindigkeit breitet sich eine Querstörung auf diesem Gummischlauch aus? **b)** Bei welcher Eigenfrequenz entstehen 3 Bäuche?

A 3: Auf einem beidseitig fest eingespannten geradlinigen Träger der Länge $l = 1{,}00$ m hat sich eine stehende Welle mit 4 Bäuchen gebildet. Erhöht man die Erregerfrequenz um 15 Hz, so stellt sich ein weiterer Bauch ein. Welche Frequenzen haben diese beiden Eigenschwingungen?

A 4: Vervollständigen Sie die Zeichnung.

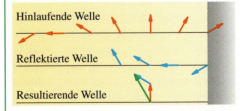

A 5: In Abänderung von ⇒ *Versuch 1* gebe man dem einen Ende des Gummibands Bewegungsfreiheit. Man kann das Band z. B. oben anregen und unten frei hängen lassen. **a)** Diskutieren Sie, was am freien Ende passiert. **b)** Bei welcher Länge des Wellenträgers, ausgedrückt in λ, bilden sich stehende Wellen? **c)** Bestätigen Sie, dass für die Eigenfrequenzen in diesem Fall gilt:

$$f_k = (2k-1)\dfrac{c}{4l}; \quad (k = 1, 2, 3, \ldots)$$

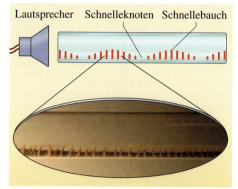

V 1: Im Innern einer waagerecht liegenden Glasröhre ist etwas Korkmehl gleichmäßig über die ganze Länge verteilt. Vor das eine der beiden offenen Enden der Röhre bringen wir einen Lautsprecher, der von einem Tongenerator gespeist wird. Bei bestimmten Frequenzen kommt Bewegung in das Korkmehl: An gewissen gleich weit voneinander entfernten Stellen wird es hoch aufgewirbelt und zur Seite geschleudert; dazwischen bleibt es ruhig liegen. Die geringfügigen Druckschwankungen des Lautsprechers werden dabei etwa 100-mal verstärkt.

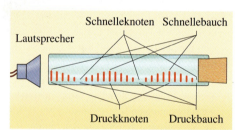

V 2: a) Wir wiederholen den vorigen Versuch, verschließen dabei aber das dem Lautsprecher abgewandte Ende der Röhre mit einem Stopfen. Das aufgewirbelte Korkpulver zeigt, dass auch in diesem Fall Eigenschwingungen der Luftsäule auftreten. Doch sind die Frequenzen, bei denen sie sich bilden, anders als vorher. **b)** Wir markieren an den aufgewirbelten Stellen des Korkmehls die Bäuche und an den ruhigen Stellen die Knoten der Schnelle. Anschließend führen wir ein kleines auf Druckunterschiede reagierendes Mikrofon in die Röhre ein und beobachten das Signal mit einem Oszilloskop. Dabei finden wir bestätigt, dass in den Schnelleknoten stärkste Druckschwankungen (Druckbäuche) herrschen, während in den Schnellebäuchen der Druck konstant bleibt (Druckknoten).

4. Begrenzte Luftsäulen zeigen Resonanz

Sie haben sicher einen Staubsauger zu Hause. Lassen Sie sich einmal zu einem Experiment verführen: Nehmen Sie das Saugrohr und schlagen einmal mit den Fingern gegen ein Ende. Hören Sie jetzt einen Ton? Ja, es genügt schon, dass irgendwelche Geräusche im Zimmer vorhanden sind, immer hören Sie am Rohrende diesen Ton. Was steckt dahinter?

5. Stehende Schallwelle bei zwei freien Enden

In ⇒ *Versuch 1* umschließt eine Glasröhre eine an beiden Enden freie Luftsäule (*kundtsche Röhre*). In der Nähe einer Öffnung steht ein Lautsprecher, er dient als Wellenerreger. Bei bestimmten Tönen zeigen sich heftige Resonanzerscheinungen, stehende Wellen mit Schnellebäuchen und Knoten haben sich gebildet. Die Anzahl der Knoten hängt von der Frequenz ab. An den Enden befinden sich aber immer Schnellebäuche. Das Korkmehl als Nachweismittel wird in den Schnellebäuchen heftig aufgewirbelt und organisiert sich selbst in winzigen Wanderdünen. Es herrscht sozusagen ein „Sturm im Glasrohr". Hier handelt es sich um Längswellen.

Das Entstehen von Eigenschwingungen ist uns bekannt. Voraussetzung ist die Reflexion der Wellen an beiden Enden des Wellenträgers. Nach jeweils zweifacher Reflexion muss eine Welle wieder gleichphasig mit anderen gleichlaufenden Wellen aufeinandertreffen. Dies gelingt nur bei bestimmten Frequenzen, den *Eigenfrequenzen*. Anders als bei dem beidseitig eingespannten Schlauch können sich die Luftteilchen hier an den Enden frei bewegen. Die Reflexionen erfolgen also *ohne* Phasensprung, sodass an beiden Enden Schnellebäuche entstehen. Nun gelten die Randbedingungen:
- Der Knotenabstand einer stehenden Welle beträgt $\lambda/2$.
- An beiden freien Enden des Trägers muss sich ein Schnellebauch befinden.

Mit $c = \lambda f$ folgt dann:
$$l = k\frac{\lambda_k}{2}, \quad (k = 1, 2, 3, \ldots) \quad \text{und} \quad f_k = k\frac{c}{2l}.$$

Für die Eigenfrequenzen bei zwei festen Enden galt dieselbe Gleichung. Aus dem Knotenabstand $\lambda/2$ lässt sich nun die Wellenlänge bestimmen. Messen wir nun noch die Frequenz f des Tongenerators, so können wir aus $c = \lambda f$ die Schallgeschwindigkeit c in Luft bestimmen. Es ergibt sich etwa $c = 340$ m/s.

6. Ein festes und ein freies Ende

Am festen Ende erfolgt die Reflexion mit Phasensprung, es entsteht ein Schnelleknoten. Es ist so, als habe man die Luftsäule um ein Viertel einer Wellenlänge gekürzt (⇒ *Versuch 2a*). Die Bedingung für das Zustandekommen von Eigenschwingungen lautet jetzt:
$$l = k\frac{\lambda_k}{2} - \frac{\lambda_k}{4} = (2k-1)\frac{\lambda_k}{4}; \quad (k = 1, 2, 3, \ldots).$$

Für die neuen Eigenfrequenzen folgt somit:
$$f_k = \frac{c}{\lambda_k} = (2k-1)\frac{c}{4l} \quad \text{(vgl. } \Rightarrow \text{Bild 1)}.$$

7. Warum Reflexion am offenen Rohrende?

Betrachten wir dazu eine vom Lautsprecher erzeugte Verdichtungsstörung. Sie schiebt sich als „Verdichtungspfropf" durch die Glasröhre; ihr konstanter Querschnitt sorgt dafür, dass der Pfropf beisammen bleibt und dabei einen konstanten Überdruck behält. Ist der Verdichtungspfropf nun am Ausgang der Röhre angelangt, so besitzt er dort einen viel größeren Druck als die umgebende Außenluft; deshalb „explodiert" er kurz hinter dem offenen Ende nach allen Seiten. Dabei schwingen die Luftteilchen wegen ihrer Trägheit über ihre Gleichgewichtslage hinaus; infolgedessen bildet sich an der Öffnung der Röhre ein Unterdruck: Unter Beibehaltung der Schnellerichtung wandert eine Unterdruckstörung durch die Röhre zurück. Hinlaufender Überdruck und reflektierter Unterdruck lassen am Ende der Röhre normalen Luftdruck ohne Schwankung, also einen *Druckknoten*, entstehen. Wegen des starken Hin- und Herschwingens der Luftteilchen bildet sich an derselben Stelle ein *Schnellebauch* aus.

Die Randbedingungen für das offene Ende der Röhre lauten also
- $p = p_0 = $ konstant (dies ist die Anpassung an den Luftdruck außerhalb der Röhre) und
- $\Delta v = \Delta v_{max}$.

Die gleiche Beziehung gilt allgemein:
An Schnellebäuchen befinden sich Druckknoten, an Schnelleknoten liegen Druckbäuche vor (siehe $\Rightarrow$ *Versuch 2b*). Im zeitlichen Verlauf verhalten sich Druck und Schnelle phasenverschoben. In dem Augenblick, in dem jedes Luftteilchen gerade seine größte Schnelle hat – dies ist der Fall, wenn die Abstände untereinander gleich groß sind, – herrscht überall der gleiche Druck; die Abweichung vom normalen Druck ist null. $T/4$ später ist es umgekehrt ($\Rightarrow$ *Bild 2*).

> **Merksatz**
>
> Eingeschlossene Luftsäulen sind zu Eigenschwingungen fähig.
> An **offenen** Säulenenden befinden sich Schnellebäuche und Druckknoten.
> An einem **geschlossenen** Säulenende befindet sich ein Schnelleknoten und ein Druckbauch.
> Der Abstand zwischen zwei Knoten beträgt eine halbe Wellenlänge.

Unsere anfängliche Frage zum Staubsaugerrohr ist damit beantwortet. In allen Umweltgeräuschen sind Töne mit unterschiedlichsten Frequenzen vorhanden. Es wird immer ein Ton dabei sein, der einer Eigenfrequenz der begrenzten Luftsäule entspricht. Sie wird so in einer ihrer Eigenschwingungen angeregt. Die Luftsäule tönt zurück – ein Resonanzeffekt. Haben Sie ein Musikinstrument zu Hause? Dann sollten Sie $\Rightarrow$ *Aufgabe 3* lösen.

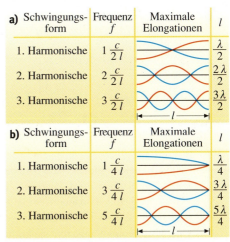

B 1: Eigenschwingungen **a)** bei zwei freien Enden, **b)** bei einem festen und einem freien Ende.

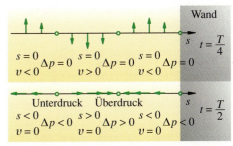

B 2: Resultierende Zeiger der stehenden Längswelle: Die Bäuche von Elongation, Schnelle und Druckänderung sind örtlich um $\lambda/4$ verschoben. In den jeweiligen Bäuchen erreichen Druck und Schnelle um $\Delta\varphi = \pi/2$ ($\Delta t = T/4$) verschoben ihr Maximum.

... noch mehr Aufgaben

A 1: Berechnen Sie für eine 34 cm lange luftgefüllte Röhre die Frequenzen der 1., 2. und 3. Harmonischen, wenn **a)** beide Enden offen sind, **b)** ein Ende geschlossen ist.

A 2: Die Schallgeschwindigkeit wächst mit der Temperatur. Erklären Sie damit, warum Flötenspielerinnen nach dem Einspielen ihr Instrument nachstimmen müssen. Dabei verlängern sie die Flöte etwas durch Herausziehen des Mundstücks.

A 3: Ein (Staubsauger-)Rohr filtert aus Umweltgeräuschen bestimmte Töne durch Resonanz heraus. Bei einer Länge von 1,02 m hört man einen Ton, der etwa dem e^1 (330 Hz) entspricht. Erklären Sie dies.

Schall in verschiedenen Medien

1. Schallgeschwindigkeit in Luft und anderen Gasen

In der Mittelstufe haben wir die Laufzeit eines Knalls gemessen und daraus die Schallgeschwindigkeit zu $c = 340$ m/s bestimmt. In diesem Buch nahmen wir eine Messung bei Ultraschall vor und konnten den Wert von c für Luft bestätigen (c ist von f unabhängig). Ist die Schallgeschwindigkeit in anderen Gasen davon verschieden?

In ▶ *Versuch 1* erzeugen wir Resonanz in einer einseitig geschlossenen Röhre. Bei einer bestimmten Länge l ertönt die erste Harmonische bei 400 Hz. Füllen wir die Röhre mit Helium, so entsteht Resonanz erst bei 1 185 Hz. Für l gilt:

$$l = \frac{\lambda}{4} = \frac{c_{\text{Luft}}}{4 f_{\text{Luft}}} = \frac{c_{\text{Helium}}}{4 f_{\text{Helium}}}, \quad \text{also} \quad c_{\text{Helium}} = c_{\text{Luft}} \frac{f_{\text{Helium}}}{f_{\text{Luft}}}.$$

Setzen wir die gemessenen Werte ein, ergibt sich für die Schallgeschwindigkeit in Helium: $c_{\text{Helium}} = 1\,007$ m/s. In Helium breitet sich die Schallwelle also viel schneller aus als in Luft.

Die relative Masse der freien Gasteilchen ist bei Stickstoff 28 (N_2, Hauptbestandteil der Luft), bei Helium nur 4. Die Zahl je Liter ist aber bei allen Gasen gleich. Deshalb hat Helium eine kleinere Dichte und ist bei gleichem Volumen weniger träge als Stickstoff. Helium-Volumenelemente reagieren daher schneller auf eine Störung als die trägeren bei Stickstoff. Aus diesem Grund ist die Schallgeschwindigkeit hier größer als bei Luft. Wenn man Gase erwärmt, entweichen Moleküle aus jedem Volumenelement, Dichte und Trägheit nehmen ab. Mit zunehmender Temperatur steigt deshalb bei allen Gasen auch die Schallgeschwindigkeit.

2. Schallgeschwindigkeit in festen Körpern

Bei festen Körpern ist die Dichte sehr viel größer als bei Gasen. Dies könnte eine kleinere Schallgeschwindigkeit bewirken. Nun bestehen in einem Festkörper aber sehr starke Stauch- und Dehnkräfte zwischen benachbarten Gitteratomen. Bei Querwellen sind es Scherkräfte. Es könnte also auch sein, dass jede Störung und damit auch jede Welle sich schneller ausbreiten kann als in Gasen.

Um dies zu prüfen, führen wir ein höchst einfaches Experiment durch. Wir nehmen eine Stativstange und halten sie in der Mitte fest. Dann schlagen wir mit einem Hammer auf die Stirnseite der Stange. Sie gibt einen hohen Ton von sich. In ▶ *Versuch 2* messen wir diese Eigenfrequenz zu $f = 2\,586$ Hz. Die Länge der Stange entspricht der halben Wellenlänge (beide Enden sind freie Enden, in der Mitte ist ein Knoten). Somit ergibt sich

$$c_{\text{Stahl}} = \lambda f = 2\,l f = 2\text{ m} \cdot 2\,586\text{ s}^{-1} = 5\,172 \text{ m/s}.$$

Dies stimmt gut mit dem Literaturwert überein (▶ *Tabelle 1*).

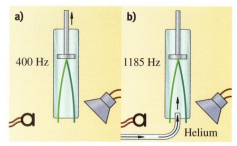

V 1: a) Ein Lautsprecher erzeugt einen Ton von 400 Hz neben einem halb offenen Glasrohr. Ein Kolben wird langsam aus dem Glasrohr gezogen; dadurch wird die darunter liegende Luftsäule immer länger. Bei einer bestimmten Länge tönt sie kräftig mit. **b)** Helium (von unten eingefüllt, gleiche Rohrlänge) liefert erst bei einem höheren Ton Resonanz.

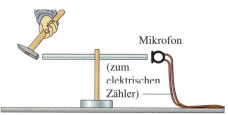

V 2: Eine Stativstange ($l = 1$ m) aus Stahl ist in ihrer Mitte fest eingespannt. Mit einem Hammer schlägt man kurz auf die Stirnseite. Es erklingt ein Ton mit $f = 2\,586$ Hz.

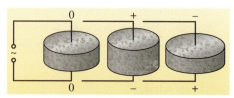

B 1: Ein Quarzkristall schwingt, wenn er in seiner Eigenfrequenz elektrisch angeregt wird (stark übertrieben gezeichnet).

Medium	c in m/s
Luft	340
Helium	1 007
Kohlenstoffdioxid	267
Wasser	1 483
Blei	1 230
Stahl	5 170
Aluminium	5 080
Granit	6 000

T 1: Schallgeschwindigkeit bei 20 °C in verschiedenen Medien

Quarzkristalle aus SiO_2 verändern in einem elektrischen Feld ihre Form. Bei bestimmter Feldrichtung wird der Kristall dicker, bei entgegengesetzter Feldrichtung wird er breiter und dünner (➡ *Bild 1*). In einem elektrischen Wechselfeld wird der Kristall durch diesen **Piezoeffekt** abwechselnd dünn und dick. Schwingquarze sind kurze Zylinder aus diesem Material mit hohen Eigenfrequenzen im Ultraschallbereich. Regt man sie elektrisch in ihrer Grundfrequenz an, so schwingen sie in Resonanz. Werden sie mechanisch angeregt, so entsteht zwischen den Stirnflächen eine elektrische Wechselspannung. Man benutzt sie z. B. als Ultraschallsender oder -empfänger.

3. Schallgeschwindigkeit in Wasser

Anders als Luft lässt sich Wasser kaum komprimieren. Es sind starke Druckänderungen nötig, um geringste Volumenänderungen zu ermöglichen. Als wassertauglichen Lautsprecher nehmen wir deshalb einen Schwingquarz, er erzeugt bei geringer Elongation genügend starke Kräfte. Die Schwingungsenergie kann so gut auf das Wasser übertragen werden. Als Empfänger dient ein zweiter Quarz. Sender und Empfänger stehen sich im Wasser gegenüber (➡ *Versuch 3*). Ihre ebenen Oberflächen bilden bei einem Abstand von $n \lambda/2$ die Enden eines Resonanzraumes. Jetzt ist das Empfangssignal maximal. Verschiebt man den Sender, bricht die Resonanz zusammen, um sich nach einer halben Wellenlänge wieder aufzubauen. Wir gewinnen so die Wellenlänge zu $\lambda = 1{,}853$ mm. Mit der Frequenz $f = 800$ kHz folgt $c = \lambda f = 1\,482$ m/s.

Die erste überlieferte Messung der Schallgeschwindigkeit in Wasser nahmen 1827 COLLADON und STURM im Genfer See mit Glocke und Hörrohr vor. Sie brauchten hierfür eine Strecke von 13 km.

Merksatz

Die Größe der Schallgeschwindigkeit hängt vom Medium ab. Im Allgemeinen gilt: $c_{Festkörper} > c_{Flüssigkeit} > c_{Gas}$. Schallgeschwindigkeiten lassen sich mittels stehender Wellen ermitteln.

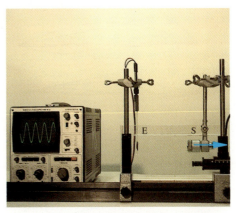

V 3: Ein Empfängerquarz E ruht in Wasser mit 20 °C, der Sendequarz S wird mit einem Verschiebereiter vom Empfänger wegbewegt. Dabei beobachten wir auf dem Bildschirm alle $\lambda/2$ ein Auf- und Abbauen der Amplitude – 20-mal auf einer Messstrecke von 18,53 mm. Hieraus ergibt sich für die Wellenlänge: $\lambda = 1{,}853$ mm.

... noch mehr Aufgaben

A 1: In ➡ *Versuch 1* wurde die Rohrlänge nicht angegeben. Wie groß muss sie sein? Wie weit muss man den Kolben zurückziehen, um wieder Resonanz zu bekommen?

A 2: Eine Stativstange erzeugt mit ihrer Eigenschwingung in Wasser eine Schallwelle der Wellenlänge $\lambda_1 = 6{,}5$ m. Wie lang ist die Stange (eingespannt wie in ➡ *Versuch 2*)?

A 3: Durch welche Maßnahmen kann man die Tonhöhe einer Saite verändern?

Interessantes

Schallwellenanpassung im Mittelohr

Das menschliche Ohr ist Ergebnis einer langen Evolution. Das wassergefüllte Innenohr stammt noch aus unserer Voramphibienzeit. Das Außenohr musste sich an die Luft anpassen – eine schlechte Bedingung für eine Schallübertragung. Stimmen nämlich die Schalleigenschaften benachbarter Medien nicht überein, werden Schallwellen ganz oder teilweise reflektiert. Aber die Natur hat das Problem elegant gelöst. Luft und Trommelfell (➡ *Bild 2*) schwingen mit großer Elongation (und Schnelle) bei kleiner Druckänderung. Ohne Veränderung der Kraft bei der Übertragung zum ovalen Fenster wäre die Druckänderung am Innenohr wegen $p = F/A$ schon 20-mal größer. Die Gehörknöchelchen verstärken zusätzlich die Kraft um den Faktor 1,3.

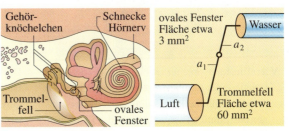

B 2: Das Mittelohr ist Brücke zwischen Außen- und geschützt liegendem Innenohr. Nach außen schließt das Trommelfell ab, nach innen zur „Schnecke" das 20-mal kleinere ovale Fenster. Die Gehörknöchelchen Hammer, Amboss und Steigbügel bilden zwischen ihnen ein Hebelsystem mit dem Längenverhältnis $a_1/a_2 = 1{,}3$. Dadurch wird die Kraft verstärkt.

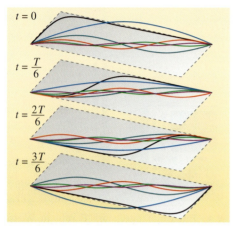

V 1: Wir spannen ein mehrere Meter langes Gummiband. In der Nähe des linken Endes ziehen wir es deutlich sichtbar nach oben und lassen es dann los. Es beginnt zu schwingen und durchläuft dabei die Form eines Parallelogramms (im Bild: graue Fläche).
In der Simulation bilden wir das Anfangs-„dreieck" (im Bild: schwarz) aus der Überlagerung von stehenden Wellen (hier nur 1. bis 5. Harmonische; im Bild: blau bis violett). Jede schwingt mit ihrer Eigenfrequenz. Die vier Momentaufnahmen zeigen die resultierende Saitenschwingung über eine halbe Periodendauer. In der nächsten halben Periodendauer läuft alles entsprechend rückwärts, also von rechts unten nach links oben.

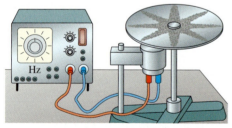

V 2: Ein Lautsprecher erzeugt einen Ton unterhalb einer sandbestreuten Platte. Wir lassen die Tonhöhe langsam ansteigen. Bei einer bestimmten Frequenz gerät die Platte in Resonanz. Zwischen Schwingungsbäuchen entstehen Knoten*linien*. Hier sammelt sich der Sand, eine *chladnische Figur* entsteht. Wir erhöhen die Frequenz bis zur nächsten Resonanz. Nach und nach finden wir so die Eigenfrequenzen der Platte. Es sind keine ganzzahligen Vielfachen der Grundfrequenz wie bei linearen Wellenträgern.

Musikinstrumente

1. Saiteninstrumente

Ein zu einem Dreieck gespanntes Gummiband führt nach dem Anzupfen ein merkwürdiges Eigenleben. Das Band schwingt nicht einfach auf und ab wie in einem einzigen Schwingungsbauch einer stehenden Welle. Es nimmt vielmehr während der Schwingung ungewöhnliche Streckenzüge ein. In ▶ *Versuch 1* (schwarz) läuft eine Spitze nach rechts, sie wird dabei schwächer. Gleichzeitig entsteht eine neue Spitze, nach unten ausgeformt. Sie folgt der ersten und wird dabei größer. Am Ende angekommen läuft alles in umgekehrter Richtung. Diese eigenartige Form einer Welle ist aber kein Widerspruch zu unserem bisherigen Wissen. Man kann sie als *Überlagerung vieler* stehender harmonischer Wellen beschreiben. Die Bewegungen angezupfter Saiten einer Gitarre müssen wir uns so vorstellen.

Bei einer gestrichenen Saite sind die Verhältnisse noch komplizierter. Die Saite haftet längere Zeit am Bogen und wird so mitgeschleppt. Dann löst sie sich plötzlich von ihm und schnellt zurück, um gleich darauf wieder von einer anderen Stelle des Bogens erfasst und mitgenommen zu werden (Gleitreibungskraft F_{gl} < Haftreibungskraft F_h).

Die Schwingung der Saite ist kaum hörbar. Sie wird aber über die Auflagepunkte – vor allem den Steg – auf den Instrumentenkörper (*Korpus*) aus Holz übertragen. Die Erregerschwingung entspricht der Saitenbewegung in Stegnähe und verläuft deshalb meist sägezahnartig. Wie auch immer der Korpus aussehen mag, ein reiner Ton wie bei einer Stimmgabel ist bei Saiteninstrumenten nicht zu erwarten.

Der Korpus dient als Resonanzkörper, er soll bei möglichst vielen verschiedenen Tönen laut mitklingen. Bei der Geige erfüllen dies vor allem die beiden gewölbten Holzplatten Decke und Boden. Ähnlich wie bei gespannten Gummibändern bilden sich auch auf Platten stehende Wellen aus, wenn sie mit einer ihrer Eigenfrequenzen angeregt werden (▶ *Versuch 2*). Diese hängen von vielen Faktoren ab, die alle beim Geigenbau berücksichtigt werden müssen. Um einen ausgewogenen Klang zu erzeugen, müssen die Eigenfrequenzen von Decke und Boden verschieden sein. Dies zu erreichen, ist eine überlieferte, hohe handwerkliche Kunst.

Die Saiten eines Klaviers werden über ein äußerst kompliziertes Hebelwerk angeschlagen. Lautstärke und Klangfülle entstehen durch dicke, stark gespannte Saiten und einen kräftigen Resonanzboden. Die Gesamtkraft der Saiten entspricht der Gewichtskraft von 25 Pkw, sie kann nur von einem schweren Gusseisenrahmen gehalten werden. Zur Erzeugung tiefer Töne umwickelt man die Saiten mit einem Kupferdraht; so wird deren Trägheit erhöht. Die oberen Töne besitzen jeweils drei Saiten, damit sie in der Lautstärke mit den tiefen Tönen mithalten können. Die drei Saiten weisen selbst bei guter Stimmung leicht unterschiedliche Höhen auf. Es kommt bei jedem Ton zu einer Schwebung mit sehr kleiner Frequenz. Der Klang erscheint dadurch „wärmer".

Bei Blas- und Streichinstrumenten hält der Ton, da dauernd Energie zugeführt wird. Beim Klavier (auch der Gitarre) ist es anders. Kurz nach dem Anschlag hat die Saite ihre größte Amplitude. Danach klingt ihre Schwingung rasch ab. Es zeigt sich aber, dass dieses Abklingen für Grund- und Obertöne verschieden schnell abläuft. Je höher der Oberton, desto schneller fällt er ab.

Eine weitere Eigenart beeinflusst den Klang des Klaviers: Die Steifigkeit der kräftigen Stahlseiten. Eine mögliche Folge wäre, dass die Wellengeschwindigkeit mit der Frequenz steigt. Für die k-te Eigenfrequenz gilt $f_k = c/\lambda_k = c\,k/(2\,l)$. Mit größerem c wäre dann auch f_k größer als erwartet. Wir werden dies noch prüfen.

2. Blasinstrumente

Flöten und andere Blasinstrumente brauchen keine Resonanzkörper. Tonerzeuger sind bei ihnen schwingende Luftsäulen. An den freien Enden können sie Energie an die umgebende Luft abgeben. Da es das gleiche Medium ist, gelingt dies gut. So kann eine Querflöte mit ihrer Musik einen ganzen Saal „füllen".

Wie aber kommt es zur Eigenschwingung der Luftsäule? Nimmt man nur das Mundstück einer Querflöte und verhindert wie in ▶ *Bild 1*, dass es durch Reflexion zu einer stehenden Welle kommt, so entsteht ein Rauschen, kein einzelner Ton. Aus dem Luftstrom haben sich nur Wirbel gebildet. Dabei bleibt es nicht, wenn die Flöte zusammengebaut ist. Jetzt genügt eine kleine Störung, um die Luftsäule im Flötenrohr in Eigenschwingungen zu versetzen. Dies wirkt nun wieder auf den Luftstrom am Mundstück zurück. Durch den periodischen Über- und Unterdruck an der Öffnung wird Luft hineingelenkt oder nach außen gewiesen. Das schaukelt die Eigenschwingungen in kurzer Zeit auf, bis sich ein Gleichgewicht zwischen zugeführter und abgestrahlter Energie eingestellt hat. Der Flötenton hat sich selbst organisiert. ▶ *Bild 2* zeigt, dass dies bei einer Querflöte in etwa 0,05 s geschehen kann. Bei großen Orgelpfeifen kann dieses „Ansprechen" eine halbe Sekunde dauern. Auch daran erkennt man verschiedene Blasinstrumente.

Die Tonhöhe, also die Resonanzfrequenz, legen Spielerinnen und Spieler durch Greifen der richtigen Rohrlänge fest (▶ *Bild 3*). Der Grundton wird durch Verändern der Rohrlänge gestimmt. Neben dem Grundton bilden sich beim Spiel auch Harmonische aus.

Klarinette, Oboe und Saxophon besitzen kein Anblasloch, sondern ein oder zwei Rohrblätter, an denen die Luft vorbei gepresst wird. Diese Öffnung ist so eng, dass die Stelle eher wie ein festes Ende für die Luftsäule wirkt. Bei gleicher Instrumentenlänge kann man deshalb tiefere Töne spielen (2 freie Enden: $f_1 = c/(2\,l)$; 1 festes und 1 freies Ende: $f_1 = c/(4\,l)$)

Auch die menschliche Stimme ist ein Musikinstrument. Zwischen den Stimmbändern wird Luft hindurchgepresst. Durch Spannen der Bänder kann man die Tonhöhe verändern. Rachen-, Mund- und Nasenhöhle dienen als stark variierbarer Luftresonanzraum.

B 1: Anblasen des Mundstücks ohne Resonanzluftsäule ergibt bei der Flöte nur ein Rauschen.

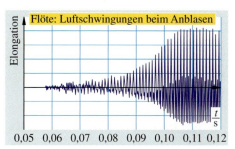

B 2: Aus dem Rauschen entsteht durch Resonanz und Rückkopplung mit schnellem Übergang der gewünschte Ton. Die Luftsäule schwingt mit ihrer Eigenfrequenz.

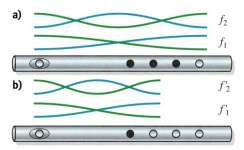

B 3: Das Mundstück wirkt wie ein freies Ende. Das zweite freie Ende der Flöte liegt kurz hinter dem ersten der offenen Löcher.

... noch mehr Aufgaben

A 1: Der Kammerton a^1 (f = 440 Hz) soll mit einem Blasinstrument gespielt werden. Welche Länge etwa muss die schwingende Luftsäule bei **a)** einer Querflöte und **b)** einer Oboe haben?

A 2: Bei einer Geigensaite beträgt der Abstand zwischen den Auflagepunkten 33 cm. In welcher Entfernung vom Sattel der a^1-Saite muss der Finger für den um eine Quart höheren Ton d^2 aufgesetzt werden? (Für eine Quart gilt das Frequenzverhältnis $\tfrac{4}{3}$.)

A 3: Nach dem Einspielen müssen die Instrumente eines Orchesters nachgestimmt werden. Begründen Sie die Fehlstimmung und diskutieren Sie das Nachstimmen.

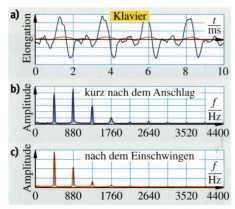

B 1: Das Klavier hat einige Zeit nach dem Abklingen die Klangfarbe verändert.

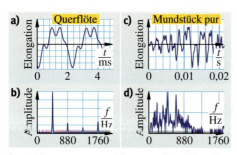

B 2: Eine gut angeblasene Querflöte hat schwach ausgeprägte Obertöne. Das Mundstück allein liefert „Rauschen" mit sehr vielen Frequenzen.

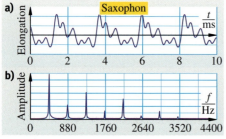

B 3: Ein Saxophon betont die ungeraden Harmonischen; der Klang wird rauh.

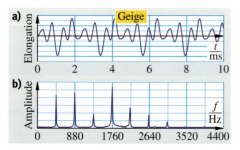

B 4: Die Geige zeigt: Die lauteste Harmonische ist nicht immer der Grundton.

3. Das Klangspektrum

Mit Mikrofon und einem Computerinterface lassen sich Klänge aufzeichnen. Man sieht dann am Bildschirm die Schwingungsform des gespielten Tones, ähnlich einem Oszillogrammbild. Die Schwingungsformen sind aber zumeist so kompliziert, dass es unmöglich ist, an ihnen Gesetzmäßigkeiten abzulesen. Hier hilft die **Fourieranalyse** (⟹ *Vertiefung*). Mit ihrer Hilfe kann der Computer den Grundton und die vorkommenden Obertöne eines Klanges herausfinden. Neben der Frequenz wird auch die Amplitude jeder beteiligten Schwingung berechnet.

Trägt man nun die Amplituden der vorkommenden Teiltöne gegen die Frequenz in einem Diagramm auf, so erhält man ein **Klangspektrum**. Dieser Begriff erinnert an die Lichtspektren, in denen von uns verschieden *empfundene Farben* in unterschiedlicher Intensität nebeneinander liegen. Solche Lichtspektren werden uns später Erkenntnisse über die Atome liefern. Vorerst versuchen wir die *objektiven Klangspektren* einzelner Instrumente mit den *subjektiv empfundenen Klangfarben* zu vergleichen.

Das *Klavier* (⟹ *Bild 1*) zeigt zwei Besonderheiten. Während der Ton abklingt, verändert sich seine Klangfarbe. Kurz nach dem Anschlag klingt der Klavierton hart, starke Obertöne prägen diese Phase. Erst später, bei nun leiserem Ton, übernimmt der Grundton wieder die Führung. Die Schwingung ist nahezu sinusförmig. Auch unsere Überlegungen zum Saitenmaterial waren richtig: Die Obertöne sind nur angenähert Harmonische. Etwa vom vierten Oberton an sieht man, dass ihre Frequenz im Vergleich zu den ganzzahligen Vielfachen von 440 Hz nach oben abweicht. Diese kleine Unstimmigkeit macht aber gerade den warmen, vollen Klang des Klaviers aus.

Die *Querflöte* kann einen reinen Ton abgeben (⟹ *Bild 2*). Spielerin oder Spieler erzeugen den Ton aber nicht mit ihrem Mund. Beim Anblasen der Flöte entstehen an der Öffnung des Mundstücks Luftwirbel, die ein Rauschen bewirken. Erst die Luftsäule, deren Länge durch die Anzahl der geschlossenen Löcher bestimmt ist, bildet durch Resonanz auf das Schwingungsangebot nach kurzer Einschwingzeit den „richtigen" Ton.

Beim *Saxophon* (⟹ *Bild 3*) sind alle ungradzahligen Vielfachen der Grundfrequenz hervorgehoben. So verrät das Spektrum die Randbedingungen des Instruments: Ein freies und ein festes Ende. Neben Klarinette und Oboe zeigen auch einseitig geschlossene Flöten (Panflöte, gedackte Orgelpfeife) diese Eigenschaft.

*Geigen*klänge sind reich an Obertönen (⟹ *Bild 4*). Dies ist wegen der besonderen Schwingungsform der gestrichenen Saiten und der komplizierten resonanzfähigen Bauteile des Korpus auch zu erwarten. Es fällt auf, wie kräftig einzelne Obertöne am Gesamtklang beteiligt sein können.

Sie sehen also, dass sich jedes Musikinstrument durch seine ganz spezielle Klangfarbe verrät.

Vertiefung

Fouriersynthese

Die Summe zweier Sinusfunktionen *gleicher* Periodenlänge ergibt wieder eine Sinusfunktion mit dieser Periodenlänge. Diese Eigenschaft der Mathematik, der die Natur bei Schwingungen und Wellen glücklicherweise folgt, ist eine der Säulen der Orchestermusik! Gleiche Periodenlänge heißt hier gleiche Schwingungsdauer und damit gleiche Frequenz und Tonhöhe.

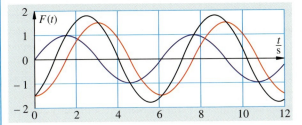

Überlagerung von Tönen *verschiedener* Frequenz liefert keine Sinusfunktion, aber immerhin eine periodische Funktion, wie wir sie bei den Musikinstrumenten gefunden haben. Nehmen wir z. B. drei Sinusschwingungen mit $f_1 = 500$ Hz, $f_2 = 1000$ Hz und $f_3 = 1500$ Hz (Amplituden $a_1 = 0{,}8$, $a_2 = 0{,}2$ und $a_3 = 0{,}5$) und summieren sie zu einer neuen Funktion $F(t)$. Man nennt dieses Zusammensetzen auch **Synthese.** Anfang des 19. Jahrhunderts fand der französische Mathematiker J. FOURIER (1768–1830) heraus, dass sich *jede* periodische Funktion als Summe aus einer Sinusfunktion und ihren Harmonischen darstellen lässt.

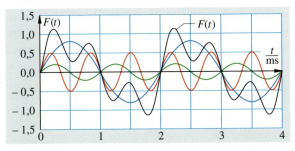

Ein Verschieben der Phasen einzelner Teiltöne hat keinen Einfluss auf unsere *Klangwahrnehmung,* obwohl die Kurvenform dadurch völlig anders aussehen kann. Unser Ohr, oder besser unser Gehirn filtert beim Hören allein die Frequenzen und die Amplituden der Teiltöne heraus.

Um verschiedene Phasen der Harmonischen erfassen zu können, nimmt man zu den Sinusfunktionen noch die entsprechenden Kosinusfunktionen hinzu:

$F(t) = a_1 \sin(1\,\omega t) + a_2 \sin(2\,\omega t) + a_3 \sin(3\,\omega t) + \ldots$
$\quad + b_1 \cos(1\,\omega t) + b_2 \cos(2\,\omega t) + b_3 \cos(3\,\omega t) + \ldots$

Fourieranalyse

In der Akustik möchte man die Teiltöne herausfinden, die sich hinter einem aufgenommenen Klang verbergen.

Wir wollen dieses **Analyse**verfahren anhand unseres Synthesebeispiels erläutern. Wie bei einer Messwertaufnahme mit dem Computer liegen die Funktionswerte $F(t)$ in einer Tabelle vor (z. B. in einem Tabellenkalkulationsprogramm). FOURIER hat gezeigt, dass diese Funktion aus Sinus- und Kosinusfunktionen zusammengesetzt ist. Wie kann man herausfinden, mit welcher Amplitude sie jeweils an $F(t)$ beteiligt sind?

Ein Trick und etwas Mathematik helfen weiter. Der Mittelwert der Produkte $\sin(\omega t) \sin(\omega t)$ ist im Intervall $[0; T]$ gleich 0,5. Prüfen Sie dies mit einem Tabellenkalkulationsprogramm nach. Auch an einer graphischen Darstellung erkennt man es. Bilden wir die Produkte $\sin(\omega t) \sin(2\,\omega t)$, so ergibt sich als Mittelwert null – bei $\sin(\omega t) \sin(3\,\omega t)$ ist es ebenso.

Bilden wir nun das Produkt aus $\sin(\omega t)$ und $F(t)$, also $\sin(\omega t)\,[a_1 \sin(\omega t) + a_2 \sin(2\,\omega t) + a_3 \sin(3\,\omega t)]$, so bleibt $0{,}5\,a_1$ als Mittelwert in $[0; T]$; in unserem Fall erhalten wir $0{,}5\,a_1 = 0{,}4$ und somit $a_1 = 0{,}8$.
Das Doppelte des Mittelwerts des Produkts aus $F(t)$ und der „Testfunktion" $\sin(\omega t)$ ist also die gesuchte Amplitude a_1.
Mit der Testfunktion $\sin(2\,\omega t)$ finden wir nach dem gleichen Verfahren den Mittelwert 0,1; also ist die Amplitude $a_2 = 0{,}2$.
Mit $\sin(3\,\omega t)$ ergibt sich $a_3 = 0{,}5$.

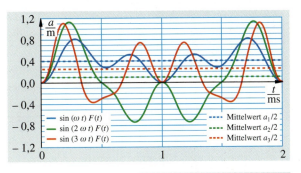

So liefert uns dieses Verfahren genau die Amplituden, die wir bei der Synthese willkürlich gewählt hatten.

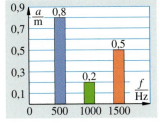

Der Dopplereffekt

1. Jedes Kind kennt ihn

Bei Wasserwellen sieht man ihn (➡ *Bild 1*). Bei Schallwellen hört man ihn oft: Der Krankenwagen, der am Schulweg vorbeifährt, der Rennwagen im Fernsehen, das Flugzeug über dem Dach – sie alle erzeugen den typischen Verlauf von höherem Ton zu tieferem Ton, den schon Dreijährige nachahmen können.

Diesen **Dopplereffekt** (CHRISTIAN DOPPLER 1803–1853) gibt es in zwei Varianten. Eine erste sahen wir oben: Eine Schallquelle steht in einiger Entfernung vor einem relativ zum Wellenträger ruhenden „Beobachter" – dieser hört den Ton. Bewegt die Quelle sich auf den Beobachter zu, so hört er einen höheren Ton. Bewegt sie sich vom Beobachter weg, so hört dieser einen tieferen Ton.

Die zweite Variante tritt auf, wenn die Schallquelle relativ zum Träger ruht, sich jetzt aber der Beobachter bewegt. Manchmal, z. B. bei Reflexionen, sind sogar beide Effekte gleichzeitig beteiligt.

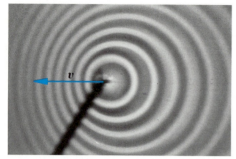

B 1: Der Dopplereffekt bei Wasserwellen. Der Erregerstift bewegt sich gleichförmig nach links. Die Kreiswellen drängen sich vor dem Erreger zusammen, hinter ihm werden sie auseinandergezogen.

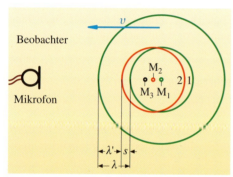

B 2: Bei ruhendem Sender läuft die Welle mit der Wellenlänge λ über den Empfänger. Durch die Bewegung wird die kürzere Wellenlänge $\lambda' = \lambda - s$ wahrgenommen.

2. Die Schallquelle bewegt sich, der Empfänger ruht

Betrachten wir ➡ *Bild 2*. Ein Schallsender bewegt sich auf den ruhenden Beobachter zu.

Zeitpunkt $t = 0$: In M_1 startet eine Kreiswelle mit bestimmter Phase – sagen wir einem Wellenberg ($\uparrow$).

Zeitpunkt $t = 1\,T$: Der Radius des ersten Wellenkreises ist auf $1\,\lambda$ angewachsen, unabhängig vom Sender breitet er sich im Wellenträger Luft aus. Der Sender hat sich in der Zwischenzeit um $s = vT$ weiterbewegt und startet von M_2 den nächsten Wellenberg.

Zeitpunkt $t = 2\,T$: Kreiswelle 1 hat mittlerweile einen Radius von $2\,\lambda$. Kreiswelle 2 ist auf $1\,\lambda$ angewachsen. Wir erkennen nun das Kreissystem, das mit der Geschwindigkeit c über den Beobachter hinwegläuft. Solange er sich vor dem Sender befindet, hört er Schwingungen einer Welle mit verkürzter Wellenlänge λ'. Für sie gilt:

$$\lambda' = \lambda - s = \lambda - vT = c/f - v/f \quad \text{und} \quad \lambda' = c/f'.$$

Gleichsetzen liefert: $\dfrac{c}{f'} = \dfrac{c-v}{f}$ oder $\dfrac{1}{f'} = \dfrac{1-\dfrac{v}{c}}{f}$

und damit die gesuchte **Dopplerfrequenz** bei *bewegtem* Sender:

$$f' = f\,\frac{1}{1-\dfrac{v}{c}}.$$

In dieser Formel ist v der Geschwindigkeits*wert*. Nähert sich der Sender, so ist v positiv und f' wird größer als f. Entfernt sich der Sender vom Empfänger, ist v negativ und f' ist kleiner als f. In ➡ *Versuch 1* finden wir die hergeleitete Formel bestätigt.

Die Frequenz*änderung* Δf ist bei Geschwindigkeiten, die klein gegenüber der Schallgeschwindigkeit sind, in etwa proportional zur Geschwindigkeit v und zur Frequenz f. Dies zeigen wir nun:

V 1: Links steht („ruht") ein Empfänger. Ein Ultraschallsender mit sehr konstanter Frequenz $f = 40\,644$ Hz bewegt sich auf ihn zu oder von ihm weg. Mit einer Stoppuhr ermitteln wir die Geschwindigkeit v des Senders. Es ergeben sich folgende Messwerte:

v in m/s	f' gemessen	f' berechnet
0,26	40 675	40 675
0,14	40 660	40 660
0,09	40 655	40 654
−0,04	40 639	40 639
−0,45	40 590	40 590

$$\Delta f = f' - f = f\frac{1}{1-\frac{v}{c}} - f = f\frac{v}{c-v} \approx f\frac{v}{c}.$$

Überlagern sich Töne mit Frequenzen f und f', so entsteht eine Schwebung dieser Frequenz Δf. Bei sehr großen Geschwindigkeiten (v nahezu c) wächst f' über alle Grenzen, da die Wellenberge beliebig dicht beieinander liegen. Bei Geschwindigkeiten über der Wellengeschwindigkeit bildet sich ein so genannter **machscher Kegel** aus. Ein Überschallflugzeug hört man erst, wenn es schon vorüber ist, dann aber mit einem lauten Knall (➡ *Bild 3*).

3. Der Empfänger bewegt sich, die Schallquelle ruht

Ein Beobachter bewege sich mit der Geschwindigkeit v auf eine Quelle der Frequenz f zu oder von ihr weg. Die Quelle sei relativ zum Wellenträger, meist Luft, in Ruhe. Im Gegensatz zum vorigen Fall bleibt auch für den bewegten Beobachter die Wellenlänge $\lambda = c/f$ erhalten; dagegen ändert sich für ihn die Ausbreitungsgeschwindigkeit der Wellen.

Bewegt er sich auf den Erreger zu, so begegnen ihm die mit der Geschwindigkeit c fortschreitenden Wellen mit der größeren *Relativgeschwindigkeit* $c' = c + v$. Deshalb empfängt der Beobachter eine Schwingung mit der Frequenz

$$f' = \frac{c'}{\lambda} = \frac{c+v}{\lambda} = \frac{f(c+v)}{c} = f\left(1 + \frac{v}{c}\right).$$

Merksatz

Bewegt sich ein Wellenerreger relativ zum Träger, so ändert sich die Wellenlänge und damit die Frequenz.
Bewegt sich ein Beobachter relativ zum Träger, so ändert sich für ihn die Ausbreitungsgeschwindigkeit der Wellen und damit ebenfalls die Frequenz.

Interessantes

Dopplereffekt in der Astronomie

Für elektromagnetische Wellen gibt es keine Trägersubstanz. Von bewegter Quelle oder bewegtem Empfänger als Alternativen kann man also nicht mehr sprechen. In der relativistischen Dopplerformel kommt diese Unterscheidung konsequenterweise auch nicht mehr vor. Für die veränderte Frequenz f' bei einer Annäherung von Quelle und Empfänger gilt:

$$f' = f\sqrt{\frac{1+v/c}{1-v/c}}.$$

Wichtig ist der Effekt für die Astronomie. So konnte man manche Punkte am Himmel als rotierende Doppelsternsysteme entlarven. Der sich auf uns zu bewegende Stern hat ein Farbspektrum mit höherer Frequenz („blauverschoben"), der fliehende Stern hat ein „rotverschobenes" Spektrum. Auch die Radialbewegung „naher" Galaxien verrät sich so: Unsere Nachbargalaxie Andromeda z. B. bewegt sich auf uns zu.

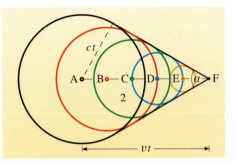

B 3: Das Flugzeug ist schon bei F und hat den ersten und alle weiteren Wellenberge überholt. Die Wellenberge besitzen eine gemeinsame Hülle, den machschen Kegel. An allen Stellen, über die dieser Mantel hinwegstreicht, hört man wegen der gegenseitigen Verstärkung einen explosionsartigen Knall. Man sagt auch, das Flugzeug habe „die Schallmauer durchbrochen". Bei dieser Redeweise entsteht der Eindruck, der Knall entstehe nur einmal in dem Augenblick, in dem das Flugzeug die Schallgeschwindigkeit überschreitet. Tatsächlich schleppt ein mit Überschallgeschwindigkeit fliegendes Flugzeug seinen „Düsenknall" auf dem Mantel des machschen Kegels dauernd hinter sich her.

… noch mehr Aufgaben

A 1: Der Hupton eines Autos hat die Frequenz 380 Hz. **a)** Der Wagen nähert sich einem an der Straße stehenden Beobachter mit der Geschwindigkeit 17 m/s. Mit welcher Frequenz hört der Beobachter den Ton? **b)** Nun soll das hupende Auto stillstehen, während ihm der Beobachter mit der Geschwindigkeit 17 m/s entgegenfährt. Welche Frequenz hat der Ton, den der Beobachter jetzt hört?

A 2: Wenn eine mit der Geschwindigkeit v bewegte Schallquelle an einem ruhenden Beobachter vorüberfährt, hört dieser, dass die Tonhöhe im Augenblick des Vorbeifahrens zum tieferen Ton umschlägt. Zeigen Sie, dass für das Frequenzverhältnis der gehörten Töne gilt: $f_1/f_2 = (c+v)/(c-v)$.
Wie rasch müsste sich eine Schallquelle bewegen, damit sich diese beiden Töne um eine Oktave unterscheiden?

A 3: Weisen Sie nach, dass bei bewegtem Empfänger und ruhendem Sender für die Frequenzänderung folgende Gleichung gilt: $\Delta f = f v/c$.

Interessantes

Schallwellen in der Medizin

A. Verborgenes wird sichtbar

Ein kurzer Schallwellenzug legt in jeder Sekunde die Strecke $\Delta s = c\,\Delta t$ zurück. Trifft die Welle auf ein Hindernis, wird sie reflektiert und ist nach $t = 2\,\Delta t$ wieder am Ausgangspunkt. Diese Zeit ist ein Maß für die Entfernung der reflektierenden Wand vom Sender. Man kann sie mit einem Oszilloskop nachweisen.

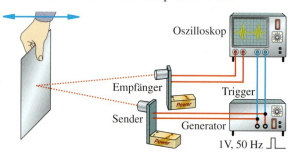

Dazu wird ein Ultraschallsender alle 0,02 s durch einen kurzen Impuls eingeschaltet. Gleichzeitig wird der Elektronenstrahl des Oszilloskops gestartet. Auf dem Bildschirm sehen wir zwei Schwingungspakete. Das linke wird vom Empfänger auf direktem Weg aufgenommen. Das rechte Signal stammt von einer reflektierten Schallwelle. Vergrößert man die Entfernung zwischen Reflektor und Sender, so wandert dieses Signal auf dem Bildschirm nach rechts. Die Position der reflektierenden Wand wird so auf der Zeitachse des Schirms „sichtbar". Durch Drehen des Senders können wir gezielt die Umgebung abtasten und so verschiedene Gegenstände in unterschiedlichen Richtungen aufspüren. Halten wir ein dünnes Tuch zwischen Sender und Wand, so taucht auf dem Bildschirm links vor dem von der Wand stammenden Signal ein weiteres Signal auf; es zeigt den Reflex am Tuch.

B. Echolot in der Medizin

Zur Diagnose ist man in vielen Fällen darauf angewiesen, in den Körper „hineinzusehen". Mit Ultraschall gelingt es. Man erzeugt mit einem Piezoquarz hochfrequente Wellenimpulse mit 2 bis 10 MHz, um trotz der hohen Wellengeschwindigkeit (im Körper meist um 1540 m/s ▶ Tabelle 1) kleine Wellenlängen zu bekommen. Man kann die Wellen dann besser bündeln. Nachteilig ist, dass Schall mit höherer Frequenz stärker im Körper absorbiert wird. In der Praxis kann man die jeweils optimale Frequenz am Gerät wählen. Der Quarz dient kurz nach dem Senden eines jeden Impulses als Empfänger, ein einziger Quarz im Schallkopf genügt. Damit die Schallwellen nicht schon an der Luftschicht zwischen Schallkopf und Haut vollständig reflektiert werden, bringt man dort ein Gel oder eine Flüssigkeit mit den Schalleigenschaften der Haut auf. Im Körperinneren befinden sich verschiedene Gewebearten und Flüssigkeiten mit unterschiedlichen Ausbreitungsgeschwindigkeiten. An jeder Grenzfläche zwischen *unterschiedlichen* Medien wird nun ein Teil der Welle reflektiert und kommt je nach Position im Körper mehr oder weniger spät zum Empfänger zurück.

Medium	Wasser	Blut	Muskel	Knochen
ϱ in g/cm^3	0,99	1,02	1,04	1,70
c in m/s	1540	1570	1600	3600

T 1: Schallgeschwindigkeit bei 37 °C

Als Beispiel betrachten wir ein Echolot des Auges. Jede Grenzfläche liefert ein Teilecho des Wellenimpulses. Der untere Teil der Zeichnung gibt das Oszilloskopbild wieder. Auf ihm sieht der Arzt die Positionen der reflektierenden Schichten (er nennt sie „Amplituden", deshalb A-Scan). Auf diese Weise erkennt man, dass sich die Netzhaut abgelöst hat.

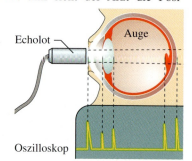

Bei Patienten mit Linsentrübung ist dies oft die einzige Diagnosemöglichkeit. In der HNO-Praxis benutzt man das Echolot zur Untersuchung der Nasennebenhöhlen.

C. Bilder entstehen

Anstatt den Elektronenstrahl dauernd sichtbar über den Schirm zu schicken, unterdrückt man jetzt den Strahl. Nur wenn ein Reflex eintrifft, schaltet man ihn ein. So entsteht anstelle eines Zackens ein heller Punkt auf dem Bildschirm. Man erhält eine helligkeitsmodulierte Bildzeile, B-Scan (brightness).

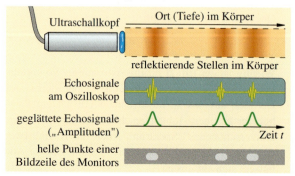

Interessantes

Moderne Schallköpfe enthalten viele nebeneinander liegende Schwingquarze. Jeder einzelne Quarz (oder eine Gruppe von einigen Quarzen) liefert mit jedem Wellenzug die Information für eine dem Wellenverlauf entsprechende Bildzeile. Mit 256 nebeneinander liegenden Quarzen erhält man in einem Durchgang 256 Bildzeilen. Ein Computer speichert diese Informationen. Fährt die Ärztin mit dem Schallkopf über den Körper, entstehen immer neue, sich überschneidende Bilder. Der Computer vergleicht sie blitzschnell und reiht sie passend aneinander. So entsteht in kurzer Zeit aus mehreren Bildsegmenten ein großflächiges Bild der Körperanatomie. Die Gynäkologin kann z. B. die Kopfgröße des Fötus messen und daran erkennen, ob das Kind sich normal entwickelt.

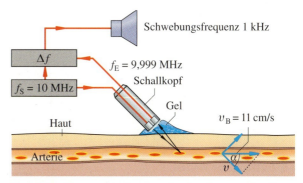

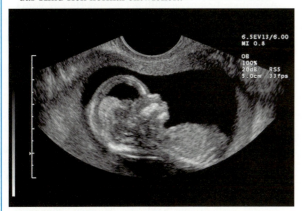

D. Dopplersonographie

Manchmal bieten selbst Bilder nicht genug Information. So kommt es bei Diabetikern (oder bei Raucherinnen und Rauchern) häufig zu Blutgefäßverengungen oder sogar zu Verschlüssen. Ärzte müssen dies frühzeitig erkennen. Hier hilft die *Dopplersonographie*.

Ein Schallkopf wird schräg auf die Haut gesetzt (➭ *Bild 1*). Der Sendequarz schickt eine kontinuierliche Ultraschallwelle der Frequenz f gebündelt in den Körper. In einem Blutgefäß unter der Haut trifft sie auf Blutkörperchen. Diese entfernen sich mit der Geschwindigkeit v von der Quelle und *empfangen* deshalb eine Welle, deren Frequenz um fv/c kleiner ist als f. Jedes Blutkörperchen reflektiert die Welle und wird so zum bewegten *Sender*. Ein zweiter Quarz im Schallkopf empfängt deshalb eine reflektierte Welle mit nochmals um fv/c verkleinerter Frequenz. Die gesamte Veränderung beträgt also $\Delta f = 2f(v/c)$. Bei einer Überlagerung von Sende- und Empfangsfrequenz tritt Δf als Schwebungsfrequenz auf – im Lautsprecher hört man ein Zischen mit jedem Pulsschlag. Ein reiner Ton

B 1: Die Frequenzänderung durch den zweimaligen Dopplereffekt ist $\Delta f = 2f(v/c) = 2f(v_B/c) \cos \alpha$. Bei einer Schwebungsfrequenz von 1 kHz ergibt sich mit $\alpha = 45°$, $c = 1570$ m/s, und $f = 10$ MHz ein Blutgeschwindigkeit von $v_B = 0{,}11$ m/s.

ist es nicht, da nicht alle Blutkörperchen gleich schnell sind. Mit schnellen Rechnern ist es möglich, ein anatomisches Bild zu erzeugen und gleichzeitig die Messwerte der Blutgeschwindigkeit farbcodiert in den Adern darzustellen (➭ *Bild 2*). Rot bedeutet z. B. eine Bewegung auf den Schallkopf zu, blau von ihm weg.

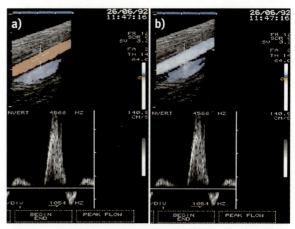

B 2: Flussrichtung und -geschwindigkeit des Blutes sind farbcodiert. **a)** Das Herz zieht sich zusammen, Blut fließt in der Arterie nach vorn (rot), in der Vene zurück (blau). **b)** Danach weitet sich das Herz. Kurzzeitig fließt Blut auch in der Arterie rückwärts, deshalb ist sie jetzt ebenfalls blau eingefärbt.

A 1: Die Frequenzverschiebung einer von einem bewegten Gegenstand reflektierten Welle ist $\Delta f = 2f(v/c)$. Leiten Sie diese Formel her ($v \ll c$).

A 2: Wie groß muss in ➭ *Bild 1* die Sendefrequenz f mindestens sein, wenn $v = 0{,}01$ m/s eine noch hörbare Schwebungsfrequenz liefern soll?

Zusammenfassung – Mechanische Wellen

Das ist wichtig

A. Schwingung – Schwingungszeiger
Jede harmonische Schwingung kann durch einen rotierenden Zeiger beschrieben werden. Dieser rotiert gegen den Uhrzeigersinn mit der konstanten Frequenz f der Schwingung. Seine Länge $\hat{s}$ entspricht der Schwingungsamplitude, der Drehwinkel $\varphi(t)$ ist die zeitabhängige Phase. Die Projektion des Zeigers auf die Schwingungsachse entspricht der jeweiligen Elongation $s(t)$.

B. Fortlaufende Wellen
Ein Erreger am Anfang einer (unendlich langen) Kette elastisch gekoppelter Masseteilchen erzeugt eine mechanische Welle. Er zwingt das nächste Teilchen in der Kette, seine Schwingung zu übernehmen. Weil es träge ist, führt es die Bewegung zeitversetzt aus. Es entsteht eine **Phasenverschiebung**. So geschieht es nach und nach allen Teilchen. Die Phasenverschiebung wächst mit der Entfernung vom Erreger.

Bei einer **Querwelle** schwingen die Teilchen des Trägers senkrecht zur Ausbreitungsrichtung. Es entsteht eine Wellenlinie mit Bergen und Tälern. Bei einer **Längswelle** schwingen die Teilchen längs der Ausbreitungsrichtung. Es kommt zu Dichteschwankungen.

In der Periodendauer $T = 1/f$ legt die Welle eine **Wellenlänge** λ zurück. λ ist der Abstand benachbarter Orte gleicher Phase, also die **räumliche Periodenlänge**. Die Geschwindigkeit der Welle ist $c = \lambda f$.

C. Zeiger zur Beschreibung von Wellen
Jedes Teilchen des Wellenträgers führt eine Schwingung aus. Deshalb ordnen wir jedem Teilchen auch einen eigenen, ortsfesten Schwingungszeiger zu.

Bei einer fortschreitenden harmonischen Welle rotieren alle Zeiger mit derselben Frequenz f. An jedem Ort können wir am jeweiligen Zeiger Amplitude, Phase und Elongation der Schwingung ablesen. Bei fortschreitenden Wellen sind die Zeiger gleich lang (falls keine Dämpfung vorliegt), ihre Phasen gegeneinander versetzt mit der räumlichen Periode λ der Welle.

D. Überlagerung gleichlaufender Wellen
Die Überlagerung von zwei Wellen ist die Überlagerung der zwei Schwingungen an jedem Ort des Wellenträgers. Im Zeigermodell ist das Ergebnis leicht vorhersagbar: Die beiden Schwingungszeiger $\hat{s}_1$ und $\hat{s}_2$ werden an ihrem Ort des Wellenträgers vektoriell addiert. Der resultierende Zeiger ist die Amplitude der neuen Schwingung am jeweiligen Ort.

Bei gleicher Frequenz beider Wellen entsteht als Ergebnis der **Interferenz** eine Welle mit gleicher Frequenz, aber neuer Amplitude. Man erhält diese mit einer einmal vorzunehmenden Addition der Zeiger.

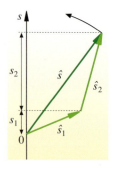

Bei einer Phasendifferenz $\Delta\varphi = 0$ ist die Amplitude maximal (**konstruktive Interferenz**), bei $\Delta\varphi = \pi$ ist sie minimal (**destruktive Interferenz**).

E. Stehende Wellen
Im Momentanbild einer nach rechts laufenden Welle nimmt die Phase nach rechts hin ab. Bei der nach links laufenden Welle nimmt die Phase nach rechts hin zu. Gegenläufige Wellen gleicher Frequenz und gleicher Amplitude liefern deshalb bei der Interferenz vom Ort abhängige (resultierende) Zeigerlängen. Es bildet sich eine **stehende Welle** aus. Zwischen zwei **Knoten** (Amplitude null) haben die Schwingungen gleiche Phase. **Der Abstand zweier Knoten beträgt eine halbe Wellenlänge.** In den Schwingungs**bäuchen** ist die Amplitude maximal.

Stehende Wellen bilden sich z. B. vor einem reflektierenden Ende eines Wellenträgers. Dies geschieht bei jeder Frequenz. Am **festen Ende** kommt es zu einem **Phasensprung von π**, dort ist immer ein Knoten. Am **freien Ende** wird **ohne Phasensprung** reflektiert, dort ist ein Bauch.

Ist der Wellenträger beidseitig begrenzt, können sich stehende Wellen nur bei den **Eigenfrequenzen** ausbilden; man spricht dann von **Eigenschwingungen**. Randbedingungen sind:

$$l = k\lambda/2$$

bei gleichartigen Enden (fest – fest; frei – frei),

$$l = (2k-1)\lambda/4$$

bei verschiedenen Enden ($k = 1, 2, 3, \ldots$).

F. Dopplereffekt
Bewegt sich ein Wellenerreger relativ zum Träger, so ändert sich die Wellenlänge und damit die Frequenz. Diese Dopplerfrequenz bei *bewegtem Sender* ist ($v > 0$ bei Annäherung von Sender und Empfänger)

$$f' = f \frac{1}{1 - \frac{v}{c}}.$$

Bewegt sich ein Beobachter relativ zum Träger, so ändert sich für ihn die Ausbreitungsgeschwindigkeit der Wellen und damit ebenfalls die Frequenz

$$f' = f\left(1 + \frac{v}{c}\right).$$

Aufgaben

A 1: Erläutern Sie den Unterschied zwischen dem sinusförmigen *t-s*-Diagramm einer Schwingung und dem sinusförmigen *x-s*-Diagramm einer harmonischen Welle.

A 2: Das Bild zeigt eine nach rechts laufende Querwelle zum Zeitpunkt $t = 0$. An zwei Stellen sind Schwingungszeiger eingezeichnet. **a)** Zeichnen Sie selbst diese Welle für $t = 0$, indem Sie an allen markierten Stellen der *x*-Achse (alle $\lambda/8$) die Schwingungszeiger einzeichnen ($\hat{s} = 1,4$ cm; $\lambda/8 = 2,5$ cm). Ihre jeweiligen Elongationen ergeben die Punkte der Sinuslinie. **b)** Zeichnen Sie anschließend die Momentaufnahmen für $t = T/8$; $t = 2\,T/8$; $t = 3\,T/8$ und $t = 4\,T/8$. **c)** Eine zweite Welle gleicher Frequenz und gleicher Amplitude eilt dieser Welle um den Gangunterschied $\delta = \lambda/4$ voraus. Welcher Phasendifferenz entspricht dies? **d)** Beide Wellen interferieren. Zeichnen Sie für $t = 0$ die resultierende Welle mithilfe der resultierenden Schwingungszeiger.

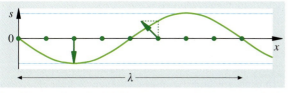

A 3: Wie groß ist die Wellenlänge einer Welle, deren Teilchen mit $f = 15$ Hz schwingen bei einer Wellengeschwindigkeit von $c = 4,5$ m/s?

A 4: (➡ *Vertiefung Wellengleichung*) Simulieren Sie mit einem Tabellenkalkulationsprogramm eine fortlaufende Querwelle ($c = 5$ m/s, $\lambda = 2$ m; $\hat{s} = 0,2$ m). Benutzen Sie die Gleichung für harmonische Wellen und *t* als Parameter (Eingabezelle für *t*).

A 5: Unter welchen Voraussetzungen bildet sich eine stehende Welle? Wie kann man mithilfe einer stehenden Welle die Wellengeschwindigkeit des Mediums bestimmen? Welche Bedeutung haben „festes Ende" bzw. „freies Ende" des Wellenträgers bei der Reflexion?

A 6: Ein Piezoquarz in einer elektronischen Schaltung führt Eigenschwingungen (5. Harmonische) mit $f = 100$ MHz aus. Wie lang muss er sein, wenn die Wellengeschwindigkeit im Quarz $c = 5\,300$ m/s beträgt?

A 7: Das Bild zeigt zwei Schwingungserreger (rote Zeiger). Von jedem läuft je eine Querwelle nach links und rechts (grüne Zeiger). **a)** Deuten Sie das Bild. **b)** Wie sehen die Zeiger $T/4$ später aus? **c)** Was ändert sich, wenn der rechte Erreger um $\lambda/2$ weiter rechts liegt?

A 8: Nennen Sie mindestens zwei Methoden zur Messung der Schallgeschwindigkeit in Luft.

A 9: a) Ein Standzylinder wird langsam mit Wasser gefüllt. In seiner Nähe wird eine Stimmgabel (440 Hz) angeschlagen. Welche Füllhöhen liefern Resonanz? **b)** Welche Resonanzstellen ergeben sich, wenn sich im Zylinder nicht Luft sondern CO_2 befindet ($c = 267$ m/s)?

A 10: Durch welche physikalischen Eigenschaften werden Lautstärke, Tonhöhe und subjektiv empfundener Klang eines Musikinstruments bestimmt?

A 11: Der Gehörgang des menschlichen Außenohres entspricht angenähert einer Röhre von etwa 35 mm Länge. Bei welcher Frequenz entsteht Resonanz (1. Harmonische)? Welche biologische Bedeutung hat dies?

A 12: Wie lang muss man eine gedackte Pfeife machen, damit die 2. Harmonische um 400 Hz höher klingt als die 1. Harmonische? Welche Frequenzen haben dann die beiden Eigenschwingungen?

A 13: Eine angeschlagene Stimmgabel (440 Hz) wird mit einer Geschwindigkeit von $v = 5$ m/s auf eine Person zugetragen. **a)** Welche Frequenz hört diese direkt von der Stimmgabel? **b)** Welche Schwebungsfrequenz kann sie wahrnehmen, wenn sie vor einer reflektierenden Wand steht?

A 14: a) Ein Auto, dessen Hupe einen Ton der Frequenz 400 Hz erzeugt, fährt mit 72 km/h auf einen ruhenden Beobachter zu. Welche Frequenz hat der Ton, den der Beobachter hört? **b)** Ein anderer Beobachter fährt dem hupenden Auto entgegen. Er hört einen Ton der Frequenz 455 Hz. Wie schnell fährt er?

A 15: Ein 80 cm langes, beidseitig offenes Plastikrohr wird mit der Winkelgeschwindigkeit $\omega = 15$ s^{-1} im Kreis herumgeschleudert. Welchen Ton sendet es aus (1. Harmonische)? Wie groß ist **a)** die niedrigste und **b)** die höchste Frequenz, mit der ein Beobachter (in weiter Entfernung) dieses „Blasinstrument" wahrnimmt?

A 16: Ein Polizeiauto fährt mit der Geschwindigkeit 36 km/h. Ein nachfolgender Kraftfahrer überholt den Polizeiwagen unverschämt laut und andauernd hupend. Kriminalkommissarin Luchs, die im Polizeiauto sitzt und nicht nur durch ihren Scharfsinn, sondern auch durch ihre Musikalität (sie besitzt das absolute Gehör!) bekannt ist, stellt sogleich messerscharf fest: Vor dem Überholen war im Polizeifahrzeug ein Hupton von 495 Hz zu hören; als der überholende Kraftfahrer einen Augenblick lang direkt neben dem Polizeiwagen fuhr, veränderte sich der Ton auf 480 Hz. Kommissarin Luchs, die zudem noch den Vorzug einer gediegenen physikalischen Bildung besitzt, weiß sofort, wie schnell der Überholende gefahren ist und hält ihn daraufhin an. **a)** Der Fahrer behauptet, er sei genau 50 km/h gefahren. Hat er Recht? **b)** Welche Frequenz hörte Kommissarin Luchs nach dem Überholvorgang?

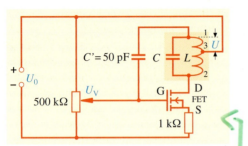

V 1: Dreipunktschaltung zur Erzeugung hoher Frequenzen: Für den Schwingkreis verwenden wir einen Kondensator variabler Kapazität $C = 10 \ldots 100$ pF und eine Spule der Länge 11 cm mit 13 Windungen und 3 cm Durchmesser. Ihre Querschnittsfläche ist $7{,}1 \cdot 10^{-4}$ m². Ihre Induktivität ist also $L = \mu_0\, \mu_r\, n^2\, A/l = 1{,}36 \cdot 10^{-6}$ H.
Wir stellen die Spannung U_0 auf etwa 10 V ein und bringen eine Induktionsschleife nahe an die Schwingkreisspule. Der mit der Schleife verbundene Frequenzmesser zeigt bei $C = 100$ pF etwa 11 MHz an.

V 2: a) Wir verringern die Schwingkreiskapazität $C = 100$ pF und entfernen den Kondensator schließlich ganz. Die Frequenz verdoppelt sich etwa. Die Kapazität C' des Koppelkondensators darf nicht zu klein sein, sonst reicht die Rückkopplung zum Erregen der Schwingung nicht. **b)** Wir ersetzen den Koppelkondensator durch einen 27,12 MHz-Schwingquarz etwa gleicher Kapazität. Auf dessen Frequenz rastet der Oszillator ein. Wir erhöhen U_0 bis das Lämpchen der Prüfspule nahe an der Schwingkreisspule leuchtet (➞ Bild 1a). Die Glühlampe leuchtet in einem auf Resonanz eingestellten Schwingkreis (➞ Bild 1b) heller. Ein noch empfindlicheres Nachweisgerät erhalten wir, wenn wir die Wechselspannung des Resonanzkreises mit einer Germaniumdiode (wegen der hohen Frequenzen) gleichrichten und die Gleichspannung mit einem Drehspulinstrument messen (➞ Bild 1c).

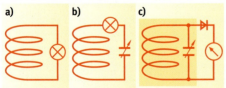

B 1: a) Prüfspule **b), c)** Resonanzkreise zum Nachweis hochfrequenter Schwingungen

Vom Schwingkreis zum strahlenden Dipol

Im Jahr 1886 entdeckte der Physiker Heinrich HERTZ die elektromagnetischen Wellen in Aufsehen erregenden Experimenten. Fernsehen, Rundfunk und Handy zeugen von dieser weit tragenden Entdeckung. Die elektromagnetischen Wellen bestätigen glänzend FARADAYS Feldkonzept, das der Theoretiker MAXWELL mit seinen berühmten Gleichungen 1864 vollendet hatte. NEWTON sprach noch von Kräften, die unmittelbar, ohne Vermittlung des Zwischenraums, in die Ferne wirken, jedoch ohne sie zu erklären. Dagegen betrachteten MAXWELL und FARADAY die Vorgänge im Feld, also um Ladungen, Ströme und Magnete. Dazu schrieb EINSTEIN: „Nach MAXWELL dachte man sich das Physikalisch-Reale durch nicht mechanisch deutbare physikalische Felder dargestellt, die durch Differentialgleichungen beherrscht werden. Diese Auffassung des Realen ist die tiefgehendste und fruchtbarste, welche die Physik seit NEWTON erfahren hat."

Wie entstehen diese Wellen? An unserem Radio lesen wir für verschiedene Sender hohe Frequenzen ab. Wir müssen also sehr schnelle Schwingungen erzeugen.

1. Erzeugung hochfrequenter Schwingungen

Zur Erzeugung hochfrequenter elektromagnetischer Schwingungen braucht man nach der thomsonschen Gleichung Schwingkreise mit möglichst kleiner Kapazität und Induktivität. Statt der induktiven Rückkopplung benutzt man meist die so genannte **Dreipunktschaltung** (➞ Versuch 1). Sie arbeitet folgendermaßen:
Die Schwingkreisspule liegt mit ihren Anschlüssen 1 und 2 am Kondensator (C). Die Teilspannung $U(t)$ zwischen 1 und dem dritten Punkt 3 wird zur Rückkopplung genutzt. Vom Minuspol der Quelle (U_0) aus gesehen, hat Punkt 3 das Potential U_0, Punkt 1 also $U_0 + U(t)$. Über den Koppelkondensator C' gelangt nur der Wechselspannungsanteil $U(t)$ an die Steuerelektrode G des Transistors. Ist der Schwingkreiskondensator also gerade entladen ($U_{1,2} = 0$), so hat Punkt 1 das Potential U_0; die Steuerelektrode G hat davon unbeeinflusst das am Potentiometer voreingestellte Potential U_V.

Wird nun der Kondensator oben positiv geladen, so erhöht sich das Potential an 1 um $U(t)$. Dadurch wird über C' auch das Potential an G erhöht. Der Transistor wird leitend und führt dem Schwingkreis Energie zu, so wie bei der Meißner-Schaltung. Wird die obere Kondensatorplatte negativ, so wird das Potential an G verringert, der Transistor sperrt.
Der Schwingkreis in ➞ Versuch 1 besteht aus einem Kondensator der Kapazität $C = 100$ pF und einer Spule der Induktivität $L = 1{,}36 \cdot 10^{-6}$ H. Seine Eigenfrequenz beträgt

$$f_0 = \frac{1}{T} = \frac{1}{2\pi\sqrt{LC}} = \frac{1}{2\pi} \frac{1}{\sqrt{1{,}36 \cdot 10^{-6}\,\text{H} \cdot 10^{-10}\,\text{F}}} = 13{,}6 \text{ MHz}.$$

Wir messen aber nur die Frequenz $f = 11$ MHz. Sie ist deutlich kleiner als $f_0 = 13{,}6$ MHz. Was haben wir übersehen?

Wir verringern die Schwingkreiskapazität. Wie erwartet, nimmt die Frequenz zu. Verblüffenderweise beobachten wir auch dann noch eine Schwingung, wenn wir den Kondensator vollständig entfernen (▶ *Versuch 2a*). Der Frequenzmesser zeigt nun etwa die doppelte Frequenz an. Müsste sie nicht unmessbar groß werden ($C \to 0$) oder aber die Schwingung aufhören?

Wir vernachlässigten bis jetzt zwei Kapazitäten, die auch zum Schwingkreis gehören. Es sind die im Transistor vorhandene Kapazität zwischen Gate G und Drain D sowie die des Koppelkondensators C'. In ▶ *Versuch 2b* ersetzen wir C' durch einen „Kondensator", zwischen dessen Platten sich ein kleines Quarzplättchen befindet. Dieser Quarz wird im elektrischen Feld zu mechanischen Schwingungen angeregt (▶ *Interessantes*). Da seine Eigenfrequenz (27,12 MHz) in der Nähe der Schwingkreisfrequenz liegt, zwingt er dem Schwingkreis seinen Rhythmus auf. Nun arbeitet unser Oszillator genau auf dieser für Schulversuche genehmigten Frequenz.

Wir erhöhen die Spannung U_0. Die Schwingungsamplitude nimmt zu. Wir können nun eine Prüfspule mit Glühlämpchen zum Nachweis der hochfrequenten Schwingung verwenden (▶ *Bild 1a*). Es leuchtet heller, wenn wir es in einen Schwingkreis einbauen und diesen auf Resonanz einstellen (▶ *Bild 1b*). Ein besonders empfindliches Anzeigegerät ist ein Resonanzkreis, an den über eine Diode ein Drehspulinstrument angeschlossen ist (▶ *Bild 1c*). Mit ihm können wir auch Schwingungen geringer Amplitude gut nachweisen.

Zur Erzeugung noch höherer Frequenzen setzt man die Induktivität immer weiter herab, bis für die Spule nur noch eine einzige Windung übrig bleibt. So kommt die Dreipunktschaltung nach ▶ *Bild 2* zustande. Bei einem Windungsdurchmesser von 3 cm schwingt der Oszillator mit etwa 400 MHz (▶ *Bild 3*). Zum Nachweis solcher Schwingungen mit einem Lämpchen in einer Resonanzschleife müssen diese kräftig genug sein. Für Schulexperimente ist hierfür die Frequenz 433,9 MHz vorgeschrieben. Auf diese Frequenz ist der für die folgenden Versuche verwendete Oszillator stabilisiert.

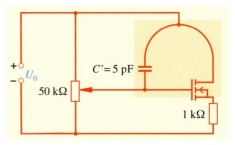

B 2: Dreipunktschaltung für sehr hohe Frequenzen

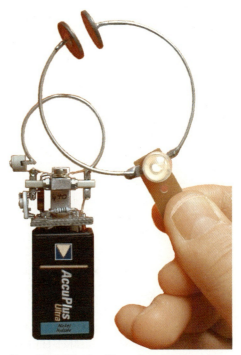

B 3: 400 MHz-Oszillator. Die Glühlampe im Resonanzkreis für 400 MHz leuchtet hell.

Interessantes

Der Schwingquarz

▶ *Bild 4a* zeigt einen Quarzkristall (SiO_2) vereinfacht. Die großen Kugeln (1, 3, 5) bedeuten Si^{4+}-Ionen, die kleinen blauen (2, 4, 6) je zwei O^{2-}-Ionen. In einem äußeren, nach unten gerichteten Feld werden die Si^{4+}-Ionen nach unten, die O^{2-}-Ionen nach oben verschoben. Dabei drängt sich Ion 1 zwischen 2 und 6, Ion 4 zwischen 3 und 5 (▶ *Bild 4b*). Der Kristall wird breiter und niedriger. Bei umgekehrter Feldrichtung wird er höher und schmaler. Solche Schwingquarze lassen sich deshalb im elektrischen Wechselfeld bei genau passender Frequenz zu starken mechanischen Resonanzschwingungen anregen. Sie geben den Quarzuhren ihre enorme Präzision.

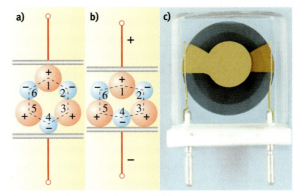

B 4: Schwingquarz **a)** normal, **b)** deformiert, **c)** Schwingquarz im Glasgehäuse (Foto)

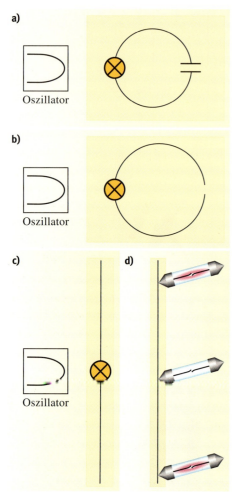

B 1: Vom Schwingkreis zum Dipol:
Aus dem Schwingkreis **a)** wird eine offene Drahtschleife **b)** und schließlich ein Dipol **c)**. Die Glühlampe in seiner Mitte zeigt dort kräftige Wechselströme an. An seinen Enden enttarnt das Leuchten der Glimmlampe starke elektrische Wechselfelder **d)**.

V 1: a) Wir nähern den Schwingkreis der Oszillatorspule (▶ *Bild 1*). Durch leichtes Verbiegen der Drahtschleife verändern wir den Abstand der Kondensatorplatten, bis das Lämpchen (3,5 V/70 mA) hell leuchtet. Bringt man die Plättchen noch weiter zusammen, so erlischt die Lampe. **b)** Der Durchmesser der Drahtschleife beträgt nun etwa 9 cm. **c)** Bei 34 cm Dipollänge leuchtet das Lämpchen am hellsten. **d)** Um die elektrischen Felder aufzuspüren, fahren wir mit einer Glimmlampe am Dipol entlang. In der Dipolmitte ist sie dunkel, an den Dipolenden leuchtet sie am hellsten.

2. Der Hertz-Dipol

Auf dem Weg zu immer höheren Frequenzen ist die Spule des Oszillator-Schwingkreises zu einer Drahtschleife verkümmert. Sie hat bei 434 MHz wenige Zentimeter Durchmesser. Die Schwingkreiskapazität beträgt nur noch einige Pikofarad. Wie sieht ein Resonanzkreis zum Nachweis der Oszillatorschwingung aus?

Die Drahtschleife des Resonanzkreises in ▶ *Bild 1a* hat einen Durchmesser von 5 cm. An ihre Enden sind zwei Pfennigstücke als Kondensatorplättchen gelötet. Bei etwa 5 mm Abstand zwischen beiden Pfennigstücken leuchtet das Lämpchen besonders hell (▶ *Versuch 1a*). Deren Kapazität ist kleiner als die des Transistors. Dafür ist die Drahtschleife (also auch ihre Induktivität) etwas größer als die im Oszillatorkreis.

Wir beobachten sogar Resonanz, wenn wir auf die Plättchen ganz verzichten und dafür die Drahtschleife noch etwas länger wählen (▶ *Bild 1b*). Ihre beiden Enden liegen jetzt nahe beieinander, ohne sich zu berühren. Wir biegen die Drahtschleife noch weiter auseinander, bis wir schließlich einen geraden Leiter erhalten. Kann auch er zu Resonanzschwingungen angeregt werden?

In ▶ *Versuch 1c* bringen wir in die Nähe der Oszillatorschleife einen leitenden Stab, dessen Länge durch übergeschobene Metallhülsen verändert werden kann. Bei einer bestimmten Länge leuchtet das in der Mitte des Stabes eingebaute Lämpchen besonders hell. Verändert man diese Länge, so wird es dunkler und erlischt schließlich ganz: Der Stab zeigt überraschenderweise Resonanz, also eine **Eigenfrequenz.**
Doch wo ist bei diesem Stab der Kondensator mit seinem elektrischen Feld, wo die Spule mit ihrem Magnetfeld geblieben?

In ▶ *Versuch 1d* untersuchen wir mit einer Glimmlampe zunächst die Ladungsverteilung längs des Dipols. In der Mitte des Stabes bleibt die Glimmlampe dunkel, an seinen Enden leuchtet sie jedoch hell auf. Das ist verständlich, wenn man die im Stab hin- und herschwingenden Elektronen betrachtet. Häufen Sie sich z. B. im oberen Teil, so laden sie ihn negativ auf, dafür mangelt es an Elektronen im unteren Teil, der nun positiv geladen ist. An den Stabenden entstehen also im ständigen Wechsel Plus- und Minus*pole*. Deshalb wird der stabförmige Schwinger **Hertz-Dipol** genannt (nach Heinrich HERTZ, 1857–1894).

An den Enden des Stabes ist die Ladungsanhäufung am größten. Folglich herrschen dort auch starke elektrische Felder. Am einen Ende gibt es für die Elektronen kein Weiterkommen, am anderen Ende fehlt den abfließenden Elektronen der Nachschub. Dort ist die Stromstärke jeweils null. Dagegen können die Elektronen ungestört durch die Stabmitte schwingen. Die Stromstärke ist hier maximal, also auch das den Strom umgebende Magnetfeld. Spule und Kondensator sind beim Dipol nicht mehr getrennt. Seine *B*- und *E*-Felder greifen fließend ineinander.

3. Endlich bestätigt sich Faradays Feldidee

Der Dipol lässt sich ebenso zu Schwingungen anregen wie die geschlossene Resonanzschleife. Was ist das Besondere an ihm?

In ▶ *Versuch 2a* bringt die Oszillatorschleife das Lämpchen des Dipols E nur zum Leuchten, wenn er sich in unmittelbarer Nähe der Schleife befindet. Fügen wir aber nach ▶ *Versuch 2b* zusätzlich den Dipol S ein, so zeigt das Leuchten des Lämpchens auch in größerer Entfernung noch kräftige Schwingungen des Dipols E. Wie wir wissen, wird S wie ein geschlossener Schwingkreis zu Schwingungen angeregt. Im Schwingkreis war das elektrische Feld auf den kleinen Bereich zwischen den Kondensatorplatten konzentriert, das magnetische praktisch auf die Spule. Das E- und B-Feld des Dipols reichen aber viel weiter. Wir nennen ihn deshalb **Sendedipol** S. Mit dem **Empfangsdipol** E registrieren wir auch noch in großem Abstand vom Sendedipol S die von ihm ausgehenden Wechselfelder. ▶ *Versuch 2c* zeigt, wie die Amplitude der E-Feldstärke mit dem Abstand abnimmt. Was erwarten wir?

Nach ▶ *Bild 2* seien die Enden eines Dipols der Länge l entgegengesetzt geladen. Der Vektor der elektrischen Feldstärke $\vec{E}$ in einem Punkt P der Mittelachse setzt sich aus den Komponenten $\vec{E}_1$ und $\vec{E}_2$ zusammen. Den ähnlichen Dreiecken entnehmen wir die Beziehung $E/E_1 = l/r$; daraus folgt $E = E_1\, l/r$. Nach dem Coulombgesetz ist außerdem $E_1 \sim 1/r^2$. Also gilt für die im Punkt P herrschende elektrische Feldstärke $E \sim 1/r^3$.

Um dies zu prüfen, vergrößern wir in ▶ *Versuch 2c* den Abstand des Empfangsdipols vom Sendedipol auf das Zehnfache. Die Empfangsfeldstärke müsste nach $E \sim 1/r^3$ auf den tausendsten Teil zurückgehen. Dies trifft aber überraschenderweise nicht ein. Selbst wenn wir den Abstand noch weiter vergrößern, geht die Amplitude der hochfrequenten elektrischen Feldstärke nicht so stark zurück wie die Feldstärke des elektrostatischen Dipolfeldes.

Was ist die Ursache? Wir wissen, dass sich das ebenfalls in den Raum ragende B-Feld ändert, also ein E-Feld (in Form geschlossener Feldlinien) induziert. Also sind wir in einigem Abstand von S nicht mehr auf die Dipolladungen angewiesen. Faraday kannte diese Versuche nicht. Trotzdem ging er noch viel weiter. Er nahm an, dass alle Felder zum Ausbreiten im Raum Zeit brauchen, also eine endliche Geschwindigkeit haben (im Gegensatz zur momentanen Fernwirkung Newtons; ▶ *Interessantes*). Zusammen mit den beobachteten Schwingungen legt dies nahe, dass dabei Wellen eine Rolle spielen. Diese Hypothese prüfen wir im Folgenden.

Merksatz

Der Sendedipol hat weitreichende elektrische Wechselfelder um sich. Sie können mit dem Coulombgesetz, also mit den Ladungen des Dipols nicht mehr erklärt werden. Vielmehr entstehen sie durch Induktion aus den sie begleitenden Magnetfeldern.

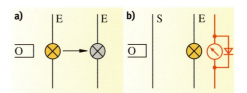

V 2: a) Wir vergrößern den Abstand des Dipols E zur Oszillatorschleife O. Sein Lämpchen erlischt. **b)** Es leuchtet erneut, wenn wir nahe der Schleife den Dipol S einfügen. **c)** Wir ersetzen das Lämpchen in E durch ein 10 V-Drehspulinstrument. Da es dem hochfrequenten Wechselstrom nicht folgen kann, schalten wir eine Gleichrichterdiode parallel. Jetzt fließen die Elektronen nur während der gesperrten Halbschwingung stets in derselben Richtung durch das Instrument. Damit können wir nun Feldstärken vergleichen. Im Abstand $r = 0{,}2$ m vom Sender messen wir etwa 10 V; bei $r = 2$ m noch etwa 1 V, also ein Zehntel der Feldstärke.

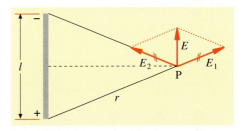

B 2: Die Ladungen des Dipols erzeugen im Punkt P die elektrische Feldstärke $\vec{E}$.

Interessantes

Faraday mit Weitblick

Faraday legte am 12. März 1832 seine weitschauenden Gedanken schriftlich bei der Royal Society in London nieder: „Gewisse Versuchsergebnisse bringen mich zu der Überzeugung, dass sich magnetische Wirkungen ausbreiten und dafür Zeit benötigen. … Ich meine, dass sich die Wellentheorie auf diese Erscheinungen ebenso anwenden lässt wie auf den Schall und sehr wahrscheinlich auch auf Licht. Ich denke, dass die Wellentheorie analog dazu auch auf die Erscheinungen der elektrostatischen Induktion (Faraday meint damit die elektrische Influenz, also im Grunde das elektrische Feld) angewandt werden kann …"

Elektromagnetische Wellen erobern den Raum

1. An Interferenz erkennt man Wellen

Interferenzerscheinungen sind besonders typische Anzeichen für eine Welle. Sie entstehen z. B. bei der senkrechten Reflexion von Schallwellen. Vor der reflektierenden Wand zeigt ein Mikrofon im Abstand von $\lambda/2$ abwechselnd Bäuche und Knoten des Drucks. Finden wir Ähnliches auch bei den elektrischen Wechselfeldern?

Nach ▸ *Versuch 1a* unterbricht die Metallplatte M_1 den Energiefluss vom Sender S zum Empfänger E. Der Energiefluss findet aber durch Reflexion an der Metallplatte M_2 statt. Nun entfernen wir in ▸ *Versuch 1b* die Platte M_1. Die vom Sender S ausgehende Energie gelangt einmal direkt und zum anderen auf dem Umweg über die reflektierende Platte M_2 zum Empfänger E. Verschieben wir die Platte M_2 langsam parallel zu sich selbst, so nimmt die Amplitude der Empfangsfeldstärke im Wechsel ab und dann wieder zu. Dieses Versuchsergebnis deutet auf **Interferenz** hin, die je nach Wegdifferenz zu unterschiedlich großen resultierenden Amplituden führt.

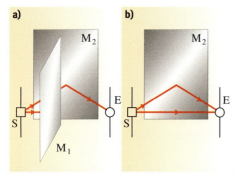

V 1: a) Wir bringen zwischen Sende- und Empfangsdipol eine Metallplatte M_1. Das Lämpchen im Empfangsdipol erlischt. Durch sie hindurch gelangt keine Energie zum Empfänger. Wir stellen eine zweite Metallplatte M_2 auf. Das Lämpchen leuchtet wieder. Energie gelangt durch Reflexion zum Empfänger. **b)** Die Platte M_1 wird entfernt. Wir verschieben die Platte M_2 vor und zurück (parallel zu sich). So ändern wir den Laufweg vom Sender über M_2 zum Empfänger. Das Lämpchen leuchtet und erlischt abwechselnd.

Dann müsste es auch möglich sein, durch Überlagerung zweier einander entgegenlaufender Wellen eine **stehende Welle** zu erzeugen. In ▸ *Versuch 2a* tasten wir den Raum zwischen Sendedipol und Metallwand mit einem Empfangsdipol ab. Wir finden zwischen Wand und Sendedipol abwechselnd Stellen mit maximalem und minimalem Empfang, die sich als Bäuche und Knoten einer stehenden Welle deuten lassen: An den Bäuchen schwingt die elektrische Feldstärke stark, in den Knoten ist sie ständig null. An der Metallwand finden wir einen Knoten der elektrischen Feldstärke. Den Knotenabstand messen wir zu 34,5 cm.

Wenn der Dipol also eine Welle aussendet, dann hat diese die Wellenlänge $\lambda = 2 \cdot 34{,}5$ cm $= 69$ cm. Die Geschwindigkeit einer Welle ist $c = \lambda f$. Da der im Versuch verwendete Oszillator mit der Frequenz $f = 434$ MHz arbeitet, muss sich die Welle ausbreiten mit der unvorstellbar großen Geschwindigkeit von

$$c = \lambda f = 0{,}69 \text{ m} \cdot 434 \cdot 10^6 \text{ s}^{-1} = 3{,}0 \cdot 10^8 \text{ m s}^{-1}.$$

Wir sagten, in der Ferne entsteht das E-Feld durch seinen ständigen Begleiter, das B-Feld. Also muss das B-Feld nachweisbar sein. Dazu benutzen wir in ▸ *Versuch 2b* eine Resonanzschleife. Wir stellen dabei fest, dass die elektrischen Feldlinien senkrecht zu den magnetischen verlaufen. Wieder finden wir im Abstand von $\lambda/2 = 34{,}5$ cm Knoten bzw. Bäuche. Doch liegen die Bäuche der magnetischen Flussdichte in den Knoten der elektrischen Feldstärke und umgekehrt. Ganz Ähnliches ist Ihnen schon bei den Schnellebäuchen und Druckknoten einer stehenden Schallwelle begegnet.

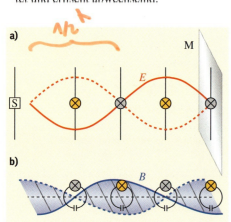

V 2: a) Wir bringen den Sendedipol S 1 bis 2 m vor eine Metallplatte M; dicht an diese bringen wir den Empfänger E. Das Lämpchen leuchtet nicht. Bewegen wir E senkrecht von M weg, so leuchtet das Lämpchen nach 17,3 cm, dann alle 34,5 cm auf. **b)** Die magnetischen Wechselfelder weisen wir mit einer Resonanzschleife nach. Den in ihr induzierten Wechselstrom zeigt ein empfindliches Lämpchen (1 V/10 mA) oder ein kleines Drehspulinstrument mit Diode an. Dicht an der Platte hat die Stromstärke ein Maximum; ebenso 34,5 cm, 69 cm, … vor der Platte. Genau dazwischen finden wir Minima.

Merksatz

Vom Sendedipol gehen Wellen elektrischer und magnetischer Felder aus. Die beiden Felder stehen senkrecht zueinander. Das Ganze nennen wir eine **elektromagnetische Welle**.

2. Die Welle ist selbstständig

J. C. MAXWELL konnte die elektrischen und magnetischen Felder mit zwei Gleichungen auseinander berechnen. Daraus folgerte er die wellenförmige Ausbreitung der vom Dipol ausgehenden elektromagnetischen Felder im Raum. Wie geht das vor sich?

Berechnen wir zunächst, wie das E-Feld unterwegs aus dem sich ändernden B-Feld durch Induktion entsteht (➡ *Bild 1*). Würde sich der Leiter nach links auf den ruhenden Magneten zu bewegen, so entstünde zwischen seinen Enden die Spannung $U = B\,d\,v$ (➡ *Versuch 3*). Sie entsteht auch, wenn sich – wie hier – das B-Feld gleich schnell über den ruhenden Leiter nach rechts bewegt. Dort wird ein E-Feld induziert, das die Elektronen nach oben verschiebt. Es existiert auch dann, wenn der Leiter fehlt. Er dient uns nur als Indikator für dieses E-Feld – er stellt sozusagen die Probeladungen zu dessen Nachweis bereit. Ein sich ausbreitendes Magnetfeld erzeugt also ein elektrisches Feld der Stärke

$$E = \frac{U}{d} = \frac{B\,d\,v}{d} = B\,v.$$

Ist die magnetische Flussdichte B maximal, so gilt dies wegen $E = B\,v$ auch für die elektrische Feldstärke E. Wird $B = 0$, so ist gleichzeitig an derselben Stelle auch $E = 0$. Das sich bewegende Magnetfeld wird also ständig von einem elektrischen Feld begleitet. Beide Felder breiten sich demnach mit derselben Geschwindigkeit aus und sind stets in Phase. Ihre Feldvektoren stehen dabei jeweils senkrecht aufeinander.

MAXWELL zeigte, dass auch wandernde elektrische Felder wiederum Magnetfelder hervorrufen. Das veranschaulichen wir mit ➡ *Bild 2*: Der geladene Kondensator bewege sich nach rechts. Die mit ihm bewegten Ladungen (+ und –) erzeugen als Ströme ein Magnetfeld. Es verläuft zwischen den Platten senkrecht zu den elektrischen Feldlinien. Nun entfernen wir in Gedanken die Platten beliebig weit voneinander, oder lassen sie ganz weg. Im Sinne von MAXWELL erfolgt das Erzeugen des B-Feldes allein durch das Wandern des E-Feldes. Es müssen weder Ladungen noch Ströme mitgeführt werden.

Das Ergebnis zeigt ➡ *Bild 3*: Die Welle breitet sich im Raum aus, auch wenn der Dipol zu schwingen aufhört. Sie ist nicht mehr auf ihn angewiesen. Mit dem sinusförmigen E-Feld läuft das erzeugte B-Feld phasengleich nach rechts. Die wandernden magnetischen Felder induzieren mitwandernde elektrische Felder, und diese erzeugen wiederum mitwandernde magnetische Felder. Dieser Vorgang kann auch im Vakuum stattfinden – ein Triumph der Feldtheorie.

Merksatz

> Wandernde elektrische und magnetische Felder erzeugen sich wechselseitig. Die Feldvektoren $\vec{E}$ und $\vec{B}$ sind in Phase. Sie stehen senkrecht aufeinander und senkrecht zur Ausbreitungsrichtung.

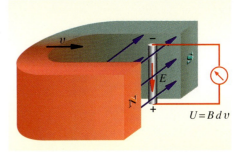

B 1: Ein bewegtes Magnetfeld erzeugt im ruhenden Leiter ein elektrisches Feld senkrecht zum B-Feld und hat Elektronen (–) nach oben verschoben.

V 3: In ➡ *Bild 1* ruht der Magnet zunächst. In seinem homogenen Feld bewegen wir den Leiter mit der Geschwindigkeit v nach links. Das Messinstrument zeigt die Spannung U. Dieselbe Spannung entsteht, wenn wir den Magneten nun bei ruhendem Stab mit der Geschwindigkeit v nach rechts bewegen.

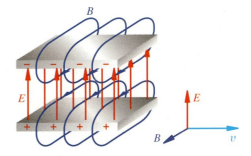

B 2: Ein bewegtes elektrisches Feld erzeugt ein magnetisches Feld.

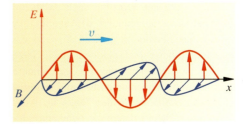

B 3: Feldvektoren $\vec{E}$ und $\vec{B}$ einer elektromagnetischen Welle

A 1: Bei einer stehenden elektromagnetischen Welle ist der Knoten der elektrischen Feldstärke vom nächsten Knoten der magnetischen 10 cm entfernt. Berechnen Sie die Frequenz der Schwingung.

3. Wie schnell ist eine elektromagnetische Welle?

Die wandernden magnetischen Felder induzieren die sie begleitenden elektrischen Felder. Diese erzeugen wiederum magnetische Felder. Dabei darf sich keine der beiden Feldarten auf Kosten der anderen bereichern; jede muss gleich viel geben und nehmen. Es liegt nahe, dass diese Bedingung erfüllt ist, wenn die Energiedichten des elektrischen ϱ_{el} und des magnetischen Feldes ϱ_{mag} stets gleich groß sind. Aus $\varrho_{el} = \varrho_{mag}$ und $E = B\,v$ folgt mit $\varrho_{el} = \tfrac{1}{2} \varepsilon_0 \varepsilon_r E^2$ und $\varrho_{mag} = B^2/(2\,\mu_0 \mu_r)$ die Geschwindigkeit

$$v = \frac{1}{\sqrt{\varepsilon_0 \varepsilon_r \mu_0 \mu_r}}.$$

Mit $\varepsilon_0 = 8{,}85419 \cdot 10^{-12}$ C V^{-1} m^{-1} und $\mu_0 = 1{,}25664 \cdot 10^{-6}$ V s A^{-1} m^{-1} sowie $\varepsilon_r = \mu_r = 1$ beträgt die Ausbreitungsgeschwindigkeit v der elektromagnetischen Welle im Vakuum – und praktisch in Luft

$$v = c = 2{,}99792 \cdot 10^8 \text{ m s}^{-1} \approx 3{,}0 \cdot 10^8 \text{ m s}^{-1}.$$

Denselben Wert erhielten wir auf der Suche nach ersten Indizien für die Existenz elektromagnetischer Wellen in *Ziff. 1*.

4. Die elektromagnetischen Felder im Raum um den Dipol

Bisher haben wir lediglich die $\vec{E}$- und $\vec{B}$-Vektoren der Welle längs einer bestimmten Richtung (der *x*-Achse) verfolgt. Diese Vektoren beschreiben die dort herrschenden elektrischen und magnetischen Feldstärken bzw. Flussdichten. Die Felder breiten sich jedoch im gesamten Raum um den Dipol aus; nur *in Richtung seiner Achse wandern keine Wellen.* ➡ Bild 1 zeigt, wie sich die *E*- und *B*-Felder ausbilden. Sie werden von den im Dipol herrschenden Wechselströmen erzeugt, lösen sich von ihm und wandern als eigenständige elektromagnetische Wellen in den Raum. Allein die Maxwell-Gleichungen erklären deren Feldverlauf genau. Die Verteilung der elektrischen Feldstärke *E* und der magnetischen Flussdichte *B*, die wir von *Ziff. 2* schon kennen, ist in ➡ Bild 1d eingezeichnet.

Zeigt ein Empfangsdipol in Richtung der *E*-Feldlinien, so schüttelt das mit der Geschwindigkeit $\vec{c}$ darüber ziehende *E*-Feld die Elektronen in ihm besonders gut hin und her. Senkrecht zum *E*-Feld geraten die Ladungen nicht in Schwingung. Ebenso müssen magnetische Feldlinien die Resonanzschleife durchsetzen, um in ihr Ströme zu induzieren. Die $\vec{E}$- und $\vec{B}$-Vektoren stehen senkrecht zur Ausbreitungsrichtung. Die elektromagnetische Welle ist eine **linear polarisierte Querwelle.**

Merksatz

Der schwingende Dipol sendet eine elektromagnetische, linear polarisierte Querwelle aus. Deren *E*- und *B*-Felder schwingen in zueinander senkrechten Ebenen. Die Ausbreitungsgeschwindigkeit beträgt

$$c = \frac{1}{\sqrt{\varepsilon_0 \varepsilon_r \mu_0 \mu_r}}.$$

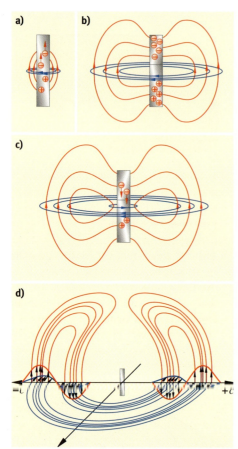

B 1: Entstehung der *E*- und *B*-Felder um den Dipol (von HERTZ mit MAXWELLS Gleichungen berechnet). **a)** Der Dipolstrom erzeugt das *B*-Feld mit seinen kreisförmigen Feldlinien. Die *E*-Feldlinien gehen in a) und genauso in **b)** noch von Dipolladungen aus. **c)** Eine *E*-Feldlinie hat sich bereits vom Dipol abgeschnürt und ist in sich geschlossen. Das Feld ist in Dipolnähe nach unten gerichtet. Dort hat auch das *B*-Feld seine Richtung geändert. **d)** Ausschnitt der *E*- und *B*-Felder in großem Abstand vom Dipol (oberer und vorderer Teil). Setzen Sie in Gedanken die rot gezeichneten *E*-Feldlinien nach unten fort und lassen sie diese außerdem um den Dipol als Achse rotieren. Dann entsteht ein zwiebelschalenförmiges Gebilde von geschlossenen Feldlinien. Sie haben weder Anfang noch Ende. Die blau gezeichneten magnetischen Feldlinien sind nach hinten zu ergänzen. Sie existieren aber nicht nur in einer Ebene, sondern verlaufen in jeder parallelen Ebene ringförmig um die Dipolachse senkrecht zu den *E*-Feldlinien.

5. Eigenfrequenzen beim Dipol

Schon bei den ersten Versuchen sind wir darauf gestoßen, dass die Eigenfrequenz des Dipols etwas mit seiner Länge l zu tun hat. Bei $l = 34{,}5$ cm leuchtet das Lämpchen im Empfangsdipol am hellsten. Der Dipol schwingt in Resonanz mit der Oszillatorfrequenz $f = 434$ MHz. Die von ihm ausgesandte elektromagnetische Welle hat die Länge $\lambda = c/f = 3 \cdot 10^8$ m s$^{-1}/(434 \cdot 10)^6$ s^{-1} = 69 cm. Der Dipol ist also genau *halb* so lang. Das erinnert uns an die aus der Mechanik bekannten Eigenschwingungen linearer Wellenträger. Gibt es am Dipol selbst stehende elektromagnetische Wellen?

In ▶ *Versuch 1* untersuchen wir mit einer Resonanzschleife das magnetische Wechselfeld um den Dipol. Um seine Mitte ist es am stärksten; das *B*-Feld hat dort einen Schwingungsbauch. An den Dipolenden ist es am schwächsten; dort sind Knoten des *B*-Wechselfeldes. Das ist im Einklang mit dem Strom im Dipol, der die *B*-Felder erzeugt. In Dipolmitte hat die Stromstärke maximale Amplitude. Zu den Enden hin nimmt sie nach einer Kosinusfunktion bis auf null ab.

In ▶ *Versuch 1* leuchtet die Glimmlampe jedoch an den Dipolenden am hellsten. Sie werden von elektrischen Wechselströmen am stärksten aufgeladen. Dort sind Schwingungsbäuche des *E*-Wechselfeldes. Dies hat in der Mitte des Dipols einen Knoten.

Diese Ergebnisse deuten auf eine stehende elektromagnetische Welle entlang des Dipols hin. Er ist in seiner **Grundschwingung** angeregt, mit einem Strombauch in seiner Mitte.

In ▶ *Versuch 2* regen wir mit dem 434 MHz-Oszillator einen Kupferstab der Länge $l = 3\lambda/2 = 1{,}0$ m zu elektromagnetischen Eigenschwingungen an. Mit der Resonanzschleife finden wir drei Bäuche des magnetischen Wechselfeldes, also drei Strombäuche. Da $l = 3\lambda/2$ ist, schwingt der Stab in der 2. Oberschwingung. Die Leuchtstoffröhre zeigt vier Schwingungsmaxima der *E*-Feldstärke: Zwei an den Stabenden und zwei im Abstand $\lambda/2$ davon.

Die **Bedingung** $l = k\lambda/2$ für eine stehende elektromagnetische Welle ist die gleiche wie für eine mechanische Welle mit zwei festen bzw. freien Enden. Ein leitender Stab der Länge l kann demnach nur bei den Wellenlängen $\lambda_k = 2l/k$ zu elektromagnetischen Resonanzschwingungen angeregt werden. Er hat die Eigenfrequenzen $f_k = c/\lambda_k = k\,c/(2l)$ ($k = 1, 2, \ldots$). Das c ist das Gleiche wie im umgebenden Raum. Bestimmend sind auch hier die Felder um den Dipol, nicht dessen Material.

Merksatz

Die **Eigenfrequenzen** f_k eines leitenden Stabes hängen von seiner Länge l und der Ausbreitungsgeschwindigkeit c der elektromagnetischen Welle im umgebenden Stoff ab. Es gilt

$$f_k = k\frac{c}{2l}, \quad \text{mit } k = 1, 2, \ldots$$

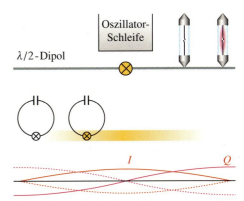

V 1: Nachweis stehender elektromagnetischer Wellen am $\lambda/2$-Dipol; Stromstärke I und Ladung Q entlang des Dipols.

Wir bewegen einen Resonanzkreis ($f = 434$ MHz) am Dipol entlang. Das Leuchten des Glühlämpchens zeigt, dass die magnetischen Wechselfelder um die Dipolmitte am stärksten sind. Dagegen finden wir an den Dipolenden mit der Glimmlampe die stärksten elektrischen Wechselfelder.

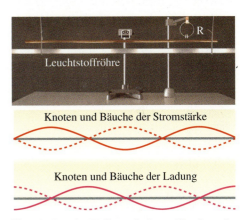

V 2: Stehende Welle auf einem Kupferstab: Wir bringen einen Kupferstab der Länge $l = 3\lambda/2 \approx 1{,}0$ m mit seiner Mitte nahe an die Oszillatorschleife. Die Leuchtstoffröhre zeigt die Bäuche (hell) und Knoten (dunkel) des elektrischen Wechselfeldes. Das Lämpchen der Resonanzschleife R weist die Bäuche (hell) und Knoten (dunkel) des magnetischen Wechselfeldes nach. (R befindet sich in einem Bauch des *B*-Wechselfeldes.)

Im Knoten des magnetischen Wechselfeldes ($B = 0$) liegt ein Bauch des elektrischen; im Knoten des elektrischen Wechselfeldes ($E = 0$) befindet sich ein Bauch des magnetischen.

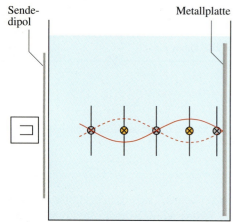

V1: Stehende elektromagnetische Welle in Wasser: Wir stellen den vom Hochfrequenzgenerator angeregten Sendedipol neben einen Glastrog, der mit destilliertem Wasser gefüllt ist. Um die Wellenlänge λ_W in Wasser zu messen, bringen wir eine Metallplatte in den Trog. Die zur Platte hinlaufende und die von ihr reflektierte Welle bilden eine stehende elektromagnetische Welle. Die Kurven im Bild zeigen die Knoten und Bäuche des elektrischen Wechselfeldes an. Ein Knoten befindet sich auf der Metallplatte. Der Abstand der Knoten beträgt $d = \lambda_W/2 = 3{,}8$ cm. Die Wellenlänge in Wasser ist demnach $\lambda_W = 7{,}6$ cm.

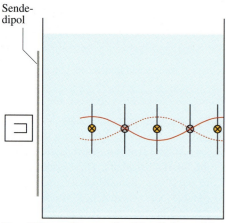

V2: Wir entfernen die Metallplatte. Nun leuchtet das Lämpchen an den Stellen, an denen es zuvor dunkel war und umgekehrt. Die elektromagnetische Welle wird auch an der Grenzfläche Wasser-Luft reflektiert, wenn auch nicht vollständig. Der Rest verlässt den Trog durch die Glaswand. An der Glaswand entsteht ein Bauch des elektrischen Wechselfeldes.

6. Die elektromagnetische Welle in Materie

Bei den vielen Ähnlichkeiten zwischen mechanischen und elektromagnetischen Wellen dürfen wir einen ganz wesentlichen Unterschied nicht vergessen: Die elektromagnetische Welle braucht im Gegensatz zur mechanischen *keinen Träger*. Die sich selbst erhaltenden E- und B-Felder wandern ohne vermittelnden Stoff durch das Vakuum. Elektromagnetische Wellen können andererseits aber auch durch Mauern zum Empfänger gelangen. **Im Vakuum** breiten sie sich mit der Geschwindigkeit $c_0 = 1/\sqrt{\varepsilon_0 \mu_0}$ aus; in einem Stoff müssen wir die durch ε_r und μ_r veränderten Feldstärken beachten. Es genügt ε_0 durch $\varepsilon_0 \varepsilon_r$ und μ_0 durch $\mu_0 \mu_r$ zu ersetzen:

$$c = \frac{1}{\sqrt{\varepsilon_0 \mu_0}\sqrt{\varepsilon_r \mu_r}} = \frac{c_0}{\sqrt{\varepsilon_r \mu_r}}.$$

Für die meisten Stoffe – mit Ausnahme der ferromagnetischen – ist die Permeabilitätszahl $\mu_r \approx 1$. Die Ausbreitungsgeschwindigkeit elektromagnetischer Wellen in solchen Stoffen beträgt deshalb

$$c \approx \frac{c_0}{\sqrt{\varepsilon_r}}.$$

Wasser mit der hohen Dielektrizitätszahl $\varepsilon_r = 81$ (bei 18 °C) eignet sich gut zur Bestätigung dieser Gleichung. – Wie die mechanische Welle behält auch die elektromagnetische ihre Frequenz nach dem Übergang in ein anderes Medium bei. Dagegen ändert sich mit c auch ihre Wellenlänge. Die Ausbreitungsgeschwindigkeit der Welle im Vakuum ist $c_0 = \lambda_0 f$, im Wasser $c_W = \lambda_W f$. Also ist

$$\frac{c_W}{c_0} = \frac{\lambda_W f}{\lambda_0 f} = \frac{\lambda_W}{\lambda_0}.$$

Die Wellenlängen verhalten sich also wie die Ausbreitungsgeschwindigkeiten. Mit $c_W = c_0/\sqrt{\varepsilon_r}$ ist demnach

$$\frac{\lambda_W}{\lambda_0} = \frac{c_0}{c_0 \sqrt{\varepsilon_r}} \quad \text{oder} \quad \lambda_W = \frac{\lambda_0}{\sqrt{\varepsilon_r}}.$$

Mit $\varepsilon_r = 81$ wird $\lambda_W = \lambda_0/9$. Unser Sender strahlt in Luft eine elektromagnetische Welle mit $\lambda_0 = 69$ cm aus. Wir erwarten also für die Welle derselben Frequenz in Wasser die Wellenlänge $\lambda_W \approx 7{,}67$ cm. Tatsächlich – ein auf $\frac{1}{9}$ der ursprünglichen Länge verkürzter Dipol spricht an, sobald er im Wasser ist (→ *Versuch 1*). Mit diesem Dipol finden wir, dass der Knotenabstand der stehenden elektromagnetischen Welle in Wasser $d = 3{,}8$ cm beträgt. Daraus folgt die Wellenlänge $\lambda_W = 7{,}6$ cm. Unsere Vermutung hat sich bestätigt.
Nach Entfernen der Metallplatte hat die stehende Welle im Wasser nun an der Grenzfläche zur Luft einen Schwingungsbauch der elektrischen Feldstärke (→ *Versuch 2*).

Merksatz

Die **Ausbreitungsgeschwindigkeit c** elektromagnetischer Wellen ist in Stoffen mit $\mu_r = 1$ und der Dielektrizitätszahl $\varepsilon_r > 1$ kleiner als im Vakuum. Sie beträgt

$$c = \frac{c_0}{\sqrt{\varepsilon_r}} < c_0.$$

Interessantes

Der Mikrowellenherd

Im Mikrowellenherd durchdringt elektromagnetische Strahlung die Speise und erhitzt diese durch Abgabe von Strahlungsenergie. An seinen Metallwänden werden die Wellen reflektiert, sodass sie nicht nach außen dringen. Ihre Wellenlänge $\lambda = 12$ cm kann man mit einem auf Resonanz abgestimmten Draht der Länge $l = k\lambda/2$ ($k = 1, 2, \ldots$) überprüfen. Wir wählen die Länge $l = \lambda$ ($k = 2$). In ➡ *Versuch 3* befestigen wir den Draht in seiner Mitte mit etwas Plastilin am Rand eines Trinkglases (➡ *Bild 1a*). Dort ist im Draht ein Stromknoten; im Abstand $\lambda/4$ davon befinden sich die Strombäuche, wo der Draht hell glüht (➡ *Bild 1b*).

Die Frequenz des Wechselstroms beträgt $f = c/\lambda = 3 \cdot 10^8$ m s^{-1}/0,12 m $= 2,5 \cdot 10^9$ Hz $= 2,5$ GHz (GHz: Gigahertz). Solche hochfrequenten elektromagnetischen Schwingungen kann man kaum noch mit der Dreipunktschaltung erzeugen. Sie entstehen in einer speziellen Elektronenröhre, dem so genannten Magnetron (➡ *Bild 2*). Es liefert elektromagnetische Strahlung bis etwa 1 Kilowatt. Wie funktioniert es?

Das **Magnetron** ist eine zylinderförmige Elektronenröhre, die sich in einem konstanten B-Feld (senkrecht zur Zeichenebene) befindet (➡ *Bild 2*). In seiner Mitte werden aus der Katode K Elektronen ausgedampft und durch die anliegende Hochspannung $U_a = 3$ kV zum Anodenzylinder A beschleunigt. Dieser enthält 8 Bohrungen, jeweils mit einem Schlitz. Sie bilden 8 „Schwingkreise", die sog. Hohlraumresonatoren. Diese haben eine bestimmte Eigenfrequenz. Da benachbarte Resonatoren jeweils eine „Kondensatorplatte" gemeinsam haben, schwingen sie gegenphasig. Elektronen regen auf dem Weg von K nach A die Resonatoren an. Sie werden nämlich durch das statische B-Feld im Uhrzeigersinn abgelenkt. Im nach rechts gerichteten E-Feld von Resonator (1) erfahren sie eine Kraft nach links. Das E-Feld entzieht ihnen Energie, die Resonator (1) zukommt. Die abgebremsten Elektronen durchlaufen eine enge Schleife und gewinnen dann auf dem Weg in Richtung Anode erneut aus U_a Energie. So pumpen sie auf schleifenförmigen Bahnen während $T/2$ Energie in den Resonator (1).

Das E-Feld von Resonator (2) ist entgegengesetzt gerichtet. Elektronen werden dort auf Kosten der Energie von Resonator (2) schneller und durch die Lorentzkraft zur Katode zurückgeführt. Da diese Elektronen ausscheiden, überwiegt der Energiegewinn bei (1). Er wird durch eine Drahtschleife induktiv entnommen und als Mikrowelle der Speise zum Erhitzen zugeführt.

Die Stärke des statischen B-Feldes wird so gewählt, dass der Umlauf der Elektronen auf die Frequenz der Resonatoren abgestimmt ist. Deshalb kann sich die Schwingung beim Anlegen von U_a aufschaukeln, also selbst organisieren – analog zum Anblasen bei Pfeifen. Mit Magnetrons erzeugt man auch Radarwellen ($\lambda = 5$ mm $\ldots$ 30 cm).

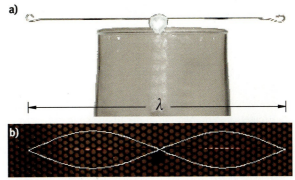

B 1: a) Ein Draht der Länge $l \approx \lambda$ ist in seiner Mitte (im Stromknoten) mit Plastilin an einem Trinkglas befestigt. **b)** Im Mikrowellenherd wird dieser Dipol in seiner ersten Oberschwingung angeregt.

V 3: Wir fertigen aus CrNi-Draht (Durchmesser: 0,35 bis 0,4 mm) eine Antenne der Länge λ. Die Enden biegen wir zu runden Schlaufen, um dort Funkenbildung durch zu hohe Feldstärken zu vermeiden (➡ *Bild 1a*). Dadurch tritt Resonanz bei der etwas kleineren Drahtlänge $l = 11$ cm ein. Die Strahlungsenergie im Herd setzen wir durch ein Gefäß mit Wasser herab. Für die Antenne muss eine günstige Position gesucht werden. In ➡ *Bild 1b* erkennt man die Strombäuche am Glühen.

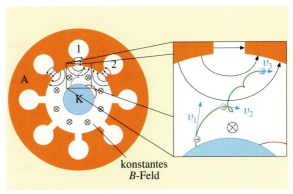

B 2: Elektronenbahnen im Magnetron. Auf dem Weg (grün) von der Katode K zur Anode A wird ein Teil der Energie $e\, U_a$ vom Elektron an das Schwingkreisfeld weitergereicht (U_a ist die Spannung zwischen K und A).

Elektromagnetische Wellen

Drehung der Polarisationsebene

Weitere Eigenschaften elektromagnetischer Wellen lassen sich besonders gut bei Wellenlängen von einigen Zentimetern beobachten. Solche Wellen – meist Mikrowellen genannt – werden in ▶ *Versuch 1* aus der trichterförmigen Öffnung eines Mikrowellensenders als schmales Bündel ausgestrahlt. Mit einem kleinen Empfangsdipol überzeugen wir uns davon, dass die Strahlung auf einen engen Raum begrenzt ist. Wir bestimmen die Wellenlänge der Strahlung zu $\lambda = 3{,}2$ cm. Der Mikrowellensender schwingt demnach mit der Frequenz $f = c/\lambda = 9{,}4$ GHz.

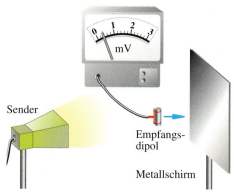

V 1: Mit einer Hochfrequenzdiode als Empfangsdipol tasten wir den Raum um den Sender ab. Dieser strahlt ein ziemlich scharf begrenztes Wellenbündel aus. Wir bringen den Dipol auf die Mittellinie des Bündels und drehen ihn in der Ebene senkrecht zu dieser. In vertikaler Stellung ist der Zeigerausschlag des Instruments maximal. Dies ist die Richtung der $\vec{E}$-Vektoren der polarisierten Welle. Wir erzeugen durch Reflexion an einem Metallschirm stehende Wellen. Bewegen wir den Empfangsdipol auf die Wand zu, registrieren wir abwechselnd Maxima und Minima. Der Abstand $d = \lambda/2$ zweier benachbarter Minima ergibt die Wellenlänge $\lambda = 3{,}2$ cm.

Der Empfangsdipol hat etwa die Länge $\lambda/2 = 1{,}6$ cm. Steht er parallel zum $\vec{E}$-Vektor, so wird sein Spannungssignal maximal. In ▶ *Versuch 1* ist dies die vertikale Richtung. Senkrecht dazu geht das Signal auf null zurück. Die elektrischen Felder der Welle liegen also mit dem Empfangsdipol in einer vertikalen Ebene; die Welle ist linear polarisiert.

Zur Erhöhung der Empfangs- und Richtungsempfindlichkeit benutzen wir im Folgenden einen Diodendipol mit Trichter.

1. Schlüpft die Welle durch ein Gitter?

Aus ▶ *Versuch 1* wissen wir, dass Mikrowellen von einer Metallplatte nahezu vollständig reflektiert werden. Wie ist es aber mit einem Gitter aus Metallstäben? Gelangen die Wellen durch das Gitter zum Empfänger?

In ▶ *Versuch 2* registriert der Empfänger hinter dem Gitter kein Signal, wenn dessen Stäbe parallel zum $\vec{E}$-Vektor liegen. Die Welle wird nahezu vollständig reflektiert. Sie läuft jedoch ungehindert durch das Gitter, wenn die Stäbe senkrecht zum $\vec{E}$-Vektor stehen. Reflexion tritt dann nicht auf.

Eine Erklärung für diese seltsame Erscheinung ist, dass die parallel zum $\vec{E}$-Vektor ausgerichteten Metallstäbe vom elektrischen Wechselfeld der Welle zu erzwungenen Schwingungen angeregt werden. Ein solcher Gitterstab stellt nämlich einen Dipol dar, dessen Eigenfrequenz wegen seiner verhältnismäßig großen Länge wesentlich kleiner ist als die Frequenz des Wechselfeldes. Analog zu erzwungenen mechanischen Schwingungen gilt: Das E-Feld des Stabes schwingt im Gegentakt zum E-Feld der auftreffenden Welle. Dabei wirken die Stäbe als Sendedipole und strahlen nach beiden Seiten eine elektromagnetische Welle ab. Hinter dem Gitter läuft sie in dieselbe Richtung wie die Originalwelle, die das Gitter nahezu ungestört durchläuft. Da die Felder beider Wellen mit der Phasenverschiebung π schwingen, löschen sie sich hinter dem Gitter aus. Auf der anderen Seite – vor dem Gitter – tritt dagegen eine reflektierte Welle auf.

Dreht man die Stäbe um 90°, so können diese nicht zu Schwingungen angeregt werden. Es entstehen keine zusätzlichen Wellen. Die auftreffende Welle geht einfach durch. Reflexion findet nicht statt.

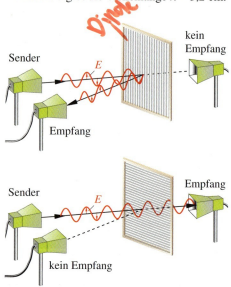

V 2: Wir bringen zwischen Sender und Empfänger ein Gitter aus Metallstäben. Sind die Stäbe parallel zu den $\vec{E}$-Vektoren, so gelangt die Welle nicht zum Empfänger; sie wird reflektiert. Stehen die Stäbe senkrecht zu den $\vec{E}$-Vektoren, so durchdringt die Welle das Gitter und wird nicht reflektiert.

Wir können diese Überlegungen auch auf die Reflexion der elektromagnetischen Welle an einer Metallplatte übertragen: Weil die $\vec{E}$-Vektoren der ankommenden und der reflektierten Welle in der Platte gegenphasig schwingen, hat die stehende Welle auf der Platte einen Knoten des E-Feldes. Nun liegt die Orientierung der E- und B-Felder bezüglich der Ausbreitungsrichtung fest. Das E-Feld der Welle hat aber bei der Reflexion am Metall seinen Richtungssinn geändert (⟹ Bild 1). Deshalb sind dort die $\vec{B}$-Vektoren der auftreffenden und der reflektierten Welle gleichgerichtet und verstärken sich. Folglich entsteht an der Metallplatte ein Schwingungsbauch des B-Feldes. Diesen konnten wir bei den längeren Dezimeterwellen ($\lambda = 6{,}9$ dm) mit einer Induktionsschleife nachweisen.

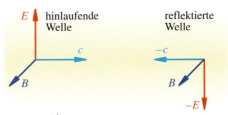

B 1: Die $\vec{E}$-Vektoren der ankommenden und reflektierten Welle sind entgegengesetzt gerichtet. Die $\vec{B}$-Vektoren haben dagegen die gleiche Richtung und verstärken sich.

2. Das Gitter ändert die Polarisation der Welle

In ⟹ Versuch 3 ist das Gitter so um die Ausbreitungsrichtung gedreht, dass seine Stäbe schräg zu den $\vec{E}$-Vektoren liegen. In der Welle hinter dem Gitter stehen die $\vec{E}$-Vektoren senkrecht zu den Stäben. Wie kommt es zu dieser Drehung der Schwingungsebene des elektrischen Feldes?
Betrachten wir in ⟹ Versuch 3 die momentan im Punkt P eines Gitterstabes herrschende elektrische Feldstärke $\vec{E}$. Wir zerlegen den Vektor $\vec{E}$ in die Komponenten $\vec{E}_p$ parallel zum Stab und $\vec{E}_s$ senkrecht dazu. Wir ersetzen also die einlaufende Welle durch zwei Wellen. Nach ⟹ Versuch 2 wird nur diejenige Welle durch das Gitter gelassen, deren $\vec{E}$-Vektoren senkrecht zu den Stäben liegen. Ihre Schwingungsebene erscheint daher gegenüber der einlaufenden Welle um den Winkel α gedreht.

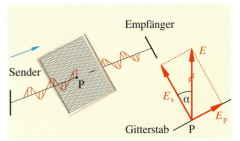

V 3: Wir bringen ein Stabgitter so zwischen Sender und Empfänger, dass seine Stäbe schräg zur Schwingungsebene des elektrischen Feldes verlaufen. Der Empfang wird nicht ganz unterbrochen, sondern nur geschwächt. Das Stabgitter dreht die Polarisationsebene der Welle um den Winkel α. Nur der Anteil der Welle mit der Komponente $\vec{E}_s$ durchdringt das Gitter. Drehen wir den Empfangsdipol, bis er senkrecht zu den Stäben steht, wird der Empfang stärker und erreicht schließlich in der Stellung senkrecht zu den Drähten ein Maximum.

Merksatz

Von einer elektromagnetischen Welle durchdringt nur der Anteil ein Drahtgitter, dessen elektrische Feldstärkekomponenten senkrecht zu den Gitterstäben stehen. – Das E-Feld des hindurchlaufenden Teils der Welle schwingt senkrecht zu den Stäben.

Vertiefung

Zirkularpolarisation

Im Bild laufen zwei Wellen in gleicher Richtung. Ihre $\vec{E}$-Vektoren stehen senkrecht aufeinander, schwingen aber jeweils um $\pi/2$ phasenverschoben. Die Spitze des resultierenden $\vec{E}$-Vektors rotiert auf einem Kreis. So entsteht eine *zirkularpolarisierte* Welle, die für den Empfangsdipol keine Vorzugsrichtung hat. Sie findet z. B. bei Satelliten Anwendung, die um eine Achse rotieren.

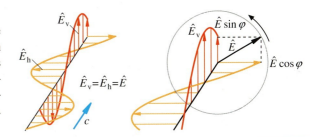

... noch mehr Aufgaben

A 1: In ⟹ Versuch 3 wird der Empfangsdipol waagerecht gestellt. Warum geht der Empfang in dieser Stellung nicht vollständig zurück? In welcher Stellung ist genau dies der Fall?

A 2: In ⟹ Versuch 3 hat die Welle vor dem Gitter die Amplitude $\hat{E} = 30$ V/m. Wie groß ist die Amplitude dahinter? ($\alpha = 30°$). Welche Amplitude hat die reflektierte Welle?

Elektromagnetische Wellen übertragen Daten

Im Jahr 1895 gelang G. MARCONI (Nobelpreis 1909 zusammen mit Ferdinand BRAUN) die erste drahtlose Übertragung von Nachrichten vom Dachboden seines elterlichen Hauses über mehrere hundert Meter. Im Jahr 1899 schaffte er eine funktelegrafische Verbindung über den Ärmelkanal, zwei Jahre später über den Atlantik. Die Erdkrümmung erwies sich besonders für Wellenlängen von einigen 10 m entgegen den Erwartungen nicht als Hindernis. Diese Wellen werden von der Ionosphäre (die Moleküle sind dort ionisiert) in etwa 100 km Höhe „reflektiert". Heute übertragen elektromagnetische Wellen große Datenmengen über Satelliten und auf der Erde. Wie transportieren sie diese Daten?

1. Amplitudenmodulation (AM)

Der einfachste Datentransport besteht im Ein- und Ausschalten des Senders im Rhythmus der Morsezeichen. Bei dieser Kodierung nimmt die Amplitude der Welle nur zweierlei Werte an, nämlich ihren vollen Betrag oder null. Beim Empfänger kann man die Information z. B. aus der wechselnden Anzeige eines Messinstruments wieder entziffern. Weil die übertragenen Signale hier nur aus diskreten Amplitudenwerten bestehen, die man mit den Fingern abzählen kann, nennt man diese Übertragungsart **digital** (digitus, lat.: der Finger).

Wenn wir mit dem Radio Lang-, Mittel- oder Kurzwelle empfangen, tragen die elektromagnetischen Wellen die Musik oder Sprache der Tonschwingung folgend zum Empfänger. Wie übergibt man diese an die Welle bei **analoger** Übertragung?
In ➡ *Versuch 1* zeigt das obere Oszillogramm die Schwingungskurve eines 440 Hz-Tones. Diese Kurve wollen wir der elektromagnetischen Welle mitgeben. Dazu ändern wir im Schwingkreis die Amplitude der hochfrequenten Schwingung gemäß dem Verlauf der niederfrequenten Tonschwingung. So entsteht das untere Oszillogramm. Die Einhüllende der Hochfrequenzschwingung hat dabei die Kurvenform der Tonschwingung. Mit dieser ist dann auch die ausgestrahlte Welle moduliert. Diese Art der Kodierung ist eine kontinuierliche, analoge **Amplitudenmodulation**.

Wie entsteht in der Oszillatorschaltung (➡ *Versuch 1*) die Modulation der hochfrequenten Schwingung, auch **HF- oder Trägerschwingung** genannt? Die am Potentiometer (1 MΩ) eingestellte Spannung zwischen Source S und Gate G bestimmt die Amplitude der Trägerschwingung der Frequenz $f = 27{,}1$ MHz. Schaltet man den Sinusgenerator ein, so kommt zwischen O und S und damit auch zwischen G und S eine zusätzliche Wechselspannung der Tonfrequenz $f^* = 440$ Hz hinzu. Dadurch wird die Energiezufuhr zum Schwingkreis 440-mal in der Sekunde vergrößert und verkleinert. Entsprechend schwankt auch die Amplitude der HF-Schwingung ($f = 27{,}1$ MHz) im Rhythmus der Tonfrequenz ($f^* = 440$ Hz). Mit einer Induktionschleife am Oszilloskop weisen wir die mit der Sinusschwingung modulierte Trägerschwingung nach.

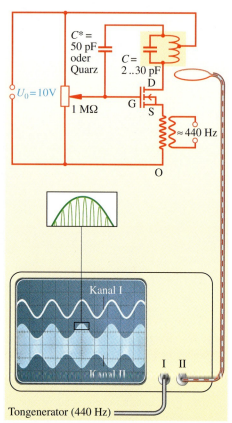

V 1: *Amplitudenmodulation:* Als Sender benutzen wir einen HF-Oszillator für $f = 27{,}1$ MHz. Zwischen O und S befindet sich die Wicklung (ca. 2 kΩ) eines kleinen Transformators. Dessen zweite Wicklung (ca. 20 Ω) ist an einen Sinusgenerator mit $f^* = 440$ Hz angeschlossen.
Zum Nachweis der HF-Schwingung bringen wir eine Induktionsschleife in die Nähe der Schwingkreisspule und verbinden sie mit Kanal II des Oszilloskops.
Mit Kanal I messen wir die 440 Hz-Schwingung (im Bild oberes Oszillogramm). Mit deren Frequenz ändert sich periodisch die Amplitude der HF-Schwingung. Bei der Zeitablenkung von 1 ms/cm kommen auf einen Zentimeter 27 100 Perioden der schnellen HF-Schwingung. Sie liegen so dicht, dass nur ihre Amplitudenänderung als Einhüllende sichtbar wird (im Bild unteres Oszillogramm).
Anstelle des Sinusgenerators können wir auch ein Kohlekörnermikrofon in Reihe mit einer Batterie (1,5–4,5 V) verwenden und 440 Hz durch Anschlagen einer Stimmgabel erzeugen.

2. Die Tonfrequenz wird zurückgewonnen – Demodulation

Wir stimmen einen Resonanzkreis auf die Trägerfrequenz ab, so wie bei der Senderwahl am Radio. Das Oszilloskop zeigt ein besonders kräftiges Signal der modulierten HF-Schwingung wie im unteren Oszillogramm von ➡ *Versuch 1*. Es kann jedoch nicht einmal einen empfindlichen Kopfhörer zum Tönen bewegen. Dessen Membran ist zu träge, um den hochfrequenten Schwingungen zu folgen. Sie bleibt in Ruhe.

Nun kann und will man im Empfänger ja auch gar nicht die Sender-Hochfrequenz f hören, sondern die Niederfrequenz f^*, mit der sich die Amplitude der hochfrequenten Schwingung ändert. Wie man diese Amplitude mit einem Drehspulinstrument misst, zeigt ➡ *Versuch 2*.

Man muss die hochfrequente Schwingung *gleichrichten*. Wenn wir die Modulationsfrequenz f^* auf etwa 2 Hz einstellen, schwankt der Zeiger des Instruments mit dieser Frequenz um einen Mittelwert, genau wie die Membran eines Kopfhörers. Diese folgt der Schwingung aber auch noch bei $f^* = 440$ Hz. Ein Ton dieser Frequenz ist in ➡ *Versuch 2* aus dem über einen Verstärker angeschlossenen Lautsprecher hörbar.

In ➡ *Versuch 3* verfolgen wir mit dem Oszilloskop den Spannungsverlauf nach der Diode. Von der HF-Schwingung sind an Kanal II nur noch die positiven Spannungswerte zu sehen. Wenn wir den Widerstand R entfernen, geht die Spannung zwischen benachbarten Amplituden nicht auf null zurück. Die Kapazität des Kabels glättet die HF-Schwingung. Übrig bleiben nur ihre niederfrequenten Schwankungen um einen mittleren Gleichspannungswert (Kanal I). Man könnte sie nun durch einen Koppelkondensator von der Gleichspannung trennen und einem Verstärker zuführen. Auf diese Weise gewinnt man den Ton zurück – nun frei vom Träger. Diesen Vorgang nennt man **Demodulation.**

3. Übertragung auch ohne Antennen?

In ➡ *Versuch 2 und 3* sind Sende- und Empfangskreis dicht beieinander. Die Oszillatorspule induziert mit ihrem magnetischen Wechselfeld unmittelbar in der Empfangsspule die modulierten Trägerschwingungen. Zur Überbrückung großer Entfernungen müssen sie von einem $\lambda/2$-Dipol als elektromagnetische Welle abgestrahlt werden. Dazu wird der Dipol induktiv an die Oszillatorspule gekoppelt (➡ *Bild 1*). Es gelingt mit einer Spule aus nur wenigen Windungen, die die beiden Dipolhälften in der Mitte verbindet. Beide Hälften werden dafür ein wenig gekürzt, damit der Dipol in Resonanz schwingt. Auch der Empfangskreis kann so an eine Antenne gekoppelt werden.

Selbst ohne Sendeantenne gelangen die hochfrequenten Felder bis in die Nachbarräume (➡ *Versuch 4*). Um Störungen zu vermeiden, darf außerhalb der genehmigten Frequenzbereiche die Amplitude der elektrischen Feldstärke den Wert 50 μV/m an der Grundstücksgrenze nicht überschreiten.

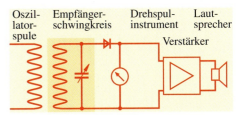

V 2: Wir bringen einen Resonanzkreis nahe an die Oszillatorspule aus ➡ *Versuch 1*. Seine hochfrequente Wechselspannung wird von einer Diode gleichgerichtet. Die Modulationsfrequenz $f^* = 2$ Hz wird am Zeigerausschlag eines Instruments sichtbar, $f^* = 440$ Hz aus dem Lautsprecher hörbar.

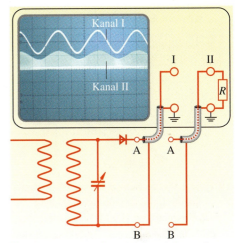

V 3: Wir messen die gleichgerichtete Spannung U_{AB} mit dem Oszilloskop. Das Koaxialkabel glättet U_{AB} zwischen A-B und Eingang I durch seine Kapazität. An Kanal II ist ein zweiter Resonanzkreis mit Diode angeschlossen. Der Belastungswiderstand $R \approx 200\ \Omega$ entlädt das Koaxialkabel sofort, sodass die hochfrequenten Halbschwingungen sichtbar werden.

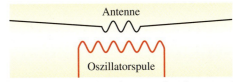

B 1: Induktive Ankopplung an eine Antenne

V 4: Wir ersetzen den Quarz des Oszillators durch einen veränderlichen Kondensator (30 … 200 pF) und stellen mit ihm eine Kurzwellenfrequenz des Radios ein (z. B. 10 MHz). Der 440 Hz-Ton ist gut hörbar.

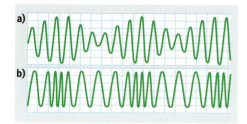

V 1: Ein *t-y*-Schreiber ist mit einem Sinusgenerator verbunden. Wir ändern am Drehknopf jeweils im gleichen Rhythmus **a)** die Amplitude (Amplitudenmodulation) bzw. **b)** die Frequenz (Frequenzmodulation). Im Bild ist das Ergebnis wiedergegeben.

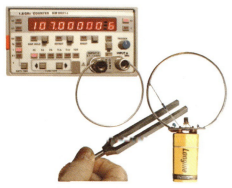

V 2: Der kleine Sender auf der 9 V-Batterie ist in Dreipunktschaltung aufgebaut. Dessen Frequenz $f = 107$ MHz misst ein Zähler mit angeschlossener Induktionsschleife. Wir bringen eine 440 Hz-Stimmgabel in die Nähe der Drahtschleife des Schwingkreises. Dabei ändert sich die Frequenz um etwa 100 kHz.
Schlagen wir die Stimmgabel nahe der Drahtschleife an, so ändert sich periodisch der Abstand ihrer Zinken zur Schleife. In eben diesem Rhythmus schwankt die Oszillatorfrequenz. Sie ist frequenzmoduliert. Auf UKW ist bei 107 MHz der 440 Hz-Ton im Radio zu hören.

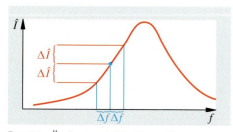

B 1: Die Änderung Δf der Trägerfrequenz bewirkt eine Amplitudenänderung $\Delta \hat{I}$.

4. Frequenzmodulation (FM)

Die Amplitudenmodulation ist nicht die einzige analoge Übertragungsart. Man kann auch die Amplitude konstant halten und dafür die *Frequenz* der Trägerschwingung im Rhythmus der zu übertragenden Tonschwingung ändern. In ▶ *Versuch 1* sind beide Modulationsarten aufgezeichnet. Die Amplitude der oberen Schwingung ändert sich im selben Rhythmus wie die Frequenz der unteren.

Frequenzmodulation (FM) verwendet man vor allem bei sehr hohen Frequenzen. Wenn Sie mit dem Radio „UKW" hören, empfangen Sie elektromagnetische Schwingungen von etwa 100 MHz. UKW ist die Abkürzung für Ultrakurzwelle. Bei $f = 100$ MHz beträgt ihre Wellenlänge $\lambda = c/f = 3{,}0$ m. Ein Empfangsdipol, der in Resonanz schwingen soll, müsste also 1,5 m lang sein. Tatsächlich findet man an Kofferradios aber meist kürzere handlichere Antennenstäbe. Ihre fehlende Länge wird im Radio durch kleine Spulen ergänzt. Häufig sieht man nur einen einzigen Stab. Dann ersetzt der Apparat selbst die andere Dipolhälfte.

In ▶ *Versuch 2* übertragen wir die 440 Hz-Schwingung einer Stimmgabel durch Frequenzmodulation der Ultrakurzwellen. Als Empfänger dient ein Kofferradio, abgestimmt auf $f = 107$ MHz. Um die Trägerfrequenz f des kleinen Senders zu modulieren, bringen wir eine (zunächst noch nicht angeschlagene) Stimmgabel in die Nähe des Schwingkreises. Dessen Frequenz ändert sich dabei um etwa 100 kHz. Nach dem Anschlagen der Stimmgabel schwankt folglich die Frequenz im Rhythmus der Tonschwingung. Der 440 Hz-Ton ist aus dem Radio deutlich zu hören. In der Technik ändert man die Schwingkreisfrequenz z. B. mit einer Kapazitätsdiode. Üblich sind jedoch viel raffiniertere Verfahren.
Bei digitalem Rundfunk werden die Signale digital kodiert und durch Umschalten zwischen zwei Frequenzen übertragen.

Und wie wird die Lautstärke verarbeitet? Nun, je lauter der Ton ist, umso stärker schwankt die Trägerfrequenz f. Bei einem lauten Ton schwankt sie z. B. zwischen $f - 50$ Hz und $f + 50$ Hz, bei einem leisen nur zwischen $f - 10$ Hz und $f + 10$ Hz. Hat der Ton 1 000 Hz, so schwankt die Trägerfrequenz 1 000-mal je Sekunde zwischen den Extremwerten, bei 440 Hz dagegen 440-mal in 1 s. Bei der Amplitudenmodulation ändert die Lautstärke dagegen die Trägeramplitude.

Wie wird der Ton zurückgewonnen (Demodulation)? In einem besonders einfachen Verfahren wird im Empfänger ein Schwingkreis so eingestellt, dass die unmodulierte Trägerfrequenz in der Mitte des ansteigenden Teils seiner Resonanzkurve liegt (▶ *Bild 1*). Ändert sich nun die Trägerfrequenz z. B. 440-mal in der Sekunde, so wird die im Schwingkreis erzwungene Hochfrequenzschwingung 440-mal in der Sekunde stärker und schwächer. Ihre Amplitude $\hat{I}$ schwankt also im 440 Hz-Takt der Niederfrequenz. Aus dieser Amplitudenmodulation lässt sich die 440 Hz-Schwingung durch Gleichrichtung zurückgewinnen (▶ *Ziff. 2*).

Interessantes

Digitaler Mobilfunk – mit dem Handy

Gabi schaltet ihr Handy ein. Noch bevor sie wählt, beginnt es zu senden. Dies zeigt ⟹ *Versuch 3a*. Der auf die Sendefrequenz abgestimmte Empfangsdipol ist 17 cm lang. Das Handy sendet also mit $f \approx c/0{,}34$ m $\approx$ 900 MHz im D-Netz (im E-Netz ist $f = 1800$ MHz). Was wird da ohne Gabis Zutun gesendet?

Das Handy sucht nach dem Einschalten die günstigste Basisstation ⟹ *Bild 2*. Diese teilt ihm ihre verfügbaren Frequenzen und diejenigen benachbarter Stationen mit und fordert es zur Authentifizierung auf. Gehorsam sendet das Handy seine Geräte- und Benutzerdaten. Danach erhält es von der zentralen Vermittlungsstelle einen Identifikations-Code. Das alles dauert einige Sekunden. Das Netz kennt nun das Handy samt Standort. Gabi kann Peter anrufen. Doch er meldet sich nicht. Sie lässt ihr Handy eingeschaltet und hofft auf seinen Anruf. Gabis Handy bleibt nun aber nicht untätig. Ständig prüft es, ob benachbarte Sender besser zu empfangen sind. Dazu schaltet es kurz auf deren Frequenzen und misst die Empfangsfeldstärken. Da Gabi im Auto unterwegs ist, empfängt das Handy seine Basisstation plötzlich schwächer, eine andere stärker.

In diesem Moment ruft Peter an. Während beide miteinander sprechen, entscheidet die Basisstation, das Gespräch an die andere mit dem stärksten Signal weiterzuleiten. Innerhalb einer Sekunde findet die Übergabe statt. Von all dem merken Gabi und Peter nichts. Auch nicht, dass bei der Fahrt durch einen Wald die Sendeleistung des Handys von der Basisstation aus erhöht wurde, sonst wäre die Verbindung dort abgerissen (⟹ *Versuch 3b*).

Wie wird diese Datenflut fast zeitgleich bewältigt und das für eine große Zahl von Mobilfunkern?

V 3: a) Schalten Sie das Handy ein. Das Lämpchen (1 V/0,01 A) im Empfangsdipol leuchtet mehrfach kurz auf. **b)** Während einer Verbindung blinkt es (auch ohne Sprechen) alle 0,5 Sekunden. Das Handy meldet die Empfangsfeldstärken. Behindern Sie mit der Hand in Antennennähe die Abstrahlung. Das Lämpchen blinkt nun heller. Die Basisstation hat die Sendeleistung des Handys innerhalb von zwei Sekunden erhöht. Wenn Sie sprechen, blinkt das Lämpchen ständig.

Empfangsdipol der Länge $\lambda/2$

GSM – Global System of Mobile Communication

Wie das weltweit verbreitete digitale Funksystem GSM arbeitet, zeigt vereinfacht ⟹ *Bild 2*. Dem Handy stehen von 890 MHz–915 MHz 124 Sendefrequenzen im Abstand von 200 kHz zur Verfügung, ebenso viele für den Empfang im Bereich von 935 MHz–960 MHz. Damit wären bei normaler FM-Modulation zeitgleich nur 124 Verbindungen über *eine* Basisstation möglich. Deshalb sendet und empfängt ein Handy nur in kurzen „Zeitschlitzen" von 577 µs Dauer; hier in jedem 5. von 8 Zeitschlitzen. So können 8 aufeinander folgende Zeitschlitze 8 verschiedenen Handys zugeordnet werden. Man erhält $124 \cdot 8 = 992$ Sprachkanäle. Davon steht nur ein Teil zur Verfügung, da benachbarte Stationen nicht dieselben Frequenzen benutzen können. Sie würden sich gegenseitig stören.

Im Handy wird die analoge Sprache digitalisiert, komprimiert und verschlüsselt, dann in einem Bruchteil des Zeitschlitzes ausgesendet. Beim Empfang wird alles wieder rückgängig gemacht. Jeder Zeitschlitz enthält 148 Bits digitale Information, davon maximal 114 für verschlüsselte Nutzdaten (z. B. Sprache), der Rest wird zum Synchronisieren der Zeitschlitze und Betriebsdaten verwendet. Zwischen dem Senden und Empfangen liegen 3 Zeitschlitze. Störungen durch Interferenz werden durch festgelegte Frequenzsprünge nach jedem 8. Zeitschlitz vermieden.

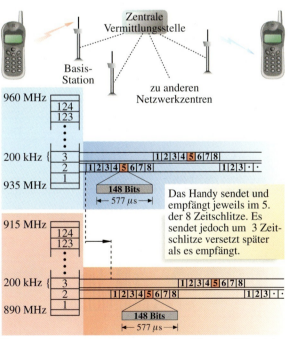

B 2: Senden und Empfangen in Zeitschlitzen (577 µs) im Frequenzsprungverfahren (zwischen Kanal 2 und 3).

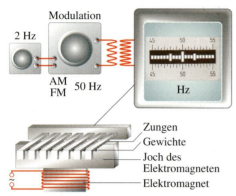

V 1: Der Modulationseingang eines Sinusgenerators ($f = 50$ Hz) erhält von einem zweiten eine sinusförmige Spannung von z. B. $f^* = 2$ Hz. Die modulierte Wechselspannung wird mit einem Transformator ($n_1 = 500$; $n_2 = 10\,000$) auf die Betriebsspannung des Zungenfrequenzmessers transformiert (Vorsicht Hochspannung!). Das vormagnetisierte Eisenjoch des Elektromagneten zieht gemäß dem Spannungsverlauf die Zungen periodisch an. Doch nur die Zungen geraten in Schwingung, deren Eigenfrequenzen in der Wechselspannung enthalten sind. Ihre Amplituden entsprechen denen der einzelnen Sinusspannungen. **a)** Bei Amplitudenmodulation schwingen die Zungen 48 Hz, 50 Hz und 52 Hz (➔ *Bild 1*, oben). Je größer die Amplitude der 2 Hz-Schwingung, also die Lautstärke, desto größer sind die Amplituden der beiden Seitenfrequenzen. **b)** Bei Frequenzmodulation schwingen außer bei 48 Hz und 52 Hz auch Zungen bei 46 Hz und 54 Hz (➔ *Bild 1*, unten). Auch deren Amplituden hängen von der Lautstärke ab.

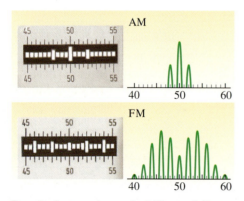

B 1: Spektrum einer mit 2 Hz modulierten 50 Hz-Schwingung. Oben: Amplitudenmodulation, unten: Frequenzmodulation.

Sender beanspruchen ganze Frequenzbereiche

1. Wie groß ist die beanspruchte Bandbreite?

Warum lassen sich nicht beliebig viele Radiosender z. B. im UKW- oder Kurzwellenbereich finden? Liegt es am Angebot? Sicher nicht, denn die Frequenzen sind heiß umkämpft. Wenn wir den Träger in der Amplitude oder Frequenz modulieren, sendet er eben nicht nur auf seiner ursprünglichen Frequenz. Jede übertragene Information beansprucht einen Frequenzbereich. Bei Frequenzmodulation ist dies einsichtig. Welchen Bereich belegt aber eine amplitudenmodulierte Aussendung?

In der Akustik haben wir erfahren, dass nur ein reiner Sinuston eine einzige Frequenz z. B. 440 Hz für sich beansprucht. Das Spektrum einer gleich hoch klingenden Gitarrensaite enthält dagegen eine Reihe weiterer Frequenzen. Ein Fourieranalyseprogramm (FFT = Fast Fourier Transformation) berechnet sie aus der Schwingungskurve.

Ein besonders einfaches Gerät zur Frequenzanalyse ist ein Zungenfrequenzmesser (➔ *Versuch 1*). Es enthält eine Reihe kleiner Blattfedern (Zungen), die mit verschiedenen Frequenzen (45 Hz bis 55 Hz) schwingen. Sie werden durch einen Elektromagneten in Bewegung versetzt. Nehmen wir an, der Elektromagnet ist mit zwei in Reihe geschalteten Sinusgeneratoren verbunden, die auf 50 Hz und 54 Hz eingestellt sind. Dann schwingen auch nur diese beiden Zungen. Mit diesem Zungenfrequenzmesser untersuchen wir das Frequenzspektrum einer amplituden- und einer frequenzmodulierten 50 Hz-Schwingung. Die Ergebnisse werden durch eine FFT-Analyse des Computers bestätigt. Sie lassen sich ohne weiteres auf hochfrequente Schwingungen übertragen.

In ➔ *Versuch 1a* ändern wir die Amplitude der 50 Hz-Schwingung mit der Frequenz $f^* = 2$ Hz. Bei dieser *Amplitudenmodulation* schwingen neben der 50 Hz-Zunge auch diejenigen bei 48 Hz und 52 Hz. Das zeigt auch die FFT-Computeranalyse (➔ *Bild 1*, oben). Diese Amplitudenmodulation belegt den Frequenzbereich von 48 Hz bis 52 Hz. Allgemein beansprucht sie den Bereich von $f - f^*$ bis $f + f^*$ (f: Trägerfrequenz, f^*: Modulationsfrequenz).

Bei der *Frequenzmodulation* in ➔ *Versuch 1b* ändern wir die Frequenz der 50 Hz-Schwingung ebenfalls im Rhythmus von 2 Hz. Nun schwingen noch zusätzlich Zungen bei 46 Hz und 54 Hz. Die FFT-Analyse entlarvt sogar noch weitere Frequenzen in Abständen von 2 Hz (➔ *Bild 1*, unten). Die Bandbreite ist bei Frequenzmodulation sehr viel größer. Die Amplituden der symmetrisch zu 50 Hz liegenden Seitenfrequenzen nehmen aber nach links und rechts schließlich ab.
Jede Aussendung von Nachrichten belegt einen ganzen Bereich von Frequenzen, den man als **Bandbreite** bezeichnet. Bei einer Musikübertragung sind sehr viele Frequenzen im Spiel, die sich links und rechts um die Trägerfrequenz f scharen.

Aussendungen in Frequenzmodulation beanspruchen eine sehr viel größere Bandbreite (z. B. UKW: $f \pm 75$ kHz) als in Amplitudenmodulation (z. B. Mittelwelle: $f \pm 5$ kHz). Es gibt jedoch raffinierte Verfahren, mit denen die beanspruchte Bandbreite weiter verringert werden kann. So genügt es z. B. nur eines der symmetrischen Seitenbänder auszusenden.

2. Im Funkverkehr herrscht Ordnung

Für die verschiedenen Funkdienste (z. B. Hörfunk, Fernsehen, Mobilfunk, usw.) sind bestimmte Frequenzbereiche vorgesehen (⇒ *Tabelle 1*). Innerhalb eines Bereichs wird jedem Sender eine bestimmte Trägerfrequenz zugeordnet. Digitaler Funk beansprucht hohe Bandbreiten (beim Handy 200 kHz). Dies erfordert hohe Trägerfrequenzen, also sehr kurze Wellen. Handys haben deshalb sehr kurze Antennen.

3. Radioastronomie

Aus dem Weltraum, von Fixsternen und unserer Sonne kommen elektromagnetische Wellen ($\lambda = 3$ mm bis 20 m) zur Erde. Da sie Wolken größtenteils ungehindert durchdringen, kann man sie unabhängig vom Wetter auf der Erde empfangen. Mit großen parabolischen Metallspiegeln sammelt man die Wellen in deren Brennpunkten. Dort werden sie z. B. von Dipolen empfangen und an Verstärker weitergeleitet. Der Parabolspiegel in ⇒ *Bild 2* hat einen Durchmesser von 100 m. Ähnliche Reflektoren kleineren Ausmaßes werden in der drahtlosen Telefonie, beim Radar, zur Funkübertragung durch Fernmeldesatelliten und für Satellitenfernsehen verwendet. Mit der **Radioastronomie** erfahren wir auch von Strahlungsquellen im Weltraum, die optisch nicht erfassbar sind.

	Frequenz	Wellenlänge
Hörfunk	analog	
Langwelle	150–300 kHz	2 000–1 000 m
Mittelwelle	500–1 600 kHz	600–187,5 m
Kurzwelle	4–26 MHz	75–10 m
UKW	87,5–108 MHz	3,4–2,8 m
Fernsehen	analog bzw. digital	
analog	174–230 MHz	1,7–1,3 m
analog	470–790 MHz	0,6–0,4 m
digital	470–862 MHz	0,6–0,3 m
Satelliten-TV und Hörfunk	analog bzw. digital	
	11–13 GHz	0,03–0,02 m
Mobilfunk	digital	
GSM 900	890–960 MHz	0,34–0,31 m
GSM 1 800	1 710–1 880 MHz	0,18–0,16 m

T 1: Frequenzbereiche von Hörfunk, TV und Mobilfunk (Handy)

B 2: Radioteleskop Effelsberg

Interessantes

Radar-Geschwindigkeitsmessung

Das Radar-Verfahren ist zur Überwachung des Flug- und Schiffsverkehrs unentbehrlich. Es benutzt Zentimeterwellen, um reflektierende Gegenstände zu orten. Aber auch deren Geschwindigkeit lässt sich mithilfe von elektromagnetischen Wellen ermitteln.

Das Prinzip einer solchen Radar-Geschwindigkeitsmessung zeigt ⇒ *Versuch 2*. Unser Modellwagen trägt eine Metallplatte. Die an ihr reflektierte Welle bildet mit der auf sie zulaufenden eine stehende Welle. Diese verschiebt sich mit dem Wagen (hier nach rechts). Der Abstand der Knoten und Bäuche zur Platte bleibt erhalten. Der feststehende Empfangsdipol liefert bei jedem Feldstärkebauch, der ihn überstreicht, einen Zählimpuls. Werden n Impulse in der Zeit Δt gezählt, so hat der Wagen in dieser Zeit die Strecke $\Delta s = n\,\lambda/2$ zurückgelegt. Seine Geschwindigkeit ist dann $v = n\,\lambda/(2\,\Delta t)$.

In ⇒ *Versuch 2* werden in 20 Sekunden 5 Impulse registriert. Bei einer Wellenlänge von 3,2 cm liefert die Gleichung für die Geschwindigkeit des Wagens $v = 5 \cdot 3{,}2$ cm$/40$ s $= 0{,}4$ cm/s.

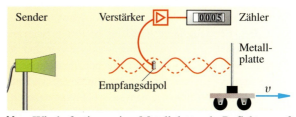

V 2: Wir befestigen eine Metallplatte als Reflektor auf dem Wagen. Ein langsam laufender Motor zieht ihn mit der Geschwindigkeit $v = 4$ mm/s an einer Schnur nach rechts. Den Dipol verbinden wir über einen Verstärker mit einem Zähler. Er zählt die mit dem Wagen am Empfangsdipol vorbeigeschobenen Bäuche der stehenden Welle.

Das ist wichtig

1. Ein gerader leitender Stab kann zu elektromagnetischen Schwingungen angeregt werden. Er strahlt als **hertzscher Dipol** elektromagnetische Wellen bevorzugt senkrecht zur Stabrichtung ab. In Stabrichtung wandern keine Wellen von ihm weg.
Die Wellen sind **linear polarisiert.** Ihre $\vec{E}$- und $\vec{B}$-Vektoren sind senkrecht zur Ausbreitungsrichtung gerichtet und stehen senkrecht aufeinander. Ihre Geschwindigkeit beträgt in einem Medium (ε_r, μ_r)

$$c = 1/\sqrt{\varepsilon_0 \varepsilon_r \mu_0 \mu_r},$$

im Vakuum $c_0 = 1/\sqrt{\varepsilon_0 \mu_0} = 2{,}998 \cdot 10^8$ m/s $\approx 3 \cdot 10^8$ m/s. Das ist praktisch auch die Geschwindigkeit in Luft.

2. Ein Gitter aus leitenden Stäben reflektiert eine elektromagnetische Welle, wenn ihre $\vec{E}$-Vektoren parallel zu den Gitterstäben gerichtet sind. Es lässt sie jedoch ungeschwächt durch, wenn die $\vec{E}$-Vektoren senkrecht zu den Stäben stehen. Wird das Gitter aus dieser Stellung um den Winkel α gedreht, so ist auch der $\vec{E}$-Vektor des durchgehenden Anteils der Welle um diesen Winkel gedreht. Dabei nimmt die Amplitude $\hat{E}$ proportional zu $\cos \alpha$ ab. Man nennt dies **Drehung der Polarisationsebene.**

3. Ein leitender Stab der Länge $l = k\lambda/2$ ($k = 1, 2, \ldots$) kann zu elektromagnetischen **Eigenschwingungen** mit den Frequenzen $f_k = kc/2l$ ($k = 1, 2, \ldots$) angeregt werden. An seinen Enden befinden sich Bäuche des elektrischen und Knoten des magnetischen Wechselfeldes, ebenso im Abstand $k\lambda/2$ davon. Auf dem Stab hat sich eine **stehende elektromagnetische Welle** gebildet.

4. Elektromagnetische Wellen werden zur Datenübertragung moduliert. Bei **Amplitudenmodulation AM** wird die Amplitude, bei **Frequenzmodulation FM** die Frequenz der hochfrequenten Trägerschwingung im Rhythmus der niederfrequenten Tonschwingung verändert. Die Lautstärke des Tons bestimmt, wie groß diese Amplituden- bzw. Frequenzänderungen sind. Bei **digitaler Übertragung** wird Frequenzmodulation bevorzugt, wobei die Frequenz in Sprüngen verändert wird. Sie beansprucht einen großen Frequenzbereich, **Bandbreite** genannt. Deshalb findet sie vor allem bei hohen Trägerfrequenzen Anwendung.

Aufgaben

A1: Ein Handy sendet im E-Netz mit der Frequenz $f = 1{,}8$ GHz. Welche Länge müsste ein Empfangsdipol haben, der in Resonanz schwingt?

A2: Ein Dipol der Länge $l = 1$ m wird zu elektromagnetischen Schwingungen der Frequenz $f = 150$ MHz angeregt. Aus der Helligkeit eines Lämpchens in seiner Mitte schließt man auf eine Stromstärke von $I_{\text{eff}} = 100$ mA. **a)** Wie groß ist die Stromstärke im Dipol an den Stellen, die 25 cm bzw. 12,5 cm von seinem Ende entfernt sind? **b)** Die Anregungsfrequenz wird auf 300 MHz erhöht. Wie groß ist jetzt die Stromstärke in der Mitte des Dipols?

A3: Der Schwingkreiskondensator eines Hochfrequenzgenerators besitzt die Kapazität $C = 4{,}8$ pF, die Schwingkreisspule die Induktivität $L = 0{,}3$ µH. **a)** Bei welcher Länge schwingt der angekoppelte Sendedipol besonders gut? **b)** Mit diesem Sender werden elektromagnetische Wellen in einen Trog gestrahlt, der mit Alkohol gefüllt ist. Die Länge eines in die Flüssigkeit getauchten Empfangsdipols kann durch übergeschobene Metallhülsen verändert werden. Die kleinste Länge, bei der Resonanz auftritt, ist 22 cm. Wie groß ist demnach die Ausbreitungsgeschwindigkeit der elektromagnetischen Welle in Alkohol? **c)** Berechnen Sie daraus die Dielektrizitätszahl ε_r für Alkohol.

A4: Bei einer fortschreitenden elektromagnetischen Welle ist das E-Feld mit dem B-Feld in Phase; bei der stehenden elektromagnetischen Welle sind die beiden Feldarten dagegen um 90° phasenverschoben. **a)** Stellen Sie einen Vergleich mit fortschreitenden und stehenden Schallwellen an. **b)** Welche mechanische Größe entspricht dort E, welche B?

A5: Ein Ton soll durch Amplituden- bzw. Frequenzmodulation einmal laut und einmal leise übertragen werden. Skizzieren Sie jeweils die modulierte Trägerschwingung.

A6: Warum wird bei schlechteren Empfangsbedingungen bei FM die Musik nicht leiser, wohl aber bei AM? Wie äußert sich schlechter FM-Empfang?

A7: In einem Mikrowellenherd werden elektromagnetische Wellen der Länge 12,2 cm erzeugt. Überprüfen Sie anhand der Abmessungen eines Mikrowellenherdes, ob sich in ihm stehende Wellen ausbilden können.

A8: Bei der Amplitudenmodulation wird die Amplitude der HF-Schwingung im Rhythmus der Tonschwingung verändert. **a)** Zeigen Sie, dass es sich dabei nicht um eine Addition beider Kurven handelt. Wie sähe diese aus? **b)** Zeigen Sie: Eine HF-Schwingung mit $I(t) = \hat{I} \sin \omega t$, deren Amplitude mit der Tonfrequenz ω_T gemäß $\hat{I}(1 + \sin \omega_T t)$ moduliert wird, ist gleich der Summe aus drei HF-Schwingungen:

$\hat{I}(1 + \sin \omega_T t) \sin \omega t$
$= \hat{I} \sin \omega t + \frac{1}{2}\hat{I} \cos(\omega - \omega_T)t - \frac{1}{2}\hat{I} \cos(\omega + \omega_T)t.$

(Verwenden Sie die Formel
$\sin \alpha \sin \beta = \frac{1}{2}\cos(\alpha - \beta) - \frac{1}{2}\cos(\alpha + \beta)$.)

INTERFERENZPHÄNOMENE

Wellen – so haben wir gelernt – sind ein Prinzip zur Beschreibung des Transports von Energie oder Information. Nur selten, etwa bei Wellen auf einer Wasseroberfläche, können wir wirklich sehen, wie sich die Schwingungszustände ausbreiten. Auf der Oberfläche des Wassers „wellt" es.

Wenn Wellen „im gleichen Takt" von zwei oder mehr Quellen ausgehen, dann bekommt das Wellenfeld eine neue, ortsfeste Struktur. Man beobachtet Interferenzerscheinungen; Überlagerung bestimmt die Schwingungszustände für alle Zielpunkte. Das „Falschfarbenbild" auf dieser Seite (Wellenberge gelb, Wellentäler grün) zeigt die Momentaufnahme für das Interferenzfeld zweier Punktquellen. Im unteren Teil des Bildes ist die Größe der Amplitude als Grauwert dargestellt (die schwarzen Hyperbeln zeigen Stellen mit Amplitude null). An diesem Bild ändert sich nichts, wenn die Zeit fortschreitet. Für alle Interferenzphänomene ist die ortsabhängige Amplitude augenfälliges Merkmal; der Wechsel von Laut und Leise, von Hell und Dunkel ist Merkmal der gemeinsamen Auswirkung zweier oder mehrerer kohärenter Sender. Die schon vor Jahrhunderten gestellte Frage nach dem Wesen des Lichts führt wegen der beobachtbaren Interferenzerscheinungen zu der Feststellung: Licht kann sich wie eine Welle verhalten.

Die Feinheit der räumlichen Verteilung von Interferenzmaxima und Interferenzminima ermöglicht interferometrische Messverfahren, bei denen die Genauigkeit durch die Wellenlänge festgelegt ist. Mit Röntgenlicht untersucht man die Struktur von Kristallen, mit Laserlicht prüft man die Güte von Oberflächen.

Die von A. EINSTEIN behaupteten Gravitationswellen sind Träger von Informationen über Vorgänge im Weltall. Am Nachweis dieser Gravitationswellen und dem „Entschlüsseln" der aufgeprägten Informationen wird mit großem Aufwand gearbeitet. Messtechnisch geht es darum, momentane winzige Längenänderungen in verschiedenen Raumrichtungen zu vergleichen. Beim Gravitationswellendetektor GEO 600 verteilt man Licht auf zwei 600 m lange Interferometerarme, schickt es dort viele Male hin und her und führt es wieder zusammen. Bei der Überlagerung sollen Einflüsse der Gravitationswellen auf die Länge der Interferometerarme erkennbar werden.

Interferenzphänomene

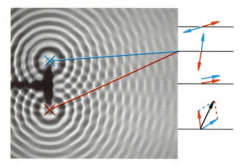

V 1: Zwei Stifte tauchen periodisch in die Wasseroberfläche der Wellenwanne ein. Sie sind starr miteinander verbunden, schwingen also kohärent, mit gleicher Frequenz und Amplitude. Während die Kreiswellen unabhängig voneinander nach außen wandern, bleiben die auffälligen Linien ruhigen Wassers fest an Ort und Stelle.

V 2: Zwei Lautsprecher stehen in einem Abstand von etwa 50 cm nebeneinander. Sie werden beide vom gleichen Tongenerator ($f = 2000$ Hz) kohärent gespeist. Geht man „mit einem Ohr" im Raum hin und her, so findet man viele Stellen, an denen fast nichts zu hören ist. Dieser Effekt verschwindet, wenn einer der Sender abgeschaltet wird.

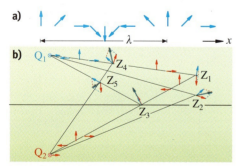

B 1: a) Die Zeiger fortschreitender Wellen rotieren an ihrem Ort x mit der Frequenz f. Im Momentbild sind ihre Phasen „eingefroren". Sie hängen umso mehr nach, je größer der Abstand x vom Erreger Q ist.
b) Im Zielpunkt Z_1 ist die Wegdifferenz δ zu den beiden kohärenten Erregern Q_1 und Q_2 fast $\lambda/2$, der blaue Zeiger von Q_1 also fast gegenphasig zum roten von Q_2. Die Amplitude des schwarzen Summenzeigers ist praktisch null. In Z_3 dagegen ist $\delta = 0$, die gleichgerichteten Zeiger geben doppelte Länge.

Interferenz im Raum

1. Von Knotenpunkten zu Knotenlinien

In der Wellenwanne von ⇒ *Versuch 1* senden zwei Erreger im gleichen Takt Wellen aus. Auf der Verbindungslinie zwischen ihnen gibt es eine stehende Welle mit Knoten und Bäuchen. Die Bäuche setzen sich seitlich in den Raum hinein fort. Fast überall sieht man Schwingungen – mit unterschiedlich großen Amplituden. Von den Knoten gehen schmale Linien aus, sie sind Orte ruhigen Wassers. Wir nennen sie **Knotenlinien.** Für einige Zielpunkte am Rand des fotografierten Interferenzfeldes sind die Zeiger der ankommenden Wellen eingezeichnet: Auf den Knotenlinien sind sie gegenphasig, in der Mitte der Streifen dazwischen haben sie die gleiche Phase.

2. Unterwegs im Interferenzfeld zweier Schallquellen

Wer in ⇒ *Versuch 2* mit seinem Ohr als Empfänger den Raum in der Umgebung der beiden Schallsender „abtastet", findet Stellen, an denen der Ton gar nicht oder nur schwach zu hören ist. Der Ton wird dort lauter, wenn man einen der beiden Lautsprecher ausschaltet. Es gibt also Bereiche im Schallfeld, in denen zwei Lautsprecher zusammen leiser tönen als nur einer! Voraussetzung ist aber, dass beide Lautsprecher einen Dauerton mit gleicher Frequenz aussenden. Wir nennen zwei Quellen **kohärent,** wenn sie diese Bedingung erfüllen. Die starr verbundenen Stifte von ⇒ *Versuch 1* sind kohärente Sender. – Ein Mikrofon als Empfänger wandelt in ⇒ *Versuch 2* die Luftschwingungen in ein elektrisches Signal, das vom Oszilloskop als Sinuslinie angezeigt wird. Auf den Knotenlinien herrscht Ruhe, das Signal verschwindet. Dazwischen hat jeder Ort seine eigene Amplitude. Triggert man die Zeitablenkung des Oszilloskops mit dem Tongenerator, so findet man in der durch Knotenlinien eingeteilten Ebene ein anderes Merkmal stehender Wellen wieder: Punkte beiderseits einer Knotenlinie haben gegenphasige Signale.

3. Der Wegunterschied bestimmt die resultierende Amplitude

Im Wellenfeld *einer* Quelle beschreiben wir Schwingungen an verschiedenen Zielorten durch je einen Zeiger. Alle Zeiger rotieren mit gleicher Winkelgeschwindigkeit. Ihre momentanen Phasen hängen stark vom Abstand zur Quelle ab; die Amplituden ändern sich in einem begrenzten Zielgebiet nur unwesentlich. – Kommen Wellen von *zwei Quellen* zu einem Zielpunkt (⇒ *Bild 1b*), dann gibt es dort zwei Zeiger, deren Phase jeweils durch den Abstand zur zugehörigen Quelle festgelegt ist. Die Differenz δ der beiden Abstände bestimmt so die *Phasendifferenz* der beiden Zeiger und damit auch die Größe der resultierenden Amplitude, die man durch Addition der beiden Zeiger findet. Für $\delta = \lambda, 2\lambda, 3\lambda, \ldots$ ist die Phasendifferenz 2π und die resultierende Amplitude maximal (↑↑). Für $\delta = 0{,}5\lambda$, $1{,}5\lambda$, $2{,}5\lambda, \ldots$ ist die Phasendifferenz π und die Amplitude null (↑↓). Alle Zwischenwerte für die Phasendifferenz und für die resultierende Amplitude findet man in einem kleinen Zielgebiet.

4. Wellenlängenmessung im Interferenzfeld

In ▶ *Versuch 3* kann man auf der Verbindungslinie q zwischen den beiden kohärenten Sendern eine stehende Welle abtasten und aus dem Abstand d zweier benachbarter Knoten die Wellenlänge $\lambda = 2d$ bestimmen. Weiter entfernt von den Sendern sind zwischen den Knotenlinien im Interferenzfeld der Ebene diese Abstände größer. Die Messungen werden dort genauer. – Interferenzexperimente mit zwei Punktsendern bieten eine einfache Möglichkeit der Wellenlängenmessung:

Wir bringen in ▶ *Versuch 3* den Empfänger irgendwo auf die Symmetrielinie zwischen den beiden Sendern. Der Abstand zu den beiden Sendern ist gleich groß, der Empfänger registriert maximale Amplitude. Von hier aus verschieben wir den Empfänger seitlich, senkrecht zur Symmetrielinie. Der Empfang geht immer mehr zurück, bis in Z ein Minimum erreicht ist. Z ist ein Punkt auf der *ersten* Knotenlinie.

Die Auswertung ist einfach: Man berechnet aus den gegebenen Maßen die Abstände vom Zielpunkt zu den beiden Sendern und daraus die Wegdifferenz δ. Es ist hier die halbe Wellenlänge (▶ *Bild 2*). Für den im ▶ *Versuch 3* verwendeten Ultraschall erhalten wir so die Wellenlänge $\lambda = 0{,}86$ cm. Mit einem elektronischen Zähler messen wir die Frequenz des Ultraschallsenders zu $f = 39\,800$ Hz. Aus $c = \lambda f$ folgt für die Ausbreitungsgeschwindigkeit der Ultraschallwellen $c = 342$ m/s. Das ist der bekannte Wert der Schallgeschwindigkeit.

5. Bei räumlicher Betrachtung: Knotenflächen

Auf einer Wasseroberfläche breiten sich Kreiswellen nur in einer Ebene aus. Von kleinen Schallsendern gehen dagegen Kugelwellen praktisch in den ganzen Raum weg. Bei den zwei Sendern in ▶ *Versuch 3* tritt also Interferenz nicht nur in der Tischebene auf, sondern überall dort, wo Wellen von beiden Sendern zugleich ankommen. Auf jeder Ebene, welche die beiden Sender enthält, findet man dasselbe Interferenzmuster. (Stellen Sie sich vor, die Tischfläche würde um die strichpunktierte Linie geschwenkt.) In jeder Ebene fände man Knotenlinien, als Spuren der gewölbten Knotenflächen.

> **Merksatz**
>
> Zwei Sender mit konstanter Phasenbeziehung nennt man **kohärent**. Sie erzeugen überall dort in ihrer Umgebung ein Interferenzfeld, wo Wellen von beiden Sendern ankommen. Die **Zeigermethode** liefert die Amplitude und die Phase der an einem Zielpunkt registrierten Schwingung. Auf Knotenlinien sind die Zeiger der interferierenden Wellen entgegengerichtet, die resultierende Amplitude ist null.

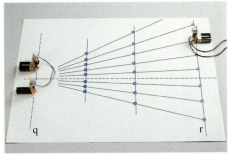

V 3: Die beiden phasengleich schwingenden Ultraschallsender senden Wellen in den Raum. Der Abstand der Sender untereinander beträgt einige cm. Der Empfänger wird längs r verschoben (1,5 m von den Quellen entfernt). Auf der Tischfläche markieren wir Orte mit minimalem Empfang, sie ergeben die Knotenlinien.

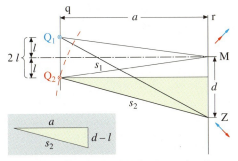

B 2: Berechnung der Wellenlänge im Interferenzfeld zweier Punktsender: Die Quellen sind im Abstand $2l = 8$ cm aufgestellt. Der Empfänger wird auf der zu q parallelen Geraden r im Abstand $a = 1{,}5$ m verschoben (nicht maßstabsgetreu). Genau $d = 8$ cm seitlich von der Symmetrielinie registriert der Empfänger die Amplitude null, der Zielpunkt Z liegt auf der ersten Knotenlinie. Für die Wellenwege s_1 und s_2 berechnet man mit dem Satz des PYTHAGORAS

$$s_1 = \sqrt{a^2 + (d+l)^2} = 150{,}48 \text{ cm},$$
$$s_2 = \sqrt{a^2 + (d-l)^2} = 150{,}05 \text{ cm}.$$

Die Wegdifferenz hat den Wert der halben Wellenlänge: $s_1 - s_2 = \lambda/2$. Also: $\lambda/2 = 0{,}43$ cm oder $\lambda = 0{,}86$ cm.

... noch mehr Aufgaben

A 1: Die Stifte in ▶ *Versuch 1* (Abstand 4 cm) erzeugen Wasserwellen mit $\lambda = 1$ cm. Zeichnen Sie ein maßstäbliches Bild mit einigen Knotenlinien. Wie viele gibt es?

A 2: Wie groß ist in ▶ *Versuch 3* der Abstand zwischen Z und dem nächsten Ort mit maximalem Empfang längs der Geraden r? ($\lambda = 0{,}86$ cm)

A 3: Wie ändert sich das Interferenzfeld zweier Punktsender, wenn der Abstand der Sender verringert wird? Wie wirken sich Veränderungen der Frequenz aus?

Interferenz beim Doppelspalt

1. Das HUYGENS-Prinzip: Gültig für alle Wellenarten

Von einer punktförmigen Quelle entfernen sich die Wellenfronten in Form konzentrischer Kreise. Weit entfernt von der Quelle sind Ausschnitte dieser Kreiswellen von geraden Wellen kaum noch zu unterscheiden. In der Wellenwanne erzeugt man solche geraden Wellenfronten mit einem geraden Blechstreifen als Erreger.

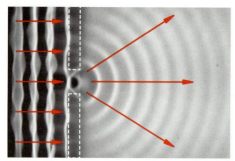

V 1: Der gerade Blechstreifen am linken Bildrand erzeugt parallele Wellenfronten; die Wellenstrahlen zeigen alle in die gleiche Richtung. Diese Wellen treffen auf ein Hindernis mit einer kleinen Lücke. Man sieht rechts vom Hindernis ein Kreiswellensystem; die Wellenstrahlen gehen radial von der Spaltblende aus.

Was geschieht eigentlich, wenn der Welle eine Wand mit einer schmalen Lücke in den Weg gestellt wird? Schneidet diese Spaltblende vielleicht wie ein Messer ein Stück aus den ankommenden Wellenfronten heraus? Keineswegs! ➡ *Versuch 1* zeigt ein zunächst überraschendes Ergebnis: Hinter der Blende breitet sich eine Kreiswelle aus, deren Zentrum in der Spaltöffnung liegt. Wie sie entsteht, ist aber leicht einzusehen: In der schmalen Blendenöffnung schwingt das von der ankommenden Welle erfasste Wasser genau so auf und ab wie ein dort periodisch eintauchender Stift. Die Öffnung wird dadurch zum Zentrum einer Kreiswelle.

Da durch die schmale Öffnung nur ein kleiner Teil – sozusagen ein Element – der anlaufenden Wellenfronten nicht ausgeblendet wird, nennt man die von der Öffnung ausgehende Kreiswelle eine **Elementarwelle**.

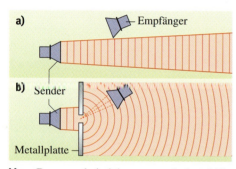

V 2: Beugung bei elektromagnetischen Mikrowellen: **a)** Der Empfänger wird vom Mikrowellenbündel des Senders nicht getroffen. **b)** Bringt man eine Blende mit einer Öffnung von etwa 2 cm Breite in den Weg des Bündels, so registriert der Empfänger ein Signal, obwohl er jetzt erst recht „im Schatten" steht.

Die Wellenstrahlen haben bei ➡ *Versuch 1* vor der Blende eine einheitliche Richtung; hinter der Öffnung laufen sie dagegen radial auseinander. Weil sie dabei ihre Richtung ändern, spricht man auch von **Beugung**, die Wellen werden an der Blendenöffnung gebeugt.

Nun kann man die Spaltöffnung an jeder beliebigen Stelle einer gegen die Blende anlaufenden Wellenfront anbringen: Stets wird sich auf der anderen Seite eine Elementarwelle bilden. Demnach kann man jede Stelle einer Wellenfront als Ausgangspunkt einer Elementarwelle ansehen, auch wenn diese nicht durch eine besondere Spaltöffnung herausgefiltert worden ist. Das hat als Erster der niederländische Physiker Christiaan HUYGENS (1629 bis 1695) erkannt; man spricht deshalb auch vom **HUYGENS-Prinzip**.

Die Beugung **elektromagnetischer** Wellen lässt sich gut bei Wellenlängen von einigen Zentimetern (z. B. **Mikrowellen**) untersuchen. In ➡ *Versuch 2* stellen wir ihnen eine Blende mit kleiner Öffnung in den Weg. Die in der Öffnung schwingenden elektrischen und magnetischen Wechselfelder wirken wie ein dort aufgestellter Sendedipol und bilden so das Zentrum einer Elementarwelle, die sich hinter der Blende rundum ausbreitet.

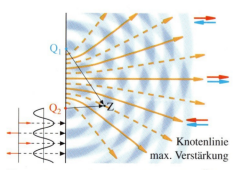

B 1: Schematische Darstellung der Überlagerung der Wellensysteme, die von zwei huygensschen Zentren Q_1 und Q_2 ausgehen. Die Knotenlinien sind gestrichelt eingezeichnet. Am Zielpunkt Z gilt $\Delta s = 3\,\lambda/2$.

Merksatz

Für alle Wellenarten gilt das **Prinzip von HUYGENS**: Jede Stelle einer Wellenfront kann als Ausgangspunkt einer Elementarwelle aufgefasst werden.

2. Doppelspaltversuche

Kleine Öffnungen in einer Blende werden nach dem HUYGENS-Prinzip zu Zentren von Elementarwellen. So erzeugt man in Experimenten aus der Welle eines realen Senders zwei oder mehr kohärente, also interferenzfähige Quellen, in ▶ *Versuch 3* sind es die gleichphasig schwingenden HUYGENS-Zentren Q_1 und Q_2. – Oft werden wie hier Spaltblenden statt Lochblenden verwendet; man führt Doppelspaltversuche durch und nicht Doppellochversuche. Das ist erlaubt, solange man das Interferenzfeld nur in einer Ebene studieren will. Die Spalte stehen senkrecht zu dieser Ebene und erscheinen in Zeichnungen als schmale Lücke. Die Elementarwellen werden als Kreiswellensysteme gezeichnet.

Doppelspalt in der Wellenwanne: Wir stellen in die Wellenwanne eine Blende aus Blechstreifen mit zwei schmalen Öffnungen. Diese haben den gleichen Abstand voneinander wie die beiden Stifte, mit denen wir früher das „Zwei-Sender-Interferenzfeld" erzeugt haben. Gegen diesen Doppelspalt lassen wir nun eine Welle mit geraden Wellenfronten laufen: Die Öffnungen der Blechblende wirken als Zentren für zwei Elementarwellen. Man beobachtet in der Wellenwanne eine Hälfte des mit zwei Stiften erzeugten Interferenzfeldes. ▶ *Bild 1* zeigt die Überlagerung der beiden Elementarwellen.

Doppelspaltversuch mit Mikrowellen: Auch bei Mikrowellen gilt nach ▶ *Versuch 2* das HUYGENS-Prinzip. Deshalb können wir mit Öffnungen in einer Blende ganz einfach zwei Quellen erzeugen, die das Beobachtungsgebiet mit gleicher Wellenlänge gleichphasig bestrahlen. In ▶ *Versuch 3* wird ein Doppelspalt verwendet, dessen Öffnungen schmal (in der Größenordnung einer Wellenlänge) und einige Wellenlängen voneinander entfernt sind. Von Q_1 und Q_2 gehen Elementarwellen aus. Hinter dem Doppelspalt erwarten wir ein Zwei-Zentren-Interferenzfeld.

Bewegt man den Empfänger durch das Zielgebiet, so beobachtet man mit dem angeschlossenen Drehspulmessinstrument einen ständigen und stetigen Wechsel von Empfangsminima und -maxima (▶ *Bild 2a*). Es handelt sich hier um die Überlagerung der von zwei Sendern kommenden Strahlung. Diese Zwei-Zentren-Interferenz verschwindet, wenn einer der Spalte zugehalten wird (▶ *Bild 2b*).

Schwingende Größe im Wellenfeld des Mikrowellensenders ist die elektrische Feldstärke. Das angeschlossene träge Drehspulmessinstrument zeigt einen konstanten Mittelwert an, der ein Maß für die Wechselspannung an der Empfängerdiode ist. Je größer die resultierende Amplitude E_{Res} der Feldstärke ist, desto größer ist der angezeigte Mittelwert.

Merksatz

> Bei Doppelspaltversuchen erzeugt man aus der Welle eines Senders zwei gleichphasige Elementarwellen, die miteinander interferieren wie zwei reale kohärente Sender.

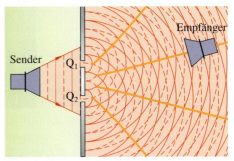

V 3: Mikrowellen treffen auf einen Doppelspalt. Er wird aus zwei Metallplatten und einem 6 cm breiten Metallstreifen gebildet, sodass zwei 2,5 cm schmale Spalte entstehen. Die Spaltmitten haben also einen Abstand von 8,5 cm. Der Empfänger wandert auf einem Kreisbogen durch das Interferenzfeld.

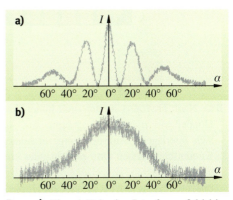

B 2: a) Signalstärke im Interferenzfeld hinter einem mit Mikrowellen bestrahlten Doppelspalt. Der Empfänger wird auf einem Kreis um die Mitte des Doppelspaltes herumgeführt. **b)** So sieht das Ergebnis aus, wenn einer der Spalte zugehalten wird.

... noch mehr Aufgaben

A 1: In ▶ *Versuch 3* ist der Spaltabstand $g = 8{,}5$ cm (Mitte – Mitte). Der Empfänger wird im Abstand von $a = 0{,}5$ m um die Mitte zwischen den beiden Spalten bewegt. Die Positionen für die Minima sind ▶ *Bild 2a* zu entnehmen. Bestimmen Sie die Wellenlänge der Mikrowellenstrahlung.

A 2: Wie ändert sich das Interferenzbild von ▶ *Versuch 3*, wenn der Doppelspalt schräg in die von dem Sender ausgehende Welle gestellt wird? Klären Sie zuerst, wie sich die Phasenbeziehung der beiden kohärenten HUYGENS-Zentren ändert.

Interferenzphänomene

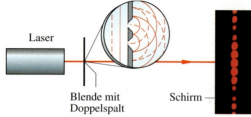

V 1: Das parallele Laserlichtbündel trifft auf zwei nahe beieinander liegende enge Spalte. Dahinter erwartet man ein Zwei-Zentren-Interferenzfeld. Auf einem Schirm – weit entfernt und senkrecht zum einfallenden Bündel (⟹ *Bild 1*) – sieht man abwechselnd helle und dunkle Streifen.

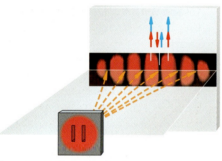

B 1: Nach HUYGENS breiten sich hinter dem Doppelspalt zwei Wellensysteme aus, die sich überlagern. Auf den eingezeichneten Knotenlinien liegen Orte mit einander entgegengerichteten Einzelzeigern. Der Beobachtungsschirm wird parallel zur Doppelspaltebene aufgestellt. Wo die Knotenlinien den Schirm durchstoßen, ist es dunkel.

Vertiefung

Was macht die Farbe des Lichts aus?

Der Abstand der Interferenzstreifen hinter einem Doppelspalt ändert sich mit der Farbe des Lichts. Man kann abzählen: Bei gleichen Bedingungen verhalten sich die Abstände der Streifen roten (632 nm) und blauvioletten Lichts wie $24 : 18 = 4 : 3$. Nach *Gl.* (4) wächst λ proportional mit d. Damit kann man die Wellenlänge des blauen Lichts abschätzen: $\frac{3}{4}$ von 632 nm sind ungefähr 475 nm. – Der Bereich des sichtbaren Lichts von Violett bis Dunkelrot erstreckt sich auf der Wellenlängenskala von 400 bis 800 nm.

Doppelspalt mit Licht

Das HUYGENS-Prinzip gilt für alle uns bekannten Wellenerscheinungen. Außerdem wissen wir, dass sich die Mikrowellen als *elektromagnetische Wellen mit Lichtgeschwindigkeit* ausbreiten. Die Vermutung liegt nahe, dass auch Licht sich wie eine elektromagnetische Welle verhält. Probieren wir es aus!

1. Licht + Licht = Dunkelheit

Es lohnt nicht, in der Umgebung zweier punktförmiger Lampen Interferenzerscheinungen zu suchen. Zwei unabhängig voneinander betriebene Lampen sind bestimmt nicht kohärent, senden ihre Wellen nicht mit gleicher Frequenz und fester Phasenbeziehung aus. Wir realisieren die Kohärenz in ⟹ *Versuch 1* auf andere Weise: Laserlicht fällt auf einen Doppelspalt, dessen Spaltöffnungen und Spaltabstand sehr klein sind. So entstehen – ausgehend von den Spalten – zwei Elementarwellensysteme, die sich im Zielgebiet hinter dem Doppelspalt überlagern. – Statt mit einem Empfänger das Zielgebiet abzutasten, stellen wir in einiger Entfernung parallel zum Doppelspalt einen Schirm auf; darauf sehen wir ein Streifensystem (⟹ *Bild 1*).

Das Streifensystem auf dem Schirm „zeigt auf einen Blick" die Minima und Maxima der Intensität, die wir beim Doppelspalt mit Mikrowellen beim Durchfahren des Interferenzfeldes nacheinander registriert haben. In der Zeichenebene von ⟹ *Bild 1* durchstoßen die Knotenlinien den aufgestellten Schirm und markieren so die dort zu beobachtenden Dunkelstellen. Nur an diesen Stellen sind die Zeiger der beiden Elementarwellensysteme gegenphasig (↑↓). An anderen Orten kommen alle möglichen Phasendifferenzen zwischen 0 und 2π vor; die Verkettung der beiden Zeiger liefert die von Ort zu Ort unterschiedlichen resultierenden Amplituden. Man sieht Hell und Dunkel mit allen Zwischenwerten. Es hängt vom Ort ab, ob „Licht + Licht" Dunkelheit oder unterschiedliche Werte von Helligkeit bedeutet. – Alles spricht dafür, dass Licht sich wie eine Welle verhält.

Merksatz

Licht wird beim Durchgang durch die sehr schmalen Öffnungen eines Doppelspalts gebeugt. Bei kleinem Spaltabstand entsteht das Muster einer Zwei-Zentren-Interferenz. Den kontinuierlichen Übergang von Dunkel zu Hell kann man bei Lichtwellen auf einem Schirm beobachten, den man in das Interferenzfeld hält.
Dies zeigt: Licht verhält sich wie eine Welle.

2. Vom Interferenzmuster zur Wellenlänge

Zur Bestimmung der Wellenlänge des in ⟹ *Versuch 1* verwendeten Lichts vergleichen wir in ⟹ *Bild 2* die beiden Wellenwege, die in Richtung α zu einem Zielpunkt auf dem weit entfernten Schirm führen. Für M sind beide Wellenwege gleich lang, beide Zeiger in Phase. Für Punkte oberhalb M gibt es Wegunterschiede und Phasendifferenzen. Beide wachsen mit dem Abstand d des Punktes Z von M.

Kohärent = Interferenzfähig

DOPPELSPALT MIT LICHT

Wir benutzen das in ▶ *Bild 2* gelb unterlegte Dreieck Q_1Q_2A, um für einen Zielpunkt Z den Wegunterschied δ zu bestimmen. Von A aus ist es genauso weit zum Zielpunkt Z wie von Q_1. Wir erhalten den Wegunterschied $\delta = g \sin \alpha$. Der Winkel α ist auch im *grün unterlegten großen Dreieck OMZ* enthalten, dort bezeichnet er die Richtung zum Zielpunkt auf dem weit entfernten Schirm. – Für die Helligkeitsmaxima (↑↑) gilt $\delta = k \lambda$ ($k = 0, 1, 2, 3, \ldots$). Intensitätsminima (↑↓) ergeben sich für $\delta = (2k - 1)\lambda/2$, ($k = 1, 2, 3, \ldots$). Somit erhalten wir für die Winkel α_k zum

***k*-ten Maximum:** $g \sin \alpha_k = k \lambda$, ($k = 0, 1, 2, 3, \ldots$), (1)
***k*-ten Minimum:** $g \sin \alpha_k = (2k - 1) \lambda/2$, ($k = 1, 2, 3, \ldots$). (2)

Die zugehörigen Orte auf dem Schirm befinden sich jeweils im Abstand d_k von der Mitte M (▶ *Bild 2*): $\quad d_k = a \tan \alpha_k.$ (3)

Bei Doppelspaltversuchen sind die auftretenden Winkel α_k immer klein. Die Auswertung mit dem Taschenrechner zeigt, dass $\sin \alpha \approx \tan \alpha$ ist. Für $\alpha < 5°$ ist der Fehler kleiner als 5 Promille. Man kann so in *Gl. (1)* und *(2)* $\sin \alpha_k$ durch $\tan \alpha_k = d_k/a$ ersetzen. Daraus folgt für *Gl. (1)*

$$g \frac{d_k}{a} = k \lambda, \quad \text{bzw.} \quad d_k = \frac{k \lambda a}{g}.$$

Zwei benachbarte Maxima (oder Minima) haben also den Abstand

$$d = d_{k+1} - d_k = \lambda a/g. \quad (4)$$

Die Abstände $a = 4{,}1$ m und $g = 0{,}65$ mm sind durch den Versuchsaufbau vorgegeben. $d = 4$ mm ist der gemittelte Abstand zwischen zwei benachbarten Maxima. Aus *Gl. (4)* erhalten wir für die Wellenlänge des verwendeten Laserlichts:
$\lambda = g\, d/a = 0{,}65 \cdot 10^{-3}$ m $\cdot\, 0{,}004$ m$/4{,}1$ m $= 634$ nm.

Merksatz

Beleuchtet man einen Doppelspalt, der den Spaltabstand g hat, mit Licht der Wellenlänge λ, so entstehen auf einem Schirm helle und dunkle Streifen. Mithilfe der *Gl. (1)* bis *(4)* kann man daraus die Wellenlänge von sichtbarem Licht bestimmen. Sie reicht etwa von $\lambda = 400$ nm bei Violett bis $\lambda = 800$ nm bei Rot.

3. Eins + Eins = Vier

Bei *Wasserwellen* und *Schallwellen* beobachtet und registriert man die Elongation; bei *Mikrowellen* die Mittelwert-Anzeige, die der Amplitude proportional ist. – Bei *Licht* registriert man als **Intensität** die **Bestrahlungsstärke,** also die je Zeit- und Flächeneinheit übertragene Energie. Ihr Wert folgt aus der Energiedichte $\varrho_W \sim E_{max}^2$ des elektrischen Feldes und ist dem Quadrat der Feldstärke proportional. Für die Intensitäts*maxima* sind die Amplituden E_{max} zu addieren und zu quadrieren: $(E_{max} + E_{max})^2 = 4\, E_{max}^2$.
Für die Interferenz*minima* bleibt die Intensität null:
$(E_{max} - E_{max})^2 = 0$. Der Energieerhaltungssatz ist nicht verletzt. Interferenz häuft die Energie der beteiligten Wellen in den Interferenzmaxima an und zieht sie von den Minima ab.

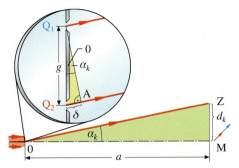

B 2: Die Wellenstrahlen, die sich im Punkt Z treffen, verlaufen praktisch parallel, weil der Spaltabstand g nur Bruchteile eines Millimeters, die Entfernung a des Schirms dagegen mehrere Meter beträgt. Im richtigen Maßstab müsste Z etwa 50 m rechts vom Doppelspalt gezeichnet werden. – Die gezeichneten Wellenstrahlen haben die Richtung zum 1. Maximum auf dem Schirm mit dem Abstand d_1 von M. Es gilt $\delta = \lambda$. Zur Bestimmung des Spaltabstands g legt man den Doppelspalt auf den Tageslichtprojektor. In der Projektion kann man den kleinen Abstand g der beiden Spalte gut mit der leicht messbaren Spaltlänge vergleichen.

... noch mehr Aufgaben

A 1: Der Punkt Z in ▶ *Bild 2* sei 6 mm von M entfernt. Außerdem gelte $a = 4{,}1$ m und $g = 0{,}65$ mm. **a)** Zeichnen Sie bei der Wellenlänge des He-Ne-Lasers Zeigerbilder für den Punkt Z und den auf der Mitte zwischen M und Z liegenden Punkt. **b)** Zeichnen Sie Zeigerbilder für den gleichen Punkt Z bei den Wellenlängen 400 nm, 500 nm und 600 nm. Hinweis: Nehmen Sie für alle Einzelzeiger eine einheitliche Länge an, es kommt auf die Phasen der Zeiger an!

A 2: Erläutern Sie an ▶ *Bild 1* die Auswirkungen einer Drehung des Doppelspalts um 90° (Spalte jetzt waagerecht übereinander).

A 3: Bestimmen Sie die zu den Wellenlängen 400 nm und 800 nm gehörenden Frequenzen und begründen Sie: Sichtbares Licht spielt sich – akustisch gesprochen – innerhalb einer Oktave ab.

A 4: Führt man Doppelspaltversuche mit weißem Licht aus, erhält man farbige Säume. Was schließen Sie daraus?

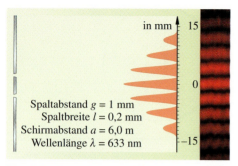

B 1: Mit dem Computer berechnetes Intensitätsdiagramm für einen Doppelspalt (links); mit einem Fotoapparat aufgenommenes Intensitätsdiagramm (rechts).

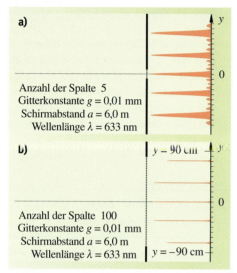

V 1: Intensitätsverteilung bei einem Gitter mit **a)** 5 Spalten **b)** 100 Spalten

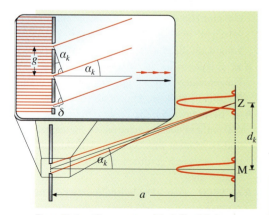

B 2: Beim Gangunterschied $\delta = k\lambda$ kommen alle Wellen in Z gleichphasig an. Die Zeiger für das Licht von verschiedenen Spalten sind alle parallel. In den anderen Richtungen erhält man nur geringe Intensitäten.

Interferenz beim optischen Gitter

1. Das Gitter – besser als ein Doppelspalt

Mit dem Doppelspalt haben wir die Wellenlänge λ von Licht bestimmt. Durch die beiden engen Spalte geht leider nur wenig Licht. Das Interferenzmuster ist lichtschwach. Zudem sind die Maxima nicht scharf; dazwischen sinkt die Lichtintensität allmählich auf null und steigt wieder stetig an (⇒ Bild 1). Die Abstände zwischen den einzelnen Maxima und damit die Wellenlänge des Lichts kann man nur relativ ungenau ermitteln.

Ein Mehrfachspalt, ein so genanntes optisches *Gitter*, anstelle des Doppelspalts beseitigt diese Nachteile. Ein Gitter besteht aus sehr vielen engen Spalten, die in gleichen Abständen nebeneinander angeordnet sind. Der Abstand zwischen benachbarten Spaltmitten heißt **Gitterkonstante g.** Fällt ein Laserstrahl senkrecht auf ein Gitter, so zeigen sich auf dem Schirm scharfe Lichtflecke in fast gleichen Abständen. Diese *Helligkeitsmaxima* sind umso schmaler und lichtstärker, je größer die Zahl der an der Interferenz beteiligten Spalte ist (⇒ Versuch 1). Je kleiner die Gitterkonstante g, desto größer wird der Abstand der Helligkeitsmaxima.

Hinter jedem der n Spalte bildet sich nach dem HUYGENS-Prinzip je eine Elementarwelle aus; das Licht wird *gebeugt*. Wir greifen einen weit entfernten hellen Punkt Z eines Schirms heraus. Dort treffen sich nur Wellenstrahlen, die bezüglich ihrer nächsten Nachbarn den Gangunterschied $\delta = k\lambda$ ($k = 0, 1, 2, \ldots$) haben. Die Strahlen sind praktisch parallel zueinander. Im Schnittpunkt M der optischen Achse mit dem Schirm (⇒ Bild 2) ist der Gangunterschied $\delta = 0$, also $k = 0$. Für den Gangunterschied $\delta = k\lambda$ erhalten wir als Summe der n zueinander parallelen Zeiger einen n-mal so langen Zeiger. In den Bereichen zwischen den Maxima dagegen haben die Zeiger keine einheitliche Richtung; ihre Summe ist fast null; deshalb sind die Maxima so überaus scharf.

Den Gangunterschied δ zweier benachbarter Wellenstrahlen können wir in den rechtwinkligen Dreiecken von ⇒ Bild 2 ablesen: $\delta = g \sin \alpha_k$. Dabei ist α_k der Winkel zum k-ten Helligkeitsmaximum. Für die Winkel α_k gilt wie beim Doppelspalt

$$g \sin \alpha_k = k\lambda \quad \text{und} \quad a \tan \alpha_k = d_k.$$

Die einzelnen Maxima unterscheiden sich durch ihre *Ordnungszahl* k. Da der Sinus des Winkels α_k höchstens 1 sein kann, ist die Anzahl der Ordnungen zumindest durch $k\lambda/g \leq 1$ beschränkt.

Merksatz

Die **Gitterkonstante g** ist der Abstand benachbarter Spaltmitten. Fällt paralleles Licht der Wellenlänge λ senkrecht auf ein **optisches Gitter** mit der Gitterkonstanten g, so findet man Helligkeitsmaxima unter den Winkeln α_k. Es gilt

$$\sin \alpha_k = \frac{k\lambda}{g} \quad \text{mit } k = 0, 1, 2, 3, \ldots \quad \text{und} \quad \frac{k\lambda}{g} \leq 1.$$

2. Warum das Gitter dem Doppelspalt überlegen ist

Für Gitter und Doppelspalt berechnet man die Lage der Helligkeitsmaxima nach derselben Formel. Die Besonderheit des optischen Gitters mit seinen vielen Spalten zeigt sich erst, wenn wir den Raum zwischen zwei Maxima betrachten. In ▶ *Versuch 1* haben wir schon gesehen, dass die Maxima umso schärfer erscheinen, je größer die Zahl der an der Interferenz beteiligten Spalte ist.

Um dies zu verstehen, betrachten wir ein Gitter, bei dem 100 Spalte das Interferenzbild erzeugen. Ein Maximum k-ter Ordnung liegt vor, wenn der Gangunterschied benachbarter Wellenstrahlen $\delta = k\lambda$ beträgt (▶ *Bild 3a*).

Ist der Gangunterschied nur geringfügig größer, z. B. $\delta = k\lambda + \lambda/100$, so erhält man dicht neben dem Maximum eine Dunkelstelle. Dort löschen sich diejenigen Wellenstrahlen restlos aus, die vom 1. und 51., vom 2. und 52., …, vom 50. und 100. Spalt kommen. Der Gangunterschied dieser Strahlen beträgt nämlich jeweils $50\delta = 50 k\lambda + 50\lambda/100 = 50 k\lambda + \lambda/2$. In unserem Zeigerdiagramm bilden die Zeiger bei der Addition gerade einen geschlossenen Kreis (▶ *Bild 3b*). Zeiger, die dort einander diagonal gegenüberliegen, entsprechen den Strahlen mit Gangunterschied 50δ. (Auch bei einer ungeraden Zahl von Spalten (z. B. 101) ergibt sich die erste Dunkelstelle, wenn als Summe der Zeiger zum ersten Mal ein Kreis entsteht. Dies ist dann der Fall, wenn der Gangunterschied benachbarter Strahlen $\delta = k\lambda + \lambda/101$ ist.)

Wächst der Gangunterschied weiter, so ist der Winkel zwischen zwei Zeigern von benachbarten Wegen etwas größer, die Zeigerkette läuft über einen Vollkreis hinaus und schließt sich nicht mehr. Es gibt Resthelligkeit (▶ *Bild 3c*). Schon für den Gangunterschied $\delta = k\lambda + 2\lambda/100$ entsteht die zweite Dunkelstelle, da die Zeiger zweimal im selben Kreis umlaufen (▶ *Bild 3d*). – Bis schließlich der Gangunterschied $\delta = k\lambda + \lambda$ erreicht ist, also das Maximum $(k + 1)$-ter Ordnung, finden sich weitere scharfe Dunkelstellen, nur von geringer Resthelligkeit unterbrochen.

Verallgemeinert man diese Betrachtungen von 100 auf n Spalte, so erhalten wir für das *erste Minimum*, welches das Maximum k-ter Ordnung eingrenzt, den Gangunterschied

$$\delta = k\lambda + \lambda/n.$$

Das 1. Minimum rückt also umso näher an das Maximum, je größer die Zahl n der Gitterspalte ist. Das Maximum wird immer schärfer.

Merksatz

Mit wachsender Anzahl der Spaltöffnungen eines optischen Gitters werden die Maxima heller und schärfer. Die Resthelligkeit in den Zwischenräumen nimmt dabei immer mehr ab.

In ▶ *Versuch 2* bestimmen wir die Wellenlänge des *Helium-Neon-Lasers* mit einem Gitter, das 1000 Striche pro Zentimeter hat. Die Gitterkonstante g ist also $g = \frac{1}{1000}$ cm $= 1 \cdot 10^{-5}$ m. Für die Wellenlänge des Laserlichts ergibt sich daraus $\lambda = 633$ nm ± 3 nm.

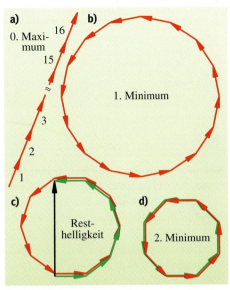

B 3: Zeigerbild für ein Gitter mit 16 Spalten: **a)** Mittenmaximum ($\delta = 0$) **b)** 1. Minimum **c)** bei etwas größerem Winkel bleibt Resthelligkeit **d)** 2. Minimum

V 2: Bestimmung der Wellenlänge des Laserlichts:

Ein Gitter mit 1000 Strichen pro Zentimeter wird durch Laserlicht senkrecht beleuchtet. Auf einem $a = 3{,}80$ m vom Gitter entfernten Schirm messen wir den Abstand des linken Maximums 2. Ordnung zum rechten Maximum 2. Ordnung zu 97,0 cm.

Für den Winkel α_2 zum Maximum 2. Ordnung ($k = 2$) gilt:
$\tan \alpha_2 = d_2/a = 48{,}5$ cm$/380$ cm $= 0{,}128$;
also $\alpha_2 = 7{,}27°$.
Mit der Gitterkonstanten $g = \frac{1}{1000}$ cm $= 10^{-5}$ m finden wir für die Wellenlänge λ des Laserlichts

$$\lambda = \frac{g \sin \alpha_k}{k} = \frac{g \sin \alpha_2}{2} = 633 \text{ nm}.$$

Fehlerabschätzung:
Die Entfernung des Schirms vom Gitter lässt sich auf ± 1 cm, der gegenseitige Abstand der Maxima auf ± 1 mm genau ablesen. Aus
$$48{,}4/381 \leq \tan \alpha_2 \leq 48{,}6/379$$
erhalten wir das Intervall für α_2
$$7{,}24° \leq \alpha_2 \leq 7{,}31°.$$
Die Zahl der Striche pro cm nehmen wir als genau an. So ergibt sich für λ
$(1 \cdot 10^{-5}$ m $\cdot \sin 7{,}24°)/2 = 6{,}3 \cdot 10^{-7}$ m $\leq \lambda$ und $\lambda \leq (1 \cdot 10^{-5}$ m $\cdot \sin 7{,}31°)/2 = 6{,}36 \cdot 10^{-7}$ m, also: **630 nm $\leq \lambda \leq$ 636 nm.**

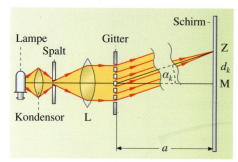

V 1: Der schmale Beleuchtungsspalt wird von dem Licht einer Natriumdampflampe gleichmäßig beleuchtet. Der Spalt liegt ungefähr in der Brennebene der Sammellinse L. Auf einem etwa 2 m entfernten Schirm entsteht so ein scharfes Bild des Spalts. Bringen wir nun dicht hinter L ein Gitter, entsteht auf dem Schirm ein Muster von hellen Intensitätsmaxima in der Entfernung d_k von der Mitte M. Die Gitterkonstante ist $g = \frac{1}{1000}$ cm und der Abstand Gitter–Schirm $a = 2{,}00$ m. Der Abstand der beiden Spektrallinien 3. Ordnung wird zu 71,8 cm gemessen. Für den Winkel α_3 zum Maximum 3. Ordnung ($k = 3$) erhält man

$$\tan \alpha_3 = \frac{d_3}{a} = \frac{35{,}9 \text{ cm}}{200 \text{ cm}} = 0{,}1795; \quad \alpha_3 = 10{,}2°.$$

Aus $\sin \alpha_3 = \frac{k\lambda}{g} = \frac{3\lambda}{g}$ folgt

$$\lambda = \frac{g \sin \alpha_3}{3} = 589 \text{ nm}.$$

Farbe der Spektrallinie	Wellenlänge λ in Luft
violett	405 nm
blau	436 nm
grün	546 nm
gelb (doppelt)	577 nm und 579 nm

T 1: Spektrallinien von Quecksilber

V 2: a) Anstatt einer Natriumdampflampe (Versuch 1) verwenden wir jetzt als Lichtquelle eine Experimentierleuchte mit weißem Glühlicht. Auf dem Schirm entsteht in der Mitte eine weiße Linie; links und rechts davon erscheinen leuchtende farbige Bänder, die sich zum Teil überlappen. **b)** Bringt man zwischen Lichtquelle und Spalt eine hell leuchtende Natriumflamme, so erscheint im Spektrum eine dunkle Linie.

3. Gitterspektren

Mit dem optischen Gitter können wir die Wellenlängen des Lichts beliebiger Quellen sehr genau bestimmen. Zu diesem Zweck konzentrieren wir das Licht einer Natriumlampe auf einen schmalen Beleuchtungsspalt und bilden diesen mit einer Sammellinse auf einen weit entfernten Schirm ab (Versuch 1). Auf dem Schirm entsteht ein Bild des Beleuchtungsspalts. Dieses scharfe *Spaltbild* vervielfacht sich beim Einbringen des Gitters. Wir können – genauer als in Ziff. 1 und 2 – aus ihrer Lage λ bestimmen. Für die Natriumlampe messen wir nur eine Wellenlänge $\lambda = 589$ nm und sprechen deshalb von *monochromatischem* Licht.

Ersetzt man die Lichtquelle durch eine Quecksilberdampflampe, so erscheint auf dem Schirm eine Folge verschiedenfarbiger Linien, also verschiedenfarbiger Spaltbilder (Tabelle 1). Sie bilden das Quecksilber-**Spektrum**. Quecksilberatome sind in der Lampe durch Elektronenstoß zum Leuchten angeregt worden und senden dabei im sichtbaren Bereich Licht mit ganz bestimmten Wellenlängen aus, ein so genanntes **Linienspektrum**. Die im Linienspektrum vorkommenden Wellenlängen sind kennzeichnend für die Licht aussendenden Atome (Spektraltafel am Ende des Buches).

Untersuchen wir mit unserer Anordnung weißes Glühlicht (Versuch 2a), so entstehen mehrere schön leuchtende Spektren. Beim Zerlegen des Lichts mit einem Prisma erhielten wir dagegen nur eines. Vom Prisma wird Violett am stärksten abgelenkt, vom Gitter dagegen Rot wegen seiner größeren Wellenlänge (Bild 1a, b). Nur das Spektrum 1. Ordnung ist rein, die andern überlagern sich (Bild 1c). Die Richtung zum Maximum nullter Ordnung ist von der Wellenlänge unabhängig. Alle Farben überdecken sich dort zu einem weißen Strich.

Merksatz

Die Wellenlängen von sichtbarem Licht liegen etwa im Bereich von 400 nm (Violett) bis 800 nm (Rot).

Da Linienspektren kennzeichnend für die Stoffe sind, die sie aussenden, konnten R. W. BUNSEN und G. R. KIRCHHOFF die Methode der **Spektralanalyse** entwickeln. Damit kann man nicht nur chemische Substanzen im Labor untersuchen, sondern auch Aufschluss über die stoffliche Zusammensetzung von Sternen erhalten. In Versuch 2b zeigen wir, dass im Spektrum von weißem Licht im gelben Bereich eine dunkle Linie entsteht, wenn das Licht durch eine Natriumflamme geht. Ein gelber Anteil des weißen Lichts wird in der Na-Flamme nach allen Seiten gestreut und fehlt deshalb in Geradeausrichtung. J. VON FRAUNHOFER entdeckte 1814 im kontinuierlichen Spektrum der Sonne eine große Zahl dunkler Linien. Sie entstehen dadurch, dass die Gase der Sonnenoberfläche ganz bestimmte Wellenlängen des von tiefer liegenden Schichten der Sonne kommenden weißen Lichts absorbieren (Spektraltafel). Diese **Fraunhoferlinien** stimmen mit den Linienspektren von Elementen auf der Erde überein. In der Sonne gibt es keine anderen Elemente.

In einer einfachen Anordnung kann man ein Gitterspektrum auch ohne Schirm beobachten (➭ *Versuch 3*). Durch ein Gitter betrachten wir die Kapillare einer Gasentladungsröhre. Die Ausdehnung des dünnen Lichtfadens ist so klein, dass kein Beleuchtungsspalt notwendig ist. Wellenstrahlen, die zum k-ten Maximum führen, verlassen das Gitter unter dem Winkel α_k. Die Augenlinse erzeugt ein Bild des Linienspektrums auf der Netzhaut. Für den Beobachter scheinen die Lichtstrahlen vom Maßstab im Abstand d_k zur Mitte herzukommen. Am Maßstab liest der Beobachter die Strecke d_k ab und berechnet aus $\tan \alpha_k = d_k/a$ den Winkel α_k. Mit $\lambda = g \sin \alpha_k/k$ bestimmt er die Wellenlänge der betreffenden Spektrallinie.

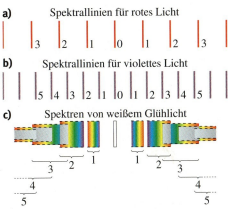

B 1: Das Gitterspektrum für **a)** rotes Licht **b)** violettes Licht **c)** weißes Licht. Die Spektren des sichtbaren Lichts überlappen sich ab der 2. Ordnung.

Beispiel

Ein optisches Gitter mit 2 000 Strichen pro cm wird von parallelem weißem Licht (400 nm ≤ λ ≤ 780 nm) senkrecht beleuchtet. **a)** Wie breit ist das Spektrum 1. Ordnung auf einem a = 3,20 m entfernten Schirm? **b)** Zeigen Sie, dass sich die sichtbaren Spektren 2. und 3. Ordnung überlappen. **c)** Bis zu welcher Wellenlänge ist das Spektrum 2. Ordnung nicht überlagert?

Lösung:
Die Gitterkonstante ist $g = \frac{1}{2\,000}$ cm = $5 \cdot 10^{-6}$ m.
a) Für violettes Licht erhält man den Winkel zum 1. Maximum durch $\sin \alpha_{1v} = \lambda_v/g = 400 \cdot 10^{-9}$ m/$5 \cdot 10^{-6}$ m = 0,08, also α_{1v} = 4,59°.
Der Abstand d_{1v} zwischen Mitte und Violett 1. Ordnung beträgt $d_{1v} = a \tan \alpha_{1v} = 320$ cm $\cdot \tan 4{,}59°$ = 25,7 cm.
Entsprechend ergibt sich für Rot α_{1r} = 8,97° und d_{1r} = 50,5 cm.
Das Spektrum 1. Ordnung ist also $d_{1r} - d_{1v} =$ **24,8 cm** breit.
b) Für die 2. Ordnung von Rot gilt $\sin \alpha_{2r} = 2\,\lambda_r/g = 0{,}312$, für die 3. Ordnung von Violett gilt $\sin \alpha_{3v} = 3\,\lambda_v/g = 0{,}24$.
Also liegt Violett 3. Ordnung innerhalb des Spektrums 2. Ordnung.
c) Für Violett 3. Ordnung gilt $\sin \alpha_{3v} = 0{,}24$. Das Spektrum 2. Ordnung ist also bis $\sin \alpha_2 = 0{,}24 = 2\,\lambda/g$ ungestört. Das entspricht einer Wellenlänge von $\lambda =$ **600 nm**.

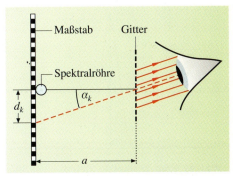

V 3: Die dünne, hell leuchtende Kapillare einer gasgefüllten Spektralröhre steht senkrecht vor einem horizontalen Maßstab. Blicken wir auf sie durch ein optisches Gitter, so sehen wir vor dem Maßstab das weit auseinander gezogene Linienspektrum.

... noch mehr Aufgaben

A 1: Ein Gitter hat 500 Linien pro mm. Der Schirmabstand beträgt 1,50 m. Welchen Abstand hat für λ = 780 nm die Spektrallinie 1. Ordnung von der Linie 2. Ordnung?

A 2: Die beiden Spektrallinien 1. Ordnung von Na-Licht (λ = 590 nm) haben auf einem 1,00 m entfernten Schirm den Abstand 11,8 cm. Wie groß ist g?

A 3: Ein Gitter mit 5 000 Strichen pro cm wird mit parallelem weißem Glühlicht beleuchtet. Der Schirm hat die Form eines Halbzylinders, in dessen Mittelachse das Gitter steht. **a)** Bis zu welcher Ordnung kann das sichtbare Spektrum ganz beobachtet werden? **b)** Welche Wellenlänge ergibt sich aus $\sin \alpha_k = 1 = k\,\lambda/g$ in der höchsten Ordnung?

A 4: Wir beobachten auf einem Schirm (a = 2,50 m) das Linienspektrum von Hg-Dampf. In der 1. Ordnung beträgt der Abstand der linken violetten Linie (λ_1 = 405 nm) von der rechten 40,6 cm. **a)** Berechnen Sie die Gitterkonstante. **b)** Wie weit ist in der 2. Ordnung die violette Linie von der grünen Linie (λ_2 = 546 nm) entfernt? **c)** In welcher Ordnung kommt es zum ersten Mal vor, dass die grüne Linie in das Spektrum der nächsthöheren Ordnung fällt?

A 5: Paralleles Licht fällt schräg auf ein optisches Gitter. Zeigen Sie, dass der resultierende Gangunterschied $\delta = g\,(\sin(\alpha + \varphi) - \sin \varphi)$ ist.

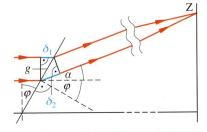

Beugung am Einzelspalt

1. Viele Elementarzentren in einem Spalt

V 1: Ein Laser erzeugt auf einem etwa 3 m entfernten Schirm einen scharfen Lichtfleck. Bringen wir nun in das Laserlichtbündel einen vertikalen Einzelspalt mit verstellbarer Breite, so fließt der Lichtfleck nach beiden Seiten umso stärker auseinander, je enger wir den Spalt machen. Auch hier ist das gebeugte Licht von vielen dunklen Stellen unterbrochen.

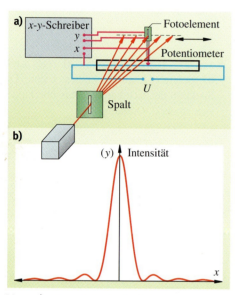

V 2: a) Eine Fotodiode liefert eine Spannung, die proportional zur Helligkeit ist. Sie wird mithilfe einer Messschraube zusammen mit einem Potentiometer durch das Beugungsbild eines Spalts bewegt. Am Potentiometer nehmen wir eine Spannung ab, die proportional zum zurückgelegten Weg ist. Diese Spannung geben wir auf die x-Ablenkung und die von der Fotodiode auf die y-Ablenkung eines Schreibers. **b)** Mit dem Schreiber aufgenommenes Intensitätsdiagramm

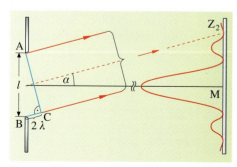

B 1: Strahlen zur 2. Dunkelstelle. Intensität nicht maßstabsgerecht gezeichnet.

Lässt man Licht eines Lasers senkrecht auf einen schmalen Spalt fallen, wird das Licht in den Schattenraum links und rechts des Spalts hineingebeugt (⟹ *Versuch 1*) – je schmaler der Spalt ist, umso mehr. Das Licht verhält sich dabei wie eine Wasserwelle, die durch eine schmale Öffnung geht. Auf dem Schirm entstehen typische Interferenzstreifen, ähnlich denen bei Gitter und Doppelspalt. Doch nimmt die Intensität nach außen schnell ab (⟹ *Versuch 2*). Auch wenn wir den Spalt schmal machen (z. B. 0,1 mm Breite), ist er gegen die Lichtwellenlänge (z. B. 600 nm) breit. Deshalb dürfen wir uns zwischen den Kanten des Spaltes nicht nur ein einziges HUYGENS-Zentrum denken, sondern müssen uns dort eine breite Wellenfront vorstellen. Nach dem HUYGENS-Prinzip lösen wir die Wellenfront in viele dicht liegende Elementarwellen auf. Ihre Anzahl kann man beliebig hoch ansetzen. Wir greifen alle Wellenstrahlen heraus, die zu einem bestimmten Punkt des weit entfernten Schirms hinführen. Da die Spaltbreite Bruchteile von Millimetern, der Schirmabstand jedoch mehrere Meter beträgt, können wir Wellenstrahlen, die sich in einem Punkt des Schirms treffen, in guter Näherung als parallel ansehen (⟹ *Bild 1*).

Beginnen wir mit Strahlen, die praktisch parallel zur Mittelachse verlaufen (⟹ *Bild 2a*). Die Lichtwellen haben in M den gegenseitigen Gangunterschied null. Die Zeiger, die zu den (nahezu) parallelen Wegen gehören, sind also parallel. In M erzeugt ihre Verkettung eine langgestreckte Zeigerkette und somit eine besonders helle Stelle. Vergrößert man den Beobachtungswinkel von M ($\alpha = 0°$) aus, so ergeben sich im Punkt Z geringe Gangunterschiede. Die Zeiger, die zu den verschiedenen Wegen gehören, sind gegeneinander etwas gedreht; die Zeigerkette bildet nun einen Bogen (⟹ *Bild 2b*); die resultierende Intensität wird mit steigendem Winkel stetig kleiner. In ⟹ *Bild 2c* ist α so groß, dass die Randstrahlen den Gangunterschied λ haben. Dann hat der mittlere Strahl gegenüber dem ersten einen Gangunterschied von $\lambda/2$, in Z_1 haben die entsprechenden Zeiger genau entgegengesetzte Richtung. So findet jeder Strahl im Teilbündel I einen Partner im Teilbündel II, dessen Zeiger genau umgekehrt gerichtet ist. Also löschen sich alle Wellenstrahlen in Z_1 vollständig aus, dort entsteht eine Dunkelstelle. Bei diesem 1. Minimum haben sich alle Zeiger zu einem Kreis geschlossen (⟹ *Bild 2c*), die Intensität ist null.

Z_1 ist nicht die einzige Dunkelstelle. Ist der Gangunterschied der Randstrahlen auf $\delta = 2\lambda$ gewachsen, teilen wir das Lichtbündel in zwei Hälften auf, deren Randstrahlen jeweils den Gangunterschied λ haben und sich daher auslöschen (⟹ *Bild 2e*). Solche restlosen Auslöschungen kommen immer wieder vor: Für $\delta = 3\lambda$ findet man 3 Teilbündel, bei $\delta = k\lambda$ gar k Teilbündel, deren Randstrahlen den Gangunterschied λ haben und die sich deshalb insgesamt aufheben. Zwischen diesen Dunkelstellen kommt es nur noch zu geringfügigen Resthelligkeiten, die mit wachsendem Winkel α schwächer werden.

Aus dem rechtwinkligen Dreieck ABC in ⇒ *Bild 1* lesen wir eine Beziehung für den Winkel α_k zur k-ten Dunkelstelle ab. Wir finden

$$\sin \alpha_k = \frac{k\lambda}{l} \quad \text{mit } k = 1, 2, 3, \ldots \quad \text{(Minimum k-ter Ordnung)}.$$

Da der Gangunterschied $\delta = k\lambda$ nicht größer als die Spaltbreite l sein kann, ist die Zahl der Minima durch $k < l/\lambda$ begrenzt.

Merksatz

> Bei der **Beugung** von Licht der Wellenlänge λ an einem **Einzelspalt** der Breite l gilt für die Winkel α_k zu den **Minima**
>
> $$\sin \alpha_k = \frac{k\lambda}{l} \quad \text{mit } k = 1, 2, 3, \ldots; \quad k < \frac{l}{\lambda}.$$

2. Resthelligkeiten

Betrachten wir nun das in ⇒ *Versuch 2* aufgenommene Intensitätsdiagramm für die Beugung am Spalt. Die Lage der Dunkelstellen haben wir nun erklärt. Warum fällt die Intensität vom Hauptmaximum um $\alpha = 0°$ stetig zu den beiden seitlichen Dunkelstellen ab, die seine Breite bestimmen?

Nun, beim Hauptmaximum verstärken sich alle Wellen mit dem Gangunterschied null. Dieser Fall kann bei keinem anderen Bündel mehr eintreten. Wächst α von null aus nach beiden Seiten der Mittelachse an, so treten zunehmend Gangunterschiede auf. Die Zeigeraddition ergibt eine gekrümmte Linie (⇒ *Bild 2b*). Also wird der resultierende Zeiger für von $\alpha = 0°$ aus wachsende Winkel immer kürzer, bis die erste Dunkelstelle erreicht ist.

Vergrößert man den Winkel α über das erste Minimum hinaus, so wird $\delta > \lambda$. Was geschieht nun?

Zunächst spalten wir zwei Teilbündel I und II ab, deren Wellen sich ganz auslöschen. Zu jedem Wellenstrahl in dem Lichtbündel I gibt es einen Wellenstrahl in II, dessen Zeiger genau entgegengesetzt gerichtet ist und damit zur Auslöschung führt. Für den Gangunterschied $\delta = \frac{3}{2}\lambda$ ist etwa das 1. Nebenmaximum erreicht (⇒ *Bild 2d*). Im Zeigerbild erklären wir das so: $\frac{2}{3}$ der Zeiger bilden einen Kreis (Intensität null). Das restliche Drittel liefert eine Intensität, die kleiner als $\frac{1}{9}$ der Intensität des Hauptmaximums ist.

Allgemein findet man die Nebenmaxima etwa für den Gangunterschied $\delta = \frac{3}{2}\lambda, \frac{5}{2}\lambda, \frac{7}{2}\lambda, \ldots, \frac{2k+1}{2}\lambda$ mit $k = 1, 2, \ldots$.

Verengen wir den Spalt, so wird der helle Bereich um das Hauptmaximum breiter, die Helligkeit nimmt dabei rasch ab. Wenn die Spaltbreite l schließlich nur noch eine Wellenlänge (oder weniger) beträgt, kommen wegen $\lambda/l \geq 1$ die ersten Dunkelstellen links und rechts auch rechnerisch nicht mehr zustande.

In unseren Zeichnungen konnten wir natürlich nur eine endliche Zahl von Zeigern eintragen. Eigentlich müsste man jeden Punkt der Spaltöffnung als Ausgangspunkt von huygensschen Elementarwellen nehmen. Für $\alpha = 0°$ muss dann die Summe dieser (unendlich) vielen kleinen Zeigerchen wieder den Zeiger geben, der dem Mittenmaximum entspricht.

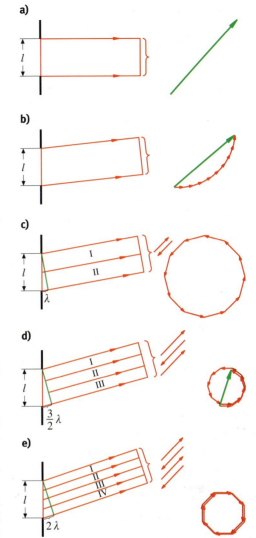

B 2: a) Strahlen, die praktisch parallel zur Mittelachse verlaufen, treffen sich in M und geben maximale Helligkeit. **b)** Für einen größeren Winkel ergibt sich eine gekrümmte Zeigerkette. Die Helligkeit nimmt ab. **c)** Beim ersten Minimum haben die Randstrahlen den Gangunterschied λ. Zu jedem Zeiger im ersten Abschnitt (I) gibt es einen entgegengesetzten im zweiten (II). Wir erhalten einen geschlossenen Zeigerkreis. Der resultierende Zeiger hat also die Länge null, damit ist die Intensität an dieser Stelle null. **d)** Beträgt der Gangunterschied etwa $\frac{3}{2}\lambda$, so entsteht ein Nebenmaximum. **e)** Beträgt der Gangunterschied der Randstrahlen 2λ, so heben sich die Zeiger aus den Bereichen I und II, sowie aus III und IV auf. Es ist wieder dunkel. (Zeichnungen nicht maßstabsgetreu)

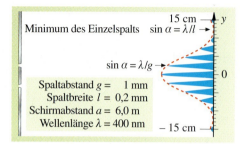

B 1: a) Beugung am Doppelspalt für $g = 5\,l$
b) Intensität mit dem Computer berechnet. Die Einhüllende (rot) entspricht dem Intensitätsdiagramm des Einzelspalts.

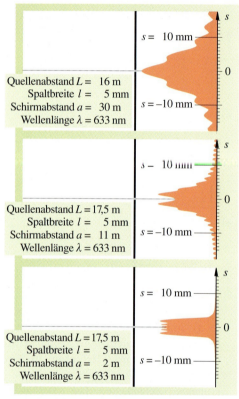

B 2: Intensitätsverlauf für die Beugung am Spalt für verschiedene Schirmentfernungen

V 1: Ein aufgeweitetes Lichtbündel eines Lasers ist auf eine Stahlkugel eines Kugellagers gerichtet, die auf eine Glasplatte aufgeklebt wurde. Betrachten wir auf einem durchscheinenden Schirm den Schatten, so entdecken wir in seiner Mitte eine helle Stelle.

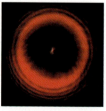

3. Der Einzelspalt spielt auch beim Doppelspalt mit

Ein Doppelspalt besteht aus zwei, ein Gitter aus vielen Einzelspalten. Haben dabei nicht auch die Beugungserscheinungen der Einzelspalte Auswirkungen auf die bisher besprochenen Interferenzmuster?

Wir beleuchten einen Doppelspalt mit dem aufgeweiteten Lichtbündel eines Lasers, decken aber vorerst einen der beiden Spalte ab. Auf dem Schirm entsteht dann das Interferenzmuster eines Einzelspalts. Der zweite Spalt, der nur um die kleine Entfernung g gegen den ersten verschoben ist, gibt wegen des geringen Abstands g ein kaum merklich verschobenes Beugungsbild. Wir öffnen nun beide Spalte gleichzeitig. Zunächst bleiben natürlich die Richtungen, in die jeder Einzelspalt für sich kein Licht sendet, dunkel. Zudem gibt die Interferenz der Lichtbündel beider Spalte *zusätzliche* Dunkelstellen. Im Zielpunkt Z müssen wir nämlich einen Summenzeiger von Spalt 1 und einen von Spalt 2 addieren. Sind diese genau entgegengesetzt gerichtet, so ergibt sich eine solche Dunkelstelle. Für die verbleibenden Maxima gilt $\sin \alpha_k = k\,\lambda/g$. ▶ *Bild 1* zeigt das mithilfe der Zeigeraddition berechnete Beugungsbild für einen Doppelspalt.

4. Überraschungen mit dem Spalt

Bei unseren bisherigen Versuchen haben wir den Spalt immer mit parallelem Licht beleuchtet. Auch war die Entfernung zum Schirm so groß, dass wir in sehr guter Näherung die Wellenstrahlen hinter dem Spalt als parallel ansehen konnten.
In ▶ *Bild 2* untersuchen wir, was passiert, wenn *divergentes* Licht von einer nahen Punktquelle auf einen relativ weiten Beugungsspalt fällt. Unsere bisherigen Überlegungen können wir hier nicht mehr anwenden. Die Wellenstrahlen sind ja nicht in Phase, wenn sie in der Spaltebene ankommen; das Licht gelangt auf verschieden langen Wegen zum Spalt. Nun findet man nicht immer in der Mitte der Beugungsfigur ein Maximum. Für jeden Weg von der Quelle zum Schirm bestimmt der Computer den zugehörigen Zeiger und addiert diese Zeiger für den Punkt Z des Schirms. Da der Computer schnell ist, kann er dies für viele Punkte des Beobachtungsschirms durchführen und so die Intensitätsverteilung darauf berechnen (▶ *Bild 2*). Die Zeigeraddition mit dem Computer hilft uns hier also weiter. Wir sehen aus den Diagrammen, dass es von den Entfernungen Lichtquelle–Spalt und Spalt–Schirm abhängt, ob sich in der Mitte gegenüber dem Spalt ein Maximum oder ein relatives Minimum befindet.

Etwas Ähnliches sehen wir in ▶ *Versuch 1*. Mitten im geometrischen Schatten einer Kugel befindet sich ein heller Punkt. Dies überrascht nicht: Von allen Punkten des Kugelrands gehen Elementarwellen aus und werden zur Mitte des Schattens hin gebeugt. Ausgerechnet dort treffen sie gleichphasig zusammen und verstärken sich durch konstruktive Interferenz. Als FRESNEL die Wellentheorie des Lichts aufstellte, widersprach der Mathematiker POISSON. Er war so überzeugt, dass die Schattenmitte nicht hell sein könne, dass er dazu kein Experiment machte und die Wellentheorie des Lichts als unsinnig verwarf. Andere konnten schließlich den Poisson-Fleck nachweisen.

Beispiel

Musteraufgabe

Ein Doppelspalt besteht aus zwei Spalten jeweils mit der Breite $l = 0{,}10$ mm. Der Abstand der Spaltmitten beträgt $g = 0{,}45$ mm. Auf diesen Doppelspalt fällt in Richtung der optischen Achse paralleles Licht der Wellenlänge 630 nm. **a)** Einer der beiden Spalte wird zunächst verdeckt. Berechnen Sie die Lage der Minima 1. und 2. Ordnung des Interferenzmusters, das auf einem Schirm in $a = 10$ m Entfernung entsteht. **b)** Öffnet man nun beide Spalte, so ist der Bereich zwischen den Minima 1. Ordnung aus a) von einem neuen Streifensystem durchzogen. Erklären Sie dies. Berechnen Sie den Abstand zweier Maxima dieses Systems. **c)** Wie viele Maxima des Doppelspalts liegen zwischen den beiden Dunkelstellen 1. Ordnung des Einzelspalts?

Lösung:
a) Die Entfernung der Minima auf dem Schirm von der optischen Achse sei x_k. Beim Einzelspalt gilt für die Lage der ersten beiden Minima (s. *Ziff. 1*):

$$\sin \alpha_k = \frac{k\lambda}{l} \quad \text{mit } k = 1, 2.$$

Wegen der kleinen Winkel α_k gilt dabei:
$\sin \alpha_k \approx \tan \alpha_k = x_k/a$, also $x_k = a\, k\, \lambda/l$.
Daraus ergibt sich: $x_1 = \mathbf{6{,}3\text{ cm}}$, $x_2 = \mathbf{12{,}6\text{ cm}}$.

b) Das Interferenzbild des Einzelspalts ist von den Interferenzstreifen des Doppelspalts durchzogen. Da der Spaltabstand g hier 4,5-mal so groß ist wie die Breite l eines Einzelspalts, ist dieses Streifensystem wesentlich enger. Für die Winkel α_n, unter denen Maxima beim Doppelspalt auftreten, gilt:

$$\sin \alpha_n = \frac{n\lambda}{g}, \quad \text{mit } n = 1, 2, \ldots$$

x_n sei die Entfernung des n-ten Maximums von der Symmetrieachse. Dann ist $\tan \alpha_n = x_n/a$.
Für kleine Winkel gilt $\tan \alpha_n \approx \sin \alpha_n$ und damit

$$\frac{x_n}{a} = \frac{n\lambda}{g} \quad \text{und} \quad \frac{x_{n+1}}{a} = \frac{(n+1)\lambda}{g}.$$

Für den Abstand der Maxima auf dem Schirm ergibt sich: $x_{n+1} - x_n = \lambda a/g = \mathbf{1{,}4\text{ cm}}$.

c) Für den Bereich zwischen den ersten beiden zur Mitte symmetrischen Minima des Einzelspalts gilt:

$$\sin \alpha_1 \leq \frac{\lambda}{l},$$

also muss $k_n \lambda/g \leq \lambda/l$ oder $k_n \leq g/l$, d.h. $\mathbf{k_n \leq 4{,}5}$ sein. Das Ergebnis ist unabhängig von λ.
Da das Beugungsbild symmetrisch ist und noch das Hauptmaximum hinzu kommt, liegen zwischen den beiden Minima 1. Ordnung $2 \cdot 4 + 1 = \mathbf{9\text{ Maxima}}$.

... noch mehr Aufgaben

A 1: Wie groß ist der Abstand der ersten dunklen Streifen links und rechts der hellen Mitte bei einem Spalt von 0,50 mm Breite und dem Schirmabstand 1,50 m für rotes ($\lambda = 760$ nm) und für violettes Licht ($\lambda = 400$ nm)?

A 2: Einfarbiges Licht fällt auf einen Spalt der Breite 0,30 mm. Auf einem 3,00 m entfernten Schirm haben die beiden mittleren dunklen Interferenzstreifen einen Abstand von 10,0 mm. Berechnen Sie die Wellenlänge des Lichts.

A 3: Lässt man statt einfarbigem Licht paralleles weißes Licht auf einen Spalt fallen, so entsteht ein Interferenzmuster, dessen Dunkelstellen von Farbsäumen umgeben sind. Wie kommen sie zustande? Handelt es sich um Spektralfarben oder um Mischfarben?

A 4: Ein Quarzstreifen eines Ultraschall-Schallkopfs mit der Breite 1,5 mm schwingt mit 5 MHz. Seine Oberfläche schwingt in Phase, die davon ausgehenden Wellenfronten sind eben. Die Ausbreitungsgeschwindigkeit in Körpergewebe ist $c = 1540$ m/s. **a)** Berechnen Sie den Winkelbereich 2α (➡ *Bild*), in dem das zentrale Maximum liegt. **b)** Wie ändert sich der Winkel, wenn man 5 solcher Quarzstreifen nebeneinander legt?

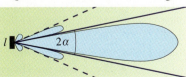

A 5: Paralleles Licht einer Natriumspektrallampe ($\lambda = 589$ nm) fällt senkrecht auf einen Doppelspalt. Der Abstand der Spaltmitten beträgt 0,3 mm. Das entstehende Interferenzbild wird auf einem dazu parallelen Schirm im Abstand $a = 255$ cm aufgefangen. **a)** Bestimmen Sie die Lage der ersten 7 hellen Streifen auf dem Schirm. **b)** Jeder Spalt hat eine Breite von 0,050 mm. Berechnen Sie die Lage der Minima bis zur 2. Ordnung auf Millimeter genau, wenn entweder nur der erste oder nur der zweite der beiden Spalte geöffnet ist. **c)** Welches der in a) berechneten Maxima kann nicht beobachtet werden? Skizzieren Sie den Intensitätsverlauf auf dem Schirm.

A 6: Bei einem optischen Gitter seien die Spaltbreiten halb so groß wie die Gitterkonstante. Zeigen Sie: Im Interferenzmuster des Gitters kann man die Maxima mit geraden Ordnungszahlen nicht sehen.

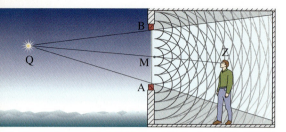

B 1: Licht vom fernen Stern Q fällt durch das Fenster ins Auge des Beobachters am Ort Z. Nach dem HUYGENS-Prinzip gehen von jedem Punkt der Fensteröffnung Elementarwellen aus. Alle Elementarwellen erreichen das Auge des Beobachters.

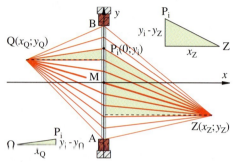

B 2: Wellenwege von Q nach Z über die Punkte P_i in der Blendenöffnung. Ihre Länge berechnet man nach PYTHAGORAS.

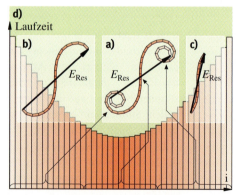

B 3: a) 41 Zeiger bilden die Spirale für den resultierenden Zeiger E_{Res} für 41 Wellenwege durch das Fenster AB (→ Bild 2). Die Zeiger in der Mitte gehören zu den Wellenwegen in der Umgebung des Lichtstrahls QMZ. **b)** Beim Verkleinern des Fensters AB entfallen zunächst die Wickel an den Enden der Spirale. **c)** Eine zu kleine Öffnung verkürzt E_{Res} und verkleinert die Helligkeit. **d)** Laufzeitdiagramm: Die kürzeste Zeit gehört zum Lichtstrahl QMZ. Zu benachbarten Lichtwegen gehört etwa die gleiche Zeit.

Das HUYGENS-Prinzip und die Strahlenoptik

In der **Strahlenoptik** werden die Lichtwege erforscht: Von einer Lichtquelle zum beobachtenden Auge, beim Übergang von einem Medium in ein anderes oder bei der Abbildung mithilfe von Linsen. Die Beschreibung der Lichtwege erfolgt mit dem Modell des **Lichtstrahls**, realisiert durch enge Lichtbündel. Das Licht eines fernen Sternes Q gelangt so nach → Bild 1 längs des geraden Lichtstrahls QMZ durch die Fensteröffnung zum Auge im Zielpunkt Z.

Für die **Wellenoptik** gilt jedoch das **HUYGENS-PRINZIP:** Von jedem Punkt der Fensteröffnung gehen Elementarwellen aus – in alle Richtungen. Das Licht des Sterns gelangt auf *vielen* Wegen, von allen Seiten zum Auge – nicht nur längs des Lichtstrahls. Wie passt das zusammen?

1. Der Lichtstrahl und das HUYGENS-Prinzip

Im Wellenmodell müssen wir *alle möglichen* Wege berücksichtigen, die von der Quelle Q zum Zielpunkt Z führen. → Bild 2 zeigt eine Auswahl. Wir berechnen im eingezeichneten Koordinatensystem und mit den gewählten Bezeichnungen Lichtwege QP_iZ von der Quelle Q $(x_Q; y_Q)$ über die Punkte P_i $(0; y_i)$ zum Zielpunkt Z $(x_Z; y_Z)$. Die Länge dieser Lichtwege hängt nach PYTHAGORAS von y_i ab:

$$s_i = \sqrt{x_Q^2 + (y_i - y_Q)^2} + \sqrt{x_Z^2 + (y_Z - y_i)^2}.$$

Für die Interferenz an einem festen Punkt in Z sind die Phasen φ_i der in Z ankommenden Wellen entscheidend. Für sie gilt:
- Die Phase φ_i in Z hängt vom Laufweg s_i und der Wellenlänge λ ab. Zum Weg $s_i = \lambda$ gehört $\varphi_i = 2\pi$.
  Ist z. B. $s_i = 3{,}25\,\lambda$, so hat die Phase in Z den Wert $\varphi_i = 3{,}25 \cdot 2\pi$.
- Allgemein gilt für φ_i im Bogenmaß: $\varphi_i = 2\pi\,(s_i/\lambda)$.

Jedem der Laufwege QP_iZ ordnet man im Ziel Z einen Zeiger mit dieser Phase $\varphi_i = 2\pi\,(s_i/\lambda)$ zu. Die Zeiger im Zielpunkt werden zu einer Zeigerkette verknüpft. Der resultierende Zeiger liefert die Amplitude E_{Res} im Ziel Z. Das Quadrat E_{Res}^2 ist ein Maß für die Helligkeit im Zielpunkt.

→ Bild 3a zeigt 41 Zeiger für die 41 Wege QP_iZ aus → Bild 2. Sie sind vom Computer berechnet und bilden verkettet eine so genannte CORNU-Spirale. (Der französische Physiker A. CORNU hat diese Spiralen als Erster gezeichnet – lange bevor es Computer gab). Ihr entnimmt man den resultierenden Zeiger E_{Res}. Man erkennt:
- Die Zeiger in der Mitte der CORNU-Spirale haben alle fast gleiche Richtung. Sie liefern den Hauptteil von E_{Res} und sorgen so für die Helligkeit in Z. Es sind die Zeiger für den geraden Wellenweg QMZ sowie dessen nächste Nachbarn.
- Die Kurve im Hintergrund (→ Bild 3d) zeigt die *Laufzeiten* $t_i = s_i/c$ für die 41 Wellenwege QP_iZ. Sie weist ein breites „Tal" mit horizontaler Tangente auf. Dort gibt es kaum einen Unterschied benachbarter Laufzeiten. Zur Umgebung der minimalen Laufzeit gehören die Zeiger fast gleicher Phase im gestreckten Teil der CORNU-Spirale.

- Die Zeiger der Wickel am Anfang und am Ende der Spirale dagegen gehören zu den *immer steiler werdenden Flanken der Laufzeitkurve*. Dort ist von Wellenweg zu Wellenweg die Änderung der Laufzeiten so groß, dass die Phasen benachbarter Zeiger sich deutlich unterscheiden.

Anfang und Ende der gezeichneten Zeigerkette gehören zu den Umwegen, die das große Fenster erlaubt (*Bilder 1* und *2*). Sie tragen kaum zur Länge des resultierenden Zeigers bei. Wenn man die Öffnung AB von beiden Seiten aus nach und nach verkleinert, verschwinden zunächst die Wickel der CORNU-Spirale. Der resultierende Zeiger E_{Res} bleibt aber praktisch unverändert (*Bild 3b*). Er wird erst kürzer, wenn man gleichgerichtete Zeiger aus der unmittelbaren Umgebung des Strahls QMZ kappt (*Bild 3c*).

2. Mit Licht orientiert man sich besser als mit Schall

Eine Quelle Q kann man bei Schall (mit einem Ohr) viel schlechter orten als bei Licht (mit einem Auge). Schall und Licht breiten sich wie Wellen aus, beide befolgen das HUYGENS-Prinzip, aber die Wellenlänge von Licht ist sehr viel kleiner als die von Schall.

Die Folgen kennen wir vom Einzelspalt (*Bild 4*): Die Breite des Hauptmaximums ist durch den Winkel α zum ersten Minimum bestimmt. Bei einer Spaltbreite l gilt ungefähr $\sin \alpha = \lambda / l$. Mit $l \approx 1$ m für die Fensterbreite und mit $\lambda = 600$ nm (Wellenlänge des Lichts) berechnet man $\alpha \approx 0{,}00003°$. Bei Schall mit $\lambda \approx 0{,}5$ m dagegen liegt α bei 30°! Der Unterschied wird schon bei Schallquellen verschiedener Frequenzen wirksam. Von einer Musikkapelle, die aus einer Straße „um die Ecke" anmarschiert, hört man zunächst die tiefen Töne (mit der großen Wellenlänge). Sie werden besser um die Ecke gebeugt als die Töne hoher Frequenz.

Ein Blick auf die CORNU-Spirale verallgemeinert dies: Die Phasen ihrer Zeiger haben wir mit $\varphi_i = 2\pi (s_i / \lambda)$ berechnet. Wenn sich s_i um λ ändert (bei Licht eine winzige Strecke), ändert sich φ_i um 2π. Deshalb führt bei Licht schon ein winziges Abweichen vom geraden Weg zu einer erheblichen Veränderung der Phasen der Zeiger. Das Verwickeln setzt schon bei geringen Abweichungen von der sprichwörtlichen Geradlinigkeit des Lichtstrahls ein. Dies bestätigen die beiden für zwei verschiedene Wellenlängen berechneten Spiralen in *Bild 5*.

Beim Sprechen geht Schall auch um den Kopf herum; man hört einen Redner auch von hinten. Die Fledermaus benutzt bei Nacht zu ihrer akustischen Orientierung Ultraschall kleiner Wellenlänge ($\lambda \approx 1$ cm). Bei Hörschall wäre ihre Orientierung viel schlechter. Licht ($\lambda \approx 1$ µm) lässt sich viel schärfer bündeln; es eignet sich noch besser zum scharfen Lokalisieren, zum Sehen auch kleiner Gegenstände.

Merksatz

Im Wellenmodell sind nach dem HUYGENS-Prinzip die Zeiger für *alle möglichen Wellenwege* von der Quelle zum Ziel zu verketten. Je kleiner die Wellenlänge ist, desto mehr bestimmen dabei die Wege längs des geraden Weges die resultierende Amplitude. Die *Strahlenoptik* ist deshalb ein Grenzfall der allgemeingültigen *Wellenoptik* für Beugungsöffnungen, die groß gegenüber der Wellenlänge sind.

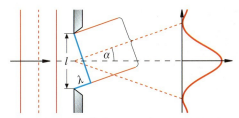

B 4: Je kleiner λ, desto stärker rückt bei fester Spaltbreite das erste Minimum an das Hauptmaximum der Spaltbeugung heran. Das Lichtbündel zum Hauptmaximum wird enger, der „Strahl" wird schärfer.

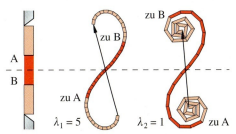

B 5: CORNU-Spirale im Zielpunkt Z bei verschiedenen Wellenlängen ($\lambda_1 : \lambda_2 = 5 : 1$). Bei großer Wellenlänge tragen (fast) alle Wege zur Länge des resultierenden Zeigers bei. Bei kleiner Wellenlänge nur die des Bereichs AB.

Vertiefung

Computerprogramm zur CORNU-Spirale

Konstanten: *Kommentar:*
XQ = 100; YQ = 0   *Koordinaten von Q*
XZ = 100; YZ = 0   *Koordinaten von Z*
LA = 1   *Wellenlänge λ*
DH = 0.002   *Huygens-Zentrenabstand*
AB = 8   *halbe Fensterhöhe*

Startwerte:
Y = AB   *oberer Rand des Fensters*
SI = 0; CO = 0   *Sinus-Cosinus-Summe*

Rechenschleife:
WIEDERHOLE
(1) s = SQR(XQ^2 + (Y − YQ)^2)
     +SQR(XZ^2 + (Y − YZ)^2)
(2) P = s/LA   *Phase φ*
(3) SI = SI + SIN(P)   *Sinus-Summe*
(4) CO = CO + COS(P)   *Cosinus-Summe*
(5) Zeichne (SI,CO)   *Spiralenpunkt*
(6) Y = Y − DH   *nächstes Huygens-Zentrum*
BIS Y < −AB

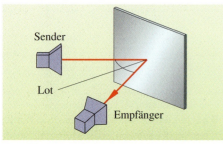

V 1: Mit der gebündelten Strahlung des Mikrowellensenders kann man an einer Metallplatte das Reflexionsgesetz für elektromagnetische Wellen nachweisen.

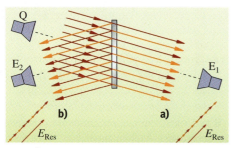

B 1: a) Der Mikrowellensender Q bündelt die Strahlung so, dass Wellenwege vom Sender zum Empfänger E_1 parallel sind. Sie sind dann auch gleich lang, es gibt konstruktive Interferenz. **b)** Alustreifen auf der schräg in das Bündel gestellten Platte werden zu HUYGENS-Zentren. Die Wellenwege zum spiegelbildlich aufgestellten Empfänger E_2 sind ebenso lang wie die zum Empfänger E_1.

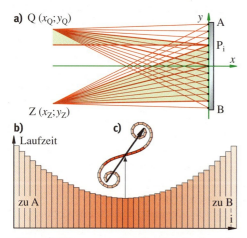

B 2: a) Wege von der Quelle Q über die Spiegelpunkte P_i zum Zielpunkt Z **b)** zugehörige Laufzeitkurve **c)** CORNU-Spirale für die Wege QP_iZ, der dunkelrote Bereich stammt von Wellenwegen, die das Reflexionsgesetz genau oder annähernd erfüllen.

3. Die Reflexion im Wellenmodell

Trifft Licht auf einen Körper mit glatter Oberfläche, wird es gespiegelt. Es gilt das Reflexionsgesetz:
- Einfallswinkel gleich Reflexionswinkel (gegen das Lot gemessen).
- Einfallender und reflektierter Strahl liegen mit dem Einfallslot (Lot auf der reflektierenden Oberfläche) in einer Ebene.

In der Wellenwanne, mit Schallwellen oder mit elektromagnetischen Mikrowellen können wir das Reflexionsgesetz wie in ▶ *Versuch 1* bestätigen.

Um die Reflexion im Wellenmodell mit der Zeigermethode darzustellen, gehen wir von einer anderen Situation aus: In dem breiten, praktisch parallelen Bündel geht Strahlung vom Mikrowellensender Q zum Empfänger E_1 (▶ *Bild 1*). Die geraden Wellenwege QE_1 sind gleich lang; ihre Zeiger haben gleiche Richtung; sie geben deshalb eine große Resultierende E_{Res}.

Nun kleben wir auf die schräg in den Strahl gestellte Styroporplatte nach ▶ *Bild 1b* reflektierende Alustreifen (beliebig verteilt). Sie erzeugen huygenssche Elementarwellen und lenken so einen Teil der Strahlung vom Empfänger E_1 zum Empfänger E_2 um. Wir vergleichen für die geänderten Wellenwege Längen und Phasen am Zielort: Sofern E_2 spiegelbildlich zu E_1 aufgestellt ist, sind die Laufwege und Phasen die gleichen wie vorher, die Zeiger verstärken sich bei E_2 genauso wie bei E_1. Die reflektierte Welle erfüllt das Reflexionsgesetz. Je mehr die Platte mit Alufolie bedeckt ist, desto mehr Energie wird durch Reflexion „umgeleitet" und von E_2 registriert. Wir sehen:

Das Reflexionsgesetz folgt aus dem HUYGENS-Prinzip.

Wir wollen jetzt von der vereinfachenden Annahme absehen, dass alle Wellenwege parallel sind. Wir betrachten in einem allgemeinen Fall die Wege QP_iZ, die von der Quelle Q über alle Punkte P_i des ebenen Spiegels AB zum Zielpunkt Z führen (▶ *Bild 2a*). Hier befolgt streng genommen nur einer der Wellenwege das Reflexionsgesetz. Im Gegensatz dazu verlangt aber das HUYGENS-Prinzip, alle Wellenwege im Ziel zu berücksichtigen, alle Zeiger mit ihren Phasen zu verketten. Ob das gut geht?

Wir lassen den Computer die Gesamtlängen s_i aller Wege QP_iZ und die zugehörigen Phasen $\varphi_i = 2\pi s_i/\lambda$ berechnen. Das Programm ist das gleiche wie bei den Lichtwegen, die durch eine Öffnung verlaufen. Betrachten wir die CORNU-Spirale der verketteten Zeiger (▶ *Bild 2c*) und die zugehörige Laufzeitkurve in ▶ *Bild 2b*, so zeigt sich wiederum:

- Den Hauptteil des resultierenden E-Vektors liefern die Zeiger mit fast gleicher Richtung in der Mitte der Spirale. Die zugehörigen Laufwege befolgen etwa das Reflexionsgesetz.
- Die zugehörigen *Laufzeiten* liegen beim Minimum, im „Tal" mit horizontaler Tangente. Die Phasen benachbarter Wellenwege unterscheiden sich kaum, die Zeiger haben fast gleiche Richtung; sie verstärken sich also.
- Die Zeiger an den Enden wechseln schnell ihre Richtung. Sie sind wegen der *immer steiler werdenden Flanken der Laufzeitkurve* aufgewickelt, tragen also kaum zur Helligkeit bei.

4. Weniger bringt mehr – im Wellenmodell

Obwohl im allgemeinen Fall die meisten Wellenwege dem Reflexionsgesetz nicht gehorchen, wird das Reflexionsgesetz durch das HUYGENS-Prinzip bestätigt: Die Zeiger der Wellenwege, für die das Reflexionsgesetz *nicht* gilt, werden in den Wickeln der CORNU-Spirale versteckt. Dort stören sie nicht, weil sie sich gegenseitig aufheben. Sie können aber auch nicht zur Empfangsintensität beitragen. Das ist doch eigentlich schade, lässt es sich nicht vermeiden?

Man müsste dafür sorgen, dass von den Zeigern in den beiden Wickeln der Spirale nur die beteiligt werden, die einen Phasenwinkel z. B. zwischen 0 und π haben (im Bogenmaß; entspricht 0° bis 180°). Dann würden alle Zeiger, die zum resultierenden Zeiger beitragen, irgendwie nach oben zeigen. Die nach unten zeigenden würden ignoriert, als ob die zugehörigen Spiegelstellen ausgekratzt wären. Die vom Computer so berechnete CORNU-Spirale in ➡ *Bild 3* ist aus weniger Einzelzeigern verkettet, aber ihre Resultierende ist viel länger als die bei einem ganzen, unbeschädigten Spiegel. Jetzt tragen alle Wellenwege zur Intensität am Ziel bei.

Zur experimentellen Bestätigung mit Mikrowellen lässt man den Computer für eine bestimmte Wellenlänge und für die Standorte von Sender und Empfänger das Muster berechnen, nach dem Teile des Spiegels wegzukratzen sind. Der Energiesatz wird nicht verletzt. „Maßgeschneidert" wird die Energie in den Zielpunkt Z gelenkt, von Punkten daneben abgezogen – dort wird es dunkler.

5. Mit Blick auf die Laufzeit: Das FERMAT-Prinzip

Es sind immer die kürzesten Wege, die bei der Verkettung der Zeiger am Zielpunkt für die Länge des resultierenden Zeigers sorgen. Sie sind zugleich Wege in der Umgebung des Strahlengangs der geometrischen Optik. Der französische Physiker Pierre DE FERMAT hat dieses schon 1786 als *Prinzip für die Lichtausbreitung* aufgestellt. Wer kausal denkt, fragt sich allerdings, woher denn Licht den Weg mit der kürzesten Laufzeit kennt. Es kann doch nicht erst alle möglichen Wege ausprobieren, in sie „hineinschnuppern". Im Wellenmodell stellt sich diese Frage nicht mehr, wir müssen uns nur anschauen, wie am Ziel aus den Zeigern aller Wege die CORNU-Spirale entsteht.

Der gerade Weg von Q nach Z ist der kürzeste, hat die wenigsten Periodenlängen, die kürzeste Laufzeit. In seiner Nachbarschaft ändert sich daran nur wenig. Zeiger, die zu diesen Wegen gehören, sind fast gleichgerichtet und liefern den geraden Teil der Spirale. Die anderen verwickeln sich. Das alles gilt auch für Umwege über einen Spiegel.

Merksatz

> **FERMAT-Prinzip der Wellenoptik:** Wellenstrahlung wählt für den Weg von einer Quelle zum vorgegebenen Ziel den mit der kürzesten Laufzeit. Dabei erweist sich die Strahlenoptik als Grenzfall der Wellenoptik für kleine Wellenlängen.

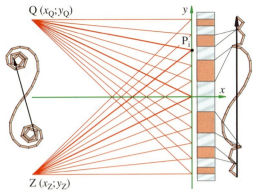

B 3: Für die Orte Q und Z sind die Bereiche des Spiegels herausgesucht worden, die für die Wellenlänge $\lambda = 3{,}2$ cm Zeiger mit einer Phase zwischen 0 und π (0° und 180°) liefern. Alle anderen Bereiche sind „ausgekratzt" worden. Die Zeigerkette besteht dann aus weniger Einzelzeigern, hat aber eine größere resultierende Amplitude.

Vertiefung

Reflexionsgitter

CD-Platten wirken wegen ihrer Rillenstruktur im reflektierten Sonnenlicht wie ausgekratzte Spiegel, als Reflexionsgitter. Sie zeigen prächtige Farben. Die meisten optischen Gitter sind Reflexionsgitter, bei denen Furchen mit gleichem Abstand in Metallhohlspiegel geritzt sind. Die Hohlspiegelform ersetzt die Abbildungslinse. Bringt man die ganze Anordnung noch ins Vakuum, kann man in kurzwelligen UV-Bereichen arbeiten, denn UV-Licht absorbierende Stoffe wie Glas und Luft werden so vermieden.

Eine optimistische These über unsere Welt

Der große Philosoph G. W. LEIBNIZ (um 1700) war auch ein ausgezeichneter Mathematiker, Physiker, Techniker, Jurist und Schriftsteller. Das FERMAT-Prinzip, nach dem Licht den Weg mit der kürzesten Laufzeit nimmt, faszinierte ihn. Er sah darin eine zielgerichtete Tendenz im Naturgeschehen, zumal es in der Physik noch weitere derartige *Extremalprinzipien* gibt. In seiner „théodizée" (zur Rechtfertigung Gottes) folgerte er, dass Gott die *beste aller möglichen Welten* geschaffen habe. Diese optimistische These wurde von KANT angezweifelt, von VOLTAIRE verspottet.

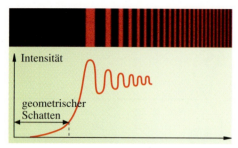

V 1: Paralleles, etwas aufgeweitetes Laserlicht streift die gerade Schneide einer Rasierklinge. Auf dem Schirm sieht man helle und dunkle Streifen. Mit einer Fotodiode tastet man die Intensitätsverteilung ab.

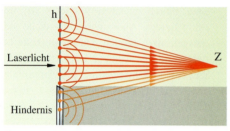

B 1: Das Hindernis soll der Welle später in den Weg geschoben werden. Ankommende Wellenfronten werden längs der Geraden h in HUYGENS-Zentren aufgelöst. Von dort gehen Elementarwellen zum Zielpunkt.

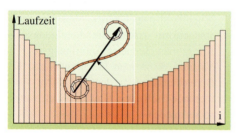

B 2: CORNU-Spirale und Laufzeitkurve für 41 Wellenwege gemäß Bild 1: Das Hindernis ist noch nicht wirksam.

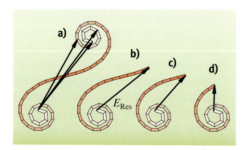

B 3: So ändert sich die Zeigerkette im Zielpunkt, wenn das Hindernis nach und nach in den Lichtweg geschoben wird.

6. Strahlenoptik und Wellenoptik an der Schattengrenze

Lichtbündel realisieren in der Strahlenoptik das Modell des Lichtstrahls, sie werden durch Blenden erzeugt, hinter denen Hell und Dunkel klar getrennt sind. Lichtstrahlen breiten sich geradlinig aus, Hindernisse im Lichtweg erzeugen Licht und Schatten. Sonnen- und Mondfinsternisse sind Schattenspiele mit der Erde als drittem Partner. Die Strahlenoptik erklärt all diese Erscheinungen einwandfrei.

In *Versuch 1* wird die sehr gerade Schneide einer Rasierklinge in einen Laser„strahl" geschoben. Ein ganz einfaches Experiment also, mit klarer Erwartung und unerwartetem Ergebnis: Die Rasierklinge erzeugt keineswegs einen Schatten mit gerader Grenze zwischen Hell und Dunkel. Vielmehr ist der helle Bereich des Schattenbildes auf dem weit entfernten Schirm von dunklen Streifen durchsetzt; es gibt auch keine klare Grenze zwischen Licht und Schatten. Die Strahlenoptik versagt.

Im Wellenmodell mit HUYGENS-Prinzip und Zeigermethode gehen wir vor wie gewohnt: Das Licht kommt in *Bild 1* auf parallelen Wellenwegen von der weit entfernten Quelle. Längs der Geraden h werden die dort ankommenden Wellenfronten w in viele dicht nebeneinander liegende HUYGENS-Zentren P_i aufgelöst. Ihre Elementarwellen interferieren im Zielgebiet. Die Punkte P_i sind Zwischenpunkte *möglicher Wege* von der fernen Quelle Q zum festgehaltenen Zielpunkt Z.

In einem Rechenmodell für viele Wege QP_iZ berechnet der Computer wie in *Ziff. 1* die Länge s_i der Lichtwege und die zugehörigen Phasen $\varphi_i = 2\pi s_i/\lambda$:

- *Ohne Hindernis* im Lichtweg zeichnet der Computer für den Zielpunkt Z eine *vollständige* CORNU-Spirale; die Laufzeitkurve hat ihr Minimum für den geraden Weg von Q nach Z (*Bild 2*).
- Schiebt man das Hindernis in den Lichtweg, so „sperrt" man für den unveränderten Zielpunkt Z die Wellenwege im unteren Teil von *Bild 1*. Der Computer arbeitet die Punkte P_i von oben nach unten ab. Die zuerst gesperrten Umwege gehören also zur rechten, steilen Flanke der Laufzeitkurve. Ihre Zeiger haben alle möglichen Richtungen und fehlen nun in der Zeigerkette. Deshalb löst sich der obere Wickel der Spirale stetig auf. *Bild 3a* erklärt, *warum die Länge E_{Res} der resultierenden Amplitude periodisch schwankt*, lange bevor die Schattengrenze über Z hinweggezogen ist. In *Versuch 1* haben wir diese Helligkeitsschwankungen nicht erwartet.
- Noch bevor die *geometrische Schattengrenze* den Punkt Z erreicht, ist der obere Wickel verschwunden. Schon jetzt wird beim Weiterschieben des Hindernisses der *gerade Teil der Zeigerspirale* „angeknabbert"; es wird langsam dunkler bei Z. Am Schattenrand ist die Resultierende E_{Res} halbiert und die zu E_{Res}^2 proportionale Intensität auf ein Viertel gesunken (*Bild 3c*).
- Schieben wir das Hindernis noch weiter, fällt für Z die Helligkeit monoton auf null. Erst wenn der Schattenrand weit genug über Z hinweggewandert ist, wird auch der andere Wickel der Spirale stetig abgebaut. Die schon geringe Länge der resultierenden Amplitude wird allmählich immer kleiner (*Bild 3d*).

7. Die Lichtgeschwindigkeit

Als FERMAT sein Prinzip des Minimums der Laufzeit formuliert hatte, wusste man, dass Licht eine endliche Geschwindigkeit hat, sich also nicht momentan ausbreitet. GALILEI konnte dies nur vermuten und aus dem Misslingen der entsprechenden Versuche vermuten, dass die Lichtgeschwindigkeit außerordentlich groß sei.

Jahrhundertelang war es eine Herausforderung, diese sehr große Geschwindigkeit zu messen. Das Problem ist, entweder sehr große Wegstrecken oder aber sehr kurze Zeiten zu messen. Heute weiß man: Licht breitet sich mit der Geschwindigkeit $c = 3 \cdot 10^8$ m/s aus. Für einen Meter benötigt das Licht $3 \cdot 10^{-9}$ s (3 ns; n: nano). In einer Sekunde legt es einen Weg 7,5-mal rund um die Erde zurück.

Mit Oszilloskopen, die eine schnelle Zeitablenkung haben und Leuchtdioden, die man zu sehr kurzen Lichtimpulsen anregt, kann man heute die Lichtgeschwindigkeit gemäß $c = \Delta s/\Delta t$ auf Strecken von einigen Metern Länge messen. Dazu schickt man einen Impuls einmal direkt und einmal auf einem Umweg über eine Messstrecke zur Zeitmessapparatur (▶ *Versuch 2*). Bei einer Wegdifferenz von 10,6 m beträgt die Zeitdifferenz 35 ns. Daraus erhält man $c = 10,6 \text{ m}/35 \cdot 10^{-9}$ s $= 3,0 \cdot 10^8$ m/s.
Genauere Messungen ergeben $c_{Luft} = 2,9979 \cdot 10^8$ m/s. Für das Vakuum erhält man den um 0,03% höheren Wert c.
Der Nachweis, dass Licht sich mit der gleichen Geschwindigkeit ausbreitet wie jede elektromagnetische Welle, ist ein starkes Indiz dafür, dass Licht sich auch sonst wie eine elektromagnetische Welle verhält.

Seit 1983 ist die Lichtgeschwindigkeit im Vakuum *durch Definition* auf 299 792 458 m/s festgelegt. Die Einheit 1 m wird daraus abgeleitet. Die *Messung* der Lichtgeschwindigkeit ist eigentlich nur sinnvoll, wenn man so tut, als wäre immer noch die Einheit des Meters über das *Urmeter* in Paris definiert.

Merksatz

Die Lichtgeschwindigkeit im Vakuum und in der Luft beträgt rund $3,0 \cdot 10^8$ m/s = 300 000 km/s. In allen anderen Stoffen ist sie kleiner.

Man kann bei Laufzeitmessungen den Lichtweg auf einer Teilstrecke durch ein anderes Medium führen, z. B. Wasser in einem 2 m langen Rohr. Die Laufzeit wächst geringfügig um $\Delta t \approx 1$ ns. Daraus folgt: *Die Lichtgeschwindigkeit c_W ist in Wasser kleiner als c_L in Luft.*
Das Licht braucht für das Durchlaufen der Teilstrecke bei Luft die Zeit $t_L = l/c_L$, bei Wasser $t_W = l/c_W$. Den Unterschied liest man als Δt auf dem Oszilloskop ab. Aus $\Delta t = l/c_W - l/c_L$ folgt:

$$\frac{l}{c_L} + \Delta t = \frac{l}{c_W} \Leftrightarrow \frac{l + c_L \Delta t}{c_L} = \frac{l}{c_W} \Leftrightarrow c_W = \frac{c_L l}{l + c_L \Delta t}.$$

Mit $\Delta t \approx 1$ ns für $l = 2$ m und $c_L = 3,00 \cdot 10^8$ m/s berechnet man für die Lichtgeschwindigkeit in Wasser $c_W \approx 2 \cdot 10^8$ m/s.

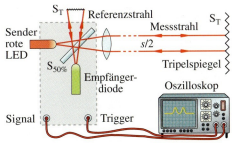

V 2: Die LED sendet kurze Lichtblitze mit einer Wiederholfrequenz von 40 kHz aus. Das Licht wird am halbdurchlässigen Spiegel S zur Hälfte als *Referenzstrahl* nach oben, zur anderen Hälfte als *Messstrahl* nach rechts geschickt. Die Linse macht das Bündel parallel, der Tripelspiegel S_T reflektiert es. Nach zweimaligem Durchlaufen der Strecke $s/2$ gelangt das Licht auf die Empfängerdiode. Am Oszilloskop hat der Referenzstrahl schon vorher für einen Impuls gesorgt. Man kann zwei Zeitmarken ablesen, deren Abstand die Laufzeitdifferenz von Mess- und Referenzstrahl angibt.

Vertiefung

Mathematik hilft bei Kurzzeitmessung

Die Lichtgeschwindigkeitsmessung nach ▶ *Versuch 2* erfordert ein sehr „schnelles" Oszilloskop. Ein *Kunstgriff* erlaubt kurze Lichtwege mit langsamen Oszilloskopen: Das Licht der Leuchtdiode wird dabei mit der Frequenz $f_1 = 60$ MHz moduliert. Weil diese hochfrequente Schwingung nicht registriert werden kann, bleibt auch die Phasendifferenz zwischen Referenz- und Messstrahl unsichtbar. Wenn man aber die an der Empfängerdiode mit verschiedenen Phasen ankommenden Signale $\hat{s} \sin(2\pi f_1 t - \gamma)$ mit einem dem Generator direkt entnommenen Signal $\hat{s} \sin(2\pi f_2 t)$ ($f_2 = 59,9$ MHz) *multipliziert* (jedes für sich), so erhält das Oszilloskop zwei Signale der Form

$$\tfrac{1}{2}\hat{s} \{\cos[2\pi(f_1-f_2)t - \gamma] - \cos[2\pi(f_1+f_2)t - \gamma]\}.$$

Das langsame Oszilloskop zeigt für beide Wege *nur* den Anteil mit $f_1 - f_2 = 0,1$ MHz. Mit dieser 600-mal (60 : 0,1) langsameren Schwingung werden auch die *unveränderten, verschiedenen Phasen* der beiden Signale messbar. Die Laufzeitdifferenz ist also $\Delta t = \gamma/[2\pi(f_1-f_2)]$ ($\delta = 2\pi \triangleq \Delta t = T$).

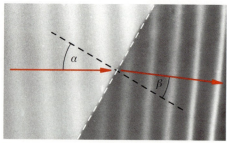

V 1: In der Wellenwanne liegt eine dicke Glasplatte, über der nur noch wenig Wasser steht. Wellenfronten, die schräg gegen die Kante der Glasplatte laufen, werden abgeknickt. Noch deutlicher sieht man, dass die Wellenlänge kleiner wird.

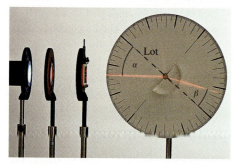

V 2: Mit der Experimentierleuchte, einer Schlitzscheibe und einem Farbfilter wird ein schmales, einfarbiges Lichtbündel erzeugt. Es wird an der ebenen Seite des halbzylindrischen Glaskörpers gebrochen. Beim Verlassen des Glaskörpers trifft es stets senkrecht auf die Grenzfläche, deshalb tritt dort keine weitere Brechung auf.

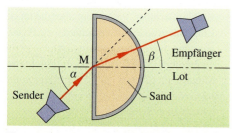

V 3: Wie Versuch 2, aber: Mikrowellen statt Licht, Quarzsand statt Glas. Der Wellenstrahl wird zum Lot hin gebrochen.

A 1: Wie groß ist der Winkel β, wenn Licht unter dem Winkel $\alpha = 30°$ von Luft in Glas eintritt ($n = 1{,}53$)?

A 2: Welche Brechungszahl n erhält man aus den in ▶ Versuch 3 gezeichneten Winkeln?

8. Brechung im Wellenmodell

Wenn *Wasserwellen* wie in ▶ *Versuch 1* schräg auf eine Grenze zwischen tiefem und flachem Wasser treffen, ändert sich ihre Ausbreitungsrichtung. Die im Bild eingezeichneten *Wellenstrahlen* werden *zum Einfallslot hin gebrochen*. Das Experiment zeigt auch, dass die Wellenlänge kleiner wird. Bei konstanter Frequenz f folgt wegen $c = \lambda f$ aus der kleineren Wellenlänge λ die kleinere Ausbreitungsgeschwindigkeit c. Bei *Licht* ist die Ausbreitungsgeschwindigkeit in Glas kleiner als in Luft, der Lichtstrahl in ▶ *Versuch 2* wird deshalb beim Übergang von Luft in Glas zum Einfallslot hin gebrochen. Aus der Strahlenoptik kennen wir das Brechungsgesetz für die in den beiden Medien gemessenen Winkel α und β:

$$\frac{\sin\alpha}{\sin\beta} = n. \qquad (1)$$

In ▶ *Versuch 3* werden die Wellenstrahlen von *Mikrowellen* an der Grenze von Luft zu Quarzsand zum Einfallslot hin gebrochen. Wir schließen daraus, dass die Ausbreitungsgeschwindigkeit von Mikrowellen in Quarzsand kleiner ist als in Luft. – In allen drei Versuchen kann man die Wellenwege umkehren: Beim Übergang vom Medium mit kleiner zum Medium mit großer Ausbreitungsgeschwindigkeit werden die Wellenstrahlen vom Einfallslot weg gebrochen.

9. Das FERMAT-Prinzip erklärt auch die Brechung

Für die Erklärung der Brechung gab der Versuch mit der Wellenwanne den Hinweis auf die geänderte Wellenlänge. Wir lassen den Computer nachrechnen, ob Brechung an der Grenze zwischen zwei Gebieten unterschiedlicher Wellenlänge auch aus den Prinzipien von HUYGENS und FERMAT folgt:
Der Weg muss für die Medien getrennt berechnet werden. Bis zur Grenze – im Medium 1 – ist λ_1 die Wellenlänge für die Wellenwege QP_i in ▶ *Bild 1a*. An der Grenzfläche werden die HUYGENS-Zentren mit der Frequenz der Quelle angestoßen. Jenseits der Grenze – im Medium 2 – breiten sich von P_i bis Z die Elementarwellen mit kleinerer Wellenlänge λ_2 aus. Für die Phasen der ganzen Wege QP_iZ gilt in Erweiterung von *Ziff. 1*:

$$\varphi_i = 2\pi\left(\frac{s_{i1}}{\lambda_1} + \frac{s_{i2}}{\lambda_2}\right).$$

Die geradlinige Verbindung von Q nach Z verläuft in ▶ *Bild 1a* durch den Punkt M. Der gestreckte Teil der CORNU-Spirale stammt aber von Wellenwegen, die die Grenze oberhalb von M überschreiten; die Laufzeitkurve hat ihr Minimum für Wege über den Punkt A mit $y = 4$. So muss es sein: Die Wellen kommen rechts von der Grenze nur halb so schnell voran. Wege mit einem kürzeren Anteil im rechten („langsameren") Medium sind zeitlich gesehen günstiger.

Merksatz

Das FERMAT-Prinzip gilt auch, wenn eine Welle die Grenze zwischen zwei Medien überschreitet: Die Wege in der Umgebung *kürzester Laufzeit* bestimmen die resultierende Amplitude im Zielpunkt.

10. Brechungsgesetz: Ergebnis einer Extremwert-Aufgabe

Das Brechungsgesetz wird in der geometrischen Optik durch Auswertung von Messreihen gewonnen. Man findet ein festes Verhältnis zwischen den Sinuswerten von Einfalls- und Ausfallswinkel. Wir leiten das Brechungsgesetz jetzt als Folgerung aus dem FERMAT-Prinzip her. Dazu müssen wir eine Extremwertaufgabe rechnen:
Wie man dabei vorgeht, sagt uns die Mathematik. Zuerst muss die Laufzeit als Funktion einer Variablen dargestellt werden, die das Maß der Brechung repräsentiert. Jeder Wellenweg von der festen Quelle Q zum vorgegebenen Zielpunkt Z ist durch sein HUYGENS-Zentrum $(0; y)$ auf der Grenze der beiden Medien bestimmt. Allein y bestimmt jeden der Wege mit Knickstelle an der Grenze. Wir schreiben also die Laufzeit t in Abhängigkeit von y auf:

$$t(y) = \frac{\sqrt{x_Q^2 + (y - y_Q)^2}}{c_1} + \frac{\sqrt{x_Z^2 + (y_Z - y)^2}}{c_2}.$$

Zu dieser Funktion bestimmen wir die Ableitung nach y:

$$t'(y) = \frac{2(y - y_Q)}{2c_1\sqrt{x_Q^2 + (y - y_Q)^2}} - \frac{2(y_Z - y)}{2c_2\sqrt{x_Z^2 + (y_Z - y)^2}}.$$

Wir suchen den Wert für y, für den $t'(y) = 0$ wird. Also muss gelten:

$$\frac{2(y - y_Q)}{2c_1\sqrt{x_Q^2 + (y - y_Q)^2}} = \frac{2(y_Z - y)}{2c_2\sqrt{x_Z^2 + (y_Z - y)^2}}.$$

Auch wenn man noch kürzen kann, die Gleichung macht Angst und Bange! Aber wir wissen, dass noch $\sin \alpha$ und $\sin \beta$ ins Spiel kommen müssen. Aus den rechtwinkligen Dreiecken in ▶ *Bild 1* erhält man

$$\sin \alpha = \frac{y - y_Q}{\sqrt{x_Q^2 + (y - y_Q)^2}} \text{ und sind } \beta = \frac{y_Z - y}{\sqrt{x_Z^2 + (y_Z - y)^2}}.$$

Das sieht gut aus; Wurzeln und Klammern verschwinden:

$$\frac{\sin \alpha}{c_1} = \frac{\sin \beta}{c_2} \Leftrightarrow \frac{\sin \alpha}{\sin \beta} = \frac{c_1}{c_2}.$$

Diese Bedingung für das Minimum der Laufzeitfunktion gleicht dem Brechungsgesetz der geometrischen Optik *Gl. (1)*. Die Koordinaten von Q und Z haben keinen Einfluss auf das Ergebnis. Der konstante Quotient c_1/c_2 ist ein Merkmal des Übergangs zwischen den Medien, in denen sich eine Welle mit c_1 und c_2 ausbreitet.

Merksatz

Im Wellenmodell beschreibt das Brechungsgesetz

$$\frac{\sin \alpha}{\sin \beta} = \frac{c_1}{c_2} = n$$

den Weg minimaler Laufzeit einer Welle von einer Quelle zu einem Ziel. α und β werden wie in der geometrischen Optik gegen das Einfallslot gemessen. Das Medium mit der kleineren Geschwindigkeit heißt *dichteres* Medium, n heißt *Brechungszahl* des Mediums mit dem Winkel β, wenn α im Vakuum gemessen wird.

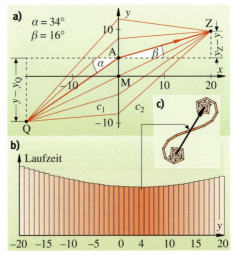

B 1: a) Rechts von der Grenze ist die Wellenlänge halb so groß wie links. Der Computer bestimmt damit für die gegebenen Orte von Q und Z den Wellenweg kürzester Laufzeit. Man kann – in der maßstäblichen Zeichnung – die Winkel α und β messen und findet das Brechungsgesetz der geometrischen Optik bestätigt. **b)** Der gestreckte Teil der CORNU-Spirale stammt von Wellenwegen, die die Grenze oberhalb von M überschreiten. **c)** Die Laufzeitkurve zeigt: Der Wellenweg kürzester Laufzeit schneidet die y-Achse bei $y = +4$.

... noch mehr Aufgaben

A 3: Ein Teil eines Platzes ist asphaltiert. Dort kommt man doppelt so schnell voran, wie auf dem anderen, mit losem Sand bedeckten Teil. Diskutieren Sie – unter den Aspekten kürzester Laufweg, kürzeste Laufzeit – Wege zwischen beliebig gewählten Punkten Q und Z.

A 4: Ändern Sie das Computerprogramm in *Ziff. 1* so ab, dass es CORNU-Spiralen für die Wellenausbreitung mit Brechung zeichnet.

A 5: In ▶ *Versuch 2* fällt der Lichtstrahl **a)** unter dem Winkel 30° **b)** unter dem Winkel 50° auf die runde Seite des halbzylindrischen Glaskörpers ($n = 1{,}5$). Wie verläuft der Lichtstrahl anschließend weiter?

A 6: Eine optische Linse L führt Licht, das von einem Punkt Q ausgeht, wieder in einem Punkt Z zusammen. Fertigen Sie ein Bild mit Q, L und Z und möglichen Wellenwegen an. Stellen Sie damit begründete Vermutungen über Laufzeiten an.

Interferenzphänomene

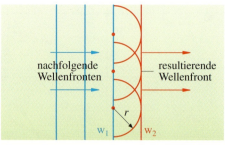

B 1: Konstruktion der neuen Wellenfront nach der Urform des HUYGENS-Prinzips

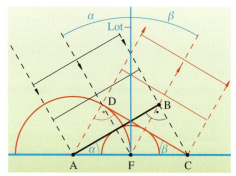

B 2: Reflexion einer geraden Wellenfront nach dem HUYGENS-Prinzip: Die Winkel α und β sind gleich groß, weil die Dreiecke ACB und CAD kongruent sind. AD ist der Weg, den die bei A ausgelöste Elementarwelle zurücklegt, während der linke Flügel der einlaufenden Wellenfront noch auf dem Weg BC zum Spiegel ist.

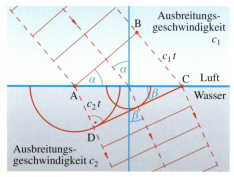

B 3: Brechung einer geraden Welle nach dem HUYGENS-Prinzip: Anders als in Bild 2 sind hier die Wege AD und BC verschieden lang (AD = $c_2 t$, BC = $c_1 t$). Sie hängen über die Sinusfunktion mit den Winkeln α und β zusammen:

$$\sin \alpha = \frac{c_1 t}{AC} \quad \text{und} \quad \sin \beta = \frac{c_2 t}{AC};$$

$$\frac{\sin \alpha}{\sin \beta} = \frac{c_1 t}{AC} \cdot \frac{AC}{c_2 t} = \frac{c_1}{c_2}.$$

Die Urform des HUYGENS-Prinzips

Christiaan HUYGENS wusste noch nichts von Interferenz. Er löste nach Bild 1 eine breite Wellenfront w_1 in Elementarzentren auf. Von ihnen sollten *kreisförmige Elementarwellen* ausgehen. Nach der Zeit t haben diese Kreiswellen den Radius $r = c\,t$ erreicht. Danach konnte HUYGENS die neue Wellenfront w_2 ganz einfach zeichnen, nämlich als **Einhüllende** der Elementarwellen. Man sieht sofort: Ist w_1 eine gerade Wellenfront, so ist auch w_2 gerade, während aus einer kreisförmigen Wellenfront wieder eine kreisförmige wird. HUYGENS' Verfahren liefert Ergebnisse, die der Erfahrung entsprechen.

Merksatz

Urform des HUYGENS-Prinzips (1690): Jede breite Wellenfront kann man sich als Einhüllende von Elementarwellen aus Punkten früherer Wellenfronten entstanden denken.

Wir verfolgen diese Sichtweise bei wichtigen Anwendungen, nämlich bei Reflexion und Brechung:

a) Reflexion: Betrachten wir die Wellenfront AB in Bild 2, die mit ihrem Punkt A die reflektierende Fläche erreicht. An Kaimauern z. B. kann man solche Situationen beobachten und sehen, wie die Berührstelle an der Grenze entlangsaust … Wir fügen hinzu: … und Elementarwellen auslöst. Zwei dieser Elementarwellen sind in Bild 2 von A und von F aus für den Zeitpunkt gezeichnet, zu dem die gleiche Wellenfront am Punkt B die Grenze erreicht. Mit der Urform des HUYGENS-Prinzips kann man diese Elementarwellen zu der Wellenfront ergänzen, die nach der Reflexion entstanden ist. Das Reflexionsgesetz findet man mittels der rechtwinkligen Dreiecke ACB und CAD, die wegen der gleichen Winkel α und β und einer gemeinsamen Seite kongruent sind.

b) Brechung: Oft dringen auch Elementarwellen in das Medium jenseits der Grenze ein. Die in Bild 3 schräg ankommende Wellenfront löst sie während der Zeit t aus – nacheinander, zuerst bei A, zuletzt bei C. Die ankommende Welle legt dabei den Weg BC zurück; es gilt BC = $c_1 t$. In der gleichen Zeit hat sich die bei A ausgelöste Welle im „langsameren" Medium um AD = $c_2 t$ ausgebreitet. $c_2 t$ ist kleiner als $c_1 t$, der Weg AD kürzer als der Weg BC. Die Einhüllende der von AB ausgelösten Elementarwellen hat eine neue Richtung, es hat Brechung stattgefunden.
Die Herleitung des Brechungsgesetzes ist unter Bild 3 gezeigt: Man muss für jedes der rechtwinkligen Dreiecke ACB und CAD die Sinusfunktion aufschreiben und die Gleichungen durch Division zusammenfassen. Dabei entfallen sowohl die Laufzeit t als auch die Breite AC der betrachteten Wellenfront. Es kommt nur auf die Ausbreitungsgeschwindigkeiten (Eigenschaft der Medien) und die messbaren Winkel an.
Mit der Urform des HUYGENS-Prinzips kann man Reflexion und Brechung einer ebenen Welle beschreiben, ohne ihre Wellenlänge zu kennen. FRESNEL fügte erst 100 Jahre nach HUYGENS die Wellenlänge ein, um auch Interferenz beschreiben zu können.

Zusammenfassung – Interferenzphänomene (1. Teil)

Das ist wichtig

1. Quellen heißen **kohärent,** wenn sie mit fester Phasenbeziehung Wellen gleicher Wellenlänge aussenden. Durch Überlagerung der Wellen entsteht ein **Interferenzfeld** mit ortsfester Verteilung der resultierenden Amplituden.
   Für jede Wellenart findet man die resultierende Amplitude (und die momentane Phase) an einem Ort durch **Verkettung (Addition) der Zeiger aller möglichen Wellenwege.**
   Im *ebenen* Interferenzfeld liegen die **Interferenzminima** (↑↓) auf **Knotenlinien** (im Raum auf Knotenflächen). Die Zeigerkette ist geschlossen, der resultierende Zeiger hat annähernd die Länge null. An den **Interferenzmaxima** (↑↑) sind alle Zeiger gleichgerichtet.
   Interferenz ist ein wichtiges **Indiz für die Welleneigenschaft.**

2. **Bei Licht** beobachtet man nicht die resultierende Amplitude, sondern die **Intensität**, die dem Quadrat der Amplitude proportional ist.
   Die **Wellenlängen des sichtbaren Lichts** liegen zwischen 400 nm (violett) und 800 nm (rot). Die **Ausbreitungsgeschwindigkeit** ist die aller elektromagnetischen Wellen: $c = 3 \cdot 10^8$ m/s.
   In Medien mit Brechungszahl n sind Lichtgeschwindigkeit und Wellenlänge auf c/n bzw. λ/n reduziert.

3. **Huygens-Prinzip:**
   - Man kann jeden Punkt einer Wellenfront als Ausgangspunkt einer **Elementarwelle** auffassen.
   - Wellenfronten kann man sich als Einhüllende von Elementarwellen vorstellen.
   - Hinter einer Blende mit kleiner Öffnung findet **Beugung** statt; von dort geht eine Elementarwelle aus.

   a) Hinter einem **Doppelspalt** beobachtet man das gleiche Interferenzfeld wie in der Umgebung zweier reeller Quellen. Trifft Licht (Wellenlänge λ) senkrecht auf einen Doppelspalt mit Abstand g der Spaltmitten, so liegen die **Interferenzmaxima** in den Richtungen α_k mit
   $$\sin \alpha_k = \frac{k\lambda}{g}, \ k = 0, 1, 2, \ldots \quad \text{und} \quad \frac{k\lambda}{g} \leq 1.$$
   Die **Minima** liegen in den Richtungen α_k mit
   $$\sin \alpha_k = \frac{(2k-1)}{2} \frac{\lambda}{g}, \ k = 1, 2, 3, \ldots$$

   b) Ein optisches **Gitter** aus vielen Spalten mit dem Abstand g zwischen benachbarten Spaltmitten erzeugt von senkrecht auffallendem monochromatischem Licht der Wellenlänge λ scharfe Helligkeitsmaxima.
   Für die Richtungen α_k zu diesen **Interferenzmaxima** gilt
   $$\sin \alpha_k = \frac{k\lambda}{g}, \ k = 0, 1, 2, \ldots \quad \text{und} \quad \frac{k\lambda}{g} \leq 1.$$

   c) Hinter einem **Einzelspalt** der Breite l gilt bei senkrechtem Lichteinfall für die Richtungen α_k zu den **Interferenzminima**
   $$\sin \alpha_k = \frac{k\lambda}{l}, \ k = 1, 2, 3, \ldots \quad \text{und} \quad \frac{k\lambda}{l} \leq 1.$$

4. **Fermat-Prinzip der Strahlenoptik:** Der Wellenstrahl wählt von der Quelle zum Ziel den Weg mit der kürzesten Laufzeit. Die Strahlenoptik ist ein Grenzfall der Wellenoptik für den Fall kleiner Wellenlängen.

Aufgaben

A 1: Zeichnen Sie auf einem Blatt Papier zwei Quellen im Abstand von 5 cm. Stellen Sie sich vor, von dort gingen kohärente Wellen mit der Wellenlänge $\lambda = 2$ cm aus. Ermitteln Sie durch Abstandsmessungen und Zeigerbilder für beliebig gewählte Punkte jeweils die Phase und die Amplitude der resultierenden Schwingung.

A 2: Was ändert sich für das Interferenzfeld zweier Punktsender, wenn sie die Wellen nicht mehr gleichphasig, sondern gegenphasig erzeugen? (Die beiden Zinken einer Stimmgabel bilden ein solches Senderpaar.)

A 3: Ein Dreifachspalt hat die Gitterkonstante $g = 2$ mm. Ein Schirm hat von der Gittermitte den Abstand $a = 2$ m. Welche Wellenlängen des sichtbaren Lichts liefern auf der optischen Achse ein Maximum, welche ein Minimum? Zeichnen Sie Zeigerbilder.

A 4: In der Astronomie verwendet man Lichtsekunde, Lichtstunde, Lichtjahre als Längenmaße. Bestimmen Sie die Länge dieser Einheiten in Metern. Wie groß ist der Abstand Erde–Mond [Erde–Sonne] in Lichtsekunden?

A 5: In einem Versuch mit Ultraschall ($\lambda = 3{,}2$ cm) ist der Spaltabstand eines Doppelspalts $g = 4$ cm. Der Schirm ist weit entfernt. Ermitteln Sie die Anzahl und Winkel der Minima.

A 6: Fahren Sie auf einem leeren Platz mit Ihrem Fahrrad auf dem geraden und auf zahlreichen, immer längeren Umwegen von einem festen Punkt Q zu einem anderen festen Punkt Z. Starten Sie bei Q immer mit „Ventil auf 12 Uhr" und lesen Sie am Ziel die Richtung ab, die das Ventil dort anzeigt. Zeichnen Sie die Zeigerkette aller von Q nach Z gefahrenen Wege (in der Reihenfolge der Weglänge). Was ändert sich, wenn man für den Versuch ein Rad mit kleinerem Radius benutzt?

A 7: Was ändert sich in obigen Formeln, wenn man die Beugungsversuche (an Spalt, Gitter) in Wasser ausführt?

A 8: Warum beobachtet man hinter scharfen Kanten bei Sonnenlicht (anders als beim Laser) keine Interferenzstreifen?

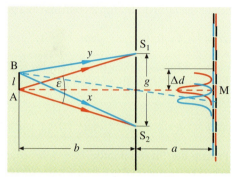

B 1: Die von den Punkten A und B der Lichtquelle erzeugten Interferenzmuster sind gegeneinander verschoben und schütten sich gegenseitig zu. Damit Interferenz beobachtet werden kann, muss für die Ausdehnung l der Lichtquelle und den Öffnungswinkel ε, unter dem der Doppelspalt von A aus erscheint, gelten $l\,\varepsilon < \lambda/2$. Man nennt dann das Licht *kohärent*.

A 1: Zeigen Sie, dass die Ungleichung aus ▸ *Bild 1* gilt. Verwenden Sie dabei die Näherung für kleine Winkel $\sin\alpha \approx \tan\alpha$ und den Strahlensatz.

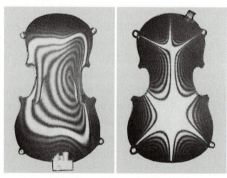

B 2: Holografische Interferenzaufnahme einer Geigendecke und eines Bodens. Von der schwingenden Decke wird zu zwei verschiedenen Zeitpunkten (z. B. in den beiden Umkehrpunkten) ein Hologramm auf derselben Fotoplatte aufgenommen. Bei der Wiedergabe erzeugt jedes der beiden Hologramme ein reelles Bild der Decke. Die zugehörigen Wellen kohärenten Laserlichts überlagern sich an der gleichen Stelle und interferieren. Es ergeben sich helle und dunkle Streifen. Von einem hellen Streifen zum nächsten beträgt die Verschiebung der Decke $\lambda/2$, der Gangunterschied (hin und zurück) also λ. Kleine Schwingungsamplituden werden so sichtbar.

Beugung und optische Abbildung

1. Warum gibt im Alltag Licht + Licht nicht Dunkelheit?

Brennt in unserem Wohnzimmer eine Lampe und schalten wir eine zweite ein, so wird es an keiner Stelle im Raum dunkler. Darüber sind wir froh. Öffnen wir bei einem Doppelspalt den zweiten, zunächst abgedeckten Spalt, wird es aber tatsächlich an manchen Stellen dunkler. Dies geschieht allerdings nur, wenn wir den Spalt mit einem Laser beleuchten oder das Licht von einer normalen Glühlampe vorher durch einen besonderen Spalt auf einen engen Raum begrenzen. Woran liegt das?

Das Licht einer ausgedehnten Lichtquelle AB beleuchte einen Doppelspalt (▸ *Bild 1*). Sie besteht aus einzelnen, voneinander unabhängigen Quellen. Ist der Licht aussendende Punkt B so weit von der Achse entfernt, dass die von ihm ausgehenden Wellenzüge in Spalt S_1 und Spalt S_2 mit dem Gangunterschied $\delta = x - y = \lambda/2$ ankommen, so rufen sie dort gegenphasige Elementarwellen hervor: Es entsteht ein Interferenzmuster, das in M ein Minimum hat. Die von B erzeugten Minima fallen auf die von A erzeugten Maxima und umgekehrt. Die Interferenzstreifen schütten sich gegenseitig zu, sodass sie nicht mehr zu sehen sind. Mit einer gewöhnlichen Lichtquelle können wir daher nur Interferenzmuster erhalten, wenn wir sie auf eine kleine Umgebung der optischen Achse einschränken.

Betrachten wir nun als Lichtquelle einen Spalt der Breite $l = $ AB. Durch ihn fällt Licht auf einen Doppelspalt mit dem Spaltabstand $g = 6{,}5\cdot 10^{-4}$ m (▸ *Bild 1*). Wir wollen überlegen, bei welcher Breite AB $= l$ des Beleuchtungsspalts die Interferenzstreifen bei rotem Licht ($\lambda \approx 800$ nm) verschwinden. Die Entfernung zwischen Beleuchtungs- und Doppelspalt beträgt $b = 30$ cm, der Abstand zwischen Doppelspalt und Schirm ist $a = 410$ cm. Der Abstand der hellen bzw. dunklen Streifen sei Δd. Wegen der großen Entfernung des Schirms gilt $\Delta d = a\lambda/g = 5{,}05\cdot 10^{-3}$ m. In M soll B allein ein Minimum erzeugen, A ein Maximum – man sieht also kein Interferenzmuster mehr. Dies geschieht nach dem Strahlensatz bei $l/(\tfrac{1}{2}\Delta d) = b/a$, also bei $l \approx 0{,}18$ mm. Um Interferenz beobachten zu können, muss $l \ll 0{,}18$ mm gelten. In ▸ *Bild 1* geben wir eine Bedingung für den Öffnungswinkel an, die sichert, dass man mit Licht von einem Beleuchtungsspalt Interferenz beobachten kann.

Wie wir von den Versuchen mit dem *Laser* wissen, ist sein Licht scharf gebündelt. Beim Laser wird nur Licht einer Richtung „hergestellt". Das Licht bildet in seiner Öffnung eine ebene Wellenfront. So ist z. B. bei einem schulüblichen Helium-Neon-Laser der Durchmesser des Lichtbündels beim Austritt 0,6 mm, nach 10 m sind es erst 13 mm. Dies entspricht einem Öffnungswinkel von etwa 1 mrad. Bei thermischen Lichtquellen erreichen wir diesen Winkel mithilfe eines schmalen Spalts, dabei geht aber der größte Teil der zur Verfügung stehenden Leistung verloren. Das kaum divergente Laserlichtbündel muss man nicht noch künstlich einengen. Man kann so mit der gesamten Strahlungsleistung des Lichtes arbeiten, das den Laser verlässt.

2. Hologramm – ein ganz besonderes Gitter

Fast jede Scheckkarte enthält ein räumliches Bild, das, aus unterschiedlichen Richtungen betrachtet, einen anderen Blick auf das Objekt wiedergibt. ⮕ *Bild 2* zeigt die holografische Aufnahme einer Geigendecke. Solche Hologramme enthalten mehr Information als ebene Bilder. Wie speichert man sie auf einer Ebene?

Nach ⮕ *Bild 3a* fallen die ebenen Fronten des Laserlichts als so genannte *Referenzwelle* R auf die zu ihnen parallele Fotoschicht S. Ihre Zeiger r haben dort alle gleiche Länge und Richtung (im Bild zufällig nach oben). An einem beliebigen Punkt Q des räumlichen Objekts wird etwas Laserlicht als sog. *Objektwelle* gestreut und trifft ebenfalls alle Punkte H des künftigen Hologramms auf der Fotoschicht S. Es gibt in H Interferenz. Doch sind die Wege QH zu den einzelnen H verschieden lang; die Richtung des jeweiligen Zeigers q der Objektwelle hängt stark von der Lage von H ab. Auf der Fotoschicht überlagert sich q mit dem dortigen Zeiger r der Referenzwelle. Ist nach ⮕ *Bild 3a* der resultierende Zeiger h länger als r, so wird dort die Schicht stärker belichtet und geschwärzt, als wenn Q nicht existierte. Dies ist bei Winkeln φ mit $-90° < \varphi < 90°$ der Fall (da $|q| \ll |r|$). Liegt dagegen φ zwischen 90° und 270°, so bleibt die Platte in H heller.

Auf der Platte entsteht ein völlig unregelmäßiges Interferenzmuster, das keinerlei Ähnlichkeit mit dem Objekt hat, das *Hologramm*. Jeder Objektpunkt beeinflusst nämlich alle Hologrammpunkte H. Im Prinzip liefert ein Ausschnitt vom Hologramm das ganze Objekt! Wie ist das möglich?

Zur *Wiedergabe* wird die Hologrammplatte mit der ebenen Wiedergabewelle vom gleichen Laser beleuchtet. Ihre Zeiger haben in allen Hologrammpunkten H gleiche Phase und erzeugen Elementarwellen. Die hellen und dunklen Interferenzstreifen wirken als Gitter. Betrachten wir den *Zielpunkt* Z, der in Bezug auf das Hologrammgitter zum obigen Objektpunkt Q symmetrisch liegt (⮕ *Bild 3b*), so sind *alle Wege* HZ von den Hologrammpunkten H genauso lang wie die Wege QH bei der Aufnahme. Die Folge ist: In Z – und nur dort – kommen *alle Zeiger* der Wiedergabewelle mit dem gleichen φ an, das sie bei der Aufnahme von Q hatten (die Zeiger aller anderen Objektpunkte heben sich wie beim optischen Gitter auf). Galt bei der Aufnahme $-90° < \varphi < 90°$, war H dunkler; diese in ⮕ *Bild 3c* nach oben gerichteten Zeiger z sind also kürzer. Galt $90° < \varphi < 270°$, so war H hell und liefert nach unten gerichtete, längere Zeiger z. Der resultierende Summenzeiger in Z ist also lang. Bei der Aufnahme entspricht die Länge der q-Zeiger der Helligkeit des Objekts Q. Dies überträgt sich (wegen der Schwärzung) auf die z-Zeiger und deren Resultierende (⮕ *Bild 3d*). Auf einem in Z angebrachten Schirm entsteht ein zu Q symmetrisch liegender reeller Bildpunkt.

Z liegt für alle 3 Raumrichtungen x, y, z symmetrisch zu Q. Der reelle Bildpunkt Z in ⮕ *Bild 3b* ist durch konvergente Beugungsstrahlen erzeugt (blau gezeichnet). Dagegen treffen die symmetrisch zum Lot liegenden Beugungsstrahlen nach unten divergent ins Auge. Es sieht in rückwärtiger Verlängerung ein dreidimensionales Objekt um Q herum.

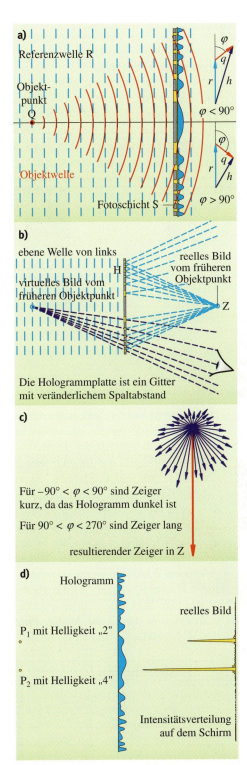

B 3: a) Aufnahme eines Hologramms mit ebenen Referenzwellen **b)** Wiedergabe mit ebenen Wellen des gleichen Lasers **c)** Zeiger bei Aufnahme und Wiedergabe **d)** Hologramm für zwei Quellen mit verschiedenen Helligkeiten

Interessantes

Grenzen für das Auflösungsvermögen von Auge, Mikroskop und Teleskop ...

Alle optischen Geräte wie Mikroskop, Fernrohr oder das Auge haben Öffnungen. Da sie Licht begrenzen, gibt es Beugung, die die Schärfe des Bildes beeinträchtigt. Betrachten wir die Beugung an den hier üblichen kreisförmigen Öffnungen, dann muss auch das Beugungsbild rotationssymmetrisch sein.

Mit einem Laserstrahl, der auf eine Lochblende von 1 mm Durchmesser gerichtet ist, können wir diese Beugungserscheinungen genauer untersuchen. Auf einem etwa 5 m entfernten Schirm sieht man eine helle Kreisfläche, die von konzentrischen dunklen und

hellen Ringen umgeben ist. Während beim Einzelspalt für den Winkel α_1 zum ersten Minimum $\sin \alpha_1 = \lambda/l$ gilt, liefert die Theorie für die *kreisförmige Öffnung* mit Durchmesser l

$$\sin \alpha_1 = 1{,}22\, \lambda/l \approx \lambda/l.$$

Der Winkel ist also für eine Lochblende etwas größer als bei einem Spalt (Computersimulationen bestätigen dies).

Zwei nahe beieinander liegende Gegenstandspunkte (⇒ Bild 1) können durch eine Sammellinse vom Durchmesser l gerade noch getrennt abgebildet werden, wenn die Mitte des einen Beugungsscheibchens auf den Rand des anderen fällt. Das ist gerade der Fall, wenn der Winkel φ zwischen den beiden von den Gegenstandspunkten kommenden Mittelpunktsstrahlen gleich dem Winkel α_1 ist, der zum dunklen Ring führt, also wenn $\sin \alpha_1 \approx \sin \varphi \approx \lambda/l$ ist. Da die auftretenden Winkel klein sind, kann man $\sin \varphi$ durch φ (im Bogenmaß) ersetzen. Damit die **beiden Punkte** noch **getrennt** abgebildet werden, muss also $\varphi \geq \lambda/l$ sein.

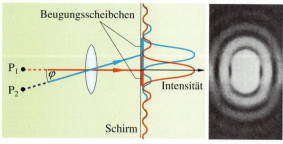

B 1: P_1 und P_2 werden gerade noch getrennt abgebildet, wenn die Mitte des einen Beugungsscheibchens auf den Rand des anderen fällt.

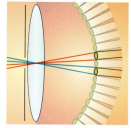

Die Pupille unseres **Auges** hat bei Tagesbeleuchtung etwa $l = 3$ mm Durchmesser. Nimmt man als mittlere Wellenlänge 600 nm an, heißt dies für das Auge $\varphi \geq \lambda/l = 2 \cdot 10^{-4}$ (im Bogenmaß) oder etwa 1 Winkelminute (1'). Unser Auge kann demnach zwei Gegenstände noch getrennt wahrnehmen, die zu einem Sehwinkel 1' gehören. Die Sehschärfe des Auges wird andererseits durch die Struktur der Netzhaut, in deren Mitte sich „Zapfen" befinden, begrenzt. Zwei benachbarte helle Stellen kann man getrennt sehen, wenn mindestens ein weiterer Zapfen zwischen ihren Bildern liegt, der weniger Licht erhält. Die Bildweite im Auge ist etwa 20 mm, der Durchmesser eines Zapfens 0,0015 mm. Danach muss der Sehwinkel mindestens $2 \cdot 0{,}0015 \text{ mm}/20 \text{ mm} = 0{,}00015$ rad sein. Das ist die gleiche Größenordnung, die sich aus den Beugungserscheinungen an der Pupille ergibt. Das Raster der Netzhaut ist so fein eingeteilt, dass es die von der Beugung des Lichts gesetzte Grenze voll ausnutzt!

Zur Himmelsbeobachtung verwenden wir ein **astronomisches Fernrohr.** Die einfallenden Strahlen verlaufen etwa parallel. Das Bild befindet sich etwa in der Brennebene der Linse. Nach $\sin \varphi \approx \lambda/l$ ist der Öffnungswinkel φ für aufzulösende Punkte umso kleiner, je größer der Durchmesser l der Objektivöffnung ist. Je größer die Objektivöffnung ist, desto besser wird das Auflösungsvermögen.

Beim **Mikroskop** befindet sich das Objekt praktisch in der Brennebene des Objektivs. Das Bild, das mit dem Okular betrachtet wird, liegt etwa in der Entfernung der Tubuslänge a. Für den Winkel zum 1. Minimum gilt $\sin \alpha_1 \approx \alpha_1 \approx \lambda/l$ (l ist der Durchmesser des Objektivs). Der Radius des Beugungsscheibchens ist $r^* \approx (\lambda/l)\, a$. Rechnet man mit der geometrischen Abbildung zurück, welche Strecke r diesem Scheibchen in der Objektebene entspricht, so ergibt sich aus dem Strahlensatz $r = r^* f/a$. Mit $r^* = (\lambda/l)\, a$ erhalten wir $r = \lambda f/l$. Punkte innerhalb dieser Entfernung kann man nicht mehr getrennt sehen. Der Quotient (Brennweite/Durchmesser) des Objektivs begrenzt zusammen mit λ das Auflösungsvermögen auf etwa $\lambda/2$. Es wird größer, wenn man zwischen Objekt und Objektiv Stoffe mit $n > 1$ bringt, also λ verkleinert.

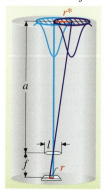

Interessantes

... und wie man diese Grenzen umgeht

Wenige physikalische Geräte haben in anderen Forschungsbereichen, z. B. der Biologie und Medizin eine so wichtige Rolle gespielt wie das Mikroskop. Objektpunkte, die weniger als $\lambda/2$ entfernt sind, können jedoch wegen der auftretenden Beugungserscheinungen nicht mehr getrennt werden. Ein neuartiges Lichtmikroskop ist das **SNOM**, das diese Grenzen unterschreitet und optische Strukturen bis zu 50 nm sichtbar macht.

Statt Licht von allen Probepunkten sich überlagern zu lassen und durch eine Linse wieder zu entmischen, samt Beugung und Interferenz, führt man eine winzige Quelle (bedampfte Glasfaserspitze mit Loch in einem Metallmantel) im Abstand von 10 nm – aber schön nacheinander – vor die verschiedenen Probepunkte. Der Detektor sitzt entweder unmittelbar dahinter oder bei reflektiertem Licht schräg daneben. Dann kann man die $\lambda/2$-Grenze unterschreiten. In Bereichen weit unterhalb dieser Grenze gibt es ja keine vollständige Auslöschung durch Interferenz.

Die technischen Anforderungen sind beachtlich. Es ist notwendig, die Probe durch eine dünne Glasfaserspitze, deren Radius kleiner als 100 nm ist, zu beleuchten (➡ *Bild 2*). Die Lichtintensitäten, die dabei auftreten, können die Spitze oder die Probe zum Schmelzen bringen. Andererseits ist die Intensität des gestreuten Lichts gering und braucht hochempfindliche Detektoren. Die „Lichtquelle" wird mit Piezo-Kristallen, die bei Anlegen einer Spannung ihre Ausdehnung verändern, im Abstand von etwa 10 nm über die Oberfläche der Probe bewegt.

Die feine Spitze kann man auch zur Belichtung einer photosensitiven Schicht verwenden. Mit dieser „Nahfeld-Lithografie" können in Fotolack komplizierte Muster von Schaltkreisen eingebrannt werden, deren Leiter nur 70 nm Abstand haben.

B 3: Die VLA-Radioteleskop-Anordnung in St. Augustin, Neu Mexiko

Auch für astronomische Fernrohre ist die Auflösung durch den Öffnungsdurchmesser begrenzt. So haben die größten Teleskope einen Spiegeldurchmesser von 8 m. Aufgrund von Dichteschwankungen der Atmosphäre erreichen sie aber nicht ihr theoretisches Auflösungsvermögen. Dagegen liefert das Hubble-Weltraumteleskop mit seinem 2,4 m Spiegel alle Einzelheiten, die man erwarten kann.

Ebenso ist bei *Radioteleskopen* die Genauigkeit, mit der man Objekte lokalisieren kann, durch den Durchmesser des Spiegels bestimmt. Da die Wellenlänge der Strahlung aber viel größer ist als im sichtbaren Bereich, erreichen sie trotz 100 m Durchmesser eine schlechtere Auflösung. Die Astronomen gebrauchen einen Trick: 27 Teleskope sind beim **VLA** (**V**ery **L**arge **A**rray) in Neu-Mexiko, USA, Y-förmig auf Schienen angeordnet und zusammengeschaltet. Die drei Arme sind etwa 20 km lang. Die Radiosignale der einzelnen Teleskope werden in einem Zentralcomputer zusammengesetzt. Dabei wird durch Verzögerungsleitungen dafür gesorgt, dass alle Signale die gleiche Laufzeit haben. Die Auflösung ist dann durch die größte Entfernung der Teleskope voneinander (etwa 36 km) bestimmt. Das Radioteleskop erreicht so eine bessere Auflösung als optische Teleskope. Durch die regelbare Entfernung der Teleskope können die Auflösung und der Himmelsausschnitt gewählt werden.

Schalten Forscher auf verschiedenen Kontinenten Radioteleskope zusammen, entsteht ein Gerät mit einer Basislänge von mehreren tausend Kilometern. Die Messungen der einzelnen Teleskope werden dabei aufgezeichnet und mit Zeitmarken von sehr genauen Atomuhren versehen. Ein Zentralcomputer setzt dann die auf Magnetbändern gespeicherten umfangreichen Daten zusammen. Diese VLBI (Very Long Baseline Interferometry) liefert Informationen über weit entfernte Radiogalaxien.

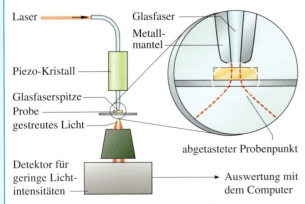

B 2: Grundsätzlicher Aufbau eines SNOM

Interferenz – pur

1. Die Lichtwellenlänge als Meterstab

Interferometer sind optische Geräte, mit denen man aufgrund von Interferenzen Längen und vor allem Längen*änderungen* präzise messen kann. Beim **Michelson-Interferometer** wird Licht, z. B. von einem Laser, an einem Strahlteiler ST in zwei Lichtbündel aufgeteilt (➠ *Bild 1*). Es entstehen so zwei Lichtbündel, die nach Reflexion an zwei Spiegeln wieder zusammentreffen. Durchlaufen sie dabei verschieden lange Wege, so gibt es je nach Gangunterschied Verstärkung oder Auslöschung.

Verschieben wir einen der beiden Spiegel längs der optischen Achse um die Strecke Δs, so wechseln in der Mitte des Interferenzbildes Maxima und Minima. Bei einer Periode (Übergang zum nächsten Maximum bzw. nächsten Minimum) ändert sich der Lichtweg wegen des Hin- und Rückweges um $2\Delta s = \lambda$, also entspricht eine Periode der Verschiebung des Spiegels um $\lambda/2$. Aus der Zahl k der aus der Mitte hervorquellenden hellen Ringe und der Verschiebung Δs des Spiegels kann die Wellenlänge λ wegen $k\lambda/2 = \Delta s$ berechnet werden (➠ *Versuch 1*).

MICHELSON bestimmte die Länge des in Paris aufbewahrten Urmeters mit seinem Interferometer in Vielfachen der Wellenlänge λ_0 der orangenen Kryptonstrahlung in Vakuum. Man fand 1 m = 1 650 763,73 λ_0. Von 1960 bis 1983 wurde dies als Festlegung der Längeneinheit 1 m verwendet. Heute ist das *Meter* durch die Strecke definiert, die Licht im Vakuum innerhalb des Zeitintervalls 1/299 792 458 s durchläuft. So wird die Längenmessung auf eine Zeitmessung zurückgeführt, nachdem c zu 299 792 458 m/s definiert worden ist.

2. Auch Gase brechen Licht

Die große Empfindlichkeit des Interferometers zeigt sich, wenn wir in den Strahlengang hineinhauchen. Die Interferenzkreise bewegen sich schon, wenn man in den Lichtweg wärmere Luft bläst. Mit dem Interferometer messen wir in ➠ *Versuch 2* sogar die Brechungszahl n von Luft. Wir zählen, wie viele Hell-Dunkel-Hell-Perioden auftreten, wenn in eine evakuierte Glaskammer der Länge l Luft einströmt. Wie wir früher erfuhren, sinkt in Stoffen, also auch in Luft, die Ausbreitungsgeschwindigkeit des Lichts von c_0 auf c_L. Damit steigt die Brechungszahl $n = c_0/c_L$, während die Frequenz f konstant bleibt. Es ändert sich die Zeitdauer zum zweimaligen Durchlaufen der Kammer. In der mit Luft gefüllten Kammer ist das Licht länger unterwegs, nämlich $t_L = 2l/c_L$. Im Vakuum liefe es in derselben Zeit t_L die größere Strecke

$$s_V = c_0 t_L = \frac{c_0}{c_L} 2l = n s \quad \text{mit} \quad n = \frac{c_0}{c_L} \quad \text{und} \quad s = 2l.$$

Für den Gangunterschied ist es gleichgültig, ob wir die Kammer mit Luft der Brechungszahl n füllen oder aber in Gedanken das Vakuum beibehalten und dafür den Lichtweg von s auf n s vergrößern. Dieser ersatzweise gedachte Lichtweg heißt **optische Weglänge** $n\,s$.

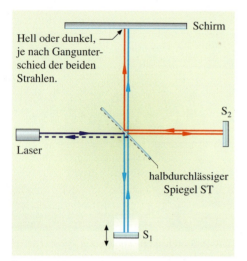

B 1: Strahlengang beim Michelson-Interferometer: Laserlicht trifft auf eine unter 45° geneigte, halbdurchlässig verspiegelte Glasplatte, die als Strahlteiler wirkt. 50% des Lichts (blau gezeichnet) wird daran zum Spiegel S_1 reflektiert. Von dort gelangen ebenso 50% zum Schirm – Der andere Teil (rot gezeichnet) durchsetzt den Strahlteiler, wird vom Spiegel S_2 dorthin zurückgeworfen und auf den Schirm reflektiert. S_1 und S_2 stehen senkrecht zueinander. Je nach Gangunterschied kommt es beim Auftreffen der blau und rot gezeichneten Strahlen zu Helligkeit oder Dunkelheit. Der Laserstrahl wird mit einer Sammellinse aufgeweitet, sodass leicht divergente Lichtbündel entstehen und man konzentrische Ringe erhält.

V 1: Einer der beiden Spiegel des Interferometers ist mit einer Messschraube versehen. Drehen wir diese um 360°, so wird der aufgesetzte Spiegel um 0,005 mm längs der optischen Achse verschoben. Dabei wechseln in der Schirmmitte periodisch Helligkeit und Dunkelheit ab und zwar 16-mal Dunkel über Hell nach Dunkel. Also erhalten wir für die Wellenlänge des Laserlichts 16 $\lambda/2 = 5\,000$ nm oder $\lambda = 625$ nm.

V 2: Eine evakuierte Kammer aus Glas der Länge $l = 5{,}0$ cm wird zwischen den Strahlteiler und einen der Spiegel gebracht. Lassen wir Luft langsam einströmen, zählen wir 43 Hell-Dunkel-Perioden ($k = 43$). Setzen wir $k = 43$ und $\lambda = 633$ nm für das Laserlicht in *Gl. (1)* ein, so erhalten wir die Brechungszahl von Luft zu $n = 1{,}00027$.

Zurück zu unserem Versuch: Strömt dort Luft in die Kammer der Länge l, so ändert sich der Gangunterschied um $\delta = ns - s = s(n-1)$. Dabei ist wegen des Hin- und Rücklaufs $s = 2l$. Wir zählen, wie oft sich die Mitte des Interferenzmusters von Dunkel über Hell zu Dunkel verwandelt. Geschieht dies k-mal, so hat die Luftfüllung den Gangunterschied $k\lambda$ bewirkt. Mit $s = 2l$ erhalten wir den Gangunterschied $\delta = k\lambda = 2l(n-1)$. Daraus folgt die Beziehung

$$2ln = k\lambda + 2l, \quad \text{also} \quad n = k\frac{\lambda}{2l} + 1. \quad (1)$$

$k\lambda/(2l)$ gibt die Abweichung der Brechungszahl n vom Vakuumwert $n = 1$ an und ist in unserem Fall für Luft sehr klein:

$$\frac{k\lambda}{2l} = 43 \cdot 6{,}33 \cdot 10^{-7}\,\text{m}/0{,}1\,\text{m} = 0{,}00027.$$

3. Kohärenzlänge

Auch mit einer Quecksilberlampe können wir beim Michelson-Interferometer Interferenzen beobachten. Dazu verkleinern wir das Lichtbündel mit einer Irisblende, damit Interferenz auftreten kann. Der Spiegel des Interferometers wird so justiert, dass der Gangunterschied für die beiden verschiedenen Lichtbündel null ist. Auf dem Schirm befindet sich dann ein weißer Fleck, von farbigen Interferenzstreifen umgeben. Vergrößern wir die Länge eines „Arms" unseres Interferometers und erzeugen einen Gangunterschied von 50 µm, so verschwinden die Streifen. Das Licht der Quecksilberlampe hat also andere Eigenschaften als Laserlicht, bei dem die Streifen bleiben.

Um dies zu verstehen, muss man etwas über die Aussendung von Licht durch Atome bzw. Moleküle wissen. Die Atome glühender Körper oder von Gasentladungslampen senden nämlich völlig unregelmäßig kurze Wellenzüge aus. Ihre Länge wird umso kürzer, je wahrscheinlicher es ist, dass das Atom beim Licht aussenden einen Stoß von anderen Molekülen erhält. Dies nimmt mit dem Druck, also der Temperatur in der Lampe zu. Ist der Gangunterschied größer als die Länge der beiden Wellenzüge, so erreichen sie nacheinander den Schirm und überlagern sich nicht mehr kohärent (➡ Bild 2). Ihre Länge, **Kohärenzlänge** genannt, beträgt in dem Versuch etwa 50 µm, bei Spektrallampen ist sie ca. 500 µm.

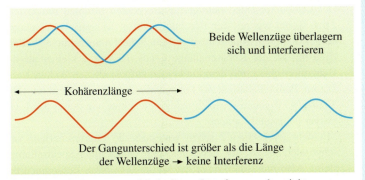

B 2: Je nach Gangunterschied gibt es Interferenz oder nicht.

Interessantes

Dopplereffekt

Bewegt sich ein Lichtsender relativ zu einem Empfänger mit der Geschwindigkeit v, so gilt auch für die Ausbreitung von Lichtwellen, dass sich die Frequenz f ändert. Entfernt sich die Lichtquelle, wird die Frequenz kleiner, die Wellenlänge größer, also zum Roten hin verschoben. Man spricht dann von *Rotverschiebung*. Für die Frequenzänderung Δf gilt bei Geschwindigkeiten v, die klein gegen die Lichtgeschwindigkeit sind, in guter Näherung die gleiche Formel, die wir im Fall mechanischer Wellen hergeleitet haben: $\Delta f = f_0\, v/c$. Mit dem Michelson-Interferometer können wir diese Frequenzänderung bestimmen. Dies ist umso erstaunlicher, als die Lichtgeschwindigkeit $c = 3 \cdot 10^8$ m/s sehr groß und die Geschwindigkeiten im Versuch in der Größenordnung µm/s sind. Wir koppeln die Messschraube des Interferometers mit einem langsam laufenden Motor. Der Spiegel S_1 bewegt sich dann mit einer konstanten Geschwindigkeit $v = \Delta s/\Delta t$. Da sich Δs wegen der Reflexion verdoppelt, ist es so, als ob sich eine Lichtquelle mit $2v$ bewegt. Die Lichtfrequenz ändert sich um $\Delta f = f_0\, 2v/c$. Die Überlagerung dieses Lichtbündels mit dem am ruhenden Spiegel S_2 reflektierten Licht ergibt eine *Schwebung* mit der Frequenz $\Delta f = f_0\, 2v/c$. Mit dieser Frequenz ist die Intensität des resultierenden Lichtbündels moduliert. Auf dem Schirm im Mittelpunkt der konzentrischen Ringe macht sich dies als ständiger Wechsel von Dunkel-Hell-Dunkel bemerkbar. Ersetzen wir den Schirm durch ein Fotoelement, das mit einem Niederfrequenzverstärker verbunden ist, können wir diese Schwebung hörbar machen und deren Frequenz messen.

Zuerst bestimmen wir die Geschwindigkeit des Spiegels, indem wir die Strecke messen, die er in 10 s zurücklegt. Im Beispiel ergab sich $v = 6 \cdot 10^{-6}$ m/s. Das Silizium-Fotoelement steht im Zentrum der Interferenzfigur und ist mit einem NF-Verstärker verbunden. Man misst als Frequenz der Schwebung mit einem Zähler $\Delta f = 21$ Hz. Ein Vergleich mit $f_0\, 2v/c = 2v/\lambda = 2 \cdot 6 \cdot 10^{-6}$ m s^{-1}/633 nm = 19 Hz ergibt befriedigende Übereinstimmung.

Interferenz an dünnen Schichten

Sicher haben Sie schon beobachtet, dass Seifenblasen (➞ *Bild 1*) oder auch Ölflecke auf nasser Straße in allen Farben schillern können. Das hat wohl etwas damit zu tun, dass es sich dabei um *dünne Schichten* handelt. Mit der Interferenz von Lichtbündeln, die durch Reflexion an solch dünnen Schichten entstehen, wollen wir uns jetzt beschäftigen.

1. Interferenz an einem Glimmerblatt

Mit dem aufgeweiteten Lichtbündel eines Lasers können wir durch Reflexion an den beiden Oberflächen einer Glasplatte an der Decke schöne Interferenzstreifen beobachten. Will man den Versuch mit einer Quecksilber-Spektrallampe wiederholen, so hat man keinen Erfolg: Die Decke ist gleichmäßig hell. Erst wenn wir die Glasplatte durch eine dünne Glimmerscheibe (Dicke 0,05 mm) ersetzen, entstehen im reflektierten Licht eindrucksvolle ringförmige Interferenzerscheinungen (➞ *Versuch 1*). Wie kommen diese Interferenzen zustande und warum ist es bei normalen Lampen wichtig, dass die reflektierende Platte sehr dünn ist?

Zur Erklärung greifen wir einen beliebigen Punkt P der Projektionswand heraus (➞ *Bild 2*). Das von der Lampe ausgehende Licht gelangt auf verschiedenen Wegen dorthin. Sie sind im Bild durch den Strahl 1 (rot) bzw. den Strahl 2 (blau) dargestellt. Die sich in P überlagernden Lichtwellen haben nun aus verschiedenen Gründen einen Gangunterschied:
- Die beiden Strahlen 1 und 2 legen bis P verschieden lange Wege zurück.
- Bei der Reflexion am optisch dichteren Medium ($n > 1$) tritt ein Phasensprung um 180° auf. Dies ist uns schon bei der Reflexion von Mikrowellen begegnet (Phasensprung des $\vec{E}$-Vektors um 180°). Wir werden dafür noch weitere Hinweise bekommen.
- Der Umweg des Strahls 2 führt zum Teil durch das Glimmerblatt. Dort hat das Licht eine kleinere Wellenlänge als in Luft.

Die Wegdifferenz hängt nun von dem Winkel ab, unter dem die Strahlen 1 und 2 verlaufen. Wegen der Symmetrie um die Senkrechte zur Platte durch L liegen alle Strahlenpaare mit gleichem Gangunterschied auf dem Mantel eines Kegels mit der Achse LM. Wo er die Decke schneidet, sehen wir die Interferenzringe.

Der Gangunterschied beträgt für die beiden Strahlen mindestens $2nd$, wobei wir mit der Brechungszahl n die optische Weglänge berücksichtigen. Nun senden gewöhnliche Lampen kurze Wellenzüge mit kleiner Kohärenzlänge l_k aus. Ist nun l_k kleiner als der Gangunterschied, mit dem die beiden aufgespaltenen Wellen 1 und 2 zum Punkt P laufen, so können diese nicht interferieren. Der Schirm wird genauso gleichmäßig beleuchtet wie durch das Licht zweier getrennter Lampen.

Mit dem ➞ *Versuch 2* sehen wir, dass die Interferenzfigur verschwindet, wenn der Gasdruck der Quecksilber-Spektrallampe steigt. Also muss die Länge der Wellenzüge beim Einbrennen der Lampe kleiner geworden sein.

B 1: Seifenblasen im weißen Licht

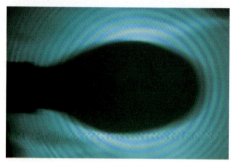

V 1: Wir halten vor eine Quecksilber-Spektrallampe ein dünnes Glimmerblatt, sodass reflektiertes Licht auf eine Wand fällt. Es entstehen ringförmige Interferenzerscheinungen.

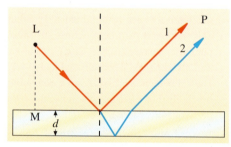

B 2: Das von einem Punkt L der Lampe kommende Licht gelangt auf zwei verschiedenen Wegen nach P.

V 2: Wir beleuchten das Glimmerblatt mit einer Quecksilber-Höchstdrucklampe ohne Linse. Anfangs erhalten wir die kreisförmigen Interferenzstreifen; diese verblassen jedoch zusehends und sind nach vier Minuten völlig verschwunden, wenn der Druck in der Lampe erheblich gestiegen ist.

Dies ist verständlich, denn nach einigen Minuten hat sich der Dampfdruck in der Lampe erhöht. Durch die häufigen Zusammenstöße werden die Ausstrahlungsvorgänge in den Atomen früher abgebrochen und diese senden kürzere Wellenzüge aus. Die Kohärenzlänge nimmt ab und wird schließlich kleiner als der Gangunterschied: Die anfänglich sichtbaren Interferenzstreifen verblassen.

2. Warum schillern Seifenblasen?

Werden Seifenblasen mit weißem Licht beleuchtet, sehen wir herrlich bunt schimmernde Farben (⇒ Bild 1). In ⇒ Versuch 3 untersuchen wir zunächst eine rechteckige Seifenhaut im einfarbigen Licht einer Natriumdampflampe. An der Vorder- und Rückseite der Seifenhaut wird das Licht reflektiert und gelangt ins Auge. Der Gangunterschied der sich dort überlagernden Strahlen hängt von der Richtung, unter der beobachtet wird, und der Schichtdicke d ab. Falls $2d$ kleiner als die Kohärenzlänge des benutzten Lichts ist, überlappen sich die beiden Wellenzüge im Auge und interferieren.

V 3: Wir ziehen einen rechteckigen Drahtrahmen vorsichtig aus einer Seifenlösung; dabei bildet sich zwischen den Drähten eine feine Haut aus Wasser. Auf diese dünne Schicht lassen wir einfarbiges Licht fallen. Es geht von einem Transparentschirm aus, der auf seiner Rückseite mit einer Natriumdampflampe beleuchtet wird. Im an der Seifenhaut reflektierten Licht sehen wir dann viele dunkle und helle Interferenzstreifen. Oben befindet sich auch bei Beleuchtung mit weißem Licht ein dunkler Streifen.

Weil das in der Seifenhaut enthaltene Wasser nach unten absinkt, haben wir es hier mit einer keilförmigen Schicht zu tun. Ihre Dicke ändert sich allmählich wegen der Verdunstung des Wassers; dabei wird die Seifenhaut an ihrer oberen Kante besonders dünn. Dort wird die Wegdifferenz der beiden Strahlen schließlich nahezu null. Entstünde der Gangunterschied alleine durch diese Wegdifferenz, so müsste an dieser Stelle durch konstruktive Interferenz andauernd Helligkeit auftreten. Der Versuch zeigt das Gegenteil. Er bestätigt, dass bei der Reflexion an der Grenzfläche Luft-Seifenwasser ein Phasensprung von 180° entsteht.

Bei der Beleuchtung der Seifenhaut mit einfarbigem Licht, z. B. einem Gelb, entstehen nur schwarze und gelbe Interferenzstreifen. Benutzt man weißes Licht, so fällt das darin enthaltene gleiche Gelb an diesen Dunkelstellen durch destruktive Interferenz (↑↓) ganz weg; die Nachbarfarben treten nur geschwächt auf. Das Auge empfindet deshalb dort die Komplementärfarbe zu Gelb, nämlich Violett. Die Seifenhaut zeigt bunte Muster (⇒ Bild 1). Auf die gleiche Weise entstehen bei der Beleuchtung einer hinreichend dünnen Schicht mit weißem Licht ebenfalls die anderen Farben; dies sind nach ihrem Zustandekommen immer Mischfarben.

Auch die Farben von manchen *Schmetterlingen* sind auf Interferenzen zurückzuführen, die an treppenartigen Strukturen auf den Flügeln entstehen (⇒ Bild 3). Die Höhe d einer Stufe ist 220 nm. Der Gangunterschied an solchen benachbarten Stufen ist $\delta = 2d$. Licht mit $k\lambda = 2d = 440$ nm wird durch konstruktive Interferenz verstärkt. Im sichtbaren Bereich ist dies Blau. Um im allgemeinen Fall die resultierende Amplitude zu erhalten, addieren wir Zeiger. Bei $\lambda = 4d$ also $\delta = \frac{1}{2}\lambda$ löschen sich benachbarte Stufen aus. Ist $\lambda = 3d = 660$ nm (Rot), so ist $\delta = \frac{2}{3}\lambda$. Die Zeiger sind jeweils um 240° gedreht und bilden ein gleichseitiges Dreieck, was zur Auslöschung führt (⇒ Bild 4). Man überzeugt sich auch davon, dass bei $\lambda = \frac{8}{3}d$ (587 nm, gelbes Licht) Auslöschung eintritt. Bei schrägem Lichteinfall oder schräger Beobachtung muss man d durch $d/\cos\alpha$ ersetzen. Man sieht dann andere Farben.

B 3: Bild eines Schwalbenschwanzes und Nahaufnahme eines Flügels.

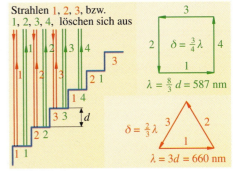

B 4: Zeigerdiagramm für Auslöschung von zwei Farben bei Reflexion an Stufen des Schmetterlingsflügels.

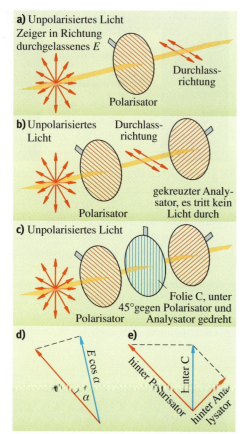

V 1: a) Das Lichtbündel einer Experimentierleuchte wird durch eine *Polarisationsfolie* geschwächt, unabhängig davon wie wir sie um das Lichtbündel als Achse drehen. Im Licht einer Glühlampe kommen alle Schwingungsrichtungen vor. **b)** Wir setzen hinter die erste Folie eine zweite. In einer bestimmten Stellung (die Zeiger der Folien stehen parallel) lässt sie das Licht vom Polarisator praktisch ungeschwächt durch. Dreht man sie aber um 90°, so ist dahinter Dunkelheit. **c)** Zwischen gekreuztem Polarisator und Analysator wird eine Folie C, hier blau schraffiert, gebracht. Wenn wir diese so drehen, dass ihre Durchlassrichtung mit den entsprechenden Richtungen der beiden anderen Folien den Winkel 45° bildet, hellt sich der Schirm auf. **d)** Der Analysator lässt nur den Anteil $E \cos \alpha$ durch, der andere, $E \sin \alpha$, wird absorbiert. Da die Intensität der Strahlung proportional zu E^2 ist, gilt für die Intensität I des durchgelassen Lichts $I(\alpha) = I_0 \cos^2 \alpha$. **e)** Die Folie C lässt den blau gezeichneten Anteil des Lichts hinter dem Polarisator durch. Dieser Anteil wird vom Analysator wieder in Komponenten zerlegt.

Polarisation des Lichtes

1. Ein Indiz für Querwellen

Licht breitet sich mit derselben Geschwindigkeit aus wie eine elektromagnetische Welle. Ist Licht also eine Querwelle mit senkrecht zur Ausbreitungsrichtung schwingenden E- und B-Feldern?

Für Mikrowellen haben wir ein Polarisationsgitter aus leitenden Stäben benutzt. Etwas Ähnliches gibt es nun auch für Lichtwellen, nämlich die so genannte Polarisationsfolie (➡ *Interessantes*). An der Folie befindet sich ein Zeiger, der die Schwingungsrichtung des durchgelassenen E-Feldes angibt.

Bei dem Licht unserer Experimentierleuchte ist keine Schwingungsrichtung ausgezeichnet (➡ *Versuch 1a*). Das ist verständlich, da eine gewöhnliche Lichtquelle kurze, voneinander unabhängige Wellenzüge aussendet. In der Ebene senkrecht zur Strahlrichtung treten alle Richtungen des E-Vektors auf. Nach der ersten Folie, dem so genannten *Polarisator*, liegt nur noch eine Schwingungsrichtung vor. Bringen wir hinter die Folie noch eine zweite, lässt sie Licht nur in einer bestimmten Stellung ungeschwächt hindurch. In dieser Funktion wird die Folie als *Analysator* bezeichnet. Dreht man sie um α, ist dahinter nur der Anteil $E \cos \alpha$ vorhanden (➡ *Versuch 1d*). Für $\alpha = 90°$ ist dahinter Dunkelheit (➡ *Versuch 1b*). Der Versuch bestätigt also: *Licht kann polarisiert werden*, ist also eine *Querwelle*.

In ➡ *Versuch 1c* stehen Polarisator und Analysator senkrecht zueinander, es kommt kein Licht durch. Bringt man nun eine Folie C unter 45° zwischen Polarisator und Analysator, so wird die Anordnung durchlässig. Das sieht wie ein Zaubertrick aus, ist aber einfach zu erklären. Hinter C hat die Feldstärke E eine Komponente in Durchlassrichtung des Analysators. Diesen Effekt haben wir schon bei Mikrowellen mit einem Gitter aus parallel gespannten Drähten gezeigt.

2. Reflexion und Polarisation

Polarisationsfolien werden auch in der Fotografie benutzt; sie sollen störende Lichtreflexe ausschalten. Betrachten Sie einmal ein verglastes Bild schräg von der Seite, dann werden Ihnen die Lichtreflexe deutlich auffallen. Schauen Sie nun dasselbe Bild durch eine Polarisationsfolie an. Bei einer bestimmten Stellung der Folie sind die Reflexe fast ganz verschwunden. Sie können das Bild hinter dem Glas viel deutlicher erkennen. Wenn man durch die Folie unter verschiedenen Blickwinkeln auf das Bild schaut, kann man einen Winkel finden, bei dem die Reflexe sogar völlig verschwunden sind; er liegt bei etwa 60°. Diese „Entspiegelung" durch eine Polarisationsfolie legt die Vermutung nahe, dass das einfallende, nicht polarisierte Licht bei der Reflexion an der Glasscheibe polarisiert wurde.

In ➡ *Versuch 2* prüfen wir diese Vermutung nach. Dabei stellen wir fest, dass reflektiertes Licht tatsächlich polarisiert ist. Allerdings erhalten wir nicht völlige Dunkelheit. Sie tritt erst bei $\alpha = 56°$ ein

(⇒ *Versuch 2, 3*). Dann zeigt der Analysator, dass der E-Vektor des reflektierten Strahls exakt senkrecht zur Reflexionsebene steht; man findet keinen Anteil in dieser Ebene (wie bei anderen α-Werten). Zudem steht der reflektierte Strahl senkrecht zum gebrochenen im Glas. Wir wollen nun klären, warum das so ist.

Wir zerlegen die E-Vektoren des einfallenden Lichts in Komponenten parallel zur Einfallsebene (rot gezeichnet) und eine senkrecht dazu (blau gezeichnet). Sie regen im Glas die dortigen Elektronen zu Schwingungen an. Diese im Glas schwingenden Ladungen senden ihrerseits wieder elektromagnetische Wellen aus, aber nicht in ihrer Schwingungsrichtung.

Wir betrachten deren Komponenten parallel (rot) und senkrecht (blau) zur Einfallsebene. Steht der reflektierte Strahl senkrecht zum gebrochenen, kann die rot gezeichnete Komponente keinen Beitrag zur reflektierten Welle liefern. Beim Spezialfall $\alpha = 56°$ entfällt sie ganz, sonst ist sie schwach. Die längs der rot gezeichneten Komponente schwingenden Elektronen können in ihrer Schwingungsrichtung keine elektromagnetische Welle aussenden. Allein die senkrecht (blau) schwingende Komponente liefert reflektiertes Licht. Ihr E-Vektor liegt ausschließlich senkrecht zur Einfallsebene. Ist α der Einfallswinkel und β der Brechungswinkel, so ist $\beta = 90° - \alpha$, wenn reflektierter und gebrochener Strahl senkrecht aufeinander stehen. Aus dem Brechungsgesetz $\sin \alpha / \sin \beta = n$ folgt (David BREWSTER, 1813)

$$\frac{\sin \alpha}{\sin (90° - \alpha)} = \frac{\sin \alpha}{\cos \alpha} = n, \quad \text{also} \quad \tan \alpha = n.$$

Merksatz

BREWSTER-Gesetz: Fällt Licht so auf ein durchsichtiges Medium mit der Brechungszahl n, dass reflektierter und gebrochener Strahl aufeinander senkrecht stehen, dann ist das reflektierte Licht vollständig polarisiert. Der E-Vektor des reflektierten Lichts steht senkrecht auf der Einfallsebene. Für den Einfallswinkel α muss dazu $\tan \alpha = n$ gelten.

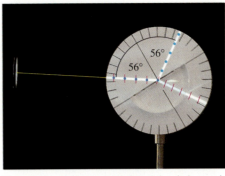

V 2: Ein schmales Lichtbündel wird an einem Glaskörper reflektiert, der an einer Scheibe mit Winkeleinteilung befestigt ist. Mit einer Polarisationsfolie als Analysator stellen wir fest, dass das reflektierte Licht polarisiert ist; bei $\alpha = 56°$ sogar vollständig.

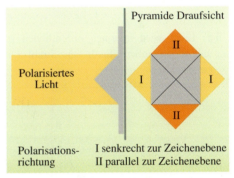

V 3: Polarisiertes Licht fällt auf eine Glaspyramide. Je nach Polarisationsrichtung reflektieren verschiedene Seiten. Bei unpolarisiertem Licht sieht man alle vier Dreiecke.

Interessantes

Optisch aktive Stoffe oder wie gut wird der Wein?

Stoffe wie *Zuckerlösung* oder *Milchsäure* können die Polarisationsrichtung von Licht drehen. Bringt man eine solche Flüssigkeit zwischen zwei gekreuzte Polarisatoren, hellt sich das Gesichtsfeld auf. Dreht man den Analysator wieder auf Dunkelheit weiter, kann man den Winkel ablesen, um den sich die Polarisationsrichtung verändert hat. Der Drehwinkel hängt von der Länge der Flüssigkeitssäule und dem Zuckergehalt ab. Die Drehung kommt durch die schraubenförmig gebauten Zuckermoleküle zustande. Chemisch gleich zusammengesetzte Moleküle können sich im Schraubensinn unterscheiden. So gibt es rechts- (Dextrose) und linksdrehende Zucker. Winzer bestimmen den Zuckergehalt von Trauben, indem sie den Saft in ein Saccharimeter füllen und, gegen das Licht blickend, den Analysator wieder auf Dunkel stellen.

Bei Joghurt unterscheidet man zwischen rechtsdrehender (L+) und linksdrehender Milchsäure (L–).

Polarisationsfolien

Bei ihrer Herstellung wird eine Folie aus Kunststoff in einer Richtung stark auseinander gezogen. In die sich dabei bildenden parallelen Kohlenwasserstoffketten werden Jodverbindungen eingelagert. Die Jodatome liefern, ähnlich wie bei der Dotierung von n-Halbleitern, Elektronen, die sich nur längs einer dieser Ketten bewegen können. Dadurch entstehen in der Folie außerordentlich dünne parallel ausgerichtete „Leitungsdrähte" – das ist nichts anderes als ein mikroskopisch feines Gitter aus Drähten. Nur in dieser Richtung werden Elektronen durch die elektromagnetische Welle zu kräftigen Schwingungen angeregt. Dies erklärt die Vorzugsrichtung.

Doppelbrechung und Spannungsoptik

B 1: Durch einen Kalkspatkristall sieht man eine untergelegte Schrift doppelt.

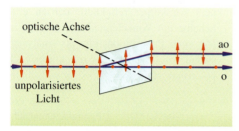

B 2: Licht wird in einen ordentlichen (o) und einen außerordentlichen Strahl (ao) aufgespalten.

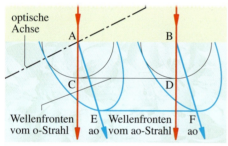

B 3: Lichtwellen haben im Kalkspatkristall für den ordentlichen und den außerordentlichen Strahl verschiedene Ausbreitungsgeschwindigkeiten.

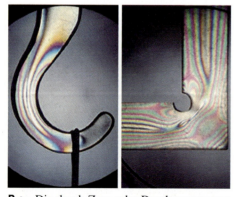

B 4: Die durch Zug- oder Druckspannungen beanspruchten Gebiete sind farbig aufgehellt.

In ▶ *Bild 1* betrachten wir Schrift durch einen Kalkspatkristall ($CaCO_3$) hindurch. Die Schrift sehen wir doppelt. Das Licht spaltet sich nämlich in *zwei* Teile auf, die verschieden gebrochen werden. Man spricht von **Doppelbrechung.** Nach ▶ *Bild 2* durchsetzt der so genannte *ordentliche* Strahl o den Kristall geradlinig (unten). Der *außerordentliche* Strahl ao (oben) wird trotz senkrechten Einfalls nach oben gebrochen („in den Kristall hinein"). Dreht man den Kristall um den ordentlichen Strahl, so rotiert die gestrichelte Gerade in ▶ *Bild 2* mit. Sie zeigt eine bestimmte Richtung im Kristall, *optische Achse* genannt. Der ao-Strahl rotiert mit, also um den ordentlichen Strahl herum. *Polarisationsfolien* unterscheiden zwischen den beiden Strahlen. Der ao-Strahl ist stets in der Ebene, in der die optische Achse liegt, polarisiert (↕), der o-Strahl senkrecht dazu (•).

Der *o-Strahl* befolgt das Brechungsgesetz, weil seine von A ausgehenden Elementarwellen nach allen Seiten gleich schnell fortschreiten, also Kugelwellen bilden (▶ *Bild 3*). Die zugehörige Einhüllende CD steht hier auf dem einfallenden Strahl senkrecht; er behält also seine Richtung bei. Der *ao-Strahl* verhält sich anders als wir es gewohnt sind: Er breitet sich im Kalkspat senkrecht zur optischen Achse schneller aus als längs dieser Achse. Folglich liegt die Strahl-(Ausbreitungs-)Richtung schräg zur Einhüllenden. Für sie gilt offensichtlich nicht das Brechungsgesetz.

Das *E*-Feld von Licht wirkt in Materie nur auf die Elektronen. Diese schwingen als Dipole verzögert gegenüber der Erregerwelle und senden – phasenverschoben – Sekundärwellen aus. Die Überlagerung von Primär- und Sekundärwellen ergibt eine verzögerte *E*-Welle. Ihre Geschwindigkeit c' ist also kleiner. Für doppelbrechende Stoffe hängt nun die Rückstellkraft der schwingenden Elektronen von der Richtung der Schwingung im Kristall ab. Je nach Richtung von $\vec{E}$ relativ zum Kristall sind auch Eigenfrequenz, Phasenverschiebung und Ausbreitungsgeschwindigkeit verschieden.

Sind etwa in Plexiglas alle Richtungen gleichwertig, so ist Licht nach allen Richtungen gleich schnell. Wenn man aber Plexiglas drückt oder spannt, ändern sich die „Federkonstanten" für die Elektronenschwingungen richtungsabhängig. Es bilden sich der o- und ao-Strahl der *Doppelbrechung*. Zwischen gekreuzten Polarisationsfolien hellt sich das Gesichtsfeld dort auf, wo Druck und Zug wirken – und bleibt in spannungsfreien Zonen dunkel. Das unterschiedliche c' führt schließlich zu interferierenden Wellen wie wir beim Michelson-Versuch mit einströmender Luft sahen. Da c' von λ abhängt, führt weißes Licht zu Mischfarben durch Interferenz (▶ *Bild 4*). Man kann nach diesem Verfahren die inneren mechanischen Spannungszustände von Körpern prüfen.

Manche Stoffe werden unter Einwirkung eines starken elektrischen Feldes doppelbrechend (Pockels-Effekt). Bringt man eine solche Probe zwischen zwei gekreuzte Polarisationsfolien, so hellt sich das Gesichtsfeld auf, wenn man ein *E*-Feld in der Probe erzeugt. Elektrische Spannungsschwankungen können so in Helligkeitsschwankungen umgesetzt werden. Pockels-Zellen werden bis ca. 10 GHz als schnelle optische Schalter verwendet.

Interessantes

Flüssigkristalle für optische Displays

Für die Anzeige von Taschenrechnern, Digitaluhren, Messgeräten und grafikfähigen Laptops werden heute Flüssigkristalle eingesetzt. Diese **LCD**-Geräte (**L**iquid **C**rystal **D**isplays) verwendet man auch als flache Farbbildschirme und in Projektoren für Fernsehbilder.

Flüssigkristall scheint auf den ersten Blick ein Widerspruch zu sein, denn bei Kristallen denkt man doch zunächst an die perfekte Ordnung zwischen ihren Molekülen. In Flüssigkeiten sind dagegen die kleinsten Teilchen untereinander fast frei verschiebbar. Flüssigkristalle liegen in ihren Eigenschaften zwischen diesen Aggregatzuständen. Sie bestehen aus langgestreckten Molekülen, die gegeneinander beweglich sind, sich aber vorzugsweise parallel ausrichten. Der Übergang vom kristallinen zum flüssig-kristallinen und weiter in den flüssigen Zustand hängt von der Temperatur ab. Da diese Zustände stark von der Richtung abhängen, wirken sie auch doppelbrechend.

1971 fanden die beiden Physiker M. SCHADT und W. HELFRICH bei der Untersuchung von Flüssigkristallen in elektrischen Feldern eine Anordnung, die als *spannungsgesteuertes Lichtventil* arbeitet. Von da ab hat diese Schadt-Helfrich-Zelle ihren Siegeszug als Anzeigeelement angetreten. Im Unterschied zu den LED-Anzeigen sendet ein LCD-Display kein Licht aus. Es ist auf das einfallende Licht angewiesen und wirkt so als ein *selektiver Spiegel*, der gezielt an manchen Stellen blind gemacht wird. Für ihren Betrieb haben sie nur einen ganz geringen Energiebedarf.

Der Aufbau einer solchen Zelle ist in ▥▶ *Bild 5* dargestellt. Zwischen zwei 5 μm bis 10 μm entfernten Glasplättchen, die jeweils mit einer durchsichtigen Elektrode versehen sind, befinden sich dünne Lagen aus Kunststoff. Ihre Oberflächenkräfte richten die direkt anliegenden Moleküle des Flüssigkristalls parallel zu einer vorgegebenen Richtung aus. Die beiden Schichten sind senkrecht zueinander orientiert. Daher bilden die langen Moleküle des Flüssigkristalls dazwischen eine 90°-Schraube. Die beiden Glasplatten befinden sich zwischen zwei gekreuzten Polarisationsfolien.
Hinter dem Polarisator schwingt der *E*-Vektor nur in einer Richtung. Dieser *E*-Vektor regt die Elektronen des Flüssigkristalls zum Schwingen in gleicher Richtung an (wie bei den Molekülketten der Polarisationsfolien). Das nächste Molekül dreht diese Schwingungsrichtung leicht. Der *E*-Vektor bekommt einen wenig winkelversetzten Zusatz und wird leicht gedreht. Und so geht es Stück um Stück weiter. Die Polarisationsrichtung dreht sich auf diese Weise um 90° mit.

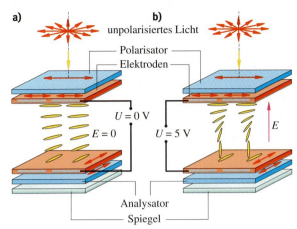

B 5: a) Bild einer TN-Zelle (Twisted-Nematisch) ohne anliegende Spannung. Das Licht kann durchtreten, da seine Polarisationsrichtung gedreht wird. **b)** Liegt ein elektrisches Feld an, richten sich die Moleküle längs des Feldes aus, die Polarisationsrichtung wird nicht mehr gedreht, so dass der zweite Polarisator das Licht sperrt.

Das Licht wird reflektiert und seine Polarisationsrichtung beim Hochlaufen um 90° zurückgedreht. Es gelangt wieder durch die Polarisationsfolie und die Anzeige erscheint hell. Legt man nun eine Spannung zwischen die Elektroden, so richten sich die langen Moleküle mit ihrer Längsachse entlang des Feldes aus (▥▶ *Bild 5b*). Dies stellt für die Moleküle einen energetisch günstigeren Zustand dar. Die Polarisationsrichtung wird nicht mehr gedreht und die Anzeige erscheint daher dunkel. Trotz der dazu nötigen geringen Spannungen (ca. $U = 5$ V) treten wegen der kleinen Schichtdicke ($d = 10$ μm) nach $E = U/d = 500\,000$ V/m hohe Feldstärken auf. Um elektrolytische Zersetzung zu vermeiden, wird die Gleichspannung in eine rechteckförmige Wechselspannung umgewandelt.

Zur *Darstellung von Ziffern* wird meistens eine 7-Segment-Anzeige verwendet. Diese besteht aus 7 strichförmigen Elektroden, die einzeln geschaltet werden (▥▶ *Bild 6*). Für Farbbildschirme sind zusätzlich noch Farbfilter angebracht. Der Bildschirm wird von hinten beleuchtet. Ein Display besteht nun aus einer Vielzahl von solchen Zellen, die einzeln angesteuert werden.

B 6: LCD-Anzeige, 5 bzw. 6 der 7 Segmente leuchten.

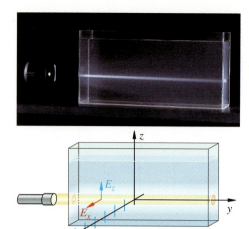

V 1: Ein paralleles Lichtbündel einer Experimentierleuchte geht durch eine Glasküvette, die Wasser mit einigen Tropfen Milch enthält. Das Licht wird dadurch gestreut, von der Seite her erscheint der Strahl bläulich. Schaut man dem Strahl entgegen, sieht das Licht der Lampe rötlich aus. Blicken wir durch eine Polarisationsfolie genau senkrecht zum Strahl auf das Bündel, so erweist sich dieses als vollkommen polarisiert. Der $\vec{E}$-Vektor zeigt in z-Richtung.

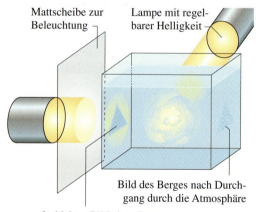

V 2: Die Vorderseite der Glasküvette wird jetzt mit einem Modell eines Berges versehen und durch eine Mattglasscheibe beleuchtet. Die Verdünnung der Milch soll so gewählt sein, dass man den „Berg" auf der anderen Seite noch sieht. Beleuchtet man die Küvette zusätzlich von der Seite her mit wachsender Intensität, verschwindet durch das seitlich einfallende Streulicht der Umriss des Berges. Die Streustrahlung ist auch der Grund, warum weit entfernte dunkle Berge uns aufgehellt erscheinen.

Streuung von Licht – Himmelsblau und Abendrot

Warum ist eigentlich der Himmel blau? Kaum ein Mensch wundert sich darüber, dass bei Tage der Himmel auch in Richtungen hellblau erscheint, aus denen kein Sonnenlicht direkt in das Auge des Beobachters gelangen kann. Das muss etwas mit der Luft zu tun haben, denn auf hohen Himalaya-Gipfeln erscheint der Himmel dunkelviolett. Auf dem Mond gibt es keine Atmosphäre; dort ist der Himmel schwarz.

Eine Glasküvette mit Wasser und einigen Tropfen Milch dient uns als Modell für die Erdatmosphäre. ▶ *Versuch 1* zeigt uns, dass kurzwelliges blaues Licht viel kräftiger senkrecht zur Ausbreitungsrichtung des Strahls gestreut wird als langwelliges rotes. Von der Seite her sieht das Lichtbündel daher blau aus. Dieser Anteil fehlt im durchgehenden Licht; deshalb erscheint es im durchscheinenden Licht rot. Mit einer Polarisationsfolie als Analysator stellt man fest, dass gestreutes Licht polarisiert ist. Die Erklärung ist ähnlich wie beim Gesetz von BREWSTER. Man zerlegt die in den verschiedenen Richtungen quer zum Lichtstrahl schwingenden $\vec{E}$-Vektoren der gestreuten Lichtwelle jeweils in die zueinander senkrechten Komponenten $\vec{E}_x$ und $\vec{E}_z$. Die Komponente $\vec{E}_x$ kann zur Streustrahlung in x-Richtung nichts beitragen; also ist nur $\vec{E}_z$ wirksam. Folglich ist das nach der x-Richtung gestreute Licht in z-Richtung polarisiert.

Ähnlich verhält es sich beim Sonnenlicht. Die Lufthülle besteht aus Molekülen, deren Elektronen durch die elektromagnetische Welle zu Schwingungen angeregt werden. Dabei entstehen sekundäre Lichtwellen. Im gestreuten Himmelslicht sind hohe Frequenzen bevorzugt, es ist – analog zur Streuung bei Milch – vorwiegend blau. Wären die Luftmoleküle übrigens regelmäßig angeordnet wie in einem Kristall, so würde durch Lichteinfall aus allen Richtungen nichts von dem gestreuten blauen Licht zu sehen sein. Erst die unregelmäßigen Dichteschwankungen der Luft verringern die vollständige Auslöschung des sonst kohärent einfallenden Lichts. Ein Teil des Sonnenlichts wird seitlich in den Weltraum gestreut. Unsere Erde heißt daher auch *blauer Planet*.

Bei *Sonnenuntergang* legt das zunächst weiße Licht einen langen Weg durch die untere Erdatmosphäre zurück. Dort befinden sich viele streuende Wassertröpfchen und winzige Staubpartikel. Das blaue Licht wird fast vollständig zur Seite gestreut, sodass ein prächtiger rot scheinender Sonnenuntergang zu sehen ist.

Betrachten Sie einmal den wolkenlosen blauen Himmel durch eine Polarisationsfolie. Sie werden entdecken, dass das von dort kommende Licht teilweise polarisiert ist. Blickt man durch eine Polarisationsfolie senkrecht zur Verbindungslinie des Standortes mit der Sonne in der Höhe, so kann man sogar eine vollständige Polarisation feststellen. Bienen können mit dem Auge polarisiertes Licht von nicht polarisiertem Licht unterscheiden und sich somit am polarisierten Streulicht des Himmels orientieren.

Die Sichtbarkeit weit entfernter Berge wird bekanntlich durch die Streuung des Lichts an Dunst und Staub in der Luft verschlechtert. Die Streustrahlung des seitlich einfallenden Lichts verdeckt nämlich die Berge (▶ *Versuch 2*).

Interessantes

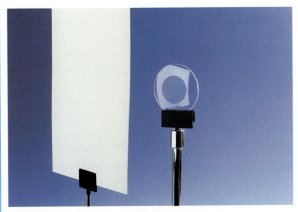

B 1: Brillenglas: äußerer Rand aus normalem Glas mit störendem Reflex; innen mit entspiegeltem Glas

Erwünschte und unerwünschte Reflexion

A. Kontraste und Reflexe

In einer Glasscheibe sehen Sie Ihr Spiegelbild, wenn auch schwach. An ihr werden nämlich bei senkrechtem Einfall 4% der Intensität des Lichts reflektiert; 96% gehen ohne wesentliche Verluste hindurch. Fällt Licht bei Tag durch ein Fenster in ein Zimmer, so wird es dort weitgehend absorbiert; das Zimmerinnere erscheint von außen dunkel. Bisweilen zeigen sich aber am Fenster auch Reflexe von gegenüberliegenden sonnenbestrahlten Gebäuden. Diese Reflexe an der Scheibe stören beachtlich und überdecken das Licht, das von Innen kommt. Ähnliches beobachten wir an einer Brille aus normalem Glas. Nach ▶ *Bild 1* sieht man im nicht entspiegelten äußeren Bereich des Glases das reflektierte Licht von der Mattscheibe. Dieser Effekt stört, wenn man den Brillenträger anschaut oder fotografiert. In das Auge des Brillenträgers gelangt durch die Reflexion weniger Licht, was sich bei schlechten Sichtverhältnissen besonders ungünstig bemerkbar macht.

B. Vergütung

Um solch störende Reflexe an Glasflächen optischer Geräte zu beseitigen, benutzt man die Interferenz an dünnen Schichten. Dazu wird ein durchsichtiger Stoff (z. B Kryolith oder Magnesiumfluorid) mit der Schichtdicke $\lambda_S/4$ und der Brechungszahl n_S kleiner als der des Glases auf die Oberfläche gebracht (▶ *Bild 2*). λ_S ist dabei die Wellenlänge $\lambda_S = \lambda/n$ des Lichts in diesem Stoff. Für einfallendes Licht ist sowohl diese Schicht wie das sich anschließende Glas optisch dichter. Die beiden Phasensprünge bei Reflexion heben sich gerade auf. Ist die Amplitude der beiden reflektierten Wellen mit der Wellenlänge λ_S gleich (dies kann man durch geeignete Wahl des Materials erreichen), so löschen sie sich aus. Das Licht wird ganz durchgelassen. λ_S wählt man meist aus dem gelb-grünen Spektralbereich. Benachbarte Wellenlängen werden nur wenig reflektiert. Die Reflexe für den gesamten Bereich des sichtbaren Spektrums sind stark vermindert. Eine solche Behandlung der Glasflächen nennt man *Vergütung*. Entspiegelte Brillengläser erkennt man an ihrem purpurnen Glanz. Er entsteht als Komplementärfarbe zur bevorzugten Mitte des Spektrums, die ja ungeschwächt ins Auge gelangen soll. Hat man, wie bei dem Objektiv eines guten Fotoapparats, mehrere Linsen, die aneinandergrenzen, würde durch die Mehrfachreflexionen die Helligkeit deutlich herabgesetzt. Deshalb werden Objektive von Kameras mit mehreren solchen Schichten versehen. Diese so genannte Mehrschichten-Vergütung bewirkt, dass das Licht des gesamten sichtbaren Spektrums vom Objektiv nahezu ohne Reflexe durchgelassen wird.

Trägt man eine $\lambda/4$-Schicht aus einem Material auf, das optisch dichter ist als Glas, *vergrößert* man das Reflexionsvermögen für diese Wellenlänge. Zu dem geometrischen Gangunterschied von $\lambda/2$ kommt bei Reflexion noch ein Phasensprung von 180° hinzu. Dieses Verfahren wird zur Herstellung verlustfreier Spiegel verwendet.

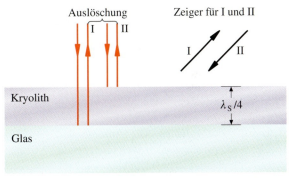

B 2: Die Wellen, die an Glas und an Kryolith reflektiert werden, löschen sich aus.

A 1: Auf eine Linse aus Glas ($n = 1{,}5$) ist eine Schicht aus Kryolith ($n = 1{,}33$) aufgebracht. Welche Dicke muss diese Schicht haben, damit für Licht aus dem grünen Bereich (540 nm) Reflexion vollständig unterdrückt wird?

A 2: Ein Tanker hat eine große Menge Kerosin ($n = 1{,}2$) in das Meer gepumpt. Auf dem Wasser (Brechzahl $n = 1{,}3$) hat sich ein großer schimmernder Kerosinfilm gebildet. Welche Dicken kann diese Schicht haben, wenn man von einem Flugzeug senkrecht auf diesen Bereich blickt und dabei die Schicht grün ($\lambda = 540$ nm) erscheint?

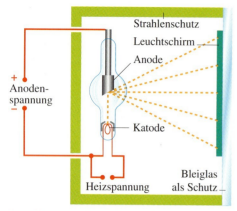

B 1: Röntgenröhre: Im Vakuum werden Elektronen aus einer Glühkatode mit hohen Spannungen (10^4 V bis 10^7 V) zur Anode hin beschleunigt. Dort entsteht beim Abbremsen der Elektronen Röntgenstrahlung.

V 1: Ein Geldbeutel wird in den Strahlenkegel gestellt. Die Röntgenstrahlen durchdringen das Leder fast ungeschwächt. Die Münzen dagegen absorbieren Röntgenstrahlen. Sie erscheinen als dunkle Schatten auf dem im Röntgenlicht fluoreszierenden Leuchtschirm. Die Schattenbilder ändern sich nicht, wenn man einen elektrisch geladenen Körper oder einen Magneten in die Nähe des Strahlenganges bringt. Röntgenstrahlung wird weder durch elektrische noch durch magnetische Felder abgelenkt.

V 2: Ein zwischen Röntgenquelle und Leuchtschirm gestelltes, geladenes Elektroskop wird entladen. Die Anzeige des Elektroskops geht zurück, weil umgebende Luft durch die Röntgenstrahlen ionisiert wird. Dabei kommt es nicht auf das Vorzeichen der Ladung an.

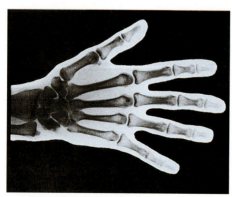

B 2: Röntgenbild einer Hand

Röntgenstrahlung

1. X-Rays, eine neue Art von Strahlen

1895 entdeckte der Physiker Wilhelm Conrad RÖNTGEN (1845–1923; 1. Nobelpreis 1901) in Würzburg bei der Untersuchung von Gasentladungen eine unsichtbare Strahlung, die er selbst (wie auch heute noch das Ausland) **X-Strahlen** nannte. Seither baut man **Röntgenröhren** nach dem im ▶ *Bild 1* dargestellten Prinzip: Ein kleiner Fleck der Anode wird mit Elektronen beschossen. Dieser Fleck wird so zur Quelle für Röntgenstrahlen. Diese werden nur von Stoffen großer Atommasse und Elektronendichte (z. B. Blei) merklich geschwächt und weder im elektrischen noch im magnetischen Feld abgelenkt (▶ *Versuch 1*).

Röntgenstrahlung dient der medizinischen Diagnostik; man bedient sich der geradlinigen Ausbreitung und erzeugt im einfachsten Fall der Anwendung Schattenbilder auf einem Schirm, der in den Auftreffpunkten leuchtet (fluoresziert). Fett- und Muskelgewebe (aus C-, H- und O-Atomen aufgebaut) wird von den Röntgenstrahlen leicht durchdrungen, Knochen enthalten Atome (Ca) mit großer Ordnungszahl und großer Elektronendichte, sie absorbieren die Strahlen stärker (▶ *Bild 2*).

Absorption von Röntgenstrahlen ist – nicht nur in Luft (▶ *Versuch 2*) – mit Ionisation der durchstrahlten Materie verbunden. Bei Lebewesen kann das Herausschlagen von Elektronen aus molekularen Bindungen zu Störungen der Stoffwechselprozesse in den Zellen oder zu irreparablen Veränderungen der Zellstrukturen führen. Wie bei jeder ionisierenden Strahlung sind auch bei Röntgengeräten Strahlenschutzbestimmungen sorgfältig zu beachten.

Merksatz

Treffen schnelle Elektronen auf ein Hindernis, so geht von ihm unsichtbare **Röntgenstrahlung** aus. Sie wird weder durch elektrische noch durch magnetische Felder abgelenkt. Röntgenstrahlen durchdringen Stoffe, und zwar umso besser, je kleiner deren Elektronendichte ist. Röntgenstrahlen **ionisieren** die durchstrahlte Materie.

2. Röntgenstrahlung hat Welleneigenschaft

RÖNTGEN war ein anerkannter Experimentalphysiker; er selbst hat die grundlegenden Eigenschaften von Röntgenstrahlung untersucht und beschrieben, die für die Nutzung in Medizin und Technik von Bedeutung sind. – Erhöht man in einer Röntgenröhre den Heizstrom der Glühkatode, so wird die **Intensität** der Röntgenstrahlung stärker, da sich mehr Elektronen an ihrer Erzeugung beteiligen; das Leuchtschirmbild wird heller. Doch ändert sich das **Durchdringungsvermögen** der Strahlen nicht. Dieses nimmt erst mit wachsender Beschleunigungsspannung zu. RÖNTGEN selbst hat schon von der **Härte der Röntgenstrahlung** gesprochen.

Mit extremer Härte, bei Spannungen von 500 000 V, durchleuchtet man in der Technik dicke Metallteile, um Guss- und Schweißfehler zu erkennen.

RÖNTGEN vermutete, dass die von ihm entdeckte Strahlung Eigenschaften wie das Licht habe und suchte deshalb nach Interferenz- und Beugungsphänomenen. Seine experimentellen Ergebnisse fand er nicht überzeugend: *„Ich habe keinen Versuch zu verzeichnen, aus dem ich mit einer mir genügenden Sicherheit die Überzeugung von der Existenz einer Beugung der X-Strahlen gewinnen könnte."*

Der Nachweis der Welleneigenschaft durch Interferenz geht auf Max v. LAUE (1879–1960, Nobelpreis 1914) zurück, der – als Theoretiker – auf die Möglichkeit hinwies, Kristalle als Gitter zu verwenden: In den Kristallen sind die Atome regelmäßig angeordnet, beim Kochsalzkristall z. B. quaderförmig (▶ *Bild 3*). Wenn Licht an kleinen, regelmäßig angeordneten Hindernissen gebeugt wird, dann kann man Interferenz beobachten, weil die Hindernisse zu huygensschen Zentren von Elementarwellen werden. Es muss allerdings die Bedingung erfüllt sein, dass der Abstand benachbarter Zentren in der Größenordnung der Wellenlänge des verwendeten Lichts liegt. Vom Ölfleckversuch kennt man die Größe der Atome. Daher weiß man, dass ihre Abstände in Flüssigkeiten und Festkörpern kleiner als ein Nanometer ($1 \cdot 10^{-9}$ m) sind. Die Wellenlänge von sichtbarem Licht ist 500-mal so groß; deshalb findet man keine optischen Interferenzerscheinungen an Kristallen. Aber die Röntgenstrahlung – so überlegte v. LAUE – könnte genügend kleine Wellenlängen haben. Er hat so 1912 die Untersuchung der Beugung von Röntgenstrahlen an Kristallen angeregt; später haben andere die Wellenlänge bei streifendem Einfall an künstlich gefertigten Gittern direkt gemessen.

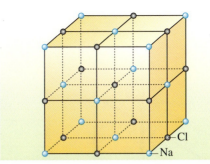

B 3: Kubisches Gitter eines NaCl-Kristalls; Abstand der Nachbaratome etwa $0{,}3 \cdot 10^{-9}$ m

Merksatz

Röntgenstrahlung ist Wellenstrahlung mit Wellenlängen kleiner als ein Nanometer. Bei Beugung an einem Kristall tritt Interferenz auf, so wie bei Licht am optischen Gitter.

3. Interferenz an Streuzentren einer Ebene

Wir untersuchen V. LAUES Entdeckung in einem Modellversuch mit Mikrowellen. Sie gehen im ▶ *Versuch 3* vom Sender S aus und erreichen den Empfänger E_1. Bei großem Abstand sind alle Wellenstrahlen praktisch parallel und gleich lang. Die Zeigerkette am Zielpunkt E_1 ist gerade und hat maximale Länge (▶ *Bild 4b*). Nun stellen wir eine Styroporplatte schräg in den Strahl und bekleben sie mit kleinen reflektierenden Alustücken. Von ihnen gehen huygenssche Elementarwellen zum zweiten Empfänger E_2. Nur wenn E_2 spiegelbildlich zu E_1 steht, gilt für die Wellenwege von S nach E_2 und für die Phasen der Zeiger bei E_2 das gleiche wie bei E_1. Die Zeigerkette ist gerade, die beobachtete Intensität maximal. Das Reflexionsgesetz ist erfüllt, obwohl nur einige Stellen der Platte mit Alufolie besetzt sind; diese müssen nicht einmal regelmäßig angeordnet sein.

Durch die Lücken der Alubeschichtung geht ein Teil der vom Sender S ausgehenden Strahlung zum Empfänger E_1. Wir versuchen im nächsten Abschnitt, mehr Strahlung durch Reflexion nach E_2 zu bringen, indem wir mehrere, ebenfalls nur teilweise beschichtete Platten hintereinander stellen.

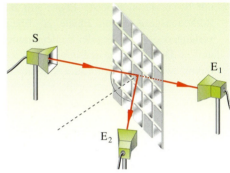

V 3: Die an einzelnen Stellen mit Alu-Folie bedeckte Styroporplatte wirkt für die von S ausgehenden Mikrowellen wie ein Spiegel. Es gilt das Reflexionsgesetz.

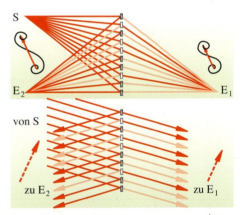

B 4: Wellenstrahlen im ▶ *Versuch 3*: **a)** Beschichtete Flächenstücke tragen zur Zeigerkette bei E_2, unbeschichtete zur Zeigerkette bei E_1 bei. Wenn E_1 und E_2 spiegelbildlich zur Platte angeordnet sind, gelten gleiche Bedingungen für die Längen der Wellenwege und die Phasen der zu verkettenden Zeiger. **b)** Die Wellenstrahlen werden parallel und haben alle die gleiche Länge, wenn S, E_1 und E_2 sehr weit vom Spiegel entfernt sind.

4. Bragg-Reflexion

Benutzen wir mehrere Platten hintereinander, so erleben wir eine Überraschung: Anders als bei nur einer Platte reflektieren mehrere Platten, die in gleichen Abständen hintereinander liegen, nur bei einigen wenigen Reflexionswinkeln. Mithilfe von ▶ *Bild 1* führen wir dies auf Interferenz zurück: Der zwischen zwei aufeinander folgenden Platten zurückzulegende zusätzliche Wellenweg $2s$ (A → B → C) muss ein ganzzahliges Vielfaches der Wellenlänge λ sein. Nur dann haben die *Zeiger aller Wellenwege und aller beteiligten Reflexionsebenen* die gleiche Phase und verstärken sich.

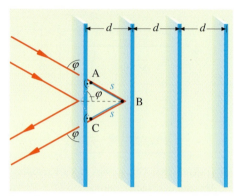

B 1: Für die Oberfläche und für jede weitere mit Streuzentren besetzte Ebene gilt das Reflexionsgesetz. Von Ebene zu Ebene verlängert sich der Weg der Wellenstrahlen um $2s$. Der Winkel φ ist Einfalls- und Reflexionswinkel und wird anders gemessen als in der geometrischen Optik!

Dies können wir nun auf Kristalle übertragen. Dort liegen reflektierende Atome in sog. **Netzebenen**, die mit gleichen Abständen d hintereinander angeordnet sind. Fallen Wellen geeigneter Wellenlänge λ ein, so erwarten wir nach dem Modellversuch starke Reflexion *nur dann*, wenn gilt: $2s = 2d \sin \varphi = \lambda, 2\lambda, 3\lambda, \ldots$
Dabei hat man für Kristalle vereinbart, φ nicht gegen das Einfallslot, sondern gegen die Netzebene zu messen.

Merksatz

Reflexionsbedingung von Bragg: Wenn Röntgenstrahlung der Wellenlänge λ an einer Schar paralleler Kristallebenen mit dem Ebenenabstand d gestreut wird, dann beobachtet man Reflexion mit merklicher Amplitude nur für bestimmte Winkel. Für die von der Oberfläche aus gemessenen Winkel φ gilt die Bragg-Gleichung:

$$2d \sin \varphi = k\lambda \quad (k = 1, 2, 3, \ldots). \quad (1)$$

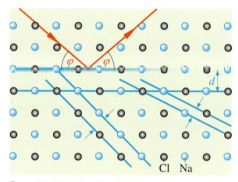

B 2: NaCl-Kristall mit einigen Netzebenen

Die Bragg-Gleichung sagt uns, bei welchen Winkeln für eine Schar paralleler Netzebenen eines Kristalls Reflexion auftritt. Es gibt aber immer mehrere Möglichkeiten, Ebenen mit gleichem Abstand hintereinander angeordnet zu „sehen"; ▶ *Bild 2* zeigt dies für das einfach-kubische Gitter des NaCl. Die Regelmäßigkeit der räumlichen Anordnung erlaubt es, viele Ebenenscharen zu finden, durch die jeweils alle Atome erfasst werden. Jede Auswahl einer Schar paralleler Netzebenen hat einen bestimmten Netzebenenabstand. *Gl. (1)* liefert dazu den Reflexionswinkel. Wenn Einfalls- und Reflexionswinkel zum Netzebenenabstand und zur Wellenlänge passen, „glänzt" die Schar der streuenden Ebenen. Der zu d und λ gehörende Winkel φ konstruktiver Interferenz wird deshalb **Glanzwinkel** genannt. – Diese Methode der Bestimmung von Wellenlängen oder Netzebenenabständen stammt von den Engländern W. H. und W. L. BRAGG (Vater 1862–1942, Sohn 1890–1971, Nobelpreis gemeinsam 1915).

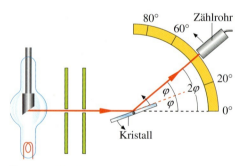

V 1: Quelle der Strahlung ist hier eine Röntgenröhre mit zwei vorgeschalteten Lochblenden. Ein dünner Röntgenstrahl fällt auf ein Plättchen aus einem NaCl-Kristall. Empfänger ist ein Zählrohr („Geigerzähler"). Weil hier der Sender unbeweglich ist, müssen Zählrohr und Kristall gedreht werden; das Zählrohr immer doppelt so viel wie der Kristall. So wird die Forderung des Reflexionsgesetzes erfüllt.

5. Spektrum der Röntgenstrahlung

In ▶ *Versuch 1* wird ein dünner Röntgenstrahl auf ein Plättchen aus einem NaCl-Kristall geschickt. Mit dieser sog. *Drehkristallmethode* werden alle Reflexionswinkel durchfahren; die geringen Intensitäten registriert ein Zählrohr. – Das aus der Kernphysik bekannte *Geiger-Müller-Zählrohr* ist neben Fotoplatte und Fluoreszenzschirm ein empfindliches Nachweisgerät für die ionisierende Röntgenstrahlung.

Bei der Deutung der Messkurve in ▶ *Bild 3* hilft es, wenn man sie sich aus zwei Anteilen zusammengesetzt denkt: einem **charakteristischen Spektrum** mit den markanten Linien ①, ②, ③, … und einem kontinuierlichen Untergrund darunter.

Die charakteristischen Linien ① und ② zeigen besonders hohe Zählraten. Sie haben die kleinsten Winkel. Wir deuten sie als Beugungsmaxima 1. Ordnung für verschiedene Wellenlängen. Wir berechnen mithilfe der Bragg-Gleichung *(1)* aus dem Netzebenenabstand $d = 282$ pm und den Winkeln $\varphi_1 = 15°$ und $\varphi_2 = 16°$ die Wellenlängen $\lambda_1 = 0{,}14$ nm und $\lambda_2 = 0{,}15$ nm. Bei den Linien ③, ④, ⑤, ⑥ handelt es sich um Maxima zweiter bzw. dritter Ordnung der gleichen Wellenlängen, entsprechend den Wegunterschieden 2λ und 3λ. Das charakteristische Spektrum kennzeichnet das Anodenmaterial.

6. Strukturforschung mit Röntgenstrahlen

Zur Untersuchung unbekannter Kristalle benötigt man Röntgenstrahlung mit bekannter Wellenlänge. Wie erhält man sie?
Ganz einfach: Nach ▶ *Versuch 1* hat die z. B. unter dem Winkel $\varphi = 15°$ reflektierte Strahlung die Wellenlänge λ_1. Man kann an die Stelle des Zählrohrs eine kleine Öffnung setzen und mit dem so erzeugten Strahl *monochromatischer* Röntgenstrahlung weiter experimentieren. Auch mit Metallfolien als Filter kann man Strahlung von definierter Wellenlänge aussondern.
Mit monochromatischer Röntgenstrahlung werden aus dem Interferenzmuster der Streustrahlung Netzebenenabstände ermittelt; so erhält man Informationen über die Kristallstruktur. Die Drehkristallmethode erfordert aber als Probe einen großen Einkristall, der oft nicht in genügender Größe zu beschaffen ist. Von DEBYE und SCHERRER stammt ein Verfahren, das mit Kristallpulver durchgeführt werden kann:

In jedem Bruchstück eines Kristalls sind Milliarden von Atomen in Netzebenen angeordnet, die für ein gutes Interferenzbild sorgen können. Nur kann man die kleinen Kristalle nie *einzeln* als Probe verwenden. Man hat es immer mit vielen (kleinen) Kristallen in allen denkbaren Stellungen zu tun. Für die auf die Pulverprobe treffende Röntgenstrahlung sind also alle Winkel von ▶ *Bild 3* gleichzeitig eingestellt. Auf dem hinter der Probe in den Strahl gestellten Röntgenfilm werden Reflexionen an solchen Kriställchen registriert, deren zufällige Position dem benutzten λ gemäß *Gl. (1)* einen passenden Einfallswinkel „anbietet". In ▶ *Versuch 2* entstehen so konzentrische Kreise. Dabei tragen Bragg-Reflexionen an beliebigen Netzebenenscharen gleichzeitig zum Bild bei.
Der Röntgenfilm ist ein Empfänger, der die Streustrahlung für viele Winkel gleichzeitig registriert, er stellt sozusagen ein ganzes Feld von Zählrohren dar.

Merksatz

Durchstrahlt man Kristallpulver oder polykristalline Proben mit Röntgenstrahlen einheitlicher Wellenlänge, so erhält man auf einem Röntgenfilm hinter der Probe konzentrische Kreise, deren Radien Rückschlüsse auf die Kristallstruktur erlauben.

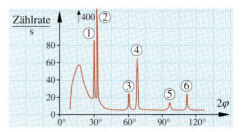

B 3: Röntgenstrahlung einer Kupferanode bei 30 keV. Die Gitterebenen des verwendeten NaCl-Kristalls (so wie er geschnitten ist) haben den Abstand $d = 282$ pm. Das charakteristische Spektrum auf kontinuierlichem Untergrund zeigt zwei Wellenlängen in den Ordnungen 1, 2 und 3.

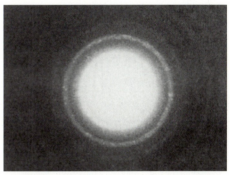

V 2: Debye-Scherrer-Aufnahme mit monochromatischer Röntgenstrahlung. Fein zerriebenes Kochsalz wird auf einen Klebefilmstreifen gestreut und als Pulverschicht vor der Austrittsöffnung eines Röntgengeräts befestigt. Dahinter steht senkrecht zur Strahlrichtung ein Röntgenfilm (Belichtung einige Stunden).

… noch mehr Aufgaben

A 1: Stellen Sie die Berechnungen der Wellenlängen aus den Winkeln verschiedener Ordnungen (▶ *Bild 3*) in einer übersichtlichen Tabelle dar.

A 2: Berechnen Sie die Glanzwinkel der Bragg-Reflexion für LiF mit einem Netzebenenabstand von 201 pm bei einer Wellenlänge $\lambda = 72$ pm der verwendeten Röntgenstrahlung.

A 3: Man führt ▶ *Versuch 1* mit streng monochromatischer Strahlung durch und bringt statt des Zählrohrs einen Röntgenfilm an, der den ganzen von diesem überstrichenen Winkel ausfüllt. Welches Bild ist zu erwarten, wenn der Kristall gedreht wird?

Zusammenfassung – Interferenzphänomene (2. Teil)

Das elektromagnetische Spektrum

Elektromagnetische Wellen entstehen bei Beschleunigung elektrischer Ladungen oder durch Stöße von Elektronen auf Atome (Leuchtstoffröhre, Röntgenstrahlen). Wellen mit sehr *großen Wellenlängen* gehen von Leitungen aus, die technische Wechselströme führen. Rundfunk- und Fernsehsender sowie Handys strahlen Radiowellen aus, deren Wellenlängen im Bereich von Kilometern bis Dezimetern liegen.

Wegen der Temperaturbewegung schwingen Atome mit ihren Ladungen dauernd um ihre Ruhelage. So strahlen alle Körper, deren Temperatur größer als 0 K ist. Je höher die Temperatur eines Körpers ist, umso größer ist die Frequenz dieser *Temperaturstrahlung*.
γ-Strahlen entstehen bei der Umwandlung von Atomkernen.
Die kleinste uns bekannte Wellenlänge finden wir in der kosmischen *Höhenstrahlung*; sie kommt aus dem Weltraum.

Frequenz in Hz	Wellenlänge		Wellenart	Erzeugung	Auftreten, Verwendung	Nachweis
10^1	$3 \cdot 10^7$ m		technischer	Generatoren	Wechselstrom	Messinstrumente
10^2	$3 \cdot 10^6$ m	Niederfrequenz	Wechselstrom			
1 k	$3 \cdot 10^5$ m		tonfrequenter	elektrische	Übertragung akus-	Oszilloskop
10^4	$3 \cdot 10^4$ m		Wechselstrom	Schwingkreise	tischer Signale	
10^5	3 km					
1 M	$3 \cdot 10^2$ m		Langwellen	Rundfunk-,	Rundfunk, TV	
10^7	$3 \cdot 10^1$ m		Mittelwellen	Fernseh-	VHF 174–216 MHz	abgestimmte
10^8	3 m	Radiowellen	Kurzwellen	sender	UHF 470–890 MHz	Empfänger
1 G	3 dm		Ultrakurzwellen		Handy	
10^{10}	3 cm		Mikrowellen	Gunn-Dioden,	D-Netz 900 MHz	
10^{11}	3 mm			Laufzeitröhren,	E-Netz 1800 MHz	
10^{12}	$3 \cdot 10^{-4}$ m			Molekül-, Atom-	Radar	
10^{13}	$3 \cdot 10^{-5}$ m		Infrarot	schwingungen	zum Erwärmen	Thermoelement
10^{14}	3 μm			Übergänge von	Glüh-	Auge,
10^{15}	$3 \cdot 10^{-7}$ m	optischer Bereich	sichtbares Licht	Elektronen in der	lampen	Fotoplatte,
10^{16}	$3 \cdot 10^{-8}$ m			äußeren Atomhülle	Bewegung von e⁻	Fotozelle
10^{17}	3 nm		Ultraviolett	Synchrotronstrahlung	in B-Feldern	
10^{18}	$3 \cdot 10^{-10}$ m		weiche Röntgen-	Übergänge von	Röntgenröhren	
10^{19}	$3 \cdot 10^{-11}$ m	Röntgenstrahlung	strahlung	Elektronen in der		
10^{20}	$3 \cdot 10^{-12}$ m		harte Röntgen-	inneren Atomhülle		Fotoplatte,
10^{21}	$3 \cdot 10^{-13}$ m		strahlung			Ionisation,
10^{22}	$3 \cdot 10^{-14}$ m		γ-Strahlung	Kernschwingungen,	radioaktiver Zerfall	Zählrohr
10^{23}	3 fm	γ-Strahlung		Synchrotronstrahlung		Ionisation
10^{24}	$3 \cdot 10^{-16}$ m		in der		Stoß kosmischer	Ionisation
10^{25}	$3 \cdot 10^{-17}$ m		Höhenstrahlung		Materie	

Zusammenfassung – Interferenzphänomene (2. Teil)

Das ist wichtig

1. Lichtbündel heißen **kohärent** zueinander, wenn sie bei Überlagerung interferieren. Dazu muss Glühlicht (Licht von Glühlampen) durch einen Spalt hinreichend begrenzt werden. Durch Teilung erzeugte Lichtbündel sind kohärent, wenn ihr Gangunterschied die Kohärenzlänge l_k, d. h. die Länge ihrer Wellenzüge, nicht übersteigt. Bei Sonnenlicht beträgt sie einige λ, für Spektrallampen ist sie ca. 30 cm, bei Laserlicht kann sie Tausende von Kilometern erreichen.

Ein **Hologramm** ist eine Art Gitter. Es speichert Amplitude und Phase von Licht, das an einem Gegenstand G gestreut wurde und mit dem ungestörten, kohärenten Licht L derselben Quelle interferiert. Beleuchtet man das Hologramm mit L allein, entsteht ein dreidimensionales Bild von G.

Bei optischen Instrumenten wie **Mikroskop, Fernrohr** oder dem **Auge** treten an der kreisförmigen Öffnung *Beugungserscheinungen* auf. Diese Beugungserscheinungen begrenzen das **Auflösungsvermögen**. Beim Mikroskop liegt die Grenze bei etwa $\lambda/2$.

Beim **Michelson-Interferometer** werden durch einen Strahlteiler zwei interferenzfähige Lichtbündel hergestellt und, nachdem sie verschiedene Wege durchlaufen haben, wieder zusammengefügt. Je nach Gangunterschied kommt es zu konstruktiver oder destruktiver Interferenz. Die Länge eines Weges kann mit einer Messschraube verändert werden. So kann einerseits die Wellenlänge von Licht bestimmt, oder andererseits eine winzige Wegdifferenz gemessen werden.

Für den Gangunterschied ist es gleich, ob Licht durch ein Medium mit dem Brechungsindex n und der Dicke s geht oder ob man in Gedanken das Vakuum beibehält und dafür den Lichtweg von s auf ns vergrößert. ns nennt man die **optische Weglänge**.

Das **Meter** ist die Strecke, die Licht in Vakuum in 1/299 792 458 s durchläuft.

Bei der Reflexion von Licht am **optisch dichteren** Medium entsteht ein **Phasensprung** von 180°.

Interferenz an **dünnen Schichten:** Die *schillernden Farben* von z. B. Seifenblasen und dünnen Ölschichten entstehen durch destruktive Interferenz des an den verschiedenen Oberflächen reflektierten weißen Lichts. Es handelt sich dabei um Mischfarben.

2. Licht kann **polarisiert** werden. Es ist also, wie andere elektromagnetische Wellen, eine **Querwelle.**

Brewster-Gesetz: Fällt Licht auf ein durchsichtiges Medium mit der Brechungszahl n, so ist es vollständig polarisiert, wenn reflektierter und gebrochener Strahl senkrecht aufeinander stehen. Für den Einfallswinkel α gilt dann

$$\tan \alpha = n.$$

In manchen Stoffen hängt die *Geschwindigkeit* des Lichts von der *Ausbreitungsrichtung* ab. Licht spaltet bei Eintritt in solch einen Kristall in einen *ordentlichen* und einen *außerordentlichen Strahl* auf. Man nennt diese Erscheinung **Doppelbrechung.** Der o- und der ao-Strahl sind verschieden polarisiert. Stoffe wie Plexiglas werden unter Zug oder Druck doppelbrechend. Zwischen gekreuzten Polarisationsfolien kann man so z. B. mechanische Spannungszustände untersuchen.

Kurzwelliges (blaues) Licht wird stärker gestreut als langwelliges rotes. Dies erklärt das Himmelsblau und die roten Sonnenuntergänge.

3. Treffen schnelle Elektronen auf ein Hindernis, so werden sie abgebremst und senden unsichtbare **Röntgenstrahlung** aus. Sie wird weder durch elektrische noch magnetische Felder abgelenkt. Röntgenstrahlung hat *ionisierende* Wirkung und schwärzt Fotoplatten.

Mit wachsender Beschleunigungsspannung der Elektronen nimmt das *Durchdringungsvermögen* der Röntgenstrahlen zu und ihre Wellenlänge ab.

Röntgenstrahlung ist eine *elektromagnetische Wellenstrahlung* mit Wellenlängen kleiner als 1 nm.

Bei Streuung von Röntgenstrahlen an Kristallen tritt Interferenz auf.

Röntgenstrahlen der Wellenlänge λ werden an parallelen Kristallebenen nur merklich reflektiert, wenn die **braggsche Reflexionsbedingung**

$$2d \sin \varphi = k\lambda \quad (k = 1, 2, 3, \ldots)$$

erfüllt ist. Der **Glanzwinkel** φ wird gegen die Kristallebene gemessen. d ist der Abstand der Kristallebenen.

Mit der Bragg-Reflexion kann man ein **Spektrum** der Röntgenstrahlen aufnehmen. Dem **kontinuierlichen** Untergrund (dem Bremsspektrum) ist ein **charakteristisches Spektrum** überlagert. Es ist für das Anodenmaterial der Röntgenröhre kennzeichnend.

Treffen Röntgenstrahlen einheitlicher Wellenlänge auf eine **polykristalline** Probe, so erhält man auf einem Röntgenfilm hinter der Probe konzentrische Kreise. An den Kristallen, deren Richtungen die braggsche Bedingung erfüllen, tritt dabei Reflexion auf (**Debye-Scherrer-Verfahren**).

Aufgaben

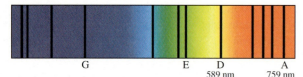

A 1: Das Bild zeigt in Originalgröße das Spektrum 1. Ordnung von Sonnenlicht. Das Spektrum ist von dunklen fraunhoferschen Linien durchzogen. Die Entfernung zwischen Gitter und Schirm betrug bei der Aufnahme 1,50 m.
a) Wie groß war die Gitterkonstante? **b)** Bestimmen Sie die Wellenlänge der beiden Fraunhoferlinien G und E.
c) Welche Wellenlängen entsprechen ungefähr den Rändern des Spektrums?

A 2: a) Man spricht von Licht- aber kaum von Schallstrahlen. Warum wohl? Mit einem Auge können Sie die Richtung, aus der Licht kommt, feststellen. Das Ohr ist bei Schall überhaupt nicht darauf eingerichtet. Warum ist eine Schall-Lokalisation viel schwieriger? **b)** Warum orientiert sich die Fledermaus mit Ultraschall? **c)** Kann ein Handy-Besitzer feststellen, aus welcher Richtung die Welle eintrifft? Was müsste er dazu tun?

A 3: a) Warum ist das Gitter dem Doppelspalt zur λ-Messung vorzuziehen? **b)** Sind für solche Messungen Fehler von einigen Zentimetern an der Schirmentfernung zulässig, wo doch λ im Bereich von 600 nm liegt? Begründen Sie.

A 4: Senkrecht auf die Ebene eines Doppelspalts fällt Licht. Der Abstand der beiden Spaltmitten beträgt $g = 0{,}50$ mm. Zwei Wellenlängen λ_1 und $\lambda_2 = \lambda_1 + \Delta\lambda$ ($\lambda_2 > \lambda_1$) werden durch den Doppelspalt in k-ter Ordnung gerade noch getrennt, wenn das Maximum k-ter Ordnung von λ_2 mit dem Minimum $(k+1)$-ter Ordnung von λ_1 zusammenfällt. **a)** Berechnen Sie für diesen Fall den Quotienten $\lambda_1/\Delta\lambda$ (das sog. *Auflösungsvermögen*). **b)** Berechnen Sie für $\lambda_1 = 580$ nm die Wellenlänge, die in der 3. Ordnung gerade noch von λ_1 getrennt werden kann.

A 5: Ein Doppelspalt wird senkrecht mit Laserlicht der Wellenlänge 630 nm beleuchtet. Wie ändert sich das Interferenzmuster, wenn man vor eine der beiden Spaltöffnungen ein $6{,}93 \cdot 10^{-3}$ mm dickes Glasplättchen ($n = 1{,}50$) bringt?

A 6: Kann man auch akustische Gitter bauen? Wie müssten sie beschaffen sein?

A 7: Lässt sich Schall auch polarisieren? Kann eine Polarisationsfolie einem Fotografen nützlich sein, der Fische im Wasser aufnimmt – ohne nass zu werden? Können Erdbebenwellen polarisiert sein?

A 8: Zwischen zwei gekreuzte Polarisationsfolien wird unter dem Winkel α eine dritte Polarisationsfolie gebracht. Wie groß ist die Intensität der Strahlung hinter den Folien in Abhängigkeit von α?

A 9: Jede Polarisationsfolie weist eine Richtung auf, in der sie den $\vec{E}$-Vektor einer Lichtwelle nicht durchlässt. Geben Sie eine Versuchsanordnung an, mit der man diese Richtung feststellen kann.

A 10: Bei üblichen Strichgittern und senkrechtem Einfall kann man für Röntgenstrahlen keine Interferenz beobachten. Erklären Sie dies an dem Beispiel mit $\lambda = 154$ pm und einem Gitter mit 5 000 Strichen je cm. Die Beobachtung soll in der Entfernung 1,0 m stattfinden.

A 11: Worin unterscheidet sich ein Reflexionsgitter von einem normalen Spiegel? Gibt es für Schall ein dem Licht analoges Reflexionsgesetz?

A 12: Laserlicht der Wellenlänge $\lambda = 633$ nm trifft unter dem Glanzwinkel φ auf eine Compact Disk (CD). Die eng benachbarten parallelen Spuren wirken dabei als Reflexionsgitter. **a)** Zeichnen Sie den Verlauf von zwei Wellenstrahlen, die an benachbarten Gitterstegen reflektiert werden. Erklären Sie das Auftreten von Intensitätsmaxima und begründen Sie die folgende Beziehung für die Richtung β_k, unter der das k-te Maximum auftritt:

$$\cos\beta_k = \cos\varphi + k\lambda/g \quad \text{für} \quad \beta_k < \varphi$$
$$\cos\beta_k = \cos\varphi - k\lambda/g \quad \text{für} \quad \beta_k > \varphi$$

b) Berechnen Sie den Winkel α zwischen den Richtungen der Maxima 0. Ordnung und 1. Ordnung ($g = 1{,}6$ µm, $\varphi = 60°$). **c)** Begründen Sie qualitativ, warum man den schrägen Lichteinfall bei Bestimmung kleiner Wellenlängen (z. B. Röntgenstrahlung) verwendet.

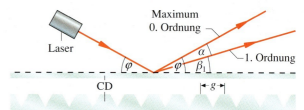

A 13: An einem Gitter mit 500 Strichen je mm beobachtet man entsprechend dem ➡ *Bild* unten im Bereich $\lambda = 500$ nm. Welche höchste Ordnung müsste noch zu sehen sein? Wodurch wird die Beobachtung erschwert?

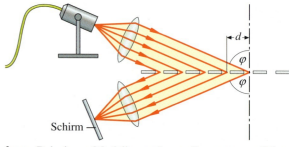

A 14: Bei einem Modellversuch zur Streuung von Röntgenstrahlen stellt man mehrere mit Streuzentren besetzte Ebenen im Abstand $d = 4$ cm hintereinander und bestrahlt sie mit Mikrowellen der Wellenlänge $\lambda = 3{,}2$ cm. Für welche Glanzwinkel φ erhalten wir Reflexionsmaxima?

Physik des 20. Jahrhunderts

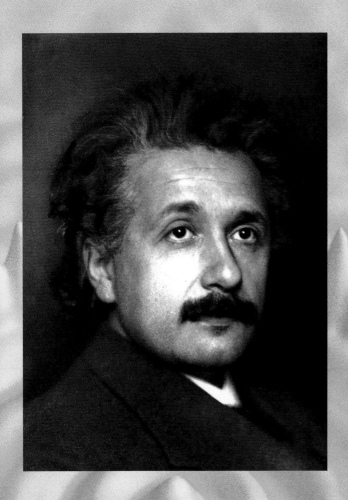

Albert EINSTEIN, *1879 in Ulm, †1955 in Princeton, N.J., öffnete allein im Jahre 1905 durch drei richtungsweisende Arbeiten das Tor zur modernen Physik:
Er schuf die spezielle Relativitätstheorie und bewies die Existenz der Atome.

Neben EINSTEINS „$E = mc^2$" ist SCHRÖDINGERS Wellengleichung aus dem Jahre 1926 eine der wichtigsten Gleichungen des 20. Jahrhunderts. Ihr Erfinder sagte bescheiden: „Wenn ich nur mehr Mathematik könnte …"

Wir können sehr viel weniger, haben heute aber einen Computer zur Verfügung. Er hilft uns, ein wenig in die moderne Physik zu blicken und eine relativistische Welt zu simulieren.

Atemberaubende Experimente bestätigen, was theoretisch ausgedacht wurde. Zum abgebildeten Quantenpferch schrieb D. M. EIGLER in Physics today (November 1993):
„We build a box for our electrons [aus 48 Eisenatomen], put an electron in the box, and we see how the electrons solve the Schrödinger equation …"

$$\left[-\frac{\hbar^2}{2m}\nabla^2 + W_{\text{pot}}(\vec{r})\right]\Psi(\vec{r}) = W\Psi(\vec{r})$$

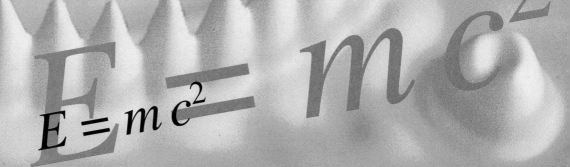

$E = mc^2$

Raum und Zeit sind nicht mehr absolut

1. Umgang mit Ort, Zeit und Bewegung – vor EINSTEIN

Die faszinierende **Relativitätstheorie** stellte A. EINSTEIN 1905 auf. Sie war lange Zeit heiß umstritten, obwohl sie sich zumeist nur mit gleichförmigen Bewegungen beschäftigt. Diese werden von Beobachtern beschrieben, die sich **relativ** zueinander bewegen. Ihre mit Uhren und Maßstäben gewonnenen Messergebnisse trägt man in *Bezugs-* oder *Koordinatensysteme* ein. Ein Beispiel:

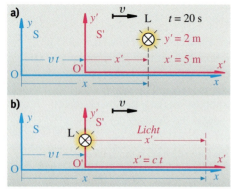

B 1: *Galilei-Transformation:* Wie registrierten S und S′ Ereignisse in ihren Koordinatensystemen – vor EINSTEIN? **a)** Im fahrenden Zug blitzt die Lampe L auf. **b)** Ein Lichtsignal ging von O′ aus, als O′ an O vorbeifuhr.

Beobachter S steht am Ursprung O seines S-Koordinatensystems $(x; y)$. Es ist längs des Bahndamms verankert (blau in ⇒ *Bild 1a*). Der *Reisende* S′ sitzt am Ursprung O′ des an seinen Wagen gehefteten $(x'; y')$-Systems (rot). Es fährt mit der Geschwindigkeit $v = 10$ m/s nach rechts. Als O′ $(x' = 0)$ an O $(x = 0)$ vorbeifuhr, wurden die Uhren U von S und U′ von S′ auf $t = 0$ gestellt. – Im Zeitpunkt $t = 20$ s blitzt im Wagen am Ort $x' = 5$ m, $y' = 2$ m die Lampe L auf. S und seine am Bahndamm postierten *S-Helfer* sehen dies. Ihre *S*-Uhren U laufen mit den U′-Uhren von S′ *synchron* (genau gleich). Also notieren sie für dieses *Ereignis* auch $t = 20$ s. Um dessen S-Koordinate x zu erhalten, addieren sie zu $x' = 5$ m die Fahrstrecke OO′ = $v\,t$ von O′. Sie benutzen die ganz einfache, vorrelativistische

$$\text{Galilei-Transformation} \quad x = v\,t + x',$$

Aus dem Wert $x' = 5$ m des S′-Systems wird im S-System der S-Wert $x = v\,t + x' = 10$ m/s · 20 s + 5 m = 205 m.

In modernen Zügen spürt der Reisende S′ „seine" konstante Geschwindigkeit nicht, da er keine Beschleunigungskräfte erfährt. Er kann sagen: „Ich ruhe, der Bahnsteig fährt nach hinten." Damit betrachtet sich S′ als gleichberechtigt mit S.

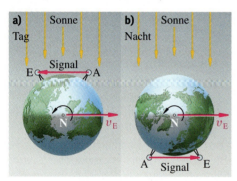

B 2: Grüne Männchen (nicht gezeichnet) stehen neben der Erdbahn und sehen, wie die Erde mit $v_E = 30$ km/s um die Sonne rast. Radiosignale von Amerika (A) erreichen Europa (E) **a)** bei Tag gegen v_E laufend, **b)** bei Nacht mit v_E (Erde um 180° gedreht).

B 3: Für die grünen Männchen in ⇒ *Bild 2* legt das Signal von A′ nach E bei Nacht in der Zeit t die Strecke $c\,t$ zurück. Sie setzt sich zusammen aus dem Laufweg der Erde $v_E\,t$ und dem tatsächlichen Abstand AE = L':

$$c\,t = v_E\,t + L', \text{ also } t = L'/(c - v_E).$$

Auf der Erde misst man aber nur $t = L'/c$ (relativistische Behandlung in Ziff. 10)!

Nun führt uns EINSTEIN in eine Welt nahe der Lichtgeschwindigkeit $c = 3 \cdot 10^8$ m/s: Nach ⇒ *Bild 1b* sendet S′ ein Lichtsignal bei $t = 0$ und $x' = 0$ in Fahrtrichtung aus. Im Zug legt es *relativ* zu S′, *der sich als ruhend betrachtet*, in der Zeit t die Strecke $x' = c\,t$ zurück (t ist S und S′ gemeinsam). Im S-System sollte nach der Galilei-Transformation

$$x = v\,t + x' = v\,t + c\,t = (v + c)\,t$$

gelten, also *Überlichtgeschwindigkeit* $v + c > c$ auftreten. Nach MAXWELL ist aber $c = 1/\sqrt{\varepsilon_0\,\mu_0} = 3 \cdot 10^8$ m/s. Da ε_0 und μ_0 Naturkonstanten sind, ist auch c für jeden Beobachter gleich. Mit diesem Widerspruch beschäftigte sich EINSTEIN.

Merksatz

Die Systeme S′ und S bewegen sich relativ zueinander in x-Richtung mit der konstanten Geschwindigkeit v. In der vorrelativistischen Physik transformierte man Ortskoordinaten vom S′- ins S-System mit der **Galilei-Transformation:**

$$x = v\,t + x'; \quad y = y'; \quad t \text{ ist beiden gemeinsam.} \quad (1)$$

2. Wovon geht die spezielle Relativitätstheorie (SRT) aus?

Radiosignale verhalten sich wie Licht. Nach ⟹ Bild 2 laufen sie von Amerika (A) nach Europa (E). An grünen Männchen, die neben der Erdbahn stehen, rast die Erde mit v_E = 30 km/s nach rechts vorbei um die Sonne. Bei Tag (a) eilt der Empfänger E nach rechts den Signalen von A entgegen. Nachts (b) hat sich die Erde um 180° gedreht und E sucht vor ihnen zu fliehen. Trotzdem zeigen Präzisionsuhren: *Die Signale brauchen stets gleich lang; Radiosignale und Licht breiten sich im Vakuum allseitig mit c = 299 792 458 m/s aus.*

Dies gilt auf der Erde, obwohl sie durch den Weltraum fliegt, relativ zu den Sternen. Auch diese bewegen sich. Man findet *kein ruhendes Bezugssystem*, das bevorzugt wäre, in dem z. B. besondere Naturgesetze gelten. Wer sich *unbeschleunigt* bewegt, kann sich als ruhend betrachten; er erfährt nach dem Trägheitsgesetz keine Kraft. Die **spezielle Relativitätstheorie** EINSTEINs benutzt unbeschleunigte Systeme, **Inertialsysteme** genannt (inertia: Trägheit). Sie beruht auf nur zwei **Postulaten**. Diese klingen je für sich recht plausibel:

Merksatz

a) Relativitätsprinzip: Kein Inertialsystem ist vor anderen bevorzugt. Die fundamentalen Naturgesetze gelten überall („Demokratie der Inertialsysteme").

b) Invarianz der Lichtgeschwindigkeit c: In jedem Inertialsystem breitet sich Licht im Vakuum allseitig aus mit
c = 299 792 458 m/s ≈ 3·10^8 m/s = 300 000 km/s.

3. Exakte Zeitmessung mit Lichtuhren

Spannend wurde es, als EINSTEIN beide Postulate zusammen anwandte. Dabei dachte er über das Messen von **Zeiten** nach. Er stellte sich präzise **Lichtuhren** vor, die auf Postulat (b) beruhen. Nach ⟹ Bild 4 sind dies Röhren z. B. der Länge l = 30 cm mit ideal spiegelnden Enden. Ein Lichtblitz braucht die Zeit $t = l/c$ = 0,30 m/3·10^8 m·s^{-1} = 10^{-9} s = **1 ns** zum Durchlaufen einer Uhrlänge. Vier Durchläufe bedeuten 4 ns.
Schon eine 1 m entfernte Uhr zeigt eine vergangene Zeit; man muss stets *Lichtlaufzeiten* beachten! Deshalb gab EINSTEIN als Erster an, wie **Gleichzeitigkeit** über Entfernungen hinweg garantiert werden kann; er definierte durch Messvorschrift: Nach ⟹ Bild 5 ruht relativ zu uns ein zweiter S-Beobachter mit einer ebenfalls 30 cm langen Lichtuhr U_2. Sie tickt nach Postulat (b) gleich schnell wie U_1. Damit U_2 auch **synchron** (zeitgleich) mit U_1 läuft, starten in der Mitte M zwischen U_1 und U_2 zugleich zwei Lichtblitze B_1 und B_2. Treffen sie bei U_1 und U_2 ein, so beginnen beide S-Uhren mit $t = 0$ zu ticken. Wenn nun Beobachter an U_1 und U_2 ihrer S-Zentrale zwei Ereignisse melden, z. B. bei $t_1 = t_2 = $ 4 ns, so haben diese für uns S-Beobachter *gleichzeitig* stattgefunden. Dies ist EINSTEINs **Definition der Gleichzeitigkeit** [Programm 2]. Sie bildet die Basis für alle folgenden Betrachtungen.

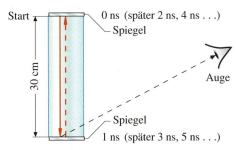

B 4: Licht braucht zum Durchlaufen der 30 cm langen Lichtuhr 1 ns. Erst nach 3 ns registriert dies das 0,9 m entfernte Auge!

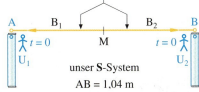

B 5: Von der Mitte M unserer beiden S-Uhren U_1 und U_2 gehen zwei Lichtblitze B_1 und B_2 gleichzeitig aus, die U_1 und U_2 mit $t = 0$ starten. Beide Uhren laufen dann für uns S-Beobachter synchron.

... noch mehr Aufgaben

A 1: Im fahrenden Eisenbahnzug finden Ballspiele statt. Wann laufen sie für Mitreisende genau so ab wie Spiele am Bahndamm für dort ruhende Beobachter?

A 2: Worauf beruht die Uhrensynchronisation?

A 3: a) Der Laufweg A → E der Radiosignale in ⟹ Bild 2 und 3 sei exakt L' = 8 000 km. Wie lange brauchen sie für relativ zur Sonne ruhende Beobachter bei Nacht, wie lange bei Tag, wenn die Erdgeschwindigkeit v_E = 30 km/s beträgt? Gibt es einen Unterschied? Rechnen Sie auf 10^{-7} s genau. **b)** Jemand sagt: „Der Sender in A gibt dem abgehenden Signal einen ‚Schubs' mit der Geschwindigkeit v_E. Deshalb ist die Laufzeit bei Tag und Nacht gleich." Diskutieren Sie diese Aussage. **c)** Könnten die grünen Männchen die Wirkung des ‚Schubs' auf c messen? **d)** π-Mesonen senden γ-Strahlen allseitig aus. Selbst wenn die Mesonen-Geschwindigkeit $v \approx c$ ist, misst man bei den Strahlen exakt $v = c$. Widerlegt das die ‚Schubs'-Theorie?

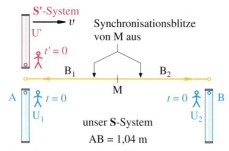

B 1: Wenn unsere Uhr U_1 $t = 0$ zeigt, rasen kleine rote Männchen mit ihrer Uhr U' sehr nah an U_1 vorbei und stellen U' ihres S'-Systems auf $t' = 0$.

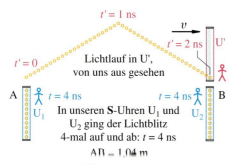

B 2: Nun rast U' mit der Relativgeschwindigkeit $v = 0{,}87\,c$ an unserer S-Uhr U_2 vorbei. U_2 zeigt $t = 4$ ns, U' nur $t' = 2$ ns. Punkte sind Lichtmarken für gleich große $\Delta t = 0{,}1$ ns. Zählen Sie nach!

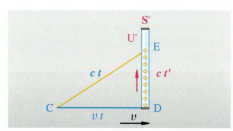

B 3: Zur Herleitung von *Gl.* (1): An der unteren Kathete steht $v\,t$, nicht $v\,t'$, an der Hypotenuse $c\,t$, nicht $c\,t'$, an DE dagegen $c\,t'$!

Vertiefung

Was bedeutet Relativgeschwindigkeit?

In der SRT gilt: Nach *Postulat (a)* gibt es kein absolut ruhendes System. Kein Beobachter kann sagen, er komme einem solchen näher als ein anderer, er fliege langsamer und habe ihm gegenüber eine kleinere Relativgeschwindigkeit v. Diese ist für S und S' gleich groß (deshalb schwarz gedruckt).

4. Zeit ist relativ: Zeitdehnung (Zeitdilatation)

EINSTEINS Uhrensynchronisation sichert für unser **S-System** die Messung unserer **S-Zeit** t mit den S-Uhren U_1 und U_2.

Nun fliegen kleine rote S'-Männchen nach ▶ *Bild 1* nahe an U_1 vorbei. Da unsere S-Uhr U_1 die S-Zeit $t = 0$ anzeigt, stellen auch sie ihre gleich gebaute, 30 cm lange S'-Lichtuhr U' auf $t' = 0$ ein. Die Lichtlaufzeit $U' \leftrightarrow U_1$ ist vernachlässigbar.

Kurz darauf fliegt U' an U_2 vorbei und zeigt die S'-Zeit $t' = \mathbf{2}$ **ns** an; unsere S-Uhr U_2 dagegen zeigt $t = \mathbf{4}$ **ns** (▶ *Bild 2*)!

Beides registrieren S- wie S'-Beobachter. Beim *nahen* Vorbeiflug kann ja jeder auch die Uhr des anderen ablesen – oder beide nebeneinander fotografieren.

Woher rühren die unterschiedlichen Zeitangaben; warum muss man zwischen einer S- und einer S'-Zeit unterscheiden? Die Simulation in ▶ *Bild 2* hält Postulat (b) präzise ein: Die durch Punktabstände markierte Lichtgeschwindigkeit c ist überall gleich groß. U' durchfliegt in ▶ *Bild 3* nach unseren S-Uhren (t) die S-Strecke CD = $v\,t$. Beobachter S' braucht das nicht zu kümmern. Nach Postulat (a) sagt er mit vollem Recht, er ruhe in seinem gleichberechtigten S'-System. **Für ihn** (S') steigt der Lichtblitz seiner Uhr U' vom unteren Ende D nach E hoch und legt **für ihn** die Strecke DE = $c\,t'$ zurück. U' gibt so die **Eigenzeit** t' von S' an, streng nach Postulat (a).

Für uns (S) dagegen legt dieses Licht in der S'-Uhr U' nach unseren synchronisierten S-Uhren (t) das längere Stück CE = $c\,t$ zurück (CE existiert für S' nicht). Im Dreieck CDE ist $(c\,t')^2 = (c\,t)^2 - (v\,t)^2$ oder $t'^2 = t^2 - (v^2/c^2)\,t^2$. Also gilt:

$$t = \frac{t'}{\sqrt{1 - (v/c)^2}} = \frac{t'}{\sqrt{1 - \beta^2}} = \frac{t'}{k} > t'.$$

Dabei ist: $\quad \boldsymbol{\beta = v/c};\ k = t'/t = \sqrt{1 - \beta^2} < 1.$

Beispiel: In ▶ *Bild 2* ist $k = t'/t = 2\,\text{ns}/4\,\text{ns} = 0{,}5$, $\beta = v/c = \sqrt{1 - k^2} = 0{,}87$. Die Relativgeschwindigkeit von S' gegen S beträgt also $v = \beta\,c = 0{,}87\,c$. Der Abstand AB von U_1 nach U_2 ist $L = v\,t = \beta\,c\,t = 0{,}87 \cdot 3{\cdot}10^8$ m/s $\cdot$ 4 ns = 1,04 m.

Die **Eigenzeit** $t' = 2$ ns der S'-Uhr U' ist nach unseren S-Uhren auf $t = 4$ ns **gedehnt**. Eine *von uns* an S' registrierte **Zeitdehnung** ändert aber die Eigenzeit t' von S' nicht. Sie wird von U' angezeigt. Fliegt S' an unserer Uhrenreihe nur noch mit $\beta = 0{,}6$ vorbei, so ist $k = \sqrt{1 - \beta^2} = 0{,}8 = t'/t$ und $v = \beta\,c = 1{,}8{\cdot}10^8$ m/s.

Merksatz

Zeitdehnung: Die Einzeluhr U' mit Eigenzeit t' zieht an synchronisierten S-Uhren (t) mit $v = \beta\,c$ vorbei. An den Uhren des S-Systems misst man t' mit dem Faktor $1/k = 1/\sqrt{1 - \beta^2} > 1$ gedehnt auf

$$t = \frac{t'}{\sqrt{1 - (v/c)^2}} = \frac{t'}{\sqrt{1 - \beta^2}} = \frac{t'}{k} > t'. \quad \text{Es gilt } t' = k\,t. \quad (1)$$

Die Relativgeschwindigkeit v ist für beide Beobachter gleich.

5. Experimente zur Zeitdehnung

a) *Myonen* haben die 207fache Masse von Elektronen. In Ruhe zerfallen sie mit der Eigen-Halbwertszeit $T'_{1/2} = 1{,}5$ μs, d. h. zur Hälfte. Fliegen sie aber mit $v = c\frac{\sqrt{3}}{2} = 0{,}87\, c = \beta\, c$ an S-Beobachtern vorbei, dann ist $k = \sqrt{1 - \beta^2} = 0{,}5$. Diese messen: Die Zeit $T'_{1/2} = 1{,}5$ μs ist auf $T_{1/2} = T'_{1/2}/k = 3$ μs gedehnt; die Myonen „leben" für S (im Mittel) doppelt so lang – dies ist experimentell auf 1% bestätigt.

b) C. HAFELE und R. KEATING flogen 1971 mit präzisen Atomuhren U′ um die Erde, entlang den vielen synchronisierten Erduhren U. Bei der Landung zeigten die U′ etwas weniger an als die Erduhren ($t' = k\,t < t$). „Reisen hält jung."

6. Längen in Bewegungsrichtung werden kontrahiert

a) Unsere S-Uhren U_1 und U_2 in ▶ *Bild 2* haben den Abstand $AB = L = 1{,}04$ m; er heißt **Eigenlänge** L von AB. Für den Vorbeiflug von U′ stoppten wir $t = 4$ ns, S′ aber nur $t' = k\,t = 2$ ns (also $k = t'/t = 0{,}5$). Nun ist der Betrag v der Relativgeschwindigkeit S und S′ gemeinsam. S′ errechnet für unsere, *in Flugrichtung liegende* S-Strecke AB nicht $AB = L = v\,t$ wie wir, sondern mit t' nur

$$v\,t' = v\,k\,t = k\,v\,t = k\,L = 0{,}5 \cdot 1{,}04\text{ m} = 0{,}52\text{ m}.$$

Unsere Strecke L misst S′ auf kL kontrahiert. Bei dieser **Längenkontraktion** taucht wiederum der Faktor $k = \sqrt{1 - \beta^2}$ auf. Er heißt **Kontraktionsfaktor** und wird von der Natur bestätigt:

Myonen entstehen ständig in $L = 15$ km Höhe durch das Einwirken von Höhenstrahlung auf Luft. In ihrer Eigen-Halbwertszeit $T'_{1/2} = 1{,}5$ μs können sie (mit $v \approx c$) höchstens die Strecke $s' \approx c\, T'_{1/2} \approx 450$ m zurücklegen. Trotzdem erreichen sie den Erdboden. *Für uns* ist das kein Problem: $T'_{1/2}$ ist ja auf $T_{1/2} = T'_{1/2}/k$ gedehnt. Für S′-Begleiter, die mit den Myonen zur Erde fliegen, gilt allerdings die Eigen-Halbwertszeit $T'_{1/2}$ unverändert. Doch betrachten sie die *für uns* geltende Flugstrecke $L = 15$ km auf $kL < 0{,}45$ km kontrahiert. Daraus folgt $k = 0{,}45\text{ km}/15\text{ km} = 0{,}03$ und $\beta = \sqrt{1 - k^2} = 0{,}9995$. Die Myonen durcheilen 450 m in der Eigen-Halbwertszeit $T'_{1/2} = 1{,}5$ μs mit $v \approx c$.

b) Lichtuhren, überhaupt alle Strecken, die *quer* zur Bewegung stehen, werden nicht verkürzt. Andernfalls wäre für ein Superauto ($v \approx c$) ein ihm entgegenrasender Tunnel zum unpassierbaren Nadelöhr kontrahiert. Für Beobachter am Tunnel dagegen wäre das anrasende Auto beliebig dünn und käme spielend durch. Durchkommen oder nicht, das darf nicht vom Beobachter abhängen!

Merksatz

Längenkontraktion: Bewegen sich Beobachter mit $v = \beta\,c$ relativ zu einer Strecke mit *Eigenlänge* L, die in Bewegungsrichtung liegt, so messen sie L verkürzt (kontrahiert) auf

$$L\sqrt{1 - \beta^2} = L\,k < L. \qquad (2)$$

Strecken quer zur Bewegung bleiben unverkürzt.

Vertiefung

Nun hagelt es Einwände und Fragen

a) Kann nicht S′ sagen: „Ich ruhe, ihr bewegt euch, eure S-Uhren ticken langsamer als meine S′-Uhr U′"? Doch fehlt ihm eine in seinem S′-System synchronisierte Uhrenreihe. Wir sagen ja nicht, „bewegte Uhren gehen langsamer", sondern sprechen von der *Einzeluhr* U′, die an synchronisierten Uhren vorbeizieht (s. Ziff. 9).

b) Gilt das Langsamerticken nur für Lichtuhren oder auch für Atom-, Quarz-, Penduluhren, für unseren Pulsschlag, die Lebensdauer von Eintagsfliegen und für radioaktive Präparate? Stellen Sie sich vor, S′ würde in seinem Raumschiff solche „Uhren" mit sich führen und sie würden nach Ihren S-Uhren ticken, nach einer insgeheim für Sie noch existierenden *absoluten Zeit*. Dann würde nur seine Lichtuhr U′ langsamer ticken. Allein Ihre Behauptung, er bewege sich, hätte seine Lichtuhr gegenüber den andern Uhren verlangsamt, also Unordnung in seine Uhren gebracht! Tatsächlich richtet sich die *Eigenzeit* t' in S′ nicht nach Ihren Gedanken, auch nicht danach, dass wir $t = t'/k > t'$ messen!

c) Was sagt EINSTEIN zu den andern Uhren? Nun, er war kein Uhrmacher, sondern griff viel tiefer ein. Er stürzte das *Vorurteil* einer absoluten Zeit vom früher ungeprüften, als brüchig erwiesenen Sockel! Übrig blieb: **„Zeit" ist in der Physik das, was korrekte Uhren messen.** Nun können Sie sich im nächsten Kapitel mit EINSTEINS Energie-Masse-Problem befassen.

... noch mehr Aufgaben

A 1: Der Abstand U_1U_2 unserer S-Uhren habe 12 m Eigenlänge. **a)** U′ fliegt in $t = 60$ ns vorbei. Wie groß ist die Relativgeschwindigkeit v von U′, wie groß ist k? Welche Zeit t' misst dafür U′? Wie lang ist U_1U_2 für S′? **b)** Die Eigenzeit von U′ wächst beim Flug von U_1 nach U_2 um 30 ns. Wie schnell ist U′? Was stoppt U_2?

A 2: Wie groß ist k für ein Flugzeug bei $v = 1000$ km/h, wie groß bei 99,9% von c? Wann ist $k = 0{,}001$, wann 0,999?

Vertiefung

„Du bist kürzer als ich" – „Nein, du!"

Im Wettstreit vergleicht jeder die Länge des anderen mit seiner Eigenlänge. Wegen der großen Geschwindigkeit muss das *jeder gleichzeitig* machen, exakt nach seinen, für ihn synchronisierten Uhren [Programm 11]. Nach ➠ *Bild 1* fahren wir an U_1 und U_2 zum Zeitpunkt $t_1 = t_2 = 0$ je eine Stange aus. Die S'-Rakete liegt dazwischen, ist also *für uns* kontrahiert, wir jubeln! – Auch S' misst gleichzeitig, zwischen U'_1 bei $t'_1 = 0$ (in Punkt A ➠ *Bild 1, 2*) und U'_2 bei $t'_2 = 0$ (in Punkt B ➠ *Bild 2*). S' findet unsere Eigenlänge L gegenüber AB mit dem Faktor $k = 0,6$ kontrahiert und jubelt auch! Wir verstehen das in dem *für uns* gezeichneten ➠ *Bild 2*: In der *von uns* gesehenen *Zeitdifferenz* $\Delta t' = 32$ ns flog ja U'_2 bis B weiter. – Jeder sagt zu Recht: *„Ich messe den anderen kontrahiert."* Ein Trost: Unsere Eigenlänge $L = 12$ m bleibt nach ➠ *Bild 2 für uns* im S-System erhalten. Den Wettstreit gewann A. EINSTEIN.

B 1: Die Rakete S' fliegt nach rechts ($\beta = 0,8$; $k = 0,6$). L' ist *für uns* auf $kL' = 7,2$ m kontrahiert. Als sich die Mitten M′ und M trafen, gingen von dort die Synchronisationsblitze B_1 und B_2 aus. U'_1 flog B_1 entgegen und startet bei A mit $t'_1 = 0$. (Fortsetzung in ➠ *Bild 2*!)

B 2: S' ist weitergeflogen; Blitz B_2 startet U'_2 erst in B mit $t'_2 = 0$. U'_1 zeigt uns bereits $t'_1 = 32$ ns. – Zu ➠ *Vertiefung*: Bei B ($t'_2 = 0$) fährt U'_2 eine Stange aus, was U'_1 schon bei A tat ($t'_1 = 0$; Bild 1). S' findet unsere Rakete gegenüber der Strecke AB mit dem Faktor $k = 0,6$ kontrahiert, obwohl unsere Eigenlänge L erhalten bleibt. Messen Sie nach!

B 3: S' empfängt in der Mitte M′ seiner Rakete die Lichtsignale vom Start seiner Uhren zugleich ($t'_1 = 0$, $t'_2 = 0$)! Er sagt mit Recht: *Meine S'-Uhren sind synchron!* Wir verstehen das: *Für uns* startete Signal A → M′ in A zwar 32 ns früher als B → M′ in B. Dafür ist AM′ länger als BM′. S' findet Entsprechendes bei uns; andernfalls wäre das Relativitätsprinzip verletzt [Programm 5, 7].

7. Gleichzeitigkeit ist relativ, sie hängt vom Beobachter ab

Nun machen wir ernst mit dem Relativitätsprinzip. S und S′ sitzen in baugleichen Raketen gleicher Eigenlänge $L = L' = 12$ m (➠ *Bild 1*). Ihre Relativgeschwindigkeit ist $v = 0,8\,c$. Wie synchronisiert man ihre Uhren so, dass keiner benachteiligt ist? Man lässt die Blitze B_1 und B_2 dort starten, wo sich die Raketenmitten M und M′ kurz treffen. Wie gewohnt werden *unsere* S-Uhren U_1 und U_2 zugleich ($t_1 = t_2 = 0$) gestartet. Sie ticken *für uns* synchron. Bei S′ sehen wir Schlimmes: Nach ➠ *Bild 1* läuft *für uns* die Uhr U'_1 von S′ dem Blitz B_1 entgegen und startet bei A mit $t'_1 = 0$. Die rechte Uhr U'_2 sucht Blitz B_2 zu entfliehen. Sie wird von ihm erst bei B mit $t'_2 = 0$ gestartet (➠ *Bild 2*). Dann aber zeigt *uns* U'_1 schon $t'_1 = 32$ ns. Diese **Zeitdifferenz** $\Delta t' = 32$ ns zwischen U'_1 und U'_2 besteht für uns ständig. – Das alles stört S′ nicht. Nach ➠ *Bild 3* steht S′ in der Mitte M′ und empfängt die Lichtsignale von den Starts seiner Uhren U'_1 ($t'_1 = 0$) und U'_2 ($t'_2 = 0$) *zugleich*. Für S′ ticken sie synchron. EINSTEINs Uhrensynchronisation bewährt sich also auch für S′. **S′ ist gleichberechtigt mit S** [Programm 7]. Folglich ist es oft einfacher, den Standpunkt von S′ einzunehmen: Er ruht in seiner oberen Rakete. Für ihn rasen wir kontrahiert nach links. Er registriert an unseren S-Uhren die gleiche konstante Differenz $\Delta t = 32$ ns wie wir an U'_1 und U'_2.

Allgemein gilt: Ereignisse, die für einen Beobachter an verschiedenen Orten zugleich stattfinden, sind für andere, die sich relativ dazu bewegen, nicht gleichzeitig: **Gleichzeitigkeit ist relativ.**

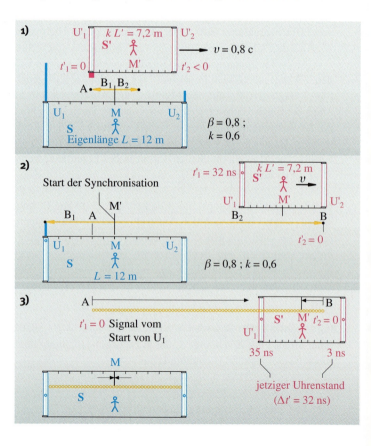

8. Lorentz- statt Galilei-Transformation

a) ⇒ *Bild 4a* zeigt für S: Der Ursprung O′ des $(x'; y')$-Systems fliegt von O aus in der S-Zeit t mit v um vt nach *rechts*. Als Ereignis E leuchte bei x' zur Zeit t' ein Blitz auf. Nun ist O′E = x' *für* S auf kx' kontrahiert: OE hat somit im S-System die

$$\text{S-Länge } x = vt + kx'. \quad (1)$$

⇒ *Bild 4b* zeigt, wie S′ (rot) den Flug betrachtet: Für S′ flog O (blau) in der S′-Zeit t' um vt' nach *links*. Die S-Strecke x ist für S′ auf kx kontrahiert; S′ misst O′E zu $x' = kx - vt'$.

Daraus folgt $\quad x = (x' + vt')/k \quad (2)$
und nach (1) $\quad x' = (x - vt)/k. \quad (3)$
(2) in (3) eingesetzt gibt $\quad t = (t' + \beta x'/c)/k. \quad (4)$

Diese Gleichungen der **Lorentz-Transformation** enthalten die ganze SRT. Für $v \ll c$, $k \approx 1$ und $\beta \approx 0$ gehen sie in die Galilei-Transformation $x = x' + vt$ über: *Gl.* (4) wird zu $t = t'$.

b) Wenden wir nun die relativistische *Gl.* (4) $t = (t' + \beta x'/c)/k$ auf ⇒ *Bild 2* an. Es zeigt Ereignisse an den S′-Uhren, die für unsere S-Beobachter gleichzeitig sind, für die also $t_1 = t_2$ gilt:
- Uhr U'_1 ruht *in* der S′-Rakete bei $x'_1 = 0$ und zeigt $t'_1 = 32$ ns.
- Uhr U'_2 ruht *in* der S′-Rakete bei $x'_2 = L'$ und zeigt $t'_2 = 0$.

Dies setzen wir in *Gl.* (4) ein und erhalten (mit $k = 0,6$; $\beta = 0,8$):
- Uhr U'_1: $t_1 = (t'_1 + \beta x'_1/c)/k = (t'_1 + 0)/k = 53$ ns,
- Uhr U'_2: $t_2 = (t'_2 + \beta x'_2/c)/k = (t'_2 + \beta L'/c)/k = 53$ ns.

Für uns S-Beobachter ist $t_1 = t_2$. Also liefert Gleichsetzen
$\Delta t' = t'_1 - t'_2 = \beta(x'_2 - x'_1)/c = \beta L'/c$ (gilt nur, wenn $t_1 = t_2$).
S′-Uhren im Abstand $L' = 12$ m zeigen uns bei $\beta = v/c = 0,8$ die konstante Zeitdifferenz $\Delta t' = 0,8 \cdot 12$ m/c = 32 ns (⇒ *Bild 2*).

Merksatz

Relativität der Gleichzeitigkeit: S-Beobachter lesen an S′-Uhren den konstanten Zeitunterschied

$$\Delta t' = t'_1 - t'_2 = L' \beta/c \quad (5)$$

ab. Er ist zum Eigenabstand L' der Uhren und zu β proportional.

c) Messen wir nun die *Kontraktion* der Eigenlänge L' einer S′-Rakete von unserem S-System aus. Da sie schnell fliegt, brauchen wir mehrere S-Helfer: Einer davon meldet seinem S-Chef: „Als meine S-Uhr t_1 zeigte, flog U'_1 an der x_1-Marke meines S-Maßstabs vorbei." Weil U'_1 bei $x'_1 = 0$ ruht, rechnet der S-Chef mit *Gl.* (3):

$$x'_1 = 0 = (x_1 - vt_1)/k. \quad \text{(I)}$$

Ein anderer S-Helfer liest exakt zur gleichen S-Zeit $t_2 = t_1$ die Position x_2 von U'_2 am S-Maßstab ab. Mit $x'_2 = L'$ folgt wiederum aus *Gl.* (3):

$$x'_2 = L' = (x_2 - vt_2)/k = (x_2 - vt_1)/k. \quad \text{(II)}$$

Der S-Chef berechnet aus (II) und (I) $L' = x'_2 - x'_1 = (x_2 - x_1)/k$ und erklärt: L' ist für S-Beobachter geschrumpft auf

$$\Delta x = x_2 - x_1 = (x'_2 - x'_1) k = L' k < L'.$$

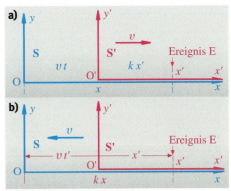

B 4: Zur Zeit $t = t' = 0$ fielen O und O′ zusammen. **a)** S′ fliegt relativ zu S mit v nach rechts. **b)** Umgekehrt: S fliegt relativ zu S′ mit v nach links [Programm 6].

Interessantes

Wie simuliert man mit dem Computer eine relativistische Welt?

Man gibt ihm die Gleichungen $s = vt$ für Körper und $s_L = ct$ für Licht ein und damit die Konstanz von c (Postulat (b)). Die eingezeichneten Beobachter helfen uns, sich in den Standpunkt des anderen einzudenken, gemäß Postulat (a).

Mehr kennt der Computer nicht, z. B. nicht das Vorurteil absolute Zeit, die angeblich für alle Beobachter im ganzen Weltall gleich sein soll. Damit zeigt der Bildschirm die relativistische Welt nahe der Lichtgeschwindigkeit, ohne Widersprüche, ohne Magie. Nach etwas Hinsehen kann man sich daran gewöhnen!

Die Physik des 20. Jahrhunderts zeigt, dass wir die Natur nur erfassen, wenn wir uns von Vorurteilen lösen, die unsere Umgebung bei $v \ll c$ in uns aufgebaut hat.

... noch mehr Aufgaben

A 1: Ein sog. *Einstein-Zug* fährt mit $\beta = 0,8$. Dort leuchtet bei $x'_1 = 0$ sowie bei $x'_2 = 10^5$ km eine Lampe auf ($t'_1 = t'_2 = 3$ s). Wo und wann registriert man das am Bahndamm (bei $t_1 = t'_1 = 0$ fallen O und O′ zusammen)?

A 2: Führen Sie die Überlegungen aus Ziff. 8c für S′-Beobachter aus, welche die Länge unserer S-Rakete messen. Warum benutzt S′ mit Vorteil *Gl.* (2), nicht (3)?

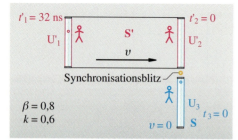

B 1: In der S'-Rakete von Bild 2 in Ziff. 7 wird U_2' soeben vom Blitz B_2 gestartet und zeigt $t_2' = 0$. Dies übernimmt unsere S-Uhr U_3 als $t_3 = 0$. Doch ist U_1' früher gestartet und zeigt schon $t_1' = 32$ ns.

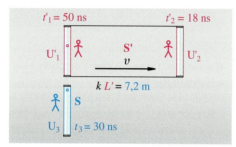

B 2: Die obere Rakete S' in ⇒ *Bild 1* flog gegenüber U_3 um die kontrahierte Länge $kL' = 7{,}2$ m weiter. Unsere Uhr U_3 lief um die S-Zeit $t_3 = 30$ ns weiter, die oberen Uhren nur um $k\,t_3 = 18$ ns (z. B. U_2'). U_1' zeigt $t_1' = 50$ ns statt 32 ns.

Vertiefung

Radiosignale relativistisch

Wir korrigieren die Überlegung in Ziff. 2 zu den Radiosignalen von Amerika A nach Europa E relativistisch:

S-Beobachter neben der Erdbahn messen $AE = L'$ auf kL' kontrahiert. Mit $x = ct$ gilt für die Signalstrecke

$$x = c\,t = v_E\,t + k\,L'.$$

Dort setzt man *Gl.* (4) aus Ziff. 8

$$t = (t' + v_E L'/c^2)/k.$$

ein. Sie berücksichtigt die Zeitdifferenz $\Delta t' = L'\beta_E/c = v_E L'/c^2$ und die Zeitdilatation $t = t'/k$. Es folgt die Laufzeit der Signale für Erdbewohner S' zu $t' = L'/c$. Also dürfen sich diese als ruhend betrachten und von der Erdgeschwindigkeit v_E absehen. Beim *Global-Positioning-System* (GPS) benutzt man solche Signale, um die Position von Schiffen auf 5 m genau zu bestimmen (unter Beachtung der SRT).

9. „Deine Uhr geht langsamer!" – „Nein, deine!"

Ist auch diese Paradoxie nur ein scheinbarer Widerspruch? Nach ⇒ *Bild 1* und *2* fliege eine Rakete mit Eigenlänge $L' = 12$ m und $\beta = 0{,}8$ nach rechts ($k = 0{,}6$). Die S'-Uhren U_1' und U_2' sind synchronisiert (s. Ziff. 7). S' behauptet, jede einzelne unserer S-Uhren, z. B. U_3, ticke langsamer als seine beiden S'-Uhren. Wir dagegen behaupten: S'-Uhren gehen langsamer. Mit zwei S'-Helfern versucht S', uns zu widerlegen [Programm 10].

- Der erste Helfer bei U_2' meldet nach ⇒ *Bild 1* seinem S'-Chef: „Als meine Uhr U_2' mit $t_2' = 0$ gestartet wurde, flog an meinem Fenster eine Uhr U_3 vorbei und stellte $t_3 = 0$ ein."
- Der zweite sitzt neben U_1' und meldet etwas später nach ⇒ *Bild 2*: „Als meine Uhr $t_1' = 50$ ns zeigte, flog U_3 bei mir vorbei und zeigte $t_3 = 30$ **ns**." Der Chef S' betrachtet seine Uhren zu Recht als synchron. Für ihn dauert der Vorbeiflug demnach

$$\Delta t'' = t_1' - t_2' = 50 \text{ ns} - 0 \text{ ns} = \mathbf{50\ ns}.$$

S' verkündet allen zu Recht, unsere S-Einzeluhr U_3 ticke langsamer, gemäß $t_3/\Delta t'' = 30$ ns/50 ns $= 0{,}6 = k$.

Können wir hinter die Kulissen schauen? *Für uns in S gilt:*

- S' ist *für uns* auf $kL' = 7{,}2$ m kontrahiert und fliegt mit $v = \beta c$; S' braucht also zum Vorbeiflug an U_3 $t_3 = kL'/v = \mathbf{30\ ns}$.
- Während U_3 um $t_3 = 30$ ns weitertickt, rückt U_2' von $t_2' = 0$ aus *für uns* langsamer vor, nur auf $t_2' = k\,t_3 = 0{,}6 \cdot 30$ ns = **18 ns**.
- Zudem wurde U_1' *für uns* um $\Delta t' = L'\beta/c = \mathbf{32\ ns}$ früher gestartet (s. *Gl.* (5); S' bestreitet dies). U_1' zeigt nun insgesamt an:

$$t_1' = t_2' + \Delta t' = 18 \text{ ns} + 32 \text{ ns} = \mathbf{50\ ns}.$$

Die Relativität der Gleichzeitigkeit löst auch hier den Widerspruch auf.

10. Relativistische Addition von Geschwindigkeiten

Eine S'-Rakete rase mit $v \approx c$ an uns vorbei nach rechts ($\beta \approx 1$). In ihr fliegen Elektronen vom Nullpunkt O' mit der von S' gemessenen Geschwindigkeit $u' \approx c$ auch nach rechts. Da sich S' als ruhend betrachtet, legen sie in t' die S'-Strecke $x' = u' t'$ zurück. Mit der Lorentz-Transformation berechnen wir ihre Geschwindigkeit u in unserem S-System:

Dort legt ein Elektron in der Zeit t die Strecke x zurück. Mit *Gl.* (2) und (4) von Ziff. 8 folgt mit $x' = u' t'$ nach Kürzen mit k und t':

$$u = \frac{x}{t} = \frac{x' + v t'}{t' + \beta x'/c} = \frac{u' + v}{1 + v u'/c^2}. \tag{1}$$

Bei $v u' \ll c^2$ wäre der Nenner etwa 1. Nach GALILEI würde gelten: $u = u' + v$. – Eilt ein Lichtblitz durch das S'-System mit $u' = +c$, so erhält man nicht $u = u' + v = c + v > c$, sondern aus *Gl.* (1) korrekt:

$$u = \frac{c + v}{1 + v/c} = \frac{c(c + v)}{c + v} = c. \tag{2}$$

Überlichtgeschwindigkeit ist vermieden [Programm 15].

Interessantes

Reisen in die Vergangenheit – Zeitmaschinen?

Die Rakete S' rast an uns vorbei (➠ *Bild 1* in Ziff. 7). *Für uns* startet ihre linke Uhr U'_1 soeben mit $t'_1 = 0$, während die rechte U'_2 mit $t'_2 < 0$ *für uns* noch in der *Vergangenheit* „lebt". Sciencefiction-Autoren sehen hier die Chance, mit sog. *Zeitmaschinen* in die Vergangenheit bei U'_2 *kausal* einzugreifen, z. B. mit einem Signal S von U'_1 aus zur Zeit $t'_1 = 0$. So könnten sie ihren Großvater töten, als er noch ein Kind war und sich und ihre Ideen ungeschehen machen! Jedoch hat der Synchronisationsblitz B_2 von der Raketenmitte M' aus nach U'_2 den kürzeren Weg und startete schon vor dem Signal S. Nur mit *Überlichtgeschwindigkeit* könnte also S *kausal* in die Vergangenheit wirken. Nun gibt es Experimente, die auf Überlichtgeschwindigkeit zu deuten scheinen. Wir zeigen in der *Quantenphilosophie*, dass sie die SRT nicht widerlegen.

Was folgern wir aus der SRT?

Gute S'-Uhren U' ticken für die mitbewegten Beobachter mit ihrer *Eigenzeit t'*. Für S' ist die Sekunde unverändert, auch wenn er an unseren S-Uhren entlangrast, mit denen wir die *Zeitdehnung* $t > t'$ messen.

Die *Längenkontraktion* sagt nicht, dass in schnellen Raketen auf der *Eigenlänge L'* weniger Atome aneinandergereiht seien, auch nicht, dass durch schnell bewegte Körper ein „Ätherwind" bläst, der die Atome näher zusammenrücken lässt, wie es LORENTZ annahm. EINSTEIN lehnte solche Spekulationen ab, welche die Physiker lange genarrt haben. Er entwickelte die SRT als **Theorie für exaktes Messen,** heute unbestrittene Grundlage der Physik. Ihr Kernstück, die *Relativität der Gleichzeitigkeit*, ist nach Ziff. 7 in sich schlüssig und bewährt sich beim Auflösen der Paradoxien (s. Ziff. 7 und 9).

All dies steht aber *nicht nur auf dem Papier*. Die Zeitdehnung wurde beim Altern von Myonen nachgewiesen; sie ist für den Messenden genauso *real* wie das Unvermögen, die Lichtgeschwindigkeit zu überschreiten. EINSTEIN fand *neue Naturgesetze*, etwa die berühmte Äquivalenz von Energie und Masse nach $W = mc^2$ (s. nächstes Kapitel). Dazu war es nötig, die Worte „absolute Zeit", „absoluter Raum" als unbewiesene, ungeprüfte magische Vorurteile vorrelativistischer Physik zu entlarven.

Die früher aufgestellten Formeln erwiesen sich aber nicht als falsch, sondern nur als Näherung, brauchbar und bequem für Geschwindigkeiten $v \ll c$. Dort setzt man auch heute noch $k = 1$, $t = t'$, $m = m_0$; man benutzt zu Recht die *Galilei*-, nicht die viel kompliziertere *Lorentz-Transformation*.

Zankapfel Zwillingsparadoxon

Zwei Zwillinge Enno und Rolf zählen 30 Jahre (30 a). Der **R**eisende **R**olf startet zum Sirius mit $\beta = 0,99$ ($k = 0,14$) längs einer gedachten, synchronisierten Uhrenreihe. Während der auf der **E**rde zurückgebliebene **E**nno um $t = 10$ a altert, wächst die Eigenzeit t' von Rolf auf dem Hinflug nur um $t' = kt = 1,4$ a; Rolf zählt bei der Rückkehr nur 30 a + 2 · 1,4 a = 32,8 a, Enno dagegen 30 a + 20 a = 50 a! Dabei sehen wir Rolf als „langsam tickende Einzeluhr" an. – Hat nicht auch Enno eine Einzeluhr, analog zu U_3 in Ziff. 9? Könnte man nicht dem Reisenden Rolf eine synchronisierte Uhrenreihe (U'_1, U'_2) anheften, an der Enno entlangzieht? Dann würde für Enno beim Flug nach *rechts* die linke Uhr U'_1 früher gestartet als die rechte U'_2 ($t'_1 > t'_2$).

Wenn aber Rolf am Sirius umkehrt, müsste er in ein nach links fliegendes Inertialsystem *wechseln*, mit entgegengesetzter Synchronisation ($t'_1 < t'_2$). Nun hebt sich bei diesem Wechsel das in Ziff. 8 eingeführte $\Delta t' = L'\beta/c$ auf. – Also gilt: Unabhängig vom Standpunkt tickt die Uhr des Reisenden Rolf langsamer, zumal der Erdenzwilling Enno sein System nicht wechselt. Auch nach einer verallgemeinerten Rechnung bleibt Rolf jünger!

Laufen *Myonen* mit $v \approx c$ im Kreis, so wechseln sie ständig ihr Inertialsystem, man darf sie nicht mit den außen ruhenden Beobachtern vertauschen und sagen, diese leben länger! Für die Myonen gilt $t' = kt \ll t$. Also spielen die großen Zentripetalbeschleunigungen und Kräfte keine Rolle (geprüft bis $a = 10^{22}$ m/s²)! Man kann auch beim Zwillingsproblem darauf verzichten, wenn Rolf nach langer Reise eine entgegenfliegende Rakete trifft und ihr sein Alter (30 + 1,4) a zufunkt. Dort zählt man weiter und meldet beim Vorbeiflug an der Erde dem 50 a alten Erdenzwilling Enno, dass beide Reisende zusammen nur um 2,8 a gealtert seien.

A 1: a) In einer Rakete mit $v \approx c$ wird ein Lichtblitz gegen die Fahrtrichtung abgesandt. Welche Geschwindigkeit hat er für uns? Bleibt er etwa stehen? **b)** EINSTEIN grübelte mit 16 Jahren: Ich sende einen Lichtblitz aus und renne ihm mit $v = c/2$ nach. Entflieht er mir mit $v = c$ oder mit $v = c/2$? Begründen Sie.

Masse und Energie in der Relativitätstheorie

1. In der SRT wird auch die Masse nicht verschont

Nach ▶ *Bild 1* wurden Elektronen mit wachsenden Spannungen U beschleunigt und ihre Geschwindigkeit v gemessen. Die 6 Messpunkte zeigen v^2 über $W = eU$. Diese Messungen widerlegen die NEWTON-Mechanik zweifach:
- $v^2 = 9 \cdot 10^{16}$ (m/s)$^2 = (3 \cdot 10^8$ m/s$)^2$ bleibt unerreicht; $c = 3 \cdot 10^8$ m/s ist **Grenzgeschwindigkeit für Körper.**
- Die Formel $W_{kin} = \frac{1}{2} m v^2$, dargestellt von der gestrichelten Geraden $v^2 \sim eU$, gilt höchstens für den 1. Messpunkt, für die „kleine" Geschwindigkeit $v = 1{,}6 \cdot 10^8$ m/s.

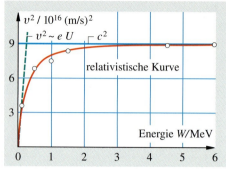

B 1: Gemessen sind $W = eU$ (in MeV) und v^2 an beschleunigten Elektronen. Lichtgeschwindigkeit (c^2) wird nicht erreicht. $W_{kin} = \frac{1}{2} m v^2 = eU$ gilt nicht (gestrichelte Gerade) [Programm 17].

Beim Abbremsen wurde die von den Elektronen aufgenommene Energie $W = eU$ vollständig als Wärme gemessen. Also war eU unterwegs *kinetische Energie* W_{kin}; $W = eU$ und der Energiesatz gelten auch bei $v \approx c$. Doch versagt dort die *Energieformel* $W_{kin} = \frac{1}{2} m v^2$. Lässt sich wenigstens die *Impulsformel* $p = mv$ retten? Sie bedeutet: Die Stoßfähigkeit eines Körpers hängt von Geschwindigkeit v *und* Masse m ab. Analysieren wir also die Messung der Geschwindigkeit v'_y des stoßenden Stabes in ▶ *Bild 2*:

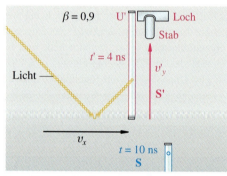

B 2: Der Stab fliegt mit v'_y langsam nach oben und schlägt in das nach rechts mitfliegende Hindernis ein Loch. Dessen Tiefe kann nicht davon abhängen, wie schnell der Stab und U' mit v_x nach rechts fliegen.

Der Stab bewegte sich für S'-Beobachter entlang der Uhr U' (Länge l) langsam mit der y-Geschwindigkeit $v'_y \approx 0$ nach oben. Also hat er für S' die **Ruhemasse** m_0. Für uns S-Beobachter flog der Stab zusätzlich neben U' mit $v_x = \beta c$ sehr schnell nach rechts. Oben angekommen schlug der Stab ein Loch in das an U' befestigte Hindernis. Die Lochtiefe ist für S' und S gleich (wie die Länge der Uhren U' und U [Programm 16]).

Betrachtet man die Lochtiefe als Maß für den Impuls in y-Richtung, so liegt die folgende Hypothese nahe: Für S' ist der y-Impuls $p'_y = m_0 v'_y$ genauso groß wie $p_y = m v_y$ für S. Dabei hat S' die y-Geschwindigkeit $v'_y = l/t'$ nach seiner S'-Uhr U' bestimmt. Nach unseren S-Uhren dagegen ist $t = t'/k$ länger, folglich ist die y-Geschwindigkeit $v_y = l/t = k l/t' = k v'_y$ kleiner ($k = \sqrt{1-\beta^2}$). Wie gleichen wir diese kleinere Geschwindigkeit v_y aus? Wir (S) schreiben dem *für uns* nach rechts schnell mit v_x fliegenden Stab eine *größere Masse* $m > m_0$ zu. Dabei wurde m_0 bei $v'_y \approx 0$ von S' als Ruhemasse m_0 bestimmt:

Für uns ist der y-Impuls $\quad p_y = m v_y = m l/t = m l k/t'$.
Für S' gilt einfach $\quad p'_y = m_0 v'_y = m_0 l/t'$.
Gleichsetzen von p_y und p'_y liefert:

$$m = m_0/k \geq m_0 \quad \text{mit} \quad k = \sqrt{1-\beta^2}. \quad (1)$$

Danach strebt bei $\beta = v_x/c \to 1$, also bei $v_x \to c$, die Masse $m = m_0/k \to \infty$. Das erklärt, warum sich nach ▶ *Bild 1* Elektronen hoher Energie $W = eU$ der Lichtgeschwindigkeit c nur asymptotisch nähern und c nie überschreiten. Größere Masse bedeutet nämlich größere *Trägheit* (und *Schwere*) der einzelnen Atome, nicht etwa eine Zunahme der Atomzahl!

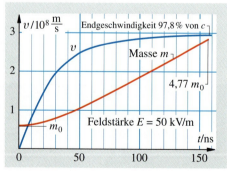

B 3: Elektronen werden mit konstanter Feldstärke $E = 50$ kV/m beschleunigt. Ihre Masse m wächst von m_0 aus; sie erreichen nie Lichtgeschwindigkeit c.

A 1: Bei welcher Geschwindigkeit ist die Energie W eines Körpers doppelt so groß wie seine Ruhenergie W_0, wann 100fach?

2. Die berühmte EINSTEIN-Gleichung $W = mc^2$

Leider rettet $m = m_0/k$ die Formel $W_{kin,\,klass} = \frac{1}{2} m v^2$ der klassischen kinetischen Energie nicht. Beim Messpunkt $W = 4{,}5$ MeV $= 7{,}2 \cdot 10^{-13}$ J, $v = 2{,}96 \cdot 10^8$ m/s ist $m = m_0/k = 5{,}6 \cdot 10^{-30}$ kg (▶ *Bild 1*). $W_{kin,\,klass} = \frac{1}{2} m v^2$ liefert damit aber nur $2{,}45 \cdot 10^{-13}$ J. Man muss die klassische Formel $W_{kin,\,klass} = \frac{1}{2} m v^2$ ersetzen!

Dazu untersuchen wir, wie sich die Massenzunahme auf Beschleunigung a und Energie W von Elektronen auswirkt:
Nach ▶ *Bild 1* und *3* pumpt das E-Feld immer mehr Energie eU in ein Elektron. Dessen Geschwindigkeit v nähert sich dem Wert c immer langsamer; die Beschleunigung a geht gegen null. Dafür steigt die Masse $m = m_0/k$. Betrachten wir deren Zunahme Δm:
$\Delta m = m - m_0 = m_0/k - m_0 = m_0(1/k - 1) = m_0(1-k)/k$.
Da $(1+k)(1-k) = 1 - k^2 = 1 - (1-\beta^2) = \beta^2$ ist, erweitern wir $\Delta m = m_0(1-k)/k$ mit $(1+k)$ und erhalten

$$\Delta m = \frac{m_0(1+k)(1-k)}{(1+k)\,k} = \frac{m_0 \beta^2}{(1+k)\,k} = \frac{m_0 v^2/c^2}{(1+k)\,k}. \qquad (2)$$

Im nichtrelativistischen Bereich, für $\beta^2 = v^2/c^2 \ll 1$ und damit für $k = \sqrt{1-\beta^2} \approx 1$, folgt daraus näherungsweise

$$\Delta m \approx m_0 v^2/2c^2 = W_{kin,\,klass}/c^2. \qquad (3)$$

Also geht $W_{kin,\,klass} \approx \Delta m\, c^2$ für $v \ll c$ über in die bekannte, nichtrelativistische Formel $W_{kin,\,klass} = \frac{1}{2} m_0 v^2$ (gestrichelte Gerade in ▶ *Bild 1*). Die dort durchgezogene Kurve wurde jedoch berechnet mit der *relativistischen Formel*

$$\Delta m\, c^2 = (m - m_0)\, c^2 \quad \text{und} \quad m = m_0/k.$$

Sie zeigt, wie $v^2 = \beta^2 c^2$ von der vom E-Feld zugeführten und dann auch gemessenen kinetischen Energie W_{kin} abhängt. Die 6 Messpunkte bestätigen die *relativistische Formel*.
Also gilt allgemein für alle Geschwindigkeiten:

$$W_{kin} = \Delta m\, c^2 = (m - m_0)\, c^2 \quad \text{oder} \quad m c^2 = m_0 c^2 + W_{kin}. \qquad (4)$$

Die Terme mc^2, $m_0 c^2$ und W_{kin} sind Energien. Ein ruhender Körper hat $W_{kin} = 0$, er hat nur die **Ruheenergie** $W_0 = m_0 c^2$. Also ist $W_{kin} = \Delta m\, c^2$ tatsächlich die relativistische Form der kinetischen Energie. Bei Bewegung erhöht sie $W_0 = m_0 c^2$ auf die

$$\textbf{Gesamtenergie } W = mc^2. \qquad (5)$$

Diese Gleichung hat als „$E = mc^2$" Weltgeschichte gemacht. Sie zeigt: **Energie und Masse sind äquivalent.**

Merksatz

Die Masse m eines relativ zu uns mit $v = \beta c$ bewegten Körpers steigt für uns (und nur für uns) mit v an, und zwar auf

$$m = \frac{m_0}{k} = \frac{m_0}{\sqrt{1-\beta^2}} \geq m_0. \qquad (6)$$

Die **Ruhemasse** m_0 gilt nur für $v \approx 0$.
Die **Gesamtenergie** W eines Körpers ist stets

$$W = mc^2 \quad \text{mit} \quad m = m_0/k. \qquad (7)$$

Das ist wichtig

Die **SRT** ruht auf nur **zwei Postulaten**:
Relativitätsprinzip: In allen Inertialsystemen gelten die gleichen Gesetze; die Relativgeschwindigkeit v ist für relativ zueinander bewegte Systeme gleich.
Invarianz der Lichtgeschwindigkeit: Die Geschwindigkeit $c = 299\,792\,458$ m/s des Lichts ist universelle Naturkonstante.

Folgerungen aus den Postulaten
Zeitdehnung: Die Eigenzeit t' einer mit v bewegen Einzeluhr wird längs einer synchronisierten Uhrenreihe (t) gedehnt gemessen zu

$$t = t'/k > t'$$

mit $k = \sqrt{1 - (v/c)^2}$ und $\beta = v/c$.

Längenkontraktion: Die Eigenlänge L' wird in Bewegungsrichtung verkürzt gemessen auf $L'k < L'$.

Gleichzeitigkeit ist relativ.

Lorentz-Transformationen:
$x = (x' + v\,t')/k; \qquad x' = (x - v\,t)/k$
$t = (t' + v\,x'/c^2)/k; \qquad t' = (t - v\,x/c^2)/k$
$y = y'; \quad z = z'$

Masse: $m = m_0/\sqrt{1-\beta^2} \geq m_0$.
Energie: $W = mc^2$ mit $m = m_0/\sqrt{1-\beta^2}$

Aufgaben

A 1: Warum ist die relativistische Zunahme der Masse, also der Trägheit, eine Folge der Zeitdehnung? Wie misst man die Trägheit?

A 2: In einer mit $v = 0{,}6\,c$ nach rechts fliegenden Rakete bewegen sich Elektronen mit $v_{El} = 0{,}8\,c$ nach rechts [links]. Welche Geschwindigkeit haben Sie für uns?

A 3: Leiten Sie aus den Gleichungen der Lorentz-Transformation die Zeitdilatation her. Beachten Sie, dass U′ in S′ stets am gleichen Ort x' ruht. Zeigen Sie, dass eine Einzeluhr U in S für S′-Beobachter langsamer tickt.

A 4: Prüfen Sie folgende Rechnung: Mit $p = m\,v = m_0 v/k$, $W_0 = m_0 c^2$ und $W = W_0/k$ folgt $c^2 p^2 = W_0^2 \beta^2/k^2$. Daraus ergibt sich die Formel $W^2 = W_0^2 + c^2 p^2$. Stellen Sie diese als Merkregel in einem rechtwinkligen Dreieck graphisch dar.

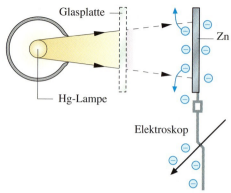

V 1: Das UV-Licht einer Quecksilberdampf-Lampe entlädt die *negativ* geladene Zinkplatte. Die Glasplatte würde UV-Licht absorbieren und den Photoeffekt verhindern.

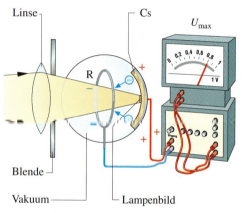

V 2: a) Blaues Licht fällt im Innern einer luftleeren Photozelle auf Cäsiummetall (Cs). Die Blende hält Licht vom Ring R fern. Zwischen dem Cäsiummetall und dem Ring liegt ein Spannungsmesser (1 V; $R \geq 10^{10}$ Ω). Die Anzeige steigt bis zur Spannung U_{max}, bei Cäsium bis 0,8 V, *aber nicht weiter*. Die vom Licht aus dem Cäsiummetall befreiten Photoelektronen landen auf dem Ring. Sie laden ihn so weit negativ auf, bis sie die Spannung $U_{max} = 0{,}8$ V erzeugt haben. Dann reicht ihre kinetische Energie nicht mehr aus, zum Ring zu gelangen. Die Photoelektronen erhielten vom Licht maximal die Energie $W_{max} = e\, U_{max}$, bei blauem Licht etwa 0,8 eV.
b) Wir verkleinern die Blendenöffnung. Das von der Linse auf dem Metall erzeugte Lampenbild wird dunkler (nicht kleiner). Trotzdem sinkt U_{max} nicht. Die Energie $W_{max} = e\, U_{max}$ der Photoelektronen hängt also nicht von der Lichtintensität ab.

Photoeffekt und Lichtquanten

1. Experimente widerlegen klassische Vorstellungen

Ein unscheinbarer Versuch von W. Hallwachs öffnete 1888 das Tor zur modernen Physik. In ▶ *Versuch 1* setzt UV-Licht aus einer Zinkplatte Elektronen frei. Wenn sie *negativ* geladen ist, stößt sie diese ab und wird entladen. Von selbst, ohne Licht, können Elektronen das Metall bei Zimmertemperatur nicht verlassen. Dazu ist eine **Ablöseenergie** W_A nötig. Diese vermag UV-Licht zu liefern. Sichtbares Licht dagegen, das eine kleinere Frequenz f hat, bringt die bei Zink nötige Ablöseenergie W_A nicht auf. Dies gilt auch, wenn die Lampe der Zinkplatte genähert wird und dort mit großer Intensität wirkt. Bei diesem **Photoeffekt** kommt es also auf die *Frequenz* f des Lichts an, auf seine *Art*, nicht auf die Intensität. Dies erklärt, warum UV, nicht aber das sichtbare Licht einer starken Glühlampe, *Sonnenbrand* erzeugt und warum Röntgenstrahlen (f sehr groß) gefährlich sind.

In ▶ *Versuch 2* untersuchen wir den Photoeffekt im Vakuum einer **Photozelle,** um Einflüsse der umgebenden Luft auszuschließen. Dabei messen wir die Energie W der einzelnen, aus Cäsiummetall (Cs) freigesetzten **Photoelektronen**. Sie hat bei blauem Licht ($\lambda = 436$ nm) die scharfe *Obergrenze* $W_{max} = 0{,}8$ eV. Diese hängt nicht von der Intensität des Lichts ab, was der **klassischen Physik** (Mechanik, Elektrizitätslehre, Optik) widerspricht. Nach ihr müsste helleres Licht mit seiner größeren elektrischen Feldstärke ein Elektron stärker beschleunigen, also W_{max} erhöhen.

Dagegen steigt nach ▶ *Versuch 3* die Maximalenergie W_{max} mit der Frequenz f des Lichts. W_{max} über f aufgetragen gibt die dort blau gezeichneten Geraden. Deren gemeinsame Steigung bezeichnet man in der Quantentheorie mit h und die jeweiligen negativen Achsenabschnitte mit $-W_A$. W_A hängt vom bestrahlten Metall ab. Also gilt $W_{max} = hf - W_A$.

Die Terme W_{max}, hf und W_A stellen *Energien* dar. Dabei hängt hf nur von der Lichtfrequenz f ab, W_A nur vom bestrahlten Metall. Der Faktor h ist vom Metall wie vom Licht unabhängig und erweist sich als eine neue, der klassischen Physik fremde Naturkonstante. Damit können wir den Photoeffekt deuten:

a) Der Term hf ist die gesuchte Energie, die Licht der Frequenz f an ein Elektron im Metall abgibt. Sie ist zu f proportional und wird von der roten Ursprungsgeraden dargestellt.

b) W_{max} wird am Elektron im Vakuum gemessen, also erst *nach* dem Ablösen vom Metall. Deshalb ist W_{max} um die dazu nötige **Ablöseenergie** W_A kleiner als die im Metallinnern vom Licht aufgenommene Energie hf. Den schnellsten Photoelektronen außerhalb des Metalls verbleibt die gemessene Energie

$$W_{max} = hf - W_A. \tag{1}$$

2. Licht gibt Energie an Elektronen nur portionsweise ab

$W = hf$ zeigt etwas unerhört Neues: Licht der Frequenz f überträgt Energie auf Elektronen in **Energieportionen** bestimmter Größe $W = hf$, **Lichtquanten** genannt. Sie hängen nur von h und f ab. Wir berechnen h mit den Werten für die violette (v) und die gelbe (g) Spektrallinie einer Quecksilberdampf-Lampe. Dem Steigungsdreieck der Geraden für Cs entnehmen wir nach ▶ *Tabelle 1*:

$\Delta W_{max} = W_{max}(v) - W_{max}(g) = (1{,}02 - 0{,}13)\ \text{eV} = 0{,}89\ \text{eV}$

$\Delta f = f(v) - f(g) = (7{,}41 - 5{,}19) \cdot 10^{14}\ \text{Hz} = 2{,}22 \cdot 10^{14}\ \text{Hz}.$

Es folgt die Geradensteigung $h = \Delta W_{max}/\Delta f = 6{,}4 \cdot 10^{-34}\ \text{Js}$. Der wissenschaftliche Wert ist $h = 6{,}62607 \cdot 10^{-34}\ \text{Js}$. Damit ergibt sich die Ablöseenergie W_A bei Cäsium nach *Gl. 1* zu

$W_{A,Cs} = hf(v) - W_{max}(v) = 1{,}94\ \text{eV}$ (▶ *Tabelle 2*).

In ▶ *Versuch 3* setzt der Photoeffekt bei der **Grenzfrequenz** f_{gr} ein, bei Cs ab $f_{gr} = 4{,}7 \cdot 10^{14}\ \text{Hz}$ (im Sichtbaren). Bei $f = f_{gr}$ bringt die Energie hf eines Lichtquants die zum Ablösen nötige Energie W_A noch nicht auf; es gilt $W_{max} = hf_{gr} - W_A = 0$, also $f_{gr} = W_A/h$. Bei Zink liegt $f_{gr} = 10{,}3 \cdot 10^{14}\ \text{Hz}$ im UV; sichtbares Licht bleibt deshalb im ▶ *Versuch 1* an der Zinkplatte wirkungslos.

In ▶ *Versuch 4* legen wir von außen veränderbare Spannungen U zwischen Cs (+) und den Ring R (−). Bei $U = U_{max}$ ist der Photostrom $I_{Ph} = 0$, da auch die schnellsten Elektronen R nicht erreichen. I_{Ph} steigt erst, wenn U unter U_{max} sinkt. Dann ist das Feld zwischen Cs (+) und Ring (−) schwächer. Nun landen auch langsamere Photoelektronen auf dem Ring. Sie hatten schon im Metallinnern weniger Energie.

Mit der *universellen Naturkonstanten* $h = 6{,}626 \cdot 10^{-34}\ \text{Js}$ eröffnete Max PLANCK (Nobelpreis 1918) im Jahre 1900 die **Quantenphysik**, die so genannte **nichtklassische Physik**. h heißt **Planck-Konstante** und tritt in der klassischen Physik nicht auf.

Merksatz

Maximalenergie eines **Photoelektrons:** $W_{max} = hf - W_A$ (2)
W_{max} ist von der Lichtintensität unabhängig.
Planck-Konstante $h = 6{,}626 \cdot 10^{-34}\ \text{Js}$ (3)
Grenzfrequenz für Elektronenablösung: $f_{gr} = W_A/h$ (4)

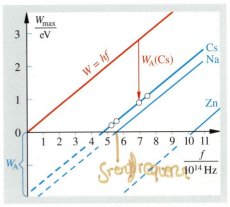

V 3: Verschiedene Stoffe werden mit den scharfen Spektrallinien einer Quecksilberdampf-Lampe bestrahlt. Mit der Lichtfrequenz f steigt die Energie $W_{max} = e\, U_{max}$ der schnellsten Photoelektronen *linear* an.

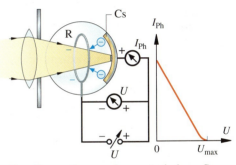

V 4: Von außen werden veränderbare Spannungen U zwischen R und Cs der Photozelle gelegt (Polung beachten). Bei $U = U_{max}$ ist $I_{Ph} = 0$, bei $U < U_{max}$ entsteht der Photostrom I_{Ph}, getragen von Elektronen, deren Energie kleiner als W_{max} ist.

A 1: a) Welche Energie und Geschwindigkeit haben die schnellsten Photoelektronen aus mit UV bestrahltem Natrium ($\lambda = 100\ \text{nm}$)? Wie groß ist ihre Energie bei halber Wellenlänge? **b)** Wie groß ist die Grenzfrequenz f_{gr}? Was bedeutet sie?

Farbe	λ in nm	f in 10^{14} Hz	U_{max} in V	W_{max} in eV
gelb	578	5,19	0,13	0,13
grün	546	5,50	0,27	0,27
blau	436	6,88	0,81	0,81
violett	405	7,41	1,02	1,02

T 1: Energie $W_{max} = e\, U$ der schnellsten Photoelektronen bei Cäsium in Abhängigkeit von Wellenlänge λ und Frequenz f

Metall bzw. Legierung	f_{gr} in 10^{14} Hz	W_A in eV
AgCsO	2,5 (IR)	1,04
Cäsium	4,7 (orange)	1,94
Natrium	5,5 (grün)	2,28
Zink	10,3 (UV)	4,27
Platin	13,0 (UV)	5,36

T 2: Grenzfrequenz f_{gr} des Lichts und Ablöseenergie W_A verschiedener Stoffe

Photonen als unteilbare Lichtquanten

1. Ein idealer Photoeffekt an freien Atomen

Nach ▶ Bild 2 fällt Licht auf freie K-Atome in Kalium-Dampf. Die abgelösten Photoelektronen treten unmittelbar ins Vakuum. Dort haben alle dieselbe Energie $W = hf - W_A$, im Gegensatz zum Photoeffekt an kompakten Metallen. Dies zeigt: *Licht der Frequenz f gibt an alle Elektronen die gleiche Energie hf ab.* Damit stehen wir vor der folgenden grundlegenden Frage:

2. Ist die Lichtenergie selbst in Quanten hf aufgeteilt?

Die bisherigen Experimente erlauben zwei Deutungen:
a) Die Energie des Lichts selbst ist *kontinuierlich* verteilt. Sie wird erst dann in Portionen gleicher Größe hf zerstückelt, wenn sie auf ein Elektron übergeht.
b) Das Licht könnte schon *unterwegs* seine Energie in **Quanten** der Größe hf beisammen halten.

Deutung b) widerspricht der klassischen Lichttheorie MAXWELLS. Nach dieser müsste sich Lichtenergie kontinuierlich auf Wellenfronten ins Unendliche „verdünnen", wie Max PLANCK sagte. Dann aber dürften bei der schwachen Belichtung in ▶ Versuch 1 Elektronen erst nach Stunden frei kommen, wenn sie die Energie $W_{max} \approx 2$ eV aufgesammelt haben. Man erhielte stundenlang keinen Photostrom, bis alle Photoelektronen zusammen ausbrechen. Danach müssten sich die Atome wieder mit Energie „aufpumpen". Man findet Elektronen aber sofort, ohne Verzögerung. Also ist die Energie der Lichtwelle selbst in Quanten $W = hf$ aufgeteilt; man nennt diese Energieportionen **Photonen.** Man sagt: **Lichtenergie ist quantisiert.** Die Rechnung zu Versuch 1 stammt von M. PLANCK. Er führte sie an freien Atomen aus (▶ Bild 2).

Diese Quantisierung der Lichtenergie widerspricht der klassischen Physik, wurde aber von Albert EINSTEIN (Nobelpreis 1921) schon 1905 für alle elektromagnetischen Wellen postuliert. Er hatte den Mut, die Energie der Lichtwelle in Quanten aufzulösen, ohne die Welle zu verwerfen und sagte: „Welle und Quant sind nicht miteinander unvereinbar". Ist beim Photoeffekt an freien Kalium-Atomen das Licht polarisiert wie in ▶ Bild 2, dann verlassen die Photoelektronen die Atome etwa in Richtung des $\vec{E}$-Vektors (in der Zeichenebene), senkrecht zum Strahl. Selbst beim Photoeffekt verhalten sich Photonen nicht wie Teilchen im Sinne der Newton-Mechanik, also nicht wie Billardkugeln. Solche würden Elektronen bevorzugt in Strahlrichtung freistoßen, nicht senkrecht dazu.

Merksatz

Die Energie elektromagnetischer Strahlung mit der Frequenz f wird in **Quanten $W = hf$** wirksam, **Photonen** genannt. Lichtenergie ist quantisiert. hf hängt nicht von der Intensität ab. *Helles* Licht hat *mehr* Quanten, nicht aber Quanten größerer Energie.

B 1: Max PLANCK (links) überreicht 1929 Albert EINSTEIN die Max-Planck-Medaille.

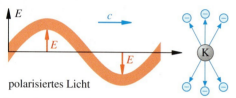

B 2: Licht der Frequenz f setzt aus freien Kalium-Atomen (K) im Vakuum Elektronen mit *einheitlicher* Energie frei. Sie fliegen etwa in Richtung des $\vec{E}$-Vektors weg, nicht in Richtung des Lichtstrahls.

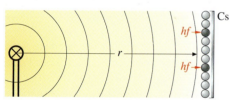

V 1: Licht des Lämpchens (4 V; 0,5 A; optischer Wirkungsgrad 5%) fällt aus $r = 1$ m Abstand auf eine Photozelle. Es sendet die Lichtleistung $P_L = 4\text{ V} \cdot 0{,}5\text{ A} \cdot 0{,}05 = 0{,}1$ W aus.
Nach der klassischen Wellenvorstellung sollte sie sich in $r = 1$ m über eine kugelförmige Wellenfront der Größe $O = 4\pi r^2 \approx 10^5$ cm² „verdünnen". Auf ein Cs-Atom mit $A = 10^{-17}$ cm² Fläche fiele der Teil $\alpha = A/O = 10^{-17}\text{ cm}^2/10^5\text{ cm}^2 = 10^{-22}$ von 0,1 W. Es erhielte die Leistung $P_{Cs} = \alpha \cdot P_L = \alpha \cdot 0{,}1\text{ W} = 10^{-23}$ W.
Nun ist zum Ablösen eines Elektrons die Energie $W_A \approx 2$ eV $\approx 3 \cdot 10^{-19}$ J nötig. Dazu müsste man
$t = W_A/P_{Cs} = 3 \cdot 10^{-19}\text{ J}/10^{-23}\text{ W} = 3 \cdot 10^4$ s
also etwa 10 h warten. Doch findet man die ersten Photoelektronen sofort, ohne Verzögerung!

3. Das Photon, kleinste Energieportion der Lichtwelle

Das Wort *Photon* legt eine klassische Teilchen-Vorstellung nahe, da es wie *Elektron* klingt. Doch will es nur sagen: Die Energieportion hf der Lichtwelle ist *unteilbar* wie ein Elektron. Fällt Licht auf Glas, so spaltet es sich nach ➠ *Bild 3* in einen reflektierten und einen durchgehenden Teil. Dabei wird nicht das einzelne Quant hf geteilt; die Frequenz f wird nicht kleiner. Vielmehr verteilt sich die *Zahl* der Photonen auf die beiden schwächeren Teile.

In ➠ *Versuch 2* ermitteln wir die Zahl der Photonen, die Elektronen auslösen. Nur ein Teil der auftreffenden Photonen setzt Elektronen frei: die **Quantenausbeute** η (Elektronenzahl/Photonenzahl) ist kleiner 1. Nur wenige der von einem Photon getroffenen Elektronen verlassen das Metall; die restliche Energie erwärmt es etwas.
Photonen sind die kleinsten, *unteilbaren* Energieportionen hf elektromagnetischer Wellen. Es gibt keine „leere Welle" ohne Energie, ohne Photonen und kein Photon ohne Welle. Die Frequenz der Welle, die $W = hf$ bestimmt, ist messbar, auch der Feldstärkeverlauf $E(t)$ von Licht, selbst bei nur einem Photon (➠ *Bild 2*).

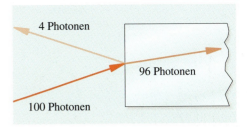

B 3: Von 100 Photonen, die auf die Glasfläche fallen, werden 4 reflektiert, die restlichen 96 durchgelassen

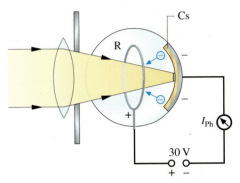

V 2: Um die beim Photoeffekt wirksamen Photonen zu zählen, legt man in der Photozelle den Ring R an den Pluspol der Quelle mit Spannung $U > 30$ V, das Cs an Minus. Nun zieht R *alle* Photoelektronen zu sich. Entstehen in der Zeit t Z Photoelektronen mit Ladung e, dann ist der **Photostrom** $I_{Ph} = Z \cdot e/t$. Bei $I_{Ph} = 1$ mA wird er von $Z/t = I_{Ph}/e = 6{,}2 \cdot 10^{15}$ Elektronen/s getragen. Sie wurden von $6{,}2 \cdot 10^{15}$ Photonen je Sekunde freigesetzt. Diese Zahl steigt mit der Helligkeit des Lichts, was man in *Belichtungsmessern* benutzt.

Interessantes

Historisches

Die **Quantentheorie** hat sich seit 1900 entwickelt. Sie reicht heute weit über die Physik hinaus in Chemie, Biologie und Technik, sogar in die Philosophie. Es ist die experimentell am besten gesicherte physikalische Theorie; keine uns bekannte Naturerscheinung widerspricht ihren Prinzipien. Diese erfahren viele Bestätigungen in der **Quantenoptik**. Sie erweitert die Wellentheorie des Lichts und erfasst als Partner der **Atomphysik** die Wechselwirkung zwischen Licht und Materie. Der engl. Physiker P. DIRAC entwickelte sie aus der Quantentheorie für Elektronen und verschmolz Photon und Welle widerspruchsfrei. Sie beschreibt die Wechselwirkung Licht-Materie oft einfacher, als es „klassisch" möglich wäre.

... noch mehr Aufgaben

A 1: Diskutieren Sie die Experimente und Gedanken, **a)** die zur Gleichung $W_{max} = hf - W_A$, **b)** zum Begriff Grenzfrequenz führen. Deuten Sie damit das Experiment von HALLWACHS. **c)** Warum ist h eine allgemeine Naturkonstante – im Gegensatz zu f und W_A? **d)** Was führt dazu, hf als Quant der Lichtenergie selbst zu bezeichnen?

A 2: In ➠ *Versuch 2* wird Cs mit Licht verschiedener Wellenlängen λ bestrahlt, stets mit Lichtleistung $P_L = 0{,}1$ mW. Wie hängt I_{Ph} von λ ab, wenn man von konstanter Quantenausbeute (0,1%) ausgeht? Zeichnen Sie ein λ-I_{Ph}-Schaubild und beachten seine Grenzen.

A 3: Auch in den Sehzellen der Augen findet eine Art (innerer) Photoeffekt statt. Welche Folge hätte das für die Betrachtung ferner Sterne nach Alternative (a) aus Ziff. 2?

A 4: Unterscheiden Sie die Schaltung von Photozellen zur Messung **a)** der maximalen Energie W_{max} der Photoelektronen, **b)** der Energie W der langsameren Photoelektronen, **c)** der Lichtintensität. Beachten Sie die Polung an der Photozelle.

A 5: Das Auge nimmt bei $\lambda = 600$ nm gerade noch die Bestrahlungsstärke 10^{-10} W/m² wahr. Wie viele Photonen treffen je Sekunde die Pupillenöffnung ($d = 6$ mm)?

A 6: Licht der Bestrahlungsstärke $S_E = 1{,}37$ kW/m² ($\lambda = 400$ nm) fällt senkrecht auf ein Metall mit $W_A = 2$ eV. Wie viele Photoelektronen werden bei der Quantenausbeute $\eta = 0{,}1\%$ freigesetzt? Welche Energie führen sie in 1 s ab?

Umkehrungen des Photoeffekts

1. Photonen der Röntgenbremsstrahlung

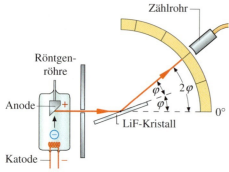

V 1: In der Röntgenröhre werden die Elektronen aus der Glühkatode an der Anode abgebremst. Dort entstehen Röntgenstrahlen, die auf den Lithium-Fluorid-Kristall treffen (LiF; mit Gitterkonstante $d = 201 \cdot 10^{-12}$ m). Sein Winkel gegen die Strahlrichtung wird von 0° aus vergrößert, bis Bragg-Reflexion unter dem Glanzwinkel φ eintritt (Zählrohr um 2φ gedreht). Nach der Bragg-Gleichung $n\lambda = 2d \sin \varphi$ folgt daraus bei $\varphi = 6°$ in der 1. Ordnung ($n = 1$) die Wellenlänge $\lambda = 42$ pm.

EINSTEINS Hypothese der Lichtquanten war so revolutionär, dass man sie im weiten Feld der elektromagnetischen Wellen prüfte. Man fragte: Sind auch Röntgenstrahlen quantisiert? Wegen ihrer hohen Frequenz sollte ihre Quantenenergie hf groß sein. In der Röntgenröhre von ➠ *Versuch 1* erhalten Elektronen mit der Beschleunigungsspannung $U = 30$ kV die Energie $W_{El} = eU = 30$ keV und werden an der Anode abgebremst. Wird dabei der Photoeffekt umgekehrt? Entsteht aus der Energie W_{El} *eines* Elektrons *ein Röntgenquant* gleicher Energie $hf = eU$?
Seine Frequenz sollte demnach $f = eU/h = 7{,}2 \cdot 10^{18}$ Hz betragen, seine Wellenlänge $\lambda = c/f = ch/(eU) = 42$ pm.

Nach ➠ *Bild 1* erhalten wir das über dem Winkel φ aufgetragene *kontinuierliche Röntgenspektrum*. Es beginnt beim *Grenzwinkel* $\varphi_{min} = 6°$. Nach der Bragg-Gleichung $n\lambda = 2d \sin \varphi$ folgt daraus in der 1. Ordnung ($n = 1$) die *Grenzwellenlänge* $\lambda_{min} = 42$ pm und die *Grenzfrequenz* $f_{max} = c/\lambda_{min} = 7{,}2 \cdot 10^{18}$ Hz. Dies haben wir erwartet: Die gemessenen Röntgenquanten stammen von Elektronen, die in *einem einzigen Prozess* ihre Energie $eU = 30$ keV ganz in ein Quant der Röntgenstrahlung umsetzen konnten. Für die Grenzfrequenz f_{max} im kontinuierlichen Röntgenspektrum gilt also $hf_{max} = eU$.

Die Messwerte in ➠ *Tabelle 1* bestätigen, dass f_{max} proportional zur Spannung U ist, also W_{El}/f_{max} = konst. Da U groß ist, wird hier auf Korrekturen analog zur Ablöseenergie $W_A \approx 2$ eV beim Photoeffekt verzichtet.

In ➠ *Bild 1* schließt sich an λ_{min} ein *Röntgenkontinuum* an. Dort haben die Elektronen ihre Energie stufenweise abgegeben und mehrere Quanten kleinerer Energie, größerer Wellenlänge $\lambda > \lambda_{min}$ erzeugt. – Stets bleiben die Elektronen erhalten; als wichtiger Bestandteil von Materie sind sie beständig. Photonen dagegen geben beim Photoeffekt ihre ganze Energie hf in einem einzigen Prozess ab und hören auf zu existieren.

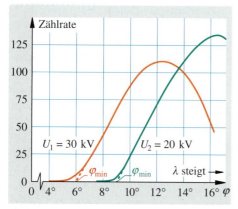

B 1: Intensität der Röntgenbremsstrahlung als Funktion des Winkels φ bei $U_1 = 30$ keV sowie bei $U_2 = 20$ keV

Die Röntgenspektren in ➠ *Bild 2* stammen von Röhren mit Anoden aus Chrom, Molybdän und Wolfram. Bei gleicher Spannung U haben sie die gleiche Grenzwellenlänge $\lambda_{min} = c/f_{max}$. Dies rechtfertigt die materialunabhängige Quantengleichung $hf_{max} = eU$. Die drei Spektren zeigen aber auch Unterschiede. Wird ein Elektron in der Anode stufenweise abgebremst, so hängt die Zahl der entstandenen Quanten sowie deren Energie $hf < hf_{max}$ vom Anodenmaterial ab.

U in kV	W_{El} in 10^{-15} J	φ_{min}	λ_{min} in pm	f_{max} in 10^{18} Hz	W_{El}/f_{max} in 10^{-34} Js
15	2,4	12°	84	3,6	6,7
20	3,2	9°	63	4,8	6,7
25	4,0	7°	49	6,1	6,6
30	4,8	6°	42	7,2	6,7

T 1: Aus Spannung U und Grenzwinkel φ_{min} folgt die Planck-Konstante $h = W_{El}/f_{max}$; $W_{El} = eU$ ist die Elektronenenergie.

Merksatz

In Röntgenröhren entstehen Quanten hf. Bei der Röhrenspannung U schließt sich an die Grenzwellenlänge λ_{min} ein kontinuierliches Röntgenspektrum mit der Grenzfrequenz $f_{max} = c/\lambda_{min}$ an. Es gilt

$$hf_{max} = eU. \quad (1)$$

2. Umkehrung des Photoeffekts in Leuchtdioden

Durch Leuchtdioden (LED) fließen ab einer Spannung U_S (1 V bis 3 V) Elektronen. Jedes davon nimmt die Energie $W = e\,U_S$ auf und gibt Licht der Frequenz f ab. Kehrt sich auch hier der Photoeffekt um?

Ohne die Vorgänge genauer zu kennen, vermuten wir die *Energiebilanz*: Entsteht aus der Energie $e\,U_S$ *eines* Elektrons die Energieportion *ein* Photon, dann gilt $e\,U_S = h\,f$. ▶ Bild 3 zeigt Messwerte an einer Reihe unterschiedlicher Dioden. Mit steigender Spannung steigt die Frequenz f von Infrarot bis Blau. Trägt man $W = e\,U_S$ über f auf, so erhält man die vom Photoeffekt bekannte Gerade. Sie hat hier die Steigung $\Delta W/\Delta f = 6{,}6 \cdot 10^{-34}$ Js $\approx h$. Auch in Leuchtdioden gelten Quantengesetze. Kombiniert man LED's verschiedener Farben, entsteht Weiß mit viel besserem Wirkungsgrad als in Glühlampen. Werden diese künftig durch Leuchtdioden ersetzt?

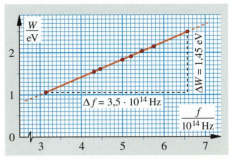

B 3: Die Frequenz f des in Leuchtdioden erzeugten Lichts hängt linear mit der einem Elektron zugeführten Energie $W = e\,U_S$ zusammen – wie beim Photoeffekt

... noch mehr Aufgaben

A 1: a) Welche Grenzwellenlänge tritt bei einer mit 500 kV betriebenen Röntgenröhre auf? **b)** Welches ist die kürzeste Röntgenwellenlänge, die in einer Fernsehröhre (22 kV) erzeugt wird (wird vom Glas absorbiert)?

A 2: Auch Röntgenstrahlen setzen Photoelektronen frei. Vergleichen Sie die Energie der schnellsten Photoelektronen mit der Elektronenenergie in der Röntgenröhre.

A 3: In Nachtsichtgeräten löst unsichtbares IR in einer AgCsO-Schicht Photoelektronen aus. Eine magnetische Linse formt nach Beschleunigung durch ein E-Feld ein Leuchtschirmbild. Warum ist es sichtbar?

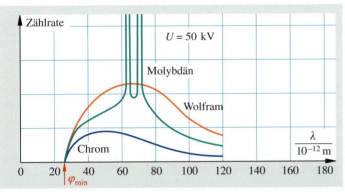

B 2: Spektren der Röntgenbremsstrahlung an verschiedenen Anodenmaterialien ($U = 50$ kV). Die bei Molybdän aufgesetzten beiden *Röntgenspektrallinien* folgen aus Quantengesetzen für Atome.

Interessantes

Quantenphysik hilft der Medizin

Um auch Knochen zu durchleuchten, braucht man kurzwellige Röntgenstrahlen. Dazu erhöht man die Beschleunigungsspannung U an der Röntgenröhre. Feinheiten in Weichteilen dagegen erkennt man bei kleineren Spannungen (▶ Bild 4). Man kann auch die Strahlen *intensiver* machen. Dazu erhöht man die Zahl der in 1 s erzeugten Quanten, indem man den Anodenstrom durch Erhöhen der Katodentemperatur vergrößert. Das Schirmbild wird heller; es sendet mehr Photonen aus.

Auch am Beobachtungsschirm gelten Quantengesetze: Wird ein energiereiches Röntgenquant in einem Röntgenschirm oder Röntgenfilm absorbiert, so verschwindet es. Seine große Energie setzt sich in viele Quanten kleiner, ungefährlicher Energie um, z. B. im sichtbaren Bereich. Dies reduziert die Strahlengefahr für Schirmbeobachter; auf dem Schirm entstehen mehr Lichtpunkte. Belichtungszeit und Bestrahlungsdauer werden kürzer.

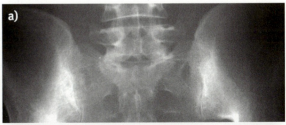

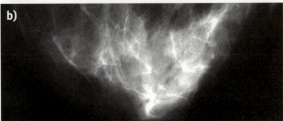

B 4: Röntgenbilder **a)** Becken bei hoher (86 kV), **b)** Brust bei niedriger (28 kV) Spannung U an der Röntgenröhre

B 1: Den Impuls von Licht erkennt man am Schweif des Kometen Hale-Bopp. Auf seine Staubteilchen übt Sonnenlicht eine Kraft aus, die von der Sonne weg weist.

Vertiefung

Die Kraft des Sonnenlichts

Die Solarkonstante $S_E = 1{,}37$ kW/m² gibt die Energie W an, die Sonnenlicht oberhalb der Atmosphäre auf eine senkrecht stehende Fläche A pro m² und je s liefert. In der Zeit Δt erhält diese Fläche A die Energie $\Delta W = S_E\, A\, \Delta t$.

Zu dieser Energie ΔW gehört die Masse $\Delta m = \Delta W/c^2$. Absorbiert die Fläche A diese Strahlung ganz, so nimmt sie mit der Energie ΔW an Impuls auf:

$$\Delta p = c\, \Delta m = c\, \Delta W/c^2 = \Delta W/c = S_E\, A\, \Delta t/c.$$

Da dies in der Zeit Δt geschieht, erfährt die Fläche A von der senkrecht eintreffenden, ganz absorbierten Strahlung die Kraft

$$F = \Delta p/\Delta t = S_E\, A/c. \qquad (1)$$

Der die Erde (Radius $R = 6\,370$ km) treffende Impuls wird von der Krümmung ihrer Oberfläche nicht beeinflusst; man rechnet mit der zur Strahlung senkrecht stehenden Kreisfläche $A = \pi R^2$. Sie erfährt die Kraft $F = S_E\, A/c = 5{,}8 \cdot 10^8$ N, was gegenüber der Gravitationskraft der Sonne von $3{,}6 \cdot 10^{22}$ N völlig unbedeutend ist.

An einem senkrecht zur Strahlung stehenden Spiegel werden die mit Impuls $\vec{p}$ eintreffenden Photonen mit entgegengesetzt gerichtetem Impuls $-\vec{p}$ reflektiert. Die Impulsänderung ist also $\Delta \vec{p} = 2\vec{p}$, die Kraft $\vec{F} = \Delta \vec{p}/\Delta t$ ist doppelt so groß wie bei einer absorbierenden Fläche nach Gl. 1.

Masse und Impuls der Photonen

1. Haben Photonen neben Energie auch Masse?

Im Jahre 1905, in dem EINSTEIN die Lichtquanten postulierte, veröffentlichte er auch seine *Relativitätstheorie*. Aus ihr ging die berühmte Gleichung $W = m\, c^2$ hervor. Danach ist *jeder* Energie W eine Masse m zugeordnet – und umgekehrt. Nun strahlt die Sonne in 1 s die Lichtenergie $W = 3{,}9 \cdot 10^{26}$ J ab. Schon dadurch verliert sie in 1 s die Masse $m = W/c^2 = 4 \cdot 10^6$ t. Ein Photon hat die Masse $m = W/c^2 = hf/c^2$, obwohl es nicht – wie ein Proton oder Elektron – Bestandteil von Materie ist. Diese der Frequenz proportionale Masse hat das Lichtquant aber nur „im Flug"; denn anders als mit Lichtgeschwindigkeit kann es nicht existieren. Die Schildbürger konnten Sonnenlicht nicht im Sack auffangen und mit Unterlichtgeschwindigkeit in ihr fensterloses Rathaus tragen!

Wie weist man die Masse eines Photons nach? Masse zeigt *Trägheit* und *Schwere*; ein Photon erfährt wegen seiner Masse $m = hf/c^2$ die Gewichtskraft $G = m\, g = hf g/c^2$. „Erklimmt" es im Schwerefeld die Höhe ΔH, so entzieht ihm G die Energie $\Delta W = G\, \Delta H = hf g\, \Delta H/c^2$. Doch nimmt seine Geschwindigkeit c nicht ab, wohl aber die Frequenz f um $\Delta f = \Delta W/h = f g\, \Delta H/c^2$. Das Licht wird langwelliger, es „errötet". Die sehr kleine Abnahme Δf wurde an γ-Quanten ($f = 2 \cdot 10^{19}$ Hz) gemessen. Sie verlassen Atomkerne beim radioaktiven γ-Zerfall. Beim Höhersteigen um $\Delta H = 22$ m nimmt ihre Frequenz um $\Delta f = f g\, \Delta H/c^2 = 4{,}8 \cdot 10^4$ Hz ab. Dies gilt auch für Lichtquanten, die von Sternen kommen.

2. Der Impuls von Licht ist ebenfalls quantisiert

Ein Photon mit der Energie hf hat die Masse $m = hf/c^2$ und fliegt mit Lichtgeschwindigkeit $v = c$. Nach EINSTEIN hat es den Impuls $p = m\, v = m\, c = hf/c = h/\lambda$. Teilchen, die von Licht getroffen werden, erfahren einen Stoß (➡ Bild 1), Atome, die Photonen aussenden, einen Rückstoß gemäß dem Impulssatz. Betrachten wir ein *Beispiel:* Ein Photon ($\lambda = 600$ nm) hat den Impulsbetrag $p = h/\lambda = 1{,}1 \cdot 10^{-27}$ Ns. Ein Elektron mit diesem Impuls hätte nur die Geschwindigkeit $v = p/m_e = 1{,}2$ km/s und die Energie $W = 4{,}2 \cdot 10^{-6}$ eV.

Die Gleichungen $p = h/\lambda$ und $W = hf$ enthalten zwar die Begriffe p, W, λ und f der klassischen Physik. Wegen der Planck-Konstanten h charakterisieren sie das Photon aber als **Quantenobjekt.** Auch hier sind Energie und Impuls Erhaltungsgrößen. Die zugehörige *Bilanzstrategie* ist noch wichtiger als im Makrokosmos. Sie drängt Begriffe wie Kraft und Beschleunigung, die auf der *Kausalstrategie* beruhen, zurück und erlaubt einfache Bilanzrechnungen.

Merksatz

Impuls, Energie und Masse von Licht sind quantisiert. Der **Impulsbetrag p eines Photons** ist umgekehrt proportional zur Wellenlänge λ des Lichts. Es gilt $p = h/\lambda$. $\qquad (2)$

3. Paarbildung: Materie (Ruhemasse) entsteht aus Energie

EINSTEINS Gleichung $W = m\,c^2$ zur Relativitätstheorie konnte 1932 in ihrer ganzen Tragweite bestätigt werden: Nach ▸ *Bild 2* treffen energiereiche Quanten eines radioaktiven γ-Strahlers eine Bleiplatte von links. Nach rechts laufen in der Nebelkammer zwei Spuren weg. Sie sind im Magnetfeld entgegengesetzt gekrümmt, gehören also zu zwei entgegengesetzt geladenen Teilchen. Das eine ist das längst bekannte Elektron e^-. Das andere erwies sich als ihm gleich – nur *positiv* geladen. Es heißt **Positron e^+** und wurde von P. DIRAC vier Jahre vor seiner Entdeckung rein theoretisch postuliert.

Dieses **Elektron-Positron-Paar** entstand neu, nämlich aus einem γ-Quant, das Energie hf und Masse hf/c^2 nur „im Flug" hatte; seine Ruhemasse war $m_0 = 0$. Aus hf entstanden bei dieser **Paarbildung** zwei Teilchen, je mit Ruhemasse $m_e > 0$, äquivalent zur Energie $W_e = 2\,m_e\,c^2$ (▸ *Vertiefung, rechts*).

4. Teilchen entstehen, Teilchen vergehen, die Erhaltungssätze bleiben bestehen!

a) Bei dieser *Paarbildung* geht die meiste Energie $W = hf$ eines Röntgen- oder γ-Quants über in die Energiesumme W_e beider Ruhemassen $m_e = 9{,}1 \cdot 10^{-31}$ kg, von Elektron und Positron:

$$W_e = 2\,m_e\,c^2 = 2 \cdot 9{,}1 \cdot 10^{-31}\text{ kg} \cdot 9 \cdot 10^{16}\text{ m}^2\text{ s}^{-2} = 1{,}02\text{ MeV}. \quad (3)$$

Der Rest ist kinetische Energie $2\,W_{kin} \geq 0$ von beiden wegfliegenden Teilchen zusammen. Die *Energiebilanz* lautet:

$$hf = 2\,m_e\,c^2 + 2\,W_{kin} \geq 2\,m_e\,c^2 = 1{,}02\text{ MeV}. \quad (4)$$

Quanten mit der Energie $hf < 2\,m_e\,c^2 = 1{,}02$ MeV können folglich kein Elektron-Positron-Paar erzeugen; W_{kin} wäre negativ, was klassisch gesehen unmöglich ist.

b) Auch die *Ladungsbilanz* ist erfüllt: Die Ladung $q = 0$ des Quants geht über in die Ladungssumme $-e + e = 0$ des Paares. Paarbildung ändert die Gesamtladung der Welt nicht.

c) Nach ▸ *Bild 2* starten beide Teilchen mit der gleichen Geschwindigkeit v nach rechts. Die Summe ihrer Impulswerte ist $p_s = 2\,m_e\,v < 2\,m_e\,c$. Nach Division durch $c > v$ liefert *Gl. 4* mit $W_{kin} > 0$ für die Impulssumme p_s beider Teilchen

$$p_s = 2\,m_e\,v < 2\,m_e\,c \leq \frac{hf}{c}.$$

Diese Impulssumme p_s für Elektron und Positron zusammen ist also kleiner als der Impuls $p = hf/c$ des sie erzeugenden Quants. Um den *Impulssatz* zu erfüllen, musste das Quant Impuls an ein Bleiatom in ▸ *Bild 2* abgeben. Ohne einen solchen Stoßpartner, also im Vakuum, ist Paarbildung unmöglich.

Ist das Quant vielleicht schon vor der Paarbildung aus Elektron und Positron zusammengesetzt? Da beide die Ruhemasse m_e haben, könnte es dann nicht mit Lichtgeschwindigkeit fliegen. Also entstehen beide Teilchen neu, aus einem Quant ohne Ruhemasse, aber unter Wahrung der drei Erhaltungssätze.

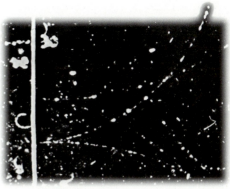

B 2: Paarbildung aus einem γ-Quant im B-Feld der Nebelkammer ($\vec{B}$ zeigt in die Zeichenebene; welches ist das Positron?).

Vertiefung

Zur Relativitätstheorie EINSTEINS

Ein Elektron mit *Ruhemasse* $m_0 = m_e = 9{,}1 \cdot 10^{-31}$ kg fliegt an einem Beobachter mit der Geschwindigkeit v vorbei. Er misst $m = m_0/\sqrt{1 - v^2/c^2} > m_0$. Photonen dagegen fliegen stets mit $v = c$. Hätten sie die Ruhemasse $m_0 > 0$, so müssten wir ihnen die Masse $m \to \infty$ zuschreiben.

Alles, was Masse m besitzt, hat nach $W = m\,c^2$ auch Energie W – und umgekehrt. Es ist irreführend zu sagen, Energie W werde in Masse m umgewandelt. Wohl aber verschwindet bei Paarbildung die Energie hf des Quants samt Masse hf/c^2. Sie geht zum Teil in die vorher nicht existierende *Ruhemasse* $2\,m_e$ des Paares über, samt dessen Energie $2\,m_e\,c^2$ (*Gl. 4*). Der Rest wird kinetische Energie W_{kin} mit Masse W_{kin}/c^2. Ruhemasse kann entstehen oder vergehen, (*Gesamt-*)Masse bzw. Energie jedoch nicht. Für Masse gilt der gleiche Erhaltungssatz wie für die ihr äquivalente Energie $W = m\,c^2$.

... noch mehr Aufgaben

A 1: Wie viele Photonen gibt eine 100 W-Lampe in 3 000 h ab (Wirkungsgrad 5%; $\lambda = 500$ nm)? Welche Masse haben sie?

A 2: Wie viele Photonen gibt die Sonne je Sekunde ab (man nehme an, alle haben $\lambda = 550$ nm)? Wie viele davon treffen die Erde ($R = 6370$ km; $r_{E-S} = 150 \cdot 10^6$ km)? Wie viele gibt die Erde im IR ins Weltall ab (Mittelwert $\lambda = 10^4$ nm; Strahlungsgleichgewicht?)?

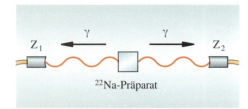

B 1: Aus dem ^{22}Na fliegen zwei γ-Quanten in die Zählrohre Z_1 und Z_2

Interessantes

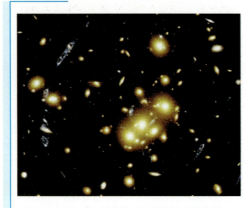

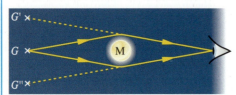

Gravitationslinse für Photonen

Photonen „spüren" Gravitationsfelder wegen ihrer Masse. Entfernen sie sich von ihrem Stern, so sinken Energie und Frequenz. Streifen Photonen, die von weit entfernten Galaxien G kommen, seitlich an großen Massen M vorbei, an Galaxienhaufen, einem schwarzen Loch oder der Sonne, so werden sie ein wenig abgelenkt. Große Massen wirken als *Gravitationslinsen*. Wegen der Raumkrümmung ist dieser Effekt nach der *Allgemeinen Relativitätstheorie* doppelt so groß, wie man nach Rechnungen gemäß Ziff. 1 erwarten würde. Dies sagte EINSTEIN bereits 1917 voraus.
Im Bild oben übernimmt der gelbe Galaxienhaufen in der Mitte die Funktion einer Gravitationslinse. Die kreisförmig angeordneten blauen Bögen sind Bilder ein und derselben Galaxie G, die noch viel weiter entfernt liegt als M.

5. Die Paarbildung ist umkehrbar – Zerstrahlung

Das radioaktive Präparat ^{22}Na liefert schnelle Positronen. In Materie werden sie praktisch ganz abgebremst. Zur Ruhe gekommen reagiert jedes Positron e$^+$ mit einem Elektron e$^-$. Dabei verschwinden beide und bilden Photonen. Bei dieser **Zerstrahlung** geht die Ruhemasse $2\,m_e = 18{,}2 \cdot 10^{-31}$ kg in die Energie $W_e = 2\,m_e c^2 = 1{,}02$ MeV der Photonen über. Plus- und Minusladung beider ergeben die Ladung null: $+e + (-e) = 0$.

Entstünde nur *ein* Photon, so müsste es den Impuls $p = W_e/c = 0{,}55 \cdot 10^{-21}$ Ns haben. Die abgebremsten Teilchen hatten aber vor der Zerstrahlung keinen Impuls. Die Natur rettet die Erhaltung des Impulsvektors mit einem „Trick": Es fliegen im Allgemeinen zwei Photonen nach entgegengesetzten Richtungen so weg, dass die Vektorsumme der Impulse null bleibt. Zwei einander gegenüberliegende Zählrohre registrieren gleichzeitig je ein γ-Quant (➥ *Bild 1*). Es können aber auch mehr als zwei Photonen entstehen.

Diese Umwandlungen von Ruhemasse in Quantenenergie und umgekehrt bestätigen die Äquivalenz von Energie und Masse. Zudem zeigen sie: Zu jedem Teilchen gibt es ein **Antiteilchen,** z. B. zum Proton das Antiproton.
Man kann heute Atome aus Antiprotonen und Positronen herstellen und sich **Antimaterie** aus solchen Atomen denken. Käme sie mit unserer „normalen" Materie in Berührung, so würden beide in einer ungeheuren Zerstrahlungskatastrophe verschwinden. Doch findet man im Weltall keine Sterne oder Galaxien aus Antimaterie. Am Licht kann man Antimaterie nicht erkennen; Materie wie Antimaterie senden nämlich die gleichen Photonen aus; das Photon ist zugleich sein Antiteilchen.

Merksatz

Ein *Photon* kann in der Nähe eines Atomkerns verschwinden, wenn seine Energie $W = hf > 1{,}02$ MeV ist. Daraus bildet sich ein *Elektron-Positron-Paar* mit einer Ruhemasse, die der Energie 1,02 MeV äquivalent ist. Bei dieser **Paarbildung** gibt die restliche Photonenenergie dem Paar kinetische Energie.
Ein *Positron* kann zusammen mit einem *Elektron* **zerstrahlen.** Dabei bilden sich mindestens zwei Photonen.
Bei beiden Umwandlungen gelten die Erhaltungssätze für Energie, Impuls und Ladung.

Kehren wir zum *Photoeffekt* zurück. Dort fliegt das Photoelektron mit der Energie $W_{El} = \frac{1}{2} m_e v^2 = p_{El}^2/2\,m_e \approx 2$ eV und dem Impuls $p_{El} = \sqrt{2\,m_e W_{El}} \approx 8 \cdot 10^{-25}$ Ns weg. Das auslösende Photon mit $\lambda = 600$ nm hatte aber nur den Impuls $p_{Ph} = h/\lambda \approx 10^{-27}$ Ns $\ll p_{El}$. Es kann also nicht – wie man oft hört – das Photoelektron aus dem Atom stoßen, so wie es ein Teilchen im Sinne NEWTONS tun würde. Das Photon verhält sich demnach nicht wie eine Billardkugel. Beim Photoeffekt dient das Atom als Impuls-, das Photon als Energielieferant.

6. Die Quanten im elektromagnetischen Gesamtspektrum

Eine Übersicht über das elektromagnetische Gesamtspektrum zeigt ➡ *Tabelle 1*. In der rechten Spalte steht das Verhältnis m_{Ph}/m_e von Photonenmasse m_{Ph} zu Elektronenmasse m_e. Bei kurzwelligen Röntgen- und γ-Strahlen ist $m_{Ph}/m_e > 1$.

Quanten können erst ab 3 eV Elektronen aus Atomen lösen und diese *ionisieren,* also z. B. Krebserkrankungen und Mutationen auslösen. Die Quanten sichtbaren Lichts haben zu wenig Energie. Wenn man sagt, eine Strahlung sei gefährlich, weil „energiereich", so meint man zumeist die Energie ihrer einzelnen Photonen, nicht die von allen zusammen. Zur Sicherung vor diesen Gefahren ist die Strahlenschutzverordnung für *ionisierende* Strahlung zuständig.

Die Photonen eines Rundfunksenders oder eines Handys haben zum Ionisieren viel zu wenig Energie ($W < 10^{-4}$ eV). Doch können ihre zahlreichen Photonen niederer Energie Gewebe erwärmen (wie es beim Fleisch im Mikrowellenherd geschieht). Dies ist kein Quanteneffekt, kann aber beispielsweise bei Handy-Sendern auftreten, die ja am Kopf betrieben werden.

Derartige elektrische und magnetische Felder umgeben uns ständig als **Elektrosmog.** Für eventuelle ionisierende Wirkungen haben seine Photonen zu wenig Energie. Dennoch können Schädigungen durch Elektrosmog auftreten. Zuständig ist hier die Schutzverordnung für *nichtionisierende* Strahlung.

Art	Wellenlänge λ	Frequenz f in Hz	Energie W in eV	Masse m_{Ph}/m_e
Radiowellen	von $6 \cdot 10^6$ m bis 50 μm	von 50 bis $6 \cdot 10^{12}$	von $2 \cdot 10^{-13}$ bis 0,025	von $4 \cdot 10^{-19}$ bis $5 \cdot 10^{-8}$
Infrarot	ab 1 mm	ab $3 \cdot 10^{11}$	ab $1 \cdot 10^{-3}$	ab $2 \cdot 10^{-9}$
Rot	800 nm	$3,8 \cdot 10^{14}$	1,6	$3 \cdot 10^{-6}$
Violett	400 nm	$7,5 \cdot 10^{14}$	3	$6 \cdot 10^{-6}$
Ultraviolett	bis 10 nm	bis $3 \cdot 10^{16}$	bis 100	bis $2 \cdot 10^{-4}$
Röntgenstrahlung	von 100 nm bis 0,1 pm	von $3 \cdot 10^{15}$ bis $3 \cdot 10^{21}$	von 12 bis $1 \cdot 10^7$	von $2 \cdot 10^{-5}$ bis 20
γ-Strahlung	von 10 pm bis 0,01 pm	von $3 \cdot 10^{19}$ bis $3 \cdot 10^{22}$	von $1 \cdot 10^5$ bis $1 \cdot 10^8$	von 0,2 bis 200
Kosmische Strahlung	< 0,01 pm	> $3 \cdot 10^{22}$	> $1 \cdot 10^8$	> 200

T 1: Die Quanten des elektromagnetischen Spektrums (Elektronenmasse $m_e = 9,1 \cdot 10^{-31}$ kg). (Vergleichen Sie mit der graphischen Darstellung in der Wellenoptik)

... noch mehr Aufgaben

A 1: Wo entstehen, wo vergehen Photonen? Verfolgen Sie Energie, Masse und Impuls.

A 2: Ab welcher Lichtwellenlänge entstehen Photoelektronen mit $v_{max} = 100$ km/s bei der Ablöseenergie $W_A = 3,0$ eV?

A 3: Ab welcher Spannung entstehen in Röntgenröhren Photonen mit 1% Elektronenmasse, wann mit Protonenmasse?

A 4: a) Wie viele Quanten erzeugt ein Mikrowellenherd (Leistung $P = 0,7$ kW; $\lambda = 10$ cm) in 1 s? **b)** Wie viele Quanten liefert ein Röntgenstrahl von 1 mW Leistung ($\lambda = 10$ pm) in 1 s? Welche Leistung hat er bei 10^6 Quanten je Sekunde?

A 5: a) Sehr gute Photozellen erzeugen bei einer absorbierten Lichtleistung von 1 μW einen Photostrom von 0,1 μA (sie sind z. B. mit Cs_3Sb beschichtet; Sb: Antimon). Wie groß ist die Quantenausbeute η bei $\lambda = 600$ nm (bei reinem Metall läge sie bei 0,1%)? **b)** Nehmen Sie an, alle Photoelektronen haben bei der Ablöseenergie $W_A = 2$ eV die maximal mögliche Energie. Wie groß wäre dann der energetische Wirkungsgrad der Zelle bei der Umsetzung der Lichtenergie in Elektronenenergie?

A 6: Ein Photoelektron hat die Metalloberfläche schräg unter 30° mit der Energie $W_{max} = 1$ eV verlassen. Wird beim Photoeffekt seine Energie voll registriert? Gegen welche Spannung kann es in einem homogenen E-Feld gerade noch anlaufen? (Geschwindigkeit in Komponenten zerlegen.)

A 7: Ein Quant mit Energie 1,040 MeV erzeugt in Blei ein e^--e^+-Paar. Wie groß sind kinetische Energie und Impuls beider zusammen (bei gleicher Flugrichtung)? Welchen Impuls nimmt der Bleikern auf?

A 8: Ruhende Protonen bzw. He-Kerne ($q = 2e$) werden mit 30 kV beschleunigt und dann schnell abgebremst. Wie groß ist die Grenzwellenlänge der Bremsstrahlung? Hängt sie von der Masse ab?

A 9: Welche Kraft und Beschleunigung erfährt ein Kügelchen mit Radius 0,0010 mm und Dichte 2,0 g/cm³ vom Sonnenlicht im Vakuum bei völliger Absorption? Vergleichen Sie mit der Gewichtskraft ($g = 10$ m/s²). Wie weit käme das Kügelchen aus der Ruhe in 1 min aufgrund der Kraft des Lichts? ($S_E = 1,37$ kW/m²)

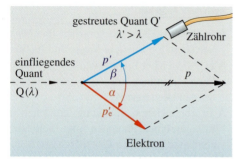

B 1: Das Röntgenquant Q trifft von links ein ruhendes Elektron. Das Quant Q′ werde nach *oben* unter dem Winkel β gestreut (blau). Dann fliegt das Elektron e nach *unten* unter dem Winkel α (rot). Gezeichnet sind Impulsvektoren des Quants Q ($\vec{p}$), des gestreuten Quants Q′ ($\vec{p}'$) und des gestoßenen Elektrons ($\vec{p}_e'$).

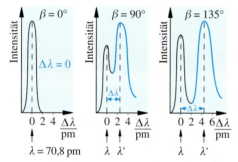

B 2: Die Wellenlängenzunahme Δλ > 0 der Linie des gestreuten Quants (blau) gegenüber der unverschobenen Linie des einfallenden Quants (schwarz) wächst mit dem Winkel β nach *Gl. 1* (1 pm = 10^{-12} m).

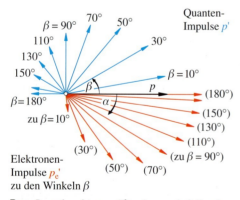

B 3: Impulsvektor ($\vec{p}$) des einfallenden Quants (schwarz), zerlegt in den des unter β gestreuten Quants (blau; $\vec{p}'$) und des wegfliegenden Elektrons (rot; $\vec{p}_e'$). Man ergänze die Vektoren für β = 10° bis 180° zum Parallelogramm.

Der Comptoneffekt

1. Eine unerwartete Zunahme Δλ der Wellenlänge

Beim Photoeffekt werden Elektronen freigesetzt, die im Metall gebunden waren. Was geschieht, wenn Photonen auf *freie* Elektronen treffen? Solche finden sich in Graphit. Darauf ließ A. H. COMPTON (Nobelpreis 1927) Röntgenquanten fallen, in ▶ *Bild 1* von links. Was geschieht mit deren Impuls p und Wellenlänge λ = h/p?

Fliegt das getroffene Elektron unter dem Winkel α nach unten, so findet man *gleichzeitig* ein unter β nach oben gestreutes Quant Q′. Dessen Wellenlänge λ′ ist gegenüber dem einfallenden Quant Q (λ = 70,8 pm) um Δλ zu größeren Werten verschoben (▶ *Bild 2*). Dies erinnert an Stoßvorgänge: Prallt von links eine Münze Q (das Röntgenquant) auf eine ruhende E (das Elektron) etwas oberhalb der Mitte, dann fliegt Q unter dem Winkel β nach oben, E unter α nach unten. Doch etwas ist beim Comptoneffekt anders: Das Quant Q wird durch ein neues Q′ (Winkel β) mit λ′ > λ, also mit kleinerem Impuls p′ = h/λ′ und kleinerer Masse m′ ersetzt.

Da das getroffene Elektron fast frei ist, liegt ein *abgeschlossenes System* vor. Dort kann man die Erhaltungssätze für Energie und Impuls anwenden, ohne auf Einzelheiten wie Stoßzeit, Stoßkräfte und Art der Stoßpartner einzugehen. Man findet:

a) Das zunächst ruhende Elektron bekommt einen Teil W_e der Energie W = hf des von links einfallenden Röntgenquants Q. Für das neu entstandene, unter β gestreute Quant Q′ verbleibt $W' = W - W_e$. Seine Frequenz f′ = W′/h ist kleiner als die des einfallenden Quants Q, die Wellenlänge λ′ = c/f′ größer.

b) Das horizontal einfallende Quant Q hat nach ▶ *Bild 1* in der vertikalen y-Richtung die Impulskomponente $\vec{p}_y$ mit $p_y = 0$. Hat das gestreute Quant Q′ eine Impulskomponente $\vec{p}_y'$ nach oben, so hat das Elektron die entgegengesetzt gerichtete Impulskomponente $\vec{p}_{ey}' = -\vec{p}_y'$ nach unten; der Impulserhaltungssatz ist erfüllt. ▶ *Bild 3* zeigt die Zerlegung des Impulsvektors $\vec{p}$ des einfallenden Quants Q in die Impulsvektoren $\vec{p}'$ des Quants Q′ und $\vec{p}_e'$ des Elektrons. Alle drei liegen in einer Ebene.

c) Bei Stößen von Münzen wird am meisten Energie übertragen, wenn die beteiligten Körper gleiche Masse haben (prüfen Sie es nach!). Nun hat das Elektron die Masse m_e = 9,1·10^{-31} kg. Einem Quant gleicher Masse $m_Q = m_e$ kommt nach λ = h/p und $p = m_Q c$ die Wellenlänge $\lambda_C = h/(m_e c)$ = 2,4 pm zu; sie heißt **Comptonwellenlänge** λ_C und liegt im Röntgenbereich. Bei solchen Quanten wird der Comptoneffekt besonders deutlich. Mit dem Energie- und dem Impulssatz folgt (nach relativistischer Rechnung) die experimentell bestätigte Wellenlängenzunahme Δλ der unter β gestreuten Röntgenstrahlen:

$$\Delta\lambda = \lambda' - \lambda = \lambda_C (1 - \cos\beta) \quad \text{mit} \quad \lambda_C = h/(m_e c).$$

d) Die Wellenlängenzunahme $\Delta\lambda = \lambda_C (1 - \cos\beta)$ hängt vom λ des einfallenden Röntgenquants nicht ab. Wegen des Faktors $(1 - \cos\beta)$ steigt aber $\Delta\lambda$ mit wachsendem Streuwinkel β. So gilt bei $\beta = 90°$ (gestreutes Quant senkrecht zum einfallenden) $\Delta\lambda = \lambda_C = h/(m_e c) = 2{,}4$ pm. Röntgenstrahlen, die mit $\lambda = \lambda_C$ einfallen, verdoppeln deshalb unter $\beta = 90°$ ihre Wellenlänge.

Merksatz

Beim Comptoneffekt trifft ein Quant der Wellenlänge λ ein freies Elektron. Dieses fliegt unter dem Winkel α weg, zugleich ein Quant größerer Wellenlänge λ' unter dem Winkel β. Die Wellenlängenzunahme hängt nur von β ab und ist

$$\Delta\lambda = \lambda' - \lambda = \lambda_C (1 - \cos\beta) \quad \text{mit} \quad \lambda_C = \frac{h}{m_e c} = 2{,}4 \text{ pm}. \quad (1)$$

2. Was zeigt der Comptoneffekt?

Zunächst bestätigt er die Formeln $W = hf$ und $p = h/\lambda$, also die Quantisierung von Energie und Impuls. Er bestätigt die Erhaltungssätze beider Größen auch bei Einzelprozessen, nicht nur im Mittel über viele Vorgänge. Diese Sätze sind auch bei klassischen *Teilchen-* und bei *Wellenmodellen* erfüllt; der Comptoneffekt vermag nicht zwischen beiden Modellen zu entscheiden. Man erklärt ihn zwar gern mit dem Stoß von Billardkugeln. Dagegen spricht jedoch, dass auch die Polarisation der Röntgenwelle eine Rolle spielt. Deren Einordnung in die Familie der elektromagnetischen Wellen wird zudem von der unverschobenen Linie (in ▶ *Bild 2* schwarz) gestützt. Sie rührt von der Streuung der Röntgenwelle an solchen Elektronen her, die stark an die Graphitatome gebunden sind. Die Röntgenwelle schüttelt diese Elektronen mit ihrer Frequenz f im Gleichtakt; sie strahlen deshalb Röntgenstrahlen gleicher Frequenz aus (analog zu hertzschen Dipolen).

Nach diesem klassisch zu verstehenden Prinzip wird auch Licht an den Gegenständen um uns herum gestreut, weshalb wir sie sehen. Treffen Photonen sichtbaren Lichts auf freie Elektronen, so ist das $\Delta\lambda$ so klein gegenüber der Wellenlänge des Lichts, dass der Comptoneffekt keine Rolle spielt ($\Delta\lambda \approx 10^{-3}$ nm << 600 nm).

3. Der Comptoneffekt macht Kernstrahlung „weicher"

Die kleine Wellenlänge von Röntgenstrahlung wird durch die relativ große Wellenlängenzunahme $\Delta\lambda$ der Comptonstreuung deutlich größer. Dies macht die Röntgenstrahlung „weicher"; sie wird in Materie stärker absorbiert und kann leichter abgeschirmt werden. Dies zeigt sich noch deutlicher bei den γ-Strahlen aus Kobalt-60. Ihre kurze Wellenlänge $\lambda = 1$ pm wird beim Streuwinkel $\beta = 90°$ nach *Gl. 1* um $\Delta\lambda = \lambda_C = 2{,}4$ pm auf $\lambda' = 3{,}4$ pm vergrößert, also mehr als verdreifacht.

In der Kernphysik lernen wir *Szintillationszähler* zur Messung der Energie von γ-Quanten kennen. Die Energie der Quanten löst dort Lichtblitze und Photoelektronen aus, die man vielfältig verstärkt. Die Messgeräte bestätigen das $\Delta\lambda$ in *Gl. 1* bei steigendem Winkel β.

... noch mehr Aufgaben

A 1: a) Wie groß sind Energie, Wellenlänge und Impuls der energiereichsten Quanten einer mit 30 kV Spannung betriebenen Röntgenröhre? **b)** Diese Quanten treffen auf freie Elektronen. Wie groß ist die Wellenlängenzunahme der unter $\beta = 0°$, 30°, 90° und 180° gestreuten Quanten, wie groß sind Impuls und Energie? **c)** Welche Energie hat jeweils das gestreute Elektron?

A 2: a) Bei welcher Mindestspannung liefert eine Röntgenröhre die Comptonwellenlänge λ_C? Welche Energie in eV und welchen Impuls haben die Elektronen in der Röhre? **b)** Die Quanten mit $\lambda = \lambda_C$ werden beim Comptoneffekt unter $\beta = 90°$ gestreut. Welche Wellenlänge und Energie findet man beim gestreuten Quant, welche Energie beim Elektron? **c)** Berechnen und zeichnen Sie nach ▶ *Bild 3* die Impulsvektoren von Quant und Elektron. Unter welchem Winkel fliegt das Elektron weg?

A 3: Quanten mit $\lambda = \lambda_C/2$ treffen freie Elektronen. **a)** Wie groß ist die Wellenlängenänderung in % unter $\beta = 0°$, 45°, 90° und 180°? Wie groß ist das maximal mögliche $\Delta\lambda$? Unter welchem Winkel β tritt es auf? **b)** Wie groß wäre die Comptonverschiebung $\Delta\lambda$ unter 90° bei sichtbarem Licht ($\lambda = 600$ nm) in %?

A 4: Welche Masse haben Quanten mit $\lambda = \lambda_C$? Welchen Energieverlust erleiden sie bei Comptonstreuung unter dem Winkel $\beta = 180°$, also bei „direktem Stoß" auf ein Elektron? Diskutieren Sie damit die Aussage, der Comptoneffekt beweise ein Stoßverhalten im atomaren Bereich wie man es von Billardkugeln kennt.

A 5: a) Die Feldstärke $E(t) = E_m \sin(\omega t)$ des Lichts schüttle ein freies Elektron im Metall. Berechnen Sie Beschleunigung a und maximale Bewegungsenergie $W_{kin} = \frac{1}{2}m v^2$ durch Integration von $t = 0$ bis $T/2$. Bei $E(t) = 0$ sei $v = 0$. Zeigen Sie, dass W_{kin} bei dieser klassischen Rechnung und bei der Bestrahlungsstärke $S = \frac{1}{2}\varepsilon_0 c E_m^2$ proportional zu $1/f^2$ sein müsste! **b)** Wie groß müsste S sein, damit W_{kin} die Ablöseenergie $W_A = 2$ eV aufbringen könnte? Würde Sonnenlicht zur Ablösung ausreichen ($S_E \approx 1{,}37$ kW/m²; $f = 5 \cdot 10^{14}$ Hz)? **c)** Was ist nach der Quantentheorie anders?

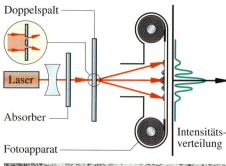

V 1: Laserlicht fällt auf einen Doppelspalt; sein Beugungsbild wird mit einem feinkörnigen S/W-Film im Fotoapparat ohne Objektiv registriert. Die Absorberfolie A macht die Bilder so dunkel, dass sie kaum noch sichtbar sind. Sie werden mit 1/1 000 s, 1/100 s und 1/10 s aufgenommen. Der entwickelte Film zeigt bei 600-facher Vergrößerung Beugungsbilder, die sich mit steigender Belichtungsdauer aus einer wachsenden Zahl unregelmäßig verteilter, schwarzer Silberkörner aufbauen. An „hellen" Stellen liegen sie dichter und fehlen, wo wegen destruktiver Interferenz kein Photon landet. Mit der Belichtungsdauer steigt die Zahl, nicht aber die Schwärzung der Körner.

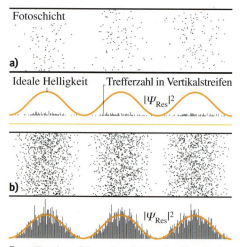

B 1: Zwei aufeinander folgende Simulationen **a)** und **b)** zur stochastischen Verteilung der Körner in Versuch 1 mit dem Zufallsgenerator. $|\Psi_{Res}|^2$ gibt die zu erwartende Körnerzahl im Streifen darüber an.

Das Photon als Quantenobjekt

1. Kann man Photonen nicht doch klassisch beschreiben?

a) Beim Schall schwingen die zahlreichen *Luftteilchen* relativ zueinander und bilden so eine Welle. Werden Lichtwellen auf ähnliche Weise von dicht fliegenden, schwingenden Photonen erzeugt? G. TAYLOR widerlegte dies bereits 1909 durch Interferenz bei extrem schwachem Licht. Dabei war jeweils *höchstens ein Photon* im Apparat. Trotzdem trug es zum Interferenzbild bei, das erst nach Monaten aus Photonentreffern aufgebaut war (⟹ *Versuch 1*; ⟹ *Bild 1*). P. DIRAC sagte, *dabei interferiere jedes Photon mit sich selbst.* Dazu wären *Teilchen* nach der klassischen Mechanik NEWTONS – etwa Billardkugeln – nicht fähig.

b) Wir sehen ein Photon als Energieportion hf einer Welle an. Wäre es dort im Sinne MAXWELLS *kontinuierlich* über eine Wellenfront verteilt, so müsste es sich, etwa an optischen Gittern, in viele Wellen aufteilen. Beim Photoeffekt müsste es sich momentan, mit Überlichtgeschwindigkeit, auf ein Elektron zusammenziehen und in eine andere Energieform übergehen. Wegen seiner Interferenzfähigkeit darf man daraus aber nicht rückwärts folgern, das unteilbare hf sei schon unterwegs lokalisiert und ein fliegender Massepunkt gewesen. Als solcher könnte es nicht interferieren.

c) Was unterscheidet Photonen von *klassisch beschreibbaren Teilchen,* z.B. von Farbtröpfchen? Eine Spraydose sprühe sie durch zwei parallele Schlitze auf einen Schirm (⟹ *Bild 2a*). Jedes Tröpfchen fliegt *entweder* durch Spalt 1 *oder* durch Spalt 2. Ist nur Spalt 1 offen, so entsteht der verwaschene Fleck 1'. Hinter Spalt 2 bildet sich der etwas verschobene Fleck 2'. Sind beide Spalte offen, so brauchen wir bei diesen *klassischen Teilchen* auf jedem mm² nur die *Teilchenzahlen* aus Fleck 1' und Fleck 2' zu addieren. Wir erhalten so die Kurve *Add*. Fliegt ein Tröpfchen durch Spalt 1, so ist es völlig gleichgültig, ob man Spalt 2 geöffnet hat oder nicht.

Licht dagegen erzeugt nach ⟹ *Bild 2b* hinter zwei Spalten ein fein gegliedertes Interferenzmuster, keinen Fleck *Add*. Die bei klassischen Objekten an jedem mm² sinnvolle Addition der *Teilchenzahlen* durch Spalt 1 und 2 erweist sich bei Licht als falsch. Photonen sind also mehr als nur Energieportionen. Man nennt sie **Quantenobjekte**. Um sie zu beschreiben, braucht man die Planck-Konstante h.

d) P. DIRAC widersprach der naheliegenden Vorstellung, bei destruktiver Interferenz würden sich die Photonen der Wellenberge und -täler gegenseitig „verschlingen". Da dies den Energiesatz verletzt, betrachtete er die Interferenz eines *einzelnen Photons mit sich selbst,* etwa beim Taylor-Experiment in (a). Es geht von der Quelle aus und kommt auf dem Schirm an. Wo, das ist vor der Ankunft *unbestimmt,* ebenso der Weg, den es dorthin nimmt. Kann man mit diesem, der klassischen Physik fremden Begriff **unbestimmt** physikalisch arbeiten?

2. Nur die Deutung ändert sich, nicht unser Vorgehen!

Glücklicherweise können wir die Interferenz eines Photons mit sich selbst durch die Addition von Zeigern behandeln – wie jede Interferenz. Doch nennen wir sie um von *E*-Zeigern (für Feldstärke) in **Ψ-Zeiger für Quanten** (griech. Psi). Am Doppelspalt stehen jedem unteilbaren Quant zwei *mögliche Pfade* offen, durch jeden Spalt einer. Für jeden Pfad lassen wir einen Ψ-Zeiger als λ-Zähler rotieren und addieren beide im Zielpunkt. Statt $\vec{E}_{Res} = \vec{E}_1 + \vec{E}_2$ schreiben wir **$\Psi_{Res} = \Psi_1 + \Psi_2$**. Die Unteilbarkeit des Quants macht es nötig, die *möglichen Pfade* als Möglichkeiten ernst zu nehmen und **jeder der gleichberechtigten Möglichkeiten** einen eigenen Ψ-Zeiger zuzuordnen. Dann wird das Interferenzmuster korrekt beschrieben. Nicht die Zeigeraddition – also unser *Vorgehen* – ändert sich. Vielmehr passt sich seine *Deutung* den Experimenten an:

In ➡ *Versuch 1* wird der Beobachtungsschirm unter dem Mikroskop betrachtet. Dabei löst sich die *kontinuierlich verteilte Helligkeit* in Lokalisationsorte unteilbarer Photonen auf. Diese liegen an den Maxima dicht und fehlen an den Minima. Dabei kommt der *Zufall* ins Spiel: Den nächsten Lokalisationsort kann niemand vorhersagen, er ist *unbestimmt*. Die **Photonenlokalisationen** sind *stochastisch* (zufallsbedingt) verteilt. Doch gelten bei *sehr vielen* Ereignissen exakte *Wahrscheinlichkeitsgesetze* – wie beim Würfeln:

Werden an einer Stelle 9-mal so viele Silberkörner pro mm² gezählt wie an einer andern, so sagt man, die **Antreffwahrscheinlichkeit** für die Lokalisation eines Photons sei dort 9-mal so groß. Man findet 9-mal so viele Photonen, die Energiedichte ϱ_W ist 9-mal so groß. Ist E_m die maximale Feldstärke der Welle, so gilt $\varrho_W \sim E_m^2$; $E_m \sim \sqrt{\varrho_W}$ ist 3-mal so groß. Nun entsprechen die Ψ-Zeiger den Amplituden E_m. Da sie zudem ein Maß für die Antreff*wahrscheinlichkeit eines Photons* liefern, zieht man in der Quantensprache beides in ein Wort zusammen und nennt die Ψ-Zeiger **Wahrscheinlichkeitsamplituden.** Wir sagen dafür einfach Ψ, bezeichnen ihre Länge – den Betrag von Ψ – mit |Ψ| und dessen Quadrat mit |Ψ|².

Beim Doppelspalt interferieren die beiden *Möglichkeiten* (Ψ_1 und Ψ_2) des unteilbaren Quants, zum Schirm zu gelangen. Das Quadrat $|\Psi_{Res}|^2 = |\Psi_1 + \Psi_2|^2$ gibt im gewünschten Zielpunkt die Antreffwahrscheinlichkeit für eine dortige Lokalisation an. Es ist analog zu $\vec{E}_{Res}^2 = (\vec{E}_1 + \vec{E}_2)^2$; doch benutzt man nicht das $\vec{E}$, da es sich bei wenigen Photonen als ähnlich unbestimmt erweist wie die Photonenlokalisation. Da man in der Physik gerne rechnet, ist das Ψ so eingeführt, dass es die zu erwartende Wahrscheinlichkeit exakt bestimmt (*determiniert*). In Anlehnung an die Wellenlehre ging man zu diesem Zweck wie folgt vor:

Die Endstellung der Ψ-Zeiger ist weiterhin durch die Länge *s* der betrachteten Pfade bestimmt; die Zeiger drehen sich jeweils einmal, wenn dort das Quant die Strecke λ zurücklegt; sie bleiben *λ-Zähler*; ihre Endstellung gibt die *Phase φ* an. Das ist wenig – aber es genügt vollauf.

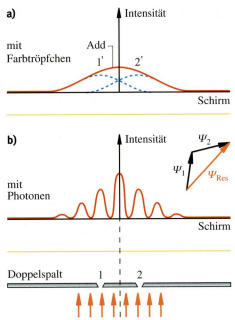

B 2: a) Klassisch: Farbtröpfchen am Doppelspalt erzeugen den Fleck *Add*; **b)** Quanten dagegen zeigen Interferenz. Wir beschreiben sie mit der bei Wellen bewährten Zeigeraddition. Die Intensität $|\Psi_{Res}|^2$ gibt die Dichte der Photonenlokalisationen (geschwärzte Silberkörner) an.

A 1: Welche Gleichungen beschreiben das Photon als Quantenobjekt? Was charakterisiert es als solches?

Vertiefung

Etwas Quantengeschichte

1927 gelang es DIRAC, die Photonenvorstellung EINSTEINS mit der Lichttheorie MAXWELLS „auf höherer Ebene" zu verschmelzen. Dazu übertrug er die 1926 von E. SCHRÖDINGER (Nobelpreis 1933) für Elektronen erfundene Größe Ψ auch auf Licht. R. FEYNMAN empfahl, Ψ durch rotierende Zeiger zu veranschaulichen. Sie sind nur durch die Länge |Ψ| und die Phase φ bestimmt. Man hat sich lange gefragt, ob dies ausreicht, die Quanten so vollständig zu beschreiben, wie es Experimente fordern. Diese Frage wird heute eindeutig mit Ja beantwortet. Im Gegenteil: Wer mehr hineinlegt und sich die Quanten mit klassischen Modellen veranschaulicht, verwickelt sich schnell in Widersprüche und wird den Experimenten nicht gerecht.

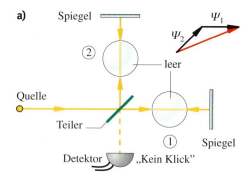

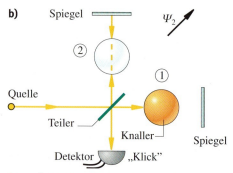

B 1: a) Beide Glaskugeln leer. Das Photon landet nie im Detektor, da Pfad ① und ② den Wegunterschied $\Delta s = \lambda/2$ haben.
b) Im Pfad ① liegt ein Knaller. Dies meldet ein Photon im Detektor, ohne den Knaller zu zerstören! Beim Realversuch vertritt den Knaller ein zweiter Detektor in Pfad ①.

Vertiefung

Was ist das Photon nicht?

a) Betrachten wir beim Knallertest das am Teiler ankommende Photon. Wäre es ein *realer, klassischer Wellenzug* mit kontinuierlich verteilter Energie hf, dann würde hf auf zwei Wellenzüge Z1 und Z2 mit je $\frac{1}{2}hf$ aufgeteilt. Z1 in Pfad ① würde den Knaller *in jedem Fall* auslösen, falls $\frac{1}{2}hf$ dazu ausreichte, andernfalls jedoch nie. Beides wird vom Experiment widerlegt.

b) Liefe in (a) die Photonenenergie hf ganz in der oberen Welle Z2, so hätte man rechts eine „energieleere" Welle. Als solche würde sie den Knaller unbeschädigt durchsetzen und mit Welle Z1 interferieren, so als ob kein Knaller vorhanden wäre. Man nennt solche „leere Wellen" auch *Führungswellen*, da sie nur fähig sein sollten, Quanten zu Interferenzmaxima hin zu führen. Ihre Existenz ist auch durch andere Versuche widerlegt.

3. Der Knallertest: Sehen, was nicht gesehen wird

Die Brisanz der Quantenwelt verdeutlichen wir an einem aufregenden Experiment: Ein Fabrikant für Scherzartikel füllte Glaskugeln mit einem Gas, das schon von *einem* Photon zur Explosion gebracht wird. Leider vermischte er diese sensiblen Knaller mit leeren Kugeln. Kann er wenigstens einen Teil der Knaller erkennen und retten, und zwar *ohne dass sie ein Photon trifft und auslöst, also zerstört?*

Der Fabrikant nimmt die Quantengesetze ernst und baut ein Interferometer nach ➡ *Bild 1*. Es ist zum *Doppelspalt* analog. Wie dort gibt es zwei mögliche Pfade ① und ② zum Detektor, die aber mithilfe der Teilerplatte und zwei Spiegeln weit voneinander getrennt sind. Auch sorgt der Fabrikant dafür, dass sich jeweils höchstens *ein* Photon im Apparat befindet. Es trifft von links auf die Teilerplatte. Sie ist mit einer schwach reflektierenden Silberschicht so belegt, dass dem Photon im Prinzip beide Pfade mit 50% Wahrscheinlichkeit offenstehen. Dabei weist Pfad ② gegen Pfad ① den Wegunterschied $\lambda/2$ auf. Deshalb gilt:

a) Sind beide Kugeln leer, so sind die beiden *Möglichkeiten* „Pfad ①" und „Pfad ②" *gleichberechtigt* (➡ *Bild 1a*). Man addiert deshalb die rotierenden Zeiger Ψ_1 und Ψ_2 der beiden gleichberechtigten Pfade und findet:
Wegen des Wegunterschieds $\lambda/2$ besteht destruktive Interferenz für den Weg zum Detektor; dort kommt *nie* ein Photon an (jedes kehrt am Teiler nach links zur Quelle zurück).

b) Nun ersetzt der Fabrikant die *rechte* leere Kugel (1) durch einen sensiblen Knaller, ohne dass er das weiß (➡ *Bild 1b*). Für das Photon aber sind jetzt beide Pfade *unterscheidbar*: Zerstört es den Knaller (und sich selbst), so hat es Pfad ① „gewählt" (Pech gehabt; 50% aller Fälle). Bleibt er heil, so hat es Pfad ② „gewählt" (auch 50%). Doch dann entfällt am Teiler die Interferenz mit Zeiger Ψ_1 von Pfad ①. Das Experiment bestätigt:
Das Photon gelangt nun in 25% aller Fälle vom Teiler nach unten zum Detektor und in 25% zurück zur Quelle. Da aber der Detektor bei einer leeren Kugel *nie* ansprechen würde (a), entlarvt sein Klicken den sensiblen Knaller. *Dabei kam das Photon mit ihm überhaupt nicht in Kontakt*; es gab seine ganze, zum Zünden nötige Energie hf im Detektor ab. Man spricht von *berührungsfreier Quantenmessung*. Der Fabrikant rettet den Knaller schnell, bevor das nächste Photon kommt.

Beim Versuch b) mit Knaller geht das Photon am Teiler in 25% aller Fälle nach links zur Quelle; der Klick beim Detektor entfällt. Der Knaller wird fälschlich als inaktiv deklariert. Nur in 25% der Fälle wird er ohne Zerstörung als sensibel erkannt und gerettet. *Bestünden klassische Vorstellungen zu Recht, so hätte man jedoch keinen einzigen retten können*. Dies zeigen zwei hypothetische Beispiele in der linken Spalte (➡ *Vertiefung*). Raffinierte Abwandlungen steigern die Ausbeute von 25% auf fast 100%.

4. Ψ bringt Interferenz, Unteilbarkeit und Stochastik der Quantenobjekte unter einen Hut

Nach Doppelspaltexperiment und Knallertest können wir das Quantenobjekt Photon schon recht umfassend beschreiben: Es ist die unteilbare Energieportion hf einer elektromagnetischen Welle und interferiert mit sich selbst. Genauer gesagt ist es eine Interferenz seiner Möglichkeiten. Sie erfolgt gemäß $\Psi_{Res} = \sum \Psi_i$ durch Superponieren (Addieren) der Ψ-Zeiger. Die Lichtinterferenz ist nach DIRAC ein Sonderfall dieses **Superpositionsprinzips für Möglichkeiten.** Dieses Prinzip ist Grundlage der Quantenphysik.

Nun sind Teilchen- und Wellenaspekte so reduziert, dass sie sich widerspruchsfrei verschmelzen lassen. Damit können wir auch das *Huygensprinzip* in die Quantensprache übersetzen (▶ *Bild 2*):

Bei Wasserwellen ließen wir für jede *tatsächliche* Bahn der Wellenerregung von der Quelle Q zum Zielpunkt Z einen Zeiger rotieren und addierten alle in Z. Wie aber das *unteilbare* Quant von Q nach Z gelangt, ist **unbestimmt**. Folglich müssen wir alle möglichen Pfade heranziehen, auf denen es nach Z gelangen könnte, und deren Ψ-Zeiger Ψ_i gemäß $\Psi_{Res} = \sum \Psi_i$ als gleichberechtigt addieren. Diese möglichen Wege sind *Rechenpfade* (zum λ-Zählen); es ist wenig hilfreich anzunehmen, ein unteilbares Quant durchlaufe sie alle zugleich oder spalte sich in eine ausgedehnte Welle auf.

Weil das Huygensprinzip auch der klassischen Wellenoptik zugrunde liegt, lassen sich alle ihre Interferenzexperimente mit Photonen beschreiben, wenn viele Photonen beteiligt sind. Wir erkennen besonders beim Licht eine enge *Korrespondenz* zwischen klassischer Physik und Quantenphysik. Daraus formulierte der berühmte dänische Physiker Niels BOHR (Nobelpreis 1914) sein *Korrespondenzprinzip*. Es diente den Forschern als Wegweiser in die Quantenphysik und zeigt auch uns einen Weg dorthin.

Merksatz

a) Wir haben alle *möglichen* Pfade des unteilbaren Quants von der Quelle zum Zielpunkt zu betrachten (als Rechenpfade) und jedem einen Zeiger Ψ_i zuzuordnen, der sich als „λ-Zähler" auf der Strecke λ einmal dreht.
b) Die Zeiger Ψ_i für *alle gleichberechtigten Möglichkeiten* werden zur Resultierenden $\Psi_{Res} = \sum \Psi_i$ superponiert. Die Interferenz bei Licht folgt aus diesem allgemeinen **Superpositionsprinzip für Quantenmöglichkeiten.**
c) Die Quantengrößen $\Psi_{Res} = \sum \Psi_i$ und $|\Psi_{Res}|^2$ sind durch die Zeigeraddition streng bestimmt, *determiniert*. Erst beim Deuten von $|\Psi_{Res}|^2$ als *Antreffwahrscheinlichkeit* eines Quantenobjekts kommt die Stochastik ins Spiel. Dabei kann $|\Psi_{Res}|^2$ gemessen werden.
d) Kann man dem Experiment irgendwie entnehmen, welchen Weg das unteilbare Quant tatsächlich geht, so entfällt die Superposition der Ψ-Zeiger für diesen Weg; es gibt *keine Interferenz*. Dies zeigt der Knallertest.

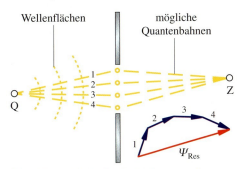

B 2: *Tatsächliche* Wellenbahnen werden umgedeutet in *mögliche* Photonenbahnen

Vertiefung

Das Geheimnis der Quantenphysik im Spiel

Fixieren Sie beim Doppelspaltexperiment eine Dunkelstelle D. Von Ihnen unbemerkt wird Spalt 1 ständig geöffnet und geschlossen. Denken Sie an *ein* Photon und vergleichen mit dem Knallertest. Sie sagen: Bleibt D dunkel, dann sind beide Spalte offen (kein Knaller; Bild 1a). Zeigen sich dagegen Photonen bei D (in Bild 1b im Detektor), so ist Spalt 1 geschlossen (Knaller in Pfad ①); jedes Photon tritt zwar durch Spalt 2, verhält sich aber so, als ob es Kenntnis vom Schließen des Spalts 1 hätte (vom Knaller in Pfad ①).

... noch mehr Aufgaben

A 1: Suchen Sie im Merksatz Hinweise auf Teilchen- bzw. Wellenaspekte beim Licht. Wodurch werden beide miteinander verschmolzen? Warum sind in der klassischen Physik Einzelteilchen und Welle miteinander unvereinbar?

A 2: Wir haben die E-Zeiger in Ψ-Zeiger und das Huygensprinzip von Wellen auf Quanten umgedeutet. Was blieb dabei erhalten, was änderte sich? Beantworten Sie dies unter verschiedenen Gesichtspunkten. Sie berühren dabei die wesentlichen Grundlagen der Quantenphysik.

A 3: Suchen Sie das Michelsoninterferometer der Wellenoptik. Was wäre beim Knallertest anders, wenn die beiden Pfade keinen Wegunterschied aufwiesen?

A 4: Betrachten Sie die „halbklassischen" Erklärungsversuche in der ▶ *Vertiefung* auf der linken Seite. Vergleichen Sie die Zeigeraddition mit „Führungswellen".

Interessantes

Modelle in der Physik

Die Gesetze der Quantenphysik sind heute unbestritten. Doch werfen sie philosophisch geprägte *Deutungsfragen* auf. Was bedeutet z. B. das Symbol Ψ? Schon H. HERTZ sagte: „Wir machen uns *innere Scheinbilder* oder *Symbole* der äußeren Gegenstände so, dass die *denknotwendigen* Folgen der Bilder stets wieder Bilder seien von den *naturnotwendigen* Folgen der abgebildeten Gegenstände."

Uns liegen die anschaulichen *Bilder* Welle und Teilchen näher als das Ψ. Sie sind zwar *unvereinbar*, scheinen sich aber bei Quanten zu *ergänzen*. N. BOHR bezeichnete sie als *komplementär*. Sein **Komplementaritätsprinzip** bezieht man heute aber nicht mehr auf diese *Bilder*, sondern auf unvereinbare *Experimente*. So gibt es beim Knallertest Interferenz, wenn der *Weg des Quants nicht erfahrbar ist;* sie entfällt aber, *wenn man ihn in Erfahrung bringen kann*. Dies wird – obwohl klassisch unverständlich – mit Ψ-Zeigern richtig beschrieben.

Ψ-Zeiger sind *Symbole*, von klassischen Vorstellungen unbelastete Hilfsmittel. Sie stellen nichts Reales dar, so wenig wie Feldlinien; sie rotieren nur in unseren Köpfen und auf dem Bildschirm. Deshalb können wir damit das Verhalten der Quantenobjekte widerspruchsfrei beschreiben; Modellballast ist abgeworfen. Weil aber das $|\Psi|^2$ als Antreffwahrscheinlichkeit messbar ist, sind die so gewonnenen Ergebnisse korrekte, kontrollierbare Physik. Dass dies funktioniert, ist nicht selbstverständlich. EINSTEIN sagte bisweilen: „Raffiniert ist der Herrgott, boshaft aber ist er nicht".

Das Formale und Abstrakte am Ψ, am Hilfsmittel rotierende Zeiger, lässt erkennen, dass den *logischen* Fähigkeiten des Menschen auch unanschauliche Bereiche zugänglich sind. Damit reichen sie viel weiter als die auf unsere Umwelt beschränkte *Anschauung*.

Mit der Quantenphysik bekommen wir nicht nur tiefe Einblicke in die Natur, sondern auch *in unsere eigenen geistigen Fähigkeiten*. Wir erkennen dabei *Grenzen* und zugleich *grenzüberschreitende Möglichkeiten*. Wer trotzdem versucht, Quantenphänomene mit gegenständlichen Bildern zu verstehen, wird der Natur nicht gerecht. Zudem verschenkt er viel von den weitreichenden logischen, mit *abstrakten Symbolen* arbeitenden Fähigkeiten des Menschen. Sie sind ein wichtiger Teil menschlicher Kulturleistung, deren Faszination sich kein denkender Mensch entziehen sollte. Hier liegt eine wichtige Bedeutung moderner Physik für Philosophie und Kultur.

Real – objektiv – unbestimmt – nichtlokal

Der Knallertest gibt unserer *Anschauung* mancherlei Rätsel auf:

Dort registriert der Detektor ein *unteilbares* Photon, das den Knaller unberührt ließ. Von unserem *Realitätssinn* geleitet sagen wir: „Das Photon hat *tatsächlich* (*real*) den oberen Pfad gewählt, sein Verhalten kann nicht vom rechten Pfad abhängen." Doch trifft es den Detektor nur, wenn in diesem rechten Pfad der Knaller liegt.

Eine solche *Realitätsannahme* führt auch beim Doppelspaltexperiment in die Irre. Dort darf man nicht sagen, das Quant sei objektiv gesehen (*real*) durch einen *bestimmten* Spalt geflogen, nur *wisse* man nicht (*subjektiv* gesehen), durch welchen. Es sei also gleichgültig, ob der andere offen oder geschlossen ist. Auch diese von Realitätsannahmen vorgeprägte Aussage wird vom Experiment widerlegt. Zwar ist das Photon von der Quelle durch die Spaltebene zum Ziel gelangt. Es bleibt aber *im Sinne der Quantentheorie unbestimmt*, welche der möglichen Bahnen es dabei einschlug.

Hier zeigt sich die **Nichtobjektivierbarkeit** bei Quanten. Sobald man nämlich den Durchflugspalt durch Detektoren (etwa den Knaller) *objektiv* zu bestimmen sucht, wird die Interferenz zerstört, auch wenn das Photon den Knaller unberührt lässt. Jetzt sind die Bahnen nicht mehr gleichberechtigt, ihre Unbestimmtheit ist aufgehoben. Den der klassischen Physik fremden Begriff *unbestimmt* werden wir bald mathematisch fassen.

Man hört oft, bei solchen Nachprüfungen würde das Quantenobjekt durch Berühren *gestört*, durch eine vielleicht klassisch verständliche, „kausale" Wechselwirkung. Doch berührt beim *wechselwirkungsfreien* Knallertest das den Detektor (unten) treffende Photon den Knaller (rechts) nicht. Bereits dessen Anwesenheit, das *reine Androhen* der Prüfung „Photon oben oder rechts?", zerstört die Interferenz beim Teiler. Man sagt, die Quantenwelt sei **nichtlokal**. Zwar wird das „Ende" des Photons, sein „Tod", im Zielpunkt lokalisiert. Daraus darf man aber nicht auf eine Lokalisierbarkeit unterwegs schließen.

R. FEYNMAN sagte, schon am Doppelspalt zeige sich das ganze Geheimnis der Quantenphysik, das niemand *verstehen* könne. *Verstehen* bedeutet nämlich ein Zurückführen auf anschauliche Modelle. Wir sollten uns nicht darüber wundern, dass zum *Beschreiben* der Quantenwelt die formalen Ψ-Funktionen nötig sind, wohl aber darüber, dass sie bei der Riesenfülle verschiedenartigster Experimente ausreichen.

ZUSAMMENFASSUNG – PHOTON ALS QUANTENOBJEKT

Das ist wichtig

Die Energie $W = hf$ der **unteilbaren Lichtquanten** hängt von der Intensität des Lichts nicht ab.

Beim Photoeffekt haben die schnellsten Photoelektronen die Energie $W_{max} = hf - W_A$.

$h = 6{,}626 \cdot 10^{-34}$ Js ist die **Planck-Konstante**.
f: Frequenz des Lichts
W_A: Ablöseenergie des Photoelektrons vom Material

In **Röntgenröhren** schließt sich bei der Beschleunigungsspannung U an die Grenzwellenlänge λ_{min} ein kontinuierliches Röntgenspektrum mit der Grenzfrequenz $f_{max} = c/\lambda_{min}$ an. Es gilt $hf_{max} = eU$.

Masse eines Photons: $m = W/c^2 = h/(c\lambda)$
Impuls eines Photons: $p = h/\lambda$

Ein Quant der Energie $hf > 1{,}02$ MeV kann in der Nähe eines Atomkerns verschwinden und ein **Elektron-Positron-Paar** erzeugen. Ein Positron kann zusammen mit einem Elektron **zerstrahlen**, wobei sich mindestens zwei Quanten bilden.

Beim **Comptoneffekt** fallen Röntgenquanten auf fast freie Elektronen. Dabei entstehen neue Quanten. Sie werden unter dem Winkel β gegen den einfallenden Strahl mit einer um $\Delta\lambda = \lambda_C (1 - \cos\beta)$ größeren Wellenlänge gestreut. $\lambda_C = h/(m_e c) = 2{,}4$ pm heißt **Comptonwellenlänge**. Das getroffene Elektron wird in der gleichen Ebene zur Seite gestreut.

Superpositionsprinzip für Quantenmöglichkeiten

Die Zeiger Ψ_i für *alle gleichberechtigten Möglichkeiten (Pfade)* eines unteilbaren Quants werden zur Resultierenden $\Psi_{Res} = \Sigma \Psi_i$ addiert. Diese Pfade können der klassischen Wellenoptik entnommen werden. Jedem Pfad ist ein Zeiger Ψ_i zuzuordnen. Als „λ-Zähler" dreht er sich auf der Strecke $\lambda = h/p$ einmal.

Kann aber der Weg des Quants in Erfahrung gebracht werden, so entfallen Superposition und Interferenz.

Die Quantengrößen Ψ und $|\Psi|^2$ sind – wie die Addition ihrer Zeiger – streng bestimmt, *determiniert*. Erst beim Deuten von $|\Psi|^2$ als **Antreffwahrscheinlichkeit** von Quantenobjekten kommt die Stochastik ins Spiel.

$|\Psi|^2$ kann gemessen werden, bekommt also eine unmittelbare physikalische Bedeutung, die der Wahrscheinlichkeitsamplitude Ψ noch fehlt.

P.A.M. DIRAC analysierte 1927 in seinem grundlegenden Buch „The Principles of Quantum Mechanics" (London, Oxford University Press) die Interferenz von Wellen (er nannte sie components) und verglich sie mit der Interferenz *eines* unteilbaren Photons:

„Suppose we have a beam of light consisting of a large number of photons split up into two components of equal intensity. On the assumption that the intensity of a beam is connected with the probable number of photons in it, we should have half the total number of photons going into each component. If the two components are now made to interfere, we should require a photon in one component to be able to interfere with one in the other. Sometimes these two photons would have to annihilate one another, and other times they would have to produce four photons. This would contradict the conservation of energy. …
Each photon interferes only with itself. … A fraction of a Photon is never observed.
The *superposition* that occurs in quantum mechanics is of an essentially different nature from any occurring in the classical theory."

Aufgaben

A 1: Beantworten Sie folgende Fragen am Unterschied zwischen Photonen und Farbtröpfchen bzw. Hagelkörnern und am Knallertest: **a)** Man sagt, die Quantenphysik sei *nichtlokal*. Wo zeigt sich dies? **b)** Worin liegt dabei der Unterschied von *Nichtobjektivierbarkeit* und *Nichtwissen*? Warum muss man beides trennen? **c)** Was heißt Photonenlokalisation? Muss man dabei wissen, wo sich das Photon vor der Lokalisation aufhält, welchen Weg es dorthin beschreibt? Was heißt hier *unbestimmt*?

A 2: a) Beschreiben Sie die Reflexion von Licht an einem ebenen Spiegel mit Photonen. Genügt es, sich auf den Reflexionspunkt der geometrischen Optik zu beschränken oder muss man die Pfade für alle möglichen Spiegelpunkte heranziehen? **b)** Begründen Sie an a) den Satz von FERMAT: „Das Licht wählt den Weg mit der kürzesten Laufzeit." Gilt er stets oder nur im Grenzfall der klassischen Strahlenoptik? Wenden Sie ihn auf die Brechung von Licht und auf Linsen an (benutzen Sie Simulationsprogramme).

A 3: Beim Knallertest haben wir aus dem Wegunterschied beider Pfade von $\lambda/2$ auf ein Nichtansprechen des Detektors geschlossen, also klassische Wellenoptik angewandt. Begründen Sie dies zunächst klassisch. Welches Prinzip bewährt sich anschließend bei der Übertragung auf Quanten?

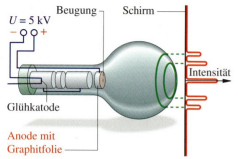

V 1: In der evakuierten Beugungsröhre werden Elektronen mit der Spannung $U = 5$ kV beschleunigt. Sie durchsetzen in der Anodenöffnung eine dünne Schicht aus polykristallinem Graphit (rot) und erzeugen auf dem Schirm zwei konzentrische Debye-Scherrer-Ringe mit Radien r_a und r_b. Dafür gilt die *Bragg-Gleichung*:

$\sin\varphi_n = n\lambda_B/(2d)$ (⇒ *Bild 1*).

Die Glanzwinkel φ_n sind klein; in n. Ordnung gilt:

$r_n/l = \sin 2\varphi_n \approx 2\sin\varphi_n = n\lambda_B/d$.

Da der größere Ringradius $r_b = 0{,}019$ m nicht das Doppelte von $r_a = 0{,}011$ m ist, gehört r_b nicht zur Beugungsordnung $n = 2$, die sich hier nicht zeigt. Vielmehr hat der Kristall zwei Netzebenensysteme mit den Abständen $d_a = 213$ pm und $d_b = 123$ pm. Damit gilt in der 1. Ordnung ($n = 1$) beim Abstand Kristall-Schirm $l = 0{,}135$ m nach obiger Gleichung

a) für den *Innenring*: $\lambda_B = d_a r_a/l$,
$\lambda_B = 213$ pm $\cdot$ $0{,}011$ m$/0{,}135$ m $= 17{,}4$ pm,
b) für den *Außenring*: $\lambda_B = d_b r_b/l$,
$\lambda_B = 123$ pm $\cdot$ $0{,}019$ m$/0{,}135$ m $= 17{,}3$ pm.
Beide Werte für λ_B stimmen gut überein.

B 1: a) Graphitgitter mit Netzebenenabständen d_a und d_b. **b)** Bragg-Reflexion am Graphit-Einkristall erzeugt den Reflexpunkt P. Im Polykristall entsteht daraus ein Beugungsring (⇒ *Bild 3*).

Das Elektron als Quantenobjekt

1. Elektronenbeugung und deBroglie-Wellenlänge λ_B

Bei *Paarbildung* und *Zerstrahlung* wandeln sich Photonen und Elektronen ineinander um. Sind also auch Elektronen Quantenobjekte? Interferieren sie gar mit sich selbst – wie Photonen? Davon ging der franz. Prinz Louis DEBROGLIE 1924 (Nobelpreis 1929) aus. Er schrieb Elektronen mit dem Impuls $p = m v$ und der Energie W die nach ihm benannte **deBroglie-Wellenlänge** $\lambda_B = h/p$ sowie die Frequenz $f = W/h$ zu. Die Planck-Konstante h kennzeichnet auch Elektronen als Quantenobjekte. Von dieser umfassenden Idee war man in der Physik sofort fasziniert. Vorher hatte man die Quanten kaum ernst genommen. DAVISSON und GERMER bestätigten 1927 DEBROGLIES Spekulation. Sie zeigten mithilfe der Bragg-Reflexion, dass Elektronen wie Röntgenstrahlen gebeugt werden.

Um diese **Elektronenbeugung** zu zeigen, werden in ⇒ *Versuch 1* Elektronen ($m_e = 9{,}1 \cdot 10^{-31}$ kg) mit der Spannung $U = 5{,}0$ kV beschleunigt. Für diese Elektronen gilt:

kinetische Energie $W_{kin} = \frac{1}{2} m_e v^2 = eU = 5{,}0$ keV $= 8{,}0 \cdot 10^{-16}$ J,
Geschwindigkeit $v = \sqrt{2Ue/m_e} = 4{,}2 \cdot 10^7$ m/s,
Impuls $p = m_e v = \sqrt{2Uem_e} = 3{,}8 \cdot 10^{-23}$ Ns.

Nach DEBROGLIE erwartet man also die Wellenlänge
$\lambda_B = h/p = 17{,}4$ pm.

Dieser Wert wird in ⇒ *Versuch 1* bestätigt. Erniedrigt man dort die Spannung U, so auch den Impuls p. $\lambda_B = h/p$ und die Radien r der von Elektronen erzeugten Beugungsringe nehmen zu. Sie haben nach ⇒ *Bild 3* das gleiche Aussehen wie bei Röntgenstrahlen. Man könnte einwenden, unbekannte Effekte im komplizierten Beugungskristall könnten das Ergebnis verfälschen. Doch zeigte C. JÖNSSON 1960, dass auch Elektronen, die einen Doppelspalt im Vakuum durchfliegen, Interferenzstreifen bilden (⇒ *Bild 4a*).

Die Gleichung $p = h/\lambda$ gilt also universell, für Photonen wie für Elektronen. Selbst elektrisch neutrale Teilchen wie Wasserstoff- oder Heliumatome, Neutronen und fliegende Moleküle bilden Interferenzmuster mit $\lambda_B = h/p$ (⇒ *Bild 4b*). All dies sind Quantenobjekte. DEBROGLIE sprach ihnen eine **„Welle"** zu, **deBroglie-** oder **Materiewelle** genannt. In Ziff. 4 werden wir sie mit rotierenden Zeigern exakt beschreiben.

2. Universelle Grundgesetze – für alle Quantenobjekte

Beugung und Interferenz gibt es bei allen Quantenobjekten, bei Photonen, Elektronen, Atomen und Molekülen. Quantenobjekte sind charakterisiert durch die Planck-Konstante h. Diese ordnet einander zu:

Impuls p ↔	**deBroglie-Wellenlänge $\lambda = h/p$**	(1)
Energie W ↔	**Frequenz $f = W/h$.**	(2)

3. Kann man Materiewellen klassisch verstehen?

Lassen sich DE BROGLIES Materiewellen mit Wasserwellen vergleichen? In ▶ *Versuch 1* haben die Elektronen Abstände, die 10^6-mal so groß sind wie die deBroglie-Wellenlänge λ_B (▶ *Aufgabe 2*). Durch Schwingungen gegeneinander können sie keine „echte" Welle erzeugen, analog zu Wasser- oder Schallwellen. Ein Vergleich mit dem *Taylor-Experiment* liegt näher. Dort befand sich jeweils höchstens ein Quantenobjekt im Gerät und trug trotzdem zum Interferenzbild bei, auch wenn dieses langsam aufgebaut wurde.

Ist also jedes Elektron eine wellende, in sich schwingende Ladungswolke? Dann müsste es sich an den Atomen des Kristallgitters in unzählig viele, weit voneinander entfernte Ladungswölkchen aufspalten, im Gegensatz zu aller Erfahrung. Auch kann ein Elektron für sich keinen ganzen Beugungsring zum Leuchten bringen. Vielmehr bildet sich dieser aus *stochastisch verteilten Lokalisationen* der Elektronen, die nacheinander eintreffen; man beachte die körnige Struktur in ▶ *Bild 4b*.

Was sich bei Photonen zeigt, gilt erst recht hier:
Jedes Elektron interferiert mit sich selbst, indem all seine Möglichkeiten interferieren. Auch sie gehorchen dem Superpositionsprinzip für Wahrscheinlichkeitsamplituden Ψ. Wir beschreiben die deBroglie-Welle als **Ψ-Welle** mit rotierenden Zeigern. Dann können wir alle Überlegungen und Experimente zur Lichtbeugung auf Elektronenbeugung übertragen, wenn wir $\lambda_B = h/p$ benutzen.

Nun verstehen wir auch, warum das **Elektronenmikroskop** viel kleinere Strukturen auflöst als das Lichtmikroskop (▶ *Bild 2*): Punktförmige Objekte erzeugen in Linsen nicht Punkte, sondern Beugungsscheibchen. Deshalb kann man nur solche Objektabstände auflösen, die größer sind als $\lambda/2$. Die Grenze des Lichtmikroskops liegt bei $\lambda_{Licht}/2 \approx 200$ nm. Bei Elektronen lässt sich die Geschwindigkeit v so weit steigern, dass die deBroglie-Wellenlänge $\lambda_B = h/(mv)$ und das Auflösungsvermögen bis in atomare Dimensionen reichen ($\lambda_B/2 \approx 0,2$ nm).

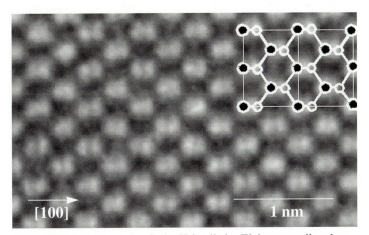

B 2: Bild von Atomen des GaAs-Kristalls im Elektronenmikroskop

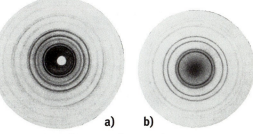

B 3: Debye-Scherrer-Ringe an dünner Silberfolie **a)** mit Elektronen **b)** mit Röntgenstrahlen erzeugt

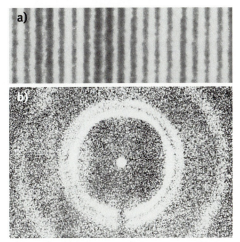

B 4: a) Elektroneninterferenz am Doppelspalt nach JÖNSSON, mit einem Elektronenmikroskop stark nachvergrößert ($g = 10^{-6}$ m) **b)** Neutronenbeugung an Kupferfolie. Die körnige Struktur baut sich allmählich auf und zeigt, dass jedes Neutron mit sich selbst interferiert – wie jedes Photon.

... noch mehr Aufgaben

A 1: Elektronen ($W = 10$ keV) werden auf einen Einkristall geschossen (einfach-kubisches Gitter $d = 210$ pm). Bei welchen Glanzwinkeln treten Reflexionen auf?

A 2: In der Beugungsröhre ist die Spannung 5,0 kV, die Anodenstromstärke 1,0 mA. Wie groß ist die Elektronengeschwindigkeit v? Anodenöffnung und Elektronenstrahl haben den Querschnitt 1,0 mm². Wie viele Elektronen sind in einem Strahl der Länge $v \cdot 1$ s? Berechnen Sie Dichte und mittleren Abstand der als punktförmig angenommenen Elektronen. Das Wievielfache ihrer deBroglie-Wellenlänge λ_B ist dieser Abstand? Vergleichen Sie mit der Dicke 0,1 mm der Beugungsschicht.

Vertiefung

B 1: Erwin Schrödinger (1887–1961)

Ψ-Zeiger und imaginäre Zahlen

Der österreichische Physiker E. Schrödinger untersuchte 1926 die deBroglie-Welle mit seiner **Schrödingergleichung.** Er fand $\Psi(x,t) = \Psi_0 (\cos\varphi + i \sin\varphi)$ mit der Phase $\varphi = 2\pi(x/\lambda - t/T)$. Dies entspricht exakt der Zeigerdarstellung in ⇒ Bild 2 und 3b. Doch empfand er das von ihm eingeführte Ψ als „etwas unsymphatisch", da sich dort die imaginäre Zahl $i = \sqrt{-1}$ als unabdingbar herausstellte. Sie machte seine Absicht zunichte, in der Materiewelle ein *reales* Schwingen einer „Elektronenflüssigkeit" zu sehen. Die Schrödingergleichung beschreibt die Quanten nur mit dem $i = \sqrt{-1}$ umfassend und richtig und trug ihm so 1933 den Nobelpreis ein.

Die imaginäre Zahl $i = \sqrt{-1}$ ist in der Menge der reellen Zahlen, im *Zahlenstrahl* (x), nicht enthalten. Fügt man senkrecht dazu die imaginäre Achse mit der imaginären Einheit $i = \sqrt{-1}$ hinzu, dann erhält man die komplexe *Zahlenebene* (⇒ Bild 2). Dort stellt $\Psi(x,t) = \Psi_0(\cos\varphi + i \sin\varphi)$ einen Zeiger dar, der mit der Phase φ rotiert. Das Ψ ist wegen der imaginären Zahl i eine formale, nicht messbare Größe. $|\Psi|^2$ dagegen enthält das i nicht mehr und ist als Antreffwahrscheinlichkeit messbar.

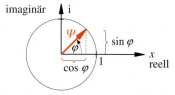

B 2: Rotierender Zeiger in der komplexen Zahlenebene, i-Achse nach oben

4. Die deBroglie-Welle als Ψ-Welle

Klassische Wellen lassen sich mit rotierenden Zeigern beschreiben. Warum nicht auch deBroglie-Wellen? Dazu betrachten wir Elektronen, die mit *exakt gleichem Impuls* p, also gleichem $\lambda_B = h/p$ und gleicher Energie $W = hf$ in einem langen Strahl gleichmäßig nach rechts fliegen:

a) Die Antreffwahrscheinlichkeit $|\Psi(x)|^2$ für ein Elektron ist längs des Strahls konstant (⇒ Bild 3a). Deshalb müssen die nebeneinanderliegenden Zeiger in ⇒ Bild 3b stets *gleiche Länge* haben.

b) ⇒ Bild 3b zeigt die *räumliche Periodizität* gemäß $\lambda_B = h/p$. Dazu sind die Phasenwinkel φ der Zeiger so gegeneinander gedreht, dass sich φ jeweils nach der Strecke $\lambda_B = h/p$ wiederholt. Dies kennen wir von klassischen Wellen.

c) Die Rotationsfrequenz $f = W/h$ der Zeiger gibt der Welle ihre *zeitliche Periodizität*. Dabei ist $W = \frac{1}{2} m_e v^2 = p^2/(2m_e)$ die Elektronenenergie. Dann laufen am Bildschirm die Phasen φ dieser **Ψ-Welle** nach rechts, genau wie es Schrödinger mit $\Psi(x,t)$ beschreibt. $\Psi(x,t)$ ist im Ort x und in der Zeit t periodisch.

Merksatz

Die fortschreitende **Ψ-Welle** $\Psi(x,t)$ von Elektronen mit Impuls p wird durch gegeneinander versetzte, mit der Frequenz $f = W/h$ rotierende Zeiger dargestellt. Ihre zeitliche Periode ist $T = 1/f$, die räumliche $\lambda_B = h/p$. Die konstante Antreffwahrscheinlichkeit $|\Psi(x,t)|^2$ für Elektronen längs des Strahls fordert *gleiche Zeigerlänge* $|\Psi|$. Darin liegt der *wesentliche Unterschied zu klassischen Wellen*.

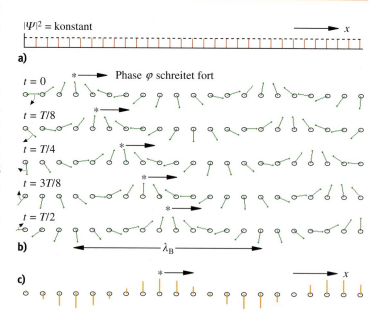

B 3: a) Konstantes $|\Psi|^2$ längs des Elektronenstrahls **b)** 5 Momentbilder der nach rechts fortschreitenden deBroglie-Welle in Abständen von $T/8$ **c)** klassische Welle mit Bergen und Tälern, entstanden durch Projektion der Zeiger bei $t = T/2$ auf eine vertikale Gerade (⇒ *Vertiefung*, links)

5. Unterschiede zwischen Photon und Elektron

Photonen und Elektronen sind Quantenobjekte, gekennzeichnet durch die Planck-Konstante h. Doch darf man einige fundamentale Unterschiede nicht übersehen:

Elektronen haben die Ruhemasse m_0; sie können sich wie klassische Teilchen verhalten. Dies haben wir bei der Bestimmung ihrer spezifischen Ladung e/m und der Ablenkung in braunschen Röhren mit Erfolg benutzt. Elektronen sind Bestandteile von Materie. Für *Photonen* gilt all dies nicht; eine Korpuskeltheorie im Sinne NEWTONS versagt schon bei der Lichtbrechung, erst recht bei Interferenz und Beugung.

Nun verbietet das **Pauliprinzip**, dass mehr als zwei Elektronen in denselben Zustand treten, z.B. in die K-Schale eines Atoms (bekannt aus dem Chemieunterricht). Dies gilt auch bei der Ψ-Welle. Sie kann nicht durch Aufnahme vieler Elektronen zu einer klassischen Welle aufgebaut werden. Bei *Photonen* dagegen gilt das Pauliprinzip nicht. Sehr viele Photonen können deshalb eine klassische elektromagnetische Welle mit der Feldstärke $E(x, t)$ bilden, bekannt als Radiowelle und als kohärentes Laserlicht.

Weder bei Elektronen noch bei Photonen sind *beide* klassischen Grenzfälle Teilchen und Welle möglich: Photonen verhalten sich nie wie klassische Teilchen, Elektronen nie wie klassische Wellen. Deshalb ist die häufig gehörte *dualistische* Aussage falsch, sie verhalten sich mal wie Teilchen, mal wie Wellen. Zudem unterschiebt diese der Natur einen Widerspruch.

Vertiefung

Warum ist Ψ keine klassische Welle?

Vielleicht vermissen Sie in ⟶ *Bild 3b* die Nullstellen der klassischen Welle aus ⟶ *Bild 3c*. Sie laufen mit der Geschwindigkeit $u = f\lambda$ der Wellenphase.

Bei Elektronen ist $f = W/h$, $\lambda_B = h/p$ und $W = \frac{1}{2} m v^2 = p^2/(2m)$.

Also hätten Nullstellen in Bild 3c nach

$$u = f \lambda_B = (W/h)(h/p) = p/(2m) = v/2$$

nur die *halbe* Geschwindigkeit $v/2$ der fliegenden Elektronen; sie könnten diese nicht zwischen sich, in Bergen oder Tälern einer klassischen Welle, mitführen.

Bei Ψ-Wellen ist jedoch die Zeigerlänge $|\Psi|$ konstant, Nullstellen fehlen. Deshalb stört es überhaupt nicht, dass die Phasen viel langsamer laufen als das Elektron. Trotz dieser Unterschiede zur klassischen Welle benutzt man die Worte Ψ-Welle und deBroglie-Wellenlänge.

Wir werden bald sehen, wie man mit Ψ-Wellen Elektronen beschreibt, die in einem engen Pulk fliegen, also nicht mit konstanter Antreffwahrscheinlichkeit $|\Psi|^2$ längs des ganzen Strahls.

... noch mehr Aufgaben

A 1: a) Welche deBroglie-Wellenlänge haben mit 500 kV beschleunigte Protonen? **b)** Warum haben gleich schnelle neutrale H-Atome (fast) die gleiche Wellenlänge? **c)** Was gilt für He-Kerne in a) (Masse 4fach, Ladung doppelt)?

A 2: a) Wie ändern sich die Radien r der Beugungsringe, wenn man die Beschleunigungsspannung U in der Beugungsröhre verdoppelt? Zeigen Sie, dass $r \sim 1/\sqrt{U}$ ist. **b)** Welche Radien hätten dort die Beugungsringe 2. Ordnung bei $U = 5$ kV?

A 3: Übertragen Sie das früher zum Doppelspalt bei Photonen Gesagte auf Elektronen.

A 4: Welche deBroglie-Wellenlänge kommt einem Staubkörnchen zu ($m = 10^{-12}$ g; $v = 300$ m/s)? Welche Ablenkung würde es durch ein Gitter mit $g = 1{,}0$ μm in 1,0 m Entfernung in der 10. Ordnung erfahren? Was folgern Sie für die Gültigkeit der klassischen Mechanik?

A 5: Das Fermatprinzip zeigt, dass die geometrische Optik ein Grenzfall der Wellenoptik ist. Übertragen Sie das auf Elektronen. Welcher Teil der Physik wird so angedeutet?

A 6: Wie groß müsste bei Farbtröpfchen ($m = 100$ μg; $v = 10$ m/s) der Abstand zweier Spalte sein, damit auf dem 20 cm entfernten Schirm Beugungsstreifen mit 1,0 mm Abstand zu erwarten wären?

A 7: Mit welcher Spannung sind Elektronen zu beschleunigen, sodass am Doppelspalt ($g = 10$ μm) der Beugungswinkel 10. Ordnung 0,10° beträgt?

A 8: Welche Energie müssten Elektronen eines idealen Elektronenmikroskops haben, damit Atome mit Abstand $d = 0{,}2$ nm noch getrennt registriert werden?

A 9: Prüfen Sie die Worte *Wahrscheinlichkeits-* und *Materiewelle* anhand von ⟶ *Bild 3*. Vergleichen Sie die Geschwindigkeiten von Elektron und Wellenphasen.

A 10: a) Eine Ψ-Welle hat die Phase $\varphi = 2\pi (x/1\text{ nm} - t/10^{-12}\text{ s})$. Bewegt sie sich nach rechts oder links? Mit welcher Geschwindigkeit? Verfolgen Sie einen Phasenzustand, z.B. $\varphi = 0$, im Laufe der Zeit. Wie groß sind λ, p, f, W und das v der zugehörigen Elektronen? **b)** Die Phasen beschreibt man durch Zeiger im mathematisch positiven Sinn (gegen den Uhrzeiger). Wie rotieren also die Zeiger mit t?

Unbestimmtheitsrelation (UBR); Wellenpakete

Während SCHRÖDINGER mit seinem ihm „etwas unsympathischen Ψ" erfolgreich rechnete, fragten sich andere, warum im Mikrokosmos *klassische Begriffe* wie Ort und Impuls nicht ausreichen. 1927 „wurde es Tag in der Quantentheorie" (wie W. PAULI sagte). Werner HEISENBERG (Nobelpreis 1932) zeigte nämlich: Man kann diese klassischen Begriffe zwar benutzen. Doch sind bei ihrem *gemeinsamen Gebrauch Unbestimmtheiten* zu beachten, von denen wir schon mehrfach sprachen (Ψ-Funktionen, also rotierende Zeiger, sind damit nicht belastet). Dass es sich nicht um Messfehler handelt, machte der Theoretiker HEISENBERG den Experimentatoren an der Spaltbeugung klar (▶ *Bild 2*).

1. Wie scharf schießen Photonenkanonen?

Versuchen wir, die ferne Nähnadel in ▶ *Bild 1a* mit den Photonen von Laserlicht zu treffen. Das Folgende gilt auch bei Elektronen; üben wir daran die präzise Quantensprache: Der Laser hat alle Quanten im Strahl *einheitlich* (*identisch*) *präpariert*. Er bestimmt nämlich die Wellenlänge λ und damit den Impuls nach oben, in y-Richtung, zu $p_y = h/\lambda$ scharf.

In x-Richtung, quer zum breiten Strahl, haben zunächst *alle* Quanten den Querimpuls $p_x = 0$; die Quantengesamtheit ist im **Zustand scharfen Querimpulses $p_x = 0$;** quer zum Strahl ist die **Impuls-Unbestimmtheit $\Delta p_x \approx 0$**. Trotzdem nehmen die meisten Quanten des Bündels der großen Breite b_0 von der Nadel keine Notiz. Bezüglich des Ortes x hat diese Quantengesamtheit die große **Orts-Unbestimmtheit $\Delta x \approx b_0$.**

Nun wird in ▶ *Bild 1b* (und 2) das Δx durch Verengen des Spalts verkleinert. Beugung lenkt die Quanten in x-Richtung ab, versetzt sie also in einen anderen Zustand; das Beugungsbild rückt auseinander. Die Photonen verfehlen die Nadel aus einem anderen Grund: Sie bekommen am Spalt quer zum Strahl *stochastisch* verteilte **Querimpulse p_x**. Der Mittelwert $|p_x|$ ihrer Beträge gibt uns die **Impuls-Unbestimmtheit Δp_x** der Quantengesamtheit an. Nach ▶ *Bild 2* gilt $\Delta x\, \Delta p_x \approx h$. Beim Schließen des Spalts sinkt die Orts-Unbestimmtheit Δx; dafür steigt $\Delta p_x \approx h/\Delta x$. Dies geschieht durch Beugung, nicht durch Zufallsstörungen durch ein Messgerät.

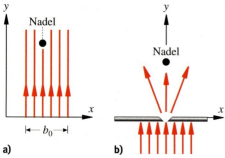

B 1: a) Die meisten Photonen des breiten Laserbündels gehen an der dünnen Nadel vorbei; ihr Ort x ist unbestimmt. **b)** Der Spalt verkleinert zwar die Unbestimmtheit Δx des Orts x in der Spaltebene. Dafür steigt der durch Beugung erzeugte Impuls p_x quer zur ursprünglichen Strahlrichtung.

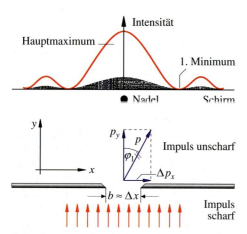

B 2: Quanten durchsetzen den Spalt. Mit seiner Breite b nimmt auch die Unbestimmtheit $\Delta x \approx b$ des Ortes x in der Spaltebene ab. Dafür steigen wegen Beugung die stochastisch verteilten Querimpulse p_x des Quants. Als dessen *Impuls-Unbestimmtheit* Δp_x nahm HEISENBERG den Betrag $|p_x|$ von p_x an, der klassische Teilchen zum 1. Minimum unter dem Winkel φ_1 führen würde. So steckte er die Grenzen des klassischen Impulsbegriffs bei Quanten ab. Mit $p = h/\lambda$ gilt:

$$\sin \varphi_1 \approx \Delta p_x / p = \lambda\, \Delta p_x / h.$$

Beim 1. Minimum der Spaltbeugung ist zudem $\sin \varphi_1 = \lambda/b$. Mit $b \approx \Delta x$ folgt

$$\Delta x\, \Delta p_x \approx h.$$

Unterwegs kann man weder Orte noch Bahnen der Quanten angeben; beide sind unbestimmt.

Merksatz

Heisenbergsche Unbestimmtheitsrelation: Unbestimmtheiten sind *Mittelwerte der Beträge* von Messwerten einer einheitlich präparierten Quantengesamtheit. Die Unbestimmtheiten Δx im Ort x und zugleich Δp_x im zugehörigen Impuls p_x sind nicht wesentlich kleiner, als es $\Delta x\, \Delta p_x \approx h$ zulässt. Nie ist das Produkt $\Delta x\, \Delta p_x = 0$. Ist der Ort x scharf bestimmt ($\Delta x \to 0$), so geht $\Delta p_x \to \infty$ und umgekehrt. Es gilt die UBR

$$\Delta x\, \Delta p_x \approx h. \tag{1}$$

2. Ein Experiment zur Unbestimmtheitsrelation

Aus der Optik kennen wir die *Kohärenzlänge* l_k von Wellenzügen, die von Atomen ausgehen. Diese Wellenzüge enthalten Photonen hf und werden in der Quantenphysik **Wellenpakete** genannt (▶ *Bild 3*). Sie geben die Antreffwahrscheinlichkeit eines Photons längs der Strecke l_k an. Dies ist dessen *Ortsunbestimmtheit* $\Delta x \approx l_k$ *in Strahlrichtung*.

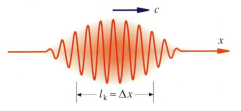

B 3: Die Kohärenzlänge l_k des Lichts gibt die Unbestimmtheit Δx des Photonenorts in Strahlrichtung an

$\Delta x \approx l_k$ messen wir an einem Glimmerblatt, auf das Wellenpakete aus einer Quecksilber-Höchstdrucklampe fallen (▶ *Bild 4a*). Jedes wird an Vorder- und Rückseite des Blattes der Dicke $d = 7 \cdot 10^{-5}$ m in zwei Teile gespalten. Beide Paketteile überlappen sich und interferieren etwa 4 min lang miteinander. Während die Lampe heißer wird, steigen im Hg-Dampf Druck und Dichte der Elektronen. Diese prasseln immer häufiger auf die Hg-Atome. So verkürzen sie deren *ungestörte Möglichkeit*, ein Photon zu emittieren, also die Länge l_k des Pakets. Wenn dabei l_k etwa auf die doppelte Blattdicke $2d$ gesunken ist, laufen beide Pakete hintereinander her; Interferenz wird unmöglich. Die Interferenzstruktur geht in gleichmäßige Helligkeit über. Daran lesen wir die *Unbestimmtheit* Δx *des Photonenorts* ab:

$$\Delta x \approx l_k \approx 2d = 14 \cdot 10^{-5} \text{ m}.$$

Zur gleichen Zeit verlieren die gelben Linien ihre Schärfe ($\lambda_1 = 576{,}95$ nm; $\lambda_2 = 578{,}97$ nm; ▶ *Bild 4b*). Sie fließen ineinander; dies gilt auch für die Quantenimpulse $p_1 = h/\lambda_1 = 1{,}148 \cdot 10^{-27}$ Ns und $p_2 = h/\lambda_2 = 1{,}144 \cdot 10^{-27}$ Ns. Die Photonengesamtheit bekam folglich die *Unbestimmtheit des Impulses*

$$\Delta p_x \approx p_2 - p_1 = 0{,}004 \cdot 10^{-27} \text{ Ns}.$$

Das Produkt $\Delta x \, \Delta p_x = 14 \cdot 10^{-5}$ m $\cdot$ $0{,}004 \cdot 10^{-27}$ Ns $\approx 6 \cdot 10^{-34}$ Js ergibt die Planck-Konstante $h = 6{,}6 \cdot 10^{-34}$ Js, was die UBR bestätigt.

Beispiel

Interferiert ein Photon tatsächlich mit sich selbst?

Die beiden Pakete in ▶ *Bild 4a* sind aus einem entstanden. Sie zeigen die beiden Möglichkeiten Ψ_1 und Ψ_2 *eines* Photons, sind also zu superponieren: $\Psi = \Psi_1 + \Psi_2$. Interferiert es also mit sich selbst – auch in optischen Gittern?
Ein 1 W-Lämpchen mit ($\eta_{opt} = 5\%$) beleuchte aus 1 m Abstand den Eintrittsspalt von 1 mm² Fläche eines Gitterspektralapparats. Im sichtbaren Bereich ($\lambda \approx 600$ nm) sendet es in 1 s die Lichtenergie $W_L = 0{,}05$ J bzw. $n_L = 0{,}05$ J/$(hf) \approx 1{,}5 \cdot 10^{17}$ Photonen aus. Sie sind in 1 m Abstand über die Kugelfläche $A = \pi r^2 = 3{,}14$ m² verteilt. Durch die Spaltöffnung von $A_S = 1$ mm² treten $n_S = n_L A_S/A = 4{,}7 \cdot 10^{10}$ Photonen je Sekunde. Ungehindert würden sie sich auf die Strecke $s = c \cdot 1$ s $= 3 \cdot 10^8$ m verteilen. Auf das Gitter der Dicke $d \approx 0{,}1$ mm entfallen davon $n_G = n_S \, d/s = 0{,}016$ Photonen. Da für ihre Kohärenzlänge $l_k \approx 10^{-4}$ m $= 0{,}1$ mm $\approx d$ gilt, überlappen sich höchst selten zwei Pakete (je mit 1 Photon): Auch bei optischen Gittern interferieren die einzelnen Photonen mit sich selbst.

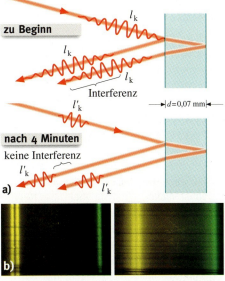

B 4: a) Wenn die Kohärenzlänge $l_k < 2d$ ist, interferieren die beiden Pakete nicht mehr miteinander. **b)** Die gelben Spektrallinien fließen ineinander.

... noch mehr Aufgaben

A 1: Wie groß ist die Impulsunbestimmtheit in Querrichtung (in Prozent) für Photonen der Wellenlänge $\lambda = 600$ nm hinter einem 1 cm breiten Schlüsselloch bzw. einem 0,01 mm dicken Loch?

A 2: a) Wie groß müsste die Öffnung einer Laserkanone sein, damit man mit dem zentralen Beugungsmaximum den Mond (0,50° Sehwinkel) genau treffen würde? **b)** Wie groß ist der Lichtfleck in Mondentfernung ($3{,}8 \cdot 10^5$ km) bei einer Laseröffnung von 10 mm Durchmesser?

A 3: Bei Spaltbeugung landen einige Elektronen nahe der optischen Achse, haben also den Querimpuls $p_x = 0$. Ist die UBR verletzt, wenn die Spaltbreite $b \approx \Delta x$ gegen null geht?

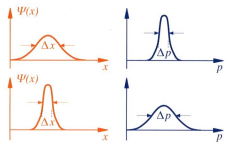

B 1: Je größer die Unbestimmtheit Δx im Ort (links), desto kleiner Δp_x (rechts)

Vertiefung

Was heißt „unbestimmt"?

In Bild 1a von Ziff. 1 fliegen die Elektronen *exakt* in y-Richtung. Ihre Querimpulse in x-Richtung sind $p_x = 0$, auch die Unbestimmtheit Δp_x geht gegen null. Der Strahl ist nach $\Delta x \approx h/\Delta p_x \to \infty$ breit. Die eine Größe p_x ist scharf bestimmt auf Kosten der andern (x). Die UBR beseitigt die *Begriffe* Ort und Impuls an sich nicht; sie beschränkt nur ihren gemeinsamen Gebrauch.

HEISENBERG sagt: „Ein über diese Relation hinausgehender, genauerer Gebrauch der Wörter Ort und Geschwindigkeit ist ebenso inhaltslos wie die Anwendung von Wörtern, deren Sinn nicht definiert ist." Deshalb darf man nicht sagen, das einzelne Quantenobjekt *habe objektiv gesehen* im Unbestimmtheitsbereich einen bestimmten Ort x, den wir *subjektiv* gesehen nicht genau *kennen*. Wer so denkt, der engt den Strahl auf die vermutete Stelle x ein. Doch zwingt er damit die Gesamtheit der Objekte in einen Zustand mit größerem Δp_x. „Unbestimmt" geht eben viel weiter als „unbekannt"; es betrifft die *Nichtobjektivierbarkeit* der Quanten (s. Knallertest).

Δp_x in 10^{-25} Ns	Δx in 10^{-9} m	$\Delta x\,\Delta p_x$ in Js
0,5	8	$4 \cdot 10^{-34}$
1	4	$4 \cdot 10^{-34}$
2	1,8	$3,6 \cdot 10^{-34}$
3	1,2	$3,6 \cdot 10^{-34}$
4	1	$4 \cdot 10^{-34}$

T 1: $\Delta x\,\Delta p_x \approx 4\cdot 10^{-34}$ Js $\approx h$ bei der Simulation nach Bild 2. Die Werte sind vom linken zum rechten Wendepunkt des Pakets auf ca. 60% der Pakethöhe gemessen.

3. Unbestimmtheitsrelation bei Wellenpaketen

Die lange Ψ-Welle eines Elektronenstrahls wird mit Ψ-Zeigern *gleicher* Länge beschrieben. Der Elektronenimpuls p_x ist scharf, seine Unbestimmtheit $\Delta p_x = 0$, also $\Delta x \approx h/\Delta p_x \to \infty$. Will man Quanten auf den Ortsbereich Δx eingrenzen, so muss man ihrem Impuls p_x die Unbestimmtheit $\Delta p_x \approx h/\Delta x > 0$ geben (⇒ *Bild 1*).

Dies simulieren wir für Elektronen mit $v \approx 6\cdot 10^5$ m/s. Nach ⇒ *Bild 2a* habe ihr Impuls aber nicht den scharfen Wert $p_x = mv = 5,5\cdot 10^{-25}$ Ns; er zeige die Unbestimmtheit $\Delta p_x \approx 2\cdot 10^{-25}$ Ns. Die Impulse p_i streuen von $p_x \approx 4,5\cdot 10^{-25}$ Ns bis $\approx 6,5\cdot 10^{-25}$ Ns. Daraus greift ⇒ *Bild 2b* nur fünf Zeigerreihen heraus. Sie unterscheiden sich in $\lambda_i = h/p_i$ wie auch in den Frequenzen $f_i = W_i/h = p_i^2/(2mh)$, zeigen also mehrere Quantenmöglichkeiten $\Psi_i(x,t)$. Deshalb sind an jedem Ort x *alle* Zeiger nach $\Psi_{Res}(x,t) = \Sigma\Psi_i(x,t)$ zu superponieren. Wir erwarten ein wirres Durcheinander. Überraschenderweise formiert der Computer die resultierenden Zeigerlängen $|\Psi_{Res}|$ zu einem geordneten **Wellenpaket**. Es schränkt die Antreffwahrscheinlichkeit $|\Psi_{Res}|^2$ auf die Paketlänge Δx ein. Dort interferieren übereinander liegende Zeiger konstruktiv, außerhalb davon aber destruktiv zu $|\Psi_{Res}|^2 \approx 0$.

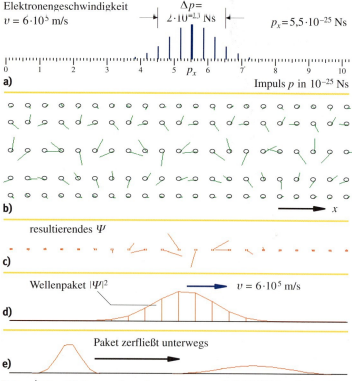

B 2: a) Der Elektronenimpuls p_x streut um $5,5\cdot 10^{-25}$ Ns mit der Unbestimmtheit $\Delta p_x \approx 2\cdot 10^{-25}$ Ns **b)** Fünf der Ψ-Wellen $\Psi_i(x,t)$ herausgegriffen **c)** Resultierende Amplituden $\Psi_{Res}(x,t)$ aller Wellen **d)** Das Paket gibt die Antreffwahrscheinlichkeit $|\Psi_{Res}|^2$ des Elektrons an und läuft mit dessen Geschwindigkeit $v \approx 6\cdot 10^5$ m/s nach rechts **e)** Allmählich zerfließt das Paket; es wird breiter

4. Die Bedeutung der Ψ-Wellenpakete

a) Lohnt es sich, Ψ-Wellen zu einem Paket zu superponieren? In der Simulation nach ▶ *Bild 2* läuft das Paket in $t = 130 \cdot 10^{-16}$ s um $x = 8$ nm weiter, hat also die vorgegebene Elektronengeschwindigkeit $v_x = x/t = 6 \cdot 10^5$ m/s. Dies ist nicht selbstverständlich. Die einzelnen Ψ-Wellen schieben nämlich ihre Phasen nur halb so schnell weiter mit $u = f\lambda = (W/h)(h/p) = W/p = \frac{1}{2} m v_x^2/(m v_x) = v_x/2$. – In einem E-Feld mit Potential Φ hat das Elektron $(-e)$ auch potentielle Energie $W_{\text{pot}} = -e\Phi$. Die zum Berechnen von $f = W/h$ nötige Gesamtenergie ist

$$W = W_{\text{kin}} + W_{\text{pot}} = \tfrac{1}{2} m v^2 - e\Phi = p^2/(2m) - e\Phi.$$

Φ kann man beliebig wählen (wie bei Höhenenergie), z. B. so, dass $W < 0$ und die Frequenz der Zeiger $f = W/h < 0$ werden! Dann laufen die einzelnen Ψ-Wellen des Pakets mit der Geschwindigkeit $u = f\lambda_i < 0$ nach links. *Das Paket, also $|\Psi(x)|^2$, läuft davon völlig unberührt mit der Elektronengeschwindigkeit $v_x = 6 \cdot 10^5$ m/s nach rechts*. Das Paket ist bedeutsamer als die einzelne Ψ-Welle!

b) Am Paket wird die UBR streng bewiesen. Es ist umso schlanker (Δx wird umso kleiner), je größer wir Δp_x wählen (▶ *Tabelle 1*). HEISENBERG zeigte, dass bei Paketen mit Glockenform das Produkt $\Delta x \, \Delta p_x$ sein nicht unterschreitbares Minimum $\Delta x \, \Delta p_x = h/4\pi$ einnimmt. Dabei sind Δx und Δp_x nach ▶ *Bild 1* gemessen. Man schreibt deshalb $\Delta x \, \Delta p_x \geq h/4\pi$. Meist genügt $\Delta x \, \Delta p_x \approx h$. Was *unbestimmt* bedeutet, ist wichtiger als der Zahlenwert.

c) Das Paket wird im Lauf der Zeit immer breiter; es *zerfließt* (▶ *Bild 2e*). Der Schwerpunkt seiner Ψ-Wellen gehört zum mittleren Impuls $p_x = m v_x$. Also streut p_x beidseitig mit etwa $\Delta p_x/2$, indem Teile vorauseilen, andere nachhängen. Wegen dieses Zerfließens kann man das Paket nicht mit dem Elektron selbst identifizieren; vielmehr gibt $|\Psi(x)|^2$ die Wahrscheinlichkeit an, ein *stets punktförmiges Elektron* anzutreffen. Die Ψ-Wellen sind keine realen Wellen; Max BORN gab ihnen ihre **Wahrscheinlichkeitsdeutung**. Sie setzte sich durch, obwohl EINSTEIN mit einer Anspielung auf Gott entgegenhielt: „Der Alte würfelt nicht". Später wandte er sich nur noch gegen die vom Knallertest bekannte *Nichtobjektivierbarkeit* in der Quantenwelt (▶ *Interessantes* rechts).

5. Bahnen für Quantenobjekte „geschlachtet"

Wer den Bahnverlauf eines Körpers exakt angibt, macht präzise Angaben z. B. über Ort x, Geschwindigkeit v_x und Impuls $p_x = m v_x$. Er setzt deren Unbestimmtheiten $\Delta x = 0$ *und zugleich* $\Delta p_x = 0$. Genau dies schränkte HEISENBERG mit der UBR ein und „schlachtete" so den Bahnbegriff für atomare Bereiche. Man kann deshalb nicht sagen, das Elektron laufe um den Atomkern auf einem Kreis mit bestimmtem Radius. Als Wellenpaket würde es schnell zerfließen. In makroskopischen Bereichen dagegen ist dies ohne Belang, wie im ▶ *Beispiel* rechts gezeigt. Diese stellen Grenzfälle dar, in denen die UBR vernachlässigbar ist.

Interessantes

EINSTEINS Ringen um die Quantenphysik

EINSTEIN an BORN 1926: „Die Quantentheorie ist sehr Achtung gebietend. Aber eine innere Stimme sagt mir, dass das doch nicht der wahre Jakob ist. Die Theorie liefert viel, aber dem Geheimnis des Alten bringt sie uns kaum näher. Jedenfalls bin ich überzeugt, dass der nicht würfelt."
1953 sagte W. PAULI: „EINSTEIN hält (wie er mir ausdrücklich wiederholte) den Begriff *Determinismus* nicht für so fundamental, wie es oft geschieht. Sein Ausgangspunkt ist vielmehr *realistisch*, nicht *deterministisch*." – Er bestritt nämlich die *Nichtobjektivierbarkeit* der Quanten mit der berühmten Frage: „*Ist der Mond nur da, wenn jemand hinschaut?*"

Beispiel

Beispiele zur Unbestimmtheitsrelation

a) Eine Gewehrkugel der Masse 10 g habe die Geschwindigkeit $v = 500$ m/s. Ihr Abschussort sei von einem Schützenkönig auf 1 Atomdurchmesser genau festgestellt ($\Delta x = 10^{-10}$ m). Wie groß ist die Ortsunschärfe in 500 m Entfernung?
Lösung: Die Unbestimmtheit Δp_x des Querimpulses rechnet man nach der UBR zu $\Delta p_x \approx h/\Delta x \approx 7 \cdot 10^{-24}$ Ns. Die Quergeschwindigkeit bekommt die Unschärfe $\Delta v_x = \Delta p_x/m \approx 7 \cdot 10^{-22}$ m/s. In 500 m Entfernung (1 s) gibt dies ca. 10^{-22} m Abweichung, weniger als ein Kernradius. An Fehlschüssen ist nicht die Quantentheorie schuld!
b) Betrachten wir aber ein *Elektron*. Sein Ort im Atom sei auf $\Delta x \approx 10^{-10}$ m, sein Impuls auf $\Delta p_x \approx h/\Delta x \approx 6{,}6 \cdot 10^{-24}$ Ns festgelegt – wie bei der Gewehrkugel. Wegen der winzigen Masse $m = 9{,}1 \cdot 10^{-31}$ kg steigt aber die Geschwindigkeitsunbestimmtheit auf $\Delta v_x = \Delta p_x/m \approx 7 \cdot 10^6$ m/s. In Atomen sind Elektronenbahnen illusorisch!
c) In Fernsehröhren mit Anodenöffnungen vom Durchmesser $\Delta x \approx 0{,}1$ mm bekommt der Querimpuls die Unbestimmtheit $\Delta p_x \approx h/\Delta x \approx 7 \cdot 10^{-30}$ Ns. Bei 10^4 V Spannung ist der Elektronenimpuls in Flugrichtung $p_y = \sqrt{2 e m U} = 5 \cdot 10^{-23}$ Ns. Auf der Flugstrecke $l = 0{,}5$ m weitet sich der Strahl um $l \Delta p_x / p_y \approx 6 \cdot 10^{-8}$ m auf, was niemanden stört.

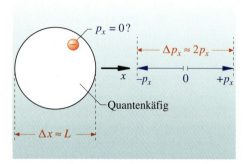

B 1: Das Atom, ein kleiner „Quantenkäfig" mit großer Lokalisationsenergie W_L

Interessantes

Akausale Physik im Mikrokosmos

Der Franzose P. LAPLACE beschrieb 1850 die kausale, streng berechenbare (deterministische) Physik angesichts der Erfolge der newtonschen Mechanik in der grandiosen Vision des *Laplace-Dämons*:

„Wir müssen den jetzigen Zustand des Weltalls als Wirkung eines früheren und als *Ursache* des folgenden betrachten. Ein Dämon möge alle Kräfte der Natur sowie die *Lage* und die *Geschwindigkeit* aller Teilchen, aus denen die Natur besteht, in einem bestimmten Augenblick kennen. Könnte er zudem all diese Daten einer Rechnung zugrunde legen, so wäre er fähig, die Bewegung der größten Körper des Weltalls und die der kleinsten Atome vorherzusagen. Für ihn wäre nichts unbestimmt, Zukunft und Vergangenheit lägen offen vor ihm".

Nach der UBR $\Delta x \, \Delta p_x \approx h$ sind jedoch im Mikrokosmos Ort und Geschwindigkeit nicht mehr zugleich scharf bestimmt. Sie entzieht die Voraussetzung für strenge Vorausberechenbarkeit. EINSTEIN konnte sich mit einer im Prinzip *akausalen Natur* lange nicht abfinden. Er suchte in zahlreichen Gedankenversuchen die akausale Quantentheorie gegen die streng deterministische klassische Physik und deren Krönung, die *Relativitätstheorie*, auszuspielen. Experimente der letzten Jahre bestätigen jedoch die Quantenphysik so eindeutig, dass ein Zurück zur durchgängig kausalen, klassischen Beschreibung als völlig ausgeschlossen gilt.

Die Planck-Konstante *h* regiert die Welt

Die Planck-Konstante h kennzeichnet die Quantenobjekte und den Bereich des *Mikrokosmos*, in dem die klassischen Gesetze versagen. Die Konstante h liefert zudem konstruktive Aussagen zum Aufbau der Atome, ja sogar für Energiewerte im Alltag.

1. Kleiner Quantenkäfig – energische Insassen

Im *Atom* sind Elektronen auf Bereiche der Länge $L \approx 10^{-10}$ m lokalisiert (▸ Bild 1). Damit kennen wir die Unbestimmtheit $\Delta x \approx L$ ihrer x-Koordinate. Käme dem Elektron der Impuls $p_x = 0$ sicher zu, so wäre dessen Unbestimmtheit $\Delta p_x = 0$, die UBR $\Delta x \, \Delta p_x \approx h$ wäre verletzt. Findet man Elektronenimpulse zwischen $+p_x$ und $-p_x$, dann ist $\Delta p_x \approx 2p_x \approx h/L$. Bei Messungen erwartet man also Werte um $p_x \approx h/(2L)$, also auch eine kinetische Energie um

$$W_{\text{kin}} \approx \frac{1}{2} m v_x^2 = \frac{p_x^2}{2m} \approx \frac{h^2}{8mL^2}.$$

Bei dreidimensionalen Problemen ist mit 3 zu multiplizieren. W_{kin} hängt von h ab, ist also quantentheoretisch bedingt und hat mit der brownschen Bewegung nichts zu tun. Sie heißt **Lokalisationsenergie** W_L und existiert auch beim absoluten Nullpunkt $T = 0$ der Temperatur. $W_L \approx h^2/(8mL^2)$ steigt sehr schnell, wenn man L verkleinert, das Teilchen also in einen engeren „Quantenkäfig" sperrt.

Merksatz

Auf einen Bereich der Länge L eingeengte Teilchen mit Masse m haben eine mit sinkendem L schnell steigende **Lokalisationsenergie**

$$W_L \approx \frac{h^2}{8mL^2}. \quad (1)$$

2. *h* gibt dem Mikrokosmos eine Struktur

a) In der *Elektronenhülle* des H-Atoms mit Durchmesser $L = 3 \cdot 10^{-10}$ m hält sich ein Elektron auf ($m_e = 9{,}1 \cdot 10^{-31}$ kg). Seine Lokalisationsenergie $W_L \approx h^2/(8 \, m_e \, L^2) \approx 4$ eV ist an *chemischen Prozessen* beteiligt, auch an fundamentalen *Lebensvorgängen*, die sich alle in Elektronenhüllen abspielen. Dort misst man Energien von etwa 3 eV $\approx 5 \cdot 10^{-19}$ J je Atom. Da 1 mol $6 \cdot 10^{23}$ Atome enthält, liegen chemische Energien bei 300 kJ/mol. Die *Verbrennungswärmen* von Kohle, Öl, Butter, Alkohol, Benzin betragen etwa 350 kJ/mol. Viel mehr kann man nach der Quantentheorie aus der Atomhülle nicht erwarten, mehr kann man dort nicht herausholen.

b) *Atomkerne* haben viel kleinere Durchmesser $L < 10^{-14}$ m. Dort sind Protonen ($m_P = 1{,}67 \cdot 10^{-27}$ kg) eingesperrt. Nach *Gl. 1* ist ihre Lokalisationsenergie $W_L > 2$ MeV. Mit dieser großen Energie trumpfen α-, β- und γ-Teilchen auf, die bei radioaktiven Prozessen den „Käfig Kern" verlassen. Vor der Entdeckung des *Neutrons* nahm man an, ein Kohlenstoffkern (C-12) enthalte 12 Protonen und 6 Elektronen; Elektronen hätten dort die riesige Lokalisationsenergie 10^4 MeV. Sie könnten leicht die 10 MeV aufbringen, um ihm gegen die Coulombanziehung zu entfliehen. Nach Entdeckung des Neutrons sagte deshalb HEISENBERG, im $^{12}_{6}$C-Kern seien keine Elektronen, sondern 6 Protonen und 6 Neutronen gleicher Masse. Die Bindungsenergie beider ist mit 8 MeV größer als ihre Lokalisationsenergie 2 MeV. Deshalb gibt es stabile Atomkerne.

Beim β-Zerfall verwandelt sich ein Neutron in ein Proton und ein Elektron. Das Elektron verlässt mit seiner riesigen Lokalisationsenergie den Kern sofort als β-Teilchen, das Proton bleibt im Kern.

Merksatz

Die **Lokalisationsenergie** $W_L \approx h^2/(8mL^2)$ liefert für die äußeren Atomhüllen Energien von einigen eV, für Kerne viele MeV. – Die schweren Teilchen Neutron und Proton können sich im Kern halten, das leichte Elektron braucht die größere Atomhülle.

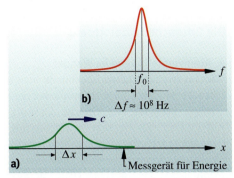

B 2: a) Wellenpaket mit $\Delta x \approx l_k = c\,\Delta t$ zieht während Δt am Messgerät vorbei **b)** Profil einer Spektrallinie, über f aufgetragen

3. Unschärfe für Energie W und Messzeit Δt

Bei Interferenz von Hg-Licht am Glimmerblatt werden die Spektrallinien breiter. Die Unschärfen Δf ihrer Frequenz und $\Delta W = h\,\Delta f$ der Energie der Photonen nehmen zu. Für deren Impuls gilt $p_x = h/\lambda = hf/c = W/c$, für die Impulsunschärfe $\Delta p_x = \Delta W/c$. Nun ist das Photon in ein Paket der Kohärenzlänge l_k mit Ortsunschärfe $\Delta x \approx l_k$ eingesperrt. Zieht es nach ▶ *Bild 2a* in der Zeit Δt mit Lichtgeschwindigkeit c an einem Energie-Messgerät vorbei, so gilt $\Delta x \approx c\,\Delta t$. Aus $\Delta x\,\Delta p_x \approx h$ folgt durch Einsetzen als UBR für Energie und Messzeit: **$\Delta W\,\Delta t \approx h$**.

Je kürzer die Messzeit Δt ist, desto größer wird die Unbestimmtheit $\Delta W \approx h/\Delta t$ bei der Energiemessung.

Sind Spektrallinien beliebig schmal, kann also ihre Frequenz f beliebig scharf sein? Bei $\Delta f = 0$ wäre auch $\Delta W = h\,\Delta f = 0$. Nach $\Delta W\,\Delta t \approx h$ gälte $\Delta t \approx h/\Delta W \to \infty$. Das Atom müsste beliebig lange ausharren, einen Wellenzug mit Kohärenzlänge $l_k = c\,\Delta t \to \infty$ auszusenden, der ein Photon enthält. Nach ▶ *Bild 2b* gilt für die schmalsten Spektrallinien $\Delta f \approx 10^8$ Hz und $\Delta W = h\,\Delta f \approx 10^{-25}$ J. Die Zeit, während der Atome die Möglichkeit haben, ein Photon auszusenden, liegt also unter $\Delta t \approx h/\Delta W \approx 10^{-8}$ s.

Und wenn in einem Atom nichts geschieht, so spielt die Zeit keine Rolle. In diesem **stationären Zustand** gilt $\Delta t \to \infty$. Daraus folgt eine für die **Atomphysik** ungemein wichtige Aussage: $\Delta W \approx h/\Delta t \to 0$. *Atome haben scharfe Energiewerte.*

Merksatz

Für die Unbestimmtheit Δt der Antreffzeit von Quanten und deren Energieunbestimmtheit ΔW gilt die UBR

$$\Delta W\,\Delta t \approx h. \quad (2)$$

Stationäre Zustände haben scharfe Energie ($\Delta W \to 0$).

... noch mehr Aufgaben

A 1: Wie groß sind Lokalisationsenergie und Geschwindigkeit eines Elektrons in der K-Schale des Na-Atoms mit $r = 9\cdot 10^{-12}$ m, wie groß im Kern ($r = 4\cdot 10^{-15}$ m)?

A 2: Welche Energie ist nötig, um ein Elektron von der Oberfläche eines Krypton-Kerns ($r = 5{,}7\cdot 10^{-15}$ m; $q = 36\,e$) ins Unendliche zu bringen? Vergleichen Sie mit der Lokalisationsenergie des Elektrons im Kern!

A 3: Wie groß ist die Lokalisationsenergie eines im Würfel mit 1 cm Kantenlänge eingeschlossenen Elektrons? Welche Spannung könnte es auf diese Energie bringen? Vergleichen Sie mit der thermischen Energie $3kT/2$ bei 20 °C (Boltzmann-Konstante $k = 8{,}6\cdot 10^{-5}$ eV/K). Was folgt für die Lokalisationsenergie in der Makrophysik?

A 4: Zeigen Sie an der Spaltbeugung, dass die UBR nicht für ein Einzelelektron, sondern nur für eine Gesamtheit einheitlich präparierter Elektronen bzw. Photonen gilt. Ist sie Ausdruck unserer Unkenntnis eines doch objektiv bestimmten Zustands oder nur ungenauer Messungen?

A 5: Mit schnellen Fotoverschlüssen kann man Wellenzüge, die von Atomen ausgehen, in Stücke schneiden. Ändern sich Breite oder Lage der Spektrallinie?

A 6: γ-Quanten haben Frequenzen von 10^{19} Hz mit der relativen Unschärfe $\Delta f/f \approx 10^{-16}$. Wie groß ist die Kohärenzlänge l_k der ihnen zugeordneten Wellenzüge? Stellen Sie sich vor, sie seien im Sinne der klassischen Physik mit Energie gleichmäßig besetzt. Welches Problem gäbe es bei einer plötzlichen Lokalisation?

Interessantes

Die Erforschung der Atome

A. Atomvorstellungen im Wandel

Schon vor 2500 Jahren spekulierte man über den Aufbau der Materie – ohne Experimente; der bloße Augenschein genügte. Der Grieche DEMOKRIT sagte um 400 v. Chr.: So wie sich Sandsteine aus Körnern zusammensetzen, besteht jede Materie aus nicht weiter teilbaren *Atomen* (atomos: unteilbar). ARISTOTELES (um 350 v. Chr.) dagegen hielt die Stoffe für unbegrenzt teilbar, so wie man es an Wasser zu sehen glaubt. Für den Philosophen KANT (um 1770) tat sich ein *logisch* unlösbares Problem auf: Wären die Atome unteilbar, so dürften sie kein Volumen haben, auch nicht die daraus zusammengesetzte Materie. Nähmen sie aber einen Raum ein, so wären sie teilbar.
Wie versucht die Physik diesen Widerspruch aufzulösen?
a) Bringt man einen Tropfen Öl auf Wasser, so verteilt er sich, bildet aber nie eine Schicht, die dünner als 1 nm ist. Dies ist die Dicke der nebeneinander liegenden einzelnen Ölmoleküle (➡ *Bild 1a*). Hier erkennt man *Grenzen der Teilbarkeit*.
b) BERNOULLI (um 1740) konnte KANTs Problem wenigstens an Gasen lösen, nämlich durch *Bewegung*: Gasmoleküle fliegen ständig so schnell, dass sie trotz ihres winzigen Volumens große Räume beanspruchen, mit viel materiefreiem Raum dazwischen (➡ *Bild 1b*).
c) DALTON erklärte die chemischen Gesetze der *konstanten und multiplen Proportionen* mit Atomen. Das Atom wurde zum „unteilbaren Rechenpfennig" der Chemiker.
d) Der Physiker und Philosoph MACH (um 1900) brachte viele, die von Atomen sprachen, zum Schweigen mit der Frage „Haben Sie schon eines gesehen?"
e) Der Engländer J. J. THOMSON betrachtete 1897 das Atom als eine kontinuierlich verteilte Wolke *positiver* Ladung, gespickt mit punktförmigen Elektronen (wie Rosinen im Kuchen). Die Elektronen sollten die positive Ladungswolke durch elektrische Anziehung zusammenhalten. Ein Anfang war gemacht, das „Atom" als teilbar anzusehen, zusammengesetzt aus geladenen Teilchen. Ist aber ein solches Gebilde stabil?
f) Die Entdeckungen von Ph. LENARD (Nobelpreis 1905) und E. RUTHERFORD (Nobelpreis 1908) verschärften die Frage nach der *Stabilität der Atome* (s. Ziff. B und Kernphysik).
g) 1896 ließ M. PLANCK eine Polemik gegen den überzeugten Atomisten BOLTZMANN führen. PLANCK sah Widersprüche zwischen der Atomistik und den damals als endgültig angesehenen „ehernen Gesetzen" der klassischen Physik.

h) Erst 1905 überzeugte EINSTEIN (Nobelpreis 1921) die Fachwelt von der Existenz der Atome durch seine Theorie der brownschen Bewegung.
i) Den ersten ernst zu nehmenden Versuch, den Aufbau des H-Atoms unter Einbeziehen der Planck-Konstanten h zu berechnen, übernahm N. BOHR 1913 (Nobelpreis 1922). Damit konnte man die Spektrallinien des H-Atoms teilweise enträtseln. Heute ist dafür die Schrödingergleichung zuständig.

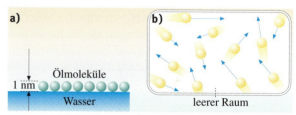

B 1: a) Monomolekulare Ölschicht, 1 nm dick **b)** Gasmoleküle beanspruchen viel Raum wegen ihrer Bewegung

B. Zwei Methoden der Atomforschung

Erst seit wenigen Jahren lassen sich Atome im Elektronen- und Rastertunnelmikroskop einzeln identifizieren. Um ihr Inneres zu erforschen, gibt es zwei Methoden:
a) Man beobachtet *freiwillige Botschaften* aus dem Atominnern, etwa die farbigen **Spektrallinien** leuchtender Gasatome (➡ *Bild 2*). Auch Sternspektren bieten sich an.

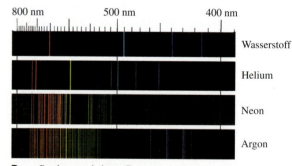

B 2: Spektren einiger Gase

b) Man *erzwingt Reaktionen* der Atome, etwa durch *Beschuss* von außen. Bei der Elektronenbeugung sehen wir in der Mitte der Beugungsringe einen scharfen Lichtfleck, obwohl die Elektronen, die ihn erzeugen, etwa 10^5 hintereinander liegende Atome durchsetzen. Dabei werden sie kaum abgelenkt. LENARD folgerte 1893 aus solchen Versuchen:
Das Innere der Atome ist fast leer.

Interessantes

Wie leer die Atome sind, erfuhr RUTHERFORD. Er schoss 1911 α-Strahlen, also sehr schnelle und schwere, *positiv* geladene Teilchen, auf eine Goldfolie. Einige davon wurden zurückgestoßen. Dies zeigt: Die Masse des Atoms ist fast ganz auf den winzigen, *positiv* geladenen *Atomkern* mit 10^{-14} m Durchmesser konzentriert. Dies ist der 10^5-te Teil des Atomdurchmessers (0,5 nm). Ihn bestimmt eine sehr lockere „Wolke" aus Elektronen. Damit stehen wir vor der *Grundfrage der Atomphysik*: Warum zieht der Kern diese Elektronen nicht ganz zu sich, **warum sind Atome stabil?**

C. Das bohrsche Modell als Vorläufer

Eine Antwort auf solche Fragen versuchte 1913 der Däne Niels BOHR, einer der Gründer der modernen Quantenphysik. Wie RUTHERFORD verglich er das **Wasserstoffatom** mit dem Sonnensystem: In einer Ebene kreise das Elektron ($q = -e$) auf einer Bahn vom Radius r, weil es vom Proton ($q = +e$) angezogen wird (➡ *Bild 3a*). Nach dieser klassischen Modellvorstellung konnte er mit den Gesetzen der klassischen Physik rechnen. Doch musste er zusätzliche Annahmen treffen, die später von der Quantentheorie teils präzisiert, teils verworfen wurden. Man nannte sie scherzhaft „Polizeigebote". Verfolgen wir sein Vorgehen kritisch:

Die Coulombkraft $F_C = e^2/(4\pi\varepsilon_0 r^2)$ zwischen Kern und Elektron erzeugt die für die Kreisbahn mit Radius r nötige Zentripetalkraft $F_z = m_e v^2/r$. Deshalb sollte gelten

$$e^2/(4\pi\varepsilon_0 r^2) = m_e v^2/r. \quad (1)$$

Zu jedem Radius r kann man für die zugehörige Bahn eine Bahngeschwindigkeit $v(r)$ angeben. So ist man es von Planetenbahnen her gewohnt. Aber stimmt es hier? Betrachtet man das Atom von der Seite (➡ *Bild 3a*), so sollte das Elektron hin- und herschwingen – wie in einem hertzschen Dipol. Es müsste ständig Energie abstrahlen und auf einer Spiralbahn nach 10^{-6} s in den Kern stürzen; alle Materie wäre längst zerfallen! In der klassischen Physik lässt sich nichts finden, was diesem gravierenden Mangel abhilft. Deshalb erließ BOHR drei „Gebote".

Das *erste Gebot* ordnet die Existenz ganz bestimmter, stabiler Bahnen an. Nach ➡ *Bild 3b* soll sich auf dem Umfang $2\pi r$ der n. bohrschen Bahn eine in sich geschlossene Welle bilden mit $n = 1, 2, 3, ...$ de-Broglie-Wellenlängen $\lambda_B = h/p$. Nach DEBROGLIE sollte gelten:

$$2\pi r_n = n\lambda_B = nh/p = nh/(m_e v), \quad (2)$$
mit *Gl. 1* $\quad r_n = \varepsilon_0 h^2 n^2/(\pi e^2 m_e), \; n = 1, 2, 3,.... \quad (3)$

So erhielte man für jede der **Quantenzahlen** $n = 1, 2, 3...$ einen scharf bestimmten Bahnradius r_n und die Geschwindigkeit

$$v_n = e^2/(2\varepsilon_0 h n). \quad (4)$$

Der kleinste Radius $r_1 = 0,053$ nm der innersten *bohrschen Bahn* sollte bei $n = 1$ auftreten. Messungen liefern $r_1 \approx 0,2$ nm. So konnte man Atomdaten in der richtigen Größenordnung aus den Naturkonstanten ε_0, h, e und m_e berechnen – ein gewaltiger Fortschritt.

Ein *zweites*, unbegründetes „Gebot" untersagt dem Elektron, auf diesen Bahnen *ständig* Licht abzustrahlen, also Energie zu verlieren.

Hat man dem Elektron eine bestimmte **Energie** W_n zugeordnet, so folgt ein *drittes* „Gebot": Es kann vom Zustand mit Quantenzahl n_1 (Radius r_{n1}) auf den Zustand mit $n_2 > n_1$ (Radius r_{n2}) „gehoben" werden. Dazu braucht man gegen die Coulombkraft – analog zu Erdsatelliten – eine Zunahme der potentiellen Energie

$$W_{pot} = \frac{m_e e^4}{4\varepsilon_0^2 h^2}\left(\frac{1}{n_1^2} - \frac{1}{n_2^2}\right). \quad (5)$$

Nun läuft das Elektron in diesem Modell nach *Gl. 4* auf der äußeren Bahn (mit $n_2 > n_1$) langsamer als auf der inneren. Deshalb wird beim Anheben die kinetische Energie $W_{kin} = \frac{1}{2}m_e(v_1^2 - v_2^2)$ frei. Um es in den energiereicheren, äußeren Zustand zu bringen, braucht man insgesamt die Energie

$$\Delta W = W_{pot} - W_{kin} = \frac{m_e e^4}{8\varepsilon_0^2 h^2}\left(\frac{1}{n_1^2} - \frac{1}{n_2^2}\right). \quad (6)$$

Es war ein fruchtbarer Zufall der Physikgeschichte, dass *Gl. 6* Bestand hatte (nicht ihre Herleitung), aber nur für das H-Atom. Doch ist auch dieses kugel-, nicht scheibenförmig, wie von BOHR angenommen. Zudem scheitern alle Versuche, das Modell auf Atome mit mehr als einem Elektron auszudehnen. Auch sind nach der UBR Bahnen verboten. Man muss die Grundlagen der klassischen Physik revidieren.

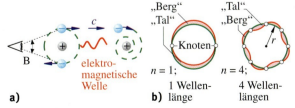

B 3: a) Kreisende Elektronen müssten ständig wie ein Hertz-Dipol strahlen und wegen Energieabgabe in den Kern fallen. **b)** Stehende Elektronenwellen auf bohrschen Bahnen widersprechen der Erfahrung.

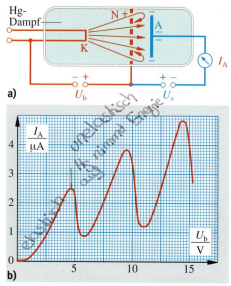

B 1: a) Franck-Hertz-Versuch **b)** Während die Beschleunigungsspannung U_b stetig steigt, schwankt der Auffängerstrom I_A mit der Periode 4,9 V von U_b auf und ab

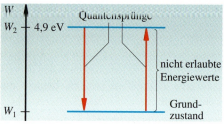

B 2: Zwei diskrete Energiezustände eines Atoms. Zwischen diesen Energieniveaus gibt es keine stabilen Zustände, wohl aber sind Quantensprünge dazwischen möglich.

Scharfe Energieniveaus im Atom

1. Der Franck-Hertz-Versuch zeigt scharfe Energieniveaus

Nach J. Franck und G. Hertz (Nobelpreise 1925) werden Quecksilberatome (Hg) mit Elektronen beschossen (➡ *Bild 1a*). Die Spannung U_b beschleunigt sie von der Glühkatode K(–) zum Netz N(+). Hinter N(+) testet man ihre Energie W mit der Verzögerungsspannung $U_v = 2$ V zwischen N(+) und der Auffängerplatte A(–). Deshalb landen auf A(–) nur solche Elektronen, die bei N(+) eine Energie $W > 2$ eV haben. Sie werden als Auffängerstrom I_A registriert. Die anderen kehren nach N(+) zurück. Wird U_b vergrößert, so ändert sich I_A periodisch. Dies lässt auf Energiestufen schließen:

a) *Ohne Hg-Atome* würden bei $U_b > 2$ V *alle* Elektronen auf A(–) landen; I_A stiege monoton mit U_b an.
Da die erhitzte Röhre aber *mit Hg-Dampf* gefüllt ist, gilt dies nur bis $U_b \approx 4,9$ V (➡ *Bild 1b*). Zwar stoßen auch bei $U_b < 4,9$ V die Elektronen auf Hg-Atome. Dies erfolgt jedoch *elastisch*, d. h. die Hg-Atome lenken die Elektronen nur ab, nehmen aber von ihnen keine Energie auf (➡ *Bild 3*).

b) Bei $U_b \approx 4,9$ V sinkt I_A abrupt ab. Nun haben die Elektronen kurz vor dem Netz 4,9 eV Energie (➡ *Bild 3a*). Sie wird dort von Hg-Atomen bei jetzt *unelastischen Stößen* aufgenommen. Die Elektronen verlieren 4,9 eV und erreichen den Auffänger A(–) nicht mehr; I_A sinkt plötzlich ab.

c) Bei 9,8 V und 14,7 V, also bei der n-fachen Spannung $U_b = n \cdot 4,9$ V, sinkt I_A jeweils erneut ab. Nun haben die Elektronen schon nach den Strecken KN/2, KN/3, KN/n die Energie 4,9 eV (➡ *Bild 3b*; KN/n ist der n. Teil der Strecke Katode–Netz). Sie können nun Hg-Atome energetisch anregen. Anschließend werden sie wieder beschleunigt. Diese Versuche zeigen: *Hg-Atome nehmen nur Energiebeträge von 4,9 eV auf.*

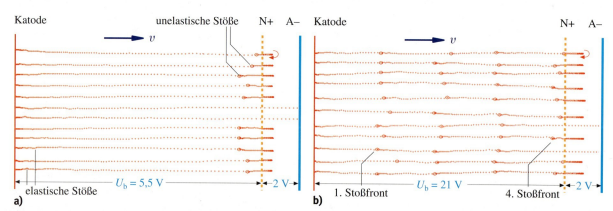

B 3: Zwei Computersimulationen **a)** bei $U_b = 5,5$ V erreichen nur zwei Elektronen den Auffänger A(–); 10 kehren zwischen dem Netz N(+) und A(–) um, da sie kurz vor N(+) 4,9 eV an Hg-Atome verloren haben. **b)** Bei $U_b = 21$ V (dies ist $4 \cdot 4,9$ V + 1,4 V) liegt die 4. Stoßfront dicht vor N(+); zwei Elektronen erreichen den Auffänger A(–) und liefern den Strom I_A. Sie haben vor N(+) zufälligerweise kein Hg-Atom getroffen, also keine Energie verloren.

2. Diskrete (scharfe) Energiezustände in Atomen

a) Atome, die Energie aufgenommen haben, sind *angeregt*. Als Folge findet man beim Franck-Hertz-Versuch im UV eine Linie der Frequenz $f = 1{,}18 \cdot 10^{15}$ Hz, entsprechend Photonen der Energie $W = hf = 4{,}9$ eV. Die angeregten Atome geben nämlich die ganze beim Stoß aufgenommene Energie wieder ab. Hg-Atome sind *Energiespeicher*, ausgestattet mit zwei scharfen *Energieniveaus* mit dem Abstand 4,9 eV (➡ *Bild 2*).
Die nicht angeregten Hg-Atome „besetzen" den **Grundzustand** $W_1 = 0$ eV, das untere *Niveau*. Der um 4,9 eV darüber liegende Strich W_2 symbolisiert den vorübergehend besetzten, **angeregten Energiezustand** in der „Energiehöhe" $W_2 = 4{,}9$ eV über $W_1 = 0$. Die Wahl $W_1 = 0$ für die Lage des Grundzustands ist willkürlich.

b) Beim Franck-Hertz-Versuch bekommt ein Atom durch Elektronenstoß die Energie 4,9 eV. Dabei besetzt es in einem **Quantensprung** $W_1 \to W_2$ von W_1 aus vorübergehend den um 4,9 eV höher liegenden Energiezustand W_2. Für Energien, die zwischen W_2 und W_1 liegen, hat das Hg-Atom *keine besetzbaren Zustände*; es kann Energiebeträge unter 4,9 eV nicht annehmen.
Beim *Quantensprung zurück* ($W_2 \to W_1$) gibt das Hg-Atom die Energiedifferenz $\Delta W_A = W_2 - W_1 = 4{,}9$ eV wieder ab, indem es das UV-Quant mit $f = \Delta W_A/h$ emittiert.
Man beachte: Die Differenz $\Delta W_A = W_2 - W_1$ der scharfen Energiewerte W_2 und W_1 im Atom ist gleich der Energie $W_{Ph} = hf$ des emittierten Photons. Es gilt $W_{Ph} = \Delta W_A$. *Energie ist im Licht wie auch im Atom quantisiert.* Die Existenz scharfer Energieniveaus für Atome haben wir bereits aus der UBR $\Delta W \Delta t \approx h$ gefordert. Man braucht dazu keine gesonderten Gebote wie im bohrschen Modell.

c) In ➡ *Versuch 1* werden die Natriumatome (Na) einer Na-Dampflampe durch Elektronenstöße angeregt (Quantensprung $W_1 \to W_2$). Beim Rücksprung $W_2 \to W_1$ geben sie die Energie $\Delta W_A = W_2 - W_1$ als Photon mit der Energie $\Delta W_A = W_{Ph} = hf$ ab. Dabei entstehen die scharfen Linien des gelben Na-Lichts. Diese Photonen können in einiger Entfernung in einem Glaskolben Na-Atome mit *exakt* gleicher Energie $\Delta W_A = W_2 - W_1$ anregen ($W_1 \to W_2$). Nach kurzer Verweildauer im Zustand W_2 senden auch diese Na-Atome Photonen der gleichen Frequenz $f = \Delta W/h = c/\lambda$ nach allen Seiten aus ($W_2 \to W_1$). Man spricht von **Resonanzfluoreszenz**. – *Fluoreszenz* bedeutet Lichtemission, die durch Elektronenstoß oder eingestrahlte Photonen angeregt worden ist.

Merksatz

> Atome haben scharf voneinander getrennte, **diskrete Energiezustände,** z. B. mit der Energie W_1 und W_2. Nur sie können von Elektronen besetzt werden.
> Bei Energiezufuhr führt das Atom einen **Quantensprung** in einen energetisch höheren Zustand aus (z. B. $W_1 \to W_2$).
> Beim Rücksprung ($W_2 \to W_1$) wird die Energie wieder frei, oft durch Emission eines Photons.

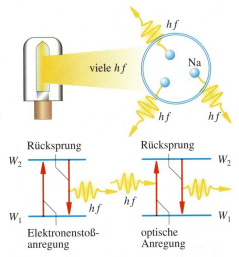

V 1: Ein luftleerer Glaskolben enthält etwas Natriummetall (Na) und wird auf 250 °C erhitzt. Sein Innenraum füllt sich mit Na-Dampf, den wir aber nicht sehen. Er lässt nämlich die meisten Photonen des Tageslichts ungehindert passieren, da diese nicht exakt auf Resonanz mit den Na-Atomen abgestimmt sind. Doch enttarnen ihn die Photonen einer Na-Dampflampe. In ihrem gelben Licht ($\lambda \approx 600$ nm; Quantenenergie $W_{Ph} = hf = 2{,}07$ eV) leuchtet der Na-Dampf nach allen Seiten. Schon die äußere Gasschicht nimmt bei dieser Resonanzfluoreszenz die eingestrahlten Photonen des gelben Na-Lichts auf und gibt sie allseitig ab. Man erkennt hier die Schärfe der Energieniveaus in Atomen.

... noch mehr Aufgaben

A 1: Lesen Sie in ➡ *Bild 3* die ungefähre Beschleunigungsspannung U_b an den Elektronenbahnen ab. Warum ändern sich deren Punktabstände (sie sind in gleichen Zeitabständen Δt geschrieben)? Wie kann man dabei elastische Stöße von unelastischen unterscheiden?

A 2: Energie ist im Licht wie im Atom quantisiert. Gibt es beim Franck-Hertz-Versuch auch Energie, die nicht quantisiert ist?

A 3: (zu *Interessantes*) Führen Sie die Rechnungen zum bohrschen Atommodell schrittweise durch. Von welchen Gesetzen rühren die Faktoren ε_0, h, n, e, m_e in *Gl. 3*? Warum ist es wichtig, dass im Modell nur bestimmte (diskrete) Bahnen zugelassen sind?

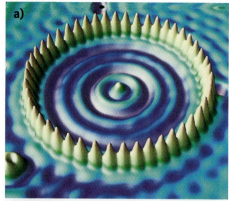

B 1: Rastertunnelmikroskop-Bilder **a)** $|\Psi|^2$ eines Elektrons, eingesperrt von 48 Eisenatomen im Kreis von 14 nm Durchmesser **b)** $|\Psi|^2$ begrenzt durch atomare Stufen der Kupferunterlage als Randbedingung

B 2: Die Elektronenspiegel S_1 und S_2 aus Netz N(+) und Platte P(−) sperren ein Elektron auf der Strecke L ein. Zwischen ihnen ist $E = 0$; $W_{pot} = 0$.

Der lineare Potentialtopf

1. Stationäre Elektronenzustände (Orbitale)

Das ➡ *Bild 1a* zeigt einen „Pferch" aus 48 ringförmig aufgereihten Eisenatomen. Er sperrt Elektronen der Kupferunterlage ein. Ihre Antreffwahrscheinlichkeit $|\Psi|^2$ wurde langsam, Punkt für Punkt, von der Spitze eines *Rastertunnelmikroskops* abgetastet und stark vergrößert wiedergegeben. Also liegt nicht das Momentbild einer schwingenden, stehenden Welle vor, sondern ein ruhender, **stationärer Elektronenzustand.** Sein $|\Psi|^2$ ist gewellt wie Wellblech, wellt aber nicht. Würden die Elektronen (wie Wasserwellen) auf und ab schwingen, so müssten sie wie im hertzschen Dipol Energie abstrahlen. Ähnlich sind *Atomorbitale* beschaffen, nur *dreidimensional*.

Bauen wir einen solchen stationären Elektronenzustand auf – wenigstens *eindimensional*. Dazu lassen wir in ➡ *Bild 3a* eine fortschreitende $\Psi_R(x,t)$-Welle nach *rechts* laufen. Das zugehörige Elektron liefe mit dem Impuls $+p$ nach rechts, bliebe also nicht eingesperrt. Deshalb geben wir ihm die Möglichkeit, zugleich mit dem Impuls $-p$ nach links zu fliegen. Dazu schicken wir der Ψ_R-Welle die Ψ_L-Welle nach *links* mit gleichem $\lambda_B = h/p$ und $f = W/h$ entgegen. Nach dem *Superpositionsprinzip* sind gemäß ➡ *Bild 3b* an jedem Ort x der schwarze Zeiger von Ψ_R und der grüne von Ψ_L zum roten Zeiger Ψ_{Res} zu addieren. ➡ *Bild 3c* zeigt, was wir schon nach ➡ *Bild 1* erwarten:

a) Aus den gegenläufigen $\Psi_R(x,t)$- und $\Psi_L(-x,t)$-Wellen entsteht das *stehende, gewellte* $|\Psi_{Res}(x)|^2$ (ohne t). Es entspricht den stationären Zuständen der in Bild 1 eingesperrten Elektronen.

b) Zeigerlänge $|\Psi_{Res}(x)|$ und Antreffwahrscheinlichkeit $|\Psi_{Res}(x)|^2$ hängen sinusförmig (perlschnurartig) vom Ort x ab, ganz im Gegensatz zu den beiden fortschreitenden $\Psi(x,t)$-Wellen. Die Gestalt von $|\Psi_{Res}(x)|^2$ entspricht dem, was man in der Chemie mit *Orbital* bezeichnet, dem stationären Zustand von Elektronen. Man findet sie in den „Bäuchen" der Orbitale häufig, in den „Knoten" aber nie.

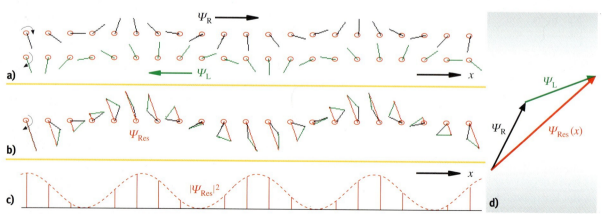

B 3: a) Fortschreitende Ψ_R-Welle nach rechts (schwarz), Ψ_L nach links (grün). Ihre Zeiger haben gleiche Länge, $|\Psi|^2$ ist konstant. **b)** Addition übereinander liegender Zeiger zu $\Psi_{Res} = \Psi_R + \Psi_L$ (rot). **c)** $|\Psi_{Res}|^2$ ist zeitlich konstant (stationär), hängt aber periodisch vom Ort x ab. **d)** Beispiel für die Addition eines schwarzen und grünen Zeigers an einem Ort x.

c) Auch wenn die roten Zeiger Ψ_{Res} weiter rotieren, so bleibt doch ihre Länge $|\Psi_{\text{Res}}(x)|$ an jeder Stelle x *zeitlich konstant*, also auch die Antreffwahrscheinlichkeit $|\Psi_{\text{Res}}(x)|^2$ für das Elektron, und damit für seine Ladung $-e$. Diese schwingt in Orbitalen nicht, wie von Antennen gewohnt, strahlt also keine Energie ab. Damit ist die *Stabilität der Elektronenhülle von Atomen* geklärt. Elektronen, die dagegen wie Saiten auf und ab schwingen würden, sind kein gutes Modell hierfür!

2. Elektron im Potentialtopf der Länge L eingesperrt

Um in Gedanken ein Elektron im Bereich der Länge L einzusperren, denken wir uns nach ▶ *Bild 2* zwei Elektronen„spiegel" S_1 und S_2 gegeneinander gestellt. Zwischen Netz N (+) und Platte P (–) bestehe ein E-Feld. Es soll das Elektron am Entweichen hindern. Dessen potentielle Energie W_{pot} hätte außen einen unerreichbar hohen Wert. Im Innern, zwischen S_1 und S_2, ist dagegen $E = 0$; das Elektron erfährt dort keine Kraft. W_{pot} ist längs L konstant. Wir setzen *in* diesem energetisch hohen **Potentialtopf** $W_{\text{pot}} = 0$, **außen** $W_{\text{pot}} \to \infty$ (▶ *Bild 4*). Dieser „Topf" hat nur eine Längsdimension.

Stationäre Zustände bestehen beliebig lange; für ihre zeitliche Unbestimmtheit gilt $\Delta t \to \infty$, für die energetische nach der UBR $\Delta W \approx h/\Delta t \to 0$. **Also hat ihre Gesamtenergie W einen scharfen Wert.** Im Potentialtopf besteht sie – klassisch gesehen – aus $W_{\text{pot}} = 0$ und $W_{\text{kin}} = \frac{1}{2} m_e v^2$. Mit $v = p/m_e$ und $p = h/\lambda_B$ folgt:

$$W = W_{\text{pot}} + W_{\text{kin}} = 0 + \tfrac{1}{2} m_e v^2 = \frac{p^2}{2 m_e} = \frac{h^2}{2 m_e \lambda_B^2}. \quad (1)$$

Außerhalb der Topfränder findet man das Elektron nicht; dort ist $|\Psi|^2 = 0$. Um einen *stetigen* Übergang ins Innere zu erzielen, legen wir dort an beide Ränder die *Knoten* von $\Psi(x)$. Wir fordern dies als **Randbedingung** (▶ *Bild 4*). Dann haben im Innern, auf der Strecke L, nur eine ganze Zahl n von *Bäuchen* Platz, je mit Länge $\lambda_B/2 = h/2p$ (analog zu Saiten). Also gilt $n\,\lambda_B/2 = L$ oder

$$\lambda_B = 2L/n \text{ mit den \textbf{Quantenzahlen} } n = 1, 2, 3 \ldots \quad (2)$$

Stellen wir uns vor, ein Elektron „besetze" ein beliebiges Orbital in diesem linearen (eindimensionalen) Topf der Länge L. Die **Quantenzahl n** bestimmt nach ▶ *Bild 4* die Gestalt dieses Ψ_n-Orbitals. Sie bestimmt auch die zugehörige Energie. Setzt man nämlich $\lambda_B = 2L/n$ in *Gl. 1* ein, so folgt die zu n gehörige, scharf bestimmte Gesamtenergie $W_n = n^2 h^2/(8\,m_e L^2)$ mit $n = 1, 2, 3, \ldots$

Merksatz

Stationäre Zustände $\Psi_n(x)$ eingeschlossener Elektronen haben eine scharf bestimmte, quantisierte Gesamtenergie W_n.
Elektronen im „hohen" linearen Potentialtopf der Länge L können nur von der **Quantenzahl n** abhängige Werte der **Gesamtenergie W_n** annehmen, **Eigenwerte** genannt:

$$W_n = \frac{n^2 h^2}{8\,m_e L^2}, \quad (n = 1, 2, 3, \ldots). \quad (3)$$

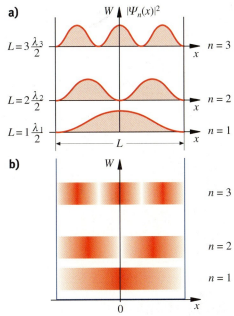

B 4: a) Orbitale im linearen Potentialtopf mit Quantenzahlen $n = 1, 2, 3$. Die Hochachse gibt sowohl Energie W als auch $|\Psi_n(x)|^2$ an, jedoch keine räumliche Höhe (der lineare Topf hat ja nur eine Dimension). **b)** Die Farbdichte zeigt die Antreffwahrscheinlichkeiten $|\Psi_n(x)|^2$ aus a).

Vertiefung

Etwas Kritik

W_{kin} wurde aus den scharfen Impulsen p langer Ψ-Wellen berechnet. Doch sind sie im Topf auf die Strecke L eingegrenzt. Die Unbestimmtheit im Ort ist $\Delta x \approx L$, im Impuls $\Delta p \approx h/L > 0$. Doch wird die kinetische Energie W_{kin} in *Gl. 1* durch die scharfe Größe λ_B ausgedrückt und damit ist die *Gesamtenergie* im *stationären* Zustand $W_n = n^2 h^2/(8\,m_e L^2)$ scharf. Man beachte: Sie enthält die unbestimmte Größe p nicht mehr.

... noch mehr Aufgaben

A 1: Wie lang ist ein linearer, „hoher" Potentialtopf, wenn bei der Quantenzahl $n = 5$ ein Elektron die Energie 1,0 eV hat?

A 2: Betrachten Sie ein Atom mit Durchmesser 0,5 nm stark idealisiert als hohen linearen Topf der Länge 0,5 nm. Geben Sie die 3 tiefsten Eigenwerte in eV an.

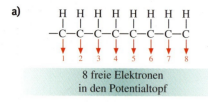

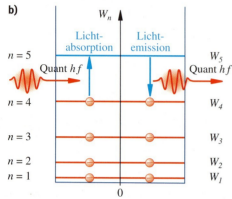

B 1: a) Strukturformel eines organischen Farbstoffmoleküls (Prinzip). Jedes der 8 C-Atome hat zwar 4 Valenzelektronen, braucht aber zur Bindung an seine 3 Nachbarn nur 3. Das 4. Elektron entlässt es in die lineare Atomkette (rot). **b)** Diese Kette ist als Potentialtopf mit 8 Elektronen besetzt, nach dem Pauliprinzip bis zu $n = 4$. Zwischen $n = 4$ und $n = 5$ finden Quantensprünge statt.

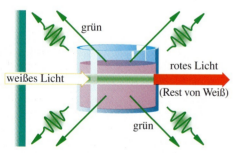

V 1: a) Die Küvette enthält roten Farbstoff, in Alkohol gelöst. Ein scharfer Strahl weißen Lichts fällt von links ein. Davon wird Grün ($\lambda \approx 550$ nm) absorbiert, fehlt also im weiterlaufenden Licht und zeigt dort eine dunkle Absorptionslinie im Grün. Das absorbierte Grün erzeugt nämlich den Quantensprung $4 \rightarrow 5$. Die beim Rücksprung $5 \rightarrow 4$ entstandenen Quanten fliegen nach allen Seiten: Der Farbstoff fluoresziert im Strahl grün. **b)** Bei allseitigem Lichteinfall geht die Farbe Grün verloren; man sieht deshalb die Komplementärfarbe Rot.

3. Zur Quantisierung der Elektronenenergie

a) In der Gleichung $W_n = n^2 h^2/(8 m L^2)$ für die erlaubten Energiewerte im hohen Topf ist $n = 0$ und damit $W = 0$ ausgeschlossen (dafür gibt es keine Ψ-Welle). Ein eingesperrtes Elektron kann nicht energielos im Topf herumliegen! Der **Grundzustand** hat also die Quantenzahl $n = 1$ und die Energie $W_1 = h^2/(8 m L^2)$. Wir kennen sie schon als Lokalisationsenergie gemäß der UBR.

b) Man darf nun nicht folgern, Energie sei stets quantisiert. *Freie Elektronen*, die aus einer Elektronenkanone kommen, ändern ihre Energie stetig, wenn man – etwa beim *Franck-Hertz-Versuch* – die Beschleunigungsspannung U kontinuierlich erhöht; hier fehlt die Randbedingung „Knoten an den Rändern".
Erst diese Randbedingung führt bei eingeschlossenen Elektronen zur *Energiequantisierung* und erklärt, warum man z. B. in Hg-Atomen 4,9 eV braucht, um sie vom Grundzustand in den nächsten erlaubten Zustand zu „heben". Unter 4,9 eV bleiben die Elektronenstöße wirkungslos, gleichgültig wie häufig sie stattfinden.

4. Potentialtöpfe als Farbtöpfe

a) *Warum sind Rosen rot?* Sie enthalten organische Moleküle, die Ketten aus z. B. $Z = 8$ C-Atomen bilden, je mit Durchmesser $a = 0,15$ nm ($\Rightarrow$ *Bild 1a*). Jedes C-Atom gibt ein Elektron in diesen linearen Potentialtopf der Länge $L = 8 a = 1,2$ nm ab. Dort sind aber nur die Energieniveaus $W_n = n^2 h^2/(8 m L^2)$ mit $n = 1, 2, 3, \ldots$ besetzbar. Zudem können nach dem *Pauliprinzip* höchstens zwei Elektronen in denselben Zustand treten. Die 8 Elektronen besetzen also – je zu zweit – die vier tiefsten Orbitale mit den Quantenzahlen $n = 1$ bis 4. Dies ist der energetisch tiefste, **stabile Zustand** des Moleküls ($\Rightarrow$ *Bild 1b*). Dort bleiben das $|\Psi|^2$ der Elektronen und die Ladungsverteilung zeitlich konstant; sie strahlen kein Licht ab. Woher kommt dann aber die Farbe der Farbstoffmoleküle?

b) Tageslicht hat Quanten vieler Frequenzen. Aber nur solche geben im Topf ihre Energie $W = h f$ ab, die ein Elektron vom obersten besetzten Zustand W_4 ($n = 4$) in den nächsten unbesetzten W_5 ($n = 5$) heben können (Sprung $W_4 \rightarrow W_5$ in $\Rightarrow$ *Bild 1b*). Nach $W_n = n^2 h^2/(8 m L^2)$ braucht man dazu die Energie

$$\Delta W = W_5 - W_4 = \frac{(5^2 - 4^2) h^2}{8 m L^2} = \frac{9 h^2}{8 m L^2}.$$

Daraus folgt für die Wellenlänge λ der in $\Rightarrow$ *Versuch 1a* beobachteten Absorptionslinie mit $\Delta W = h f$ und $L = 1,2$ nm

$$\lambda = \frac{c}{f} = \frac{8 m L^2 c}{9 h} = 523 \text{ nm}.$$

Sie liegt im grünen Spektralbereich. Die anderen, nicht absorbierten Quanten des eingestrahlten weißen Lichts verleihen der Rose zusammen die Komplementärfarbe Rot ($\Rightarrow$ *Versuch 1b*). Andere Blumen haben Potentialtöpfe anderer Länge L für andere Farben, einer der zahlreichen Gründe für den Farbenreichtum der Natur.

5. Bewegt sich ein Elektron im stationären Zustand?

a) Vor *Gl. 1* von Ziff. 2 trat die Geschwindigkeit v des Elektrons im Topf auf. Man darf nun nicht sagen, es fliege in einem Augenblick mit $+v$ nach rechts, im nächsten mit $-v$ nach links, so genau wisse man es eben nicht. Dann würde jeweils nur die nach rechts bzw. links laufende Ψ-Welle gelten; das stationäre Orbital wäre zerstört und in eine laufende Welle überführt. Die quantentheoretisch nötige Superposition fordert vielmehr ein *Zugleich* beider *Möglichkeiten* $+v$ und $-v$, eben den *stationären Zustand* nach Ziff. 1. Dies entspricht dem Zugleich beider Pfade bei der Doppelspaltinterferenz.

b) Die Quantentheorie verbietet nicht, dass ein Elektron im Topf hin und her läuft. Doch ist dies ein von der Zeit t abhängiger, nicht stationärer Zustand. Es ist $\Delta t < \infty$, also $\Delta W \approx h/\Delta t > 0$. Um ihn darzustellen, superponiert man viele stationäre Ψ_n-Funktionen mit vielen Energiewerten W_n und Frequenzen $f_n = W_n/h$ zum *Wellenpaket* in ⇒ *Bild 2*. Es läuft wie ein klassisches Teilchen hin und her. Doch zerfließt es bald.

An solchen Vorgängen wird heute der spannende Übergang von nicht objektivierbaren Quantenvorgängen zu *realen* klassischen Prozessen intensiv untersucht (im Buch im Anschluss an die *Schrödingerkatze*), auch die Frage, ob es ein *Quantenchaos* gibt.

6. Fluoreszenz

Wir sahen: Bei *Resonanzfluoreszenz* werden Natriumatome durch Photonen angeregt (⇒ *Bild 3a*). Beim Rücksprung kehren sie zurück und emittierten Photonen gleicher Energie. ⇒ *Versuch 2* mit komplizierten *Fluoreszeinmolekülen* läuft anders ab. Nach ⇒ *Bild 3b* kehrt das angeregte Molekül aus seinem angeregten Zustand W_4 stufenweise gemäß $W_4 \to W_3 \to W_2 \to W_1$ über Zwischenzustände in den Grundzustand W_1 zurück. Am Potentialtopf sahen wir ja, dass eingeschlossenen Elektronen *viele Zustände* Ψ_n, viele Orbitale, zur Verfügung stehen, die sie besetzen *können*. Nur die Energiewerte dazwischen sind nicht besetzbar!

Die Quanten des Fluoreszenzlichts sind energieärmer als die des absorbierten. Deshalb lassen sich energiereiche Quanten des unsichtbaren UV in Quanten sichtbaren Lichts umwandeln, z. B. im Leuchtstoff der *Leuchtstoffröhren* (⇒ *Versuch 3*). Die UV-Quanten entstammen Quecksilberatomen, die durch Elektronenstoß angeregt wurden; es wäre falsch, von Neonröhren zu sprechen.

Waschmittelzusätze in Hemden fluoreszieren im UV des Tageslichts bläulich. Dieses Blau addiert sich zum Gelb des Schmutzes und gibt „strahlendes Weiß". Auch viele Papiersorten fluoreszieren in UV-Licht (⇒ *Bild 4*). Gefälschte Geldscheine fluoreszieren in UV anders als im sichtbaren Licht und anders als echte. *Fluoreszenzschirme* absorbieren Röntgenquanten und teilen deren Energie stufenweise auf, zum Teil in Quanten des sichtbaren Lichts. So verwandeln sie unsichtbare, gefährliche Röntgenstrahlen zum Teil in sichtbares Licht.

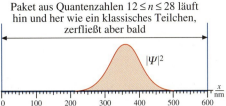

B 2: Das Wellenpaket ist das $|\Psi|^2$ eines im Topf hin und her laufenden Elektrons

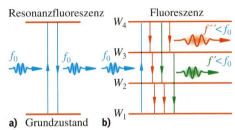

B 3: Quantensprünge **a)** bei Resonanzfluoreszenz, etwa in Natriumdampf **b)** bei Fluoreszenz in einer Fluoreszeinlösung

V 2: Wir bestrahlen Fluoreszeinlösung (organische Substanz) mit weißem Licht und betrachten das durchfallende Licht im Spektroskop. Es fehlen Blau und Violett; die Lösung erscheint von dort gesehen in der Komplementärfarbe Rot-Gelb. Nach den Seiten hin fluoresziert sie dagegen grün.

V 3: Betrachten Sie eine Leuchtstoffröhre mit einem Geradsichtspektroskop. Sie sehen das kontinuierliche Spektrum des Leuchtstoffs, mit dem die Röhrenwand innen ausgekleidet ist. Seinem kontinuierlichen Untergrund sind farbige Linien der Hg-Atome überlagert; die Röhre enthält etwas Hg-Dampf. An der λ-Skala des Spektroskops lässt sich λ ablesen und mit der Spektraltafel am Buchende vergleichen.

B 4: Ein Geldschein fluoresziert im UV-Licht

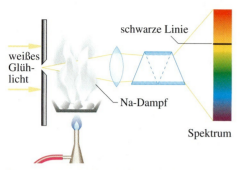

V 1: Weißes Licht fällt auf einen engen Spalt; er wird mit einem Objektiv auf einem Schirm abgebildet. Das Geradsichtprisma erzeugt ein helles, kontinuierliches Spektrum. Im Lichtkegel verdampfen wir etwas Natriummetall (*Vorsicht*: Augen und Objektiv schützen!). Im gelben Teil des Spektrums zeigt sich eine dunkle Linie. Hier fehlen die Photonen mit der Quantenenergie W_{Na} aus dem weißen Licht; sie wurden durch Resonanzfluoreszenz absorbiert und nach allen Seiten wieder ausgestrahlt. Nur wenige davon treffen das Prisma, können also die dunkle Linie kaum aufhellen.

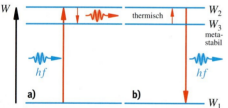

B 1: Energieniveau-Schema zur Phosphoreszenz **a)** Lichteinstrahlung **b)** Lichtemission. Die Farbe hängt von der Lage der Zwischenniveaus ab – wie bei Fluoreszenz

---

... noch mehr Aufgaben

A 1: a) Befestigen Sie eine Wäscheleine an einem Ende und bringen sie am anderen zum Schwingen. Was können Sie von der dabei erzeugten stehenden Querwelle auf den linearen Topf übertragen, was nicht?
b) Eine Saite schwingt durch die Gleichgewichtslage und ist für einen Augenblick gerade. Welche Folge hätte dies bei der Ψ-Funktion eines Elektrons? Wie entgeht sie diesem Zustand?

A 2: Welche Wellenlänge hat die absorbierte Spektrallinie eines Farbstoffmoleküls mit 18 C-Atomen (Atomabstand $a = 0{,}14$ nm)?

---

7. „Fingerabdrücke" der Atome im Spektrum

Lineare Potentialtöpfe, der Franck-Hertz-Versuch und die Resonanzabsorption zeigen, dass eingeschlossene Elektronen viele *scharfe* Energieniveaus einnehmen. Deshalb liefern sie *scharfe* Spektrallinien, z. B. die Quecksilberlinien von Leuchtstoffröhren.

Die Absorption von Quanten führt zur **Umkehrung von Spektrallinien,** wichtig für die Astronomie (➡ *Versuch 1*). Sie läuft im Großen auf der Sonne und den Fixsternen ab. Dort entsteht in den heißen Gasen einer etwas tieferen Schicht, der sog. *Photosphäre*, weißes Licht mit einem *kontinuierlichen* Spektrum von IR bis UV, hauptsächlich aus negativ geladenen H⁻-Ionen. Dessen Photonen durchlaufen eine darüberliegende Schicht, die *Chromosphäre*, deren Atome exakt nur die ihnen passenden Photonen absorbieren. Deshalb ist das an sich *kontinuierliche Spektrum* des Sonnenlichts von vielen scharfen, schwarzen *Absorptionslinien* durchzogen, *fraunhofersche Linien* genannt (➡ Spektraltafel am Buchende).
Aus Laborversuchen kennt man die Zuordnung der Linien zu den einzelnen Elementen mit großer Genauigkeit, erfährt also, welche Elemente in den Gashüllen der Fixsterne vorkommen. Das Element *Helium* wurde durch zunächst noch unbekannte Absorptionslinien auf der Sonne entdeckt und später in Gasquellen auf der Erde nachgewiesen. Diese **Spektralanalyse** ergänzt die früheren, aufwendigen und zeitraubenden chemischen Untersuchungen, löst sie teilweise sogar ab, da sie praktisch momentan und vollautomatisch erfolgen kann. Dabei benutzt man *Emissions-* und *Absorptionslinien*.

Wichtig wurde die *Fluoreszenz* zum Nachweis winziger Spuren von *Schadstoffen* in der Atmosphäre. Man schickt dazu starkes Laserlicht in die Höhe und misst das von den Schadstoff-Teilchen zurückgestreute Licht. Dabei kann man sehr genau die Art der Teilchen feststellen. Solches ist auch von Erdsatelliten aus möglich.

8. Phosphoreszenz

Leuchtplaketten oder *Leuchtziffern* von Uhren, die mit UV bestrahlt wurden, leuchten im Dunkeln längere Zeit nach. Sie verhalten sich wie ein Lichtakku. Man sagt, sie **phosphoreszieren** (das Leuchten von Phosphor in Luft oder von Leuchtkäfern ist ein chemischer Vorgang und hat damit nichts zu tun). Ein phosphoreszierender Stoff ist z. B. *Zinksulfid*, das Spuren von Kupfer enthält. Bei dieser **Phosphoreszenz** werden nach ➡ *Bild 1* Elektronen vom Grundniveau W_1 in ein höheres Niveau W_2 gehoben. Von dort fallen sie sofort in ein um nur 0,01 eV tieferes Niveau W_3 des Festkörpers. In dieser „Elektronenfalle" bleiben sie so lange hängen, bis thermische Energie sie wieder zufallsbedingt um 0,01 eV nach W_2 hebt. Von dort kehren sie sofort nach W_1 zurück und senden ein Photon aus. Höhere Temperatur oder IR-Bestrahlung beschleunigt das Anheben aus der „Falle" nach W_2 und damit die anschließende Lichtemission. Hier werden nicht Photonen als solche gespeichert, sondern nur deren Energie. Ein Autoakku speichert auch nicht die zugeführte elektrische Energie als solche, sondern in chemischer Form.

Das ist wichtig

Wenn man zum Beschreiben von Photonen, Elektronen, Atomen und Molekülen die Planck-Konstante h braucht, spricht man von **Quantenobjekten**. Sie zeigen Beugung und Interferenz. Dabei sind mithilfe der Planck-Konstante h einander zugeordnet:

Impuls $p \leftrightarrow$ *deBroglie-Wellenlänge* $\lambda_B = h/p$,
Energie $W \leftrightarrow$ *Frequenz* $f = W/h$ *der Zeiger.*

In makroskopischen Anordnungen kann man an Elektronen z. B. e/m messen, ohne h zu benutzen. Hier zeigen die Elektronen den **klassischen Grenzfall** und verhalten sich nicht wie ein Quantenobjekt. Dies gilt auch für Photonen im geradlinigen Lichtstrahl, also im *Grenzfall Strahlenoptik*. Im klassischen Grenzfall *Wellenoptik* verzichtet man auf die Quantisierung gemäß $W = hf$ und $p = h/\lambda$. Man braucht h nicht.

DeBroglie-Wellen (auch Ψ-, Materie- oder Wahrscheinlichkeitswellen genannt) haben bei scharfem Impuls p konstante Antreffwahrscheinlichkeit $|\Psi|^2$.
Wellenpakete laufen mit der Geschwindigkeit $v = p/m$ der zugehörigen Quanten.

Heisenbergs Unbestimmtheitsrelation: Zwischen den Unbestimmtheiten Δp_x im Impuls p_x und Δx im zugehörigen Ort x gilt für Quantenobjekte

$$\Delta x \, \Delta p_x \approx h.$$

Δp_x und Δx sind Mittelwerte von p_x- und x-Messungen an einheitlich präparierten Gesamtheiten.
Für die Unbestimmtheit Δt der Antreffzeit von Quanten und deren Energieunbestimmtheit ΔW gilt

$$\Delta W \, \Delta t \approx h.$$

Stationäre, zeitunabhängige **Zustände** ($\Delta t \to \infty$) haben scharf bestimmte Energien:

$$\Delta W \approx h/\Delta t \to 0.$$

Quantenobjekte mit Ruhemasse m, die räumlich auf einen Bereich der Länge L eingeengt sind, haben eine mit sinkendem L stark steigende **Lokalisationsenergie**

$$W_L \approx \frac{h^2}{8mL^2}.$$

Elektronen im „hohen", linearen *Potentialtopf* der Länge L können nur die scharf bestimmten **Energieniveaus**

$$W_n = \frac{h^2 n^2}{8 m_e L^2}$$

besetzen. $n = 1, 2, 3, \ldots$ sind deren **Quantenzahlen**.

Atome und Moleküle haben **scharf bestimmte Energiezustände**. Die zugehörigen $|\Psi|^2$ bestimmen die *möglichen* Aufenthaltsbereiche von Elektronen, **Orbitale** genannt. Bei **Quantensprüngen** zwischen diesen Niveaus wird Energie aufgenommen oder abgegeben.

Aufgaben

A 1: Ein Farbstoffmolekül mit 10 Elektronen hat die Länge $L = 2$ nm. Welche Wellenlänge hat Licht, das ein Elektron vom obersten besetzten Zustand in den nächsten hebt?

A 2: a) Bei welcher Frequenz hebt Licht ein Elektron im linearen Potentialtopf mit Länge $L = 1$ nm vom Zustand mit $n = 50$ in den nächsten? **b)** Nehmen Sie „halbklassisch" an, dieses Elektron würde im Zustand $n = 50$ mit seinem Impuls $p = h/\lambda$ hin und her fliegen. Welche Frequenz hätte es dann? Bestätigt der Vergleich beider Frequenzen Bohrs Korrespondenzprinzip zwischen klassischer und Quantenphysik? **c)** Was bedeutet „hoch" beim linearen Potentialtopf?

A 3: a) Treibhausgase wie CO_2 oder H_2O absorbieren im IR ($\lambda \approx 1$ mm bis 800 nm). In welchem Bereich liegen die Energieunterschiede der beteiligten Niveaus? **b)** O_2- und N_2-Moleküle brauchen zur Anregung mindestens 15 eV und absorbieren Quanten. Ab welcher Wellenlänge wird Luft undurchsichtig?

A 4: a) Treibhausgase absorbieren Photonen, die von schwingenden Molekülen der Erdoberfläche ($T \approx 300$ K) stammen. Diese haben die mittlere Energie $W = 3kT/2$ (Boltzmann-Konstante $k = 1{,}38 \cdot 10^{-23}$ J/K). Welche Wellenlänge haben Photonen dieser Energie? **b)** Vergleichen Sie die Größenordnung von λ in a) mit dem wienschen Verschiebungsgesetz, nach dem die Wellenlänge des Strahlungsmaximums

$$\lambda_{max} = 2{,}9 \cdot 10^6 \text{ K}/T \text{ nm}$$

beträgt. Was ändert sich bei 20facher Temperatur (Sonnenoberfläche)? **c)** Ist nach $W \approx 3kT/2$ zu erwarten, dass beim Franck-Hertz-Versuch Gasmoleküle bei 400 K durch Stoß Hg-Atome anregen können?

A 5: Photonen können nur mit passender Energie Atome anregen, Elektronen dagegen auch mit höheren Energien. Woran liegt das? Geben Sie Beispiele.

A 6: Jemand sagt, die mehrmaligen Maxima beim Franck-Hertz-Versuch zeigen, dass im Hg-Atom mehrere Energiestufen mit gleichen Abständen übereinander liegen. Erklärt das den Versuch? Nehmen Sie Stellung.

A 7: Spektrallinien für $\lambda = 600$ nm haben eine Frequenzbreite von mindestens 10^8 Hz. Wie groß ist die Frequenzunschärfe und die Energieunschärfe in %? Wie groß ist die sog. mittlere Lebensdauer des angeregten Zustands, wie groß die des Grundzustands?

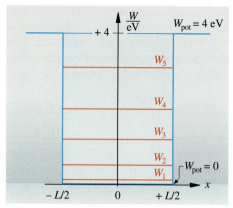

B 1: Potentialfunktion $W_{pot}(x)$ für einen linearen Potentialtopf mit Höhe 4 eV und Breite $L = 1{,}5$ nm. Seine Eigenwerte W_n (rot) zwischen 0 und 4 eV sind gesucht.

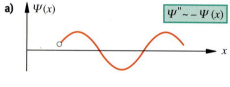

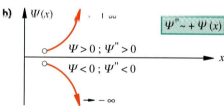

B 2: a) *Im Topf*: $C > 0$, $\Psi''(x) \sim -\Psi(x)$; $\Psi(x)$ schlängelt sich um die x-Achse
b) *Außen*: $C < 0$, also $\Psi''(x) \sim +\Psi(x)$; $\Psi(x)$ geht schnell gegen $+\infty$ oder $-\infty$

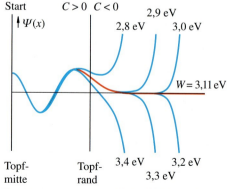

B 3: Der Computer erhöht W kleinschrittig von 2,8 eV bis 3,4 eV. Außerhalb des Topfes geht fast immer $\Psi \to +\infty$ oder $\Psi \to -\infty$. Dazwischen liegt eine Eigenfunktion $\Psi_n(x)$. Für sie gilt: $\Psi_n \to 0$, $\Psi'_n \to 0$; der zugehörige Eigenwert ist $W = 3{,}11$ eV.

Die Schrödingergleichung

E. SCHRÖDINGER stellte eine Gleichung auf, die sich bei Potentialtöpfen, Atomen, Molekülen und Festkörpern, also bei allen *stationären, zeitunabhängigen* Elektronenzuständen bewährt. Da diese beliebig lange bestehen ($\Delta t \to \infty$), haben sie nach $\Delta W \approx h/\Delta t \to 0$ eine scharf bestimmte **Gesamtenergie W, Eigenwert** der Energie genannt. Ihn suchen wir.

Das Grundgesetz $F = ma$ der Mechanik ist ungeeignet, da es auf Bahnen führt und nicht die UBR beachtet. Wir brauchen eine Grundgleichung, die sich nicht aus anderen herleiten lässt, müssen also, wie SCHRÖDINGER, sinnvoll *raten*. Dazu betrachten wir, vom „Quantenpferch" angeregt, Sinus- bzw. Kosinusfunktionen $\Psi(x)$, die mit der deBroglie-Wellenlänge $\lambda_B = h/p$ periodisch sind, z. B.:

$$\Psi_1(x) = \Psi_0 \sin\left(\frac{2\pi x}{\lambda_B}\right) \quad \text{oder} \quad \Psi_2(x) = \Psi_0 \cos\left(\frac{2\pi x}{\lambda_B}\right).$$

Bei solch gewellten Funktionen ist an jedem Ort x die zweite Ableitung $\Psi''(x)$ zum negativen Wert $-\Psi(x)$ proportional, z. B.:

$$\Psi_1''(x) = -\left(\frac{2\pi}{\lambda_B}\right)^2 \Psi_0 \sin\left(\frac{2\pi x}{\lambda_B}\right) = -\left(\frac{2\pi}{\lambda_B}\right)^2 \Psi_1(x) \sim -\Psi_1(x).$$

Der Faktor $C = (2\pi/\lambda_B)^2 = 4\pi^2 p^2/h^2$ enthält p^2 und damit auch $W_{kin} = p^2/(2 m_e)$. Nun ist $W_{kin} = W - W_{pot}(x)$. So bringt C die gesuchte **Gesamtenergie W** ein, den konstanten **Energieeigenwert**. Die vom Ort x abhängige **Potentialfunktion** $W_{pot}(x)$ ist durch das Kraftfeld bestimmt, in dem sich das Elektron tummelt (z. B. ▸ *Bild 1*). Wie man dort sieht, ist $W_{pot}(x)$ die potentielle Energie des punktförmig gedachten Elektrons am jeweiligen Ort x.

Wenn wir also $W - W_{pot}(x) = W_{kin} = p^2/(2 m_e)$ nach p^2 auflösen und in $C = 4\pi^2 p^2/h^2$ einsetzen, eliminieren wir den unscharfen Impuls p und erhalten $C = 8\pi^2 m_e(W - W_{pot}(x))/h^2$. Dies liefert eine Differentialgleichung, die umfassend bestätigte **eindimensionale, zeitunabhängige Schrödingergleichung**.

Merksatz

Eindimensionale, zeitunabhängige Schrödingergleichung:

$$\Psi''(x) = -\frac{8\pi^2 m_e}{h^2}(W - W_{pot}(x))\,\Psi(x) = -C(x)\,\Psi(x). \quad (1)$$

Mit dieser von der Zeit t unabhängigen Gleichung suchen wir solche Funktionen $\Psi(x)$, deren zweite Ableitung $\Psi''(x) = -C(x)\Psi(x)$ an jedem Ort x zu $-\Psi(x)$ proportional ist. Der wichtige Faktor

$$C(x) = \frac{8\pi^2 m_e}{h^2}(W - W_{pot}(x))$$

hängt ab
- von x wegen der das jeweilige Problem kennzeichnenden Potentialfunktion $W_{pot}(x)$ und
- von der Gesamtenergie W, die wir leider noch nicht kennen.

Wie löst man dieses neuartige mathematische Problem?

Wir wenden die Schrödingergleichung auf den *linearen Topf* der Höhe 4 eV und der Breite $L = 1{,}5$ nm an. Nach ▶ *Bild 1* geben wir als *Potentialfunktion* $W_{pot}(x)$ vor:
Im Topf: $W_{pot}(x) = 0$, außen: $W_{pot}(x) = +4$ eV.
$C(x)$ hängt von der Differenz $(W - W_{pot}(x))$ ab. Das bedeutet:

a) Im *Innern* des Topfes ist $W_{pot}(x) = 0 < W$, also der Faktor

$$C(x) = \frac{8\pi^2 m_e}{h^2}(W - W_{pot}(x)) > 0. \quad (2)$$

Wegen $\Psi''(x) = -C(x)\Psi(x)$ gilt: Bei $\Psi(x) > 0$ ist $\Psi''(x) < 0$, die Kurve *rechts gekrümmt*. Bei $\Psi(x) < 0$ ist sie wegen $\Psi''(x) > 0$ *links gekrümmt*. Sie schlängelt sich also im *Topfinnern* stets brav um die x-Achse (▶ *Bild 2a, 3* und *4*). Dies trug SCHRÖDINGERS Theorie den Namen **Wellenmechanik** ein.

b) Auch *außerhalb* des Topfs gilt diese umfassende Theorie. Dort aber ist $W_{pot}(x) = 4\,\text{eV} > W$, also $C(x) < 0$.
Folglich ist bei $\Psi(x) > 0$ auch $\Psi''(x) > 0$, die $\Psi(x)$-Kurve *links gekrümmt*; deshalb strebt sie schnell gegen $+\infty$ (▶ *Bild 2b*).
Für $\Psi(x) < 0$ ist $\Psi''(x) < 0$; die nun *rechts gekrümmte* $\Psi(x)$-Kurve strebt gegen $-\infty$. Beide Male geht außen die Antreffwahrscheinlichkeit $|\Psi(x)|^2 \to +\infty$. Folge: Die Schrödingergleichung wirft das Elektron aus dem Topf, sozusagen „durch den Rand hindurch".

Das Elektron soll aber im Topf bleiben! Erfreulicherweise gibt es nach ▶ *Bild 3* und *4* einige wenige **Eigenfunktionen** $\Psi_n(x)$, die *außerhalb* des Topfes gegen null streben. Sie erfüllen die **Randbedingungen** $\Psi(x) \to 0$ und $\Psi'(x) \to 0$. Zu jedem $\Psi_n(x)$ gehört ein **Eigenwert** W_n der Gesamtenergie W.
Wie findet der Computer diese Eigenwerte W_n? Er berechnet $\Psi(x)$ nach *Gl. 1* schnell nacheinander und probeweise für *eng aufeinanderfolgende W-Werte* (▶ *Bild 4*). Er verwirft alle W-Werte mit $|\Psi(x)| \to \infty$. Folglich erhalten wir nur Eigenfunktionen $\Psi_n(x)$, welche die Randbedingungen erfüllen. Die zugehörigen Eigenwerte W_n liegen „diskret" voneinander getrennt. Bei Energien $W > W_{pot}$ über dem Topf fehlen Randbedingungen; das Elektron ist nicht „eingesperrt", die Energie nicht quantisiert. Erst in diesem *Energiekontinuum* sind alle Energiewerte erlaubt.
Mit $W_{pot} > 1000$ eV nähern wir uns dem *unendlich hohen Topf*. Die Simulation bestätigt die Formel $W_n = n^2 h^2/(8mL^2)$. Dieser Topf stellt einen Spezialfall dar, seine Eigenfunktionen $\Psi_n(x)$ sind an den Rändern exakt null. Bei Töpfen geringer „Höhe" dagegen „tunnelt" das Orbital $\Psi_n(x)$ etwas nach außen (▶ *Bild 4*).

Merksatz

„Eingesperrte" Elektronen nehmen **stationäre Zustände** mit scharf bestimmten, **diskreten Energieeigenwerten** W_n ein. Ihre **Eigenfunktionen** $\Psi_n(x)$ bestimmen durch $|\Psi_n(x)|^2$ das Orbital, den Antreffbereich des Elektrons. Die Quantisierung wird an dessen Rändern erzwungen von den **Randbedingungen**

$$\Psi(x) \to 0 \quad \text{und} \quad \Psi'(x) \to 0.$$

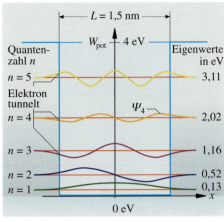

B 4: Der Computer hat im Topf von Bild 1 die Energie W in Gl. 1 kleinschrittig erhöht und geprüft, ob das Elektron im Topf bleibt. Nur die W und $\Psi(x)$, welche die *Randbedingungen* erfüllen, gibt er als *Eigenwert* W_n und *Eigenfunktion* $\Psi_n(x)$ aus.

Vertiefung

Schrödingergleichung am Computer

In die Konstante $K = e\,8\pi^2 m_e/h^2$ wurde e aufgenommen, um W in eV anzugeben.

Konstanten:	Kommentar:
EL = 1.6022E–19	*Elementarladung* e
K = EL*1.638E+38	$K = e\,8\pi^2 m_e/h^2$
W = 3.102	*Energie W in eV*
LH = 0.75E–9	*halbe Topfbreite* $L/2$
DX = 1E–12	Δx-*Schrittweite*
X = 0	*Start bei* $x = 0$ *(Mitte)*
PSI = 1 : PSI1 = 0	*für symmetrisches* Ψ
	($n = 1, 3, 5, \ldots$)

START:
(1) if X < LH then WP = 0 else WP = 4
(2) PSI2 = –K*(W – WP)*PSI Ψ'' *Gl. 1*
(3) PSI1 = PSI1 + PSI2*DX Ψ'
(4) PSI = PSI + PSI1*DX Ψ
(5) X = X + DX   *nächster Schritt*
(6) if ABS(PSI) < 100 then START:

In (1) wird WP bestimmt ($W_{pot} = 0$ bzw. 4 eV), daraus in (2) bis (4) PSI2 (Ψ''), PSI1 (Ψ') und PSI (Ψ) wie bei harmonischen Schwingern. In (5) wird X um DX erhöht. (6) prüft, ob $|\Psi|$ endlich bleibt. Falls $|\Psi| > 100$, prüfen Sie ein benachbartes W, bis außen $|\Psi| \to 0$ gilt.
Um die Ψ mit $n = 2, 4, 6, \ldots$ zu erhalten, starte man mit PSI = 0 und PSI1 = 1.

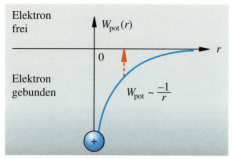

B 1: Im H-Atom gibt das Potential $W_{pot}(r) = -1{,}44 \cdot 10^{-9} \frac{1}{r}$ eVm die Energie, die man braucht, das Elektron vom Kernabstand r nach $r \to \infty$ zu „heben". Dort ist $W = 0$.

Vertiefung

Computerprogramm zum H-Atom

Man vergleiche mit dem Potentialtopf-Programm; W_{pot} (WP) nach ➜ *Bild 1*.

Konstanten: *Kommentar:*
EL = 1.6022E–19 *Elementarladung e*
K = EL*1.638E+38 *K = $e\,8\pi^2 m_e/h^2$*
nach Gl. 1; Energie in eV
G = 1.44 E–9 *Konstante von Gl. 2*
DR = 1E–11 *Schrittweite in m*
W = –1.51 *Energie W in eV wird*
als Eigenwert getestet

NEU:
PSI = 0 *Ψ beim Start*
PSI1 = 1 *Ψ' beim Start*
R = 1E–14 *je bei $r = 10^{-14}$ m*

START:
(1) WP = – G/R *WP ist W_{pot}*
(2) PSI2 = – K*(W – WP)*PSI *Ψ'' Gl.1*
(3) PSI1 = PSI1 + PSI2*DR *Ψ'*
(4) PSI = PSI + PSI1*DR *Ψ*
(5) R = R + DR *nächster Schritt*
(6) if ABS(PSI) < 1E–10 then START:
  W = W + 0.0005 *W etwas höher*
GOTO NEU: *Start mit höherer Energie*

Man startet am Kern bei $r = 10^{-14}$ m mit $\Psi = 0$ und $\Psi' = 1$ (für $r \to 0$ ginge $W_{pot} \to -\infty$). Geht $|\Psi| \to \infty$, so wird nach (6) die Energie W um 0,0005 eV erhöht und damit der Suchvorgang mit NEU wiederholt.
Prüfen Sie alle Eigenwerte W_n aus ➜ *Tabelle 1* mit diesem Programm!

Das Wasserstoffatom

1. Schalenaufbau des H-Atoms nach Schrödinger

Im Wasserstoffatom tummelt sich *ein* Elektron mit der Ladung $-e$ um den Kern mit der Ladung $+e$. Er zieht es im Abstand r mit der Coulombkraft $F(r) = -e^2/(4\pi\varepsilon_0 r^2)$ an. Diese darf man – anders als im bohrschen Modell – nicht als Zentripetalkraft für eine Kreisbahn ansehen. Nach der UBR gibt es in atomaren Bereichen keine Bahnen. Man muss $\Psi(r)$ (als Funktion von r) berechnen mit der Schrödingergleichung

$$\Psi''(r) = -\frac{8\pi^2 m_e}{h^2}(W - W_{pot}(r)) \cdot \Psi(r). \quad (1)$$

Zu ihrer Lösung braucht man die *Potentialfunktion* $W_{pot}(r)$ der Kernladung $+e$. Es ist die potentielle Energie des im Kernabstand r lokalisierten Elektrons. Zum „Heben" in Δr-Schritten braucht man die Energie $W = \Sigma F(r) \Delta r$. Sie führt mit $F(r) = -e^2/(4\pi\varepsilon_0 r^2)$ für $\Delta r \to 0$ zu $W = \int_r^\infty F(r)\,dr = -e^2/(4\pi\varepsilon_0 r)$. Für dessen obere Grenze $r \to \infty$ hat man $W_{pot}(\infty) = 0$ gesetzt. Die Potentialfunktion

$$W_{pot}(r) = \frac{-e^2}{4\pi\varepsilon_0 r} = -1{,}44 \cdot 10^{-9} \frac{1}{r} \text{ eVm} < 0 \quad (2)$$

liegt deshalb nach ➜ *Bild 1* unter der Nulllinie $W = 0$ und wird in das Computerprogramm eingesetzt (➜ *Vertiefung*; (1) WP = – G/R). Der Computer prüft schnell nacheinander alle W-Werte, ob sie für große r zu $\Psi(r) \to 0$ führen. Ist dies der Fall, so gibt er sie als Eigenwerte W_n (stets in eV) samt den zugehörigen stationären Eigenfunktionen $\Psi_n(r)$ aus. Diese sind in ➜ *Bild 2* in Höhe der Eigenwerte W_n gezeichnet (vgl. ➜ *Tabelle 1*). Alle W_n sind negativ.

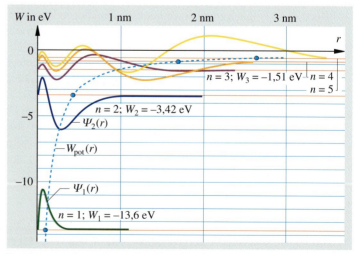

B 2: Vorgegeben ist die Hyperbel für $W_{pot} \sim -1/r$ des H-Atoms. Der Computer hat durch Probieren die diskreten Energieeigenwerte $W_n < 0$ ausgesucht und die zugehörigen Eigenfunktionen $\Psi_n(r)$ in Höhe der W_n gezeichnet. Rechts der Punkte ist $W < W_{pot}(x)$, also $\Psi_n(r)$ falsch gekrümmt, nicht gewellt; das Elektron „tunnelt".

Das Wasserstoffatom

Quanten-zahl n	Eigenwert W_n in eV	$n^2 W_n$ in eV	mittlerer Kern-abstand in 10^{-9} m	Schalen-name
∞	0	–	∞	
4	–0,85	–13,6	1,3	N
3	–1,51	–13,6	0,72	M
2	–3,41	–13,6	0,32	L
1	**–13,6**	–13,6	**0,08**	**K**

T 1: Eigenwerte W_n und mittlere Kernabstände r des Elektrons im H-Atom; $n = 1$ gibt den Grundzustand, das 1s-Orbital der K-Schale. Das Produkt $n^2 W_n$ ist stets –13,6 eV, also gilt $W_n = -13,6$ eV$/n^2$.

Der Computer liefert zur Quantenzahl n die scharfen Energieeigenwerte $W_n = -13,6$ eV$/n^2$ in ▶ *Tabelle 1*. Die Konstante –13,6 eV lässt sich aus allgemeinen Naturkonstanten bestimmen zu $-m_e e^4/(8\varepsilon_0^2 h^2)$ (▶ *Vertiefung* nach Ziff. 6). Also gilt

$$W_n = \frac{-m_e e^4}{8\varepsilon_0^2 h^2 n^2} = -\frac{13,6}{n^2} \text{ eV.} \quad (3)$$

Diese Eigenwerte W_n zeigt das **Niveauschema** nach ▶ *Bild 4*. Meist ist das Elektron im stabilen **Grundzustand** mit **Quantenzahl $n = 1$ und Energie $W_1 = -13,6$ eV** „gebunden". Man braucht 13,6 eV, um es ins „Unendliche zu heben", um das H-Atom zu *ionisieren*. Für $n \to \infty$ rückt W_n immer näher an $W = 0$ heran.

Die $|\Psi_n(r)|^2$-Funktionen in ▶ *Bild 3* geben den **Schalenaufbau** des Atoms als Antreffwahrscheinlichkeit für das Elektron im Abstand r. Zu diesem Zweck werden sie auf *Kugelschalen* gleicher Dicke Δr vom Volumen $\Delta V = 4\pi r^2 \Delta r$ bezogen (▶ *Vertiefung* nach Ziff. 6). Die **K-Schale** ($n = 1$) hat die kleinste Ausdehnung. Der Schwerpunkt ihres **1s-Orbitals** liegt bei $r_1 \approx 0,08$ nm. Die **L-Schale** ($n = 2$; **2s-Orbital**) besitzt bereits zwei Maxima, dazwischen den Nulldurchgang $\Psi_2(r) = 0$. Er ist im Dreidimensionalen eine Kugelfläche (▶ *Bild 3* und *5*).

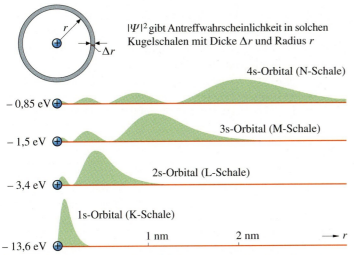

B 3: $|\Psi(r)|^2$ ist Antreffwahrscheinlichkeit *pro Kugelschale* und zeigt den Schalenaufbau. Die Elektronenhülle hat keine „Haut".

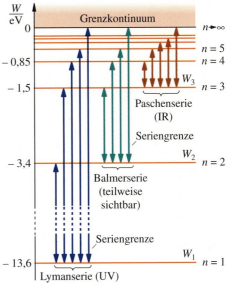

B 4: Energieniveaus W_n des H-Atoms. Durch Quantensprünge zwischen diesen Niveaus entstehen Spektrallinien.

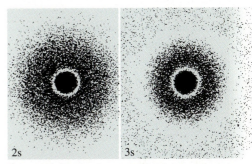

B 5: Darstellung von $|\Psi(r)|^2$ durch die Punktdichte bei oft wiederholter Lokalisation des Elektrons im 2s- und 3s-Orbital

... noch mehr Aufgaben

A 1: a) Berechnen Sie die Lage der 4 tiefsten Energieniveaus des H-Atoms aus *Gl. 3*.
b) Ermitteln Sie daraus Frequenz und Wellenlänge der Spektrallinien bei Quantensprüngen von $n = 3$ und 4, hinab nach $n = 1$. Was ist der Unterschied zwischen Energieniveau, Orbital und Spektrallinie? Wie hängen sie zusammen?

A 2: a) Warum haben die Eigenfunktionen beim H-Atom kein konstantes λ, im Gegensatz zum linearen Potentialtopf? Warum nimmt λ mit wachsendem r zu?
b) Begründen Sie das Verhalten der Krümmung der $\Psi(x)$-Kurven in ▶ *Bild 2* links und rechts von der Hyperbel.

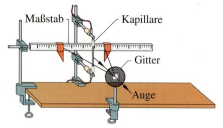

V 1: Wir beobachten durch das optische Gitter die Kapillare einer mit H_2 gefüllten Spektralröhre. Dort dissoziiert Strom H_2-Moleküle in H-Atome; stoßende Elektronen regen sie zum Leuchten an. Man sieht rechts und links der Kapillare auf den Maßstab projizierte Balmerlinien.

Start-niveau	λ_{exp} in 10^{-9} m	λ_{ber} in 10^{-9} m
$n = 5$	94,9739	94,9739
$n = 4$	97,2533	97,2533
$n = 3$	102,5718	102,5718
$n = 2$	121,5664	121,5666

T 1: Einige beobachtete (λ_{exp}) und nach *Gl. 1* berechnete (λ_{ber}) Lymanlinien im UV

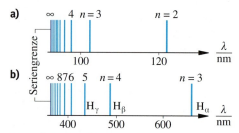

B 1: a) Spektrallinien der *Lymanserie* im UV
b) Linien der *Balmerserie*

Interessantes

Historisches

Die *Balmerformel* (*Gl. 2*) fand 1885 der Baseler Gymnasiallehrer BALMER ohne Theorie durch Probieren. Er kombinierte die Messwerte von Spektrallinien der Balmerserie. Dies erregte großes Aufsehen, da sich hinter der verwirrenden Fülle der zahlreichen Spektrallinien eine Gesetzmäßigkeit zeigte. 40 Jahre später löste SCHRÖDINGER dieses Rätsel der „Sphärenmusik der Atome". Mit relativ wenigen Energieniveaus, die zudem in *ein* Serienschema passen, erhält man eine riesige Zahl an Spektrallinien.

2. Spektrallinien des H-Atoms im UV (Lymanserie)

Angeregte H-Atome haben Quantenzahlen $n > 1$ mit Energie W_n. „Fallen" sie aus diesem angeregten Zustand z. B. in den Grundzustand $W_1 = -13,6$ eV zurück, dann geben sie die Energiedifferenz $\Delta W = W_n - W_1$ als Lichtquant der Frequenz $f = \Delta W/h$ ab. Die zugehörigen Spektrallinien bilden die **Lymanserie** (➪ *Bild 1a*). Sie liegen alle im UV. Aus *Gl. 3* von Ziff. 1 folgen ihre Frequenzen beim Quantensprung $W_n \to W_1$ zu

$$f_L = \frac{W_n - W_1}{h} = \frac{m_e e^4}{8\varepsilon_0^2 h^3}\left(\frac{1}{1^2} - \frac{1}{n^2}\right). \quad (1)$$

Der Faktor $f_R = m_e e^4/(8\varepsilon_0^2 h^3) = 3,288102 \cdot 10^{15}$ Hz vor der Klammer heißt **Rydbergfrequenz.** Sie erlaubt, beim H-Atom Frequenzen f und Wellenlängen λ aus allgemeinen Naturkonstanten zu berechnen. ➪ *Tabelle 1* vergleicht mit den gemessenen Wellenlängen. Die Übereinstimmung ist beeindruckend. Die Linien rücken mit steigender Quantenenzahl n zusammen, genau wie die Energieniveaus in ➪ *Bild 4* von Ziff. 1.

3. Die Balmerserie im sichtbaren Bereich

H-Atome erzeugen nach ➪ *Versuch 1* auch *sichtbare* Linien mit kleinerer Quantenenergie hf als in der Lymanserie (UV). Sie gehören zur **Balmerserie** (➪ *Bild 1b*); auch ihre Frequenzen f folgen aus dem Energieniveauschema in ➪ *Bild 4* von Ziff. 1: Wenn nämlich dort ein Elektron aus Niveaus mit $n > 2$ ins Niveau $n = 2$, $W_2 = -3,41$ eV fällt (nicht nach $W_1 = -13,6$ eV mit $n = 1$), so entstehen Quanten nach der **Balmerformel**

$$f_B = \frac{W_n - W_2}{h} = f_R\left(\frac{1}{2^2} - \frac{1}{n^2}\right). \quad (2)$$

4. Das Grenzkontinuum ($W > 0$)

Außerhalb des Atoms fehlen Randbedingungen. Dort bewegen sich die Elektronen frei, ihre Energie ist nicht quantisiert, sondern hat beliebig dicht liegende, positive Werte. Diese bilden das in ➪ *Bild 4* von Ziff. 1 für $W > 0$ rot getönte **Grenzkontinuum.** Quantensprünge von dort hinab in scharfe Energieniveaus $W < 0$ der gebundenen Zustände erzeugen ein **kontinuierliches Emissionsspektrum.** Bei H^--Ionen liegt es im Sichtbaren; wir kennen es als *weißes Sonnenlicht* (H^--Ion: H-Kern mit zwei Elektronen).

Merksatz

Stationäre Ψ-Funktionen des *gebundenen* Elektrons geben dem H-Atom **diskrete Energieeigenwerte W_n,** aus Naturkonstanten berechenbar. Aus W_n und Ψ_n folgen alle Atomeigenschaften. **Quantensprünge** zwischen den Energieniveaus erzeugen die *scharfen* Spektrallinien.
Kontinuierliche Spektren dagegen werden vom *Grenzkontinuum* im Bereich $W > 0$ von *freien* Elektronen geliefert.

5. Röntgenspektren in schweren Atomen

Die *Schalenstruktur* des H-Atoms ist auf schwere Atome mit Protonenzahl $Z \gg 1$ und vielen Elektronen übertragbar. Die K-Schale ist dort mit zwei Elektronen besetzt, die L-Schale mit 8, die M-Schale mit 18 (Wir begründen dies später). Endet ein Quantensprung in der K-Schale ($n = 1$), so wird im Feld der starken Kernladung Ze viel mehr Energie umgesetzt als im H-Atom mit $Z = 1$. Doch muss vorher in der K-Schale eine Lücke geschaffen worden sein. In Röntgenröhren geschieht dies durch Elektronenstoß. ▶ *Bild 2* zeigt das für Kupfer ($Z = 29$) **charakteristische Röntgenspektrum.** Es entsteht durch Elektronenbeschuss einer Kupferanode. Die Frequenz f der scharfen Röntgenlinien hängt nicht von der Elektronenenergie eU ab (dagegen war bei der Kante der *Bremsstrahlung* $f \sim U$). Die Linien ① und ② haben die Wellenlängen $\lambda_1 = 139$ pm und $\lambda_2 = 154$ pm (▶ *Beispiel*; 1 pm = 10^{-12} m).

Der englische Physiker MOSELEY zeigte 1913, dass diese Linien bei Sprüngen in die **K**-Schale ($n = 1$) entstehen, und zwar aus der L-Schale ($n = 2$; Linie ②) oder der höher liegenden M-Schale ($n = 3$; Linie ①). Wenn man für diese **K-Linien** die *Gl. 1* der Lymanserie $f_K = f_R (1/1^2 - 1/n^2)$ übernimmt, ist jedoch zu beachten:

Die Rydbergfrequenz $f_R = m_e e^4/(8\varepsilon_0^2 h^3) = 3{,}29 \cdot 10^{15}$ Hz enthält den Faktor e^4. Er stammt aus der Coulombenergie $W_{pot} \sim Qq$, wo $q = e$ die Ladung des springenden Elektrons und $Q = Ze$ die des Atomkerns ist. e^4 entspricht hier also $(Qq)^2 = Z^2 e^4$. Deshalb sollte man f_R mit Z^2 multiplizieren. Doch fand MOSELEY erst Übereinstimmung mit den Messwerten, als er von Z noch 1 abzog und Z^2 durch $(Z-1)^2$ ersetzte. Die volle K-Schale hat nämlich zwei Elektronen; die K-Schale mit Loch nur eines. Fällt das springende Elektron in dieses Loch, so findet es dort schon ein Elektron vor (▶ *Bild 3*). Dieses *schirmt* beim Quantensprung die Kernladung Ze um $1e$ auf $(Z-1)e$ ab. Die Frequenz ist also nur noch $f_K = (Z-1)^2 f_R (1/1^2 - 1/n^2)$.

Da in f_K die *Ordnungszahl* Z des Anodenmaterials auftritt, kann man prüfen, ob die Chemiker den Atomen im *Periodensystem der Elemente* das richtige Z zugeordnet haben. Dazu trug MOSELEY 1913 die messbare Größe $\sqrt{f_K}$ über der gesuchten Ordnungszahl Z auf (▶ *Bild 4*). So konnte man die chemisch kaum unterscheidbaren *seltenen Erden* richtig einordnen. Auch fand man eine Lücke im Periodensystem, die später durch Hafnium (Hf) geschlossen wurde.

Merksatz

Schnelle Elektronen können in Atomen mit *Ordnungszahl* $Z \gg 1$ ein Elektron aus der tief liegenden K-Schale ($n = 1$) stoßen (Z ist die Zahl der Protonen im Kern). Fällt aus einer höheren Schale mit Quantenzahl $n > 1$ ein Elektron in die Lücke, so entsteht ein Quant des **charakteristischen Röntgenspektrums** mit der Frequenz

$$f_K = (Z-1)^2 f_R \left(\frac{1}{1^2} - \frac{1}{n^2}\right) \quad \text{mit } f_R = 3{,}29 \cdot 10^{15} \text{ Hz.} \qquad (3)$$

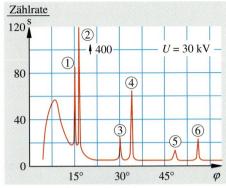

B 2: Charakteristisches Röntgenspektrum an einer Kupferanode; φ ist der Glanzwinkel bei Bragg-Reflexion

Beispiel

Berechnung von λ und f

a) Für *beide* Linien ② und ④ (▶ *Bild 2*) mit Glanzwinkel $\varphi_2 = 15{,}8°$ und $\varphi_4 = 33°$ in 1. bzw. 2. Ordnung ($n = 1$ bzw. $n = 2$) und der Gitterkonstanten $d = 282$ pm von NaCl liefert die Bragg-Gleichung $n\lambda = 2d \sin\varphi$ den Wert $\lambda = 154$ **pm.**

b) Ein Quantensprung von der L- in die K-Schale ($n = 2 \to n = 1$; Linie ②) erzeugt bei Kupfer ($Z = 29$) mit $f_R = 3{,}29 \cdot 10^{15}$ Hz die Frequenz $f_K = (Z-1)^2 f_R (1/1^2 - 1/2^2) =$ **$1{,}93 \cdot 10^{18}$ Hz,** also $\lambda = 155$ pm.

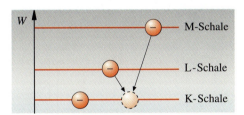

B 3: Quantensprung in ein Loch der K-Schale (normal mit 2 Elektronen besetzt)

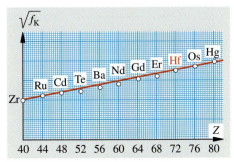

B 4: Moseley-Gerade: $\sqrt{f_K}$ über der Ordnungszahl Z ergibt eine Gerade

6. s-Orbitale haben Kugel-, p-Orbitale Keulenform

a) Beim *linearen Topf* hat der Grundzustand ($n = 1$) ein gewelltes $\Psi(x)$-Orbital mit dem Bauch in der Mitte (⟹ *Bild 1a*). Dort findet man das Elektron viel häufiger als am Rand. Um Atomen gerecht zu werden, gehen wir in ⟹ *Bild 1b* ins *Dreidimensionale*, zum Würfelkäfig mit Kantenlänge L. Die 6 Würfelwände sind Knotenflächen mit der Randbedingung $|\Psi|^2 = 0$. Im *Grundzustand* hat jede Kante die Länge $L = \lambda_B/2$ (λ_B: deBroglie-Wellenlänge). In der Mitte bildet sich ein dreidimensionaler Bauch als Maximum von $|\Psi|^2$. Bei Atomen verstärkt die Anziehung des Kerns (+) diese Konzentration zur Mitte hin weiter. Doch ist das **1s-Orbital** nicht würfelförmig, sondern kugelsymmetrisch (⟹ *Bild 1c*).

Auch für $n > 1$ gibt es kugelsymmetrische **s-Orbitale** (man lese **s** als **s**phärisch-symmetrisch). Aus den Nullstellen von Ψ_n werden *Knotenkugeln* mit r = konstant und $|\Psi|^2 = 0$. Diese trennen die schalenförmigen Bereiche voneinander ab. ⟹ *Bild 1c* zeigt ebene Schnitte durch s-Orbitale mit den Quantenzahlen $n = 1, 2, 3$. Man findet sie in allen schweren Atomen in der K-, L- bzw. M-Schale.

b) Viele *Moleküle* sind gewinkelt. In H_2O hat das O-Atom Vorzugsrichtungen. Um dies zu verstehen, übertragen wir die Funktion $|\Psi|^2$ für $n = 2$ des linearen Topfes von ⟹ *Bild 2a* auf die x-Kante des Würfels von ⟹ *Bild 2b* mit Länge $L = 2\lambda_B/2$. So entsteht in der Mitte die *Knotenebene* $|\Psi|^2 = 0$. Sie ist flankiert von zwei keulenförmigen Bäuchen. Diese sind nicht weiter unterteilt, da in y- und z-Richtung die Grundfunktion mit $L = \lambda_B/2$ weiter besteht. Bei diesem **2p$_x$-Orbital** sitzt der Kern in der Knotenebene. Obwohl er das Elektron anzieht, kann er das $|\Psi|^2 = 0$ nicht beseitigen, die Quantennatur ist stärker. Die Keulen der 2p$_y$- und 2p$_z$-Orbitale zeigen nach ⟹ *Bild 2c* in die y- bzw. z-Richtung. Dort können sie andere Atome binden. Die „2" in 2p$_x$ ist die Quantenzahl $n = 2$.

c) Im **CH$_4$-Molekül** (*Methan*) hat das C-Atom vier Elektronen in der L-Schale. Hier bewährt sich die *Superposition* aus 2s- und 2p-Funktionen unter Beachtung der Vorzeichen $+$ und $-$ bei Ψ_{2p} (⟹ *Bild 3*; Ψ_{2s} hat nur $+$). Dabei entstehen vier Keulen mit je einem Elektron. Sie zeigen nach vier Raumrichtungen mit den Tetraederwinkeln 109°. Das große $|\Psi|^2$ in jeder der vier Keulen bindet ein H-Atom; C ist vierwertig. So entsteht auch das Kristallgitter beim vierwertigen Halbleiter *Silizium*. Aus den Ψ-Funktionen des H-Atoms lassen sich durch *Hybridisierung* die vielfältigen Orbitalformen für chemische Bindung bilden.

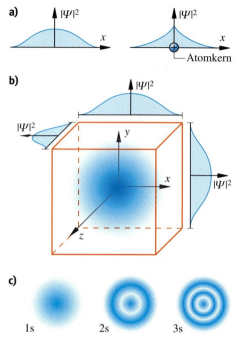

B 1: a) Grundzustand $n = 1$ im *linearen* Topf **b)** Würfelkäfig mit *räumlichem* $|\Psi|^2$ im Grundzustand, bei $L = \lambda_B/2$. **c)** Schnitte durch räumliche 1s-, 2s- und 3s-Orbitale

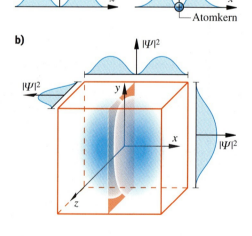

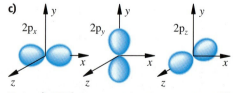

B 2: a) $|\Psi|^2$ für $n = 2$ im linearen Topf **b)** Dreidimensionales Orbital für $n_x = 2$; $n_y = n_z = 1$ mit einer Knotenebene **c)** Keulenstruktur der 2p$_x$-, 2p$_y$-, 2p$_z$-Orbitale

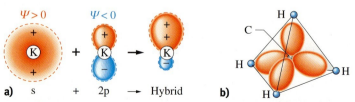

B 3: a) Superposition (Hybridisierung) von 2s und 2p **b)** Die daraus entstandene Keule tritt in CH$_4$ viermal auf und bindet je ein Elektron.

Vertiefung

Schrödingergleichung – analytisch

Die Ψ-Funktion im räumlichen Käfig nach ▶ *Bild 1b* hat in der Mitte bei $r = 0$ ihr Maximum. Nach ▶ *Bild 4a* hat auch das von SCHRÖDINGER dreidimensional berechnete $\Psi_S = \Psi_0 \, e^{-r/a}$ des Grundzustands 1s bei $r = 0$ eine Spitze. In Kernnähe wird also das Elektron am häufigsten erwartet. Dabei bezieht man $|\Psi_S|^2 = \Psi_0^2 \, e^{-2r/a}$ auf *gleich große Volumenelemente* ΔV, z. B. auf winzige *Würfelchen* mit 10^{-12} m Kantenlänge.

Im *Schalenmodell* (Ziff. 1) beziehen wir $|\Psi(r)|^2$ dagegen auf *schalenförmige* Volumenelemente gleicher Dicke Δr (▶ *Bild 4b*). Ihr Volumen ist $\Delta V = 4\pi r^2 \Delta r \sim r^2$. Sie enthalten bei großem Radius r viel mehr der $(10^{-12}\text{ m})^3$-Würfelchen als in Kernnähe, wo sich nur wenige davon befinden. Die auf *schalenförmige* Volumenelemente bezogene Antreffwahrscheinlichkeit $|\Psi(r)|^2$ ist also gegenüber dem auf Würfelchen bezogenen $|\Psi_S|^2$ um den Faktor $4\pi r^2 \sim r^2$ größer, was rein geometrisch bedingt ist.

Für $|\Psi(r)|^2$ gilt: $|\Psi(r)|^2 \sim r^2 |\Psi_S|^2 = |r\Psi_S|^2$,
also für Ψ selbst $\Psi(r) \sim r\Psi_S$.   (1)

Mit $\Psi_S = \Psi_0 \, e^{-r/a}$ folgt für 1s:
$$\Psi(r) \sim r\Psi_0 \, e^{-r/a}. \quad (2)$$

Will man Orbitale berechnen, die nicht kugelsymmetrisch sind, so muss $|\Psi_S|^2$ auf gleich große Würfelchen bezogen werden. Bei kugelsymmetrischen genügt jedoch die nur von r abhängige *eindimensionale* Schrödingergleichung (*Gl. 1* in Ziff. 1). Sie folgt aus der komplizierten *dreidimensionalen*; beide liefern die richtigen Eigenwerte W_n; doch sind die radialen $\Psi_n(r)$ nach *Gl. 2* umzurechnen. Deshalb ist in Kernnähe ($r \approx 0$) $\Psi(r) \sim r\Psi_S \approx 0$; dagegen hat $\Psi_S = \Psi_0 \, e^{-r/a}$ dort sein Maximum Ψ_0 (▶ *Bild 4a*).

Der Faktor Ψ_0 in $\Psi_0 \, e^{-r/a}$ wird so bestimmt, dass das über den ganzen Raum integrierte $|\Psi_S|^2$ den Wert 1 erhält (Antreffwahrscheinlichkeit $1 \cong 100\%$). Diese *Normierung* gibt $\Psi_0 = 1/\sqrt{\pi a^3}$.

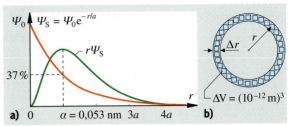

B 4: a) Grundzustand 1s: $\Psi_S = \Psi_0 \, e^{-r/a}$ und $\Psi(r) = r\Psi_S$ des H-Atoms; $a = 0{,}053$ nm ist bohrscher Radius
b) schalenförmiges Volumenelement ΔV mit $(10^{-12}\text{ m})^3$-Würfelchen gefüllt

Wir bestätigen $\Psi(r) = r\Psi_0 \, e^{-r/a}$ (*Gl. 2*) ohne Computer an der eindimensionalen Schrödingergleichung und bestimmen das noch unbekannte a. Sie lautet
$$\Psi''(r) = -C(W - W_{pot})\Psi(r). \quad (3)$$
$W_{pot} = -G/r$ ist mit $G = e^2/(4\pi\varepsilon_0)$ das Coulombpotential, $C = 8\pi^2 m_e/h^2$ die Konstante von *Gl. 1* in Ziff. 1.

$\Psi(r) = r\Psi_0 \, e^{-r/a}$ und $\Psi''(r) = -2\Psi(r)/(ar) + \Psi(r)/a^2$ setzen wir in *Gl. 3* ein und kürzen mit $\Psi(r)$. Es folgt
$$-2/(ar) + 1/a^2 = -CW - CG/r. \quad (4)$$

Der Ansatz $\Psi(r) = r\Psi_0 \, e^{-r/a}$ ist nur dann sinnvoll, wenn *Gl. 4* für jedes r gilt. Dazu müssen die Glieder ohne r sowie die mit r je unter sich gleich sein:
$$-2/(ar) = -CG/r \quad \text{sowie} \quad 1/a^2 = -CW.$$

Daraus folgt $a = 2/(CG) = h^2 \varepsilon_0/(\pi m_e e^2) = \textbf{0{,}053 nm}$.
a ist der **bohrsche Radius** und gibt nach $\Psi_S = \Psi_0 \, e^{-r/a}$ an, dass Ψ_S im Abstand $r = a$ auf e^{-1}, also 37% seines Werts Ψ_0 bei $r = 0$ gesunken ist. Die Radialfunktion $|\Psi(r)|^2 \sim r^2 |\Psi_S|^2$ hat dort ihr Maximum (▶ *Bild 4a* und *Bild 3* in Ziff.1; Grundzustand 1s des H-Atoms). Die Energie des H-Atoms folgt aus $1/a^2 = -CW$ zu $W = -1/(a^2C) = \mathbf{-m_e e^4/(8\varepsilon_0^2 h^2) = -13{,}6\text{ eV}}$ aus allgemeinen Naturkonstanten, hier ohne Computer.

Für 2s gilt: $\Psi_2 = r\Psi_0 \left(1 - \dfrac{r}{2a}\right) e^{-r/2a}$.

... noch mehr Aufgaben

A 1: a) Welche Wellenlängen haben die sichtbaren Linien H_α bis H_δ der *Balmerserie* (▶ *Bild 1b*, Ziff. 3)? Zwischen welchen Quantenzahlen finden die zugehörigen Quantensprünge statt? Liegt das Grenzkontinuum der Serie im Sichtbaren? Berechnen Sie seinen Wellenlängenbereich! **b)** Die rechte Linie der *Lymanserie* liegt bei 122 nm (▶ *Bild 1a*, Ziff. 2). Liegt in dieser Serie noch eine weiter rechts?

A 2: Jemand sagt: Physikalische Grundgleichungen müssen stets „erraten" werden; man kann sie nicht herleiten. Nehmen Sie dazu Stellung. Nennen Sie Beispiele aus der klassischen Physik.

A 3: Welche Frequenz hat die K-Linie bei Uran ($Z = 92$), die beim Sprung aus der M-Schale ($n = 3$) entsteht? Wie groß sind die Glanzwinkel erster Ordnung an einem LiF-Kristall ($d = 201$ pm)?

A 4: Könnte die Funktion $\Psi(r) = \Psi_0 \, e^{-r/a}$ eine Lösung der eindimensionalen *Gl. 4* sein mit $W_{pot} = -G/r$?

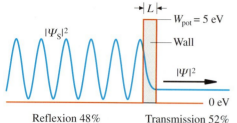

Überlagerung von hinlaufender und reflektierter Welle ($W = 4{,}9$ eV)

Reflexion 48% Transmission 52%

B 1: Eine Ψ-Welle von links ($W = 4{,}9$ eV) durchsetzt den etwas höheren Potentialwall ($W_{pot} = 5{,}0$ eV) zum Teil.

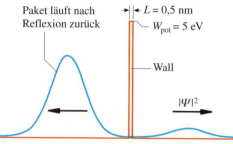

Elektronenenergie $W = 4{,}9$ eV

B 2: Das (nicht gezeigte) Wellenpaket von links läuft nach dem Wall geschwächt weiter ($\rightarrow$) und wurde teilweise reflektiert ($\leftarrow$).

Vertiefung

Tunneleffekt und Lokalisationsenergie

Welche Breite L darf ein Energiewall der Höhe W_{pot} haben, damit ihn Elektronen mit Energie W merklich durchtunneln? Die Energiedifferenz $\Delta W = W_{pot} - W$ wird im Wall von der *Lokalisationsenergie* $W_L = h^2/(8\,m_e L^2)$ gut ausgeglichen, wenn $\Delta W \ll h^2/(8\,m_e L^2)$, also $L \ll h/\sqrt{8\,m_e \Delta W}$ gilt. Danach sollte in ➠ *Bild 1* bei $\Delta W = 0{,}1$ eV $L \ll 0{,}9$ nm sein. Die Simulation zeigt das Tunneln bei $L = 0{,}15$ nm.

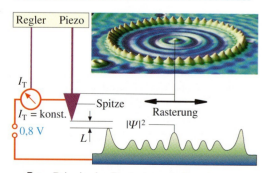

B 3: Prinzip des Rastertunnelmikroskops

Der Tunneleffekt

1. Elektronen tunneln durch „verbotene" Potentialwälle

Bei niedrigen Potentialtöpfen greift die Antreffwahrscheinlichkeit $|\Psi|^2$ eines Elektrons deutlich über den Rand hinaus, obwohl dort die Energie W des Elektrons kleiner ist als W_{pot}. Hielte es sich dort ständig auf, so wäre seine kinetische Energie $W_{kin} = W - W_{pot} < 0$. Das wäre *klassisch* wegen $W_{kin} = \tfrac{1}{2} m v^2 > 0$ absolut verboten.

Auch sollte es für Elektronen mit Energie $W = 4{,}9$ eV verboten sein, einen *Potentialwall* der Höhe $W_{pot} = 5{,}0$ eV $> W$ zu überwinden, selbst wenn er nur die Breite $L = 0{,}15$ nm besitzt. Doch zeigt die Schrödingergleichung nach ➠ *Bild 1*, dass ihn ein Teil *durchtunnelt*. Das heißt: Treffen von links Elektronen ein, so ist deren Antreffwahrscheinlichkeit $|\Psi|^2$ im klassisch verbotenen Wall nicht null. Vielmehr fällt sie dort stetig ab, aber nicht auf null. Nach dem Wall läuft sie als fortschreitende Ψ-Welle weiter, mit vermindertem, aber konstantem $|\Psi|^2$. Dieses Tunneln ist als **Tunnelstrom** I_T messbar (Ziff. 2). Am Wall wird ein Teil nach links reflektiert; davor bildet sich mit der ankommenden die fast stehende Ψ_S-Welle.

Nach ➠ *Bild 2* schnürt der Computer aus vielen Ψ-Funktionen ein *Wellenpaket*. 90% der Elektronen, die es besetzen, werden am Wall reflektiert, 10% durchtunneln ihn. Stets sind es aber *ganze* Elektronen. Die quantitative Simulation zeigt:
Im Wall fällt Ψ umso weiter ab, je größer die Wallbreite L und die Energiedifferenz $\Delta W = W_{pot} - W$ zwischen Wall und Elektron ist (in ➠ *Bild 1* ist $\Delta W = 0{,}1$ eV). Beim Tunneln nehmen λ, $p = h/\lambda$ und $W = p^2/(2\,m)$ nicht ab; die Elektronen verlieren keine Energie, gewinnen aber auch keine. Nach HEISENBERG gewährt ihnen während der kurzen Zeit Δt im Wall die Energieunbestimmtheit $\Delta W \approx h/\Delta t$ einen „*Heisenberg-Kredit*", bekannt als Lokalisationsenergie W_L (➠ *Vertiefung*). Dieser begegnet uns in der Teilchenphysik wieder.

Auch im H-Atom tritt der Tunneleffekt auf: Rechts vom Hyperbelast $W_{pot}(r) = -c/r$ ist das ansteigende $W_{pot}(r)$ größer als die Energie W des Elektrons im jeweiligen Quantenzustand. Wie wir am Simulationsbild sahen, tunnelt das Elektron weit in diese klassisch verbotenen Bezirke, wiederum mit stark abnehmendem $|\Psi|^2$. Dies gilt für alle Atome!
In Kristallen können Elektronen durch den Tunneleffekt sogar ihr Atom verlassen und sich allseitig ausbreiten. Aus Atomkernen radioaktiver Stoffe entweichen α-Teilchen, indem sie die Potentialbarriere durchtunneln, welche die Coulombkraft um den Kern aufgebaut hat. Dort wurden sie bis zum Zerfall durch Kernkräfte festgehalten. Wir gehen darauf in der Kernphysik genauer ein.

In ➠ *Bild 2* teilt sich die von links einlaufende Ψ-Funktion in einen weiterlaufenden und den reflektierten Teil auf. Nun wenden wir sie auf *ein* Elektron an: Misst man es links, im reflektierten Teil, so entsteht die Frage, was wird aus dem weiterlaufenden? Kann dort jemand ein zweites Elektron finden?

Nun, nach der *Kopenhagener Deutung* der Quantentheorie durch N. BOHR ist Ψ „Wissen". Er sagte, das bisherige Ψ breche in dem Augenblick zusammen, in dem man weiß, das Elektron sei links (*Kollaps der Ψ-Funktion*). Am Lokalisationsort sei eine neue, zackenförmige Ψ-Funktion anzunehmen. Misst man nämlich *sofort* den Ort nochmals, so kann er nur im Zackenbereich liegen.

2. Das Rastertunnelmikroskop

Der „Quantenpferch" (⇒ *Einstiegsseite*) wurde mithilfe des Tunneleffekts sichtbar gemacht. Dazu führte man nach ⇒ *Bild 3* eine Spitze, die in *einem* Atom endet, Zeile um Zeile über eine mit 48 Fe-Atomen bestückte Kupferplatte. Man *rastert* also die Oberfläche ab. Dabei hält ein Regelmechanismus den vorgegebenen Abstand L (z. B. 1 nm) zwischen Spitze und Oberfläche peinlich genau ein. Diese an sich nichtleitende Strecke ist ein *Potentialwall* mit Breite L. Sie wird vom *Tunnelstrom* I_T durchsetzt (z. B. 1 nA). Nimmt L nur wenig zu, so sinkt I_T schnell ($I_T \sim |\Psi|^2$ in ⇒ *Bild 1*). Sofort senken Piezoquarze die Spitze ab, bis I_T seinen Sollwert wieder erreicht. Nimmt L ab, so steigt I_T und lässt die Spitze wieder anheben. Dabei registriert man ständig die Spitzenhöhe; ein Computer erzeugt daraus das Reliefbild als *Höhenkarte*. Der Tunnelstrom „sieht" nicht etwa die Elektronen der Oberflächenatome. Vielmehr registriert er deren Antreffwahrscheinlichkeit $|\Psi|^2$. Durch dieses Mikroskop wird $|\Psi|^2$ zu einer recht „anschaulichen" Größe.

3. Bindung zwischen Atomen

Der Tunneleffekt tritt auch bei Molekülen und in Festkörpern auf. Er erlaubt einem Elektron, mehreren Atomen zugleich anzugehören, wobei es durch Potentialwälle vom einen zum andern *tunnelt*. Im einfachsten Fall, beim H_2^+-Ion, tummelt sich *ein* Elektron um die beiden H-Kerne. Verkleinert man deren Abstand r, so zeigt die Schrödingergleichung (⇒ *Bild 4*):

Zunächst konzentriert sich das $|\Psi|^2$ des Elektrons stärker in der Mitte zwischen den Kernen, als man es klassisch erwartet. Es zieht diese von dort aus zusammen (F_{an}), kompensiert also deren Abstoßungskraft (F_{ab}). Beim Kernabstand $r = r_0$ halten sich Anziehung und Abstoßung das Gleichgewicht, erkennbar am Minimum W_0 der Gesamtenergie $W(r)$ des Ions. Sie macht diese Bindung *stabil*. Man braucht nämlich Energie, gleichgültig, ob man r von r_0 aus vergrößert oder verkleinert. Bei weiter sinkendem r wird das Elektron aus dem Raum zwischen den Kernen verdrängt; die Abstoßung überwiegt. Bei dieser **kovalenten Bindung** wird also zunächst das $|\Psi|^2$ der Bindungselektronen durch Quantengesetze auf den Raum zwischen den Atomen konzentriert. Dann hält die Elektronenladung die Atomkerne durch Coulombkräfte (F_{an}) zusammen.

Bei der **Ionenbindung** im NaCl-Kristall stellen die Ionen bereits konzentrierte Ladungen dar; Coulombkräfte halten sie zusammen. – Die schwache **Van-der-Waals-Bindung** bindet auch neutrale Atome oder Moleküle. Deren Ladungen verschieben sich ein wenig gegeneinander, und zwar so, dass sich Plus und Minus mit relativ schwacher Kraft anziehen.

Interessantes

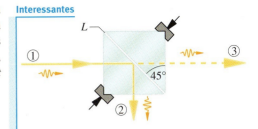

Der Tunneleffekt bei Photonen

Lichtstrahl 1 fällt vom dichteren Medium Glas auf die Hypotenuse des linken Prismas. Da mit $\beta = 45°$ der Grenzwinkel 41° der Totalreflexion überschritten ist, wird das Licht als Strahl 2 totalreflektiert; die Luftschicht L ist für Photonen „verboten". Doch tunneln sie ein wenig dorthin. Presst man nämlich das zweite Prisma stark dagegen, so wird die Luftschicht L von Strahl 3 besser *durchtunnelt*.

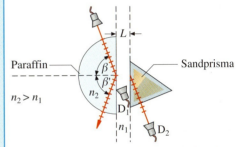

Auf den halbkreisförmigen Paraffinzylinder ($r \approx 20$ cm) trifft unter $\beta = 75°$ eine cm-Welle ($\lambda = 3{,}2$ cm) und sollte totalreflektiert werden. Doch tunnelt sie etwas in die Luft. Die Diode D_1 zeigt im Abstand $L \approx \lambda$ eine schnell abnehmende Intensität. Bringt man im Abstand $L < \lambda$ das Sandprisma an, so misst D_2 die Photonen, welche die Strecke L durchtunnelt haben.

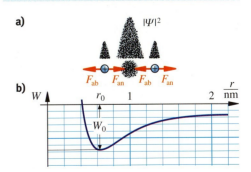

B 4: a) Konzentriertes $|\Psi|^2$ zwischen den beiden H-Kernen in H_2^+ **b)** Stabiler Zustand beim Minimum $W(r_0)$ der Bindungsenergie

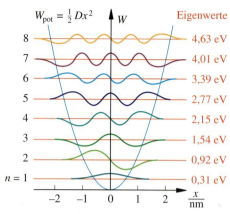

B 1: Eigenfunktionen $\Psi_n(x)$ eines harmonisch gebundenen Elektrons (Potentialfunktion $W_{pot} = \frac{1}{2} D x^2$). Die Eigenwerte W_n haben die konstanten Abstände 0,61 eV.

Vertiefung

Programmskizze für $W_{pot}(x) = \frac{1}{2} D x^2$

Vergleichen Sie mit den Programmen zum H-Atom und zum linearen Topf.
$D = 0{,}8$ J/m² ist die „Federkonstante" in $W_{pot} = \frac{1}{2} D x^2$. Die Masse m_e des schwingenden Elektrons steckt in der Konstanten K.

Konstanten: *Kommentar:*
EL = 1.6022*E−19 Elementarladung e
K = EL*1.638*E+38 $K = e\, 8\pi^2 m_e/h^2$;
  Energie in eV
D = 0.8 : D1 = D/EL Konstante D
W = 4.626 W in eV
DX = 0.001*E−9 Schrittweite dx
PSI = 0 Ψ und Ψ' beim
PSI1 = 1 Start $(x=0)$ für
X = 0 unsymm. Funktionen

START: *Schleifenbeginn*
(1) WP = D1*X*X/2 W_{pot} in eV
(2) PSI2 = −K*(W − WP)*PSI Ψ''
(3) PSI1 = PSI1 + PSI2*DX Ψ'
(4) PSI = PSI + PSI1*DX Ψ
(5) X = X + DX nächster Schritt
if ABS(PSI) < 3E−10 then START:

Die klassische Schwingerfrequenz ist $f = 1/(2\pi\sqrt{m_e/D}) = 1{,}48 \cdot 10^{14}$ Hz, die quantisierten Energiestufen sind also $\Delta W = hf = 0{,}614$ eV. Testen Sie das Programm mit $W = (4{,}636 \pm n \cdot 0{,}614)$ eV. Für die zur W-Achse *symmetrischen* Funktionen ($n = 0, 2, 4, \ldots$) starten Sie mit $\Psi = 1$; $\Psi' = 0$.

Quantisierung harmonischer Schwingungen

1. Wo gibt es Energieportionen gleicher Größe?

Im Potentialtopf von überall gleicher Breite L wachsen die Eigenwerte der Energie nach $W_n = h^2 n^2/(8\,m_e L^2)$ mit n^2 quadratisch; ihre Abstände, die Energiestufen ΔW_n des Termschemas, nehmen zu. Wächst dagegen L, so sinkt ΔW_n. Bei Schwingungen findet sich ein Kompromiss. Sie nehmen bei größerer Energie W auch größere Amplituden in Anspruch, also mehr Ausdehnung L. Unterwerfen wir also harmonische Schwingungen der Schrödingergleichung:

Harmonische Schwinger sind mit $F = -Dx$ gebunden, sie haben die Frequenz $f = 1/T = 1/(2\pi\sqrt{m_e/D})$ und die potentielle Energie $W_{pot}(x) = \frac{1}{2} D x^2$. Diese Potentialfunktion übergeben wir mit $D = 0{,}8$ J/m² der Schrödingergleichung $\Psi''(x) = -K(W - W_{pot}(x))\,\Psi(x)$ (▶ *Vertiefung*, links). Nach ▶ *Bild 1* liefert sie *beliebig viele* Eigenwerte und zwar in *gleichen Abständen* $\Delta W_n = 0{,}61$ eV; die Quantentheorie lässt nur Energieportionen gleicher Größe 0,61 eV zu. Nun ist die klassische Frequenz

$$f = 1/T = 1/(2\pi\sqrt{m_e/D}) = 1{,}48 \cdot 10^{14} \text{ Hz}.$$

Multiplizieren wir – wie gewohnt – f mit h, so erhalten wir

$$hf = 9{,}9 \cdot 10^{-20} \text{ J} = 0{,}61 \text{ eV}.$$

Dies stimmt mit den Energiestufen ΔW in ▶ *Bild 1* überein.
Ergebnis: Die quantisierte Energie der harmonischen Schwingung ist zusammengesetzt aus n Portionen gleicher Größe $\Delta W = hf$.

Doch beginnen die Eigenwerte nicht bei $W = 0$, sondern bei $W_0 = 0{,}31$ eV $= \frac{1}{2} hf$. Solches kennen wir schon als die von der UBR geforderte Lokalisationsenergie. Sie ist auch vorhanden, wenn klassisch gesehen nichts schwingt. Also gilt für die Energieeigenwerte mit den Quantenzahlen $n = 0, 1, 2, 3, \ldots$:

$$W_n = hf\,(n + \tfrac{1}{2}). \tag{1}$$

Diese Quantisierung findet man bei schwingenden Atomen in Molekülen und Festkörpern. Sogar die Energie von Schallwellen in Kristallen besteht aus Quanten hf, in der Festkörperphysik **Phononen** genannt. Alle Schwingungen und Wellen tauschen nämlich Energie mit Elektronen und Atomen quantisiert als Energieportionen aus. So kennen wir bei Licht die Energieportion hf als **Photon.** Der hier skizzierte kühne Ansatz hat sich bewährt. Damit konnte DIRAC alle Eigenschaften des Photons erfassen!

Im linearen Potentialtopf konnten wir das Hin- und Herschwingen eines Körpers als *Wellenpaket* zeigen. Wir schnürten es aus *stationären* Eigenfunktionen, um das *nicht stationäre* Schwingen darzustellen. Dies gelingt beim harmonischen Schwinger besonders gut. Nach der ▶ *Vertiefung* (rechts) schwingt ein entsprechend gebildetes Paket mit der Frequenz f eines klassischen Teilchens exakt synchron. Es ist das einzige Wellenpaket, das nicht zerfließt und hat heute große Bedeutung in der Quantenoptik.

Vertiefung

Quantisierung des Lichts; was sind Photonen?

In Ziff. 1 quantisierten wir harmonische Schwingungen $x(t) = x_0 \sin(2\pi f t)$ und fanden Energieportionen gleicher Größe hf. Nun schwingt bei elektromagnetischen Wellen auch die Feldstärke $E(t) = E_0 \sin(2\pi f t)$. DIRAC übertrug diese Quantisierung auf Licht und zeigte theoretisch (wie in Ziff. 1 angedeutet): *Das Photon ist die quantisierte Anregungsstufe elektromagnetischer Wellen.*

Solche Quanten eines Feldes nennt man heute **Teilchen:** Elektron, Quark, Neutrino etc. Sie vereinigen Abzähl- (Teilchen-) sowie Wellenaspekte, sind also von den Massepunkt-Teilchen der klassischen Physik wohl zu unterscheiden. Was man heute unter **Teilchenphysik** versteht, ist letztlich quantisierte Feldphysik. Am Beispiel Photon bestätigten Experimente:
a) Photonen sind unteilbare Energiepakete hf.
b) Jedes Photon kann mit sich selbst interferieren.

Die Quantisierung beseitigt nämlich weder bei mechanischen Wellen die Schwingbewegung $x(t)$ noch bei Licht das Schwingen der Feldstärke $E(t)$. Dies zeigt ▶ *Bild 2*. Dort sind viele Eigenfunktionen aus Bild 1 zu einem *Wellenpaket* geschnürt, da das $x(t)$ der mechanischen Schwingung dem $E(t)$ der elektromagnetischen analog ist. Doch verlaufen beide nicht als scharfe Sinuslinien im klassischen Sinn, sondern zeigen Unbestimmtheiten. Dies wurde in den letzten Jahren durch Messungen auch an Licht bestätigt (▶ *Bild 3*).

Dabei zeigte sich: Nicht nur die klassischen Größen Ort $x(t)$ und Impuls p_x mechanischer Schwinger unterliegen der UBR $\Delta x \, \Delta p_x \approx h$. Analoges zeigt sich auch beim $E(t)$ elektromagnetischer Wellen. Deren Phase $\varphi = 2\pi(x/\lambda - t/T)$ ändert sich an einem festen Ort x in der Zeit Δt um den Betrag $\Delta\varphi = 2\pi \Delta t/T$. Die Welle enthalte n Photonen mit Energie $W = n h f$. Eine Unbestimmtheit Δn ihrer Zahl n hat eine Unbestimmtheit der Energie $\Delta W = \Delta n h f$ zur Folge. Beides in $\Delta W \Delta t \approx h$ eingesetzt gibt die UBR für Photonenzahl n und Phase φ der elektrischen Feldstärke $E(t)$:

$$\Delta n \, \Delta\varphi \approx 2\pi \text{ (nicht } h\text{).} \quad (2)$$

Misst man Radiowellen mit einem Dipol aus, so gehen viele Photonen verloren; Δn ist groß und deshalb $\Delta\varphi \approx 2\pi/\Delta n$ klein; hier lässt sich die Phase φ von E genau ermitteln. Wellenpakete, die von einem Atom ausgehen, haben genau ein Photon; also ist $\Delta n = 0$. Mit $\Delta\varphi \approx 2\pi/\Delta n \to \infty$ versteht man den unscharfen Verlauf von $E(t)$ bei Licht mit wenig Photonen (▶ *Bild 3*). Das $\Psi(x, t)$ unterliegt der UBR nicht.

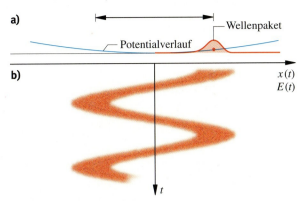

B 2: a) Das Wellenpaket schwingt harmonisch nach $x(t) = x_0 \sin(2\pi f t)$ bzw. $E(t) = E_0 \sin(2\pi f t)$ und zeigt Unbestimmtheiten in x bzw. in E und in der Phase φ
b) $x(t), E(t)$ werden längs der t-Achse nach unten verfolgt

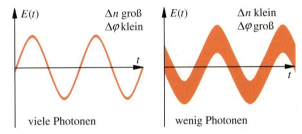

B 3: $E(t)$ gemessen bestätigt Bild 2

Was geht beim Quantensprung vor sich?

Beim Quantensprung gibt ein Atom die Energiedifferenz $\Delta W = W_2 - W_1 = h(f_2 - f_1)$ ab. Die beiden Zustände W_2 und W_1 für sich sind stationär, sie strahlen nicht mit den Frequenzen $f_2 = W_2/h$ und $f_1 = W_1/h$. Doch stehen sie als *Quantenmöglichkeiten* W_2 und W_1 zugleich offen und werden nach dem Superpositionsprinzip als Zeiger Ψ_1 und Ψ_2 für die unterschiedlichen Frequenzen $f_1 = W_1/h$ bzw. $f_2 = W_2/h$ addiert. $|\Psi|^2 = |\Psi_1 + \Psi_2|^2$ zeigt nach ▶ *Bild 4* ein Schwingen beider Elektronenladungen mit der *Schwebungsfrequenz* $f = f_2 - f_1 = (W_2 - W_1)/h = \Delta W/h$. Es entsteht eine Welle wie beim hertzschen Dipol. Ihre Quantisierung haben wir zuvor gezeigt.

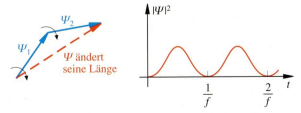

B 4: Superponiert man zwei mit verschiedenen Frequenzen rotierende Zeiger, so entsteht eine Schwebung

Vertiefung

Quantenzahlen und Orbitale

Wir haben die kugelsymmetrischen **s-Orbitale** berechnet. Sie bevorzugen keine Raumrichtung, erzeugen also keine irgendwie gerichteten magnetischen Dipole, hervorgerufen von atomaren Kreisströmen. Warum finden sich aber solche Dipole bei **p-** und **d-Orbitalen**?

Gehen wir nochmals vom linearen Potentialtopf aus. Im Innern haben die Orbitale mit Quantenzahl n genau $n-1$ *Knotenpunkte*. Im Dreidimensionalen weiten sie sich zu $n-1$ *Knotenkugeln* aus. Dort ist $|\Psi_n|^2 = 0$. Wie wir am Würfelkäfig sahen, ist beim **2p$_x$-Orbital** ($n = 2$) die eine Knotenkugel durch eine *Knotenebene* ersetzt (➭ Bild 1a). Sie zerlegt dessen Antreffwahrscheinlichkeit $|\Psi|^2$ in zwei nach $\pm x$ ausgerichtete „Bäuche". Dieses *Abweichen von der Kugelform* begünstigt magnetische Dipole und chemische Bindung. Die Abweichung ist umso stärker, je mehr *Knotenkugeln* in s-Orbitalen durch *Knotenebenen* ersetzt sind (bei $n > 2$ auch durch *Knotenkegel*). Die Zahl der ersetzten Knotenkugeln heißt **Nebenquantenzahl l**. Da es zur **Hauptquantenzahl n** nur $n-1$ ersetzbare Knotenkugeln gibt, gilt allgemein $0 \leq l \leq n-1$.

s-Orbitale mit $l = 0$ haben Kugelform,
p-Orbitale mit $l = 1$ haben 1 Knotenebene,
d-Orbitale mit $l = 2$ haben 2 Knotenebenen bzw. -kegel.

Also bilden nur Orbitale mit $l > 0$ magnetische Dipole. Bei $l = 1$, $n = 2$ kennen wir die drei Orbitale 2p$_x$, 2p$_y$ und 2p$_z$.
In einem Magnetfeld spalten die Spektrallinien, also die Energieniveaus, in drei Niveaus auf; man nennt dies den **Zeemaneffekt** (➭ Bild 1b). Dipole mit $l = 1$ (bzw. ihre Superpositionen) können sich nämlich in einem B_z-Feld nur nach $+z$, nach $-z$ oder senkrecht dazu ($z = 0$) ausrichten. Diese *Richtungsquantisierung* beschreibt man mit der **magnetischen Quantenzahl m**. Sie hat bei $l = 1$ die drei Werte $m = 1, -1$ und 0. Allgemein kann m alle Ganzzahlen zwischen $+l$ und $-l$ annehmen: $-l \leq m \leq +l$.

Dies gibt insgesamt $2l + 1$ *Einstellmöglichkeiten* der Dipole in B-Feldern, also $2l + 1$ Möglichkeiten für m.

Man findet z. B. bei der Hauptquantenzahl $n = 3$:
$l = 0$ (3s), $m = 0$: 1 Möglichkeit
$l = 1$ (3p), $m = -1, 0, +1$: 3 Möglichkeiten
$l = 2$ (3d), $m = -2, -1, 0, +1, +2$: 5 Möglichkeiten

Also beträgt die *Summe* der Möglichkeiten:
$$1 + 3 + 5 = 9 = 3^2 = n^2.$$

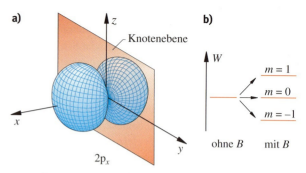

B 1: a) 2p$_x$-Orbital mit *einer* Knotenebene **b)** Zeemanaufspaltung eines ($l = 1$)-Niveaus gemäß $m = -1, 0, +1$

Elektronenspin und Pauliprinzip

Beim H-Atom hängt die Energie $W_n \sim -1/n^2$ nur von der Hauptquantenzahl n ab. Bei Atomen mit mehr Elektronen haben auch andere Quantenzahlen Einfluss. Überraschenderweise führt dies schon bei $l = 0$ im B-Feld zu einer Aufspaltung in 2 Linien. Klassisch gesehen verhält sich nämlich jedes Elektron, unabhängig vom Orbital, selbst im freien Zustand, wie ein kleiner schnell rotierender Kreisel. Da es geladen ist, erzeugt dieser **Elektronenspin** einen magnetischen Dipol. Sie kennen ihn von Magneten: Quanteneffekte können nämlich die Spins der 3d-Orbitale in Eisen zu *Elementarmagneten* ausrichten. Die beiden möglichen Spinstellungen kennzeichnet man mit den **Spinquantenzahlen $s = +\frac{1}{2}$** („Spin auf": ↑) oder $s = -\frac{1}{2}$ („Spin ab": ↓). Dies verdoppelt die oben berechneten n^2 Möglichkeiten bei

$n = 1$ auf $2 \cdot 1^2 = 2$ Möglichkeiten in der **K-Schale**,
$n = 2$ auf $2 \cdot 2^2 = 8$ Möglichkeiten in der **L-Schale**,
$n = 3$ auf $2 \cdot 3^2 = 18$ Möglichkeiten in der **M-Schale**.

Wie W. PAULI (Nobelpreis 1945) fand, kann jede Kombination (z. B. $n = 2$, $l = 1$, $m = -1$, $s = -\frac{1}{2}$) höchstens mit *einem einzigen* Elektron „besetzt" werden. Dieses **Pauliprinzip** verbietet, dass etwa in die K-Schale zwei Elektronen mit *parallelem Spin* (↑↑) treten. $n = 1$, $l = 0$, $m = 0$ sind beiden schon gemeinsam; nur noch $s = \pm\frac{1}{2}$ (↑↓) ist erlaubt. Wie Rechnungen zeigen, meiden sich zwei Elektronen parallelen Spins (↑↑) auch örtlich. Nun wissen wir vom H$_2^+$-Ion, dass dort das *eine* Elektron auf den engen Raum *zwischen* beiden Kernen konzentriert ist und sie zusammenhält. Beim H$_2$-Molekül unterstützt ein *zweites* Elektron diese *Valenzbindung*. Nach dem Pauliprinzip müssen die Spins dieses *Elektronenpaars* antiparallel (↑↓) stehen; ein 3. Elektron lässt es nicht zu. Ohne Pauliprinzip würden die Elektronen aller Atome den tiefsten Zustand besetzen, das 1s-Orbital. Es gäbe kein **Periodensystem der Elemente**; die Materie wäre überaus eintönig.

Vertiefung

Zum Periodensystem der Elemente

Helium (**He**; Kernladungszahl $Z = 2$): Zwei Elektronen besetzen beide Möglichkeiten zur Quantenzahl $n = 1$ in der K-Schale mit antiparallelen Spins ($\uparrow\downarrow$) (1s; ➡ *Tabelle 1*). Jede Vorzugsrichtung fehlt ($l = 0$, $m = 0$, $s = +\frac{1}{2}$ und $s = -\frac{1}{2}$). Es gibt kein „ungepaartes Elektron", das mit andern eine Paarbindung (analog zum H_2) eingehen könnte. He ist ein bindungsscheues *Edelgas*. – Wie bei Röntgenspektren schirmen die Elektronen die Kernladung Q gegenseitig etwas ab. Da $Q = 2e$ nicht mehr voll wirkt, setzen Quantensprünge weniger Energie um. Wegen solcher Wechselwirkungen ist bei allen Atomen mit $Z > 1$ die Energie mit der Schrödingergleichung viel schwieriger zu berechnen als beim H-Atom.

Lithium (**Li**; $Z = 3$): Zwei Elektronen besetzen die 1s-Orbitale am Kern ($\uparrow\downarrow$). Das 3. Elektron muss wegen des Pauliprinzips in die L-Schale (2s) mit $n = 2$; $l = 0$ und nicht abgesättigtem Spin ($\uparrow$) treten (➡ *Tabelle 1*). Folglich können sich Li_2-Moleküle mit ($\uparrow\downarrow$) bilden. Wegen des etwa 4fachen Abstands zum Kern und der Abschirmung durch die 1s-Elektronen lässt sich das 2s-Elektron leicht vom Li-Atom lösen; Ionisations- und Ablöseenergie W_A beim Photoeffekt sind klein. Lithium ist als **Alkalimetall** reaktionsfreudig, wie die anderen Elemente der ersten Hauptgruppe (Na, K, Cs).

Beryllium (**Be**; $Z = 4$): Das 2s-Orbital ist gefüllt ($\uparrow\downarrow$).

Bor (**B**; $Z = 5$) bis **Neon** (**Ne**; $Z = 10$): Bei Neon ist mit 6 Elektronen in den drei 2p-Orbitalen die L-Schale voll; alle Spins sind abgesättigt ($\uparrow\downarrow$) (➡ *Tabelle 1*). Die magnetischen Quantenzahlen $m = -1$, 0 und $+1$ der drei 2p-Orbitale geben das resultierende magnetische Moment null. Neon ist wie Helium ein bindungsscheues Edelgas.

Natrium (**Na**; $Z = 11$): Das 11. Elektron tritt in das 3s-Orbital mit ungesättigtem Spin ($\uparrow$) und ist ähnlich locker gebunden wie das 2s-Elektron im Alkalimetall Lithium.

Argon (**Ar**; $Z = 18$): Alle 3p-Orbitale sind je mit einem Elektron gefüllt ($n = 3$; $l = 1$; $m = 0, \pm 1$; $s = \pm\frac{1}{2}$) und bilden eine kugelförmige *Teilschale*. Anschließend sollten die 3d-Orbitale ($n = 3$; $l = 2$) gefüllt werden. Doch treffen sich bei 3d zwei Knotenflächen nahe dem Kern (➡ *Bild 2*). Dies mindert genau dort das $|\Psi|^2$ des 3d-Elektrons, wo dieses groß sein könnte. Die so geschwächte Kernanziehung ist zudem im kernfernen Teil wegen der Abschirmung durch 6 kernnahe s-Elektronen verringert. Deshalb liegen die 3d-Orbitale energetisch über den 4s-Orbitalen und werden vorerst nicht besetzt.

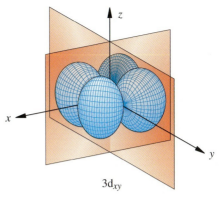

$3d_{xy}$

B 2: Beim Edelgas Argon treffen sich im 3d-Orbital zwei *Knotenflächen* in der Nähe des Atomkerns; dort ist $|\Psi|^2$ klein.

Kalium (**K**; $Z = 19$): Das 19. Elektron von Kalium sowie das 20. von **Calcium** (**Ca**; $Z = 20$) treten in das tiefere 4s-Orbital ein. Erst von Ca bis Zn füllen sich die höher liegenden 3d-Orbitale mit 10 Elektronen bei den Übergangselementen Fe, Co, Ni, Cu, Zn auf. Die sich hier zeigenden Unregelmäßigkeiten im Periodensystem rühren von der gegenseitigen Abschirmung der Kernladung Ze, die mit der Elektronenzahl Z erheblich steigt.

Element	Z	1s	2s	2p	3s	3p	3d	4s
H	1	1						
He	**2**	**2**						
Li	3	2	1					
Be	4	2	2					
B	5	2	2	1				
C	6	2	2	2				
N	7	2	2	3				
O	8	2	2	4				
F	9	2	2	5				
Ne	**10**	**2**	**2**	**6**				
Na	11	2	2	6	1			
Mg	12	2	2	6	2			
Al	13	2	2	6	2	1		
Si	14	2	2	6	2	2		
P	15	2	2	6	2	3		
S	16	2	2	6	2	4		
Cl	17	2	2	6	2	5		
Ar	**18**	**2**	**2**	**6**	**2**	**6**		
K	19	2	2	6	2	6	0	1
Fe	26	2	2	6	2	6	6	2
Zn	30	2	2	6	2	6	10	2

T 1: Elektronenzahl Z und Orbital-Besetzung. Edelgase sind fett gedruckt.

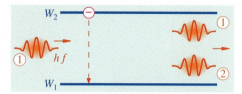

B 1: Photon ① ruft durch induzierte Emission im Quantensprung $W_2 \to W_1$ ein zweites, genau gleiches Photon ② ab. Photon ① bleibt dabei bestehen.

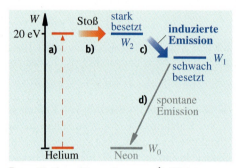

B 2: Helium-Neon-Laser: **a)** Elektronenstöße regen He-Atome an. **b)** Atomstöße übertragen Energie von He auf Ne. **c)** $W_2 \to W_1$: *induzierte Emission kohärenten Lichts* von 633 nm. **d)** $W_1 \to W_0$ entleert W_1 schnell durch spontane Emission nicht kohärenten Lichts.

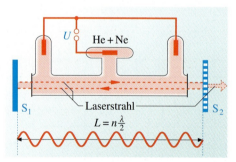

B 3: In der Laserröhre bildet sich zwischen den Spiegeln S_1 und S_2 eine stehende Welle; an S_2 tritt der Laserstrahl als langer, geordneter Wellenzug mit vielen Photonen aus.

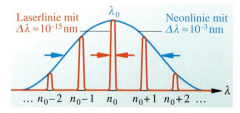

B 4: Die Spektrallinie (blau) von Neon geht in eine der scharfen Laserlinien (rot) über.

Laser, Gasentladungen, Selbstorganisation

1. Vom chaotischen Glüh- zum geordneten Laserlicht

Die Photonen aus normalen, thermischen Quellen rühren von Quantensprüngen $W_2 \to W_1$ vom höheren Energieniveau W_2 in ein tieferes W_1. Sie erfolgen *spontan* und voneinander unabhängig. Die erzeugten kurzen Wellenzüge haben nur ein Photon und hängen nicht miteinander zusammen. Sie bilden *chaotisches, nicht kohärentes* Licht. Dagegen sind die geordneten Wellenzüge von Radiosendern sehr lang und enthalten viele Photonen. 1917 postulierte EINSTEIN die sog. **induzierte** (stimulierte) **Emission.** Man realisiert sie im **Laser**, um „geordnetes" Licht gemäß ➡ *Bild 1* in Atomen zu erzeugen. Dabei gilt:

- Falls das obere Energieniveau W_2 besetzt ist, kann ein Photon ① mit der Energiedifferenz $W_2 - W_1 = hf$ ein Elektron von W_2 nach W_1 abrufen. Die zugehörige Welle regt nämlich die Atome zu *Resonanz* an. Deshalb entsteht ein Photon ② mit *exakt gleicher Frequenz f, Flugrichtung* und *Wellenlänge* λ; es hat also den gleichen *Zustand* wie das auslösende Photon ①.

- Das auslösende Photon ① verliert keine Energie und besteht weiter; man hat nun zwei Photonen im gleichen Zustand. Jedes kann die induzierte Emission an angeregten Atomen fortsetzen. Stehen davon genügend viele bereit, so wird eine **Kettenreaktion** ausgelöst. Dabei steigt die Zahl der völlig gleichen Photonen im Wellenzug rapide an. Seine Kohärenzlänge l_k wird groß, die Amplitude stabil. So erhält man **kohärentes Laserlicht**. Laser bedeutet **l**ight **a**mplification by **s**timulated **e**mission of **r**adiation. Optische Laser gibt es seit 1960.

- Als *Laserbedingung* folgt: Es müssen sich mehr Atome im *angeregten, oberen Niveau* W_2 befinden als im unteren W_1. Dann werden mehr Photonen durch induzierte Emission erzeugt ($W_2 \to W_1$) als durch die nach wie vor mögliche, gleich wahrscheinliche Absorption vernichtet ($W_1 \to W_2$).

- Eine nebenher laufende *spontane Emission* $W_2 \to W_1$ liefert das erste Photon zum Zünden der Lasertätigkeit.

Beim **Helium-Neon-Laser** stoßen in einer *Gasentladung* Elektronen auf He-Atome und führen ihnen Energie zu (➡ *Bild 2*). Diese wird an Ne-Atome weitergegeben und „hebt" dort Elektronen vom unteren Niveau W_0 in das obere W_2. Ist dieser *Pumpvorgang* genügend stark, so sind mehr Ne-Atome in W_2 als in W_1, zumal W_1 durch den Quantensprung $W_1 \to W_0$ schnell entleert wird; *Lasertätigkeit* setzt von W_2 nach W_1 ein. Die nötige Pumpenergie wird von der Spannungsquelle U geliefert.

In der Glasröhre entsteht das *Laserlicht* zwischen den Spiegeln S_1 und S_2 (➡ *Bild 3*). Durch den etwas durchlässigen Spiegel S_2 tritt der Laserstrahl aus. Gemäß seiner Erzeugung ist er fast parallel und scharf gebündelt. Beim He-Ne-Laser ist $W_2 - W_1 = 1{,}96$ eV, also $\lambda = 632{,}8$ nm.

Vorsicht: Fällt Laserlicht (auch indirekt) ins Auge, so wird es auf eine Stelle der Netzhaut konzentriert und kann sie zerstören.

Man kann Laserblitze erzeugen, deren Leistung mit 10^{14} W größer ist als die der gesamten elektrischen Energieerzeugung der Erde, allerdings nur für 10^{-11} s. Ihre Energiedichte übertrifft die von fokussiertem Sonnenlicht um das 10^{10}fache. All diese Eigenschaften führen zu kaum übersehbaren Anwendungen in Technik und Medizin (*Interessantes*).

2. Vom Laser zur Synergetik

a) Neonlicht hat an sich eine Spektrallinie, die etwa 10^{-3} nm breit ist (*Bild 4*, blau). Es läuft im Laser nach *Bild 3* zwischen den Spiegeln S_1 und S_2 mit Abstand L hin und her. Dort bildet sich eine stehende Welle gemäß $L = n\lambda/2$. Ist $L = 0{,}50000$ m und $\lambda_0 = 632{,}8005$ nm, so wird $n_0 = 1\,580\,277$; eine kleine Frequenzunschärfe Δf bleibt. Man kann sie mit viel Aufwand reduzieren auf $\Delta f \approx 1$ Hz (10^{-12} %!). Bei üblichen Lasern mit $f = 5 \cdot 10^{15}$ Hz ist $\Delta f \approx 10^8$ Hz. Aus $\lambda = c/f$ folgt durch Ableiten nach f: $|\Delta \lambda| \approx c\,\Delta f/f^2 \approx 10^{-15}$ nm. Die UBR $\Delta t\,\Delta W = \Delta t\,\Delta(hf) \approx h$ oder $\Delta t\,\Delta f \approx 1$ führt dann zu $\Delta t \approx 10^{-8}$ s, also zur Kohärenzlänge $l_k = c\,\Delta t \approx 3$ m.

b) Innerhalb der Ne-Linie mit der Breite $\Delta \lambda \approx 10^{-3}$ nm sind aber auch Laserwellen für $n_0 + 1$, $n_0 + 2$, $n_0 - 1$ usw. möglich. Zwischen diesen beginnt ein „*Kampf ums Dasein*": Zu einer Welle mögen durch Zufall etwas mehr Photonen gehören als zu einer anderen. Dann ruft sie durch induzierte Emission auch mehr Photonen exakt gleicher Frequenz aus dem Niveau W_2 ab und wächst auf Kosten der andern. „Wer hat, dem wird gegeben". Da die Pumpleistung der He-Atome, also die „Futtermenge", begrenzt ist, „hungert" die stärkere Welle die schwächeren aus und „überlebt". Ändert sich die „Umwelt", etwa der Spiegelabstand L, so wird eine andere Welle favorisiert.

Soeben haben wir Begriffe aus der *Evolutionstheorie* benutzt. Ihr wird auch heute noch entgegengehalten, dass die Natur stets von der Ordnung zur Unordnung strebe. Der *zweite Hauptsatz* der Wärmelehre fordere dies zwingend. Leben, also Ordnung, sollte erst durch eine der unbelebten Natur völlig fremde „Lebenskraft" entstehen. Wenn man jedoch einen Laser einschaltet, *organisiert sich von selbst ein geordneter, berechenbarer Naturvorgang* in *anorganischem* Material. Dabei wird aus Unordnung Ordnung, wie in Lebewesen, analog zur *Evolution*.

Solche Überlegungen wurden von H. HAKEN zu einer neuen Wissenschaft, der **Synergetik** ausgebaut (Lehre vom Zusammenwirken). Der zweite Hauptsatz ist in der angesprochenen Form nur auf abgeschlossene Systeme anwendbar. Durch Laser fließt dagegen ständig Energie – wie durch Lebewesen; es sind *offene Systeme* und als solche zur **Selbstorganisation** fähig. Dies zu erforschen ist ein schwieriger, zukunftsträchtiger Zweig moderner Natur- und Sozialwissenschaften. Da *nichtlineare Gesetze* gelten, zeigen sich paradoxerweise Analogien zum *deterministischen Chaos*. Man hat schon gesagt, Selbstorganisation entstehe durch ein sanftes Ordnungsprinzip aus Chaos.

Interessantes

Laser in der Technik

- Die geraden Laserstrahlen werden zum *Vermessen* von Straßen, Bergwerkschächten und Tunneln benutzt.
- Laserlicht schneidet, bohrt und schweißt Materialien mit hohem Schmelzpunkt (Wolfram, Diamant).
- Nachrichten werden heute immer häufiger in *Glasfasern* optisch übertragen. Dazu *moduliert* man kohärentes Laserlicht mit der Frequenz f der zu übertragenden Information. Da Licht eine sehr große Frequenz hat, lassen sich einem Laserstrahl sehr viele Ferngespräche und Fernsehsendungen aufbürden und beim Empfänger durch Filter wieder abtrennen.
- Zur Herstellung von *Hologrammen* benutzt man Laserlicht wegen seiner ausgezeichneten Kohärenz. Damit lassen sich Turbinenschaufeln und schwingende Geigenböden ausmessen.
- **LIDAR** (*l*ight *d*etection *a*nd *r*anging) benutzt intensive Laserimpulse zur optischen Fernerkundung. Aus der Laufzeit des reflektierten Strahls zurück zur Quelle kann man den Mondabstand (zu einem dort aufgestellten Reflektor) auf wenige Zentimeter genau bestimmen.
- Laserlicht, das man aus LIDAR-„Kanonen" in die Atmosphäre schickt, entlarvt durch charakteristisches Fluoreszenzlicht Rauchteilchen, *umweltschädliche Gase* (CO_2, SO_2, NO_x, Ozon), misst deren Temperatur und lässt die Verursacher auffinden. Dazu benutzt man **Farbstofflaser,** deren Wellenlänge um 100 nm kontinuierlich verändert werden kann.

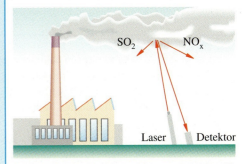

B 5: Licht des Laserstrahls regt Schadstoffmoleküle zu charakteristischem Fluoreszenzleuchten an.

Vertiefung

Selbstorganisation bei Gasentladungen

a) In Gaslasern induziert die stehende *E*-Welle in angeregten Neonatomen neue Photonen; diese verstärken die *E*-Welle und so fort. Die *Synergetik* stellt nun nicht die müßige Frage: Wer war zuerst da, Huhn oder Ei? Sie sagt: Die *E*-Welle ist *langlebiger* als die zahlreichen von ihr angeregten Atomzustände mit der Halbwertszeit $T_{\frac{1}{2}} \approx 10^{-8}$ s. So drängt sie sich diesen als **Ordner** auf und „versklavt" sie. Dieses *Versklavungsprinzip* erlaubt es, die schwierige mathematische Behandlung der sehr komplizierten Selbstorganisationsvorgänge auf den langlebigen, stabil gewordenen, makroskopischen *Ordner* zu konzentrieren.

b) Die Glasröhre nach ▶ *Bild 1* enthält zunächst Normalluft. Dort erzeugt die radioaktive Umgebungsstrahlung einige frei bewegliche Elektronen und positiv geladene Ionen. Die Spannung $U = 5$ kV zwischen Katode und Anode erzeugt kaum Strom. Die Ladungsträger werden zwar im *E*-Feld beschleunigt, können aber nur Strecken von $l \approx 10^{-7}$ m *frei* zurücklegen; l heißt **freie Weglänge**. Die längs l durchlaufene Teilspannung $\Delta U = E\, l \approx 10^{-3}$ V gibt den Teilchen nur die Energie $W = e\, \Delta U = e\, E\, l \approx 10^{-3}$ eV. Damit können sie keine weiteren Ladungsträger erzeugen. Pumpt man jedoch die meiste Luft ab, so leuchtet das Gas plötzlich; der Strom steigt stark an; es setzt eine **Gasentladung** ein. Was geschieht dabei?

Nachdem die meisten Luftteilchen entfernt sind, erfreuen sich die wenigen Ladungsträger der viel größeren *freien Weglänge* $l \approx 10$ cm. Dort nehmen sie genügend Energie $W = e\, E\, l$ auf, um neutrale Gasmoleküle durch Stoß zu ionisieren. Die Zahl der Ladungsträger steigt in einer **Kettenreaktion** lawinenartig an. Die zum Zünden nötige Umgebungsstrahlung ist nun nicht mehr erforderlich, die Gasentladung wurde *selbstständig*; sie bedarf nur noch der Energiezufuhr durch die Quelle *U*. Das Gas wurde ein **Plasma,** bestehend aus geladenen Teilchen, aus Elektronen und Ionen.

Nach ▶ *Bild 1b* fliegen *freie Elektronen* dieses Plasmas zur Anode (+) und erregen dahinter die Atome der Glaswand zu grüner *Fluoreszenz*. Unterwegs leuchten sie nicht; ohne Atomkerne können sie keine Quantensprünge ausführen. Ein Magnet zeigt die leichte Ablenkbarkeit dieser **Elektronenstrahlen.**

Positiv geladene Ionen fliegen nach links auf die Katode (−) zu und durch deren Öffnung hindurch. Viele Stöße mit anderen Gasteilchen regen sie unterwegs zu Quantensprüngen an. Diese **Ionenstrahlen** leuchten. Wegen ihrer großen Masse lenkt sie ein Magnet kaum ab.

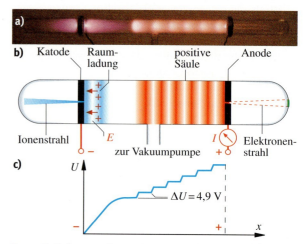

B 1: a) Selbstständige Gasentladung, Foto. **b)** Links leuchtender Ionenstrahl; rechts trifft der Elektronenstrahl die Glaswand und erzeugt Fluoreszenz. **c)** Das Spannungsgefälle $U(x)$ ist vor der Katode groß. Spannungsstufen $\Delta U \approx 4{,}9$ V in der geschichteten positiven Säule.

Wie entstanden diese freien Ladungsträger? Positive Ionen treffen auf das Katodenmetall und schlagen dort Elektronen frei. Damit setzt bei Energiezufuhr ein *sich selbst erhaltender Kreislauf* ein:

- Die Elektronen werden längs der freien Weglänge l vom *E*-Feld beschleunigt und erzeugen durch Stoßionisation weitere freie Elektronen und Ionen.
- Diese Elektronen haben kleine Masse und fliegen schnell weg. Die trägen Ionen bleiben zurück und bilden dicht vor der Katode eine **positive Raumladung** ϱ. Von ihr gehen nun die meisten *E*-Feldlinien zur Katode – nicht mehr von der fernen Anode. Zwischen Katode und Raumladung ist das *E*-Feld stark und setzt konzentriert Energie zur Stoßionisation um.
- So halten sich Raumladung, *E*-Feld und die Bildung freier Ladungsträger durch Stoßionisation im Gas wie am Katodenmetall gegenseitig aufrecht.

Die makroskopische Raumladung ϱ und ihr *E*-Feld wirken dabei als *langlebige Ordner*; ϱ besteht zwar aus nur *kurzlebigen* Ionen, beherrscht aber deren Verhalten mithilfe des *E*-Felds, wenn ϱ einmal aufgebaut ist. Dabei muss dem Gas ständig Energie zugeführt werden. Mit dem Entstehen von ϱ wurde die Feldlinienlänge d verkürzt, die nötige Spannung $U = E\, d$ reduziert. Die Energieumsetzung in der selbstständigen, selbstorganisierten Gasentladung befolgt also ein *Ökonomieprinzip*. Die *positive Säule* vor der Anode zeigt eine aus vielen ΔU-Stufen bestehende Spannungstreppe (▶ *Bild 1c*). Die kurzlebigen geladenen Teilchen haben sie als *Ordner* aufgebaut und werden von ihm „versklavt".

Zusammenfassung – Energieniveaus und Quantensprünge

Das ist wichtig

Die Energie gebundener Elektronen (in Atomen, Molekülen usw.) ist quantisiert, nicht aber die Energie freier Elektronen. Die **Energieterme** W_n des **Wasserstoffatoms** zur **Quantenzahl** $n = 1, 2, 3, \ldots$ sind

$$W_n = -\frac{m_e e^4}{8\varepsilon_0^2 h^2} \frac{1}{n^2}.$$

Quantensprünge $W_2 \to W_1$ erzeugen Photonen der Energie $hf = W_2 - W_1$ und damit **Spektrallinien**. Ihre Frequenzen sind beim H-Atom:

$f = f_R (1/n_1^2 - 1/n_2^2)$ mit der **Rydbergfrequenz**
$f_R = m_e e^4/(8\varepsilon_0^2 h^3) = 3{,}29 \cdot 10^{15}$ Hz.

Die Quantenzahlen n_1 und n_2 bestimmen Spektralserien:
Lymanserie: $n_1 = 1$; $n_2 > 1$,
Balmerserie: $n_1 = 2$; $n_2 > 2$.

Orbitale in Atomen bezeichnen stationäre Elektronenzustände mit scharf bestimmter Energie. Gestalt und Energie hängen von Quantenzahlen ab. Die Form der Orbitale bestimmt die Struktur der Moleküle.

Schrödingergleichung für eine Dimension (x):

$$\Psi''(x) = -\frac{8\pi^2 m_e}{h^2}(W - W_{pot}(x))\Psi(x).$$

Das zu untersuchende System wird durch seine Potentialfunktion $W_{pot}(x)$ gekennzeichnet. Gesucht sind $\Psi(x)$-Funktionen, die im klassisch verbotenen Bereich $W < W_{pot}$ (außerhalb des Systems) die *Randbedingungen* $\Psi(x) \to 0$ und $\Psi'(x) \to 0$ erfüllen. Dazu gehören die *Energieeigenwerte* W_n. Andernfalls verlässt das Elektron das System.
Quantenobjekte der Energie W können in klassisch verbotene Gebiete mit $W < W_{pot}$ **tunneln**.

Beim **harmonischen Oszillator** mit $W_{pot}(x) = \frac{1}{2}Dx^2$ und Masse m_e, also mit Frequenz $f = \frac{1}{2\pi}\sqrt{D/m_e}$, treten

die Eigenwerte $\qquad W_n = hf(n + \frac{1}{2})$
mit den konstanten Abständen $\quad \Delta W = hf \qquad$ auf.

Dies begründet die Quantisierung von Licht und Schallwellen in Form von *Photonen* bzw. *Phononen*. Solch quantisierte, abzählbare Energieportionen gleicher Größe nennt man oft Teilchen.

Induzierte Emission von $W_2 \to W_1$ liefert im **Laser** kohärentes Licht mit langen Wellenzügen, stabiler Amplitude und der exakten Frequenz $f = (W_2 - W_1)/h$. Der Laser ist ein Musterbeispiel für die **Selbstorganisation** von Materie.

Weitere Synergie-Effekte

a) Auch die Selbsterregung eines *Dynamos* ist Selbstorganisation. Bei genügend hoher Drehzahl entsteht plötzlich Strom, der sich wegen der großen Eigeninduktivität des Eisens nur langsam ändert. So „*versklavt*" er mithilfe des ihm schnell folgenden B-Feldes durch Induktion die wirr schwirrenden Elektronen und erzwingt als *Ordner* ein gleichförmiges Fließen.

b) Erhitzt man in einer Schale Steinöl von unten, dann drängen die erhitzten Volumelemente nach oben – zunächst jedes für sich. Dabei erwartet man, dass *Chaos* entsteht. Doch organisiert sich im Öl als makroskopischer Ordner plötzlich eine geordnete, großräumige Rollenbewegung. Eingebrachtes Aluminiumpulver zeigt diese sog. *Bénard-Zellen* (➡ *Bild 2*). Sie sind viel langlebiger als die ungeordneten Fluktuationen einzelner Ölteilchen. Beim Start mag der Zufall eine Rolle gespielt haben; der Ordner drängt ihn aber schnell zurück und setzt sein Ordnungsprinzip durch.

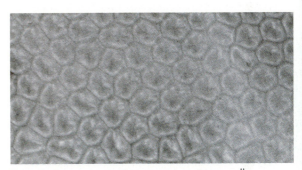

B 2: Ordnungsmuster in von unten erhitztem Öl

c) Wind weht gleichförmig über trockenen Wüstensand. Dabei entstehen periodische *Rippelmarken* (➡ *Bild 3*) – wie in der *kundtschen Röhre*. Wind, der über Wasser weht, zwingt diesem ebenfalls eine periodische Wellenstruktur auf, als *Ordner* für die zahllosen Wasserteilchen. Dies zu verfolgen, ist mathematisch schwierig; es führt auf nichtlineare Differentialgleichungen, bekannt vom *deterministischen Chaos*.

B 3: Rippelmarken im Wüstensand

Vertiefung

Etwas Quantenphilosophie

A. Teilchen oder Welle?

HEISENBERG erklärte 1927 die Quantentheorie als endgültig, als in sich widerspruchsfrei. Bis heute widerspricht ihr auch kein Experiment. Sagt sie uns also endlich, was Licht und Elektronen *tatsächlich sind*; macht sie Aussagen über die **Realität** im Kleinsten?
Hier geht es nicht um richtig oder falsch, vielmehr stehen philosophisch geprägte *Deutungen* zur Debatte:

Die von den meisten bevorzugte **Kopenhagener Deutung** wurde von BOHR, HEISENBERG, PAULI u. a. entwickelt. Vorsichtigerweise fragt sie nicht: „*Was sind die Dinge an sich?*", sondern nur: „*Was können wir Menschen mit unseren makroskopischen Messgeräten daran erkennen?*" Auf die Frage, sind Licht und Elektronen Teilchen oder Wellen, sagte BOHR vor 1935: Bei manchen Experimenten verhalten sie sich wie Teilchen, bei andern **komplementär** dazu (sich ausschließend, aber ergänzend) wie Wellen. Diesen *Entweder-Oder-Dualismus* lehnte EINSTEIN als Widerspruch ab; der Doppelspalt zeigt ja Teilchen- und Wellenhaftes zugleich. Deshalb gab BOHR diese Form seines **Komplementaritätsprinzips** auf. Die heutige Fassung kennen Sie vom *Knallertest*. Wir wenden sie auf die bekannte Polarisation an, stellvertretend für komplizierte Quantenexperimente:

Unteilbare Photonen unpolarisierten Lichts treten einzeln durch einen Doppelspalt. Die *Wege* durch Spalt 1 und Spalt 2 sind gleichberechtigt. Also muss man die Ψ-Zeiger für beide *Möglichkeiten superponieren*; man erhält *Interferenz,* deutbar als *Wellenaspekt*.
Die Interferenz verschwindet, sobald man die Wege unterscheidbar macht. Dazu setzt man auf Spalt 1 eine Folie für vertikale Polarisation ($\updownarrow$), auf 2 eine für horizontale ($\leftrightarrow$). Bildlich gesprochen heftet man jedem Photon ein ($\updownarrow$)- bzw. ($\leftrightarrow$)-Fähnchen an. Eine dritte Folie weist es nach. Dreht man diese z.B. nach ($\updownarrow$) ($\varphi = 0°$), so muss das registrierte Photon von Spalt 1 kommen; folglich ist dessen *Weg* bekannt, deutbar als *Teilchenaspekt*. Nur der Ψ-Zeiger für Spalt 1 ist verfügbar; also entfällt die Interferenz, der *Wellenaspekt*.
Nun dreht man die dritte Folie langsam auf $\varphi = 45°$. Sie gibt allen Photonen dieselbe Polarisation ($\nearrow$). Folglich ist die *Weginformation* „durch Spalt 1" bzw. „durch 2" verloren. Die Interferenz erscheint wieder! Man sagt, von diesem **Quantenradierer** sei der *Teilchenaspekt* ausradiert und in den *Wellenaspekt* überführt worden. Da dies *stetig* geschieht, wird das *Entweder-Oder* in ein „eingeschränktes Zugleich" überführt.

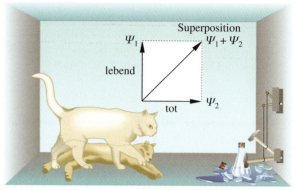

B 1: Ist die arme Katze tot und zugleich lebendig, bis ein Beobachter den Kasten öffnet?

B. Tot und lebendig *zugleich*? Ist das real?

Das *Superpositionsprinzip* ist fundamental, es beherrscht die ganze Quantentheorie. Am Doppelspalt gilt für das unteilbare Quant „Spalt 1 und *zugleich* Spalt 2". Dagegen kennt unsere Auffassung von **Realität** nur *Entweder-Oder* (Spalt 1 *oder* 2; Teilchen *oder* Welle). Um den Widerspruch aufzuzeigen, übertrug SCHRÖDINGER die Superposition mit einem wie er sagte burlesken Beispiel in unsere makroskopische Welt: Nach ▶ *Bild 1* lebe eine Katze in einem völlig abgeschlossenen Kasten, zusammen mit einem schwachen α-Präparat. Es sendet etwa jede Stunde ein α-Teilchen in ein Zählrohr. Spricht dieses an, so zerbricht eine Zyanflasche, die Katze stirbt. Solange niemand nachschaut, bestehen für das Quantenobjekt α-Teilchen zwei unbestimmte Möglichkeiten *zugleich*:

α-Teilchen im Zählrohr „ja und *zugleich* nein".

Bei Knallertest und Doppelspalt muss man beide superponieren, formal geschrieben: $\Psi = \Psi_{ja} + \Psi_{nein}$. Wie wir sahen, darf man nicht denken: „**Eine der Möglichkeiten ist real, ich weiß nur nicht welche.**" Vielmehr gilt nach SCHRÖDINGER: „Für die arme Katze besteht der absurde, unbestimmte Zustand ‚tot *und zugleich* lebend'":

$$\Psi = \Psi_{tot} + \Psi_{lebend}.$$

Öffnet man den Kasten und schaut auf das Makroobjekt Katze, so findet man jedoch die klassisch vertraute, *reale Entscheidung:* „tot" *oder* „lebend".

Wir stehen also vor folgenden Fragen:
Wie und wann geht das unbestimmte *Zugleich* der Quantenphysik in das vertraute *Entweder-Oder* unserer realen Welt über? *Wie entsteht Realität*, wenn man die Quantengesetze ernst nimmt? Zeigen uns vielleicht exakte Messungen das *Sosein* der Quanten?

Vertiefung

C. Misst man Realitäten oder schafft man sie erst?
SCHRÖDINGER zielte auf den **Messprozess**. Er fragte: Wandelt sich die Superposition „tot und *zugleich* lebend" erst durch eine Messung, beim Öffnen des Kastens, beim Ablesen des „Messgeräts Katze", in eine der *Realitäten* „tot" *oder* „lebend" um? Wir skizzieren zwei ernsthaft diskutierte Hypothesen zu diesem auch die Philosophie betreffenden **Realitätsproblem:**

- Nach H. EVERETT spaltet sich zu *jedem* α-Klick die Welt in zwei vollwertige, neue Welten auf, desgleichen jeder Beobachter in zwei, die nichts voneinander wissen. Beobachter 1 in Welt 1 findet seine Katze tot; *zugleich* findet Beobachter 2 in Welt 2 seine lebend. Nach dieser *Many-World-Theorie* sollte es Myriaden Welten geben, die nur Reales kennen. Diese Hypothese ist empirisch nicht widerlegbar. Sie widerspricht auch nicht der Quantentheorie!
- Nach E. WIGNER ändert beim Öffnen des Kastens allein das *Bewusstsein* des Beobachters (als hypothetischer Eingriff) das Zugleich $\Psi = \Psi_{tot} + \Psi_{lebend}$ entweder in „tot" oder in „lebend" ab. Danach würden bereits Gedanken an sich die Welt verändern!

Man möchte gerne ohne solche Hypothesen auskommen und sagt oft gemäß der klassischen Physik: Das grobe Messgerät störe am subtilen Quantenobjekt ein schon *vor* dem Messen *real* vorliegendes Faktum. Beim Knallertest fanden wir jedoch: Bei gleichberechtigten Pfaden (kein Knaller) zeigt sich Interferenz als Superposition $\Psi = \Psi_1 + \Psi_2$ von zwei *zugleich angebotenen, noch nicht realen Möglichkeiten*. Erst beim Messen (Einbringen des Knallers) wählt davon der reine Zufall eine aus und realisiert sie. So erzeugt er die klassisch vertraute Realität *Entweder-Oder* (Knall oder kein Knall). *Realität wird erzeugt, nicht einfach nur festgestellt!* Da die Theorie dieses Überführen vom *Möglichen* ins *Real-Faktische* nicht erklären konnte, stellte v. NEUMANN 1932 sein experimentell hervorragend bestätigtes **Messpostulat** auf. Sie kennen es vom Tunneleffekt und vom Knallertest:

> Beim Messen *realisiert* der *pure Zufall* von den mit der Wahrscheinlichkeit $|\Psi|^2$ angebotenen Möglichkeiten eine. Er wandelt sie *unverändert* und *unumkehrbar* in ein reales Messergebnis. Dabei wird Ψ so verändert, dass eine sofortige Wiederholung am gleichen Objekt die erste Messung bestätigt. Die anderen Möglichkeiten sind vergessen. Bei diesem *Kollaps der Ψ-Funktion* explodiert der Knaller, ein Zähler tickt, *eines* von vielen Silberkörnern wird geschwärzt usw.

Damit geben sich die meisten zufrieden. Mit der Kopenhagener Deutung beschränken sie sich auf die Rolle des Beobachters und seiner makroskopischen Messgeräte. Diese messen klassische Größen (x oder p_x), die der Unbestimmtheitsrelation (UBR) unterliegen und als *komplementär* betrachtet werden. Um sie geistig zu verarbeiten, um zu rechnen, benutzt man die abstrakte Größe Ψ. Dazu sagt der „Kopenhagener" v. WEIZSÄCKER:

> „Ψ ist Wissen aus früheren Fakten und um künftige Möglichkeiten. Alle Paradoxien entstehen nur, wenn man Ψ als ein *objektives Faktum* ansieht."

So bietet der Doppelspaltversuch Ψ-*Möglichkeiten* an (Ψ_i für Spalt 1 und 2). Da sie als Elemente des Wissens noch keine objektiven, realen Fakten sind, kann man sie getrost addieren (Ψ-Zeiger rotieren nur in unseren Köpfen). Für das Ψ gilt die Schrödingergleichung exakt. Beim Messen, etwa bei Photonenlokalisationen, realisiert dann der pure Zufall eine der angebotenen Möglichkeiten als Faktum, unumkehrbar. Dies ändert unser Wissen (das Ψ) schlagartig.

Ähnliches kennen wir aus dem täglichen Leben, auch den Begriff *Möglichkeit*. Doch sagt das Quanten-Ψ noch nicht, wie die Welt *wirklich* ist. Die Kopenhagener Deutung bleibt eine vorsichtige, unsere *Erkenntnisfähigkeiten* beachtende *Minimalbeschreibung*. Sie macht nämlich keine das *Sein* betreffenden (*ontologischen*) Aussagen. Doch diskutiert man heute Folgendes:

D. Realität durch Dekohärenz; existiert der Mond?
SCHRÖDINGERS Katze hat eine große Masse m, folglich eine winzige deBroglie-Wellenlänge $\lambda_B = h/(m\,v)$. Zudem gelangen in den Kasten Höhenstrahlen. Wie die Quantentheorie zeigt, zerstören solch winzige Einwirkungen von *außen* am *Makroobjekt* Katze das vom *Superpositionsprinzip* an sich geforderte unbestimmte *Zugleich* momentan (in $\approx 10^{-20}$ s); sie erzeugen das *Entweder-Oder* „tot oder lebend". Auch bei Farbtröpfchen hinter Doppelspalten verhindert dies die für Interferenz nötige Kohärenz. Man spricht von **Dekohärenz.** Sie *erzeugt* im Makrokosmos Realität. Man sucht sie an Makromolekülen, als „Schrödinger-Kätzchen" zwischen Mikro- und Makrowelt angesiedelt, auch experimentell zu bestätigen. Gelingt dies, so widerspricht die Quantentheorie *bei Makroobjekten* nicht mehr unserem eingefleischten Hang zur Realität: Man braucht sie auf Katzen nicht mehr anzuwenden.

Den Messprozess vor Augen fragte EINSTEIN: „*Existiert der Mond, wenn niemand nach ihm schaut?*" Dazu könnte dann die Quantentheorie freudig ja sagen, wenn sich die Dekohärenztheorie bestätigt.

Vertiefung

E. Ein letzter Kampf um Realität und Lokalität

EINSTEIN sah im Ψ „noch nicht den wahren Jakob". Gemäß seiner philosophischen Überzeugung vermutete er hinter dem Ψ eine verborgene Realität, „*verborgene Parameter*". Um die Kopenhagener zu widerlegen, entwarf er 1935 quantentheoretisch korrekt und genialraffiniert zusammen mit PODOLSKY und ROSEN das berühmte **EPR-Paradoxon**:

a) *Unpolarisiertes Licht* der Quelle Q falle in x-Richtung auf ein *Polarisationsgerät* P_1 mit zwei Detektoren D_{1y} und D_{1z}. Sie zeigen Polarisation nach y ($\updownarrow$) bzw. z ($\leftrightarrow$) an (⟹ *Bild 1a*). Jedes unteilbare Photon ① lässt *entweder* D_{1y} *oder* D_{1z} ansprechen, nie beide zugleich. Doch kann man *vor der Messung* den Photonen weder verborgene y- noch z-Fähnchen anheften (verborgene, reale Parameter). Hätte man nämlich P_1, also D_{1y} und D_{1z} um den Winkel φ nach y' und z' gedreht, so bräuchte man y'- bzw. z'-Fähnchen (⟹ *Bild 1b*). Also liegen gleich wahrscheinliche Ψ-Möglichkeiten vor, von denen *eine* durch Messung *real* wird. Gemäß dem Messpostulat (*Ziff. C*) richten die Photonen ihre Polarisation opportunistisch nach der Stellung von P_1. Erst P_1 *erzeugt* eine der beiden Polarisationsrichtungen, also **Realität**, und gibt sie als Messresultat aus. *Vor der Messung*, vor P_1, müssen wir dagegen mit der Superposition aller gleichberechtigten, unbestimmten, möglichen Richtungen arbeiten, mit $\Psi = \Psi_1 + \Psi_2$, wie beim Doppelspalt.

b) Nun gibt es Atome, die *zugleich* zwei Photonen ① und ② nach den Gegenrichtungen x und $-x$ aussenden. ① und ② zusammen bilden ein abgeschlossenes, korreliertes System. Es kann *nach einer* $(y; z)$-Messung nur die Paarung $(y_1; y_2)$ oder $(z_1; z_2)$ zeigen. Dies heißt: ① und ② bringen entweder D_{1y} und D_{2y} (an P_2) zum Ticken oder aber D_{1z} und D_{2z}. Nie findet man die Paarung $(y_1; z_2)$ (① nach y und ② nach z polarisiert) oder $(z_1; y_2)$. Dies verlangt zwingend der Erhaltungssatz für den Drehimpuls im emittierenden Atom der Quelle Q.

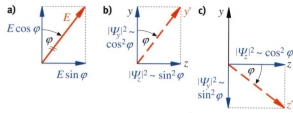

B 2: a) Zerlegung der Feldstärke $\vec{E}$ polarisierten Lichts unter dem Winkel φ in $E\cos\varphi$ und $E\sin\varphi$.
Bei Photonen misst man Wahrscheinlichkeiten:
b) bei y' gilt $|\Psi_y|^2 \sim \cos^2\varphi$ und $|\Psi_z|^2 \sim \sin^2\varphi$,
c) bei z' gilt $|\Psi_y|^2 \sim \sin^2\varphi$ und $|\Psi_z|^2 \sim \cos^2\varphi$

c) Man versucht, die Photonen zu überlisten. *Wenn beide unterwegs sind,* dreht man das rechte Gerät P_1 schnell um $\varphi = 30°$ von $(y; z)$ nach $(y'; z')$ (⟹ *Bild 1b*, rot). Das linke Gerät P_2 auf dem Mond bleibt bei $(y; z)$. Wenn nun ① auf der Erde $D_{1y'}$ auslöst, so erweist sich auch das korrelierte Photon ② auf dem Mond als nach y' polarisiert. Dies ist *paradox*, denn es geschieht in großem Abstand, *nichtlokal*: Vor der 1. Messung hatten ① und ② kein bestimmtes Fähnchen. Erst die Messung beseitigt die Unbestimmtheit *momentan*, und zwar am ganzen korrelierten Paar, auch am weit entfernten Photon ②! Diese **Nichtlokalität** fanden wir schon beim Knallertest.

Da links ein $D_{2y'}$-Detektor fehlt, liefern dort viele Messungen statt y' die Häufigkeiten $|\Psi_y|^2 \sim \cos^2 30° = 0{,}75$ und $|\Psi_z|^2 \sim \sin^2 30° = 0{,}25$ (⟹ *Bild 2b*); D_{2y} tickt öfter als D_{2z}. – Gibt die 1. Messung an ① statt y' jedoch z', so ist $|\Psi_y|^2 \sim \sin^2 30° = 0{,}25$, $|\Psi_z|^2 \sim \cos^2 30° = 0{,}75$; nun tickt D_{2z} häufiger (⟹ *Bild 2c*).

Als EINSTEIN diese Paradoxie aufstellte, um die „Kopenhagener" zu widerlegen, sagten diese doch etwas hochmütig, endlich habe er die Quantentheorie verstanden; Ψ sei ja nur „Wissen", hier um die Gültigkeit des Drehimpulssatzes. Über das *Wie* schweigt man auch heute! Doch wuchsen die Zweifel an der Theorie, zumal experimentelle Prüfungen unmöglich schienen.

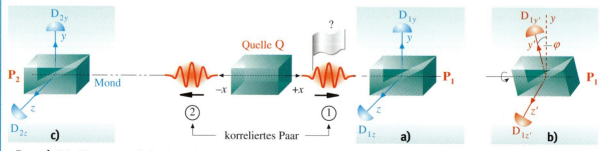

B 1: a) Die Photonenpolarisation wird am Gerät P_1 entschieden und an den Detektoren D_y, D_z registriert.
b) Das Gerät P_1 ist um die x-Achse gedreht. **c)** Dies bestimmt sofort auch das Ergebnis am fernen Mond!

Vertiefung

1964 analysierte J. S. BELL die Grundlagen der Quantentheorie, korrigierte voreilige Schlüsse und regte klärende Experimente an. *Man kann sie als experimentelle Prüfung philosophischer Aussagen auffassen.* Sie werden seit 1980 mit großem Aufwand vielfältig ausgeführt und bestätigen die *Kopenhagener Deutung*: Es gibt *vor* der Messung keine *realen* Fähnchen, die man unpolarisierten Photonen anheften könnte und die deren Schicksal am Messgerät (*lokal* und *determiniert*) bestimmen würden. *Verborgene Parameter* sind experimentell widerlegt. Der Katalog von *Wissens-Möglichkeiten* schrumpft bei der ersten $(y'; z')$-Messung an Photon ① schlagartig auf *faktische* Feststellungen zusammen, auf $(y'_1; y'_2)$ *oder* $(z'_1; z'_2)$! Dass das überall – selbst am Mond – momentan geschieht, eben *nichtlokal*, nimmt man als *Paradoxie*, als scheinbaren Widerspruch, mehr oder weniger gelassen hin, vom Erhaltungssatz für Drehimpuls erzwungen!

Die Quantentheorie lässt manche philosophisch vorgeprägte Fragen offen. Wohl jede(r) versucht insgeheim oder offen, sie durch zusätzliche philosophische Spekulationen zu bereichern. Allerdings grenzen die heutigen Experimente den Spielraum dafür sehr ein: *Klassische* Theorien mit verborgenen Parametern, die zudem *lokal* sind, kann man mit sehr großer Sicherheit ausschließen. Die Quantentheorie ist *nichtlokal*, wie wir schon am Knallertest sahen.

F. Überlichtgeschwindigkeit – ein Problem?

Wer im Sinne von EINSTEIN weiterhin *real, lokal* und *kausal* denkt, heftet beiden Photonen in ⇒ *Bild 1* bereits vor der Messung an Photon ① bestimmte verborgene Fähnchen an. Dann aber muss er eine später vorgenommene Drehung von P_1 dem mit $v = c$ weggeflogenen Photon ② mit *Überlichtgeschwindigkeit* nachtragen, um dessen angeblich real eingestelltes Fähnchen *kausal* nachzustellen. Dies aber würde die *Relativitätstheorie* verletzen. Wie dort gezeigt und von Sciencefiction-Filmen suggeriert, könnte man dann in die Vergangenheit *kausal* zurückwirken und seinen Großvater erschlagen, als er noch ein Kind war! Doch ist Überlichtgeschwindigkeit bei kausalen Einwirkungen unmöglich, etwa beim Übermitteln von Information. Ein Beispiel:

Alice steht in ⇒ *Bild 1a* rechts und will dem Bob (links, auf dem Mond) eine Dual-Nachricht mit Überlichtgeschwindigkeit senden: Die $(y; z)$-Stellung von P_1 bedeute eine „0", $(y'; z')$ eine „1". Die Nachricht enthalte 400-mal die „0", also bei Alice die $(y; z)$-Stellung $\varphi = 0°$. Von Alice gehen dabei – vom Zufall verteilt – etwa 200 y- und 200 z-Photonen ab. Bob findet auf dem Mond *genau* das gleiche. Bei 400 Versuchen von Alice, die „1" $(\varphi = 30°)$ zu übertragen, gehen etwa 200-mal y'-Photonen ab. Dann tickt bei Bob auf dem Mond nach ⇒ *Bild 2b*

das y etwa $\quad 200 \cos^2 30° = 150$-mal,
das z nur etwa $\quad 200 \sin^2 30° = 50$-mal.

Bei den 200 z'-Photonen tickt bei Bob (⇒ *Bild 2c*)

das y nur etwa $\quad 200 \sin^2 30° = 50$-mal,
das z etwa $\quad 200 \cos^2 30° = 150$-mal.

Also ist sowohl die Summe der y- wie der z-Ticks 200, $(\sin^2 30° + \cos^2 30° = 1)$. Was Alice auch senden will, Bob registriert y- wie z-Ticks gleich oft; er kann „0" und „1" nicht unterscheiden. Schuld daran ist die quantentheoretische *Unbestimmtheit* der Richtungen, das Unvermögen, Fähnchen anzuheften. Genau diese *Nichtobjektivierbarkeit* bekämpfte der *Realist* EINSTEIN aus philosophischen Gründen; doch sie rettet seine Relativitätstheorie. Dies hat er wohl zuletzt erwartet, als er mit viel List das für die moderne Physik so fruchtbare EPR-Paradoxon ausheckte!

G. Künftige Anwendungen des „Unmöglichen"

Quanten-Kryptographie: Wenn Sender und Empfänger eine Nachricht mit exakt der gleichen Folge an Zufallszahlen ver- bzw. entschlüsseln, kann sie getrost einem öffentlichen Übertragungskanal anvertraut werden. Zur Sicherheit wird kurz vor jeder Nachricht ein neuer Schlüssel erzeugt. Dazu belassen Alice und Bob nach ⇒ *Bild 1a* und *c* ihre Detektoren in $(y; z)$-Stellung (Alice dreht sie nicht wie in *Ziff. F*). Beide erhalten exakt die gleichen Zufallszahlen. Zudem garantiert die Quantentheorie, dass Abhörversuche an den empfindlichen Photonenpaaren beim Erzeugen des Schlüssels sofort entdeckt würden.

Korrelierte Photonenpaare benutzen auch Sciencefiction-Filme zur **Teleportation,** zum *Beamen* von Körpern. Wie kann man solche nur durch Funk-*Information* übertragen? Klassisch gesehen muss man „nur" die Orte *und* Impulse aller Elektronen und Atomkerne messen und weiterleiten. An fernem *Material* ließe sich eine Kopie herstellen. Doch ist die Unbestimmtheitsrelation dagegen. Sie lässt aber zu, die in *Ziff. E(b)* betrachteten *korrelierten Photonenzustände* zu *teleportieren* und wieder aufzubauen. Experimente an Einzelphotonen sind bereits gelungen – in voller Übereinstimmung mit der Quantentheorie. Diese fordert aber, dass das Original zerstört wird; Quanten kann man nicht klonen!

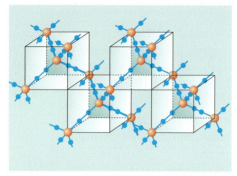

B 1: Jedes neutrale Atom des Siliziumkristalls bindet vier Nachbarn durch Bindungsorbitale. Eine Atomkette (dicke Linie) wird in ➡ *Bild 2* genauer untersucht.

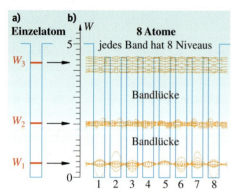

B 2: Si-Atome als Potentialtöpfe (Computersimulation): **a)** Einzeltopf mit drei scharfen Energieniveaus W_1, W_2, W_3. **b)** Jedes spaltet bei $Z_a = 8$ Atomen in genau acht Niveaus auf, dazwischen liegen zwei Bandlücken; dargestellt sind die Ψ-Funktionen.

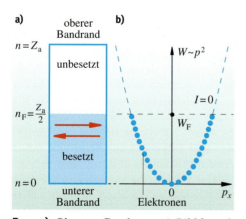

B 3: a) Oberstes Band aus ➡ *Bild 2* stark vergrößert. Es ist halb besetzt, bis zur Fermienergie W_F; links stehen Quantenzahlen n. **b)** Elektronenenergie W_n, als Parabel über den Impulswerten p_x aufgetragen.

Einblicke in die Festkörperphysik

1. Was hält den Festkörperkristall zusammen?

Steine, Holz, Knochen, Eisenstücke und Diamanten sind *feste Körper*. Unsere Aufmerksamkeit erregen *Kristalle* ob ihrer Symmetrieformen. Sie rühren von der regelmäßigen Anordnung der Teilchen her, was die Röntgenstrahlinterferenz bestätigt. Im Kochsalzkristall handelt es sich um Na$^+$- und Cl$^-$-Ionen, zusammengehalten von elektrischen Coulombkräften. Die moderne Elektronik beruht auf Siliziumkristallen. Deren vierwertige Atome sind jedoch elektrisch neutral. Wir sahen bereits, dass jedes Atom vier Valenzelektronen besitzt. Sie bilden nach ➡ *Bild 1* zu den vier nächsten Nachbarn *Bindungsorbitale* mit großer Antreffwahrscheinlichkeit $|\Psi|^2$ für jeweils ein Elektronenpaar. Dies erzeugt eine starke *Valenzbindung*.

2. Bandaufspaltung im Festkörper

Für Physik und Technik ist der *spezifische Widerstand* ϱ in der Formel $R = \varrho\, l/A$ wichtig. ϱ schwankt wie sonst keine Größe um 30 Zehnerpotenzen, zwischen 10^{-2} $\Omega\text{mm}^2/\text{m}$ bei Silber und 10^{28} $\Omega\text{mm}^2/\text{m}$ bei Isolatoren. Den Grund liefert die Quantentheorie: Betrachten wir ein *lineares*, aus dem Festkörper geschnittenes Atomketten-Modell (➡ *Bild 1*); die Atome seien Potentialtöpfe mit gleichen Abständen. Wenn man darauf die *Schrödingergleichung* anwendet, findet man zunächst für ein isoliertes Atom drei scharfe Energieniveaus (➡ *Bild 2a*).

In der Kette aus $Z_a = 8$ Atomen spaltet sich jedes der drei Atomniveaus in genau $Z_a = 8$ eng übereinander liegende *Kristallniveaus* auf (➡ *Bild 2b*). In 1 mol mit $Z_a = 6 \cdot 10^{23}$ Atomen entstehen so Bündel aus $6 \cdot 10^{23}$ eng liegenden Niveaus, **Energiebänder** genannt. Sie werden nach oben zu breiter. In den **Bandlücken** dazwischen kann sich kein Elektron ansiedeln.

Nach ➡ *Bild 2b* überdeckt die Ψ-Funktion eines jeden Elektrons den ganzen Kristall; man kann es überall antreffen. Trotzdem ist nicht jeder Kristall ein guter Leiter. Für die Elektronen eines jeden der Z_a Energieniveaus gilt nämlich auch das *Pauliprinzip*. Jedes kann höchstens zwei Elektronen aufnehmen, gleichgültig, wo sie sich im Kristall befinden. Also ist ein Band mit *maximal* 2 Z_a Elektronen gefüllt. Geben die Atome nur ein Elektron in ein Band, so ist es halb gefüllt. Die Folgen untersuchen wir in den nächsten Abschnitten, um Leiter von Nichtleitern zu unterscheiden.

Merksatz

In Kristallen aus Z_a Atomen spaltet jedes scharfe Energieniveau der Einzelatome in Z_a benachbarte Niveaus auf; sie bilden **Energiebänder.** Jedes Band kann maximal 2 Z_a Elektronen aufnehmen. Die Energielücken zwischen den Bändern sind für Elektronen verboten (analog zu den Atomen). – Bänder sind Energieniveauschemata, keine leitenden Kanäle für Elektronen.

3. Energie und Bewegung der Kristallelektronen

Auch in Bändern kennzeichnen Quantenzahlen n die Energieniveaus. Da ein Band bei Z_a Atomen auch Z_a *besetzbare* Niveaus hat, gehört zum *oberen Bandrand* die Quantenzahl $n = Z_a$ (➠ Bild 3a). Jedes Niveau kann nach dem *Pauliprinzip* nur zwei Elektronen aufnehmen; das Band ist mit $2 Z_a$ Elektronen *voll besetzt*, bis zur Quantenzahl $n = Z_a$. Bei nur einem Elektron je Atom ist es mit Z_a Elektronen *halb besetzt*, bis zur Quantenzahl $Z_a/2$. Wie in Atomen füllen sich die Niveaus von unten nach oben.

Um die Energie der Elektronen abzuschätzen, sehen wir die Kette der Z_a Atome als einen *linearen Potentialtopf* an. Beim Atomabstand a ist seine Länge $L = Z_a \, a$ (bei $Z_a \gg 1$). Wie wir wissen, bilden sich dort stehende Ψ-Wellen aus mit $\lambda_n = 2L/n = h/p_x$. Jede davon lässt sich bekanntlich in zwei einander entgegenlaufende Ψ-Wellen aufspalten, mit den entgegengesetzten Impulsen $p_x = n h/(2L) \sim n > 0$ und $p_x = -n h/(2L) \sim -n < 0$. Die quantisierte Elektronenenergie $W_n = \frac{1}{2} m_e v_x^2 = p_x^2/(2 m_e) = h^2 n^2/(8 m_e L^2)$ ist in ➠ Bild 3b über $p_x \sim v_x$ aufgetragen. Sie bildet eine Parabel.

In Natriummetall gibt jedes der Z_a Atome ein Elektron ins oberste Band. Es ist bis zur Quantenzahl $n = Z_a/2$ besetzt. Die zu dieser **Fermigrenze** n_F gehörende Energie heißt **Fermienergie** W_F (E. FERMI, 1901–1954). Mit $L = Z_a \, a$, $n_F = Z_a/2$ und $a = 3{,}5 \cdot 10^{-10}$ m folgt aus $W_n = h^2 n_F^2/(8 m_e L^2)$ für Energie W_F und Geschwindigkeit v_F der schnellsten Elektronen (unabhängig von der Kristallgröße Z_a):

$$W_F = h^2/(32\, m_e\, a^2) \approx 1 \text{ eV} = \tfrac{1}{2} m_e v_F^2, \quad \text{also } v_F \approx \pm 10^6 \text{ m/s}.$$

Trotz $v_F \approx 10^6$ m/s gibt es in ➠ Bild 3b noch keinen Strom. Denn die Impulswerte $+p_x$ und $-p_x$ sind gleich stark besetzt. Zu jedem Elektron, das mit $+v_i$ nach rechts fliegt, gibt es einen Partner mit $-v_i$ nach links. Die Gesamtstromstärke ist $I = 0$.

Wann gibt es Strom? Nach ➠ Bild 4b wirke ein E-Feld nach links; alle Elektronen erfahren Kräfte $\vec{F} = -e\vec{E}$ nach rechts. Energie und Impuls der mit $v > 0$ nach *rechts* laufenden Elektronen wachsen mit Δt; sie steigen auf der Energieparabel rechts etwas hoch, *sofern dies nicht der obere Bandrand verhindert*. Es gilt $\Delta W = F \Delta s = F v \Delta t$. Allen mit $v < 0$ nach links laufenden Elektronen wird Energie entzogen; sie sinken energetisch ab. Damit gibt es Elektronen mit großer positiver Geschwindigkeit, die keine Partner mit negativer zum Ausgleich haben. *Nur diese Überschusselektronen tragen zum messbaren Strom bei*. Es sind zwar nur relativ wenige, dafür sind sie mit $v \approx 10^6$ m/s sehr schnell. Ihr Schicksal zeigen die Pfeile in ➠ Bild 4.

Merksatz

Liefert jedes Atom zwei Elektronen in ein Band, so ist dieses bis zum oberen Bandrand gefüllt. Dann können E-Felder keine Elektronen energetisch anheben, also keinen Überschuss nach einer bestimmten Richtung erzeugen. Strom, also *Leitfähigkeit,* ist nur bei teilweise gefüllten Bändern möglich.

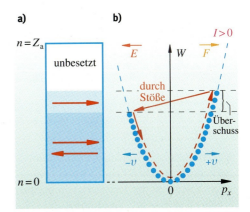

B 4: Die Kraft $\vec{F} = -e\vec{E}$ des E-Feldes hebt die Elektronen rechts energetisch an und erzeugt so einen Überschuss mit $v > 0$. Nähme er ständig zu, so auch der Strom I. Nun geben die angehobenen Elektronen durch *Stöße* mit Gitterfehlern und an Verunreinigungen Energie ab und sinken in Niveaus, die links frei geworden sind (die besetzten Niveaus (⇄) schützt das strenge Pauliprinzip). Gemäß dem roten Pfeil kehrt sich beim Stoß ihre Geschwindigkeit von $v > 0$ nach $v < 0$ um; sie treten in den rot gestrichelten Kreislauf ein. Deshalb bleibt der Überschuss bei vorgegebenem E begrenzt. Überschuss und Strom I wachsen erst mit E. Auch thermische Atomschwingungen stören die Gitterstruktur; sie erhöhen bei wachsender Temperatur die Stoßhäufigkeit. So verkleinern sie den Überschuss und damit I; der Widerstand R steigt.

Vertiefung

Zur klassischen Elektronentheorie

Diese nahm ohne atomistische Begründung Folgendes an: In Leitern bewegen sich Elektronen frei und unabhängig voneinander; in E-Feldern erhalten sie Driftgeschwindigkeiten von $v \approx 10^{-4}$ m/s. Damit kämen sie bis zum nächsten Stoß auf Atomrümpfe aber nur $\frac{1}{100}$ Kerndurchmesser weit! Experimente zeigen jedoch 10^9-mal so große, frei durchlaufene Wegstrecken (ca. 100 Atomdurchmesser)! Nach der Quantentheorie sind nämlich die Elektronen an der Fermigrenze schon ohne E-Feld etwa 10^9-mal so schnell. E-Felder erhöhen die Elektronengeschwindigkeit ($v \approx 10^6$ m/s) kaum noch, wohl aber die Zahl derer, die als *Überschusselektronen* zum Strom beitragen.

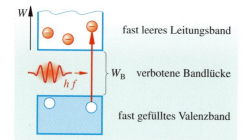

B 1: Halbleiter absorbieren Licht, wenn die Photonenenergie hf ein Elektron vom vollen Valenz- in das fast leere Leitungsband heben kann (analog zu Atomen).

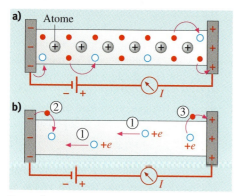

B 2: a) *Löcher im Elektronenmodell:*
Im fast gefüllten Valenzband hüpfen Elektronen (•) von Loch zu Loch (○). Man denke an Autos in einer fast vollen Großgarage, die sich nur an „Löchern" mühsam verschieben lassen. So kommt den Löchern indirekt Masse zu. – Gasblasen im Sprudel werden als „Löcher" vom sinkenden Wasser hochgedrückt; man sieht diese „Fehlstellen", nicht das absinkende Wasser.
b) *Reines Löchermodell:*
Zur Vereinfachung betrachtet man im fast vollen Valenzband *nicht* die vielen Elektronen und Atomrümpfe, nur die wenigen Löcher (○) mit Ladung $+e$. Sie laufen vom Plus- zum Minuspol so, als ob es freie, positiv geladene Teilchen wären ①. Am Minuspol werden sie von Elektronen der Zuleitung aufgefüllt ②. Der Pluspol zieht Elektronen aus dem Band ③ und erzeugt neue Löcher. Löcher sind Lücken in den Quantenzahlen n des Bandes (*Ziff. 4c*). Ihre Bewegung beschreibt man mit *Wellenpaketen* (wie bei Elektronen). Diese werden nur von Störungen der idealen Kristallstruktur beeinträchtigt. – Stets gilt: Der Kristall ist elektrisch neutral.

4. Reine Halbleiter; Löcherleitung

a) *Reine Halbleiter* sind z. B. Kristalle aus Silizium (Si), Germanium (Ge) und Diamant (C) mit vier Valenzelektronen. Diese füllen genau zwei Bänder, **Valenzbänder** genannt. Diese Halbleiter sind in reiner Form Isolatoren (bei $T \approx 0$ K).
Doch können Lichtquanten Elektronen in das darüber liegende, zunächst leere Band heben, falls hf größer ist als der **Bandabstand** W_B ($\Rightarrow$ *Bild 1*). Es wird zum **Leitungsband**; der Kristall leitet. In **Fotowiderständen** (LDR) sinkt R von 10 MΩ auf 200 Ω. Bei Si ($W_B \approx 1{,}1$ eV) gelingt dieser **innere Fotoeffekt** mit Photonen schon ab $f = W_B/h = 2{,}4 \cdot 10^{14}$ Hz $\triangleq \lambda = 1200$ nm, also im Infrarot. Die Photonen werden absorbiert, Si ist für sie undurchsichtig.

b) Die *thermische* Energie der Atome streut bei 300 K um $W_T \approx 0{,}025$ eV. Sie hebt nur wenige Elektronen aus dem Valenzband in das darüber liegende, zunächst leere Leitungsband (in Si nur jedes 10^{12}-te). Dort trägt es zur Leitfähigkeit bei. Der Widerstand solcher **Heißleiter** (NTC) sinkt beim Erhitzen.

c) Elektronen eines *gefüllten* Bands bewegen sich mit entgegengesetzten Geschwindigkeiten v_i – bis hin zum oberen Rand. Über diesen hinaus können E-Felder Elektronen nicht anheben; sie können keinen Elektronenüberschuss gemäß $\Rightarrow$ *Bild 4* in *Ziff. 3* bilden. Es bleibt die Vektorsumme $\Sigma \vec{v}_i = \vec{0}$, also auch der sog. *Stromvektor* $\vec{j} = \Sigma -e\,\vec{v}_i = \vec{0}$ ($-e$: Elektronenladung).
Wird nun das k-te Elektron aus dem Band genommen, so entsteht eine Elektronen**lücke**, im Band fehlt sein Beitrag $-e\,\vec{v}_k$. Man muss ihn von $\vec{j} = \vec{0}$ abziehen und erhält für dieses **Loch**

$$\vec{j}_k = \vec{0} - (-e\,\vec{v}_k) = +e\,\vec{v}_k \neq \vec{0}.$$

Der Vergleich mit $-e\,\vec{v}_k$ zeigt: **Das Loch trägt zum Strom so bei, als ob es die positive Ladung $+e$ hätte** ($\Rightarrow$ *Bild 2*). Statt der *vielen* Elektronen eines fast gefüllten Bandes betrachten wir künftig nur seine *wenigen positiv geladenen Löcher*. Dieses sehr bequeme **Löchermodell** wird vom *Halleffekt* glänzend bestätigt (*Ziff. 6*).

5. Dotierte Halbleiter

n-Halbleiter: Um die Zahl der freien Elektronen im Leitungsband eines Si-Kristalls zu vergrößern, ersetzt man etwa jedes 10^6-te Si-Atom durch ein neutrales Atom der nächsten Spalte des Periodensystems, z. B. durch ein Arsenatom (As). Dieses hat fünf statt vier Valenzelektronen. Vier davon sind an die vier nächsten Nachbarn gebunden, gehören also dem Valenzband an. Das fünfte Elektron tritt ins Leitungsband ein und ist dort fast frei. Damit liefert schon jedes 10^6-te Atom ein Elektron ins Leitungsband (und nicht wie im reinen Kristall nur jedes 10^{12}-te). Der Kristall wird durch **Dotieren** (dos, lat.: Gabe) mit As ein **n-Halbleiter**, da **n**egativ geladene freie Elektronen eine gute Leitfähigkeit erzeugen. Ihnen stehen gleich viele ortsfeste As$^+$-Ionen gegenüber. Der n-Halbleiter ist also nach außen hin elektrisch neutral. Nirgends ist Ladung angehäuft; sie würde im Innern als *Raumladung* den Ladungsfluss beeinträchtigen.

p-Halbleiter: Man kann auch mit Aluminiumatomen (Al) mit nur drei Valenzelektronen dotieren. Zur Bindung im Si-Kristall braucht man vier. Also werden nicht nur die wenigen freien Elektronen des Leitungsbands (aus der Wärmebewegung stammend) geholt, sondern auch Elektronen aus dem vollen Valenzband. Die Al-Atome werden ortsfeste Al⁻-Ionen. Das hat Folgen:
- Im Leitungsband gibt es fast keine freien Elektronen mehr.
- Wegen der im Valenzband entstandenen **p**ositiv geladenen Löcher leitet dieser **p-Halbleiter** sehr gut. Man sagt nach ⟹ *Bild 2b*: Positiv geladene Löcher laufen dort vom Plus- zum Minuspol.

Merksatz

Werden vom oberen Rand eines gefüllten Bandes Elektronen entfernt, so entstehen dort **Löcher.** Sie verhalten sich wie freie Teilchen mit *positiver* Ladung $+e$ und laufen bei Strom vom Plus- zum Minuspol. Die Elektronen bleiben dort unbeachtet.
Reine Halbleiter haben bei $T \approx 0$ K volle Valenz- und leere Leitungsbänder; sie leiten nicht. Bei $T > 0$ K hebt die Temperaturbewegung Elektronen vom Valenz- ins Leitungsband, *vermehrt also die beweglichen Ladungsträger.* Nun tragen beide Bänder zur Leitfähigkeit bei, das Leitungsband durch Elektronen-, das Valenzband durch Löcherbewegung.
n-Halbleiter haben viele freie Elektronen im Leitungsband und leiten. Ihr Valenzband ist fast gefüllt; dort sind kaum Löcher.
p-Halbleiter haben viele freie Löcher im fast gefüllten Valenzband, aber kaum Elektronen im Leitungsband. Die positiv geladenen Löcher machen den p-Halbleiter leitend.
p- wie n-Halbleiter sind elektrisch neutral.

6. Der Halleffekt bei Halbleitern und Metallen

Beim *Halleffekt* in Silber und in *n-Halbleitern* lenkt das *B*-Feld nach *rechts* fließende *Elektronen* durch eine Lorentzkraft F_L nach unten, nach P ab; P erhält negative Polarität. Bei *p-Halbleitern* dagegen bekommt P positive Polarität (⟹ *Bild 3*). Dies bestätigt die Löchertheorie: Die nach *links* fließenden Löcher verhalten sich auch im *B*-Feld wie positiv geladene Elektronen (Dreifingerregel).

Das *Metall* Zink (Zn) hat zwei Valenzelektronen; sein oberstes Band müsste voll sein. Warum leitet Zn trotzdem? Nach der Computersimulation in *Ziff. 2* werden die Bänder nach oben hin breiter. Deshalb überlappt sich in Zink das mit zwei Elektronen gefüllte Valenzband mit einem darüber liegenden, zunächst leeren Band L (⟹ *Bild 4*). Dabei wechseln Elektronen aus dem anfangs vollen Valenzband in das Band L, bis in beiden die Fermigrenze auf gleichem Energieniveau liegt. Nun wird P beim Halleffekt an Zink positiv geladen. Also sind hier die Löcher im Valenzband beweglicher als die Elektronen im Band L; die p-Leitung überwiegt. Der Halleffekt zeigt sowohl die Art der Ladungsträger als auch deren Beweglichkeit.
Durch *Bandüberlappung* nach ⟹ *Bild 4* werden auch Magnesium, Calcium, Zinn, Blei und Cadmium metallisch leitend, obwohl ihre Atome eine gerade Zahl an Elektronen aufweisen.

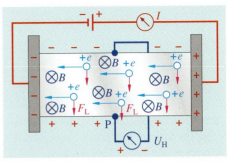

B 3: Halleffekt bei p-Halbleitern und bei Zink: Die Lorentzkraft F_L lenkt die nach links laufenden Löcher ($+e$) nach P.

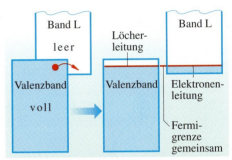

B 4: Bandüberlappung bei Zink. Wenige Elektronen treten vom zunächst vollen Valenzband ins leere Band L. Die im Valenzband entstandenen Löcher $+e$ laufen *in* Richtung eines *E*-Felds, die freien Elektronen im Band L ihm entgegen. So tragen beide Bänder zur Leitfähigkeit bei.

... noch mehr Aufgaben

A 1: Worin besteht der Unterschied der Leitfähigkeit von Metallen und von Silizium?

A 2: Zum Dotieren eignen sich auch Phospor, Bor oder Indium. Welche geben n-, welche p-Halbleiter? (Betrachten Sie ein Periodensystem der Elemente.)

A 3: Jemand sagt: **a)** Der reine Halbleiter müsse ein sehr guter Leiter sein; in sein leeres Leitungsband können ja Elektronen aus dem Minuspol eintreten und völlig ungehindert weiterfließen. **b)** Der Pluspol hole Elektronen aus einem vollen Valenzband und erzeuge so Löcher, die zum Minuspol laufen und dort gefüllt werden. Welcher elektrische Grundsatz steht beiden Aussagen entgegen (*Ziff. 5*)?

A 4: Jemand sagt, ein Band sei nichts weiter als ein leitender Kanal im Kristall. Was antworten Sie ihm? Welche Bedeutung hat im Band das Pauliprinzip?

7. Halbleiterdioden; der p-n-Übergang

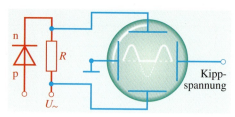

B 1: Gleichrichterschaltung; der n-Halbleiter ist am Symbol mit einem Strich, am Bauelement mit einem Ring markiert.

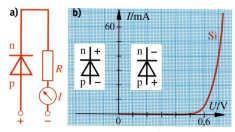

B 2: a) Schaltung zur Messung von Spannung U und Stromstärke I **b)** U-I-Kennlinie des p-n-Übergangs einer Siliziumdiode

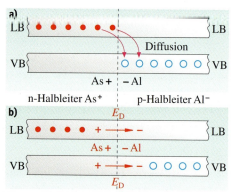

B 3: a) Elektronendiffusion vom n- zum p-Halbleiter bei der Herstellung (LB: Leitungsband; VB: Valenzband) **b)** Raumladung (+ und –) sowie E_D-Feld im stromlosen p-n-Übergang

Halbleiterdioden sind *Einbahnstraßen* für Elektronen; sie richten Wechselspannungen gleich (➨ Bild 1). Ihr n-Halbleiter geht im **p-n-Übergang** ohne Störung der Kristallstruktur in den p-Halbleiter über. Zur Herstellung lässt man in einen erwärmten reinen Siliziumkristall von links Spuren von Arsen, von rechts Spuren von Aluminium eindiffundieren.

In ➨ Bild 2a liegt der p-Halbleiter am Pluspol. Bei dieser *Durchlasspolung* steigt die Stromstärke I aber erst ab $U \approx 0{,}6$ V deutlich an; dann erst beginnt der p-n-Übergang gut zu leiten (➨ Bild 2b). Bei der umgekehrten *Sperrpolung* liegt der *Plus*pol am n-Halbleiter; der schwache *Sperrstrom* ist $I \approx -1$ nA.

Begründung: ➨ Bild 3 zeigt links den n-Halbleiter. Von den Elektronen seines Leitungsbands diffundierten bei der Herstellung einige infolge ihrer Eigenbewegung in die angrenzende, 1 μm dünne Schicht des p-Halbleiters (rechts). Dort fielen sie in Löcher im Valenzband und füllten diese. Da dort die beweglichen Ladungsträger verschwunden sind, treten die ortsfesten Al⁻-Ionen hervor und bilden eine *negative Raumladung*.

Links, im n-Halbleiter, fehlen die wegdiffundierten Elektronen; die ortsfesten As⁺-Ionen (+) erzeugen eine *positive Raumladung*. Beide Raumladungen bilden zwischen sich ein starkes, durch Diffusion entstandenes E_D-Feld von ca. 1 μm Länge. Es ist von den As⁺-Ionen (+) zu den Al⁻-Ionen (–), vom n- zum p-Halbleiter gerichtet. Dieses E_D-Feld beendet durch Feldkräfte schnell seine Ursache, die Diffusion; *der p-n-Übergang ist stromlos*. Was geschieht nun, wenn wir von außen die Spannung U anlegen?

a) Bei **Sperrpolung** liegt der Pluspol am n-Halbleiter (in ➨ Bild 4a links). Das so von außen angelegte E-Feld verstärkt das E_D-Feld. Beide Felder versuchen, die Elektronen des Leitungsbands vom rechten p-Halbleiter nach links zu ziehen. Dort gibt es aber nur wenige Elektronen, die von der Wärmebewegung angehoben wurden. Sie strömen widerstandslos über den p-n-Übergang hinweg. Im Valenzband hat der n-Halbleiter (fast) keine Löcher ($+e$), die nach rechts fließen könnten. Es fehlt also an geeigneten Ladungsträgern. Die wenigen vorhandenen durchsetzen den p-n-Übergang leicht als schwacher *Sperrstrom*.

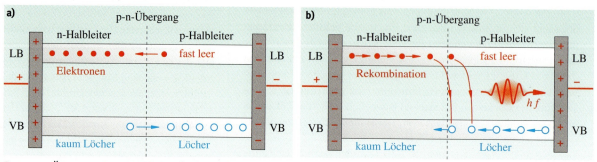

B 4: p-n-Übergang bei Halbleiterdioden: **a)** Sperrpolung: $I \approx 0$ **b)** Durchlasspolung: Im Leitungsband LB laufen Elektronen (•) nach rechts, im Valenzband VB Löcher (○) nach links; nach dem p-n-Übergang rekombinieren beide.

b) Bei **Durchlasspolung** (⟹ Bild 4b) liegt am p-Halbleiter der Pluspol. Die Spannung U erzeugt ein nach links gerichtetes E-Feld. Ihm wirkt das von der Diffusion erzeugte E_D-Feld entgegen (⟹ Bild 3b). Erst wenn E_D abgebaut ist, wird ein Durchlassstrom I messbar, bei Silizium ab $U \approx 0{,}6$ V. Woraus besteht er?
- Zahlreiche Elektronen aus dem Leitungsband des n-Halbleiters fließen in den p-Halbleiter.
- Zahlreiche Löcher ($+e$) im Valenzband des p-Halbleiters laufen nach links durch den p-n-Übergang zum n-Halbleiter.

Was machen diese Ladungsträger, wenn sie den p-n-Übergang passiert haben? Die dem p-Halbleiter zugeflossenen *Elektronen* fallen in Löcher (+) des Valenzbands und füllen sie auf, sie *rekombinieren* ($-e + e = 0$). Die gefüllten Löcher werden vom Pluspol her ersetzt. In IR-*Leuchtdioden* entstehen beim Durchfallen der Bandlücke mit $W_B \approx 1{,}1$ eV Photonen der Frequenz $f = W_B/h \approx 2{,}7 \cdot 10^{14}$ Hz $\triangleq$ $\lambda = 1100$ nm. Meist wird nur Wärme frei.
Löcher des Valenzbands vom p-Halbleiter laufen ins Valenzband vom n-Halbleiter. Dort werden sie durch Elektronen aus dem Leitungsband gefüllt; Ersatz fließt im Leitungsband vom Minuspol zu.

Fotodioden arbeiten in *Sperrpolung*. Durch ein Glasfenster fällt Licht auf den p-n-Übergang (⟹ Bild 5). Photonen heben mit der Energie hf Elektronen vom Valenz- ins Leitungsband. So erzeugen sie freie Elektronen, die zum Pluspol gezogen werden, die entstandenen Löcher zum Minuspol.

Die **Solarzelle** (photovoltaic cell) gewinnt elektrische Energie aus Sonnenlicht. Von außen wird keine Spannung angelegt. Das durch Diffusion entstandene E_D-Feld der p-n-Schicht genügt (⟹ Bild 6). Es trennt die von Photonen erzeugten freien Elektronen und Löcher: Die Löcher werden in Feldrichtung zum p-Halbleiter gezogen, die Elektronen gegen das Feld zum n-Halbleiter. Dieser wird so zum Minus-, der p-Halbleiter zum Pluspol. Die Spannung liegt bei 0,5 V. In **Sonnenbatterien** schaltet man viele Solarzellen zusammen, um U und I zu erhöhen. Der

$$\text{Wirkungsgrad } \eta = \frac{\text{entnommene elektrische Energie}}{\text{auftreffende Sonnenenergie}}$$

wurde im Labor auf ca. 30% getrieben und liegt bei käuflichen Anordnungen unter 15%. 1 m² Zellfläche könnte in unseren Breiten während einer Lebenszeit von 25 Jahren ca. 2 500 kWh liefern (kostenlos, wenn man von der wegen starker Schwankungen der Sonnenstrahlung nötigen Energiespeicherung absieht). Man hofft, bei Großfertigung die zum Herstellen von 1 m² nötige Primärenergie auf etwa 600 kWh senken zu können (heute 3 000 kWh). Der sog. *Erntefaktor* dieser äußerst *umweltfreundlichen* Energiegewinnung läge dann bei $\varepsilon = 2500/600 \approx 4$ (wie bei Dampf- und Kernkraftwerken; bei Windenergieanlagen ist $\varepsilon \approx 8$, bei Wasserkraft $\varepsilon \approx 15$). In Deutschland stehen über 100 km² Dachfläche bereit zur Installation von Solarbatterien. Sie würden pro Jahr ca. 10^{10} kWh elektrischer Energie liefern (alle Haushalte in Deutschland nutzen ca. $12 \cdot 10^{10}$ kWh elektrische Energie).

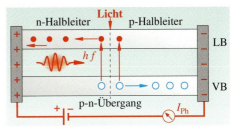

B 5: Fotodiode: Photonen heben Elektronen aus dem Valenzband VB ins Leitungsband LB; der batteriegetriebene Fotostrom I_{Ph} steigt mit der Helligkeit.

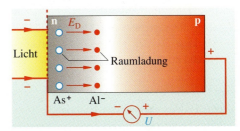

B 6: Solarzelle: Licht erzeugt freie Ladungen. Das E_D-Feld des p-n-Übergangs trennt sie und erzeugt Strom ohne Batterie, proportional zur Helligkeit.

... noch mehr Aufgaben

A 1: Was bedeutet ein Loch im Valenzband? Worin unterscheidet es sich vom Elektron? Erklären Sie Sperr- wie Durchlasspolung sowohl mit Elektronen und Löchern als auch nur mit Elektronen.

A 2: a) Betrachten Sie den Leitungsmechanismus von Metallen mit $z = 1$ Elektron je Atom. Vergleichen Sie ihn mit n- bzw. p-dotierten Halbleitern. **b)** Der Widerstand der Metalle steigt mit der Temperatur. Was bleibt dabei konstant? Warum verhalten sich Halbleiter anders?

A 3: a) Inwiefern ist die Leuchtdiode die Umkehrung der Fotodiode? Welchen Bandabstand müssen Leuchtdioden haben, die blaues Licht erzeugen? **b)** Worin besteht der Unterschied zwischen Vakuumfotozelle, Fotowiderstand, Fotodiode und Fotoelement? Betrachten Sie sowohl das Bauelement wie seine Schaltung. **c)** Betreibt man Fotodioden in Durchlass- oder Sperrpolung? Warum stellt sich diese Frage beim Fotoelement nicht? **d)** Der Fotostrom ist der Beleuchtungsstärke proportional. Denken Sie sich einen Bestätigungsversuch aus. Erläutern Sie mit dem Ladungsträgerverhalten.

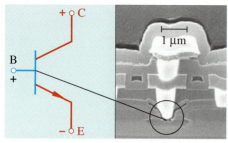

B 1: Schaltzeichen und Schliffbild eines Transistors. Zwischen dem Emitter (E) und dem Kollektor (C) liegt die sehr dünne Basis (B). Die Aufnahme wurde mit einem Rasterelektronenmikroskop erstellt. Sie zeigt die verschiedenen Materialschichten. Markiert ist der aktive Transistorbereich (Kreis) mit der Basis.

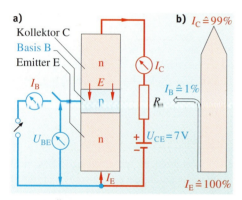

B 2: a) Ändern der Basisspannung U_{BE} steuert den Strom I_C im rot gezeichneten Kollektorkreis. **b)** Flussdiagramm: Die in den Emitter E fließenden Ladungen ($I_E \triangleq$ 100%) gehen zu 99% als Kollektorstrom I_C weiter; nur 1% gelangt als Basisstrom I_B zum Basisanschluss.

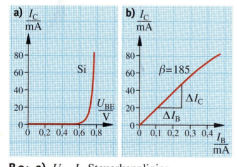

B 3: a) U_{BE}-I_C-Steuerkennlinie: Ab $U_{BE} = 0{,}6$ V steuern schon kleine Schwankungen von U_{BE} den Kollektorstrom I_C wirkungsvoll. **b)** Für die Stromverstärkung gilt: $I_C \sim I_B$.

8. Transistoren

Wie steuert man Ströme im npn-Transistor?

Der Transistor in ▶ *Bild 1* und *2* hat drei Anschlüsse. Sie führen zu drei verschieden dotierten Halbleitern. Im **npn-Transistor** sind dies von unten nach oben:
- Der untere n-Halbleiter, der **Emitter E**, ist stark dotiert und liegt am Minuspol der Quelle mit $U_{CE} \approx 7$ V. Er emittiert Elektronen in die Basis B, wenn sie durch U_{BE} positiv gepolt ist.
- Die **Basis B** ist ein schwächer dotierter p-Halbleiter.
- Der oben liegende **Kollektor C** ist ein stark dotierter n-Halbleiter. Er liegt am Pluspol der Quelle U_{CE}. Also sollte der p-n-Übergang B-C sperren, der Kollektorstrom $I_C = 0$ sein.

Erhöht man U_{BE} von null aus, so ist zunächst der Basisstrom $I_B = 0$, auch $I_C = 0$. Der p-n-Übergang E-B öffnet erst ab $U_{BE} = 0{,}6$ V. Dann gibt es aber nur einen schwachen Basisstrom I_B, jedoch einen starken Kollektorstrom I_C (▶ *Bild 3a*). Dieser **Transistoreffekt** tritt auf, weil die Basis B extrem dünn und schwach dotiert ist (▶ *Bild 1*). Dann durchlaufen die von E einströmenden Elektronen die Basis zu ca. 99%, ohne zu rekombinieren (▶ *Bild 2b*). Sie diffundieren in den an sich in Sperrpolung betriebenen p-n-Übergang B-C. Dort hat die hohe Kollektorspannung U_{CE} ein starkes E-Feld aufgebaut (Pluspol oben). Es zieht die Elektronen sofort in den Kollektor (n-Halbleiter) und weiter zum Pluspol von U_{CE}; der Kollektorstrom I_C ist groß. Obwohl der in Sperrpolung betriebene Übergang B-E an sich arm an beweglichen Ladungsträgern ist, behindert er die aus der Basis eindiffundierten Elektronen nicht.

Nur etwa 1% der Elektronen aus dem Emitter E gelangt zum seitlich liegenden Basisanschluss; der **Basisstrom I_B** bleibt unter 1 mA. Da auch die Spannung $U_{BE} \approx 0{,}7$ V klein ist, braucht man im Basiskreis (blau) zum Steuern des starken Kollektorstroms $I_C \approx 0{,}1$ A nur die Leistung $P_B = I_B U_{BE} \approx 0{,}7$ mW aufzubringen. Die im Kollektorkreis (rot) von U_{CE} umgesetzte Leistung ist $P_C = I_C U_{CE} \approx 0{,}1$ A $\cdot$ 7 V = 0,7 W, also 1 000-mal so groß. Und darauf kommt es letztlich an!

Der Kollektorstrom I_C ist zum Basisstrom I_B weitgehend proportional. Dabei führen kleine Änderungen ΔI_B von I_B zu großen Änderungen ΔI_C von I_C (▶ *Bild 3b*). Der Quotient $\beta = \Delta I_C / \Delta I_B$ ist angenähert konstant und heißt **Stromverstärkung.** Sie liegt zwischen 20 und 900 und hängt vom Transistortyp ab.

Merksatz

Durch die kleine Spannung U_{BE} zwischen Emitter und Basis wird der starke Kollektorstrom I_C gesteuert. Der Basisstrom I_B bleibt klein. Deshalb muss U_{BE} im Basiskreis die Leistung $P_B = I_B U_{BE}$ aufbringen. Sie ist viel kleiner als die im Kollektorkreis von der Quelle U_{CE} umgesetzte Leistung $P_C = I_C U_{CE}$.

9. Supraleitung, ein makroskopischer Quantenzustand

Der elektrische Widerstand R wird von Störungen der periodischen Gitterstruktur verursacht (*Ziff. 3*). Ihr Einfluss sinkt mit abnehmender Temperatur und infolgedessen sinkt auch R (bei Metallen). Überraschenderweise fand 1911 H. KAMERLINGH ONNES (Nobelpreis 1913), dass der Widerstand vieler Stoffe bei einer **Sprungtemperatur** $T_C < 10$ K plötzlich auf einen unmessbaren Betrag sinkt (⟹ *Bild 4*; *Tabelle 1*). In diesen **Supraleitern** ist wegen $R = 0$ auch bei starken **Supraströmen** die Wärmeleistung $P = I^2 R = 0$.

Hat man in einem supraleitenden Ring durch Induktion einen Suprastrom erzeugt, so bleibt dieser jahrelang völlig ungeschwächt, falls man mit flüssigem Helium (Siedepunkt 4,2 K) T unter T_C hält. Gäbe es Supraleiter bei 20 °C, so könnte man elektrische Energie verlustlos in die Ferne leiten. In Kernspintomographen und Teilchenbeschleunigern (bei DESY in Hamburg, CERN in Genf) erzeugt man B-Felder mit z. T. über 4 Tesla in supraleitenden Spulen aus Niob-(Nb-)Legierungen, die auf 4 K gekühlt sind (Begründung in der ⟹ *Vertiefung*, nächste Seite).

1986 entdeckten J. BEDNORZ und K. MÜLLER (Nobelpreis 1987), dass ausgefallene keramische Stoffe schon bei der „hohen" Temperatur flüssigen Stickstoffs (77 K ≙ −196 °C) bis hin zu 133 K Supraleitung zeigen. ⟹ *Bild 5* zeigt einen solchen **Hochtemperatur-Supraleiter** ($YBa_2Cu_3O_7$) in einem starken B-Feld. An seiner Oberfläche entstehen supraleitende Wirbelströme, die im Innern das B-Feld schwächen. So wird er selbst zum Magneten und schwebt im äußeren B-Feld.

Erst mit diesem **Meißner-Ochsenfeld-Effekt** konnten BEDNORZ und MÜLLER ihre Aufsehen erregende Entdeckung glaubhaft machen (das Absinken von R genügte den Fachleuten nicht; wann schon ist R exakt null?). Dieser für Supraleitung charakteristische Effekt tritt beim Abkühlen unter T_C auf, falls B schon besteht. Da dann aber $U \sim \Delta B/\Delta t = 0$ bleibt, kann er mit Induktion nicht erklärt werden. Es gibt noch weitere Probleme:

Normale Magnete können in fremden B-Feldern grundsätzlich nicht stabil schweben; sie bedürfen einer Führung. Doch gehört der Supraleiter in ⟹ *Bild 5* zur „harten Art" (wie Niob-Legierungen). Diese vertragen erstaunlich hohe B-Felder (bis zu 23 T), also auch hohe Stromstärken (bis zu 10^4 A/mm^2). Das B-Feld dringt nämlich teilweise ins Innere ein. Dort ist es in Form dünner magnetischer Fluss-Schläuche Φ_0 quantisiert (so als ob es diskrete Feldlinien gäbe). Diese „haften" an Baufehlern des Materials und halten den Supraleiter in seiner Lage fest. Tippt man ihn an, so spürt man eine innere, an Haftreibung erinnernde Kraft; der Supraleiter lässt sich verschieben, schwingt aber nicht. Zu starke Ströme I lösen die Fluss-Schläuche (mit der Kraft $F = I B s$) von den Haftstellen; die Supraleitung bricht zusammen.

Verunreinigungen sind hier genauso wichtig wie beim Dotieren von Silizium, beim Veredeln von Stahl sowie in Edelsteinen; z. B. werten Chromoxid-Spuren das unscheinbare Al_2O_3 zum Rubin auf.

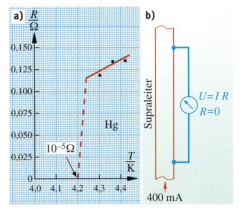

B 4: **a)** Widerstand R als Funktion von T (Messungen von KAMERLINGH ONNES). **b)** R wird nach $U = IR$ gemessen, der Widerstand stromführender Zuleitungen stört nicht.

B 5: Supraleiter schwebt im B-Feld; bei keramischen Hochtemperatur-Supraleitern wie $YBa_2Cu_3O_7$ genügt Abkühlung mit flüssigem Stickstoff (77 K ≙ −196 °C); ein kleiner Rest vom B-Feld ist im Supraleiter verankert und stabilisiert dessen Lage.

Material	T_C in K	T_C in °C
Aluminium	1,19	−272
CuS	1,6	−271
Zinn	3,7	−269
Quecksilber	3,9	−269
Blei	7,2	−266
Nb$_3$Sn	18	−255
Hochtemperatur-Supraleiter:		
YBa$_2$Cu$_3$O$_7$	92	−181
HgBa$_2$Ca$_2$Cu$_3$O$_8$	133	−140

T 1: Tabelle der Sprungtemperaturen T_C (Y: Yttrium, Ba: Barium). Gute Leiter wie Ag, Cu, Au, auch die ferromagnetischen Stoffe Fe, Co, Ni sind keine Supraleiter.

Interessantes

Elektronen im Supraleiter – ohne Pauliprinzip

Das *Pauliprinzip* verbietet, dass mehr als zwei Elektronen einen Zustand mit gleichem $\vec{v}$ besetzen. Man kann es aber überlisten: Manche Kristallgitter binden je zwei Elektronen mit genau entgegengesetzten Geschwindigkeiten zu *Cooperpaaren*. Dies besorgen quantisierte Gitterschwingungen, also *Phononen*, so wie ein Elektron im H_2^+-Ion zwei Protonen bindet. Für diesen Quanteneffekt gilt:

- Die Energie des Paars ist um $\Delta W_P \approx 0{,}001$ eV abgesenkt. Zum Aufbrechen braucht man die thermische Energie $\Delta W_P = k T_C$, also $T_C \approx 10$ K ($k = 1{,}38 \cdot 10^{-23}$ J/K: Boltzmann-Konstante).
- Die Elektronen stellen im *Cooperpaar* ihre Spins antiparallel ($\uparrow\downarrow$). Für diese Paare gilt das *Pauliprinzip* nicht. Deshalb streben sie – wie Photonen im Laser – ein *großes Kollektiv* an, mit gemeinsamem Ψ, mit *exakt gleichen Eigenschaften*, z. B. mit exakt gleicher Geschwindigkeit v_S ihrer Schwerpunkte.

Dies alles hat nun unerwartete Folgen, die sich makroskopisch auswirken:

Gibt man allen Paaren dieses Kollektivs unterhalb von $T_C = \Delta W_P/k \approx 10$ K die gleiche Geschwindigkeit v_S, so entsteht der **Suprastrom** $I_S \neq 0$. Aus dem Kollektiv kann ein Paar nur ausbrechen, wenn die zum Auflösen nötige Energie ΔW_P vorhanden ist. Bei kleinem v_S, bei kleinem Suprastrom I_S, kann ΔW_P von Stößen mit Gitteratomen noch nicht aufgebracht werden; die Stöße entfallen, also auch der darauf beruhende Widerstand R. Er tritt erst unter folgenden Umständen auf:

- bei $T > T_C$, oberhalb einer kritischen Temperatur,
- bei zu großem v, bei zu starkem Strom; dann gilt $W = \frac{1}{2} m v^2 > \Delta W_P$,
- wenn das B-Feld zu stark ist und zu starke Ströme induziert.

In Supraströmen haben die Cooperpaare gemeinsame Phasen; sie zeigen *Kohärenz*. Deshalb interferieren Supraströme wie kohärente Photonenströme (Laserlicht). Da die Elektronenpaare geladen sind, wird ihre Phase und damit die Interferenz durch Magnetfelder empfindlich beeinflusst, etwa beim **Josephson-Effekt**. Solche Quanteneffekte führen zur Konstruktion der **SQUID**s (wie der Name **S**uperconducting **Qu**antum **I**nterference **D**evice zeigt). Damit lassen sich schwächste B-Felder bis herab zu $B = 3 \cdot 10^{-15}$ T nachweisen. Sie entstehen etwa bei Gehirnströmen und können die Schädeldecke leicht durchdringen. Damit lassen sich Epilepsie-Anfälle und andere Vorgänge im Gehirn mit im Grunde einfachen Geräten untersuchen.

Der Feldeffekt-Transistor (MOSFET)

Beim Transistor erzeugt der Basisstrom I_B unnötig Wärme. Sie stört in integrierten Schaltungen, wo viele Tausend Transistoren eng beisammen liegen.

Im MOSFET nach ➡ *Bild 1a* steuert die Spannung U_{GS} den Strom I_D *verlustlos*. Die Metallplatte Gate G (+) bildet mit dem p-Halbleiter Silizium (–) einen Kondensator, durch die 10^{-7} m dünne Siliziumoxid-Schicht SiO_2 mit $R \approx 10^{15}\,\Omega$ hervorragend isoliert. U_{GS} erzeugt zwischen Gate G (+) und Si (–) ein starkes E-Feld, auf das der Name MOSFET weist (**M**etal **O**xide **S**emiconductor **F**ield **E**ffect **T**ransistor):

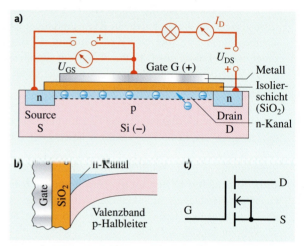

B 1: a) MOSFET, **b)** Bandabsenkung, **c)** Symbol

Man gibt dem Gate G positive Ladung $+q$. Sie senkt die potentielle Energie W_{pot} benachbarter Elektronen ab (die Erde senkt W_{pot} von Körpern umso stärker, je näher sie ihr kommen). Nun bestimmt W_{pot} der Elektronen des p-Halbleiters Silizium die Lage der Bandränder. Deshalb sind sie in ➡ *Bild 1b* nach unten verbogen. Dies aber verwandelt den p-Halbleiter im engen Kanal zwischen *Source S* und *Drain D* zum n-Halbleiter. Er nimmt freie Elektronen auf (blau). Diese fließen zwischen S und D als Strom I_D; er steigt mit $+q$, also mit U_{GS} an. Ist dagegen die Steuerspannung $U_{GS} = 0$, so bleibt der Kanal ein p-Halbleiter; die p-n-Schicht bei D sperrt den zu steuernden Strom I_D zwischen S und D.

Da SiO_2 isoliert, fließen über das Gate G keine Ladungen; U_{GS} braucht zum Steuern von I_D *keine Leistung*. Nähert man dem isolierten Gate G einen geriebenen Glasstab (+), so macht die Bandabsenkung den MOSFET-Kanal leitend. Diese ermöglicht die unzähligen Rechenoperationen in Taschenrechnern und Computern, also unsere heutige elektronische Zivilisation.

KERNE UND TEILCHEN

Ernest RUTHERFORD (1871 – 1937) arbeitete am Cavendish-Laboratorium in Cambridge. Ab 1896 erforschte er die Strahlung radioaktiver Stoffe und entdeckte dabei die α- und β-Strahlung. Zusammen mit Frederick SODDY fand er die Gesetze des radioaktiven Zerfalls. 1908 erhielt er den Nobelpreis für Chemie. Die rutherfordschen Streuversuche (~1910) führten zu einem damals völlig neuen Atommodell. 1919 gelang RUTHERFORD die erste künstliche Kernumwandlung.
RUTHERFORD war einer der erfolgreichsten Experimentatoren der Geschichte. Einer seiner Schüler war Otto HAHN, der Mitentdecker der Kernspaltung.

Marie CURIE (1867 – 1934) studierte in Paris Physik und Chemie. Fasziniert von der Entdeckung der Strahlung radioaktiver Stoffe durch Henri BEQUEREL 1896 erforschte sie zusammen mit ihrem Mann, Pierre CURIE, diese damals noch unbekannte Strahlung. 1898 entdeckten sie bei Versuchen mit Pechblende die radioaktiven Elemente Polonium und Radium. Der Begriff „Radioaktivität" stammt von Marie CURIE. 1903 erhielt sie zusammen mit ihrem Mann und Henri BEQUEREL den Nobelpreis für Physik, 1911 alleine den Nobelpreis für Chemie. Marie CURIE starb an Leukämie, einer Bluterkrankung, die sie sich durch die laufende Einwirkung der Strahlung radioaktiver Stoffe auf ihren Körper zugezogen hatte.

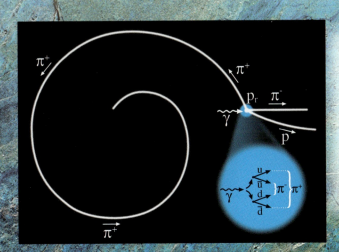

In einer Blasenkammer stößt ein γ-Quant auf das ruhende Proton p_r. Dieses fliegt nach rechts davon (p). Mit der restlichen Energie bildet das γ-Quant ein $u\bar{u}$- und ein $d\bar{d}$-Quarkpaar. Sie finden sich zum π^+- und π^--Meson zusammen. Die geladenen Teilchen legen in einem Magnetfeld gekrümmte Bahnen zurück.

Grundlagen

Der Aufbau des Atomkerns

Die Strahlung radioaktiver Stoffe stammt aus dem Atomkern. Dieser ist aus **Z positiv geladenen Protonen** und **N neutralen Neutronen** fast gleicher Masse aufgebaut. Protonen und Neutronen bezeichnet man als **Nukleonen** (Kernbausteine). Die Zahl Z der Protonen im Atomkern (**Kernladungszahl**) ist gleich der Zahl der Elektronen in der Hülle des neutralen Atoms und bestimmt sein chemisches Verhalten. Z ist gleich der Ordnungszahl im Periodensystem. – Eine Kernart (**Nuklid**) wird durch Z und die Gesamtzahl A der Nukleonen, auch **Massenzahl** genannt, gekennzeichnet. Es gilt $A = N + Z$.
Beispiel: $^{226}_{88}$Ra hat $A = 226$ Nukleonen, davon sind $Z = 88$ Protonen, also $N = 226 - 88 = 138$ Neutronen. Oft schreibt man Ra-226.

Nukleonen sind Protonen und Neutronen = Kernbausteine

Eigenschaften der Strahlung radioaktiver Stoffe

- Radioaktive Stoffe senden ihre Strahlung ohne jeden äußeren Einfluss aus.
- Die Strahlung radioaktiver Stoffe führt Energie mit sich und ionisiert Atome und Moleküle.
- Für die Strahlung radioaktiver Stoffe hat der Mensch kein Sinnesorgan. Zum Nachweis benötigt man Geräte wie Zählrohr (➡ Bild 1) oder Nebelkammer (➡ Bild 2).
- Die Strahlung radioaktiver Stoffe besteht aus einzelnen Teilchen oder Quanten.
- Radioaktive Stoffe senden die Teilchen oder die Quanten in unregelmäßigen Abständen, d. h. **stochastisch** (zufallsbedingt) aus.
- Trifft ein Teilchen oder ein Quant ein Nachweisgerät, z. B. ein Zählrohr, so erzeugt es dort einen elektrischen „Impuls", der mit einem Zählwerk registriert werden kann. Die „Impulse" treten stochastisch auf. Man zählt die Impulse k in der Zeit Δt. Der Quotient $n = k/\Delta t$ ist die **Zählrate n**.
- Zählrohre und alle Nachweisgeräte für die Strahlung radioaktiver Stoffe zeigen einen **Nulleffekt**. Dieser rührt von Spuren radioaktiver Elemente in der Luft, in der Umgebung des Nachweisgerätes und von kosmischer Strahlung her.

Strahlungsarten

Die Strahlung radioaktiver Stoffe hat drei Komponenten:

1. Die α-**Strahlung** besteht aus einzelnen Teilchen, den α-Teilchen. α-Teilchen sind energiereiche, zweifach positiv geladene Heliumkerne $^4_2$He (kinetische Energie in der Größenordnung MeV). Deren Bahnen, aber nicht die Teilchen selbst, können in der Nebelkammer sichtbar gemacht werden (➡ Bild 3). α-Strahlung erkennt man u. a. daran, dass sie dickeres Papier nicht durchdringen kann.

2. Die β-**Strahlung** wird in Papier kaum absorbiert. Erst 5 mm dickes Aluminiumblech kann sie nicht mehr durchdringen. Sie besteht aus den β-Teilchen. Dies sind Elektronen oder Positronen mit zum Teil sehr hoher kinetischer Energie (bis zu einigen MeV).

3. Die γ-**Strahlung** ist der Röntgenstrahlung ähnlich, kommt aber aus dem Atomkern. γ-Quanten haben Energien in der Größenordnung 0,01 MeV bis einige MeV. Die Photonenzahl der γ-Strahlung wird erst von dicken Bleischichten merklich vermindert.

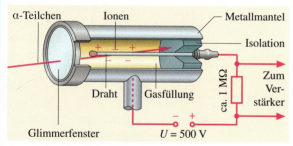

B 1: Geiger-Müller-Zählrohr: Ein eintretendes Teilchen führt zu einem Spannungsstoß am Verstärker.

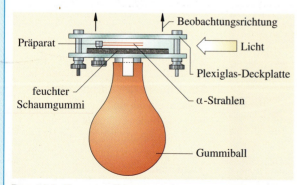

B 2: Nebelkammer: Lässt man den zusammengedrückten Gummiball los, sieht man Spuren (➡ Bild 3).

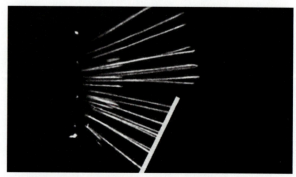

B 3: Spuren von α-Teilchen in der Nebelkammer; Wassertröpfchen bilden sich an ionisierten Molekülen.

Grundlagen

Zählstatistik

Stellt man ein radioaktives Präparat in einem festen Abstand vor einem Zählrohr auf und misst mehrmals die Zahl der Impulse k in einer bestimmten Zeit Δt, so findet man z. B. in der Zeit $\Delta t = 1$ s die Impulszahlen $k = 4, 8, 2, 4, 5, 8,\ldots$ Wie viele Impulse im nächsten Zeitabschnitt Δt gezählt werden, ist nicht voraussehbar. Es lässt sich für dieses **stochastische** Verhalten jedoch eine **Wahrscheinlichkeitsverteilung** angeben. Um diese zu erkennen, ist in der folgenden Tabelle die Häufigkeit $H(k)$ der einzelnen Impulszahlen k, also die Zahl der Messungen mit gleichem k, für $N = 570$ Einzelmessungen angegeben.

k	0	1	2	3	4	5	6	7
$H(k)$	7	29	55	86	110	101	62	54
k	8	9	10	11	12	13	14	
$H(k)$	39	16	6	3	1	1	0	

Der Mittelwert $\bar{k}$ aller N Einzelmessungen k_i beträgt:

$$\bar{k} = \frac{1}{N}\sum_{i=1}^{N} k_i H(k_i) = \frac{2666}{570} = 4{,}68.$$

Eine andere Messung mit $N = 1000$ Einzelmessungen und $\bar{k} = 64{,}8$, die mithilfe eines Messwerterfassungssystems und eines Computers aufgenommen wurde, zeigt ▸ Bild 4.

Man erhält bei derartigen Messungen immer eine so genannte **Poissonverteilung** der Impulszahlen (vgl. Lehrbücher der Wahrscheinlichkeitsrechnung). Sie streuen um den **Erwartungswert** μ, den man eigentlich sucht, aber nie exakt findet. Bei großem N ist der Mittelwert $\bar{k}$ eine gute Näherung für μ.

Die aus der Mathematik bekannte **Standardabweichung** σ ist ein Maß für die Streuung der Messwerte um μ. Nach der Theorie liegen bei einer Poissonverteilung die Impulszahlen zu ca. 68% im Intervall $[\mu - \sigma, \mu + \sigma]$. Hier gilt $\sigma = \sqrt{\mu} \approx \sqrt{\bar{k}}$. Misst man daher eine Impulszahl nur ein einziges Mal, so trifft man in der Regel das Richtige, wenn man den unbekannten gesuchten Wert μ im Intervall $[k - \sqrt{k}, k + \sqrt{k}]$ vermutet.

In diesem Sinne nennt man $\sqrt{k}$ den *Fehler der Einzelmessung* und entsprechend $\sqrt{k}/k = 1/\sqrt{k}$ den *relativen Fehler*. Dieser ist umso kleiner, je größer k ist. Hat man $k = 100$ Impulse gemessen, so liegt er bei 10%, bei $k = 10^4$ Impulsen dagegen nur noch bei 1%. Wie lange man zur Zählung von k braucht, spielt keine Rolle.

Man sagt, dass sich zwei Zählraten signifikant unterscheiden, wenn sich die in gleichen Zeitintervallen Δt gemessenen Impulszahlen k_1 und k_2 um mehr als $(\sqrt{k_1} + \sqrt{k_2})$ unterscheiden.

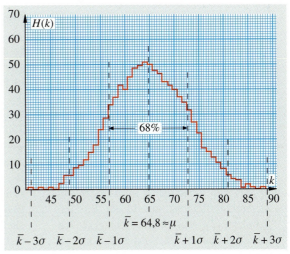

B 4: Beispiel für die Zählstatistik: Häufigkeitsverteilung $H(k)$ bei $N = 1000$ Einzelmessungen und $\bar{k} = 64{,}8$.

Merkregel: Bei einer gemessenen Impulszahl k ist ein relativer Fehler von $1/\sqrt{k}$ zu erwarten. Soll der relative Fehler unter 1% liegen, so müssen mehr als 10^4 Impulse gezählt werden. Die Dauer der Messung ist ohne Belang.

A 1: Machen Sie mithilfe der Lokalisationsenergie plausibel, dass α- und β-Teilchen sowie γ-Quanten aus dem Atomkern und nicht aus der Atomhülle stammen.

A 2: a) Was lässt sich aus der Länge der Spuren in einer Nebelkammer folgern? **b)** β-Teilchen, die von demselben Präparat, z. B. Sr-90, austreten, beschreiben unter dem Einfluss eines Magnetfeldes, das senkrecht zu ihrer Bahn gerichtet ist, Kreise mit verschiedenen Radien. Was folgt daraus für die β-Teilchen eines β-Strahlers?

A 3: Warum sind trotz gleicher Anfangsenergie die Spuren der α-Teilchen in der Nebelkammer viel massiver als die der β-Teilchen?

A 4: Vergleichen Sie die Nachweisgeräte Nebelkammer und Zählrohr. Nennen Sie Vor- und Nachteile.

A 5: Beschreiben Sie eine Versuchsanordnung, mit der man die Wellenlänge einer γ-Strahlung messen kann, die etwa dieselbe Frequenz wie Röntgenstrahlung hat.

A 6: a) Wie groß sind der absolute und der relative Fehler bei einer Messung von 400 bzw. 40 000 Impulsen? **b)** Man findet in 3 min 1 605 Impulse. Wie lange müsste man zählen, um den Messwert auf 1% genau zu erhalten?

A 7: a) Man misst in 10 min 2 520 Impulse, nach einer kleinen Änderung (z. B. nach Einbringen eines Papierblattes) nur noch 2 380 Impulse in 10 min. Trat eine signifikante Abschwächung ein? **b)** Bei 1 min Messdauer erhält man 253 bzw. 241 Impulse. Ist dieser Unterschied signifikant?

α-Strahlung

1. Nebelspuren verraten etwas über die Energie

Je länger die Nebelkammerspur eines α-Teilchens ist, umso energiereicher muss es gewesen sein, denn es konnte auf seinem Weg mehr Moleküle ionisieren. Die Länge der Spur ist die **Reichweite** des α-Teilchens in dem betreffenden Medium, das sich in der Nebelkammer befindet. Gleich lange Spuren gehören folglich zu α-Teilchen gleicher Energie. Sieht man z. B. zwei Gruppen von jeweils gleich langen Spuren, so sendet das Präparat α-Teilchen mit zwei verschiedenen diskreten (scharf bestimmten) Energien aus. Bei allen α-Strahlern hat man immer nur α-Teilchen mit ganz bestimmten diskreten Energien beobachtet.

Betrachtet man eine fotografierte Nebelkammerspur eines α-Teilchens unter dem Mikroskop, so erkennt man hunderttausende Nebeltröpfchen. Das α-Teilchen hat also auf seinem Weg sehr viele Ionenpaare gebildet. Da zur Bildung eines Ionenpaares in Luft im Mittel 35 eV nötig sind, liegen die Energien der α-Teilchen in der Größenordnung von 1 MeV und mehr.

2. Eine komfortable Energiemessung

In ⟶ *Versuch 1* wurden mit einem Halbleiterzähler (⟶ *Vertiefung*) und einem Oszilloskop die **Impulsspektren** von einem Am-241- und einem Ra-226-Strahler aufgenommen. Die Impulshöhen verraten etwas über die Energie W der α-Teilchen. Man sortiert deshalb die Impulse mit einem **Impulshöhenanalysator** (⟶ *Vertiefung*) nach ihren Höhen U_m und erhält so ein **Impulshöhenspektrum** (⟶ *Versuch 2*). Man erkennt an den „Peaks" in den Spektren, dass Am-241 α-Teilchen einer einzigen Energie aussendet, das Ra-226-Präparat dagegen α-Teilchen mit mindestens vier unterschiedlichen Energien. Eicht man die U_m-Achse des Impulshöhenspektrums als Energieachse, so kann man die Energien von α-Teilchen messen. Die Peaks beim Ra-226-Präparat liegen bei W = 3,8 MeV, 4,7 MeV, 5,4 MeV und 7,2 MeV (⟶ *Versuch 2c*).

Aus Impulshöhenspektren lassen sich weitere Schlussfolgerungen ziehen. Aus der „schmalen" Linie in ⟶ *Versuch 2a* sieht man, dass α-Teilchen aus radioaktiven Nukliden eine scharf bestimmte Energie haben. Dies stimmt mit den Beobachtungen in der Nebelkammer überein. – Schulpräparate sind aus Sicherheitsgründen meist mit einer dünnen Folie überzogen. Welche Folgen dies für die Energie austretender α-Teilchen hat, zeigt der Vergleich von ⟶ *Versuch 2a* und ⟶ *Versuch 2b*. Nicht nur, dass die α-Teilchen in der Abdeckschicht Energie verlieren, sie treten auch – wie der verbreitete Peak zeigt – längst nicht mehr so monoenergetisch auf.

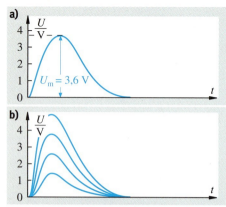

V 1: Wir stellen möglichst im Vakuum ein **a)** Am-241-Präparat und **b)** ein Ra-226-Schulpräparat (aus Strahlenschutzgründen mit einer dünnen Folie abgedeckt) vor einem Halbleiterzähler mit Verstärker auf. Die Impulse, die die α-Strahlung der Nuklide im Zähler hervorruft, beobachten wir an einem Oszilloskop. Dieses schreibt alle bei ihm ankommenden Impulse von derselben Stelle aus. Wir erhalten so die **Impulsspektren** von Am-241 und Ra-226.

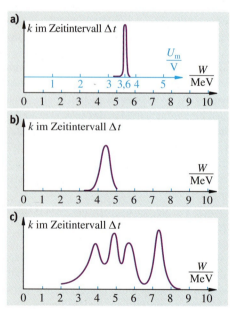

V 2: Wir sortieren die im Halbleiter erzeugten Impulse in ⟶ *Versuch 1* mithilfe eines Impulshöhenanalysators nach ihrer Höhe U_m und erhalten so die Impulshöhenspektren der α-Strahlung **a)** von Am-241 und **c)** der Ra-226-Quelle. **b)** Zusätzlich nehmen wir das Spektrum der α-Strahlung eines mit einer dünnen Folie abgedeckten Am-241-Präparates auf.

Merksatz

α-Teilchen, die von radioaktiven Nukliden ausgesandt werden, haben diskrete, scharfe Energien in der Größenordnung MeV. Mit einem Halbleiterzähler und Impulshöhenanalysator lässt sich das Energiespektrum einer α-Strahlung gut ausmessen.

3. Die Reichweite von α-Strahlung

Vor allem im Hinblick auf die Themen Strahlengefahr und Strahlenschutz ist es wichtig zu wissen, welche Materieschicht die Strahlung radioaktiver Stoffe durchdringen kann. Aus Nebelkammerbildern wissen wir: Je höher die Energie eines α-Teilchens ist, umso länger ist die Spur, umso größer ist also die Reichweite der α-Teilchen in Luft. ▶ Bild 1 zeigt die Reichweiten von α-Strahlung in Materie für verschiedene Materialien als Funktion der Energie. Da fast kein Nuklid α-Teilchen mit mehr als 10 MeV emittiert, folgt aus dem Bild:

Merksatz

Die Reichweite der α-Strahlung radioaktiver Nuklide ist in Luft kleiner als 10 cm und in fester Materie kleiner als 0,1 mm.

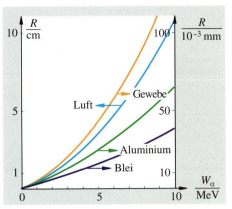

B 1: Reichweite R von α-Strahlung in Materie für verschiedene Materialien

Vertiefung

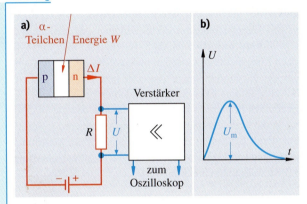

Halbleiterzähler und Impulshöhenanalysator

Der **Halbleiterzähler** ist im Prinzip eine in Sperrrichtung gepolte Halbleiterdiode, ähnlich der Fotodiode. Tritt ein α-Teilchen in die an Ladungsträgern arme p-n-Schicht ein und erzeugt dort durch Ionisierungsprozesse Ladungsträger, so kommt es in den Zuleitungen zum Halbleiterdetektor zu einem Stromstoß ΔI. Er erzeugt am Arbeitswiderstand R einen Spannungsimpuls, den ein Oszilloskop registriert. ▶ Bild b zeigt den zeitlichen Verlauf des Impulses. Dessen Amplitude U_m ist ein bequemes Maß für die Energie W des α-Teilchens, da die Zahl der in der p-n-Schicht erzeugten Ladungsträger proportional zu W ist.

Ein **Impulshöhenanalysator** kann die Impulse des Halbleiterzählers ihrer Höhe nach sortieren. Er zählt in einer Zeit Δt die Anzahl k der Impulse mit der Höhe $U_m \pm \Delta U$ (ΔU klein). Diese Messung führt er für die auftretenden Höhen $0 < U_m < U_{m, max}$ durch und trägt dann die Zahlen k über U_m auf. So erhält man das **Impulshöhenspektrum** der α-Strahlung. Eine Linie (auch Peak genannt) verrät α-Teilchen einer ganz bestimmten Energie (▶ Versuch 2). Da die Amplitude U_m proportional zur Energie W der α-Teilchen ist, kann man die horizontale U_m-Achse in den Impulshöhenspektren als Energieachse eichen. Dazu muss man die Energie eines der α-Teilchen kennen. Mit Ablenkversuchen in Magnetfeldern hat man z. B. die Energie der α-Teilchen von Am-241 zu $W = 5{,}48$ MeV bestimmt.

... noch mehr Aufgaben

A 1: Berechnen Sie die Geschwindigkeit der α-Teilchen von Po-214 aus deren kinetischer Energie $W = 7{,}7$ MeV. Wie groß ist in diesem Fall die relativistische Massenvergrößerung? Darf man also nichtrelativistisch rechnen?

A 2: a) Skizzieren Sie qualitativ das Impulshöhenspektrum von Pb-212. Pb-212 sendet α-Teilchen der Energie 6,05 MeV, 6,09 MeV und 8,78 MeV aus, und zwar im Verhältnis 25 : 10 : 100 der Teilchenzahlen. **b)** Ein Pb-212-Präparat wird in eine Nebelkammer gebracht. Wie wird ein Nebelkammerbild aussehen? Wie lang werden die Spuren sein?

A 3: a) Bestimmen Sie mithilfe von ▶ Bild 1 die Reichweite der α-Strahlung von Po-212 (8,79 MeV) und Po-210 (5,30 MeV) in Luft und Körpergewebe. **b)** Wie groß ist die Energie dieser α-Teilchen in Luft, 2 cm bevor die Teilchen dort zur Ruhe kommen? **c)** Wie dick muss die empfindliche Schicht eines Si-Halbleiterzählers sein, damit diese α-Teilchen dort vollständig stecken bleiben? (Verwenden Sie in ▶ Bild 1 die Kurve für Aluminium.)

β-Strahlung

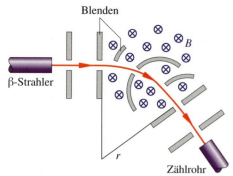

B 1: Magnetisches β-Spektrometer: Die von einem β-Strahler ausgehenden Teilchen werden durch ein Magnetfeld abgelenkt. Das Zählrohr registriert nur solche β-Teilchen, die den durch Blenden festgesetzten Kreis mit dem Radius r (z. B. $r = 5$ cm) durchlaufen haben.

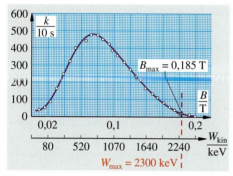

V 1: Wir setzen ein Präparat mit dem β-Strahler Sr-90 in das magnetische Spektrometer nach ▶ *Bild 1* ein und messen die Impulszahlen k als Funktion der magnetischen Flussdichte B. Bei jedem Wert für B mit $0 < B < B_{max}$ mit $B_{max} = 0{,}18$ T gelangen β-Teilchen ins Zählrohr.

V 2: a) Wir untersuchen die von Na-22 ausgehende Strahlung. Ein Papier zwischen Präparat und Zählrohr ändert die Zählrate nicht. Dagegen verringert sie sich, wenn man ein 5 mm dickes Aluminiumblech verwendet. Na-22 sendet also γ-Strahlung aus und eine Strahlung, die in 5 mm Aluminium stecken bleibt. Sind es β-Teilchen?
b) Wir untersuchen im Spektrometer nach ▶ *Bild 1* die Strahlung von Na-22. Wir finden aber bei gleicher Magnetfeldpolung wie in ▶ *Versuch 1* außer dem γ-Untergrund keine Zählrate. Polen wir dagegen das Magnetfeld um, so erhalten wir das vertraute β-Spektrum mit γ-Untergrund.

1. Energie der β-Teilchen

β-Teilchen lassen sich nur in empfindlichen Nebelkammern nachweisen, da sie pro cm Wegstrecke viel weniger Moleküle ionisieren als α-Strahlen. Die Spuren der β-Teilchen sind deshalb auch viel dünner und enden meist erst an der Nebelkammerwand. Aussagen über die Energie der β-Teilchen lassen sich deshalb besser mit **magnetischen β-Spektrometern** gewinnen (▶ *Bild 1*). β-Teilchen werden dort durch ein Magnetfeld der Flussdichte B auf einen Kreis mit dem Radius r gezwungen. Je größer die Energie der β-Teilchen ist, umso größer muss hierzu B sein. Die ▶ *Vertiefung* zeigt, dass zwischen der kinetischen Energie W_{kin} der Elektronen und dem Produkt ($B\,r$) ein eindeutiger Zusammenhang besteht. Hält man also r fest und ändert B, werden β-Teilchen mit einer anderen kinetischen Energie W_{kin} nachgewiesen. Man erhält so das **Energiespektrum** der Elektronen (β-Spektrum). ▶ *Versuch 1* zeigt, dass das Energiespektrum der β-Teilchen des radioaktiven Präparats Sr-90 **kontinuierlich** ist, da β-Teilchen für alle Werte der magnetischen Flussdichte B zwischen null und B_{max} registriert werden. Infolge des Zusammenhangs von ($B\,r$) und W_{kin} lässt sich zudem die B-Achse in eine Energieachse umdeuten.
Die β-Teilchen des Präparates haben eine Maximalenergie W_{max}, da für $B > B_{max}$ keine Teilchen mehr ins Zählrohr gelangen.
Für jeden anderen β-Strahler erhält man ebenfalls ein kontinuierliches Energiespektrum. Die Maximalenergie W_{max} hat allerdings bei jedem β-Strahler einen anderen Wert.

Merksatz

Die β-Teilchen eines β-Strahlers besitzen ein kontinuierliches Energiespektrum mit einer Maximalenergie W_{max}.

2. Positronen

▶ *Versuch 2a* zeigt, dass Na-22 neben γ-Strahlung auch Teilchen aussendet, die wie β-Teilchen in 5 mm Aluminium stecken bleiben. Nach ▶ *Versuch 2b* sind diese Teilchen aber positiv geladen. Man nennt sie **Positronen** oder **β⁺-Teilchen**, da sie – wie weitere Versuche zeigten – dieselbe Masse und denselben *Betrag* der Ladung wie Elektronen haben. Sie wurden 1932 von C. D. ANDERSON bei der Untersuchung der Höhenstrahlung gefunden. – Außer Na-22 kennt man heute viele Nuklide, die Positronen abstrahlen. Nach ▶ *Versuch 2b* ist das Energiespektrum dieser *Positronenstrahler* ebenfalls kontinuierlich mit einer Maximalenergie W_{max}.

Merksatz

Positronen haben dieselbe Masse und denselben Betrag der Ladung wie Elektronen, sind aber *positiv* geladen.
Das Energiespektrum eines Positronenstrahlers ist wie das eines β-Strahlers kontinuierlich mit einer Maximalenergie W_{max}.

3. Reichweite von β-Strahlung in Materie

Trifft β-Strahlung auf Materie der Dicke d, so kann sie diese, wenn sie nur dünn genug ist (z. B. $d = 0{,}1$ mm), teilweise durchdringen. Mit zunehmender Dicke bleiben aber immer mehr β-Teilchen stecken. Eine bestimmte Strecke, die **Reichweite** der β-Strahlung in dieser Materie, überwindet aber keines der Teilchen mehr. ⟹ *Bild 2* zeigt für verschiedene Materialien den Zusammenhang zwischen der Reichweite und der Maximalenergie. Er gilt auch für Positronen. Dem Bild entnehmen wir folgende Aussage über die Reichweite:

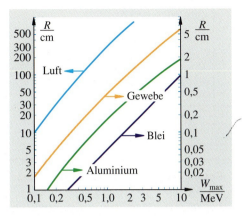

B 2: Reichweite R von β-Strahlung in verschiedenen Materialien; W_{max}: Maximalenergie der β-Strahlung

Merksatz

Die Reichweite von β-Teilchen und Positronen aus radioaktiven Nukliden kann in Luft bis zu einigen Metern, in fester Materie bis zu einigen Millimetern und in Körpergewebe 0,02 cm bis 5 cm betragen.

Vertiefung

Mit β-Teilchen muss man relativistisch rechnen

a) Wie groß ist die Geschwindigkeit v des Elektrons, wenn seine kinetische Energie W_{kin} bekannt ist?

Die kinetische Energie W_{kin} eines Elektrons ist der Überschuss seiner Gesamtenergie W über der Ruheenergie $W_0 = m_0 c^2 = 511$ keV: $W_{kin} = W - W_0$.
In der Relativitätstheorie gilt:

$$m = \frac{m_0}{\sqrt{1 - v^2/c^2}},\quad W_0 = m_0 c^2 \quad \text{und} \quad W = mc^2. \text{ Also:}$$

$$W_{kin} = mc^2 - W_0 = \frac{W_0}{\sqrt{1 - v^2/c^2}} - W_0.$$

Löst man diese Gleichung nach v auf, findet man:

$$v = c\sqrt{1 - \frac{1}{(1 + W_{kin}/W_0)^2}}$$

Beispiel: Für $W_{kin} = 2{,}27$ MeV erhält man $v = 0{,}983\, c = 2{,}95 \cdot 10^8$ m/s, d. h. fast Lichtgeschwindigkeit!

b) In ⟹ *Versuch 1* durchlaufen Elektronen infolge des Magnetfeldes der Flussdichte B einen Kreis (Radius r). Wie groß ist die kinetische Energie W_{kin} der Elektronen?

Bewegt sich ein Elektron senkrecht zu einem Magnetfeld, so gilt: $e/m = v/(Br)$ und somit für den Impuls

$$p = mv = me\, m^{-1}(Br) = e(Br). \quad (1)$$

Zusätzlich ist mit $m_0 = W_0/c^2$:

$$p = \frac{m_0}{\sqrt{1 - v^2/c^2}}\, v = \frac{W_0}{\sqrt{1 - v^2/c^2}}\, \frac{v}{c^2},\quad W = \frac{W_0}{\sqrt{1 - v^2/c^2}}.$$

Durch Quadrieren und Subtrahieren folgt daraus:

$$W^2 - c^2 p^2 = W_0^2 \quad \text{oder} \quad W^2 = W_0^2 + (cp)^2.$$

Ersetzt man hier W durch $W_{kin} + W_0$ wird:

$$W_{kin} = \sqrt{W_0^2 + p^2 c^2} - W_0. \quad (2)$$

Aus *Gl.* (1) und (2) folgt: $W_{kin} = \sqrt{W_0^2 + e^2 c^2 (Br)^2} - W_0$.

... noch mehr Aufgaben

A 1: ⟹ *Bild 3* zeigt Spuren von β-Teilchen in einer Nebelkammer. Senkrecht zur Bildebene steht ein B-Feld. Die Teilchen starten aus einer Bi-210-Quelle am oberen Bildrand **a)** Welche Folgerungen ziehen Sie aus dem Bild? **b)** Skizzieren Sie qualitativ das β-Spektrum von Bi-210 ($W_{max} = 1{,}16$ MeV).

A 2: Bestimmen Sie die Reichweite der β-Strahlung eines Sr-90-Präparates ($W_{max} = 2{,}27$ MeV) in Luft, Gewebe, Aluminium, Blei.

A 3: Bestimmen Sie Geschwindigkeit und kinetische Energie der β-Teilchen, die in Versuch 1 bei $B = 0{,}07$ T ins Zählrohr gelangen. Rechnen Sie zunächst nichtrelativistisch, dann relativistisch!

A 4: Berechnen Sie v_{max} sowie den (Br)-Wert der β-Teilchen von Tl-204 ($W_{max} = 0{,}764$ MeV).

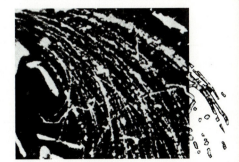

B 3: Zu ⟹ *Aufgabe 1*

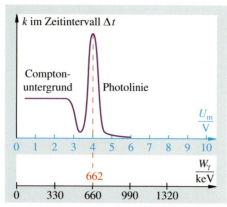

V 1: Wir verwenden ein geeignetes Cs-137-Präparat und nehmen von dessen γ-Strahlung das Impulshöhenspektrum mit einem Szintillationszähler auf.

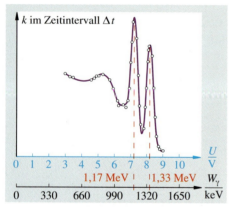

V 2: Mit einem Szintillationszähler nehmen wir das Impulshöhenspektrum der γ-Strahlung von Co-60 auf. Wir beobachten zwei Photolinien bei $W_1 = 1{,}17$ MeV und $W_2 = 1{,}33$ MeV.

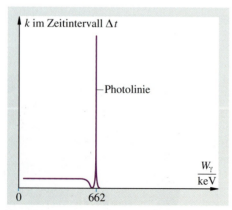

B 1: Impulshöhenspektrum der γ-Strahlung von Cs-137, aufgenommen mit einem Germanium-Lithium-Halbleiterzähler.

γ-Strahlung

1. Energie der γ-Quanten

γ-Strahlung transportiert keine elektrische Ladung und wird deshalb weder in elektrischen noch magnetischen Feldern abgelenkt. Wie lässt sich dann die Energie ihrer Quanten bestimmen? Da es sich bei γ-Strahlung um elektromagnetische Strahlung handelt, kann man daran denken, die Wellenlänge λ und somit die Frequenz f mithilfe der braggschen Drehkristallmethode zu messen und dann mit $W = hf$ die Energie zu berechnen. Ist dies experimentell möglich? Nehmen wir an, die γ-Quanten hätten eine Energie von 200 keV, dann ist die Wellenlänge:

$$\lambda = \frac{ch}{W} = \frac{3 \cdot 10^8 \text{ ms}^{-1} \cdot 6{,}62 \cdot 10^{-34} \text{ Js}}{2 \cdot 10^5 \cdot 1{,}6 \cdot 10^{-19} \text{ J}} = 6{,}2 \cdot 10^{-12} \text{ m}.$$

Der Glanzwinkel, unter dem dann Interferenzmaxima auftreten, folgt aus (NaCl-Gitter: Netzebenenabstand $d = 282$ pm):

$$\sin \varphi = \frac{\lambda}{2d} = \frac{6{,}2 \cdot 10^{-12} \text{ m}}{2 \cdot 2{,}82 \cdot 10^{-10} \text{ m}} = 1{,}1 \cdot 10^{-2} \quad \text{zu} \quad \varphi = 0{,}63°.$$

Mit speziellen Geräten lässt sich ein solcher Winkel noch ausmessen; bei höheren Energien jedoch versagt auch diese Methode. Deshalb braucht man für die γ-Strahlung andere Energiemessverfahren. Eines verwendet den **Szintillationszähler** (➔ Vertiefung). Wie α-Teilchen in einem Halbleiterzähler, so erzeugen γ-Quanten dort Spannungsimpulse, deren Höhe proportional zur Energie der γ-Quanten ist. Zur Energiebestimmung muss man also das von den γ-Quanten im Szintillationszähler erzeugte Impulshöhenspektrum analysieren. – In ➔ Versuch 1 wurde das Spektrum der γ-Strahlung von Cs-137 aufgenommen. Es besteht aus einer *Photolinie* und dem *Comptonuntergrund*. Dies bedeutet, dass Cs-137 γ-Quanten mit einer einzigen Energie W aussendet (➔ Vertiefung). Sie wurde auf anderem Wege zu $W = 662$ keV bestimmt.

Co-60 sendet γ-Quanten mit zwei diskreten Energien $W_1 = 1{,}17$ MeV und $W_2 = 1{,}33$ MeV aus (➔ Versuch 2). – Viele andere radioaktive Nuklide senden ebenfalls γ-Strahlung aus. Immer stellt man fest, dass das Energiespektrum der Strahlung aus *einzelnen Linien* besteht.

In Wirklichkeit sind die γ-Linien sehr viel schärfer als die bisherigen Messungen vermuten lassen. Eine Messung mit einem **Germanium-Lithium-Halbleiterzähler**, den man bei der Siedetemperatur des flüssigen Stickstoffs ($T = 77$ K) betreiben muss, zeigt dies (➔ Bild 1). Die breiten Linien bei Messungen mit Szintillationszählern sind also apparativ bedingt. Die γ-Linie mit $W = 14$ keV von Fe-57 hat z. B. eine Breite von nur $\Delta W = 5 \cdot 10^{-9}$ eV. Die Frequenzungenauigkeit $\Delta f/f = \Delta W/W$ ist daher nur $3 \cdot 10^{-13}$; die γ-Strahlung stellt ein äußerst genaues Frequenznormal dar.

Merksatz

Das γ-Spektrum radioaktiver Nuklide ist diskret mit sehr scharfen Linien. Es wird u. a. mit Szintillationszählern ausgemessen.

Vertiefung

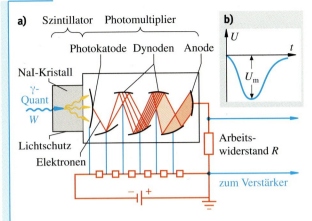

Der Szintillationszähler

Wir beobachten mit dunkel adaptiertem Auge durch eine Lupe einen Zinksulfidschirm, in den Spuren von Radium eingelagert sind (*Spinthariskop*). Wir sehen stochastisch verteilte Lichtblitze, die von den α-Strahlen aus Ra-226 verursacht werden. Die Energie der α-Teilchen wird in Licht umgesetzt.

Auf derselben Erscheinung beruht der **Szintillationszähler** (⇒ *Bild a*). In seinem Kopf befindet sich ein *Natriumjodid-(NaJ-)Kristall*. Trifft ein γ-Quant auf diesen Kristall, so kann es dort einen Lichtblitz erzeugen. Dieser wird mit einem sehr lichtempfindlichen „Auge", einem *Photomultiplier*, beobachtet. In der Photokathode des Multipliers löst der Lichtblitz Elektronen aus, die durch eine angelegte Spannung zur ersten sog. *Dynode* beschleunigt werden. Die Oberfläche einer solchen Dynode gibt beim Auftreffen eines energiereichen Elektrons mehrere Sekundärelektronen ab. Diese werden zur nächstfolgenden Dynode mit immer höherem Potential beschleunigt. So verstärkt sich der ursprünglich an der Photokathode ausgelöste Elektronenstrom etwa um einen Faktor 10^8. Als Folge tritt am Widerstand R ein Spannungsimpuls auf (⇒ *Bild b*). Je größer die Energie W eines γ-Quants ist, umso größer ist die Amplitude U_m des Spannungsimpulses, wenn die gesamte Energie des γ-Quants im Kristall deponiert wurde. Wie sorgfältige Untersuchungen gezeigt haben, ist der Zusammenhang zwischen W und U_m linear.

Wie beim Halbleiterzähler gewinnt man also Informationen über die Energie der γ-Strahlung, wenn man das *Impulshöhenspektrum* des Szintillationszählers aufnimmt. Leider ist die Analyse des Spektrums nicht ganz einfach. Die Ursache liegt in der Wechselwirkung eines γ-Quants mit dem NaJ-Kristall. Dieses kann nämlich im Kristall entweder einen *Photoeffekt* oder einen *Comptoneffekt* auslösen. Beim Photoeffekt gibt das γ-Quant seine gesamte Energie an ein Elektron ab. Beim Comptoneffekt dagegen wird ein Elektron angestoßen und ein neues γ-Quant mit geringerer Energie fliegt weiter und kann den Kristall verlassen. Ein γ-Quant überträgt seine Energie also ganz (beim Photoeffekt) oder nur teilweise (beim Comptoneffekt) auf ein Elektron, das dann im Kristall weiterfliegt und durch Ionisations- und Anregungsprozesse seine Energie abgibt. Dabei entsteht im NaJ-Kristall Licht.

Treffen *monoenergetische γ-Quanten* einer festen Energie $W = hf$ auf den Kristall, so entstehen also am Ausgang des Szintillationszählers Impulse mit *verschiedenen* Impulshöhen U_m. Das Impulshöhenspektrum besteht demzufolge aus einer *Photolinie* und einem *Comptonuntergrund* (⇒ *Versuch 1*). γ-Quanten, die im Kristall Photoeffekt auslösen, tragen zur Photolinie bei, solche, die Comptoneffekt auslösen, zum Comptonuntergrund. Über die Energie der γ-Strahlung gibt die Photolinie Auskunft. Kennt man noch die Energie einer γ-Linie (z. B. Cs-137: $W = 662$ keV), so kann man die Messanordnung mithilfe dieser Photolinie eichen und damit die Energien anderer γ-Quanten bestimmen.

... noch mehr Aufgaben

A 1: Skizzieren Sie qualitativ, wie das Impulshöhenspektrum von Co-60 mit einem Germanium-Lithium-Halbleiterzähler aussehen könnte.

A 2: Na-22 sendet nur γ-Quanten der Energie $W = 1270$ keV aus. Trotzdem sieht man im γ-Spektrum eine 2. Linie bei 511 keV. Woher kommt diese Linie? Hinweis: Na-22 ist ein $β^+$-Strahler.

A 3: Den Abfall des Comptonuntergrundes vor der Photolinie nennt man Comptonkante. Ein γ-Quant der Energie W führe im NaJ-Kristall einen Comptoneffekt durch. Das Quant, das darauf den Kristall verlässt, habe die Energie W'. Es gilt: $1/W' - 1/W = (1 - \cos β)/W_0$ ($W_0 = m_0 c^2 = 511$ keV, $β$: Streuwinkel). Der Rest der Energie $\Delta W = W - W'$ verbleibt im Kristall und trägt zum Comptonuntergrund bei. **a)** Bestätigen Sie die Gleichung mit der Gleichung für $λ' - λ$ beim Comptoneffekt. **b)** Zeigen Sie: Für $β = 180°$ wird ΔW am größten, und zwar $\Delta W = 2 W^2/(W_0 + 2 W)$. Dort liegt also die Comptonkante. **c)** Wo liegt die Comptonkante der γ-Linien von Cs-137, Co-60 und Na-22?

2. Absorption von γ-Strahlung in Materie

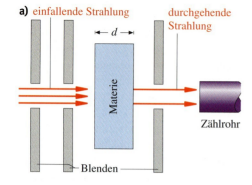

a) einfallende Strahlung – durchgehende Strahlung – Zählrohr – Blenden

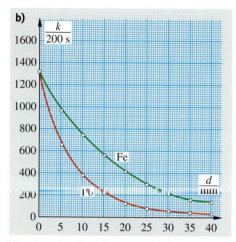

b)

V 1: Mit der Anordnung nach Bild a messen wir die Absorption der γ-Strahlung von Cs-137 mit der Energie $W = 662$ keV in Blei bzw. Eisen. Das Ergebnis zeigt Bild b. Man liest für die Halbwertsdicken ab: bei Blei $d_{1/2} = 0{,}6$ cm, bei Eisen $d_{1/2} = 1{,}25$ cm.

Ein zentraler Punkt im Strahlenschutz ist die Abschirmung der Strahlung radioaktiver Stoffe. Dazu muss man wissen, wie sich γ-Strahlung verhält, wenn sie auf Materie trifft. ▶ *Versuch 1* zeigt, wie die Intensität der γ-Strahlung von Cs-137 abnimmt, wenn sie auf Eisen oder Blei trifft. Nach jeder Dicke d ist immer noch eine gewisse Zählrate vorhanden, sie wird nicht null! *Im Gegensatz zur α- und β-Strahlung kann man also eine Reichweite der γ-Strahlung in Materie nicht angeben.* In der ▶ *Vertiefung* wird gezeigt, dass die Abschwächung der γ-Strahlung exponentiell erfolgt. Man kann deshalb eine **Halbwertsdicke** $d_{1/2}$ angeben, nach der die Zählrate auf die Hälfte des Ausgangswertes gesunken ist, gleichgültig von welchem Wert man ausgeht. ▶ *Tabelle 1* zeigt $d_{1/2}$ für einige Materialien bei verschiedenen Energien W der γ-Quanten. Daraus liest man ab: *Blei hat eine relativ kleine Halbwertsdicke und schwächt deshalb die γ-Strahlung – und damit auch Röntgenstrahlung – besonders stark.* Aus diesem Grund spielt Blei im Strahlenschutz eine ganz wichtige Rolle.

Merksatz

Die Abschwächung von γ-Strahlung durch Materie erfolgt nach einem Exponentialgesetz. Eine Reichweite von γ-Strahlung in Materie kann man nicht angeben, dafür eine Halbwertsdicke $d_{1/2}$. Blei schwächt γ-Strahlung besonders stark.

Material	10 keV	100 keV	1000 keV	10 000 keV
Luft	140	3 500	8 200	29 000
Aluminium	0,012	1,6	4,2	12
Eisen	0,0006	0,25	1,5	2,7
Blei	0,0007	0,011	1,1	1,2

T 1: Halbwertsdicken $d_{1/2}$ in cm für γ-Strahlung mit verschiedener Energie

Vertiefung

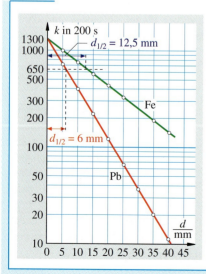

Das Gesetz für die Absorption von γ-Strahlung in Materie

Als Funktion, die den Verlauf der Messkurven in ▶ *Versuch 1* beschreibt, vermuten wir eine Exponentialfunktion:

$$k(d) = k_0\, e^{-\mu d} \quad (1)$$

Dabei ist $k(0) = k_0$. Wir überprüfen diese Vermutung, indem wir im nebenstehenden Schaubild den Logarithmus (ln) von $k(d)$ über d auftragen. Wir erhalten Geraden. Somit ist unsere Vermutung bestätigt. Logarithmieren wir nämlich Gl. (1), so ergibt sich:

$$y(d) = \ln[k(d)] = \ln k_0 - \mu\, d.$$

$y(d)$ ist eine Gerade mit der Steigung $m = -\mu$.

Da $k(d)$ exponentiell verläuft, lässt sich eine **Halbwertsdicke** $d_{1/2}$ angeben, nach der die Zählrate auf die Hälfte des Anfangswerts gesunken ist, gleichgültig von welchem Wert man ausgeht.

Es gilt: $\mu\, d_{1/2} = \ln 2$, denn es ist

$$k(d_{1/2}) = k_0\, e^{-\mu d_{1/2}} = \tfrac{1}{2} k_0.$$

Gl. (1) lautet also:

$$k(d) = k_0\, e^{-\tfrac{\ln 2}{d_{1/2}} d}.$$

Interessantes

Absorption und Wahrscheinlichkeit

a) Mechanismen: Photonen wechselwirken im Wesentlichen bei drei uns bereits bekannten Prozessen mit Materie:

- *dem Photoeffekt*: das γ-Quant überträgt seine gesamte Energie auf ein gebundenes Elektron und verschwindet;
- *dem Comptoneffekt*: ein Teil der Energie des γ-Quants wird auf ein Elektron übertragen; den Rest der Energie nimmt ein energieärmeres Photon mit, das in eine andere Richtung fliegt.
- *der Paarbildung*: im Feld eines Atomkerns kann sich das γ-Quant, wenn es mehr als 1,02 MeV Energie hat, in ein Positron und ein Elektron materialisieren.

b) Erklärung: Betrachten wir zur Erklärung des exponentiellen Verlaufs der Absorptionskurven in ⇒ *Versuch 1* das nebenstehende Bild. Die monochromatische γ-Strahlung tritt an der Stelle $x = 0$ mit der Intensität I_0 in die Materie ein. Sie hat nach der Strecke x noch die Intensität $I(x)$ und fällt damit auf die in Gedanken herausgegriffene dünne Schicht der Dicke $\Delta x = x_2 - x_1$ ein. Darin führt ein im Vergleich zu $I(x)$ kleiner Anteil $\Delta I = I(x_2) - I(x_1)$ der Photonen einen der oben genannten Prozesse durch und *scheidet damit aus dem Strahlquerschnitt ganz aus*. Hinter der Schicht bleibt ein homogenes Ensemble monochromatischer γ-Quanten übrig.

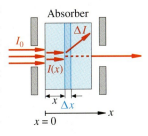

Ob ein bestimmtes γ-Quant in dieser Schicht der Dicke Δx einen Prozess durchführt oder nicht, *bleibt dem Zufall überlassen*. Aber eines ist gewiss: Bei doppelter Intensität $I(x)$ werden etwa doppelt so viele γ-Quanten in einen der Prozesse verwickelt. Demnach ist auch die Abnahme ΔI der Intensität doppelt so groß. Dasselbe gilt, wenn man die kleine Schichtdicke Δx verdoppelt. Aus beiden Überlegungen folgt:

$$\Delta I \sim I(x)\,\Delta x \quad \text{oder} \quad \Delta I = -\mu\, I(x)\,\Delta x$$
$$\text{mit} \quad \mu > 0 \text{ und } \Delta I < 0.$$

Die Gleichung gilt an allen Stellen x innerhalb des Körpers mit dem gleichen Faktor μ. Dividieren wir die Gleichung durch Δx und lassen Δx gegen null gehen, so ergibt sich die Differentialgleichung $I'(x) = -\mu I(x)$. Mit $I(0) = I_0$ hat sie die Lösung: $I(x) = I_0\, e^{-\mu x}$.

Für $x = d$ ist dies das uns bekannte Absorptionsgesetz. *Der exponentielle Abfall folgt also allein aus der stochastischen Wechselwirkung der γ-Quanten mit den Atomen.* Das heißt, der Anteil der den Strahl verlassenden Quanten hängt nur von der *Wahrscheinlichkeit* ab, mit der sie mit Atomen wechselwirken.

... noch mehr Aufgaben

A 1: Welcher Bruchteil der γ-Strahlung mit einer Energie von 1 MeV durchdringt eine Schicht von 1 cm [10 cm] Eisen bzw. Blei?

A 2: a) γ-Strahlung wird in Luft sehr wenig absorbiert. Entfernt man aber ein Zählrohr von einem punktförmigen γ-Strahler, der seine Strahlung in alle Raumrichtungen gleichmäßig emittiert, so nimmt die Zählrate mit $1/r^2$ ab (r: Abstand Präparat – Zählrohr). Erklären Sie dies. **b)** Ob bei einer derartigen Messung die Zählrate n mit $1/r^2$ abnimmt, erkennt man am besten, wenn man $\lg n$ über $\lg r$ aufträgt. Begründen Sie dies. **c)** Wie wird n mit r abnehmen, wenn man einen β-Strahler verwendet?

A 3: a) ⇒ *Versuch 1* wird mit Blei (Absorber) und Co-60 (γ-Strahler) durchgeführt. Für jeweils $k = 1000$ Impulse benötigt man folgende Messzeiten (Nulleffekt: 1000 Impulse in 53 min nicht abgezogen):

d/mm	4	8	12	16	20
t/s	45	61	71	85	110
d/mm	25	30	35	40	50
t/s	158	199	265	335	542

a) Bestimmen Sie die Halbwertsdicke $d_{1/2}$ unter Verwendung aller Messwerte. **b)** Welche Zählrate misst man ohne Blei? **c)** Ermitteln Sie mit ⇒ *Bild 1* aus $d_{1/2}$ die Energie der γ-Quanten von Co-60.

A 4: Bei einem Absorptionsversuch mit γ-Strahlung von Cs-137 findet man hinter einer 2 cm bzw. 5 cm dicken Schicht aus demselben Material eine Zählrate von 2137/min bzw. 1277/min (Nulleffekt: 160 Impulse in 10 min). **a)** Um welches Material handelt es sich? **b)** Wie groß ist die Zählrate ohne Absorptionsmaterial? **c)** Bei welcher Dicke d durchdringen 5% der γ-Quanten das Material?

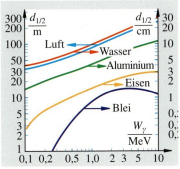

B 1: Halbwertsdicken von γ-Strahlung

Halbwertszeit

1. Gemeinsamkeiten radioaktiver Nuklide

Die Strahlung radioaktiver Stoffe kommt aus Atomkernen. Diese müssen sich also durch die Aussendung der Strahlung verändern. Man sagt, sie zerfallen. Wir betrachten eine Anzahl von Atomkernen in einer radioaktiven Substanz. Im Laufe der Zeit zerfallen sie. Sie tun dies *stochastisch*, wie man aus dem stochastischen Auftreten der Strahlung folgern muss. Kann man trotzdem eine Aussage darüber treffen, wie viele Kerne nach einer bestimmten Zeit noch nicht zerfallen sind? (▶ *Versuch 1* und *2*).

Aus ▶ *Versuch 1c* folgt, dass immer nach der Zeit $T_{1/2} = 55$ s die Zahl $N(t)$ der noch nicht zerfallenen Atomkerne des radioaktiven Nuklids Rn-220 im Rahmen der stochastischen Schwankungen halbiert wird und $N(t)$ deshalb exponentiell abnimmt. Folglich gilt:

$$N(t) = N_0 e^{-\lambda t} \quad \text{mit} \quad \lambda = \frac{\ln 2}{T_{1/2}}.$$

Dabei ist N_0 die Anzahl der Kerne zur Zeit $t = 0$. λ nennt man **Zerfallskonstante** und $T_{1/2}$ die **Halbwertszeit**. Der Zusammenhang zwischen λ und $T_{1/2}$ folgt aus

$$N(T_{1/2}) = N_0 e^{-\lambda T_{1/2}} = \frac{1}{2} N_0.$$

Dieses Gesetz gilt *für alle* radioaktiven Substanzen. Doch hat jedes radioaktive Nuklid eine andere Halbwertszeit. ▶ *Versuch 2* bestätigt dies. Zu beachten ist dabei, dass $N(t)$ eine im Rahmen der stochastischen Schwankungen *mittlere Zahl* ist (▶ *Vertiefung*).

Merksatz

Beim radioaktiven Zerfall sind von der ursprünglich vorhandenen Zahl N_0 von Kernen nach der Zeit t etwa $N(t) = N_0 e^{-\lambda t}$ Kerne nicht zerfallen. – Die Halbwertszeit $T_{1/2}$ gibt die Zeitspanne an, nach der etwa die Hälfte der Kerne zerfallen ist. Es gilt $\lambda = \ln 2/T_{1/2}$.
Jedes radioaktive Nuklid hat eine charakteristische Halbwertszeit.

2. Die Aktivität und ihre Einheit

$\Delta N = N(t + \Delta t) - N(t)$ gibt die in der Zeit Δt erfolgte Abnahme der Kernanzahl durch den radioaktiven Zerfall an. Als **Aktivität A** oder Zerfallsrate definiert man nun den Quotienten $A = -\Delta N/\Delta t$ für $\Delta t \ll T_{1/2}$. Da ΔN negativ ist, wird die Aktivität A durch das Minuszeichen in dieser Gleichung positiv. A ist sozusagen die Geschwindigkeit, mit der die radioaktive Substanz zerfällt. Die Einheit der Aktivität ist $1\ \text{s}^{-1}$, genannt **1 Becquerel (1 Bq)**. Für $\Delta t \to 0$ findet man genauer:

$$A(t) = -\dot{N}(t). \tag{1}$$

Die Ableitung $\dot{N}(t)$ der Funktion $N(t)$ ist andererseits:

$$\dot{N}(t) = -\lambda N_0 e^{-\lambda t} \quad \text{und damit} \quad A(t) = \lambda N(t). \tag{2}$$

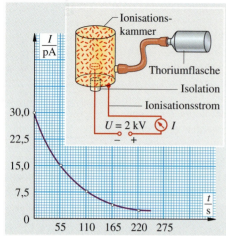

V 1: Eine Ionisationskammer besteht aus zwei gegeneinander isolierten Metallkörpern, zwischen denen eine Gleichspannung (2 kV) liegt. Werden in der Kammer Luftmoleküle durch Strahlung ionisiert, so wird die Luft leitend. In den Zuleitungen registriert ein Messverstärker Strom. **a)** Wir blasen in eine Ionisationskammer Luft aus einem Gefäß, das eine kleine Menge einer Thoriumverbindung enthält. Der Messverstärker zeigt Strom an. Zusammen mit der Luft ist also ein radioaktiver Stoff in die Kammer gelangt: Es handelt sich um das Isotop Rn-220 des Edelgases Radon, das α-Strahlen aussendet. Je mehr radioaktive Kerne Rn-220 in der Sekunde zerfallen, umso mehr α-Teilchen treten auf und umso größer ist die Stromstärke. *Diese ist also ein Maß für die Zahl der in 1 s zerfallenden Kerne.* Wegen der stochastisch auftretenden α-Zerfälle schwankt die Anzeige des Messgerätes. **b)** Blasen wir mehrmals hintereinander radonhaltige Luft in die Kammer, so steigt die Stromstärke mit jedem Gasstoß an. Ist nämlich die Zahl der radioaktiven Kerne n-mal so groß, so zerfallen n-mal so viel Kerne in 1 s und die Stromstärke ist n-fach. *Sie ist also auch ein Maß für die Zahl der unzerfallenen Kerne in der Kammer.* **c)** Gibt man kein weiteres Radon in die Kammer, so bleibt die Stromstärke nicht konstant, sondern fällt jeweils in 55 s auf die Hälfte ab. Also wird auch die Zahl der Kerne, die je Sekunde zerfallen, im Rahmen der stochastischen Schwankungen halbiert. Folglich ist nach jeweils 55 s die Zahl der insgesamt noch vorhandenen Rn-220-Kerne ebenfalls auf die Hälfte der anfangs bestehenden gesunken. Ihre Zahl nimmt also *exponentiell ab*.

Die Aktivität $A(t)$ ist eine Funktion der Zeit und *proportional zur Zahl $N(t)$ der noch nicht zerfallenen Atome*. Dies kennen wir aus ⟹ *Versuch 1* bzw. *2*. Dort ist die Stromstärke bzw. die Zählrate sowohl ein Maß für die Zahl der in einer Zeit $\Delta t \ll T_{1/2}$ zerfallenen Kerne – also für die Aktivität des Präparats – als auch ein Maß für die Zahl der noch nicht zerfallenen Kerne $N(t)$. – Die Aktivität $A(t)$ einer radioaktiven Substanz fällt mit der gleichen Halbwertszeit wie $N(t)$ exponentiell ab. Aus *Gl.* (2) folgt nämlich:

$$A(t) = A_0 \, e^{-\lambda t} \quad \text{mit} \quad \lambda N_0 = A_0. \tag{3}$$

Merksatz

> Die **Aktivität** einer radioaktiven Substanz ist der Quotient aus der Anzahl ΔN der in einer kleinen Zeitspanne $\Delta t \ll T_{1/2}$ stattfindenden Zerfälle und dieser Zeitspanne Δt. – Die Aktivität $A(t)$ ist proportional zu der noch nicht zerfallenen Anzahl von Atomen $N(t)$ und nimmt wie diese exponentiell ab: $A(t) = \lambda\, N(t)$.
> Die Einheit der Aktivität ist **1 Becquerel**. Es ist: $1\,\text{Bq} = 1\,\text{s}^{-1}$.

Vertiefung

A. Radioaktiver Zerfall und Wahrscheinlichkeit

$N(t) = N_0 e^{-\lambda t}$ ist eine stetige, differenzierbare Funktion. Da aber immer nur ein ganzer Kern zerfällt, und zwar momentan, müsste die tatsächliche Zerfallsfunktion eine Treppenfunktion mit Stufenhöhe 1 sein. *Wie in der Quantenmechanik gilt ein Wahrscheinlichkeitsgesetz*: Nicht der einzelne Zerfallsprozess ist determiniert und durch eine mathematische Funktion vorhersagbar, sondern allein seine Wahrscheinlichkeit.

Die Funktion $N(t)$ stellt also nicht die wirkliche, sondern vielmehr die *mittlere* Anzahl $N(t)$ noch unzerfallener Kerne als Funktion der Zeit dar; $N(t)$ ist streng determiniert wie das Intensitätsdiagramm bei der Licht- oder Elektronenbeugung, während der einzelne Zerfall stochastisch erfolgt. Die Funktion $N(t)$ ist also nicht etwa eine Näherung des Zerfallsgesetzes, sondern sie ist dieses nur durch eine Wahrscheinlichkeit ausdrückbare Gesetz selbst!

Aus *Gl.* (1) und (2) folgt für kleine $\Delta t \ll T_{1/2}$:

$$-\lambda N(t) \approx \frac{\Delta N}{\Delta t} \quad \text{oder} \quad \lambda \Delta t \approx -\frac{\Delta N}{N(t)} \tag{4}$$

Von $N(t)$ Kernen zerfallen in der Zeit Δt im Mittel ΔN Kerne. $\Delta N/N(t)$ ist somit die Wahrscheinlichkeit, mit der ein Kern in dieser Zeit zerfällt. Der Zahlenwert von λ gibt also nach *Gl.* (4) – wenn man $\Delta t = 1$ s setzt – die Wahrscheinlichkeit an, mit der ein Kern innerhalb der nächsten Sekunde zerfällt (falls $T_{1/2} \gg 1$ s). λ nennt man daher zu Recht *Zerfallskonstante*.
Bemerkenswert ist: Die Zerfallswahrscheinlichkeit eines Kerns ist unabhängig von der Zeit t, d. h. vom Alter des Kerns. *Der Kern altert also nicht!*

V 2: a) Durch einen Cäsium-Isotopengenerator drücken wir einige Tropfen Salzsäure. Die Lösung fangen wir in einem Reagenzglas auf und halten dieses vor ein Zählrohr. Das Zählrohr zeigt, dass die Salzsäure aus dem Isotopengenerator eine radioaktive, γ-strahlende Substanz herausgelöst hat (es handelt sich um Ba*-137). Je mehr radioaktive Substanz sich im Reagenzglas befindet, desto größer ist die Zählrate. In ⟹ *Versuch 1* ist die Stromstärke $I(t)$ proportional zur Zahl der noch nicht zerfallenen Kerne $N(t)$, in diesem Versuch nun ist die Zählrate $n(t)$ proportional zu $N(t)$.
b) Wenn wir die Zählrate alle 20 s messen, so erhalten wir eine Messkurve analog zu der in ⟹ *Versuch 1*, allerdings mit einer Halbwertszeit von $T_{1/2} = 2{,}6$ min.

B. Von der großen Zahl der Atome

Radioaktive Präparate in Schulen besitzen maximal eine Aktivität von $3{,}7 \cdot 10^6$ Bq. Man bedenke: Obgleich solche Präparate schon jahrelang in der Schule lagern, zerfallen bei ihnen in jeder Sekunde 3 700 000 Kerne, dies bei Tag und Nacht und auch in den Ferien. Dabei hat die Substanz eine Masse von wenigen µg. Vielleicht vermittelt Ihnen das ein Gefühl für die riesige Anzahl von Atomen in einer so winzigen Substanzmenge.

C. Bestimmung einer großen Halbwertszeit

K-40 hat eine Halbwertszeit von $1{,}28 \cdot 10^9$ a. Wie hat man diese große Zeit bestimmt?
Es ist nach *Gl.* (2): $A(t) = \lambda N(t) = (\ln 2 / T_{1/2}) N(t)$.
Man hat gemessen, dass 10 g natürliches Kalium infolge des 0,0118%-Gehaltes an K-40 eine Aktivität von 310 Bq haben. Wegen der gegenüber den Messzeiten sehr großen Halbwertszeit verändert sich die Zahl $N(t)$ praktisch nicht. Sie lässt sich deshalb aus der Masse m des Kaliums bestimmen:
1 mol natürliches Kalium hat eine Masse von 39,0983 g. In 10 g Kalium befinden sich

$$\frac{10\,\text{g} \cdot 6{,}023 \cdot 10^{23}}{39{,}0983\,\text{g}} = 1{,}540 \cdot 10^{23}\ \text{Atome.}$$

Davon sind
$1{,}540 \cdot 10^{23} \cdot 1{,}18 \cdot 10^{-4} = 1{,}81 \cdot 10^{19}$ K-40-Atome.
Nach *Gl.* (2) ist somit

$$T_{1/2} = \frac{\ln 2 \cdot N(t)}{A(t)} = \frac{\ln 2 \cdot 1{,}81 \cdot 10^{19}}{310\,\text{s}^{-1}} = 4{,}05 \cdot 10^{16}\,\text{s}$$

$T_{1/2} = 1{,}28 \cdot 10^9$ a.

Interessantes

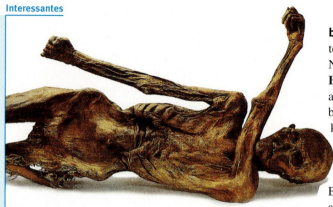

B 1: Das Alter der Mumie wurde mit der C-14-Methode auf 5 300 bis 5 350 Jahre bestimmt.

Aktivität verrät das Alter

a) Wie alt ist die Mumie, die 1991 in den Ötztaler Alpen auf einem Gletscher gefunden wurde? Diese Frage lässt sich mit der **Kohlenstoff-14-Methode** beantworten. In der Atmosphäre wird nämlich unter dem Einfluss der fast konstanten kosmischen Strahlung laufend das radioaktive Kohlenstoffisotop C-14 gebildet ($T_{1/2}$ = 5 730 a). Es verbindet sich mit dem Sauerstoff der Luft zu radioaktivem Kohlenstoffdioxid. Infolge der konstanten Neubildungsrate und des laufenden Zerfalls hat sich in der Luft eine Gleichgewichtskonzentration an C-14 eingestellt. Das Häufigkeitsverhältnis der Kerne C-14 und der stabilen Kerne C-12 ist etwa $1{,}5 \cdot 10^{-12}$. Durch die Assimilation wird C-14 von den Pflanzen bzw. durch pflanzliche Nahrung von den Tieren aufgenommen. Solange ein Tier oder eine Pflanze leben, steht deren Kohlenstoffgehalt laufend in Kontakt mit dem Kohlenstoff der Atmosphäre und hat somit die gleiche Konzentration an C-14 wie dieser. In 1 g Kohlenstoff findet man dabei etwa 16 Zerfälle von C-14-Atomen in einer Minute ($A_0 = 16\,\text{min}^{-1}$). Stirbt das Lebewesen ab, sinkt der C-14-Gehalt nach dem Zerfallsgesetz.

Misst man z. B. in 1 g Kohlenstoff eines Gegenstandes noch 10,7 Zerfälle pro Minute ($A(t) = 10{,}7\,\text{min}^{-1}$), so lässt sich sein Alter wie folgt berechnen: Die Aktivität ist

$$A(t) = A_0\, e^{-\frac{\ln 2}{T_{1/2}} t}.$$

Logarithmiert man und löst nach t auf, so ergibt sich:

$$t = -\ln\left(\frac{A(t)}{A_0}\right) \frac{T_{1/2}}{\ln 2} = -\ln\left(\frac{10{,}7}{16}\right) \frac{5\,730\,\text{a}}{\ln 2} = 3\,330\,\text{a}.$$

Entsprechend der Halbwertszeit von 5 730 a eignet sich die C-14-Methode für Gegenstände mit einem Alter zwischen 1 000 und 30 000 Jahren ($\approx 6\, T_{1/2}$).

b) Um das Alter von Gesteinen und damit das der festen Erdkruste (ca. $4 \cdot 10^9$ a) zu bestimmen, benötigt man Nuklide mit großen Halbwertszeiten. Bei der **Uran-Blei-Methode** benutzt man U-238 mit $T_{1/2} = 4{,}5 \cdot 10^9$ a als Uhr. U-238 zerfällt über mehrere Stufen in das stabile Nuklid Pb-206. Im Gegensatz zur C-14-Methode kennt man allerdings die Konzentration $N_{U,0}$ von U-238 in der Gesteinsprobe bei deren Entstehung ($t = 0$) nicht. In dem langen Zeitraum ist aber praktisch aus jedem zerfallenen U-238-Kern ein stabiler Bleikern Pb-206 geworden. Die Anzahl $N_{Pb}(t)$ der Bleiatome ist also gleich der Abnahme $N_{U,0} - N_U(t)$ der Uran-Kerne; es gilt mit

$$N_U(t) = N_{U,0}\, e^{-\lambda t} \quad \text{oder} \quad N_{U,0} = N_U(t)\, e^{+\lambda t}$$
$$N_{Pb}(t) = N_{U,0} - N_U(t) = N_U(t)\,(e^{+\lambda t} - 1).$$

Löst man diese Gleichung nach t auf, findet man:

$$t = \frac{1}{\lambda} \ln\left(1 + \frac{N_{Pb}(t)}{N_U(t)}\right) = \frac{T_{1/2}}{\ln 2} \ln\left(1 + \frac{N_{Pb}(t)}{N_U(t)}\right).$$

Das Verhältnis $N_{Pb}(t)/N_U(t)$ lässt sich z. B. massenspektroskopisch bestimmen.

c) Bei Erzen, die schon bei ihrer Entstehung Blei enthalten, wird vielfach die **Kalium-Argon-Methode** benutzt. Kalium-40 zerfällt mit einer Halbwertszeit von $T_{1/2} = 1{,}28 \cdot 10^9$ a in Argon-40. Aus der Bestimmung des Gehaltes an Kalium und Argon im Gestein findet man analog zur Uran-Blei-Methode das Alter.

d) Bei den besprochenen Verfahren weiß man im Allgemeinen nicht sicher, ob die Gesteinsprobe bei ihrer Entstehung nicht doch schon Spuren der Tochtersubstanz (Pb, Ar) enthielt, oder ob die gasförmige Tochtersubstanz Argon teilweise wieder verschwunden ist. Deshalb zählt man heute die **Kernspaltungsspuren** von U-238 aus. Dieses Nuklid spaltet sich nicht nur nach einer Neutronenaufnahme, sondern auch spontan, d. h. von selbst:
In 1 g Uran finden in einer Stunde 25 spontane Spaltprozesse statt. Die beiden mit großer Energie wegfliegenden Kernbruchstücke erzeugen eine mikroskopisch sichtbare Störung des Kristallgefüges; diese bleibt genauso lange bestehen, wie das Mineral nicht verändert wird. Man erhält zuverlässige Werte für das Gesteinsalter, wenn man die Störstellen auszählt und mit dem Gehalt an U-238 vergleicht.
Dank dieser kernphysikalischen Methoden wurde z. B. das **Alter der Erde** zu 4,5 bis $4{,}6 \cdot 10^9$ a oder das **Mondentstehungsalter** aus den von Astronauten zur Erde gebrachten Proben zu $4{,}6 \cdot 10^9$ a bestimmt.

... noch mehr Aufgaben

Halbwertszeiten ➡ Tabelle 1.

A 1: In eine Ionisationskammer wird ein radioaktives Gas gepumpt und der Strom I gemessen:

t/s	0	10	20	40
$I/(10^{-12}\,A)$	60	50	42	28
t/s	60	80	100	120
$I/(10^{-12}\,A)$	20	14	9	7

Nuklid	$T_{1/2}$	Nuklid	$T_{1/2}$	Nuklid	$T_{1/2}$
Th-232	$1,4 \cdot 10^{10}$ a	Cs-137	30 a	Po-210	138 d
U-238	$4,5 \cdot 10^{9}$ a	Sr-90	28,5 a	Hg-203	46,9 d
K-40	$1,28 \cdot 10^{9}$ a	H-3	12,3 a	Cu-64	12,8 h
U-235	$7,1 \cdot 10^{8}$ a	Kr-85	10,8 a	Ba*-137	2,6 min
C-14	5730 a	Co-60	5,27 a	Rn-220	55 s
Ra-226	1600 a	Tl-204	3,8 a	Po-214	$0,16 \cdot 10^{-3}$ s
Am-241	433 a	Na-22	2,6 a	Po-212	$3 \cdot 10^{-7}$ s

T 1: Halbwertszeiten einiger Nuklide; a: Jahr, d: Tage, h: Stunde

a) Begründen Sie, warum I proportional zur Teilchenzahl $N(t)$ des radioaktiven Gases abfällt. **b)** Bestimmen Sie die Halbwertszeit $T_{1/2}$ und die Zerfallskonstante λ des Gases so genau wie möglich.

A 2: Nach wie viel Halbwertszeiten ist die Zahl der jetzt gerade vorhandenen Kerne einer radioaktiven Substanz auf 90%, 50%, 1% und 0,1% gesunken?

A 3: In der Mitte einer mit Luft gefüllten Ionisationskammer (Durchmesser 10 cm) befindet sich ein abgedecktes Am-241-Präparat, das α-Teilchen der Energie $W = 4,4$ MeV aussendet. Der Strom am Messverstärker beträgt $2,4 \cdot 10^{-9}$ A. **a)** Begründen Sie, dass alle α-Teilchen ihre gesamte Energie in der Kammer abgeben und nicht an die Kammerwand gelangen. **b)** Wie viele α-Teilchen je Sekunde sendet das Präparat in die Ionisationskammer aus? (Zur Bildung eines Ionenpaars benötigt ein α-Teilchen 35,5 eV Energie.) **c)** Welche Masse besitzt der Am-241-Anteil des Präparats, wenn man annimmt, dass ein Drittel der von Am-241 ausgesandten α-Teilchen in die Ionisationskammer gelangt?

A 4: Welche Aktivität entwickeln 10^{-7} g Po-210?

A 5: 1 g Ra-226 sendet in einer Sekunde $3,7 \cdot 10^{10}$ α-Teilchen aus. Berechnen Sie $T_{1/2}$ von Ra-226.

A 6: In einer U-238-Probe zerfallen 10^{3} Atome in 1 min. Wie viele Atome enthält die Probe? Berechnen Sie die Masse der Probe.

A 7: Ein radioaktives Cu-64-Präparat wird hergestellt und verschlossen. Nach 20 Tagen beträgt die Aktivität noch 20 Bq. Welche Masse in Gramm besaß der Cu-64-Anteil des Präparats bei der Herstellung?

A 8: In einer Quecksilbermischung ist das radioaktive Isotop Hg-203 zu 0,02 % enthalten. Unmittelbar nach Herstellung der Mischung ist die Aktivität der Probe 40 s^{-1}. Berechnen Sie die Masse der Hg-Probe (mittlere Masse eines Hg-Atoms: 200,59 u).

A 9: Die Messung der Aktivität einer radioaktiven Substanz ergibt folgende Messreihe (n: Zählrate):

t/s	0	15	30	45
n/s^{-1}	151	112	85	67
t/s	60	90	120	150
n/s^{-1}	55	40	31	26
t/s	180	240	300	360
n/s^{-1}	22	15	11	9

a) Tragen Sie die Messergebnisse in einem einfach-logarithmischen Papier auf und begründen Sie, dass in der Substanz zwei Nuklide mit verschiedener Halbwertszeit vorhanden waren. **b)** Bestimmen Sie die Halbwertszeiten der Nuklide. (Hinweis: Das Nuklid mit kleinerem $T_{1/2}$ ist bei größeren Zeiten t fast verschwunden. Um dessen Halbwertszeit zu finden, muss man die Aktivität des längerlebigen Nuklids von der Gesamtaktivität subtrahieren.)

A 10: Zerfällt ein Nuklid mit der Halbwertszeit $T_{1/2}(1)$, so zerfällt häufig der Nachfolgekern nochmals mit einer Halbwertszeit $T_{1/2}(2)$ in einen stabilen Kern. Es sei $T_{1/2}(1) \gg T_{1/2}(2)$. Begründen Sie qualitativ, dass die Aktivitäten beider Nuklide, die in einem Präparat lange nebeneinander existieren, gleich groß sind. Man nennt dies radioaktives Gleichgewicht.

A 11: Cs-137 zerfällt mit einer Halbwertszeit von $T_{1/2} = 30$ a in einen Ba-137-Kern, der mit $T_{1/2} = 2,6$ min weiter zerfällt. Vor 5 Jahren wurde ein reines Cäsiumpräparat der Masse $1,1 \cdot 10^{-10}$ kg hergestellt. **a)** Welche Aktivität besaß das Präparat zum Zeitpunkt der Herstellung? **b)** Wie viele Cäsiumatome sind bis heute zerfallen? **c)** Wie viel Ba-137-Atome enthält das Präparat heute (vgl. Aufg. 9)?

A 12: Ein altes Holzstück, bei dem der Kohlenstoffanteil die Masse 25 g hat, zeigt eine Gesamtrestaktivität (herrührend von C-14) von $A = 2,4 \cdot 10^{2}$ min^{-1}. **a)** Wie viele C-14-Atome sind noch in diesem Holzstück? **b)** Vor wie vielen Jahren starb das Holzstück ab?

A 13: Bestimmen Sie das Massenverhältnis von U-238 zu Pb-206, das sich nach der Zeit $t = 1,4 \cdot 10^{9}$ a in einer Gesteinsprobe aufgrund des radioaktiven Zerfalls von U-238 in Pb-206 eingestellt hat. Zur Zeit $t = 0$ war die Zahl der Pb-206-Kerne null.

Interessantes

A. Strahlenbiologische Wirkungskette

Die Wechselwirkungen *ionisierender Strahlung* mit Gewebe beginnen mit der so genannten *physikalischen Phase*. Dort werden Moleküle und Atome einer Zelle durch die Strahlung lokal angeregt oder ionisiert und zwar innerhalb von 10^{-16} bis 10^{-13} s.

Anschließend (zwischen 10^{-13} und 10^{-2} s) wird die absorbierte Energie in die nähere Umgebung verteilt. Wird z. B. in einem organischen Molekül ein Elektron herausschlagen, das die chemische Bindung bewirkt, dann zerbricht das Molekül. Die Bruchstücke reagieren chemisch anders als das ursprüngliche Molekül. Oft bilden sich Radikale wie das H- oder das OH-Radikal (eine Zelle besteht zu 80% aus Wasser). Die Radikale sind chemisch hoch aktiv und lagern sich sofort an andere Radikale oder von der Strahlung nicht getroffene Moleküle an. In dieser *physikalisch-chemischen Phase* verändern sich also die Moleküle strukturell und funktionell.

Dies führt in der *biologischen Phase* (Zeitraum von 10^{-2} s bis zu mehreren Jahren oder Jahrzehnten) zu einem veränderten biologischen Verhalten der Zelle oder zu deren Tod.

B. Ionisationsprozesse im Körpergewebe

Jeder Mensch unterliegt einer *natürlichen Strahlenexposition* (s. Ziff. 4). Dauernd werden in seinem Körper durch die Strahlung radioaktiver Stoffe Moleküle ionisiert.
In 1 Jahr = $3{,}15 \cdot 10^7$ s absorbiert 1 g Körpermasse dabei im Mittel die Energie von $2{,}4 \cdot 10^{-6}$ J = $2{,}4 \cdot 10^{-6}/1{,}6 \cdot 10^{-19}$ eV = $1{,}5 \cdot 10^{13}$ eV, in 1 Sekunde also $1{,}5 \cdot 10^{13}$ eV$/3{,}15 \cdot 10^7 = 4{,}8 \cdot 10^5$ eV.
Um ein Ionenpaar zu bilden, braucht man ca. 30 eV an Energie. *In 1 g Körpergewebe werden also in einer Sekunde im Mittel mehr als 10 000 Ionenpaare gebildet* ($4{,}8 \cdot 10^5$ eV$/30$ eV = $1{,}6 \cdot 10^4$).

Dieses „Bombardement" durch ionisierende Strahlung trifft jeden Menschen. Er muss also über hochwirksame Mechanismen verfügen, um die Schäden durch Ionisationen zu beseitigen und zu reparieren.

Wirkung ionisierender Strahlung – Strahlenschutz

1. Erste böse Erfahrungen mit ionisierender Strahlung

H. A. BECQUEREL, der 1896 die Strahlung radioaktiver Stoffe entdeckte, trug 1901 ein nicht abgeschirmtes Radiumpräparat in der Westentasche. Nach zwei Wochen zeigte seine Haut Verbrennungserscheinungen mit einer schwer abheilenden Wunde. Bei Personen, die mit Röntgenstrahlen ohne Schutzvorrichtungen umgingen, traten schwere Erkrankungen, ja sogar Todesfälle auf.

Heute kennt man die Wirkung der Strahlung radioaktiver Stoffe, der Röntgenstrahlung sowie anderer ionisierender Strahlung auf den lebenden Organismus sehr viel genauer. Man weiß, dass nicht jede *Strahlenexposition* – das ist ein Vorgang, bei dem ionisierende Strahlung einen Menschen trifft – gleich zu einem biologischen Schaden führen muss, wohl aber kann.

Elektromagnetische Strahlung (z. B. die Strahlung im Mobilfunkbereich), deren Quantenenergie nicht ausreicht, Atome oder Moleküle zu ionisieren, nennt man *nichtionisierende Strahlung*.

2. Einwirkung ionisierender Strahlung auf lebende Zellen

Der Schaden, den ionisierende Strahlung verursachen kann, ist das Endglied einer komplexen Reaktionskette aus physikalischen, chemischen und biologischen Prozessen (➡ *Interessantes*). Die Desoxyribonukleinsäure-Moleküle (DNS) im Zellkern, welche die vielfältigen Zellfunktionen steuern und regeln und die Erbinformationen enthalten, sind besonders sensibel für Strahlung. Biologische Bestrahlungseffekte stellt man deshalb bevorzugt an Zellen fest, die sich beim Bestrahlen teilen. Im Embryo im Mutterleib ist die Zellteilung besonders intensiv.
Nicht vergessen darf man aber, dass der Organismus über wirksame Abwehrmechanismen verfügt, mit denen er Schäden an der DNS reparieren oder durch das Immunsystem erkennen und eliminieren kann (➡ *Interessantes*). Erst wenn diese Abwehrsysteme versagen, kommt es zum Strahlenschaden.

Merksatz

Ursache der Strahlenschäden ist die Ionisation von Molekülen. Abwehrmechanismen verhindern, dass jede Strahlenexposition schädlich ist.

3. Strahlenexposition – quantitativ erfasst

a) Ein Strahlenschaden tritt umso eher auf, je mehr Moleküle ionisiert oder angeregt werden. Absorbiert Körpergewebe der Masse Δm infolge einer Bestrahlung die Energie ΔW, so nennt man den Quotienten $D = \Delta W/\Delta m$ **Energiedosis** mit der Einheit **1 Gray = 1 Gy = 1 J/kg**. Unter **Energiedosisleistung** $\dot{D} = \Delta D/\Delta t$ mit der Einheit 1 Gy/s = 1 W/kg versteht man die je Sekunde absorbierte Dosis.

b) Die verschiedenen Strahlenarten haben allerdings unterschiedliche biologische Wirkungen.

α-Teilchen haben eine hohe Ionisationsdichte. Sie erzeugen in einer Zelle 10^4 bis 10^5 Ionenpaare, β-Teilchen nur 10 bis 100. Wenn α-Strahlung in einem Gewebe dieselbe Energiedosis liefert wie β-Strahlung, so sind im ersten Fall viel weniger Zellen betroffen als im zweiten; dennoch gehen mehr zugrunde, weil bei geringerer Ionisationsdichte die Selbstheilungsaussichten wesentlich günstiger sind. *Strahlung wirkt also verschieden, je nach dem, ob ihre Energie auf kurzen oder längeren Wegstrecken absorbiert wird.*

Um die unterschiedliche biologische Wirkung ionisierender Strahlen in demselben Gewebe oder Organ quantitativ miteinander zu vergleichen, wurde die **Äquivalentdosis H** eingeführt. Man erhält sie durch Multiplikation der Energiedosis D mit einem dimensionslosen *Strahlungs-Wichtungsfaktor* w_R: $H = w_R D$.

Die Faktoren w_R (▶ Tabelle 1) für verschiedene Strahlenarten sind dabei so gewählt, dass sie ein Maß für die biologische Wirksamkeit *bei niederen Dosen* darstellen. Für Röntgen-, γ- und β-Strahlung ist $w_R = 1$ festgelegt. Die Äquivalentdosis H erhält die **Einheit 1 Sievert (1 Sv = 1 J/kg)**, um sie von der messbaren Energiedosis zu unterscheiden. Treffen mehrere Strahlenarten ein Gewebe, so wird die gesamte schädliche Wirkung nicht durch die Summe der Energiedosen, sondern durch die Summe der Äquivalentdosen der einzelnen Strahlenarten richtig charakterisiert.

c) Biologische Strahlenwirkungen werden eingeteilt in stochastische und deterministische Wirkungen:
- Die **stochastischen Strahlenwirkungen** (z. B. Krebs) treten oft erst nach Jahren auf. Ihre *Eintrittswahrscheinlichkeit* hängt von der Energiedosis ab, nicht dagegen die Schwere der Erkrankung.
- Die **deterministischen Strahlenwirkungen** treten in absehbarer Zeit auf. Ihr *Schweregrad* steigt mit der Energiedosis. Bei vielen deterministischen Wirkungen besteht eine *Dosisschwelle*, unterhalb derer keine Krankheitssymptome auftreten.

Menschen werden oft einer Strahlung geringer Dosis weit unterhalb der Dosisschwelle für deterministische Strahlenwirkungen exponiert. Deshalb interessiert man sich im Strahlenschutz besonders für das **Strahlenrisiko** für stochastische Wirkungen bei niederen Dosen. Unter dem Strahlenrisiko versteht man die *Wahrscheinlichkeit* für das Eintreten einer durch eine Strahlenexposition bewirkten nachteiligen Wirkung bei einem Individuum.

d) Die Wahrscheinlichkeit, mit der im niederen Dosisbereich stochastische Wirkungen auftreten, ist bei gleicher Äquivalentdosis für verschiedene Gewebe und Organe unterschiedlich. Die Haut des Menschen ist z. B. weit weniger empfindlich als verschiedene innere Organe. Um bei einer Strahlenexposition einzelner Organe und Gewebe oder des gesamten Körpers das Strahlenrisiko für das Auftreten einer stochastischen Strahlenwirkung richtig abzuschätzen, hat man deshalb für die *Zwecke des Strahlenschutzes* die **effektive Dosis E** eingeführt.

Strahlenart	w_R
Röntgen- und γ-Strahlung	1
Elektronen, β-Strahlung, Myonen	1
Neutronen je nach Energie	5 bis 20
α-Strahlung, Schwerionen, Spaltfragmente	20

T 1: Strahlungs-Wichtungsfaktoren w_R

Organ Gewebe	w_T	Organ Gewebe	w_T
Keimdrüsen	0,20	Leber	0,05
Knochenmark	0,12	Speiseröhre	0,05
Dickdarm	0,12	Schilddrüse	0,05
Lunge	0,12	Haut	0,01
Magen	0,12	Knochenoberfl.	0,01
Blase	0,05	übrige Organe und Gewebe	0,05
Brust	0,05		

T 2: Gewebe-Wichtungsfaktoren w_T. Die Summe der Wichtungsfaktoren ist 1.

Interessantes

Strahlenexposition durch ein γ-Präparat

Ein punktförmiges γ-Präparat der Aktivität A, dessen Strahlung nicht absorbiert oder gestreut wird, erzeugt im Abstand r die Äquivalentdosisleistung $\dot H = \Delta H/\Delta t = \Gamma A/r^2$. Die Größe Γ ist dabei die so genannte *Dosisleistungskonstante* in $\text{Sv m}^2 \text{h}^{-1} \text{Bq}^{-1}$.

Radionuklid	$\Gamma/\text{mSv m}^2 \text{h}^{-1} 10^9 \text{Bq}^{-1}$
Na-22	0,321
Co-60	0,350
Cs-137	0,088
Ra-226	0,225
Am-241	0,007

Beispiel: In der Schule wird ein Cs-137-Präparat der Aktivität $3{,}7 \cdot 10^6$ Bq benutzt. Ein Experimentator hält sich 1 Stunde in 0,5 m Abstand von diesem Präparat auf. Welche Äquivalentdosis erhält er? Aus dem Präparat tritt nur γ-Strahlung aus. Die Äquivalentdosis ist $\Delta H = \dot H \Delta t = \Gamma A \Delta t/r^2$:

$$\Delta H = 0{,}088 \, \frac{10^{-3}\,\text{Sv m}^2 \, 3{,}7\cdot 10^6\,\text{Bq}}{\text{h} \, 10^9\,\text{Bq} \, (0{,}5\,\text{m})^2} \, 1\,\text{h} \approx 1{,}3\,\mu\text{Sv}.$$

Gesetzlich erlaubt sind 10 µSv. Man sollte aber jede unnötige Strahlenexposition vermeiden!

Vertiefung

Dosisbegriffe und Dosismessgrößen

Die „International Commission on Radiological Protection (ICRP)" gibt seit Jahrzehnten Empfehlungen heraus, die als Grundlage für die Gesetzgebung zum Strahlenschutz dienen. In diesen Empfehlungen (z. B. ICRP-Publikation 60, 1990) werden die Dosisbegriffe definiert, die im Strahlenschutz verwendet werden. – Die **Äquivalentdosis** und die **effektive Dosis** sind *berechnete Dosisgrößen*, da sie unter Verwendung von Wichtungsfaktoren bestimmt werden. Als *Messgrößen* verwendet man die **Ortsdosis** und die **Personendosis**. Gemessen werden sie mit **Dosimetern**, die nach internationalen Vorschriften geeicht sind. Meist ermitteln sie **Dosisleistungen**, also die pro Zeiteinheit empfangene Dosis. Messgeräte für die **Ortsdosis** (Ortsdosimeter) geben in etwa die effektive Dosis an, die eine Person, die sich ständig am Ort der Messung aufhalten würde, abbekommt. Damit werden Strahlenschutzbereiche festgelegt. – Die **Personendosis** wird von *Personendosimetern* gemessen, welche die strahlengefährdete Person ständig am Körper trägt. Sie geben in etwa die effektive Dosis an, die diese Person tatsächlich in einem bestimmten Zeitraum erhalten hat.

Beispiel

Berechnung der effektiven Dosis

Durch Inkorporation von J-131 kommt es zu einer Schilddrüsenäquivalentdosis von $H = 80$ mSv. Der Gewebe-Wichtungsfaktor für die Schilddrüse ist $w_T = 0,05$. Wenn sonst keine weiteren Organe bestrahlt wurden, ergibt dies eine effektive Dosis von $E = w_T H = 80$ mSv $\cdot\, 0,05 = 4$ mSv.
Das Risiko, an einem durch 80 mSv strahleninduzierten Schilddrüsenkrebs zu erkranken, ist deshalb genauso groß, wie das gesamte Risiko, Krebs nach einer homogenen Ganzkörperexposition von 4 mSv zu bekommen. Bei einer homogenen Ganzkörperexposition ist jedes Organ mit 4 mSv exponiert. Da die Summe der Wichtungsfaktoren 1 ist, wird nämlich auch in diesem Fall die effektive Dosis 4 mSv.

4. Die effektive Dosis

Die Empfindlichkeit eines bestrahlten Gewebes berücksichtigt man, indem man die empfangene Äquivalentdosis H mit dem dimensionslosen **Gewebe-Wichtungsfaktor w_T** multipliziert (⇒ *Tabelle 2 von Ziff. 3*). Die Faktoren sind aus umfangreichen Untersuchungen abgeleitet. Um das gesamte Schadensrisiko abzuschätzen, summiert man die Produkte $w_T H$ über alle in der ⇒ *Tabelle 2* (von *Ziff. 3*) aufgelisteten Organe. So erhält man die **effektive Dosis**

$$E = \sum w_T H \quad \text{mit der Einheit} \quad 1 \text{ Sievert} = 1 \text{ Sv}.$$

Die effektive Dosis ermöglicht eine einheitliche Beurteilung des Gesamtrisikos für stochastische Strahlenwirkungen nach einer Strahlenexposition mit kleinen Energiedosen. Dabei kann die Exposition einzelne oder mehrere Gewebe und Organe oder den ganzen Körper treffen (⇒ *Beispiel*). – Die praktische Umsetzung dieses Begriffs wird in der ⇒ *Vertiefung* erläutert.

Merksatz

Die **Energiedosis** $D = \Delta W/\Delta m$ ist der Quotient aus der vom Gewebe der Masse Δm bei einer Bestrahlung absorbierten Energie ΔW und Δm. Die **Einheit** der Energiedosis ist das Gray: **1 Gy = 1 J/kg**.

Die **Äquivalentdosis** $H = w_R D$ gewichtet die Energiedosis D nach der Strahlenart mit dem Strahlungs-Wichtungsfaktor w_R. Die **Einheit** der Äquivalentdosis ist **1 Sievert = 1 Sv**.

Die **effektive Dosis** $E = \sum w_T H$ berücksichtigt zudem die Empfindlichkeit der Organe mit dem Gewebe-Wichtungsfaktor w_T. Damit wird das Strahlenrisiko des ganzen Körpers für stochastische Strahlenwirkungen bei geringen Dosen abgeschätzt. Die **Einheit** ist **1 Sv**.

5. Die Strahlenexposition des Menschen

a) Die Menschen sind überall ionisierender Strahlung ausgesetzt. Ursache sind *natürliche Strahlenquellen*, die unabhängig vom Menschen entstanden sind und existieren. Sie bewirken eine **natürliche Strahlenexposition**. Natürliche Strahlenquellen sind z. B. radioaktive Nuklide, die bei der Entstehung der Erde gebildet wurden und Halbwertszeiten in der Größenordnung des Erdalters haben, wie U-238, Th-232 und K-40. Diese Nuklide einschließlich der Zerfallsprodukte von U-238 und Th-232 sind überall in unterschiedlicher Konzentration in Böden und Gesteinen vorhanden.

Man unterscheidet vier Komponenten (⇒ *Bild 1*) der natürlichen Strahlenexposition:

- Eine besondere Stellung unter den natürlichen radioaktiven Nukliden nehmen das gasförmige **Radonisotop Rn-222** ($T_{1/2} = 3,8$ d) aus der Zerfallsreihe von U-238 und in geringerem Umfang **das Radonisotop Rn-220** ($T_{1/2} = 55,6$ s) aus der Zerfallsreihe von Th-232 ein. Radon diffundiert aus dem Erdboden und den Gesteinen in die Luft und ist in geringer Aktivitätskonzentration praktisch überall in unserer Lebenssphäre vorhanden. Im Freien ist der Mittelwert der Radonaktivität 15 Bq/m^3 und in Wohnungen 50 Bq/m^3. Wird Radon vom Menschen eingeatmet und zerfällt es im Atemtrakt, so wird dieser durch die entstehende Strahlung exponiert. Zudem schlagen sich α-strahlende Zerfallsprodukte von Rn-222, Po-218 und Po-214, als Metallionen an Staubpartikeln und Aerosolen der Luft nieder und werden mit der Luft eingeatmet.

Die Inhalation von Radon ist die dominierende Komponente (ca. 58%!) der natürlichen Strahlenexposition (1,4 mSv/a).

- Die radioaktiven Nuklide in Böden und Gesteinen bewirken durch ihre γ-Strahlung die **terrestrische Strahlung.** Sie schwankt in ihrer Intensität je nach Zusammensetzung des Bodens (⇒ *Bild 2*). Die resultierende *effektive Dosis* eines Menschen ist ca. 0,4 mSv/a (ca. 0,1 mSv/a durch den Aufenthalt im Freien; ca. 0,3 mSv/a durch den Aufenthalt in Wohnungen).

- Die **kosmische Strahlung** aus dem Weltraum besteht primär aus hochenergetischen Teilchenstrahlen und γ-Strahlung. Auf ihrem Weg durch die Lufthülle wird die Strahlung teilweise absorbiert. Folglich nimmt die Dosisleistung mit der Höhe zu (⇒ *Bild 3*) und ist z. B. im Flugzeug verstärkt wirksam. Insgesamt verursacht sie eine mittlere effektive Dosis von 0,3 mSv/a.

- Aus dem Boden gelangen die natürlichen radioaktiven Nuklide in Wasser, Pflanzen und Tiere und damit in die Nahrung des Menschen. Mit jedem Kilogramm Nahrung nehmen wir im Mittel radioaktive Nuklide mit einer Aktivität von ca. 100 Bq zu uns. Diese verbleiben eine gewissen Zeitspanne im Körper. Die Gesamtaktivität eines erwachsenen Menschen beträgt etwa 9 000 Bq, wobei K-40 den größten Anteil hat. Die aus der **Aufnahme radioaktiver Nuklide mit der Nahrung (Ingestion)** resultierende effektive Dosis beträgt ca. 0,3 mSv/a.

Die **gesamte durchschnittliche effektive Dosis,** die ein Mensch in der Bundesrepublik durch die natürliche Strahlenexposition erhält, beträgt **ca. 2,4 mSv/a** (⇒ *Bild 1*). *Die Streubreite liegt etwa zwischen 1 und 5 mSv/a.* Vereinzelt treten Werte von 10 mSv/a auf.

b) Zusätzlich zu der natürlichen Strahlenexposition liefert **die Anwendung radioaktiver Stoffe und ionisierender Strahlung in der Medizin** – insbesondere in der Röntgendiagnostik – heute nochmals einen Anteil von **ca. 1,6 mSv/a** an effektiver Dosis (⇒ *Tabelle 1*). Weitere Strahlenexpositionen, z. B. durch Kohle- und Kernkraftwerke, sind insgesamt kleiner als 0,05 mSv/a.

Merksatz

Ein Mensch ist immer und überall einer natürlichen Strahlenexposition ausgesetzt. Die dominierende Komponente dabei ist die Inhalation von Radonisotopen.

In der Bundesrepublik Deutschland beträgt die durchschnittliche natürliche Strahlenexposition eines Menschen im Jahr 2,4 mSv an effektiver Dosis.

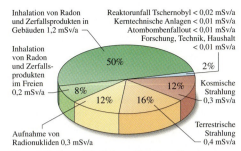

B 1: Mittlere jährliche effektive Dosis eines Menschen in der Bundesrepublik durch natürliche Strahlenexposition

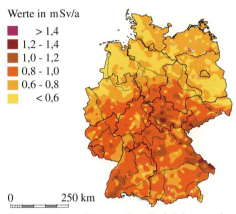

B 2: Mittlere Gamma-Ortsdosisleistung in der Bundesrepublik. Sie variiert zwischen weniger als 0,6 mSv/a und mehr als 1,4 mSv/a.

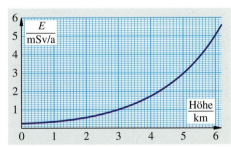

B 3: Effektive Dosis der kosmischen Strahlung für mittlere geographische Breiten

Untersuchungsart	Dosis in mSv	Untersuchungsart	Dosis in mSv
Zahnaufnahme	0,01	Wirbelsäule	1
Gliedmaßen	0,05	Becken	1
Schädel	0,1	Harntrakt	5
Brustkorb	0,1	Galle	7
Mammografie	0,5	Magen	8
Hüfte	0,5	Darm	17

T 1: Effektive Dosis bei Röntgenuntersuchungen

Dosis	Symptome i. d. Mehrzahl d. Fälle
< 0,2 Gy	äußerlich keine Strahlenschäden erkennbar
0,2–1 Gy	2–6 Stunden nach der Exposition gelegentlich Übelkeit und Erbrechen
1–3 Gy	nach 2 Stunden Erbrechen, kurzzeitig Kopfschmerzen, 12–24 Stunden nach der Exposition zeigen sich rötliche Haarverfärbungen; nach 2 Wochen Haarausfall; Jahre später können sich Augenlinsen trüben (Katarakte)
3–6 Gy	Ausgeprägte Abgeschlagenheit schon nach 6–12 Stunden; Erbrechen nach 0,5–2 Stunden, ständig Kopfschmerzen; in der 3. Woche Fieber, Entzündungen im Mund und Rachen, blutige Durchfälle, ohne aufwendige medizinische Versorgung stirbt jede 2. Person
6–8 Gy	Erbrechen nach 10 Minuten; Durchfälle nach wenigen Stunden mit inneren und äußeren Blutungen, ständig bohrende Kopfschmerzen, beginnende Bewusstseinstrübung; der Tod erfolgt zumeist in der 2. Woche
8–15 Gy	Erbrechen nach 5 Minuten; qualvolle Kopfschmerzen; Krämpfe bis zum Eintritt des Komas; in wenigen Tagen tritt der Tod ein

T 1: Symptome nach Ganzkörperexposition

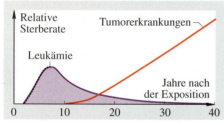

B 1: Zeitmuster der durch Strahlenexposition hervorgerufenen Leukämie- und Krebserkrankungen unter den Überlebenden der Atombombenexplosionen in Japan.

	Hiroshima	Nagasaki
Zivilbevölkerung	320 081	250 000
Anzahl der getöteten Personen	118 661	73 884
Anzahl der verwundeten Personen	79 130	74 909
bis 1990 erfasste Überlebende	86 572	
bis 1990 registrierte Krebstodesfälle unter den Überlebenden	7 578	
davon strahlenbedingt	334	
bis 1990 registrierte Leukämietodesfälle unter den Überlebenden	249	
davon strahlenbedingt	87	

T 2: Wirkung der über Japan 1945 eingesetzten Atombomben

6. Welche Schäden können im Körper auftreten?

a) Deterministische Strahlenwirkungen *sind solche, bei denen der Schweregrad des Strahlenschadens eine Funktion der Energiedosis ist.* Es existiert für diese Wirkungen im Allgemeinen eine *Schwellendosis*; d. h. ein Schaden tritt erst auf, wenn dieser Schwellenwert überschritten ist. Beim Menschen liegt dieser Wert bei einer Ganzkörperexposition bei ca. 0,2 Gy. Je höher oberhalb des Schwellenwertes die Energiedosis ist, desto schwerer ist die Erkrankung (➡ *Tabelle 1*). Sie tritt sofort oder innerhalb weniger Wochen nach der Exposition ein. Betroffen sind in erster Linie jene Zellverbände, die relativ rasch erneuert werden, also die Blutbildungsorgane und die Mund-, Magen- und Darmschleimhäute.

b) Stochastische Strahlenwirkungen *sind solche, bei denen die Eintrittswahrscheinlichkeit für einen Strahlenschaden, nicht aber dessen Schweregrad, von der Energiedosis abhängt.* Dazu zählen Leukämie, Krebs und Veränderungen der Erbanlagen (genetische Schäden). Sie treten mit einer bestimmten Wahrscheinlichkeit erst Jahre nach der Exposition auf (➡ *Bild 1*).

Merksatz

Deterministische Strahlenwirkungen sind solche, bei denen der Schweregrad des Strahlenschadens eine Funktion der Energiedosis ist. Für diese Strahlenschäden gibt es eine Schwellendosis.
Bei **stochastischen Strahlenwirkungen** hängt die Eintrittswahrscheinlichkeit, nicht aber die Schwere des Schadens, von der Energiedosis ab. Dazu zählen Leukämie, Krebs und genetische Schäden.

7. Stochastisches Strahlenrisiko bei kleinen Dosen

Dosen unter 0,2 Sv oder Dosisleistungen unter 50 mSv/a werden als niedrig angesehen. Bei einem Menschen z. B. summiert sich im Laufe seines 70-jährigen Lebens die natürliche Strahlenexposition auf $70 \cdot 2{,}4$ mSv $\approx 0{,}17$ Sv. Deterministische Schäden treten bei diesen Dosen wegen deren Schwellendosis nicht auf.

Ist mit diesen relativ kleinen Dosen aber ein Krebsrisiko oder ein genetisches Risiko verbunden?
Experimentell lässt sich dies nicht nachweisen. Die Wirkung ist zu gering, um sich von der hohen, schwankenden natürlichen Spontanrate der Krebssterblichkeit nicht exponierter Menschen abzuheben. (➡ *Interessantes*). So ist man auf Abschätzungen angewiesen. Als Grundlage dafür dient hauptsächlich die Untersuchung der Überlebenden der Atombombenabwürfe in Japan (➡ *Tabelle 2*), wo die Menschen allerdings kurzzeitig mit einer hohen Dosis exponiert wurden. Man fand zunächst, dass das Auftreten von Leukämie anders verläuft als das anderer Krebsarten (➡ *Bild 1*). Zahlenmäßig ergab sich: Betrachtet man ein Kollektiv von 1000 Menschen, so treten ohne zusätzliche Strahlenexposition 7 Leukämietodesfälle und 200–250 andere Krebstodesfälle auf. Werden diese Menschen zusätzlich kurzzeitig mit einer effektiven Dosis von 1 Sv exponiert,

muss man mit weiteren 11 Leukämie- und 109 anderen Krebstoten rechnen. Man sagt, der *Risikokoeffizient,* d. h. die Wahrscheinlichkeit nach einer Strahlenexposition an Krebs zu sterben, liegt bei Leukämie bei 1,1% je Sv und bei den anderen Krebsarten bei 10,9% je Sv.

Die natürliche Strahlenexposition und berufliche, unfallbedingte Expositionen erfolgen zeitlich verteilt und liegen fast immer im niedrigen Dosisbereich mit geringen Dosisleistungen. Zeitlich gestreckte Dosisaufnahmen sollten aber die Erfolgschancen für Reparaturmechanismen erhöhen. Deshalb hat man zum Zwecke des Strahlenschutzes die Risikokoeffizienten für Expositionen mit Dosen unter 0,2 Sv oder mit geringer Leistung gegenüber den in Japan gewonnenen Ergebnissen halbiert und rechnet mit 5% je Sv (➡ *Bild 2*). Die bei hohen Dosen beobachteten Wirkungen werden linear und ohne Schwellenwert bis zur Wirkung null bei der Dosis null extrapoliert. Die natürliche Strahlenexposition von 0,17 Sv (in 70 Jahren) z. B. trägt so 5%/Sv · 0,17 Sv ≈ 1% zu dem 20%-igen Anteil der Krebstodesfälle am gesamten Sterblichkeitsspektrum bei (➡ *Interessantes*).

Genetische Schäden konnten beim Menschen bislang nicht nachgewiesen werden, auch nicht bei den japanischen Atombombenüberlebenden. Man geht aufgrund von Tierversuchen davon aus, dass die Wahrscheinlichkeit von schweren genetischen Schäden bei 1% je Sv liegt. – Werden schwangere Frauen bestrahlt, treten mit einer größeren Wahrscheinlichkeit stochastische Schäden am Embryo auf als bei erwachsenen Personen. Embryonen weisen nämlich eine höhere Zellteilungsrate auf. *Vor einer Röntgenuntersuchung muss jede Frau eine Schwangerschaft melden!*

Merksatz

Stochastische Strahlenschäden bei kleinen Dosen lassen sich experimentell nicht nachweisen. Für den Strahlenschutz rechnet man derzeit mit einem Strahlenkrebsrisiko von 5% je Sv und einer Wahrscheinlichkeit für genetische Schäden von 1% je Sv.

8. Strahlenschutz

Der Strahlenschutz geht weltweit nach dem „ALARA-Prinzip" vor. ALARA steht für „As low as reasonably achievable". Das bedeutet: Maßnahmen, die ergriffen werden, um die Strahlenexposition so gering wie möglich zu halten, müssen unter Berücksichtigung wirtschaftlicher und sozialer Faktoren vernünftig und sinnvoll sein. In der Praxis gibt es vier Grundregeln des Strahlenschutzes:
• Verwendung einer möglichst **geringen Aktivität** der Quelle,
• **Abschirmung** der Strahlung durch geeignete Materialien,
• **Beschränkung der Aufenthaltsdauer** in einem Strahlenfeld,
• Einhaltung eines **sicheren Abstandes** zur Strahlenquelle.
Strenge gesetzliche Vorschriften regeln den Umgang mit radioaktiven Stoffen und Röntgengeräten. Die Einhaltung von Dosisgrenzwerten sichert die Wirksamkeit von Strahlenschutzmaßnahmen. So darf z. B. die jährliche Strahlenexposition außerhalb einer kerntechnischen Anlage 0,3 mSv/a nicht überschreiten.

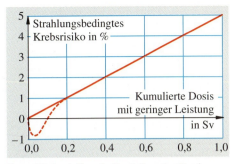

B 2: Krebsrisiko als Funktion der Dosis

Interessantes

A. Beobachtungen bei kleinen Dosen

In Gegenden mit sehr hoher natürlicher Strahlenexposition (teilweise höher als das Zehnfache von 2,4 mSv/a) wie z. B. in Kerala/Indien oder im Erzgebirge konnten trotz jahrelanger intensiver Forschung keinerlei nachteilige Gesundheitseffekte wie erhöhte Krebssterblichkeit beobachtet werden. Die „normale" Krebssterblichkeit unterliegt nämlich größeren Schwankungen, sodass durch Strahlenexposition erzeugte Krebsfälle im statistischen Rauschen untergehen. Etwa 20% der Bevölkerung – in Industrienationen 25% – sterben an Krebs.

B. Eine wissenschaftliche Streitfrage

Um die Wirkung kleiner Dosen abzuschätzen, geht man folgendermaßen vor: Man extrapoliert von den bei hohen Dosen beobachteten Wirkungen linear und ohne Schwellenwert bis zur Wirkung null bei der Dosis null.
Diese Vorgehensweise wird zunehmend hinterfragt. Mehrere Untersuchungen deuten an, dass es einen Schwellenwert geben kann und dass bei kleinen Dosen sogar ein biologisch positiver Effekt auftritt. Die Untersuchung der Exposition der Lunge durch Radon spielt bei diesen Überlegungen eine wichtige Rolle. In den USA wurde 1997 eine umfangreiche Studie veröffentlicht, die 90% der Bevölkerung der USA umfasste und eindeutig ein abnehmendes Lungenkrebsrisiko mit steigender Radonkonzentration (bis zu 150 Bq/m³) nachwies. Schematisch gesehen könnte daher das strahlungsbedingte Krebsrisiko wie der gestrichelte Teil in ➡ *Bild 2* verlaufen.

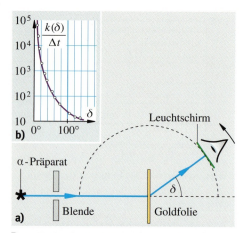

B 1: Rutherfordscher Streuversuch:
a) Prinzip; b) Ergebnis

Vertiefung

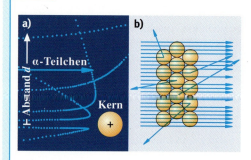

A. Simulation der Streuung

α-Teilchen (W_{kin} = 7,7 MeV) laufen mit kleiner werdendem Abstand d auf einen Goldkern zu ($R_K = 7 \cdot 10^{-15}$ m; $Q = 79\,e$). Unter Verwendung des Coulombgesetzes und der Gesetze der klassischen Mechanik berechnet ein Computer die Bahnen der α-Teilchen. Je näher ein α-Teilchen einem Kern kommt, je kleiner also d ist, desto stärker wird das α-Teilchen abgelenkt.

B. Zahl der Stöße

Weil die α-Teilchen beim Streuversuch gleichmäßig verteilt auf die dünne Goldfolie auftreffen, laufen sie in den verschiedensten Abständen d an den einzelnen Atomkernen vorbei. Daraus ergibt sich die Verteilung der gestreuten Teilchen auf verschiedene Streuwinkel. Da aber für ein α-Teilchen die Wahrscheinlichkeit, beim Durchlaufen der dünnen Folie überhaupt in die Nähe eines so kleinen Atomkerns zu kommen, sehr gering ist, wird ein α-Teilchen höchstens einmal gestreut.

Der Atomkern

1. Rutherfordscher Streuversuch

Um 1905 waren die Physiker allmählich vom atomaren Aufbau der Materie überzeugt. Joseph THOMSON vermutete, die positive Atomladung (und damit auch die Masse des Atoms) sei gleichmäßig über das Volumen des ganzen Atoms verteilt und die leichten Elektronen seien in diese verschmierte Plusladung wie Rosinen in einen Teig eingebettet. Zur Überprüfung dieses Atommodells beschoss 1911 Ernest RUTHERFORD eine sehr dünne Goldfolie mit einem Strahl von α-Teilchen. Er untersuchte, unter welchen Winkeln δ die α-Teilchen gegen die Einfallsrichtung abgelenkt werden (*Bild 1a*). Hierzu tastete er den Raum um die Folie mit einem Szintillationsschirm ab und zählte die Lichtblitze, die durch den Einschlag der abgelenkten α-Teilchen entstanden.

RUTHERFORD erwartete, dass die α-Teilchen durch die Atome (und damit durch die Folie) hindurchfliegen und kaum aus ihrer Richtung abgelenkt würden. Sie sollten die leichten Elektronen nur etwas zur Seite schieben und nur wenig durch das elektrische Feld der im Atom auf einen Raum von 10^{-9} m Durchmesser fein verteilten positiven Ladung beeinflusst werden.

Das Experiment ergab ein gänzlich anderes Resultat (*Bild 1b*): Zwar durchsetzten die meisten α-Teilchen die Folie geradlinig, jedoch wurden bei allen Winkeln δ abgelenkte – man sagt auch *gestreute* – α-Teilchen beobachtet.

RUTHERFORD erklärte das Versuchsergebnis dieses so genannten Streuexperimentes so: Die gesamte positive Ladung und damit die Masse des Atoms ist in einem *Atomkern* mit einem Durchmesser von weniger als $3 \cdot 10^{-14}$ m – also etwa $\frac{1}{100\,000}$ des Atomdurchmessers – konzentriert (*Interessantes*). Der größte Teil des Atoms ist somit leer und nur von Elektronen erfüllt. Erst in nächster Nähe eines solch kleinen positiv geladenen Kerns wird die Coulombkraft auf ein α-Teilchen so groß, dass es die beobachtbare Ablenkung erfährt. Die Elektronen der Atomhülle mit ihrer 7 300-mal kleineren Masse können die α-Teilchen fast nicht beeinflussen.

Merksatz

Masse und Ladung eines Atoms sind im Atomkern konzentriert, dessen Durchmesser rund $\frac{1}{100\,000}$ des Atomdurchmessers ist.

2. Einige physikalische Eigenschaften des Atomkerns

a) Kernkraft: Mit Beschleunigern kann man heutzutage α-Teilchen sehr hoher Energie erzeugen. Führt man damit Streuexperimente an Gold durch, so treten ab einer Energie von $W_{kin} \approx 24$ MeV Abweichungen von den oben skizzierten, ausschließlich auf die Coulombkraft zurückgeführten theoretischen Ergebnissen auf. α-Teilchen dieser Energie kommen dem Kern so nahe, dass eine andere Art von Wechselwirkung, **Kernkraft** genannt, die Bahn stört. Diese hat folgende Eigenschaften:

- Sie ist *anziehend* und tritt nur zwischen Nukleonen auf (nicht z. B. zwischen einem Elektron und einem Nukleon).
- Sie ist *ladungsunabhängig*, d. h. sie wirkt zwischen Protonen und Neutronen genauso wie zwischen 2 Protonen oder 2 Neutronen.
- Sie ist zwischen benachbarten Protonen *viel stärker als die Coulombkraft*. Die Protonen im Kern werden gegen die abstoßende Coulombkraft durch die Kernkraft zusammengehalten.
- Sie ist *kurzreichweitig*, d. h. sie wirkt zwischen 2 Nukleonen nur, wenn deren Abstand kleiner als ca. $2 \cdot 10^{-15}$ m ist.

Die Coulombkraft ist proportional $1/r^2$, reicht also unendlich weit. Im Kern wird daher jedes Proton von allen anderen Protonen abgestoßen; dagegen üben nur die nächstgelegenen Nukleonen anziehende Kernkräfte auf das Proton aus (⇒ *Bild 2*). Die wenigen Wechselwirkungen, die ein Proton z. B. in einem Bleikern an die nächstgelegenen Nukleonen binden, reichen aus, um die Abstoßung durch die restlichen 81 Protonen zu überwinden.

b) Der Kernradius: Der Atomkern ist genauso wenig wie das Atom eine starre Kugel. Auch er kann durch eine Ψ-Welle beschrieben werden, deren Amplitudenquadrat $|\Psi(r)|^2$ die Wahrscheinlichkeitsdichte angibt, an der Stelle r Kernmaterie lokalisiert zu finden. $|\Psi(r)|^2$ hat keinen scharfen Rand. Kernmaterie ist aber sicher dort nicht mehr zu entdecken, wo keine Kernkräfte mehr wirken. Daher betrachtet man als Radius R_K eines Kerns *die aus Streuversuchen bestimmbare Reichweite seiner Kernkräfte* (⇒ *Interessantes*). – Streuexperimente an Kernen verschiedener Nuklide ergaben, dass R_K nur von der Massenzahl A abhängt, d. h. nur von der Zahl der Kernbausteine. Für Kernradien gilt in guter Näherung:

$$R_K = r_0 A^{1/3} \quad \text{mit} \quad r_0 = (1{,}3 \pm 0{,}1) \cdot 10^{-15} \text{ m.} \quad (1)$$

c) Dichte der Kernmaterie: Setzen wir Kugelform voraus, dann hat der Kern ein Volumen von $V_K = \frac{4}{3} \pi R_K^3$. Mit *Gl. (1)* folgt dann: $V_K \sim A$. Die Masse m_K des Kerns ist $m_K \approx (Z\, m_P + N\, m_N)$. In guter Näherung gilt $m_P \approx m_N = 1{,}67 \cdot 10^{-27}$ kg, also ist $m_K = 1{,}67 \cdot 10^{-27}$ kg $(Z + N)$. Somit ist auch $m_K \sim A$.
Für die Dichte ϱ_K der Kernmaterie folgt:

$$\varrho_K = \frac{m_K}{V_K} = \frac{1{,}67 \cdot 10^{-27} \text{ kg} \cdot A}{\frac{4}{3} \pi (1{,}3 \cdot 10^{-15} \text{ m})^3 \cdot A} = 1{,}8 \cdot 10^{17} \text{ kg m}^{-3} = 180\,000 \text{ t mm}^{-3}.$$

An diesem Ergebnis überrascht zweierlei:
- Die Größe des Zahlenwertes. Ein Würfel Kernmaterie von 1 mm Seitenlänge hätte dieselbe Masse wie ca. 150 000 Pkw!
- In erster Näherung ($m_P \approx m_N$) sind die Kerne alle gleich dicht gepackt. Kernmaterie ist nicht komprimierbar. Dies ist eine Folge der kleinen Reichweite der Kernkräfte.

Merksatz

Die **Kernkraft** hält die Nukleonen im Atomkern zusammen. Die Kernkraft eines Nukleons wirkt nur auf die unmittelbaren Nachbarn. Deswegen haben alle Kerne die gleiche außerordentlich hohe Dichte. Die **Reichweite** der Kernkräfte definiert den Radius R_K des Kerns:
$R_K = r_0 A^{1/3}$ mit $r_0 = 1{,}3 \cdot 10^{-15}$ m und der Massenzahl A.

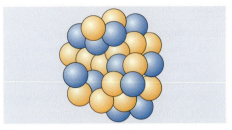

B 2: Jedes Proton (gelb) im Atomkern wird von *allen* anderen Protonen abgestoßen. Dagegen üben nur die nächstgelegenen Nukleonen anziehende Kräfte aus.

Interessantes

Radius des Atomkerns

a) Den kleinsten Abstand r_1 vom Mittelpunkt des Kerns erreichen α-Teilchen beim *rutherfordschen Streuversuch*, wenn sie um $\delta = 180°$ zurückgestreut werden (⇒ *Vertiefung*). Mit einer Energiebetrachtung findet man r_1: Befindet sich das α-Teilchen mit der Ladung $2e$ im Abstand r von der Ladung Ze des Kerns, so hat es die potentielle Energie

$$W = \frac{1}{4\pi\varepsilon_0} \frac{(Ze)(2e)}{r}. \quad (2)$$

Im Abstand r_1 ist das α-Teilchen kurzzeitig zur Ruhe gekommen. Seine gesamte kinetische Energie W_{kin} hat sich dort im Coulombfeld des Kerns in potentielle Energie W verwandelt. Aus *Gl. (2)* folgt:

$$r_1 = \frac{1}{4\pi\varepsilon_0} \frac{(Ze)(2e)}{W_{kin}}. \quad (3)$$

Für Gold ($Z = 79$) und $W_{kin} = 7{,}7$ MeV ist $r_1 = 3 \cdot 10^{-14}$ m. Da RUTHERFORD keine höher energetischen α-Teilchen zur Verfügung standen, konnte er nur sagen, der Kernradius von Gold sei kleiner als $3 \cdot 10^{-14}$ m.

b) In Beschleunigern kann man α-Teilchen sehr hoher Energie erzeugen. Führt man damit das Rutherford-Experiment durch, reicht die Energie $W = 24$ MeV gerade aus, α-Teilchen gegen die Coulombabstoßung eines Goldkerns in den Bereich von dessen Kernkräften zu bringen. Daher ist der Kernradius R_K von Goldkernen nach *Gl. (3)* $R_{K,\text{Gold}} = 9{,}7 \cdot 10^{-15}$ m. Berücksichtigt man noch den aus anderen Messungen bekannten Radius $r_\alpha = 2{,}1 \cdot 10^{-15}$ m des α-Teilchens, erhält man $R_{K,\text{Gold}} = 7{,}6 \cdot 10^{-15}$ m.

Beispiel

Bestimmung einer Bindungsenergie

a) Vorbemerkung zu den Massen:
Experimentell werden *Atommassen* mit Massenspektrometern sehr genau gemessen. Deswegen findet man in Tabellen immer die Massen *neutraler Atome*.
Die Atommassen werden als Vielfaches der *Masseneinheit* $1\,u = 1{,}66054 \cdot 10^{-27}$ kg angegeben ($1\,u = \frac{1}{12}$ der Masse von C-12). Mit der Beziehung $W = mc^2$ ist:
$1\,u = 1{,}4924 \cdot 10^{-10}$ J/c^2 = 931,49 MeV/c^2.

b) Bindungsenergie des α-Teilchens
Massen der beteiligten Teilchen:

Neutron: $\quad m_n = 1{,}0086649$ u
Wasserstoffatom: $\quad m_H = 1{,}0078250$ u
Heliumatom: $\quad m_{He} = 4{,}0026033$ u

Ein α-Teilchen als Kern eines Heliumatoms besteht aus $Z = 2$ Protonen und $N = 2$ Neutronen. Deshalb wird der Massendefekt Δm nach *Gl. (1)*:
$\Delta m = m_{He} - (2\,m_H + 2\,m_n) = -0{,}030377$ u.
Ihm entspricht die Energie
$W = \Delta m\,c^2 = -0{,}030377 \cdot 931{,}49$ MeV
$\quad = \mathbf{-28{,}3\ MeV}.$

Dies ist die Bindungsenergie des α-Teilchens. Sie muss bei der Bildung des Teilchens aus den freien Nukleonen frei werden. Umgekehrt ist genau diese Energie von 28,3 MeV nötig, um das α-Teilchen in 2 Protonen und 2 Neutronen zu zerlegen.
Die Bindungsenergie je Nukleon W/A ist für das α-Teilchen:
$W/A = -\frac{1}{4} \cdot 28{,}3$ MeV = **–7,07 MeV**.

c) Anmerkung:
Bei der Berechnung des Massendefektes Δm und damit der Kernbindungsenergie $W = \Delta m\,c^2$ mit *Gl. (1)* verwendet man die überall tabellierten Atommassen. Dabei macht man allerdings einen kleinen Fehler. Die Bindungsenergie der Elektronen im Atom ist nämlich nicht berücksichtigt. Diese ist im Mittel 3 keV pro Nukleon oder kleiner. Gegenüber der Kernbindungsenergie von ca. 8 MeV pro Nukleon kann man sie aber vernachlässigen (Fehler <0,5‰). Bei sehr genauen Messungen, wie sie heute mit Massenspektrometern möglich ist, muss man allerdings diese Bindungsenergie der Elektronen berücksichtigen.

3. Die Nuklidkarte

Die physikalischen Eigenschaften eines Atomkerns hängen sowohl von der Protonenzahl Z als auch von der Neutronenzahl N ab. Deshalb ordnet man die Nuklide mithilfe eines Koordinatensystems (➡ *Bild 1*). Auf der horizontalen Achse trägt man die Neutronenzahl N, auf der vertikalen die Protonenzahl Z eines Kerns auf. In den Gitterpunkten ist das betreffende Nuklid mit seinen wichtigsten Eigenschaften aufgezeichnet. So entsteht die **Nuklidkarte,** das Ordnungsschema der Kernphysik. Im ➡ *Anhang* ist ein Ausschnitt daraus zu finden. Wichtige Elemente der Karte sind:

- Alle **Isotope** eines chemischen Elements – das sind Nuklide mit gleichem Z, aber verschiedenem N – liegen auf einer Zeile, an deren linkem Rand die Protonenzahl Z steht. Jedes Nuklid wird durch das chemische Symbol des Elements und die Massenzahl $A = N + Z$ gekennzeichnet (z. B. U-235: $Z = 92$). Die Neutronenzahl N steht am unteren Ende der Spalte (z. B. U-235: $N = 143$).

- Die Nuklide sind durch verschiedene Farben gekennzeichnet. **Schwarz** unterlegt sind die **stabilen Nuklide,** die nicht radioaktiv sind (z. B. Bi-209). Die Zahl in den schwarzen Kästen gibt an, wie viel Prozent des betreffenden Nuklids in natürlichen Vorkommen enthalten sind (z. B. C-12 zu 98,89 %, C-13 zu 1,11 %).

- Die **farbigen** Kästen stellen **instabile Kerne** dar, die Strahlung aussenden. Angegeben ist die Halbwertszeit des Nuklids (z. B. Am-241: $T_{1/2} = 432{,}6$ Jahre). Darunter stehen die Energien der jeweils prozentual am häufigsten emittierten α-, β- und γ-Strahlung in der Einheit MeV.

- Die stabilen Nuklide erstrecken sich in der Nuklidkarte von links unten nach rechts oben. Bei den leichteren ist die Neutronenzahl N meistens gleich der Protonenzahl Z; sie liegen also auf der Winkelhalbierenden der Achsen. Bei den schweren Nukliden überwiegt eindeutig die Neutronenzahl N.

- Die **blau** unterlegten Nuklide liegen am rechten Rand der Protonenzeile, d. h. sie haben mehr Neutronen als die stabilen Nuklide mit gleichem Z. Es sind **β⁻-Strahler**.

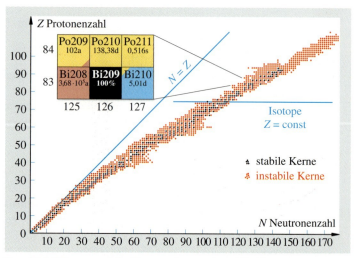

B 1: Nuklidkarte; stabile Kerne schwarz, instabile Kerne rot

- Links von den stabilen Nukliden liegen **rot** gekennzeichnete Isotope. Sie besitzen weniger Neutronen als die stabilen und sind β⁺-**Strahler**. α-**Strahler** sind **gelb** eingetragen und finden sich fast nur bei großer Massenzahl A.

4. Bindungsenergie des Atomkerns

Es zeigte sich, dass die Masse m_K jedes Atomkerns kleiner ist als die Summe der Massen seiner Bestandteile, Z Protonen (Masse m_p) und N Neutronen (Masse m_n). Die Differenz

$$\Delta m = m_K - (Z\,m_p + N\,m_n) < 0$$

nennt man **Massendefekt**. Da mit einem Massenspektrometer die *Atommassen* sehr genau gemessen werden können, fügt man auf der rechten Seite dieser Gleichung Z Elektronenmassen ein. Dann kann man mit Atommassen rechnen:

$$\Delta m = (m_K + Z\,m_e) - (Z\,m_p + Z\,m_e + N\,m_n) < 0 \quad \text{und damit:}$$
$$\Delta m = m_A - (Z\,m_H + N\,m_n) < 0; \tag{1}$$

m_A: Atommasse; $m_H = m_p + m_e$: Masse des Wasserstoffatoms.
Die Energie eines Systems ist nur bis auf eine Konstante bestimmt. Deshalb können wir die Energie des zerlegten Systems aus Z freien Protonen und N freien Neutronen zu null festlegen. Mit der Massenänderung Δm wird die Energie des vereinigten Systems

$$W = \Delta m\,c^2 < 0.$$

Diese Energie nennt man **Bindungsenergie des Atomkerns.** Will man umgekehrt den Kern in seine Einzelbestandteile zerlegen, muss man ihm diese Energie zuführen. Im ▶ *Beispiel* wird die Bindungsenergie des α-Teilchens bestimmt.
In ▶ *Bild 2* ist die **Bindungsenergie je Nukleon** W/A als Funktion von A aufgetragen. W/A fällt zunächst mit A auf $-8{,}6$ MeV je Nukleon, um dann leicht bis etwa $-7{,}5$ MeV je Nukleon für große A-Werte anzusteigen. Mit den Folgerungen aus diesem Kurvenverlauf werden wir uns im nächsten Abschnitt beschäftigen.

Merksatz

Die Masse jedes Atomkerns ist um den Massendefekt Δm kleiner als die Summe der Massen seiner Bestandteile, Z Protonen und N Neutronen, vor der Vereinigung.
Die Energie jedes Atomkerns liegt um die Energie $W = \Delta m\,c^2$ unter der Gesamtenergie all seiner freien Bestandteile.

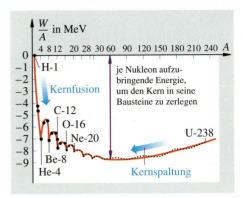

B 2: Bindungsenergie je Nukleon W/A als Funktion der Nukleonenzahl A (bis $A = 30$ gespreizt). Das breite Minimum liegt in der Nähe von $A = 60$ (Fe, Ni, Co).

Interessantes

Eine klassische Versuchsanordnung

RUTHERFORD verwendete das Prinzip moderner Streuexperimente: Ein Teilchenstrahl bekannter Energie wird gegen ein Ziel, *Target* genannt, gerichtet. Mit einer Zähleranordnung untersucht man die Winkelverteilung der gestreuten Teilchen. Entsprechend der Anlage des Experiments erhält man Informationen über das Target oder das Teilchen. Beispiele solcher Streuexperimente sind uns bekannt, z. B. die Streuung von Röntgenstrahlen, die uns über die Struktur des Kristalls etwas aussagt oder der Comptoneffekt, der uns neue Erkenntnisse über die Photonen brachte.
Ein weiteres Beispiel sind die Streuversuche von R. HOFSTADTER. Er schoss Elektronen der Energie von mehreren 100 MeV auf Atome. Aus der Winkelverteilung der gestreuten Elektronen schloss er auf die Ladungsverteilung im Kern.
Die Streuung ist ein unentbehrliches Hilfsmittel in der Strukturforschung.

... noch mehr Aufgaben

A 1: Wie weit kann sich ein α-Teilchen ($W_{kin} = 5{,}5$ MeV) einem Blei-Atomkern ($Z = 82$) nähern? Vergleichen Sie mit dem Radius eines Blei-Atomkerns.

A 2: Eine Goldfolie (Dichte: $\varrho_{Gold} = 19{,}3\,\text{g cm}^{-3}$) der Fläche $0{,}7\,\text{cm}^2$ hat die Dicke $6{,}5 \cdot 10^{-7}$ m. **a)** Berechnen Sie die Anzahl N der in der Folie enthaltenen Goldatome. **b)** Wie groß ist die Gesamtquerschnittsfläche aller Goldkerne in der Folie. **c)** Warum wird ein α-Teilchen in der Folie höchstens einmal gestreut?

A 3: Bestimmen Sie **a)** die Masse des Elektrons, Protons, Deuterons und α-Teilchens in u und **b)** den Massendefekt Δm und die Bindungsenergie je Nukleon W/A für die Nuklide H-2; O-16; Ni-60, U-235 (mit Atommassen).

Beispiel

Wie viel Energie wird freigesetzt?

a) Kernspaltung: Bei größerem A ist die Bindungsenergie pro Nukleon etwa $-7{,}5$ MeV, bei mittelschweren Kernen ca. $-8{,}5$ MeV. Spaltet sich, aus welchen Gründen auch immer, ein Kern mit $A = 200$ in 2 Kerne mit je $A = 100$ müssten etwa $200 \cdot 1$ MeV $= 200$ MeV freigesetzt werden.

Nehmen wir konkret die Spaltung von U-235 nach einem Beschuss mit einem Neutron:

$$^{235}_{92}\text{U} + ^{1}_{0}\text{n} \rightarrow ^{89}_{36}\text{Kr} + ^{144}_{56}\text{Ba} + 3\,^{1}_{0}\text{n}.$$

Die Massenbilanz lautet:

linke Seite: $\quad m_{\text{U-235}} = 235{,}0439231$ u
$\quad\quad\quad\quad\quad + m_{\text{n}} = 1{,}0086649$ u
Summe: $\quad\quad\quad\quad\quad\quad 236{,}0525880$ u

rechte Seite: $\quad m_{\text{Kr-89}} = 88{,}9176325$ u
$\quad\quad\quad\quad\quad + m_{\text{Ba-144}} = 143{,}9229405$ u
$\quad\quad\quad\quad\quad + 3\,m_{\text{n}} = 3{,}0259947$ u
Summe: $\quad\quad\quad\quad\quad\quad 235{,}8665677$ u

Die Differenz Δm ist $-0{,}1860203$ u. Bei der Kernspaltung wird deshalb die Energie von $-0{,}1860203 \cdot 931{,}49$ MeV $\approx$ **-173 MeV** frei.

b) Kernfusion: Kerne mit $A = 2$ haben eine Bindungsenergie von etwa 2 MeV pro Nukleon, solche mit $A = 4$ eine von etwa 7 MeV pro Nukleon. Könnte man 2 Kerne mit $A = 2$ zu einem Kern mit $A = 4$ verschmelzen (fusionieren), so müssten also $(4 \cdot 2 - 4 \cdot 7)$ MeV $= -20$ MeV freigesetzt werden.
Nehmen wir konkret die Fusion von Deuterium und Tritium zu Helium:

$$^{2}_{1}\text{H} + ^{3}_{1}\text{H} \rightarrow ^{4}_{2}\text{He} + ^{1}_{0}\text{n}.$$

Hier lautet die Massenbilanz:

linke Seite: $\quad m_{\text{H-2}} = 2{,}0141018$ u
$\quad\quad\quad\quad\quad + m_{\text{H-3}} = 3{,}0160493$ u
Summe: $\quad\quad\quad\quad\quad\quad 5{,}0301511$ u

rechte Seite: $\quad m_{\text{He-4}} = 4{,}0026033$ u
$\quad\quad\quad\quad\quad + m_{\text{n}} = 1{,}0086649$ u
Summe: $\quad\quad\quad\quad\quad\quad 5{,}0112682$ u

Die Differenz Δm ist $-0{,}0188829$ u. Bei der Fusion wird deshalb die Energie von $-0{,}0188829 \cdot 931{,}49$ MeV = **$-17{,}6$ MeV** frei.

5. Folgerungen aus einem Kurvenverlauf

Dem ⇒ *Bild 2* der vorangehenden Seite entnehmen wir weiter:
a) Für $A > 30$ ändert sich die Größe W/A nur wenig mit A; es gilt also angenähert $W \sim A$. Ursache sind die Kernkräfte, die nur zwischen benachbarten Nukleonen wirken.

b) Die Energie pro Nukleon W/A eines Atomkerns beträgt im Mittel etwa 8 MeV. Die gesamte Bindungsenergie eines Kerns ist dann 8 MeV $\cdot A$. Dies ist ein Mehrfaches der Bindungsenergien von Elektronen in der Atomhülle. Folglich erwartet man bei Veränderungen im Atomkern viel größere Energieumsetzungen als bei Veränderungen in der Atomhülle. Die kinetische Energie der α- und β-Teilchen bzw. die Quantenenergie der γ-Strahlung, die alle aus dem Atomkern kommen, ist deshalb fast durchweg *viel größer* als die Quantenenergie der Licht- und Röntgenstrahlung aus der Atomhülle.

c) W/A hat für $A \approx 60$ ein Minimum. Deshalb kann man verstehen, dass sich sowohl durch Spaltung schwerer Kerne (**Kernspaltung**) als auch durch Verschmelzen leichter Kerne (**Kernfusion**) Energie aus Atomkernen freisetzen lässt. Darüber, ob ein Kern sich tatsächlich spaltet oder zwei Kerne fusionieren, sagen die energetischen Überlegungen nichts aus. Spaltet sich allerdings ein schwerer Kern oder fusionieren zwei leichte Kerne *wird relativ viel Energie* in der Größenordnung mehrerer MeV umgesetzt (⇒ *Beispiel*).

Merksatz

Durch die Kernspaltung schwerer Kerne und die Kernfusion leichter Kerne wird relativ viel Energie abgegeben.
Ursache dafür ist, dass die Energie pro Nukleon W/A eines Atomkerns für $A \approx 60$ ein Minimum hat.

6. Der Atomkern als Potentialtopf

Warum gibt es in der Natur die in der Nuklidkarte eingezeichneten Kerne? Da Proton und Neutron Quantenobjekte sind, müssen wir diese Frage unter Verwendung eines **Kernmodells** beantworten, das die *Gesetze der Quantenphysik* berücksichtigt.
Zur Erinnerung: Beim Wasserstoffatom sind die diskreten Energieniveaus eine Folge davon, dass das Elektron durch das Coulombpotential des Kerns in einen bestimmten Bereich eingesperrt ist. Aufbauend auf diesen Erkenntnissen kann man das Periodensystem der Elemente mithilfe des *Pauliprinzips* entwickeln.
Wir übertragen diese Überlegungen auf den Atomkern. Doch durch welchen Potentialverlauf ist ein Proton oder ein Neutron im Kern eingesperrt? Wir lassen zunächst die Coulombabstoßung außer Acht und suchen ein Potential, das den Kernkräften gerecht wird. Außerhalb des Kerns muss es konstant sein, da dort keine Kernkräfte wirken. Am Kernrand wird es infolge des scharfen Kernradius steil abfallen und im Kerninnern kann man sich von der Vorstellung leiten lassen, dass ein Nukleon von allen Seiten die gleiche Kraft erfährt.

Somit ist das Potential dort ebenfalls als konstant anzunehmen. Es bietet sich also an, als einfachstes Potential für die Kernkräfte ein Rechteckpotential wie in ⟹ *Bild 1* zu wählen. Es ist $W(r) = -W_0$ für $r < R_0$ und sonst $W(r) = 0$; R_0 ist der Kernradius und W_0 die Tiefe des **Potentialtopfes**.

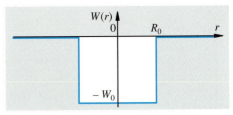

B 1: Einfachste Annahme für ein mittleres Kernpotential $W(r)$. R_0: Kernradius

Wie sich jedes Elektron der Atomhülle im Coulombpotential des Kerns bewegt, soll sich entsprechend jedes Nukleon frei in diesem Rechteckpotential – als pauschale Beschreibung für den Einfluss aller übrigen Nukleonen – bewegen. Es darf auch innerhalb dieses Potentialtopfes weder Energie noch Impuls durch Stöße mit anderen Nukleonen verlieren (⟹ *Interessantes*). Der Kernrand ist für ein Nukleon undurchdringlich, denn es ist i. Allg. im Kern gebunden. Als Modell eines Atomkerns haben wir somit nichts anderes als einen Potentialtopf, in dem sich die Nukleonen *völlig unabhängig voneinander* frei bewegen können.

7. Die Protonen sind in der Minderheit

In der Atomhülle können Elektronen wegen der Beschränkung der Aufenthaltswahrscheinlichkeit auf einen bestimmten Raumbereich nur ganz bestimmte Energiezustände einnehmen. *Ebenso nehmen auch Nukleonen in einem Potentialtopf nur bestimmte diskrete Energiezustände ein.* Man hat zudem festgestellt, dass sowohl für Neutronen als auch für Protonen je für sich das *Pauliprinzip* gilt. Wären die Protonen ungeladen, so könnte man also jedes Niveau mit zwei Protonen und zwei Neutronen besetzen. Die abstoßende Coulombkraft zwischen den Protonen bewirkt aber, dass ihre Bindungsenergie im Potentialtopf verringert wird. Man muss deshalb jeder Teilchensorte einen eigenen Potentialtopf mit unterschiedlichen Energieniveaus zuordnen. Die Potentiale sind in ⟹ *Bild 2* symbolisch nebeneinander gezeichnet. Wegen der Coulombabstoßung hat der Protonentopf eine geringere Tiefe als der Neutronentopf. *Deshalb gibt es i. Allg. mehr Neutronen als Protonen im Kern.*

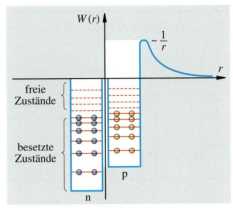

B 2: Potentialtöpfe für Protonen und Neutronen. Der außerhalb des Kerns wirkende Coulombwall der Protonen ist mit eingezeichnet. Er zeigt, dass man Energie benötigt, um dem Kern ein Proton zu nähern.

Bei stabilen Kernen sind die beiden Potentialtöpfe etwa bis zum gleichen Niveau gefüllt. Wäre das nicht der Fall, so könnte sich ein Neutron unter Energieabgabe in ein Proton (oder umgekehrt) verwandeln (β-Zerfall). *Stabile Kerne mit beliebiger Neutronen- und Protonenzahl treten daher in der Natur nicht auf.* Infolge der Coulombabstoßung haben allerdings stabile schwere Kerne viel weniger Protonen als Neutronen. Bei stabilen leichten Kernen, wo die Coulombabstoßung keine wesentliche Rolle spielt, sind die beiden Potentialtöpfe nahezu gleich tief, deshalb ist dort $Z \approx N$.

Interessantes

Das Pauliprinzip ist schuld!

Betrachten wir einen stabilen Kern im Grundzustand, so sind die untersten Niveaus sowohl im Protonen- als auch im Neutronentopf besetzt. Ein einzelnes Nukleon kann daher keine Energie abgeben und tiefer sinken, da alle Zustände besetzt sind. Es behält seine Energie bei und kann sich im ganzen Kern so verhalten, als ob die anderen Nukleonen nicht einzeln (etwa als Stoßpartner) vorhanden seien. Das Pauliprinzip gibt also jedem Nukleon paradoxerweise eine gewisse Unabhängigkeit gegenüber den anderen.

... noch mehr Aufgaben

A 1: a) Bestimmen Sie die freigesetzte Energie bei der Kernspaltung U-235 + n → I-140 + Y-94 + 2 n.
b) Welche Energie wird bei der Fusion H-2 + H-2 → H-3 + H-1 freigesetzt?

A 2: Will man einem Kern ein Neutron entreißen, so benötigt man die Separationsenergie $S_n(Z, N) = \{m(Z, N-1) + m_n - m(Z, N)\} c^2$. Bestimmen Sie $S_n(Z, N)$ eines Neutrons für die Kerne O-15, O-16, O-17, O-18, Zr-89, Zr-90, Zr-91, Zr-92, Pb-206, Pb-207, Pb-208, Pb-209, Pb-210. Was fällt dabei auf, wenn Z oder N eine der so genannten magischen Zahlen 2, 8, 20, 50, 82 oder 126 ist?

Radioaktiver Zerfall; Zerfallsreihen

1. Der α-Zerfall eines Atomkerns

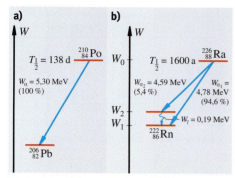

B 1: α-Zerfall von **a)** Po-210 **b)** Ra-226

Ein Kern, der ein α-Teilchen ausstößt, verringert seine Kernladungszahl Z und seine Neutronenzahl N jeweils um 2 und deshalb seine Massenzahl A um 4. Ein Beispiel ist der α-Zerfall von Po-210:

$$^{210}_{84}\text{Po} \rightarrow \,^{206}_{82}\text{Pb} + \,^{4}_{2}\alpha + 5{,}30 \text{ MeV}.$$

Dabei gibt 5,30 MeV die kinetische Energie W_α des α-Teilchens an. Po-210 nennt man den *Mutterkern*, Pb-206 den *Tochterkern*. Vor und nach der Aussendung eines α-Teilchens befindet sich der Kern jeweils in einem seiner diskreten Energiezustände. Daher stellt man die Zerfälle in einem **Energieniveauschema (Zerfallsschema)** dar (⇒ *Bild 1a*). Der Tochterkern ist wegen seiner kleineren Kernladung nach links versetzt gezeichnet. – α-Strahler sind in der Nuklidkarte gelb eingezeichnet. Den Tochterkern findet man, indem man zwei Kästchen nach unten und zwei Kästchen nach links geht.

Mithilfe eines Halbleiter- und eines Szintillationszählers kann man zeigen, dass reines Ra-226 α-Teilchen mit den Energien $W_{\alpha 1} = 4{,}78$ MeV und $W_{\alpha 2} = 4{,}59$ MeV sowie γ-Strahlung der Energie $W_\gamma = 0{,}19$ MeV emittiert. W_γ ist genau die Differenz $\Delta W = W_{\alpha 1} - W_{\alpha 2}$. Ra-226 zerfällt nämlich durch Aussendung eines α-Teilchens nicht nur in den Grundzustand W_1 von Rn-222, sondern mit einer Wahrscheinlichkeit von 5,4% auch in einen angeregten Zustand W_2 von Rn-222 (⇒ *Bild 1b*). Dabei führt das α-Teilchen nur die Energie $W_{\alpha 2} = 4{,}59$ MeV ab. Anschließend „fällt" der Rn-Kern aus dem angeregten Zustand W_2 in den Grundzustand W_1 unter Aussendung des γ-Quants der Energie $\Delta W = W_\gamma = 0{,}19$ MeV.

Merksatz

Beim **α-Zerfall** verliert ein Kern zwei Protonen und zwei Neutronen. Der α-Zerfall führt häufig in einen angeregten Zustand des Tochterkerns, der dann γ-Strahlung aussendet.

2. α-Teilchen tunneln

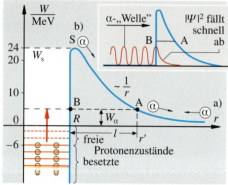

B 2: Coulombwall für α-Teilchen bei Pb-206. Die tieferen Zustände im Protonentopf sowie der Neutronentopf sind weggelassen. Rechts oben: $|\Psi|^2$ des α-Teilchens

Nähern sich α-Teilchen aus einem Teilchenbeschleuniger einem Kern, z.B. Pb-206, so „sehen" sie einen Coulombwall (⇒ *Bild 2*, Fall (a)). Der Potentialwall steigt entsprechend den Überlegungen zum rutherfordschen Streuversuch mit $1/r$ an. Hat das α-Teilchen eine Energie $W > 24$ MeV, so „erklimmt" es den Wall bis zum Punkt S in der Höhe 24 MeV. Ab hier wirken die sehr starken anziehenden Kernkräfte der kurzen Reichweite R. Sie fangen das α-Teilchen ein; es entsteht ein Po-210-Kern.

Po-210 ist ein α-Strahler (⇒ *Bild 1a*) mit der Energie $W_\alpha = 5{,}3$ MeV. Welche Energie würde man nach unseren bisherigen Erkenntnissen für die α-Strahlen von Po-210 erwarten? Würde das α-Teilchen aus dem Kern den oben beschriebenen Weg rückwärts durchlaufen, so müsste es im Kern so viel Energie auf sich vereinigen, dass es bis zur Spitze S des Potentialwalls angehoben wird.

Vertiefung

Halbwertszeit der α-Strahler

Die Simulation zum Tunneleffekt zeigt: Im Potentialwall (⇒ *Bild 2*, rechts oben) fällt die Tunnelwahrscheinlichkeit längs der Strecke BA exponentiell ab. – Haben die Teilchen im Topf etwas weniger Energie, so liegt auch die Tunnelstrecke BA tiefer und wird länger. Bei A sinkt somit $|\Psi|^2$ weiter ab, die Halbwertszeit $T_{1/2}$ steigt. Zudem verlässt das α-Teilchen den Kern mit kleinerer kinetischer Energie. Je kleiner also W_kin der α-Teilchen ist, umso größer ist $T_{1/2}$. Dies bestätigt die folgende Tabelle:

α-Strahler	$T_{1/2}$	W_α
Po-212	$3 \cdot 10^{-7}$ s	8,78 MeV
Rn-220	55 s	6,29 MeV
Po-210	138 d	5,30 MeV
U-238	$4{,}5 \cdot 10^9$ a	4,20 MeV
Nd-144	$2{,}4 \cdot 10^{15}$ a	1,83 MeV

Von dort würde es durch die Coulombkraft abgestoßen (▶ Bild 2, Fall (b)) und im Unendlichen mit der kinetischen Energie von 24 MeV ankommen. Aber kein α-Teilchen aus dem Kern hat diese Energie, keines kommt also vom Punkt S. Woher kommen sie dann?

Ein α-Teilchen im Punkt A des Coulombwalls hat die potentielle Energie W. Beträgt sie 5,3 MeV, so heißt das, dass es von A aus im Unendlichen mit der kinetischen Energie W_α = 5,3 MeV ankommt. Mit dem Potentialverlauf $W_{pot} = -Q/(4\pi\varepsilon_0 r)$ kann man berechnen, dass A den Abstand $r \approx 45 \cdot 10^{-15}$ m vom Kernmittelpunkt besitzt (ungefähr 4,5faches von R).

Das α-Teilchen ist aber ein Quantenobjekt. Es braucht also nicht von S „herabfallen". Vielmehr kann es als Wellenpaket den Wall von B nach A bei gleichbleibender Energie „durchtunneln". Bei diesem **Tunneleffekt** bleibt ja die Energie erhalten. Es genügt, dass es im Kern den Punkt B mit W = 5,3 MeV „erklommen" hat. Doch haben die im Potentialtopf nach ▶ Bild 2 oben liegenden Nukleonen Energien von ca. −6 MeV. Jedes liegt um 6 MeV unter dem Nullniveau, kann also den Kern nicht verlassen. Dieser kann weder Protonen noch Neutronen für sich emittieren.

Finden sich jedoch zwei Protonen und zwei Neutronen mit der Energie $4 \cdot (-6 \text{ MeV}) = -24$ MeV zusammen, so entsteht ein α-Teilchen. Wegen des Verlusts an Ruhemasse wird eine Energie von 28,3 MeV frei. Der Überschuss von 28,3 MeV − 24 MeV = 4,3 MeV hebt das α-Teilchen nach B, von wo es mit sehr geringer Wahrscheinlichkeit $|\Psi|^2$ nach A tunneln kann und damit frei ist. *Das $|\Psi|^2$ erklärt den stochastischen Charakter des Zerfalls.*

Die berechnete Energie W_α = 4,3 MeV stimmt nicht mit der gemessenen W_α = 5,3 MeV überein, weil wir vereinfachend alle vier Nukleonen mit der Energie von −6 MeV angesetzt haben. Die α-Strahlen verschiedener Nuklide besitzen ja auch unterschiedliche Energie.

Merksatz

Der α-Zerfall lässt sich mithilfe des Tunneleffekts erklären. – Das stochastische Auftreten der α-Teilchen ist ein Quantenphänomen.

3. Der β⁻-Zerfall eines Atomkerns

Beim **β⁻-Zerfall** eines Atomkerns *wandelt sich ein Neutron unter Aussendung eines Elektrons e^- und eines Antineutrinos $\overline{v}$ in ein Proton um* (▶ *Interessantes*). Die frei werdende Energie W_{max} verteilt sich beliebig auf das Elektron und das Antineutrino. Das Elektron kann so Energien erhalten, die stufenlos von null bis W_{max} reichen. Der Zerfall von Tl-204 mit W_{max} = 0,764 MeV lautet z. B.:

$$^{204}_{81}\text{Tl} \rightarrow {}^{204}_{82}\text{Pb} + e^- + \overline{v} + 0{,}764 \text{ MeV}.$$

Die Massenzahl A eines Kerns ändert sich bei einem β⁻-Zerfall nicht, die Kernladungszahl Z steigt dagegen um 1. In der Nuklidkarte rutscht der Kern um eine Stelle nach links und um eine Stelle nach oben. β⁻-Strahler (in der Nuklidkarte blau) haben einen Neutronenüberschuss. – Auch einen β⁻-Zerfall stellt man in einem *Zerfallsschema* dar (▶ *Bild 3*).

Interessantes

Zur Erklärung des β⁻-Zerfalls

Elektronen (β⁻-Teilchen) aus einem β⁻-Strahler müssen aufgrund ihrer hohen Energie aus dem Atomkern kommen. Dieser enthält aber nur Protonen und Neutronen. 1913 fand SODDY, dass sich beim β⁻-Zerfall die Kernladungszahl des Kerns um 1 erhöht. Der Kern verändert sich also, wenn er ein β⁻-Teilchen aussendet. Da aber Ausgangskern wie Endkern einen wohl definierten Energiezustand haben, müssten die β⁻-Teilchen diskrete Energiewerte besitzen. Das β⁻-Spektrum ist jedoch kontinuierlich; folglich müsste der Energiesatz verletzt sein. Wie Messungen zeigen, erfüllen ihn nur β⁻-Teilchen der Energie W_{max}. Nach anderen Messungen schien der β⁻-Zerfall auch gegen den Impulssatz zu verstoßen.

Um diese beiden wichtigen Erhaltungssätze „zu retten" postulierte Wolfgang PAULI 1931: Beim β⁻-Zerfall eines Atomkerns wird gleichzeitig mit dem Elektron ein weiteres, aber ungeladenes Teilchen, heute **Antineutrino** $\overline{v}$ genannt, ausgeschleudert. Dieses ungeladene Teilchen nimmt zwar Energie und Impuls mit, zeigt aber fast keine Wechselwirkung mit der Materie. Das Antineutrino wurde tatsächlich 20 Jahre später experimentell nachgewiesen.

Nach der Entdeckung des Neutrons 1932 erkannte man, dass sich beim β⁻-Zerfall ein Neutron in ein Proton unter Emission eines Elektrons und eines Antineutrinos umwandelt. *Energie, Impuls und Ladung bleiben dabei erhalten*:

$$n \rightarrow p + e^- + \overline{v} + \textbf{Energie}.$$

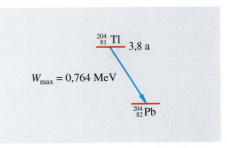

B 3: β⁻-Zerfall von Tl-204 in den Grundzustand von Pb-204. Da Pb ein höheres Z als Tl hat, zeichnet man es nach rechts verschoben.

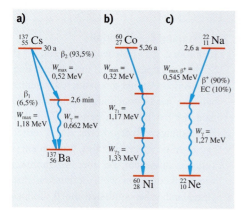

B 1: Zerfallsschema von **a)** Cs-137 **b)** Co-60 **c)** Na-22 (a: Jahr; min: Minute)

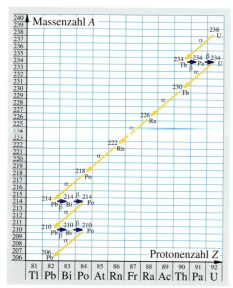

B 2: Zerfallsreihe von U-238

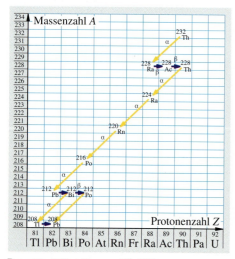

B 3: Zerfallsreihe von Th-232

4. Der β⁺-Zerfall eines Atomkerns

a) Beim **β⁺-Zerfall** eines Atomkerns *wandelt sich ein Proton unter Aussendung eines Positrons* e⁺ *und eines Neutrinos* ν *in ein Neutron um:* **p → n + e⁺ + ν + Energie.** Das Neutrino hat ähnliche Eigenschaften wie das Antineutrino. Auch β⁺-Strahler haben ein kontinuierliches Energiespektrum. Beispiel (▶ *Bild 1c*):

$$^{22}_{11}\text{Na} \rightarrow {}^{22}_{10}\text{Ne} + e^+ + \nu + 0{,}545 \text{ MeV}.$$

Die Massenzahl A bleibt beim β⁺-Zerfall konstant und die Kernladungszahl Z vermindert sich um 1. In der Nuklidkarte findet man den neuen Kern um eine Stelle nach rechts und um eine Stelle nach unten verschoben. β⁺-Strahler (in der Nuklidkarte rot) haben einen Protonenüberschuss. Bei einem β⁺-Strahler tritt zusätzlich immer die *Vernichtungsstrahlung von 511 keV* auf (e⁺ + e⁻ → 2 γ).

b) In Konkurrenz zum β⁺-Zerfall steht der Kernzerfall durch **Elektroneneinfang** (abgekürzt EC). Dabei wird ein Elektron aus der Atomhülle, meist aus der K-Schale, vom Kern eingefangen. Dieses Elektron bildet mit einem Proton ein Neutron und ein Neutrino: **p + e⁻ → n + ν + Energie.** Ein Beispiel:

$$^{59}_{28}\text{Ni} \rightarrow {}^{59}_{27}\text{Co} + \nu + \text{Energie}.$$

c) Häufig führt auch ein β⁻- oder β⁺-Zerfall nicht in den Grundzustand, sondern in einen angeregten Zustand des Tochterkerns. *Als Folge davon sendet dieser Kern γ-Strahlung aus.* Beispiele sind die Zerfälle von Cs-137 und Na-22 (▶ *Bild 1a* und *1c*). Bei Cs-137 ist interessant, dass der angeregte Zustand von Ba-137 im Mittel erst nach 2,6 min in den Grundzustand zerfällt. Man spricht von einem **isomeren Zustand.** Üblicherweise beträgt die „Lebensdauer" angeregter Zustände etwa 10^{-8} s.

Merksatz

Beim **β⁻-Zerfall** eines Atomkerns wandelt sich ein Neutron in ein Proton, ein Elektron und ein Antineutrino um.
Beim **β⁺-Zerfall** eines Atomkerns wandelt sich ein Proton in ein Neutron, ein Positron und ein Neutrino um.
Beim **Elektroneneinfang** verbindet sich ein Elektron der Atomhülle mit einem Proton des Kerns zu einem Neutron und einem Neutrino. β⁻- und β⁺-Strahler emittieren häufig auch γ-Strahlung.

5. Die radioaktiven Zerfallsreihen

Sehr häufig ist der Tochterkern eines radioaktiven Kerns selbst wieder radioaktiv, dessen Folgeprodukt ebenfalls. So können ganze Zerfallsreihen entstehen. Eine erste beginnt bei U-238, eine zweite bei Th-232, eine dritte bei U-235 und eine vierte bei Np-237. Die ersten drei enden bei einem Bleiisotop. Die zwei wichtigsten Zerfallsreihen zeigen ▶ *Bild 2* und ▶ *Bild 3*. – Alle Elemente entstanden vor über sechs Milliarden Jahren aus Wasserstoff und Helium. Von ihnen sind bis auf die 130 stabilen Nuklide nur noch die sehr langlebigen radioaktiven Nuklide K-40, Th-232, U-238 und U-235 übrig geblieben.

Beispiel

Bestimmung der kinetischen Energie W_α

Ra-226 gehe nach dem Aussenden eines α-Teilchens in den Grundzustand des Tochterkerns über. Bestimmen Sie die kinetische Energie W_α der α-Teilchen.

Lösung:

Der Zerfall lautet: $^{226}_{88}\text{Ra} \rightarrow\ ^{222}_{86}\text{Rn} +\ ^{4}_{2}\alpha + Q_\alpha$.

Q_α ist die *gesamte* frei gewordene Energie. Der Zerfall spielt sich im Innern eines neutralen Radiumatoms ab. Die Tochter Rn-222 ist zweifach negativ geladen, da der Atomkern zwei Protonen verloren hat. Die zwei überzähligen Elektronen der Hülle repräsentieren zusammen mit dem α-Teilchen ein neutrales Heliumatom. Bis auf vernachlässigbare Unterschiede in den Bindungsenergien der Hüllen-Elektronen, lässt sich deshalb Q_α aus *der Massendifferenz Δm der Atommassen* (siehe Anhang) bestimmen.

$\Delta m = m(\text{Ra-226}) - m(\text{Rn-222}) - m(\alpha)$
$= (226{,}0254026 - 222{,}0175705 - 4{,}0026033)$ u
$= 0{,}0052288$ u.

Mit 1 u = 931,49 MeV/c^2 wird $Q_\alpha = \Delta m\, c^2 = 4{,}87$ MeV.

Beim Zerfall erhält der Kern einen *Rückstoß* und nimmt Energie mit. Die gesuchte Energie W_α ist also kleiner als Q_α. Man findet W_α mithilfe des Impuls- und des Energieerhaltungssatzes, wobei man hier nichtrelativistisch rechnen darf.
Sind v_α, v_K die Geschwindigkeiten des α-Teilchens bzw. des Tochternuklids nach dem Zerfall, so folgt aus der Impulserhaltung: $m_\alpha v_\alpha = m_K v_K$.
und der Energieerhaltung: $\frac{1}{2} m_K v_K^2 + \frac{1}{2} m_\alpha v_\alpha^2 = Q_\alpha$.
Setzt man aus dem Impulserhaltungssatz v_K hier ein, so gilt:

$W_\alpha = \frac{1}{2} m_\alpha v_\alpha^2 = \frac{m_K}{m_\alpha + m_K} Q_\alpha = 0{,}98\, Q_\alpha = \mathbf{4{,}78\ MeV}$.

Vertiefung

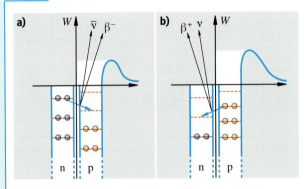

β-Zerfall im Potentialtopfmodell

a) Das Bild links zeigt einen Kern, der gegenüber stabilen Kernen *einen Neutronenüberschuss* besitzt (es sind nur die obersten besetzten Niveaus gezeichnet). Neutronen besetzen daher im Neutronentopf höhere Energieniveaus als die Protonen in ihrem Topf. Folglich kann sich aus energetischen Gründen ein im Neutronentopf höher liegendes Neutron unter Aussendung eines Elektrons und eines Antineutrinos in ein Proton umwandeln. Das Neutron geht in den Protonentopf über und gibt Energie ab. Der neue Kern hat weniger Energie, er ist stabiler.
Kerne mit zu hoher Neutronenzahl sind also Elektronenstrahler. Sie liegen in der Nuklidkarte rechts von den stabilen Kernen.

b) Ist umgekehrt die Protonenzahl zu groß, so wandelt sich ein energetisch hoch liegendes Proton in ein Neutron um und geht unter Energieabgabe in den Neutronentopf, damit beide Töpfe etwa bis zum gleichen Niveau gefüllt sind (Bild rechts). Dabei werden ein Positron und ein Neutrino emittiert.
Die Positronenstrahler sind Kerne mit zu hoher Protonenzahl und liegen in der Nuklidkarte links von stabilen Kernen.

... noch mehr Aufgaben

Atommassen im Anhang

A 1: Po-212 zerfällt durch einen α-Zerfall. Bestimmen Sie W_α.

A 2: Am-241 sendet α-Teilchen der Energie 5,545 MeV, 5,486 MeV, 5,443 MeV und 5,389 MeV aus. **a)** Zeichnen Sie ein Zerfallsschema. **b)** Berechnen Sie von allen möglichen γ-Quanten die Energie. **c)** Wie groß ist Q_α? **d)** Wie hoch ist der Coulombwall für die α-Teilchen?

A 3: a) Warum ist beim β^--Zerfall $Q_\beta = W_{max}$ des β-Spektrums? **b)** Bestimmen Sie W_{max} des β^--Zerfalls von Tl-204. **c)** Berechnen Sie die Atommasse von Co-60, wenn die von Ni-60 bekannt ist (▶ *Bild 1b*).

A 4: a) Begründen Sie, dass ein freies Neutron in ein Proton zerfallen kann, während ein freies Proton stabil ist. **b)** Berechnen Sie Q_β des β^--Zerfalls des Neutrons.

A 5: Stellen Sie die Zerfallsreihen von U-235 und Np-237 dar.

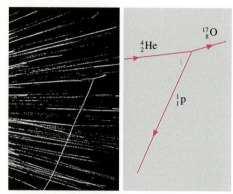

B 1: Nebelkammeraufnahme einer Kernreaktion. Rechts ist die Reaktion gezeichnet.

Vertiefung

Nachweis von Neutronen

a) (n, p)-Reaktion: Neutronen haben als ungeladene Teilchen keine ionisierende Wirkung. Ihr Nachweis kann daher nur indirekt durch Stöße mit ionisierenden Teilchen erfolgen. In der Nebelkammeraufnahme fielen von links oben Neutronen ein, ohne eine Spur zu hinterlassen. Die plötzlich mitten in der Kammer einsetzenden Spuren zeigen Wasserstoffkerne, die von Neutronen in dem wasserstoffhaltigen Gas der Nebelkammer angestoßen wurden. Erst die Protonen verraten die Neutronen. Bei einem solchen „Stoß" wird Energie vom Neutron auf das Proton übertragen, das dann die Gasmoleküle ionisiert.

b) (n, α)-Reaktion: Soll ein *Zählrohr* für ionisierende Strahlung auf Neutronen ansprechen, so kleidet man seine Innenwand mit einer Borverbindung aus. Die durch die Neutronen bewirkte Kernreaktion $^{10}_{5}B\,(n, \alpha)\,^{7}_{3}Li$, die mit besonders großer Wahrscheinlichkeit auftritt, setzt α-Teilchen frei; diese werden gezählt.

Kernreaktionen; Neutronen

1. Künstliche Kernumwandlungen

1919 beschoss RUTHERFORD reinen Stickstoff, der zu fast 100% aus N-14 besteht, in einer Nebelkammer mit α-Teilchen der Energie 7,7 MeV. Überraschenderweise fand er gelegentlich das in ▶ *Bild 1* dargestellte Ereignis: Die Spur eines α-Teilchens verzweigte sich plötzlich. Die nach unten laufende lange Spur entpuppte sich dabei als die eines frei gewordenen Protons. Nach weiteren Untersuchungen, *wobei er die Erhaltungssätze für Energie, Impuls und Ladung beachtete*, erkannte RUTHERFORD: Das α-Teilchen überwindet die Coulombschwelle eines $^{14}_{7}$N-Kerns und dringt in ihn ein. Es bildet sich kurzzeitig ein energetisch hoch angeregter Fluorkern $^{18}_{9}$F*, der sofort unter Aussendung eines Protons p in einen Sauerstoffkern $^{17}_{8}$O zerfällt. (Der Stern bei F* bedeutet, dass der Kern in einem energetisch angeregten Zustand ist.) $^{17}_{8}$O erhält einen Rückstoß und erzeugt in der Nebelkammer die nach rechts oben gerichtete kurze Spur. Man sagt, es hat eine **Kernreaktion** stattgefunden. Die Reaktionsgleichung lautet:

$$^{14}_{7}N + ^{4}_{2}\alpha \rightarrow ^{18}_{9}F^* \rightarrow ^{17}_{8}O + ^{1}_{1}p.$$

Den Zwischenkern $^{18}_{9}$F*, der 10^{-15} bis 10^{-18} s lang „lebt", lässt man weg und schreibt für diese (α, p)-Reaktion: $^{14}_{7}N\,(\alpha, p)\,^{17}_{8}O$. Zum ersten Mal war damit eine **künstliche Kernumwandlung** gelungen.

Kernreaktionen lassen sich nicht nur mit α-Teilchen auslösen, sondern mit allen bekannten Teilchen wie Protonen p, Deuteronen d, Neutronen n und auch mit Kernen bis hinauf zu U-238 (Weitere Reaktionen: ▶ *Beispiel*). Wesentliche Hilfsmittel dazu sind *Beschleuniger*, mit denen man geladenen Teilchen große kinetische Energie erteilt, und *Kernreaktoren* als intensive Neutronenquellen.

Merksatz

Schießt man schnelle Teilchen auf Atomkerne, so können **Kernreaktionen** ausgelöst werden. Die erste Kernreaktion erzielte RUTHERFORD:

$$^{14}_{7}N\,(\alpha, p)\,^{17}_{8}O.$$

Auch bei Kernreaktionen gelten die Erhaltungssätze für Energie, Impuls und elektrische Ladung.

2. Neutronenstrahlen

a) J. CHADWICK beschoss Beryllium mit α-Teilchen. Er fand dabei 1932 ein neues Teilchen, das fast Protonenmasse hatte, aber ungeladen war, das **Neutron**. Folgende Kernreaktion lief ab:

$$^{9}_{4}Be + ^{4}_{2}\alpha \rightarrow ^{12}_{6}C + ^{1}_{0}n \quad \text{oder} \quad ^{9}_{4}Be\,(\alpha, n)\,^{12}_{6}C.$$

b) Neutronen selbst lösen Kernreaktionen leicht aus, da sie ungeladen sind und keinen Coulombwall spüren. Sie gelangen mit beliebig kleiner Energie ins Innere eines Kerns. In diesen können sie von Kernkräften eingebaut werden und in den Potentialtopf fallen.

Dabei wird die Bindungsenergie des Neutrons – im Mittel 8 MeV – frei. Man spricht von **Neutroneneinfang.**
Nach einem Neutroneneinfang ist der Zwischenkern in einem angeregten Zustand. Dieser kann seine Energie z. B. dadurch loswerden, dass er ein Teilchen aussendet. So kann man über (n, p)- oder (n, α)-Kernreaktionen Neutronen nachweisen (⟹ *Vertiefung*).

Im Potentialtopf ist die Energie quantisiert. Der nach einem Neutroneneinfang angeregte Zwischenkern kann deshalb seine Energie auch durch Quantensprünge in den Grundzustand abgeben. Dabei werden sehr energiereiche γ-Quanten frei. Ein Beispiel für eine derartige **(n, γ)-Reaktion** ist der Einfang eines Neutrons durch ein Proton im Wasserstoffkern. Es entsteht ein Deuteron:

$$^1_1\text{H (n, γ) }^2_1\text{D mit } W_γ = 2{,}23 \text{ MeV.}$$

c) Neutronen durchdringen selbst dicke Bleischichten fast ungeschwächt, nicht hingegen wasserstoffhaltige Stoffe wie Paraffin oder Wasser. Nun hat das stoßende Neutron fast gleiche Masse wie das gestoßene Proton. Deshalb gibt es schon bei einem Stoß einen Großteil seiner kinetischen Energie ans Proton ab. Nach ca. 20 Stößen hat das Neutron eine kinetische Energie von 1/40 eV, die der Temperatur von 20 °C der Bremssubstanz, auch **Moderator** genannt, entspricht. Solche Neutronen heißen im Gegensatz zu schnellen Neutronen **thermische Neutronen.** Sie werden früher oder später von einem Kern eingefangen, wobei durch einen (n, γ)-Prozess fast immer γ-Strahlen entstehen. Will man etwa in einem Kernreaktor Neutronenstrahlen abschirmen, verwendet man am besten meterdicke Beton- oder Wasserschichten. Diese bremsen nicht nur die Neutronen ab, sondern absorbieren auch die beim Neutroneneinfang entstehende γ-Strahlung.

d) Kernreaktionen, insbesondere (n, p)-Reaktionen (⟹ *Vertiefung*), machen schnelle Neutronen für den Menschen äußerst gefährlich, da sie energiereiche ionisierende Teilchen im Körper freisetzen. Aber auch thermische Neutronen sind nicht harmlos. Bei ihrem Einfang durch einen Kern eines biologischen Gewebes entstehen γ-Strahlen mit Energien bis zu einigen MeV. Die Wichtungsfaktoren w_R der Neutronen zur Bestimmung der Äquivalentdosis H sind daher im Vergleich zu anderen Strahlungsarten groß.

Merksatz

Neutronen können leicht Kernreaktionen auslösen. Sie werden durch Wechselwirkung mit geladenen Teilchen nachgewiesen. Meterdicke Beton- oder Wasserschichten schirmen Neutronen ab.

Beispiel

Weitere Kernreaktionen; Q-Wert

a) Bei Kernreaktionen können *radioaktive Nuklide* auftreten. Ein Beispiel:

$$^{27}_{13}\text{Al}(α, n)^{30}_{15}\text{P.}$$

Mit dieser Reaktion wurde 1934 das erste radioaktive nicht in der Natur vorkommende Nuklid, nämlich der β⁺-Strahler P-30, entdeckt. Man nennt derartige Nuklide im Gegensatz zu den *natürlich radioaktiven* auch manchmal *künstlich radioaktiv*.

b) Bestrahlt man Uran U-238 mit Neutronen, so laufen folgende Vorgänge ab:

$$^{238}_{92}\text{U (n, γ) }^{239}_{92}\text{U} \xrightarrow[23{,}5 \text{ min}]{β^-} {}^{239}_{93}\text{Np} \xrightarrow[2{,}4 \text{ d}]{β^-} {}^{239}_{94}\text{Pu}$$

U-239 und Np-239 sind β-Strahler. Die Elemente Neptunium (Np) und Plutonium (Pu) werden **Transurane** genannt, da sie im Periodensystem jenseits von Uran (Z > 92) einzuordnen sind. Transurane sind radioaktiv. Pu-239 ist ein α-Strahler mit einer Halbwertszeit von $T_{1/2} = 2{,}4 \cdot 10^4$ a!

c) Eine beliebige Kernreaktion hat die Form **a + A → b + B +** Q (a, b: Teilchen; A, B: Kerne). Für die *Reaktionsenergie Q*, oft einfach Q-**Wert** genannt, gilt:

$$Q = (m_A + m_a) c^2 - (m_B + m_b) c^2.$$

m sind Ruhemassen. Ist Q negativ, so muss das Teilchen a kinetische Energie mitbringen, damit die Reaktion ablaufen kann; ist Q positiv, so entsteht bei der Kernreaktion aus Masse kinetische Energie. Geladene Teilchen brauchen zum Auslösen jeder Kernreaktion kinetische Energie, um den Coulombwall zu überwinden.

Hinweis: Bei der Berechnung des Q-Wertes einer Kernreaktion rechnet man wie z. B. bei der Bestimmung des Q-Wertes eines α-Zerfalls mit *Atommassen*.

... noch mehr Aufgaben

Atommassen im Anhang

A 1: a) Ergänzen Sie: $^{18}_{8}$O (p, d) ?, ? (n, p) $^{14}_{6}$C, $^{27}_{12}$Mg (p, ?) $^{24}_{11}$Na. **b)** Die Reaktion $^{11}_{5}$B (α, p) ? ergibt einen β⁻-Strahler. Wie lautet der Endkern?

A 2: a) Wie groß sind der Coulombwall und der Q-Wert für die Reaktion $^{14}_{7}$N (α, p) $^{17}_{8}$O? **b)** Wie groß ist Q für die Reaktion $^{10}_{5}$B (n, α)? Berechnen Sie die kinetische Energie des α-Teilchens, wenn das Neutron thermisch ist.

A 3: Kann die Reaktion $^{64}_{?}$Zn (n, p) $^{?}_{?}$Cu durch thermische Neutronen ausgelöst werden?

Kernenergie

1. Die Kernspaltung

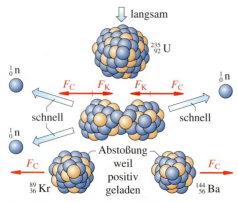

B 1: Kernspaltung eines U-235-Kerns nach dem Einfang eines langsamen Neutrons

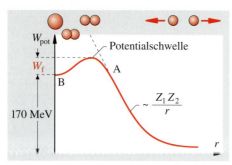

B 2: Verlauf der potentiellen Energie der Spaltprodukte eines Kerns relativ zueinander. Darüber sind jeweilige Kernformen angedeutet.

1938 beschossen Otto HAHN und Fritz STRASSMANN natürliches Uran, das 99,3% U-238 und 0,7% U-235 enthält, mit *langsamen Neutronen*, um Transurane herzustellen. Zu ihrer großen Überraschung fanden sie aber nach der Bestrahlung Barium. Zusammen mit Lise MEITNER und O. R. FRISCH deuteten sie das Ergebnis so: Ein U-235-Kern spaltet sich nach der Aufnahme des Neutrons in zwei ungefähr gleich schwere Teile. Zudem werden mehrere schnelle Neutronen und γ-Strahlung frei. Die beiden Kernbruchstücke fliegen mit hohen Energien in der Größenordnung von 170 MeV auseinander. Ein Beispiel einer solchen **Kernspaltung** ist:

$$^{235}_{92}\text{U} + ^{1}_{0}\text{n} \rightarrow ^{89}_{36}\text{Kr} + ^{144}_{56}\text{Ba} + 3\,^{1}_{0}\text{n} + \gamma$$

Ein einfaches Modell soll die Kernspaltung erläutern (▷ *Bild 1*). Wir stellen uns den Urankern als *Tröpfchen* vor mit den Eigenschaften:
- Da der Kern nicht sehr stabil ist, wird er durch das eingefangene Neutron zum Schwingen angeregt.
- Nimmt er dabei kurzzeitig Hantelform an, so gibt es an der Einschnürung nur noch wenige Nukleonen, die mit Kernkräften F_K kurzer Reichweite die beiden Teile zusammenhalten können.
- Die weitreichende elektrostatische Abstoßung F_C kann die Teile auseinander treiben und so den Kern zerreißen.
- Die Coulombabstoßung gibt den Bruchstücken große Energie. *Die Energie der Kernspaltung wird demnach durch elektrostatische Coulombkraft freigesetzt.*
- Die gesamte Ruhemasse nimmt ab.

Wollte man die Spaltprodukte wieder zusammenfügen, so müsste man nach ▷ *Bild 2* – von rechts kommend – Energie gegen die Kernabstoßung aufbringen. Bei A machen sich die kurzreichweitigen Kernkräfte bemerkbar und setzen durch Anziehung Energie frei. Bei B ist eine stabile Energiemulde gefunden.

Die Potentialschwelle bei A können Spaltprodukte durchtunneln, d. h. ein Kern kann sich **spontan spalten.** Allerdings ist bei Urankernen die Wahrscheinlichkeit dafür nicht groß. In 1 g Natururan finden ca. 20 spontane Spaltungen in 1 h statt. Spontan spaltende Kerne sind in der Nuklidkarte grün eingezeichnet.

Erzwungene Kernspaltung tritt ein, wenn man einem Kern die Energie W_f (▷ *Bild 2*) zuführt. Am einfachsten gelingt dies – wie oben gesehen – mit einem Neutron. Kerne wie U-235 und Pu-239 lassen sich bereits durch langsame Neutronen spalten. Solche Kerne bezeichnet man als **spaltbares Material.**

Vertiefung

Eigenschaften der Kernspaltung

a) Energiebilanz: Die Bindungsenergie pro Nukleon ist bei U-235 etwa $-7{,}5$ MeV und bei den Spaltprodukten -8 bis $-8{,}5$ MeV. Folglich müssen bei der Spaltung ca. 200 MeV freigesetzt werden. Man kann nachrechnen, dass deshalb ein Kernreaktor mit 1 Megawatt Leistung 1 g U-235 je Tag verbraucht.

b) Die **Spaltprodukte** einer Kernspaltung sind **hoch radioaktiv:** Die Spaltprodukte haben einen *großen Neutronenüberschuss*. Sie verwandeln sich daher durch mehrere β⁻- und γ-Zerfälle mit unterschiedlichen, teilweise großen Halbwertszeiten in stabile Isotope. Ein Beispiel:

$$^{135}_{52}\text{Te} \xrightarrow[18\,\text{s}]{\beta^-} ^{135}_{53}\text{I} \xrightarrow[6{,}6\,\text{h}]{\beta^-,\gamma} ^{135}_{54}\text{Xe} \xrightarrow[9{,}2\,\text{h}]{\beta^-,\gamma} ^{135}_{55}\text{Cs} \xrightarrow[2\cdot 10^6\,\text{a}]{\beta^-} ^{135}_{56}\text{Ba}$$

Merksatz

Bei einer **Kernspaltung** entstehen aus einem schweren Kern zwei etwa gleich große Spaltkerne, schnelle Neutronen und γ-Strahlung. U-235 und Pu-239 lassen sich durch langsame Neutronen spalten.

2. Kettenreaktion, Atombombe, Kernreaktor

Findet eine Kernspaltung in einem Medium statt, das spaltbares Material (z. B. U-235) enthält, so können die zwei bis drei freigesetzten Neutronen weitere Spaltungen auslösen. Dabei werden wiederum Neutronen erzeugt, die ihrerseits erneut Kernspaltungen verursachen können und so fort. Eine derart sich fortsetzende Spaltungsfolge nennt man **Kettenreaktion.** Verläuft sie *ungeregelt*, so kann sich die Zahl der Spaltungen in Bruchteilen von Sekunden ins Unermessliche steigern. Riesige Energiemengen werden in kürzester Zeit frei; es kommt zu einer gewaltigen Explosion, einer *Atombombenexplosion* (➡ *Interessantes*).

Will man die bei Kernspaltungen freiwerdende Energie friedlich nutzen, muss man sich ein System ausdenken, in dem die Kettenreaktion *kontrollierbar* abläuft. Ein solches System heißt **Reaktor.** Das Medium, in dem dort die Kettenreaktion stattfindet, wird *Brennstoff* genannt. In ➡ *Bild 1* der nächsten Seite ist der prinzipielle Aufbau eines **Druckwasserreaktors** (DWR) im Querschnitt skizziert. Über 75% aller weltweit gebauten Kernreaktoren gehören zu diesem Reaktortyp. Er hat folgende wesentliche Bestandteile:

a) In einem etwa 10 Meter hohen Druckgefäß aus 20–25 cm dickem Stahl stehen die *Brennelemente* mit vielen fingerdicken *Brennstäben*. In diesen befindet sich als Brennstoff natürliches Uran, das bis zu 3% mit dem Isotop U-235 angereichert ist.

b) Zwischen den Brennstäben befindet sich Wasser (H_2O). Es soll die bei den Kernspaltungen entstehenden schnellen Neutronen abbremsen. Vor allem langsame Neutronen können nämlich weitere Kernspaltungen in U-235-Kernen durchführen und so die Kettenreaktion aufrechterhalten (➡ *Bild 3*). Rasche Abbremsung ist wichtig, denn das zu 97% in den Brennstäben vorhandene, nicht spaltbare U-238 absorbiert besonders schnelle Neutronen.
Einen Stoff, der im Reaktor die Neutronen abbremst, ohne zu viele zu absorbieren, bezeichnet man als **Moderator.** Reaktoren, die einen Moderator benutzen, nennt man **thermische Reaktoren.** Der DWR gehört zur Gruppe der **Leichtwasserreaktoren,** da normales Wasser H_2O und nicht schweres Wasser D_2O als Moderator verwendet wird. – Sollte das Wasser verdampfen oder aus dem Reaktorbehälter auslaufen, würden die Neutronen nicht mehr abgebremst; die Kettenreaktion wäre automatisch unterbrochen. Der Kernreaktor kann also nie wie eine Atombombe explodieren.

c) Wasser dient außerdem als **Kühlmittel.** Durch kräftige Pumpen angetrieben, zirkuliert es im *Primärkreislauf* und besorgt den Wärmetransport. Die Brennstäbe werden nämlich durch die Kernspaltungen sehr stark erhitzt. Im Primärkreislauf steht das Wasser unter hohem Druck (z. B. 155 bar). Es kann daher auf 320 °C erhitzt werden, ohne dass es siedet. – In einem *Wärmetauscher* (Dampferzeuger) gibt das erhitzte Wasser des Primärkreises seine Energie an das Wasser des *Sekundärkreislaufs* ab; dieses verdampft im Wärmetauscher und treibt die Turbinen an.

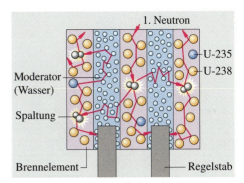

B 3: Geregelte Kettenreaktion im Reaktor

Interessantes

Die ungezähmte Kettenreaktion

In Atombomben wird als Spaltmaterial fast reines U-235 oder Pu-239 verwendet. Das hat den „Vorteil", dass auch schnelle Neutronen genügend Kernspaltungen hervorrufen, um eine Kettenreaktion in Gang zu setzen. In reinem Pu-239 z. B. erzeugen die bei einer jeden Spaltungsgeneration freigesetzten schnellen Neutronen im Mittel 1,6 weitere Spaltungen. Nach n Spaltungsgenerationen sind also $1,6^n$ Atome gespalten. 1 kg Pu-239, das $2,5 \cdot 10^{24}$ Kerne enthält, ist somit nach dem Ablauf von 120 Generationen vollständig gespalten, denn es ist $1,6^{120} \approx 2,5 \cdot 10^{24}$. Da eine Neutronengeneration in der Atombombe in ungefähr $2,5 \cdot 10^{-9}$ s abläuft, ist 1 kg Pu-239 nach $120 \cdot 2,5 \cdot 10^{-9}$ s $\approx 0,3$ μs (!) gespalten. Die Energie, die in dieser Zeit frei wird, beträgt 200 MeV $\cdot 2,5 \cdot 10^{24} \approx 2 \cdot 10^7$ kWh!

Spaltbares Material ist aber erst dann explosiv, wenn es die **kritische Masse** überschreitet (bei Pu-239: 5–10 kg; bei U-235: 15–20 kg). Ist die Masse kleiner, treten so viele Neutronen durch die Oberfläche aus, dass die Kettenreaktion abstirbt.
Eine Atombombe wird gezündet, indem zwei unterkritische Massen durch eine mit normalem Sprengstoff ausgelöste Explosion zusammengeschossen werden. – Die Herstellung einer Atombombe ist glücklicherweise schwierig. Setzt nämlich die Kettenreaktion ein, so wird durch die starke Temperaturerhöhung und den entstehenden Explosionsdruck das Spaltmaterial sofort auseinandergetrieben. Dies muss man genügend lang verhindern.

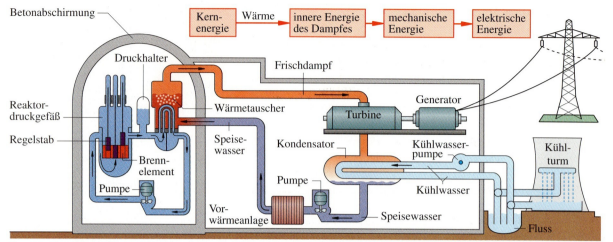

B 1: Aufbau eines Kernkraftwerkes mit einem Druckwasserreaktor

Interessantes

A. Welche Produkte entstehen im Reaktor?

a) Spaltprodukte der Kernspaltungen: Sie sind *hoch radioaktiv* mit teilweise *langen Halbwertszeiten*. Schaltet man einen Reaktor ab, liefern sie die Nachzerfallswärme, die 5 % der Reaktorleistung beträgt.

b) Plutonium: Über 97 % des Urans im Reaktor besteht aus dem nicht spaltbaren Isotop U-238. Durch den Einfang schneller Neutronen kann daraus Plutonium Pu-239 entstehen. Pu-239 ist *kernwaffentauglich*, *hoch giftig* und ein intensiver α-Strahler.

c) Transurane: Durch (n, γ)-Reaktionen und anschließende β-Zerfälle entstehen aus U-238 weitere *radioaktive* Transurane (z. B. Am-241) mit oft *großen Halbwertszeiten*.

B. Ein natürlicher Reaktor

In Oklo (Gabun) in Afrika ist vor ca. 2 Milliarden Jahren in einer Uranlagerstätte eine Kettenreaktion auf natürliche Weise zustande gekommen, die sich einige 100 000 Jahre lang aufrechterhalten hat. Wegen der relativ kürzeren Halbwertszeit von U-235 betrug damals der Gehalt an U-235 im Natururan noch ca. 3 %. Durch Einsickern von Wasser in die Lagerstätte entstand ein Leichtwasserreaktor. – Es hat sich gezeigt, dass aus dieser Uranlagerstätte über beliebig lange Zeiträume keine Radioaktivität in nennenswertem Umfang an die Erdoberfläche kam.

d) Mit **Regelstäben,** die man zwischen die Brennstäbe schieben kann, kontrolliert man die Kettenreaktion. Die Regelstäbe enthalten Bor oder Cadmium. Diese Elemente absorbieren langsame Neutronen. Sind die Regelstäbe vollständig zwischen die Brennstäbe eingefahren, so erstirbt die Kettenreaktion sofort. Zieht man sie langsam heraus, steigt die Zahl der Kernspaltungen je Sekunde an, da nicht mehr so viele langsame Neutronen in den Stäben absorbiert werden. So kann man den Reaktor steuern. Im Dauerbetrieb sind die Regelstäbe so eingestellt, dass die Zahl der Spaltungen je Sekunde und damit die Leistung des Reaktors konstant bleibt.

Merksatz

Im **Kernreaktor** läuft eine kontrollierte Kettenreaktion ab. Die Hauptbestandteile eines Druckwasserreaktors sind Brennstäbe, Regelstäbe und Wasser als Moderator und Kühlmittel. Als Brennstoff wird Natururan, in dem U-235 zu 3 % angereichert ist, verwendet.

3. Kernkraftwerke sind Wärmekraftwerke

▶ *Bild 1* zeigt den prinzipiellen Aufbau eines Kernkraftwerks. Es ist ein Wärmekraftwerk. Der sich im Wärmetauscher des Reaktors bildende heiße, unter großem Druck stehende Frischdampf führt die Energie aus dem Kernreaktor nach außen zu einer Dampfturbine, die einen Generator antreibt. Anschließend kondensiert der Dampf im Kondensator, der von Kühlwasser durchflossen wird. Das entstandene Kondenswasser wird in den Wärmetauscher zurückgeführt.

Ein Kernkraftwerk benötigt viel Kühlwasser; es steht daher neben einem Fluss. Oft besitzt es noch gewaltige Kühltürme, um eine zu starke Aufheizung des Flusses zu verhindern.

Der Wirkungsgrad eines Kernkraftwerks beträgt etwa 34 %. Hat es also eine *elektrische Ausgangsleistung* von 1 300 MW, so beträgt die in Form von Aufheizung im Reaktor erzielte Leistung (*thermische Leistung*) etwa 3 800 MW, die Abwärme also 2 500 MW.

4. Entsorgung eines Kernkraftwerkes

Das spaltbare Material in den Brennstäben wird im Laufe der Zeit verbraucht. Von den ca. 100 t Uran, die ein Kernkraftwerk (DWR) mit 1 300 MW elektrischer Leistung benötigt, sind jährlich ca. 30 t auszutauschen. Dieser „Abfall" enthält 3,5% Spaltprodukte, 0,9% Plutonium (0,5% Pu-239 und 0,12% Pu-241 sind spaltbares Material), 0,1% andere Transurane, 0,76% U-235 und 94,3% U-238. Zur Behandlung der Abfälle versucht man folgende Lösung:

Die „abgebrannten" Brennelemente werden zunächst etwa 1 Jahr lang in Wasserbecken beim Reaktor gelagert. In dieser Zeit klingt die Aktivität infolge des Zerfalls der kurzlebigen Spaltprodukte auf unter 1% des Anfangswertes ab. Anschließend transportiert man die Brennelemente in speziellen Behältern („Castor-Behälter") in eine Wiederaufarbeitungsanlage (oder zuvor in ein trockenes „Zwischenlager"). Dort trennt man Uran und Plutonium chemisch ab und verwendet es zum Bau neuer Brennelemente. – Die nicht verwertbaren radioaktiven Reste („Atommüll") lagert man möglichst sicher, etwa in tiefen Salzstöcken oder Granitgesteinen. Mehrere Barrieren sorgen dort dafür, dass nach menschlichem Ermessen keine unzulässige Freisetzung von radioaktiven Stoffen in die Biosphäre erfolgt. – Man diskutiert auch, die abgebrannten Brennelemente *ohne* Wiederaufarbeitung direkt endzulagern.

5. Sicherheit, Umweltbelastung kerntechnischer Anlagen

In einem Reaktor entsteht eine Reihe *kritischer Produkte* (⟹ *Interessantes*, links).

Der Reaktorunfall in *Tschernobyl* (⟹ *Interessantes*, rechts) machte besonders deutlich, wie wichtig ein sicherer Einschluss des radioaktiven Inventars eines Kernkraftwerkes ist (⟹ Bild 2).

Die Sicherheit der Kraftwerke wird mithilfe von Risikoanalysen abgeschätzt. Das Risiko wird durch die Wahrscheinlichkeit eines schweren Unfalls und die zu erwartende Schadenshöhe bestimmt. Ein schwerer Unfall wäre z. B. eine *Kernschmelze* als Folge der *Nachzerfallswärme* der radioaktiven Spaltprodukte und einer ausfallenden Kühlung. Nach offiziellen Risikoabschätzungen sollte in der Bundesrepublik ein derartiger Unfall bei weiterer Nutzung aller gegenwärtig betriebenen Anlagen mit dem derzeitigen Sicherheitsstandard eines DWR rein statistisch einmal innerhalb von ca. 20 000 Jahren zu erwarten sein. Dabei kann im statistischen Mittel etwa einmal innerhalb von mehreren 100 000 Jahren auch noch die Reaktorhülle platzen, wobei ein Schadensmaß ähnlich dem beim Unfall in Tschernobyl zu erwarten wäre. Man versucht daher Reaktortypen zu entwickeln, für die in *jedem* Schadensfall gilt: 1) Sie erlöschen von selbst. 2) Es werden keine radioaktiven Stoffe freigesetzt. 3) Die Nachzerfallswärme der radioaktiven Spaltprodukte wird ohne Eingriffe von außen und ohne Beschädigung des Reaktors nach außen abgeführt.

Aufgrund der **Strahlenschutzverordnung** darf die Strahlenbelastung einer Person durch kerntechnische Anlagen im Normalbetrieb und bei Unfällen auch in unmittelbarer Nähe einer Anlage **0,3 mSv im Jahr** nicht überschreiten.

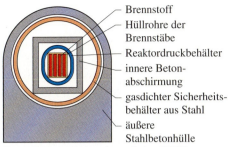

B 2: Sicherheitsbarrieren beim DWR

Interessantes

Der Reaktorunfall in Tschernobyl

Am 26.04.1986 ereignete sich in Tschernobyl in der Ukraine in einem Reaktor, bei dem Graphit als Moderator und Wasser als Kühlmittel verwendet wurde, ein schwerer Unfall. Bei diesem Reaktortyp besteht die Gefahr, dass beim Verlust des Kühlmittels die Kettenreaktion intensiviert wird (Leistungsexkursion). – Zur Katastrophe kam es im Zusammenhang mit einem technischen Experiment am Reaktor. Eine Leistungsexkursion führte zu einer chemischen Explosion mit nachfolgendem Graphitbrand über mehrere Tage. Da bei dem Reaktor eine äußere Schutzhülle fehlte, wurden radioaktive Stoffe mit einer Aktivität von etwa $2 \cdot 10^{18}$ Bq in die Atmosphäre bis in ca. 1 200 m Höhe geschleudert. Von dort wurden sie durch Winde über große Teile Europas verteilt. – Aus den mit radioaktivem Niederschlag verseuchten Gebiet in der Nähe des Reaktors mussten mehrere 100 000 Menschen evakuiert werden.

1996 ließ sich über die radiologischen Folgen sagen:

- Der Unfall hat zum vorzeitigen Tod von ca. 30 Personen geführt.
- Unter 3 Mio. mit kurzlebigem Radiojod belasteten Kindern wurden ca. 500 Fälle von Schilddrüsenkrebs gefunden; diese Anzahl könnte sich noch bis auf einige Tausend erhöhen.
- Eine Erhöhung der Zahl anderer Krebsarten, von Leukämie oder genetischen Schäden wurde bisher nicht beobachtet. Eine Erhöhung der Krebsrate könnte gerade statistisch noch nachweisbar werden.

Sehr gravierend waren zudem die ökonomischen, politischen, psychosomatischen und sozialen Auswirkungen des Unfalls.

Interessantes

Fixsterne als Fusionsreaktoren

Die Fusion des Wasserstoffs zu Helium stellt die Energiequelle der meisten Fixsterne dar. Dabei vollzieht sich der Aufbau des Heliums in komplizierten Zyklen. Enthält ein Stern das Kohlenstoffisotop C-12, so läuft z. B. der *Bethe-Weizsäcker-Zyklus* bei Temperaturen oberhalb von $1{,}5 \cdot 10^7$ K ab:

$$^1H + {}^{12}C \rightarrow {}^{13}N + \gamma + 1{,}94 \text{ MeV}$$
$$^{13}N \rightarrow {}^{13}C + e^+ + \nu + 1{,}2 \text{ MeV}$$
$$^1H + {}^{13}C \rightarrow {}^{14}N + \gamma + 7{,}54 \text{ MeV}$$
$$^1H + {}^{14}N \rightarrow {}^{15}O + \gamma + 7{,}29 \text{ MeV}$$
$$^{15}O \rightarrow {}^{15}N + e^+ + \nu + 1{,}7 \text{ MeV}$$
$$^1H + {}^{15}N \rightarrow {}^{12}C + {}^4He + 4{,}96 \text{ MeV}$$

Die Bilanz lautet:
$4\,{}^1_1H \rightarrow {}^4_2He + 3\,\gamma + 2\,e^+ + 2\,\nu + 25 \text{ MeV}$.
In jeder Sekunde werden so z. B. im Inneren der Sonne $6{,}7 \cdot 10^{11}$ kg Wasserstoff verarbeitet und dabei $4 \cdot 10^{10}$ J freigesetzt („Abbrand" trotzdem nur 10^{-10} des Gesamtvorrats pro Jahr). Die Fusionsleistung pro Plasmavolumen ist aber wegen des großen Volumens nur 40 W/m³ (!). Ein möglicher Fusionsreaktor auf der Erde müsste dagegen eine Leistungsdichte von 10^9 W/m³ (!) aufweisen. – Der „Fusionsreaktor" Sonne brennt seit einigen Milliarden Jahren permanent im thermischen Gleichgewicht zwischen Energieerzeugung durch Fusion und Energieabstrahlung ins Weltall an der Oberfläche. Das Plasma wird durch die Fusionsenergie selbst aufgeheizt und behält so die nötige Temperatur.

6. Kernfusion

Wie die Bindungsenergie pro Nukleon zeigt, wird Energie auch bei der Verschmelzung leichter Kerne zu schweren frei. Man nennt dies **Kernfusion**. Ein Beispiel ist die Fusion von H-2 und H-3:

$$^2_1H + {}^3_1H \rightarrow {}^4_2He + {}^1_0n + 17{,}6 \text{ MeV}.$$

Um aber die Kernfusion in Gang zu setzen, müssen sich die beiden Kerne H-2 und H-3 zuerst so nahe kommen, dass die Kernkräfte wirken und die Kerne verschmelzen können. Dazu müssen die geladenen Kerne mit genügend hoher kinetischer Energie gegen ihre Coulombabstoßung anrennen. Der Coulombwall zwischen den beiden genannten Kernen hat eine Höhe von ca. 0,4 MeV. – Für eine technische Energienutzung will man die Fusion auf eine ähnliche Weise realisieren, wie sie in den Fixsternen schon seit Jahrmillionen vor sich geht (*Interessantes*). Dort herrschen sehr hohe Temperaturen von 10^7 K und mehr. Die Atome sind vollständig ionisiert, und es liegt ein nach außen neutrales Gemisch aus freien Elektronen und frei beweglichen Ionen vor, das man **Plasma** nennt. Durch die Wärmebewegung haben die Ionen bei $T = 10^8$ K eine mittlere kinetische Energie von etwa 13 keV. Obgleich dieser Betrag sehr viel kleiner ist als die Höhe des Coulombwalls, gibt es beim Stoß der Ionen untereinander laufend Fusionsprozesse. Der Grund liegt außer im Tunneleffekt einmal darin, dass es infolge der Geschwindigkeitsverteilung der Ionen in diesem Plasma auch einige mit sehr viel höherer kinetischer Energie als 13 keV gibt. Zum anderen herrscht im Kern der Fixsterne eine hohe Dichte (Sonne: 200 g/cm³).

7. Der Fusionsreaktor

Ein Weg zur kontrollierten Kernfusion in einem **Fusionsreaktor** ist, sie in einem auf Entzündungstemperatur aufgeheizten Plasma zu erzeugen, das mittels starker Magnetfelder berührungslos in einem Torus (Hohlring) eingeschlossen ist. *Bild 1* zeigt stark vereinfacht das Prinzip der sog. *Tokamak-Anordnung*. Auf den Torus sind Spulen gewickelt, deren Magnetfeld den Kontakt des Plasmas mit den Wänden verhindert. Zur Aufheizung des Plasmas benötigt man im Plasma fließende Ladungen. Dieser Kreisstrom wird nach dem Transformatorprinzip mit einem Stromstoß durch die um das Eisenjoch gewundene Primärspule erzeugt; das Plasma bildet die Sekundärspule. Mit einer derartigen Anordnung hat man im *Joint European Torus* in England schon Fusionsprozesse einige Sekunden in Gang gehalten. Einen dauerhaften Fusionsbetrieb hat man aber noch nicht erreicht. Bis zu diesem Stadium sind noch viele Probleme zu lösen. In einem Fusionskraftwerk wird die Brennkammer des Tokamaks mit einem Absorbermaterial aus Lithium umgeben, in dem die bei der Fusion freigesetzten Neutronen ihre Energie abgeben. Gleichzeitig wird dabei das für die Fusion notwendige Tritium H-3 erzeugt: ${}^6_3Li + {}^1_0n \rightarrow {}^4_2He + {}^3_1H + 4{,}8$ MeV. Die Energie wird aus dem erhitzten Lithium z. B. mit flüssigem Natrium nach außen geführt. Dies erzeugt in einem Wärmetauscher Dampf, mit dem man Turbinen antreibt. – Erst im Laufe einiger Jahrzehnte wird erkennbar werden, ob die „Energiequelle Fusion" erschlossen werden kann.

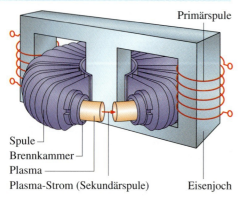

B 1: Tokamak-Anordnung

Wissenschaft und Verantwortung

1. Verantwortung übernehmen

„Wer ist dafür verantwortlich?" – „Kannst du dafür wirklich die Verantwortung übernehmen?" – Solche Fragen kennen wir aus dem Alltag. Aber was ist damit genau gemeint: *„Willst du die Verantwortung übernehmen?" – „Weißt du genug, um die Folgen deines Handelns bewerten zu können?" – „Kannst du übersehen, ob andere dich das Richtige tun lassen?"* Einfache Fragen nach der Verantwortung haben also unterschiedliche Facetten, die alle damit zu tun haben, dass Verantwortung eine ethische Dimension hat: *Wir sind für (voraussehbare) Folgen unseres Handelns verantwortlich.* An den Elementen der Verantwortungsrelation in ➟ Bild 2 sieht man, dass es nicht immer einfach ist, dieser Verantwortung gerecht zu werden.

2. Verantwortung für die wissenschaftliche Arbeit

Die Verbindung von Naturwissenschaft und Technik und der Einfluss der Technik auf unser persönliches und das gesellschaftliche Leben haben komplexe Auswirkungen. Deshalb müssen sich Wissenschaftlerinnen und Wissenschaftler fragen, wie die Entdeckungen ihres Fachgebiets in der Gesellschaft verwendet werden und wie weit sie selber dafür Verantwortung tragen. B. BRECHT lässt in dem Theaterstück über das Leben des GALILEI den Begründer der experimentell forschenden Physik sagen:

> „Der Verfolg der Wissenschaft scheint mir diesbezüglich besondere Tapferkeit zu erheischen. Sie handelt mit Wissen, gewonnen durch Zweifel.
>
> Wenn die Wissenschaftler sich damit begnügen, Wissen um des Wissens willen aufzuhäufen, kann die Wissenschaft zum Krüppel gemacht werden.
>
> Die Kluft zwischen euch und der Menschheit kann eines Tags so groß werden, daß euer Jubelschrei über irgendeine neue Errungenschaft von einem universalen Entsetzensschrei beantwortet werden könnte."

Die Frage nach der Verantwortung hat auch im Leben Albert EINSTEINS eine Rolle gespielt. Berühmt ist sein Brief an den amerikanischen Präsidenten ROOSEVELT (1939). Er kannte den Stand der Forschung und hatte Sorge vor dem Bau der Atombombe im nationalsozialistischen Deutschland. Das gigantische Manhattan-Projekt hat danach in den USA zur Entwicklung der Bombe geführt. Später hat EINSTEIN öffentlich vor den Gefahren eines weltweiten Wettrüstens gewarnt.

B 2: Verantwortung steht in Beziehung zu anderen Elementen, die deutlich machen, dass es verschiedene Möglichkeiten gibt, nach der Verantwortung zu fragen.

3. Verantwortung für politische Entscheidungen

Für den Berufsalltag der an einer Universität forschenden Physikerin oder des Physikers in der Entwicklungsabteilung eines Unternehmens spielt unter den heutigen Bedingungen der gesellschaftlich-politische Aspekt eine weitere wichtige Rolle. Es gilt: *Wissenschaft ist unpolitisch, aber politisch relevant.* Die in der Wissenschaft Tätigen sind für die Gesellschaft unentbehrliche Experten, aber sie können nicht den Anspruch erheben, politische Entscheidungen zu bestimmen.

Hans-Peter DÜRR schreibt dazu: *„Wenn ein Kernphysiker oder Elementarteilchenphysiker zum Thema »friedliche Nutzung der Kernenergie« seine Meinung äußert, dann misst die breite Öffentlichkeit dieser Meinung automatisch ein besonderes Gewicht zu, da ja hier, wie sie meint, ein Fachmann seine Meinung bekundet. Dies ist strenggenommen falsch! Richtig ist, dass dieser Physiker aufgrund seiner speziellen Erfahrung bestimmte physikalische Fakten und Zusammenhänge umfassender, sicherer und tiefgründiger verstehen und würdigen kann. Solche Spezialkenntnisse befähigen ihn aber noch nicht dazu, in anderen für das Kernenergieproblem wesentlichen Fragen, wie etwa wirtschaftlicher, soziologischer oder ökologischer Art, ein ähnlich sicheres Urteil zu erlangen ... Fakten und Spezialkenntnisse sind wertfrei, sie können Verknüpfungen aufzeigen, verwickelte Zusammenhänge übersichtlich machen und damit eine angemessene Bewertung erheblich erleichtern, sie aber nie ersetzen."*

Die Verantwortung für die Folgen der Anwendung von Wissenschaft müssen die jeweils politisch handelnden Gemeinschaften gemeinsam tragen. Zur Vorbereitung solcher Entscheidungen gehört die Pflicht, Experten zu Wort kommen zu lassen. Zur politischen Mündigkeit der Bürgerinnen und Bürger gehört aber auch die Befähigung, Experten anzuhören.

Das ist wichtig

1. **Nachweisgeräte** für ionisierende Strahlung sind: Geiger-Müller-Zählrohr, Nebelkammer, Halbleiterzähler und Szintillationszähler. Mit den letzten beiden Geräten lassen sich *Energiemessungen* durchführen.

2. Eigenschaften der Strahlung radioaktiver Nuklide:
   α-Strahlung:
   - Sie besteht aus einzelnen Heliumkernen $^4_2$He.
   - Die α-Teilchen haben diskrete scharfe Energie in der Größenordnung MeV.
   - Die Reichweite der α-Teilchen ist in Luft kleiner als 10 cm und in fester Materie kleiner als 0,1 mm.

   β-Strahlung:
   - Sie besteht aus Elektronen oder Positronen.
   - Die β-Teilchen besitzen ein kontinuierliches Energiespektrum mit einer Maximalenergie W_{max}.
   - Die Reichweite von β-Teilchen ist in Luft einige Meter und in fester Materie einige Millimeter.

   γ-Strahlung:
   - Sie besteht aus γ-Quanten, die eine Energie bis zu einigen MeV haben können.
   - Das γ-Spektrum hat diskrete scharfe Linien.
   - Beim Durchdringen von Materie nimmt die Intensität der γ-Strahlung exponentiell ab. Blei schwächt γ-Strahlung besonders stark.

3. Der Aufbau des Atomkerns:
   Die **Kernkraft** hält die Nukleonen im Kern zusammen. Sie wirkt nur auf die nächsten Nachbarn. Kernradius R_K: $R_K = r_0 A^{1/3}$ ($r_0 = 1{,}3 \cdot 10^{-15}$ m; A: Massenzahl).

   Die Energie eines Atomkerns liegt um die Energie $W = \Delta m c^2$ unter der Gesamtenergie all seiner freien Bestandteile. **Massendefekt** $\Delta m = m_A - (Z\, m_H + N\, m_n)$.

   Die **Bindungsenergie je Nukleon** W/A beträgt im Mittel -8 MeV. W/A als Funktion von A hat bei $A \approx 60$ ein Minimum. Durch die **Kernspaltung** schwerer Kerne und die **Kernfusion** leichter Kerne wird deshalb relativ viel Energie abgegeben.

   Mit einem einfachen **Potentialtopfmodell** (Rechteckpotential: $W(r) = -W_0$ für $r < R_0$, sonst $W(r) = 0$) und den Gesetzen der Quantenphysik lassen sich einige Kerneigenschaften erklären. Die Nukleonen nehmen in dem Potentialtopf diskrete Energiezustände ein. Der Protonentopf ist gegenüber dem Neutronentopf infolge der Coulombabstoßung angehoben.

   In der **Nuklidkarte** sind alle stabilen und instabilen Nuklide erfasst.

4. Der Zerfall radioaktiver Nuklide:
   Jedes radioaktive Nuklid hat eine charakteristische **Halbwertszeit** $T_{1/2}$. Es gilt: $N(t) = N_0\, e^{-\lambda t}$ mit der **Zerfallskonstanten** $\lambda = \ln 2 / T_{1/2}$ ($N(t)$: Nukleonenzahl).

   Die **Aktivität** $A(t)$ einer radioaktiven Substanz ist: $A(t) = -\Delta N/\Delta t$ für $\Delta t \ll T_{1/2}$. Es gilt: $A(t) = \lambda N(t)$. Die Einheit der Aktivität ist **1 Becquerel** (1 Bq).

   Das stochastische Auftreten der Zerfälle ist ein **Quantenphänomen**. Bei allen Zerfällen gelten die Erhaltungssätze für Energie, Impuls und Ladung.

   Beim **α-Zerfall** (erklärbar mit dem Tunneleffekt) verliert ein Kern 2 Protonen und 2 Neutronen.

   Beim **β⁻-Zerfall** wandelt sich im Kern ein Neutron um:
   $n \to p + e^- + \bar{\nu} +$ Energie.
   Beim **β⁺-Zerfall** wandelt sich im Kern ein Proton um:
   $p \to n + e^+ + \nu +$ Energie.
   Eine Erklärung gelingt mit dem Potentialtopfmodell.

   γ-Strahlung tritt auf, wenn ein α- oder β-Zerfall in einen angeregten Zustand des Tochterkerns erfolgt.

5. Kernreaktionen:
   Mit allen Teilchen lassen sich **Kernreaktionen** der Form $a + A \to b + B + Q$ (a, b: Teilchen; A, B: Kerne; Q: Reaktionsenergie) durchführen. Es gelten die Erhaltungssätze für Energie, Impuls und Ladung. Neutronen lösen leicht Kernreaktionen aus.

6. Strahlengefahr, Strahlenschutz:
   Ursache der **Strahlenschäden** ist die Ionisation von Molekülen im Körpergewebe. Abwehrmechanismen verhindern, dass jede Strahlenexposition schädlich ist. Man unterscheidet **deterministische** und **stochastische** Strahlenwirkungen. Zu den letzten zählen Leukämie, Krebs und genetische Schäden.

   Die **effektive Dosis** E (Einheit **1 Sievert**; 1 Sv) erlaubt eine einheitliche Beurteilung des Gesamtrisikos nach einer Strahlenexposition mit kleinen Dosen.

   Die **natürliche Strahlenexposition** (dominierend ist die Inhalation von Radonisotopen) beträgt in der Bundesrepublik 2,4 mSv/a an effektiver Dosis.

   Im **Strahlenschutz** gilt das „ALARA-Prinzip" (As low as reasonably achievable). Die **vier Grundregeln** sind: Geringe Aktivität, Abschirmung, kurze Aufenthaltsdauer, Abstand halten.

Aufgaben

A 1: Welche Energie absorbiert ein Mensch (75 kg) bei einem Strahlenunfall, bei dem er eine lebensbedrohliche Dosis von 4 Gy empfängt? Um wie viel Grad erhöht sich die Temperatur des Menschen? Aus welcher Höhe müsste ein Körper (75 kg) frei fallen, um eine ebenso große kinetische Energie zu erhalten?

A 2: a) Ein punktförmiges, umschlossenes Co-60-Präparat (74 kBq) wird 1,5 h benutzt. Welche Äquivalentdosis erhält ein Mensch in 0,5 m Abstand? **b)** Bei einer Therapie wird einer Person J-131 der Aktivität 3·10⁹ Bq verabreicht, das sich ganz in der Schilddrüse ansammeln soll. Welche Äquivalentdosis erhält z. B. der Ehepartner, der eine Nacht (9 h) im Abstand von 30 cm neben der Person schläft ($\Gamma_{\text{J-131}} = 0{,}059$ µSv m² h⁻¹ GBq⁻¹)?

A 3: a) Schätzen Sie die jährliche effektive Dosis ab, die ein Mensch aufgrund seines eigenen, im Körper gleich verteilten K-40-Gehaltes erhält. Aufgrund dessen finden pro Kilogramm Körpergewebe 57 β-Zerfälle und 7 γ-Zerfälle je s statt. Bei einem β-Zerfall wird im Mittel eine Energie von 450 keV ($W_{\text{max}}/3$) lokal absorbiert. Bei einem γ-Zerfall nimmt man an, dass 50% der Quantenenergie von 1,46 MeV im Körper absorbiert wird (zu K-40 vgl. auch Aufgabe 10). **b)** Schätzen Sie die jährliche effektive Dosis ab, die ein Mensch infolge des im Körper gleich verteilten C-14-Gehaltes (β⁻-Strahler mit $W_{\text{max}} = 156$ keV) erhält. Pro Kilogramm Körpergewebe finden 52 Zerfälle je s von C-14 statt.

A 4: Tc-99m zerfällt mit $T_{1/2} = 6$ h in den Grundzustand von Tc-99 ($W_\gamma = 140$ keV). Bei einer Untersuchung wird einem Patienten eine Menge Tc-99m der Aktivität 50·10⁶ Bq verabreicht, die sich in der Leber ansammelt. **a)** Schätzen Sie die Energiedosis ab, die die Leber (ca. 1,5 kg) erhält, wenn 50% der Energie in der Leber absorbiert wird. **b)** Wie groß wäre die effektive Dosis, wenn nur die Leber bestrahlt würde?

A 5: Erläutern Sie die Begriffe: Energiedosis, Äquivalentdosis, effektive Dosis, Ortsdosis, Personendosis.

A 6: Die Dicke einer dünnen Materieschicht gibt man häufig durch die Massenbelegung d' in g/cm² an; d. h. man schneidet aus der Schicht ein Stück mit der Grundfläche A (z. B. 1 cm²) heraus und bestimmt dessen Masse m. Es ist $d' = m/A$. **a)** Zeigen Sie: Hat das Material die Dichte ϱ und hat die Schicht die Dicke d, so gilt $d' = \varrho\, d$. **b)** Bestimmen Sie d' in der Einheit g/cm² für ein Blatt Papier ($\varrho = 1$ g/cm³) der Dicke $d = 0{,}15$ mm. **c)** Welche Dicke d hat das Glimmerfenster ($\varrho = 2{,}8$ g/cm³) eines Zählrohrs mit der Massenbelegung 2 mg/cm²? **d)** Bestimmen Sie d' einer 1 cm dicken Luftschicht ($\varrho = 1{,}3$ g/l).

A 7: In der Anordnung (▶ Bild) gelangen α-Teilchen vom Präparat P in das Zählrohr. Die Blenden legen im Kondensator ($d = 5{,}00$ mm) eine geradlinige Bahn fest. Hinter dem Kondensator beschreiben die α-Teilchen eine Kreisbahn (Radius r). Die gesamte Anordnung wird von einem hinreichend starken Magnetfeld durchsetzt.

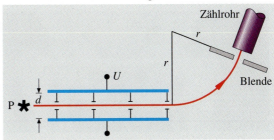

a) Geben Sie an, wie die Orientierung der Felder E und B zu wählen ist, sodass die α-Teilchen in den Detektor gelangen. **b)** Bei $U = 30{,}0$ kV, $r = 1{,}27$ m und $B = 0{,}312$ T gelangen α-Teilchen ins Zählrohr. Bestimmen Sie mit diesen Daten $(q/m)_\alpha$. Welche Geschwindigkeit und welche Energie (in MeV) haben die α-Teilchen? **c)** Jetzt verwendet man Po-210, das α-Teilchen der Energie 5,3 MeV aussendet. Wie groß muss die Spannung U sein, damit bei $B = 0{,}312$ T die α-Teilchen durch den Kondensator gelangen? Wie groß ist dann r?

A 8: a) Zeigen Sie: Die Reaktionsenergie Q_{β^+} eines β⁺-Zerfalls $^A_Z X \rightarrow\ ^{\ A}_{Z-1} Y + e^+ + \nu + Q_{\beta^+}$ eines Kernes X in einen Kern Y lässt sich mit Atommassen m bestimmen zu $Q_{\beta^+} = (m_X - m_Y - 2\,m_e)\,c^2$ (m_e: Elektronenmasse). **b)** Bestätigen Sie: $W_{\text{max}} = 3{,}2$ MeV des β⁺-Zerfalls von P-30.

A 9: Berechnen Sie für den β⁻-Zerfall des freien Neutrons die Rückstoßenergie des Protons, wenn ein Elektron mit W_{max} emittiert wird (relativistisch rechnen!).

A 10: Radioaktives K-40 ist in natürlichem Kalium zu 0,012% enthalten. Es emittiert β⁻-Strahlung ($W_{\text{max}} = 1{,}35$ MeV) und γ-Quanten ($W_\gamma = 1{,}46$ MeV). Letztere entstehen nach einem möglichen Elektroneneinfang von K-40 in einen angeregten Zustand des Tochterkerns (dabei freigesetzte Energie $Q_{EC} = 0{,}050$ MeV). **a)** Stellen Sie ein Zerfallsschema von K-40 auf. **b)** Welchen Höchstwert hat die Energie des beim β⁻-Zerfall frei werdenden Antineutrinos? **c)** Berechnen Sie die Aktivität von 1 kg käuflichem Kaliumchlorid (KCl).

A 11: a) Bestimmen Sie jeweils den Q-Wert der Kernreaktionen ? (p, α) Li-6 und Al-27 (n, ?) Mg-27. **b)** Warum reicht $|Q|$ bei der 2. Reaktion nicht aus?

A 12: Auch γ-Quanten können Kernreaktionen auslösen (Kernphotoeffekt). Was entsteht bei der Reaktion $^2_1 D\,(\gamma, n)$? Wie groß ist die dazu notwendige γ-Energie?

A 13: Schätzen Sie die prozentuale Zusammensetzung des Uranerzes aus U-235 und U-238 vor 2·10⁶ a ab.

A 14: Setzen Sie sich mit der folgenden These auseinander: „Eine umweltverträgliche Nutzung von Kernenergie setzt sowohl eine Minimierung des Risikos als auch eine Begrenzung des maximal möglichen Schadensmaßes eines Unfalls auf ein tolerables Maß voraus."

Interessantes

Physik und Medizin

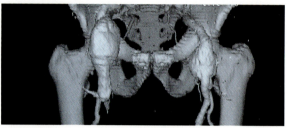

B 1: Vielfache sackförmige Ausstülpungen an Arterien. Die Umgebung wurde „wegradiert".

A. Röntgen-Tomographie (Schichtaufnahmen)

a) *Physikalisches Prinzip:* Röntgenstrahlen werden nicht gebrochen; sie durchsetzen die zahlreichen Inhomogenitäten des Körpergewebes geradlinig. Jedoch werden die von der Röntgenröhre ausgehenden Strahlen umso stärker geschwächt, je länger die Wege mit großer *Elektronendichte* ϱ_{El} sind, die sie durchlaufen. ϱ_{El} steigt mit der Ordnungszahl Z der durchstrahlten Atome (Z = 1 bei H in Wasser, Fett- und Muskelgewebe; Z = 20 bei Ca in Knochen, ▸ Bild 1).

B 2: Nach rechts nehmen die Elektronendichte ϱ_{El} und damit die Röntgenabsorption zu.

Bei den erzeugten *Schattenbildern* bleiben Gewebe vor oder hinter stark schwächenden Knochen unerkannt. Um Knochenschatten bei Lungenaufnahmen etwas zu verdrängen, zu *verwischen*, verschiebt man nach ▸ Bild 3 Röntgenröhre und Röntgenfilm so gegeneinander, dass eine bestimmte Lungenschicht (rot) auf dem Film scharf erscheint. Dieses einfache Prinzip lässt sich mit hohem Aufwand sehr verbessern:

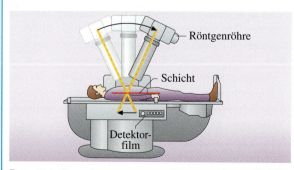

B 3: Bei Gegenbewegung von Röntgenröhre und Film wird eine Körperschicht scharf abgebildet.

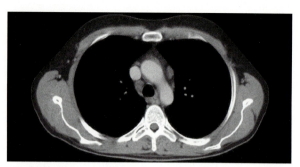

B 4: 2D-CT-Bild: Querschnitt eines Brustkorbs. Gewebe und Knochen wurden scharf herauspräpariert.

Bei der 2-dimensionalen **2D-Computer-Tomographie** (**2D-CT**; tomos, griech.: Schicht) ersetzt man den Röntgenfilm durch eine Linie röntgenempfindlicher Halbleiterdetektoren (▸ Bild 5). Zusammen mit der Röntgenröhre rotieren sie einmal um den zu untersuchenden Körperquerschnitt, senkrecht zur Längsachse des Patienten (anders als in Bild 3). Die Detektoren liefern zahllose Daten, die von komplizierten Algorithmen zu einem ebenen *Schnittbild* verarbeitet werden (▸ Bild 4). Es hat folgende Eigenschaften:

- Als *ebener Schnitt* ist es 2-dimensional und setzt sich aus bis zu 1024^2 Pixeln (▸ Bild 6a) zusammen.
- Jeder Pixel enthält nur eine Zahl, die Elektronendichte ϱ_{El} der ihm zugeordneten Schichtstelle gemäß ▸ Bild 2. Die Ortsauflösung, also die Pixellänge, liegt unter 1 mm.
- Knochenschatten sind wegen der Rundumdrehung entfallen, nicht nur verwischt.

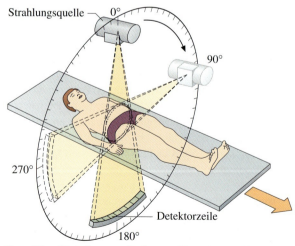

B 5: Eine Rotation von Röhre und Detektorzeile erzeugt das 2D-CT-Schnittbild. – Bei der 3D-CT rotieren Röhre und Detektorfläche ständig; der Patient wird in Längsrichtung langsam verschoben.

Interessantes

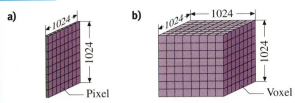

B 6: a) Flächiges 2D-Bild; jeder Pixel enthält die Elektronendichte ϱ_{El} der Körperstelle als Zahlenwert kodiert.
b) 3D-Volumenbild aus z. B. 1024^3 Voxeln

Verschiebt man die Person längs ihrer Körperachse, so setzen sich diese Schnittbilder zu einer **3-dimensionalen** Datenmatrix von z. B. 1024^3 Volumenelementen zusammen. Diese werden **Voxel** genannt. So entsteht das **Volumenbild** der **3D-CT** (⟹ *Bild 6b*).

b) *Auswertung:* Dieses Volumenbild existiert nur als 3-dimensionale Zahlenmatrix im Computer (virtuell). Doch kann der Arzt davon beliebig liegende, *ebene Schnittbilder* abrufen. Sie geben durch ihre Graustufen nur ein Abbild der Elektronendichte ϱ_{El} des Körpers, nicht mehr. Nun zeigen interessierende Gewebsstrukturen (Blutgefäße, Nervenbahnen, Tumore) eine charakteristische Ausprägung. Raffinierte Computerprogramme färben sie für den Bildschirm ein. Oder sie schälen die gewünschte, markante Struktur heraus, indem sie die ganze Umgebung einfach weg „radieren". Man hilft nun dem Computer etwas nach, um die gewünschte Kontur möglichst exakt zu präparieren und darzustellen. ⟹ *Bild 1* und *Bild 7* zeigen solche dreidimensionalen CT-Aufnahmen, die an lebenden Personen aufgenommen wurden.

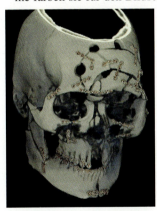

B 7: Schädel, 3D-CT-Bild

B. Ultraschall-Tomographie

Die Phononen von Ultraschall ($f \approx 5$ MHz, $W_{Phon} = hf \approx 10^{-8}$ eV) können nicht ionisieren, sind also völlig ungefährlich; bei Röntgenstrahlen dagegen ist $W_{Phot} \approx 10^5$ eV! Man kann mit Ultraschall unbedenklich Föten untersuchen. Dazu erzeugen bis zu 256 nebeneinander gereihte Piezoquarze je Sekunde ca. 1 000 Ultraschallimpulse von 1 µs Dauer (⟹ *Bild 8*). Ein Quarz der Breite b strahlt Schall einheitlicher Phase mit $\lambda \approx 0,3$ mm ab, aber nicht allseitig. Vielmehr wirkt er wie ein *optischer Beugungsspalt* mit Breite b. Deshalb erzeugt er ein Schallbündel, dessen Hauptmaximum den Öffnungswinkel 2α eingrenzt, gemäß $\sin \alpha \approx \lambda/b$. Bei $b = 1,5$ mm wäre $\alpha \approx 10°$, was sehr unscharfe Bilder gäbe. Deshalb schaltet man z. B. 5 Quarze zu einer Gruppe parallel; dies vergrößert b und verkleinert α. Der nun gut gebündelte Ultraschall-„Strahl" dringt in der Ebene des Schallkopfs in das Körpergewebe. Dort wird er an hintereinander liegenden Inhomogenitäten reflektiert.

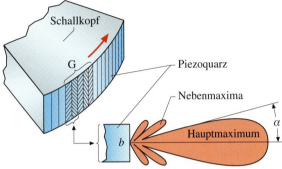

B 8: 5 der insgesamt 256 Quarze erzeugen soeben einen Strahl mit Öffnungswinkel 2α. Durch schnelles, elektronisches Verschieben der 5 Quarze wird eine Gewebeschicht in der Schallkopfebene überstrichen, das 2D-*Tomogramm* erzeugt. Verschiebt man den Schallkopf quer dazu, so entsteht ein 3D-Voxelbild.

C. Positronen-Emissions-Tomographie (PET)

Oft will man neben der Gewebestruktur den Verlauf dort stattfindender *Stoffwechselvorgänge* beobachten. Dazu injiziert man dem Patienten schwach radioaktive *Positronenstrahler* kurzer Halbwertszeit von Elementen, die am Stoffwechsel teilnehmen (^{11}C, ^{15}O, ^{13}N, ^{18}F). Viele Szintillationszähler um den Körper registrieren die bei Paarvernichtung erzeugten γ-Quanten. Daraus werden Schnitt- oder Voxelbilder errechnet (*Ziff. A*). Sie zeigen den Weg der radioaktiv markierten Stoffe im Körper und damit den Ablauf gut- bzw. bösartiger Stoffwechselprozesse (⟹ *Bild 9*).

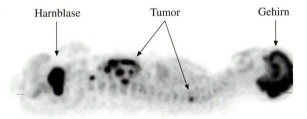

B 9: PET-Bild eines Patienten zeigt Tumorgewebe.

Interessantes

D. Kernspin-(Magnetresonanz-)Tomographie

a) *Physikalisches Prinzip:* Unser Körper enthält sehr viele Wasserstoffatome. Ihre Protonen im Kern sind magnetische Dipole, normalerweise völlig ungeordnet (analog zu Elektronenspins). Der Patient wird in ein starkes, konstantes, homogenes B_1-Feld geschoben (bis 2 T; ➡ *Bild 1*). Die Dipole stellen sich zu B_1 parallel. B_1 wird von starken Suprastömen in den supraleitenden Spulen S_1 erzeugt ($\vartheta = -269\,°C$; in flüssigem Helium).

Die S_2-Spule (rot) liefert durch kurze Impulse zusätzliche B_2-Wechselfelder mit der Frequenz $f_1 = (B_1/\text{Tesla}) \cdot 6{,}8\,\text{MHz} \sim B_1$ (im Radiobereich). B_2 steht senkrecht zu B_1. Nun umkreisen nach der Quantentheorie die Dipole der H-Kerne das B_1 und neigen dabei ihre Achsen P während der Zeit T_1 *stetig* in die *x-y*-Ebene, senkrecht zu B_1 (➡ *Bild 2a*). Dort kreiseln sie nach Abschalten der B_2-Impulse weiter. Ihr B-Feld induziert Signale $U(t)$ mit $f_1 \sim B_1$, die in den Pausen der B_2-Impulse in den S_2-Spulen registriert werden. $U(t)$ klingt dann während der Zeit T_2 ab (➡ *Bild 2b*).

b) *Auswertung der U(t)-Signale:*

- Die *Amplitude* von $U(t)$ wächst mit der Dichte der Dipole, also der H-Kerne im Gewebe (analog zur Elektronendichte ϱ_{El} in *Ziff. A*). Damit unterscheidet man Wasser, Fett, Muskeln und Knochen.
- Die Stärke der Kernspin-Tomographie liegt in den leicht messbaren Zeiten T_1 und T_2 zum Auf- und Abbau der $U(t)$-Signale. Diese hängen sehr stark (mit Faktor 1:20) vom Gewebe ab, in das die H-Kerne gebettet sind, insbesondere von dessen *Viskosität* (Zähflüssigkeit). In Entzündungsherden und Tumoren sind T_1 und T_2 wegen niedriger Proteinkonzentration verlängert. Sie werden in einem *Voxelbild* codiert und nach *Ziff. A* ausgewertet.
- Zudem unterscheiden sich die Permeabilitätszahlen μ_r der Gewebeteile; dies ändert B_1 und damit die Frequenz $f_1 \sim B_1$ des Signals $U(t)$ ein wenig. Mit dieser sog. chemischen Verschiebung Δf sind Analysen komplizierter Stoffe auch im lebenden Gewebe möglich. Sie zeigen Tumore am Fehlen charakteristischer Stoffwechselprodukte.

Um *räumliche*, aus 3D-Voxeln bestehende Bilder zu erzeugen, überlagert man dem homogenen B_1-Feld durch weitere Spulen in schneller Folge B_3-Felder, die in *x-*, *y*- bzw. *z*-Richtung *inhomogen* sind. Dies ändert das resultierende B-Feld und die Frequenz $f_1 \sim B$, und zwar *ortsabhängig*. Daraus baut der Computer das 3D-Bild auf, mit einer Ortsauflösung von ca. 1 mm (➡ *Bild 3*).

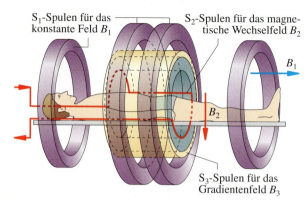

B 1: Patient im Kernspintomographen

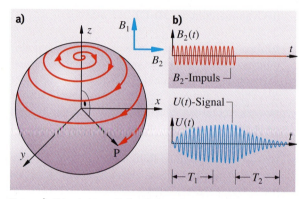

B 2: a) Die Achsen P der Spins waren nach $B_1(z)$ ausgerichtet. Wegen des senkrecht dazu wirkenden B_2-Wechselfelds (*x*) mit Frequenz f_1 (rot) kreiseln die Achsspitzen in die *x-y*-Ebene senkrecht dazu. **b)** Rot: Signal B_2; Blau: Antwort $U(t)$ der kreiselnden Magnetspins. Man beachte die An- und Abklingzeiten T_1 und T_2.

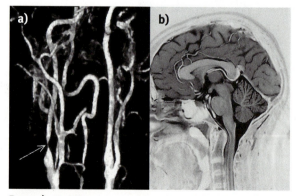

B 3: a) Gefäßverengung in einer Halsschlagader; das umgebende Gewebe hat der Computer „wegradiert". **b)** Gehirn, vom Computer unblutig freigelegt – die Bildaufnahmezeit kann heute auf 0,1 s gesenkt werden, um sogar schlagende Herzen zu untersuchen.

Interessantes

E. Laser in der Medizin

Physikalisches Prinzip: Mit Laserlicht führt man Energie sauber, konzentriert und gezielt – etwa durch dünne Glasfasern – in tiefliegende Körperregionen:

a) Damit werden in der *Thermotherapie* gut- wie bösartige Anomalien mit Infrarot-Licht von $\lambda \approx 1000$ nm in kurzer Zeit bei 45 °C bis 150 °C *koaguliert* (d. h. durch Blutgerinnung bzw. Denaturierung von Eiweißen verödet). Exakte Berechnungen von Intensität und Dauer sind nötig.
Laserlicht bohrt auch 1 mm dicke Löcher in den Herzmuskel, um die Blutversorgung der Kapillaren zu verbessern oder schneidet Gewebe unblutig mit über 300 °C (Verdampfung führt zu Koagulation). So lassen sich auch Warzen und Tätowierungen entfernen. Ob schwache „Softlaser" Falten und Runzeln nachhaltig beseitigen, ist umstritten. Dagegen schneiden kräftige Laserstrahlen auch Knochen. Umgekehrt „nähen" sie Blutgefäßwände fadenlos zusammen.

b) In der Augenheilkunde verklebt man eine sich ablösende Netzhaut durch *Koagulation* wieder mit der Aderhaut durch Brennflecke von 0,05 mm bis 1 mm Dicke. Durch Abtragen winziger Hornhautlamellen mit UV-Lasern wird starke Kurzsichtigkeit behoben. Um den Grünen Star zu behandeln, schafft man Kanäle zum Abfluss des Kammerwassers.

c) Laserimpulse sehr hoher Leistung (Pulsdauer 1 µs; $W = 0{,}1$ J; $P = 10^5$ W) werden durch dünne Lichtleiter an Nieren- und Gallensteine geführt. Deren Oberfläche erhitzen sie so schnell, dass sich ein *Plasma* bildet (Gas aus geladenen Teilchen), das durch Stoßwellen und winzige, energiegeladene Blasen den Stein zertrümmert. 100 ns-Impulse öffnen durch Thrombosen verschlossene Blutgefäße wieder (*Laserrekanalisation*).

d) *Laseranemometer* messen durch *Dopplereffekt* die Geschwindigkeit des Blutes in der *Augen-Retina* (auch Geschwindigkeiten vom Wind, von Flammen und Auspuffgasen sind so mit Laserlicht messbar).

e) Die *Photonen* von Laserlicht benutzt man zu *Diagnose* und *Therapie*. Man lagert tumorverdächtigem Gewebe Farbstoffe an, die ein charakteristisches *Fluoreszenzlicht* abgeben, wenn man sie mit Laserlicht geeigneter Wellenlänge beleuchtet. So lässt sich ein Tumorverdacht widerlegen bzw. ein erkannter Tumor behandeln. Auch rheumatische Gelenkserkrankungen und Osteoporose (Schwund festen Knochengewebes) sind erkennbar.

F. Zur Strahlentherapie

Schnell wucherndes und deshalb empfindliches Gewebe von Tumoren wird durch Strahlen intensiv ionisiert und so stärker geschädigt als die gesunde Umgebung. Leider schädigen Röntgenstrahlen nach ▶ *Bild 4a* an der Eintrittsstelle die Haut. Dort sind dagegen Strahlen *schneller Ionen*, etwa von Protonen, noch zu schnell und ionisieren wegen ihrer kurzen Verweilzeit nur schwach. Bei geeigneter Geschwindigkeit werden sie nach ▶ *Bild 4b* erst im Tumorbereich langsam und erzeugen dann dort die große, zur Zerstörung des Tumors nötige Ionisierungsdichte. Da sie dabei weitgehend absorbiert werden, bleibt das empfindliche Rückenmark dahinter unbestrahlt. Allerdings muss man die Ionen vor Ort in großen und teuren Teilchenbeschleunigern erzeugen.

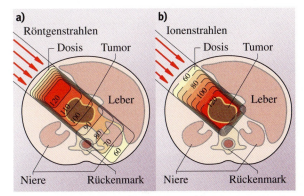

B 4: Absorption von **a)** Röntgen-, **b)** Ionenstrahlen im Umfeld eines Tumors; Zahlen sind Ionisierungsdichten

G. Ultraviolett und Sonnenbrand

7% der Sonnenenergie besteht aus UV-„Licht". Durch Abspaltung von Elektronen erzeugt es im Gewebe Ionen und bricht Moleküle auf. Positiv wirkt sich dagegen die Entwicklung von Vitamin D aus (gegen Rachitis). Doch können Zellschäden zu Krebs führen, wenn nicht Reparaturmechanismen einsetzen. *UV-A*-Strahlung (320 nm $< \lambda <$ 400 nm) bräunt für wenige Stunden, *UV-B*-Strahlung (280 nm $< \lambda <$ 320 nm) schädigt die Zellen, auch die DNS, und führt zum Sonnenbrand. Die dabei erzeugten UV-absorbierenden *Melaninkörner* liefern eine nachhaltige Bräune. Sie ist der Körperschutz vor weiterem UV, kein Zeichen für Gesundheit.
UV-C-Strahlung (200 nm $< \lambda <$ 280 nm) wird von der Ozonschicht der hohen Atmosphäre absorbiert. Im Frühjahr ist sie noch dünn, die Sonnenbrandgefahr besonders groß. Bei 1 000 m Höhenzunahme steigt der UV-Anteil noch um 15%.
Benutzen Sie stets Lichtschutzmittel mit ausreichendem Lichtschutzfaktor, die das UV-Licht absorbieren.

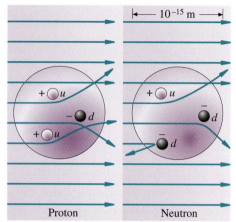

B 1: Elektronen durchsetzen Protonen und Neutronen oder werden an deren Quarks u (+) und d (−) gestreut. Das Proton ist nicht gleichmäßig mit positiver Ladung gefüllt; es hat auch negative – wie das Neutron.

Teilchen und Quarks	Ladung $e = 1{,}6 \cdot 10^{-19}$ C	W in MeV	$T_{\frac{1}{2}}$ in s
Baryonen (schwere Teilchen)			
p	u u d	$2 \cdot \frac{2e}{3} - \frac{e}{3} = +e$	938,3	∞
p̄	ū ū d̄	$2 \cdot \frac{-2e}{3} + \frac{e}{3} = -e$	938,3	∞
n	u d d	$\frac{2e}{3} - 2 \cdot \frac{e}{3} = 0$	939,6	889
Δ^+	u u d	$2 \cdot \frac{2e}{3} - \frac{e}{3} = +e$	1232	≈10^{-23}
Δ^{++}	u u u	$3 \cdot \frac{2e}{3} = 2e$	1232	≈10^{-23}
Δ^-	d d d	$3 \cdot \frac{-e}{3} = -e$	1232	≈10^{-23}
Mesonen (mittelschwere Teilchen)			
π^+	u d̄	$\frac{2e}{3} + \frac{e}{3} = +e$	140	≈10^{-8}
π^-	ū d	$\frac{-2e}{3} - \frac{e}{3} = -e$	140	≈10^{-8}
π^0	u ū	$\frac{2e}{3} - \frac{2e}{3} = 0$	135	≈10^{-16}

T 1: Quarktabelle einiger *Baryonen* und *Mesonen*: u- und d-Quarks in den Nukleonen Proton p, Antiproton p̄, Neutron n, in kurzlebigen Δ-Teilchen sowie den drei π-Mesonen (π^0 ist superponiert: teils u ū, teils d d̄). Aus der Energie W folgt die Ruhemasse $m_0 = W/c^2$; Halbwertszeit $T_{\frac{1}{2}}$ in s. Elektronen und Neutrinos enthalten dagegen keine Quarks (vgl. ➩ *Tabelle 1* von Ziff. 4).

A 1: Versuchen Sie mit Bleistift oder Computer aus 2, 3, 4, 5 bzw. 6 Quarks und Antiquarks Kombinationen herzustellen, die ganzzahlige Ladungen ne tragen und weder Mesonen noch Baryonen sind oder in solche zerfallen könnten. Melden Sie einen Erfolg; man sucht intensiv danach!

Teilchenphysik

1. Der Blick ins Innerste der Natur zeigt Quarks

Die Atome sind aus Elektronen e, Protonen p und Neutronen n zusammengesetzt. Die Natur bietet aber viel mehr: Seit 1930 fand man in der *Höhenstrahlung* aus dem Weltraum kurzlebige Teilchen mit einer Masse, die zwischen der von e und p liegt, **Mesonen** genannt („die Mittleren" ➩ *Tabelle 1*). Zudem erzeugte man ab 1950 mit den Energien aus Teilchenbeschleunigern (heute 1 000 GeV; G = 10^9) einen „Zoo" aus etwa 200 weiteren **Elementarteilchen**. Sind diese geladen, so hinterlassen sie Spuren in *Blasenkammern*, die bei hohem Druck mit flüssigem Wasserstoff von −253 °C gefüllt sind. Nimmt man den Druck weg, so zeigt eine Bläschenspur die sehr scharfen Teilchenbahnen (➩ *Einstiegsseite*).

Man fragt sich: Sind diese Teilchen tatsächlich elementar? Oder sind sie aus noch kleineren zusammengesetzt? Um das Innere eines Protons zu erkunden, beschießt man es z. B. mit Elektronen (➩ *Bild 1*). Liegt deren deBroglie-Wellenlänge λ_B weit unter dem Protonendurchmesser von 10^{-14} m, so werden dort noch Einzelheiten „aufgelöst" (vgl. *Elektronenmikroskop*). Seit 1975 steht die dazu nötige Energie $W > 1$ GeV zur Verfügung. Damit wiederholte sich am Proton wie am Neutron Ähnliches, was RUTHERFORD 1911 am Atom fand, aber in einer 100 000-mal kleineren Dimension:
Das *Proton* ist nicht gleichmäßig mit positiver Ladung gefüllt. Es enthält *drei* Teilchen, **Quarks** [quok] genannt (➩ *Bild 1*). Zwei davon sind sog. **u-Quarks** mit Ladung $+\frac{2}{3}e$, das dritte ein **d-Quark** mit der Ladung $-\frac{1}{3}e$. Die Protonenladung folgt somit zu

$$q_p = 2 \cdot \frac{2}{3}e - \frac{1}{3}e = +1\,e.$$

Das ist schon recht merkwürdig; denn Einzel-Quarks mit Dritteln der Elementarladung $e = 1{,}6 \cdot 10^{-19}$ C findet man auch heute in freiem Zustand nicht, nur Quark-Kombinationen mit ganzzahligen Elementarladungen ne; $n = -1, -2, 0, 1, 2$ (➩ *Aufgabe 1*).
Und das *Neutron*? Es besteht aus den gleichen Quarks, nur in anderer Zusammensetzung, aus 1 u- und 2 d-Quarks. Seine Ladung ist

$$q_n = \frac{2}{3}e - 2 \cdot \frac{1}{3}e = 0.$$

Die Quarkladungen geben dem nach außen hin elektrisch neutralen Neutron magnetische Eigenschaften, ähnlich dem Proton (beide haben den Spin $\frac{1}{2}$ und befolgen das Pauliprinzip).

Bei der *Paarerzeugung* sahen wir, dass sich die Energie von γ-Quanten in ein Elektron e^- und sein Antiteilchen Positron e^+ verwandeln kann. Analog können **Antiquarks** entstehen:
Das **Anti-u-Quark** ū zum u-Quark ($\frac{2}{3}e$) hat $\quad q = -\frac{2}{3}e$,
das **Anti-d-Quark** d̄ zum d-Quark ($-\frac{1}{3}e$) hat $\quad q = +\frac{1}{3}e$.
Die zahlreichen **Mesonen** bestehen aus nur *zwei* Quarks, einem Quark und einem Antiquark. Die einfachsten Mesonen sind:
π^+-Meson aus u und d̄ mit Ladung $\quad q = \frac{2}{3}e + \frac{1}{3}e = +e$,
π^--Meson aus ū und d mit Ladung $\quad q = -\frac{2}{3}e - \frac{1}{3}e = -e$,
π^0-Meson (u, ū, auch d, d̄) elektrisch neutral: $\quad q = 0$.

Protonen und Neutronen gehören zu den *schweren* Teilchen, den **Baryonen**, aufgebaut aus 3 Quarks *oder* 3 Antiquarks. Das Antiproton p̄ in ➠ *Tabelle 1* besteht aus 2 ū- und 1 d̄-Antiquark und hat die Ladung $q = 2 \cdot \frac{-2}{3} e + \frac{1}{3} e = -e$.

Das schwere Δ^{++}-**Teilchen** enthält 3 u-Quarks (Ladung $+2\,e$).

Merksatz

u-Quarks haben die Ladung $+\frac{2}{3} e$, d-Quarks $-\frac{1}{3} e$.
Mesonen bestehen stets aus 1 Quark *und* 1 Antiquark,
Baryonen (auch Nukleonen) aus 3 Quarks *oder* 3 Antiquarks.
Alle Teilchen haben ganzzahlige Ladung $q = n\,e$ ($n = 0, \pm 1, \pm 2$).

2. Was die Teilchenwelt zusammenhält

Die Physik beschäftigt sich auch mit den *Kräften*, die alle Teilchen zusammenhalten, also die Welt insgesamt. Im Anschluss an NEWTON nahm man früher an: Massen, Magnete und Ladungen üben aufeinander Kräfte „auf Distanz" aus, ohne irgendeine Vermittlung dazwischen. FARADAY dagegen postulierte *Felder* als Vermittler von Kraft, Impuls und Energie.

Denken wir an eine elektromagnetische Welle, ausgehend von der schwingenden Ladung eines Senders hin zur Ladung im Empfänger. Energie und Impuls sind dabei als Photonen quantisiert. Um die Natur einheitlich zu beschreiben, erklärt man auch die Kräfte zwischen *ruhenden* Ladungen durch einen Photonentransfer. Reelle Photonen scheiden dazu aus, da man sie nicht direkt beobachtet. Doch entstehen nach HEISENBERGS Unbestimmtheitsrelation $\Delta W\,\Delta t \approx h$ überall, auch im Vakuum, aus Nichts **virtuelle Photonen.** Masse m und Energie $\Delta W = m\,c^2$ borgen sie sich mit dem bekannten *Heisenberg-Kredit* aus der Energieunschärfe ΔW. Ihn geben sie nach kurzer Leihfrist $\Delta t \approx h/\Delta W = h/(m\,c^2)$ wieder zurück und verschwinden. In dieser Frist Δt legen sie mit Lichtgeschwindigkeit c die Strecke $r = c\,\Delta t \approx c\,h/(m\,c^2) = h/(m\,c)$ zurück. Da ihre Ruhemasse $m_0 = 0$ ist, wird ihre Reichweite $r = h/(m\,c) = h/p$ beliebig groß. Es gilt $p = h/r$.

Diese **elektromagnetische Wechselwirkung** können die virtuellen Photonen *nur* zwischen elektrischen Ladungen ausüben (wie auch die reellen Photonen). Dabei wird in ➠ *Bild 2* dem linken Elektron der Impuls $p \approx h/r$ entzogen und in der Leihfrist $\Delta t \approx r/c$ auf das rechte übertragen. Beide erfahren die Impulsänderung vom Betrag $\Delta p = p \approx h/r$ nach entgegengesetzten Richtungen; beide „spüren" so die Coulombkraft $F = \Delta p/\Delta t \approx h\,c/r^2 \sim 1/r^2$.

Diese virtuellen Photonen (Ruhemasse $m_0 = 0$) erzeugen als **Botenteilchen** die elektromagnetische Wechselwirkung. Wir werden auch Botenteilchen mit $m_0 > 0$ finden, die andere, neuartige Wechselwirkungen aber mit endlicher Reichweite vermitteln.

Merksatz

Virtuelle **Botenteilchen** der Masse m vermitteln während ihrer Lebensdauer $\Delta t \approx h/(m\,c^2)$ Wechselwirkungen zwischen den Bausteinen der Materie mit der Reichweite $r \approx h/(m\,c)$.

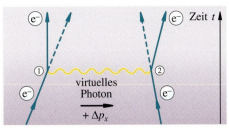

B 2: Feynman-Graph mit symbolischen Bahnen zweier fliegender Elektronen e⁻. Dem linken entzieht in ① ein virtuelles Photon den Impuls $+\Delta p_x$ und erzeugt so den Bahnknick nach links. In ② wird $+\Delta p_x$ dem rechten Elektron zugeführt und knickt die Bahn nach rechts ab. So erfahren beide eine abstoßende Kraft. – Zwischen entgegengesetzten Ladungen werden Impulse $\Delta p_x < 0$ übertragen und erzeugen Anziehung.

Vertiefung

Vakuumpolarisation

Beweis für Heisenberg-Kredit: Dieser erlaubt es, dass in und um uns nicht nur virtuelle Photonen, sondern auch ständig Paare kurzlebiger *virtueller* Elektronen e⁻ und Positronen e⁺ entstehen (auch Quark-Paare). Die Ladung $+Q$ eines Atomkerns zieht die e⁻ zu sich und stößt die e⁺ ab. Der nur aus e⁻ bestehende Teil ü schirmt $+Q$ teilweise ab, sodass man in A nur die verminderte Kernladung $Q' < Q$ misst. Diese sog. *Vakuumpolarisation* setzt elektrische „Pole" in jedes Vakuum. Sie ist auch in Atomen wirksam, schirmt die Kernladung ein wenig ab und verringert die Frequenz von Spektrallinien etwas. Das Vakuum ist kein „Nichts"!

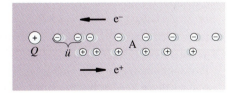

Am harmonischen Oszillator fanden wir Photonen als Quanten des Lichtfeldes. Alle *Teilchen* sind Quanten von Feldern, Quarks wie Elektronen. Auch Botenteilchen sind Quanten, keine hin und her fliegenden Bälle; solche könnten nur abstoßen. Man betrachtet heute die Teilchenphysik als quantisierte Feldphysik.

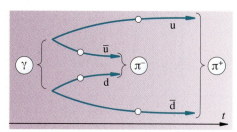

B 1: Das von links anfliegende γ-Quant erzeugt ein u ū- und ein d d̄-Quark-Paar. Die Quarks bilden ein π⁺- und ein π⁻-Meson (u d̄ bzw. ū d). Dies ist ein Feynman-Graph mit symbolischen Bahnen, bestätigt von Blasenkammerbildern.

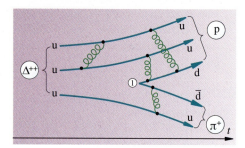

B 2: Feynman-Graph der Umwandlung $\Delta^{++} \rightarrow p + \pi^+$: Das von links anfliegende Δ^{++} lebt nur 10^{-23} s lang. Aus seiner großen Energie entsteht bei ① ein d d̄-Quark-Paar. Die 5 Quarks formieren sich zum p (u u d) und π⁺ (u d̄). Beide sind von Gluonenbändern (grün) zusammengekittet.

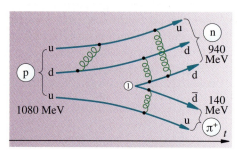

B 3: *Bestimmung der Mesonenmasse:* Ein Proton (p; links) geht beim Stoß in ein Neutron n und ein π⁺ über (rechts). Aus Energie entsteht bei ① ein d d̄-Paar. Dessen d̄-Quark und ein u-Quark vom Proton bilden das π⁺-Meson, der Rest das Neutron n. Dazu braucht das Proton mindestens die Energie $W_{kin} = 1080$ MeV; n hat die Energie $W_0 \approx 940$ MeV ($\triangleq$ Ruhemasse). Also bleibt dem π⁺-Meson $W \approx (1080 - 940)$ MeV = 140 MeV $\triangleq m_0 = 140$ MeV/c^2 (➡ *Tabelle 1*; gerechnet im Schwerpunktsystem).

3. Quarks führen zu tieferen Einsichten!

a) Die Quarks in *Baryonen* und *Mesonen* bilden ein Quantensystem, analog zu Atomen; auch sie besitzen quantisierte Energieniveaus. Im Grundzustand hat das Proton p die Energie 938,3 MeV (➡ *Tabelle 1*; *Ziff. 1*). Dazu gibt es einen *angeregten, kurzlebigen Zustand* Δ^+ gleicher Quark-Zusammensetzung u u d mit der stark erhöhten Energie $W = 1232$ MeV. Da auch die Ruhemasse $m = W/c^2$ viel größer ist als bei p, sah man Δ^+ früher als selbstständigen, wenn auch sehr kurzlebigen „Bewohner des Teilchenzoos" an ($T_{\frac{1}{2}} \approx 10^{-23}$ s). Das galt auch für Δ^- (d d d). Die Entdeckung der Quarks löste diesen „Teilchenzoo" auf und vereinfachte die Naturbeschreibung.

b) Aus Energie, etwa von γ-Quanten, können *Quark-Paare* entstehen, z. B. u und ū oder d und d̄. Nun bleiben Einzel-Quarks nie frei; in ➡ *Bild 1* finden sie sich zu einem π⁺- und π⁻-Meson zusammen. Deren Bahn kann man in Blasenkammern verfolgen und in B-Feldern ablenken (➡ *Einstiegsseite*). Nach ➡ *Bild 2* zerfällt ein energiereiches Δ^{++}. Aus seiner Energie entsteht ein d d̄-Paar, daraus das Proton p und das π⁺-Meson. ➡ *Bild 3* wertet eine solche Umwandlung quantitativ aus, um die Mesonenmasse zu bestimmen.

4. „Farbkräfte" zwischen „Farbladungen"

Das Δ^{++}-Teilchen (u u u) gibt zwei Probleme auf:
- Seine drei positiv geladenen u-Quarks (je $+\frac{2}{3}e$) stoßen sich elektrisch ab. Gibt es also *Kräfte zwischen Quarks*, die stärker sind und die Quarks beisammen halten?
- Drei gleiche Quarks dürfen nach dem *Pauliprinzip* im selben Gebilde nicht zugleich vorkommen.

Um das *2. Problem* zu lösen, führt man eine neue, von der elektrischen völlig verschiedene „*Ladung*" ein. Die drei Quarks werden unterscheidbar und das Pauliprinzip wird im Δ^{++} unwirksam, wenn man *drei Arten* dieser „Ladung" postuliert.

Zur *1. Frage:* Zwischen diesen „Ladungen" wirken zahlreiche eigene Botenteilchen (analog zu virtuellen Photonen). Man fand sie tatsächlich beim Teilchenbeschuss von Baryonen und nennt sie **Gluonen** (glue: Leim). Sie „leimen" Quarks mit der Riesenkraft $F \approx 10^5$ N (Gewichtskraft von 10 t) zusammen (➡ *Vertiefung* rechts).

Würden Nukleonen im Atomkern direkt mit dieser riesigen Kraft aneinander haften, so könnte man Kerne nicht spalten! Jedoch *neutralisieren* sich schon in jedem Baryon diese 3 Ladungen jeweils untereinander und damit deren Kräfte, wenigstens *für etwas entfernte* Partner. Analog dazu neutralisieren sich auch die 3 Farben Rot, Grün, Blau zu Weiß (betrachten Sie weiße Stellen auf dem Fernsehschirm mit der Lupe und von fern). Deshalb spricht man von den 3 **Farbladungen** Rot, Grün, Blau. Es ist aber nur eine Analogie, wenn man sagt: „*Baryonen* sind nach außen hin *weiß* (farbneutral)"; dies sind ja keine echten Farben!

Damit auch *Mesonen* „weiß" (farbneutral) sind, gibt man den Antiquarks die Komplementärfarben *Antirot, Antigrün, Antiblau* und sagt: „Farbe + Antifarbe = Weiß".

Warum sind „farbige" Quarks stets gebunden in „weißen" Baryonen oder Mesonen und *nie frei*?
Betrachten wir geladene Wattestücke, die zwischen den Polen des Bandgenerators die bekannten weit ausladenden Linien des E-Feldes beschreiben. Fliegen mehrere Wattestücke zugleich, so werden sie oft von ihren Ladungen bandartig zusammengezogen. Ähnliches geschieht bei *Gluonen*, die zwischen Quarks hin und her fliegen. Auch Gluonen tragen Farbladung, ihre Feldlinien sind auf ein schmales, kurzes *Gluonenband* zusammengezogen (▸ Bild 4a), analog zum homogenen E-Feld zwischen Kondensatorplatten. Deren Anziehungskraft hängt kaum vom Abstand s ab. Dies gilt auch für die **Farbkraft** F zwischen Farbladungen. Daraus folgt:

Versucht man die Quarks Q und $\overline{Q}$ des Mesons Q $\overline{Q}$ längs s auseinanderzuziehen, so nimmt $F \approx 10^5$ N nicht ab; man braucht die zu s proportionale riesige Energie $W = F\,s \approx s \cdot 10^5$ N. Dagegen wehrt sich die Natur: Aus der Energie W wird das Quark-Paar $\overline{Q}_N Q_N$. Es zerschneidet das Band in die Teile Q $\overline{Q}_N$ und Q_N $\overline{Q}$ (▸ Bild 4b). Das sich verkürzende Gluonenband „leimt" diese Quarks im Abstand von 10^{-15} m zu zwei neuen „weißen" Mesonen zusammen.

Die Farbkraft wurde schon lange als neuartige Kraftart vermutet und **starke Wechselwirkung** genannt. Für diese gilt:
- Weit entfernte „weiße" Nukleonen üben aufeinander keine merkliche Farbkraft aus. Deren Reichweite liegt bei 10^{-15} m.
- Im *Atomkern* liegen Nukleonen so nahe beisammen, dass auch die Quarks benachbarter Protonen Gluonen tauschen (▸ Bild 5a). So entsteht die **Kernkraft** als Nebeneffekt (sozusagen als „Abfallprodukt") der sehr viel stärkeren Farbkraft: *Kernphysik ist ein Zweig der Teilchenphysik!*

▸ Tabelle 1 enthält alle **Bausteine** unserer Welt (keine Botenteilchen). Aber nur die fett gesetzten Teilchen der *1. Generation* sind langlebig und spielen in der Materie eine Rolle; die anderen zerfallen rasch: Links das u- und d-Quark, rechts das Elektron e⁻ und sein Neutrino ν_e. – Alle gezeigten Teilchen unterliegen der *schwachen Wechselwirkung* (Ziff. 5), die Quarks auch der *starken*, die von Gluonen vermittelt wird. Geladene Teilchen nehmen zudem an der *elektromagnetischen Wechselwirkung* teil, die von virtuellen Photonen ausgeübt wird.

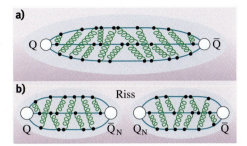

B 4: a) Dünnes Gluonenband, eingeschnürt von Farbkräften zwischen 2 Quarks Q und $\overline{Q}$.
b) Das Paar $\overline{Q}_N Q_N$ vereitelt es, die Quarks Q und $\overline{Q}$ für sich zu isolieren.

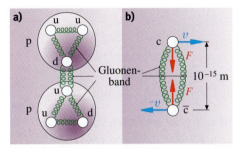

B 5: a) Protonen im Kern. **b)** Zwei schwere c-Quarks umkreisen sich (▸ Tabelle 1).

Vertiefung

Wie groß ist die Farbkraft?

Nach ▸ Bild 5b umkreisen sich in einem J/Ψ-Meson zwei schwere c-Quarks, gehalten von der konstanten Farbkraft F. Regt man es energetisch an, so entfernen sich beide Quarks voneinander um Δs, gegen F. Da der Mesonendurchmesser bei $d = 10^{-15}$ m liegt, nehmen wir grob abgeschätzt $\Delta s \leq d$. Die gemessene Mesonenenergie steigt von $W_1 = 3{,}09$ GeV auf $W_2 = 3{,}685$ GeV. Also gilt $\Delta W \approx (3{,}685 - 3{,}09)$ GeV $\approx F\,\Delta s \leq F \cdot 10^{-15}$ m und $F \geq 10^5$ N.

Quarks		Leptonen	
1) **u (up, $+\tfrac{2}{3}e$)**	**d (down, $-\tfrac{1}{3}e$)**	**e⁻ (Elektron, $-e$)** $T_{1/2} > 10^{22}$ a (∞ ?)	**ν_e (Elektron-Neutrino)** $m \leq 17$ eV/c²; $T_{1/2} = \infty$?
2) s (strange, $-\tfrac{1}{3}e$)	c (charm, $+\tfrac{2}{3}e$)	μ⁻ (Myon, $-e$) $T_{1/2} = 1{,}523 \cdot 10^{-6}$ s	ν_μ (Myon-Neutrino)
3) b (bottom, $-\tfrac{1}{3}e$)	t (top, $+\tfrac{2}{3}e$)	τ⁻ (Tau, $-e$) $T_{1/2} = 2{,}11 \cdot 10^{-13}$ s	τ_μ (Tau-Neutrino)

T 1: Jeder der 3 Quark-Generationen (links) sind leichte Teilchen (*Leptonen*, rechts) zugeordnet, nämlich eine *Elektronenart* (e, μ bzw. τ) und die ihr zugehörigen, ungeladenen *Neutrinos* ν, bekannt vom β-Zerfall.

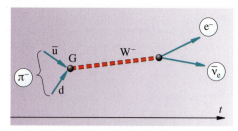

B 1: Feynman-Graph zum Zerfall des π^--Mesons, z. B. nach $d + \bar{u} \to e^- + \bar{v}_e$.

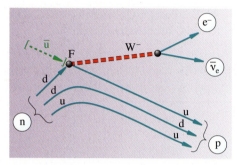

B 2: Feynman-Graph zum β^--Zerfall: $n\,(u\,d\,d) \to p\,(u\,u\,d) + e^- + \bar{v}_e$. Das obere d-Quark aus dem Neutron n bildet ein W^--Weakon (wie in ➡ *Bild 1*; dort verschwindet das $\bar{u}$; statt dessen entsteht hier sein Antiteilchen u). Die unteren Quarks d und u „schauen" nur zu.

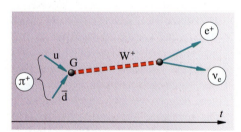

B 3: Der Zerfall des π^+ $(u\,\bar{d})$ analog zu ➡ *Bild 1* erfolgt über das W^+-Weakon.

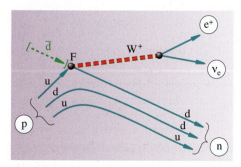

B 4: Beim β^+-Zerfall geht das Proton p nach $p\,(u\,u\,d) \to n\,(u\,d\,d) + e^+ + v_e$ in ein Neutron, ein Positron und sein Neutrino über.

5. Schwache Wechselwirkung und β-Zerfall

a) Das neutrale π^0-Meson besteht aus zwei Quarks *gleicher Art* ($d\bar{d}$ bzw. $u\bar{u}$; ➡ *Tabelle 1*; *Ziff. 1*). Durch die vertraute „schnelle" *Paarvernichtung* zerfällt es nach 10^{-16} s in γ-Quanten. Dagegen leben π^+- und π^--Mesonen 10^8-mal so lang! Sie bestehen nämlich aus Quarks *verschiedener* Art ($u\bar{d}$ bzw. $d\bar{u}$). π^- zerfällt nach ➡ *Bild 1* in etwas ganz anderes, in das vom radioaktiven β-Zerfall bekannte Elektron e^- und dessen *Antineutrino* $\bar{v}_e$. Nun ist es kaum möglich, dass sich zwei Teilchen momentan in zwei andere umwandeln. Deshalb postulierte man ein neuartiges **Botenteilchen W^-**, das sich im Feynman-Graphen nach ➡ *Bild 1* bei G mit folgenden Eigenschaften einschiebt:

A) Es entsteht kurzzeitig aus Heisenberg-Kredit und der Energie der beiden *verschiedenen* Quarks d und $\bar{u}$.
B) Es zerfällt in etwas ganz anderes, z. B. in e^- und $\bar{v}_e$.
C) Es transportiert die Ladung $-e$ von d und $\bar{u}$ nach e^-.

b) Dieses Botenteilchen kann also sehr viel. Man fand es 1983 beim europäischen Kernforschungszentrum CERN in Genf und nannte es **W^--Weakon**. Wie erwartet ist es negativ geladen. Zu seiner riesigen Masse 81 GeV/c² = 86 m_P gehört nach *Ziff. 2* die winzige Reichweite $r \approx h/(mc) \approx 10^{-17}$ m $\approx \frac{1}{100}$ Protonendurchmesser. Aus Heisenberg-Kredit entstanden trifft es also relativ selten seine ebenfalls punktförmigen Reaktionspartner. Dies erklärt den Namen **schwache Wechselwirkung** und führt zu einer langen Lebensdauer. Man fand auch das **W^+-Weakon**, das nach ➡ *Bild 3* und *4* $\bar{d}$ und u bzw. e^+ und v_e koppelt, auch μ^+ und v_μ. Die wichtige schwache Wechselwirkung betrifft alle Teilchenarten; sie koppelt *verschiedene* Quarks (z. B. d und $\bar{u}$) sowie stets *Teilchen und Antiteilchen* miteinander. Deshalb gehört beim β^--Zerfall zum Elektron sein *Antineutrino*, beim β^+-Zerfall zum *Antiteilchen* Positron sein Neutrino (➡ *Bild 2* und *4*). Betrachten wir dies genauer:

c) Beim **β^--Zerfall** entstehen im Atomkern aus einem Neutron ($u\,u\,d$) ein Proton ($u\,u\,d$), ein Elektron e^- und dessen Antineutrino $\bar{v}_e$ (➡ *Bild 2*). Es gilt

$$d + \bar{u} \to e^- + \bar{v}_e; \text{ Ladungsbilanz: } -\tfrac{1}{3}e - \tfrac{2}{3}e \to -e + 0.$$

Also ist Eigenschaft B) von oben erfüllt. Kummer macht A). Das verschwindende Neutron ($u\,d\,d$) hat zwar zwei d, aber kein $\bar{u}$ (➡ *Bild 2*). Dafür braucht man ein neues u für das entstehende Proton ($u\,u\,d$). Nun gilt an Feynman-Graphen allgemein: Das *Entstehen* des vom Punkt F in ➡ *Bild 2* weglaufenden Quarks u ist gleichwertig dem *Vergehen* (und damit *Ignorieren*) eines hypothetischen *Antiquarks*, das in F eintreffen sollte (in ➡ *Bild 2* als [$\bar{u}$] in Klammer gesetzt).

An der schwachen Wechselwirkung nehmen alle Teilchenarten aus ➡ *Tabelle 1*, *Ziff. 4* teil. Konkurrieren die 3 Wechselwirkungen miteinander, so setzt sich die schnellste durch, die starke oder die elektromagnetische. Die schwache Wechselwirkung kommt nur zustande, wenn die beiden anderen nicht möglich sind.

d) Neutrinos haben weder elektrische noch Farbladung, vielleicht auch keine Masse. Also bleibt für sie nur die schwache Wechselwirkung übrig. Sie ist so schwach, dass Neutrinos den Erdball fast ungeschwächt durchfliegen. Beim Freisetzen der Sonnenenergie entstehen im Sonneninnern Neutrinos in riesiger Zahl (s. Kernphysik); unseren Körper durchsetzen je Sekunde sehr viele davon. Ein Teilchen wird nur dann von Materie absorbiert, wenn es wechselwirkt! Andernfalls ist sie für dieses Teilchen völlig „durchsichtig". Deshalb sind Stärke und Art der Wechselwirkung bedeutsam.

Merksatz

Die **schwache Wechselwirkung** wird vom Weakon W^- bzw. W^+ als Botenteilchen mit großer Masse und kleiner Reichweite (10^{-17} m) ausgeübt. Sie koppeln jeweils Teilchen und Antiteilchen aneinander. Dies können zwei verschiedene Quarks (u und $\bar{d}$) oder aber Elektron und Antineutrino sein.

6. Schwere Quarks in kurzlebigen Teilchen des Teilchenzoos

Wir haben uns auf die u- und d-Quarks, die unsere stabile Materie bevölkern, konzentriert. Nach ➡ *Tabelle 1, Ziff. 4* gibt es noch 4 weitere Quarks, z. B. s-Quarks ($-\frac{1}{3}e$). Da sie größere Masse haben, sind die sie enthaltenden Teilchen zumeist kurzlebig ($T_{\frac{1}{2}} \approx 10^{-23}$ s). Diese Teilchen wurden vor den Quarks entdeckt und in Symmetrie-Schemata geordnet. Man versteht z. B. das schon lange bekannte **Baryonen-Oktett,** wenn man im Proton und Neutron nacheinander die u- und d-Quarks durch schwere s-Quarks ersetzt (➡ *Bild 5*). Dabei zeigen sich einige der früher als „elementar" eingestuften Teilchen. GELL-MANN (Nobelpreis 1969) hatte die Quarks aus diesem und anderen Schemata vorhergesagt und so deren experimentelle Bestätigung angeregt.

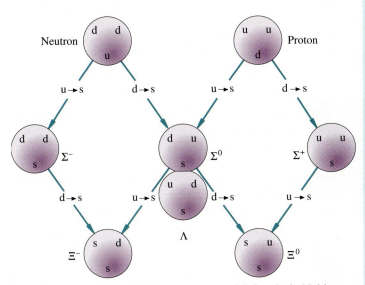

B 5: *Baryonen-Oktett:* Der Ersatz von u- und d-Quarks in Nukleonen durch schwere s-Quarks ($-\frac{1}{3}e$) entlang der Pfeile führt zu schnell zerfallenden Sigma-, Xi- und Lambda-Teilchen (Σ, Ξ, Λ).

A 1: Das *freie* Neutron n zerfällt nach ➡ *Bild 2*. Wie könnte analog dazu das *freie* Proton zerfallen? Welcher Satz verhindert das (s. *Ziff. 1, Tabelle 1*)?

Interessantes

Ausklang der Teilchenphysik

Ist die Teilchenphysik heute an ihrem Ziel? Oder findet man im Quark oder Elektron nicht doch noch etwas Kleineres, mit Strukturen unter den heute experimentell erreichbaren 10^{-19} m? Die jetzigen Experimente (ca. 1000 GeV) bestätigen das hier – sehr stark vereinfachte – **Standardmodell.** Doch sucht man mit noch höherer Energie das *Higgs-Teilchen*, das – nach weiterführenden Theorien – kurz nach dem Urknall allen anderen Teilchen ihre Masse verliehen haben soll.

Das Faszinierende an der Teilchenphysik ist: Sie liefert einen der Schlüssel für die ersten 10^{-3} s nach dem Urknall, der das Universum gebar, und hilft die Frage zu beantworten, ob dieser nur eine Fiktion ist oder mithilfe der Elementarteilchen beschrieben werden kann. So soll die Frage, ob sich unser Weltall eines Tages wieder zusammenzieht, u. a. davon abhängen, ob die Neutrinos ganz masselos sind. *Hier berühren sich das ganz Große und das ganz Kleine.* Doch billig ist das nicht zu haben, weder vom theoretischen noch vom finanziellen Aufwand her.

Um den *Urknall* besser zu verstehen, sucht man u. a. die *vierte Wechselwirkung,* die *Gravitation,* gemäß EINSTEINS allgemeiner Relativitätstheorie mit der Quantentheorie zu verbinden; man sucht das Botenteilchen *Graviton.* Die Gravitation macht zwischen Proton und Elektron nur den 10^{39}-ten Teil der elektromagnetischen Wechselwirkung aus, wäre also unbedeutend. Da es aber keine „negative" Masse gibt, lässt sich die Gravitation nicht wie Plus- und Minusladung abschirmen oder neutralisieren; sie wirkt viel besser als alle anderen Wechselwirkungen in die Ferne. Deshalb vermittelt sie die Kraft zwischen entfernten Himmelskörpern und beschert uns die lästige und zugleich beruhigende Erdschwere.

Interessantes

Das Universum und der Urknall

A. Unendliche Weiten?

Schauen Sie einmal in einer klaren Nacht nach Ende der Dämmerung in den Himmel. Außer den funkelnden Sternen können Sie ein matt schimmerndes Band ausmachen, die Milchstraße. Mit einem Fernrohr erkennen Sie, dass sie aus unzähligen Sternen besteht.

Alle mit bloßem Auge sichtbaren Sterne und auch unsere Sonne gehören einem riesigen Sternensystem an, das auch das Band der Milchstraße einschließt. Dieses System, **Galaxis** genannt, enthält rund 200 Milliarden Sterne. Um einen hellen Kern winden sich Spiralarme in der sog. galaktischen Scheibe (➧ *Bild 1*). Wir befinden uns am Rand eines Spiralarmes. Deshalb sehen wir in Richtung der Scheibe die Fülle der Sterne in der Milchstraße. Senkrecht dazu blicken wir in die Tiefen des Weltraums.

Mit heutigen Raumsonden ($v \approx 50$ km/s) würde eine Reise zu unserem nächsten Nachbarstern rund 25 000 Jahre dauern. Ein Lichtsignal erreichte ihn nach 4,3 Jahren. Man sagt deshalb, er sei 4,3 Lichtjahre von uns entfernt. Um die galaktische Scheibe mit einem Durchmesser von 100 000 Lichtjahren zu durchqueren, bräuchte eine Raumsonde 600 Millionen Jahre – eine für uns Menschen unvorstellbar lange Zeit.

Bis Anfang des 20. Jahrhunderts glaubte man, unsere Galaxis sei die einzige. Doch mit Riesenfernrohren wurden weitere solcher Welteninseln entdeckt, die viele Millionen Lichtjahre entfernt sind. Manche sind größer als unsere und enthalten bis zu 1 Billion Sterne, die meisten jedoch sind kleiner. Galaxien sind die wichtigsten, aber nicht die größten bekannten Strukturen. Meist sind sie zu Haufen zusammengeballt, die Tausende solcher Sternensysteme enthalten können. Ständig werden neue, entferntere Galaxien und -haufen entdeckt.

B 1: Eine Spiralgalaxis ähnlich der unseren

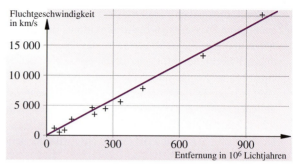

B 2: Die Fluchtgeschwindigkeit v der Galaxien ist zu ihrer Entfernung r von uns proportional.

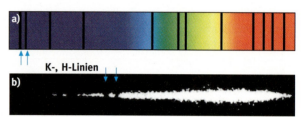

B 3: a) Das Licht der Sterne und Galaxien kann man mit Spektralapparaten zerlegen. Im Spektrum naher Sterne unserer Galaxis findet man dunkle Absorptionslinien bei den Wellenlängen, die heiße gasförmige chemische Elemente aussenden. Die K- und H-Linie sind zwei besonders kräftige Linien des Elements Kalzium. **b)** Im Spektrum aller fernen Galaxien dagegen sind die Absorptionslinien insgesamt zum roten Ende hin verschoben – und zwar umso stärker, je weiter sie entfernt sind.

B. Die „Flucht" der Galaxien

Immer größere Fernrohre zeigten Merkwürdiges, was zu tiefschürfenden Fragen Anlass gibt:

- Es scheint so, als sei über sehr große Raumbereiche gesehen das Universum überall gleich dicht mit Materie angefüllt. Deshalb fragt man: Ist das Universum unendlich groß oder ist es irgendwo begrenzt? Wie könnte der Rand beschaffen sein?
- HUBBLE machte 1929 eine sensationelle Entdeckung: Die Galaxien entfernen sich von uns mit „Flucht"-Geschwindigkeiten v. Diese sind zudem ihrem jetzigen Abstand r von uns proportional (➧ *Bild 2*): $v = H\,r$. Dabei ist der sog. **Hubble-Parameter** $H = v/r \approx 20$ km/s pro 1 Million Lichtjahre. Dieser Wert ist jedoch noch heftig umstritten. Die Geschwindigkeit v kann man aus der *Rotverschiebung* (➧ *Bild 3*) von Absorptionslinien ermitteln. Die Entfernungsmessungen sind bislang jedoch recht unsicher.

Was folgt daraus? Man könnte zunächst vermuten, dass wir im Mittelpunkt der Welt stehen. EINSTEIN zeigte jedoch in seiner allgemeinen Relativitätstheorie eine völlig andere Lösung: Der Raum ist durch Gravitationskräfte gekrümmt. Er kann sich ausdehnen oder zusammenziehen. Ein statisches Universum wäre instabil. Daraus folgerte der russische Mathematiker A. FRIEDMANN 1922 mehrere Denkmodelle für die Entwicklung des Universums. Man prüft heute, welches davon den noch sehr unvollkommenen Beobachtungen gerecht wird. All diese Modelle beginnen mit einem sehr dichten und heißen Anfangszustand. Durch einen **Urknall** expandiert der Raum zunächst, die Raumkrümmung nimmt schnell ab wie bei einem Ballon, der aufgeblasen wird (▶ *Bild 4*). Ist sie praktisch auf null gesunken, spricht man von einem „flachen" Universum. Es lässt sich heute aber auch nicht ausschließen, dass unser Raum sattelförmig gekrümmt ist.

Ob sich die Expansion einmal umkehrt und das Universum in einem „Big Crunch" endet, hängt von der mittleren Dichte der Materie und Energie ab ($W = mc^2$ einschließlich der Massen). Man kann eine *kritische Dichte* ϱ_{krit} des Universums abschätzen. Wäre die noch nicht genau bekannte wirkliche Dichte $\varrho > \varrho_{krit}$, so würde die Gravitation irgendwann die Expansion umkehren und das Universum zusammenstürzen lassen. Im Falle $\varrho < \varrho_{krit}$ währte die Expansion „ewig".

Um die unanschaulichen Aussagen über die Expansion des Raumes zu verdeutlichen, verzichten wir auf eine der drei Dimensionen unseres Raumes. Stellen wir uns also als zweidimensionale, plattgedrückte Wesen vor, die z. B. auf einer Ballonhülle kriechen (▶ *Bild 4*). Sie wäre unser Universum, das Innere und Äußere des Ballons existierten für uns nicht.

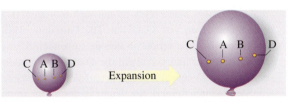

B 4: Bei der Expansion des Raumes (Luftballon) entweichen die Galaxien von uns (A) umso schneller, je weiter sie entfernt sind, D z. B. schneller als B. B sieht ebenso, dass C schneller entweicht als A.

Wir würden im Sinne EINSTEINS finden:
- Unsere Ballonhülle hat keine Grenze.
- Sie hat trotzdem einen endlichen Flächeninhalt.
- Auf ihr wären Galaxien etwa gleichmäßig verteilt (als Punkte auf dem Ballon in ▶ *Bild 4*).
- Beim Aufblasen der Hülle entfernen sich von *jedem*

Beobachter, z. B. von A, alle Galaxien, und zwar umso schneller, je weiter sie schon von ihm entfernt sind (alle Strecken auf der Ballonhülle gemessen).
- Deshalb hat jeder Beobachter den Eindruck, im Mittelpunkt der Welt zu stehen.

Kehren wir ins Dreidimensionale zurück. Wir entnehmen unserem Gedankenexperiment, dass wir in einem sich vergrößernden Universum leben.

C. Rotverschiebung ohne Dopplereffekt

Bei der Expansion des Universums bleibt jede Galaxis etwa „an ihren Punkt der Ballonhülle geheftet". Man kann sie dort als fast ruhend betrachten. Deshalb kann die Rotverschiebung ihres Lichts nicht durch die Bewegung der Galaxis als Sender oder des Beobachters auf der Erde als Empfänger erklärt werden, also *nicht* durch den *Dopplereffekt*, wie oft behauptet wird.

Vielmehr werden die Lichtwellen unterwegs genauso gedehnt wie der Raum dazwischen. Atome eines Elements senden die Wellenlänge λ_0 aus, damals in der fernen Galaxis, genauso wie heute bei uns. Auf dem Weg zu uns wurde aber λ_0 um $\Delta\lambda$ auf λ_1 gedehnt, sodass wir $\lambda_1 = \lambda_0 + \Delta\lambda$ empfangen (▶ *Bild 5*).

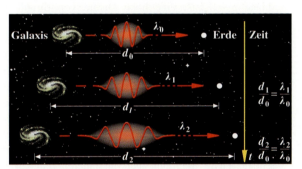

B 5: Durch die Expansion des Raumes vergrößert sich die Wellenlänge des Lichts von einer fernen Galaxis.

Bei der Ankunft der Lichtwelle verhält sich also die vom Empfänger gemessene Wellenlänge λ_1 zu λ_0 wie der jetzige Galaxienabstand d_1 zum Galaxienabstand d_0 zur Zeit der Lichtaussendung:

$$\frac{\lambda_1}{\lambda_0} = \frac{d_1}{d_0} \quad \text{oder} \quad \frac{\lambda_0 + \Delta\lambda}{\lambda_0} = \frac{d_1}{d_0}. \quad (1)$$

Ein Beispiel:
Die H-Linie des Ca$^+$-Ions, mit $\lambda_0 = 397$ nm, kommt bei uns mit $\lambda_1 = 1588$ nm an. Die Rotverschiebung ist $\Delta\lambda/\lambda_0 = (1588$ nm $- 397$ nm$)/397$ nm $= 3$. Der Abstand der Lichtquelle von uns ist seit der Aussendung des Lichts nach *Gl. (1)* auf das Vierfache gewachsen.

Interessantes

D. Der Urknall und die Hintergrundstrahlung

Aus dem Hubble-Gesetz kann man das *Alter* t_H des Universums abschätzen. Vereinfachend nehmen wir an, dass die Expansionsrate konstant ist. Ein Objekt im Abstand r entfernt sich von uns nach HUBBLE mit $v = H r$. Sein heutiger Abstand von uns ist $r = v t_H$. Einsetzen ergibt $r = H r t_H$ oder die aus H berechnete Hubble-Zeit $t_H = 1/H \approx 15 \cdot 10^9$ Jahre. Setzt man für v die Lichtgeschwindigkeit c ein, so erhält man den sog. Hubble-Radius $R = c\, t_H \approx 15 \cdot 10^9$ Lichtjahre, bisweilen als Radius des *beobachtbaren Universums* gedeutet.

Lässt man den Film der Expansion des Universums rückwärts ablaufen, so kommt man zu der heute weitgehend akzeptierten Vorstellung, dass einst alle Masse, alle Energie, auf ein Universum von winzigem Ausmaß konzentriert war. Außerhalb und vorher existierte *nichts*, kein Raum, keine Zeit! Das Universum hatte also einen Anfang. Durch den sog. **Urknall** begann seine Entwicklung (➧ *Bild 1*, unten).

Man geht davon aus, dass dabei stets die gleichen physikalischen Gesetze wie heute galten und dass die Naturkonstanten tatsächlich konstant sind. Danach war die Dichte der Energie im Universum anfangs extrem hoch. Nach dem *Stefan-Boltzmann-Gesetz* (Strahlungsdichte $S \sim T^4$) ist eine hohe Dichte von Strahlung glühender Körper mit hoher Temperatur T verbunden. Mit der Ausdehnung des Universums sank diese Dichte und damit auch die Temperatur T (in ➧ *Bild 1* links). Bei den anfangs vorherrschenden Photonen, also der Strahlung, ist das verständlich. Wir sahen schon, dass die Wellenlänge λ während der Expansion wuchs. Damit nahm W ab nach $W = h f = h c / \lambda$.

Als die Temperatur noch extrem hoch war und Photonen hohe Energien hatten, erzeugten sie Teilchen-Antiteilchen-Paare. Sie traten auch mit anderen Teilchen in Wechselwirkung: mit Elektronen und den damals noch freien Quarks. Die Quarks wurden nach 10^{-5} s und nach Abkühlung des Universums auf 10^{13} K (➧ *Bild 1*) für immer in Protonen und Neutronen gefangen. Die Photonen wurden ständig absorbiert und neu erzeugt. Sie konnten keine längere Strecke frei zurücklegen; das Universum war noch völlig undurchsichtig.

Nach $3 \cdot 10^5$ Jahren war die Temperatur auf 3000 K gesunken. Elektronen wurden von Protonen eingefangen, sodass sich neutrale Wasserstoffatome bildeten. Damit begann das Zeitalter der **Atome**. Die Photonen, deren mittlere Energie nur noch $W \approx 1$ eV betrug, konnten Atome kaum noch ionisieren, sie wurden also nicht mehr absorbiert. Folglich wurde der Raum durchsichtig (vom roten Bereich in ➧ *Bild 1* an aufwärts). Deshalb müssen die Photonen von damals noch heute den Raum als kosmische **Hintergrundstrahlung** durcheilen. Sie sind von der Materie abgekoppelt.

Seitdem dehnten sich die Abstände im Raum und damit auch die Wellenlänge der Photonen auf das 1000fache. So verringerte sich ihre Energie $W = h c/\lambda$ und nach dem *wienschen Verschiebungsgesetz* $T \sim 1/\lambda_{max}$ die zugeordnete Temperatur T auf 1/1000, von 3000 K auf 3 K. Tatsächlich haben PENZIAS und WILSON diese Hintergrundstrahlung zum ersten Mal 1964 auf der Erde nachgewiesen. Dazu benutzt man Antennen für Mikrowellen oder besser Satelliten, die mit IR-Sensoren ausgestattet sind.

Diese 3 K-Strahlung gilt als wichtigste Bestätigung der Theorie vom Urknall und der folgenden Expansion und Abkühlung des Universums.

E. Wie entstanden die Elemente?

Kosmische Kernfusion: Einen weiteren Hinweis auf die Urknalltheorie liefert der Anteil an Helium in Sternen. Er entstand durch *kosmische Kernfusion* aus den anfänglich vorherrschenden *Protonen*. Schon drei Minuten nach dem Urknall war die Dichte der Protonen wegen der kosmischen Expansion so gering, dass sie nicht mehr häufig genug aufeinander stießen, um weiteres Helium bilden zu können. Da zudem die Temperatur auf 10^9 K gesunken war, blieben die vorhandenen Heliumkerne beim Zusammenprall mit anderen Teilchen stabil. Die Materie bestand damals zu 25% aus Helium, der Rest war fast ausschließlich Wasserstoff. Da Nuklide mit 5 oder 8 Nukleonen (auch heute) instabil sind, konnten damals keine schwereren Nuklide entstehen.

Heutige Kernfusion in Sternen: Erst nach 10^9 Jahren begannen aus dem Wasserstoff und Helium der ursprünglich recht homogenen Urmaterie Sterne zu kondensieren. Aber auch heute noch bilden sich Sterne, z. B. in den Spiralarmen von Galaxien. Die Gravitationskraft und deren Energie erhöht in den entstehenden Sternen die Temperatur und vor allem die Dichte so, dass dort eine stetige *Kernfusion* einsetzt und den Heliumanteil im Stern weiter steigert. Sie dauert in der Sonne immer noch an. Nur deshalb ist auf der Erde Leben möglich.

Sterne entwickeln sich: Wenn im kugelförmigen Kern des Sterns nicht mehr genug Protonen als Kernbrennstoff vorhanden sind, wird er durch die Gravitation stark komprimiert. Die Elektronen nehmen dann Quantenzustände an, die denen in Festkörpern ähnlich sind. Sie halten dem Gravitationsdruck bei der riesigen Dichte von 10^7 g/cm³ stand. In Sternen mit mehr als einer halben Sonnenmasse führt die frei werdende Energie zu einer so starken Erwärmung, dass in einer Kugelschale

Interessantes

um den Kern des Sterns Kernfusion einsetzt; man spricht vom *Schalenbrennen*. Während allmählich immer mehr Helium als „Asche" im Sterninnern komprimiert wird, wandert die Brennzone nach außen. Der Stern wird durch die hohen Teilchenenergien aufgebläht. Er strahlt durch seine große Oberfläche wesentlich mehr Energie ab als vorher. Seine Oberflächentemperatur sinkt, der Stern leuchtet rot, er ist vorübergehend zu einem *Roten Riesen* geworden. Nach dem Schalenbrennen verläuft die Sternentwicklung unterschiedlich:

- Massearme Sterne wie die Sonne verlieren ihre rot leuchtende äußere Schicht. Der Kern bleibt als *Weißer Zwerg* zurück. Er hat etwa die Masse der Sonne, aber nur die Größe der Erde.
- In Sternen mit anfänglich mehr als vier Sonnenmassen wird der Kern so stark komprimiert und erhitzt, dass neue Fusionsreaktionen einsetzen. Aus Helium entstehen dabei *schwerere Elemente* wie Kohlenstoff, Sauerstoff usw. bis hin zum Eisen. Eisenkerne haben die geringste Energie W_0 pro Nukleon. Beim Anlagern von weiteren Nukleonen an einen Eisenkern müsste W_0 wieder ansteigen; dabei könnte keine Energie frei werden, das Anlagern unterbleibt.
- Wenn in einem massereichen Stern keine Kernfusionen mehr ablaufen können, erleidet er einen Gravitationskollaps. Seine Materie stürzt viel schneller zusammen, als Sie diesen Absatz lesen können. Dabei wird die *Fermienergie* (ein der *Lokalisationsenergie* entsprechender Quanteneffekt) der Elektronen so groß, dass sie in die Protonen eindringen. Es entsteht ein **Neutronenstern** mit nur 20 km Durchmesser, aber mit mehr als 1,5 Sonnenmassen und einer Dichte von 10^{15} g/cm³. Weil der Kollaps an seiner Oberfläche abrupt gestoppt wird, erfolgt ein Rückstoß mit einer Stoßwelle nach außen: In einer gigantischen **Supernova**-Explosion stößt der Stern seine äußeren Schichten mit einer Geschwindigkeit von 10^5 km/s ab. Dabei wird so viel Energie frei, dass sich Neutronen an ausgeschleuderte Atomkerne anlagern können. Durch mehrfachen β-Zerfall entstehen die im Universum seltenen schweren Elemente wie Kupfer, Gold oder Uran.
- Sollte die Masse des kollabierenden Sterninnern mehr als drei Sonnenmassen betragen, reicht die Fermienergie nicht aus, um dem Gravitationsdruck zu widerstehen. Der Stern fällt immer weiter in sich zusammen und endet als **Schwarzes Loch**. Wegen der frei werdenden Gravitationsenergie erhitzt sich Materie in der Nähe des Lochs sehr stark und sendet folglich Strahlung aus. So kann man die Existenz Schwarzer Löcher nachweisen.

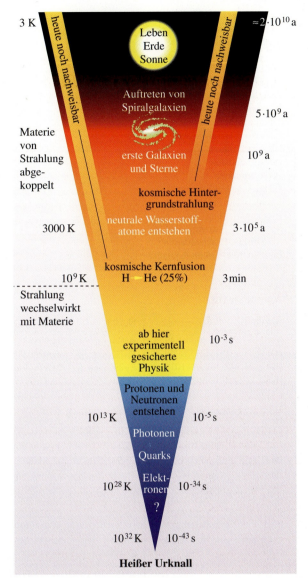

B 1: Entwicklung des Universums

F. Wir sind Sternenstaub

Sterne der ersten Generation bestanden nur aus Wasserstoff und Helium. Doch im Laufe der Zeit ereigneten sich viele Supernova-Explosionen. Durch sie wurden auch schwere Elemente in den Weltraum geschleudert, und es entstanden Sterne höherer Generationen wie die Sonne. In ihrer Umgebung bildeten sich aus kleinen Überbleibseln schwerer Elemente die Planeten und auch unsere Erde. Der Kohlenstoff in unseren Zellen, das Eisen im Blut und das Kalzium in unseren Knochen ist früher einmal durch Supernova-Explosionen in den Weltraum geschleudert worden. Wir bestehen also aus Sternenstaub.

Physikalische Konstanten

Gravitationskonstante	$\gamma = 6{,}672 \cdot 10^{-11} \, \text{m}^3 \, \text{kg}^{-1} \, \text{s}^{-2}$
Normalfallbeschleunigung	$g_n = 9{,}80665 \, \text{m s}^{-2}$
Molvolumen idealer Gase im Normzustand	$V_n = 22{,}414 \, \text{dm}^3 \, \text{mol}^{-1}$
Absoluter Nullpunkt	$-273{,}15 \, °\text{C}$
Gaskonstante	$R = 8{,}3144 \, \text{J mol}^{-1} \, \text{K}^{-1}$
Physikalischer Normdruck	$p_n = 101\,325 \, \text{Pa} = 1\,013{,}25 \, \text{mbar}$
Avogadrosche Konstante	$N_A = 6{,}02209 \cdot 10^{23} \, \text{mol}^{-1}$
Boltzmannsche Konstante	$k = 1{,}38065 \cdot 10^{-23} \, \text{J K}^{-1}$
Vakuumlichtgeschwindigkeit	$c_0 = 2{,}99792458 \cdot 10^8 \, \text{m s}^{-1}$
Atomare Masseneinheit	$1 \, \text{u} = 1{,}6605387 \cdot 10^{-27} \, \text{kg}$
Elektronenmasse	$m_e = 9{,}109381 \cdot 10^{-31} \, \text{kg} = 5{,}485799 \cdot 10^{-4} \, \text{u}$
Neutronenmasse	$m_n = 1{,}6749271 \cdot 10^{-27} \, \text{kg} = 1{,}0086649 \, \text{u}$
Protonenmasse	$m_p = 1{,}6726215 \cdot 10^{-27} \, \text{kg} = 1{,}0072765 \, \text{u}$
Elektrische Feldkonstante	$\varepsilon_0 = 8{,}85419 \cdot 10^{-12} \, \text{C V}^{-1} \, \text{m}^{-1}$
Magnetische Feldkonstante	$\mu_0 = 1{,}25664 \cdot 10^{-6} \, \text{T m A}^{-1} = 4\pi \, 10^{-7} \, \text{H m}^{-1}$
Elementarladung	$e = 1{,}6021773 \cdot 10^{-19} \, \text{C}$
Spezifische Elektronenladung	$e/m_e = 1{,}7597 \cdot 10^{11} \, \text{C kg}^{-1}$
Spezifische Protonenladung	$e/m_p = 9{,}5787 \cdot 10^{7} \, \text{C kg}^{-1}$
Plancksches Wirkungsquantum	$h = 6{,}6218 \cdot 10^{-34} \, \text{J s} = 4{,}1357 \cdot 10^{-15} \, \text{eV s}$

Atommasse (in u)

Nuklid	Atommasse	Nuklid	Atommasse	Nuklid	Atommasse	Nuklid	Atommasse
n	1,0086649	Al-27	26,981538	Zr-90	89,904704	Bi-210	209,984105
H-1	1,0078250	Si-28	27,976927	Zr-91	90,905645	Bi-212	211,991272
H-2	2,0141010	Si-29	28,976495	Zr-92	91,905040	Bi-214	213,998699
H-3	3,0160493	Si-30	29,973770	Ag-107	106,905093	Po-210	209,982857
He-3	3,0160293	P-30	29,978314	Ag-108	107,905954	Po-212	211,988852
He-4	4,0026033	P-31	30,973762	Ag-109	108,904756	Po-214	213,995186
He-6	6,018888	Ar-40	39,962383	Ag-110	109,906110	Po-216	216,001905
Li-6	6,015122	K-40	39,963999	Cd-108	107,904183	Po-218	218,008966
Li-7	7,016004	Ca-40	39,962591	Cd-110	109,903006	Rn-220	220,011384
Be-7	7,016929	Cr-54	53,938885	Cd-113	112,904401	Rn-222	222,017570
Be-9	9,012182	Mn-54	53,940363	In-115	114,903878	Ra-224	224,020202
Be-10	10,013534	Mn-55	54,938050	In-116	115,905260	Ra-226	226,025403
B-10	10,012937	Fe-55	54,938298	Sn-116	115,901744	Ra-228	228,031064
B-11	11,009305	Fe-56	55,934942	I-140	139,931210	Ac-228	228,031015
C-11	11,011434	Co-57	56,936296	Cs-133	132,905447	Th-228	228,028731
C-12	12,000000	Co-59	58,933200	Cs-137	136,907084	Th-229	229,031755
C-13	13,003355	Co-60	59,933822	Cs-140	139,917277	Th-230	230,033127
C-14	14,003242	Ni-59	58,934352	Ba-137	136,905821	Th-231	213,036297
N-13	13,005739	Ni-60	59,930791	Ba-144	143,922940	Th-232	232,038050
N-14	14,003074	Ni-64	63,927970	Ce-140	139,905434	Th-234	234,043595
N-15	15,000109	Cu-64	63,929768	Nd-144	143,910083	Pa-233	233,040240
O-14	14,008595	Zn-64	63,929147	Au-197	196,966552	Pa-234	234,043302
O-15	15,003065	Br-87	86,920711	Tl-204	203,973849	U-233	233,039628
O-16	15,994915	Kr-85	84,912527	Tl-208	207,982005	U-234	234,040946
O-17	16,999131	Kr-86	85,910610	Pb-204	203,973029	U-235	235,043923
O-18	17,999160	Kr-87	86,913354	Pb-205	204,974467	U-236	236,045562
F-18	18,000938	Kr-89	88,917633	Pb-206	205,974449	U-237	237,048724
F-19	18,998403	Rb-85	84,911789	Pb-207	206,975880	U-238	238,050783
Ne-20	19,992440	Rb-87	86,909183	Pb-208	207,976636	U-239	239,054288
Ne-21	20,993847	Rb-94	93,926407	Pb-209	208,981075	Np-237	237,048167
Ne-22	21,991386	Sr-87	86,908879	Pb-210	209,984173	Np-239	239,052931
Na-22	21,994437	Sr-90	89,907738	Pb-211	210,988731	Pu-238	238,049553
Na-23	22,989770	Y-90	89,907151	Pb-212	211,991887	Pu-239	239,052157
Na-24	23,990963	Y-94	93,911594	Pb-213	212,996500	Pu-240	240,053807
Mg-24	23,985042	Zr-88	87,910226	Pb-214	213,999798	Pu-241	241,056845
Mg-27	26,984341	Zr-89	88,908889	Bi-207	206,978455	Am-241	241,056823

Spektraltafel

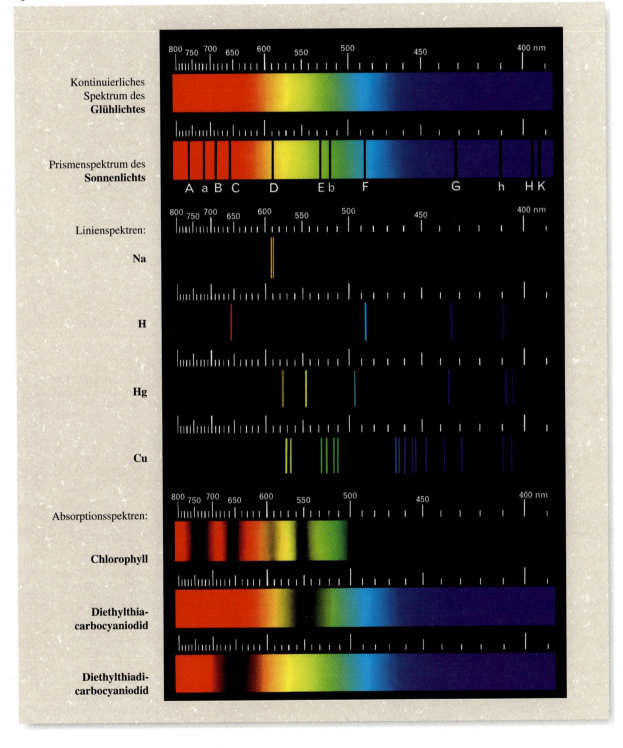

Stichwortverzeichnis

A

α-Strahler 329
α-Strahlung 306 f., 344
α-Teilchen 50, 282, 321, 326, 328, 333, 336
α-Zerfall 332, 344
Abbildung 47
–, optische 204 f.
Abendrot 216
Ablenkung, elektrische 49
Ablöseenergie 236 f., 287
absolute Zeit 229, 233
absoluter Raum 233
Absorption 314
Absorptionslinie 270
Abwehrmechanismen 320
Achse, optische 214
Akku 16
Aktionspotential 31
Aktivität 316 f., 344
Alkalimetall 287
allgemeine Relativitätstheorie 244, 355, 357
Alter der Erde 318
Altersbestimmung, radioaktive 318
Ampere 8, 35
Amplitude 100 f., 113, 128, 134, 137, 179 f., 194, 298
Amplitudenmodulation 172, 174 f., 178
analog 172, 174 f.
Analysator 212
ANDERSON 310
angeregt 267
angeregter Energiezustand 267
– Zustand 332
Antenne 173 f.
Antimaterie 244
Antineutrinos 333, 354
Antiprotonen 244
Antiquarks 350
Antiteilchen 244, 350
Antreffwahrscheinlichkeit 249, 253, 260, 268, 277, 281, 283
Äquipotentialfläche 16 f., 21
Äquivalentdosis 321 f.
Argon 287
ARISTOTELES 264
ASTON 50
Astronomie 155
Asynchronmotor 91
Ätherwind 233
atomare Masse 50
Atombombe 339, 343
Atombombenexplosion 339
Atome 21, 30, 35, 47, 105, 219, 225, 262, 264, 266 f., 326, 358
–, radioaktive 123
Atomforschung 264
Atomkerne 19, 222, 262, 265, 282, 306 f., 326 f., 353 f.
Atommasse 328
Atommüll 341
Atomphysik 239, 263
Attraktor 122
Auflösungsvermögen 206, 223
Auge 156, 206

Ausbreitungsgeschwindigkeit 127 ff., 166, 203
Auslenkung 98 f., 106
Außenleiter 90

B

β-Spektrometer, magnetisches 310
β-Spektrum 310
β-Strahler 328
β-Strahlung 306 f., 310 f., 344
β-Teilchen 321
β-Zerfall 331, 333 f., 344, 354, 359
β⁺-Teilchen 310 f.
β⁺-Zerfall 334, 344
Bahnbegriff 261
BALMER 278
Balmerformel 278
Balmerserie 278, 291
Bandabsenkung 304
Bandabstand 298
Bandaufspaltung 296 f.
Bandbreite 176, 178
Bändchenmikrofon 59
Bandlücke 296, 301
Bandrand 297
Bandüberlappung 299
Barium 338
Baryonen 350
Baryonen-Oktett 355
Basis 302
Basisstrom 302, 304
Bauch 140 f., 144, 158, 164, 167, 171, 180
Bausteine 353
beamen 295
BECQUEREL 305, 320
Becquerel 316 f., 344
BEDNORZ 303
Beleuchtungsspalt 204
Belichtungsmesser 239
BELL 295
Bénard-Zellen 291
Benzinmotor 74
Berechenbarkeit 123
BERNOULLI 264
Bernstein 7
Beryllium 287
Beschleuniger 51, 336
Beschleunigung 101, 110
Bestrahlungsstärke 185
Bethe-Weizsäcker-Zyklus 342
Beugung 182, 203 ff., 219
Beugungserscheinung 223
Beugungsmaxima 221
Beugungsscheibchen 206, 255
Beugungsspalt 347
Bewusstsein 293
Bezugssystem 227
B-Feld 42, 303 f., 348
Bifurkation 120 f.
Big Crunch 357
Bindung, kovalente 283
Bindungsenergie 283, 328 f., 344
Bindungsorbitale 296
Bit 41
Blasenkammer 305, 350
Blasinstrument 151
Blindstrom 86, 95

Blindwiderstand 83
–, induktiver 87, 95
–, kapazitiver 87, 95
Blitzableiter 7
Blitze 7, 11 f.
Blockkondensator 24
BOHR 251 f., 264, 283, 292
bohrsche Bahn 265
bohrscher Radius 281
bohrsches Modell 265, 276
Bor 287
BORN 261
Botenteilchen 351, 354
BRAGG 220
Bragg-Gleichung 220, 279
Bragg-Reflexion 220, 240, 254
braggsche Drehkristallmethode 312
– Reflexionsbedingung 223
Braun 172
braunsche Röhre 11, 15, 48, 53
BRECHT 343
Brechung 200, 202
Brechungsgesetz 200 ff., 214
Brechungszahl 201, 203, 208, 213, 217
Brennelement 339
Brennstab 339
BREWSTER 213, 216
Brewster-Gesetz 213, 333
Brillenglas 217
BUNSEN 188

C

C-14-Methode 318
Calcium 287
Cäsium 236 f.
Castor-Behälter 341
CD-Platte 197
CERN 303, 354
CH₄-Molekül 280
CHADWICK 336
Chaos 291
–, deterministisches 120
charakteristisches Röntgenspektrum 221, 223, 279
chemische Bindung 280, 286
– Prozesse 262
chladnische Figur 150
Chromosphäre 272
COLLADON 149
COMPTON 246
Comptoneffekt 246, 313, 315
Comptonuntergrund 312
Comptonwellenlänge 246
Computer 41, 304
Computerprogramm 195
Computer-Tomographie 346
Cooperpaare 304
CORNU 194
CORNU-Spirale 194, 198, 200
Coulomb 9
COULOMB 19
Coulombabstoßung 331, 342
Coulombfeld, radiales 19
Coulombgesetz 19, 163
Coulombkraft 32, 276, 282, 296, 326, 336, 338, 351
Coulombpotential 21, 330
Coulombwall 332

CURIE 305

D

DALTON 264
Dämpfung 99, 112, 124, 140
Daten 172
Datenspeicher 41
DAVISSON 254
DEBROGLIE 254, 265
deBroglie-Materiewelle 254
deBroglie-Wellen 273
deBroglie-Wellenlänge 254, 274, 350
Debye-Scherrer-Aufnahme 221, 223
Deklination 42 f.
Dekohärenz 293
DEMOKRIT 264
Demodulation 174
destruktive Interferenz 137, 158
DESY 303
determiniert 120, 249, 251, 317
Determinismus 261
deterministische Physik 262
– Strahlenwirkung 321, 324
deterministisches Chaos 120, 289, 291
Deuterium 330
Deuteronen 50, 337
Deutungsfragen 252
Diagnose 156
Diagnostik 218
Dichteschwankung 158
Dielektrikum 22, 30
Dielektrizitätszahl 22, 168
Differentialgleichung 110, 117 f., 124, 160, 315
digital 172, 174 f., 177 f.
digitaler Mobilfunk 175
Diode 121, 300
Dipol 34, 160 ff., 170, 214
–, elektrischer 30
–, hertzscher 265, 285
–, magnetischer 34 ff., 286, 348
DIRAC 239, 243, 248, 253, 284 f.
diskrete Energiewerte 333
diskreter Energiezustand 331
Display, optisches 215
divergentes Licht 192
DNA-Doppelwendel 47
D-Netz 175
Doppelbrechung 214, 223
Doppelspalt 182 ff., 192 f., 203 f., 250 ff., 254, 292 f.
–, Interferenz 271
Doppelstern 155
DOPPLER 154
Dopplereffekt 154 f., 158, 209, 349, 357
Dopplerfrequenz 154
Dopplersonographie 157
d-Orbitale 286
Dosimeter 322
Dosis, effektive 321 f., 344
Dosisleistung 322
dotieren 303
dotierte Halbleiter 298
Drehfeld 91

Drehfrequenz 72
Drehkondensator 24
Drehkristallmethode, braggsche 220, 312
Drehspulinstrument 9
Drehstrom 90 f., 93
Drehstrom-Asynchronmotor 93
Drehstrommotor 91, 93
Dreieckschaltung 90
Drei-Finger-Regel 36, 53, 56 f., 94
Dreiphasenwechselstrom 91
Dreipunktschaltung 160, 174
Driftgeschwindigkeit 38, 53, 297
Druck 147
Druckwasserreaktor 339
dünne Schicht 210, 223
Durchdringungsvermögen 218, 223
Durchlasspolung 301
DÜRR 343
Düsenknall 155
Dynamo 22, 42, 46, 73, 291

E
Echolot 156
EDISON 55
EEG 31
E-Feld 30, 235, 290, 297
effektive Dosis 321 f., 344
Effektivwert 76 f., 94 f.
Eigenfrequenz 144, 150, 158, 160, 162, 167
Eigenfunktion 275
Eigenlänge 229
Eigenschwingung 144 ff., 158, 167, 178
Eigenwert 269, 274 f.
Eigenzeit 228 f., 233
EIGLER 225
Einhüllende 202 f.
Einschwingvorgang 118, 122
EINSTEIN 160, 179, 225 ff., 233, 238, 243, 252, 261 f., 264, 288, 292 ff., 343, 355 ff.
Einzelspalt 190 ff., 195, 203, 206
Eisen 34 f., 40, 53, 64, 359
EKG 31
Elektret 30
Elektretmikrofon 30
elektrische
– Ablenkung 49
– Dipole 30
– Energie 26, 90 f.
– Feldkonstante 18
– Feldkraft 49
– Feldlinien 10 f.
– Feldstärke 12 f., 163 f., 171, 173, 247, 249, 257, 285, 294
– Ladung 34
– Leistung 86, 114
– Quellen 8
– Verbraucher 8
elektrischer Schwingkreis 121
– Widerstand 303 f.
elektrisches Feld 10 f., 18, 86, 109, 162, 165 f.
– –, Energie 86
– –, Energiedichte 185
– –, Wechselfeld 163 f.
– Wirbelfeld 60, 63, 94

Elektrokardiogramm 31
Elektrolytkondensator 24
Elektromagnet 40
elektromagnetische
– Induktion 94
– Schwingung 108 f., 111, 178
– Strahlung 320
– Wechselwirkung 351, 353
– Welle 125, 155, 160, 164 ff., 170, 172, 178, 182, 222, 238, 285, 351
elektromagnetisches Spektrum 222
Elektrometer 23
Elektromotor 64
Elektronen 8, 19, 21, 29 f., 38, 44, 52 f., 222 f., 234, 239, 243, 254, 257, 262, 271, 285, 297 f., 304, 306, 326, 353
Elektronenbeugung 254
Elektronenblitz 26
Elektroneneinfang 334
Elektronenflüssigkeit 256
Elektronengas 8
Elektronenhülle 262
Elektronenkanone 15, 29, 44, 48
Elektronenmasse 44
Elektronenmikroskop 47, 255, 350
Elektronenpaar 286
Elektronenspin 286 f.
Elektronenstrahlen 33, 36, 44, 46, 48, 290
Elektronenstrahler 335
Elektronentheorie, klassische 297
Elektronik 296 f.
Elektron-Neutrinos 353
Elektron-Positron-Paar 243
Elektronvolt 29
Elektroskop 8, 14, 23
Elektrosmog 245
Elektrostatik 21
Elektroenzephalogramm 31
Elementarladung 8, 28, 350
Elementarmagnete 34, 40, 286
Elementarteilchen 350
Elementarwelle 182 ff., 190, 194, 196, 202 f., 219
Elementarzentren 202
Elongation 98, 106, 128, 130, 134, 158
Elongation-Kraft-Gesetz 99, 102
Elongationsenergie 103, 109, 136
Emission, induzierte 288, 291
Emissionsspektrum, kontinuierliches 278
Emitter 302
Empfangsdipol 163
Energie 14 ff., 32, 52, 70, 92, 94, 103, 106, 111 f., 114, 116, 126 f., 136, 169, 179, 234 f., 242 f., 245, 265, 308, 313, 326, 330 f.
–, elektrische 14, 90 f.
–, kinetische 234 f., 335
– des elektrischen Feldes 86
– des Magnetfeldes 70
Energiebänder 296 f.
Energiedichte 26, 32, 166, 185
– des elektrischen Feldes 185
– des Magnetfeldes 71, 94
Energiedosis 320, 322

Energiedosisleistung 320 f.
Energieerhaltung 62
Energieerhaltungssatz 185
Energiekontinuum 275
Energiemessung 344
Energieniveau 266 f., 273, 331, 335
Energieniveauschema 332
Energiequantisierung 270
Energiequelle 342
Energiesatz 197, 333
Energiespektrum 310
Energieterm 291
Energieversorgung 92
Energiewirtschaftsgesetz 92
Energiezufuhr, periodische 115
Energiezustand, angeregter 267
Energiezustände 267
entgegenlaufende Welle 138
Entsorgung 341
Entspiegelung 212
Entweder-Oder-Dualismus 292
EPR-Paradoxon 294
Erbanlagen 324
Erdalter 318
Erdbebenwellen 126, 131
Erde 18, 131, 359
Erdmagnetfeld 33 ff., 42, 46
Erhaltungssätze 336
Erntefaktor 301
Ersatzkapazität 23, 32
Ersatzschaltbild 81
Erwartungswert 307
erzwungene Kernspaltung 338
– Schwingung 98, 106, 116, 124
europäischer Stromverbund 92
E-Vektor 238
EVERETT 293
Evolutionstheorie 289
Exponentialfunktion 314
Extremalprinzip 197

F
Fadenpendel 104, 106
Fahrradbeleuchtung 22
Fahrradlichtmaschine 73
FARADAY 10, 19, 22, 55, 61, 71, 160, 163, 351
–, Feldvorstellung 26
Faraday-Käfig 51
Farbe 184
Farben 270
Farbkraft 353
Farbladung 352
Farbstofflaser 289
Farbstoffmolekül 270
Federpendel 98, 100 f., 106, 128
Federschwinger 105 f., 124
Federschwingung 117
Fehler, relativer 13
Fehlerrechnung 13
Feld
–, elektrisches 10 f., 18, 31, 86, 109, 162, 165 f., 351
–, homogenes 10 f., 14, 32
–, magnetisches 34 ff., 166
–, radiales 10, 32
Feldeffekt-Transistor 114, 304
Feldenergie 27, 108, 124
Feldidee 163
Feldkonstante, magnetische 39, 53
Feldkraft, elektrische 49
Feldkräfte 10 f., 32

Feldlinien, elektrische 10 ff.
–, magnetische 34 ff.
Feldliniendichte 10
Feldphysik 285, 351
Feldstärke 32, 215
–, elektrische 12 f., 163 f., 171, 173, 247, 249, 257, 285, 294
–, magnetische 37
FERMAT 197, 199 f.
FERMAT-Prinzip 197, 200, 203
FERMI 297
Fermienergie 297, 359
Fermigrenze 297
Fernleitung 92
Fernrohr 206
Fernseher 15
Fernsehsender 222
Ferromagnetikum 40
ferromagnetisch 40
ferromagnetische Stoffe 53, 303
festes Ende 140, 158, 167
Festkörper 272, 284, 296 f.
Festplatte 41
FET 114, 176
FEYNMAN 249, 252
Feynman-Graph 351 f., 354
Fixsterne 272, 342
Flächenänderung 57
Flächendichte 18, 22, 32
Flammensonde 18
Flöte 151 f.
Fluchtgeschwindigkeit 356
Fluoreszeinlösung 271
Fluoreszenz 267, 271, 290
Fluoreszenzlicht 289, 349
Fluoreszenzschirm 271
fluoreszieren 218
Fluss, magnetischer 61, 72, 89, 91, 94
Flussdichte, magnetische 37 f., 53, 60 f., 94, 164
Flüssigkristall 215
fortschreitende Welle 126 f., 142, 145, 158
Fotoapparat 217
Fotodiode 190, 301, 309
Fotografie 212
Fotowiderstand 298
Fötus 157
FOUCAULT 104
FOURIER 153
Fourieranalyse 152 f.
Fouriersynthese 153
FRANCK 266
Franck-Hertz-Versuch 266, 270, 272
FRANKLIN 7
Fraunhoferlinien 188, 272
Free Fall Tower 64
freie
– gedämpfte elektromagnetische Schwingung 108
– Schwingung 98, 106
– ungedämpfte Schwingung 106
– Weglänge 290
freies Ende 140, 158, 167
Frequenz 100 f., 132 ff., 144, 153 f., 157, 168, 174, 176, 208, 263
Frequenzmodulation 174, 176, 178
FRESNEL 192, 202
FRIEDMANN 357
FRISCH 338

Führungswellen 250
Fusionsreaktion 359
Fusionsreaktor 342

G
γ-Präparat 321
γ-Quanten 242, 305, 337, 347, 350
γ-Strahlung 222, 306 f., 312 f., 321, 323, 344
γ-Zerfall 344
Galaxis 356
GALILEI 199, 232, 343
Galilei-Transformation 226, 233
GALVANI 7, 31
Gangunterschied 137, 186 f., 190, 208 ff., 217, 223
Gasentladung 68, 218, 288 ff.
Gasturbinenkraftwerk 92
gedämpfte Schwingung 106
Gehirn 304
Geige 150, 152
Geiger-Müller-Zählrohr 220, 306 f., 344
GELL-MANN 355
Generator 75, 86, 91, 93, 222
Generatorprinzip 56
genetische Schäden 325, 341
geometrische Optik 197
Germanium-Lithium-Halbleiterzähler 312
GERMER 254
Gesamtenergie 269, 274
Gesamtspektrum 245
geschlossenes Ende 147
Geschwindigkeit 158, 214
Geschwindigkeitsaddition 232
Geschwindigkeitsfilter 50, 53
Gesetz 123
–, ohmsches 120
Gewebe-Wichtungsfaktor 322
Gitarre 135
Gitter 170, 178
–, optisches 186 f., 192, 203, 205, 223, 259
Gitterkonstante 186 f.
Gitterspektrum 188
Glanzwinkel 220, 223
Glasfaser 289, 349
gleichberechtigte Möglichkeiten 249 f.
Gleichgewichtslage 100, 106
Gleichrichter 300
Gleichspannung 92
–, pulsierende 77
Gleichstrommotor 74
Gleichzeitigkeit 227 f., 230 f., 235
Gleitreibungskraft 112
Glimmerblatt 259
Glimmlampe 44, 46
Global System of Mobile Communication 175
Global-Positioning-System 232
Glühlicht 223
–, weißes 188
Gluonen 352
Gluonenband 353
GPS 232
Gravitation 355
Gravitationsfeld 12, 244
Gravitationskollaps 359
Gravitationskraft 19, 21, 357
Gravitationslinse 244

Gravitationswelle 179
Gravitonen 355
Gray 320
Grenzfall, klassischer 273
Grenzfrequenz 237 f.
Grenzgeschwindigkeit 234
Grenzkontinuum 278
Grenzwinkel 240
Grundlast 92
Grundschwingung 145, 167
Grundton 151
Grundzustand 267, 270, 277, 280 f., 332, 334
GSM 175

H
HAFELE 229
Hafnium 279
Hahn 305
HAHN 338
HAKEN 289
Halbleiter, dotierter 298
Halbleiterdiode 300
Halbleiterzähler 308 f., 312, 332, 344
Halbwertsdicke 314
Halbwertszeit 24, 316 f., 319, 328, 332, 344
HALL 38
Halleffekt 39, 53, 298 f.
Hallsonde 38 f.
Hallspannung 38, 53
HALLWACHS 236
Handy 160, 175, 177, 222, 245
harmonisch 102, 128
Harmonische 145, 148, 152 f.
harmonische Schwingung 98 f., 106, 133, 158, 284
harmonischer Oszillator 100 f., 284, 291, 351
– Schwinger 100 f., 284, 291, 351
Härte der Röntgenstrahlung 218
H-Atom 262, 264, 282
Hauptmaximum 191
Hauptquantenzahl 286
Hauptsatz, zweiter 289
HEISENBERG 258, 260 f., 263, 282, 292, 351
–, Unbestimmtheitsrelation 273
Heisenberg-Kredit 282, 351, 354
Heißleiter 298
HELFERICH 215
Helium 148, 272, 287, 330, 334, 342
Heliumatome 328
Helium-Neon-Laser 187, 288
Helligkeit 194
Helmholtz-Spule 44, 47
Henry 66, 94
HENRY 67
HERA 52
HERTZ 160, 162, 166, 252, 266
hertzscher Dipol 162 f., 178, 265, 285
Higgs-Teilchen 355
Himmel 216
Himmelsblau 216, 223
Hintergrundstrahlung 358
H-Ionen 278
Hochpass 79, 84
Hochspannung 92
Hochspannungsleitung 12
Hochtemperatur-Supraleiter 303

HOFSTADTER 329
Höhenstrahlung, kosmische 33, 222, 229, 293, 310, 323, 350
Hohlraumresonator 169
Hologramm 204 f., 223, 289
homogenes Feld 10 f., 14, 32
– Magnetfeld 35
hookesches Gesetz 120
Horizontalkomponente 42
Horizontalschwinger 104
HUBBLE 356, 358
Hubble-Gesetz 358
Hubble-Parameter 356
Hubble-Weltraumteleskop 207
Hubble-Zeit 358
HUYGENS 182, 200, 202
HUYGENS-Prinzip 182 f., 194 ff., 202 f., 251
HUYGENS-Zentrum 190
Hybridisierung 280
Hysteresiskurve 40

I
Impuls 234, 242, 258, 307 f.
Impulshöhenanalysator 308 f.
Impulshöhenspektrum 308
Impulsspektrum 308
Impulsvektor 246
Induktion 41, 56, 117, 163, 165
–, elektromagnetische 94
Induktionsgesetz 94
Induktionsspannung 56 f., 94, 100
Induktionsstrom 113
induktiver
– Blindwiderstand 87, 95
– Spulenwiderstand 78
– Widerstand 79 ff., 95
Induktivität 66, 94
induzierte
– Emission 288, 291
– Spannung 56 f., 94, 109
Inertialsystem 227, 233, 235
Influenzladung 8, 18
Information 126, 179
Infrarot 222, 349
Infrarotstrahlung 105
Ingestion 323
inhomogenes Magnetfeld 46
Inklination 43
Inklinationswinkel 42
Innenpolgenerator 91
Innenpolmaschine 73
innerer Photoeffekt 298
Intensität 185, 203
Intensitätsdiagramm 186
Interferenz 137, 158, 164, 180 ff., 204 f., 207 f., 210 f., 217, 219 f., 252 f., 292, 304
–, destruktive 137, 158
–, konstruktive 137, 158
Interferenzfeld 203
Interferenzmaximum 185 f., 203
Interferenzminimum 185, 191, 203
Interferometer 208, 250
–, Michelson- 208, 223, 251
Ionen 50, 349
Ionenbindung 283
Ionenpumpe 31
Ionenquellen 50
Ionenstrahlen 290
Ionisation 218, 320

Ionisationskammer 316
ionisieren 277
ionisierende Strahlung 46, 320 f.
Ionosphäre 172
Isolatoren 8, 22, 30, 298
isomerer Zustand 334
Isotope 50, 328
Iterationsvorschrift 122

J
JÖNSSON 254
Josephson-Effekt 304
Jupiter 123

K
Kalium 238, 287, 317
Kalium-40 318
Kalium-Argon-Methode 318
Kalkspatkristall 214
KAMERLINGH ONNES 303
KANT 197, 264
Kapazität 22 f., 30, 32
kapazitiver
– Blindwiderstand 87, 95
– Widerstand 78 ff., 95
kausal 197, 233
kausale Physik 262
KEATING 229
Kegel, machscher 155
Keramikkondensator 24
Kernart 306
Kernenergie 338 f.
Kernfusion 330, 342, 344
Kernkraft 326, 330, 342, 344, 353
Kernkraftwerk 323, 340
Kernladungszahl 306
Kernmaterie 327
Kernmodell 330
Kernphysik 51, 353
Kernradius 327
Kernreaktion 336 f., 344
Kernreaktor 336, 339
Kernschmelze 341
Kernspaltung 330, 338 f., 344
–, erzwungene 338
–, spontane 338
Kernspaltungsspuren 318
Kernspin-Tomographie 303, 348
Kernumwandlung, künstliche 305, 336 f.
Kettenreaktion 288, 290, 339
kinetische Energie 234 f., 335
KIRCHHOFF 188
Klang 152
Klangfarbe 79
Klangspektrum 152
Klangwahrnehmung 153
Klarinette 151
klassische
– Elektronentheorie 297
– Mechanik 248
– Physik 236
– Theorie 295
– Welle 257
klassischer
– Grenzfall 273
– Wellenzug 250
Klavier 150 ff.
K-Linien 279
Knallertest 250, 292 ff.
Knoten 138, 140 f., 144, 158, 164, 167, 171, 180
Knotenkugel 286

ANHANG

Knotenlinie 180, 203
Kobalt 41
kochen 64
kohärent 180 f., 184, 203 f., 209, 223
kohärenter Sender 179
Kohärenz 289, 293, 304
Kohärenzlänge 209 f., 223, 259, 263, 289
Kohlenstoff-14-Methode 318
Kohlenstoffisotop 318
Kohlekraftwerk 323
Kollaps der Ψ-Funktion 283, 293
Kollektor 302
Kompass 43
Kompassnadel 34, 42
komplementär 292 f.
Komplementärfarbe 211, 217, 270 f.
Komplementaritätsprinzip 252, 292
Kondensator 15 f., 22 f., 31 f., 48, 78, 86 f., 95, 108, 121, 160
Kondensator-Entladung 24
Kondensatorfeld 18
Kondensatormikrofon 30
Kondensatorplatten 10 f.
konstruktive Interferenz 137, 158
kontinuierliches Emissions-
spektrum 278
– Röntgenspektrum 240
– Spektrum 272
Kontraktion 231
Kontraktionsfaktor 229 f.
Kontrast 217
Koordinatensystem 226 f.
Kopenhagener Deutung 283, 292 f., 295
Kopplung 126
Korrespondenzprinzip 251
kosmische Höhenstrahlung 33, 222, 229, 293, 310, 323, 350
kovalente Bindung 283
Kraft 351
Kraftgesetz, lineares 102, 106
Krebs 324, 341
Krebserkrankungen 245
Kreisbahn 44
Kreisfrequenz 94
Kristall 219 f., 282, 296
Kristallgitter 280
Kristallniveau 296
kritische Masse 339
– Temperatur 304
K-Schale 277, 279, 286, 334
kundtsche Röhre 291
künstlich radioaktiv 337
künstliche Kernumwandlung 305, 336 f.
Kurzschlussanker 91
Kurzwelle 176, 222

L

Ladung 8, 351 f.
–, spezifische 44, 50, 53
Ladungsmessung 9
Lambda-Teilchen 355
Längenkontraktion 229 f., 233, 235
langsame Neutronen 340

Längswelle 130 f., 141, 158
Langwelle 222
LAPLACE 123, 262
Laplace-Dämon 262
Laser 204, 288 f., 291, 304, 349
Laserbedingung 288
Laserlicht 185, 223, 257, 304
Lastbereich 92
Laufzeit 194, 200 f.
Laufzeitkurve 196, 198
LCD 215
LDR 298
Lebensdauer 334
Lebensvorgänge 262
LED 215, 241
leere Wellen 239, 250
LEIBNIZ 197
Leichtwasserreaktor 339
Leidener Flasche 24
Leistung 76
–, elektrische 86, 114
Leistungsbilanz 75
Leistungsfaktor 87, 95
Leiterlänge, wirksame 37
Leiterschleife 57
Leitfähigkeit 297, 299
Leitungsband 298
LENARD 264
LENZ 62, 68, 94, 113
lenzsches Gesetz 62 f., 66, 94
Leuchtdiode 22, 241, 301
Leuchtplakette 272
Leuchtstoffröhre 222, 271 f.
Leuchtziffer 272
Leukämie 305, 324, 341
Licht 179, 184, 188, 195, 200, 203, 237, 285, 288
–, divergentes 192
–, monochromatisches 188
–, polarisiertes 294
–, unpolarisiertes 294
Lichtausbreitung 197
Lichtbündel 194
Lichtgeschwindigkeit 45, 52, 199, 226 f., 234 f.
Lichtmikroskop 255
Lichtquanten 236 ff., 298
Lichtstrahl 194 f., 198
Lichtuhren 227 f.
Lichtventil, spannungsgesteuertes 215
Lichtwellen 357
LIDAR 289
linear polarisiert 178
– polarisierte Querwelle 166
Linearbeschleuniger 52
linearer Potentialtopf 268, 272 f., 275, 280, 284, 286, 297
lineares Kraftgesetz 102, 106
Linearmotor 93
Linienspektrum 188
Linke-Hand-Regel 35
Liquid Crystal Display 215
Lithium 287
Löcherleitung 298
Lokalisationsenergie 262 f., 273, 282, 284, 359
Longitudinalwelle 130
LORENTZ 36, 233
Lorentzkraft 36 ff., 44, 48, 50 f., 53, 56, 60, 64, 94, 169, 299
Lorentz-Transformation 231, 233, 235
LOVE 131

Love-Welle 131
L-Schale 277, 279, 286
Luftreibung 112
Luftsäule 146
Luftwiderstand 113
Lymanserie 278, 291

M

MACH 264
machscher Kegel 155
Magnet 34 ff., 303
Magnetfeld 34 ff., 162 f., 165, 304
–, Energie 70
–, Energiedichte 71, 94
–, homogenes 35
–, inhomogenes 46
– der Erde 33 ff., 42, 46
magnetisch hart 40
– weich 40
magnetische
– Feldkonstante 39, 53
– Feldstärke 37
– Flasche 33, 46
– Flussdichte 37 f., 53, 60 f., 94, 164
– Kraft 36
– Linse 47
– Quantenzahl 286
– Stromwirkung 35 f.
magnetischer
– Dipol 286, 348
– Fluss 61, 72, 89, 91, 94
magnetisches
– Feld 34 ff., 166
– Organ 43
– β-Spektrometer 310
– Wanderfeld 93
Magnetismus 35
Magnetpole 34 f., 42
Magnetresonanz-Tomographie 348
Magnetron 169
Magnetschwebebahn 93
Makrokosmos 293
Many-World-Theorie 293
MARCONI 172
Masse 234 f., 242, 245
–, atomare 50
–, kritische 339
– des Elektrons 44
Massendefekt 328 f., 344
Masseneinheit 328
Massenspektrometer 50, 53, 328
Massenzahl 306 f.
Massenzunahme 235
Materiewelle 254
MAXWELL 160, 165 f., 226, 238, 248 f.
Mechanik, klassische 248
mechanische Schwingung 110
– Welle 125 f.
Medizin 123, 156, 241, 289, 323, 346, 349
MEISSNER 114
Meißner-Ochsenfeld-Effekt 303
Meißner-Schaltung 117, 160
MEITNER 338
menschliche Stimme 151
Mesonen 305, 350 ff., 354
Mesonenmasse 352
Messgerät 293
Messpostulat 293 f.
Messprozess 293

Messverstärker 9, 23
Messzeit 263
Metalle 8, 299, 303
Meteoriten 123
Meter 208, 223
Methan 280
MICHELSON 208
Michelson-Interferometer 208, 223, 251
Mikrofon 134
Mikrokosmos 262
Mikroskop 47, 206, 223
Mikrowelle 182 f., 185, 196, 200, 212, 219, 222
Mikrowellenherd 169, 245
Mikrowellensender 170
Milchstraße 356
MILLIKAN 28
MILLIKAN-Versuch 28
Missweisung 42
Mittellast 92
Mobilfunk 177
Modelle 252
Moderator 337, 339
Modulation 289
Möglichkeiten 255, 259, 271, 293 f.
Moleküle 105, 280, 284
–, organische 270
Momentanbeschleunigung 110
Momentangeschwindigkeit 110
Momentanleistung 86
Momentaufnahme 127
Momentbilder 137
Mondentstehungsalter 318
monochromatisches Licht 188
Monopole 34
MOSELEY 279
MOSFET 304
Motorprinzip 56
M-Schale 279, 286
MÜLLER 303
Musikinstrument 150 f.
Muskeln 31
Mutationen 245
Mutterkern 332
Myonen 229, 233, 353
Myon-Neutrinos 353

N

Nachtsichtgerät 241
Natrium 237, 287
Natriumatom 271
Natriummetall 297
Naturgesetze 120
natürliche Strahlenexposition 320, 322, 344
natürlicher Reaktor 340
Nebelkammer 243, 306 f., 310, 336, 344
Nebenmaximum 191
Nebenquantenzahl 286
Neon 287 f.
Neonlicht 289
Neptunium 337
Nervenmembran 31
Netzebene 220
Neutralleiter 90
Neutrinos 285, 334, 355
Neutronen 262, 306, 328, 333, 336 ff., 344, 350, 354, 358 f.
–, langsame 340
–, thermische 337
Neutroneneinfang 337

Neutronenstern 359
Neutronenstrahlen 336
Neutronenzahl 328
NEWTON 160, 163, 248, 257, 351
newtonsche Mechanik 238, 262
n-Halbleiter 298, 304
nichtionisierende Strahlung 320
nichtklassische Physik 237
Nichtlinearität 120
nichtlokal 252
Nichtlokalität 294
Nichtobjektivierbarkeit 252, 260 f.
Niveauschema 277
Normierung 281
NTC 298
Nukleonen 306 f.
Nuklide 306
–, radioaktive 316, 337
Nuklidkarte 328 f., 333, 344
Nulleffekt 306 f.
Nullphasenwinkel 135

O
Oberschwingung 145
Oberton 151 f.
objektiv 152, 252, 260
Objektwelle 205
Oboe 151
OERSTED 35
offenes Ende 147
Öffnungswinkel 204
ohmscher Widerstand 76, 87 f., 95
ohmsches Gesetz 120
Ohr 134, 149
Optik, geometrische 197
optisch aktive Stoffe 213
optische
– Abbildung 204 f.
– Achse 214
– Schalter 214
– Weglänge 208, 210, 223
optisches Display 215
– Gitter 186 f., 203, 259
Orbitale 268, 273, 277, 280 f., 286, 291
Ordner 290
Ordnung 187
Ordnungszahl 186 f., 279, 346
organische Moleküle 270
Orientierungspolarisation 30
Ortsdosis 322
Ortsfaktor 12
Oszillator 161 f.
–, harmonischer 291, 351
Oszilloskop 48 f.

P
Ψ 252, 293
Ψ-Funktion 252, 258, 296
–, Kollaps der 283, 293
Ψ-Welle 255 f., 260 f., 268, 327
Ψ-Zeiger 249 f., 252, 260, 292
Paarbildung 243, 254, 287, 315
Paarerzeugung 350
Paarvernichtung 347, 354
Paradoxien 233
Parallelschaltung 23, 84
Parameter, verborgene 294 f.
PAULI 258, 261, 286, 292, 333
Pauliprinzip 257, 270, 286 f., 296 f., 304, 330 f., 350, 352

Periodendauer 100 ff., 104, 106, 111, 124, 128, 158
Periodensystem 279, 286 f.
periodische Energiezufuhr 115
Permanentmagnet 40
Permeabilitätszahl 40, 53, 168, 348
Perpetuum mobile 62
Personendosis 322
PET 347
Pfade 249 f.
p-Halbleiter 299, 304
Phase 76, 128, 132 ff., 137 f., 153, 158, 165, 180, 194, 199
Phasendiagramm 121
Phasendifferenz 137, 139, 180
Phasengeschwindigkeit 129, 133
Phasensprung 141, 144, 146, 158, 210 f., 217, 223
Phasenverschiebung 80 f., 84, 90, 95, 108, 115, 117, 119, 134, 158
Phasenwinkel 72
Phononen 291, 304, 347
Phosphoreszenz 272
Photoeffekt 236 f., 287, 313, 315
–, innerer 298
Photoelektronen 236 f.
Photomultiplier 313
Photonen 238 ff., 248 ff., 257, 259, 283 ff., 288, 291, 304, 349, 351, 358
–, virtuelle 351
Photonenlokalisation 249, 293
Photosphäre 272
Photostrom 239
Photozelle 236 f.
Physik
–, kausale 262
–, klassische 236
–, nichtklassische 237
Piezoeffekt 149
Piezoquarz 156, 283
Pixel 346
PLANCK 237 f., 264
PLANCK-Konstante 237, 253, 262, 264, 273
Plasma 290, 342, 349
PLATO 7
Plattenkondensator 9, 14, 32, 54
Plexiglas 214
Plutonium 337, 340 f.
p-n-Übergang 300
Pockels-Effekt 214
POINCARÉ 123
POISSON 192
Poisson-Fleck 192
Poissonverteilung 307
Polarisation 170, 212 f., 292
Polarisationsebene 178
Polarisationsfolie 212 ff.
Polarisationsladung 30
Polarisator 212
polarisiertes Licht 294
Polarlicht 33, 46
Pole, magnetische 34 ff.
Polonium 305
p-Orbitale 280, 286
positive Raumladung 290
– Säule 290
Positronen 52, 243, 310 f., 334, 350
Positronen-Emissions-Tomographie 347

Positronenstrahl 347
Positronenstrahler 335
Potential 16 f., 21, 31, 160, 331
Potentialfelder 21
Potentialfunktion 274, 276
Potentialgefälle 17
Potentialtopf 282, 284, 296, 330 f., 335, 337
–, linearer 268, 272 f., 275, 280, 284, 286, 297
Potentialtopfmodell 344
Potentialwall 282 f.
Potentiometer 17
Probeladung 10, 12 f.
Protonen 8, 21, 51, 306 f., 331, 349 f., 358
Protonenzahl 328
pulsierende Gleichspannung 77
Pumpspeicherwerk 74, 92

Q
Quanten 238 ff., 252, 312 f.
Quantenausbeute 239
Quantenchaos 271
Quantenenergie 330
Quantengeschichte 249
Quanten-Kryptographie 295
Quantenmechanik 317
Quantenmessung 250
Quantenmöglichkeiten 253
Quantenobjekt 242, 248, 251, 254, 257, 262, 273, 333
Quantenoptik 239, 284
Quantenphilosophie 292
Quantenphysik 237 f., 251, 344
Quantenradierer 292
Quantensprung 267, 270 f., 273, 278 f., 285, 290 f., 337
Quantentheorie 239, 283, 292, 296, 355
Quantenzahl, magnetische 286
Quantenzahlen 265, 269, 277, 280, 286 f., 291
Quantisierung 247, 270, 284, 291
Quarkpaar 305
Quarks 285, 350 f., 358
Quarz 156, 161
Quarzkristall 148
Quarzuhr 161
Querwelle 127 f., 131, 158, 212
–, linear polarisierte 166
Q-Wert 337

R
Rad 72 f.
Radar 177, 222
Radar-Geschwindigkeitsmessung 177
Radarwelle 169
radiales Coulombfeld 19
– Feld 10, 21, 32
Radialfeld 10, 21, 32
radioaktive
– Altersbestimmung 318
– Atome 123
– Nuklide 316, 337
– Zerfallsreihe 334 f.
radioaktiver Stoff 306
– Zerfall 332 f.
Radioaktivität 305
Radioastronomie 177

Radioempfang 12
Radiosender 288
Radiosignale 227, 232
Radioteleskop 207
Radiowellen 222, 257, 285
Radium 305
Radiumatom 335
Radiumpräparat 320
Radon 316, 322
Randbedingung 144, 158, 269 f., 275, 278, 280, 291
Rasterelektronenmikroskop 302
Rastertunnelmikroskop 264, 268, 283
Raum 10, 226 f.
–, absoluter 233
Raumkrümmung 357
Raumladung 298, 300
–, positive 290
Reaktor 339
–, natürlicher 340
–, thermischer 339
real 252
Reale 160
reale Spule 81
realistisch 261
Realität 292, 294
Realitätsproblem 293
Rechenmodell 118
Referenzwelle 205
Reflex 217
Reflexion 140, 142, 147, 171, 196, 202, 210, 212, 217
Reflexionsbedingung, konstruktive 220, 223
Reflexionsgesetz 196, 219
Reflexionsgitter 197
Regelstab 340
Reibung 112
Reichweite 308 f., 314
Reihenschaltung 23, 32, 82, 95, 119
relativer Fehler 13, 307
Relativgeschwindigkeit 228 f.
Relativitätsprinzip 227 f., 230, 235
Relativitätstheorie 45, 225 ff., 242 f., 262, 295, 311
–, allgemeine 244, 355
–, spezielle 225 ff.
Resonanz 116, 144 f., 148, 162, 288
Resonanzfluoreszenz 267, 271
Resonanzfrequenz 83, 124, 151
Resonanzkatastrophe 145
Resonanzkreis 161
Resonanzkurve 116, 124, 174
Resonanzschleife 166 f.
Resonanzschwingung 161
Resthelligkeit 191
Restmagnetismus 40
Richtgröße 102, 105 f.
Richtungsquantisierung 286
Ringbeschleuniger 52
Rippelmarken 291
Risikoabschätzung 341
RÖNTGEN 218
Röntgenbilder 241
Röntgenbremsstrahlung 240
Röntgendiagnostik 323
Röntgenröhre 218, 240, 253, 346
Röntgenspektrallinien 241
Röntgenspektrum 279, 287

–, charakteristisches 279
–, kontinuierliches 240
Röntgenstrahlen 222, 236, 240, 254, 271, 346 f., 349
Röntgenstrahlung 218, 222 f., 247, 306, 314, 321
Röntgen-Tomographie 346
ROOSEVELT 343
Rote Riesen 359
Rotverschiebung 209, 356 f.
Rubin 303
Rückkopplung 160
Rückkopplungsschaltung 114
Rückstellkraft 98, 106
Ruheenergie 235
Ruhemasse 234, 243
Rundfunksender 222, 245
RUTHERFORD 264 f., 305, 326, 329, 350
rutherfordscher Streuversuch 305, 326 f., 332
Rydbergfrequenz 278 f., 291

S
Saccharimeter 213
Sägezahnspannung 49
Saite 150, 152
Saiteninstrument 150 f.
Sammellinse 206
Satellitenfernsehen 177
Sättigungsmagnetisierung 40
Saturn 123
Saxophon 151 f.
Schäden, genetische 325, 341
Schadstoffe 272
SCHADT 215
Schadt-Helferich-Zelle 215
Schalenaufbau 276 f.
Schalenbrennen 359
Schalenmodell 281
Schalenstruktur 279
Schall 30, 148 ff., 195, 248
Schallgeschwindigkeit 132, 148 ff., 155 f.
Schallkopf 156
Schallmauer 155
Schallwelle 130, 132, 142, 154, 156, 185, 284
–, stehende 146
Schalter, optischer 214
Schaltpläne 17
scharfe Spektrallinien 272
Schatten 198, 218
Schattenkreuz 47
Scheinwiderstand 81 f., 95
Scheitelspannung 72 f., 94
Schicht, dünne 210, 223
Schichtaufnahme 346
Schlupf 91
Schmetterling 211
Schnelle 127, 130, 136, 139, 141, 147
Schreib-Lese-Kopf 41
SCHRÖDINGER 225, 249, 256, 276, 281, 292
Schrödingergleichung 256, 264, 274 f., 281 f., 284, 291, 293, 296
Schrödinger-Katze 271, 292 f.
schwache Wechselwirkung 353 ff.
schwarzes Loch 244, 359
Schwebung 135, 150, 155, 157, 209, 285

Schwebungsfrequenz 135
Schwellendosis 324
Schwellenwert 325
schwerer Wasserstoff 50
schweres Wasser 339
Schwinger, harmonischer 284
Schwingkreis 108, 124, 160 ff., 169, 222
–, elektrischer 121
Schwingkreisschwingung 117
Schwingquarz 149, 157, 161
Schwingung 128, 160, 284
–, elektromagnetische 108 f., 111, 178
–, erzwungene 98, 106, 116, 124
–, freie 106
–, freie gedämpfte elektromagnetische 108
–, freie ungedämpfte 106
–, gedämpfte 106
–, harmonische 98 f., 106, 133, 158, 284
–, mechanische 110
–, selbsterregte 114 f., 124
Schwingungsbauch 138
Schwingungsebene 171
Schwingungsgleichung 111
–, thomsonsche 160
Schwingungsknoten 138
Sehwinkel 206
Seifenblase 210 f.
Seismograf 131
Seismogramm 131
selbsterregte Schwingung 114 f., 124
Selbstinduktion 66 f., 78
Selbstinduktionsspannung 66 f., 79, 94
Selbstorganisation 289 ff.
seltene Erden 279
Sendedipol 163
Sender 176, 222
–, kohärenter 179
Sensoren 48
sichtbares Licht 222
Sieben-Segment-Anzeige 215
Siebkette 82 f.
Sievert 344
Sigma-Teilchen 355
Silicium 280, 296, 303
Siliciummikrofon 30
SINAI 120
sinusförmige Wechselspannung 72 f., 94
Sinusfunktion 153
Sinusschwingung 98, 134
SNOM 207
SODDY 305, 333
Solarkonstante 242
Solarzelle 301
Sonne 46, 188, 272, 342, 359
Sonnenbatterie 301
Sonnenbrand 236, 349
Sonnenenergie 349, 355
Sonnenlicht 242, 272
–, weißes 278
Sonnenuntergang 216, 223
Sonnenwind 33, 42, 46
s-Orbitale 277, 280, 286
Spalt 192
spaltbares Material 338, 341
Spaltbeugung 195
Spaltmaterial 339
Spaltprodukte 340 f.

Spannung 14 f., 17, 32
–, induzierte 56 f., 94, 109
Spannungserzeugung 56
spannungsgesteuertes Lichtventil 215
Spannungsmesser 17, 23
Spannungsoptik 214
Spannungsresonanz 83
Spannungswaage 27
Spannungszustand 214
Spektralanalyse 188, 272
Spektrallinien 263 f., 277 f., 291, 351
–, scharfe 272
–, Umkehrung von 272
Spektrum 188, 220, 223, 272
–, charakteristisches 221, 223
–, elektromagnetisches 222
–, kontinuierliches 272
Sperrkreis 84
Sperrpolung 300
Sperrstrom 300
spezifische Ladung 44, 50, 53
spezifischer Widerstand 17, 296
Spiegel 217
Spin 286, 304
Spinquantenzahl 286
Spinthariskop 313
Spiralgalaxis 356
Spitzenlast 92
spontane Emission 288
– Kernspaltung 338
Spule 35, 39 ff., 53, 66, 72, 94 f., 108, 160
SQUID 304
SRT 227, 234 f.
stabiler Zustand 270
Stabilität 269
Stabmagnet 35
Stahl 303
Standardabweichung 307
Standardmodell 355
starke Wechselwirkung 353
stationärer Elektronenzustand 268
– Zustand 263, 271, 273, 275
Stefan-Boltzmann-Gesetz 358
stehende
– elektromagnetische Welle 167, 178
– Ψ-Welle 297
– Schallwelle 146
– Welle 138, 142, 145, 158, 164, 170, 180, 289
Sterne 188
Sternschaltung 90
Steuerkennlinie 302
Stickstoff 148
Stimmbänder 151
Stochastik 251
stochastisch 306 f., 316, 333
stochastische Strahlenwirkung 321, 324
stochastischer Vorgang 123
Stoff, optisch aktiver 213
–, radioaktiver 306
strahlenbiologische Wirkungskette 320 f.
Strahlenexposition 320 f.
–, natürliche 320, 322, 344
Strahlengefahr 344
Strahlenoptik 194 f., 197 f., 200, 203, 273
Strahlenrisiko 321

Strahlenschäden 344
Strahlenschutz 314, 320 f., 325, 344
Strahlenschutzverordnung 341
Strahlentherapie 349
Strahlenwirkung
–, deterministische 321, 324
–, stochastische 321, 324
Strahlung
–, elektromagnetische 320
–, ionisierende 46, 320 f.
–, nichtionisierende 320
–, terrestrische 323
Strahlungsgürtel 33, 46
Strahlungs-Wichtungsfaktor 321
Straßenbahn 75
STRASSMANN 338
Streuexperiment 51, 326, 329
Streuung 216, 247, 326
Streuversuch, rutherfordscher 326 f., 332
Strom 8, 297
Stromrichter 93
Stromstärke 8, 67, 69, 78, 162
Stromverbund, europäischer 92
Stromverstärkung 302
Stromwirkung, magnetische 35 f.
Strukturforschung 221, 329
STURM 149
subjektiv 152, 260
Supernova 359
Superposition 271, 280, 293
Superpositionsgesetz 21
Superpositionsprinzip 251, 253, 255, 268, 285, 292 f.
Supraleiter 303 f.
Supraleitung 303
Supraströme 303, 348
synchron 227
Synchronisation 233
Synchronmotor 91
Synchrotron 52
Synchrotronstrahlung 52, 222
Synergetik 289
Synergie 291
Szintillation 326
Szintillationszähler 247, 312 f., 332, 344

T
Tabellenkalkulation 69
Tachometer 63
t-a-Gesetz 101
Tau 353
Tau-Neutrinos 353
TAYLOR 248
Taylor-Experiment 255
technischer Wechselstrom 222
Teflon 30
Teilbarkeit 264
Teilchen 247 f., 257, 285, 291 f., 306 f., 351
Teilchen-Antiteilchen-Paare 358
Teilchenaspekt 292
Teilchenbeschleuniger 303, 350
Teilchenphysik 51, 282, 285, 350 f., 355
Teilchenzoo 355
Telefonie 177
Teleportation 295
Teleskop 206 f.
Temperatur 358
–, kritische 304
Temperaturstrahlung 222

Termschema 284
terrestrische Strahlung 323
Tesla 37
Theorie, klassische 295
thermische Neutronen 337
thermischer Reaktor 339
Thermotherapie 349
THOMSON 264, 326
thomsonsche Schwingungsgleichung 160
Tiefpass 79, 84
Tochterkern 332
Tokamak-Anordnung 342
Tonhöhe 151
Trägerfrequenz 176 f.
Trägerschwingung 172
Trägheit 98, 106, 126, 131, 147
Transformator 64, 88, 95
Transistor 114, 160 f., 302, 304
Transurane 337 f., 340 f.
Treibhauseffekt 105
triggern 49
Tritium 330
Trommelfell 134, 149
Tschernobyl 341
t-s-Gesetz 100
Tumor 347, 349
Tunneleffekt 282, 332, 342, 344
tunneln 291
Tunnelstrom 282 f.
t-v-Gesetz 101

U
U-238 337
Überlagerung 134 ff., 150, 158, 182, 214, 223
Überlichtgeschwindigkeit 226, 232 f., 248, 295
Überschallflugzeug 155
Übersetzungsverhältnis 88
UBR 258 f., 261, 265, 276, 284, 293
Uhrensynchronisation 228
UKW 174, 176
Ultrakurzwelle 174, 222
Ultraschall 148 f., 156, 181, 195, 347
Ultraschallsender 132
Ultraschall-Tomographie 347
Ultraviolett 222, 349
Umkehrung von Spektrallinien 272
unbestimmt 248, 251 f.
Unbestimmtheit 258, 269, 285
Unbestimmtheitsrelation 258 f., 273, 293, 295
Unbestimmtheitstheorie 351
Universum 355 ff.
unpolarisiertes Licht 294
Uran 337 f., 341, 359
Uran-Blei-Methode 318
Urknall 52, 355 ff.
Urmeter 208
U-Rohr 103
Ursache 262
UV-Licht 197, 349

V
Vakuum 168
Vakuumpolarisation 351
Valenzband 298
Valenzbindung 286, 296
Valenzelektronen 296
VAN ALLEN 46
Van-der-Waals-Bindung 283
Verantwortung 343
verborgene Parameter 294 f.
Verbrennungswärme 262
Verbundnetz 92
Vergangenheit 233
Vergütung 217
Vernichtungsstrahlung 334
Verschiebungspolarisation 30
Versklavungsprinzip 290
Vertikalkomponente 42
Very Large Array 207
Very Long Baseline Interferometry 207
virtuelle Photonen 351
VOLTA 7
VOLTAIRE 197
VON FRAUNHOFER 188
VON GUERICKE 7
VON LAUE 219
VON NEUMANN 293
VON WEIZSÄCKER 293
Vorausberechnungen 123
Voxel 347

W
Wahrscheinlichkeit 315, 317
Wahrscheinlichkeitsamplitude 249
Wahrscheinlichkeitsdeutung 261
Wahrscheinlichkeitsgesetze 123, 249
Wahrscheinlichkeitsverteilung 307 f.
Wasser 30, 168, 199
–, schweres 339
Wassermoleküle 30
Wasserstoff 334, 342, 348
–, schwerer 50
Wasserstoffatom 265, 276 f., 291, 328, 330
Wasserwelle 126, 136, 185, 200
Weakonen 354
Wechselfeld, elektrisches 163 f.
Wechselspannung 92, 108
–, sinusförmige 72 f., 94
Wechselstrom 94, 108
–, technischer 222
Wechselstromkreis 78 f.
Wechselstromwiderstand 81
Wechselwirkung
–, elektromagnetische 351, 353
–, schwache 353 ff.
–, starke 353
Weginformation 292
Weg-Kraft-Gesetz 105
Weglänge, freie 290
–, optische 208, 210, 223

Wegunterschied 180
Wehnelt-Zylinder 48
Weißer Zwerg 359
weißes Glühlicht 188
– Sonnenlicht 278
Welle 179, 257, 284, 292
–, elektromagnetische 125, 155, 160, 164 ff., 170, 172, 178, 182, 222, 238, 285, 351
–, fortschreitende 126 f., 142, 145, 158
–, klassische 257
–, mechanische 125 ff.
–, stehende 138, 142, 145, 158, 164, 170, 180
–, stehende elektromagnetische 167, 178
– in Materie 168
Wellenaspekt 292
Wellenberg 127, 136
Wellenfront 182 f., 190, 202 ff.
Wellengeschwindigkeit 132, 141
Wellengleichung 133, 225
Wellenlänge 129 f., 144, 147, 154, 158, 168, 184, 187 ff., 203, 208, 357 f.
Wellenlängenmessung 181
Wellenmaschine 126, 138
Wellenmechanik 275
Wellenmodell 196 f., 200, 247
Wellenoptik 194, 197 f., 203, 273
Wellenpaket 258 f., 271, 273, 282, 284, 298, 333
Wellenstrahl 182, 186, 190 f., 200
Wellental 136
Wellentheorie 192
Wellenträger 126, 136
Wellenwanne 180
Wellenzug, klassischer 250
Wellenzüge 259, 288
Weltall 179
Weltalter 358
Weltradius 358
Weltraum 222, 323
Wettergeschehen 123
Widerstand
–, elektrischer 303 f.
–, induktiver 79 ff., 95
–, kapazitiver 78 ff., 95
–, ohmscher 76, 87 f., 95
–, spezifischer 17, 296
Widerstandsbremse 75
Wiederaufbereitungsanlage 341
WIGNER 293
Windungsdichte 39
Winkelgeschwindigkeit 72 f., 100 f., 128, 134
Wirbelfeld, elektrisches 63, 94
–, magnetisches 35
Wirbelstrom 64
Wirbelstrombremse 64, 112 f., 116

Wirkleistung 87 ff., 95
wirksame Leiterlänge 37
Wirkstrom 87 f.
Wirkung 262
Wirkungsgrad 75, 301
Wirkungskette, strahlenbiologische 320 f.
Wirkwiderstand 82
Wissenschaft 343
Würfelkäfig 280
Wüstensand 291

X
Xi-Teilchen 355
X-Ray 218
X-Strahlen 218

Z
Zählrate 306 f.
Zählrohr 306 f., 336
Zählstatistik 307
Zeemaneffekt 286
Zeiger 128 f., 132, 134 f., 137 f., 147, 158, 180, 186, 194, 197, 203, 205, 219, 249 f., 256, 285, 292
Zeigerdiagramm 73 ff., 80 ff., 90, 95, 135, 187, 211
Zeigerkette 190 f., 194, 219
Zeigermethode 181
Zeit 226 f., 229
–, absolute 229, 233
Zeitablauf 228 f., 233, 235
Zeitdilatation 228 f.
Zeit-Beschleunigung-Gesetz 101
Zeit-Elongation-Diagramm 99
Zeit-Elongation-Gesetz 101, 135
Zeit-Geschwindigkeit-Gesetz 101
Zeitmaschine 233
Zeitschaltglied 24
Zeit-Weg-Funktion 110
Zellmembran 31
Zerfall, radioaktiver 332 f.
Zerfallskonstante 316 f., 344
Zerfallsreihe 332 f.
–, radioaktive 334 f.
Zerfallsschema 332
Zerstrahlung 244, 254
Zirkularpolarisation 171
Zufall 123, 249, 293
Zugleich 271
Zündanlage 69
Zungenfrequenzmesser 176
Zustand 258
–, angeregter 332
–, isomerer 334
–, stabiler 270
–, stationärer 263, 271, 273, 275
Zwangsfrequenz 116
zweiter Hauptsatz 289
Zwei-Zentren-Interferenz 184
Zwillingsparadoxon 233
Zwischenlager 341
Zyklotron 51, 53

Ausschnitt aus der Nuklidkarte

Elemente		
B 10,811	Elementsymbol Atommasse in u	

α-Zerfall		β⁻-Zerfall		β^+-Zerfall	
Ra 226 1600 a α: 4,7843 γ: 0,186	← $T_{1/2}$ ← α-Energie[1]) in MeV ← γ-Energie[1]) in MeV →	Pb 214 26,8 min β^-: 0,7; 1,0 γ: 0,352	← $T_{1/2}$ → ← Maximalenergien → der β-Spektren in MeV	Na 22 2,603 a β^+: 0,5; 1,8 γ: 1,275	statt β^+-Zerfall ist auch Elekroneneinfang möglich (gekennzeichnet durch den Buchstaben ε)

Stabile Nuklide			Häufigkeit der Zerfallsarten		
	Pb 208 52,4	Elementsymbol und Nukleonenzahl Häufigkeit des Vorkommens im natürlichen Element		Ac 226 29 h ε α: 5,34 β^-: 0,9; 1,1 γ: 0,23	Die farbigen Flächen sind ein Maß für die relative Häufigkeit der jeweiligen Zerfälle

Z \ N	120	121	122	123	124	125	126	127	128	129	130	131	132	133	134
94															Pu
93														Np	Np 227 0,51 s α: 7,68
92														U 238,0289	U 226 0,2 s α: 7,57
91					Pa 231,03588	Pa 216 0,20 s α: 7,87	Pa 217 4,9 ms α: 8,33	Pa 218 0,12 ms α: 9,61	Pa 219 53 ns α: 9,90	Pa 220 0,78 µs α: 9,65	Pa 221 5,9 µs α: 9,08	Pa 222 4,3 ms α: 8,21	Pa 223 6,5 ms α: 8,01	Pa 224 0,95 s α: 7,555	Pa 225 1,8 s α: 7,25
90			Th 232,0381	Th 213 0,14 s α: 7,69	Th 214 0,10 s α: 7,68	Th 215 1,2 s α: 7,39	Th 216 28 ms α: 7,92	Th 217 252 µs α: 9,25	Th 218 0,1 µs α: 9,67	Th 219 1,05 µs α: 9,34	Th 220 9,7 µs α: 8,79	Th 221 1,68 ms α: 8,15	Th 222 2,2 ms α: 7,98	Th 223 0,66 s α: 7,29 γ: 0,140	Th 224 1,04 s α: 7,17 γ: 0,177
89	Ac 209 90 ms α: 7,59	Ac 210 0,35 s α: 7,46	Ac 211 0,25 s ε? α: 7,48	Ac 212 0,93 s α: 7,38	Ac 213 0,80 s α: 7,36	Ac 214 8,2 s ε α: 7,214	Ac 215 0,17 s ε α: 7,604	Ac 216 ~0,3 ms α: 9,07	Ac 217 69 ns α: 9,65	Ac 218 1,1 µs α: 9,205	Ac 219 11,8 µs α: 8,664	Ac 220 26 ms α: 7,85 γ: 0,134	Ac 221 52 ms α: 7,65	Ac 222 5,0 s ε α: 7,009	Ac 223 2,10 min ε α: 6,647 γ
88	Ra 208 1,3 s α: 7,133	Ra 209 4,6 s α: 7,010	Ra 210 3,7 s α: 7,019	Ra 211 13 s ε? α: 6,911	Ra 212 13 s ε? α: 6,9006	Ra 213 2,74 min ε α: 6,624	Ra 214 2,46 s ε α: 7,136	Ra 215 1,6 ms α: 8,699	Ra 216 0,18 µs α: 9,349	Ra 217 1,6 µs α: 8,99	Ra 218 25,6 µs α: 8,39	Ra 219 10 ms α: 7,679	Ra 220 23 ms α: 7,46 γ: 0,465	Ra 221 28 s α: 6,613 γ: 0,149	Ra 222 38 s α: 6,559 γ: 0,324
87	Fr 207 14,8 s ε α: 6,767	Fr 208 59 s ε α: 6,648 γ: 0,636	Fr 209 50,0 s ε α: 6,648	Fr 210 3,18 min ε α: 6,543 γ: 0,644	Fr 211 3,10 min ε α: 6,534 γ: 0,540	Fr 212 20,0 min ε α: 6,262 γ: 1,272	Fr 213 34,6 s ε α: 6,775	Fr 214 5,0 ms α: 8,426	Fr 215 0,09 µs α: 9,36	Fr 216 0,70 µs α: 9,01	Fr 217 16 µs α: 8,315	Fr 218 1,0 ms α: 7,867	Fr 219 21 ms α: 7,312 γ	Fr 220 27,4 s α: 6,68 β^- γ: 0,045	Fr 221 4,9 min α: 6,341 γ: 0,218
86	Rn 206 5,67 min [illegible] α: 6,260	Rn 207 9,3 min ε [illegible] γ: 0,345	Rn 208 24,4 min ε [illegible] γ: 0,427	Rn 209 28,5 min ε [illegible] γ: 0,408	Rn 210 2,4 h ε [illegible] γ: 0,458	Rn 211 14,6 h ε [illegible] γ: 0,674	Rn 212 24 min [illegible] γ	Rn 213 25 ms [illegible] γ	Rn 214 0,27 µs α: 9,037	Rn 215 2,3 µs α: 8,67	Rn 216 45 µs α: 8,05	Rn 217 0,54 ms α: 7,740	Rn 218 35 ms [illegible] γ	Rn 219 3,96 s [illegible] γ: 0,271	Rn 220 55,6 s [illegible] γ
85	At 205 26,2 min ε α: 5,902 β^+ γ: 0,719	At 206 29,4 min ε α: 5,703 γ: 0,701	At 207 1,8 h ε α: 5,759 γ: 0,815	At 208 1,63 h ε α: 5,640 γ: 0,686	At 209 5,4 h ε α: 5,647 γ: 0,545	At 210 8,3 h ε α: 5,524 γ: 1,181	At 211 7,22 h ε α: 5,867 γ	At 212 314 ms α: 7,68 γ	At 213 0,11 µs α: 9,08	At 214 0,76 µs α: 8,782 γ	At 215 0,1 ms α: 8,026 γ	At 216 0,3 ms α: 7,804 γ	At 217 32,3 ms α: 7,069 β^- γ	At 218 ~2 s α: 6,694 β^- γ	At 219 0,9 min α: 6,27 β^-
84	Po 204 3,53 h ε α: 5,377 γ: 0,884	Po 205 1,66 h ε α: 5,22 γ: 0,872	Po 206 8,8 d ε α: 5,2233 γ: 1,032	Po 207 5,84 h ε α: 5,116 β^+ γ: 0,992	Po 208 2,898 a ε α: 5,116 γ	Po 209 102 a ε α: 4,881 γ	Po 210 138,38 d α: 5,3044 γ	Po 211 0,516 s α: 7,450 γ	Po 212 0,3 µs α: 8,785 γ: 2,615	Po 213 4,2 µs α: 8,375 γ	Po 214 164 µs α: 7,6869 γ	Po 215 1,78 ms α: 7,3862 β^- γ	Po 216 0,15 s α: 6,7783 γ	Po 217 < 10 s α: 6,539 β^-	Po 218 3,05 min α: 6,0024 β^- γ
83	Bi 203 11,76 h ε β^+: 1,4 γ: 0,820	Bi 204 11,22 h ε γ: 0,899	Bi 205 15,31 d ε β^+ γ: 1,764	Bi 206 6,24 d ε β^+ γ: 0,803	Bi 207 31,55 a ε β^+ γ: 0,570	Bi 208 $3{,}68 \cdot 10^5$ a ε γ: 2,615	Bi 209 100	Bi 210 5,013 d α: 4,649 β^-: 1,2 γ	Bi 211 2,17 min α: 6,6229 β^- γ: 0,351	Bi 212 60,60 min α: 6,05 β^-: 2,3 γ: 0,727	Bi 213 45,59 min α: 5,87 β^-: 1,4 γ: 0,440	Bi 214 19,9 min α: 5,45 β^-: 1,5 γ: 0,609	Bi 215 7,6 min β^- γ: 0,294		
82	Pb 202 $5{,}25 \cdot 10^4$ a ε γ: –	Pb 203 51,9 h ε γ: 0,279	Pb 204 1,4	Pb 205 $1{,}5 \cdot 10^7$ a ε γ: –	Pb 206 24,1	Pb 207 22,1	Pb 208 52,4	Pb 209 3,253 h β^-: 0,6 γ: –	Pb 210 22,3 a α: 3,72 β^-: 0,02; 0,06 γ: 0,047	Pb 211 36,1 min β^-: 1,4 γ: 0,405	Pb 212 10,64 h β^-: 0,3; 0,6 γ: 0,239	Pb 213 10,2 min β^-	Pb 214 26,8 min β^-: 0,7; 1,0 γ: 0,352		
81	Tl 201 73,1 h ε γ: 0,167	Tl 202 12,23 d ε γ: 0,440	Tl 203 29,524	Tl 204 3,78 a ε β^-: 0,8 γ: –	Tl 205 70,476	Tl 206 4,20 min β^-: 1,5 γ	Tl 207 4,77 min β^-: 1,4 γ	Tl 208 3,053 min β^-: 1,8; 2,4 γ: 2,615	Tl 209 2,16 min β^-: 1,8 γ: 1,567	Tl 210 1,3 min β^-: 1,9; 2,3 γ: 0,800					
80	Hg 200 23,10	Hg 201 13,18	Hg 202 29,86	Hg 203 46,59 d β^-: 0,2 γ: 0,279	Hg 204 6,87	Hg 205 5,2 min β^-: 1,5 γ: 0,204	Hg 206 8,15 min β^-: 1,3 γ: 0,305								
79	Au 199 3,139 d β^-: 0,3; 0,5 γ: 0,158	Au 200 48,4 min β^-: 2,3 γ: 0,368	Au 201 26,4 min β^-: 1,3 γ: 0,543	Au 202 28 s β^-: 3,5 γ: 0,440	Au 203 60 s β^-: 2,0 γ: 0,218	Au 204 39,8 s β^- γ: 0,437									
78	Pt 198 7,2	Pt 199 30,8 min β^-: 1,7 γ: 0,543	Pt 200 12,5 h β^-: 0,6; 0,7	Pt 201 2,5 min β^-: 2,7 γ: 1,706											
77	Ir 197 8,9 min β^-: 2,0 γ: 0,470	Ir 198 8 s β^-: 4,0 γ: 0,507													

[1]) Bei α- und γ-Strahlen ist jeweils nur die Energie des am häufigsten vorkommenden Zerfalls angegeben. Weiterhin bedeutet

γ: – kein γ-Quant beobachtet

α, β^-, β^+, γ ohne Zahlenangabe: Nachgewiesene Übergänge unbekannter Energie

sf: Spontane Spaltung (spontaneous fission)